Der große ADAC-Freizeitführer

Die letzten Paradiese

Unsere schönsten Natur- und Nationalparks in Deutschland

EIN
ADAC
BUCH

Der große ADAC-Freizeitführer

Die letzten Paradiese

Unsere schönsten Natur- und Nationalparks in Deutschland

Impressum

Autoren:
Karl-Heinz Bochow
Klaus Bötig
Dr. Gerald Deckart
Dr. Peter Göbel
Ulrich Gohl
Peter Schröder
Dr. Wilfried Stichmann
Bernd Weiler

Autoren der Themenboxen:
Dr. Peter Göbel
Ulrich Gohl
Bernd Weiler

Die Verlage danken den Verwaltungen und Trägervereinen der Natur- und Nationalparks, den Umweltministerien der Länder und der Landesanstalt für Großschutzgebiete/Brandenburg für ihre Unterstützung sowie zahlreichen Fremdenverkehrsämtern und -verbänden für die Bereitstellung von Informationsmaterial.
Viele Informationen dieses Freizeitführers sind ständig Veränderungen unterworfen. Für die Richtigkeit der Angaben kann daher keine dauerhafte Gewähr übernommen werden.

Dieses Buch entstand in Zusammenarbeit zwischen dem ADAC Verlag GmbH, München, und dem Verlag Das Beste GmbH, Stuttgart.

Revidierte Neuauflage 1995

Projektleitung: Michael Dultz, Peter Holzwarth

Redaktionsleitung: Stefan Kuballa, Walter Liedke

Redaktion: Dr. Annette C. Anton, Rüdiger Dingemann, Guido Huß, Rolf Iben, Dr. Horst Leisering, Ute Rückert-Daschakowsky, Annelie Werner, Joachim Zeller

Redaktionelle Mitwirkung: Tilman Bessler, Susanne Buchmann, Beate Burger, Frank Butzer, Sandra Kramps, Astrid Lorenz, Regina Peters, Werner Rose, Ulrike Stürtz

Gestaltung: Rudi K. F. Schmidt, Gunthara Michaelis

Grafische Mitarbeit: Cornelia Hammer, Frohmut Jammers, Thomas Maier, Martin Stiegeler, Sibylle Tögel

Bildbeschaffung: Christina Horut

Redaktion Kartographie: Stefan Mailänder, Michael Steuer

Korrektur: Siglinde Huber

Produktion: Heinz Franke, Sanja Ančić

Karten und Fotos: siehe Bildnachweis (Seite 511/512)

Titelgestaltung: Graupner & Partner, München

Satz: Lihs, Satz und Repro, Ludwigsburg

Reproduktion: Schwabe & Braun GmbH Medientechnik, Leonberg

Druck und Bindearbeiten: Grafica Editoriale, Bologna

Printed in Italy
ISBN 3-87003-661-3

Unterwegs in der Natur

Deutschland ist reich – reich an Naturschönheiten und herrlichen Landschaften. Sicher: weltbekannte Naturwunder wie die Niagarafälle oder den Grand Canyon kann unser Land nicht vorweisen, dafür aber eine ungewöhnliche Vielfalt an teilweise völlig gegensätzlichen Landschaften.

Diese faszinierende Mischung hängt vor allem mit der bewegten geologischen Geschichte Deutschlands und seiner Lage in der Mitte Europas zusammen, dort wo sich die großen Klimazonen, die Verbreitungsgebiete von Tieren und Pflanzen überlappen. Von Natur aus wären freilich manche dieser Pflanzenarten zwischen Nordsee und Alpen nicht verbreitet; erst der Mensch hat ihnen hier durch Kultivierung und Landnutzung ökologische Nischen geschaffen. Denn Deutschlands Landschaften sind fast ausnahmslos Kulturlandschaften, die in Jahrhunderten durch Eingriffe in den Naturhaushalt geformt wurden.

Heute braucht die Natur mehr denn je Schutz vor dem Menschen. Dazu dienen unter anderem die vielen tausend Schutzgebiete, vom Landschaftsschutzgebiet bis zum Nationalpark. Mit Ausnahme weniger Flächen, die ständig oder zeitweise gesperrt sind, stehen diese Reservate Besuchern offen.

Keine Reservate, sondern überwiegend ausgedehnte Landschaften von besonderem Reiz sind unsere Naturparks. Sie präsentieren sich als abwechslungsreiche Erholungsgebiete mit allem, was dazugehört: mit Wanderwegen, Badeseen, kulturellen Sehenswürdigkeiten, landschaftlichen Glanzpunkten, Freizeitanlagen und natürlich mit viel Natur zum Durchatmen, Entspannen, Betrachten und Entdecken. Genau 80 Naturparks gibt es derzeit in Deutschland. Dieses Buch ist so etwas wie der Schlüssel zu diesen Parks – ein zuverlässiger Begleiter für Ihren ganz persönlichen Naturparkausflug. Er verschafft darüber hinaus Zugang zu den zwölf Nationalparks unseres Landes – allesamt besonders naturnahe Landschaften, für deren Erhalt wir alle verantwortlich sind. Dort darf die Natur noch Natur sein, können Pflanzen und Tiere nach ihren eigenen Gesetzen leben.

Landschaft im Naturpark Oberpfälzer Wald: Ein Mosaik aus unterschiedlichen Lebensräumen prägt die vom Menschen geformte Kulturlandschaft.

Landschaft im Naturschutzpark Lüneburger Heide: Wie hier im Pietzmoor kann sich die Natur inzwischen wieder ungestört entfalten.

Damit dieses großartige Erbe auch für die nachfolgenden Generationen erhalten bleibt, beachten Sie bitte unbedingt die Regeln, die in solchen Reservaten gelten und auf die durch Schilder aufmerksam gemacht wird. Parken Sie Ihr Fahrzeug nur auf den Wanderparkplätzen, bleiben Sie auf den Wegen, suchen Sie die für Naturfreunde eingerichteten Beobachtungsstände auf. So wird Ihre persönliche Begegnung mit den Schönheiten unserer Natur- und Nationalparks zu einem ungetrübten Erlebnis, unter dem die Natur nicht zu leiden hat.

Die Herausgeber

21
Nordseeküste
22
Seenland im hohen Norden
23
Ostseeküste
20
Mecklenburgische Seenplatte
19
Zwischen Ems und Elbe
18
Von der Lausitz an die Oder
14
Rund um den Teutoburger Wald
15
Weserbergland
16
Harz und Harzvorland
17
Links und rechts der Saale
12
Niederrhein und Münsterland
13
Bergisches Land und Sauerland
6
Mittelrhein und Lahn
8
Rhön und Vogelsberg
9
Thüringer Wald und Werratal
10
Oberfränkisches Bergland
11
Sächsisches Bergland
5
Pfälzer Bergland und Eifel
7
Odenwald und Spessart
4
Bayerischer und Oberpfälzer Wald
3
Fränkische Alb und Vorland
2
Vom Neckar zur Donau
1
Bayerische Alpen
Flensburg
Kiel
Stralsund
Rostock
Lübeck
Hamburg
Schwerin
Neubrandenburg
Wilhelmshaven
Emden
Bremerhaven
Bremen
Berlin
Brandenburg
Frankfurt/Oder
Cottbus
Osnabrück
Hannover
Braunschweig
Magdeburg
Münster
Bielefeld
Paderborn
Essen
Dortmund
Düsseldorf
Kassel
Leipzig
Köln
Aachen
Siegen
Bonn
Erfurt
Gera
Dresden
Koblenz
Hof
Frankfurt/Main
Mainz
Würzburg
Bayreuth
Kaiserslautern
Mannheim
Nürnberg
Saarbrücken
Regensburg
Karlsruhe
Stuttgart
Augsburg
München
Elbe
Weser
Ems
Rhein
Ruhr
Werra
Fulda
Main
Mosel
Saar
Neckar
Donau
Altmühl
Isar
Inn
Saale
Unstrut
Havel
Spree
Oder
Neiße
Dümmer
Steinhuder Meer
Schweriner See
Plauer See
Müritz
Ammersee
Starnberger See
Chiemsee
Bodensee
Königssee

Inhalt

Hinweise für den Leser 9

Für Mensch und Natur: unsere Natur- und Nationalparks 10

1 Bayerische Alpen 12

Nationalpark im Überblick 14

Nationalpark Berchtesgaden 16

2 Vom Neckar zur Donau 24

Naturparks im Überblick 26

Naturpark Stromberg–Heuchelberg 28

Naturpark Schwäbisch-Fränkischer Wald 32

Naturpark Schönbuch 36

Naturpark Obere Donau 38

Naturpark Augsburg–Westliche Wälder 42

3 Fränkische Alb und Vorland 44

Naturparks im Überblick 46

Naturpark Fränkische Schweiz–Veldensteiner Forst 48

Naturpark Altmühltal 56

Naturpark Frankenhöhe 64

Naturpark Steigerwald 68

Naturpark Haßberge 72

4 Bayerischer und Oberpfälzer Wald 76

Natur- und Nationalparks im Überblick 78

Nationalpark Bayerischer Wald 80

Naturpark Bayerischer Wald 86

Naturpark Oberer Bayerischer Wald 92

Naturpark Oberpfälzer Wald 98

Naturpark Nördlicher Oberpfälzer Wald 102

5 Pfälzer Bergland und Eifel 106

Naturparks im Überblick 108

Naturpark Pfälzerwald 110

Naturpark Saar–Hunsrück 118

Naturpark Südeifel 124

Naturpark Nordeifel 128

6 Mittelrhein und Lahn 134

Naturparks im Überblick 136

Naturpark Rhein–Taunus 138

Naturpark Hochtaunus 142

Naturpark Nassau 146

Naturpark Rhein–Westerwald 150

Naturpark Siebengebirge 154

7 Odenwald und Spessart 156

Naturparks im Überblick 158

Naturpark Neckartal–Odenwald 160

Naturpark Bergstraße–Odenwald 166

Naturpark Bayerischer Spessart 172

Naturpark Hessischer Spessart 176

8 Rhön und Vogelsberg 180

Naturparks im Überblick 182

Naturpark Bayerische Rhön 184

Naturpark Hessische Rhön 190

Naturpark Hoher Vogelsberg 194

9 Thüringer Wald und Werratal 198

Naturparks im Überblick 200

Naturpark Werratal–Eichsfeld 202

Naturpark Thüringer Wald–Westliches Schiefergebirge 206

Naturpark Thüringer Schiefergebirge–Obere Saale 214

10 Oberfränkisches Bergland 218

Naturparks im Überblick 220

Naturpark Frankenwald 222

Naturpark Fichtelgebirge 228

Naturpark Steinwald 234

Naturpark Hessenreuther und Manteler Wald 236

11 Sächsisches Bergland 238

Natur- und Nationalparks im Überblick 240

Naturpark Erzgebirge/Vogtland 242

Nationalpark Sächsische Schweiz 248

12 Niederrhein und Münsterland 254

Naturparks im Überblick 256

Naturpark Kottenforst–Ville 258

Naturpark Schwalm–Nette 262

Naturpark Hohe Mark 266

Inhalt

13 Bergisches Land und Sauerland 272

Naturparks im Überblick 274
Naturpark Bergisches Land 276
Naturpark Ebbegebirge 282
Naturpark Homert 286
Naturpark Arnsberger Wald 290
Naturpark Rothaargebirge 294
Naturpark Diemelsee 298

14 Rund um den Teutoburger Wald 302

Naturparks im Überblick 304
Naturpark Eggegebirge und Südlicher Teutoburger Wald 306
Naturpark Nördlicher Teutoburger Wald–Wiehengebirge 310
Naturpark Dümmer 316
Naturpark Steinhuder Meer 320

15 Weserbergland 322

Naturparks im Überblick 324
Naturpark Meißner–Kaufunger Wald 326
Naturpark Münden 330
Naturpark Habichtswald 334
Naturpark Solling–Vogler 338
Naturpark Weserbergland/Schaumburg–Hameln 342

16 Harz und Harzvorland 348

Natur- und Nationalparks im Überblick 350
Naturpark Harz 352
Nationalpark Harz 360
Nationalpark Hochharz 362
Naturpark Kyffhäuser 364
Naturpark Elm–Lappwald 368

17 Links und rechts der Saale 372

Naturparks im Überblick 374
Naturpark Saale–Unstrut–Triasland 376
Naturpark Unteres Saaletal 380
Naturpark Dübener Heide 382

18 Von der Lausitz an die Oder 386

Natur- und Nationalparks im Überblick 388
Naturpark Niederlausitzer Heidelandschaft 390
Naturpark Märkische Schweiz 392
Nationalpark Unteres Odertal 396

19 Zwischen Ems und Elbe 400

Naturparks im Überblick 402
Naturpark Wildeshauser Geest 404
Naturschutzpark Lüneburger Heide 408
Naturpark Südheide 414
Naturpark Harburger Berge 418
Naturpark Elbufer–Drawehn 420
Naturpark Elbetal 424
Naturpark Drömling 426

20 Mecklenburgische Seenplatte 428

Natur- und Nationalparks im Überblick 430
Naturpark Feldberg–Lychener Seenlandschaft 432
Müritz-Nationalpark 434
Naturpark Nossentiner–Schwinzer Heide 438

21 Nordseeküste 440

Nationalparks im Überblick 442
Nationalpark Niedersächsisches Wattenmeer 444
Nationalpark Hamburgisches Wattenmeer 450
Nationalpark Schleswig-Holsteinisches Wattenmeer 452

22 Seenland im hohen Norden 458

Naturparks im Überblick 460
Naturpark Aukrug 462
Naturpark Westensee 464
Naturpark Hüttener Berge 468
Naturpark Holsteinische Schweiz 472
Naturpark Lauenburgische Seen 478
Naturpark Schaalsee 482

23 Ostseeküste 484

Natur- und Nationalparks im Überblick 486
Nationalpark Vorpommersche Boddenlandschaft 488
Nationalpark Jasmund 492
Naturpark Usedom 496

Geplante Natur- und Nationalparks 500
Register 504
Bildnachweis 511

Hinweise für den Leser

In 23 Kapiteln werden in diesem Buch die Natur- und Nationalparks beschrieben, die bisher in Deutschland ausgewiesen sind. Jedes Kapitel behandelt ein größeres Gebiet, in dem sich in der Regel jeweils mehrere Natur- und bzw. oder Nationalparks befinden. Am Anfang der einzelnen Kapitel steht eine doppelseitige Kurzübersicht aller zugehörigen Parks mit Informationen über Größe und Gründungsjahr, über Landschaftsformen, Geologie sowie Tier- und Pflanzenwelt der jeweiligen Parks und mit Adressen für nähere Auskünfte. Eine Übersichtskarte zeigt außerdem die Abgrenzung und die Lage der vorgestellten Parks.

An die Übersichtsseiten schließt sich die Beschreibung der einzelnen Natur- oder Nationalparks an. Dort wird jeder Park mit einer Auswahl von lohnenden Zielen vorgestellt. Das können Naturschönheiten wie Wasserfälle, Berggipfel, Seen, Höhlen oder Moore sein, aber auch kulturelle Sehenswürdigkeiten wie Dörfer und Städte, Museen, Schaubergwerke, Burgen und Schlösser. Freizeiteinrichtungen – z. B. Grillplätze, Lehrpfade, Tierparks, Strandbäder, Ausflugsgaststätten, Aussichtstürme und Museumseisenbahnen – kommen ebenfalls nicht zu kurz. Wo erforderlich, werden die Besichtigungs- bzw. Öffnungszeiten angegeben, bei wichtigen touristischen Zielen außerdem die Anschriften von Fremdenverkehrsämtern oder anderen Informationsstellen für zusätzliche Auskünfte.

Jeder Natur- und Nationalpark wird auf einer genauen Karte dargestellt, auf der die beschriebenen Ziele durch rote Punkte mit weißen Ziffern gekennzeichnet sind, die denen im Text entsprechen. Die Größe der Natur- und Nationalparks schwankt erheblich: zwischen 30 km² (Nationalpark Jasmund) und 2908 km² (Naturpark Altmühltal). Daher war es nicht möglich, allen Karten einen einheitlichen Maßstab zugrunde zu legen. Das jeweilige Größenverhältnis ist aus der Maßstabsleiste bei jeder Karte zu ersehen.

Die in den Karten vorkommenden Zeichen sind nebenstehend aufgeführt und erklärt. Allerdings konnte nur bei den großmaßstäblichen Karten (1:50 000 bis 1:100 000) der gesamte Zeichensatz berücksichtigt werden. Bei den kleinmaßstäblichen Karten (1:150 000–1:450 000) mußte jeweils eine Auslese getroffen werden.

Natur- und Nationalparkkarten: Zeichenerklärung

Grenzen

Staatsgrenze mit Grenzübergang
Natur- oder Nationalparkgrenze
Militärisches Sperrgebiet

Verkehrsnetz

Autobahn mit Nummer und Anschlußstelle
Bundesstraße mit Nummer
Hauptstraße
Nebenstraße
Fahrweg
Wanderweg
Touristikstraße (Deutsche Weinstraße)
Gesperrte Straße
Eisenbahnhauptstrecke mit Bahnhof
Eisenbahnnebenstrecke mit Bahnhof
Eisenbahntunnel
Zahnradbahn
Seil- und Schwebebahn
Sessellift
Personenfähre (Meer/See, Fluß)
Autofähre (Meer/See, Fluß)
Mole, Anlegestelle

Boden und Bodenbewuchs

Wald
Freifläche
Moor, Sumpf
Watt

Geländeformen

Steilrand oder Böschung
Damm, Deich
Felsen
Gletscher, Eis
Fluß, Bach mit Wasserfall

Topographische Einzelzeichen

Kirche, Kapelle (außerorts)
Kirchen-, Kapellenruine (außerorts)
Kloster
Klosterruine
Burg, Schloß
Burg-, Schloßruine
Hügel-, Steingrab
Denkmal, Gedenkstätte
Funk-, Fernseh-, Sendeturm
Leuchtturm
Aussichtsturm
Aussichtspunkt, Rundblick
Windmühle
Höhle
Limes

Piktogramme

Gasthaus, bewirtschaftete Hütte (außerorts)
Grillplatz
Schutzhütte
Naturfreundehaus, Bergwachthütte
Rastplatz (außerorts)
Parkplatz
Museum (außerorts)
Freilichtmuseum
Infozentrum
Fluggelände
Spielplatz
Freizeit-, Vergnügungspark
Freibad
Hallenbad
Badestrand, Badestelle
Sonstige Besonderheiten (Bergwerk)
Lehrpfad
Wildgehege
Zoo

Regionalkarten: Zeichenerklärung

Staatsgrenze
Autobahn mit Nummer
Stadt, groß (≥ 100 000 Einwohner)
Stadt/Ort, klein (< 100 000 Einwohner)

Für Mensch und Natur: unsere Natur- und Nationalparks

Deutschlands Fauna ist noch immer reich: Rund 45 000 Tierarten leben zwischen Alpen und Nordsee, doch ihre Zahl nimmt von Jahr zu Jahr mit erschreckender Geschwindigkeit ab. Jedes Jahr, so schätzen Experten, sterben etwa 90 heimische Tierarten aus. Mehr als die Hälfte der Libellen, jeder zweite Käfer, fast drei Viertel aller Fischarten sind bereits verschwunden oder in ihrer Existenz gefährdet.

Bei den Pflanzen ist die Lage ebenso alarmierend: Von ihnen steht über ein Drittel in der sog. roten Liste der gefährdeten Tiere und Pflanzen. Und der Zustand des Bodens ist in manchen Gegenden katastrophal, das Waldsterben geht anscheinend unaufhaltsam weiter, sauberes Trinkwasser wird knapp. Keine Frage – die natürliche Umwelt ist krank und braucht dringend unseren Schutz. Diese Erkenntnis ist gewiß nicht neu, die Ursachen der Umweltzerstörung liegen ebenfalls klar auf der Hand: Eingriffe des Menschen in den Naturhaushalt, ob nun absichtlich oder unabsichtlich, geringfügig oder schwerwiegend.

Mehr denn je müssen wir heute begreifen, daß die Zerstörung der Natur gleichzeitig auch die Zerstörung unseres eigenen Lebensraumes ist. Nirgends in Deutschland erteilt Mutter Natur dem Menschen in dieser Beziehung so viel Nachhilfeunterricht wie auf den Düneninseln an der Nordseeküste, wo die Bewohner befürchten müssen, daß ihre Eilande irgendwann einmal vom Meer aufgezehrt werden. Nicht umsonst stehen vor den Dünen Schilder mit der Aufschrift „Dünenschutz ist Inselschutz“, und wer einmal erlebt hat, wie Wind und Wellen sich bei Sturm die Trampelpfade als Angriffspunkte aussuchen, der wird die Sorge der Inselbewohner um ihre Dünenlandschaften verstehen. An der Küste hat der Naturschutz in unserem Land auch eine besonders lange Tradition, vor allem die Vogelschützer machten sich dort schon früh um die natürliche Umwelt verdient.

Durch Führungen wird im Nationalpark Bayerischer Wald bei den Besuchern ein besseres Verständnis für die bedrohte Natur geweckt.

Das erste Naturschutzgebiet, so wie es heute verstanden wird (siehe Kasten auf der rechten Seite), entstand allerdings tief im Binnenland: im Siebengebirge am Rhein. Bereits 1836 erwarb der Preußische Staat die Kuppe des Drachenfels, um diesen Vulkanfelsen mit seiner einzigartigen Flora und Fauna vor der Zerstörung durch den Steinbruchbetrieb zu schützen. Weitere Naturschutzgebiete folgten im Lauf der Zeit. Eine wirksame rechtliche Verankerung erhielten sie 1935 mit dem Erlaß des Reichsnaturschutzgesetzes, das 1976 durch das Bundesnaturschutzgesetz abgelöst wurde. Heute gibt es zwischen List und Lindau, Euskirchen und Eisenhüttenstadt mehrere tausend Naturschutzgebiete, dazu ungezählte Landschaftsschutzgebiete und Naturdenkmäler.

Die Naturschutzgebiete Deutschlands sind als letzte Zufluchtsstätten für die bedrohte Tier- und Pflanzenwelt unersetzlich. Sie haben jedoch oft einen entscheidenden Nachteil: sie sind meist viel zu klein, um ihre Aufgabe erfüllen zu können. Gerade 0,5 ha groß ist z. B. das Hochmoor auf dem Heidenkopf im Landkreis Euskirchen, und 1 ha umfaßt das Naturschutzgebiet Erlenbruch im Bürgerbusch von Leverkusen. Wie sollen sich Pflanzen und Tiere in solchen isolierten Reservaten behaupten, die kaum mehr als handtuchgroß und in intensiv durch die Land- und Forstwirtschaft genutzten oder dichtbesiedelten Landschaften eingebettet sind? Mit diesem Problem muß sich der Naturschutz in Deutschland von jeher auseinandersetzen.

Das Hauptziel des 1909 in München gegründeten Vereins Naturschutzpark, nämlich in großflächigen Schutzgebieten von möglichst mehreren tausend Hektar Größe „ursprüngliche und eindrucksvolle Landschaften mit ihrer naturgegebenen Tier- und Pflanzengemeinschaft gegen die verhängnisvollen Eingriffe der fortschreitenden Zivilisation zu verteidigen“, mußte lange ein frommer Wunsch bleiben. Erst 1921, ein halbes Jahrhundert nach der Einrichtung des Yellowstone-Nationalparks im Westen der USA, des ältesten Nationalparks der Erde, erhielt Deutschland mit dem Naturschutzpark Lüneburger Heide ein Reservat von angemessener Größe. Dann dauerte es freilich noch einmal Jahrzehnte, bis 1958 als erster deutscher Naturpark der Hohe Vogelsberg und 1970 im Bayerischen Wald der erste deutsche Nationalpark eingerichtet wurden. Heute besitzt unser Land 80 Naturparks und zwölf Nationalparks sowie ein knappes Dutzend Biosphärenreservate, die sich allerdings teilweise mit den Natur- und Nationalparks überlappen, wie umgekehrt die Parks viele kleinere Natur- und Landschaftsschutzgebiete einschließen. Ohnehin dienen die Biosphärenreservate nur eingeschränkt dem Naturschutz. In erster Linie sollen sie der Wissenschaft Aufschluß über die Auswirkungen menschlicher Nutzungsformen auf den Naturhaushalt geben.

Die Träger der Naturparks sind im Verband Deutscher Naturparke e. V. zusammengeschlossen. Dieser vertritt die Naturparkidee in der Öffentlichkeit und setzt sich für den Natur- und Landschaftsschutz in den Naturparks ein. Auch auf internationaler Ebene gibt es eine Interessenvertretung: die Föderation der Natur- und Nationalparke Europas, der seit 1991 auch eine deutsche Sektion angehört.

Die Einrichtung des Naturschutzparks Lüneburger Heide als erstes großflächiges Schutzgebiet war ein Markstein in der Geschichte des Naturschutzes in Deutschland. Im Vergleich mit dem ältesten Nationalpark der Erde ist dieser Naturschutzpark freilich noch immer winzig: Der Yellowstone-Nationalpark umfaßt ein beinahe 50mal größeres Areal; selbst die größten deutschen Nationalparks an der Nordseeküste reichen bei weitem nicht an den berühmten Nationalpark in den Rocky Mountains heran.

Nicht nur in der Größe unterscheiden sich die Naturreservate Deutschlands von

Nationalparks sind oft, wie hier an der Müritz, in Zonen mit unterschiedlichen Schutzgraden eingeteilt.

In der Zone II z. B. sind nur naturverträgliche Wirtschaftsformen zugelassen.

vielen anderen in Übersee. Während dort oft noch echte, nahezu unberührte Wildnis unter besonderem Schutz steht, umschließen die deutschen Natur- und Nationalparks größtenteils Kulturlandschaften, die seit Jahrtausenden vom Menschen genutzt und geprägt wurden. Von einigen sog. Totalreservaten abgesehen, in denen die Natur völlig sich selbst überlassen bleibt, werden die geschützten Landschaften Deutschlands bis auf den heutigen Tag genutzt, etwa durch die Land- und Forstwirtschaft, durch Jäger und Fischer. Die Nutzung führt nicht selten zu Konflikten mit dem Naturschutz, mitunter bringt sie jedoch auch Vorteile für die Pflanzen- und Tiergemeinschaften. Die Zwergstrauchheiden im Naturschutzpark Lüneburger Heide etwa müssen regelmäßig abgeweidet werden, sonst würden sie im Lauf der Zeit vom Wald verdrängt. Die meisten Natur- und Nationalparks in Deutschland umfassen daher fast immer ein buntes Mosaik von Feldern, Wiesen und Wäldern, ja auch Siedlungen und Verkehrswegen. Häufig stehen in die Landschaft eingebettete Bauwerke, alte Windmühlen und Bauernhäuser, Burgen und Schlösser, Hügelgräber und Bildstöcke als kulturelles Erbe ebenfalls unter Schutz. Sie gehören einfach zu unseren Kulturlandschaften, verleihen ihnen den besonderen Charakter und werden deshalb in diesem Buch zusammen mit den Natursehenswürdigkeiten beschrieben. Gerade die Naturparks dienen ausdrücklich dem Erholungsbedürfnis des Menschen. Touristische Anreize sind willkommen; die Einrichtung von Wanderparkplätzen, Schutzhütten, Rastplätzen und Lehrpfaden wurde und wird meist gezielt gefördert. Anders verhält es sich mit den Naturparks in den neuen Bundesländern. Dort steht der Naturschutzgedanke im Mittelpunkt, Siedlungen, die im Westen meist zu den Naturparks gehören, werden im Osten teilweise ausgegliedert, und auch dem Tourismus werden dort stärkere Beschränkungen auferlegt. Sichergestellt wurden die Naturparks und anderen großflächigen Schutzgebiete durch ein Nationalparkprogramm, das kurz vor der Wiedervereinigung 1990 durch den Ministerrat der DDR beschlossen wurde. Damit bereicherte die ehem. DDR den heutigen Bestand an Schutzgebieten um fünf Nationalparks, drei Naturparks und sechs Biosphärenreservate. Weitere Parks, wie z. B. der Nationalpark Unteres Odertal, kamen inzwischen hinzu.

Leider mußten die Naturschutzbehörden in den vergangenen Jahren immer wieder die Erfahrung machen, daß Urlauber und Ausflügler den freien Zugang zu unseren geschützten Landschaften als Freibrief für rücksichtsloses Verhalten mißverstehen. Auf Sylt wurden (und werden) die mühsam angelegten Strandhaferpflanzungen auf den Dünen zertrampelt, im Schwarzen Moor, dem ökologisch wertvollsten Moor der Rhön, lieferten sich Ausflügler regelrechte Schlammschlachten; beim Rückgang der Pflanzenarten steht der Tourismus als Verursacher nach der Landwirtschaft, allerdings noch vor der Rohstoffgewinnung, an zweiter Stelle. Auf der anderen Seite gibt es aber auch zahlreiche Beispiele dafür, daß ein „sanfter“, behutsam in die richtigen Bahnen gelenkter Tourismus durchaus nicht zum Schaden der Natur sein muß. In vielen Ländern der Welt blieben die letzten Naturparadiese nicht trotz, sondern gerade wegen des Tourismus erhalten – warum sollte das bei uns nicht möglich sein?

Geschützte Landschaften

Naturschutzgebiete
Kleinere oder größere Gebiete, in denen ein besonderer Schutz von Natur und Landschaft zur Erhaltung von Lebensgemeinschaften oder Biotopen bestimmter wildlebender Tier- und Pflanzenarten notwendig ist. Landschaftsteile können aber auch aus wissenschaftlichen und naturgeschichtlichen Gründen unter Schutz gestellt werden.

Landschaftsschutzgebiete
Gebiete, die in erster Linie wegen der Vielfalt, Eigenart oder Schönheit des Landschaftsbildes sowie wegen ihrer besonderen Bedeutung für die Erholung geschützt werden. In ihnen sollte außerdem ein leistungsfähiger Naturhaushalt erhalten bzw. wiederhergestellt werden, nicht zuletzt um Wasser, Boden und andere Naturschätze weiterhin optimal nutzen zu können.

Nationalparks
Großräumige Gebiete von nationalem Rang, die hauptsächlich der Erhaltung eines möglichst artenreichen heimischen Tier- und Pflanzenbestandes dienen. Sie umfassen Naturlandschaften, die vom Menschen nicht oder nur wenig beeinflußt sind. Die Natur kann sich hier ungestört entfalten, eine wirtschaftliche Nutzung der Naturschätze ist – von Ausnahmen abgesehen – nicht zulässig. Soweit es der Schutzzweck erlaubt, sind Nationalparks für jedermann zugänglich.

Naturparks
Großräumige, reizvolle Kulturlandschaften, in der Regel mit vielen eingestreuten Natur- und Landschaftsschutzgebieten und einem hohen Waldanteil. Sie sollen dem Menschen als Erholungsgebiete frei zugänglich sein und durch schonende Formen der Landnutzung und Landschaftspflege als solche erhalten werden. Zu den Aufgaben eines Naturparks gehört nicht nur der Schutz von Natur und Landschaft, sondern auch die Erhaltung historischer Stätten und gewachsener Ortsbilder.

Biosphärenreservate
Biosphärenreservate gehören zu dem Netz von Schutzgebieten, das von der UNESCO im Rahmen ihres Programms *Der Mensch und die Biosphäre* seit 1970 weltweit eingerichtet wurde und in erster Linie der Forschung dient. Diese Reservate schließen den Menschen und seine Nutzungsansprüche gezielt mit ein. In den Reservaten soll die Belastbarkeit von Ökosystemen und Lebensräumen untersucht werden. Die Ergebnisse dienen der Politik und Planung als Entscheidungshilfe.

1 Bayerische Alpen

Wo der Berg ruft

Deutschlands „Dach“ hat zwar keinen Dreitausender vorzuweisen, doch machen dies die imposanten Bergformationen mit ihren schroffen Kalkwänden leicht wieder wett. Einer dieser Felsgiganten ist der Watzmann, dessen berühmt-berüchtigte Ostwand die Touristen vom Jennergipfel aus bestaunen.

Bayerische Alpen

Nationalpark Berchtesgaden

Größe: 210 km², gegründet 1978.

Der Nationalpark Berchtesgaden liegt im äußersten Südosten Bayerns und umfaßt im wesentlichen den deutschen Anteil an den Salzburger Alpen. Im Westen, Süden und Osten bildet die Grenze des Parks zugleich die Grenze zum Nachbarland Österreich, wo sich das ausgedehnte Naturschutzgebiet Salzburger Kalkhochalpen anschließt.

Nur wenige der schroffen Felsgipfel lassen sich auch von ungeübten Bergwanderern besteigen. Auf den 1875 m hohen Jenner gelangen die meisten Besucher mit der Seilbahn.

Bekannte landschaftliche Glanzlichter des Nationalparks sind der malerische Königssee und das mächtige, das gesamte Gebiet überragende Gipfeltrio des Watzmanns. Mit 2713 m Höhe (Mittelspitze) ist er der zweithöchste Berg Deutschlands. Mit Recht wird diese grandiose Berglandschaft von vielen als attraktivster Teil der deutschen Alpen betrachtet.

Schon zu Beginn dieses Jahrhunderts wurde von Naturfreunden und Wissenschaftlern die Forderung erhoben, das Gebiet um den Königssee unter besonderen Schutz zu stellen. In erster Linie ging es den Initiatoren darum, die alpine Tier- und Pflanzenwelt zu bewahren. Bartgeier, Luchs und Bär waren schon damals praktisch ausgerottet, und manchen seltenen Blütenpflanzen drohte das gleiche Schicksal. Ein umfassender Naturschutz war allerdings zunächst noch nicht möglich, denn das betreffende Gebiet gehörte zur Hofjagd der bayerischen Landesherren. Immerhin erreichte man, daß 1910 zumindest ein Pflanzenschutzgebiet am Königssee eingerichtet wurde. 1921 konnte das Gebiet erheblich vergrößert und zum Naturschutzgebiet erklärt werden.

Allerdings war es nicht einfach, die Ziele des Naturschutzes durchzusetzen, denn es bestanden große Interessenkonflikte. Die Bergbauern wollten nicht auf ihre Weide- und Holzrechte verzichten. Mit der Idee der Naturschützer, den Wald sich selbst zu überlassen, also einen Urwald entstehen zu lassen, konnten sich viele nicht anfreunden.

Durch die Schutzmaßnahmen wurde das Naturreservat in den folgenden Jahrzehnten vor Straßenbauvorhaben und manchen anderen Eingriffen bewahrt. 1978 schließlich wurde das Naturschutzgebiet Königssee zum Nationalpark erklärt. 1990 erhielt es außerdem die Anerkennung als Biosphärenreservat und wurde mit dem Europa-Diplom ausgezeichnet.

Heute ist die Einsicht in die Notwendigkeit des Naturschutzes zwar größer geworden, doch gewachsen ist auch der verständliche Wunsch vieler Menschen, die unberührte Natur selbst zu erleben. Hunderttausende von Besuchern kann die empfindliche Natur aber nur verkraften, wenn die Bestimmungen zu ihrem Schutz strikt eingehalten werden. Um neben der Freude an den Schönheiten der Natur auch Wissen und tieferes Verständnis zu vermitteln, hat die Nationalparkverwaltung Informationszentren eingerichtet, in denen die Besucher alles Wissenswerte über Geologie, Tier- und Pflanzenwelt sowie über ökologische Zusammenhänge erfahren können.

Das Alpenschneehuhn bewohnt die kargen Felsschuttzonen oberhalb der Baumgrenze.

Auf besonders markierten, sicheren Wegen werden die Parkbesucher an die schönsten und interessantesten Punkte des Nationalparks geführt, während abseits der Wege Rückzugsgebiete für die Tierwelt frei von Störungen bleiben.

Eine Reihe mächtiger Gebirgsstöcke umschließt den tief eingesenkten Kessel, in dessen Zentrum Berchtesgaden liegt und der im Königssee seine südliche Fortsetzung findet. Im Osten wird der See vom Gebirgsstock des Hagengebirges gerahmt, im Süden vom Steinernen Meer und im Westen vom Watzmann. Über letzteren greift der Nationalpark jedoch hinaus und umfaßt zusätzlich die beiden parallel verlaufenden Täler des Wimbaches und des Klausbaches sowie die Gebirgsstöcke des Hochkalters bis hin zur Reiter Alm.

Der Gelbe Enzian gehört mit seinen hohen Blütenstauden zu den auffälligsten Pflanzen alpiner Matten.

Als Juwel des Nationalparks gilt der vielgerühmte Königssee. Fast senkrecht fallen die Bergflanken zum See hin ab und verleihen ihm das Aussehen eines tiefblauen Fjords. Er füllt eine Senke entlang einer Bruchlinie in der Erdkruste aus.

Die Bergmassive sind aus Dolomit und darüber lagerndem Dachsteinkalk aufgebaut, der gegen Ende der Triaszeit vor rund 200 Mio. Jahren abgelagert wurde. Weil das Kalkgestein außerordentlich hart ist, läßt die Verwitterung keine gerundeten, sondern scharfkantige Formen entstehen. Das gilt im kleinen wie im großen: Scharfe, gezackte Grate und schroffe Felswände, betont noch durch die helle Farbe des Gesteins, beherrschen deshalb das Landschaftsbild. Vor allem durch den Einfluß von Frost und gefrierendem Wasser wird das Gestein weiter abgetragen, wenn auch nur sehr langsam.

Häufiger Steinschlag und große Schutthalden sind Zeugnisse dieses Vorgangs. Das Wimbachtal im Westen des Nationalparks ertrinkt geradezu in Gesteinsschutt, der sich am Fuß der kahlen Felswände angesammelt hat.

Kalk wird überdies vom Wasser leicht gelöst. Dadurch entstehen eigenartige Rinnen und Spalten im Gestein, sog. Karren. Besonders zahlreich treten diese bizarren Karsterscheinungen auf den Hochflächen des Steinernen Meeres und des Hagengebirges auf. Weil das Wasser durch zahllose kleine Trichter rasch im Untergrund verschwindet, gibt es in dieser eigenartigen Karstlandschaft keine Bäche. Daß sich die Lösungsvorgänge aber auch in der Tiefe fortsetzen, zeigen mehrere Höhlen. Die größte von ihnen ist die 6,5 km lange Salzgrabenhöhle im Steinernen Meer.

Bodenbildung und Pflanzenwuchs sind im verkarsteten Gebirge stark erschwert. Erst in Lagen unterhalb von 1500 bis 1700 m, wo Dolomit das vorherrschende Gestein ist, tritt ein zusammenhängender Baumbestand auf. Latschen, Zirben und Lärchen trotzen in dieser Vegetationszone Wind und Wetter.

Die bezaubernde Wallfahrtskirche St. Bartholomä zieht auch an schönen Wintertagen viele Besucher an.

Eine besonders artenreiche Pflanzenwelt gedeiht auf den alpinen Matten und in der Felsschuttzone, darunter auch solche Kostbarkeiten wie Zwerg-Alpenrose, Pyrenäen-Drachenmaul und Edelweiß.

Dank strenger Schutzbestimmungen ist der Nationalpark heute eine sichere Heimat für viele Alpentiere. Zahlreich vertreten sind in der Fels- und oberen Waldzone die kletterfreudigen Gemsen. Sogar die Steinböcke, die hier zunächst nicht heimisch waren und erst 1937 ausgesetzt wurden, haben sich erfreulich vermehrt.

Den Lebensraum der alpinen Matten teilen sich Schneehasen und Murmeltiere. Vor allem um den Funtensee im Steinernen Meer gibt es große Murmeltierkolonien. Dem extremen Höhenklima trotzen auch Kleintiere wie Alpensalamander und Kreuzotter. Beide sind schwarz gefärbt – eine Erscheinung, die im Hochgebirge bei vielen Tierarten auftritt.

Zu den imposanten Vertretern der Vogelwelt zählen die Steinadler, die hoch über den Felswänden ihre Kreise ziehen. Während dieser majestätische Greifvogel im Nationalpark überlebt hat, gilt der Bartgeier inzwischen als ausgestorben.

i Nationalparkverwaltung Berchtesgaden, Doktorberg 6, 83471 Berchtesgaden.

Nationalpark Berchtesgaden

Im äußersten Südosten Deutschlands liegt eine der schönsten Alpenlandschaften. Den Königssee umrahmen herrliche Bergketten von majestätischer Erhabenheit: Watzmann, Hochkalter und Jenner sind Namen, die bei jedem Bergwanderer Sehnsüchte wecken.

Malerische Winkel, wohin man blickt: Hinter der Ramsauer Dorfkirche mit ihrem typischen Zwiebelturm ragt majestätisch die schneebedeckte Reiter Alm auf.

❶ **Reiter Alm** Am Nordwestrand des Nationalparks liegt das aus mehreren Gipfeln bestehende Massiv der Reiter Alm, die im Großen Stadelhorn mit 2286 m ihre größte Höhe erreicht. Eingesenkt zwischen den Spitzen erstreckt sich eine Hochfläche. Im nördlichen Teil prägen Wiesen, Almen und Zirbenwälder das Bild – hier gibt es den größten zusammenhängenden Zirbenbestand im Nationalpark. Der Süden hingegen präsentiert sich als bizarre Felslandschaft.

In diese faszinierende Gegend führen mehrere Wege, die allesamt geübten und gut ausgerüsteten Bergwanderern vorbehalten sind. Als relativ ungefährlich und besonders schön gilt der Wachterlsteig; von der Schwarzbachwacht an der B 305 erreicht man – an der Nordgrenze des Nationalparks entlang – in rund 4 Stunden die Neue Traunsteiner Hütte, wo man einkehren und übernachten kann.

❷ **Halsalm** Vom Wanderparkplatz Wildgatter am südwestlichen Ortsausgang von Hintersee folgt man noch rund 600 m der Straße und biegt dann rechts ab, dem Schild Richtung Halsalm/Böselsteig folgend. Bald läßt man den Wald hinter sich und wandert durch grüne Almwiesen. Nach 1$^1/_2$ Stunden ist man bei der 1240 m hoch gelegenen Halsalm angelangt.

Rund 500 m tiefer glitzert der Hintersee (siehe ❸). Man steht vor der atemberaubend schönen Gipfelkette der Reiter Alm mit Edelweißlahnerkopf (1953 m), Schottmalhorn (2045 m) und Knittelhorn (2015 m) und blickt über das Tal des Klausbaches zur Hochkaltergruppe (2607 m).

❸ **Hintersee** Bei Sonnenschein strahlt der See, der etwas außerhalb des Nationalparks liegt, in tiefstem Blau. Ohne größere Anstrengung kann man den bis zu 60 m tiefen, fischreichen Hintersee in etwa 1 Stunde auf geschotterten, meist ebenen Wegen umrunden. Am Nordufer lohnt sich ein Blick in die Antoniuskapelle, deren Barockfresken einige Szenen aus dem Leben des Heiligen darstellen.

❹ **Zauberwald** 200 m vom Parkplatz Seeklaus entfernt beginnt der Spazierweg durch den wildromantischen Zauberwald außerhalb des Parks. Hier gräbt sich der Abfluß des Hintersees, die Ramsauer Ache, in das weiche Kalkgestein ein. Der Pfad führt zwischen moos- und farnbewachsenen Felsblöcken durch einen stellenweise tatsächlich wie verzaubert anmutenden Mischwald.

❺ **Ramsau bei Berchtesgaden** Das hübsch gelegene Dorf, eine Ansammlung verstreut liegender Höfe, zieht sich an der nördlichen Grenze des Nationalparks entlang. Mitten in dem Kurort steht die Pfarrkirche St. Fabian und Sebastian, ein ursprünglich spätgotisches, mehrfach umgebautes Gotteshaus. Der liebevoll angelegte Friedhof mit seinen reichgeschnitzten Holzkreuzen zeugt von der Geschicklichkeit und Originalität einheimischer Kunsthandwerker.

Zahlreiche Spazier- und Wanderwege nehmen in Ramsau ihren Ausgang. Empfehlenswert ist beispielsweise ein kleiner Ausflug zur Kreuzigungskapelle aus dem Jahr 1774 mit ihrer schönen Deckenbemalung und weiter zur 1733 vollendeten Wallfahrtskirche Maria Kunterweg, einem Meisterwerk des Rokoko. Man startet an der Pfarrkirche St. Fabian und Sebastian zu dem knapp 2 km langen Rundweg R 3.

ℹ Kurverwaltung, Haus des Gastes, Im Tal 4, 83486 Ramsau, Tel. 0 86 57/98 89 20.

❻ **Klausbachtal** Man stellt das Auto am Parkplatz Wildgatter oder Seeklause ab, da die Fahrstraße durch das Tal für den privaten Autoverkehr gesperrt ist. Parallel zur Straße läuft – nach 300 m links abzweigend – ein neu angelegter, breiter Fußweg.

Der Spaziergang durch das flache, im un-

teren Teil noch recht breite Tal ist auch für Familien mit Kindern leicht zu bewältigen. Bald nähert sich der Weg dem murmelnden Klausbach und folgt ihm ein Stück durch einen trockenen, mit Wacholder durchsetzten Wald. Sobald man aus ihm hinaustritt, türmen sich rechts die hellen, senkrechten Wände der südlichen Reiter Alm auf, die von den Einheimischen auch Ramsauer Dolomiten genannt werden. Nachdem der Weg mehrmals den Bach gekreuzt hat, ist man schon an der Engerthütte angelangt.

7 **Wildgatter** Beim Spaziergang durch das Klausbachtal kommt man an einem 45 ha großen Gatter vorbei, in dem sich im Winter das Rotwild aufhält. Warum es hier von den Naturschützern gefüttert wird, erläutert ein Faltblatt der Nationalparkverwaltung: Die Hirsche sind früher im Winter ins schneeärmere Vorland ausgewichen, wo genügend Nahrung zu finden war. Heute unterbinden Straßen diese natürliche Wanderung. Um den Bestand trotzdem zu erhalten, muß man die Tiere im Wintergehege füttern. Besonders Kinder freuen sich darüber, die ansonsten recht scheuen Tiere aus der Nähe zu erleben. Ein Fernglas sollte man dennoch bereithalten, denn in den Südlagen der umliegenden Felswände sind immer wieder Gemsen zu beobachten.

8 **Bindalm/Hirschbichl** Die Bindalm liegt fast ganz am Ende des Klausbachtales, umgeben von riesigen Fichten. Von der Engerthütte geht es – mal steil, mal eben, vorbei an mehreren Quellen – die 2 km hinauf zu den vier Hütten dieser wunderschönen Alm. Eine der im Berchtesgadener Land „Kaser“ genannten Hütten wurde andernorts abgebaut und hier oben originalgetreu wieder zusammengesetzt.

Jetzt sind es nur noch wenige hundert

Alpenvögel: Adler & Co.

Die Bergwälder des Nationalparks bieten durch ihren reichen Bestand an Totholz den im Flachland selten gewordenen Schwarz- und Dreizehenspechten einen Lebensraum; auch Birk- und Auerhuhn sind noch anzutreffen.
In größeren Höhen tummeln sich die schwarzgefiederten Alpenkrähen und -dohlen (Bild). Man unterscheidet sie an der Farbe des Schnabels: bei der Alpenkrähe ist er rötlich, bei der Alpendohle gelb. Beide Arten nisten in Felsspalten, die Schutz vor Wind und Nesträubern bieten. Selten bekommt man das Alpenschneehuhn zu sehen; sommers wie winters paßt es sich farblich seiner Umgebung an. Bei extremer Kälte gräbt es sich in den Schnee ein. Wird es in dieser Zeit gestört, so kann das fatale Folgen haben: Beim Auffliegen verbraucht das Tier viel Energie, so daß es an Entkräftung sterben kann.

Hoch oben zieht der Steinadler auf weiten Schwingen seine Kreise um die Felsgipfel. Die Horste befinden sich gut versteckt in den Felswänden, allerdings meist nicht weit unter der Baumgrenze, damit die schwere Beute, vor allem Murmeltiere und andere Kleinsäuger, nicht so hoch hinaufgetragen werden muß.

Wild schäumt das Wasser in der engen Wimbachklamm zu Tal – ein grandioses Schauspiel, das Spaziergänger bequem von sicheren Holzstegen aus miterleben können.

Meter bis zur Berggaststätte *Hirschbichl* (Di Ruhetag). Sie liegt bereits in Österreich; man sollte deshalb seinen Personalausweis mitführen.

Von Hintersee bis zum Hirschbichl (Höhenunterschied 350 m) braucht man gut 2 1/2 Stunden. Die Strecke ist auch auf der Straße mit dem Fahrrad zu bewältigen.

9 **Soleleitungsweg** Als sonniger Höhenweg zieht sich dieser Pfad nördlich von Ramsau entlang. Er folgt der alten, 29 km langen Soleleitung, in der die Salzlösung 1817–1927 vom Salzbergwerk Berchtesgaden nach Bad Reichenhall gepumpt wurde. Hier und da sind Reste der Holzrohre zu sehen, die aus ausgehöhlten Baumstämmen bestanden.

Ein guter Einstieg in einen sehr reizvollen Abschnitt des auch im Winter geräumten Weges befindet sich beim Gasthaus *Zipfhäusl*; der an der B 305 ausgeschilderte Parkplatz liegt bereits fast 1000 m hoch, so daß man keine besonderen Steigungen mehr zu Fuß bewältigen muß. Vorbei an der Ausflugsgaststätte *Gerstreit* geht es in 2 Stunden hinüber zum Söldenköpfl. Auf dem ganzen Weg begleitet den Wanderer ein faszinierendes Gebirgspanorama: Reiter Alm, Hochkalter und Watzmann wetteifern um den Ruhm des schönsten Berges.

10 **Blaueisgletscher** Nur für geübte Wanderer eignet sich die hochalpine Tour zur 1680 m hoch gelegenen *Blaueishütte* am Hochkalter. Wer aber den Aufstieg geschafft hat, genießt einen traumhaften Blick auf den Hintersee und Ramsau. Nicht mehr weit ist es zum Blaueisgletscher, dem nördlichsten Eisstrom der Alpen. Kenner empfehlen als beste Wanderzeit den Juli, weil dann hier oben die Alpenrosen, auch Almrausch genannt, ihre roten Blüten öffnen.

Startpunkt für den 3stündigen Aufstieg zur *Blaueishütte* ist der Wanderparkplatz Zauberwald/Seeklause oder der Parkplatz in Ramsau, rund 500 m westlich der Kirche. Beide Wege vereinen sich kurz vor der *Schärtenalm*, die wie die *Blaueishütte* bewirtschaftet ist. Ein paar hundert Meter weiter oben beginnt der Gletscher. Das Betreten des Eises ist lebensgefährlich!

11 **Wimbachklamm** Eines der großartigsten Naturwunder des Berchtesgadener Landes hat der Wimbach geschaffen. Man parkt auf dem ausgeschilderten Wanderparkplatz Wimbachbrücke an der B 305 östlich von Ramsau. Eine Tafel weist auf die verschiedenen Wanderwege hin.

Der zunächst steilen, asphaltierten Straße folgt man rund 1 km, dann zweigt links ein Fußweg zum Eingang der Klamm ab. Wer seinen Eintritt am Kassenhäuschen bezahlt hat, kann die eindrucksvolle Schlucht betreten. Durch den extrem engen Spalt stürzt der Wimbach über schräge, bemooste Felsplatten. Der Fußweg verläuft auf Holzbohlenstegen und -brücken in halber Höhe durch die Schlucht.

12 **Wimbachschloß** Hinter der Wimbachklamm beginnt das eigentliche Wimbachtal. Eindrucksvolle Felsformationen säumen den Weg, allein der Blick auf die Palfelhörner ist die Wanderung wert.

Man wandert hier auf breitem, nur sanft ansteigendem Schotterweg am Grund eines einstigen Bergsees. Meter um Meter verbreitert sich ein riesiges Schuttfeld, das der Bach im Lauf der Zeit aufgeschüttet hat. Hinter einer Schutzmauer ist der Wasserlauf plötzlich nicht mehr zu entdecken; er fließt hier unterirdisch.

Nach gut 1 Stunde ist auf 941 m Höhe das *Wimbachschloß* erreicht, eine im Sommer bewirtschaftete Berghütte, die einst als Jagdschlößchen diente. Von dort hat man noch einmal einen schönen Blick über das

Gries, wie die Schotterfläche von den Einheimischen genannt wird.

13 **Wimbachgrieshütte** Der attraktivste Abschnitt des Wimbachtales liegt ganz an seinem Ende, um die im Sommer bewirtschaftete *Wimbachgrieshütte* (1327 m) herum. 1½ Stunden braucht man vom *Wimbachschloß* hierher, vom Parkplatz Wimbachbrücke aus etwa 1 Stunde länger. Hier können Bergsteiger auch übernachten.

Wer sich für Pflanzen interessiert, kann beobachten, in welchen Etappen die Flora das Gries besiedelt. Schotterbänke, die das Wasser gerade erst umgelagert hat, zeigen nur spärliche Vegetationsspuren; allenfalls vereinzelte Pionierpflanzen sind zu entdecken. Schon länger nicht mehr veränderte Bänke hingegen werden bereits von einer größeren Zahl von Gewächsen besiedelt.

14 **Watzmann** Beim berühmten Watzmann handelt es sich nicht um einen einzelnen Berg, sondern um ein Massiv aus mehreren Gipfeln, die Watzmannfamilie. Und das sind die wichtigsten Mitglieder: der Kleine Watzmann oder Watzmannfrau (2307 m), die Watzmannkinder (2225 m, 2232 m und 2247 m), die Südspitze (2712 m), das Hocheck (2651 m) und schließlich die Mittelspitze mit ihren 2713 m. Nur sehr erfahrene Bergsteiger wagen den schwierigen Aufstieg.

Wer nicht ganz so hoch hinauswill, der kann – entsprechende Kondition und geeignete Ausrüstung vorausgesetzt – immerhin bis zum grandios am Falzkopf gelegenen *Watzmannhaus* auf 1928 m Höhe aufsteigen. Man startet am besten an der Wimbachbrücke in Ramsau. Auf dem Weg über die Stubenalm, Mitterkaseralm und die Falzalm reiht sich Kehre an Kehre. Nach 3–4 Stunden kommt man zur Hütte, in der im Sommer Speisen und Getränke angeboten werden.

Der Blick hinüber zum Hochkalter läßt selbst eher nüchterne Menschen ins Schwärmen geraten. Um nicht denselben Weg zurückgehen zu müssen, empfiehlt sich die Strecke über die Kühroint- und die Schapbachalm.

15 **Eiskapelle** Am Fuß der 2000 m hohen Watzmann-Ostwand liegt eine eindrucksvolle Eishöhle, die unter dem Namen Eiskapelle bekannt ist. Sie ändert ständig ihr Aussehen, denn sie verdankt ihre Entstehung dem Eisbach, der aus dem komprimierten Schnee herabgestürzter Lawinen die bläulich schimmernde Grotte herausgewaschen hat.

Von St. Bartholomä (siehe 27) spaziert man durch einen schönen Laubwald bis zur spätgotischen, 1617 errichteten Kapelle St. Johann und Paul am Eisbach. Wo der Weg in den Nadelwald führt, wird er ein kurzes Stück weit etwas steiler. Dann hat man bald den Eisgraben erreicht, an dessen Ende die Eiskapelle wartet. Sie zu betreten ist allerdings lebensgefährlich.

Für die herrliche Tour sollte man hin und zurück eine Gehzeit von 2½ Stunden einkalkulieren.

Bläulich schimmert das Eis, das dem Blaueisgletscher am Hochkalter seinen Namen gegeben hat. Die winterlichen Schneefälle sorgen jedes Jahr für Nachschub.

16 **Funtensee** Dicht an der Grenze zu Österreich, am Steinernen Meer gelegen, schimmert auf 1601 m Höhe idyllisch in einem Bergkessel der Funtensee. Etwas oberhalb lädt das *Kärlingerhaus* in der Saison zur Einkehr ein.

4 Stunden muß man für den Aufstieg von St. Bartholomä (siehe 27) über die Saugasse auf gut begehbaren, markierten Wegen rechnen; fast genausolang dauert der Abstieg. Ausreichend Zeit und Kondition sind daher für diese Wanderung nötig.

17 **Berchtesgaden** In dem Kurort außerhalb des Parks scharen sich die wichtigsten kul-

Farbenpracht hoch droben

Der Nationalpark ist ungewöhnlich reich an verschiedenen Pflanzenarten: 2000 Pilze, 600 Flechten, 500 Moose sowie 1000 Farne und Blütenpflanzen haben die Forscher gefunden.

Fast alle haben sich auf dem hier vorherrschenden kalkhaltigen Untergrund spezialisiert; in den Zentralalpen gibt es mehr kalkarme Böden. Oft hat eine kalkliebende Art einen Vetter, der solchen Boden scheut. Ein Musterbeispiel ist der Stengellose Enzian (Bild): Die Unterart *acaulis* gedeiht nur auf Kalk, die Unterart *kochiana* hingegen ausschließlich auf silicatischen Böden. Zwar machen die alpinen Rasen oberhalb der Baumgrenze nur 10 % der Nationalparkfläche aus, doch bergen sie die schönsten Blumen.

Neben dem Stengellosen Enzian findet man den Gelben Enzian und den Schwalbenwurzenzian. Die Alpentroddelblume schiebt ihre violetten Zipfelblüten sogar durch die Schneedecke. Das Fettkraut ergänzt die Nahrung dadurch, daß es mit seinen klebrigen Blättern Insekten fängt. Als Kleinod gilt das Schwarze Kohlröschen, eine Orchidee mit einer Ähre dicht beieinander sitzender dunkelroter Blüten, und eine Berühmtheit ist das Edelweiß, das in Höhen über 1700 m an schwer zugänglichen Stellen vorkommt.

turellen Sehenswürdigkeiten rund um Markt- und Schloßplatz. Die ältesten Teile des Schlosses stammen aus dem 12. Jh., seine jetzige Form erhielt die fürstpröpstliche Residenz im 18. Jh. Ein heute darin untergebrachtes Museum zeigt wertvolle Werke aus Wittelsbacher Kunstbesitz (Oktober–Ostern Mo–Fr, Ostern–September So–Fr geöffnet). Die romanisch-gotische Stiftskirche und die heute barocke Pfarrkirche St. Andreas beeindrucken durch ihre reichen Ausstattungen. Am nordöstlichen Ortsrand, nahe der Salzburger Straße, präsentiert im 1614 erbauten Schloß Adelsheim das Heimatmuseum seine anschauliche Sammlung zur Geschichte und Kultur des Berchtesgadener Landes.

In der Saison tummeln sich hier zahllose Touristen; entsprechend groß ist das Angebot der Souvenir- und Kunsthandwerkerläden.

Einen prächtigen Panoramablick hat man vom Kehlsteinhaus am Obersalzberg, zu dessen Füßen sich Berchtesgaden ausbreitet, das touristische Zentrum der Region (oben).

Mitten im Ort steht das Franziskanerkloster, das z. T. noch heute von Mönchen bewohnt wird und außerdem das zentrale Nationalpark-Haus beherbergt (sonn- und feiertags geschlossen). Hierher kommen alle, die sich mit dem Nationalpark Berchtesgaden näher befassen wollen – spätestens bei schlechtem Wetter.

Informationstafeln, Diashows und eine Fülle von Broschüren vermitteln alles Wissenswerte. Da geht es um die Geologie, um Minerale und Fossilien, man erfährt Interessantes über Klima, Fauna und Flora. Die kleinen Besucher zieht es in die Kinderecke, wo sie behutsam an Umweltfragen herangeführt werden.

Wer den Doktorberg hinaufgeht und dem Schild zu den Gletschermühlen folgt, kommt zu einem Steg an senkrechtem Fels; von dort hat man einen schönen Blick über die Dächer Berchtesgadens. Man spaziert weiter zu den Gletschermühlen: runden Löchern im Fels, die vom Schmelzwasser im Zusammenwirken mit Gesteinsbrocken in den harten Untergrund geschliffen wurden. Weiter geht es dann zur weltbekannten Skisprungschanze.

Den besten Blick über Berchtesgaden und in den Nationalpark genießt man von der 1189 m hohen Kneifelspitze. Man parkt an der wunderschönen Wallfahrtskirche von Maria Gern und gelangt über das Lauchlehen in 2 Stunden zum Gipfel. Alle überragenden Gebirgsstöcke der Region erscheinen bei entsprechenden Wetterlagen zum Greifen nahe.

i Nationalpark-Haus, Franziskanerplatz 7, 83471 Berchtesgaden, Tel. 0 86 52/6 43 43.

i Kurdirektion des Berchtesgadener Landes, Königsseer Straße, 83471 Berchtesgaden, Tel. 0 86 52/96 70.

Imposante Felsgipfel grenzen das Berchtesgadener Land gegen Österreich ab. Die Reiter Alm bildet den nordwestlichen Eckpfeiler dieser Gebirgsmauer (siehe auch Seite 16).

18 Salzbergwerk Eine besondere Attraktion ist das Berchtesgadener Salzbergwerk (im Ort ausgeschildert; Mai–Mitte Oktober täglich, Mitte Oktober–April nur nachmittags außer So geöffnet).

Als Besucher erhält man Arbeitskleidung, die vor Schmutz und Feuchtigkeit schützt, und rattert dann auf der Stollenbahn in die Dunkelheit. Nach rund 10 Minuten erreicht man die erste Station, steigt ab und kann sich über den Salzabbau informieren. Eine Gaudi ist die Rutschpartie auf einer 34 m langen, von zahllosen Hosenböden blankgescheuerten Holzbahn. In der Salzgrotte funkelt das Steinsalz in allen Regenbogenfarben. Ein Videofilm und das angeschlossene Salzmuseum vertiefen das Gesehene. Sanft bringt ein Floß die Besucher dann über den Salzsee, ehe sie das Bergwerk mit Hilfe von Schrägaufzug und Grubenbahn wieder verlassen.

i Salzbergwerk, Bergwerksstr. 83, 83471 Berchtesgaden, Tel. 0 86 52/6 00 20.

19 Kehlsteinhaus Von Berchtesgaden erreicht man über die B 319 den Obersalzberg (ausgeschildert) und steigt dort in den Bus um. Er fährt auf der 1938/39 in den Fels gesprengten Kehlsteinstraße bis zum großen Parkplatz hinauf. Die letzten 124 Höhenmeter legt man mit einem komfortablen Aufzug zurück. Das Kehlsteinhaus (1837 m), für Adolf Hitler zu dessen 50. Geburtstag errichtet, präsentiert sich als monströses Werk der damaligen Architektur.

Schon immer war der Kehlstein ein gernbesuchter Aussichtspunkt: Weit blickt man hinüber zu den beeindruckenden Massiven von Jenner, Watzmannstock und Steinernem Meer.

20 Endstal Das kurze, auf drei Seiten von schroffen Felswänden umgebene Seitental ist auf einem bequemen Fußweg in weniger als 1 Stunde von der Scharitzkehlalm aus zu erreichen.

Zum Ausgangspunkt der reizvollen Tour gelangt man, indem man am Obersalzberg rechts auf die Serpentinenstraße fährt und nach wenigen Kilometern in den kleinen Fahrweg zum Wanderparkplatz bei der Alm einbiegt (im Sommer bewirtschaftet, im Winter nur bei Schnee).

21 Königssee Das vielbesuchte, nach dem See benannte Dorf beherbergt zahlreiche Cafés, Kioske und Souvenirläden (am besten auf dem großen Parkplatz parken). Im ehem. Bahnhof von Königssee, unweit vom Parkplatz, befindet sich die Nationalpark-Informationsstelle. Hier erfährt man alles Wesentliche, was für eine schnelle Orientierung im Gebiet nötig ist (Mitte Mai–Mitte Oktober Mo–Fr geöffnet).

Vor dem Gebäude beginnen viele geführte Wanderungen, die von der Nationalparkverwaltung organisiert werden. Zu mehr als einem Dutzend Themen gibt es informative Führungen: zu Geologie und Geschichte, zu Kulturlandschaft und Kräutern, zu Waldsterben und Wanderregeln.

Wohl die bekannteste Ansicht des Königssees ist die vom Malerwinkel aus, einem lauschigen Platz, den jährlich Tausende von Touristen aufsuchen (siehe auch Seite 22).

Hauptattraktion ist der Königssee: Bis vor rund 10 000 Jahren schob hier ein Gletscher seine Zunge nach Norden und hobelte einen Trog in die Talfurche. Als das Eis zurückging, füllte sich das Becken mit Wasser – der Königssee war entstanden. Seine Maße: fast 8 km Länge, eine Höchstbreite von über 1,3 km, und mit 190 m Tiefe gehört er zu den tiefsten Seen in Deutschland.

Spannend wird es bei einer Bootsfahrt, denn dabei zeigt der See erst seine wahre Schönheit. Wie ein Fjord drängt er sich zwischen die fast senkrecht aufragenden Felswände. Das Echo demonstriert der Bootsfahrer: Er stößt in seine Trompete, und mehrfach fällt der Schall zurück. Während der Fahrt erhält man Informationen und wird mit Anekdoten unterhalten. Mit Glück kann man vom Boot aus Gemsen in der Wand beobachten, deshalb sollte ein Fernglas im Rucksack nicht fehlen.

Die Boote der Staatlichen Schiffahrt Königssee fahren im Winter ab 9.45 Uhr etwa stündlich bis nach St. Bartholomä. Im

Mit der Grubenbahn fährt man in die Stollen des Salzbergwerks Berchtesgaden ein. Gaudi und interessante Information werden den Besuchern hier geboten.

Sommer hingegen läuft ab 7.15 Uhr alle 10 Minuten ein Schiff aus und macht auch an den Stationen Kessel und Salletalm fest.

i Staatliche Schiffahrt Königssee, Seestr. 55, 83471 Schönau am Königssee, Tel. 0 86 52/96 36 18.

i Nationalpark-Informationsstelle Königssee, Seestr. 17, 83471 Schönau am Königssee, Tel. 0 86 52/ 6 22 22.

22 Bob- und Rodelbahn Westlich der Bootsstege trainieren im Bundesleistungszentrum die Bob- und die Rennrodelfahrer im Eiskanal. Die Anlage ist von Oktober bis Februar in Betrieb und genießt internationalen Ruf. Sie war, 1968 erbaut, die erste Kunsteisbahn der Welt.

Ausgangspunkt für viele Unternehmungen ist die Gipfelstation der Jennerbahn: Im Sommer locken schöne Wanderwege.

Nicht ganz billig, dafür aber besonders faszinierend ist das Vergnügen, diese Strecke in einem „entschärften" Bob in ganzer Länge hinunterzurasen. Rasante Talfahrten sind aber durchaus auch preiswerter zu haben: Mit Rodelschlitten können sich die Gäste bei eigens für sie veranstalteten Rennen auf die Bahn wagen (verschiedene Termine im Winter).

i Verkehrsamt, Rathausplatz 1, 83471 Schönau am Königssee, Tel. 0 86 52/ 17 60.

23 Malerwinkel Wer hier nicht war, war nicht am Königssee. Vom kleinen Rundweg eröffnen sich traumhafte Blicke auf den See in seiner ganzen Länge. Dies haben auch die Künstler längst festgestellt; das tiefe Blau des Wassers, das geheimnisvolle Grau der Nebelschwaden und das abwechslungsreiche Farbenspiel der Felsen wurden schon oft aus dieser Perspektive gemalt.

Man geht am großen Parkplatz los, erreicht nach wenigen Minuten den See und hält sich auf dem sanft ansteigenden, rollstuhlgeeigneten Weg links. Vorbei an den Schiffshütten kommt man in den Wald und erreicht den Aussichtspunkt. Für den Weg benötigt man 1/2 Stunde.

Wem das zu kurz ist, der kann dem Malerwinkelweg in zwei Kehren bergauf folgen und über den Abzweig Rabenwand zurück ins Dorf Königssee wandern. Gelegenheit zu einem weiteren Abstecher bietet sich am genannten Abzweig, an der höchsten Stelle des Weges: nach rechts zur beliebten Aussichtsplattform Rabenwand.

24 Jenner In unmittelbarer Nähe des großen Parkplatzes am Königssee liegt die Talstation der Jennerbahn. Diese 1953 fertiggestellte Kleinkabinenseilbahn mit ihren originellen silbernen Gondeln überwindet einen Höhenunterschied von insgesamt 1170 m und bringt den Gast in hochalpine Regionen hinauf: Die Bergstation liegt auf 1802 m. Nur noch eine Viertelstunde auf leichtem Weg braucht man dann zur Jenner-Aussichtskanzel am Gipfel (1874 m).

Wer den Jenner zu Fuß erobern will, fährt auf der Straße von Berchtesgaden bis zum Parkplatz Hinterbrand an deren Ende. Über die Mitterkaseralm (1530 m) und das Mitterkaserjoch ist der Gipfel in rund 2 Stunden zu erreichen.

Im Winter tummeln sich am Jenner die Skifahrer. Mehrere Bahnen und Lifte erschließen das Gebiet.

i Berchtesgadener Bergbahn AG, Jennerbahnstr. 18, 83471 Schönau am Königssee, Tel. 0 86 52/9 58 10.

25 Archenkanzel Auf 1346 m Höhe liegt dieser bekannte Aussichtspunkt. Man startet am besten an der Bob- und Rodelbahn, hält sich zunächst Richtung Grünsteinhütte und biegt dann nach links zur Kührointalm (1420 m) ab. In der Hütte kann man sich vom 2 1/2stündigen Aufstieg erholen. Dann geht es auf die letzte Etappe (20 Minuten) bis zum Aussichtspunkt.

Die Bergwelt östlich und südlich des Königssees – mit Hohem Göll, Jenner, Schneibstein, Großem Teufelshorn und Steinernem Meer – bietet ein überwältigendes Panorama. Und unten leuchtet der Königssee, auf dessen spiegelnder Oberfläche die nur als weiße Punkte zu erkennenden Boote ihre Bahnen ziehen.

Wer mag, kann auf dem Rückweg in der während der Saison bewirtschafteten *Grünsteinhütte* Rast machen. Von dort aus kann man den Grünstein (1304 m) besteigen und sich am Ausblick über Schönau erfreuen.

㉖ **Gotzentalalm und Gotzenalm** Ausgangspunkt für eine Wanderung zu der schön gelegenen Gotzentalalm ist der Parkplatz Hinterbrand am Ende der Straße von Berchtesgaden Richtung Jennerbahn. Der einfachste Weg führt – vorbei an der Königsbachalm – in weniger als 2 Stunden zum Ziel auf 1110 m Höhe. Auf einem steil abfallenden Weg geht es an den Königssee, wo man an der Anlegestelle Kessel das Boot besteigen kann.

Zur *Gotzenalm* (1685 m) steigt der Weg von der Gotzentalalm aus in weit ausholenden Serpentinen an. Die Alm ist in der Saison bewirtschaftet und bietet Nachtlager. Vorher sollte man aber noch die paar Meter bis zum Aussichtspunkt Feuerpalfen (1741 m) hinaufgehen. Tief unten erkennt man das Kirchlein St. Bartholomä, dahinter die gewaltige Watzmann-Ostwand.

Empfehlenswert ist auch eine andere Variante: Von der Anlegestelle Kessel steigt man in rund 4 Stunden über Gotzentalalm und Seeau-Alm zur *Gotzenalm* auf und wandert in weiteren 3 Stunden über den Unteren Hirschlauf, die Priesberg- und die Königsbachalm zum Dorf Königssee oder zum Parkplatz Hinterbrand zurück. Wichtig bei dieser Wanderung – und das gilt für alle langen Touren – sind gute Kondition, festes Schuhwerk, geeignete Kleidung und ein Rucksack mit Proviant.

㉗ **St. Bartholomä** Malerisch auf dem Schwemmkegel des Eisbaches steht das Gotteshaus St. Bartholomä. Das Kirchlein – unverwechselbar durch seine originelle Kleeblattform – geht auf eine 1134 geweihte *Basilica Chunigesee* zurück; in den Chroniken ist 1522 erstmals von einer Kapelle des St. Bartholomäus die Rede. Der Heilige, dem die Kirche geweiht wurde, ist der Schutzpatron der Bergbauern, Sennerinnen und Hirten.

Ein schöner Spaziergang führt nach Süden am Ufer des Sees entlang. Außerdem gibt es einen Rundweg, den die Nationalparkverwaltung nördlich der Gaststätte anlegen ließ: Zunächst geht man zum Forsthaus am Waldrand, dann rechts ab ans Seeufer und diesem nach rechts folgend wieder zurück (1 Stunde).

㉘ **Obersee und Fischunkelalm** Von der Bootsanlegestelle Salletalm führt ein leichter Weg in rund 15 Minuten vorbei am winzigen Mittersee zum wunderschönen Obersee, dem „kleinen Bruder" des Königssees. Er ist eingekesselt von schroffen Felswänden, und in seiner dunklen Wasserfläche spiegelt sich der herrliche Röthbachfall, der mehr als 400 m über die steile Felswand herabstürzt.

Ein schwindelerregender Pfad windet sich bis zu 60 m über der Wasseroberfläche am rechten Ufer entlang. Nach gut 1/2 Stunde steht man vor der Fischunkelalm (620 m). Weitere 30 Minuten Gehzeit hat derjenige vor sich, der vom Fuß des Wasserfalls den grandiosen Blick über den Obersee auf die Watzmann-Ostwand genießen will.

Großartig ist das Zusammenspiel von blauem Wasser, hellem Fels und grünem Wald am Obersee, der u. a. vom Wasser des Röthbachfalls gespeist wird.

Angepaßte Spezialisten

Als Tiere, deren Körpertemperatur weitgehend der Außentemperatur angeglichen ist, sind die Insekten von den extremen Umweltbedingungen im Gebirge besonders betroffen. Kein Wunder, daß hier nur hochspezialisierte Arten überleben können. Viele zeichnen sich durch eine intensive Färbung aus. Nicht selten kann man vor allem Tagschmetterlinge beim Sonnenbaden mit ausgebreiteten Flügeln beobachten.
Der prächtigste ist der sehr selten gewordene, bis zu 6 cm Spannweite messende Alpenapollo (Bild), der meist um feuchte Stellen flattert. Ebenfalls Hochgebirgsspezialisten sind Alpensamt-, Alpenschecken-, Eis- und Bergmohrenfalter sowie der Alpengelbling. Von den Nachtfaltern haben sich Grauer Fleckenbär, Alpenwollfalter und Alpenringelspinner, Alpenwurzelbohrer und andere an das Leben im Hochgebirge angepaßt. Die größte Rarität unter den Alpenkäfern ist der bis zu 4 cm lange hellblaue Alpenbock, dessen Larven meist in absterbenden Buchen leben. Der Goldglänzende Laufkäfer fällt durch seine hellgrüne, metallische Färbung auf. Beim Rindenschröter, einer Hirschkäferart, besitzt das Männchen markante Oberkiefer. Von den Schrecken seien als Hochgebirgsbewohner die Sibirische Keulen- und die Gewöhnliche Gebirgsschrecke erwähnt.

2 Vom Neckar zur Donau

Buntes Vielerlei im Land der Schwaben

Mal weinselig-heiter, mal idyllisch-entrückt und gelegentlich sogar dramatisch – wie hier am Durchbruchstal der Donau durch das Massiv der Schwäbischen Alb: So vielgestaltig und facettenreich präsentieren sich die Naturparks im Schwabenland.

Vom Neckar zur Donau

An den sonnenüberfluteten Südhängen des Stromberges wird, wie hier am Michaelsberg, Wein angebaut.

Naturpark Stromberg–Heuchelberg

Größe: 330 km², gegründet 1980.

Der Naturpark gehört zu den kleineren und weniger bekannten in Deutschland. Er liegt nordwestlich von Stuttgart und umfaßt zwei ineinander übergehende Höhenzüge, die wie eine Insel aus dem dichtbesiedelten Land zwischen Neckartal und Kraichgau aufragen. Mit gewaltigen Höhen können Strom- und Heuchelberg nicht aufwarten – unter 500 m bleiben die höchsten Erhebungen. Diese sind – ebenso wie die Nordflanken der Höhenzüge – von Wald bedeckt; die Sandsteinböden geben so wenig her, daß kein Ackerbau betrieben werden kann. Schöne Wanderwege durchziehen die Wälder, in denen sogar noch die scheue Wildkatze zu Hause ist.

Dort, wo sich der Höhenzug stufenartig zum Neckarland und zum Kraichgau absenkt, bieten fruchtbare Böden an den sonnigen Südhängen gute Voraussetzungen für den Weinbau. In den geschützten Talnischen am Rand von Strom- und Heuchelberg liegen viele kleine Winzerorte, deren Namen bei Weinfreunden einen guten Klang haben, wie z.B. Horrheim, Kürnbach und Haberschlacht. Alles dreht sich in den schmucken Dörfchen um den Wein: Für den Besucher gibt es Gelegenheiten zur Weinprobe, zur Besichtigung von Weinmuseen und Weinlehrpfaden; selbst Weinseminare werden angeboten. Kein Wunder, daß Strom- und Heuchelberg zu den beliebten Ausflugszielen der Stuttgarter gehören.

ℹ Verein Naturpark Stromberg–Heuchelberg e.V., Geschäftsstelle, Brettener Str. 42, 75447 Sternenfels.

Über der Ortschaft Oppenweiler am Rand des Murrhardter Waldes thront die gut erhaltene Burg Reichenberg.

Naturpark Schwäbisch-Fränkischer Wald

Größe: 904 km², gegründet 1979.

Der Naturpark umfaßt die großen Waldgebiete, die das dichtbesiedelte Neckarland zwischen Stuttgart und Heilbronn im Osten begrenzen. Mit einem markanten Anstieg heben sich die Waldberge deutlich vom Vorland ab, doch erreichen sie nur selten mehr als 500 m Höhe. Dem märchenhaften Reiz, der von der Urtümlichkeit und Stille der Wälder ausgeht, kann sich der Wanderer kaum verschließen. Immerhin gilt der Schwäbisch-Fränkische Wald als eines der größten zusammenhängenden Waldgebiete Deutschlands.

Der Name ist treffend gewählt, denn hier ragt altes fränkisches Stammesgebiet nach Süden bis in schwäbisches Gebiet hinein. Geläufiger allerdings sind immer noch die traditionellen Namen einzelner Höhenzüge wie Löwensteiner Berge, Murrhardter und Welzheimer Wald.

Grenzland war der Wald schon zur Römerzeit: Durch ihn verlief der Limes, jenes Befestigungswerk, das die römische Provinz vor dem Ansturm der Germanen schützen sollte. Spuren des Limes, der den Wald geradlinig von Norden nach Süden durchzog, sind noch an mehreren Stellen erhalten.

ℹ Verein Naturpark Schwäbisch-Fränkischer Wald e.V., Forsthaus, 74535 Mainhardt-Mönchsberg.

Naturpark Schönbuch

Größe: 155 km², gegründet 1972.

Der unmittelbar südlich der Landeshauptstadt gelegene Naturpark ist heute ein beliebtes Naherholungsgebiet der Stuttgarter und Tübinger. Doch schon wenige Schritte abseits der zahlreichen Wanderparkplätze ist man von der Stille und Einsamkeit des Waldes umfangen.

Als einziger Ort liegt die alte Klostersiedlung Bebenhausen im Schönbuch.

Prächtige Rothirsche lassen sich im Wildgehege Entringen bestaunen.

Schön ist der Schönbuch gewiß, doch ist sein Name nicht darauf zurückzuführen, sondern auf das Flüßchen Schaich. Immer schon war der Schönbuch ein bedeutendes Jagdrevier – zuerst der Pfalzgrafen von Tübingen, dann der Herzöge und später der Könige von Württemberg. Heute ist der Schönbuch ein bedeutendes Rotwildgebiet mit großen Wildgehegen.

Der Schönbuch ist nicht nur Naturpark, sondern zugleich Landschaftsschutzgebiet. Dadurch sowie durch den Unterhalt eines gut markierten Wanderwegenetzes wird sichergestellt, daß der Wald auch in Zukunft seine vielfältigen ökologischen Aufgaben erfüllen kann und gleichzeitig ein Erholungsgebiet der Menschen im Herzen Württembergs bleibt.

ℹ Verwaltung Naturpark Schönbuch, Forstdirektion Tübingen, Schloß Bebenhausen, 72074 Tübingen.

Wie hier bei Gutenstein können Kletterer an den Felszinnen des oberen Donautales ihre Fähigkeiten unter Beweis stellen.

Naturpark Obere Donau

Größe: 857 km², gegründet 1980.

Der Naturpark umfaßt die höchsten Bereiche der Schwäbischen Alb zwischen Schwarzwald und Bodensee. Vom Großen Heuberg mit dem 1015 m hohen Lemberg senkt sich die Hochfläche sanft nach Süden hin ab. Ausgedehnte Waldgebiete bedecken diesen Teil der Albhochfläche. Die landwirtschaftliche Nutzung beschränkt sich in den höheren Lagen auf die Schafweide, die hier seit alters betrieben wird.

Namengebend und gewissermaßen das Glanzstück des Naturparks ist jedoch das tief in die Kalksteinschichten der Schwäbischen Alb eingesenkte Tal der Donau. Am eindrucksvollsten präsentiert sich der Abschnitt zwischen Tuttlingen und Sigmaringen mit seinen schroff aufragenden weißen Felswänden. Bei Fridingen und Immendingen verliert die Donau durch den verkarsteten Untergrund des Flußbettes viel Wasser, das erst weiter südlich in der Aachquelle wieder zutage tritt und dann dem Bodensee zufließt. Gelegentlich kommt es sogar vor, daß im Bereich der Versickerungsstellen das Flußbett der Donau gänzlich ausgetrocknet ist.

ℹ Verein Naturpark Obere Donau e.V., Abteistr. 24, 88631 Beuron.

Naturpark Augsburg–Westliche Wälder

Größe: 1175 km², gegründet 1974.

Trotz seiner beachtlichen Ausdehnung gehört der Naturpark zu den unbekannten Landschaften Süddeutschlands. Er erstreckt sich zwischen Donau und Lech und reicht bis an die Hügellandschaft des Allgäus heran. Mehr als die Hälfte des Naturparks ist als Landschaftsschutzgebiet ausgewiesen.

Das Gebiet mit seinen sanften Hügeln ist geprägt durch die großflächigen Aufschüttungen, die vom Schmelzwasser eiszeitlicher Alpengletscher abgelagert wurden. Im Norden zur Donau hin überdeckt eine fruchtbare Lößschicht die Schotterablagerungen. Dort sorgt ein buntes Mosaik ertragreicher Äcker für Abwechslung in der grünen Wald- und Wiesenlandschaft. Nach Süden hin sind es dagegen eher die großen Wälder, die das Gesicht der Landschaft bestimmen. Im Holzwinkel nordwestlich von Augsburg und in den sog. Stauden südwestlich der Fuggerstadt haben sie ihre größte Ausdehnung.

Da im Naturpark keine allzu großen Steigungen zu bewältigen sind, ist er nicht nur bei Wanderern beliebt, sondern auch ein ideales Gebiet für Radfahrer.

ℹ Verein Naturpark Augsburg–Westliche Wälder e.V., Landratsamt Augsburg, Prinzregentenplatz 4, 86150 Augsburg.

Leuchtend rot verfärbt sich diese Lindenallee bei der Wallfahrtskirche Maria Vesperbild im Herbst.

Naturpark Stromberg–Heuchelberg

Idylle zwischen Wald und Reben – so könnte das Motto des bäuerlich anmutenden Naturparks nordwestlich von Stuttgart lauten. An den Südhängen der beiden Höhenzüge reifen bekannte Weine, die in gemütlichen Dorfgasthöfen ausgeschenkt werden. Waldbedeckt hingegen sind die Nordhänge.

Idyllische Weindörfer, die sich wie Neipperg zu Füßen der gleichnamigen Ruine an die Rebhügel schmiegen, sind charakteristisch für Strom- und Heuchelberg.

❶ **Faustmuseum Knittlingen** Die einmalige, auf drei Etagen reizvoll und spannend präsentierte Sammlung (Mo geschlossen) informiert über den historischen Dr. Faustus, der um 1480 in dem Städtchen am Strombergrand geboren wurde. Zweiter Schwerpunkt der Ausstellung ist die seit Goethes Tragödie weltberühmte Kunstfigur Faust in Literatur und Musik. Keine Figur der Weltliteratur ist auch nur annähernd so häufig Gegenstand dichterischen Interesses gewesen wie der angeblich aus Knittlingen stammende Faust. Ausgestellt werden historische Gemälde, Bücher und Plakate, aber auch Handpuppen des Faustspiels, das die Hohnsteiner Bühne in ganz Deutschland populär gemacht hat. Jährlich wechselnde Sonderausstellungen beleuchten Einzelaspekte der Faustforschung. Untergebracht sind die Exponate und ein zugehöriges Archiv im alten Fachwerk-Rathaus, das den Abschluß des hübschen Ensembles der Marktstraße bildet. Dem Museum angegliedert ist das Faustarchiv, das sich als Zentrum der wissenschaftlichen Beschäftigung mit dem Thema Faust versteht und Veranstaltungen, Vorträge und Kurse dazu anbietet.

ℹ Faustmuseum, Kirchplatz 2, 75438 Knittlingen, Tel. 0 70 43/3 12 12.

❷ **Waldenserweg** Dieser 21 km lange kulturhistorische Wanderweg vermittelt Wissenswertes über die fast 3000 Waldenser und Hugenotten, die um 1700 ihres Glaubens wegen aus Frankreich ausgewiesen worden waren und in Württemberg eine neue Heimat fanden. Zehn Schrifttafeln informieren über die Geschichte und das Leben dieser Glaubensflüchtlinge. Man erfährt auch, warum es hier Orte mit französisch klingenden Namen wie Kleinvillars oder Perouse gibt, deren Ortsbilder von denen anderer Dörfer erheblich abweichen.

Ausgangspunkt für die Wanderung ist die Kirche in Großvillars oder der Parkplatz nördlich des Ortes an der Straße von Bretten nach Oberderdingen. Vorbei an verschiedenen Sehenswürdigkeiten wie dem Faustmuseum (siehe ❶), dem Aalkistensee (siehe ❽) und dem Aussichtsturm Chartaque führt der Weg durch eine reizvolle Landschaft mit Wäldern und Baumwiesen. Die Endstation der Tour bildet das Waldensermuseum im Henri-Arnaud-Haus im knapp außerhalb des Naturparks gelegenen Ort Schönenberg (Di, So 14–17 Uhr geöffnet).

❸ **Schloßberganlage Sternenfels** Mit einem richtigen Schloß kann der gleichnamige Berg oberhalb der liebenswürdigen Ortschaft zwar nicht aufwarten. Doch vom dortigen Aussichtsturm bietet sich dafür ein hervorragender Blick auf die Stadt, aber auch zum Schwarzwald, zum Odenwald und zu den Löwensteiner Bergen. Kinder können sich auf dem attraktiven Spielplatz nebenan vergnügen; in der Saison hat hier außerdem ein Kiosk geöffnet (Parkplatz etwas unterhalb des Turmes).

Der Schloßberg ist auch eine Station auf dem heimatgeschichtlichen Sandbauernweg, einem 5 km langen Rundwanderweg. Der hier vorkommende und einst in zahlreichen Steinbrüchen abgebaute Stubensandstein – ein schon von römischen Baumeistern und Bildhauern sehr geschätzter Rohstoff – wurde bis ins 19. Jh. zu Sand zermahlen. Acht Informationstafeln berichten vom Leben der vielen Menschen, die hier einst von der Herstellung und vom Verkauf von Scheuersand leben mußten (geführte Wanderungen auf Anfrage).

ℹ Bürgermeisteramt, 75447 Sternenfels, Tel. 0 70 43/4 20.

❹ **Kürnbach** Der beschauliche Weinort mit seinen schmucken Fachwerkhäusern lockt zum Bummeln und zur Einkehr in traditionsreichen Gasthäusern. Anschließend empfiehlt sich eine Wanderung auf dem Wald- oder dem Weinlehrpfad (3,5 bzw. 2,5 km), die beide vom Wanderparkplatz am Schloßwiesensee östlich des Ortes ausgehen. Durchaus lohnend ist ein Besuch des stattlichen Wasserschlosses der Ritter von Sternenfels zu Kürnbach. Die steinernen Abbilder der letzten Ortsadligen – das Geschlecht starb Ende des 16. Jh. aus – sind in der ev. Dorfkirche zu bewundern.

Ein beliebtes Ausflugsziel für Familien ist der *Kraichgau-Märchenwald,* der etwas außerhalb im Wald liegt (März–November täglich von 10 Uhr bis Einbruch der Dunkelheit geöffnet). Neben originellen Märchenhäuschen warten eine Go-Kart-Bahn, ein Abenteuerspielplatz mit Riesenrutschbahn und ein gut ausgestatteter Grillplatz auf die Besucher.

5 Ravensburg Die stattliche Burg bei Sulzfeld ist schon von weitem sichtbar (ein Parkplatz befindet sich direkt an der Burgmauer). Die zum Wahrzeichen des Dorfes gewordene Anlage stammt aus dem 13. Jh. und beeindruckt den Besucher durch ihren guten Erhaltungszustand. Der Blick schweift von hier über den Kraichgau zum Nordschwarzwald und zum Odenwald, an besonders klaren Tagen bis zum Pfälzerwald. Im äußeren Burghof befindet sich ein landwirtschaftlicher Betrieb, auf dessen Koppel Pferde grasen. In der Hauptburg lädt die historische *Burgschenke* zur Einkehr ein (März–November geöffnet, Mo Ruhetag). Im Sommer finden alljährlich in der Ravensburg abendliche Serenadenkonzerte statt.

6 Ottilienberg bei Eppingen Von der Ruine einer gotischen Kapelle (15. Jh.) aus genießt der Besucher einen herrlichen Rundblick über den Kraichgau. Hier, auf der mit 310 m höchsten Erhebung des Kraichgaus, stand zur Römerzeit ein Saturntempel.

Gut 1 km südöstlich steht die mächtige Nachbildung einer Chartaque, eines Befestigungsturmes der Eppinger Linien. Diese einst 86 km lange Verteidigungsanlage – ein Bollwerk aus Gräben, palisadenbestandenen Wällen und Viereckschanzen – ließ um 1700 Markgraf Ludwig Wilhelm I. von Baden, bekannt als Türkenlouis, gegen die immer wieder in Südwestdeutschland einfallenden Franzosen errichten. Ihr folgt auf rund 40 km der Eppinger-Linien-Weg, ein kulturhistorischer Wanderweg, der den Westen des Naturparks von Eppingen bis Mühlacker in mehreren Abschnitten durchquert – und auch, als erstes Etappenziel, über den Ottilienberg führt. Immer wieder fallen dem aufmerksamen Wanderer entlang dem Weg Überreste der „Landesdefensionslinie“ auf.

Vom Aussichtsturm auf dem Sternenfelser Schloßberg bietet sich ein weiter Blick, der in der Ferne erst von Schwarzwald und Odenwald begrenzt wird.

7 Katzenbachsee Idyllisch am Rand des Zabertales gelegen, bietet der hübsche Stausee bei Zaberfeld verschiedene Freizeitmöglichkeiten: Man kann schwimmen, auf der Spielwiese toben oder sich einfach auf der Liegewiese ausruhen. Ein kurzer, markierter Rundweg macht die Gegend auch für Spaziergänger attraktiv.

Reges Leben in Mauerritzen

Weinberge findet man vor allem an den Südhängen klimatisch begünstigter Gebiete – so auch im Bereich von Strom- und Heuchelberg. Sie sind Lebensraum zahlreicher wärmeliebender Tier- und Pflanzenarten.
Bevorzugt besiedeln diese die sog. Trockenmauern, bei denen die Steine lose, also ohne Mörtel, übereinandergesetzt sind. Hier ist eine spezielle Pflanzengesellschaft zu finden. Als typischer Vertreter gilt das Zymbelkraut mit seinen zierlichen hellvioletten Löwenmaulblüten. Auf den Mauerkronen wachsen verschiedene Steinbrech- und Fetthennenarten.
160 unterschiedliche Arten der seltenen Wildbienen haben Forscher in den Trockenmauern eines einzigen Weinbaugebietes in Württemberg entdeckt. Aber auch Käfer, Ameisen, Heuschrecken, Fliegen, Wanzen und Spinnen ziehen ihre Jungen in den Mauerspalten groß. Entsprechend zahlreich sind dort die insektenfressenden Reptilien vertreten: Mauer- und Zauneidechsen (Bild), Blindschleichen und auch Ringelnattern lauern auf Beute.

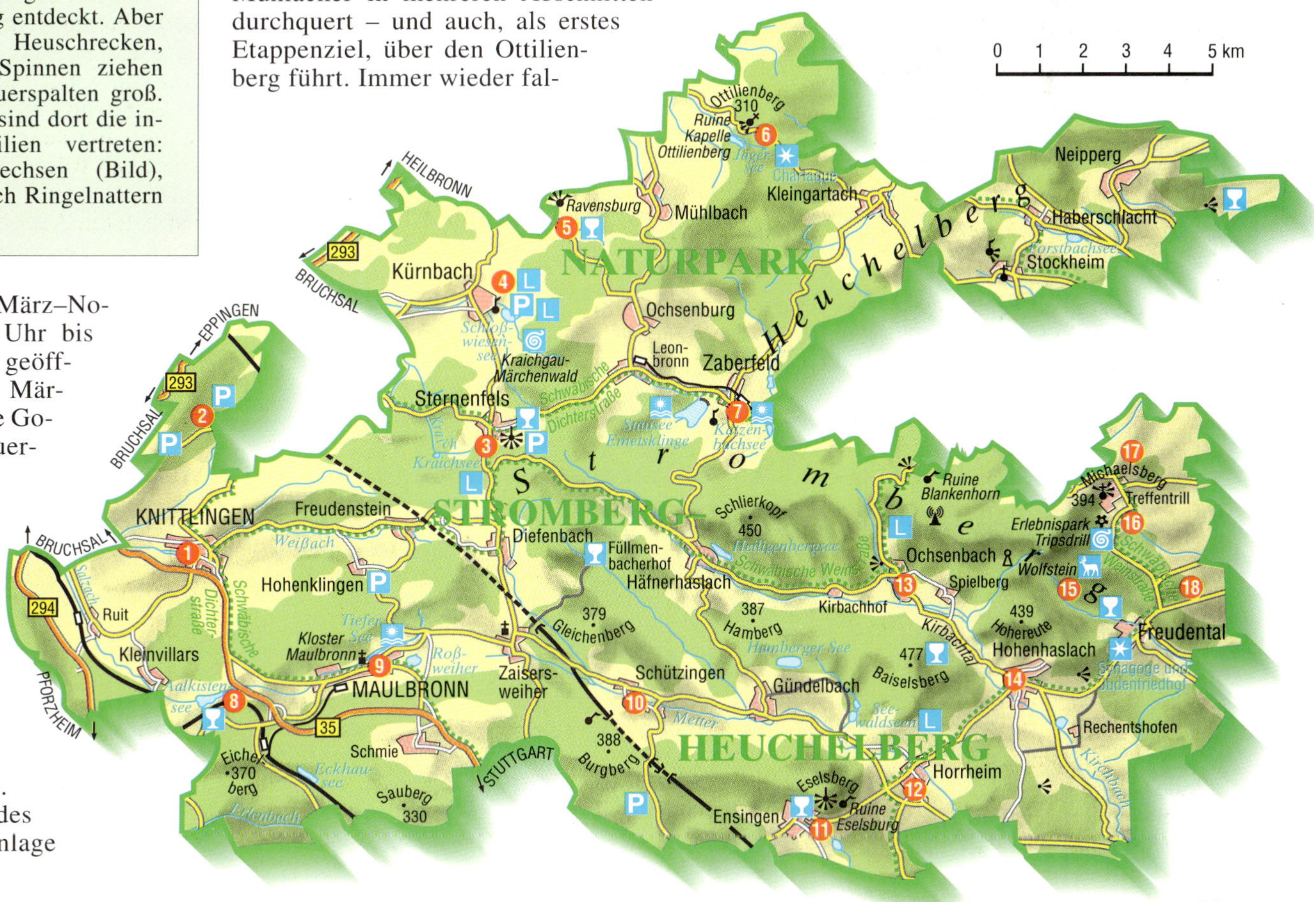

Ein Musterbeispiel mittelalterlicher Baukunst ist die ursprünglich in romanischem Stil erbaute, dann gotisch überformte Anlage des Zisterzienserklosters Maulbronn.

❽ **Aalkistensee** Auf dem 13 ha großen See westlich von Maulbronn sind zahlreiche Wasservögel zu beobachten. Schwäne, Bläßhühner und Haubentaucher haben hier einen Lebensraum, und jedes Jahr wird das Gewässer von Zugvögeln aufgesucht. Im Ufergehölz mit seinen Erlen, Schwarzpappeln und Stieleichen sowie in der Verlandungszone laichen Amphibien. Auch verschiedene Orchideen kann der kundige Naturfreund hier entdecken.

Ein markierter Rundweg (90 Minuten) erschließt die Schönheiten dieses wertvollen Naturschutzgebietes. Mönche aus dem nahe gelegenen Kloster Maulbronn haben den Teich vor fast 800 Jahren angelegt, um dort Fische zum Verzehr in der Fastenzeit zu züchten. In Fischreusen, den Aalkisten, wurde die begehrte Fastenspeise als lebendiger Vorrat frisch gehalten.

❾ **Kloster Maulbronn** Die großartige, aus Bauwerken verschiedener Stilepochen bestehende Zisterzienser-Klosteranlage (ab 1147) gilt als die am vollständigsten erhaltene mittelalterliche Abtei nördlich der Alpen. Wohltuende Stille empfängt den Besucher im romanischen Kreuzgang mit der Brunnenkapelle. In dem heute im Kloster untergebrachten ev.-theologischen Seminar drückten einst so berühmte Schüler wie Johannes Kepler, Friedrich Hölderlin und Hermann Hesse die Schulbank. Ein Museum informiert die Besucher über das Leben der Mönche und die Geschichte des Klosters (Kloster Mo geschlossen, Museum April–Oktober täglich geöffnet). Überregionale Beachtung finden die jährlichen Klosterkonzerte und Freilichtaufführungen.

Unmittelbar hinter dem Kloster – und zur Anlage gehörend – liegt der Tiefe See, ein Naturfreibad. Man erreicht ihn in 15 Minuten zu Fuß vom Parkplatz aus.

ℹ Stadtverwaltung, Klosterhof 31, 75433 Maulbronn, Tel. 0 70 43/1 03 12.

❿ **Schützingen** Die „Perle" unter den Weinorten des Naturparks besteht eigentlich nur aus zwei Straßen: der wenig attraktiven Durchgangsstraße und der wunderhübsch restaurierten, von prächtigen Fachwerkhäusern gesäumten Hauptstraße.

Eine Besonderheit haben die Schützinger Weinberge aufzuweisen. Viele seltene Pflanzen, die an anderen Orten im Zuge der Rebflurbereinigung verschwunden sind, haben hier auf einer naturbelassenen „Insel", umgeben von bereinigten Hängen, eine neue Zuflucht gefunden. Im insgesamt 15 ha großen Schützinger Spiegel wurden aufgelassene Rebterrassen des Heiligenberges unter Naturschutz gestellt. Ebenfalls geschützt wurden die landschaftstypischen Waldränder.

ℹ Stadtverwaltung, Postfach, 75424 Illingen, Tel. 0 70 42/28 50.

⓫ **Ruine Eselsburg** Vom Wanderparkplatz an der Straße Horrheim–Ensingen spaziert man etwa 1 km sanft aufwärts durch die Weinberge. Die letzten 200 m geht es dann steil bergan durch den Wald zum Aussichtsturm bei der Ruine. Der alte Burggraben ist noch deutlich zu erkennen. Kurzweil für die Kleinen bietet ein Kinderspielplatz, und ein Kiosk hält in der Saison Speisen und Getränke bereit.

⓬ **Weinmuseum Horrheim** Das reichbestückte Museum in der Alten Kelter (1788) der Ortschaft widmet sich der Geschichte des Weinbaus im Gebiet von Stromberg und Enztal; besondere Attraktionen sind die alte Küferwerkstatt und eine stilechte Probierstube (Besichtigung nach Voranmeldung

Mehr als Apfel- und Birnbäume: Streuobstwiesen

Im Naturpark Stromberg–Heuchelberg trifft man noch an vielen Stellen auf ausgedehnte Streuobstwiesen – extensiv bewirtschaftete Wiesen mit alten, hochstämmigen Obstbäumen. Obwohl diese Biotope mit ihrem hohen Anteil an Totholz und vielen Baumhöhlen einen besonders wertvollen Lebensraum für Tiere und Pflanzen darstellen, werden sie in weiten Teilen Süddeutschlands immer weiter zurückgedrängt und müssen oft Neubaugebieten oder intensiver genutztem Grün- und Ackerland weichen.
Bunte Blumen blühen hier in allen Abschnitten der Vegetationsperiode: Erst sind es der gelbe Goldstern, der violette Lerchensporn und das zartblaue Wiesenschaumkraut, wenig später folgen Schlüsselblume und Duftveilchen. Hochwüchsige, samenspendende Doldenblütler sind dann im Frühsommer zu sehen.
Schmetterlinge wie der hübsche Aurorafalter mit seinen leuchtend orangefarbenen Vorderflügelspitzen, der seltene Pflaumenzipfelfalter, der Große Fuchs und andere gaukeln um die Blüten.

In den Höhlen der alten Bäume brüten Raritäten der Vogelwelt wie Steinkauz, Wiedehopf, Neuntöter (Bild) und Wendehals; auch andere Spechtarten sowie Gartenrotschwanz und Grauschnäpper fühlen sich in diesem Biotop wohl. In ausgehöhlten Stämmen finden außerdem vom Aussterben bedrohte Fledermäuse wie Abendsegler, Bechstein- und Fransenfledermaus Unterschlupf, ebenso die possierlichen Sieben- und Gartenschläfer.

unter Tel. 0 70 42/3 28 58). Der Württembergische Weinwanderweg führt auf seinem Abschnitt von Treffentrill nach Ochsenbach direkt am Museum vorbei. An der Neuen Kelter am Nordrand des Ortes beginnt außerdem ein instruktiver Weinbaulehrpfad (4,5 km Länge). Sechs Rundwanderwege gehen von Horrheim aus und laden zu Spaziergängen in die liebliche Umgebung ein.

Das Naherholungsgebiet Seewaldseen unweit der Ortschaft (Parkplätze rechts an der Straße nach Gündelbach) ist eine bei Einheimischen und Ausflüglern beliebte Oase der Ruhe und Entspannung.

i Stadtverwaltung, 71665 Vaihingen/Enz, Tel. 0 70 42/18-2 76.

13 **Kirbachtal** Bleibende Eindrücke von der idyllischen Landschaft des Naturparks mit

Füttern nicht verboten: Besonders die Kinder freuen sich, wenn ihnen die zutraulichen Tiere im Wildparadies Stromberg die Leckereien aus der Hand fressen.

seinen Weinbergen, Obstwiesen und Wäldern vermittelt eine schöne Rundwanderung (8,5 km) auf der Höhe über dem Kirbachtal. Dieses typische Strombergtal, eingebettet zwischen bewaldeten Höhenzügen, ist schon vor Jahren zum Landschaftsschutzgebiet erklärt worden.

Man startet in der Ortsmitte von Ochsenbach und hält sich, vorbei am Friedhof, in Richtung Spielberg. Nach einer markanten Rechtskurve geht man links auf den Weg, der mit der Markierung rotes Kreuz gekennzeichnet ist. Wo dieser rechtwinklig nach rechts abbiegt, hält man sich links auf dem mit einem blauen Kreuz markierten Weg bis zum Wolfstein. Hier wurde 1847 der letzte in Württemberg lebende Wolf erlegt. Man geht nun links (Markierung rotes Kreuz/roter Balken) zur Ruine Blankenhorn, von der man einen guten Blick über das Zabertal hat. Der mit einem roten Balken gekennzeichnete Weg führt dann zuruck nach Ochsenbach.

14 **Hohenhaslach** Zauberhaft liegt der Weinort oberhalb ausgedehnter Rebhänge auf einer Kuppe. Ein zentraler Punkt der einst von einer Schutzmauer umgebenen Ortschaft ist der Kelterplatz. In die dortige Traubenpresse wandert der gesamte Ertrag der umliegenden Weinberge. Was des Besuchers Auge erfreut, brachte den Weinbauern bis zur Rebflurbereinigung in den 70er Jahren dagegen viel Arbeit: Zwar waren die Hohenhaslacher Weinberge ein vielfältiges, kleinparzelliertes Mosaik, das durch unzählige Steinmäuerchen vor Bodenabtrag geschützt wurde. Dennoch wurde ständig Material abgeschwemmt, das ersetzt werden mußte und von den Bauern in Rückenkörben (Butten) aus den Mergelgruben am oberen Waldrand herübergetragen wurde.

Im Ort fährt man rechts die Straße An der Steige hoch, stellt das Auto ab und wandert dann rechts auf dem Panoramaweg mit wunderbarer Aussicht entlang. Im Ort laden einige Weingüter in einfachen Probierstuben zum Verkosten und Kauf ihrer Tropfen ein. Den für Württemberg typischen Trollinger, einen leichten Rotwein, sollte man sich nicht entgehen lassen.

i Stadtverwaltung, 74343 Sachsenheim, Tel. 0 71 47/2 80.

15 **Wildparadies Stromberg** Durch den schön angelegten, 35 ha großen Wildpark bei Tripsdrill schlendern die Besucher auf zwei unterschiedlich langen Rundwegen mitten durch die Gatter der ungefährlichen Tiere. Kinder dürfen Hirsche, Mufflons, Yaks und Wildpferde mit den Leckereien füttern, die sie am Eingangshäuschen gekauft haben. Als besondere Attraktion ziehen inzwischen auch Luchse und ein Wolfsrudel durch ein weitläufiges Gehege (im Winterhalbjahr werktags geschlossen, sonst täglich geöffnet).

i Erlebnispark Tripsdrill, siehe 16.

16 **Erlebnispark Tripsdrill** Der unterhalb des Michaelsberges bei Cleebronn gelegene Park ist der Freizeittip der Region schlechthin (April–Oktober täglich geöffnet, weiträumig ausgeschildert, Parkplätze direkt bei der Anlage). Rund um die sog. Altweibermühle sind Dutzende von Fahrgeschäften entstanden, locken zwischen Tausenden von Blumen ein Freilicht-Bauerntheater, ein Streichelzoo, ein Vinarium und viele andere Attraktionen die zahlreichen Besucher von nah und fern.

i Erlebnispark Tripsdrill, 74389 Cleebronn, Tel. 0 71 35/40 81.

17 **Michaelsberg** Als markanter Ausläufer des Strombergrückens thront über dem württembergischen Unterland der Michaelsberg (394 m). Von oben genießt man einen traumhaften Ausblick bis zum Odenwald und zur Schwäbischen Alb. Die auf den Resten eines keltischen Tempels errichtete spätromanische Kapelle und das barocke Kapuzinerhospiz (heute Bildungsstätte) belohnen den Aufstieg zusätzlich. Am Fuß des Michaelsberges liegt der gleichnamige Golfplatz – einer der ersten öffentlich zugänglichen Plätze in Deutschland, auf dem man auch ohne Clubmitgliedschaft jederzeit den Golfschläger schwingen darf.

18 **Synagoge und Judenfriedhof Freudental** In der klassizistischen ehem. Synagoge (um 1770) ist heute das Pädagogisch-Kulturelle Centrum untergebracht. 1979 nur knapp dem Abriß entgangen, wurde das historische Gebäude von Grund auf renoviert und ist heute ein Ort des Gedenkens und Lernens. Die öffentlichen Veranstaltungen in der früheren Synagoge haben schwerpunktmäßig die deutsch-jüdische Ge-

Der Name der Altweibermühle spielte einst darauf an, daß alte Frauen angeblich verjüngt daraus hervorgehen. Heute ist Tripsdrill mit seinen zahlreichen Attraktionen jedoch für die ganze Familie da.

schichte zum Thema. Knapp 1 km entfernt liegt malerisch am Waldrand der alte Judenfriedhof der Gemeinde.

i Pädagogisch-Kulturelles Centrum, Strombergstr. 19, 74392 Freudental, Tel. 0 71 43/2 41 51.

Naturpark Schwäbisch-Fränkischer Wald

Das Bergland vor den Toren der Schwabenmetropole Stuttgart gliedert sich in mehrere, durch freundliche Wiesentäler voneinander getrennte, eigenständige Waldlandschaften wie die Löwensteiner Berge, den Mainhardter, den Murrhardter und den Welzheimer Wald.

Weit hinaus ins Hohenloher Land grüßt das romantische Waldenburg. Der Staufenturm, die Stadtkirche und der Mändlesturm sind zum Wahrzeichen des Bergstädtchens am Nordrand der Waldenburger Berge geworden.

❶ **Burgfalknerei Hohenbeilstein** Das Städtchen Beilstein wird von einer mächtigen Burganlage aus dem 13. Jh. überragt. Hier ist eine Falknerei mit Besichtigungs- und Zuchtvolieren untergebracht. Majestätisch schweben Greifvögel aus vier Kontinenten bei Flugvorführungen über dem Bottwartal (geöffnet April–Oktober 9–18 Uhr, Flugvorführungen Mo–Sa 15, So 11 und 15 Uhr). Stärken kann man sich in der Burggaststätte mit Biergarten.

Der Weg hinauf zur Burg ist als Weinlehrpfad angelegt. Zum Verkosten laden Weinstuben und Weingüter in Beilstein ein.

ⓘ Verkehrsamt, Hauptstr. 19, 71717 Beilstein, Tel. 0 70 62/26 30.

❷ **Breitenauer See** Das Naherholungsgebiet am herrlich gelegenen Badesee mit seinen großzügigen Liegeflächen bietet viel Freizeitspaß für jung und alt.

Über ausgedehnten Weinbergen liegt südlich in Blickweite der Weinort Löwenstein mit seiner gleichnamigen Burg. Sehenswert sind auch die Reste der mittelalterlichen Befestigungsanlagen.

ⓘ Bürgermeisteramt, Maybacherstr. 32, 74245 Löwenstein, Tel. 0 71 30/22 11.

❸ **Hohlenstein** In Tausenden von Jahren schuf sich hier ein Bach seine eigene Brücke. Er wusch eine Grotte in den Sandstein, deren Decke später einbrach; zurück blieb der Eingang zu dieser Höhle. Heute fließt das Wasser nur noch nach starken Regenfällen unter dem Hohlenstein hindurch. Vom gut ausgebauten Wanderparkplatz Enzwiese an der B 39 zwischen Löwenstein und Wüstenrot folgt man dem Weg mit der Nummer 1, dann dem kaum befestigten Pfad hinunter (Hinweisschild Hohlenstein) zu dem Naturdenkmal; bei feuchtem Wetter empfiehlt sich gutes Schuhwerk.

Für eine Rast steht beim Parkplatz eine überdachte Grillstelle zur Verfügung. Außerdem gibt es einen Abenteuerspielplatz und ein kleines Fort. In der Talsenke hinter dem Spielplatz spaziert man auf einem Serpentinenweg, der als Wald- und Pflanzenlehrpfad angelegt wurde.

❹ **Wellingtonien und Silberstollen** Die kleine Stadt Wüstenrot bietet Sehenswürdigkeiten, die man hier nicht vermutet: Riesenhafte Wellingtonien (Mammutbäume), annähernd 50 m hoch, überragen die anderen Bäume des Raitelberges.

Am Fuß des Berges informiert ein kurzer Pflanzenlehrpfad („Was grünt und blüht am Wegesrand") über die weniger auffällige Flora. Kinder zieht es vermutlich mehr zum Abenteuerspielplatz mit Rast- und Grillmöglichkeit.

Ein 1 km langer Spaziergang führt zum Silberstollen. Eine Erinnerungstafel am Parkplatz oberhalb des Silberstollens erläutert die kurze Geschichte des Silberbergbaus im Mainhardter Wald und berichtet von der vergeblichen Hoffnung der Menschen auf schnellen Reichtum.

ⓘ Verkehrsamt, Altes Rathaus, 71543 Wüstenrot, Tel. 0 79 45/3 86.

Quer durch den Naturpark zieht sich der römische Grenzwall des Limes. Dieser rekonstruierte Turm im Mainhardter Wald bei Grab zeigt anschaulich, wie perfekt die Anlage gesichert war (unten).

5 Juxkopf Vom Aussichtsturm auf dem 533 m hohen Juxkopf bei Spiegelberg hat man einen großartigen Blick auf den Mainhardter und Murrhardter Wald im Osten, auf die Löwensteiner Berge im Norden und die Schwäbische Alb im Süden. Den Schlüssel für den Turm holt man sich im Gasthof *Löwen* in Jux. Von dort führt eine kleine Straße zum Wanderparkplatz; in etwa 10 Minuten Fußweg erreicht man den Turm.

Lehrreich ist der 2 km lange Weg vom Waldparkplatz Sommerberg östlich vom Juxkopf. Auf 21 Tafeln am Wegesrand wird die einheimische Vogelwelt ausführlich vorgestellt.

6 Römischer Wachturm bei Grab Einen Einblick in die Zeit der Römer gibt der rekonstruierte Wachturm bei der kleinen Ortschaft Grab. Auf den Spuren der römischen Legionäre wandelt man am Limes entlang, der in diesem Abschnitt mit Graben und Palisaden nachgebaut wurde. Hier beginnt auch der mit vielen Informationstafeln bestückte Limeswanderweg, der in südlicher Richtung bis Lorch führt.

Von Grab aus fährt man Richtung Morbach; an der Waldecke darf man das kleine Hinweisschild zum Wachturm nicht übersehen. Vom Parkplatz sind es dann nur noch wenige Minuten auf einem Fußweg hinauf bis zum Turm.

7 Waldenburg Als „Balkon Hohenlohes" bezeichnet man das herrlich gelegene Bergstädtchen. Die Aussicht über das Hohenloher Land bis zum Odenwald im Nordwesten und zur Frankenhöhe im Nordosten ist großartig.

Von der ehem. staufischen Festung sind noch gut erhaltene Reste zu besichtigen.

Verschiedene dörfliche Gebäudetypen aus der näheren und weiteren Umgebung sind im Hohenloher Freilandmuseum bei Wackershofen zu besichtigen. Viel Sorgfalt wird auf die Gestaltung der traditionellen Kräuter- und Bauerngärten verwendet.

Das Hohenloher Urweltmuseum im Rathaussaal zeigt prähistorische Funde aus der Region (ganzjährig Mo–Fr, März–Oktober auch So geöffnet), anschließend empfiehlt sich ein Spaziergang durch die mittelalterliche Stadt.

Unterhalb der Altstadt an der Hauptstraße beginnt ein 1,3 km langer, informativer Waldlehrpfad.

i Verkehrsamt, Hauptstr. 13, 74638 Waldenburg, Tel. 0 79 42/10 80.

8 Hohenloher Freilandmuseum Auf einem Gelände von über 30 ha breitet sich das Freilandmuseum bei Wackershofen aus. Dörfliche Haus- und Hoftypen aus dem nördlichen Baden-Württemberg wurden hier zusammengestellt. Am Dorfrand sorgt der historische Gasthof *Zum Roten Ochsen*

Im Welzheimer Wald, dem südlichsten Waldgebiet des Naturparks, drehten sich einst 26 Mahl- und Sägemühlen. Ein idyllischer Mühlenwanderweg verbindet die bis heute erhaltenen Anlagen, zu denen auch die malerisch gelegene Heinlesmühle gehört.

von 1715 für das leibliche Wohl (Museum April–Oktober täglich außer Mo geöffnet).

Rund um Schwäbisch Hall weisen Schilder den Weg zum Freilandmuseum.

ℹ Hohenloher Freilandmuseum, Postfach 10 01 80, 74501 Schwäbisch Hall, Tel. 07 91/8 40 61.

❾ **Weinlehrpfad Vöhrenberg** Start und Ziel des 3 km langen Lehrpfades bei Kleinaspach ist die erstmals 1522 erwähnte Baumtorkelkelter. Der jetzige Bau aus den Jahren 1793/94 ist alljährlich Anfang Oktober Schauplatz des Weinfestes.

An der Straße von Kleinaspach nach Vordervöhrenberg parkt man an der Kelter; eine Tafel erleichtert die Orientierung.

Über die Keuperlandschaft informieren die Tafeln des Keuperlehrpfades auf einer Länge von 10 km. Etwa 2,5 km fährt man die Straße hinter Vordervöhrenberg nordöstlich durch den Wald weiter zum Wanderparkplatz Kanapeebuche. Die Wandertafel dort zeigt den Verlauf des Rundweges.

ℹ Gemeindeverwaltung, Backnanger Str. 9, 71546 Aspach, Tel. 0 71 91/21 20.

❿ **Murrhardter Felsenmeer** Ein sanft ansteigender Waldlehrpfad (Römersee–Riesberg) führt am Hang südlich oberhalb der Stadt Murrhardt, vorbei am Naturpark-Infozentrum und am idyllisch gelegenen Römersee, hinauf zum Felsenmeer (2,5 km). Die überwucherten und bemoosten Felsblöcke sind heute als Naturdenkmal geschützt.

Ins schattige Tal des Hörschbaches mit seinen beiden sehenswerten Wasserfällen wandert man am besten vom Parkplatz am Vorderen Wasserfall an der Straße Richtung Trailhof. Dort beschreibt eine Wandertafel den weiteren Weg im Tal bis zum Gasthof *Wasserfall*.

Ein Spaziergang durch die Altstadt von Murrhardt mit ihren stattlichen Fachwerkbauten, vorbei an der Stadtkirche mit der Walterichskapelle, einem Kleinod spätromanischer Baukunst von 1220, und durch den Stadtpark hinauf zur Walterichskirche, wird durch einen herrlichen Blick über den Ort belohnt. Das Originalportal der Walterichskapelle steht im ausgeschilderten Carl-Schweizer-Museum, einem der größten Privatmuseen Deutschlands. In großen Dioramen werden viele Tierpräparate ausgestellt. Eine weitere Abteilung präsentiert römische Funde aus der Region (Karfreitag–Oktober Mo–Sa 11–12, 16–17, So 10–12, 14–17 Uhr geöffnet).

Charakteristisch für den Schwäbisch-Fränkischen Wald sind steil in den Sandstein eingeschnittene Bachschluchten, hier Klingen genannt. Eine der bekanntesten ist die Brunnenklinge im Welzheimer Wald.

Es wimmelt im Waldboden

Was auf dem Waldboden wächst, kreucht und fleucht, das ist offensichtlich. Doch auch im Boden selbst entfaltet sich ein reges Leben, vor allem in Wäldern wie dem Schwäbisch-Fränkischen Wald. Man schiebt einfach die Laubschicht an einer Stelle beiseite und entdeckt einen faszinierenden Mikrokosmos. Eine arten- und individuenreiche Flora und Fauna arbeitet abgestorbene Pflanzenteile auf und gibt die darin vorhandenen Nährstoffe an den Boden ab.
Kleinlebewesen wie Pilze und Bakterien besiedeln die abgefallenen Blätter und zersetzen sie. Zu den fleißigsten Waldarbeitern gehören die Springschwänze, mit dem bloßen Auge gerade noch erkennbare, meist farblose Insekten; werden sie gestört, retten sie sich mit einem Sprung, der ihre Körperlänge um ein Vielfaches übersteigt. Würmer aus der Familie der Regenwürmer, Fadenwürmer, Milben, Schnecken, Asseln, Schmetterlingsraupen und Käferlarven – sie alle beteiligen sich am Abbau des Laubes.
Bei diesem Angebot stellen sich auch die Räuber ein: Tausendfüßer, Käfer und Spinnen, außerdem Lurche wie Frösche, Kröten und der Feuersalamander (Bild); dazu machen Igel und Spitzmaus Jagd auf die Kleintiere.

i Verkehrsamt, Markplatz 10, 71540 Murrhardt, Tel. 0 71 92/21 31 24.

(11) **Ebnisee und Gallengrotte** Der idyllische Badesee mit Bootsverleih, ausgedehnten Liegewiesen und Gaststätte ist ein beliebtes Ausflugsziel.

Zur Gallengrotte, einer imposanten Felsformation in einer schroffen Klamm nördlich des Ebnisees und westlich von Kaisersbach, führt ein kurzer Waldweg hangabwärts vom Wanderparkplatz an der Straße von Kaisersbach nach Murrhardt. Bei Regen empfiehlt sich gutes Schuhwerk.

i Gemeindeverwaltung, Dorfstr. 5, 73667 Kaisersbach, Tel. 0 71 84/8 21.

(12) **Brunnen- und Hägelesklinge** Auf einem halbstündigen Rundweg erreicht man diese beiden bizarren Buntsandstein-Klingen. Sie stehen unter Naturschutz, die Wege dürfen nicht verlassen werden.

An der Straße von Kaisersbach nach Gehren, im schönen Tal der Blinden Rot, stellt man den Wagen am Wanderparkplatz auf der Höhe der Gebenweiler Sägemühle ab; der Rundweg ist beschildert.

(13) **Schwabenpark Gmeinweiler** Der Freizeitpark bei Gmeinweiler bietet alles, was Kinderherzen höher schlagen läßt, vom Karussell über den Streichelzoo bis zum Schimpansenhaus und Zirkus (April–Oktober täglich 9–18 Uhr geöffnet).

i Schwabenpark Gmeinweiler, 73667 Kaisersbach, Tel. 0 71 82/25 26.

(14) **Welzheim** Im ehem. Dekanat zeigt das Städtische Museum eine Sammlung alter Gebrauchsgegenstände, Werkzeuge sowie römischer Funde (So 14–17 Uhr geöffnet).

Am südöstlichen Ortsrand wurde ein römisches Kastell zu einem interessanten Freilichtmuseum ausgebaut. Über die Geschichte und die ursprünglichen Ausmaße dieser Anlage berichten Informationstafeln am rekonstruierten Westtor und an den ehem. Lagerstraßen.

Beim Wanderparkplatz Laufenmühle beginnt ein sehr anschaulicher geologischer Lehrpfad. Der 10 km lange Rundweg führt durch den Welzheimer Wald. Der Wanderparkplatz liegt westlich von Welzheim an der Straße nach Rudersberg.

i Verkehrsamt, Kirchplatz 3, 73642 Welzheim, Tel. 0 71 82/80 08 15.

(15) **Heinlesmühle** Die gut erhaltene Mühle liegt im Tal der Schwarzen Rot nordöstlich von Welzheim, durch das man zur sog. Hummelgautsche, einer renovierten Waldsägemühle, wandert. Ausgangspunkt ist der Parkplatz zwischen Hellershof und Hundsberg. Man kann dann auf dem ausgeschilderten Weg weiter bis zum Hüttenbühl- und zum Hagerwaldsee wandern, beides reizvoll gelegene Badeseen.

Ein Mühlenwanderweg verbindet die vielen Wassermühlen in den Tälern des Naturparks. Er verläuft teilweise am Limes entlang – auf einer Strecke von insgesamt 126 km. Zahlreiche Gemeinden an der Strecke bieten Buchungsservice für Übernachtung und Wandern ohne Gepäck; zentrale Buchungsstelle ist das Verkehrsamt Murrhardt (siehe (10)).

(16) **Kloster Lorch** Herzog Friedrich I. von Schwaben gründete um 1100 das einstige Benediktinerkloster im Remstal. Lange Zeit war die Klosterkirche Grablege der Staufer.

Das Museum neben der Klosterkirche zeigt römische Funde, Dokumente zur wechselvollen Klostergeschichte sowie ein Modell der Klosteranlage. Die kleine Ausstellung von Schriften und Briefen des Dichters Eduard Mörike (1804–75) erinnert an dessen Aufenthalt von 1867 bis 1869 in Lorch (täglich geöffnet, Führungen nach Vereinbarung, Tel. 0 71 72/74 30).

i Verkehrsamt, Hauptstr. 19, 73547 Lorch, Tel. 0 71 72/1 80 10.

Der waldumkränzte Ebnisee nördlich von Welzheim ist nicht nur ein beliebter Badesee: Ruder- und Angelmöglichkeiten, Liegewiesen und eine gepflegte Gastronomie locken zahlreiche Besucher an.

Naturpark Schönbuch

Die Jagdleidenschaft der württembergischen Herzöge und Könige sorgte dafür, daß der Schönbuch als geschlossenes Waldgebiet südlich von Stuttgart bis heute erhalten blieb. Man erreicht dieses herrliche Ausflugsgebiet auf Wanderwegen über die Höhen oder durch idyllische Bachtäler.

❶ **Schloßberg Herrenberg** Einer der Ausgangspunkte für den Naturlehrpfad Schloßberg ist das Naturfreundehaus an der Straße Herrenberg–Hildrizhausen. Vorbei an der Jahnhütte am Alten Rain, einer mustergültig angelegten Grillstelle mit Waldspielplatz, wandert man auf der Hochfläche. Am Wegrand informieren Tafeln über Flora und Fauna. Die Geologie kommt auf dem 7 km langen Rundweg ebenfalls nicht zu kurz: Ein Gipskeuperaufschluß zeigt das Innenleben des Höhenzuges. Schon nach einer knappen Viertelstunde erreicht man das „Rote Meer“, eine künstliche Wassergrube. Eingespülter, feiner roter Sand gab dem aufgefangenen Regenwasser die Farbe und damit dem Meer seinen Namen.

Vom einst stolzen Schloß Herrenberg blieben nur noch Überreste; den Kanonenbuckel, der früher mit einer Kanone zur Feuerwarnung bestückt war, bepflanzte man im 19. Jh. mit Linden und Eichen. Vom Aussichtsturm, der auf den Grundmauern des ehem. Pulverturmes steht, sieht man weit hinaus auf die Gäulandschaft zwischen Schönbuch und Schwarzwald und hinüber zu den Randhöhen der Schwäbischen Alb. Eine Messingtafel auf der Mauer gibt Auskunft über die Namen der umliegenden Gipfel.

Am Turm vorbei, nach einer Einkehr am Kiosk mit Terrassenbewirtschaftung, steigt man hinunter ins beschauliche Fachwerkstädtchen Herrenberg. Ein Stadtrundgang lohnt sich.

ℹ Fremdenverkehrsamt, Marktplatz 5, 71083 Herrenberg, Tel. 0 70 32/1 42 24.

❷ **Waldrastplatz Diebsteigbrücke** Von Bebenhausen führt ein schöner Weg durch den Mischwald ins Tal des Großen Goldersbaches. Am Rastplatz Teufelsbrücke kann man eine erste Rast an der Grillstelle bei einem kleinen Weiher einlegen. Weiter geht es dann zum Waldrastplatz Diebsteigbrücke. In den Hangwäldern kann man manches seltene Tier entdecken, z.B. den Schwarzspecht, die Gelbbauchunke oder die Hohltaube.

Einen schönen Blick hat man von der Falkenkopf-Aussichtsplattform oberhalb der Diebsteigbrücke.

❸ **Schönbuch-Museum Dettenhausen** Im Mittelpunkt des interessanten Museums in der ehem. Pfarrscheuer (geöffnet April bis Dezember Sa, So 14–18 Uhr) steht die Bedeutung des Waldes als Nutzwald, als Jagdrevier und als wichtiges Freizeitgebiet für die Stuttgarter und Tübinger. Eine weitere Abteilung widmet sich der Sandsteinverarbeitung als ehemals bedeutendem Wirtschaftszweig des Schönbuchs.

ℹ Gemeindeverwaltung, Bismarckstr. 7, 72135 Dettenhausen, Tel. 0 71 57/12 60.

❹ **Schaichtal und Betzenberg** Vom Schönbuch-Museum ist der Weg nicht weit ins malerische Tal der Schaich mit seiner abwechslungsreichen Landschaft. Der Weg durch das Schaichtal mündet bei Neuenhaus ins Aichtal. Dort geht man an der lin-

Wälder und Wiesen umrahmen Schloß und Kloster Bebenhausen, ein baugeschichtliches Kleinod vor den Toren der Universitätsstadt Tübingen. Von hier aus führen viele Wanderwege in die stille Umgebung.

Idyllische Waldweiher sorgen bei Wanderungen im Schönbuch für Abwechslung.

ken Talseite nach Westen und trifft dann bald auf die Informationstafeln des Geschichtlichen Lehrpfades Betzenberg. Ein Abstecher zur keltischen Viereckschanze und zu den römischen Fundstellen lohnt sich. Über den Betzenberg geht es dann wieder zurück.

5 Schloß Hohenentringen Eine Gastwirtschaft beherbergt das aus dem Jahr 1720 stammende Schloß mit seinem halbrunden Treppenturm (Mo, Fr Ruhetage). Die herrliche Aussichtsterrasse und der vorzügliche Most, dazu eine deftige Küche: das macht Schloß Hohenentringen zu einem beliebten Ausflugsziel im Schönbuch.

Einen schönen Spaziergang kann man über den Saurucken zum Rastplatz am Erlenweiher mit Spielplatz, Grillstelle und Wildgehege machen.

6 Bebenhausen Herrlich inmitten der bewaldeten Hänge liegt die 1183 gegründete Zisterzienserabtei Bebenhausen (Mo geschlossen). Die Klosterschule ließ König Friedrich I. 1807 zum Jagdschloß umbauen. Die renovierten königlichen Wohnräume sowie der reichgeschmückte Blaue Saal stehen bei der Führung zur Besichtigung offen.

In den Jahren 1946–52 war die Klosteranlage Sitz des Landtages von Württemberg-Hohenzollern. Neben dem Kloster Bebenhausen lohnt sich auch im Dorf ein Rundgang. Sehenswert sind vor allem die Fachwerkhäuser und malerischen Winkel.

An der alten B 27 beginnt ein gut 3 km langer, sehr instruktiver Waldlehrpfad. Vom Parkplatz an der Straße Richtung Dettenhausen gelangt man in ein Rotwildgatter und zu ausgedehnten Wildgehegen. Innerhalb des Rotwildgatters liegen außerdem kleinere Schaugehege mit Wildschweinen, Damwild und Rothirschen.

i Klosterverwaltung, Im Schloß, 72074 Bebenhausen, Tel. 0 70 71/60 21 80.

7 Kirnberg Durch das malerische Kirnbachtal verläuft ab dem Parkplatz Sonntagsstelle an der B 27 ein instruktiver Lehrpfad. Schaubilder erläutern die geologische Gliederung des Schönbuchs. Der Pfad verläßt nach etwa 1 km das Tal und führt über den Kirnberg zurück zum Ausgangspunkt.

8 Domäne Einsiedel Nur ein Flügel des 1482 vom württembergischen Grafen Eberhard erbauten Jagdschlößchens ist noch erhalten; er ist heute in das Gebäude der Domäne integriert.

Die Stationen des Geschichtlichen Lehrpfades unterrichten über Schloß Einsiedel, das untergegangene Stift St. Peter, über die Wald- und Jagdgeschichte des Schönbuchs und über geschichtliche Denkmäler am Weg. Ausgangspunkt ist die am Wochenende bewirtschaftete Wandergaststätte beim Schloß Einsiedel.

Etwa 1 Stunde wandert man vom Parkplatz Rotes Tor (1 km nordwestlich von Einsiedel in Richtung Dettenhausen) über die Eichenfirstklinge ins Naturschutzgebiet Eisenbachhain. Dieser ehem. Hutewald wird nicht forstwirtschaftlich genutzt. Hier sieht man, wie sich ein Wald entwickelt, wenn er sich selbst überlassen wird.

Besonderheiten der Natur

Pflanzen Im Eisenbachhain ist ein ehem. Hutewald aus lichten Eichenbeständen erhalten, der einst als Viehweide diente. Ansonsten herrscht Mischwald mit vereinzelten fremden Baumarten vor, darunter Mammutbaum, Hemlocktanne, Tulpenbaum, Roteiche und Amerikanische Mehlbeere.
In den Bachtälern gedeiht ein artenreicher Uferbewuchs; besonders hervorzuheben ist dabei die Trollblume (Bild). Die bis zu 60 cm Höhe erreichende Pestwurz mit ihren purpurnen Blüten und großen Blättern bedeckt hier und da die feuchten Bachauen.
Tiere Im 40 km^2 großen Wildgatter bei Bebenhausen gibt es vor allem Rotwild, den Großteil der heimischen Säugetiere und vereinzelt auch Waschbären. In kleineren, übersichtlichen Schaugehegen sind Rot-, Dam-, Schwarz- und Muffelwild aus der Nähe zu beobachten.
An den Bachläufen, vor allem im Schaichtal, leben die seltenen Eisvögel, Teichhühner und Wasseramseln, aber auch eine artenreiche Amphibienwelt mit Teichmolchen, Laub- und Grasfröschen, verschiedenen Kröten und Gelbbauchunken. Außerdem

wurden dort 46 Schnecken- und 16 Heuschreckenarten gezählt.
Geologie Als Teil der südwestdeutschen Schichtstufenlandschaft ist der Schönbuch aus harten Sandstein- und weichen Mergellagen im Wechsel aufgebaut. An einigen Stellen ist Stubensandstein aus der Keuperzeit aufgeschlossen. Früher wurde dieser feste Sandstein als Baumaterial und Mühlstein verwendet.

Naturpark Obere Donau

Gerade haben sich Brigach und Breg zur Donau vereinigt, da muß sich der junge Fluß auch schon durch schroffe, weiße Kalkfelsen zwängen, versickert teilweise im Untergrund und schlängelt sich durch eine Landschaft, deren Naturschönheiten genauso faszinierend sind wie ihre Kulturschätze.

❶ **Lemberg** Wie eine nach Südosten abgekippte gigantische Scholle liegt die Schwäbische Alb in der Landschaft; deshalb ragen die höchsten Berge auch im Nordwesten auf, deren „ungekrönter König" mit 1015 m Höhe der Lemberg ist. Allerdings hängt er nicht mehr direkt mit der Hochfläche zusammen, da die Verbindung in unvorstellbar langen Zeiträumen durch Wind und Wetter abgetragen wurde, so daß er heute als Zeugenberg vor dem Albrand steht.

Am Parkplatz Lemberg an der Straße Gosheim–Wilflingen sind verschiedene Wanderwege ausgeschildert. Einer von ihnen führt in 20 Minuten zum bewaldeten Gipfel. Vom gut 30 m hohen Turm genießt der Besucher bei guter Sicht einen herrlichen Blick über die fruchtbare Hochebene der Baar zum Schwarzwald und im Süden bis zu den Alpen.

❷ **Dreifaltigkeitsberg und Klippeneck** Hoch über Spaichingen thronen diese zwei Berge. Serpentinenreiche Fahrstraßen führen auf beide hinauf, Parkplätze sind vorhanden, Wandermöglichkeiten ausgeschildert. Im Winter beginnt auf dem Dreifaltigkeitsberg eine 10 km lange, gespurte Loipe, die dem Albrand folgt.

Wer den Dreifaltigkeitsberg (985 m) zu Fuß erklimmen will, benutzt – wie die Pilger – den steilen Weg mit den Kreuzwegstationen; oben umfängt ihn die weihevolle Stille der barocken Wallfahrtskirche mit ihrem beeindruckenden Hochaltar. Auch die schöne Aussicht, die bei gutem Wetter bis zu den Alpen reicht, und ein Imbiß auf der Terrasse des Gasthofes belohnen für die Mühen des Aufstiegs.

Auf dem Klippeneck (981 m) geht es dagegen turbulenter zu – nicht nur, weil man hier in der „deutschen Sonnenstube" weilt: Durchschnittlich 1938 Stunden scheint die Sonne im Jahr, länger als irgendwo sonst in Deutschland. Der Flugplatz ist ein Dorado der Segelflieger – sie nehmen gelegentlich auch Gäste mit in die Lüfte. Die Panoramaterrasse des gepflegten Hotels gewährt phantastische Ausblicke.

❸ **Tuttlingen** In der nach einem Großbrand 1803 wieder aufgebauten Stadt fallen in der Fußgängerzone das klassizistische Rathaus und die Jugendstilfassade der Stadtkirche auf. Im Fruchtkasten zeigt das Heimatmuseum (Di 14–17, Do 16–19, Sa 10–13, So 14–17 Uhr geöffnet) Exponate zur Stadtgeschichte; den Höhepunkt der industriegeschichtlichen Sammlung bilden die weltberühmten Tuttlinger chirurgischen Instrumente. In der naturkundlichen Abteilung begeistern vor allem die Tierfossilien. Die Ruine der Burg Honberg erlaubt einen reizvollen Blick auf die Altstadt.

An der Alten Donaubrücke beginnt ein geologischer Lehrpfad. 15 farbige Lehrtafeln an dem 8 km langen Weg erläutern auf anschauliche Weise die interessante Geologie des Albrandes.

ℹ Verkehrsamt, Rathausstr. 1, 78532 Tuttlingen, Tel. 07461/99230.

❹ **Donauversickerung** Bei Immendingen kann der Besucher ein ungewöhnliches Naturereignis bewundern: Während der Sommer- und Herbstmonate versickern hier

Kein Zaubertrick, sondern ein faszinierendes Naturschauspiel: Bei Immendingen versickert die noch junge Donau im Sommer und Herbst z.T. im Kalkgestein.

Ob die Tropfsteine wie Eiszapfen an der Decke hängen oder vom Boden in die Höhe wachsen – in der Kolbinger Höhle gibt es viele Formen zu bestaunen.

bis zu 28 000 l Wasser pro Sekunde, und die Donau hinterläßt ein fast ausgetrocknetes Flußbett. Das Wasser fließt durch die Klüfte im Kalkgestein und tritt im etwa 12 km Luftlinie entfernten, tiefgrünen Aachtopf wieder an die Oberfläche.

Man stellt das Auto auf dem Parkplatz Einöde an der B 311 von Immendingen nach Möhringen ab, kann sich an der Schrifttafel informieren und dann auf dem Rundweg (1 Stunde) zu den Versickerungsstellen wandern.

❺ **Landwirtschaftlicher Lehrpfad Emmingen** Beim Parkplatz an der Straße nach Hattingen beginnt der 5 km lange Weg durch eine abwechslungsreiche Kulturlandschaft. Er informiert – allerdings nur während der Vegetationszeit zwischen April und Oktober – über die Bedingungen und Produkte der bäuerlichen Wirtschaft der Region.

❻ **Freilichtmuseum Neuhausen ob Eck** Die zauberhaft gelegene Anlage präsentiert 17 originalgetreu eingerichtete alte Gebäude und vermittelt einen Eindruck vom Leben, Wohnen und Arbeiten in längst vergangenen Zeiten (April–Oktober Di–So 9–18 Uhr geöffnet). Ein Dörfchen mit Kirche, Rathaus, Schule, Brunnen und Schmiede bildet den Kern; um ihn gruppieren sich ländliche Anwesen: vom reichen Bauernhof über die Wassermühle bis zum einfachen Tagelöhnerhäuschen. Das Museum wirkt höchst lebendig, denn in den Werkstätten und Bauerngärten arbeiten Menschen, in den Ställen stehen echte Tiere. Auch das Wirtshaus *Ochsen* ist keinesfalls nur Kulisse.

ℹ Freilichtmuseum, 78579 Neuhausen ob Eck, Tel. 0 74 67/13 91.

❼ **Fridingen an der Donau** Sehenswert im historischen Kern des 861 erstmals erwähnten, reizvollen Städtchens sind vor allem das 1554 erbaute, reichbemalte Bürgerhaus *Scharf Eck*, heute ein Gasthaus, und das Ifflinger Schloß. In dem prächtigen Bau des frühen 14. Jh. befindet sich das Museum Oberes Donautal/Heimatmuseum Fridingen (Mai–Oktober Fr–So 14–18 Uhr geöffnet). Unter den Ausstellungsstücken zur Stadt-, Natur- und Volkskunde sind vor allem die Fossiliensammlung und die Exponate zur schwäbisch-alemannischen Fasnet sehenswert. Die St.-Anna-Kapelle gilt als ein Juwel des Barock.

Auf der Naturbühne Steintäle zeigt das Laientheater Fridingen jeden Sommer seine Aufführungen.

ℹ Verkehrsamt, Rathaus, 78567 Fridingen, Tel. 0 74 63/83 70.

❽ **Kolbinger Höhle** Die einzige begehbare Tropfsteinhöhle im Naturpark gehört zu den schönsten auf der höhlenreichen Schwäbischen Alb (Sa 13–17, So 10–17 Uhr geöffnet). 200 m weit geht man durch drei Hallen in den Berg hinein und kann immer neue, phantastisch aussehende Tropfsteingebilde entdecken.

Herrliche Falter über kargen Flächen

Im Naturpark Obere Donau gibt es noch Trockenrasen mit vielfältiger Flora. Dort sind auch wunderschöne Falter zu Hause, deren Raupen hier die richtige Nahrung finden. So sind die Ritterfalter mit dem prachtvollen und schon wegen seiner Größe nicht zu übersehenden Schwalbenschwanz (Bild) und dem Segelfalter vertreten.
Von der Schmetterlingsgruppe der Widderchen fallen vor allem die Blutströpfchen auf, die mit ihren dunklen, markant rot gefleckten, dachartig über dem Leib zusammengelegten Flügeln oft auf Doldenblüten sitzen. Die auffällige Färbung ist eine deutliche Warnung für alle Vögel, daß es sich hier um eine giftige Beute handelt. Kleine, blauschillernde Schmetterlinge, Vertreter verschiedener Bläulingsarten, gehören ebenfalls hierher. Einige besitzen ganz ungewöhnliche „Adoptiveltern“: Die ausgewachsenen Raupen dringen in die Nester von Ameisen ein, verpuppen sich dort und genießen so den Schutz der wehrhaften Völker. Um nicht selbst angegriffen zu werden, ahmen sie sogar den Geruch der Ameisen nach!

Im Eingangsbereich des Wildparks Josefslust steht das 1727 erbaute ehem. Jagdschlößchen, das heute als Forsthaus dient.

Man parkt neben dem großen Spiel- und Rastplatz (in Kolbingen ausgeschildert); auf dem halbstündigen Weg zur Höhle kommt man auch an einem Waldlehrpfad vorbei.

9 **Irndorfer Hardt** Einst führten die Bauern ihr Vieh hierher in einen lichten Wald. Die hungrigen Mäuler fraßen neben dem Gras aber auch die nachwachsenden Bäume. Was blieb, ist eine über 100 ha große Wiesenlandschaft mit Einzelbäumen und Baumgruppen, eine „Holzwiese", die längst unter Naturschutz steht. Vor allem im späten Frühjahr präsentiert sich das Gebiet in einem farbenprächtigen Blütenkleid.

Vom Parkplatz links der Straße von Irndorf nach Schwenningen erreicht man auf gut ausgeschilderten Wegen in wenigen Minuten das Schutzgebiet.

10 **Kloster Beuron** Auf keinen Fall versäumen sollte man das in einer Donauschlinge gelegene, von hohen Felsen umgebene und noch heute von Benediktinermönchen bewohnte Kloster. Im 11. Jh. gegründet, erlebte es im 17. und 18. Jh. seine eigentliche Blüte. Damals entstand auch die Kirche, die 1738 geweiht wurde und zu besichtigen ist. Im prächtigen Innenraum gehen Barock- und Rokokoelemente eine ungemein harmonische Verbindung ein. Fast unwiderstehlich wendet sich der Blick auch nach oben zu den faszinierend ausgestalteten Deckengemälden.

Neben der Kultur kommen aber auch Natur und Sport nicht zu kurz. Angeln, Klettern, Wandern und vor allem Bootfahren auf der noch jungen Donau stehen auf dem Programm.

Einen zauberhaften Blick auf das Kloster genießt man vom Knopfmacherfels aus (an der Straße Beuron–Fridingen). Eine Gaststätte lädt hier zur Rast ein, eine Tafel gibt Hinweise auf schöne Wanderungen.

i Verkehrsamt, Rathaus, 88631 Beuron, Tel. 0 74 66/2 14.

11 **Burg Wildenstein** 200 m über dem engen Tal der Donau erhebt sich die in ihrer heutigen Form im 15. Jh. erbaute Burg der Grafen von Zimmern, die man über Leibertingen erreicht. Türme, Zugbrücken, Wehrgänge, Gräben und befestigte Gebäude versetzen den Besucher ins späte Mittelalter zurück. Eine der am schönsten gelegenen Jugendherbergen Deutschlands hat hier einen Platz gefunden. Die Burgschenke bietet Speisen und Getränke, neben dem großen Kinderspielplatz gibt es Grillplätze, und Tafeln am Parkplatz weisen auf Rad- und Wanderwege hin.

Einen unvergeßlichen Anblick bietet das donauabwärts auf markantem Fels gelegene Schloß Werenwag, das man allerdings von innen nicht besichtigen kann.

12 **Inzigkofen** Die bedeutenden Sehenswürdigkeiten des Bauerndorfes drängen sich um das ehem. Kloster. 1354 gegründet, wurde es im 17. und 18. Jh. weitgehend neu

Die Teufelsbrücke überwindet in kühnem Bogen eine wildromantische, 20 m tiefe Schlucht. Sie gehört zu den herrlich über der Donau gelegenen fürstlichen Anlagen beim Kloster von Inzigkofen.

Bunte Kleckse zwischen grünen Säulen

Typische und besonders schöne Landschaften der Schwäbischen Alb, die in den Naturpark hineinreichen, sind die Wacholderheiden, die durch den Eingriff des Menschen entstanden: Schäfer trieben ihre Tiere auf die trockenen Böden, wo sie die Keimlinge von Büschen und Bäumen fraßen. Nur der stachelige, übelschmeckende Wacholder wurde verschmäht. Dadurch konnte er zu mehr als mannshohen Säulen heranwachsen. Um die Wacholderheiden zu erhalten, braucht man übrigens noch immer die Schafe – oder aber Menschen, die die anderen Pflanzen zurückschneiden.

Die zwischen den Wacholderbüschen wachsenden Blumen gehören zu den prächtigsten der heimischen Flora. Im Frühjahr schieben die Küchenschellen ihre blaßvioletten Blütenglocken durch die vorjährige Grasschicht. Ab Mai treten die ersten Orchideen auf: Ragwurzarten mit bizarren Einzelblüten und Knabenkräuter (im Bild: Helmknabenkraut) mit dichten Blütenähren in oft kräftigen Farben. Dann sind auch Deutscher Enzian, Fransen- und Kreuzenzian zu entdecken. Später kommt die große, schimmernde Blüte der Silberdistel hinzu.

erbaut und beherbergt heute ein bekanntes Volkshochschulheim.

Nebenan zeigt das Bauernmuseum (Mai–Oktober erster und dritter So im Monat 13.30–16.30 Uhr geöffnet) in der Zehntscheuer auf 700 m² Fläche historische landwirtschaftliche Geräte, Maschinen und Fahrzeuge. In Küche, Stube und Schlafkammer eines Bauernhauses kann man den Alltag auf dem Land nachempfinden.

Beim Kloster beginnen die fürstlichen Anlagen, die in der ersten Hälfte des 19. Jh. zum Park ausgebaut wurden und noch heute im Besitz der Familie Hohenzollern-Sigmaringen sind. Wunderschöne Alleen und Wege unter überhängenden Felsen erschließen das in einer Donauschlinge über dem Fluß aufragende Gelände. Vom Känzele und vom Amalienfels aus schweift der Blick über die Donau.

i Bürgermeisteramt, Rathausstr. 5, 72514 Inzigkofen, Tel. 0 75 71/7 30 70.

⓭ **Sigmaringen** Hauptattraktion der Stadt ist das Schloß mit seinen vielen Türmen (Februar–November täglich 8.30–12, 13–17 Uhr geöffnet). Zwar stammen einige Bauteile aus der Romanik und der Renaissance, doch wird das Bild bestimmt von den Bauten aus der Zeit um 1900. Zahlreiche Prunkräume beeindrucken den Besucher. Im Ahnensaal kann man die kostbaren Möbel, Gemälde, Uhren und Porzellanarbeiten bewundern. Die große Waffenhalle funkelt vom Glanz der 3000 Waffen aus vergangenen Jahrhunderten, die Hubertushalle zeigt zahlreiche Jagdtrophäen. Das Museum besticht mit einer unschätzbaren Sammlung von Werken schwäbischer Maler und Bildschnitzer des 15. und 16. Jh. Das Marstall-Museum schließlich präsentiert alte Kutschen und Schlitten, Jagd- und Galawagen.

Natürlich kommen die Gäste auch wegen der hübschen Altstadt hierher, besuchen das Heimatmuseum im Runden Turm, vergnügen sich bei der Fasnet oder beim „Fischerstechen“ im Hochsommer.

i Verkehrsamt, Schwabstr. 1, 72488 Sigmaringen, Tel. 0 75 71/10 62 23.

⓮ **Wildpark Josefslust** Den über 800 ha großen, im 18. Jh. gegründeten Fürstlich Hohenzollerischen Wildpark erschließt ein gepflegtes Netz von Rundwegen. Uralte Waldbestände, aber auch malerische Baumgruppen und Einzelbäume, dazu zwei idyllische Teiche prägen das Bild der großzügigen Anlage (durchgehend geöffnet). Damhirsche und Rehe bevölkern den Park. An Grillplätzen kann man ein Picknick in herrlicher Umgebung machen.

Der Park liegt an der Straße von Sigmaringen nach Krauchenwies. Fährt man Richtung Krauchenwies weiter, erreicht man nach kurzer Zeit einige Seen, die zu Wassersport und Badespaß einladen.

Direkt aus dem Fels scheint das majestätische Schloß Sigmaringen zu wachsen und über die Stadt zu wachen. Im Innern kann man zahlreiche Prunkräume und verschiedene Sammlungen besichtigen.

⓯ **Heuneburg-Museum** Das modern gestaltete, anregende Museum ist in der barocken Zehntscheuer des Klosters Heiligkreuztal in Hundersingen untergebracht (April–Oktober täglich nachmittags, So auch 10–12 Uhr geöffnet). Die Sammlung zeigt interessante Stücke aus der Geschichte der Heuneburg. Die ältesten Funde stammen aus dem 4. Jahrtausend v. Chr. In der mittleren und späten Bronzezeit (1600–1200 v. Chr.) lebten hier schon Menschen. Kelten brachten um 600 v. Chr. die Heuneburg zur Blüte und hinterließen eine Viereckschanze und mehrere Fürstengrabhügel, darunter auf dem Hohmichele den größten seiner Art in Europa.

Schließlich ließen sich die Römer und später die Franken (6./7. Jh.) hier nieder. Ein riesiges Modell und eine sehr informative Tonbildschau runden die hervorragende Ausstellung ab.

Ein 8 km langer, gut ausgebauter und beschilderter archäologischer Wanderweg beginnt am Museum und führt zur Heuneburg, zu den Fürstengräbern und zur Viereckschanze.

Naturpark Augsburg– Westliche Wälder

Zwischen München und Stuttgart gelegen, doch kaum beachtet – zu Unrecht trifft dieses Los den weitläufigen Naturpark, dessen sanfte Höhenzüge und liebliche Täler man durchwandern oder durchradeln sollte. Vielerorts laden in den Dörfern schattige Biergärten zur Einkehr ein.

❶ **Wertingen** Weit über die Dächer der schön gelegenen Stadt ragen die Türme der barocken Stadtpfarrkirche St. Martin. Im ehem. Schloß ist heute das Heimatmuseum untergebracht (Sa, So geschlossen).

Direkt daneben hat die zeitgenössische Kunst ihren Platz in der Städtischen Sammlung. In Jahren mit ungerader Zahl findet die Ausstellung „Kunst im Schloß" statt.

Wandern und radfahren kann man nach Herzenslust entlang der Zusam: in Richtung Donau auf dem Donau-Radwanderweg, in Richtung Dinkelscherben auf dem Zusam-Wanderweg.

ℹ Verkehrsamt, Schulstr. 12, 86637 Wertingen, Tel. 08272/840.

❷ **Markt** Auf dem herrlichen Weg durch das Burgholz nähert man sich dem Fuggerschloß auf der Anhöhe über dem Ort. Die Anlage stammt aus dem 16. Jh., ihr heutiges Gesicht erhielt sie im 17. Jh.

Knapp 3 km wandert man von Markt nach Biberbach. Dort steht eine berühmte Wallfahrtskirche; sie birgt ein Kruzifix von 1220.

ℹ Gemeindeverwaltung, Raiffeisenstr. 9, 86485 Markt Biberbach, Tel. 08271/3055.

❸ **Ganghofer-Rundweg** Der 9 km lange Weg durch Wälder und Felder beginnt in der Ortsmitte von Welden und führt auch am Jugendhaus des bekannten Heimatdichters, einem ehem. Forsthaus, vorbei.

Den Weg von Welden hinauf zur Theklakapelle, einem stilreinen Zeugnis des Rokoko, säumt eine prächtige Lindenallee.

ℹ Verkehrsverein, Wertinger Str. 9, 86441 Zusmarshausen, Tel. 08291/9166.

❹ **Violau** Die Attraktion des Dörfchens ist die Wallfahrtskirche St. Michael, die 1617–20 auf den Grundmauern einer Basilika aus dem 12. Jh. entstand. Die heutige Ausstattung stammt aus dem 18. Jh. Eine Tafel am Parkplatz im Ort weist auf zahlreiche Wandermöglichkeiten hin.

Vom Rundweg um die Wallfahrtskirche kann man nach Baiershofen abzweigen und hat dort Anschluß an die Fultenbacher Rundwege sowie die Wanderrouten im Landensberger Forst. Dabei passiert man Neumünster, ein typisches mittelschwäbisches Straßenangerdorf, das schon um 1300 gegründet wurde.

❺ **Zusmarshausen** Am großen Marktplatz mit der spätgotischen, im 17. Jh. umgebauten Pfarrkirche St. Maria laden Cafés und Gastwirtschaften zum Verweilen ein.

Nur 1 km südlich wandert man vom Parkplatz mit Wandertafel auf dem 8,5 km langen Rundweg ins Heiligenholz. Auf dem 4 km langen Franz-Rödl-Waldlehrpfad gibt es zahlreiche Informationstafeln.

Der Rothsee, südöstlich der Stadt, ist als Ziel für heiße Tage geeignet.

ℹ Verkehrsverein Zusmarshausen, siehe ❸.

❻ **Waldspielplatz Föhrenberg** Zwei Wanderparkplätze an der Straße von Biburg nach Rommelsried sind Ausgangspunkt für schöne Spaziergänge durch den Rauhen Forst (Grillstelle, Spielplatz).

❼ **Dinkelscherben** Im neu eingerichteten Heimatmuseum im Zehentstadel bekommt man eine Vorstellung vom bäuerlichen Leben vergangener Zeiten.

Sanfte Hügel, ein Mosaik aus Wäldern und sattgrünen Wiesen, dazwischen die Zwiebelhaube eines barocken Kirchleins: ein typisches Bild aus dem Staudengebiet, hier bei Immelstetten, im Südteil des Naturparks.

Besonderheiten der Natur

Pflanzen Auf etwa 40 % der Naturparkfläche wächst Mischwald, in dem nahezu alle heimischen Baumarten vorkommen; die Fichte überwiegt jedoch. Die Waldränder sind reich an verschiedenen Straucharten, wobei Haselnuß, Weißdorn und Schlehe vorherrschen. Seltene Pflanzen wie Küchenschelle, Seidelbast, Türkenbund sowie viele Orchideen und Enziane bevorzugen die Uferflächen an Bach- und Flußmäandern, die Streuobstwiesen oder die Heideflächen an Böschungen und Hohlwegen.
Tiere In den Bächen und Flüssen kommen Flußkrebse, Muscheln, Molche und manche Froschlurche vor. In weitläufigen Strauchgürteln leben viele Singvogelarten und Greifvögel: Zu beobachten sind Sperber, Roter Milan und Mäusebussard sowie auch die kleineren Baum- und Turmfalken. Selbst die ansonsten rare Waldohreule ist hier noch recht häufig anzutreffen. Sie macht u.a. Jagd auf nachtaktive Kleinsäuger, zu denen auch der possierliche Siebenschläfer (Bild) zählt.

Am Waldfreibad beginnt, neben anderen Rundwegen, ein gepflegter Waldlehrpfad.

Eine 8 km lange Wanderroute führt von dort außerdem rund um den Burgstall Schlößlesberg. Anhand der Reste von Wall und Graben kann man sich die ehem. Burganlage aus dem 10./11. Jh. gut vorstellen.
i Verkehrsverein, Augsburger Str. 4, 86424 Dinkelscherben, Tel. 0 82 92/2 02 34.

8 Kloster Oberschönenfeld Heute leben wieder Nonnen in der Zisterzienserinnenabtei von 1211. Besonders die schönen Fresken in der Abteikirche Mariä Himmelfahrt sollte man sich ansehen. In den barocken Ökonomiegebäuden ist das sehenswerte Schwäbische Volkskundemuseum untergebracht. Das benachbarte Naturpark-Haus informiert über den Naturpark.

Im Bauernmuseum Staudenhaus, einem Fachwerkhaus aus dem 18. Jh., werden original eingerichtete Bauernstuben gezeigt. Das *Klosterstüble* mit Biergarten und ein Rotwildgehege ergänzen das Angebot.
i Schwäbisches Volkskundemuseum Oberschönenfeld, 86459 Gessertshausen, Tel. 0 82 38/20 02.

9 Markt Wald Vom Wanderparkplatz im Ortsteil Oberneufnach wandert man zum Christoph-Scheiner-Aussichtsturm, der einen herrlichen Blick über die umliegenden Höhen bietet. Zum Baden verlockt etwas weiter südlich der idyllische Schnerzhofener Weiher.

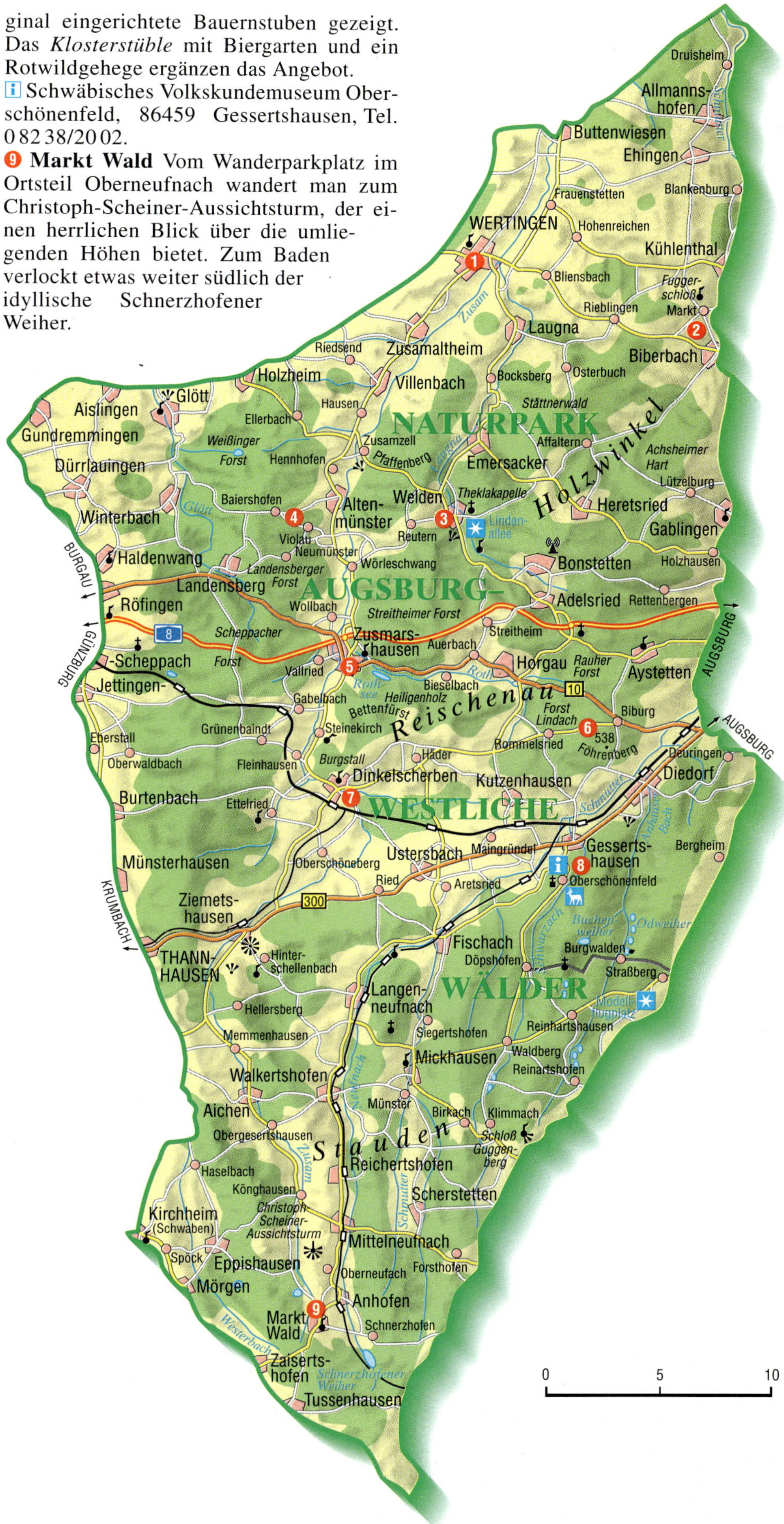

3 Fränkische Alb und Vorland

Natur und Kultur im Einklang

Kultur und Natur wetteifern in Franken um die Gunst der Besucher – sie gehen zugleich eine faszinierende Einheit ein, die ihre Krönung in trutzigen Burgen und bizarren Felspartien findet. Letztere überragen so malerische Orte wie Tüchersfeld im Herzen der Fränkischen Schweiz (Bild).

Fränkische Alb und Vorland

Die Wiesent, ein noch weitgehend naturbelassenes Flüßchen, erfreut sich bei Paddlern großer Beliebtheit.

Naturpark Fränkische Schweiz–Veldensteiner Forst

Größe: 2346 km², gegründet 1968, erweitert 1972.

Der nordöstlich von Nürnberg gelegene Naturpark steht der Fläche nach an zweiter Stelle in Deutschland. Er erstreckt sich von Oberfranken bis in die Oberpfalz hinein und umfaßt vor allem die abwechslungsreichen Täler und Hochflächen der Fränkischen Alb. Bizarre Felspartien geben der Landschaft ihren besonderen Reiz. Durch Auslaugung des Kalksteins, der hier während der Jurazeit vor rund 150 Mio. Jahren entstand, bildeten sich zahlreiche Höhlen. Interessant sind diese Gesteinsschichten auch wegen ihres Reichtums an Fossilien.

Auf den Kalkböden haben sich besondere Pflanzengemeinschaften – so etwa orchideenreiche Trockenrasen – ausgebildet, wie sie andernorts kaum noch zu finden sind. Diese Biotope zu erhalten gehört inzwischen zu den wichtigsten Aufgaben des Naturparks. Unter Naturfreunden ist die Fränkische Schweiz mittlerweile längst kein Geheimtip mehr.

Der Veldensteiner Forst, im Südosten des Naturparks gelegen, ist vor allem durch ein großes Wildgehege bekannt geworden. Hier bestimmen ausgedehnte Kiefern- und Fichtenwälder das Landschaftsbild.

Innerhalb des Naturparks liegen mehrere Städtchen und oft noch sehr ursprüngliche Dörfer. Sie fügen sich, ebenso wie die zahlreichen Burgen, Schlösser und Wallfahrtskirchen, harmonisch in die Landschaft ein. Die Orte haben noch weithin ihr vom fränkischen Fachwerk geprägtes Bild bewahrt.

i Verein Naturpark Fränkische Schweiz–Veldensteiner Forst e.V., Forchheimer Str. 1, 91278 Pottenstein.

Naturpark Altmühltal

Größe: 2908 km², gegründet 1969.

Der größte deutsche Naturpark umfaßt den landschaftlich reizvollsten Abschnitt der südlichen Fränkischen Alb. Die eindrucksvolle Talstrecke der Altmühl oberhalb von Treuchtlingen bis zur Einmündung in die Donau bei Kelheim bildet gewissermaßen die Längsachse dieses Gebietes.

Zum Naturpark gehören aber auch die nördlich und südlich angrenzenden Teile der Albhochfläche. Es ist eine von mächtigen Jurakalken geprägte Landschaft. Weite, sanft gewellte Hochflächen und steilwandige Täler mit schroffen Felsen bilden einen reizvollen Kontrast.

Spuren des Lebens aus der Jurazeit haben sich als Fossilien in den Plattenkalken erhalten und Fundstellen wie Solnhofen weltberühmt gemacht. Auch heute noch lassen sich in einigen Aufschlüssen mit etwas Glück schöne Fossilien finden.

Der untere Abschnitt des Altmühltales wird vom Main-Donau-Kanal durchzogen, der seit der Fertigstellung 1992 Schiffen die Verbindung zwischen Donau und Rhein eröffnet. Wenn mit dem Bau und dem Betrieb des Kanals auch erhebliche Eingriffe in den Naturhaushalt verbunden waren und sind, so hat die Landschaft abseits dieser Wasserstraße, die auf 34 km Länge durch das Altmühltal führt, doch nichts von ihrem Reiz verloren.

Der Urvogel Archäopteryx gehört zu den berühmten Fossilienfunden aus dem Solnhofener Schiefer.

Dort, wo sich die gemächlich dahinfließende Altmühl noch in vielen Windungen ihren Weg bahnt, gibt es ideale Möglichkeiten für ausgedehnte Touren mit dem Kajak oder dem Paddelboot. Dabei kann man immer wieder bizarre, steil aufragende Felssporne entdecken, von denen manche auch zu phantasievoller Namengebung angeregt haben: So gibt es unterhalb von Pappenheim den Höllenstein, bei Eßlingen die berühmten Zwölf Apostel und gegenüber die Teufelskanzel.

i Informationszentrum Naturpark Altmühltal, Notre Dame 1, 85072 Eichstätt.

Naturpark Frankenhöhe

In den feuchten Laubwäldern der Frankenhöhe entfaltet der Märzenbecher seine weißen Blüten.

Größe: 1104 km², gegründet 1974.

Der Naturpark liegt im westlichen Mittelfranken ganz auf bayerischem Gebiet, reicht aber bis an die Grenze Baden-Württembergs heran. Obwohl von allen Seiten über die Autobahn rasch zu erreichen und als Ausflugsziel beliebt, ist die Frankenhöhe als Feriengebiet noch wenig bekannt.

Die eigentliche Frankenhöhe ist Teil der südwestdeutschen Schichtstufenlandschaft. Mit deutlichem Steilabfall senkt sich die Landstufe nach Westen und Norden zur Hohenloher Ebene und zum Tauberland ab.

Weitaus sanfter ist der Übergang nach Südosten zum weiten Mittelfränkischen Becken hin. Dementsprechend variieren auch die klimatischen Verhältnisse und die Ausgestaltung der natürlichen Lebensräume: In höheren Lagen hat der Laubwald seine größte Verbreitung, während in den niederschlagsärmeren Gebieten Trockenrasen mit sonst selten gewordenen Pflanzen zu finden sind. Weite Teile des Naturparks wurden wegen ihres Reichtums an seltenen Tier- und Pflanzenarten unter Landschaftsschutz gestellt.

ℹ Naturpark Frankenhöhe e.V., Geschäftsstelle, Crailsheimstr. 1, 91522 Ansbach.

Naturpark Steigerwald

Größe: 1280 km², gegründet 1971.

Nördlich des Flüßchens Aisch schließt sich an die Frankenhöhe der Naturpark Steigerwald an. Entsprechend der unterschiedlichen Höhenlage und dem geologischen Untergrund wechselt hier das Bild der Landschaft auf kleinem Raum. In günstigen Lagen, besonders an den nach Westen ausgerichteten tieferen Hanglagen, wird Obst- und Weinbau betrieben, während die Höhen meist waldbedeckt sind. Dies gilt vor allem für den oberen Steigerwald im Norden des Naturparks. Südlich des Schwanberges schließt sich der vordere Steigerwald an, wo Wiesen, Weiden und Äcker stärker vertreten sind. Charakteristisch für den Steigerwald sind die großen Buchenbestände; in tieferen Lagen finden sich auch lichte Eichenwälder.

Zu den schönsten Ausflügen gehört eine Wanderung zum Zabel-

Hoch über dem Ort Castell steht die Treppenturmruine der Castellschen Stammburg.

stein, dem 489 m hohen nordöstlichen „Eckpfeiler" des Steigerwaldes. Vom Aussichtsturm aus bietet sich ein weiter Blick über die Wälder und die Mainebene bis hin zu den Höhen von Spessart und Rhön.

ℹ Verein Naturpark Steigerwald e.V., Hauptstraße 3, 91443 Scheinfeld.

Naturpark Haßberge

Größe: 804 km², gegründet 1974.

Der wenig bekannte Naturpark umfaßt den langgestreckten Höhenrücken, der nördlich des Mains die Fortsetzung des Steigerwaldes bildet. Hier erreicht das fränkische Keuperbergland seine größte Höhe (Nassacher Höhe, 506 m). Auffallend ist die eigenartige Form des Höhenzuges: im Westen steil ansteigend, dann nach Osten hin nur ganz allmählich abfallend – eine Folge der Lagerungsverhältnisse der geologischen Schichten. Der mittelalterliche Rennweg, der längs der Kammhöhe verläuft, ist heute der Hauptwanderweg der Haßberge.

Im Gebiet des Naturparks gibt es auch viele Burgen und Schlösser, schmucke Dörfer und freundliche Städtchen. Mit ihrem reichen Bestand an liebevoll gepflegten Fachwerkhäusern geben sie der stillen Landschaft ihr eigenes Gepräge.

ℹ Verein Naturpark Haßberge e.V., Am Herrenhof 1, 97437 Haßfurt.

Naturpark Fränkische Schweiz – Veldensteiner Forst

Erst kamen die Naturwissenschaftler, um die faszinierenden Tropfsteinhöhlen im Dolomit zu erforschen. Ihnen folgten ab dem 19. Jh. viele Ausflügler, die sich für die bizarre Felsenwelt dieser romantischen Landschaft begeisterten und ihr schon bald den Namen Fränkische Schweiz verliehen.

Ziel vieler Pilger aus nah und fern ist die zweitürmige Wallfahrtskirche Vierzehnheiligen, ein Meisterwerk des Barock.

❶ **Staffelberg** Den sagenumwobenen, 539 m hohen Berg am Nordrand der Fränkischen Alb erreicht man zu Fuß von Staffelstein in 1 Stunde oder vom Wanderparkplatz in Romansthal in 20 Minuten. Auf dem Staffelberg sind Reste einer Keltensiedlung zu sehen; Tafeln am Weg informieren über die Geschichte. Geologisch bemerkenswert sind einige Schichten der Juraformation, die hier zutage treten.

Der Staffelberg bietet einen herrlichen Ausblick auf die Landschaft; im Norden sieht man das ehem. Kloster Banz und 4 km nordöstlich die Wallfahrtskirche Vierzehnheiligen (siehe ❷).

❷ **Vierzehnheiligen** Die berühmte Basilika mit der zweitürmigen Westfassade wurde 1772 nach Plänen Balthasar Neumanns fertiggestellt. Die Innenausstattung beeindruckt in ihrer überschwenglichen Pracht. Das Prunkstück ist der Gnadenaltar von J. J. Michael Küchel. Er wurde 1765 errichtet und gilt zu Recht als Höhepunkt barocker Sakralkunst. Die im Altar dargestellte Anrufung der 14 Nothelfer entstand wohl zur Zeit der großen Pestseuchen (täglich bis Einbruch der Dämmerung geöffnet).

Empfehlenswert ist auch ein Ausflug ins 3 km entfernte, knapp außerhalb des Naturparks gelegene Lichtenfels, die deutsche Korbstadt. Das städtische Heimatmuseum im oberen Torturm dokumentiert die Geschichte des oberfränkischen Flechthandwerks (Mai–Oktober Mo–Fr 9–18, Sa 9–13 Uhr geöffnet). Am dritten So im September findet alljährlich der Korbmarkt im Rahmen eines Volksfestes statt.

ℹ Verkehrsamt, Marktplatz 1, 96215 Lichtenfels, Tel. 0 95 71/79 50.

❸ **Weismain** Über die Dächer des „Tores zur Fränkischen Schweiz" wacht der 53 m hohe Turm der spätgotischen Pfarrkirche St. Martin. Vom Wahrzeichen der Stadt, dem 1577 erbauten Rolandsbrunnen, grüßt ein Ritter mit Fahne und Schild. Die Bauwerke des Patriziergeschlechts der Neydecker – heute Rathaus und Amtsgericht – prägen das Stadtbild. Das mit einem schönen Staffelgiebel geschmückte Rathaus beherbergt das kleine Heimatmuseum mit Waffen, Trachten und historischen Funden aus der Region (Schlüssel im Verkehrsamt).

Von Weismain aus lassen sich viele attraktive Wanderungen unternehmen, z. B. ins Kleinziegenfelder Tal (siehe ❹), auf den Großen und Kleinen Kordigast oder zur Burgruine Niesten.

ℹ Verkehrsamt, Am Markt 19, 96260 Weismain, Tel. 0 95 75/12 24.

❹ **Kleinziegenfelder Tal** Dieses anmutige Tal erstreckt sich auf einer Länge von 10 km von Weismain bis Kleinziegenfeld. Am Fluß Weismain entlang fährt oder wandert man durch eine beeindruckende Felsen- und Heidelandschaft mit zahlreichen Höhlen. Ein günstiger Ausgangspunkt ist der Gasthof *Forelle* in Weihersmühle.

Die Quelle des Flüßchens liegt unterhalb des markanten Claudiusfelsens etwas versteckt in Kleinziegenfeld.

❺ **Thurnau** Die Schloßanlage, bestehend aus Unterem und Oberem Schloß von 1239 und vielen Erweiterungen aus der Renais-

Idyllische Abschnitte wie hier bei der Weihersmühle finden sich im Kleinziegenfelder Tal auf Schritt und Tritt (unten).

sance, überragt den Ort und beherbergt heute das Institut für Musiktheater der Universität Bayreuth. Auf einem überdachten Brückengang hoch über der Straße erreichten die fürstlichen Herrschaften auch bei schlechtem Wetter ihr Gotteshaus, die Laurentiuskirche, trockenen Fußes. Heute gilt der hölzerne Steg als eines der Wahrzeichen Thurnaus. Eine Besichtigung der im 18. Jh. umgebauten Kirche sei dem Besucher wegen der schönen Stukkaturen und Deckengemälde, der umlaufenden Doppelempore und des prächtigen Sechssäulenaltars empfohlen.

Das gut gestaltete Töpfermuseum in der ehem. Lateinschule präsentiert Kunst und Gebrauchsgegenstände aus

Einzigartig ist der Felsengarten Sanspareil mit seinen bizarren Felsgebilden, bei deren Formung der Mensch nachgeholfen hat.

Ton. Die Thurnauer Töpferei blickt auf eine rund 600jährige Tradition zurück (April–September Di–So nachmittags, So auch 10–12 Uhr; Oktober–März nur Do, Sa, So nachmittags, So auch 10–12 Uhr geöffnet).

Beim Rundgang durch den Ort fallen das stilvolle Rathaus von 1792, der Rokokobrunnen im Schloßhof und der Neptunbrunnen auf dem Marktplatz auf.

i Verkehrsamt, Rathaus, Oberer Markt 28, 95349 Thurnau, Tel. 0 92 28/6 36.

6 **Sanspareil** Seinen ungewöhnlichen Namen „Ohnegleichen“ erhielt der Ort von dem in einem Buchenwald gelegenen Felsengarten: Ihn gab die Bayreuther Markgräfin Wilhelmine 1745–48 als einen der ersten deutschen Landschaftsgärten in Auftrag. Die Szenerie bezaubert durch märchenhafte Winkel und Grotten, die Namen aus der griechischen Mythologie tragen. Am Ostende des Felsengartens besucht man das Ruinen- und Grottentheater, am Eingang den schönen Rundbau mit der Kuppel, Morgenländischer Bau genannt, außerdem den *Hainbau*, einstmals Küchengebäude und

Kaum mehr als der Wohnturm ist von der Burg Neideck erhalten geblieben, deren Ruine weithin sichtbar das Wiesenttal beherrscht.

heute Gaststätte. Das Gelände ist jederzeit zugänglich; die gekennzeichneten Wege sind rollstuhlgerecht angelegt. Gleich in der Nähe des Felsengartens gibt es einen Parkplatz, von dem aus man Rundwanderungen (etwa 1 Stunde) ins Naturschutzgebiet Wacholderleithen unternehmen kann.

Die Burg Zwernitz, um 1200 erbaut, erhebt sich oberhalb von Sanspareil. In der stattlichen Burganlage besichtigt man die Waffensammlung oder steigt auf den Rundturm, um den Ausblick auf das Hollfelder Land zu genießen (Mitte April–Mitte Oktober täglich außer Mo geöffnet).

i Gemeindeverwaltung, Rathaus, 96197 Wonsees, Tel. 0 92 74/2 13.

7 Burg Giech Nach dem kurzen, aber schweißtreibenden Aufstieg vom Wanderparkplatz zur Burgruine freut man sich auf eine Rast in der Ausflugsgaststätte (Di Ruhetag). Dann geht es weiter hinauf auf die Aussichtsplattform des Bergfrieds der ehem. Festung; ein herrlicher Rundumblick belohnt die Mühe.

Es empfiehlt sich, den Besuch der Ruine mit einer Wanderung zur Felsenkapelle Gügel aus dem 15. und 17. Jh. zu verbinden. Die bekannte Wallfahrtskirche erreicht man von Burg Giech aus in einer halben Stunde.

Ein Tip für ausdauernde Wanderer ist die 14 km lange Rundwanderung von Scheßlitz (außerhalb des Naturparks) über Demmelsdorf und Ludwag mit den Stationen Giech und Gügel; Ausgangspunkt der gut markierten Tour ist die Pfarrkiche in Scheßlitz.

8 Hollfeld Der Hauptort der nördlichen Fränkischen Schweiz liegt terrassenförmig am Talhang der oberen Wiesent. Als Rest einer Burganlage aus dem 12. Jh. ragt der 38 m hohe Gangolfsturm auf. Um den Blick vom Turm zu genießen, muß man 104 Stufen erklimmen; den Schlüssel erhält man im Rathaus gegenüber.

Das Städtchen besitzt mehrere interessante Gebäude: das Obere Tor aus dem 13. Jh., das ehem. Amtsgericht, 1734 nach Plänen von J. J. Michael Küchel erbaut, und schließlich das Rathaus von 1744. Sehenswert ist die kath. Pfarrkirche St. Kilian mit ihrer reichen Rokoko-Innenausstattung.

Wanderfreudige gelangen über den Ortsteil Weiher und vorbei an der Ruine Neidenstein durch eine prächtige Lindenallee zur Burgruine Freienfels und weiter zum Schloß Wiesentfels, das hoch über der Wiesent thront.

i Verkehrsamt im Wittauerhaus, Marienplatz 18, 96142 Hollfeld, Tel. 0 92 74/7 27.

9 Heiligenstadt Die malerischen Fachwerkhäuser der beschaulichen Marktgemeinde werden überragt vom mächtigen Greifenstein. Zu dem 1690 zum Barockschloß umgestalteten, imposanten Bau führt eine schöne Lindenallee. Das Museum im Schloß zeigt kostbare Möbel sowie eine Waffen- und Geweihsammlung (April–Oktober täglich geöffnet).

Auf dem Main-Donau-Weg erreicht man in einer guten Stunde Aufseß mit Burg Unteraufseß, wandert durch das Aufseßtal nach Neuhaus und dann auf der Höhe zurück nach Heiligenstadt.

i Verkehrsamt, Haus des Gastes, Marktplatz 20, 91332 Heiligenstadt, Tel. 0 91 98/7 21.

10 Ebermannstadt Im unteren Wiesenttal liegt der Ort mit seinen vielen denkmalgeschützten Fachwerkhäusern in der Altstadt. Das Heimatmuseum im Bürgerhaus (Mi 16–18 Uhr geöffnet) zeigt Ausstellungen zur Paläontologie, Stadtgeschichte und bäuerlichen Kultur, zu Handwerk und Religion. Zudem gibt es eine Gedenkstätte für den Bildschnitzer Friedrich Theiler, dessen Madonna im Strahlenkranz in der Marienkapelle – etwas versteckt hinter der Hauptstraße – zu sehen ist.

Ausgangspunkt für Wanderungen ist das alte Wasserschöpfrad, das Wahrzeichen der Stadt, gegenüber dem alten Scheunenviertel und dem Stadtpark. Man kann wählen zwischen einer 4 km langen Rundwanderung zum Aussichtsturm Wallerwarte (512 m) und einem botanisch-geologischen Naturlehrpfad.

i Verkehrsamt im Bürgerhaus, Bahnhofstr. 5, 91320 Ebermannstadt, Tel. 0 91 94/ 5 06 40.

⓫ **Binghöhle** Oberhalb der Ortschaft Streitberg liegt die 400 m lange Höhle mit spektakulären Tropfsteinbildungen wie Riesensäule, Kerzensaal und Venusgrotte (Mitte März–Oktober täglich geöffnet, Führungen).

Rundwanderwege führen auch zur Burgruine Streitburg (1120) und zur markanten Ruine Neideck (12. Jh.), von denen sich wunderschöne Ausblicke auf das zauberhafte Tal der Wiesent bieten.

i Verkehrsamt, Marktplatz 1, 91346 Wiesenttal, Tel. 0 91 96/3 46.

⓬ **Gößweinstein** Das Ortsbild wird beherrscht von der Barockbasilika zur Heiligen Dreifaltigkeit, die 1730–39 nach Plänen von Balthasar Neumann erbaut wurde. Durch das Tor der mächtigen zweitürmigen Fassade betritt man das Gotteshaus und ist beeindruckt von der Pracht der Altäre und der reichbemalten Stuckdecke. Die Votivkammer birgt Zeichen der Dankbarkeit für empfangene Gnade, die Wallfahrer hier hinterlassen haben: Wachsopfer, Wachspuppen und Votivbilder. In der 1630 fertiggestellten Klosterkirche hinter der Basilika sind vor allem die Dreifaltigkeitskapelle und das erstaunliche, dreidimensional wirkende Gitter von 1725 sehenswert. Seit dem 15. Jh. kommen am Sonntag nach Pfingsten Wallfahrer aus dem ganzen Frankenland hierher.

Den Ort überragt die Burg Gößweinstein (11. Jh.) auf einem nach drei Seiten abfallenden, 150 m hohen Felsen (Ostern–Oktober täglich geöffnet).

i Verkehrsamt, Bergstr. 67, 91327 Gößweinstein, Tel. 0 92 42/4 56.

⓭ **Behringersmühle** In dem Fremdenverkehrsort treffen die Flüsse Püttlach, Wiesent und Ailsbach aufeinander: idealer Ausgangspunkt für erlebnisreiche Paddeltouren. Den passenden schwimmenden Untersatz kann man beim Bootsverleih in der *Stempfermühle* an der Wiesent mieten.

Ein Oldtimerzug verkehrt an bestimmten Sonntagen auf der Museumsbahnstrecke, die von Forchheim über Ebermannstadt, Streitberg und Muggendorf nach Behringersmühle führt.

Eine Attraktion ganz besonderer Art bilden die vom Verkehrsverein ein- bis zweimal jährlich veranstalteten Höhlenfeste in der nahe gelegenen Constantingrotte.

Drei verschiedene Flüßchen kann man von Behringersmühle aus mit dem Kajak auf schönen Touren erkunden.

i Verkehrsamt Gößweinstein, siehe ⓬.

⓮ **Riesenburg** Diese Ansammlung von Felstrümmern im Schottental zwischen Behringersmühle und Doos besteht aus den Überresten einer riesigen eingestürzten Höhle. Vom Parkplatz an der Straße aus steigt man in einer Viertelstunde zum kleinen Aussichtsplateau mit Blick auf das Wiesenttal hinauf. In Richtung Behringersmühle kommt man nach kurzer Zeit zum Gasthof *Schottersmühle*, wo man Kajaks leihen kann.

⓯ **Tüchersfeld** Das Fränkische-Schweiz-Museum des malerischen Felsendorfes zeigt in den Gebäuden des Judenhofes aus dem 18. Jh. (April–Oktober täglich außer Mo, November–März Di, Do, So nachmittags geöffnet) neben geologischen, archäologischen und historischen Exponaten auch Ausstellungen zur Regionalgeschichte. Einen Einblick in die Tradition jüdischen Lebens vermittelt die Synagoge von 1762.

Vom Wanderparkplatz Zeckenstein sollte man den schon fast alpinen Aufstieg zum Fahnenstein wagen, denn von diesem mitten im Ort aufragenden Felsen bietet sich ein schöner Blick auf Dorf und Tal.

i Städtisches Verkehrsbüro, Forchheimer Str. 1, 91278 Pottenstein, Tel. 0 92 43/ 7 08 41.

Malerisch drängen sich die Häuser von Gößweinstein zu Füßen der Burganlage, die das Vorbild für Richard Wagners Gralsburg im „Parsifal“ war.

Steter Tropfen höhlt den Kalkstein

In Landschaften, deren Untergrund aus leicht löslichen Gesteinen wie Kalk oder Dolomit besteht, gibt es oft überhaupt keine Bäche und Flüsse, oder die Wasserläufe verschwinden nach kurzem oberirdischem Lauf im Erdboden. Auf den Hochflächen der Fränkischen Schweiz rund um Pottenstein fehlen oberirdische Gewässer fast völlig. Das Niederschlagswasser versickert hier in Spalten des Weißjurakalks und tritt dann tief unten am Grund der Täler in Quelltöpfen wieder aus. Auf seinem Weg durch den Fels greift das säurehaltige Sickerwasser das Gestein an, erweitert feine Risse im Lauf der Zeit zu breiten Spalten und dort, wo sich die unterirdischen Wasseradern sammeln, schließlich zu Höhlen.

Die Weißjuragesteine der Fränkischen Alb sind besonders wasserdurchlässig, und die Fränkische Schweiz ist deshalb die höhlenreichste Gegend Deutschlands; mehrere hundert Höhlen sind bekannt (das Bild zeigt die Teufelshöhle bei Pottenstein). Die Zahl der Dolinen geht in die Hunderttausende, denn die Verkarstung hinterläßt auch an der Erdoberfläche tiefe Spuren. An den Stellen, an denen das Wasser im Gestein versickert, entstehen im Lauf von Jahrtausenden schüssel- oder auch kesselförmige Vertiefungen, Lösungsdolinen genannt. Außerdem stürzen manchmal unterirdische Hohlräume ein, und es bilden sich an der Oberfläche die schacht- oder trichterartigen Einsturzdolinen. Ähnliche Landschaftsformen sind auch in Regionen verbreitet, in denen lösliche Gesteine wie Steinsalz oder Gips tief im Untergrund unter einer dicken Deckschicht aus unlöslichem Gestein lagern.

⑯ **Sophienhöhle** Im Ailsbachtal befindet sich, gegenüber der Ludwigshöhle, die grandiose Sophienhöhle: Sie ist rund 500 m lang und endet in einer geräumigen Halle. Tropfsteingebilde wie die Türkische Stadt, der Steinerne Wasserfall und der Millionär, dazu Skelette von Riesenhirsch, Mammut und Höhlenbär sind in der unterirdischen Welt zu sehen (April–Oktober täglich geöffnet). Etwas südlich und oberhalb der Höhlen befindet sich der Aussichtspunkt Schweinsberg sowie Schloß Rabenstein.

ℹ Gemeinde Ahorntal, Rathaus, 95491 Ahorntal, Tel. 0 92 02/2 00.

⑰ **Pottenstein und Teufelshöhle** Inmitten einer malerischen Landschaft mit schroffen, von Kletterfreunden geschätzten Felswänden liegt diese beschauliche Fachwerkstadt. Die Burg aus dem 10. Jh. prangt auf einem Felsen und überragt weithin sichtbar den Luftkurort (Ostern und Mai–Oktober täglich außer Mo geöffnet).

Vorbei am aufgestauten Schöngrunder See mit Tretbootverleih gelangt man zur Teufelshöhle. Diese wohl bekannteste und meistbesuchte Schauhöhle steht auch im Dienst der Gesundheit: Drei Höhlenräume sind Kurgästen vorbehalten, die sich im Rahmen einer Höhlentherapie Linderung ihrer Atemwegserkrankungen versprechen. Bei einer 45minütigen Führung werden interessante Tropfsteinbildungen, u. a. der Barbarossadom, die Papstkrone und die Kreuzigungsgruppe, vorgeführt (Ostern bis Oktober täglich, November–Dezember nur Di, Sa 10–12 Uhr geöffnet).

ℹ Verkehrsbüro Pottenstein, siehe ⑮.

⑱ **Creußen** Den wehrhaften, verwinkelten Kern der Stadt umgeben noch die Mauern und Türme aus dem 15. Jh. Im Hinteren Torturm zeigt das Krügemuseum viele wunderschöne Krüge (Voranmeldung unter Tel. 0 92 70/84 85). Der Ort war in früheren Zeiten berühmt für die Herstellung wertvoller Humpen.

Als Ausflugsziele lohnen sich hier besonders der Lindenhardter Forst mit der Quelle des Roten Mains und die spätgotische Michaeliskirche in Lindenhardt mit dem berühmten Schnitzaltar, dessen Rückseite Matthias Grünewald mit Gemälden ausgestaltet hat.

ℹ Verwaltungsgemeinschaft, Bahnhofstr. 11, 95473 Creußen, Tel. 0 92 70/6 07.

⑲ **Pegnitz** Die am gleichnamigen Fluß gelegene Stadt bildet das östliche Eingangstor zur Fränkischen Schweiz. Stattliche Bürgerhäuser säumen den Marktplatz, dessen Schmuckstück, das frei stehende Alte Rathaus, aus dem 16. Jh. stammt. Daneben lohnen auch die ursprünglich gotische, im 18. Jh. barock überformte ev. Pfarrkirche sowie die baugeschichtlich interessante St.-Gallus-Kirche einen Besuch.

Die gefaßte Pegnitzquelle sprudelt am Fuß des Schloßberges; in der nahen *Zausenmühle*, einem Fachwerkbau von 1710, lädt heute eine Gaststätte zu Speis und Trank ein.

Bei der alten Röschmühle gibt es das sog. Karstwunder zu bestaunen: Die Pegnitz verschwindet im löchrigen Kalk und tritt erst nach einem 320 m langen unterirdischen Lauf wieder an die Oberfläche.

ℹ Fremdenverkehrsamt, Postfach 12 60, 91252 Pegnitz, Tel. 0 92 41/72 30.

⑳ **Forchheim** Die Kreisstadt am Westrand der Fränkischen Schweiz beeindruckt vor allem durch ihre malerischen Fachwerkbauten und die Reste ihrer Festungsanlage. In der Stadtmitte fallen das Rathaus von 1491 und der Magistratsbau von 1535 mit ihren geschnitzten Tier- und Menschendar-

Eine der alten Mühlen, die dem idyllischen Trubachtal seinen unvergleichlichen Reiz verleihen, ist die Ziegelmühle bei Obertrubach.

Das weitläufige Gelände des Wildgeheges im Veldensteiner Forst lädt mit schönen Wanderwegen zum Bummeln ein (Seite 54).

stellungen auf. Die nahe Pfalz, eine vierflügelige Wasserburg mit schönem Innenhof aus der Zeit um 1380, war einst eine fürstbischöfliche Residenz. Im Hauptgebäude zeigt das Pfalzmuseum Wandmalereien aus dem 14. Jh., Sammlungen zur Vor- und Frühgeschichte, Volkskundliches sowie Gemälde des einheimischen Malers Georg Mayer-Franken (Mai–Oktober täglich außer Mo geöffnet).

Auf keinen Fall versäumen darf man den Besuch in einem der 22 Bierkeller im östlich der Stadt gelegenen Kellerwald. Hier feiert man alljährlich im Juli das Annafest, eines der größten Volksfeste Frankens.

ℹ Fremdenverkehrsamt, Rathaus am Marktplatz, 91299 Forchheim, Tel. 0 91 91/ 8 43 38.

㉑ **Walberla** Die Ehrenbürg, im Volksmund Walberla genannt, ist ein einsam aufragender, zweigipfeliger Bergstock (532 und 512 m). Das Hochplateau war schon in vorgeschichtlicher Zeit eine Kultstätte. Heute steht hier die im 16./17. Jh. errichtete Walpurgiskapelle, die dem Berg seinen volkstümlichen Namen gab. Am ersten Maisonntag strömen viele Besucher zur Berg- und Walpurgiskirchweih hierher.

An der Kirche im nördlich gelegenen Kirchehrenbach startet man zu einer 11 km langen, reizvollen Rundwanderung; zuerst geht es hinauf zum Walberla, dann über den Bergsattel zum höheren der beiden Felsgipfel, dem Rodenstein (532 m), und anschließend hinunter nach Leutenbach zur Kirche. Von dort gelangt man auf der anderen Seite des Walberla zurück nach Kirchehrenbach.

Fährt man von Leutenbach in Richtung Hundshaupten, so erreicht man einen Wanderparkplatz mit der St.-Moritz-Kapelle und dem darüberliegenden Burgstein. Dieser Platz gilt als einer der romantischsten in der Fränkischen Schweiz.

ℹ Gemeindeverwaltung, Zur Ehrenbürg 1, 91356 Kirchehrenbach, Tel. 0 91 91/ 7 98 90.

Schroffe Felsnadeln ragen am Rand des Walberla empor, eines markanten Zeugenberges der Fränkischen Alb bei Forchheim.

㉒ **Wildgehege Hundshaupten** Gut ausgebaute Wanderwege erschließen das in reizvoller Landschaft gelegene, 45 ha große Gehege. Auf den Forellenteichen und in den Bächen tummeln sich die verschiedensten Wasservögel. In den weitläufigen Gehegen leben Rot-, Dam-, Muffel-, Stein- und Schwarzwild; auch Füchse, Hängebauchschweine, Steinmarder, Uhus und Fasane sind zu beobachten. Als besondere Attraktion grasen in einem Gatter prächtige Wisente (April–Oktober täglich geöffnet, November–März Sa, So 11–15 Uhr).

ℹ Wildgehege Hundshaupten, 91349 Egloffstein, Tel. 0 91 97/2 41.

㉓ **Egloffstein** Markant liegt der Ort im idyllischen Trubachtal. Ihn überragt die 1000jährige gleichnamige Burg. Von ihr hat man einen guten Blick ins Tal und kann in 15 Minuten talabwärts zum Wilhelmsfelsen gehen, einem kolossalen Felsentor. Eine andere Wanderung führt von der Ortsmitte in die entgegengesetzte Richtung zum Augustusfelsen und zur Kirchenruine in Dietersberg.

ℹ Fremdenverkehrsamt, Felsenkellerstr. 20, 91349 Egloffstein, Tel. 0 91 97/2 02, nachmittags 5 86.

㉔ **Trubachtal** Dieses idyllische Fleckchen Erde zeichnet sich durch alte Mühlen und romantische Felspartien aus. Die Schönheiten des Tales erlebt man am besten auf dem Trubachtal-Wanderweg – von der Quelle bis zur Mündung in die Wiesent.

Die Trubach entspringt in Obertrubach; von dort aus führt ein Wanderweg durch die Wiesengründe des Pitz- und Teichtales über den Leienfelser Wald wieder zurück zum Ausgangspunkt.

Folgt man flußabwärts dem wohl reizvollsten Talabschnitt nach Wolfsberg, sollte man dort den Aufstieg zum Signalstein (582 m) wegen der schönen Aussicht nicht versäumen.

Bei Untertrubach gibt es auch interessante Kletterfelsen, etwa den Großen Mönch oder den Topfstein.

㉕ **Betzenstein** Die Kleinstadt am Rand des Veldensteiner Forstes wird gekrönt von der frühmittelalterlichen Burg (keine Besichtigung möglich). Zwei Stadttore und Teile der Wehrmauer aus dem 14. Jh. sind noch

Zahlreiche Exponate aus der Welt der Schäfer werden im Hirtenmuseum in Hersbruck dem interessierten Publikum gezeigt.

erhalten geblieben und umschließen den Ort bis heute.

Attraktion des Heimatmuseums Hinteres Tor ist der 92 m tiefe Brunnen aus dem 16. Jh.; in den Vitrinen funkeln die Exponate der geologischen und der mineralogischen Sammlung (Führungen Di 10, Do, Sa, So 14 Uhr).

Die Besonderheiten der Gegend entdeckt man auf dem 7 km langen Rundwanderweg. Vom Marktplatz wandert man durch das Untere Tor zum Gerhardsfelsen und kommt dann zur Klauskirche, einem mächtigen Felsdurchbruch. Über die ehem. Windmühle führt der Weg zurück nach Betzenstein. Ausdauernde Wanderer können die Wegstrecke auch verdoppeln: von der Windmühle weiter über den Wasserstein nach Hüll und zurück

i Verkehrsamt, Bayreuther Str. 1, 91282 Betzenstein, Tel. 0 92 44/2 64.

(26) **Veldensteiner Forst** Viele reizvolle Wanderwege durchziehen das 70 km² große, geschlossene Waldgebiet im Dreieck zwischen den Orten Auerbach, Neuhaus und Plech. Ausgangspunkt für zahlreiche schöne Touren ist das Gasthaus *Waldschänke Hufeisen*. In einem großen Wildgehege sind dort auf einem 3 km langen Rundweg Hirsche, Rehe, Mufflons und Wildschweine in weitgehend natürlicher Umgebung zu beobachten.

i Verkehrsamt Betzenstein, siehe (25).

(27) **Auerbach in der Oberpfalz** In der Mitte des langgezogenen Straßenmarktes des lebendigen Städtchens am Ostrand des Naturparks steht das frei stehende gotische Rathaus aus dem Jahr 1418. Besonders reizvoll ist sein mit Jagdszenen geschmückter Saal. Auch die Stadtpfarrkirche St. Johannes Baptist mit ihrem prächtigen Hochaltar von 1785 lohnt einen Besuch.

Viel Spaß für groß und klein verspricht das Freizeitbad *Schwimmsalabim* mit seiner 44 m langen Wasserrutsche, mehreren Schwimmbecken, Grillmöglichkeiten und einem Spielplatz (Mai–September täglich geöffnet).

i Verkehrsamt, Oberer Marktplatz 1, 91275 Auerbach in der Oberpfalz, Tel. 0 96 43/2 00.

(28) **Effeltrich** Der Ort am Südwestrand des Naturparks ist wegen seiner Apfelbaumplantagen und als traditionsreiches Trachtendorf bekannt. Bei der Fronleichnamsprozession und an anderen kirchlichen Feiertagen wird man Zeuge jahrhundertealten Brauchtums. In der Ortsmitte ist ein Naturdenkmal ersten Ranges zu bewundern: die 1000jährige Linde mit ihrem Tanzboden. Halb so alt ist gegenüber die mittelalterliche Wehrkirche mit gut erhaltener Befestigung. An der Linde beginnt ein 15 km langer geologischer Lehrpfad und Wanderweg.

i Verkehrsamt, Rathaus, 91090 Effeltrich, Tel. 0 91 33/8 51.

(29) **Gräfenberg** Den Marktplatz der reizvoll in einem Kirschenanbaugebiet gelegenen, von einer Mauer umgebenen Kleinstadt schmücken neben dem bemalten Rathaus von 1689 mit hölzernem Erker auch spitzgiebelige altfränkische Bürgerhäuser. Vor dem ehem. Nürnberger Pflegschloß erinnert ein Brunnen an den Minnesänger Ritter Wirnt von Grevenberc.

i Verwaltungsgemeinschaft, Postfach, 91321 Gräfenberg, Tel. 0 91 92/7 09 29.

(30) **Fränkisches Wunderland** Mittelpunkt des Freizeit-Erlebnisparks bei Plech direkt an der A 9 ist unbestritten die Westernstadt Kansas City. Für besonderen Nervenkitzel sorgt eine Fahrt im Kansas-City-Expreß, einer Achterbahn. Das Märchenland mit Figuren aus den Geschichten der Gebrüder Grimm zieht vor allem Familien an. Weitere Attraktionen wie lustige Wasserspiele, eine Sommerrodelbahn und verschiedene Shows ergänzen das breite Angebot (Ostern–Mitte Oktober täglich geöffnet).

In der Umgebung des Fränkischen Wunderlandes gibt es zahlreiche Felsen, Höhlen und Dolinen. Wanderspaß verspricht der Weg zum Gottvaterberg (506 m) westlich von Plech mit seiner frühgeschichtlichen Kultstätte und einer schönen Aussicht.

i Fränkisches Wunderland, Zum Herlesgrund, 91287 Plech, Tel. 0 92 44/4 51 und 98 90.

(31) **Burg Veldenstein** Über Neuhaus an der Pegnitz thront diese mächtige, im 13. Jh. erstmals erwähnte bischöfliche Amts- und Residenzburg mit doppelter Ringmauer, zahlreichen Mauertürmen und dickem Bergfried (Mo–Fr geöffnet). Ein kleines Tiergehege kann besichtigt werden, und gut markierte Wanderwege führen durch den Veldensteiner Forst, siehe (26).

i Verkehrsamt, Oberer Markt 24, 91284 Neuhaus, Tel. 0 91 56/6 27.

(32) **Maximiliansgrotte** Von allen Jurahöhlen der Oberpfalz ist diese Tropfsteinhöhle bei Krottensee wohl die großartigste. Das über

Botanische Kleinode am Waldrand

Naturnahe Waldränder sind Standort einer artenreichen Flora. Einerseits bieten die Sträucher einen gewissen Schutz gegen Tierverbiß, andererseits ist das Lichtangebot höher als im Unterwuchs des Waldes. In den Waldsäumen kommt auf den nährstoffarmen Kalkböden der Fränkischen Schweiz eine ganze Reihe prachtvoller, hierzulande selten gewordener Orchideen vor, die allesamt streng geschützt sind.

Sofort ins Auge fallen die lockeren Blütenrispen von Weißem und Rotem Waldvögelein (Bild). Hummel-, Bienen- und Fliegenragwurz werden jeweils von den Insekten bestäubt, die Bestandteil ihres Namens geworden sind. Dabei bedienen sich die Pflanzen eines wirkungsvollen Tricks: Ihre sog. Unterlippe sieht für die liebestollen Männchen wie der Hinterleib einer Partnerin aus; daß die Blüte außerdem noch deren Duft verströmt, bestätigt sie in ihrem Irrtum. Beim Paarungsversuch berühren sie die Staubgefäße und verbreiten so die Pollen.

Unscheinbar wirkt auf den ersten Blick das Eiförmige Zweiblatt. Seine kleinen grünlichen, jedoch interessant gestalteten Blüten sitzen an langen, aufrechten Trieben. Sie verraten erst bei näherem Hinsehen die Orchideenverwandtschaft. Auffälliger wiederum sind die Wohlriechende Händelwurz und die Vielzahl an Knabenkräutern, deren rote und rosafarbene Blütenwalzen aus dem Gebüsch hervorleuchten.

Als „Königin der Orchideen“ gilt der Frauenschuh. Seine bis zu 9 cm langen, kontrastreich gefärbten Blüten mit den typischen pantoffelförmigen Lippen öffnet er am Rand lichter Laubwälder. Manche Exemplare dieser Pflanze werden 50 cm hoch.

mehrere Stockwerke reichende, weitverzweigte Höhlensystem führt 70 m in die Tiefe und hat eine Länge von 1200 m. Zu ihren eindrucksvollsten Räumen gehört die Orgelgrotte mit zahllosen funkelnden, an Orgelpfeifen erinnernden Tropfsteinen. Am tiefsten Punkt der Höhle liegt ein märchenhaft anmutender unterirdischer See (Karfreitag–Oktober täglich, November Sa, So geöffnet).

33 **Schnaittach** Den zentralen Ort des Schnaittachtales am Rand des Naturparks betritt man durch ein Tor und erfreut sich an der ursprünglichen Kulisse mit dem historischen Marktplatz und Bürgerhäusern aus dem 16.–18. Jh.

Über die Vor- und Frühgeschichte der Gegend informiert der rund 12 km lange archäologische Rundwanderweg, der von Kersbach aus startet. Der interessante Pfad führt zu mehreren Höhlen, Grabhügeln und Wallanlagen.

i Verkehrsamt, Marktplatz 1, 91220 Schnaittach, Tel. 0 91 53/40 91 21.

34 **Vorra** Das Dorf liegt in einem besonders idyllischen Abschnitt des Pegnitztales. Viele Paddler und Kanufahrer haben den ungezähmten, gewundenen Flußlauf für sich entdeckt.

Reizvoll ist der Tagesausflug zur nordwestlich gelegenen Burg Hohenstein aus dem 16./17. Jh. (Sa, So geöffnet, Schlüssel sonst gegen Pfand im Lebensmittelgeschäft unterhalb der Burg). Der mit einem roten Punkt markierte, etwa 8 km lange Wanderweg biegt in Artelshofen ins schmale Engental ein und führt durch Wälder und Wiesen zur Burg. Man besichtigt die romanische Burgkapelle aus dem 11. Jh. und das Burgstübchen mit alten Wappen. Besonders eindrucksvoll ist die Aussicht vom Turm.

35 **Hirschbachtal** Rund 200 km Wanderwege mit vielen Klettersteigen erschließen die waldreiche Felslandschaft. Die Klettereviere am Höhenglücksteig, am Norissteig und am Schwarzen Brand fordern auch geübte Alpinisten heraus. Ein 20 km langer Höhlenwanderweg führt von Hirschbach aus zu 40 Höhlen und Dolinen. Einen guten Überblick gewinnt man vom Aussichtsturm auf der Höhe nördlich von Hirschbach.

Wildwestromantik mitten in Franken – der Freizeit- und Erlebnispark Fränkisches Wunderland bei Plech macht's möglich.

i Fremdenverkehrsamt, 92275 Hirschbach, Tel. 0 91 52/80 79.

36 **Hersbruck** Die Stadt an der Pegnitz entfaltet mit ihren malerischen Winkeln und Gassen eine ganz eigene Atmosphäre. Sehenswert sind das Rathaus mit seinem Uhrenturm aus dem 13. Jh. und das ehem. Pflegschloß des Hauptortes der Frankenalb.

Einen Besuch im Deutschen Hirtenmuseum im Eisenhüttlein 7, einem Fachwerkhaus von 1524, sollte man sich auf keinen Fall entgehen lassen. Die in Deutschland einmalige Sammlung vereinigt viele schöne Stücke zur Geschichte dieses traditionsreichen Berufs. Das Heimatmuseum unterrichtet über die Stadtgeschichte, das Handwerksmuseum zeigt mehr als 30 komplette Werkstätten (alle Museen Mo geschlossen).

i Verkehrsamt, Stadthaus, Am Schloßplatz 5, 91217 Hersbruck, Tel. 0 91 51/47 55.

In Privatbesitz befindet sich die trutzige Anlage von Burg Veldenstein bei Neuhaus in beherrschender Lage über der Pegnitz.

Naturpark Altmühltal

Nicht nur wegen seiner Größe zählt dieser Naturpark zu den bedeutendsten überhaupt. Einzigartige Fossilienfunde, darunter der berühmte Urvogel Archäopteryx, haben der idyllischen Landschaft beiderseits der von bizarren Felsen gesäumten Altmühl zu besonderer Bekanntheit verholfen.

Ein Paradies für Paddler ist die Altmühl, zumindest in den Abschnitten, die nicht als Schiffahrtsstraße ausgebaut wurden.

❶ **Sommerrodelbahn Pleinfeld** Südlich des freundlichen Marktortes Pleinfeld mit dem kleinen Heimat- und Brauereimuseum im Schloß aus dem 17. Jh. (Besichtigung nach Vereinbarung, Tel. 0 91 44/67 77) kann man sich auf zwei Sommerrodelbahnen vergnügen. Nachdem man mit dem Lift die Anhöhe erreicht hat, saust man auf einer der jeweils 550 m langen Bahnen 65 Höhenmeter hinunter (April–Oktober Mo–Fr von 13 Uhr bis zur Dämmerung, Sa, So und Ferienzeit bereits ab 10 Uhr in Betrieb).

ℹ Verkehrsbüro, Marktplatz, 91785 Pleinfeld, Tel. 0 91 44/67 77.

❷ **Ellingen** Hauptsehenswürdigkeit der ehem. Residenz des Deutschen Ordens ist das vierflügelige Schloß: 1216 gestaltete der Orden ein ehem. Spital zu einer wehrhaften gotischen Wasserburg um, die später mehrfach zerstört und wieder aufgebaut wurde. Im 18. Jh. entstand dann schließlich das heutige prachtvolle Barockensemble. Der massige, architektonisch interessante Schloßbau überragt mit seinen eigenwilligen Dachformen die kleine Stadt. Als geistlicher Ritterorden bestand die Gemeinschaft bis zur Auflösung durch Napoleon 1809. Die wechselvolle Geschichte des Ordens dokumentiert das Deutschordensmuseum im Schloß (April–September sieben, Oktober–März vier Führungen täglich, Besichtigung des Museums im Anschluß an die Führung möglich).

Zahlreiche Gebäude im Stil des sog. Ellinger Barock sind auf einem Rundgang zu sehen, der in einer Broschüre des Verkehrsamtes beschrieben wird. Am nördlichsten Punkt der Altstadt spaziert man durch das dreitürmige Pleinfelder Tor von 1660, das Wahrzeichen Ellingens.

Ein Freilichtmuseum östlich von Ellingen, an der Straße nach Höttingen, zeigt Reste des Limeskastells *Sablonetum*. Die freigelegten Grundmauern vermitteln einen Eindruck vom Ausmaß der einstigen römischen Grenzanlage.

ℹ Verwaltungsgemeinschaft, Weißenburgstr. 1, 91792 Ellingen, Tel. 0 91 41/40 59.

❸ **Steinerne Rinne** Ein ganz besonderes Bachbett schuf sich das kalkreiche Wasser eines Bächleins, das dem Rohrbach beim gleichnamigen Ort zufließt: die Steinerne Rinne. Auf einer Strecke von etwa 130 m verläuft es auf einem moosbewachsenen Damm aus Kalktuff. Jedes Jahr kommen durch die Kalkablagerungen 2–3 mm dazu.

❹ **Weißenburg in Bayern** Den Beinamen „Römerstadt" hat der Stadt Weißenburg ein Römerschatz eingebracht, der 1979 entdeckt wurde. Heute bildet der 156 Teile umfassende Fund die Hauptattraktion des örtlichen Römermuseums (März–Dezember täglich außer Mo geöffnet). Ein bedeutendes Kastell namens *Biriciana* schützte hier den Limesabschnitt. Nicht weit davon entfernt legte man die Grundmauern einer großen Thermenanlage frei. Doch nicht nur römische Geschichte zeigt sich im Stadtbild: Reste der Stadtmauer, der mit Wasser

gefüllte Wallgraben an der Seeweihermauer oder das gotische Rathaus mit dem Schweppermannsbrunnen sind Relikte aus dem Mittelalter.

In die Umgebung Weißenburgs führen mehrere gut ausgeschilderte Wanderwege. Auf dem östlichen Weg mit der Ziffer 2 gelangt man hinauf zur Festung Wülzburg mit ihren fünf Bastionen und dem 131 m tiefen Brunnen. Weiter führt der Weg hinüber zum Rohrberg. Entlang dem Trimm-dich-Pfad verläuft ein Vogellehrpfad mit 24 Nistkästen und zwölf Lehrtafeln.

Im Bergwaldtheater, einer im Wald gelegenen Freilichtbühne an der Straße nach Haardt, werden Komödien, Operetten und Kinderstücke aufgeführt.

i Verkehrsamt im Römermuseum, Martin-Luther-Platz 3, 91781 Weißenburg, Tel. 0 91 41/90 71 25.

❺ **Fossa Carolina** Was mit dem Main-Donau-Kanal erst in unseren Tagen gelang, nämlich Nordsee und Schwarzes Meer durch eine Wasserstraße zu verbinden, versuchte schon Karl der Große 793. Starke Regenfälle und Kriegswirren stoppten jedoch den Bau, nachdem der Karlsgraben *(Fossa Carolina)* auf einer Länge von 1300 m ausgehoben war. Von der Straße Treuchtlingen–Dettenheim biegt man rechts zum Ort Graben ab; der Parkplatz am Karlsgraben ist ausgeschildert.

Ein Wanderweg führt von der Ortsmitte von Graben an der Kirche links ab, unter der Bahnlinie hindurch und dann bergauf in Richtung Wald zum Ausgangspunkt des markierten Rundwanderweges „Willy Näpfel“. Zur Rast lädt der Hexentanzplatz ein, ein großer Spielplatz mit Grillhütte auf einer Waldlichtung.

❻ **Radwanderweg Anlautertal** Ob man von Kinding mit seiner uralten Kirchenburg oder von Titting mit sehenswertem Wasserschloß aus in die Pedale tritt, bleibt sich gleich: Der herrliche Radwanderweg durch das liebliche Tal der Anlauter mit einigen

Mächtige Bastionen sind die Eckpfeiler der 1588 errichteten Festung Wülzburg, die auf einem Berg bei Weißenburg steht.

Mühlen und sonnigen Bachauen verläuft auf 17 km Länge weitgehend eben. Wer möchte, kann bis Weißenburg weiterfahren.

❼ **Greding** Oberhalb der Schwarzach liegt die alte Stadt mit ihrer mittelalterlichen Ringmauer, deren 21 Türme noch bewohnt werden. Von der Martinskirche geht man hinüber zum Karner, dem sog. Seelenkerker. Dort liegen die Gebeine von etwa 2500 Toten. Wenn früher die Grabstätten

auf dem Friedhof knapp wurden, grub man die Gebeine aus und bewahrte sie dort auf.

Der Marktplatz wird begrenzt von schmucken Gebäuden aus dem 17. Jh., dem ehem. Jagdschloß der Fürstbischöfe von Eichstätt, dem Rathaus und dem Jägerhaus. Höhlenkundliche Sammlungen mit Mammutzähnen und anderen Grabungsfunden aus den Höhlen der Umgebung bilden den Schwerpunkt des Heimatmuseums, das ebenfalls am Marktplatz liegt (Sa 13–16, So 14–17 Uhr geöffnet).

i Verkehrsverein, Marktplatz 13, 91171 Greding, Tel. 0 84 63/9 04 20.

8 Naherholungsgebiet Kratzmühle Schön gesäumt von Bäumen und Hecken liegt der Kratzmühler See im Altmühltal zwischen Kinding und Beilngries (ausgeschildert). Er bietet verschiedene Wassersportmöglichkeiten und Badespaß. Sonnenhungrige lagern auf der großen Liegewiese, Grillstellen befinden sich gleich daneben. Die Kinder können sich in den Badepausen auf dem Spielplatz vergnügen.

Die Informationstafel am Parkplatz beschreibt schöne Wanderwege rund um Beilngries.

i Touristikverband, Hauptstr. 14, 92339 Beilngries, Tel. 0 84 61/84 35.

Eine kühle Angelegenheit ist der Berchinger Roßmarkt, der trotz winterlicher Temperaturen Tausende von Besuchern anlockt.

9 Beilngries Die hübsche Stadt umrundet man am besten entlang der alten Stadtmauer mit ihren elf, teilweise restaurierten Türmen. In der Altstadt werden historische Gebäude auf Tafeln ausführlich vorgestellt.

Dem Beilngrieser Bier widmet sich das private Brauereimuseum im Felsenkeller des Hirschberges. Historische Brauanlagen sind in den 350 m langen Gängen zu sehen (Ostern–Oktober Führung Sa 10.30 Uhr).

i Touristikverband Beilngries, siehe 8.

10 Berching Mittelalterliche Romantik kann man in diesem von einer Stadtmauer mit Wehrgang umgebenen Städtchen erleben, besonders beim traditionsreichen Roßmarkt: Früher wechselten hier die Pferde ihren Besitzer; heute ist der Pferdemarkt zum Wintervolksfest großen Stils geworden. Pferde gibt es zwar am ersten Mittwoch im Februar immer noch zu sehen, aber die 20 000 Besucher interessieren sich eher für die zahlreichen Verkaufsbuden. Getrübt wird das beschauliche Ortsbild ein wenig durch die Uferpromenade mit dem modernen Schiffsanleger am Main-Donau-Kanal. Eine Fahrt auf einem der Ausflugsschiffe fluß- bzw. kanalabwärts von Berching nach Beilngries oder weiter nach Riedenburg ist jedoch reizvoll.

i Fremdenverkehrsamt, Pettenkofer Platz 12, 92334 Berching, Tel. 0 84 62/20 50.

11 Jagdfalkenhof Rosenburg Es kann durchaus vorkommen, daß ein Adler am Himmel über dem Altmühltal seine Kreise zieht. Gestartet ist der Vogel vermutlich im Jagdfalkenhof auf der Rosenburg bei Riedenburg. Hier bietet sich die seltene Gelegenheit, Greifvögel wie Falken und Habichte einmal aus nächster Nähe zu beobachten. Tafeln an ihren Flugkäfigen beschreiben die jeweiligen Nistgewohnheiten, das Paarungsverhalten und ihre Beutetiere. Die Greifvogelstation pflegt verletzte Tiere, die nach ihrer Genesung neben den gezüchteten Vögeln wieder in die freie Natur entlassen werden. Im Falknerei- und Burgmuseum ist zu sehen, wie Falken zur Jagd eingesetzt werden (März–Oktober täglich außer Mo geöffnet; Flugvorführungen 11 und 15 Uhr). Hinter dem Rathaus in Riedenburg beginnt der knapp halbstündige Aufstieg zur Burg.

i Verkehrsamt, Marktplatz 1, 93339 Riedenburg, Tel. 0 94 42/25 40.

12 Riedenburg Die größte Bergkristallgruppe der Welt mit fast 8 t Gewicht und einem Alter von 40 Mio. Jahren glitzert im Riedenburger Kristallmuseum. 300 originalgetreue Kopien von historischen Diamanten funkeln hier in einer einmaligen Sammlung (April–Oktober täglich geöffnet). Schöne Minerale führt der Museumsladen.

Einen Tag auf dem Bauernhof können Kinder (Voranmeldung, Tel. 0 94 42/20 57) im Bauernhofmuseum bei Buch erleben. Selbst melken oder Butter stampfen darf man hier. Die Entwicklung von der schweren Handarbeit über den Einsatz von Pferd und Ochse bis hin zu den ersten Maschinen ist im Bauernhof dokumentiert (täglich geöffnet, So ab 12 Uhr Vorführungen).

An der Straße von Riedenburg nach Altmannstein zweigt man links nach Buch ab; von dort ist das Museum ausgeschildert.

Wer gemütliche Bootsfahrten schätzt, bucht auf einem der Ausflugsschiffe auf der Altmühl eine Überfahrt zu Schloß Prunn oder eine Große Schleusenfahrt auf dem Main-Donau-Kanal weiter bis nach Kelheim (Mai–Oktober).

i Stadtverwaltung Riedenburg, siehe 11.

13 Schloß Prunn Erhaben thront die wohl schönste Burg des Altmühltales auf ihrem über 70 m hohen Jurafelsen. 1575 entdeckte Wiguleus Hundt auf der Burg eine prächtige Handschrift des Nibelungenliedes aus dem 10. Jh., die heute als *Prunner Codex* in der Münchner Staatsbibliothek aufbewahrt wird. Die Einrichtung der Innenräume ist z. T. noch romanisch (täglich geöffnet).

i Burg Schloß Prunn, 93339 Schloß Prunn, Tel. 0 94 42/33 23.

14 Hahnenkammsee Eine Fläche von 23 ha nimmt der gut ausgebaute Badesee beim Heidenheimer Ortsteil Hechlingen ein. Mit dem gemieteten Ruder- oder Tretboot rund um den See, auf dem Surfbrett oder im Segelboot stramm gegen den Wind oder nur ruhig den Schwimmer der Angel beobachten – das Gewässer kann jeder auf seine Art genießen.

Die Übersichtstafel am Parkplatz zeigt den Verlauf eines Natur- sowie eines geologischen Lehrpfades, der bis ins nahe Ries (siehe auch 21) führt. Der Hahnenkammsee ist in Hechlingen ausgeschildert.

15 Schwarzwildgehege Geländer Zur Fütterung kommen sie alle gelaufen, die Wildschweine des Geheges mitten im Wald der Eichstätter Alb. Besondere Lieblinge der Kinder sind die gestreiften Frischlinge, wenn sie sich um die Zitzen der Mutter balgen. Von der B 13 zwischen Weißenburg und Eichstätt weisen Schilder den Weg.

Vor dem Gasthof *Zum Geländer* (ganzjährig geöffnet) sägen zwei geschnitzte Holzfiguren Scheiben von einem Baumstamm – sofern man einen kleinen Obolus entrichtet. Wandervorschläge liefert eine Tafel am Parkplatz des Waldgasthofs. Der Parkplatz ist Ausgangspunkt für zahlreiche Wanderwege, darunter auch ein Waldlehrpfad.

16 Fastnachtsmuseum Fasenickl Die Fastnacht spielt im Erholungsort Kipfenberg eine große Rolle. Ihrer originellen Hauptfigur, dem Fasenickl, widmet sich eine Ausstellung im hiesigen Fastnachtsmuseum. Narren schnalzen beim Fastnachtstreiben mit ihren Peitschen und verteilen nebenbei „Brezen und Guatln" (April–Oktober Mi, So nachmittags geöffnet).

Die Burg Kipfenberg oberhalb des Ortes wurde rekonstruiert, ist aber nicht zu besichtigen. Auf dem St. Michelsberg gegenüber sind Reste einer Burg aus der Hallstattzeit (750–500 v. Chr.) zu erkennen.

i Touristikverein Kipfenberg, Marktplatz 2, 85110 Kipfenberg, Tel. 0 84 65/1 74 30.

17 Hammer-Waffenschmiede Das Dorf Hexenagger hat eine besondere Attraktion zu bieten: die Hammer-Waffenschmiede.

Wahrhaft gigantische Ausmaße hat die Bergkristallgruppe im Riedenburger Kristallmuseum, die weltweit größte ihrer Art.

Adler, Falken und Geier kann man auf der Rosenburg aus nächster Nähe erleben. Zweimal am Tag starten sie zu Rundflügen.

Botanischer Reichtum auf trockenen Wiesen

Als Kalktrockenrasen wird eine Vegetationsgesellschaft bezeichnet, die im Naturpark Altmühltal in besonders schöner Ausprägung vorkommt: Kalkuntergrund mit meist nur dünner Bodenauflage, Trockenheit durch Versickern des Wassers im zerklüfteten Gestein und geringe Höhe der Pflanzendecke. Die offenen Flächen der Wacholderheiden sind im Mittelalter durch die Waldrodung und anschließende Beweidung entstanden. Dieser Lebensraum aus Menschenhand kann nur durch regelmäßige Beweidung mit Schafherden erhalten werden. Flächen, die einige Jahre nicht beweidet werden, wachsen zunächst mit Gebüsch zu, dem später Wald folgt. Will man auf diesen Flächen den Kalktrockenrasen erhalten, sind aufwendige Rodungsarbeiten notwendig. Anschließend muß dafür gesorgt werden, daß auf den gesäuberten Flächen wieder regelmäßig Schafherden weiden.

Viele Pflanzen, die hier vorkommen, stehen auf der roten Liste der vom Aussterben bedrohten Arten. Im Frühjahr beherrscht die Küchenschelle (Bild) die Szene, kurz danach vereint mit dem Frühlingsfingerkraut. Später kommen der Schmalblättrige Lein mit seinen hellvioletten Blüten, die tiefdunkelrot blühende Kartäusernelke und die lilafarbene Taubenskabiose hinzu. Dazwischen sind Orchideen zu sehen, mal nur vereinzelt wie die Ragwurzarten, mal ganze Flächen bedeckend wie die Knabenkräuter.

An exponierter Stelle hoch über der Donau erinnert die Befreiungshalle an den Sieg über Napoleon in den Befreiungskriegen.

Jeweils 150 kg wiegen die beiden noch betriebstüchtigen Hämmer. Da zittert der Boden, wenn sie – von Wasserkraft angehoben – auf die Ambosse schlagen (April bis Oktober täglich geöffnet).

Von Hexenagger aus verläuft ein abwechslungsreicher, 6 km langer Wanderweg im Schambachtal teilweise durch Wacholderheiden nach Altmannstein.

18 **Tropfsteinhöhle Schulerloch** 420 m tief reichen die Gänge der Tropfsteinhöhle im Korallenkalk des Weißen Juras. Sie war eine Wohnhöhle des Neandertalers, und eiszeitliche Tiere müssen sich in ihr aufgehalten haben. Eine Sensation war die Entdeckung einer Steinzeichnung am nahen – nicht zugänglichen – Kleinen Schulerloch. Die Darstellung eines Steinbocks stammt aus der Altsteinzeit und ist bisher die einzige ihrer Art in Deutschland. Eine Kopie der Zeichnung ist am Eingang zur Höhle zu sehen (Ostern–Oktober täglich geöffnet, Führungen halbstündlich).

Zum Parkplatz unterhalb der Höhle, die von dort aus in 15 Minuten zu Fuß zu erreichen ist, folgt man den Schildern an der Straße zwischen Riedenburg und Kelheim.

19 **Befreiungshalle und Archäologisches Museum Kelheim** Das monumentale Bauwerk zur Erinnerung an die Befreiungskriege (1813–15) gegen Napoleon ließen König Ludwig I. und sein Nachfolger in den Jahren 1842–63 hoch über Kelheim errichten. 18 Statuen an der Außenwand des Rundbaus symbolisieren die Völker, die Napoleon besiegten (täglich geöffnet).

Ins Naturschutzgebiet Weltenburger Enge folgt man der Markierung des Limeswanderweges, dem roten L. Der Weg durch urwüchsigen Mischwald ermöglicht immer wieder einen Blick auf Kloster Weltenburg und den faszinierenden Donaudurchbruch. Nach Kelheim kann man mit dem Schiff zurückfahren.

Die Siedlungsgeschichte des unteren Altmühltales von der Altsteinzeit bis ins frühe Mittelalter veranschaulichen die reichhaltigen Sammlungen des Archäologischen Museums Kelheim. In dessen Innenhof wurde ein keltisches Hügelgrab nachgebaut. Es gibt auch eine gut ausgestattete Abteilung zur Volkskunde sowie die Dokumentation der Stadtgeschichte im ersten Stock (April–Oktober täglich außer Mo geöffnet).

Ein archäologischer Wanderweg, für den man im Museum ein Begleitheft erhält, beginnt vor dem Gebäude. Für die 14 km muß man etwa 5 Stunden einplanen. Der Gang durch die Frühgeschichte führt an zahlreichen bronzezeitlichen, keltischen, römischen und mittelalterlichen Siedlungsresten vorbei.

i Fremdenverkehrsamt Kelheim, siehe 13.

20 **Kloster Weltenburg** Nachdem die Donau bei Weltenburg die schroffen Felsen der Fränkischen Alb durchbrochen hat, schlägt sie einen Bogen um eines der ältesten Klöster Bayerns. Dessen Geschichte geht wahrscheinlich bis ins 6. Jh. zurück.

Die Klosterkirche entstand im 18. Jh. als erstes größeres Werk der in Rom ausgebildeten Brüder Asam, die sich in diesem Bau auch verewigt haben. Der Architekt und Maler Cosmas Damian Asam bildete seinen Bruder Egid Quirin in einem Fresko ab, der wiederum ließ als Bildhauer und Stukkateur seinen Bruder plastisch von der Kuppelbrüstung herunterschauen.

Im Biergarten genießt man das dunkle Bier einer der ältesten Klosterbrauereien der Welt; seit 1050 versteht man sich hier auf das Brauerhandwerk.

i Fremdenverkehrsamt Kelheim, siehe 13.

21 **Wemding** Am Ostrand des Nördlinger Rieses, eines gewaltigen, zum weit über-

Nicht nur kleine Fische

Die in Teilabschnitten noch naturnah belassene Altmühl mit ihren Nebenflüssen und -bächen gibt dem Naturpark Namen und Charakter. Je abwechslungsreicher ein Gewässer ist – mit Altarmen, Flachwasserzonen und schnell fließenden Bereichen –, desto höher ist die Zahl der Fischarten, die sich darin wohl fühlen. Für das ökologische Gleichgewicht solcher Fließgewässer sind gerade die eher unscheinbaren Arten von erheblicher Bedeutung.

Wo klare Bäche in die Altmühl einmünden, kommt die im Frühsommer auf der Unterseite scharlachrot gefärbte Elritze vor. Dieser zierliche Schwarmfisch bevorzugt saubere Gewässer.

8 cm Länge erreicht der Bitterling, der in der Pflanzenzone von Seen und langsamen Fließgewässern lebt. Der zur Paarungszeit prächtig bunt gefärbte Fisch braucht zur Fortpflanzung die Hilfe einer Muschel. Mittels einer Legeröhre gelangt der Laich in deren Kiemenfächer; das Männchen ergießt den Samen über die Muschel, der mit dem Wasserstrom in deren Atemorgane eindringt. Gut geschützt entwickelt sich so der Nachwuchs.

An ihren sechs Bartfäden um das Maul ist die bis zu 12 cm lange Schmerle eindeutig zu erkennen; mit ihnen kann sie schmecken und tasten. Sie ist auf schnell fließende, saubere Gewässer angewiesen. Die kleinen und auch manche größere Fische stehen auf dem Speisezettel des Hechtes (Bild), der weit über 1 m Länge erreichen kann.

Im Biergarten des Klosters Weltenburg, das auf eine jahrhundertealte Brautradition zurückblicken kann, lohnt eine Einkehr.

wiegenden Teil außerhalb des Naturparks gelegenen Kraters, liegt Wemding. Vor etwa 15 Mio. Jahren war dort ein Meteorit niedergegangen; er hinterließ diese kreisförmige Senke von 24 km Durchmesser.

Eine Anzahl sehenswerter Baudenkmäler versammelt sich um den Marktplatz der kleinen Stadt. Über alle Dächer hinaus ragen die Türme der Pfarrkirche St. Emmeram; die ursprünglich romanische Kirche erfuhr sowohl gotische als auch barocke Umbauten.

Am Parkplatz am Galgenberg südlich von Wemding beginnt ein rollstuhlgeeigneter Lehrpfad, der auf einer Länge von 4 km auf 15 Stationen Pflanzen und Tiere des Waldes vorstellt.

i Verkehrsamt, Rathaus, 86650 Wemding, Tel. 0 90 92/82 22.

22 **Monheimer Alb** Die sanft hügelige, bewaldete Hochfläche mit ihrem gepflegten Wanderwegenetz lädt zu vielen Freizeitaktivitäten ein. In den Ortschaften Monheim, Langenaltheim und Wittesheim findet der Besucher neben einigen sehenswerten Bauwerken auch Wandertafeln mit markierten Rundwegen. In der Ortsmitte von Wittesheim beginnt der Rundwanderweg Nr. 2: Nach einem kurzen, steilen Anstieg Richtung Langenaltheim geht man über die Hochebene, dann in den Wald und steigt hinunter ins malerische Tal des Mörnsheimer Baches. Über den Mühlberg führt der Weg zum Ausgangspunkt zurück (8 km).

Markante Kalksteinfelsen, wie hier bei Solnhofen, säumen den Radwanderweg, der die Altmühl auf ihrem Lauf begleitet.

Einen besonderen Spaß verspricht eine Fahrt mit der Museumseisenbahn zwischen Monheim und Fünfstetten. An einigen Mai- und Juniwochenenden dampft die Lok mit ihren nostalgischen grünen Wagen über die 5 km lange Strecke.

i Verwaltungsgemeinschaft, Marktplatz 23, 86653 Monheim, Tel. 0 90 91/10 24.

23 **Solnhofen** Der Solnhofener Schiefer (siehe Kasten auf S. 62) hat die Stadt gleich zweimal weltberühmt gemacht: Zum einen erfand Alois Senefelder 1798 das Druckverfahren der Lithographie und verwendete dabei geschliffene Solnhofener Schieferplatten; zum anderen fanden sich in diesem Juragestein bis heute sieben Versteinerungen des Urvogels Archäopteryx. Ein solches Exemplar – 1987 entdeckt – stellt das Bürgermeister-Müller-Museum aus, über das Verfahren des Steindrucks informiert eine andere Abteilung (April–Oktober täglich, November–März So 13–16 Uhr geöffnet). Das Fremdenverkehrsamt Solnhofen bietet Steinbruchführungen mit Besichtigung eines steinverarbeitenden Betriebes und fachkundige Anleitung zur Fossiliensuche an.

In einem öffentlich zugänglichen Steinbruch bei Apfelthal, südlich von Solnhofen, besteht für jedermann die Möglichkeit, mit Hammer und Meißel auf Fossiliensuche zu gehen. Sollte es um das Sammlerglück nicht so gut bestellt sein, entschädigt eine Besichtigung des nahen Museums auf dem Maxberg mit Versteinerungen sowie Arbeitsgeräten und Lithographie-Druckpressen (täglich geöffnet). Am Talrand der Altmühl zwischen Solnhofen und Eßlingen stehen zwölf markante Felsen einträchtig nebeneinander: die Zwölf Apostel, einst Riffe im längst verschwundenen Jurameer.

In einer Schlinge der Donau liegt am Eingang zum Donaudurchbruchstal das traditionsreiche, in barockem Stil erbaute Kloster Weltenburg.

i Verkehrsamt, Bahnhofstr. 8, 91807 Solnhofen, Tel. 0 91 45/67 77.

24 **Steinbruch Blumenberg** Alles dreht sich an dieser Fossilienfundstätte zwischen Schernfeld und Eichstätt um den Plattenkalk und die darin eingeschlossenen Schätze: In den Vitrinen des Museums Bergér unweit des Steinbruchs finden sich stei-

nerne Zeugnisse längst ausgestorbener Tiere – Krebse, Fische, Insekten und Saurier. Außerdem umfaßt die Sammlung Edelsteine, Versteinerungen und Schmucksteine sowie eine Lithographieabteilung (April bis Dezember Mo–Sa nachmittags, So auch vormittags geöffnet).

Wer selbst Fossilien suchen möchte, kann sich im Museum Werkzeug ausleihen und im nahe gelegenen Steinbruch auf dem Blumenberg sein Glück versuchen (Museum und Steinbruch an der B 13 zwischen Eichstätt und Weißenburg ausgeschildert).

Solnhofener Schiefer: ein versteinerter Zoo

Im Vergleich mit anderen Gesteinsarten, die fast vollständig aus versteinerten Tieren und Pflanzen bestehen, enthalten die hellen Plattenkalke von Solnhofen eigentlich nur wenige Fossilien. Doch die Suche in den Steinbrüchen im Altmühltal lohnt sich. Über 750 Tier- und Pflanzenarten hat man in dem bis 90 m dicken Schichtenstapel bisher gefunden. Viele davon sind im Jura-Museum in Eichstätt (Bild) zu besichtigen. Sie wurden vor rund 150 Mio. Jahren hinter einem Riff am Grund einer flachen Lagune in lockerem Kalkschlamm eines warmen Meeres eingebettet. Allein etwa 150 verschiedene Fischarten kommen als Versteinerungen im Solnhofener Schiefer vor, dazu Krokodile, mehrere Dutzend Saurier sowie eine Vielzahl kleinerer Tiere. Die Flugsaurier sind besonders gut erhalten, sogar die Hautlappen am Ende der Schwänze kann man erkennen. Prominentester Vertreter der Solnhofener Tierwelt ist freilich der sog. Urvogel Archäopteryx lithographica, von dem bisher sechs Skelette und der Abdruck einer Feder gefunden worden sind. Der rebhuhn- oder taubengroße Vogel vereint in sich die Merkmale eines Vogels (Federn, Flügel) mit denen eines Kriechtieres (Zähne, Schwanz).

i Informationszentrum Naturpark Altmühltal, siehe 25.

25 **Eichstätt** Die altehrwürdige fürstbischöfliche Residenzstadt mit ihrer kleinen Universität gefällt durch ihre malerische Lage im Tal der Altmühl. Überall gibt es Gebäude aus dem Barock und dem Rokoko zu entdecken. Gleich drei Schutzheiligen ist der Dom geweiht: Salvator, Maria und Willibald. Im Inneren begeistert der große Pappenheimer Altar, der um 1490 aus Kalkstein gehauen wurde.

Angesichts der vielfältigen Besichtigungsmöglichkeiten verschafft man sich zunächst am besten einen Überblick, indem man auf den Frauenberg hinauffährt. Von den Mauern der Willibaldsburg eröffnet sich ein schöner Blick über die ganze Stadt. Das Jura-Museum in der Willibaldsburg beherbergt eine weltberühmte Fossiliensammlung. Eine Multivisionsschau zum Thema Entwicklung des Lebens stellt hier die steinernen Zeugnisse in einen Zusammenhang (Mo geschlossen).

Alles über den Naturpark Altmühltal erfährt man im Naturpark-Informationszentrum in der Altstadt im ehem. Kloster Notre Dame: Ausstellungen, Tonbildschauen, Karten- und Informationsmaterial erläutern Natur, Kultur und Freizeitmöglichkeiten im Naturpark. Eindrucksvoll vereint der Biotopgarten im ehem. Klostergarten 14 verschiedene Lebensräume.

In der Ortsmitte von Obereichstätt beginnt ein Naturlehrpfad. 16 Stationen vermitteln auf 8,5 km anschaulich die Entstehung des Plattenkalks und seiner Versteinerungen sowie Informationen zur Ökologie.

i Informationszentrum Naturpark Altmühltal, Notre Dame 1, 85072 Eichstätt, Tel. 0 84 21/67 33.

26 **Feuchtgebiet und Römerkastell Pfünz** Das Feuchtgebiet bei Pfünz wird durch einen bequemen, rollstuhlgeeigneten Weg auf einer Länge von 7 km erschlossen. Etwa 2 Stunden sollte man für den Pfad mit seinen 20 Stationen rechnen. Tafeln erläutern die Tal- und Flußgeschichte, die Entstehung und Bedeutung von Altwässern als Laichgewässer für Amphibien, das Thema Trinkwasserversorgung und schließlich auch den natürlichen Lebensraum der Ufergehölze.

An der Straße zwischen Eichstätt und Kipfenberg kurz vor der Abzweigung nach Pfünz sieht man eine von zwei Bronzelegionären bewachte Brücke. Am großen Parkplatz stellt man den Wagen ab. Von dort geht es zu Fuß in wenigen Minuten zu dem auf einem Hochplateau gelegenen Römerkastell Pfünz. Die Grundmauern der Anlage und das wieder aufgebaute Nordtor des Kastells *Vetoniana* sind frei zugänglich. Den Spuren der einstigen Besatzer folgt man auf dem Römerlehrpfad, der hier beginnt und an neun Stationen Wissenswertes rund um das Kastell vermittelt.

27 **Gungoldinger Heide** Am Nordhang des Altmühltales bei Gungolding erstreckt sich zu beiden Seiten des Kirchtales diese bezaubernde Heidelandschaft, die als schönste ihrer Art im Altmühltal gilt. Man parkt hinter der Kirche in Gungolding, nur we-

Mit etwas Glück kann auch der Laie im Schiefersteinbruch auf dem Blumenberg manche schöne Versteinerung entdecken.

Am Rand eines der schönsten Heidegebiete des Naturparks steht die Gungoldinger Pfarrkirche Mariä Himmelfahrt.

nige Schritte vom Beginn des Weges durch das etwa 75 ha große Naturschutzgebiet entfernt. Felsen und Wacholder schmücken die ausgedehnten Trockenrasenhänge. Vom Weg aus kann man auch Küchenschellen, Heideröschen und verschiedene Enzianarten entdecken.

㉘ **Jura-Bauernhofmuseum Hofstetten** Den harten Alltag auf dem Land, wie er über Jahrhunderte Realität war, führt das Museum im Kipferlerhof anschaulich vor Augen. Typisch für die Bauweise der Bauernhäuser dieses Landstrichs sind die Dächer aus Schieferplatten und die aus Bruchsteinen zusammengefügten Mauern. Über das Jahr verteilt werden an Samstagen verschiedene Veranstaltungen angeboten. (Mitte April bis Mitte Oktober außer Mo täglich nachmittags geöffnet).

Direkt an das Gelände des Museums schließt sich ein Feldflorareservat an. Die Entwicklung der Landwirtschaft, ihrer Anbauweisen und der dabei eingesetzten Techniken vermitteln Informationstafeln.

㉙ **Wallfahrtskirche Bettbrunn** An der großen, aufwendig gestalteten Barockkirche wurde in verschiedenen Epochen gearbeitet. Den Chor gestaltete der Regensburger Dombaumeister Konrad Roritzer um 1460, der Turm wurde 1681 angefügt, und das Langhaus entstand nach Plänen von Veit Hallmayr erst 1774. Die prachtvollen Deckenfresken schuf der Hofmaler Christian Wink. Beachtung verdient auch die Sammlung von historischen Votivkerzen.

Ein Schwarzwildgehege lädt im nahe gelegenen Köschinger Forst zum Besuch ein.

i Informationszentrum Naturpark Altmühltal, siehe ㉕.

㉚ **Klosterkirche Kaisheim** 1133 wurde das Zisterzienserkloster gestiftet, dessen Gebäude heute zu einer Strafanstalt gehören. Gotische Züge trägt die mächtige Klosterkirche mit doppeltem Chorumgang. Glanzstück der Innenausstattung ist der barocke Hochaltar von 1673. Ganz weltlichen Genüssen zugewandt, ließ Abt Elias Goetz 1685 über der Donau im nahen Leitheim ein barockes Lustschloß erbauen.

i Informationszentrum Naturpark Altmühltal, siehe ㉕.

㉛ **Urdonautal** Heute fließt die Donau bei Ingolstadt direkt nach Osten, doch vor einigen Jahrmillionen machte der Strom beim heutigen Rennertshofen einen großen Bogen nach Norden. So entstand ein malerisches Tal mit mächtigen Kalkfelsen und typischen Gleit- und Prallhängen.

Seit dem Tertiärzeitalter hebt sich die Fränkische Alb jedoch im Westen und Nordwesten wie ein Pult und kippt zugleich im Südosten nach unten – der Weg für die Donau wurde verlegt, und sie schuf sich ein neues Bett. So fiel der alte Talboden trocken. Als besonders reizvoller Abschnitt lockt das Wellheimer Trockental mit seinen blütenreichen Magerrasen und Wacholderheiden zu einem schönen Spaziergang.

Naturpark Frankenhöhe

Nur dünn besiedelt und abseits der großen Feriengebiete gelegen, bietet dieser stille Naturpark noch erfreulich viel abwechslungsreiche Landschaft. Herausragendes Ziel ist zweifelsohne Rothenburg ob der Tauber: ein ummauertes Stück Mittelalter von einzigartiger Geschlossenheit.

❶ **Taubertal** Ob zu Fuß auf den zahlreichen Wanderwegen, mit dem Fahrrad oder mit dem Auto auf der Romantischen Straße: das schöne Taubertal im nordwestlichen Winkel des Naturparks erschließt sich auf vielerlei Art und Weise. In einer unverfälschten, harmonischen Landschaft laden historische Städte zu einem Rundgang ein, und fränkische Dörfer bieten gemütliche Gastlichkeit – so etwa das schön gelegene Bettwar, wo man direkt am Fluß Rastmöglichkeiten, einen Kinderspielplatz und eine ehem. Mühle aus dem späten 18. Jh. findet.

Für Radfahrer bietet sich die abwechslungsreiche Dreitagetour „Durchs liebliche Taubertal“ an, die am Fluß entlang von Rothenburg ob der Tauber bis zur Mündung in den Main – schon weit außerhalb des Naturparks – verläuft. Die Etappen sind jeweils etwa 30 km lang.

ℹ Gebietsgemeinschaft Liebliches Taubertal, Gartenstr. 1, 97941 Tauberbischofsheim, Tel. 0 93 41/8 20.

❷ **Rothenburg ob der Tauber** „Kleinod des Mittelalters“ – zu Recht trägt die Stadt mit ihren Toren, Türmen und dem begehbaren Wehrgang auf der Stadtmauer diesen Namen. Für den Rundgang zu den wichtigsten Sehenswürdigkeiten sollte man sich schon 2 Stunden Zeit nehmen (informatives Faltblatt beim Fremdenverkehrsamt erhältlich). Am Marktplatz sieht man die Meistertrunkuhr im Gebäude der Ratstrinkstube, eine Darstellung des berühmten Trunks von 1631, mit dem der damalige Bürgermeister Nusch die Stadt rettete. Durch den Lichthof des um 1250 erbauten Rathauses gelangt man ins Historiengewölbe, wo lebensgroße Figuren von Landsknechten, Ratsherren und Patriziern an die Zeiten des 30jährigen Krieges erinnern (Mitte März–Oktober täglich geöffnet). Vom Rathausturm hat man einen herrlichen Blick über die Altstadt.

In der Herrngasse bieten sich Einblicke in die prächtigen Innenhöfe einstiger Patrizierhäuser. In der Jakobskirche kann man gleich drei Altäre des genialen Bildschnitzers Tilman Riemenschneider betrachten.

Was früher mit einem Bäcker geschah, der zu kleines Brot backte, zeigt das Tauchgestell vor dem Kriminal- und Foltermuseum. In den Vitrinen des Museums erhält man anhand von Prozeßakten, Urteilen und Siegeln einen anschaulichen Einblick in die Rechtsgeschichte, während die teils bizarren Vollstreckungswerkzeuge den Betrachter das Gruseln lehren (täglich geöffnet, November–Februar nur 14–16 Uhr).

Wesentlich freundlicher geht es im Puppenmuseum in der Nähe des Marktplatzes zu. Puppen aus zwei Jahrhunderten stellen hier eine bezaubernde Miniaturwelt dar (täglich geöffnet).

ℹ Fremdenverkehrsamt, Marktplatz 1, 91541 Rothenburg ob der Tauber, Tel. 0 98 61/4 04 92.

❸ **Burgbernheim** Der attraktive Ort am Nordrand des Naturparks blickt auf eine lange Geschichte zurück. Von der stattlichen Wehrkirchenanlage blieb manches erhalten: das Torhaus, der Seilersturm und die Kirche St. Johannis mit romanischem Portal. Oberhalb der Kirche erinnert auf dem Kapellenberg in einer weitläufigen Parkanlage ein Rundbau an die Toten der Kriege. Von dort sieht man weit hinein in den Aischgrund und hinüber zum Steigerwald.

Mitten in einer Waldschlucht im südlich gelegenen Burgbernheimer Wald sprudeln die fünf Brunnen von Wildbad. Schon im 12. Jh. schätzte man die Heilkraft des Quellwassers. Bei der Gaststätte *Wildbadstuben* informieren Tafeln über die Geschichte und die Heilwirkung der Quellen. Markierte Wanderwege erschließen das stille Mischwaldgebiet. Sie führen zu Zielen wie dem Markgrafenbau, einem ehem. markgräflich ansbachischen Jagdhaus, zum idyllischen Hirschteich oder zum Teufelshäusl, einem Aussichtsturm südwestlich von Burgbernheim.

ℹ Fremdenverkehrsamt, Rathausplatz 1, 91593 Burgbernheim, Tel. 0 98 43/3 09 34.

Weißblau mit frühlingshaftem Grün – schöner können sich das mittelalterliche Rothenburg und das Taubertal kaum zeigen.

Wer im lieblichen Taubertal unterwegs ist, kann manchen romantischen Winkel entdecken, etwa diese alte Brücke bei Tauberzell.

❹ **Petersberg** Mit seinen 504 m Höhe bietet der Petersberg eine herrliche Aussicht weit über die Windsheimer Bucht und den Ort Marktbergel bis zu den Höhen des Steigerwaldes. Ausgangspunkt für eine 4 km lange Rundwanderung ist der Wanderparkplatz am südlichen Ortsrand von Marktbergel. Von dort geht es vorbei an einer botanisch interessanten Heidelandschaft und eine steil ansteigende Lärchenallee hinauf zum Gipfelkreuz des Petersberges. Dann kehrt man in einer Schleife wieder zum Ausgangspunkt zurück.

Besonderheiten der Tierwelt

Die abwechslungsreiche Landschaft des Naturparks bietet vielen verschiedenen Vogelarten den jeweils passenden Lebensraum. In den Flußtälern sind Seltenheiten wie Brachvogel, Bekassine und Wachtelkönig zu entdecken, aber auch der wieder häufiger vorkommende Graureiher. Über dem Wasser klarer Bäche und Flüsse schwirren der blauschillernde Eisvogel und die Wasseramsel. Im Schilfgürtel am Ufer nisten Teich- und Drosselrohrsänger. Die Schleiereule ist um die Gehöfte und an den Waldrändern bei Dämmerlicht auf der Suche nach Beute. Feine Federn an den Kanten der Flügel machen ihren Flug lautlos, wenn sie Feldmäuse jagt. Im offenen Gelände, bevorzugt auf Streuobstwiesen, leben der seltene Ortolan, ein Verwandter der Goldammer, und der Steinkauz. Die reichstrukturierte Kulturlandschaft bietet auch dem Fasan noch einen Lebensraum. Darüber schwebt der Rotmilan (Bild) und späht nach Mäusen.

Vor allem in der Nähe alter Eichen trifft man den Hirschkäfer an. Mit ihren großen Hornzangen zerkleinern die Männchen nicht etwa die Nahrung, sondern vertreiben Rivalen aus ihrem Revier.
Die Schmetterlingswelt zeigt bunte Vielfalt: Auffällig sind die schönen Distelfalter und Tagpfauenaugen; den Schwalbenschwanz erkennt man hauptsächlich an seinem eleganten Segelflug.

❺ **Obernzenner Freizeitsee** Der herrliche See – eigentlich als Rückhaltebecken für mehrere Bäche erbaut – bietet ideale Freizeitmöglichkeiten: man kann baden, surfen, angeln oder den See zu Fuß umrunden, vorbei am geschützten Feuchtbiotop am südwestlichen Ufer. Auch ein Gasthaus mit Freiterrasse ist vorhanden. Im Ort Obernzenn gibt es ein interessantes Wasserschloß und die Wehrkirche St. Gertrud zu sehen.
ℹ Fremdenverkehrsamt, Rathaus, Marktplatz 9, 91619 Obernzenn, Tel. 09844/1211.

❻ **Markt Erlbach** Umgeben von Wiesen, Feldern und Wald liegt dieser geschichtsträchtige Ort. Geprägt wird der alte Kern von der imposanten, 1000jährigen Kirchenburg St. Kilian mit ihrem mächtigen Wehrturm. Weil er nur vom Kirchendach über eine Zugbrücke betreten werden kann, verschanzten sich die Bürger bei Angriffen hinter seinen 2 m dicken Mauern.

Vom alten Butterfaß bis zum Krämerladen reicht die Palette der Exponate im Rangau-Handwerker-Museum. In den Werkstätten werden selten oder kaum mehr ausgeübte Berufe wie Wagner, Blechinstrumentenbauer, Seiler und Büttner wieder lebendig (Ostersonntag–Oktober So und an Feiertagen 10–16 Uhr geöffnet, Sondertermine für Gruppen auf Voranmeldung, Tel. 09106/1219).

Die Tafel beim Museum zeigt Wandervorschläge mit einer Länge von insgesamt 140 km. Die 10 km lange Rundtour über Knochenhof, Kappersberg, Buchen und Fallhaus führt zu mehreren Aussichtspunkten und beschaulichen Abschnitten in stil-

Der Bergfried der hoch über dem weiten Tal der Altmühl thronenden Burg Colmberg wurde mit einem Kegeldach vor dem weiteren Verfall geschützt.

len Wäldern und vorbei an idyllischen Teichgründen.

ℹ Fremdenverkehrsamt, Neue Str. 16, 91459 Markt Erlbach, Tel. 0 91 06/7 55.

❼ **Flachslanden** Die aus vier Teilorten bestehende Marktgemeinde liegt reizvoll von Wäldern umgeben inmitten einer hügeligen Landschaft. Ein Kuriosum unter den fränkischen Burgen thront auf einem Hügel über einem Bachtal im Ortsteil Virnsberg: die Deutschordensburg. Im 10. Jh. erbaut, ist sie Wasser- und Höhenburg zugleich.

Zum Baden, Rudern oder Surfen fährt man in den Ortsteil Kettenhöfstetten an den schön gelegenen Sonnensee.

ℹ Verwaltungsgemeinschaft, Marktplatz 1, 91604 Flachslanden, Tel. 0 98 29/9 11 10.

❽ **Dietenhofen** Wahrzeichen des schönen Fachwerkortes ist die ev. Pfarrkirche mit ihrem gotischen, mit bunten Schindeln verzierten Turm. Das alte Wasserschloß beherbergt heute das Heimatmuseum mit Ausstellungsstücken zu Landwirtschaft, Handwerk und Ortsgeschichte (Mai–Oktober erster So im Monat 10–12, 14–16 Uhr geöffnet).

Von der Ortsmitte führt eine Wanderung Richtung Westen am südlichen Ufer der Bibert entlang zu der romantisch im Talgrund gelegenen Burgruine Leonrod mit dem 500 Jahre alten Jägerhaus.

❾ **Mettlachtal** Saftige Wiesen, alte Mühlen und beschauliche Dörfer begleiten den Flußlauf der Mettlach. Von Warzfelden aus erwandert man diese herrliche Gegend am besten auf dem 5 km langen Mettlachgrundweg, der von Kleinhaslach nach Adelmannsdorf führt. Oder aber man geht die 6 km des Rundwanderweges nach Kleinhabersdorf, durch den Staatsforst und über das sog. Brünnlein, einen beschaulichen Talgrund, zurück.

❿ **Colmberg** Hoch über dem Ort thront stolz die gleichnamige Hohenzollernburg (10.–12. Jh.). Dicke Mauern sorgten dafür, daß die Feste alle Kriegszeiten uneingenommen überstand. Heute beherbergt sie ein Hotel mit Restaurant. Im Wildgehege am Fuß der Burg kann man Rot- und Damhirsche einmal aus der Nähe betrachten. Daneben tummeln sich Pferde auf der Koppel, und die putzigen Waschbären sind die Lieblinge der Kinder (Sa und So 14–17 Uhr geöffnet und nach Anfrage, Tel. 0 98 03/6 15). Der ausgeschilderte Rundgang durch das Gehege dauert etwa 45 Minuten.

Beim Rathaus in Colmberg findet man eine große Informationstafel mit Wandervorschlägen von 4 bis 9 km Länge.

ℹ Gemeindeverwaltung, Am Markt 1, 91598 Colmberg, Tel. 0 98 03/2 53.

⓫ **Lehrberg** Den Geologen ist der Ort ein Begriff, denn er gab einer bestimmten Schicht des Mittleren Keupers den Namen „Lehrbergschicht“. Bei der Seemühle, nur wenige Minuten außerhalb des Ortes rechts der Straße Richtung Ballstadt, kann man an einem Abhang die Schicht in einem Aufschluß betrachten.

Einen herrlichen Blick auf das Tal der

Fränkischen Rezat bietet die Ruine der Kapelle St. Jobst, einer 1430 erbauten Sühnekapelle. Man geht auf einem bequemen Fußweg in etwa 20 Minuten von Lehrberg zum Kapellenberg hinauf.

Die Wandertafel im Ortsteil Hürbel unter den weit ausladenden Ästen der 800jährigen Kreuzeiche zeigt eine 2 1/2stündige Tour, die über das Naturfreundehaus Gumbertushütte nach Colmberg (siehe ⑩) führt.

⑫ **Kühberg** Einen Blick ins geologische Geschichtsbuch der Erde ermöglicht die Bodenverwerfung im kleinen Naturschutzgebiet Kühberg bei Gastenfelden, einem Ortsteil von Buch am Wald. Hier tritt verwitterter Blasensandstein zutage, der den Nährboden für viele seltene Pflanzen bildet. Deshalb sollte man beim Spaziergang durch die herrliche Heidelandschaft stets auf die Flora achten, die noch von Schafen beweidet und so erhalten wird.

⑬ **Schillingsfürst** Auf der Romantischen Straße ist die kleine Stadt einen Abstecher wert – vor allem wegen des mächtigen Schlosses der Fürsten zu Hohenlohe-Schillingsfürst, das 1723–50 erbaut wurde: Es zählt zu den glanzvollsten Barockanlagen Deutschlands, mit prächtiger Innenausstattung. Die reichgeschmückten, stuckverzierten Räume kann man besichtigen und außerdem im Schloßmuseum filigrane Porzellankunstwerke und Waffen besichtigen (Juni–September täglich, April, Mai, Oktober nur Sa und So geöffnet).

Im romantischen Hofgarten beim Barockschloß Schillingsfürst stößt man beim Spaziergang auf manche verspielte Statue.

Das Problem der Wasserversorgung des Schlosses löste man im 18. Jh. mit der Kraft eines Ochsen: Im alten Brunnenhaus, 1,5 km östlich des Schlosses, kann man dieses einmalige technische Denkmal, ein sog. Ochsentretscheiben-Pumpwerk von 1702, besichtigen. In den ehem. Wohnräumen des Brunnenhauses zeigt das Heimatmuseum Leben und Arbeit der Untertanen im 18. und 19. Jh. (Ostern–Oktober täglich außer Mo geöffnet).

Alles Wissenswerte über die europäische Wasserscheide, auf der Schillingsfürst liegt, erfährt man auf den drei wasserkundlichen Wanderwegen rund um den Ort (2–6 km lang). Ein Faltblatt mit umfassenden Informationen zu Streckenverlauf, Geologie und Natur bekommt man im Fremdenverkehrsamt.

ℹ Fremdenverkehrsamt, Anton-Roth-Weg 9, 91583 Schillingsfürst, Tel. 0 98 68/8 00.

⑭ **Wettringen** Seine Bekanntheit verdankt das beschauliche Dorf dem herrlichen Altar in der Wehrkirche St. Peter und Paul, der der Schule von Tilman Riemenschneider zugeschrieben wird.

Das schön gelegene Naturfreibad am südlichen Ortsrand mit großer Liegewiese und Grillstellen lädt zur Erholung ein. Etwas östlich ist ein Wanderparkplatz Ausgangspunkt für eine Rundwanderung mit reizvollen Ausblicken auf die Tauber und Wettringen durch den Obergailnauer Forst zum Gailnauer Berg, wo 1957 ein gewaltiger Erdrutsch mächtige Sandsteinschichten freilegte.

ℹ Gemeindeverwaltung, An der Kirche 3, 91631 Wettringen, Tel. 0 98 69/3 28.

⑮ **Sulzachtal** Etwa 1/2 Stunde wandert man von Dombühl, wo sich von der ehem. Kirchenburg eine schöne Aussicht bietet, durchs malerische Tal der Sulzach zum ehem. Prämonstratenserinnen-Kloster Sulz. Ein Rundgang lohnt sich, auch wenn nur die Klosterkirche von innen besichtigt werden kann (So 10–17 Uhr geöffnet, Mo–Sa Schlüssel im Lebensmittelgeschäft gegenüber). Wer die Gegend näher erkunden will, folgt der Markierung Pilz auf einer Rundwanderung von 14 km Länge über den Klosterberg zum Roßkopf und zum 529 m hohen Vetschenberg; über Ebertsmühle und den Kellerberg gelangt man zurück nach Dombühl.

⑯ **Zumhaus** Das erste Fahrradmuseum Deutschlands befindet sich in der kleinen Ortschaft im südlichen Zipfel des Naturparks. Über 100 Fahrräder aus dem 19. und 20. Jh. gibt es zu sehen, darüber hinaus Kleidung, technische Details und historische Fahrradwerbung. Mittelpunkt der Sammlung sind einige unrestaurierte Originalstücke – so präsentiert, als ob sie eben jemand abgestellt hätte (Mai–September täglich geöffnet, März, April, Oktober–Mitte November nur So). Wer Lust zum Radeln bekommen hat, kann sich auch ein Tandem für eine romantische Fahrt zu zwei ausleihen.

ℹ Fahrradmuseum Zumhaus, Zumhaus 4, 91555 Feuchtwangen, Tel. 0 79 50/5 49.

Besonderheiten der Pflanzenwelt

Zwei Drittel der Naturparkfläche werden vorwiegend landwirtschaftlich genutzt. Der Rest ist größtenteils bewaldet. Nadelgehölze herrschen vor, es finden sich aber auch Mischwälder, in erster Linie in den Flußseitentälern und auf dem Höhenzug der Frankenhöhe selbst.

An den Waldrändern wachsen viele seltene Orchideenarten, darunter der Frauenschuh und verschiedene Knabenkräuter. In lichten Wäldern gedeiht der Märzenbecher, dessen weiße Blütenblätter gelbgrüne Spitzen haben. Auf manchen Lichtungen und Wiesen wächst die bis zu 1,2 m hoch wachsende Türkenbundlilie (Bild). Die hellpurpurnen Blüten tragen dunklere Flecken, die von Blüte zu Blüte variieren.

An sonnigen Gipskarsthängen sind Steppenheidepflanzen verbreitet. Hier gedeihen die seltene Ästige Graslilie und der Frühlingsenzian ebenso wie die eher unscheinbare Hirschwurz, ein Doldenblütler, und die in der Sonne glitzernde Silberdistel. Meist in kleineren Gruppen zeigt sich im Frühjahr die schöne Küchenschelle mit ihren rotvioletten, feinbehaarten Blüten. Der Blutrote Storchschnabel, in der Antike ein Heilkraut zur Blutstillung, besiedelt gern die warmen, felsigen Hänge im Taubergebiet.

Naturpark Steigerwald

Dem besonderen Boden an den Randhängen des Steigerwaldes verdankt der Wein hier seinen unverwechselbaren Geschmack. Noch ist der Steigerwald ein Geheimtip bei Nichtfranken; doch mehr und mehr Urlauber und Ausflügler erfreuen sich an den landschaftlichen und kulturellen Reizen des Frankenlandes.

❶ **Zabelstein** Mit einer Höhe von 489 m bildet der Berg den nordwestlichen Eckpfeiler des Steigerwaldes. Auf seinem Gipfel steht ein 19 m hoher Aussichtsturm. Von oben erkennt man im Norden die Haßberge, im Nordwesten den Höhenzug der Rhön und im Westen den waldreichen Spessart. Ein Rastplatz mit Schutzhütte lädt zum Verweilen ein. Von der Ruine Zabelstein führen markierte Wanderwege (Informationstafel) in die Umgebung.

Zum Zabelstein gelangt man auf einem 2 km langen Weg (Markierung Ahornblatt), der von einem Parkplatz an der Straße von Hundelshausen nach Fabrikschleichach (siehe ❻) ausgeht. Werktags kann man bis zum zweiten Parkplatz weiterfahren, der etwa 300 m vom Gipfel entfernt liegt.

❷ **Oberschwappach** Das Schloß in dem unterfränkischen Dorf entstand, als die Ebracher Äbte zwischen 1716 und 1721 den ehem. Zisterzienseramtshof zur barocken Sommerresidenz umgestalteten. Die schmucke Anlage wurde schön renoviert. Im Schloß befindet sich das Maintal-Steigerwald-Museum, das eine beachtliche Sammlung vorgeschichtlicher und geologischer Funde beherbergt (geöffnet Mai–Oktober So 14–16 Uhr, November bis April erster und dritter So im Monat 14–16 Uhr). Dazu empfehlen sich eine Schloßbesichtigung und ein Besuch der dortigen Ausstellung über das bäuerliche Leben. Schloßrestaurant und -café laden zur Rast ein. Am Parkplatz zeigt eine Wandertafel zahlreiche markierte Wege.

ℹ Gemeindeverwaltung, Rathaus 2, 97478 Knetzgau, Tel. 0 95 27/79 12.

❸ **Böhlgrund** Eine reiche Flora und Fauna erwarten den Besucher im idyllischen Böhlgrund. Das Tal des Böhlbaches zählt mit seinen Feuchtwiesen und artenreichen Mischwäldern zu den besonderen Schutzgebieten des Naturparks. Neben seltenen wärmeliebenden Pflanzen kann man hier noch den Eisvogel beobachten. In den Böhlgrund wandert man vom Parkplatz am Ortsausgang von Zell am Ebersberg in Richtung Oberschleichach.

ℹ Gemeindeverwaltung Knetzgau, siehe ❷.

❹ **Sand am Main** Das Korbmacherhandwerk hat diesen Ort am Rand des Naturparks bekannt gemacht. Um den nahe gelegenen Altmainarm verläuft ein 4 km langer Spazierweg. An dessen Ausgangspunkt, dem Parkplatz bei der Kleingartenanlage, beginnt auch der Gewässerlehrpfad. Auf einer Länge von etwa 500 m informieren 15

Wie ein bunter Flickenteppich aus Feldern, Wäldern und kleinen Orten mutet die Landschaft am Fuß des Zabelsteins an.

Der monumentale Herkulesbrunnen ist nur eine der Sehenswürdigkeiten in der Klosteranlage Ebrach, die den Besucher durch ihre bauliche Vollkommenheit in den Bann zieht. Besonders stimmungsvoll sind die Spiegelungen im Wasser des Brunnens.

Tafeln über die Tier- und Pflanzenwelt im und am Wasser des Naturschutzgebietes Altmainarm. Im Sommer kann man in einem Baggersee außerhalb des Naturparks, nordwestlich von Sand am Main, baden.

Wenn man vom Marktplatz von Sand aus dem Rundwanderweg (Markierung Traube) folgt, erreicht man in wenigen Minuten die Sandsteinbrüche am Hermannsberg. Der hier gebrochene Schilfsandstein verdankt seinen Namen versteinerten Schachtelhalmen und Schilfgräsern, die als Fossilien darin eingeschlossen sind.

i Gemeindeverwaltung, Kirchplatz 2, 97522 Sand, Tel. 0 95 24/16 36.

❺ **Eltmann** Vom Wahrzeichen der Stadt, dem 28 m hohen Bergfried der ehem. Veste Wallburg (950–1250), aus hat man eine herrliche Aussicht auf das Maintal (Schlüssel am Imbißstand unterhalb des Turmes, ab 14 Uhr). In der Saison verkehren die Fahrgastschiffe der Fränkischen Personenschiffahrt auf dem Main. Von der Anlegestelle Eltmann kann man Ausflugsfahrten nach Bamberg, Zeil am Main und Volkach unternehmen.

Zur Wallfahrtskirche Maria Limbach spaziert man gemütlich in 1 Stunde auf einem schönen Fußweg am Main entlang.

i Verkehrsamt, Marktplatz 1, 97483 Eltmann, Tel. 0 95 22/89 90.

❻ **Fabrikschleichach** Keramik wird hier noch heute hergestellt. Früher gab es eine Glashütte im Ort, von der nur noch der sog. Mäuselturm erhalten ist.

Im nahe gelegenen Oberschleichach wurde vom örtlichen Umweltbildungszentrum ein dorfökologischer Lehrpfad eingerichtet. Außerdem bieten die Mitarbeiter Exkursionen und Ausstellungen zum Thema Umwelt an (je nach Ausstellung wechselnde Öffnungszeiten, Tel. 0 95 29/2 21).

Spaß für Kinder verspricht der Abenteuerspielplatz Marswald an der Straße Richtung Zell am Ebersberg. Auch Grillstellen sind vorhanden. Von den beiden Parkplätzen gehen markierte Rundwanderwege aus.

In südlicher Richtung gelangt man über Unter- nach Obersteinbach. Am Wanderweg durch das Tal des Weilersbaches beginnt ein Waldlehrpfad, der durch bis zu 300 Jahre alte Buchenwälder führt.

i Verkehrsbüro im Rathaus, Rathausstr. 25, 97514 Oberaurach, Tel. 0 95 22/72 10.

❼ **Handthaler Grund** In dem stillen, beschaulichen Tal nordwestlich von Ebrach gibt es einen Grill und einen Spielplatz. Im Waldmuseum am Parkplatz informieren Tafeln über den Wald und seine Funktionen. Anhand von Stammscheiben und ausgegrabenen Wurzelstöcken kann man verschiedene Baumarten näher kennenlernen. Den Wald hat auch der Lehrpfad am Nordhang des Handthaler Grundes zum Thema.

Wer Lust hat, die Gegend westlich vom Handthaler Grund zu Fuß zu erkunden, findet gut markierte Wege, die zum und durch den Stollberger Forst führen.

❽ **Ebrach** Hauptattraktion des geschichtsträchtigen Ortes ist die 1200–85 erbaute

Klosterkirche der ehem. Zisterzienserabtei, die als das bedeutendste frühgotische Bauwerk Deutschlands gilt. In ihrem Inneren fügen sich der mittelalterliche Baustil und die frühklassizistische Ausstattung zu einem harmonischen Ganzen. Besondere Beachtung verdienen die farbige Fensterrosette über dem Portal und die Barockorgeln (15. April–31. Oktober täglich 9.30–11.30 und 14–18 Uhr geöffnet).

i Verkehrsamt der Verwaltungsgemeinschaft Ebrach, Rathausplatz 2, 96157 Ebrach, Tel. 0 95 53/9 22 00.

9 Burgwindheim Wallfahrer besuchen den Ort schon seit 1465; zu dieser Zeit soll sich das sog. Blutwunder an der Stelle ereignet haben, an der heute die spätgotische Heilig-Blut-Kapelle von 1597 steht. Das Deckengemälde in der St. Jakobus Kirche hat dieses Blutwunder zum Thema. Ebenfalls sehenswert ist das ehem. Amtsschloß der Zisterzienserabtei Ebrach, das die Handschrift des berühmten Barock-Baumeisters Balthasar Neumann trägt.

Über den Ortsteil Kappel erreicht man den Wanderparkplatz Kappler Wald. Eine Tafel zeigt mehrere markierte Rundwanderwege und einen Naturlehrpfad.

i Verkehrsamt Ebrach, siehe 8.

10 Burgebrach 27 Teilgemeinden bilden den heutigen Marktort, der 1023 erstmals als *Urbs Ebraha* erwähnt wurde. Vorbei am Rathaus aus dem Jahr 1720 mit markantem Torbogen folgt man der Hauptstraße und gelangt zum Kirchplatz. Wie die heruntergefallene Spitze eines Kirchturmes mutet dort der kleine Ölbergtempel an.

In Lisberg, nördlich von Burgebrach, lohnt sich der Besuch einer der ältesten Burgen Frankens. Das Burgmuseum kann besichtigt werden (nur mit Anmeldung, Tel. 0 95 49/2 07). Im Sommer finden Aufführungen im Burgtheater statt.

i Verwaltungsgemeinschaft, Hauptstr. 3, 96138 Burgebrach, Tel. 0 95 46/2 31.

11 Freizeit-Land Geiselwind Mit einem vielseitigen Angebot lockt dieser Freizeitpark Besucher an: angefangen mit der Achterbahn über die Wikinger-Schiffsschaukel bis zur rasanten Zugfahrt mit dem Expreß Blauer Enzian. Im Dinosaurierland fühlt man sich angesichts der riesigen Urtiere um Jahrmillionen zurückversetzt. Aber auch lebendige Tiere gibt es zu sehen, so z. B. sprechende Papageien und drollige Berberaffen (Ostern–Oktober täglich 9–18 Uhr geöffnet, letzter Einlaß 16 Uhr).

Ruhiger geht es dagegen im schön angelegten Wildgehege bei Rüdern zu. Es befindet sich nordwestlich an der Straße von Geiselwind nach dem außerhalb des Naturparks gelegenen Städtchen Prichsenstadt. Hier kann man Wildschweine, Mufflons und auch Damwild beobachten.

i Freizeit-Land Geiselwind, 96160 Geiselwind, Tel. 0 95 56/2 24 und 3 57.

12 Schlüsselfeld Eines der in seiner Anlage fast noch komplett erhaltenen mittelalterlichen Städtchen in Franken ist Schlüsselfeld, dem von Kaiser Ludwig im 14. Jh. die Stadtrechte verliehen wurden.

Sehenswert sind besonders die gotische Pfarrkirche aus dem 15. Jh., die Marienkapelle und die Stadtbefestigung. Das alte Rathaus beherbergt ein Heimat- und Naturkundemuseum mit Wechselausstellungen.

Am Waldrand, südwestlich des Ortes, beginnt der Naturlehrpfad Grabengrund. Auf einem Rundweg von 4,5 km Länge erläutern Tafeln botanische, geologische und ornithologische Besonderheiten.

i Stadtverwaltung, Marktplatz 5, 96132 Schlüsselfeld, Tel. 0 95 52/60 30.

13 Castell Wer trockene Frankenweine liebt, sollte sich für den beschaulichen Winzerort, in dem sich alles um die edlen Tropfen dreht, ein wenig Zeit nehmen. Im Fürstlich Castellschen Domänenamt, das sich im Schloßgebäude von 1691 befindet, werden neben Weinproben auch Führungen durch die Weinkeller angeboten (Anmeldung unter Tel. 0 93 25/6 01 70).

Das Amtshaus und das Obere Tor harmonieren sehr schön und setzen im Ortsbild von Schlüsselfeld einen reizvollen Akzent.

Auf dem Schloßberg sieht man noch Reste des baufälligen Treppenturmes der Castellschen Stammburg. Von der Plattform genießt man einen weiten Blick über die Mainebene bis hinüber zu den Höhen von Rhön und Spessart. Zahlreiche Rundwanderwege führen vom Ort aus in die nähere Umgebung.

i Gemeindeverwaltung, Rathaus, 97355 Castell, Tel. 0 93 25/4 01.

14 Schwanberg Der 472 m hohe „Modellberg" der fränkischen Keuper-Schichtstufenlandschaft zeigt an seinen Hängen unterschiedlichen Bewuchs. Bis auf halber Höhe dehnen sich Weinberge aus, die weiter oben von Eichenmischwald abgelöst werden. Ganz oben am Hang liegt Schloß Schwanberg. Durch dessen Park und den angrenzenden Wald führt ein Naturlehrpfad, der am Parkplatz beginnt. Die anschaulichen Tafeln erläutern Flora und Fauna und informieren über die Geschichte der Landschaft. Vom Schloßcafé hat man eine herrliche Aussicht (So und Mo geschlossen).

Nicht immer liegen die Weingärten am Schwanberg so ruhig da. Während der Weinlese im Herbst herrscht hier ein sehr geschäftiges Treiben.

Weithin sichtbar ist das Riesenrad im Freizeit-Land Geiselwind. Wer sich nicht selbst ins Vergnügen stürzen möchte, kann sich die Zeit auch damit vertreiben, den anderen Besuchern zuzuschauen.

Ein sehr beliebtes Ausflugsziel ist das Fränkische Bauern- und Handwerkermuseum in Mönchsondheim, das im Süden etwas außerhalb des Naturparks liegt. In der beeindruckenden Kirchenburg aus dem 17. Jh. können Handwerkerstuben in den ehem. Gaden – Vorratskammern – besichtigt werden. Zum Museum gehören außerdem auch ein historischer Gasthof, das Schulmuseum im alten Schulhaus und das ehem. Rathaus mit Ausstellungen zum bäuerlichen Leben (geöffnet 15. März–1. Advent Di–Sa 13.30–18, So 11–18 Uhr).
i Verkehrsbüro, Geräthengasse 13, 97346 Iphofen, Tel. 0 93 23/87 15 44.
⓯ **Scheinfeld** Der schmucke Frankenort blickt auf eine mehr als 1200jährige Geschichte zurück. Wie ein Märchenschloß thront Schloß Schwarzenberg über der Stadt. Heute wird das Bauwerk als Schule genutzt, nur die Außenanlagen sind frei zugänglich (Führungen auf Anfrage, Tel. 0 91 62/92 91 41). Das Franziskaner-Minoritenkloster Maria-Hilf entstand 1702, brannte 1960 nieder und wurde wieder aufgebaut. In der Altstadt steht das schöne neoromantische Rathaus, gegenüber liegt die kath. Stadtpfarrkirche. Ruhe und Erholung findet der Besucher in der Freizeitanlage am Stadtsee.

Nordwestlich liegt nahe Oberscheinfeld die Ruine Scharfeneck auf einer Anhöhe, von der aus man einen guten Blick über den Naturpark hat.

i Verkehrsamt, Hauptstr. 1, 91443 Scheinfeld, Tel. 0 91 62/9 29 10.
⓰ **Münchsteinach** Bei dem Fachwerkdorf findet sich ein seltenes Beispiel einer geschlossenen mittelalterlichen Klosteranlage. Wahrscheinlich sind Ort und Kloster ungefähr zur selben Zeit gegründet worden, doch das Kloster wurde bereits im 16. Jh. wieder aufgelöst. Teile der Anlage blieben jedoch erhalten und wurden restauriert. Den Innenhof umschließen die beiden Torhäuser, das Amtshaus, das Gemeindehaus und die Neue Abtei. Auch die Klosterkirche strahlt fast wieder im alten Glanz (Kirche geöffnet Mai–Oktober von 9 Uhr bis zur Dämmerung; Klosteranlage frei zugänglich).
⓱ **Bullenheimer Berg** Der Zeugenberg markiert als imposanter Eckpfeiler den südwestlichen Rand des Steigerwaldes. An den Hängen des Bullenheimer Berges reifen die Trauben der bekannten Weinlage „Bullenheimer Paradies“. Ein Weinlehrpfad, der ab Ortsmitte Bullenheim ausgeschildert ist, informiert über den Weinanbau und die Arbeit der Winzer. Vom Geschmack des Weines kann man sich in einem der gemütlichen Weinlokale überzeugen.

Ein etwa 3,5 km langer, schöner Rundweg führt durch lichten Laubwald zum benachbarten Kappelberg (454 m). Hier stand einstmals eine Wallfahrtskirche. Die Ruine dieser Kunigundenkapelle, von den Schweden im 30jährigen Krieg zerstört, kann man heute noch besichtigen. Unweit davon erhebt sich ein 15 m hoher Aussichtsturm. Von dort aus kann man den Blick schweifen lassen über das westliche Vorland, den südlichen Steigerwald und bis hinüber zu Odenwald, Spessart und zur Rhön.

Besonderheiten der Natur

Pflanzen Als bevorzugtes Jagdgebiet von Bischöfen und Fürsten blieb der Laubwald des Naturparks sehr lange in seiner ursprünglichen Form erhalten. Heute stellt er das größte zusammenhängende Laubwaldgebiet Bayerns dar. Es gibt dort z. T. auch noch Reste von Steppenheidewald – lichte Gehölze, in denen Ästige Graslilie, Weiden-Alant, Gemeiner Seidelbast und Sonnenröschen wachsen. Dort zeigt auch der Diptam seine rosa geäderten Blüten. Diese giftige Pflanze enthält ätherische Öle, die an heißen Tagen verdunsten und bei Windstille sogar entflammbar sind. In feuchteren Zonen, z. B. an Teichrändern, fallen neben Türkenbund, Märzenbecher und Traubenhyazinthe die großen gelben Blüten der Wasserschwertlilie auf.
Tiere In den Laubwäldern jagt die Waldohreule Mäuse, die sie unzerkaut verschlingt. Der Vogel mit den auffallenden Federohren lebt sehr versteckt im dichten Forst. Auch der Neuntöter ist im Naturpark noch anzutreffen. Er spießt seine Beute, meist kleinere Insekten, aber auch Frösche und winzige Mäuse, an Dornensträuchern auf und legt so einen Vorrat für schlechte Zeiten an. An den vielen Teichen und Seen ist eine artenreiche Vogelwelt beheimatet: Vor allem verschiedene Schnepfenarten, Zwerg- und Haubentaucher (Bild) sowie Stockenten kommen dort vor.

⓲ **Sugenheim** Anziehungspunkt des Marktortes ist das Alte Schloß, in dem das Spielzeugmuseum untergebracht ist. Alles, was Kinder über die Jahrhunderte zum Spielen begehrten, kann dort bestaunt werden, u. a. Puppen mit Puppenstuben und -küchen, Blechspielzeug sowie historische Schaukelpferde. Im angegliederten Schloßmuseum sind der Renaissancesaal, die Hauskapelle und allerlei Erinnerungen an die königlich-bayerische Vergangenheit zu bewundern (geöffnet April–Oktober Sa, So und an Feiertagen 14–17 Uhr).

Naturpark Haßberge

Heute zählen die Haßberge, die sich zwischen Main und Baunach erheben, zu den ruhigsten Mittelgebirgslandschaften Deutschlands. Von ihrer bewegten Vergangenheit zeugen prächtige Schlösser, trutzige Festungen und wildromantische Burgruinen, die zu Erkundungstouren einladen.

❶ **Ipthausen** Eine der schönsten Dorfkirchen Frankens steht in diesem Stadtteil von Bad Königshofen. Seit dem 17. Jh. besuchen Wallfahrer die Rokokokirche Mariä Geburt. Beachtenswert ist vor allem das Deckengemälde des Langhauses.

Auf einem etwa 1 km langen behindertengerechten Wanderweg gelangt man entlang einer von Bildstöcken und Heiligenbildern gesäumten Birkenallee nach Bad Königshofen, dem touristischen Zentrum der nördlichen Haßberge, knapp außerhalb des Naturparks gelegen.

ℹ Kurverwaltung, Am Kurzentrum 1, 97631 Bad Königshofen, Tel. 0 97 61/8 27.

❷ **Sulzfeld** Bei dem Dorf mit einer im modernen Stil erweiterten ehem. Wehrkirche und einem Schloß aus dem 16. Jh. gibt es einen der wenigen Badeseen im Naturpark. Der kleine See mit Liegewiese befindet sich am südlichen Ortsrand. Für eine Bootsfahrt stehen Paddelboote bereit.

Im nördlichen Ortsteil Kleinbardorf lohnt in der kath. Kirche ein Blick hinauf zum Deckenfresko von 1781, ebenso ein Spaziergang zum über 400 Jahre alten Wasserschloß, dessen Innenhof besichtigt werden kann. Zum jüdischen Friedhof auf dem Judenhügel, etwa 1,5 km außerhalb, führt ein recht steiler Weg, den man zu Fuß oder mit dem Auto zurücklegen kann. Von dort aus folgt man dem Wanderweg (Markierung Schmetterling) hinüber zum Annabild, einer Kapelle von 1745. Die Aussicht reicht im Nordosten weit über das Grabfeld und Bad Königshofen hinaus zu den thüringischen Gleichbergen.

ℹ Kurverwaltung Bad Königshofen, siehe ❶.

❸ **Sambachshof** Dieses Ausflugsziel bietet eine besondere Attraktion für Kinder: Märchen aus alten Zeiten werden in den zwölf Dioramen des Haßberg-Märchenwaldes gezeigt. Für weiteres Vergnügen sorgen zehn traditionelle Fahrgeschäfte (Ostern–Oktober täglich 9–18 Uhr geöffnet). Zur Gaststätte gehört eine schöne Terrasse.

Wer sich ein wenig die Füße vertreten möchte, kann auf einem Rundwanderweg zum ruhig gelegenen Baunachsee, nahe dem Ursprung der Baunach, wandern. Die rund 7 km lange Route beginnt am Sambachshof (Markierung Reh); beim Molkenbrünnlein geht es hinunter ins Tal der Baunach und weiter zum idyllischen Waldsee; über den kiefernbestandenen Breitenberg wandert man zurück zum Ausgangspunkt.

❹ **Sulzdorf an der Lederhecke** In den Ortsteilen dieser Gemeinde findet sich manche Sehenswürdigkeit. Zum Wasserschloß Brennhausen spaziert man knapp 4 km auf einem Waldweg. Auch wenn das Schloß innen nicht zu besichtigen ist, lohnt sich doch ein Gang um das Gebäude.

Die vier Türme des Barockschlosses im idyllischen Dörfchen Sternberg, nördlich von Sulzdorf, sind schon von weitem zu erkennen. Früher beobachteten Besucher vom nahe gelegenen, 38 m hohen Bayernturm

Ein herrliches Farbenspiel bietet die Landschaft im Frühling und Sommer wie hier bei Sulzdorf an der Lederhecke.

auf dem Büchelberg die innerdeutsche Grenze. Heute genießt man von dort aus die weite Aussicht hinüber nach Thüringen. Am Turm beginnt ein Rundwanderweg von 6 km Länge (erst Markierung Turm, dann Markierung Fuchs), der z. T. an der ehem. Grenze entlangführt.

Am größten natürlichen See Unterfrankens, dem Reutsee westlich von Sulzdorf, rasten alljährlich viele Arten seltener Zugvögel.

ℹ Gemeindeverwaltung, Im Rathaus, 97528 Sulzdorf, Tel. 0 97 63/2 20.

❺ **Birnfeld** Mitten in diesem altfränkischen Gerichtsort steht eine riesige Gerichtslinde, die über 1000 Jahre alt sein soll. Steinsäulen und eine Steinbank umrahmen den geschichtsträchtigen Platz.

Auf einem künstlichen Hügel erbaute man Anfang dieses Jahrhunderts das neubarocke Schloß Craheim. Im Gebäude ist heute eine ev. Bildungsstätte untergebracht, aber der Schloßpark mit Teich kann besichtigt werden und bietet eine schöne Aussicht über die umliegende Landschaft. Von Birnfeld fährt man etwa 1 km Richtung Wetzhausen und folgt der Beschilderung.

Bei Birnfeld erreicht der Friedrich-Rückert-Wanderweg den Naturpark. Dieser Weg folgt den Spuren des Dichters und Gelehrten auf einer Länge von 105 km. In Schweinfurt, dem Ausgangspunkt, wurde Rückert geboren, und in Neuses bei Coburg, dem Ziel der mehrtägigen Wanderung, wurde er begraben. Beide Städte liegen außerhalb des Naturparks.

❻ **Schwedenschanze** Auf dem 487 m hohen Gipfel dieses Berges sind noch Reste frühgeschichtlicher Wallanlagen vorhanden. Vom 28 m hohen Aussichtsturm genießt man den Blick über den oberen Haßgau, das Hofheimer Becken und die Orte Eichelsdorf und Friesenhausen.

An der Schwedenschanze wie an 20 weiteren Stellen im Naturpark bietet eine geologische Exkursionsroute interessante Einblicke ins „Innenleben" der Erde. Ein Begleitheft der Naturparkverwaltung erklärt die Gesteinsformationen an den jeweiligen Aufschlüssen. Vom Parkplatz unterhalb des Aussichtsturmes folgt man nach Norden 2 km dem Rennweg, dann geht es kurz vor dem Sendemast etwa 100 m Richtung Süden; hier sind verschiedene Pflanzentone und Sandsteinlagerungen zu erkennen.

ℹ Verein Naturpark Haßberge e. V., Am Herrenhof 1, 97437 Haßfurt, Tel. 0 95 21/ 2 72 35.

❼ **Bettenburg** Seit der Erstürmung durch den „Bildhäuser Haufen" im Bauernkrieg 1525 diente die Burg nur noch Wohnzwecken. Im 18. Jh. war sie Treffpunkt für Künstler und Wissenschaftler. Im Landschaftspark bei der Burg, die innen nicht besichtigt werden kann, finden sich schöne Spazierwege.

ℹ Tourist-Information Haßberge, Obere Sennigstr. 4, 97461 Hofheim, Tel. 0 95 23/9 22 90.

❽ **Maroldsweisach** Nordöstlich des gastlichen Marktfleckens mit sehenswertem Schloß wird am Zeilberg Basalt gebrochen. Interessierte Minerale- und Fossiliensammler können nach schriftlicher Anfrage selbst im Steinbruch auf die Suche gehen.

ℹ Steinbruchbetrieb Zeilberg, Postfach 26, 96124 Maroldsweisach.

❾ **Altenstein** Im Frühling, zur Zeit der Obstbaumblüte, ist die Landschaft um das Dorf in prächtige Farben getaucht. Am be

Der Aussichtsturm auf der Schwedenschanze überragt die Wipfel der benachbarten Bäume. Von der Aussichtsplattform aus kann man, vor Wind und Wetter geschützt, den Blick rundum über das Land schweifen lassen.

Von Büschen und Bäumen umgeben, thront die wildromantische Burgruine Altenstein aus dem 13. Jh. über dem gleichnamigen Dorf und den Streuobstwiesen.

sten genießt man den Anblick von der erhöht gelegenen Burgruine Altenstein aus.

Im nahen Naturschutzgebiet Galgenberg–Goßberg führen Spazierwege durch Streuobstwiesen, Halbtrockenrasen und Wacholderheiden.

Folgt man dem Waldweg mit der Markierung Burg, erreicht man nach 2 km den Hertasee, einen märchenhaft gelegenen Waldsee nordöstlich von Altenstein.

i Gemeindeverwaltung, Hauptstr. 24, 96126 Maroldsweisach, Tel. 0 95 32/9 22 20.

10 Lichtenstein In dem kleinen Ort lohnt sich ein Besuch der Burgruine Lichtenstein, die sich aus drei ehem. Burgen zusammensetzt. Im Landschaftspark nahe der Burg verläuft der Weg vorbei an großen Sandsteinwänden und -blöcken; der größte von ihnen ist der sog. Walfischfelsen. Gut zu erkennen ist die typische Wabenverwitterung, entstanden durch Windschliff und Auflösung von weicheren Gesteinen. Sie gibt der Felsoberfläche ein wabenartiges Aussehen. Der Rundgang dauert etwa 20 Minuten.

11 Unfinden Der schmucke Ortskern des Dorfes mit seinen altfränkischen Fachwerkhäusern wurde schon mehrmals prämiert. Die Urwiese von Unfinden, die zum Naturschutzgebiet Junkersdorfer Hänge gehört, birgt mit ihrem Halbtrockenrasen auf Keuperuntergrund zahlreiche Raritäten der Pflanzenwelt, darunter die Sibirische Schwertlilie und viele Orchideenarten.

i Stadtverwaltung, Rathaus, 97486 Königsberg, Tel. 0 95 25/9 22 20.

12 Königsberg in Bayern Malerische Fachwerkhäuser säumen die alten Pflasterstraßen dieser Stadt. Ihr berühmtester Sohn war der Mathematiker und Astronom Regiomontanus (1436–76), zu deutsch „der Königsberger". Im Rathaus erinnert ein kleines Museum an seine Forschungen (Mo 8–12, 13–16, Fr 8–12 Uhr geöffnet).

Von der Ruine der Stauferburg auf dem Schloßberg, wo sich auch eine Gaststätte befindet, hat man einen herrlichen Blick über das schmucke Städtchen. Oberhalb des Schloßberges verläuft ein behindertengerechter Rundweg. (Über einige ausgewählte behindertengerechte Wanderwege informiert eine Broschüre der Naturparkverwaltung; Adresse siehe 6.)

i Stadtverwaltung Königsberg, siehe 11.

13 Bramberg Seit dem 12. Jh. thront auf dem 495 m hohen Basaltkegel des Bramberges eine Burg. Heute steht dort nur noch eine Ruine, die man vom Wanderparkplatz aus in 15 Minuten erreicht. Oben angelangt, kann man sich an einer Tafel über weitere Wanderwege informieren.

Der Bramberg mit seinen Aufschlüssen von Säulenbasalt ist Geopunkt Nr. 20 der geologischen Exkursionsroute (siehe 6).

14 Weißfichtensee In einem stillen Wiesengrund liegt diese Erholungsanlage mit dem idyllischen Badesee sowie einer Grillstelle und einem Abenteuerspielplatz. Auch eine Kneippanlage ist vorhanden.

Die Tafel am Wanderparkplatz weist verschiedene Rundwanderwege aus, etwa hinauf auf den 484 m hohen Stachelberg. Östlich des Weißfichtensees ist ein ungewöhnliches Denkmal zu bewundern: eine aus dem blanken Fels herausgehauene kleine Höhle, Hohler Stein genannt, die wahrscheinlich aus heidnischer Zeit stammt.

Der idyllische Weißfichtensee, in dem sich die Bäume und Büsche des Ufers spiegeln, ist ein beliebtes Ausflugsziel.

⑮ Schloß Eyrichshof Im weitläufigen Schloßhof erkennt man die verschiedenen Bauphasen des Gebäudes von der Mitte des 16. bis ins 19. Jh. In einem der Giebel ist das „Bartele von Eyrichshof" zu sehen. Die Figur blickt grimmig in den Schloßhof und sollte wohl früher die Arbeiter antreiben. Das Innere des Schlosses ist leider nicht zugänglich.

Wenige Meter entfernt liegt direkt an der Straße die historische Gaststätte *Specke.* Sie wurde von dem Dichter Friedrich Rückert, der in die Wirtstochter verliebt war, in einigen Gedichten verewigt.

Etwa 2 km nordöstlich, Richtung Untermerzbach, kann man die Burgruine Rotenhan besichtigen. Von der Monolithenburg aus dem 13. Jh. sind nur die Fundamente erhalten, die die Arbeiter direkt aus dem Felsen schlugen. Das Obergeschoß ist längst verfallen.

⑯ Ebern „Frankens schönstes Kegelspiel" nannte man die wie Kegel aufgestellten acht alten Wehrtürme und den Kirchturm der Fachwerkstadt; drei der Wehrtürme stehen nicht mehr. Vom Marktplatz aus geht man vorbei am prächtigen Renaissance-Rathaus von 1604 zum Heimatmuseum. Im ersten Stock erwartet den Besucher eine komplett eingerichtete Schulstube. Darüber, im Dachgeschoß, sind die Werkstätten von sechs Eberner Handwerksmeistern untergebracht, mit Werkzeugen von Berufen, die nahezu ausgestorben sind, u. a. Büttner, Häfner und Sattler (Mai–September täglich nachmittags geöffnet, Oktober–April nur So). Nach der Besichtigung des Heimatmuseums kann man den Grauturm – einen 43 m hohen Torturm – hinaufsteigen. Seit 1480 bietet er einen großartigen Rundblick über die Dächer der Altstadt.

Auf dem Halbtrockenrasen der Urwiese von Unfinden gedeihen Pflanzen, die sich anderswo nur schwer behaupten können.

Wer einen Ausflug unternehmen möchte, wandert zur Burgruine Rotenhan (siehe ⑮). Vom Parkplatz Kugelfischer aus folgt man dem rund 3 km langen Weg mit der Markierung Specht.

ℹ Verkehrsamt, Rittergasse 3, 96106 Ebern, Tel. 0 95 31/6 29 14.

⑰ Zeil am Main Das romantische Weinstädtchen am Main schmückt sich mit den Fachwerkfassaden zahlreicher historischer Gebäude, u. a. des spätgotischen Rathauses, das um 1540 entstand. Die ältesten Bauwerke sind der Obere Torturm und Reste der Stadtbefestigung aus dem 14. Jh.

Ein Besuch der Wallfahrtskirche Zeiler Käppele gibt den Blick frei auf das Maintal und die bekannte Weinlage Zeiler Kapellenberg. Im Ort bietet sich immer wieder eine Gelegenheit, direkt beim Winzer den Wein zu kosten.

ℹ Verkehrsamt, Marktplatz 8, 97475 Zeil, Tel. 0 95 24/94 90.

⑱ Lußberg Die sagenumwobene Felsengruppe des Veitelsteins (460 m) ragt am westlichen Ende des bewaldeten Bergrückens Lußberg auf. Unterhalb der senkrechten, beinahe 20 m hohen Felswand befinden sich eine kleine Höhle und das sog. Zwergleinsloch. Durch eine geologische Verschiebung des Untergrundes spaltete sich der vordere Teil des Felsens teilweise vom Massiv ab und bildete eine breite Kluft. Verschiedene keltische Felszeichen, vor allem Drudenfüße, legen die Vermutung nahe, daß der Felsen und die Höhle ein Ort heidnischer Götterverehrung waren.

Vom Parkplatz im kleinen Ort Lußberg führt eine schöne Rundstrecke (Markierung Salamander) auf 6 km Länge vorbei am Jungfernkreuz bis zum Veitelstein und wieder zum Ausgangspunkt zurück.

Besonderheiten der Natur

Pflanzen In den malerischen Tälern wachsen vor allem feuchtigkeitsliebende Bäume wie verschiedene Weidenarten, Erlen und Eschen. Auf freien Flächen findet man noch die Sibirische Schwertlilie, deren große Blüten blauviolett gefärbt sind. Selbst die unter Naturschutz stehende Trollblume mit ihren kugeligen gelben Blüten gedeiht hier. Bevor die Laubbäume wieder ihr Blattwerk ausbilden, nutzen Frühjahrsblüher wie Leberblümchen, Scharbockskraut und Blaustern das Licht.

Tiere Mehrere Spechtarten bewohnen die hochstämmigen Forste. Der Buntspecht ist allgegenwärtig, der Schwarzspecht hat eine Vorliebe für Buchenwälder. Grün- und Grauspecht bevorzugen eher lichtes Waldland. Reich vertreten sind auch die kleineren Raubtiere. Marder, Wiesel, Iltis, Dachs und Fuchs (Bild) finden in der dichten Laubdecke am Waldboden genügend Nahrung, insbesondere Mäuse und Insekten.

4 Bayerischer und Oberpfälzer Wald

Uraltes Gebirge im Osten Bayerns

Für die Geologen ist die Böhmische Masse, wie sie das Bergland im Osten Bayerns nennen, eines der ältesten Gebirge der Erde. Doch der Zahn der Zeit hat auch hier genagt und so manchen Gipfel, wie im Bild den Lusen, in gewaltige Felsblöcke zerlegt.

Bayerischer und Oberpfälzer Wald

Nationalpark Bayerischer Wald

Größe: 130 km², gegründet 1970.

Der älteste deutsche Nationalpark umfaßt den Mittelteil des Hinteren Bayerischen Waldes. Er schließt die höchsten Kammlagen des Gebirges mit Großem Rachel (1453 m) und Lusen (1373 m) ebenso ein wie die südwestliche Abdachung bis zu einer Höhenlage von etwa 700 m. Die Hochlagen sind unbesiedelt und werden – abgesehen von einigen Felsregionen und Hochmooren – völlig von Wald eingenommen. Hier liegt der größte Teil des Kerngebietes des Nationalparks, für den sehr strenge Schutzbestimmungen gelten. Damit die Tiere nicht zu häufig gestört werden, dürfen dort zwischen Mitte November und Anfang Juli nur die markierten Wanderwege benutzt werden.

Um weitere Gebiete wieder in einen ursprünglichen Naturzustand zurückzuführen, überließ man große Teile des Waldes völlig sich selbst. Axt und Säge dürfen dort nicht eingesetzt werden, selbst Sturmschäden werden nicht beseitigt. Schließlich gehören auch umgestürzte und vermodernde Bäume zum großen Kreislauf der Natur und bilden die Grundlage für die vielfältigen Lebensgemeinschaften des Waldes. Langfristig soll der gesamte Nationalpark wieder zu einem Urwald werden.

Neben dem Schutz und der Erhaltung der Lebensräume ist die Bestandsicherung bedrohter Arten eine der wichtigsten Aufgaben. Erfolgreich waren diese Bemühungen bislang beim Auerhuhn. Der schon fast völlig ausgestorbene Uhu konnte durch Aussetzung einiger im Gehege gezüchteter Paare wieder heimisch gemacht werden, und auch die Wiederansiedlung des Habichtskauzes ist im Nationalpark geglückt.

Gern besucht werden die großen Freigehege, in denen bei uns ausgestorbene Tierarten wie Wisent und Braunbär beobachtet werden können. Sogar ein Rudel Wölfe ist hier in einem 6 ha großen Gelände zu sehen.

i Hans-Eisenmann-Haus (Nationalparkhaus), Böhmstr. 35, 94556 Neuschönau.

Der felsige Gipfel des Großen Rachels ist ein beliebtes Wanderziel im Nationalpark.

Naturpark Bayerischer Wald

Größe: 2068 km², gegründet 1967.

Im Nordwesten schließt sich an den Nationalpark der Naturpark an, der die Kammregion des Bayerischen Waldes umfaßt. Höhepunkt – und das auch im ganz wörtlichen Sinn – ist der Große Arber (1456 m), der höchste Gipfel des gesamten Bayerisch-Böhmischen Grenzgebirges. Vom „König des Bayerischen Waldes“ aus bietet sich eine prachtvolle Aussicht, die bei klarem Wetter bis zu den Alpen reicht. Die gesamte Region um den Großen Arber gehört in ihrer wilden Urtümlichkeit zu den eindrucksvollsten Landschaften des Naturparks.

Der Naturpark umfaßt aber nicht nur die Kammregion, sondern auch weite Teile der Südwestabdachung. Jenseits der vom Regen durchflossenen Senke steigt das Gebirge erneut an und erreicht im Vorderen Bayerischen Wald Höhen zwischen 900 und 1100 m. Die bewaldeten Gipfel, darunter der Einödriegel (1121 m), sind beliebte Ausflugsziele; vor allem der Hirschenstein bietet eine gute Fernsicht über das Waldgebirge bis hin zur Donau.

Die Südwestabdachung des Höhenzuges gilt als Sonnenseite des Bayerischen Waldes. Dieser Name besteht zu Recht, denn tatsächlich ist das Klima hier spürbar milder. Dementsprechend weicht der dunkle Wald freundlichen Wiesen, Weiden und Feldern.

Auf eine lange Tradition blickt im gesamten Bayerischen Wald die Glasherstellung zurück. Das Gebiet war und ist reich an Quarz und Holz, den Rohstoffen dieses Gewerbes. Von den einst zahlreichen Glashütten sind nur wenige geblieben, die aber zu interessanten Vorführungen der Glasmacherkunst einladen.

i Verein Naturpark Bayerischer Wald e.V., Theresienthal 29, 94227 Zwiesel.

Urwüchsige Wälder bedecken die steilen Hänge des Naturschutzgebietes Höllbachgespreng am Großen Falkenstein.

Naturpark Oberer Bayerischer Wald

Größe: 1738 km², gegründet 1965.

Der Naturpark nimmt den Nordwesten des Bayerischen Waldes ein und erstreckt sich von der Kammlinie des Hinteren Bayerischen Waldes bis zum Falkensteiner Vorwald.

Aus geologischer Sicht umfaßt der Naturpark die westliche Randzone der Böhmischen Masse, zu der auch die übrigen Teile des Bayerischen Waldes gehören. Es ist der ursprünglich tief verborgene Rumpf eines alten Faltengebirges, der durch

Hebung und gleichzeitig wirkende Abtragung seine heutige Oberflächengestalt erhalten hat. Gneis und Granit, die typischen Gesteine des Grundgebirges, sind deshalb überall vorherrschend.

Mitten durch den Naturpark zieht sich eine große Senkungszone, die auf der Linie Cham–Furth das Gebirge quert und hier einen wichtigen natürlichen Übergang geschaffen hat. Der geringeren Höhenlage und dem vergleichsweise milden Klima entsprechend, treten hier die Wälder zurück.

Zu den Besonderheiten der

Das Oberpfälzer Handwerksmuseum in Rötz-Hillstett vermittelt interessante Einblicke in traditionsreiche Gewerbe.

Natur gehört auch der „Pfahl“, eine Felsrippe aus Quarz, die sich – mehr oder minder deutlich ausgeprägt – nahezu geradlinig durch den Bayerischen Wald zieht. Entstanden ist das meist helleuchtende Felsband, als gelöste Kieselsäure in Rissen und Spalten einer langgestreckten Kluft in den Gebirgskörper eingedrungen ist. Der gelöste Quarz wurde ausgeschieden und verfestigte sich zu einem besonders widerstandsfähigen Felsgang.

Der Reiz der Landschaft liegt vor allem im harmonischen Zusammenspiel der weitgeschwungenen Bergrücken und Hügel, der darin eingebetteten Täler und Dörfer, der Wiesenflächen und Wälder.

Der Fremdenverkehr spielt im Naturpark eine wichtige Rolle. Hauptsächlich die Berglandschaften um den Hohen Bogen und der Lamer Winkel sind beliebte Urlaubsregionen.

i Verein Naturpark Oberer Bayerischer Wald e. V., Landratsamt, 93413 Cham.

Naturpark Oberpfälzer Wald

Größe: 724 km², gegründet 1971.

Im wesentlichen umfaßt der Naturpark den Süden des Hinteren und des Vorderen Oberpfälzer Waldes, die jenseits der Flüsse Chamb und Regen die Fortsetzung des Bayerischen Waldes bilden. Allerdings ist der Charakter der Landschaft weitaus sanfter: Die Bergeshöhen bleiben unter 900 m, steile Anstiege und schroffe Taleinschnitte fehlen. Wälder hüllen den höchsten Gipfel des Naturparks ein, den im äußersten Ostzipfel gelegenen, auf stillen Wanderwegen erreichbaren Weingartenfels (896 m).

Pflanzenfreunde können an einigen Stellen im Naturpark Besonderheiten wie Schachbrettblume, Brandknabenkraut und Lungenenzian entdecken.

i Verein Naturpark Oberpfälzer Wald e. V., Wackersdorfer Str. 80, 92421 Schwandorf.

Naturpark Nördlicher Oberpfälzer Wald

Größe: 644 km², gegründet 1971.

Der Naturpark liegt im Nordosten der Oberpfalz. In seiner westlichen Hälfte bildet die hü-

Sonnige Lichtungen und Waldränder sind die Heimat des glitzernden Dukatenfalters.

gelige Mittelgebirgslandschaft ein buntes Mosaik aus Wäldern, Feldern, Wiesen und Weiden. Im Osten werden schon größere Höhen erreicht. Hier, im Hinteren Oberpfälzer Wald, sind die Böden wenig ertragreich, so daß ausgedehnte Wälder das Bild der Landschaft bestimmen. Überwiegend sind es schöne Fichtenwälder, in denen gut ausgebaute Wege zu Wanderungen einladen.

i Verein Naturpark Nördlicher Oberpfälzer Wald e. V., Landratsamt, 92660 Neustadt.

Nationalpark Bayerischer Wald

In diesem entlegenen Winkel kann sich die Natur wieder ungestört entfalten. Urwälder mit vermodernden Bäumen und dichtem Unterwuchs bieten Lebensräume für Luchs, Auerhuhn und Uhu. Aber auch immer mehr Besucher fühlen sich von dieser wildromantischen Landschaft angezogen.

Beim Abstieg vom Großen Rachel lädt die Rachelseekapelle zum Verweilen ein. Von hier öffnet sich ein schöner Blick über den Rachelsee und auf die urwüchsigen Bergwälder an der Seewand.

1 Spiegelau Die meisten Besucher erreichen den Rand des Nationalparks bei Spiegelau, einem gastlichen Erholungsort.

Am nördlichen Ortsrand hat die Nationalparkverwaltung ein Waldspielgelände angelegt, das vor allem für Familien mit Kindern gedacht ist, die sich an Spielgeräten aus Holz wie z. B. einer Wikingerschaukel, einer Waldeisenbahn oder einer Holztriftanlage austoben können. Die nahe Waldwiese lädt am Teich zum Entspannen und an der Feuerstelle zum Grillen ein.

Herzstück des Waldspielgeländes ist der 3 km lange Naturerlebnispfad mit seinen unterschiedlichen Stationen, die für alle Altersgruppen vielerlei Anregungen bieten, den Wald zu erleben. Dort kann man sich an der Partnerschaukel ebenso austoben wie auf der Balancierscheibe, kann den Tönen des Waldes lauschen oder eigene auf Naturinstrumenten wie z. B. auf dem Holzxylophon erzeugen. In einem großen Pavillon werden die Hauptbaumarten des Bayerischen Waldes anschaulich erklärt, und ein kleiner Rundweg kann sogar barfuß begangen werden. Der Naturerlebnispfad endet schließlich auf einer großen Waldwiese, wo man sich ausruhen und Spiele machen kann.

Südlich von Spiegelau, etwas außerhalb des Nationalparks, liegt Oberkreuzberg. Vom dortigen 30 m hohen Aussichtsturm genießt man einen eindrucksvollen Blick nach Norden über den gesamten Nationalpark und nach Süden bis zu den Alpen.

i Verkehrsamt, Hauptstr. 30, 94518 Spiegelau, Tel. 0 85 53/4 19.

2 Nationalpark-Hauptwanderweg Auf dem mit der Markierung Baumgruppe versehenen Hauptwanderweg läßt sich der Nationalpark in seiner ganzen Ausdehnung von Westen nach Osten durchwandern.

Die Tour beginnt im äußersten Westen in Klingenbrunn/Bahnhof und endet nach 40 km am Parkplatz Schwellgraben nördlich von Finsterau. Der Hauptwanderweg erschließt wichtige Sehenswürdigkeiten des Nationalparks: Man durchquert Aufichtenwälder und moorige Niederungen mit ihrer typischen Pflanzenwelt in der Nähe von Spiegelau, kommt zum Waldspielgelände (siehe 1), zum Naturschutzgebiet Großer Filz und Klosterfilz (siehe 9) und wandert dann weiter über Guglöd und die Steinfelsenhäng (siehe 11) zum Tier-Freigelände (siehe 13) bei Neuschönau. Hinter dem Felswandergebiet (siehe 17) hält man sich nördlich und kommt durch das Reschbachtal an Finsterau vorbei zum Waldgeschichtlichen Wandergebiet (siehe 6) und damit zum Endpunkt.

Diese Wanderung kann man nicht an einem Tag bewältigen; Übernachtungsmöglichkeiten an der Strecke gibt es in Guglöd und Waldhäuser.

3 Großer Rachel Zum höchsten Berg des Nationalparks wandert man vom Parkplatz Gfäll aus, den man von Spiegelau über die Schwarzachstraße erreicht. Ab 1996 werden keine Privatwagen, sondern nur noch umweltfreundliche Busse zwischen Spiegelau und dem Parkplatz Gfäll verkehren. Der Rundwanderweg mit der Markierung Auerhuhn ist 10 km lang, doch ist der Weg teilweise so steil und steinig, daß man sich am besten auf eine Tagestour einstellt. Man sollte daher gute Schuhe, warme, regendichte Kleidung und Proviant mitnehmen.

Nach dem ersten Abschnitt des Aufstiegs rastet man im *Waldschmidt-Haus* (1360 m), das in der Saison bewirtschaftet ist. Unterhalb des nahe gelegenen Aussichtspunktes glitzert geheimnisvoll der Rachelsee.

Teilweise über Steintreppen geht es nun hinauf zum 1453 m hohen Gipfel des Großen Rachels. Hier endet schon fast der Baumbestand, nur Fichten, wenige Latschen und Vogelbeersträucher halten sich

zwischen Gneisblöcken. So verstellt kein Baumstamm den Blick auf den Böhmerwald im Norden, Falkenstein, Osser und Arber im Nordwesten, Brotjacklriegel und die Alpenkette im Südwesten, Lusen und Dreisessel im Osten. Auch der Abstieg führt über Steinstufen, hinab zur in 1212 m Höhe gelegenen Rachelseekapelle.

Ihr zu Füßen liegt der Rachelsee (siehe ❹), wo man den Urwaldlehrpfad erreicht. Hinweistafeln erklären, wie die Eingriffe der Forstleute den Wald verändern: Flora und Fauna verarmen, Baumarten, die für eine wirtschaftliche Nutzung interessant sind, herrschen vor. Die Schilder beschreiben, wie ein von Menschenhand weitgehend unberührter Bergmischwald aussieht und welche Tiere und Pflanzen dort heimisch sind.

Ein solcher Urwald befindet sich unmittelbar daneben. Dieser natürliche Bergfichten- und Bergmischwald wurde vom Menschen noch nie genutzt; seine gespenstisch aufragenden, vermodernden Baumstümpfe – das Totholz – bilden die Lebensgrundlage für eine artenreiche Tier- und Pflanzenwelt. Über den Aussichtspunkt Bankl kehrt man zum Parkplatz Gfäll zurück.

❹ **Rachelsee** Über die Nationalpark- und die Racheldiensthüttenstraße erreicht man den Parkplatz Racheldiensthütte. Hier beginnt und endet der 6,4 km lange, mit einem Specht markierte Rundweg, der in gut 2 Stunden 380 Höhenmeter überwindet.

Eine atemberaubende Rundumsicht ist die Belohnung für den anstrengenden Aufstieg auf den Großen Rachel.

Diese attraktive Strecke lockt an manchen Tagen sehr viele Wanderer an.

Von der Racheldiensthütte (876 m) zieht sich der Pfad sanft bergauf, vorbei an mächtigen alten Buchen, Tannen und Fichten – Reste des einstigen Urwaldes. Nach rund 1 Stunde erblickt der Wanderer den Rachelsee.

Der Eiszeitlehrpfad mit der Markierung Specht führt vor Augen, wie das 13 m tiefe Gewässer entstanden ist: Das Wasser des abschmelzenden Rachelgletschers staute sich hinter der Endmoräne. Man erfährt, wie die letzte Eiszeit, die Würm-Eiszeit, den Bayerischen Wald entscheidend geprägt und die Zusammensetzung der Vegetation bis heute beeinflußt hat. Die Moränenwälle sind im Gelände gut zu erkennen.

In der Schutzhütte am See erfährt man von dessen früherer Nutzung. Von hier aus ist ein Abstecher auf den mit einem Auerhuhn markierten Urwaldlehrpfad möglich.

Weiter geht es dann zum höchsten Punkt der Wanderung, zum Granitblock Felsenkanzel (1146 m); bei guter Fernsicht kann man von hier sogar die Alpenkette sehen.

Nach einem kurzen Abstieg auf einer alten Schlittenziehbahn gelangt man wieder an die Racheldiensthütte. Wer zwischen Mai und Oktober kommt, kann hier einkehren, und für die Kinder gibt es einen schönen Spielplatz.

Im Winter ist nur ein Teil der Racheldiensthüttenstraße geräumt. Allerdings sollte man in dieser Jahreszeit den Weg

Im Waldgeschichtlichen Museum St. Oswald kann man sich anschaulich über die Geschichte der Waldnutzung informieren.

zum Rachelsee meiden, denn durch die hohe Schneelage ist er recht gefährlich.

5 Lusen Um auf den Lusen zu gelangen, dessen Gipfel von einem gewaltigen Felsenmeer bedeckt ist, nimmt man die Lusen- oder die Böhmstraße – beide sind im Winter allerdings gesperrt – zum vielbenutzten Lusenparkplatz. Auf dem mit einem Luchs markierten Weg steigt man hinauf zum 1373 m hohen Gipfel. $2^1/_2$ Stunden sind für den 4,2 km langen Weg einzuplanen.

Ab etwa 1200 m geht wegen des rauhen Klimas der prächtige Mischwald in einen Bergfichtenwald über, dessen Bäume durchschnittlich 200 Jahre alt sind.

Vom Lusenschutzhaus aus führt der Pfad über die durcheinandergewürfelten Granitblöcke auf den Gipfel. Vom Gipfelkreuz bietet sich ein großartiger Rundblick über die Bergrücken des Böhmerwaldes, den Falkenstein, den Großen Rachel und die Kuppen des Vorderen Bayerischen Waldes. An klaren Tagen sieht man bis zu den Gipfelketten der Alpen.

Das Lusenschutzhaus ist im Winter nur zeitweise, im Sommer jedoch durchgehend bewirtschaftet.

Über die steile Himmelsleiter, vorbei an der Schutzhütte am Böhmerweg, und den Goldenen Steig hinunter kommt man wieder zum Ausgangspunkt zurück.

6 Waldgeschichtliches Wandergebiet Auf dem 8,5 km langen und mit vielen Informationstafeln über die Nutzung des Waldes versehenen Wanderweg mit der Markierung Wasseramsel kann man in rund 3 Stunden das Waldgeschichtliche Wandergebiet nördlich von Finsterau durchmessen. Diese Wanderung kann auf markierten Wegen durch den Böhmerwald nach Böhmen hinein fortgesetzt werden.

Zum Parkplatz Wistlberg kommt dienstags um 10 Uhr für eine halbe Stunde die Nationalparkwacht; sie hilft bei der Planung der Wanderungen, informiert über Wander- und Langlaufmöglichkeiten und beantwortet auch alle anderen Fragen, die den Nationalpark betreffen.

Vom Parkplatz aus wandert man zunächst über alte Schlittenziehbahnen, auf denen das Holz im Winter zu Tal transportiert wurde, und erreicht dann, dem Reschbach aufwärts folgend, auf 1127 m Höhe die größte Triftklause des Nationalparks, die Reschbachklause. Die Waldarbeiter stauten in solchen Klausen das Wasser, um dann mit der Kraft einer künstlich erzeugten Flutwelle die Stämme auf den eher wasserarmen Bergbächen hinuntertreiben zu lassen. Das ist auch der Grund, warum der Reschbach begradigt wurde.

Über den 1263 m hohen Aussichtspunkt Siebensteinfelsen und die Teufelsbachklause führt der Weg zum Hochmoor Finsterauer Filz. Torfstiche und Gräben zeigen, daß die Menschen früher sogar dieses Feuchtgebiet entwässern und wirtschaftlich nutzen wollten. Nach 1 km hat man den Ausgangspunkt der Rundwanderung wieder erreicht.

Wild und ungestüm fließt der Reschbach durch das Waldgeschichtliche Wandergebiet im Nordosten des Parks.

Die Rückkehr des leisen Jägers

Bis ins 19. Jh. war der Luchs (Bild) in ganz Mitteleuropa verbreitet. Wegen seines kostbaren Pelzes und weil er für die Jäger ein Konkurrent bei der Jagd nach Wild war, wurde er stark gejagt. Die zunehmende Zerstörung seines angestammten Lebensraumes bedrängte ihn zusätzlich; so starb er in unseren Breiten schließlich aus.
Seit fast 30 Jahren versucht man in Kärnten, der Steiermark, in den Vogesen und im tschechischen Böhmerwald, die Wildkatze mit den Pinselohren und den breiten Pfoten wieder einzubürgern, meist mit Erfolg. Seit dem Abbau der Grenzzäune wandern auch Luchse aus dem Böhmerwald verstärkt in den angrenzenden Bayerischen Wald und damit auch in den Nationalpark ein.
Als Pirschjäger stellt der scheue Luchs Hasen, Mäusen, Vögeln und besonders im Winter auch schwachen oder kranken Rehen nach. Menschen greift der Luchs nicht an, eher weicht er ihnen in großem Abstand aus. Die naturnahen Wälder des Nationalparks bieten dem Luchs nicht nur ein reichhaltiges Nahrungsangebot, sondern auch die notwendigen Rückzugsgebiete. In aller Ruhe betrachten kann man Luchse im Tier-Freigelände am Hans-Eisenmann-Haus (siehe ⓭).

Kürzere Rundwege erschließen Teile des Hochmoores: der Weg mit der Markierung Birkhahn ab Parkplatz Wistlberg, mit der Markierung Marder ab Parkplatz Schwellgraben und mit der Markierung Kauz ab Rastplatz Muckenloch.

❼ **Freilichtmuseum Finsterau** Hier wurden bislang zehn Häuser detailgetreu wieder aufgebaut, die ursprünglich aus verschiedenen Dörfern des Bayerischen Waldes stammen. Dabei wurde besonders darauf geachtet, daß auch Abnutzungsspuren, Umbauten und die Einrichtungen zum Zeitpunkt des Abbruchs erhalten blieben. Gerade die Innenausstattung gewährt einen informativen Einblick in bäuerliche Lebens- und Arbeitsformen von einst (November–15. Dezember geschlossen, sonst täglich außer Mo geöffnet).

ℹ Freilichtmuseum Finsterau, 94151 Mauth, Tel. 0 85 57/2 21.

❽ **Waldgeschichtliches Museum St. Oswald** Zur Einführung in die Themen dieses hervorragenden Museums vermittelt eine Tonbildschau Wissenswertes über die Landschaft und die Menschen des Bayerischen Waldes. Eindrucksvolle Ausstellungen und Filme zeigen, wie einst Schindel- und Rechenmacher, Glashersteller, Holzhauer und Waldbauern gearbeitet und gelebt haben. Die Ausstellung zum Thema Waldglas dokumentiert die Ausgrabung einer um 1600 errichteten Glashütte am Südhang des Lusen. An einem nachgebauten altdeutschen Glasschmelzofen zeigen Fachleute, wie früher Glas hergestellt wurde (Mitte Dezember–Oktober täglich 9–17 Uhr geöffnet).

ℹ Waldgeschichtliches Museum, Klosterallee 4, 94568 St. Oswald, Tel. 0 85 52/7 50.

❾ **Großer Filz und Klosterfilz** Der Rundweg mit der Markierung Baumgruppe führt zu einem in Größe, Bedeutung und Schönheit einmaligen Hochmoor, altbayerisch Filz genannt. Zu der einstündigen Wanderung startet man am Rastplatz Filzwald an der Nationalparkstraße.

Schon nach wenigen hundert Metern hat man beim Aussichtsturm das eigentliche Hochmoor erreicht und entdeckt die für eine solche Landschaft typischen Pflanzen. Im Naturschutzgebiet herrscht strenges Wegegebot! Man darf die markierten und befestigten Wege nicht verlassen! Die Tiere sollen nicht gestört werden, und die Moorflora reagiert äußerst empfindlich auf Trittbelastung. Schon ein Dutzend Wanderer kann dem Ökosystem schweren Schaden zufügen. Weiter geht es durch den Filzwald zum Parkplatz Racheldiensthüttenstraße, dann fast parallel zur Nationalparkstraße zurück zum Ausgangspunkt.

In den Urwäldern des Nationalparks kann man bizarr geformte Baumstümpfe entdecken, die niemand beseitigt.

❿ **Bergbach Kleine Ohe** Informationstafeln erklären am Beginn der Bergbachstrecke, welche Tiere – von den Einzellern über Insekten, Fische und Vögel bis zu den Säugetieren – und welche Pflanzen in und an einem Bach wie der Kleinen Ohe leben. Ein kompliziertes Beziehungsgefüge verbindet sie miteinander.

Vom Rastplatz Fredenbrücke an der Waldhäuserstraße, wo man sich auf der Liegewiese erholen und an der gekennzeichneten Feuerstelle grillen kann, gelangt man auf den 1 1/2stündigen Rundweg mit der Markierung Zaunkönig. Der Pfad führt an der Kleinen Ohe entlang bis zur Martinsklause.

Sobald man den Wald verläßt, öffnet sich der Blick über die ruhige Landschaft. Durch schöne Bergmischwälder geht es dann zurück zum Ausgangspunkt.

⓫ **Steinfelsenhäng** Eindrucksvolle Baumriesen und markante Felsgruppen machen diesen Ausflug besonders interessant. Am Gasthof *Lusen* in Waldhäuser begibt man sich auf den 3,5 km langen Rundweg mit der Markierung Habicht; 1 1/2 Stunden sollte man für den erholsamen Spaziergang an den von der Sonne verwöhnten Hängen südlich des Dorfes veranschlagen. Hier gedeihen lichte Laub- und Mischwälder mit Rotbuche, Ahorn, Esche und Kirschbaum. Der Rückweg durch Weiden und Wiesen führt vorbei an Steinhaufen, die Bergbauern in jahrhundertelanger, harter Arbeit zusammengetragen haben.

⓬ **Hochmoor Kleine Au** Gut 4 km weit führt ein mit einem Rehbock markierter Rundweg in 1 1/2 Stunden u.a. durch das beeindruckende Moorgelände. In welchen Schritten sich ein solches Moor aus unzersetztem Pflanzenmaterial über undurchlässigen Böden entwickelt, ist am Wegrand immer wieder gut zu beobachten.

Vom Rastplatz Kleine Au, am südwestlichen Rand von Altschönau an der Straße nach St. Oswald gelegen, spaziert man in Richtung Knotenbachklause. Dort, wo der Boden nicht vernäßt ist, stehen Bergmischwälder; die eingestreuten Niedermoore tragen Fichtenwald. Im Bereich des Übergangsmoores wachsen schwächere Fichten, Waldkiefern und Moorbirken sowie vereinzelt auch Faulbäume, mit denen man früher versucht hatte, das Moor zu entwässern. Bergkiefern kennzeichnen dann das eigentliche Hochmoor. Dieses durchquert der Wanderer zu seinem eigenen Schutz und zur Schonung der Natur auf einem gut begehbaren Holzbohlenweg.

⓭ **Tier-Freigelände** Die Hauptattraktion im Nationalpark ist das Tier-Freigelände zwischen Alt- und Neuschönau; ein Zugang liegt direkt beim Hans-Eisenmann-Haus (siehe ⓮).

Auf 200 ha leben in der naturnah gestalteten Anlage in 20 weitläufigen Landschaftsgehegen und Großvolieren über 30 heute bzw. früher im Bayerischen Wald heimische Säugetierarten wie Fischotter, Biber, Wisent, Braunbär und Wolf, aber auch Vogelarten wie Uhu und Auerhuhn. Ein 7 km langer, in der Nordschleife zwischen Parkplatz Böhmstraße und Parkplatz Altschönau behindertengerecht ausgebauter Rundweg zeigt Tiere, die man sonst nur selten sieht. Wem die dafür nötigen 3–4 Stunden nicht zur Verfügung stehen, kann den Weg auch auf 1 1/2 Stunden abkürzen.

Wer frühmorgens oder abends kommt, sieht mehr, denn erstens ist es dann ruhiger und zweitens sind viele Tiere gerade in der Dämmerung aktiv.

Beim Hans-Eisenmann-Haus liegt das Pflanzenfreigelände. Alle über 600 Pflanzenarten, die im Nationalpark wachsen, findet man hier vor.

Besonderheiten der Natur

Pflanzen Wie der ursprüngliche Wald in Mitteleuropa ausgesehen hat, kann man sich kaum noch vorstellen. Unsere Wälder sind heute größtenteils artenarme Nutzwälder mit hohem Nadelholzanteil. Im Nationalpark hingegen sind über 10 000 ha ehem. Forst sich selbst überlassen. Ein Baum stirbt nicht mehr durch die Motorsäge, sondern an Altersschwäche, durch Sturm oder Tierschäden. Sein vermodernder Stamm bietet Lebensraum für Algen, Pilze, Flechten, Moose und Insekten. Ein neuer Wald wächst heran, der artenreicher ist als die alten Bestände.

Hochmoore, sog. Filze, bildeten sich in feuchten Mulden, die im Nationalpark sogar im Hochsommer nachts Bodenfrösten ausgesetzt sein können. Deshalb brauchen die Kleinstlebewesen sehr lange zum Zersetzen der Pflanzen. Hier findet sich eine hochspezialisierte Flora: Wollgras, Rauschbeere und Torfmoose. Die Zwittrige Krähenbeere (Bild) ist an den feuchten Rändern der Moore zu Hause.

Tiere Im Holz der abgestorbenen Stämme leben Spinnen, Schmetterlingsraupen und Käfer, selbst der sonst gefürchtete Borkenkäfer darf dort ungestört wirken. Auch Kröten, Schlangen, Mäuse und Igel finden in diesem Urwald Unterschlupf.

Über 50 Waldvogelarten sind vertreten. Sogar die seltenen Hasel- und Auerhühner kann man bei Waldwanderungen mit etwas Glück beobachten.

Braunbären, die keine natürlichen Feinde haben, wurden durch den Menschen vor über 100 Jahren im Bayerischen Wald ausgerottet. Heute sind sie nur im Tier-Freigelände wieder zu sehen.

Zu wechselnden Uhrzeiten führen Nationalparkmitarbeiter durch das Gelände (Auskunft im Hans-Eisenmann-Haus). Es informieren aber auch ausführliche Texttafeln über Lebensgewohnheiten, Verhaltensweisen und Bestandsentwicklung der Tiere.

⑭ **Hans-Eisenmann-Haus** Jährlich kommen etwa 250 000 Menschen hierher, um sich im Informationszentrum des Nationalparks Fragen rund um die Natur beantworten zu lassen (25. Dezember–Anfang November täglich 9–17 Uhr geöffnet).

„Wald erleben – Natur verstehen" lautet das Motto dieser Einrichtung, und so stehen die Mitarbeiterinnen und Mitarbeiter des Parks den Besuchern mit Rat und Tat zur Seite. Kostenlose Faltblätter und Hefte helfen bei der Planung einer Tour, vermitteln Fakten und wecken Verständnis für die Natur. Im Hans-Eisenmann-Haus melden sich die Interessenten – möglichst einen Tag im voraus – zu den zahlreichen Führungen und Veranstaltungen an, die sie sich im ausführlichen Programm ausgesucht haben.

Zwei Tonbildschauen, naturkundliche Vorträge und Filme, eine Bibliothek mit 3000 Naturbüchern und mehrere sehenswerte Dauerausstellungen, die die natürlichen Zusammenhänge im Lebensraum Wald vor Augen führen, sowie ein Erlebnisraum für Kinder mit Aquarien und Terrarien ergänzen das vielfältige Angebot.

ℹ Hans-Eisenmann-Haus, Böhmstr. 35, 94556 Neuschönau, Tel. 0 85 58/13 00.

⑮ **Pflanzen- und Gesteinsfreigelände** Nach dem Besuch des Hans-Eisenmann-Hauses empfiehlt sich ein Rundgang auf behindertengerechten Wegen durch das direkt anschließende Parkgelände. Hier wachsen alle rund 600 im Nationalpark vorkommenden Pflanzenarten. Am günstigsten besucht man die Anlage in der Hauptblütezeit im Mai und Juni.

Damit niemand auf die Idee kommt, verbotenerweise Pflanzen auszugraben, um sie dann mit nach Hause zu nehmen, werden im Nationalpark-Laden im Hans-Eisenmann-Haus die jeweils blühenden Pflanzenarten auch zum Kauf angeboten.

Das Gesteinsfreigelände liegt mitten im Pflanzenfreigelände. Ein Pavillon informiert darüber, wie die Erde und ihre Gesteine entstanden sind, wie sich die Gebirge aufgefaltet haben und welche Gesteine und Böden im Nationalpark vorkommen. Die entsprechenden Gesteinsblöcke liegen und stehen gut beschriftet im Gelände. Um ihre innere Struktur für den Besucher sichtbar zu machen, sind sie an einzelnen Stellen glattgeschliffen.

An schönen Tagen lädt hier der Garten des Nationalpark-Wirtshauses zur Einkehr.

⑯ **Rundweg Dachs** In gut 1 Stunde durchquert man, von der alten Buche an der Straße nach Neuschönau beim Hans-Eisenmann-Haus ausgehend, auf dem mit einem Dachs markierten, 4,5 km langen Rundweg die Waldabteilung Tanzboden. Der tannenreiche Bergmischwald mit z. T. sehr alten und mächtigen Fichten, Tannen und Buchen gibt dem Wanderer eine Vorstellung, wie ein ursprünglicher Wald in dieser Höhenlage aussehen kann und sich künftig im Nationalpark wieder entwickeln wird.

⑰ **Felswandergebiet** Weil die Waldarbeiter nur schlecht an den steilen Hängen arbeiten konnten, blieb hier, im äußersten Südosten des Nationalparks, ein uralter Bergmischwald aus Fichten, Tannen und Buchen erhalten.

Am Parkplatz Felswandergebiet beim Jugendwaldheim beginnt der 3 km lange Rundweg mit der Markierung Haselhuhn, der 200 Höhenmeter überwindet. Wildromantisch schlängelt sich der Pfad durch die Bergwaldlandschaft, klettert über Natursteinstufen, zieht vorbei an umgestürzten Baumleichen und mächtigen, bizarren Gneisfelsen. Einige von ihnen, etwa die 1011 m hohe Kleine Kanzel, bieten herrliche Ausblicke auf die stillen Bergkuppen ringsum.

Ursprüngliche Bergmischwälder bedecken die Hänge des Felswandergebietes.

An drei Punkten der Strecke, die beschildert sind, läßt sich der doch recht anstrengende Weg abkürzen. Wer die zweite Abkürzungsmöglichkeit wählt, erlebt unter bedrohlich wirkenden Felsblöcken den wohl beeindruckendsten Teil des gesamten Gebietes.

Naturpark Bayerischer Wald

Das Gebirge zwischen Donau und Böhmen war schon im Mittelalter wegen seines Reichtums an Quarz und Holz ein Zentrum der Glasherstellung. Noch heute kann man auf den Spuren der Köhler und Glasbläser wandeln und dabei endlose Wälder und sonnige Wiesen durchstreifen.

Bewaldete Höhen und tiefe Täler, dazwischen bunte Blumenwiesen: so idyllisch ist die Landschaft in der Umgebung von Viechtach.

❶ **Höllensteinsee** Eine Mauer staut das Flüßchen Schwarzer Regen zum idyllischen, waldgesäumten Höllensteinsee auf. Von Viechtach aus umrundet man ihn auf einem 19 km langen Weg (Markierung weiße 1 auf rotem Grund). Zwar kann man in dem Gewässer nicht baden, aber dafür gibt es Boote zu mieten, und auch Petrijünger können dort ihr Glück versuchen.

Im Viechtacher Ortsteil Lammerbach empfängt den Besucher im Vogelpark Viechtach das Gezwitscher von über 600 Vogelarten (April–Oktober täglich geöffnet). Vom Rundweg aus kann man die Vögel in Großvolieren und im Freigelände beobachten.

ℹ Verkehrsamt, Stadtplatz 1, 94234 Viechtach, Tel. 0 99 42/16 61.

❷ **Viechtach** Hauptattraktion der malerischen Stadt ist der Marktplatz mit dem barocken Rathaus aus dem 17. Jh. und der Stadtpfarrkirche St. Augustinus, die auch „Dom des Bayerischen Waldes" genannt wird. Im ältesten Gebäude der Stadt, der Kapelle des 1432 erbauten Bürgerspitals, glitzern im Kristallmuseum Minerale und Gläser aus aller Welt. Das Bürgerspital selbst beherbergt ein Weltkunstmuseum mit Nachbildungen von historischen Kunstwerken der alten Ägypter, Griechen und Römer (beide Museen April–Oktober Di–So 10–16 Uhr geöffnet).

Westlich, an der B 85, tritt der sog. Pfahl, ein bizarrer Quarzrücken, besonders schön zutage. An ihm führt auch der bekannte Fernwanderweg *Pandurensteig* entlang.

In Rauhbühl steht die Gläserne Scheune mit interessanten Glasgemälden, die farbenfroh die Geschichten von Agnes Bernauer, dem Räuber Heigl und dem urigen Bayerwaldpropheten Mühlhiasl erzählen (April–Oktober täglich geöffnet).

ℹ Verkehrsamt Viechtach, siehe ❶.

❸ **Kollnburg** Rund um das ruhige, etwas abgelegene Dörfchen lädt ein ausgedehntes Wegenetz zu erholsamen Wanderungen ein. Vom restaurierten Bergfried der im 30jährigen Krieg zerstörten Burg genießt man eine herrliche Sicht auf den Pröller im Südwesten und den Großen Arber im Osten.

ℹ Gemeindeverwaltung, Schulstr. 1, 94262 Kollnburg, Tel. 0 99 42/50 91.

❹ **Neunußberg** Vom Bergfried der Burgruine aus dem 14. Jh. hat man einen guten Ausblick. Im Sommer finden hier Burgfestspiele statt, die die Geschichte des einst bedeutenden Adelsgeschlechtes darstellen.

Zwei Jahrhunderte älter ist die Ruine Altnußberg mit ihrem weithin sichtbaren Wehrturm. Zur Einkehr lädt die *Burgschänke* ein, wo man sich donnerstags bei Hüttenabenden an bayerischen Schmankerln und zünftiger Blasmusik erfreuen kann. Das Museum im Ort zeigt Handwerksgeräte und Waffen aus der Burg (Führungen durch Museum und Burg Di, Do 14 und 15.30 Uhr).

ℹ Verkehrsamt, Rathausstr., 94244 Geiersthal, Tel. 0 99 23/20 53.

❺ **Drachselsried** In der Galerie Herrmann am Ortsrand, einer der bedeutendsten Glasausstellungen Mitteleuropas, glitzert moderne Glaskunst aus Deutschland, den USA und Japan (täglich vormittags geöffnet, Führungen).

In der Glashütte Weinfurtner staunen die Besucher über die Demonstration der Glasherstellung von der glühenden Rohmasse bis zum edlen Trinkgefäß. Ein Mitbringsel findet sich dann sicher in der großen Verkaufsausstellung (Mai–September täglich geöffnet, sonst So geschlossen).

ℹ Verkehrsamt, Zellertalstr. 8, 94256 Drachselsried, Tel. 0 99 45/5 05.

❻ **Bodenmais** Das von Wäldern umgebene Städtchen, in dem 1883 der Bayerische

Waldverein gegründet wurde, hat sich seitdem zum meistbesuchten Ferienort des Bayerischen Waldes entwickelt. In der nach alten Plänen wiederaufgebauten Joska-Waldglashütte kann man die Glasmacher bei ihrer schweißtreibenden Arbeit beobachten (täglich außer So geöffnet).

Im einige Kilometer nordöstlich gelegenen Wintersportzentrum Bretterschachten schnallen sich im Winter die Langläufer ihre Skier an und freuen sich über das mehr als 20 km lange, gut präparierte Loipennetz. Ein vorbildliches Bussystem sorgt für den Transport der Skiläufer.

Man sollte nicht einen Ausflug zu den Rieslochfällen versäumen, einer urwüchsigen Bachschlucht, durch die das Wasser nach starkem Regen und während der Schneeschmelze in wilden Kaskaden über die Felsen stürzt. Die tosenden Wasserfälle und der dortige Wald sind aufgrund ihres besonderen landschaftlichen Reizes zum Naturschutzgebiet erklärt worden.

Mit der *Silberberg-Sesselbahn* geht es auf den 955 m hohen Silberberg (November–Heiligabend außer Betrieb). An der Talstation dürfen die Kleinen auf dem Spielplatz toben und sich im Streichelzoo mit den Tieren anfreunden, während die Eltern eher das *Liftstüberl* mit Biergarten bevorzugen. Sommers wie winters kann man auf einer Rodelbahn talwärts sausen. Im über 600 m tiefen *Barbarastollen* an der Mittelstation ist ein mehr als 600 Jahre altes Erzbergwerk für Besucher zugänglich gemacht worden (Führungen Januar–März Di, Mi, Fr; April–Oktober täglich). An der Straße zum Großen Arber liegt das Schwarzwildgehege Schlossereck.

Bald plätscherndes Bächlein, bald reißendes Wildwasser: der Charakter der Rieslochfälle bei Bodenmais ändert sich oft von einem Tag auf den anderen.

i Kurverwaltung, Bahnhofstr. 56, 94249 Bodenmais, Tel. 0 99 24/7 78 35.

7 Großer Arber Am 1456 m hohen „König des Bayerischen Waldes“ bieten sich in der kalten Jahreszeit gute Wintersportmöglichkeiten: 7,5 km Abfahrten mit einer Doppelsesselbahn und sieben Schleppliften, 50 km geräumte Winterwanderwege, 100 km Loipen sowie eine Rodelbahn lassen bei Urlaubern keine Langeweile aufkommen.

Ein Abstecher zum idyllisch gelegenen Großen Arbersee ist ebenfalls empfehlenswert. Im nahen *Märchenwald* begegnen Kinder manchen wohlbekannten Figuren (Mai–Oktober täglich geöffnet). Zur Einkehr lädt die Gaststätte *Arberseehaus* mit großem Biergarten am See ein. Dort gibt es auch Boote zu mieten.

i Verkehrsamt, Hauptstraße, 94252 Bayerisch Eisenstein, Tel. 0 99 25/3 27.

8 **Bayerisch Eisenstein** Ihre günstige Lage am Großen Arber macht die Gemeinde zum schneesichersten und beliebtesten Wintersportort des Bayerischen Waldes. Das Bayerische Localbahnmuseum im alten Bahnhof zeigt neben Lokomotiven auch eine historische Drehscheibe zum Wenden der Züge (täglich außer Mo geöffnet).

i Verkehrsamt, siehe 7.

9 **Großer Falkenstein** Durch das Naturschutzgebiet Mittelsteighütte geht es von Zwieslerwaldhaus über den Lackenbergsteig auf den 1312 m hohen Großen Falkenstein. Auf dem Gneisgipfel mit seiner Wetterstation genießt man einen weiten Blick auf Waldberge wie Arber, Rachel und Dreisessel. Das *Falkenstein-Schutzhaus* ist während der Saison bewirtschaftet. Wanderungen im Naturschutzgebiet Höllbachgespreng, nordöstlich vom Großen Falkenstein, führen durch urwüchsige Wälder, vorbei an schroffen Felspartien.

Tiefblau hebt sich die Wasserfläche des Großen Arbersees vom satten Grün des Waldes ab, der ihn umgibt (siehe auch Seite 87).

10 **Lindberg** Der erstmals 1575 erwähnte Kuchlerhof, ein hölzernes Waldbauernhaus, ist heute als Museum eingerichtet. Küche, Wohnstube, Schlaf-, Gesinde- und Speisekammer, Stallungen und Geräte: alles ist hier so, wie es früher alltäglich war. Auf dem Gelände steht eine der letzten Holzkapellen des Bayerischen Waldes mit Votivtafeln und bäuerlichen Malereien.

Viele Ausflügler kehren im Waldgasthof *Hirschgehege* in Scheuereck ein, in dessen Rotwildgehege ein kapitaler Achtundzwanzigender als Platzhirsch herrscht.

i Bauernhausmuseum Lindberg, 94227 Zwiesel, Tel. 0 99 22/12 93.

11 **Theresienthal** In diesem Zwieseler Stadtteil bietet sich zur Vertiefung der Kenntnisse über den Bayerischen Wald ein Besuch im Naturpark-Informationshaus an (Mo–Fr geöffnet). Hier findet man eine Ausstellung zur landschaftlichen Vielfalt des Bayerischen Waldes und zur Wechselbeziehung zwischen Mensch und Natur sowie Informationsmaterial über Wandermöglichkeiten, Veranstaltungen usw.

In einer alten Villa nebenan zeigt das Glasmuseum Im Schlößl heimische Glaskunst (täglich 10–14 Uhr geöffnet).

Besonderheiten der Tierwelt

Abgelegene Waldgebiete, ruhige Weiher und klare Bäche bilden im Naturpark Lebensnischen für einige Raritäten der Tierwelt. Der Fischotter hat hier einen seiner letzten Lebensräume in Deutschland. Dieses Mitglied der Familie der Marder hat sich bestens an das Leben im und am Wasser angepaßt. Allerdings sind die Tiere indirekt von der Versauerung der Gewässer betroffen, die bewirkt, daß die Fische zugrunde gehen. Dadurch wird auch den Fischottern die Nahrungsgrundlage entzogen, und sie sterben aus.
Vereinzelt kommen Luchse aus Böhmen über die Grenze. Auch einige Paare des Schwarzstorches verbringen hier den Sommer.
Auf kleinen Lichtungen balzt der sehr selten gewordene Auerhahn (Bild), der Wappenvogel des Naturparks. Durch die ständige Bejagung und das Zurückdrängen in klimatisch ungünstige Hochlagen ist diese Rauhfußhühnerart vom Aussterben bedroht. Die Männchen treffen sich im Frühjahr in sog. Balzarenen, um in Scheinkämpfen die Rangordnung festzulegen. Dem Flügelschlagen gegen die Beine sollen die Bayern ihren Schuhplattler abgeschaut haben.

i Naturparkverwaltung, Theresienthal 29, 94227 Zwiesel, Tel. 0 99 22/55 55.

12 **Zwiesel** 600 Jahresringe zählt die Stammscheibe eines Bergahorns, die im Zwieseler Waldmuseum ausgestellt ist (täglich geöffnet). Ein Urwalddiorama zeigt die Natur des Bayerischen Waldes, wie sie früher war; eine Pilzschau informiert, welche Arten eßbar oder giftig sind. Geboten werden außerdem Volkskunst und das Modell eines Glasmacherdorfes des 17. Jh.

Das Spielzeugmuseum (täglich geöffnet) präsentiert wunderschöne Puppen und ihre Häuser, dazu mechanische Karussells, Riesenräder und Schaukeln, die sich auf Knopfdruck in Bewegung setzen. Besonders die große Modellbahnanlage begeistert alle Besucher.

Im nahen Zwieselau erfährt man in der ältesten Köhlerei Bayerns, wie Holzkohle gewonnen wird (November–Ostern Do 13–16 Uhr, sonst Mo–Fr geöffnet).

i Kurverwaltung, Stadtplatz 27, 94227 Zwiesel, Tel. 09922/1308.

⑬ **Frauenau** Der Glasmacherort unter dem Rachel ist eine der waldreichsten Gemeinden Deutschlands. Vom Ort aus gelangt man in etwa 20 Minuten zur idyllisch gelegenen Trinkwassertalsperre Frauenau, deren 85 m hoher Damm zu den höchsten in Deutschland zählt. Am Ufer des Sees entlang führt ein Wanderweg zu den Schachten, einem alten Hochweidegebiet mit mächtigen Bäumen an der Landesgrenze.

In der Holzschnitzerei Kassner im Ort kann man dem Meister zuschauen, und in der Glashütte Eisch, neben dem Glasmuseum, zeigen die Glasbläser und -schleifer ihre Kunst (So geschlossen).

i Verkehrsamt, 94258 Frauenau, Tel. 09926/710.

⑭ **Wiesenfelden** Das kleine naturkundliche Museum im fast 900 Jahre alten Schloß der Gemeinde zeigt anhand von Schaubildern, Präparaten und Tonbandaufnahmen die ökologischen Zusammenhänge im Lebensraum Weiher. So erfährt man, warum Biber, Wildkatze und Fischotter ausgerottet wurden – und wie man sie wieder ansiedeln kann (April–Oktober Di, Do, So 14–17 Uhr geöffnet). Hinter dem Schloß wurde eine Wildkatzen-Aufzuchtstation eingerichtet.

i Bildungswerk des Bundes Naturschutz in Bayern, Straubinger Str. 5, 94344 Wiesenfelden, Tel. 09966/1270.

⑮ **Falkenfels** Die Burg der Grafen von Bogen aus dem 12. Jh. mit doppelter Ringmauer und mächtigem Bergfried beherbergt heute ein Schloßhotel mit Biergarten und Freibad. Im Burghof finden im Sommer Kunstausstellungen und Burgfestspiele statt. Als Attraktion gelten die Flugvorführungen mit Falken, Habichten und Adlern (Ostern–Oktober Sa, So 15 Uhr).

i Burg Falkenfels, Burgstr. 8, 94350 Falkenfels, Tel. 09961/6385.

⑯ **Burg Mitterfels** Im Gefängnistrakt der Burg aus dem 12. Jh. bietet das Heimatmuseum eine reichhaltige Sammlung zur Geschichte der Region. Ein besonderes Kleinod ist die rund 600 Figuren umfassende Illnerkrippe aus Nordböhmen, die biblische Themen und den böhmischen Bergbau darstellt (Ostern–1. Advent So 14–17, Mitte Juni–Anfang September auch Do 15–17 Uhr geöffnet).

Rund um die Burg führt ein nur mit gutem Schuhwerk zu begehender Wald- und Vogelkundelehrpfad.

⑰ **Perlbachtal** Am Fuß des Schloßberges in Steinburg bei Neukirchen beginnt der Naturerlebnispfad Perlbachtal. Informationstafeln erklären Natur, Geologie und Geschichte der Umgebung. Am Bach laden Rastplätze zum Grillen ein.

i Verkehrsamt, Hauptstr. 2, 94362 Neukirchen, Tel. 09961/464.

⑱ **St. Englmar** Der malerisch unterhalb von Pröller (1048 m) und Predigtstuhl (1024 m) gelegene Ort bietet zu jeder Jahreszeit Gelegenheit zur Erholung. In der Umgebung gibt es 14 Skilifte, Abfahrten bis zu 2,5 km Länge, 55 km Langlaufloipen und 35 km geräumte Winterwanderwege. Vom Ortsteil Predigtstuhl führt die Hirschensteinloipe rund um den 1095 m hohen gleichnamigen Berg. Zu einer romantischen Pferdeschlittenfahrt meldet man sich im Berggasthof *Beim Simmerl* an.

Ein Brauch besonderer Art ist das jährlich am Pfingstmontag veranstaltete Englmarisuchen: Ein historischer Umzug veranschaulicht auf originelle Weise, wie die Englmarer zu Pfingsten im Jahr 1100 den gemeuchelten Einsiedler Englmar suchten und seinen Leichnam bargen.

Naturkundlich Interessierte können sich auf dem Lehrpfad oberhalb des Ortes über Bäume und Sträucher informieren.

i Verkehrsamt, Rathausstr. 6, 94379 St. Englmar, Tel. 09965/221.

Wie die Glasbläser aus glühender Rohmasse kostbare Trinkgläser zaubern, kann man in Frauenau aus nächster Nähe miterleben.

Rauchende Meiler und aufgestapeltes Holz verkünden im Wald bei Zwiesel: Hier wird Holz zu Holzkohle verarbeitet.

⑲ **Zachenberg** Im Ortsteil Vorderdietzberg hat der Trachtenverein ein Bauernhausmuseum eingerichtet (Mo–Sa 14–17, So 9–17 Uhr geöffnet). Durch eine gemütliche Wohnstube betritt man die ehem. Küche; im ersten Stock kommt man durch die alte Schlafkammer in einen Raum, in dem ein großer Webstuhl steht. In der Dachkammer findet man alte landwirtschaftliche Geräte.

Man erreicht das nicht ausgeschilderte Museum von Ruhmannsfelden über Giggenried. Am Ortseingang von Vorderdietzberg nimmt man die erste Einfahrt rechts in den etwas zurückversetzten Hof.

i Trachtenverein Ruhmannsfelden, Vorderdietzberg 6, 94239 Zachenberg, Tel. 0 99 29/16 34.

⑳ **Regen** Nahe beim Stadtplatz – mit seinen alten, giebelgekrönten Bürgerhäusern einer der schönsten seiner Art im Bayerischen Wald – dokumentiert das Niederbayerische Landwirtschaftsmuseum die Agrar- und Sozialgeschichte Niederbayerns. Filme, Fotos, bewegliche Modelle und Maschinen gestalten den Rundgang äußerst kurzweilig (Dezember–Oktober täglich geöffnet).

Jahrhundertelange Tradition hat die Bogener Marienwallfahrt, bei der die „lange Stang“, eine zentnerschwere Kerze, mitgetragen wird.

Besonderheiten der Pflanzenwelt

Von der Donauniederung bis zu den Hochlagen sind im Naturpark alle Landschaftstypen des Bayerischen Waldes vertreten. Etwa die Hälfte der Fläche ist mit Wäldern bedeckt, wobei der Waldanteil zwischen dem Hinteren Bayerischen Wald und dem Dungau beträchtlich variiert. Die natürliche Waldform ist ein Bergmischwald, der sich aus Buchen, Fichten und Tannen zusammensetzt; vereinzelt findet man auch Ahorn, Linde und Vogelbeere. In den Niederungen der Flußläufe sind Erlenbruchwälder verbreitet, in den Auwäldern an der Donau gesellen sich Eschen, Weiden und Ulmen dazu.

Im Frühsommer blühen verschiedene Orchideen auf Streuwiesen und in Flachmooren; auf trockenen Wiesen wachsen Silberdisteln. Hübsch blauviolett leuchten die kleinen, fransig auslaufenden Blüten der Bergtroddelblume (Bild).

Eine besondere Flora mit vielen Raritäten beherbergen die nährstoffarmen Hochmoore, darunter die fleischfressenden Pflanzen Sonnentau und Fettkraut.

In der Pscheidl-Krippe (Ludwigsbrücke 3) ist lebendige Volkskunst zu bewundern. Hier hat die Künstlerin Maria Pscheidl-Krystek rund 250 Stoffiguren von Persönlichkeiten des öffentlichen Lebens angefertigt und in einer Waldlerkrippe aufgestellt (täglich 13–17 Uhr geöffnet).

Beim Osterritt werden am Ostermontag auf dem Stadtplatz Hunderte von Pferden nach einem eindrucksvollen Umzug durch die Stadt gesegnet. Zahlreiche Gäste zieht auch am letzten Juliwochenende das Pichelsteinerfest an. Wasserspiele auf dem Fluß Regen, nächtliche Gondelfahrten bei venezianischer Beleuchtung und ein uriger Umzug in historischen Trachten: das sind die Höhepunkte der Festivität, bei der natürlich Pichelsteiner Eintopf gereicht wird.

i Verkehrsamt, Haus des Gastes, Stadtplatz 4, 94209 Regen, Tel. 0 99 21/29 29.

㉑ **Weißenstein** Südlich von Regen thront weithin sichtbar die Burgruine Weißenstein (765 m). Der Pandurenoberst Trenck ließ die Burg 1742 schleifen. Im gut erhaltenen ehem. Getreidekasten neben der Ruine ist das Museum im Fressenden Haus untergebracht. Ein Raum erinnert an den Dichter Siegfried von Vegesack, der von 1918 bis 1974 hier lebte. Auch die Sammlung von Schnupftabakgläsern und die Ausstellung zur Flachsverarbeitung verdienen Beachtung (Mai–September täglich geöffnet).

Etwas unterhalb liegt eine Kapelle von 1836, in der Totenbretter aufbewahrt werden. Die Hinterbliebenen bemalten sie früher mit Sinnsprüchen sowie mit Namen und Daten des Verstorbenen, der vor der Grablegung darauf aufgebahrt wurde.

㉒ **Rinchnach** In der lebendigen Gemeinde gründete der Grafensohn und Benediktinermönch Gunther schon 1011 eine Einsiedelei, nachdem er sich von Niederalteich auf dem sog. Gunthersteig, dem heutigen St.-Gunther-Weg, durch den Urwald geschlagen hatte. Alle vier Jahre stellt eine Laienbühne bei den berühmten St.-Gunther-Festspielen Leben und Wirken des Heiligen sowie die Gründung der Siedlung Rinchnach nach.

Die den Ort beherrschende Pfarrkirche St. Johannes Baptist von 1729 zählt zu den schönsten des Bayerischen Waldes und ist mit ihrem Holzgewölbe zugleich die einzige Kuppelkirche weithin.

i Verkehrsamt, Gehmannsbergerstr. 12, 94269 Rinchnach, Tel. 0 99 21/58 78.

㉓ **Bogen** Über der malerischen Stadt an der Donau erhebt sich majestätisch der schon in keltischer Zeit besiedelte Bogenberg. Ihn krönt die spätgotische Wallfahrtskirche (1463), zu deren Standort – so weiß die Legende – schon 1104 die Gläubigen pilgerten; diese Marienwallfahrt gilt damit als älteste in Bayern. Noch heute tragen die Bußfertigen an Pfingsten aus dem rund 75 km entfernten Holzkirchen eine 13 m lange und 50 kg schwere Kerze herbei.

Das Kreis- und Heimatmuseum zeigt eine reiche Sammlung bäuerlicher Geräte, Trachten, Waffen, Möbel, religiöser Volkskunst und prähistorischer Funde (Mi, Sa, So geöffnet).

Beim Spaziergang über den Berg, wegen seiner besonderen Pflanzenwelt unter Naturschutz gestellt, öffnet sich ein großartiger Ausblick über den Vorderen Bayerischen Wald und weit ins Donautal, bei guter Wetterlage gar bis zu den östlichen Alpen.

i Fremdenverkehrsbüro, Stadtplatz 32, 94327 Bogen, Tel. 0 94 22/5 05 52.

㉔ **Wildpark Buchet** Um die 600 Tiere tummeln sich im größten privaten Wildgehege des Naturparks, das von kurzen

Trotz ihrer weitgehenden Zerstörung vor 250 Jahren ist die Burgruine Weißenstein auch heute noch ein imposantes Bauwerk.

Rundwanderwegen erschlossen wird; einer davon ist als Wildlehrpfad angelegt. Rot-, Dam-, Sika- und Muffelwild gibt es hier ebenso wie Galloway-Rinder, Wapitis und Wisente. Manche der Tiere darf man füttern; die scheueren sind von Beobachtungsständen aus zu sehen (täglich geöffnet).
ⓘ Wildpark Buchet, Buchet 2, 92727 Waldthurn, Tel. 0 99 05/2 48.

㉕ **Bischofsmais** Der bekannte Ferienort hat vieles zu bieten: Durch den Spiel- und Freizeitpark flitzen eine elektrische Gareteneisenbahn, Elektroautos und -motorräder. Minigolfbahn, Zwergenbergwerk und Draculahöhle ergänzen das Freizeitangebot (Mai–Oktober täglich geöffnet).

Auf dem nahen Geißkopf führen ein Wald- und ein Moorlehrpfad durch das Hochmoor. Wintersportler nutzen die fünf Lifte an Geißkopf und Einödriegel (1121 m), dazu 70 km Loipen und eine Rodelbahn.

Im idyllisch südlich von Bischofsmais gelegenen Waldferiendorf Dürrwies wurden alte Waldlerhäuser zu einem verschwiegenen Dörfchen mit modernem Komfort aufgebaut. Hier kann man sein Brot selber backen, und man findet beim Baden und beim Spaziergang Ruhe und Erholung.
ⓘ Verkehrsamt, Hauptstr. 34, 94253 Bischofsmais, Tel. 0 99 20/13 80.

㉖ **Abtei Metten** Die barocke Abteikirche St. Michael (1720–24) des 766 gegründeten Benediktinerklosters überragt mit ihren Zwiebeltürmen die Dächer des niederbayerischen Ortes. Der Ostflügel des Klosters birgt den berühmten Bibliothekssaal (1706–20) mit herkulischen Gewölbeträgern, reichen Stuckarbeiten und bunten Deckenfresken. Die Bibliothek des prunkvollen Saales umfaßt rund 160 000 Bände (Führungen täglich 10 und 15 Uhr).
ⓘ Abtei Metten, Abteistr. 3, 94526 Metten, Tel. 09 91/9 10 80.

㉗ **Deggendorf** Mittelpunkt der größten Stadt des Naturparks, als „Tor zum Bayerischen Wald" bekannt, ist der langgezogene Stadtplatz mit seinen vornehmen Bürgerhäusern. Er wird beherrscht vom Alten Rathaus, dessen Turm aus dem 14. Jh. man besteigen kann. An der Südseite des Platzes steht die gotische Heiliggrabkirche (1337–60) mit einem der schönsten Barocktürme Bayerns.

Im neuen Kunst- und Kulturviertel geht man an der architektonisch interessant gestalteten Stadtbibliothek vorbei zum Handwerksmuseum. Neben einer Ausstellung zur Geschichte des regionalen Handwerks ist hier auch das Stadtmuseum mit umfangreichen Sammlungen zur kulturellen, wirtschaftlichen und sozialen Entwicklung der Region untergebracht (Mo geschlossen).
ⓘ Verkehrsamt, Oberer Stadtplatz, 94469 Deggendorf, Tel. 09 91/29 60–1 69.

㉘ **Stritzling** Das kleine Dorf wartet mit einer besonderen Attraktion auf: Im Fahrzeug- und Kunstmuseum Streicher haben mehr als 80 Automobile – betagte Oldtimer ebenso wie hochmoderne Sportwagen – sowie über 80 Motorräder ihren letzten Parkplatz gefunden. Erinnerungen an die Kindheit ruft die Sammlung von mehr als 2500 Modellautos wach (außer Februar und November Fr, Sa, So geöffnet).
ⓘ Fahrzeug- und Kunstmuseum Streicher, Stritzling 191 1/2, 94551 Lalling, Tel. 0 99 04/9 15.

㉙ **Niederalteich** Im Jahr 731 gegründet, hatte das Benediktinerkloster wesentlichen Anteil an der Erschließung des Bayerischen Waldes. In den Schreibstuben der Mönche entstand 740 die *Lex Baiuwariorum*, das älteste bayerische Gesetzeswerk.

Die einst gotische, zweitürmige Hallenklosterkirche gilt mit ihrem 19 m hohen Hochaltar, dem 72 m langen Innenraum sowie den reichen Stukkaturen und Deckengemälden als eine der schönsten Barockkirchen Bayerns. Die Sakristei verwahrt den Kirchenschatz (nach Anmeldung zu besichtigen).
ⓘ Benediktinerabtei, Mauritiusplatz 1, 94557 Niederalteich, Tel. 0 99 01/20 80.

Auf den knapp 1100 m hohen Geißkopf kann man sich bequem von Bischofsmais aus mit dem Sessellift tragen lassen (unten).

Naturpark Oberer Bayerischer Wald

Rund um das Städtchen Cham erstrecken sich bewaldete Höhen und wunderschöne Flußtäler, die den Wanderer auf stille Wege entführen. Geschichte und Brauchtum werden hier bis zum heutigen Tag in Ehren gehalten, nicht zuletzt durch farbige Historienspiele und Wallfahrten.

Im nördlichen Teil des Naturparks Oberer Bayerischer Wald liegt der einladende Silbersee inmitten einer idyllischen Landschaft.

❶ **Oberpfälzer Handwerksmuseum** In Hillstett am westlichen Rand des Naturparks lohnt sich ein Besuch des Oberpfälzer Handwerksmuseums (April – November täglich geöffnet). Ein anschauliches Bild vom Arbeitsalltag der Handwerker im 19. Jh. vermitteln die Werkstätten ehem. Oberpfälzer Kleinbetriebe, die hier originalgetreu aufgebaut sind: Schmiede, Schlosserei, Schnupftabakmühle, Schusterei und viele andere. Als besondere Attraktionen gelten die Brettsäge Saxlmühle und der Seebarnhammer – beide durch Wasserkraft angetrieben und auch heute noch voll funktionsfähig. Einkehren kann man in der *Museumsschänke* im Salzfriedlhof, einem typischen Waldlerhaus.

Im nahen Schwarzachtal liegt das kleine Städtchen Rötz am Fuß des 706 m hohen Schwarzwihrberges. Ihn krönt die Ruine Schwarzenburg aus dem 11. Jh. Von der Pension *Bergfried* geht man etwa 1/2 Stunde hinauf zur Burg, deren Aussichtsturm einen schönen Rundblick bietet.

🛈 Fremdenverkehrsamt, Böhmerstr. 20, 92444 Rötz, Tel. 0 99 76/15 07.

❷ **Silbersee** In der Nähe Treffelsteins wurde die Bayerische Schwarzach zu einem schönen See aufgestaut. Inmitten einer herrlichen Landschaft kann man rudern, surfen oder sich beim Segeln die Waldluft um die Nase wehen lassen. Vom Rundturm (Drachenturm) der Ruine Treffelstein hat man eine wunderbare Aussicht.

🛈 Verwaltungsgemeinschaft Tiefenbach, Hauptstr. 33, 93464 Tiefenbach, Tel. 0 96 73/2 21.

❸ **Waldmünchen** Schon von weitem erkennt man die Spitalkirche von 1767, eines der Wahrzeichen des Luftkurortes. Bei einem Bummel durch die altertümlichen Gassen gelangt man auf den spitz zulaufenden Marktplatz. Aus dem 18. Jh. stammen die Statue des hl. Nepomuk und die beiden Steinbrunnen, aus dem 16. Jh. die Stadtpfarrkirche St. Stephan. Das Glockenspiel im Rathaus ist um 11, 12 und 17 Uhr auf dem Platz zu hören.

Jedes Jahr im Juli und August findet das historische Freilichtspiel *Trenck, der Pandur, vor Waldmünchen* statt. Es ist eine ganz besondere touristische Attraktion: Unter nächtlichem Himmel wird das Jahr 1742 lebendig – reitende Panduren bedrängen im Feuerschein die Stadt, und nur die Bitten des Pfarrers und der Kinder verhindern die Einnahme und die Plünderung.

In der heißen Jahreszeit empfiehlt sich ein Ausflug zum Perlsee. In und an dem Gewässer läßt es sich gut surfen, segeln, baden und ausruhen.

Zwei Fernwanderwege treffen in Waldmünchen aufeinander: Der Pandurensteig mit 190 km Länge führt weiter bis nach Passau, der von Marktredwitz kommende Burgenweg endet hier nach über 180 km.

🛈 Verkehrsamt, Am Marktplatz, 93449 Waldmünchen, Tel. 0 99 72/3 07 25.

❹ **Voithenberg** Eine besondere Attraktion hat dieser Weiler im Nordosten, nur 500 m von der tschechischen Grenze entfernt, zu bieten: Eine Vorführung des Voithenberghammers im Eisenhammerwerk-Museum vermittelt anschaulich, wie früher Eisen verarbeitet wurde (So 13 – 15 Uhr geöffnet).

Am Parkplatz an der Straße von Furth nach Voithenberg markiert eine Informationstafel außer mehreren Rundwegen auch einen Waldlehrpfad. Für die 2 km lange Wegstrecke braucht man etwa 1 Stunde.

Einen wunderbaren Blick auf die Umgebung hat man vom Aussichtsturm auf dem nahen Dieberg. Vom Waldparkplatz steigt man in 20 Minuten auf den Gipfel.

🛈 Verkehrsamt, Schloßplatz 1, 93437 Furth im Wald, Tel. 0 99 73/38 13.

❺ **Furth im Wald** Als ältestes Volksschauspiel Deutschlands lockt der *Drachenstich zu Furth im Wald* jedes Jahr zahlreiche Zuschauer in die pittoreske Stadt. Zwischen dem zweiten und dritten Augustwochenende gibt es einen Festzug, Aufführungen und ein großes Volksfest. Wird der Drache nicht gerade fürs Festspiel gebraucht, kann man ihn am Schloßplatz besichtigen (Mai–September So 10–11 Uhr).

Einen Blick unter Wasser kann man in Furth beim Campingplatz werfen: vor den dicken Scheiben der dortigen Beobachtungsstation entfaltet sich die Unterwasserwelt eines Weihers mit einheimischen Fischen, Muscheln, Krebsen usw. (immer geöffnet, Drehkreuz mit Geldeinwurf).

i Verkehrsamt Furth im Wald, siehe ❹.

❻ **Eschlkam** Wintersport wird in diesem Erholungsort großgeschrieben: Wunderschöne Abfahrten im südlich gelegenen Bergmassiv Hoher Bogen und rund 30 km gespurte Langlaufloipen erwarten den Skisportler. Eine urbayerische Wintersportart findet allerorts statt: das Eisstockschießen. Aber auch im Sommer wird hier einiges geboten: Ferien auf dem Bauernhof, Reiten, Wandern und Angeln. Stille Wälder bieten schattige Wanderwege, gemütliche Biergärten laden zu herzhaften Brotzeiten ein.

In Eschlkam stand auch die Wiege des Mannes, der den bayerischen Fremdenverkehrsverband begründete: der Heimatdichter Maximilian Schmidt, genannt Waldschmidt (1832–1919). Im Gasthof *Post* stellt ein kleines, liebevoll zusammengestelltes Museum Leben und Werk des Dichters vor (So 14–16 Uhr geöffnet).

i Verkehrsamt, Waldschmidtplatz 2, 93458 Eschlkam, Tel. 0 99 48/10 22.

❼ **Fronau** In einem über 200 Jahre alten Waldlerhaus befindet sich die älteste Dorfschule der Oberpfalz – heute Schulmuseum des Landkreises Cham –, in der bis 1851 unterrichtet wurde. Das originalgetreu eingerichtete Haus gewährt dem Besucher einen aufschlußreichen Einblick in den Schulalltag früherer Zeiten. Neben dem Schulsaal gibt es die Stube der Lehrerfamilie und eine als Schusterwerkstatt eingerichtete Kammer (April–Oktober So 14–17 Uhr geöffnet).

Am Neubäuer Weiher, ganz in der Nähe, steht der Sport im und am Wasser im Mittelpunkt: Es darf gebadet, gesurft, gesegelt und gerudert werden. Wer es ruhiger mag, der spaziert auf dem 3 km langen Rundweg um den See und erfreut sich an der reizvollen Flora und Fauna an den abgelegeneren Uferabschnitten.

Südöstlich von Fronau erhebt sich auf dem Schwärzenberg die Ruine Schwärzenburg. Die im 30jährigen Krieg zerstörte Festung erreicht man nach einer etwa halbstündigen, teilweise recht steilen Wanderung durch dichten Wald.

Wild fauchend und feuerspeiend gebärdet sich der Hauptdarsteller des Volksschauspiels Drachenstich zu Furth im Wald.

i Verkehrsamt, Schulstr. 12, 93426 Roding, Tel. 0 94 61/10 66.

❽ **Kürnburg** Eine der größten Burganlagen der Oberpfalz steht auf dem Kürnberg im Nordosten von Stamsried. Eine Rundwanderung von 4 km Länge führt vom Ferienort zur Ruine der 1354 erbauten und 1634 zerstörten Burg. Der Wanderparkplatz ist auch Start- und Endpunkt eines Trimm-dich-Pfades. Hier zeugen außerdem einige Totenbretter von einer alten Volkskunst – die Bretter dienten früher der Aufbahrung der Verstorbenen und werden teilweise heute noch als bemalte Erinnerungszeichen aufgestellt.

Ein Spaziergang führt den kunstgeschichtlich Interessierten über den Stamsrieder Marktplatz, vorbei an einer barocken

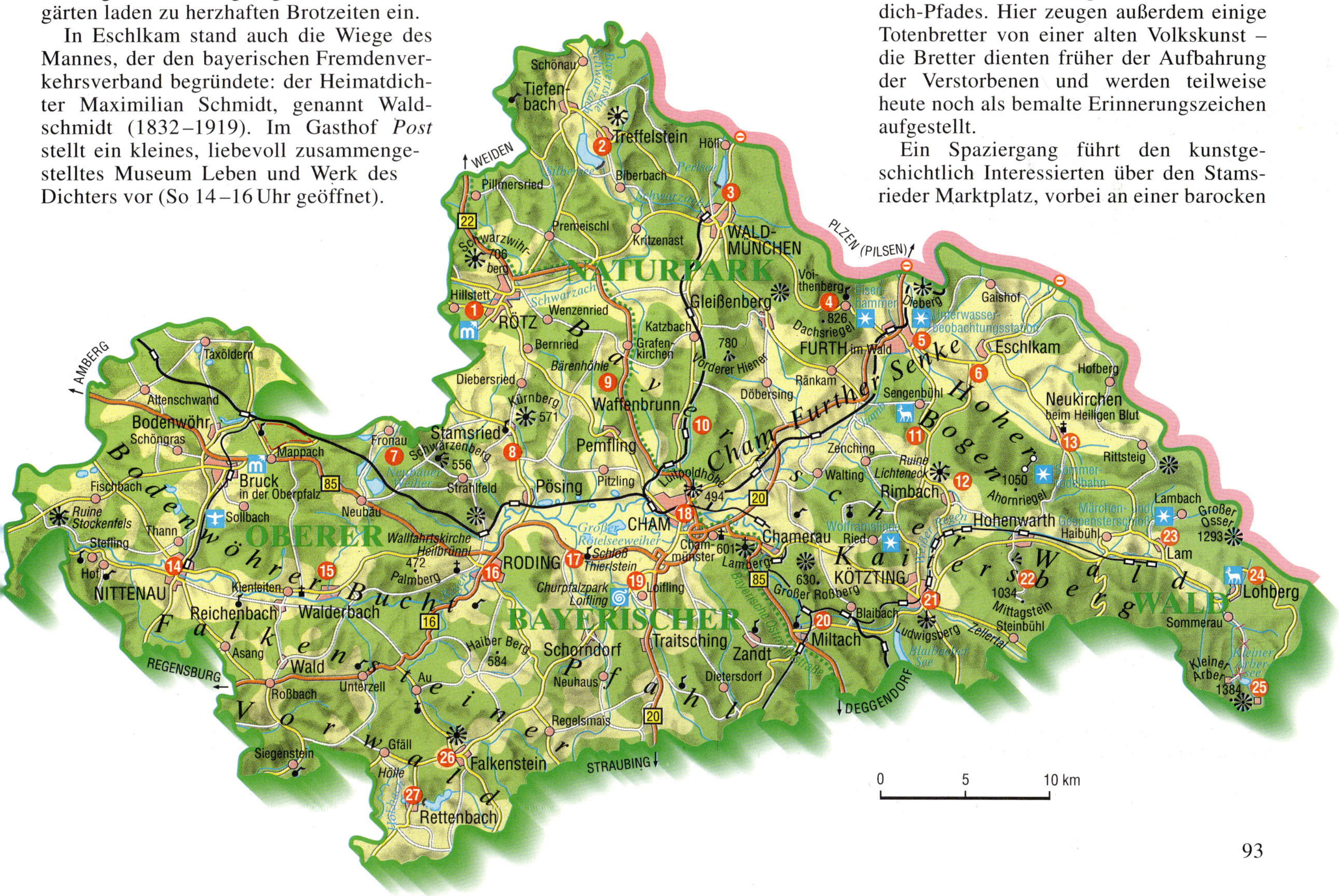

Mariensäule, hinüber zur reichausgestatteten Pfarrkirche von 1719. Am Rand des Ortes lädt die Gaststätte im ehem. Schloß zur Einkehr. Die Vierflügelanlage mit schönem Innenhof grenzt an einen prächtigen Park mit gepflegten Spazierwegen.

Am Schloßpark beginnt ein rund 1,5 km langer botanischer Lehrpfad. Man wandert durch ein kleines Feuchtbiotop, über Trockenböden und zu bewachsenen Felsen.

i Verkehrsamt, Schloßstr. 10, 93491 Stamsried, Tel. 0 94 66/9 40 10.

9 Bärenhöhle Nicht nur für Freunde der Geologie lohnt sich ein Ausflug zur Bärenhöhle nördlich von Pemfling. Ihren Namen haben die teilweise zimmergroßen Höhlungen im Fels von ihren ehem. Bewohnern: Bären sollen hier einst gehaust haben. Auf markierten Rundwegen kann man kürzere Wanderungen unternehmen.

Eine Überraschung birgt die außen schlichte Pfarrkirche St. Andreas in Pemfling. Die barocke Ausstattung verzaubert den Betrachter mit überreichen Gold- und Silberverzierungen.

10 Waffenbrunn Die originelle Babl-Uhrensammlung hat ein Privatsammler in diesem Ferienort zusammengestellt. Über 600 Einzelstücke sind im Nebenraum einer Gaststätte zu bewundern. Ein Begleitheft gibt Erklärungen und erzählt die Geschichte einiger besonders schöner Zeitmesser (ganzjährig täglich geöffnet).

Die Ortschaft Waffenbrunn bietet außerdem ein breites Freizeitangebot wie Tennis, Reiten, Kutschfahrten, einen Kinderspielplatz und anderes mehr.

i Fremdenverkehrsverein, Rhanwaltinger Str. 4, 93494 Waffenbrunn, Tel. 0 99 71/ 94 44.

11 Sengenbühl Rotwild, Mufflons, Damwild, Zwergziegen und Steinböcke – all diese Tiere kann man im Wildgehege bei Sengenbühl sehen und z. T. sogar streicheln. Im Steinbruchsee und am nahen Bach schnappen Forellen gierig nach hineingeworfenem Futter.

Nebenan findet man im liebevoll gestalteten Waldmuseum viele Tierpräparate (Dezember–Oktober täglich geöffnet).

Vom Parkplatz aus führen Wanderwege in die umliegenden Wälder, in denen man mit etwas Glück Rehe sehen kann.

i Verkehrsamt Furth im Wald, siehe 4

12 Lichteneck Vom Wanderparkplatz nördlich von Rimbach führt ein rund 15minütiger Weg hinauf zur mächtigen Ruine einer Burg aus dem 12. Jh.; es empfiehlt sich festes Schuhwerk. Vom gut erhaltenen Wartturm hat man einen Panoramablick über die bewaldeten Höhenzüge des Hinteren Bayerischen Waldes.

13 Neukirchen beim Heiligen Blut Seit über 500 Jahren pilgern Gläubige an den Ort, an dem einst ein Hussit einer Marienfigur auf den Kopf schlug; aus der Wunde soll daraufhin Blut geflossen sein. An die im 15. Jh. erbaute Wallfahrtskirche mit ihrem zwiebel- und laternengekrönten Turm wurde 1660 eine Franziskaner-Klosterkirche angebaut, so daß heute ein gemeinsamer Hochaltar die beiden Kirchenschiffe trennt.

Viel Wissenswertes über die Legende von der Madonna von Neukirchen, über Geschichte und Ablauf von Wallfahrten und andere Aspekte katholischer Volks-

Der barocke Turm der Stadtpfarrkirche überragt die idyllisch am Regen gelegene Landstadt Roding.

Wegkreuze säumen den Weg zur St.-Anna-Kapelle Zum Hl. Brunn bei Neukirchen, die seit Jahrhunderten Ziel von Marienwallfahrern ist. In der Ferne grüßt der Hohe Bogen.

frömmigkeit erfährt der Besucher im Wallfahrtsmuseum. Die reichhaltige Sammlung befindet sich im ehem. Pflegschloß am Marktplatz (Mo geschlossen).

Im Winter ist die Doppelsesselbahn auf den 1050 m hohen Ahornriegel des Hohen Bogens Hauptanziehungspunkt für die Skifahrer. Und selbst im Sommer kann man hier Schlitten fahren – auf der mit 750 m längsten Sommerrodelbahn des Bayerischen Waldes. Außerdem gibt es einen Kinderspielplatz und Möglichkeiten zum Drachen- und Gleitschirmfliegen.

In der Nähe der St.-Anna-Kapelle Zum Hl. Brunn beginnt ein Naturlehrpfad, der auf vielen Schautafeln einprägsam über die Siedlungsgeschichte, die Entstehung der Landschaft sowie heimische Tiere und Pflanzen informiert (Begleitheft beim Verkehrsamt).

i Verkehrsamt, Marktplatz 10, 93453 Neukirchen beim Hl. Blut, Tel. 0 99 47/ 24 21.

⓮ **Nittenau** Die malerisch im Tal des Regens gelegene Stadt stellt in einer der schönsten Ausstellungen des Bayerischen Waldes die ganze Gegend und deren Vergangenheit vor. Eine Reihe verschiedener Themen sind im Stadtmuseum mit neuen multivisuellen Methoden anschaulich dargestellt. Dokumente zur Stadtgeschichte, dazu bäuerlicher Hausrat und Zeugnisse religiöser Volkskunst werden besonders liebevoll präsentiert. Eine Mineraliensammlung ergänzt die Abteilung Landschaft und Bodenschätze; außerdem gibt es Reichenbacher Steingut, Trachten, allerlei historisches Spielzeug sowie Gegenstände des Handwerks und der Fischerei zu bewundern (Mai–Oktober So 14–17, Mi 16–18 Uhr geöffnet).

Ebenfalls auf den Spuren der Geschichte bewegen sich die Besucher der *Geisterwanderung zu Nittenau.* Bei dieser alljährlich aufgeführten Komödie wandern die Zuschauer mit dem Geschehen von Burg zu Burg. In jeder der insgesamt drei Burgen (Hof, Stefling, Stockenfels) findet ein Akt des Schauspiels statt, bei dem es um den sagenhaften Ritter ohne Kopf, Hexen und Bierpanscher geht: Es ist schon ein gruseliges Erlebnis, wenn bei der nächtlichen Wanderung der kopflose Ritter vorbeigeritten kommt.

i Verkehrsamt, Hauptstr. 14, 93149 Nittenau, Tel. 0 94 36/3 09 24.

⓯ **Kreismuseum Walderbach** In dem ehem. Zisterzienserkloster präsentiert das Kreismuseum Cham seine Sammlungen. Die Ausstellung beschreibt die Geschichte des Klosters, das Alltagsleben um 1900, außerdem Handwerk und Landwirtschaft früherer Zeiten. Einem Rätsel für die Wissenschaft, den sog. Schrazellöchern, widmet sich eine eigene Abteilung: Die in dieser Gegend häufigen künstlichen Höhlen sind wohl als alte Kultstätten zu deuten (April–Oktober Mi, Sa, So 14–17 Uhr geöffnet).

2 km flußabwärts kommt man zum Kloster der Barmherzigen Brüder, einer ehem. Benediktinerabtei, die 1118 errichtet wurde und seit 1896 Pflegeanstalt ist. Die doppeltürmige romanische Pfeilerbasilika aus dem 12. Jh. fällt auf durch ihre reiche Barockausstattung mit schönen Fresken und Wandgemälden von Andreas Gebhard.

i Museumsreferat im Landratsamt, Rachelstr. 6, 93413 Cham, Tel. 0 99 71/7 82 19.

⓰ **Roding** Herausragende Sehenswürdigkeit des freundlichen Städtchens im Regental ist das Feuerwehrmuseum bei der Feuerwache. Handdruckspritzen, Motorspritzen, Helme, Uniformen und viele andere Ausstellungsstücke dokumentieren, was früher zur Brandbekämpfung eingesetzt wurde.

Besonderheiten der Natur

Pflanzen Sehr artenreich ist die Flora vor allem in den geschützten Biotopen. Verschiedene Orchideenarten, Wollgräser, Trollblumen und Arnika entfalten dort ihre Blüten.

Tiere Im Gebiet der Rötelseeweiher brüten neben vielen Entenarten Zwerg- und Haubentaucher, die Rohrdommel, der Große Brachvogel, Rohr- und Wiesenweihe. Insgesamt haben Ornithologen beinahe 250 Brut- und Gastvogelarten in diesem Schutzgebiet westlich der Stadt Cham gezählt.

In den dichten Wäldern leben fast alle einheimischen Säugetiere. Selten bekommt man den nachtaktiven Dachs (Bild) zu Gesicht: seine Erdhöhlen sind im dichten Unterholz gut versteckt. Der plumpe Grimbart mit der Streifenmaske ist der größte Marder Mitteleuropas.

Geologie Der Bayerische Wald zählt zu den ältesten Mittelgebirgen Deutschlands, aufgebaut aus uralten Gneisen und Graniten. Eine Besonderheit ist der Pfahl, ein über 140 km langer Quarzgang, der den ganzen Bayerischen Wald und Teile des Oberpfälzer Waldes durchzieht. Der Name rührt wahrscheinlich vom lateinischen *pallidus* (bleich, fahl) her, weil das Gestein des Pfahls hell aus der Landschaft hervorleuchtet. Der Volksmund gab der gezackten Felsmauer, die stellenweise wie ein Riff herausragt, den Namen „Teufelsmauer".

Schwimmender Rasen im dunklen See

Am Fuß des Großen Arbers liegt der Kleine Arbersee (siehe 25). Nur etwas über 1/2 Stunde braucht man, um das kleine Gewässer gemütlich zu umrunden. Auch für den Laien sind die sog. Schwingrasenflächen leicht zu erkennen, die vom Ufer aus in den See hinauswachsen. Hätten nicht Holzfäller den See aufgestaut, würde der Grasteppich heute wohl den gesamten See bedecken. Die Flächen sind sehr empfindlich und deshalb mit Fichtenstämmen vor Eindringlingen geschützt. Drei große Stücke, die bis zu 3 m mächtig sind, haben sich davon gelöst und treiben als Inseln auf dem See. Je nach Windrichtung legen sie mal am einen, mal am anderen Ufer an. Sie stehen unter Naturschutz und dürfen nicht betreten werden.
Eine außergewöhnliche Pflanzengemeinschaft gedeiht auf diesem Biotop zwischen Wasser und Land. Dichte Torfmoose und Moosbeeren, aber auch die hellrosa blühende Rosmarinheide und das Scheidige Wollgras wachsen auf den schwimmenden Inseln. Die bis zu 120 cm hoch werdende Schlangenwurz mit ihren zartrosa Blütenähren bevorzugt solche Standorte ebenso wie der Sumpfhaarstrang. Gleichfalls eine Seltenheit ist das Sumpfblutauge (Bild) mit seinen sternförmigen Blüten.

Die frühromanische Taufkapelle St. Josef aus dem 9. Jh. und die später daran angebaute St.-Anna-Kapelle im Ort besitzen bemerkenswerte Freskenmalereien aus dem 12.–14. Jh. Mit dem sehenswerten Beinhaus stellen sie eines der ältesten Baudenkmäler Bayerns dar.

Die einheimische Fischwelt kann man auf den Tafeln des Fischlehrpfades, der am Regen entlangführt, gründlich studieren. Man lernt die wichtigsten Fischarten kennen und erhält Einblick in den Lebensraum Fluß.

Eine als heilkräftig geltende Quelle entspringt auf dem Palmberg westlich von Roding. Neben dem Brunnen selbst baute man 1732 die barocke Wallfahrtskirche Heilbrünnl. Das leise Plätschern des Marmorbrunnens im Altarraum erfüllt die Kirche und erzeugt so eine ganz besondere Atmosphäre.

i Verkehrsamt Roding, siehe 7

17 Schloß Thierlstein Der weiße Quarzrücken des Pfahls diente beim Bau dieses Schlosses mit seinem massigen Rundturm im 9. Jh. als Fundament und Rückwand. Parkanlagen umgeben den Bau, der nur von außen besichtigt werden kann. In der Nähe befindet sich ein historisches Waldlerhaus von 1602. Ursprünglich stand es in Kettersdorf; man baute es 1975 am Pfahl wieder auf (Parkplatz Pfahl an der Straße von Roding nach Cham).

Hier beginnt auch der 60 km lange geologische Wanderweg entlang der faszinierenden Quarzmauer des Pfahls; er führt bis nach Weißenstein bei Regen.

18 Cham Im Cordonhaus, einer ehem. Stallung der Grenztruppen aus dem 16. Jh., befinden sich die Tourist-Information der „heimlichen Hauptstadt“ des Naturparks sowie eine Ausstellung zur Frühgeschichte Chams und die Städtische Galerie. Das hier erhältliche Faltblatt hilft beim Rundgang zu den vielen Sehenswürdigkeiten der Stadt. Die Stadtpfarrkirche St. Jakob aus dem 13. und das Rathaus aus dem 15. Jh. bilden ein Ensemble mittelalterlicher Baukunst am langgezogenen Marktplatz. Durch das Biertor, das einzige erhaltene Stadttor, gelangt man zur Regen-Uferpromenade.

Einen wunderschönen Blick auf Cham hat man von der 494 m hohen Luitpoldhöhe. Nachdem man den Aussichtsturm bestiegen hat, lockt eine Einkehr in der dortigen Gaststätte.

Südöstlich von Cham liegt der Stadtteil Chammünster, der eine besondere Bedeutung für sein Umland hatte: von dem 748 gegründeten Benediktinerkloster ging die Christianisierung Bayerns und Böhmens aus. Historisch wertvoll sind die römischen Taufsteine in der gotischen Stiftskirche Mariä Himmelfahrt.

Ein phantastischer Blick über das Regental hat der Besucher auf dem 601 m hohen Lamberg mit seiner sehenswerten Wallfahrtskirche.

i Tourist-Information im Cordonhaus, Propsteistr. 46, 93413 Cham, Tel. 09971/4933.

19 Churpfalzpark Loifling Kein Kind wird dieses Ereignis verpassen wollen: einen Besuch in dem 85000 m² großen Freizeit- und Erlebnispark. Hier drehen sich viele Karussells, auf und ab geht es auf der Berg-und-Tal-Bahn, lustig wird es im Rutschenparadies, aufregend dann beim Auto-Truckfahren.

Auch die Erwachsenen kommen nicht zu kurz: Sie lustwandeln durch einen englischen Garten, genießen die Fahrt durch den

Wer den steilen Aufstieg zum Felsgipfel des Großen Ossers geschafft hat, wird mit einem herrlichen Panoramablick belohnt.

Park oder versuchen einen Schoppen bei Pallhubers Weinprobe (April–Oktober täglich geöffnet).

i Churpfalzpark Loifling, Churpfalzweg 6, 93455 Loifling, Tel. 0 99 71/3 03 00.

⓴ **Schloß Miltach** Im Schloß aus dem 16./17. Jh. wird die Biedermeierzeit wieder lebendig. Originalgetreu eingerichtete Räume gibt es hier zu sehen, und eine Ausstellung zeigt handbedrucktes Leinen aus Katharied in der Oberpfalz (So geschlossen). Im Untergeschoß kann man den Töpfern bei der Arbeit zuschauen.

i Verkehrsamt, Bahnhofstr. 1, 93468 Miltach, Tel. 0 99 44/21 66.

㉑ **Kötzting** Ein beliebter Luftkurort ist die Stadt am Fuß des Kaitersberg-Arber-Massivs. Am langgestreckten Marktplatz ertönt jeden Tag um 11 Uhr das Glockenspiel des barocken Rathauses. Der Tanz der Figuren stellt wie der Brunnen vor dem ehem. Rathaus die Geschichte der Pfingstwallfahrt zu Pferd dar. An der St.-Veit-Kirche gegenüber zeigt der Außenaltar des 17. Jh. den Pfingstritt, der auch heute noch alljährlich stattfindet: Am Pfingstmontag reiten mehrere hundert Gläubige ins Zellertal nach Steinbühl, wo in der Nikolauskirche ein Hochamt zelebriert wird.

Die Wolframslinde, nördlich von Kötzting bei Ried, ist die wohl älteste und stärkste Linde Deutschlands: Stammumfang 16 m, Durchmesser 5 m, Alter etwa 1000 Jahre. Sie kann nur noch durch Metallpfeiler erhalten werden. Der Wald- und Geschichtslehrpfad am Ludwigsberg, im Süden von Kötzting, informiert mit 50 Tafeln über Wald, Hölzer und Holzgewinnung.

i Verkehrsamt, Herrenstr. 10, 93444 Kötzting, Tel. 0 99 41/60 21 50.

㉒ **Kaitersberg** Einen herrlichen Blick über den nördlichen Teil des Bayerischen Waldes genießt man von den sog. Tausender-Gipfeln des langgezogenen Bergrückens östlich von Kötzting.

Vom *Berggasthof Eck* unterhalb des Großen Riedelsteins (Parkplatz) wandert man 7 km bis zum Mittagstein mit der Kötztinger Hütte. Ein etwa 1 m breiter Spalt trennt dort in der Nähe die beiden haushohen Felstürme der Rauchröhren im Höhenzug Steinbühler Gesenke voneinander. Den Namen verdanken sie dem gelegentlich zwischen ihnen aufsteigenden Nebel, der wie Rauch anmutet.

i Verkehrsamt, 93480 Hohenwarth, Tel. 0 99 46/2 29.

㉓ **Lam** Im Zentrum des Lamer Winkels am Fuß des 1293 m hohen Großen Ossers liegt der attraktive Luftkurort. Hier trug der letzte Steiger der ehem. Fürstenzeche eine Mineraliensammlung mit über 10 000 Fundstücken zusammen (täglich geöffnet).

Besonders Kindern gefällt ein Ausflug zum Märchen- und Gespensterschloß im nordöstlich gelegenen Lambach. In einer Villa sind in 20 Zimmern Szenen aus bekannten Märchen dargestellt.

i Kurverwaltung Lamer Winkel, Marktplatz 1, 93462 Lam, Tel. 0 99 43/7 77.

㉔ **Bayerwald-Tierpark** Die artgerechte Haltung von einheimischen Tierarten ist erklärtes Ziel des Tierparks bei Lohberg. Auf Zäune wird verzichtet, den Besucher trennen lediglich Wassergräben und Brüstungen von den Tieren. Wasservögel findet man an den Teichen und Feuchtgebieten; sie können von einem Damm aus beobachtet werden. Im Frühjahr und Sommer haben die Birk- und Auerhühner Auslauf in großen Volieren. Fachleute des Tierparks haben nachgezüchtete Exemplare dieser Rauhfußhühner in geeigneten Biotopen wieder ausgesetzt (Mai–Oktober täglich geöffnet, sonst So und an Feiertagen).

i Verkehrsamt, Rathausweg 1a, 93470 Lohberg, Tel. 0 99 43/34 60.

㉕ **Kleiner Arbersee** Beim Spaziergang durch das Naturschutzgebiet blickt man hinauf zu den Gipfeln von Großem und Kleinem Arber an der Grenze zum benachbarten Naturpark Bayerischer Wald. Eigenartig sind die schwimmenden Inseln im See (siehe Kasten auf Seite 96).

Bewaldete Berge, beherrscht vom Großen Osser, umrahmen die sonnigen Wiesen des Lamer Winkels.

Vom Wanderparkplatz Reißbuche (Wegweiser vor Lohberg) geht man 3 km zu Fuß bis zum See, oder man fährt Richtung Bayerisch Eisenstein bis zum Parkplatz bei der Mooshütte, nur rund 2 km vom See entfernt.

㉖ **Falkenstein** Etwa 60 m über dem Ort thront auf einer Granitkuppe Burg Falkenstein aus dem 11. Jh., Kulisse der alljährlichen Burghofspiele. Vom Bergfried der bewirtschafteten Anlage genießt man eine herrliche Rundsicht. Das Jagdmuseum im Schloß zeigt wertvolle Trophäen, Tierpräparate, Falknereiausrüstungen und Waffen (Mi, Fr, Sa, So geöffnet).

Durch den geologisch interessanten Park, ein 12 ha großes Naturfelsengelände, führen mehrere Wanderwege.

i Verkehrsamt, Marktplatz 1, 93167 Falkenstein, Tel. 0 94 62/2 44.

㉗ **Rettenbach** Ein 60 ha großer See, zu dem der Höllbach bei Rettenbach aufgestaut wurde, läßt die Herzen von Wassersportfreunden höher schlagen. Naturliebhabern sei hier eine Wanderung ins reizvolle Naturschutzgebiet Hölle empfohlen. In Rettenbach folgt man dem Schild Richtung Neumühle, fährt am zweiten Stausee vorbei und biegt vor Postfelden Richtung Dosmühle ab. Auf halber Strecke kommt man an einen Parkplatz, von dem man schnell in das wilde Bachtal gelangt.

i Gemeindeverwaltung, Schulstr. 4, 93191 Rettenbach, Tel. 0 94 62/3 33.

Naturpark Oberpfälzer Wald

In einer der am dünnsten besiedelten Landschaften Deutschlands liegt dieser entlegene Naturpark. Die wohltuende Abgeschiedenheit spürt der Wanderer, wenn er auf seinen Touren durch das sanft gewellte Hügelland auch während der Hauptsaison die Reize der Natur fast allein genießen kann.

Über dem Tal der Naab liegt die über 1000jährige Stadt Nabburg. Malerisch drängen sich die Giebelhäuser hinter der mittelalterlichen Stadtmauer zusammen.

❶ **Wernberg-Köblitz** Aus 22 weit verstreuten Ortsteilen setzt sich dieser Marktflecken zusammen.

Über Wernberg thront die gut erhaltene gleichnamige Burg, die wohl im 13. Jh. für die Landgrafen zu Leuchtenberg errichtet wurde. Dort oben kann man einen schönen Burghof mit Arkaden und einen Fluchtgang besichtigen.

Heimelige Atmosphäre erleben die Besucher in dem zum schönsten Dorf der Oberpfalz gekürten Ortsteil Neunaigen. In Oberköblitz verdient die Wehrkirche mit ihrem eigenwilligen Pagoden-Turmdach Beachtung (13. Jh.).

[i] Gemeindeverwaltung, Nürnberger Str. 124, 92533 Wernberg-Köblitz, Tel. 0 96 04/5 65.

❷ **Trausnitz** Die im 12. Jh. erbaute massige Burg, die ab 1996 wieder als Jugendherberge genutzt wird, beherrscht den Ort im Pfreimdtal. Im nahen, 794 errichteten Sachsenturm hielt Ludwig der Bayer den Habsburger Friedrich den Schönen 1322–25 gefangen. Als sich die Streithähne auf Vermittlung des Papstes wieder vertrugen, ließen sie – direkt neben dem Gefängnis – 1325 die Versöhnungskapelle erbauen.

Die Pfreimd ist hier zu einem langgestreckten See, dem Reisachstausee, aufgestaut – ein ideales Revier für Paddler, Surfer, Angler, Schwimmer und Camper.

[i] Gemeindeverwaltung, 92555 Trausnitz, Tel. 0 96 55/3 22.

❸ **Schönsee** Den Erholungsort im Tal der Ascha haben fingerfertige Spitzenklöpplerinnen weithin bekannt gemacht; gern nutzen Feriengäste das Angebot, dieses Kunsthandwerk in einem Kurs zu erlernen.

Kunstgenuß verspricht die 1799 vollendete Vierzehn-Nothelfer-Kapelle; im Inneren sind wertvolle Schnitzfiguren (um 1700) zu bewundern. Das reichbestückte Dr.-Arthur-Lindgens-Jagdmuseum im Hotel *St. Hubertus* zeigt über 1500 präparierte Tiere (täglich 13–17 Uhr geöffnet).

Zahlreiche ausgeschilderte Wanderwege erschließen die reizvolle Umgebung. Empfohlen sei der knapp 10 km lange Rundweg Nr. 11: Über Lindau, Polster und Friedrichshäng führt er auf den Eulenberg (817 m), von dem man einen herrlichen Rundblick hat. Zurück geht es über Dietersdorf und Dietersberg, wo am Parkplatz ein Waldlehrpfad beginnt.

In der kalten Jahreszeit bieten 70 km gespurte Loipen den Langläufern beste Voraussetzungen für herrliche Touren.

In die Geheimnisse des Spitzenklöppelns, für das Schönseer Frauen weithin bekannt sind, werden auch interessierte Gäste eingeweiht.

[i] Verkehrsamt Schönseer Land, Hauptstr. 25, 92539 Schönsee, Tel. 0 96 74/3 17.

❹ **Reichenstein** An den Hängen des 874 m hohen Berges tummeln sich im Winter Rodler und Skifahrer; mehrere Lifte erschließen rund 4 km Abfahrten. In der schönen Jahreszeit können die Besucher auf der Sommerrodelbahn hinunter ins Tal sausen (bei trockenem Wetter täglich 11–17.30 Uhr geöffnet).

Der Berggasthof *Reichenstein* stillt nicht nur Hunger und Durst; Hobbykünstler zeigen hier Selbstgefertigtes wie Klöppelspitzen, Schnitzereien oder Rupfenpuppen (Mai–Oktober täglich geöffnet).

Nicht versäumen sollte man die Wanderung zum Böhmerwaldturm. Der kurze Aufstieg auf den 896 m hohen, turmgekrönten Weingartenfels wird mit einer herrlichen Aussicht belohnt: Weit schweift hier der Blick über Bayerischen Wald, Böhmerwald und Oberpfälzer Wald.

ℹ Verkehrsamt Schönseer Land, siehe ❸.

❺ **Pfreimd** Die ehem. Residenzstadt der mächtigen Leuchtenberger Landgrafen liegt in anmutiger Landschaft rund um den Zusammenfluß der fischreichen Flüsse Naab und Pfreimd. Man schlendert durch die heimeligen Gassen, verweilt vor dem Renaissanceportal des alten Schlosses, das heute die Stadtbücherei beherbergt, und genießt die barocke Pracht in der Stadtpfarrkirche Mariä Himmelfahrt.

In der Ortsmitte startet man zu einem 3 km langen, gut ausgeschilderten Ausflug zur 1702 vollendeten Wallfahrtskirche St. Barbara auf dem Eixlberg (517 m).

ℹ Verkehrsamt, Marienplatz 2, 92536 Pfreimd, Tel. 0 96 06/8 89 21.

❻ **Oberpfälzer Freilandmuseum Neusath-Perschen** Auf rund 30 ha zeigt das Freilandmuseum ein Stiftland-, ein Waldler- und ein Juradorf in ihrer typischen Umgebung, dazu ein Mühlental und eine Siedlungseinheit im Aufbau (April–Oktober täglich außer Mo geöffnet).

In einer alten Pfarrhofanlage im nahen Perschen ist das dazugehörende Bauernmuseum untergebracht (täglich außer Mo geöffnet).

❼ **Reichhartschacht** In Stulln-Freiung südwestlich von Nabburg, etwas außerhalb des Parks, liegt dieses Besucherbergwerk. Bis 1921 wurde hier Flußspat abgebaut (Führungen Di–Sa 10, 11, 14, 15 und 16 Uhr, So nur 14, 15 und 16 Uhr). Die Besucher bekommen Schutzkleidung, bevor sie in den Berg einfahren. An Ort und Stelle wird erklärt, wie die Bergleute früher aus dem Gestein das begehrte Mineral abbauten.

❽ **Nabburg** Eine gut erhaltene Mauer mit Toren und Türmen umgibt die mittelalterli-

Zum sehenswerten Oberpfälzer Freilandmuseum Neusath-Perschen gehört auch diese historische Mühle.

che Stadt an der Naab. Alte Bürgerhäuser schmücken den länglichen Marktplatz, das aus dem 16. Jh. stammende Rathaus birgt ein interessantes Museum über die heimische Tierwelt. Über 500 präparierte Tiere umfaßt die Sammlung (April–September So 13–17 Uhr geöffnet).

Reizvolle Touren beginnen in der Stadt. Die Fahrrad-Burgenrundfahrt (42 km) führt von Nabburg über Perschen, Pfreimd und Trausnitz nach Wernberg und zurück. 125 km weit wandert man auf der Märchen- und Sagentour, die an sieben Tagen in einem weiten Bogen von Nabburg nach Neunburg vorm Wald (siehe ⓭) führt.

Zwei weitere kleinere Ausflüge seien Wanderern empfohlen: der 6 km lange Weg zum Aussichtsturm auf dem Kulmstein (626 m) sowie der Marterl-, Denkmal- und Kapellenweg, der an 18 dieser Denkmäler vorbeiführt. Startpunkt ist die Nikolauskirche in Nabburg.

ℹ Fremdenverkehrsamt, Schmidthaus, 92507 Nabburg, Tel. 0 94 33/18 26.

❾ **Oberviechtach** Ein breites Erholungsangebot bietet diese zentral gelegene Stadt: Schwimmen, Reiten, Minigolf, Tennis, Wandern und manches mehr. Den einladenden Marktplatz beherrscht die Pfarrkirche

In der sanftwelligen Landschaft um das Städtchen Oberviechtach ist die in 580 m Höhe auf einem Granitfelsen thronende Burgruine Haus Murach weithin zu sehen – und selbst ein idealer Aussichtspunkt.

St. Johannis Baptista, die als schönstes Rokokobauwerk der Region gilt. Auf dem Platz steht der Doktor-Eisenbarth-Brunnen. Der berühmte Wundarzt wurde 1661 in Oberviechtach geboren. Das Doktor-Eisenbarth- und Heimatmuseum würdigt sein Lebenswerk (Mitte Mai–Mitte September Mo–Fr, Sa ganzjährig 10–12 Uhr geöffnet). Unter den Zeugnissen der Stadtgeschichte und Volkskunst ragen die Hinterglasmalereien und ein Glockenspiel aus Pflugscharen hervor, das von Mai bis Oktober zwischen 11 und 15 Uhr stündlich das Lied *Ich bin der Doktor Eisenbarth* anstimmt.

Der kulturhistorische Marterl- und Denkmalwanderweg streift auf seinen 14 km Länge 37 Zeugnisse einer tief verwurzelten Volksfrömmigkeit. Der 35 km lange Denkmalweg Nr. 2 („Von Glockenturm zu Glockenturm") macht auf die landschaftstypischen frei stehenden Läutwerke aufmerksam, die in den Orten ohne Kirche die Menschen zum Gebet rufen.

Oberhalb von Obermurach (3 km südwestlich von Oberviechtach) blickt man von der Burgruine Haus Murach (12. Jh.) weit ins Land.

ℹ Verkehrsamt, Nabburger Str. 2, 92526 Oberviechtach, Tel. 0 96 71/3 07 16.

❿ **Schwarzenfeld** An die Hänge des Miesberges schmiegt sich dieser beschauliche Ort. Von der Dreifaltigkeitskirche auf seinem Gipfel schaut man hinab auf die lieblichen Täler von Naab und Schwarzach. Ein lohnendes Ziel ist das kleine, aber feine Mineralogisch-Geologische Museum im Rathaus (Mo–Fr 8–12, Do außerdem 13.30–18 Uhr geöffnet).

Im Ort nimmt eine große Wandertour ihren Ausgang, die es so wohl nur hierzulande gibt: die 94 km lange Bierwanderung. In sechs Tagesetappen führt sie zu meist kleineren Brauereien, die mit ihren Spezialitäten die Wanderer erfrischen.

ℹ Verkehrsamt, Viktor-Koch-Str. 4, 92521 Schwarzenfeld, Tel. 0 94 35/ 30 92 61.

⓫ **Charlottenhofer Weihergebiet** Die auch Schwarzenfelder Weiher genannten Teiche bilden eine ruhige, weitläufige Seenlandschaft. Über 100 kleine Seen sollen es sein, die ältesten wurden bereits um 1700 zur Fischzucht angelegt. Auch die Vogelwelt fühlt sich hier wohl: Fast 100 Brutvogelarten leben in dem Gebiet (siehe auch Kasten auf dieser Seite). Parkmöglichkeiten bestehen an der Straße Asbach–Rauberweiherhaus.

⓬ **Hirschberg** Unter Naturschutz steht der 571 m hohe, bewaldete Berg. Von seinem Aussichtsturm schweift der Blick über die sanfte Landschaft im Süden des Naturparks. Besonders stimmungsvoll sind die Abendstunden, wenn sich die untergehende Sonne in den Charlottenhofer Weihern widerspiegelt. Vom Parkplatz am Südrand von Fuhrn wandert man auf den weithin sichtbaren Turm zu.

⓭ **Neunburg vorm Wald** Die historische Pfalzgrafenstadt im Schwarzachtal empfängt ihre Gäste mit mittelalterlichem Flair: an winkeligen Gassen stehen malerische Fachwerkhäuser, Reste der Stadtbefestigung vermitteln Geborgenheit.

Das wittelsbachische Alte Schloß (14./15. Jh.) beherbergt das Schwarzachtaler Heimatmuseum (Juli–September Mi 17–19, So 10–12, 14–16 Uhr geöffnet) mit sehenswerten Zeugnissen der Volkskultur und Stadtgeschichte. Es bildet zugleich die stimmungsvolle Kulisse für das alljährlich zwischen Juli und Anfang August stattfindende Freilichtspiel *Vom Hussenkriege*.

Eine Vielzahl attraktiver Wanderziele bietet sich in der Umgebung an: Kröblitz mit seinem schönen Schloß, schon vor diesem Ort rechts der Straße das kleine Waldstück am Druidenstein, in dem wie von Riesenhand hingeworfene Felsen das Bild bestimmen, sowie der Berggasthof *Warberg* mit seinem kleinen Wildgehege.

Eine technische Sehenswürdigkeit liegt südlich der Stadt: eine Solar-Wasserstoff-Anlage mit Informationszentrum (Di–Fr 10–12, 13–16, April–Oktober außerdem So 14–17 Uhr geöffnet). Eine Ausstellung erschließt dem interessierten Besucher die Anlage.

ⓘ Verkehrsamt, Schrannenplatz 1, 92431 Neunburg vorm Wald, Tel. 0 96 72/48 21.

⓮ **Thanstein** Den ruhigen Urlaubsort überragt eine trutzige Burgruine, von deren Bergfried der Blick weit über das Land schweift. Gut zu erkennen ist der nahe gelegene Badesee Mühlweiher.

Gut ausgebaute Wanderwege führen nach Nordwesten ins reizvolle Kulzer Moos, ein 50 ha großes, unter Naturschutz stehendes Hochmoor.

⓯ **Eixendorfer Stausee** Bis in den benachbarten Naturpark Oberer Bayerischer Wald hinein zieht sich der anmutig zwischen bewaldeten Hügeln und fruchtbaren Feldern gelegene See. 150 ha umfaßt er – ausreichend Platz für Segler und Surfer. Ein Rundweg erschließt ihn für Wanderer, und auch Angler kommen hier auf ihre Kosten.

⓰ **Seebarn** Ein so geschlossenes Dorfbild wie in diesem Ortsteil von Neunburg findet man nur noch selten. Die ursprünglich gotische, später barock umgestaltete Pfarrkirche mit ihren gotischen Wandmalereien gehört ebenso dazu wie der Schulturm genannte Wehrturm. Das liebevoll zusammengestellte Heimatmuseum in einem Stall des Pfarrhofes befindet sich im Aufbau. Es kann nur teilweise besichtigt werden.

ⓘ Verkehrsamt Neunburg vorm Wald, siehe ⓭

Ursprünglich Fischteiche, haben sich die über 100 Weiher südöstlich von Schwarzenfeld zu einem Vogelparadies entwickelt.

Ein Paradies nicht nur für Fische

Das idyllische Weihergebiet im Südwesten des Naturparks Oberpfälzer Wald (s. auch ⓫) hat den Beinamen „Klein-Finnland“ – (fast) so viele Weiher wie Seen in dem nordeuropäischen Land glitzern hier im Sonnenlicht. Eine Vielzahl von Fischarten ist in den Gewässern heimisch: neben Nutzfischen auch Arten, die sich selbst angesiedelt haben.

Die meisten Teiche wurden schon vor Generationen angelegt, um die Nachfrage nach Fisch – einst die wichtigste Fastenspeise – zu befriedigen. Bodenbeschaffenheit und Wassergüte begünstigen die traditionsreiche Teichwirtschaft, die hier vor allem Karpfen (Bild) hervorbringt. Diese tauchen dann als Schwarzenfelder Spiegelkarpfen auf den Speisekarten mancher Gaststätten auf.

Ob natürlicher See oder angelegter Teich: die Libellen und Amphibien kümmern sich nicht um den Unterschied. Sie bevölkern diesen Lebensraum in großer Zahl – besonders, wenn die Teichbesitzer auf ein naturnahes Gewässer Wert legen. Gleiches gilt für die Wasservögel: An die 100 verschiedene Arten brüten hier, darunter solche Raritäten wie Schwarzhalstaucher, Tafelente und Blaukehlchen. Auch rasten hier Dutzende verschiedener Zugvogelarten. Sowohl unter den Brut- wie unter den Gastvögeln stehen einige auf der roten Liste der bedrohten Arten.

Naturpark Nördlicher Oberpfälzer Wald

Der Park im Nordosten der Oberpfalz ist Teil des großen Waldgebirges, das sich jenseits der Grenze im Böhmerwald fortsetzt. Viele Wanderwege führen durch die stille Landschaft, und fast immer findet sich auch ein gemütlicher Gasthof, der zu einer kleinen Rast einlädt.

❶ **Neustadt an der Waldnaab** Um den langgestreckten, einladenden Marktplatz der „Stadt des Bleikristalls" stehen schöne Bürgerhäuser mit steilen Giebeln. Das Alte Schloß, ein spätgotisches Bauwerk mit Renaissancemerkmalen späterer Ausbauphasen, und das Neue Schloß aus dem Barock erinnern an die Blütezeit der Stadt unter dem böhmischen Adelsgeschlecht der Fürsten von Lobkowitz. Auch die Pfarrkirche St. Georg mit glanzvoller Rokokoausstattung lohnt einen Besuch.

Das kleine Stadtmuseum (Mo geschlossen) dokumentiert mit interessanten Exponaten die Geschichte der Stadt und zeigt außerdem filigrane Kunstwerke aus Glas. In der „Altbayerischen Krystall Glashütte" kann man den Glasbläsern direkt bei ihrer anstrengenden Arbeit zuschauen und die kunstvoll geblasenen und geschliffenen Werke erwerben.

Östlich von Neustadt liegt das Naturschutzgebiet Dost im Girnitztal mit seinen riesigen, glattgeschliffenen Granitblöcken und einer üppigen Vegetation. Man fährt Richtung Floß und biegt dann rechts nach Diepoltsreuth ab. Auf einer unbefestigten Straße geht es weiter zum Gollwitzerhof. Von dort aus erreicht man das Gebiet zu Fuß in 15 Minuten.

ⓘ Verkehrsamt, Stadtplatz 2, 92660 Neustadt, Tel. 0 96 02/70 21.

❷ **Plößberg** Die Krippenstube im Rathaus des Erholungsortes (wird auf Anfrage geöffnet) bietet mit einigen geschnitzten Weihnachtskrippen einen kleinen Einblick in die heimische Volkskunst.

In der Umgebung von Plößberg gibt es für Langläufer im Winter ein Netz gespurter Loipen sowie Eisstock-, Eislauf- und Rodelbahnen. Idyllisch im dorfnahen Wald liegt das ausgeschilderte, 14 ha große Waldstrandbad Großer Weiher.

ⓘ Verkehrsamt, Jahnstr. 1, 95703 Plößberg, Tel. 0 96 36/2 80.

❸ **Bärnau** Idealer Ausgangspunkt für Spaziergänge in der einst bedeutenden Knopfmacherstadt ist der malerische historische Marktplatz mit Rathaus, Stadtbrunnen und einer Nepomukstatue.

Keinesfalls sollte man einen Besuch im Knopfmuseum versäumen (April Oktober Di, Do, So 14–17 Uhr geöffnet). Neben unzähligen Knöpfen aus verschiedensten Materialien und Epochen informiert die Sammlung mit einem Dokumentarfilm und Modezeichnungen über das Thema „2000 Jahre Bekleidungsverschluß".

Den Grenzland-Naturlehrpfad erwandert man am besten vom Parkplatz nahe der Kirche aus. Der 11 km lange Rundweg ist mit Informationstafeln über Geologie, Flora und Fauna bestückt und führt zum Erholungsgelände Moorweiher. Weiter geht es von dort zur Tillyschanze und zu mehreren schönen Aussichtspunkten, etwa dem 1913 errichteten Grenzlandturm. Vom Moorweiher aus kann man auch einen anderen, 4 km langen Lehrpfad erkunden, der sehr anschaulich über Land-, Forst- und Teichwirtschaft Aufschluß gibt.

ⓘ Verkehrsamt, Marktplatz 1, 95671 Bärnau, Tel. 0 96 35/92 03 19.

❹ **Silberhütte** Ein ausgedehntes Loipennetz (42 km) umgibt die höchstgelegene Ortschaft der Oberpfalz (750 – 900 m). Loipen von unterschiedlicher Schwierigkeit sowie Schießstände locken Skilangläufer und Biathleten in das als schneesicher geltende Gebiet. Auf grenzüberschreitender Loipe ist auch ein Ausflug in den Böhmerwald möglich. Und im Unterkunftshaus des Oberpfälzer Waldvereins kann man gutbürgerlich essen (Mo Ruhetag, November geschlossen).

Die idyllische Landschaft um den Entenbühl (901 m), den nur einen Steinwurf östlich des Ortes gelegenen höchsten Berg des Naturparks, lädt nicht nur im Winter zu einem Ausflug ein.

ⓘ Förderverein Skilanglaufzentrum Silberhütte e. V., Altglashütte 38, 95671 Bärnau, Tel. 0 96 35/16 61.

Auf einem kahlen Granitfelsen, dessen Gesteinsplatten wie Zwiebelschalen übereinanderliegen, thront in schwindelerregender Lage die Ruine Flossenbürg.

In der über 150 Jahre alten Mühle Gehenhammer bei Georgenberg sind Mühlrad und Mahlwerk noch immer funktionsfähig.

❺ **Flossenbürg** Hoch über dem staatlich anerkannten Erholungsort liegt die schon von weitem sichtbare gleichnamige Burgruine. Im 12. Jh. als Grenzfeste erbaut, wurde sie von den Schweden im 30jährigen Krieg zerstört. Heute steht sie unter Denkmalschutz. Für den halbstündigen, etwas anstrengenden Aufstieg zur Ruine entschädigt ein herrlicher Rundblick über die umliegenden Höhen.

Ganz in der Nähe bieten die Camping- und Freizeitanlage Gaisweiher und der gleichnamige, 11 ha große Naturbadesee mit Bootsverleih Erholung in besonders schöner Umgebung. Minigolf, Boccia und Tischtennis gehören ebenso zum Angebot wie eine kleine Kneippanlage.

Erschütternde Eindrücke vermittelt ein Besuch der oberhalb des Ortes gelegenen KZ-Grab- und -Gedenkstätte Flossenbürg. Der Friedhof mit Ehrenmal, die Gedächtniskapelle und eine Gefängnisbaracke mit Dokumentationsmaterialien zeugen von diesem düstersten Abschnitt deutscher Geschichte.

ℹ Verkehrsamt, Hohenstaufenstr. 24, 92696 Flossenbürg, Tel. 0 96 03/10 81.

❻ **Mühle Gehenhammer** Schon im 14. Jh. wurde der einstmals für die Eisenverarbeitung genutzte „Hammer zu Gern“ bei Georgenberg urkundlich erwähnt. Im heutigen Mühlengebäude befindet sich eine gemütliche bäuerliche Brotzeitstube (Di Ruhetag).

Hier beginnt der etwa 80 km lange Glasschleifererweg. Der Rundweg führt durch reizvolle Bachtäler zu ehem. Glasschleifereien und Eisenhämmern. Diese interessante Tour mit ihren zahlreichen Einkehrmöglichkeiten wird auch als Wanderung ohne Gepäck angeboten.

ℹ Verkehrsamt, Haus-Nr. 13, 92697 Georgenberg, Tel. 0 96 58/3 38.

❼ **Fahrenberg** Der 801 m hohe Berg bietet einen imposanten Blick über den Oberpfälzer Wald. Sehenswert ist auch die Rokoko-Wallfahrtskirche mit ihrem hohen Spitzturm auf dem Gipfel. Im Inneren des Gotteshauses kann man den geschnitzten Hochaltar bewundern.

Auf den einsamen Wanderwegen des Naturparks stößt man immer wieder auf bizarre Granitformationen wie hier am Schellenberg östlich von Flossenbürg.

170 m über dem Tal thront die Burgruine Leuchtenberg auf einer Granitkuppe. Alljährlich im Sommer bildet sie die faszinierende Kulisse für die bekannten Burgfestspiele.

Das bewirtschaftete Schutzhaus Fahrenberg (Mo und Di Ruhetag) und eine Gaststätte auf dem Gipfel sorgen für das leibliche Wohl.

8 Pleystein Der gepflegte Erholungs- und Fremdenverkehrsort hat seinen mittelalterlichen Grundriß bis heute bewahrt. Nicht versäumen sollte man einen Besuch im Heimatmuseum am Marktplatz, in dem sich eine beachtliche Sammlung von Mineralen befindet (Mo–Fr 14–16 Uhr geöffnet).

Eine geologische Attraktion ist der 38 m hohe, steil aufragende Kreuzberg, ein Rosenquarzfelsen mitten in der Altstadt, auf dessen Gipfel die neubarocke Kreuzbergkirche (1903) und ein Kloster stehen. Im Mai und September kommen viele Wallfahrer zum Kreuzbergfest hierher.

i Verkehrsamt, Neuenhammerstr. 1, 92714 Pleystein, Tel. 0 96 54/15 15.

9 Vohenstrauß Wahrzeichen der lebhaften Stadt an der historischen Fernstraße von Nürnberg nach Prag ist die sechstürmige Friedrichsburg (1586–93), ein dreigeschossiger Renaissancebau, der einst Residenz der Wittelsbacher Pfalzgrafen war.

Vom prächtigen Rathaus am Marktplatz gelangt man in wenigen Minuten zu einer liebevoll gestalteten Edelstein- und Mineralausstellung (Amselweg 10; Mo–Fr 9–18 Uhr, Sa und So nach Vereinbarung geöffnet). Ebenfalls sehenswert sind die namhafte Porzellanfabrik Johann Seltmann (nur Gruppen nach Voranmeldung) und mehrere Bleikristallschleifereien.

i Verkehrsamt, Marktplatz 9, 92648 Vohenstrauß, Tel. 0 96 51/55 30.

10 Marterlweg Die 9,5 km lange heimatkundliche Rundwanderung auf dem ausgeschilderten Weg in Vohenstrauß-Braunetsrieth führt zu 17 Kulturdenkmälern – klein an Maß, jedoch groß an Bedeutung: Die Marterln erinnern an einst hier Verunglückte, Bildstöcke laden zur Andacht ein, und Grenzsteine dokumentieren die früheren Besitzverhältnisse. Südlich bei Moosbach kann man im idyllischen Tröbesbachtal gut wandern.

11 Burg Leuchtenberg Die imposante Ruine über der gleichnamigen Stadt ist die größte und schönste Anlage ihrer Art in der Oberpfalz. Im 12. Jh. war sie Stammsitz der Landgrafen von Leuchtenberg. Die Aussicht über die umliegenden Täler ist unvergleichlich (April–Oktober täglich außer Mo geöffnet).

Als Wanderung empfiehlt sich hier ein Abschnitt des Wallenstein-Tilly-Weges, der in Richtung Tschechische Republik führt. Von Leuchtenberg aus kommt man dabei durch das wildromantische Lerautal und erreicht auf ausgeschildertem Weg das Naturdenkmal Heller Stein, eine Granitfelsengruppe bei Steinach.

i Verkehrsamt, 92705 Leuchtenberg, Tel. 0 96 59/9 21 04.

12 Woppenrieth Eine ungewöhnliche Ausstellung hat ein Privatmann in diesem Ortsteil von Waldthurn zusammengestellt: Seine Sammlung (Besichtigung nach Voranmeldung) zeigt historische Landmaschinen und landwirtschaftliche Geräte. Es gibt allein 26 Traktoren zu sehen – der älteste stammt aus dem Jahr 1928.

i Verkehrsamt, Am Rathaus 5, 92727 Waldthurn, Tel. 0 96 57/5 15.

13 Tännesberg Anmutig zieht sich der Erholungsort den Südhang des Schloßberges hinauf. Gerne verweilt man auf dem langen, ansteigenden Marktplatz. Jedes Jahr veranstalten die Gläubigen hier am vierten Sonntag im Juli eine Pferdewallfahrt, den St.-Jodok-Ritt.

Am östlichen Abhang des Schloßberges hat ein im Oberpfälzer Wald bemerkenswerter geologischer Lehrpfad (1,3 km) seinen Ausgangspunkt. Er ist in verschiedene Abschnitte unterteilt, die den Erdzeitaltern und ihren Formationen entsprechen. Am leicht begehbaren Weg erläutern zwölf Ta-

Herrlich zwischen Wald und Wiesen gelegen, bietet der Bursweiher bei Tännesberg vielerlei Badefreuden für groß und klein.

Malerisch eingebettet in die Hügellandschaft des Oberpfälzer Waldes liegt der Ort Pleystein. An vielen Stellen des Naturparks kann man von sanften Anhöhen aus immer wieder solch herrliche Ausblicke genießen.

feln Geologie, Flora und Fauna. Eine informative, gut verständliche Broschüre dazu ist im Rathaus erhältlich.

Vom Parkplatz des Lehrpfades aus bieten sich viele ausgeschilderte Wanderwege an. Bei klarem Wetter kann man den Blick vom 693 m hohen Schloßberg über den Tännesberger Forst schweifen lassen.

Erfrischung findet man an heißen Tagen 3 km nordöstlich des Ortes am schönen Naturbadesee Bursweiher.

i Verkehrsamt, Pfreimder Str. 3, 92723 Tännesberg, Tel. 0 96 55/9 20 00.

⓮ **Urwald am Pfrentschweiher** Über ein ausgeschildertes Sträßchen gelangt man von Pfrentsch zum Staatsgut Pfrentschweiher im Pfreimdtal. Hier beginnt ein 1,5 km langer landwirtschaftlicher Lehrpfad.

Noch interessanter aber ist der kurze Weg in den unmittelbar an der Staatsgrenze liegenden sog. Urwald. Dort hatten die Leuchtenberger Landgrafen 1364 einen Weiher anlegen lassen. Mitte des 19. Jh. legte man ihn trocken, heute wird er aus Naturschutzgründen teilweise wieder aufgestaut. Auf dem torfigen früheren Seeboden entstand eine urig anmutende Waldlandschaft mit Fichten, Kiefern, Birken und Erlen; auf den Moorwiesen gedeiht eine artenreiche Flora mit botanischen Raritäten.

⓯ **Eslarn** In der Freizeitanlage Atzmannsee planschen die Gäste im kühlen Naß des Badeweihers, vergnügen sich bei Minigolf und Tennis oder am Grillplatz.

Bei der Einkehr in Eslarn sollte man sich die Gelegenheit nicht entgehen lassen, das typische Zoiglbier zu kosten. Mehrere Familien besitzen von alters her das Braurecht, üben es nach überlieferten Rezepten aus und bieten auch dem Gast ihren vorzüglichen Gerstensaft an.

Lohnend ist hier ein Abstecher zu den Resten der 1611 errichteten und 1621 auf Betreiben des kaiserlichen Feldherrn Johann von Tilly ausgebauten Tillyschanze. Für Fußgänger und Radfahrer ist über den nahen Grenzübergang auch ein Ausflug in die Tschechische Republik, etwa ins nahe Železná (Eisendorf), möglich.

i Verkehrsamt, 92693 Eslarn, Tel. 0 96 53/ 6 13.

⓰ **Stückstein** Im äußersten Südosten des Naturparks liegt der 808 m hohe Stückstein. An den Flanken des Berges erstreckt sich ein beeindruckendes Blockmeer. Vom 30 m hohen Aussichtsturm genießt man einen herrlichen Rundblick, und im Winter ist hier auch ein Skilift in Betrieb.

In der Freizeitanlage am Stückberg, an der Straße Eslarn–Schönsee am Fuß des Stücksteins gelegen, kommen auch Kinder auf ihre Kosten. Im Wildpark können sie Wildschweine, Rot- und Damhirsche von Hochsitzen aus beobachten und sich auf dem schön angelegten Kinderspielplatz austoben. Unter Fichten laden Holzbänke und -tische zum Picknick ein.

i Verkehrsamt Eslarn, siehe ⓯.

Besonderheiten der Natur

Pflanzen Vor allem im Bereich naturnaher Gewässer, aber auch auf den Streu- und Moorwiesen gedeihen im Naturpark seltene Pflanzen. Die geschützte, gelb blühende Arnika (Bild) verbreitet einen aromatischen Duft. Zu den Heidekräutern zählt die Moosbeere mit ihren kleinen roten Früchten. Unverwechselbar sind auch die behaarten Blüten der Frühlingsküchenschelle: außen sind sie violett, innen weiß gefärbt.

Tiere In den Wäldern sind Hirsche und Rehwild häufig anzutreffen; im Unterholz finden Füchse, Marder, Wiesel und Dachse Unterschlupf. Auch der selten gewordene Iltis verfolgt hier noch seine Beute, nämlich Mäuse und andere kleine Säugetiere. Durch sein schwarzbraunes Rückenfell schimmert an der Seite die helle Unterwolle hindurch.

5 Pfälzer Bergland und Eifel

Einsame Wälder und stolze Burgen

Waldeinsamkeit und unverfälschte Natur – diese Vorzüge vereinen die Mittelgebirgslandschaften westlich des Rheins. Stolze Burgen – hier Burg Berwartstein im Pfälzerwald – vervollständigen das Bild einer reizvollen Ferienlandschaft.

Pfälzer Bergland und Eifel

An Verkaufsständen können sich Mineralienfreunde in der Umgebung von Idar-Oberstein mit schönen Stücken eindecken.

Naturpark Pfälzerwald

Größe: 1798 km², gegründet 1958.

Der Naturpark wurde als einer der ersten in Deutschland ins Leben gerufen und umfaßt den größten Teil des Pfälzerwaldes. An dieses Gebiet, das auch unter dem Namen Haardt bekannt ist, schließt sich im Südosten das Dahner Felsenland an. Im Osten wird der Naturpark durch die markante Geländestufe begrenzt, mit der das Bergland zum dichtbesiedelten Oberrheinischen Tiefland abfällt. Weniger deutlich ist die übrige Begrenzung: Im Westen verläuft sie dort, wo sich das dichte Waldkleid lichtet und in tieferen Lagen die Gäulandschaft des Westrichs mit Wiesen, Weiden und Feldern an seine Stelle tritt. Im Süden findet der Naturpark jenseits der Grenze zu Frankreich eine Fortsetzung im Regionalpark Nordvogesen.

Schon sein Name weist darauf hin, daß es die großen Wälder sind, die das Bild der Landschaft des Naturparks prägen. Sie nehmen rund 70 % der Gesamtfläche ein. Doch sind die Wälder mit ihrem alten Bestand an Laubbäumen nicht sein einziger Reichtum.

Charakteristisch für den Pfälzerwald ist auch der rötlich oder ockerfarben, gelegentlich sogar weißlich leuchtende Sandstein, der vielerorts zutage tritt und sich zu beeindruckenden Felsgebilden auftürmt. Im Dahner Felsenland, einem Paradies für Kletterer, ist er zum Wahrzeichen geworden.

Die oft senkrecht aufragenden Felswände sind dadurch entstanden, daß sich harte Konglomeratbänke mit wenig verfestigten Sandsteinschichten abwechseln. Verwitterung und Abtragung greifen vor allem die weicheren Schichten an. Die harten Gesteinslagen wittern heraus und bleiben als steile Felsen stehen, die als Überhänge die darunterliegenden weicheren Schichten schützen. Hier und da sind auf diese Weise bizarre Felsgebilde entstanden. Der 10 m hohe Teufelstisch im Dahner Felsenland ist das spektakulärste und zugleich bekannteste Beispiel.

Der Reiz der Landschaft wird noch erhöht durch die zahlreichen Burgen und mächtigen Burgruinen. Viele von ihnen scheinen regelrecht aus den Sandsteinfelsen herauszuwachsen. Die wohl bekannteste ist der mächtige Trifels – als Burg der Staufer im Mittelalter eine der bedeutendsten Burganlagen Deutschlands.

Insgesamt weit über 100 Burgen liegen teils in enger Nachbarschaft, teils weiter verstreut im Waldland und verleihen diesem einen unverwechselbaren Zauber. Ihre Ursprünglichkeit erhalten haben oft auch die kleinen Städte und Dörfer am Fuß der Burgberge.

ℹ Verein Naturpark Pfälzerwald e. V., Hermann-Schäfer-Str. 15, 67098 Bad Dürkheim.

Direkt aus dem Sandsteinfels herauszuwachsen scheint die mächtige Burgruine Altdahn, die größte des Dahner Burgentrios.

Naturpark Saar–Hunsrück

Größe: 1938 km², gegründet 1980.

Vom Norden des Saarlandes reicht der Naturpark bis in das benachbarte Bundesland Rheinland-Pfalz hinein. Er umfaßt das reizvolle Gebiet von der unteren Saar über Osburger und Schwarzwälder Hochwald bis hin zum Idarwald, einem Teil des Hunsrücks. Die Namen deuten schon die weite Verbreitung des Waldes auf den Höhenrücken an. Doch dazwischen und vor allem im Hügelland der Prims fügen sich Wiesen, Felder und Wald zu einem kleinräumigen Mosaik zusammen.

Hier und da trifft man noch auf die früher weitverbreiteten Niederwälder. Sie bereichern das natürliche Biotopgefüge als wertvolle Lebensräume, u. a. für das selten gewordene Haselhuhn.

Vor rund 200 Mio. Jahren gab es im Saar-Nahe-Gebiet eine rege vulkanische Tätigkeit. Mehrere Massive aus hartem Vulkangestein bezeugen diese erdgeschichtliche Periode. Die verschiedenen Vulkangesteine bergen reiche Vorkommen an Mineralen wie Bergkristall, Amethyst und Achat. Der Reichtum an Edelsteinen brachte rund um Idar-Oberstein ein blühendes Schmuckgewerbe hervor.

ℹ Naturpark Saar–Hunsrück Rheinland-Pfalz e. V., Geschäftsstelle, Trierer Straße 51, 54411 Hermeskeil;
Naturpark Saar–Hunsrück Saarland e. V., Geschäftsstelle, Rathaus, 66709 Weiskirchen.

Naturpark Südeifel

Größe: 432 km², gegründet 1958.

Der Naturpark umfaßt den Westen der Südeifel und ist Teil des insgesamt 790 km² großen Deutsch-Luxemburgischen Naturparks. Hügelige Landschaften mit Höhen um 500 m und weitgespannte Hochflächen wechseln miteinander ab. Doch so sanft, wie die Landschaft auf den ersten Blick wirkt, ist sie nicht überall: Tief eingeschnittene Täler und schroffe Felspartien sorgen für Kontraste.

Nur dünn besiedelt ist das Land, denn die Dörfer und wenigen Städtchen sind klein geblieben. So ist zu erklären, daß der Naturpark bis heute einen bemerkenswerten Bestand an selten gewordenen Tier- und Pflanzenarten beherbergt. An den schroffen Hängen fühlt sich noch die Wildkatze wohl, und auch der Uhu wurde mit Erfolg wieder eingebürgert. Daß Natur und Landschaft noch weitgehend intakt sind, beweist auch der enorme Artenreichtum an Schmetterlingen, Orchideen und Farnen, die in den dunklen Schluchtwäldern des Naturparks vorkommen.

ℹ Verein Naturpark Südeifel e. V., Verbandsgemeindeverwaltung, 54666 Irrel.

Naturpark Nordeifel

Größe: 1751 km², gegründet 1960.

Den äußersten Westen der deutschen Mittelgebirge nimmt dieser Naturpark ein. Er ist Teil des 2429 km² großen Deutsch-Belgischen Naturparks Hohes Venn–Eifel. Kernbereiche des Parks sind die Rureifel und die Schneifel. Am Hohen Venn, dessen überwiegender Teil bereits in Belgien liegt, hat der Naturpark nur einen geringen Anteil.

Wellige Hochflächen, die auf 500–600 m Höhe liegen und in der Schneifel auch knapp 700 m erreichen, prägen das Landschaftsbild. Entsprechend kalt und schneereich können die Wintermonate sein. Wegen des rauhen Klimas und der wenig ertragreichen Böden sind große Teile des Naturparks waldbedeckt. Weite Hochmoore haben sich im Hohen Venn gebildet.

Die wenigen Ortschaften, darunter die reizvollen Städtchen Monschau und Schleiden, drängen sich in den geschützten Tallagen, die Höhen werden von Burgen gekrönt.

Zur Trinkwasserversorgung für die Städte im nahen Rheinland wurden in der Eifel mehrere Stauseen angelegt. Schön gelegen, sind sie zu beliebten Erholungsgebieten geworden. Rur- und Urftstausee sowie Wehebachstausee sind die größten von ihnen. So zählt die Nordeifel heute zu den seenreichsten Mittelgebirgen.

ℹ Verein Naturpark Nordeifel e.V., Monschauer Str. 12, 52076 Aachen.

Haushohe Buchenhecken schützen die Höfe im Hohen Venn vor dem schneidenden Wind.

Das vielfach gewundene, stille Tal der Our im Naturpark Südeifel bildet die Grenze zum Großherzogtum Luxemburg.

Naturpark Pfälzerwald

In den weiten Laubwäldern dieses Naturparks setzen rote Buntsandsteinfelsen, gekrönt von trutzigen Burgruinen, an vielen Stellen unübersehbare Akzente. Ganz anders dagegen der Ostrand, wo sich die heitere Landschaft der Weinstraße jedes Frühjahr in ein weißrosafarbenes Blütenmeer verwandelt.

Stimmungsvoll fällt das Licht der Herbstsonne auf die Ruine der ehem. Benediktinerabtei Limburg, die sich 120 m über dem Tal auf einem bewaldeten Fels erhebt.

❶ **Neuleiningen** Traumhaft liegt das südländisch anmutende Dorf mit seinem fast vollständig erhaltenen Mauerring am Rand der Haardt und gewährt einen weiten Blick über die Rheinebene. Die Burg aus dem 13. Jh. und die Nikolauskirche aus dem 16. Jh. bilden die Höhepunkte eines Rundgangs durch die verträumten Gassen Neuleiningens. Zahlreiche Tafeln vermitteln interessantes Hintergrundwissen.

Am ausgeschilderten Sammelparkplatz wenige Meter oberhalb des Ortes beginnt der 22 km lange Drei-Burgen-Wanderweg, der Alt- und Neuleiningen mit Battenberg verbindet. Eine große Tafel vermittelt hier einen Überblick über sämtliche Rundwanderwege der Umgebung.

❷ **Battenberger Blitzröhren** Direkt an der Straße, die zur Ruine Battenberg hinaufführt, befindet sich rechts ein großartiges Naturwunder: Bräunlichviolette „Orgelpfeifen" aus Stein ragen aus dem Fels heraus. Ihre Entstehung ist noch nicht endgültig geklärt. Wahrscheinlich drang an manchen Stellen eisenhaltiges Wasser ins Gestein und härtete die entsprechenden Bereiche. Später wurden die weicheren Anteile herausgewaschen, die härteren blieben als Röhren stehen. Heute sind diese als Naturdenkmal geschützt.

Oben auf dem Fels thront die Ruine Battenberg, von der man über den Rheingraben bis zum Odenwald blicken kann. In der nahe gelegenen *Burgschenke* werden Stärkungen angeboten.

❸ **Bad Dürkheim** Im traditionsreichen Staatsbad laden Fußgängerzone und Kurpark zu Spaziergängen ein. Spielernaturen kommen hier auf ihre Kosten: Das „Monte Carlo der Pfalz" lockt mit seinem riesigen Freiluftroulette im Kurpark, das Aufnahme ins *Guinness Buch der Rekorde* gefunden hat. Das modern gestaltete Heimatmuseum ist im Haus Catoir untergebracht (Di–So 14–17 Uhr geöffnet).

Außerhalb des Stadtkerns liegt der riesige Gradierbau, Salinen genannt: Salzwasser rieselt dort über Schwarzdornreiser und reichert so die Luft mit salzhaltigen Partikeln an. Der Salzluft wird eine lindernde Wirkung bei Atemwegserkrankungen zugeschrieben.

Nicht zu übersehen ist das Dürkheimer Riesenfaß, das Wahrzeichen der Stadt. 1,7 Mio. l faßt es, doch wurde darin nie Wein gelagert, vielmehr beherbergt es ein großes Restaurant. Die Fläche davor ist alljährlich im September Schauplatz des Dürkheimer Wurstmarktes, des größten Weinfestes der Welt, bei dem rund 500 000 Besucher die beachtliche Menge von 270 000 l Wein genießen.

ℹ Tourist Information, Mannheimer Str. 24, 67098 Bad Dürkheim, Tel. 0 63 22/ 93 51 54.

❹ **Klosterruine Limburg** Im Jahr 1025 wurde die Benediktinerabtei vom Salierkaiser Konrad II. gegründet, wobei er den Grundstein am selben Tag wie den des Speyrer Domes gelegt haben soll. Die einstige Bedeutung des 120 m über dem Bad Dürkheimer Stadtteil Grethen gelegenen Klosters zeigt sich auch daran, daß dort einige Jahre lang die Reichsinsignien aufbewahrt wurden. Vom 16. Jh. an verfiel die Anlage zusehends, ehe man sie im 19. Jh. als Meisterwerk frühsalischer Architektur erkannte und ihren weiteren Zerfall – sie war zur Zeit der Französischen Revolution als Steinbruch genutzt worden – aufhielt. Die Stadt Bad Dürkheim ließ damals auf dem Gelände eine Parkanlage einrichten. Im Sommer wird die Ruine zu einer reiz-

Aktives Erleben heißt die Devise im Kurpfalzpark Wachenheim, dem auch ein reizvoller Wildpark angeschlossen ist.

vollen Kulisse für Theateraufführungen und Konzerte.

Der 2,5 km lange Weg zu diesem bedeutenden Baudenkmal mit dem auffälligen Turm, der sog. Luitpoldweg, führt vom Stadtrand von Bad Dürkheim nach Westen und ist mit einem blauen Strich als Wegzeichen markiert.

ℹ Tourist Information Bad Dürkheim, siehe ❸.

❺ **Pfalzmuseum für Naturkunde** Auf 1400 m² Fläche, über fünf Stockwerke verteilt, zeigt das Museum eine außerordentliche Vielfalt an Ausstellungsstücken, die sich fast alle mit dem Pfälzerwald beschäftigen. Zu besichtigen sind Versteinerungen und Minerale, aber auch Tiere und Pflanzen, teilweise in anschaulichen Dioramen. Der Bergbau in der Pfalz wird ebenso dokumentiert wie der Naturschutz. Durch den sehr lebendigen Aufbau spricht die Ausstellung besonders auch junge Leute an (Mo geschlossen).

Das Museum befindet sich in der klassizistischen Herzogsmühle im Bad Dürkheimer Stadtteil Grethen und dient zugleich als Informations- und Forschungszentrum des Naturparks.

Am Museum (Hinweisschild) beginnt ein Zugangsweg zum beispielhaften naturkundlichen Lehrpfad Bad Dürkheim. Zahlreiche Tafeln informieren entlang der 3 km langen Route über die Geologie der Region und stellen Tiere und Bäume des Waldes am Haardtrand vor. Der Pfad führt auch zum keltischen Ringwall Heidenmauer und zum römischen Steinbruch Kriemhildenstuhl.

❻ **Kurpfalzpark Wachenheim** Auf einer schmalen Straße durch ein malerisches Waldtal erreicht man 7 km westlich des Weinstädtchens Wachenheim den 170 ha großen, harmonisch in den Wald eingebetteten Erlebnispark (Anlage April–Oktober täglich 9–18 Uhr geöffnet; Wildpark außerdem November–März 10–16 Uhr).

Im großzügig angelegten Wildpark leben viele europäische Wildarten; von bequemen Wegen aus lassen sich die Tiere bestens beobachten. In einer Wald- und Wildschau erfährt man darüber alles Wissenswerte.

Auf der Rollerbobbahn flitzen jung und alt zu Tal, der Schwebesessellift bietet eine gute Gelegenheit, das muntere Treiben von oben zu verfolgen, und auf dem riesigen Abenteuerspielplatz können sich die Kinder vergnügen. Grillplätze und eine gepflegte Gastronomie ergänzen das umfassende Angebot.

ℹ Kurpfalzpark Wachenheim, Forsthaus Rotsteig, 67157 Wachenheim, Tel. 0 63 25/ 20 77.

❼ **Deidesheim** Bei einem Stadtrundgang erschließen sich dem Besucher

Dauergäste aus dem Süden

Unsere heimische Flora und Fauna umfaßt auch eine Vielzahl von Arten, die ursprünglich im Süden beheimatet sind, häufig sogar im Mittelmeerraum. Sie erreichen bei uns in klimatisch bevorzugten Gegenden die Nordgrenze ihrer Verbreitung. Dabei handelt es sich um Gebiete mit hoher Sonnenscheindauer, wo die Temperaturen zum Überleben der Tiere oder Pflanzen ausreichen.
So findet man – sozusagen auf nördlich vorgeschobenem Posten – an besonders milden Standorten der Weinstraße im Naturpark Pfälzerwald die leuchtendgrüne, einschließlich Schwanz bis zu 40 cm lange Smaragdeidechse (Bild), die ansonsten eher in Südfrankreich und Italien anzutreffen ist.
Was für die Tiere gilt, gilt sinngemäß auch für die Pflanzen. Arten wie Diptam, Goldaster und Graslilie kommen über die Wärmeinsel der Lahnmündung nach Norden nicht hinaus. Und in manchem Ort an der Weinstraße tragen an geschützten Hauswänden sogar Feigenbäume regelmäßig Früchte.

die vielen Sehenswürdigkeiten des freundlichen Weinortes. Drei hervorragend gestaltete Museen krönen das touristische Angebot, alle nur wenige Schritte vom schönen, dreieckigen Marktplatz entfernt und in historischen Gemäuern untergebracht: das Museum für Weinkultur im Alten Rathaus (März–Dezember Mi–So 16–18 Uhr geöffnet), das Museum für Film- und Fototechnik am Kannenhof (März–Dezember Mi–So 16.30–18.30 Uhr geöffnet) und das Keramikmuseum in einem stilvoll restaurierten Winzerhaus (ganzjährig täglich geöffnet).
ℹ Tourist Information, Bahnhofstr. 11, 67146 Deidesheim, Tel. 0 63 26/50 21.

8 Mandelallee Gimmeldingen–Königsbach In den beiden Orten, inzwischen Stadtteile von Neustadt an der Weinstraße, wachsen unzählige Mandelbäume, die während der Blütezeit (Februar/März) viele Besucher anlocken. Dann ist auch die Verbindungsstraße zwischen den Weindörfern in Rosa getaucht, denn sie wird von zahlreichen Mandelbäumen gesäumt.

Auch der Kern von Neustadt an der Weinstraße lohnt einen Besuch; die schönsten historischen Gebäude sind um die Fußgängerzone in der Stadtmitte gruppiert.
ℹ Tourist-, Kongreß- und Saalbau-GmbH, Bahnhofstr. 1, 67434 Neustadt an der Weinstraße, Tel. 0 63 21/9 26 80.

9 Ruine Nanstein Im äußersten Nordwesten des Naturparks thront hoch über der Stadt Landstuhl die mächtige Burgruine (an den Hauptstraßen ausgeschildert; Dezember geschlossen). Im späten 12. Jh. errichtet, gehörte sie zum Burgensystem Kaiser Barbarossas. Im 16. Jh. herrschte hier der berühmte Reichsritter Franz von Sickingen, der bei der Belagerung der Burg ums Leben kam. Seine Nachfahren bauten die Anlage zu einem Renaissanceschloß um, das jedoch im 17. Jh. teilweise zerstört wurde. Noch heute ist man von der gigantischen Burganlage beeindruckt, entdeckt überraschende Details und kann den Blick weit über die offene Landschaft des Westrichs schweifen lassen.

Im Sommer gibt die Burgruine eine stimmungsvolle Kulisse für die Freilichtspiele ab, die an den Ritter Franz von Sickingen erinnern.
ℹ Fremdenverkehrsamt, Kaiserstr. 6, 66849 Landstuhl, Tel. 0 63 71/8 31 19.

10 Gelterswoog Eine Besonderheit im ansonsten seenarmen Pfälzerwald ist dieser vielbesuchte, idyllisch gelegene Bade- und Wassersportsee (Parkplatz an der B 270 südlich von Kaiserslautern). Ruderboote und Surfbretter kann man sich ausleihen. Verschiedene Badebereiche, eine große Liegewiese und Kioske bieten alles, was man an einem heißen Sommertag zur Erholung braucht.

11 Trippstadt Das gastliche Trippstadt wartet mit mehreren Sehenswürdigkeiten auf: der Ruine Wilenstein aus dem 12. Jh., heute teilweise als Schullandheim genutzt, dem Barockschloß der Freiherren von

Weithin sichtbar weht die deutsche Fahne über dem Hambacher Schloß an der Weinstraße: Hier wurde sie auch 1832 erstmals bei einer Demonstration für einen deutschen Nationalstaat gezeigt (siehe Seite 114).

Bei der Weinlese hat sich in all den Jahrhunderten nur wenig geändert: Noch immer müssen die Winzer schwere Arbeit leisten, so wie hier bei Deidesheim.

Hacke (1766) und den historischen Holzkohlebrennöfen im Schwarzbachtal. Als Rarität sei der Brunnenstollen genannt, eine nördlich der Alpen einmalige Anlage, die im 18. Jh. zur Wasserversorgung des Höhendorfes über 300 m weit in den Fels getrieben wurde und heute begehbar ist (Besichtigung Mai–September nach Vereinbarung). Ein umfangreiches Wanderwegenetz erschließt die Schönheiten der Gegend.

Das Naturschutzgebiet Karlstalschlucht umfaßt einen spektakulären und urwüchsigen Abschnitt eines typischen Pfälzerwaldtales. Die Moosalbe grub sich tief in den Buntsandstein ein, unterspülte Wände und riß Felsblöcke los, die heute – überwachsen mit Algen, Moosen und Farnen – einen wildromantischen Eindruck vermitteln. Einen günstigen Zugang zu der Naturoase hat man vom Parkplatz rechts an der Straße Trippstadt–Oberhammer aus.

Ein Sommeridyll wie aus dem Bilderbuch: einer der vielen liebevoll restaurierten Weinbauernhöfe in Maikammer.

ℹ Verkehrsamt, Hauptstr. 32, 67705 Trippstadt, Tel. 0 63 06/3 41.

⓬ **Johanniskreuz** Schon seit mehr als 2000 Jahren kreuzen sich an diesem Punkt viele Wege. Zuerst die Kelten und später die Römer führten ihre Fernstraßen lieber über Höhenrücken als durch unsichere, unwegsame Täler. Heute treffen hier mehrere Straßen zusammen, und der für seine mächtigen Traubeneichen bekannte Weiler ist mit seinen Hotels und Gaststätten ein Ausgangspunkt zahlreicher markierter Wanderwege.

⓭ **Pfälzer Weltachs** Am kleinen Parkplatz an der B 48 an der Abzweigung zum Kaiserslauterner Stadtteil Mölschbach beginnt der ansprechende Wanderweg zur sog. Weltachs; allerdings ist der als Wegweiser dienende Stein bewachsen und schwer zu entziffern. Vorbei an abgerundeten Sandsteinfelsen spaziert man eine Viertelstunde durch den Wald zu diesem bemerkenswerten Denkmal, aufgebaut aus einigen Steinblöcken: Hier liegt der geographische Mittelpunkt der Pfalz, die Pfälzer Weltachs eben, die mit einer originellen Bildhauerarbeit verziert ist.

⓮ **Kuckucksbähnel** Die teilweise von Dampfloks gezogene Museumseisenbahn *Kuckucksbähnel* zuckelt gemächlich durch das wunderschöne, fels- und ruinengekrönte Speyerbachtal (Mai–Oktober unregelmäßig an 20 Tagen, Dauer der Fahrt von Lambrecht bis Elmstein etwa 1 Stunde).

Im Erholungsort Elmstein im sog. Romantischen Tal mit seinen zahlreichen Wandermöglichkeiten vermitteln das Waldarbeitsmuseum und die heute nur noch zu Schauzwecken betriebene Waffenschmiede Einblicke in das Leben der Menschen von anno dazumal in dieser einst so abgeschiedenen Gegend (an Fahrtagen des *Kuckucksbähnels* 14–16 Uhr in Betrieb).

ℹ Verkehrsamt, Bahnhofstr. 14, 67471 Elmstein, Tel. 0 63 28/2 34.

⓯ **Kalmit** Ausgangspunkt für einen Besuch der Kalmit ist Maikammer. In diesem idyllischen Weindorf kann man sich auf dem Weinlehrpfad Mandelhöhe über die edlen Tropfen der Pfalz informieren (Führungen zwischen Ostern und Oktober Di 15 Uhr; Voranmeldung Tel. 0 63 21/ 58 99 17). Schon die Anfahrt über die serpentinenreiche Kalmitstraße ist ein Erlebnis: Auf nur 7 km Länge werden 400 Höhenmeter überwunden! Vom Parkplatz erreicht man in wenigen Minuten den Gipfel der Kalmit, mit 673 m der höchste Berg des Pfälzerwaldes. Vom Aussichtsturm blickt man hinab auf die Rheinebene und weit hinaus auf Hunsrück, Taunus, Odenwald und Vogesen. Im *Kalmithaus* findet man Stärkung fürs leibliche Wohl (Sa und So 9–18 Uhr, Mai– Oktober zusätzlich Mi geöffnet). Am Parkplatz beginnen mehrere ausgeschilderte Wanderwege; der interessanteste mit 1 km Länge führt zum gewaltigen Blockmeer auf dem Hüttenberg.

Fast schon südliches Flair umfängt den Besucher in Rhodt unter Rietburg. Herrliche Kastanienbäume und schmucke Weinbauernhäuschen mit ihren unverwechselbaren Hoftoren säumen die Straße.

⑯ **Hambacher Schloß** Die Ursprünge der mächtigen, vor einigen Jahren restaurierten Anlage – auch Maxburg genannt – liegen in der Zeit um 1000. Das Schloß gilt als eine „Wiege der deutschen Demokratie“: Beim Hambacher Fest zogen 1832 rund 30 000 freiheitlich gesinnte Männer und Frauen hierher, um für ein freies und einiges Deutschland zu demonstrieren. Eine Ausstellung erinnert an diese Zeit (März–November täglich 9–18.30 Uhr geöffnet, weiträumig ausgeschildert).

ℹ Hambacher Schloß, 67434 Neustadt an der Weinstraße, Tel. 0 63 21/3 08 81.

⑰ **St. Martin** Reich an hervorragend restaurierten Baudenkmälern ist dieses wohl schönste Winzerdorf an der Deutschen Weinstraße. In vielen Weingütern des Luftkurortes kann man eine reiche Auswahl verschiedener Weine probieren und kaufen. Ausgeschilderte Wanderungen führen zur Kalmit, zur Villa Ludwigshöhe, zum Totenkopf oder zur oberhalb des Dorfes auf einem Weinberg gelegenen Kropsburg aus dem 13. Jh. Dort lädt ein Restaurant zur Rast.

ℹ Verkehrsamt, Haus des Gastes, 67487 St. Martin, Tel. 0 63 23/53 00.

⑱ **Rhodt unter Rietburg** 350 Jahre alte, noch immer Trauben tragende Rebstöcke wachsen in einem der Weinberge dieses malerischen Winzerortes mit seinen denkmalgeschützten Torbogenhäusern. Neben der hier besonders gepflegten Traminerrebe gedeiht dank des überaus milden Klimas auch die sonst südlich der Alpen heimische Edelkastanie. Sie wurde vor fast 2000 Jahren von den Römern eingeführt.

Von der Theresienstraße kommt man direkt zur weithin sichtbaren, prächtigen Villa Ludwigshöhe, einem 1846–51 erbauten Lustschloß des Bayernkönigs Ludwig I. (Mo und im Dezember geschlossen). Nach außen wirkt der Bau aus gelbem Sandstein klassizistisch streng, die reichausgestalteten Repräsentationsräume im Innern jedoch strahlen eine heitere Eleganz aus. Im Obergeschoß werden in einer Dauerausstellung wichtige Werke des Malers Max Slevogt gezeigt.

Direkt hinter der Villa liegt die Talstation der *Rietburgbahn* (vom 1. März bis Gründonnerstag jeden So, von Karfreitag bis 1. November täglich in Betrieb). Mit dieser Sesselbahn überwindet man in 8 Minuten 220 Höhenmeter. Von der Terrasse der Höhengaststätte *Rietburg* aus, von der man einen weiten Panoramablick über die Rheinebene genießen kann, sind bei klarem Wetter gleich drei weltberühmte Dome zu erkennen: die von Worms, Speyer und Straßburg. Von der Rietburg selbst ist nur eine Ruine übriggeblieben. Ein kleines Wildgehege und ausgeschilderte Wanderwege runden das Freizeitangebot ab.

ℹ Fremdenverkehrsamt, Weinstr. 44, 76835 Rhodt unter Rietburg, Tel. 0 63 23/98 00 79.

⑲ **Zoo Landau** Im Nordwesten von Landau in der Pfalz gelegen, spricht der kleine, liebevoll geführte Tierpark (April–Oktober täglich 9–18.30, November–März 10–16 Uhr geöffnet) vor allem die Kinder an: 150

Tierarten aus aller Welt sind hier zu besichtigen. Großer Wert wird dabei auf artgerechte Haltung der Tiere gelegt. So gibt es eine Freianlage für die Totenkopfäffchen und eine Vogelflughalle. Kinder freuen sich über den Streichelzoo.

⑳ **Teufelstisch** Den berühmtesten und wohl auch meistfotografierten Sandsteinfelsen der Pfalz sollte man unbedingt gesehen haben. Am Fuß des bizarren Naturwunders bei Hinterweidenthal gibt es außerdem einen gut ausgestatteten Spielpark (Zugang an der B 427 ausgeschildert). Zeitvertreib bieten ein großer Kinderspielplatz, eine Minigolfanlage, eine Bocciabahn, ein Kiosk und manches andere.

Auch im nahen Ort Hinterweidenthal lohnt sich wegen der schönen Fachwerkhäuser ein Rundgang.

㉑ **Erstes Deutsches Museum für Schuhfabrikation** In einer ehem. Schuhfabrik in Hauenstein, die mit großem Aufwand umgestaltet wurde, gewährt das kulturhistorische Museum auf drei Stockwerken Einblick in die Schuhherstellung von gestern und heute. Dabei werden nicht nur die Produktionsabläufe demonstriert, man erfährt auch einiges über die Lebensbedingungen der Fabrikarbeiter. Die Ausstellung ist mit Vorführungen an vielen Maschinen sehr ansprechend gestaltet, so daß die Eindrücke plastisch werden.

ℹ Verkehrsamt, Schulstr. 4, 76846 Hauenstein, Tel. 0 63 92/4 02 10.

㉒ **Burg Trifels** Drei Burgen überragen Annweiler: Trifels, Anebos und Scharfenberg, die berühmte „Burgendreifaltigkeit“. Die bedeutendste unter ihnen ist Burg Trifels: Im 11. Jh. erbaut, wurde sie bald zum Machtzentrum der Salier- und Stauferkaiser. Im 12. und 13. Jh. bewahrte man hier die Reichsinsignien auf, die höchsten Symbole des Heiligen Römischen Reiches Deutscher Nation. Die Lieblingsburg von Kaiser Friedrich Barbarossa beherbergte aber auch eines der mächtigsten Staatsgefängnisse seiner Zeit. Ab dem 16. Jh. verfiel die Burg allmählich, ehe sie im 19. und frühen 20. Jh. wieder aufgebaut wurde – so wie man sich damals eben eine Reichsburg vorstellte.

Man erreicht den Trifels (ausgeschildert) auf einer kurvenreichen Straße von Annweiler aus. Auf halber Höhe liegt rechts der Parkplatz Einsiedel bei einem traumhaften Aussichtspunkt, der den schönsten Blick auf den Trifels freigibt. Auf der Weiterfahrt erblickt man links den Asselstein, den höchsten frei stehenden Sandsteinfelsen der Südpfalz. Wenn man Glück hat, sieht man dort Bergsteiger, die ihre Fähigkeiten erproben, besonders an der 50 m hohen Nordwand.

Vom Parkplatz unterhalb der Burg bewältigt man in einer Viertelstunde den letzten Anstieg zu Fuß. Im Inneren sind Nachbildungen der Reichsinsignien – Krone, Zepter und Reichsapfel – sowie viele weitere Kleinode zu sehen (Dezember geschlossen). Im Sommer erklingen im stilvollen Ambiente des Kaisersaales Serenadenkonzerte.

ℹ Büro für Tourismus, Hauptstr. 20, 76855 Annweiler am Trifels, Tel. 0 63 46/22 00.

㉓ **Slevogt-Hof** Das im 16. Jh. erbaute Schloßgut Neukastell über Leinsweiler kaufte sich der impressionistische Maler Max Slevogt (1868–1932) als Sommersitz. Im Inneren des Slevogt-Hofes sind Bilder und großflächige Ausmalungen zweier Räume zu bewundern (nur mit Führung, Ostersamstag bis 1. November Mo–Mi 11.15 Uhr, 13.30 Uhr, Sa und So außerdem 16 Uhr). Im nahen Wäldchen befindet sich das Grab des Malers.

Oberhalb des Slevogt-Hofes thront die Ruine Neukastell (12. Jh.).

Im 12. Jh. wurde in der einst bedeutenden Burg Trifels bei Annweiler König Richard Löwenherz zwei Jahre lang festgehalten und erst gegen Zahlung eines hohen Lösegeldes freigelassen.

Jeden Moment scheint die Platte das Gleichgewicht verlieren zu können, doch der Teufelstisch bei Hinterweidenthal hält schon seit Jahrtausenden die Balance.

Buntsandstein: Wüstengestein und Werkzeugfresser

So farbenfroh, wie der Name vermuten läßt, ist das vor mehr als 240 Mio. Jahren in Mitteleuropa abgelagerte Schichtpaket keineswegs. Vor allem rote Farbtöne wechseln im Buntsandstein einander ab. Die Eisenminerale, die den Schichten die roten Farben verleihen, bilden sich überwiegend in einem Klima mit längeren Trockenzeiten. Es gilt daher auch als sicher, daß der Buntsandstein ursprünglich ein Wüstengestein ist, abgelagert in einer nur spärlich bewachsenen Landschaft. Innerhalb der Schichtenserie lösen sich härtere Sandsteine und weichere Tonsteine ab; „steinhart", im wahrsten Sinn des Wortes, sind die quarzreichen Sandsteine, früher als Bausteine geschätzt, bei den Steinbrucharbeitern jedoch als „Werkzeugfresser" gefürchtet. Sandsteine, die durch eisen- oder kieselsäurehaltige Lösungen nicht gleichmäßig verfestigt sind, zeigen an der Oberfläche oft sonderbare Verwitterungsformen: Waben (Bild), Zellen, manchmal auch kleine sanduhrförmige Pfeiler, wie bei den Sandsteinfelsen im Dahner Felsenland. Derartige Formen sind eigentlich typisch für Wüsten, kommen in unseren Breiten jedoch auch an steilen Felswänden vor, an denen der Regen schnell abrinnt, und die von Wind und Sonne ausgetrocknet werden.

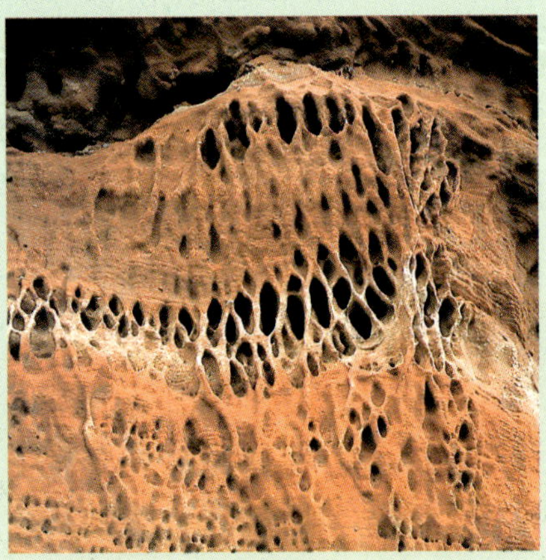

ℹ Südliche Weinstraße Landau-Land, Büro für Tourismus, Rathaus, 76829 Leinsweiler, Tel. 0 63 45/35 31.

㉔ **Altschloßfelsen** Im äußersten Südwesten des Naturparks, dicht an der Grenze zu Frankreich, erwartet den Wanderer eine geologische Sensation: die über 1 km lange Buntsandsteinwand des Altschloßfelsens mit ihren bizarr herausgewitterten, bis zu 20 m hohen Felsnadeln, -türmen, -toren, -grotten und -dächern.

An der Straße Eppenbrunn–Fischbach weist ein leider nur schwer erkennbarer Holzpfeil nach rechts zum Parkplatz Spießweiher. Auf einer Tafel findet man dort mehrere Wandervorschläge, darunter den 7 km langen Rundweg 3 zum Altschloßfelsen.

Ein Rudel prächtiger Damhirsche äst auf einer sonnigen Lichtung – gut zu beobachten im Wild- und Wanderpark Südliche Weinstraße nahe Silz.

㉕ **Dahn** Mächtige Burgen und sagenumwobene Felsen umkränzen das nette Städtchen, das fast alles bietet, was sich Urlauber wünschen. Im *Felsland-Badeparadies* kann sich die ganze Familie auf der Riesenrutschbahn, im Strömungskanal oder einfach auf der Liegewiese vergnügen. Kanuwanderungen auf der Wieslauter locken die sportlich Ambitionierten, die auch im *Sportpark Dahn* mit Tennis, Squash und Bowling auf ihre Kosten kommen. Reitunterricht wird ebenso angeboten wie Tischtennis, Minigolf oder Boccia. An den Grillplätzen wird mit Vorliebe der typische Pfälzer Schwenkbraten zubereitet. Markierte Wanderwege führen zu den Schönheiten der Umgebung: den Aussichts- und Kletterfelsen, den Burgen und Ruinen.

Wo einst Raubritter ihr Unwesen trieben und die Reisenden überfielen, brauchen die Wanderer heutzutage auf Waldwegen keinen Hinterhalt mehr zu fürchten. Auf dem lokalen Wanderweg 1 kommt man zur bedeutenden Burgengruppe der Ruinen Altdahn, Grafendahn und Tanstein, die sich über eine Länge von 200 m auf einem Bergsporn erhebt, teilweise sogar in den Buntsandstein hineingehauen wurde und als die größte Anlage ihrer Art in der Pfalz gilt. Selbst die Ruinen sind noch so imposant, daß sie jeden Besucher in ihren Bann ziehen. Die im Burgenmuseum (Karfreitag bis 1. November täglich 11–17 Uhr geöffnet) ausgestellten Funde aus den Dahner Burgen vermitteln einen Einblick in das Alltagsleben der einstigen Bewohner.

ℹ Tourist-Information Dahner Felsenland, Schulstr. 29, 66994 Dahn, Tel. 0 63 91/ 58 11.

㉖ **Burg Berwartstein** Die wieder aufgebaute schöne Felsenburg ist die einzige in der Pfalz, die noch heute bewohnt wird (ab Erlenbach ausgeschildert, Parkplatz am Fuß des Burghügels; März–Oktober täglich 9–18, November–Februar Sa und So 13–17 Uhr geöffnet). Im 12. Jh. wurde die Burg erstmals urkundlich erwähnt.

So wie Burg Berwartstein stellt man sich eine typische Ritterburg vor: Den Rittersaal überspannen vier Kreuzgewölbe aus dem 13. Jh.; eine Wand ist direkt in den Fels gehauen, durch den Aufzugschacht kamen die Speisen und Getränke aus der darüberliegenden Küche. Noch heute kann man hier tafeln. In der Rüstkammer sind historische Waffen und Rüstungen zu bewundern. Der Burgbrunnen mit seinen 2 m Durchmesser reicht 104 m tief hinab bis zur Talsohle, hineingemeißelt in den blanken Fels. In das relativ weiche Gestein getrieben sind auch die vielen Treppen, Gänge und Kammern im Inneren der Felsenburg, die das eigentlich Besondere dieser Festung ausmachen. Zu einer Burgbesichtigung gehört auch ein Gang durch das Netz der unterirdischen Stollen.

An dem über 1 km langen Altschloßfelsen bei Eppenbrunn sind verschiedene Schichten des Buntsandsteins gut zu erkennen.

㉗ **Wild- und Wanderpark Südliche Weinstraße** Die 2 km südwestlich von Silz gelegene, rund 100 ha große Anlage ist reizvoll in die Landschaft des Pfälzerwaldes eingebettet (weiträumig ausgeschildert, Großparkplätze; März–November täglich ab 9, Dezember–Februar ab 10 Uhr bis Einbruch der Dämmerung geöffnet).

Ein großer Rundweg mit zwei Lehrpfaden führt die Besucher in 1 Stunde durch das Gelände. In zwei riesigen Freigehegen leben Rotwild und Damhirsche, Wildschweine, Mufflons und viele andere Tiere, insgesamt um die 400 Exemplare. Der Streichelzoo begeistert vor allem die Kinder, die sich anschließend auf dem Spielplatz austoben können. Am Grillplatz kann man seinen Proviant verzehren, ein Kiosk sorgt für Nachschub.

i Wild- und Wanderpark Südliche Weinstraße, 76857 Silz, Tel. 0 63 46/55 88.

㉘ **Bad Bergzabern** In der lebendigen Kurstadt parkt man am besten vor dem wuchtigen Schloß der Herzöge von Zweibrücken (16. Jh.), ausgeschildert als Verbandsgemeindeverwaltung. Wenige Schritte entfernt steht das Gasthaus *Zum Engel.* Das Renaissancegebäude mit der prachtvollen rosafarbenen Fassade, den zierlichen Giebeln und den detailreichen Erkern wurde in der zweiten Hälfte des 16. Jh. wohl als Amtshaus errichtet. Im ersten Stock zeigt das Stadtmuseum seine Schätze (Mi und Sa 16–18 Uhr geöffnet).

Zum beschaulichen Bummeln laden die verwinkelten Gassen der Altstadt zwischen Königstraße, Marktplatz und Weinstraße ein. Die stolzen Patrizierhäuser mit ihren Barockerkern und Schmuckgiebeln lassen den einstigen Reichtum der Stadt erahnen.

Zu den Besuchern des Kneippheilbades zählen vor allem Menschen, die auf eine Linderung ihrer Herz- und Kreislauferkrankungen hoffen. Nicht nur für wassertretende Kurgäste ist das Thermalbad da. Im warmen Wasser, das mit 22,8 °C aus dem Boden sprudelt, kann man sich bestens entspannen.

i Kurverwaltung, Kurtalstr. 25, 76887 Bad Bergzabern, Tel. 0 63 43/88 11.

㉙ **Besucherbergwerk Eisenerzgrube Nothweiler** Schon im 16. Jh. wurde hier Eisenerz geschürft. Heute zieht es viele Gäste in das auf eine Länge von 420 m begehbare technische Kulturdenkmal. 1893 war die Grube stillgelegt worden, doch in den 70er Jahren dieses Jahrhunderts restaurierten die Bürger des Dorfes die Anlage. Zu sehen gibt es Erzgänge in bizarren Formen und Farben, die vor Millionen von Jahren in den Spalten des Buntsandsteins abgelagert worden sind. Die Besucher ahnen beim Gang durch den St.-Anna-Stollen und abzweigende Nebenstollen, wie schwer die Bergleute hier früher arbeiten mußten (April–Oktober täglich außer Mo geöffnet; auf Vorbestellung erhält man ein deftiges „Bergmannsmahl“).

i Eisenerzgrube, 76891 Nothweiler, Tel. 0 63 94/53 54.

㉚ **Weinlehrpfad Schweigen-Rechtenbach** Auf dem ersten deutschen Weinlehrpfad, 1969 mit einer Länge von rund 1 km eingerichtet, erfährt man viel Wissenswertes über den Weinbau in der Pfalz. Es gibt aber auch manches zu lachen, denn zahlreiche originelle Skulpturen säumen den Pfad. Das Stichwort „selbstgezogener Wein“ etwa illustriert ein Künstler, indem er eine Figur ein Weinfaß hinter sich herziehen läßt. Und das kuriose Reblausdenkmal stellt den gefürchteten Schädling als Schrottplastik dar.

i Verkehrsverein, Weinstraße, 76889 Schweigen-Rechtenbach, Tel. 0 63 42/2 69.

Einer der schönsten Profanbauten der Renaissance in der Pfalz ist das Gasthaus Zum Engel in Bad Bergzabern, in dem sich heute ein gutbürgerliches Lokal befindet.

Naturpark Saar–Hunsrück

Vom weinseligen Saartal bis hinauf auf die rauhen Höhen des Hunsrücks reicht dieser Naturpark. Wanderwege und Stauseen, archäologische Stätten und Wildparks, Edelsteinschleifereien und Naturoasen mit seltenen Tieren und Pflanzen: diese bunte Mischung und vieles andere mehr erwarten den Besucher.

❶ **Riverisstausee** Im Nordwesten des Naturparks liegt das Dörfchen Riveris, nur wenige hundert Meter von der gleichnamigen Talsperre entfernt. Man fährt durch den Ort bis zum ersten Parkplatz mit Wanderwegtafel. Dort kann man sich zwischen zwei Routen entscheiden: Entweder man geht den Talweg, der nach einer guten halben Stunde an der 50 m hohen Staumauer endet, oder man wandert vom zweiten Parkplatz aus rund um den See (kein Badebetrieb). Der Weg verläuft auf etwa 7,5 km am Hang entlang durch Mischwald und vorbei an schroffen Felswänden.

❷ **Erbeskopf** Mit seinen 816 m ist dieser Berg die höchste Erhebung im Hunsrück. Im Winter lockt er als schneereiches Skigebiet mit vier Schleppliften, zwei Rodelbahnen und Langlaufloipen Wintersportler an. Aber auch in der wärmeren Jahreszeit lohnt die Gegend einen Besuch. Vom Wanderparkplatz führen mehrere markierte Wege in ein reizvolles Wandergebiet. Ein weiter Blick bis ins Moseltal und über die Höhen des Schwarzwälder und Osburger Hochwaldes bietet sich vom Aussichtsturm aus.

❸ **Sensweiler** In einem stillen Seitental des Idarbaches, südlich der kleinen Gemeinde Sensweiler, führt ein Geologisches Freimuseum durch die Welt der Gesteine. Auf einem 1 km langen Spazierpfad durchquert der Besucher Jahrmillionen der Erdgeschichte. Informationstafeln beschreiben die jeweilige Gesteinsart, deren Alter, Fundort und auch die Verwendung als Nutz- oder Schmuckstein. Schon im Mittelalter hat sich in dieser Gegend das Schmuckgewerbe – entlang der Deutschen Edelsteinstraße – entwickelt und ist bis heute ein bedeutender Wirtschaftszweig geblieben.

Eingerahmt von schönen Rebterrassen liegt die Stadt Saarburg zwischen bewaldeten Ausläufern des Hunsrücks und dem lieblichen Saargau.

❹ **Wildenburg** Weit zurück in vorchristliche Zeiten reicht die Besiedelung dieses strategisch so günstigen Berges: Reste einer keltischen Fliehburg sind teilweise noch zu erkennen oder sind restauriert worden.

Auf den Grundmauern der zerstörten mittelalterlichen Festung errichtete man die heutige Wildenburg, die als zeitweiliger Aufenthaltsort des berühmt-berüchtigten Räuberhauptmanns Schinderhannes bekannt wurde. Vom 22 m hohen Bergfried sieht man hinüber zum Idarwald.

Zu Füßen der Burg liegt das 42 ha große Gelände des Wildfreigeheges Wildenburg (ganzjährig geöffnet). Unter den sieben Schalenwildarten befindet sich mit dem Dybowskihirsch eine Tierart, die heute leider vom Aussterben bedroht ist.

Zur wildzerklüfteten Felsenkuppe der Mörschieder Burr, einem 20 ha großen Naturschutzgebiet, führt der Wanderpfad W 1 mit 3 km Länge, der vom Weg zur Burg abzweigt.

ℹ Verkehrsamt, Brühlstr. 16, 55756 Herrstein, Tel. 0 67 85/7 91 03.

❺ **Stipshausen** Von dem verträumten Dorf gelangt man auf mehreren ausgeschilderten Wanderwegen zum Aussichtsturm auf dem Idarkopf. Im Winter tummeln sich die Langläufer auf den gespurten Loipen zwischen Idar- und Erbeskopf. Doch auch in der schneelosen Zeit gibt es in Stipshausen einiges zu sehen. Da ist zuerst die ev. Kirche, deren Vorgängerbau 1686–1781 für beide Konfessionen als Gotteshaus diente. Als besondere Sehenswürdigkeit neben den Fresken aus dem Hunsrücker Barock gilt die imposante Orgel der Gebrüder Stumm von 1861. Den Schlüssel erhält man im Küsterhaus neben der Kirche.

Nur wenige Meter entfernt kann man in einer Edelsteinschleiferei den Weg des Schmucksteins vom Schleifen bis hin zur Einfassung in Gold oder Silber beobachten.

ℹ Fremdenverkehrsverein, Hauptstr. 53, 55758 Stipshausen, Tel. 0 65 44/5 22.

❻ **Saarburg** Eine 1000jährige Geschichte hat die Stadt an der Saar, deren malerische Altstadt der vielen kleinen Brücken wegen auch „Saarburgs Klein-Venedig“ heißt. Ursprünglich floß der Leukbach um die Stadt herum und speiste Fischteiche und Burggraben der Saarburg. Schon im 13. Jh. leitete man den Fluß durch die Stadt, um im Brandfall genügend Löschwasser zur Ver-

fügung zu haben. Ein imposantes Schauspiel, ein Wasserfall mitten in der Stadt, läßt sich von der Bachbrücke aus bestaunen: über 20 m stürzt das Wasser hinab.

Hoch über der Stadt thront die einst stolze Burg gleichen Namens, 964 unter Graf Siegfried von Luxemburg erbaut. 107 Stufen führen zum Aussichtsplateau auf dem Mantelturm; von dort hat man nach beiden Seiten einen weiten Blick über das Saartal. Ein Burgpfad schlängelt sich den steilen Hang hinunter, vorbei am unteren Aussichtsplateau, von dem man über den Westteil der Stadt blickt.

Durch die Weinberge mit herrlicher Aussicht auf Stadt und Saartal verläuft ein 2 km langer Weinlehrpfad. Auf 17 Tafeln werden verschiedene Rebsorten vorgestellt, und man erfährt Wissenswertes rund um den Weinbau an der Saar.

Täglich zeigt eine Glockengießerei aus dem 18. Jh. dieses aussterbende Handwerk.

ℹ Verkehrsamt, Graf-Siegfried-Str. 32, 54439 Saarburg, Tel. 0 65 81/8 12 15.

⑦ **Zerf** Im Tal der Ruwer, inmitten schöner Wälder, liegt dieser ruhige Erholungsort.

Im Bürgerhaus an der Hauptstraße befindet sich das Heimatmuseum. Es zeigt Wohnräume des typischen Hochwälder Quereinhauses, ausgestattet mit alten Möbeln und vielen Gegenständen des täglichen Gebrauchs, außerdem historische Werkstatteinrichtungen (Mai–September So 14–16 Uhr geöffnet).

Zum Walderholungsplatz am Mühlenberg gelangt man, wenn man der Beschilderung „Gemeindeverwaltung“ von der Hauptstraße aus folgt. Am Parkplatz weist eine Tafel auf einen Naturlehrpfad hin, der zugleich als Trimm-dich-Pfad genutzt werden kann.

Klein, aber fein: die Stipshausener ev. Kirche besitzt eine Kuppel, die Barockkünstler aus dem Hunsrück reich mit Fresken dekoriert haben.

Der Weg führt anfangs am südlichen Talhang der Ruwer entlang, dann vorbei an mehreren geschützten Ameisenkolonien und einer Waldlehrhütte und erreicht nach knapp 1,5 km die Bahnlinie. Von dort geht es über die Höhe zurück. Auf halbem Weg lohnt sich ein Abstecher zum 420 m hoch gelegenen Aussichtsturm und dem Bienenlehrstand mit Schaukästen. Kleine Tafeln

Besonderheiten der Tierwelt

Vor allem in den artenreichen Mischwäldern des Naturparks lebt fast die ganze Vielfalt der heimischen Großsäuger: Rothirsch, Reh, Wildschwein, Fuchs, Dachs, Steinmarder und Hase. Sogar die extrem seltene Wildkatze (nicht zu verwechseln mit verwilderten Hauskatzen) geht hier noch auf Mäusefang. Aus nächster Nähe sieht man viele von ihnen in den Wildgehegen des Naturparks.
Ebenso sind fast alle heimischen Greifvögel anzutreffen und von den Eulenvögeln sogar der stark bedrohte Rauhfußkauz. Insgesamt kann der Kundige hier rund 100 Vogelarten erlauschen und erblicken, darunter auch die Raritäten Ziegenmelker (Bild), Eisvogel, Tannenhäher, Wasseramsel und Haselhuhn.
An Bächen und Teichen trifft man auf die Vertreter der Lurche: Erd-, Kreuz- und die seltene Geburtshelferkröte ebenso wie Gelbbauchunke, Gras- und Wasserfrosch. Dazu kommen Berg-, Teich-, Kamm- und Fadenmolch. Besonders schön ist auch der prächtige Feuersalamander.
In einem einzigen Naturschutzgebiet haben Experten fast 100 verschiedene Schmetterlingsarten ausgemacht. Und sage und schreibe 2500 unterschiedliche Käfer entdeckten die Forscher allein im nördlichen Hunsrück.

am Weg erklären Arten und Vorkommen von Bäumen, Sträuchern und Tieren. Am Parkplatz lädt eine bewirtschaftete Rasthütte zum Verweilen ein.
i Gemeindeverwaltung, Am Mühlenberg 15, 54314 Zerf, Tel. 06587/1208.

8 Kell am See Badespaß und Wassersport verheißt in den Sommermonaten der Stausee bei Kell am See. Im Winter läuft man auf gespurten Loipen durch den dichten Nadelwald. Der Parkplatz am Bungalowdorf ist ein Ausgangspunkt für Wanderungen.

Mit gemütlichen Rastplätzen, schattigen Wegen und pfiffigen Spielanlagen lockt der Märchenwald am nördlichen Seeufer. Etwa 1 km östlich führt ein Waldlehrpfad zu den wichtigsten einheimischen Gehölzen.
i Fremdenverkehrsamt, Alte Mühle, 54427 Kell am See, Tel. 06589/1044.

Ein wahres Paradies für Segler, Surfer und andere Wassersportler ist der von flachen Hügeln eingerahmte Bostalsee.

9 Hermeskeil Am Bahnhof der betriebsamen Stadt am Schwarzwälder Hochwald weckt das Dampflokmuseum Erinnerungen an frühere Zeiten. 47 große Lokomotiven verschiedener Baureihen, bequeme Schlafwagen und ein nostalgischer Schienenbus stehen auf dem Gelände um das alte Betriebswerk (5. März–4. Advent Sa, So, Feiertag, Juli und August täglich geöffnet).

Ein Stück Vergangenheit erwartet auch den Besucher des Hochwaldmuseums am Neuen Markt. Einblick in die Schulzeit der 20er Jahre vermittelt die originalgetreu eingerichtete Schulstube. Wissenswertes über die Geschichte der Stadt erfährt man anhand von Dokumenten, Bildern und Modellen (Februar–Oktober Do 10–12 Uhr, Mi und Sa 14–16 Uhr geöffnet).

Wie auf einem kleinen Flugplatz fühlt man sich unter den 85 Flugzeugen auf dem Gelände der Flugausstellung Junior bei Hermeskeil. Von der kleinen Passagiermaschine bis zum vierstrahligen Verkehrsflugzeug kann man vieles besichtigen, was in der Luftfahrt Geschichte gemacht hat (April–2. November täglich geöffnet).
i Touristik-Information, Langer Markt 17, 54411 Hermeskeil, Tel. 06503/809290.

10 Hunnenring Otzenhausen Vom Parkplatz an der Straße von Otzenhausen nach Züsch steigt man auf einem der beiden steilen Wege zum Hunnenring auf den knapp 700 m hohen Dollbergsporn hinauf. Über 2 km erstreckt sich der Steinwall, den die germanisch-keltischen Treverer um 60 v. Chr. aus Felsblöcken an den Berghängen errichtet haben; die Befestigungsanlage hat also nichts mit den Hunnen zu tun. Bis zu 10 m hoch türmen sich die Steine; der Wall im Norden erreicht an seiner Sohle eine Breite von fast 40 m.

Aus der Zeit um 60 v. Chr. datieren auch Funde von Eisennägeln, die die Holzkonstruktion der Tore zusammenhielten. Nachdem Cäsars Truppen die Gallier besiegt hatten, verlor der Schutzwall seine Bedeutung. Die Grundmauern eines römischen Tempels erinnern an diese Zeit.

Auf der anderen Seite des Parkplatzes lädt die Primstalsperre mit einem schönen Rundweg zum Spaziergang ein. In der Nähe der Informationstafel am Parkplatz zeigt ein Vogellehrpfad einheimische Vogelarten, und ein Pflanzenlehrpfad erläutert Blumen und Sträucher.

Der Kloppbruchweiher unweit des Parkplatzes war einst eine Erzgrube, die Ende des 19. Jh. aufgegeben wurde. Die Besitzer pflanzten damals rund um den Weiher fremde Baumarten an. Heute führt ein forstbotanischer Lehrpfad durch den exotischen Mischwald.

11 Nennig Mitten im Ort, an einem großen Parkplatz, befindet sich ein einzigartiges Museum: das Römische Mosaik. Bei Erdarbeiten stieß man 1852 auf Mosaiksteine und entdeckte dann das 161 m^2 große Kunstwerk, das zu den bedeutendsten römischen Schöpfungen nördlich der Alpen zählt. Die farbigen Bilder zeigen Szenen aus der

Arena mit Löwe und Tiger, aber auch die Darstellung eines Orgelspielers und Hornbläsers. Neben dem Eingang der Halle, die das kostbare Steinkunstwerk schützt, sieht man die Reste der Grundmauern der zugehörigen römischen Villa. Im Inneren zeigt ein Modell, wie das Bauwerk wohl einmal ausgesehen hat.

i Gemeinde Perl, Trierer Straße 28, 66706 Perl, Tel. 0 68 67/66 27.

⓬ **Freudenburg** Fährt man vom Saartal zum schmucken Ort Freudenburg, so ist die gleichnamige Burg nicht zu übersehen. Vorbei am tiefen Halsgraben führt der Weg entlang dem Hang unterhalb der Burg. Eine Informationstafel berichtet von der bewegten Geschichte der Ruine. Ein Besitzerstreit war es, der schließlich dazu führte, daß kurtrierische Truppen 1646 die Burg zerstörten. Im Lauf der Zeit nutzte man das Gemäuer als Steinbruch, bis 1861 die Gemeinde die Ruine kaufte. Auch ein Vogellehrpfad wurde hier angelegt.

⓭ **Stausee Losheim** Eine der Attraktionen des Seefreibades ist die 52 m lange Wasserrutsche. Außerdem kann man mit allen möglichen Arten von Wasserfahrzeugen – vom Tret- über das Segel- bis zum Ruderboot – über den See kreuzen. In den ruhigeren Bereichen des Sees versuchen Angler ihr Glück, Naturliebhaber beobachten auf den Vogelschutzinseln seltene Vögel, bestimmen im Biotop geschützte Pflanzen und informieren sich am Vogel-Wasser-Lehrpfad entlang des gut ausgebauten Rundwanderwegs. Eine Wanderkarte mit eingezeichneten Wegen ist beim Verkehrsbüro in Losheim erhältlich.

Eisenbahnfreunde besteigen am Losheimer Bahnhof den historischen Dampfzug, der regelmäßig zwischen Losheim und Merzig verkehrt. In den Triebwagenhallen kann man u. a. alte Waggons besichtigen.

i Verkehrsbüro, Saarbrücker Str. 13, 66679 Losheim, Tel. 0 68 72/84 89.

⓮ **Wildpark Rappweiler** Mit 150 Tieren und einem Streichelzoo für Kinder wartet der 75 ha große Wildpark Weiskirchen-Rappweiler auf (ganzjährig geöffnet). Im Herbst erfüllt das Röhren der Hirsche die Wälder des großen Rotwildgeheges. Imponierend tragen die Damhirsche ihre Geweihschaufeln zur Schau. Die Mufflons, eine Wildschafart, und das Steinwild leben friedlich in einem Gehege zusammen. Ein ausgeschilderter Rundweg führt vorbei an den Gehegen und informiert zusätzlich über die einheimischen Tiere des Waldes.

Eine Auffang- und Pflegestation, in der Nähe des Eingangs gelegen, hat es sich zur Aufgabe gemacht, sich um Tiere besonders geschützter Arten zu kümmern.

i Kurverwaltung im Rathaus, Kirchenweg 2, 66709 Weiskirchen, Tel. 0 68 76/72 24.

⓯ **Bostalsee** Die Freizeitanlage bietet alle Annehmlichkeiten, die Wasserfreunde suchen: Baden, Surfen, Segeln, Bootfahren. Auf dem 8 km langen Seerundweg, der übrigens für Radfahrer gesperrt ist, kommt man an einem Biotopgarten vorbei. Künstlerisch Interessierten sei ein Besuch der alten Bosener Mühle empfohlen, heute Atelier und Künstlerzentrum mit Ausstellungen im Haus und auf dem Freigelände.

i Fremdenverkehrsamt St. Wendeler Land, Am Seehafen, 66625 Nohfelden, Tel. 0 68 52/ 9 01 10.

⓰ **Borg** Archäologie aus nächster Nähe kann man bei der Ausgrabung des römischen Gutshofes beim Perler Ortsteil Borg erleben. Seit 1987 gräbt ein großes Archäologenteam eine römische Siedlungsstelle von etwa 7,5 ha Fläche aus. Dies geschieht nicht unter Ausschluß der Öffentlichkeit: Gruppen wird die Möglichkeit geboten, sich aktiv am Ausgrabungsgeschehen zu beteiligen. Führungen informieren über die neuesten Grabungsfortschritte und die Lage der jeweiligen Gebäude. Das Medienhaus informiert zudem mit einer Tondiaschau, einem repräsentativen Querschnitt an Fundgegenständen, Plänen, Zeichnungen und Fotos über die Grabungsarbeiten (täglich außer Sa geöffnet, November–März So geschlossen). Im Perler Ortsteil Borg ist der Weg zur Ausgrabungsstätte ausgeschildert.

In Perl selbst lohnt die Quirinuskapelle einen Besuch. Im 17. Jh. errichtete man an der Stelle eines keltischen Brunnenheiligtums eine kleine Kapelle, die dann 1712 einen größeren Anbau erhielt.

i Fremdenverkehrsverein Nennig, Bübinger Straße, 66706 Perl, Tel. 0 68 66/14 39.

⓱ **Saarschleife** Die weithin ausgeschilderte Saarschleife Cloef bei Orscholz bietet mehr als den berühmten Ausblick. Nur wenige Meter unterhalb des Parkplatzes, auf der Tafel gut ausgeschildert, hat man von einer Terrasse aus einen wunderschönen Blick auf die Schleife der Saar. Ebenfalls am Parkplatz lädt ein kleiner Park die Kinder zu Ausflügen in die bunte Welt der Märchen ein.

Durch die Hangwälder und über die

Aus den dichten Wäldern in der Umgebung der Primstalsperre ragen die imposanten Steinwälle des Otzenhausener Hunnenrings.

Mit dem Ausflugsschiff lassen sich gemütliche Fahrten bis zur berühmten Saarschleife bei Mettlach unternehmen.

Hochfläche rund um den Parkplatz führen gut markierte Wege zu weiteren Aussichtspunkten, einem Waldlehrpfad, einem Spielplatz sowie einem Vogelschutzlehrpfad.

i Fremdenverkehrsamt Saarschleife Touristik, Freiherr-vom-Stein-Str. 64, 66693 Mettlach, Tel. 0 68 64/83 36.

⑱ **Mettlach** Malerisch liegt der Ort am Ufer der Saar. Runde 1000 Jahre zählt sein ältestes Bauwerk, der Alte Turm, einst als Grabkirche für den hl. Liutwinus erbaut, den Stifter des Klosters und Gründer der Gemeinde. Ausflugsschiffe laden zu einer Fahrt auf der Saar mit herrlichem Blick auf die Talhänge ein.

Das Gebäude des Keramikmuseums Schloß Ziegelberg, errichtet 1878, liegt gut ausgeschildert hinter dem Fabrikgelände einer Porzellanfirma. In acht Sälen gibt es keramische Erzeugnisse aus zwei Jahrhunderten zu sehen: von einfacher Gebrauchskeramik bis hin zum wertvollen Tafelporzellan. Zusätzlich zu den ständig präsentierten Exponaten zeigen wechselnde Sonderausstellungen Porzellankunstwerke aus aller Welt (Di–So geöffnet).

i Fremdenverkehrsamt Saarschleife Touristik, siehe ⑰.

⑲ **Imsbach** Das Hofgut geht in seiner Anlage auf den Anfang des 19. Jh. zurück und beherbergt heute als denkmalgeschützte Hofanlage mit 16 Gebäuden, 117 ha Nutzfläche und zwei Weihern das Saarländische Ökologiezentrum. Die Stiftung hat es sich zum Ziel gesetzt, die Anlage und ihre Umgebung als ökologische Bildungsstätte zu nutzen. Zum reichhaltigen Angebot gehören neben Seminaren, Vorträgen und Führungen auch Naturerlebnistage für Jugendgruppen und Familien mit Kindern. Die waldreiche Umgebung des Hofgutes lädt zum Wandern ein.

Nur wenige Kilometer weiter nördlich lassen sich Wildtiere beobachten: In der Gemeinde Selbach biegt man von der Hauptstraße am Schild „Wildgehege“ ab. Nach etwa 1 km parkt man auf dem Parkplatz an der Rasthütte. Das frei zugängliche Gehege liegt nur wenige Meter entfernt im Talgrund. Vor allem die Zwergziegen haben es den Kindern angetan.

Eine Tafel am Parkplatz zeigt den Verlauf von Wanderwegen durch waldreiches Gebiet, etwa zum Bostalsee (siehe ⑮) oder zur Nahequelle.

i Saarländisches Ökologiezentrum, Stiftung Hofgut Imsbach, 66636 Tholey, Tel. 0 68 53/51 08 oder 51 55.

⑳ **Oberthaler Bruch** Die unter Naturschutz gestellte Niedermoorlandschaft bietet seltenen Pflanzen, zahlreichen Amphibienarten sowie einer Vielzahl von Schmetterlingen und etwa 50 Vogelarten einen idealen Lebensraum.

Man fährt von Oberthal Richtung Güdesweiler und folgt hinter der Bahnbrücke dem Schild zum Wanderparkplatz, den man nach etwa 1 km erreicht. Zu Fuß führt der Weg (1 km) dann zum Bruch. Am Wegesrand stellen farbige Informationstafeln die einheimische Tierwelt vor.

i Fremdenverkehrsamt, Brühlstr. 4, 66649 Oberthal, Tel. 0 68 54/9 01 70.

㉑ **Merzig** Als „Stadt der Wölfe“ bezeichnet sich die Kreisstadt an der Saar, die auch für ihren Apfelanbau bekannt ist. Im Merziger Kammerforst, nördlich der Stadt, liegt das größte Wolfsfreigehege Europas. Der Wolfsforscher Werner Freund betreut hier verschiedene Wolfsarten, darunter die dunkelgrauen Timber- und weißen Alaskawölfe. Er geht zu den Tieren in die Gehege, denn er will die wilden Vorfahren unseres Haushundes nicht vom Gitter aus studieren. Fast zutraulich wirken die Tiere auf die Besucher (ganzjährig geöffnet, Führungen So 16 Uhr).

i Verkehrsamt, Zur Stadthalle, 66663 Merzig, Tel. 0 68 61/8 52 69.

Besonderheiten der Pflanzenwelt

Die vielfältige Landschaft des Naturparks weist eine abwechslungsreiche Flora auf. Die Nadelwälder bieten nur wenig an botanisch interessantem Unterwuchs, die Mischwälder hingegen geben sich verschwenderisch. Gemeine Akelei (Bild), Zweiblättriger Blaustern und Gefleckter Aronstab gedeihen unter den Bäumen, während der giftige Seidelbast Waldränder bevorzugt. Lichtungen leuchten im satten Gelb des Ginsters oder im kräftigen Rot des Roten Fingerhuts. Auf den Magerrasen des Hunsrücks findet man noch Arnika und Läusekraut. Floristisch wertvoll sind auch die Bruchwälder und Moore auf dem Höhenrücken mit ihrem rauhen Klima.
An feuchten Stellen ist eine reiche Farnflora verbreitet; im Wortsinn hervorragende Vertreter sind der bis zu 2 m hohe Königsfarn und die bizarre Hirschzunge. Ebenfalls feuchte Standorte bevorzugen Sibirische Schwertlilie, Europäischer Siebenstern und Sprossender Bärlapp. Höhepunkt der Flora sind die Orchideen. Weit über 20 seltene Arten kommen hier vor: im Wald die Zweiblättrige Waldhyazinthe, am Waldrand das Schwertblättrige Waldvögelein sowie auf warmen Hängen die Bocksriemenzunge. Darüber hinaus gedeihen auf ungedüngten Wiesen die Zweiblättrige Kuckucksblume und ein rundes Dutzend Knabenkrautarten.

㉒ **Schaumberg** Bis zu den Vogesen reicht der Blick über das Waldgebiet des Schaumberges, wenn man an klaren Tagen auf dem 36 m hohen Aussichtsturm auf dem Gipfel steht. Am Turm beginnt der Philosophenweg, ein informativer Vogellehrpfad.

Vom ersten Parkplatz unterhalb des Gipfels kann man auf dem 3 km langen Herzweg den Berg in einem schönen Spaziergang umrunden. Der Weg ist behindertengerecht ausgebaut.

㉓ **Tropfsteinhöhle Niedaltdorf** Als ob man in den Keller eines Hauses ginge, betritt man die Tropfsteinhöhle bei Niedaltdorf – sie liegt genau unter einer Gaststätte. Entdeckt wurde sie 1880 beim Ausschachten der Baugrube für das Restaurant. Allerdings hielt man die Entdeckung für wenig bedeutsam und schüttete die Höhle mit Bauschutt zu. Erst bei einem Umbau im Jahr 1927 legte man sie wieder frei.

Die Tropfsteingänge liegen in Kalktuff, der erst etwa 18 000 Jahre alt ist. An der Mächtigkeit der Decke läßt sich das Alter der Höhle auf rund 7000 Jahre datieren. Vielfältig sind die Tropfsteinbildungen: vom kleinen Sinterröhrchen über hohle Steine bis hin zum zentnerschweren Vorhang aus zusammengewachsenen Stalaktiten und Stalagmiten gibt es alles zu sehen. An den Wänden entdeckt man dunkle Schichten von Pflanzeneinlagerungen (April–Oktober täglich außer Mo geöffnet).

ℹ Gemeindeverwaltung, Bahnhofstr. 23, 66780 Rehlingen-Siersburg, Tel. 0 68 35/ 50 80.

㉔ **St. Barbara** Über 1600 Jahre ist es her, daß in dem Stollen im Wallerfangener Ortsteil St. Barbara Kupfererz abgebaut wurde. Eine Inschrift am Eingang – im vorigen Jahrhundert entdeckt – dokumentiert das Recht des Römers Emilianus, an dieser Stelle Bergbau zu betreiben. 1976 wurde der obere Stollen für Besucher freigegeben; er führt 22 m in den Berg hinein.

Neben Scherben römischer Keramik, eisernen Lanzenspitzen und Teilen eines Fördertroges fand man auch Menschenknochen im Hauptstollen. Wahrscheinlich handelt es sich dabei um verunglückte Bergleute, die als Kriegsgefangene oder als Sklaven im Stollen arbeiten mußten. Ein schmiedeeisernes Schild an der Hauptstraße in St. Barbara schmückt den Zugang zur Anlage (Führungen nach Voranmeldung April–Oktober).

ℹ Gemeindeverwaltung, Fabrikplatz, 66798 Wallerfangen, Tel. 0 68 31/6 80 90.

Ein rundes Jahrtausend steht der Alte Turm der ehem. Benediktinerabtei schon in Mettlach. Sein architektonisches Vorbild war vermutlich die Aachener Pfalzkapelle.

Naturpark Südeifel

Einst war die Südeifel ein abgelegenes Grenzland und Aufmarschgebiet großer Heere. Noch heute ist sie nicht besonders dicht besiedelt und überrascht mit viel unversehrter Natur. Seinen Besuchern bietet dieses abgeschiedene Mittelgebirge Erholung in einsamen Flußtälern und bizarren Felslandschaften.

Eine wohltuende Ruhe verströmt die abgelegene Plateaulandschaft im Nordwesten des Naturparks. Nur kleinere Waldflächen und hier und da ein Dörfchen durchbrechen die weiten, sattgrünen Weiden in diesem wenig bekannten Teil der Eifel.

❶ **Europadenkmal** Wenige hundert Meter hinter dem Ortsausgang von Sevenig (Our) Richtung Dahnen liegt rechts ein Parkplatz inmitten von Hainbuchen. Knapp 2 km auf dem Weg Nr. 22 geht es von hier zu Fuß hinunter ins Ourtal. An der hölzernen Georges-Wagner-Brücke befindet man sich am Dreiländereck Belgien–Luxemburg–Deutschland. Auf belgischem Gebiet steht das 1977 errichtete Europadenkmal: Findlinge aus mehreren EG-Staaten gruppieren sich um einen riesigen Stein – ein symbolischer Aufruf, das Europa der Bürger zu verwirklichen.

Die Our bildet über weite Strecken die Grenze zwischen Deutschland und Luxemburg. Das enge Tal ist noch relativ unberührt; die Behörden haben Flußaue und Waldhang auf der deutschen Seite zum Naturschutzgebiet erklärt; Luxemburg plant Gleiches für die gegenüberliegende Talseite. Das autofreie Tal bietet hervorragende Wandermöglichkeiten.

❷ **Dasburg** Der freundliche Grenzort liegt am bewaldeten Hang des Ourtales. Von der Burgruine aus dem 13. Jh. genießt man einen phantastischen Blick über das Tal. Ein Waldlehrpfad und stille Wanderwege beginnen am Südostrand Dasburgs.
ℹ Verkehrsamt, Luxemburger Straße, 54687 Arzfeld, Tel. 0 65 50/41 23.

❸ **Daleiden** Der gepflegte Urlaubsort lockt Gäste mit einem Park, mehreren Kinderspielplätzen, der schieftürmigen Kirche, einem schön gelegenen Campingplatz und dem 40 ha großen Erholungsgebiet Irsental, das in das Naturschutzgebiet Ginsterheiden im Irsental übergeht. Man parkt nahe dem Campingplatz rechts an der B 410 Richtung Irrhausen hinter den Kurven.

Das bezaubernde Eifelstädtchen Neuerburg schmiegt sich zu Füßen der gleichnamigen mittelalterlichen Burg in ein enges Bachtal. Der restaurierte Teil der Burg wird heute als Jugendbildungsstätte genutzt.

Bäche, Weiher und Auen, Hänge, Felspartien und Hochebenen verzahnen sich hier zu einem vielfältigen Landschafts- und Vegetationsmosaik. Eine ungewöhnliche Fauna ist zu entdecken: Über 500 Arten von Großschmetterlingen sind vertreten, dazu mehr als 1000 verschiedene Käfer- und viele andere Insektenarten. In den Feuchtgebieten findet man Erdkröte, Grasfrosch, Teichmolch und die rar gewordene Geburtshelferkröte. Rund 60 Vogelarten leben hier, auch Seltenheiten wie Sumpfrohrsänger, Wasseramsel und Neuntöter.

Besonders wertvolle – weil selten vorkommende – Lebensräume bieten die Ginsterheiden. Im Mai und Juni strahlen sie in leuchtendem Gelb: Besenginster und Behaarter Ginster blühen in herrlicher Pracht. Auf ihren Wurzeln schmarotzt die seltene Ginster-Sommerwurz.

Große Tafeln bieten Informationen zu Tieren und Pflanzen, Blumen- und Obstbaumwiesen, geologischen Aufschlüssen, zu einem Bienenstand und weiteren Sehenswürdigkeiten.

ℹ Verkehrsamt Arzfeld, siehe ❷.

❹ Ourschleife bei Waldhof-Falkenstein Vom Dörfchen Waldhof-Falkenstein blickt man hinunter auf die zauberhaft im Wald gelegene Ruine Falkenstein mit den Resten von drei Türmen der Burg aus dem 12. Jh. Weit schweift der Blick über die wunderschöne 350-Grad-Schleife der Our. Von dem Wanderparkplatz Schutzhütte am Ortsrand erreicht man nach 1,5 km die Ruine und kann weiter ins Ourtal absteigen.

Wer den anschließenden Aufstieg scheut, geht von der Ruine Falkenstein zurück nach Waldhof-Falkenstein und fährt von dort auf der steilen Serpentinenstraße hinunter zum Fluß. Vom Parkplatz bei Keppeshausen, einem Ort mit nur vier Häusern, führen ausgeschilderte Wege zur malerischen Ourschleife.

❺ Muxerather Höhe Von der höchsten Stelle (535 m) der Straße von Muxerath nach Kreutzdorf genießt man einen einmaligen Rundblick über mindestens ein Dutzend Täler hinweg. Vor allem morgens und abends liegt über der ruhigen Landschaft eine zauberhafte Stimmung.

❻ Neuerburg Das malerische Städtchen im engen Enzbachtal wird überragt von der Ruine einer mächtigen Burg aus dem 12./13. Jh. Auf halber Höhe liegt die zugehörige Kirche. Spätgotische Netzgewölbe überspannen ihren Innenraum, und als Glockenturm dient ein frei stehender Torturm. Auch in das 1624 errichtete Pfarrhaus wurde ein Turm der Stadtmauer integriert.

Die schmucken Bürgerhäuser um den großen Marktplatz entstanden zum großen Teil nach dem Stadtbrand von 1818. Viele schöne Wanderwege erschließen die Natur- und Kulturdenkmäler der Gegend.

ℹ Touristinformation, Herrenstr. 2, 54673 Neuerburg, Tel. 0 65 64/26 73.

Besonderheiten der Pflanzenwelt

An Abhängen erstrecken sich Rasen und Wiesen, die – vor allem in Südlagen – im Sommer besonders warm sind. Dort wachsen wunderschön blühende, seltene Orchideenarten wie z. B. Hummel- und Bienenragwurz, Schwarzköpfiges Knabenkraut und Hohlzunge. Die Küchenschelle und die sehr seltene Weiße Brunelle sowie Deutscher und Gefranster Enzian sind an diesen Standorten ebenfalls vertreten.

Auffälligste Vertreter der Uferflora von Gewässern sind die Sumpfschwertlilie mit ihren großen gelben Blüten, der über 1 m hohe Blaue Eisenhut, dessen Blütenform den Namen erklärt, und der Zweiblättrige Blaustern mit seinen zarthellblauen Blüten. Im Unterwuchs der Wälder zeigt eine besondere Rarität schon im Winter ihre Blüten: die Christrose (Bild).

Hin und wieder begegnet man in Felsnischen dem spektakulären Leuchtmoos. Spezialisierte Zellen reflektieren selbst kleine Lichtmengen, so daß das unscheinbare Gewächs zu strahlen scheint. Vielfältig präsentieren sich die Sträucher, auch seltene Arten: die Echte Mispel an warmen Hängen, die Felsenbirne an Felsklippen, der Seidelbast an den Waldrändern und die Stechpalme im Wald. Ein stilisierter Zweig dieses immergrünen Strauches mit seinen auffällig roten Beeren ziert das Wappen des Naturparks. Als „Eifelgold“ wird der Ginster bezeichnet, der im Mai/Juni das Land mit seinen gelben Blüten überzieht.

Eine Attraktion ganz besonderer Art hat Ernzen zu bieten: den schon im vorigen Jahrhundert künstlich angelegten Felsenweiher mit seinen vielen romantischen Wegen.

❼ **Stausee Bitburg** Seinen Namen trägt der ausgeschilderte See zu Unrecht, denn er liegt nicht bei der berühmten Bierstadt, sondern bei Biersdorf. Der rund 2 km lange und an seiner breitesten Stelle 300 m messende Stausee wird von der Prüm gespeist. Um das waldgesäumte Gewässer führt ein schöner, etwa 4 km langer Rundwanderweg, vorbei an leuchtenden Buntsandsteinfelsen. Beim Sporthotel, dem Ferienpark und dem Kiosk am Parkplatz kann man Tretboote und Surfbretter mieten; der Stausee ist auch ein gutes Fischgewässer.

Von der Staumauer oder vom Westende des Sees lohnt sich eine kleine Wanderung zum Schloß Hamm; der Bau bezieht Teile einer Anlage des 14. Jh. ein und ist eine der größten noch bewohnten Eifelburgen.

ℹ Feriengebiet Bitburger Land, Bedaplatz 11, 54634 Bitburg, Tel. 0 65 61/89 34.

❽ **Roth an der Our** Hoch über dem Fluß liegt bei dem kleinen Ort an der Grenze zu Luxemburg ein eindrucksvolles Schloßgelände mit einer Ordenskirche. Die Wurzeln der ehem. Johanniterniederlassung reichen ins 13. Jh.; das Schloß stammt von 1733 und dient als Hotel. Daneben ist die ursprünglich romanische und später gotisierte Ordenskirche St. Peter interessant.

Der Blick von der B 50 auf das malerische Vianden sollte auch den eiligen Besucher zu einem Abstecher in die luxemburgische Stadt mit ihrer großartigen Burganlage verführen.

ℹ Fremdenverkehrsamt Neuerburger Land, Pestalozzistr. 7, 54673 Neuerburg, Tel. 0 65 64/69 43.

❾ **Holsthum** Vom kleinen Wanderparkplatz rechts an der Straße Richtung Peffingen erreicht man nach 300 m – jenseits der Fußgängerbrücke über die Prüm – eine geologische Attraktion: die Huwelslay. Der Kalkfels umschließt zu rund Dreiviertel einen winzigen Wasserfall, dessen Kalkfracht teilweise kräftig bunte Sinterbildungen hervorbringt. Ringsum am Hang treten weitere kleine Quellen aus; eine davon überzieht die Treppe mit einem Kalkbelag. Der Wanderer braucht also rutschfestes Schuhwerk.

Im Ort beginnt an der Prümbrücke ein archäologischer Wanderpfad: In gut 3 Stunden gelangt man zu Befestigungen (älteste Teile aus dem 11. Jh. v. Chr.) und Grabstätten der Treverer, einem Stamm der Kelten.

❿ **Bollendorf** Munter plätschert der Grenzfluß Sauer an den hübschen Häusern des Luftkurortes vorbei. Auf der Uferpromenade flanieren Urlauber; Restaurants und Cafés laden zur Einkehr ein. Die restaurierte Burg beherrscht den südöstlichen Ortseingang; im 17. und 18. Jh. umgebaut, beherbergt sie heute ein Hotel. Wenige Schritte oberhalb stößt man auf die Reste einer römischen Villa.

Die meisten Wanderer wollen die vielen Sehenswürdigkeiten am Südwestrand des Ferschweiler Plateaus entdecken; gut markierte Wege erschließen die Gegend.

Wenige Kilometer saueraufwärts, gegenüber der Brücke nach Dillingen, ragt rechts die Tränenlay auf, ein seltsamer Kalkfelsen. Wasser sickert aus dem Gestein, verliert einen Teil seiner Kalkfracht und rieselt dann in Tausenden von Tröpfchen herab – gerade so, als weine der Fels.

ℹ Touristinformation, An der Brücke 1, 54669 Bollendorf, Tel. 0 65 26/2 30.

⓫ **Ferschweiler Plateau** Die ausgedehnteste Hochebene der Südeifel wird umrahmt von den Flüssen Enz, Prüm und Sauer. Das Plateau mit seinen steilen Rändern wurde früh besiedelt. Schon in der Steinzeit lebten hier Menschen, später ließen sich Kelten und Römer nieder. Alle haben steinerne Zeugnisse ihrer Kultur hinterlassen, zu denen von Ferschweiler, Bollendorf und Irrel aus gute Wanderwege führen.

Aus dem 2. oder 3. vorchristlichen Jahrtausend stammt das Fraubillenkreuz. Dieser Menhir hat unten rund 1,5 m Durchmesser und eine Höhe von 3,5 m. Christliche Missionare ließen ihn in Kreuzform hauen. In seiner ursprünglichen Form und seiner beeindruckenden Größe von fast 3 m hat sich hingegen der Druidenstein erhalten.

Das übermannshohe Dianadenkmal ließ der Römer Quintus Postumius errichten.

1762 entstand die Schankweilerklause, eine Wallfahrtskapelle. Der außen schlichte Bau überrascht mit einer prächtigen Rokoko-Innenausstattung. Im Winter hat man einen schönen Blick ins Enzbachtal, den im Sommer das Laub der Bäume versperrt. Immer freie Sicht hingegen gewährt der nahe Feuerwach- und Aussichtsturm.

ℹ Verkehrsamt der Verbandsgemeinde, Auf Omesen, 54666 Irrel, Tel. 0 65 25/ 79 30.

⓬ **Prümzurlay** Auf einer Serpentinenstraße erreicht man nach 1 km die teilrekonstruierte Ruine Prümerburg oberhalb des Ortes; vom Turm aus hat man einen schönen Blick über das Prümtal.

⓭ **Ernzen** Im malerischen Gutenbachtal entdeckt der Besucher, den grünen Schildern im Ort folgend, ein Kuriosum: den Felsenweiher. Als um die Mitte des 19. Jh. große Not herrschte, ließ der Pfarrer Philipp Meyer die Armen einen Kanal graben, der das Wasser einer nahen Quelle in das natürliche Felsbassin leitete. Außerdem baute man Grotten, Terrassen und Brückchen – so entstand eine Anlage, die bald viele Ausflügler anzog. In einigen Nischen des Gesamtkunstwerkes wächst sogar das seltene Leuchtmoos.

Am nördlichen Ortsrand bietet die Rekonstruktion eines römischen Weihetempels aus dem 2. Jh. n. Chr. Einblicke in die Vorstellungswelt der Menschen jener Zeit. Am Ortsausgang Richtung Ferschweiler beginnt rechts am Parkplatz ein interessanter Naturlehrpfad. Nach 500 m erreicht man die mitten im Wald gelegene, aus Baumstämmen erbaute Waldlehrhütte.

⓮ **Teufelsschlucht** Von der ehem. Waldlehrhütte in Ernzen oder von den Irreler Wasserfällen gelangt man auf markierten Pfaden in einigen Minuten zu diesem Naturwunder. Über Treppen klettert man hinunter, zwängt sich durch den Spalt in den Buntsandsteinfelsen – und atmet auf, wenn man ihn wieder verlassen hat.

⓯ **Irrel** Die Wasserfälle sind eigentlich Stromschnellen. In einer bewaldeten Schlucht schießt die Prüm, überspannt von einer Holzbrücke, über rundgewaschene Felsen. Wildwasserfahrer tummeln sich im schäumenden Naß. An der Straße nach Prümzurlay liegt rechts der Parkplatz, links beginnt der Weg zum Naturschauspiel.

Das Westwallmuseum Panzerwerk Katzenkopf zeigt in einem 1937–39 erbauten, riesigen Bunker Exponate zur Geschichte der ab 1936 errichteten Wehranlage (April bis September So 14–17 Uhr geöffnet). Der Bau des von Aachen bis Basel reichenden Befestigungssystems mit weit über 10000 Bunkern und unzähligen Panzersperren diente Hitlers Kriegsvorbereitung; es ist heute an vielen Stellen im Naturpark als Band von Büschen und Bäumen zu erkennen. Die gesprengten Bunker dienen Fledermäusen und anderen Tieren als Quartier.

ℹ Verkehrsbüro, Hauptstraße, 54666 Irrel, Tel. 0 65 25/5 00.

Als Irreler Wasserfälle wird das reißende Wildwasser der Prüm bezeichnet, die sich ihren Weg in einer engen Schlucht durch das Felsmassiv des Ferschweiler Plateaus gebahnt hat.

Erst um die Mitte des 19. Jh. entstand als „kleine Schwester“ Echternachs am linken Ufer des Grenzflusses Sauer die beschauliche Ortschaft Echternacherbrück.

⓰ **Echternacherbrück** Malerisch liegt das Dorf im Tal der Sauer, überragt von blanken Felsen. Auf einem von ihnen steht die Liboriuskapelle, 1901 auf den Grundmauern anderer Bauten errichtet, und gewährt einen traumhaften Blick übers Tal.

Eine mächtige Steinbrücke verbindet Echternacherbrück mit seiner bekannteren und auch lebhafteren Schwester Echternach, das schon im benachbarten Luxemburg liegt. Hauptanziehungspunkt neben dem Römerpalast und schönen Patrizierhäusern ist dort die 698 vom hl. Willibrord gegründete Benediktinerabtei; die gewaltige Anlage des 18. Jh. umfaßt auch Bauten aus dem 11. Jh. Am Pfingstdienstag ziehen die Gläubigen in der berühmten Echternacher Springprozession zum Grab des hl. Willibrord.

ℹ Verkehrsverein, 54668 Echternacherbrück, Tel. 0 65 25/72 05.

Besonderheiten der Tierwelt

Neben Rothirsch, Reh, Wildschwein, Fuchs und Steinmarder gräbt auch der scheue Dachs, ebenfalls ein Marder, im Naturpark seine Höhlen in sandiges Erdreich. Die sehr seltene, scheue Wildkatze schleicht auf samtigen Pfoten durch die Wälder auf der Suche nach Beute. Wer im Winter kommt, erkennt möglicherweise ihre Spuren im frisch gefallenen Schnee.

Die im allgemeinen wenig beachtete Familie der Spitzmäuse ist mit drei Arten vertreten: Sumpf-, Wasser- und Feldspitzmaus (Bild), die allesamt auf der roten Liste der bedrohten Arten stehen. Die Spitzmäuse sind übrigens gar keine Mäuse, sondern gehören zur Ordnung der Insektenfresser, verwandt mit Igel und Maulwurf.

Über den Wäldern und Feldern kreisen die inzwischen häufigen Mäusebussarde und Turmfalken, aber auch die raren Habichte und Sperber sind zu sehen; Waldkauz und Waldohreule jagen dagegen nachts „auf leisen Schwingen“.

Besonders im Frühjahr kann man zahlreichen Singvögeln lauschen. Außer den häufigeren Arten sind Sumpfmeise, Fitis, Zilpzalp und Baumläufer (im Mischwald), Haubenmeise, Tannenmeise und Wintergoldhähnchen (im Nadelwald) sowie Feldlerche, Kiebitz und Zaunkönig (in der Flur) zu vernehmen.

Naturpark Nordeifel

Zauberhafte Dörfer und Städtchen, vor allem aber über weite Strecken kaum berührte Natur: das sind die Pfunde, mit denen die Nordeifel wuchern kann. Wer sich etwas Zeit nimmt, kann überraschende Fossilienfunde machen oder sich von Einheimischen spannende Schmugglergeschichten erzählen lassen.

❶ **Langerwehe** Nur die südlichen Ortsteile dieser Töpfergemeinde liegen im Naturpark. In der Ortsmitte nimmt man die Straße Richtung Schevenhütte. Nach gut 3 km stellt man das Auto auf dem Parkplatz ab und folgt dem Schild zur Laufenburg. 1,6 km steigt der Weg durch Mischwälder sanft bergan. Oben erwartet den Besucher die imposante Laufenburg, die im 14. und 15. Jh. errichtet, im 17. Jh. zerstört und um 1900 als Schloß wieder aufgebaut wurde (mit Burggaststätte). Vom Parkplatz aus sieht man das Kloster Wenau im Wehebachtal. In der Kirche beeindrucken vor allem die Fresken aus dem 13. Jh.

Dem Wehebach weiter aufwärts folgend, erreicht man Schevenhütte; südlich davon erstreckt sich das beliebte Wandergebiet des Staatsforstes Hürtgenwald. Besonders reizvoll ist der kurze Weg vom Ortsrand zur Staumauer des 162 ha großen Wehebachstausees.

ⓘ Gemeindeverwaltung, Schönthaler Str. 4, 52379 Langerwehe, Tel. 0 24 23/ 40 91 32.

❷ **Roetgen** In Roetgen, einem hübschen Städtchen, hält die traditionsreiche *Vennbahn*. In der Kaiserzeit gebaut, im Krieg zerstört, schnauft sie seit 1990 als Museumsbahn wieder durch die Naturlandschaft des Hohen Venns von Eupen über Monschau nach Büllingen (Mai–Anfang Oktober So und feiertags in Betrieb).

Einen attraktiven Lehrpfad erreicht man vom Ortskern auf der B 258 Richtung Monschau; nach rund 1 km ist er dann links ausgeschildert. Am Bach entlang, vorbei an Schrifttafeln und für die Eifel charakteristischen Stechpalmen, kommt man nach 300 m zu einem Schwarzwildpark.

ⓘ Gemeindeverwaltung, Hauptstr. 55, 52159 Roetgen, Tel. 0 24 71/1 80.

❸ **Lammersdorf** In einem schönen Fachwerkbauernhaus zeigt das Bauernmuseum Kunst und Kulturhistorisches aus den Dörfern der Region (April–Oktober So 11–18 Uhr geöffnet).

Das sanfte Tal zwischen Lammersdorf und Simmerath präsentiert sich als typische Heckenlandschaft, die teilweise unter Naturschutz gestellt wurde. Durch die Senke zieht sich ein Abschnitt des Westwalls, den man im Naturpark häufig sehen kann. 1938/39 wurde er zum Schutz der Westgrenze des Deutschen Reiches errichtet. Heute wachsen zwischen den Betonpanzersperren Bäume und Sträucher, verstecken sich im Unterholz seltene Tiere und überwintern in den Bunkern Fledermäuse.

Vom Weiler Entenpfuhl an der Straße Monschau–Aachen kann man einen Abstecher nach Belgien ins Hohe Venn machen. Man parkt auf dem Parkplatz der *Vennbahn* und nimmt die Straße Auf Aderich. Wissenswertes über das Hochmoor erfährt man im Naturparkzentrum Botrange an der Straße Eupen–Sourbrodt.

ⓘ Verkehrsamt, Rathaus, 52152 Simmerath, Tel. 0 24 73/60 71 39.

Wie ein blaues Band windet sich die zu einer riesigen Talsperre aufgestaute Rur durch die einsamen Wälder der Nordeifel. Auf einer Rundfahrt mit einem Elektroschiff kann man das Gewässer kennenlernen.

❹ Schmidt Aus allen Richtungen weisen Schilder auf den 35 ha großen Wildpark beim Nideggener Ortsteil Schmidt hin (täglich geöffnet). Rothirsche, Damwild, Wildschweine und Mufflons lassen sich von den Besuchern nicht stören, die auf dem 5 km langen Rundweg vorbeikommen. Beliebt bei Kindern ist der Streichelzoo.

Unterhalb des Ortes windet sich der Rurstausee durch die Waldlandschaft. Unzählige Boote kreuzen im Sommer auf dem 783 ha großen See. Am Anleger Eschauel machen in der Saison die Schiffe der Weißen Flotte fest, und eine Rundfahrt

Diese mehr als 200 Jahre alte Kappenwindmühle ist eine von zahlreichen Sehenswürdigkeiten im Rheinischen Freilichtmuseum Kommern.

sollte man sich nicht entgehen lassen. Auch Badefreunde, Angler und Wanderer kommen hier auf ihre Kosten.

ℹ Verkehrsverein, Zülpicher Str. 1, 52385 Nideggen, Tel. 0 24 27/8 09 37.

❺ Nideggen Die traumhafte Burgstadt wurde aus rotem Sandstein erbaut. Die Stadtbefestigung ist weitgehend erhalten. Die Burg aus dem 12. Jh., eine der großartigsten Burgen im Rheinland, beherrscht das Rurtal. Das Burgenmuseum der Eifel vermittelt Einblicke in die Welt der alten Ritter (geöffnet April–Oktober Di–So).

Malerisch liegt der kleine Stadtteil Abenden an einer Windung der Rur. Zehn markierte Wanderwege mit 3,5–7,5 km Länge führen durch die Umgebung. Die steilen Buntsandsteinfelsen an der Straße nach Heimbach stehen unter Naturschutz und bieten speziellen Pflanzen und Tieren einen Lebensraum.

ℹ Verkehrsverein Nideggen, siehe ❹.

❻ Heimbach Der nette Luftkurort bietet seinen Gästen viele Annehmlichkeiten: einen Kurpark, das Haus des Gastes, Wirtshäuser und Hotels und viele Wander- und Spazierwege. Die modernisierte Burg Hengebach stammt im Kern aus dem 11. Jh. und gilt als Wahrzeichen Heimbachs. Ungewöhnliches zeigt die Pfarr- und Wallfahrtskirche: Ein romanischer Glockenturm verbindet die barocke Kirche mit dem modernen, 1981 geweihten Gotteshaus. Im Kraftwerk zeigt das RWE-Industriemuseum historische Elektrohaushaltsgeräte und informiert über die Geschichte der Wasserkraftnutzung in der Nordeifel (Besichtigung nur mit Führung Mo–Fr).

Kajakfahrer können in Heimbach Boote und Ausrüstung mieten und 15 km weit auf der Rur bis Nideggen fahren.

ℹ Verkehrsamt, Seerandweg, 52396 Heimbach, Tel. 0 24 46/8 08 18.

❼ Rheinisches Freilichtmuseum Kommern Dieses Museum am Rand des Mechernicher Stadtteils

Das romantische Städtchen Monschau verdankt seinen Beinamen „Eifelperle" den dichtgedrängten Bürgerhäusern mit den unverwechselbaren Schieferdächern.

Kommern ist schon allein eine Reise wert (täglich geöffnet April–Oktober 9–18, November–März 10–16 Uhr). Hier stehen rund 80 dörfliche Gebäude des 15.–18. Jh. aus dem Bergischen Land, der Eifel, vom Niederrhein und aus dem Westerwald. Standort des Museums ist ein lichter Laubwald, der früher wirtschaftlich genutzt wurde und eine interessante Flora aufweist. In den alten Werkstätten arbeiten während der Saison die Handwerker nach traditionellen Methoden. Belebt sind auch Ställe, Weiden und Teiche: Dort findet man zahlreiche Haustiere.

Wechselausstellungen, museumspädagogische Dienste, ein spezieller Service für Behinderte, Führungen, ein Restaurant und eine Fachbuchhandlung runden das Angebot des attraktiven Museums ab.

Kommern selbst ist ein beschaulicher Ort mit Fachwerkhäusern. Der Erholungspark *Mühlental* bietet eine Minigolfanlage, eine Spielstraße und Spazierwege.

ℹ Rheinisches Freilichtmuseum Kommern, Auf dem Kahlenbusch, 53894 Mechernich, Tel. 0 24 43/50 51.

8 Hochwildpark Rheinland Den 80 ha großen Wildpark östlich von Mechernich-Kommern (ausgeschildert) erschließen mehrere, teilweise rollstuhlgeeignete Rundwege (täglich geöffnet). In der weitläufigen Anlage leben u. a. Elche und Wildschweine, Rot- und Damhirsche sowie Mufflons. Streichelgehege, Wildbeobachtungsstände, Abenteuerspielplatz, Grillstellen, Restaurant und Kiosk machen den Park zu einem beliebten Ausflugsziel.

ℹ Hochwildpark Rheinland, 53894 Mechernich, Tel. 0 24 43/65 32.

9 Monschau Das bezaubernde Städtchen im oberen Rurtal besticht durch sein komplett erhaltenes Ortsbild. Über 250 hervorragend restaurierte Bürgerhäuser erstrahlen mit ihren Fachwerkfassaden in Schwarzweiß.

Als architektonisches Juwel fällt das Rote Haus ins Auge, die 1760 errichtete Residenz eines Tuchfabrikanten, in dem heute ein Museum zur bürgerlichen Wohnkultur des 18. und frühen 19. Jh. seine Schätze zeigt (geöffnet Karfreitag–November Di–So). Über den Häusern thront die Burg, deren Ursprünge ins 13. Jh. reichen.

In der Glashütte (geöffnet März–Oktober und Dezember Di–So, Vorführungen stündlich; November Sa am Nachmittag und So geschlossen) zeigen die Glasbläser und -schleifer ihre Kunst. Das zugehörige Glasmuseum bietet Exponate aus 2000 Jahren Glasgeschichte.

Ein Senfmüller mischt in der historischen Senfmühle (geöffnet März–Oktober Di–Sa, Mi nur für Gruppen) Senf nach alten Rezepten.

Auf den Höhen um Monschau, vor allem im Stadtteil Rohren, gehen die Wintersportler ihrem Hobby nach. In der schönen Jahreszeit kann man auf der Sommerbobbahn rodeln (bei trockenem Wetter täglich geöffnet 10–18 Uhr).

Ringsum, besonders im Stadtteil Höfen, findet man noch die ursprünglichen Vennbauernhöfe mit ihren haushohen Buchenhecken. In Höfen ist auch die Perlbacher Mühle ausgeschildert; sie liegt im Perlenbachtal, das wegen seiner herrlichen Narzissenwiesen zum großen Teil unter Naturschutz steht.

Einen wildromantischen Abschnitt des Rurtales erwandert man am besten vom Gut Reichenstein aus, einem ehem. Kloster mit reizvoller Kirche. Man erreicht den direkt an der Grenze liegenden Ausgangspunkt vom Stadtteil Kalterherberg aus.

Bei Mützenich bieten sich erneut meh-

Zeugen aus der bewegten Vergangenheit sieht man in der Eifel häufig. Dieser römische Meilenstein steht am Römerkanal-Wanderweg bei Nettersheim.

Lebenskünstler in Hochmooren

Ein Hochmoor entsteht, wenn auf eine Ebene viel Regen fällt, der nicht versickern kann und sich auf dem undurchlässigen Untergrund staut. Genau diese Verhältnisse treffen auf das Hohe Venn zu, das Moorgebiet in der Nordeifel: Weit über 1000 mm Niederschläge fallen pro Jahr auf das Plateau, dessen Böden aus verwittertem Schiefergestein kein Wasser durchlassen.

So siedeln sich Moose, besonders das Torfmoos Sphagnum, an, deren abgestorbene Reste eine bis zu 10 m dicke Torfschicht bilden. Darin wurzeln z. B. der fleischfressende Rundblättrige Sonnentau, das Sumpfblutauge mit seinen tiefdunklen, fünfzipfeligen Blüten, der Beinbrech mit seinen langen, wollig-behaarten Staubbeuteln, das Scheidenwollgras (Bild), dessen Samenstände an Wattebäusche erinnern, schließlich die Blauheide, die im Hohen Venn ihren einzigen Standort in Mitteleuropa hat.

Über 100 Arten wirbelloser Tiere sind auf diesen Lebensraum angewiesen, darunter Käfer, Libellen, Ameisen und Spinnen. Bei der Vogelwelt ist das Birkhuhn hervorzuheben, das dank strenger Schutzmaßnahmen noch häufiger zu beobachten ist.

rere ausgeschilderte Wandermöglichkeiten ins Hohe Venn, etwa vom Parkplatz an der Straße nach Eupen, gleich hinter der Grenze links.

ℹ Tourist-Information, Stadtstr. 1, 52156 Monschau, Tel. 0 24 72/33 00.

10 Schleiden Hübsch liegt das Städtchen im Oleftal, gekrönt vom massigen, seit dem 12. Jh. mehrfach umgebauten Schloß. Besonders beeindruckend ist die spätgotische Schloßkirche. Durch die vollständig erhaltenen Glasfenster aus dem 16. Jh. fällt das Licht auf die berühmte Barockorgel, die beim *Schleidener Orgelsommer* ertönt.

Im Stadtteil Olef stehen am Dorfplatz schöne Fachwerkhäuser, in der Nähe umgibt der Kirchhof mit seinen uralten Steinkreuzen die gotische, im Barock umgebaute Kirche.

ℹ Verkehrsamt, Blumenthaler Str. 12, 53937 Schleiden, Tel. 0 24 45/8 91 66.

11 Kakushöhle Direkt an der Straße Eiserfey–Weyer erhebt sich rechts ein frei zugänglicher, mächtiger Kalksteinfelsen. Das Wasser hat dort im Gestein verzweigte Höhlen geschaffen. Menschen der Altsteinzeit haben sie als Zufluchtsort benutzt und Geräte und Beutereste hinterlassen, die von Archäologen geborgen und ausgewertet wurden.

12 Hellenthal Das oberhalb des Olefstausees gelegene, 63 ha große Wildfreigehege (täglich geöffnet) ist nicht zuletzt für seine gut geführte Greifvogelstation berühmt. Aber auch Hirsche, Mufflons und Wildschweine, Wolf, Fuchs, Luchs, Marder und Wildkatze sind hier zu sehen, und im Streichelzoo freuen sich die Kinder über Esel, Ziegen, Schafe und andere Tiere.

Südöstlich liegen zwei sehenswerte Ortsteile. Der Burgweiler Wildenburg verfügt über eine baugeschichtliche Kuriosität: Den Palas aus dem 16. Jh. bauten Mönche im 18. Jh. zu einer jetzt recht seltsam wirkenden Kirche um. Der Burgort Reifferscheid mutet mit der Festungsruine und den engen Gäßchen sehr mittelalterlich an.

Der geologisch-montanhistorische Lehr- und Wanderpfad ist in drei Rundwanderungen unterteilt. Die Wege I (22 km) und III (25 km) beginnen und enden am Parkplatz an der Sperrmauer des Olefstausees. Weg II (28 km) startet am Parkplatz Am Hahnenberg an der Straße Hellenthal–Rescheid. Dort hat man auch Zugang zu einem Schaubergwerk in einer ehem. Bleierzgrube.

ℹ Verkehrsamt, Rathausstr. 2, 53940 Hellenthal, Tel. 0 24 82/8 51 15.

13 Kloster Steinfeld Die sehr gut erhaltene ehem. Abtei der Prämonstratenser erhebt sich auf einem Höhenzug über dem Urftal. Die romanische Basilika des Klosters stammt aus dem 12. Jh.; hier beeindrucken die Wandmalereien des 14. Jh.

ℹ Kloster Steinfeld, 53925 Kall, Tel. 0 24 41/89 90.

14 Nettersheim Das schöne Eifeldorf wurde 1991 und 1993 zur „Bundeshauptstadt für Natur- und Umweltschutz" erklärt, denn auf allen Gebieten räumen die Verantwortlichen der Schonung der natürlichen Lebensgrundlagen Vorrang ein.

Das Wildgehege in Hellenthal ist zu einem beliebten Ausflugsziel geworden. Hier kann man viele selten gewordene Tiere aus der Nähe beobachten.

Im Informationshaus Alte Schmiede gibt es eine Fossilienausstellung mit einer reichhaltigen Bibliothek (täglich geöffnet). Ein Bauernhaus zeigt historische Gerätschaften; in den sog. Werkhäusern, Kalkbrennöfen aus dem 19. Jh., erfährt man vieles über die Geologie der Umgebung. Im Naturschutzzentrum Eifel schließlich wecken

Besonderheiten der Natur

Pflanzen Die Pflanzen der Heiden und Wiesen verdienen ihrer Reichhaltigkeit wegen Erwähnung: Eine bunte Gebirgsflora setzt mit Arnika, Bärwurz, Bergflockenblume und vielen anderen Arten bunte Farbtupfer. Auf einigen Wiesen blühen um Ostern Abertausende von Narzissen (Bild) und locken zahlreiche Bewunderer an. Typisch für die Hochlagen sind haushohe Rotbuchenhecken um die Bauernhöfe, welche die Anwesen vor den Unbilden der Witterung schützen sollen.

Tiere In den Wäldern ist der für Deutschlands Mittelgebirge typische Bestand an Wild zu entdecken: Rothirsch und Reh, Wildschwein und Fuchs. Abwechslungsreicher zeigt sich die Vogelwelt. In den Heiden auf Kalkuntergrund, die oft von Schafen beweidet werden, singen Goldammer, Dorngrasmücke und Wiesenpieper. In den Hecken spießt der Rotrückenwürger seine Beute auf, an Bächen wartet der Graureiher auf Beute – Fische im Wasser oder Mäuse am Uferbereich. An den großen Stauseen rasten im Frühjahr und im Herbst viele Zugvögel, darunter so seltene Arten wie Wildschwan, Gänsesäger und Kranich.

Großdioramen sowie ein umfangreiches Veranstaltungs- und Forschungsprogramm Verständnis für ökologische Zusammenhänge (täglich geöffnet).

Ein weitverzweigtes Netz von Lehrpfaden umgibt die Gemeinde. Die Wege führen zu 30 (!) Naturschutzgebieten. Mit etwas Glück findet man hier sogar 170 Mio. Jahre alte Fossilien. Etwas Besonderes ist der Grüne Pütz aus dem 2. Jh. n. Chr., eine Quelle mit römischer Brunnenstube, die einst zum Wasserversorgungssystem Kölns gehörte.

i Naturschutzzentrum, Römerplatz 8, 53947 Nettersheim, Tel. 0 24 86/12 46.

⑮ **Weißer Stein** Direkt an der B 265 liegt dieser 690 m hohe Bergrücken, der im Winter ein beliebtes Skigebiet ist.

Doch auch im Sommer lohnt sich der Weg hierher. Die Kinder tollen auf der Spielanlage, der Familiengrill ist ohne Voranmeldung frei zugänglich. Schwindelfreie steigen die 137 Stufen des hölzernen Aussichtsturmes hoch und genießen den herrlichen Rundblick über die dunklen Wälder und sanften Senken links und rechts der deutsch-belgischen Grenze.

⑯ **Blankenheim** In diesem reizvollen Erholungsort entspringt die Ahr, und zwar im Keller eines Fachwerkhauses! Neben der Ahrquelle beginnt der geologische Lehr- und Wanderpfad, der zu zwei Dutzend Aufschlüssen führt, in denen man mit etwas Glück und Geduld schöne Fossilien finden kann.

Am Hügel steht die gotische Pfarrkirche, in deren Inneren sich drei wunderbare, zu-

Der idyllisch gelegene Erholungsort Blankenheim wird beherrscht von der mächtigen Grafenburg aus dem 12. Jh. Unter einem der bezaubernden Fachwerkhäuser entspringt die Ahr.

sammengehörige Schnitzaltäre aus dem Jahr 1545 befinden.

Das gut gestaltete Kreismuseum Blankenheim führt mit vielen Kleindioramen in die Natur und Historie der Gegend ein. Zur anschaulich dargestellten Kulturgeschichte der Region gehören die Neandertaler in ihrer Höhle genauso wie bäuerliche Arbeitsräume aus der Zeit um 1900.

Am Samstag vor Karnevalsdienstag sind hier die Geister los. Einem uralten Brauch folgend, ziehen weiß gewandete Gespenster durch den Ort.

i Verkehrsbüro, Rathausplatz, 53945 Blankenheim, Tel. 0 24 49/3 33.

⑰ **Krippana** Direkt an der Grenze bei Losheim, gerade ein paar Schritte weit auf belgischem Gebiet, findet man Europas größte Ausstellung von Weihnachtskrippen (Ende März–6. Januar täglich geöffnet). Die beeindruckende Kollektion umfaßt weit über 100 Krippen aus vielen Ländern und Epochen. Zu dem eigenen Bestand kommen, jährlich wechselnd, noch Dutzende von Exponaten aus aller Welt.

Neben der Ausstellung beginnt ein Wanderweg mit dem bezeichnenden Namen „Schmugglerpfad“. Schmuggel ernährte hier früher manche Familie; die Kirche in Schmidt soll ihren raschen Wiederaufbau nach dem Krieg dem schlechten Gewissen einiger Schmuggler verdanken – was ihr denn auch den Beinamen „St. Mokka“ einbrachte.

i Krippana, Prümer Str. 53, 53940 Losheim, Tel. 0 65 57/8 66.

⑱ **Kronenburg** Wie aus einer anderen Zeit wirkt der Burgort auf einem markanten Fels über dem Kylltal. Man schlendert durch die malerischen Gassen, vorbei an schönen Häusern aus dem 17.–19. Jh.

Die äußerlich eher unscheinbare Kirche St. Johannes Baptist offenbart ihren Zauber erst im Inneren. Der von vier feinen Gewölben überspannte Kirchenraum gilt als eines der wenigen Beispiele einer spätgotischen Einstützenkirche. Sehenswerte Reste der alten Ausmalung und der gotische Altar vervollständigen die wertvolle Ausstattung.

Unterhalb des Ortes lockt im Kylltal der von Bäumen umrahmte Kronenburger See. Entspannung findet man auf dem bequemen Rundweg und einer Liegewiese. An mehreren Angelplätzen lauern die Petrijünger, auf dem Wasser tummeln sich Surfer, Segler und Bootsfahrer. Für die Kleinen ist ein Kinderspielplatz eingerichtet.

⓳ **Lampertstal** Mitten in dem bedeutenden Naturschutzgebiet liegt der Parkplatz Hüngersdorfer Weg, von Blankenheim über Ahrhütte und Dollendorf zu erreichen. 650 ha umfaßt dieses Mosaik selten gewordener Biotope: Buchenwälder, Bergwiesen und vor allem Wacholderheiden. Küchenschelle sowie mehrere Enzian- und Orchideenarten sorgen für Farbtupfer auf den Heideflächen; den „Luftraum" beherrschen seltene Schmetterlinge und Vögel, etwa Grünspecht, Wachtel und Neuntöter. Eine Rarität stellt die friedliche Schlingnatter dar, die an ihrer einheitlich hellbraunen Oberseite mit den schmalen dunkelbraunen Flecken zu erkennen ist.

⓴ **Bleialf** Ertragreiche Blei- und Kupferbergwerke sorgten im 15. Jh. für eine Blütezeit der Ortschaft. In der gotischen Kirche beeindrucken besonders die Wandmalereien aus der Zeit um 1500, ein schöner Hochaltar aus dem 17. Jh. und die im Volksmund Siebenschläfer genannte Grablegungsgruppe, ebenfalls aus dem 17. Jh.

An der Straße nach Brandscheid ragt links ein hölzerner Turm auf, der den Eingang zum neugestalteten Besucherbergwerk markiert (geöffnet Mai–Oktober Sa und So 14–17 Uhr). Bei der halbstündigen Führung durch die unterirdischen Gänge erfährt man Wissenswertes über die einstigen Arbeitsbedingungen der Bergleute, erkennt die Bleierzgänge und kann sich an Mineralen erfreuen.

In der Gaststätte *Altes Backhaus*, dem Stammlokal des Bergmannsvereins, zeigt ein kleines Museum die entsprechenden Werkzeuge und Uniformen sowie zahlreiche Minerale der Gegend.

ℹ Verkehrsverein, Auf Kellerpesch 4, 54608 Bleialf, Tel. 0 65 55/3 02.

㉑ **Schwarzer Mann** Fast 700 m ragt er auf, dieser zentrale Berg der Schnee-Eifel, die verkürzt Schneifel genannt wird. Am Großparkplatz an der Straße Bleialf–Ormont, gegenüber dem Restaurant, schnallen im Winter die Langläufer ihre Bretter an und genießen eine der beiden Loipen (4,8 und 6,2 km). Die Abfahrer freuen sich über die beiden Pisten mit den Schlepplifts; auch die Rodler haben eine eigene, ebenfalls mit einem Lift ausgestattete Bahn. Für Wanderer wird ein 5 km langer Schneewanderweg präpariert.

Im Sommer läßt sich die stille Landschaft auf vier ausgeschilderten Rundwanderwegen, zwischen 4,8 und 6,2 km lang, erkunden.

ℹ Verkehrsamt Prümer Land, Hahnplatz 1, 54595 Prüm, Tel. 0 65 51/5 05.

㉒ **Prüm** Die Stadt am gleichnamigen Fluß wird beherrscht von der mächtigen ehem. Benediktinerabtei; die barocke Kirche lohnt vor allem wegen ihrer Kunstschätze einen Besuch. Das Abteigebäude, im 18. Jh. errichtet, geht auf Pläne von Balthasar Neumann zurück.

Auch an heißen Sommertagen weht auf den Höhen der Schneifel ein frisches Lüftchen – ein Grund mehr, diese entlegene Gegend auf Schusters Rappen zu erkunden.

Das Museum Prüm im Neuen Rathaus zeigt eine Fülle von Ausstellungsstücken zur Geschichte der Region (geöffnet Juni–Mitte September Di, Do, So 14–17 Uhr; Mitte September–Mai Mi und So 14–17 Uhr).

Die im Nebenhaus befindliche Informationsstätte unterrichtet über die Natur- und Kulturlandschaft in diesem Teil der Eifel (geöffnet Do und So 14–17 Uhr). Eine schöne Wacholderheide ist im Mehlental, nordwestlich von Prüm, zu sehen.

ℹ Verkehrsamt Prüm, siehe ㉑.

㉓ **Schönecken** Über dem Erholungsort im Nimstal thront die mächtige Ruine einer umfangreichen Burganlage.

Eine Infotafel am Parkplatz direkt an der Nims erläutert schöne Wandervorschläge in die Umgebung. Den Höhepunkt bildet der Weg in die Schönecker Schweiz mit ihren felsbekrönten kleinen Tälern; der botanische Lehrpfad weist auf Raritäten der Flora hin, so auf Orchideen, Akelei, Eisenhut und viele andere Seltenheiten.

ℹ Verkehrs- und Gewerbeverein, 54614 Schönecken, Tel. 0 65 53/15 50.

Schönecken, ein freundliches Städtchen im Nimstal, liegt zu Füßen einer einst mächtigen Burg aus dem 12. Jh.

6 Mittelrhein und Lahn

Grüne Berge und ein liebliches Stromtal

Mit sonnigen Steilhängen begleiten Taunus, Westerwald und Siebengebirge den Mittelrhein, an dem sich romantische Weinstädtchen und erhabene Burgen wie die Marksburg (Bild) aufreihen. Brücken zwischen Wald und Strom bilden die Naturparks dieser Region.

Mittelrhein und Lahn

Naturpark Rhein–Taunus

Größe: 808 km^2, gegründet 1968.

Der Naturpark erstreckt sich über den westlichen Taunus, also über den Bereich zwischen Rheintal und Idsteiner Senke. Der Taunus ist Teil des Rheinischen Schiefergebirges, weist jedoch eine Reihe von einigen bemerkenswerten Besonderheiten auf. Zu den vorherrschenden Gesteinen, nämlich Grauwacke und Schiefer, gesellt sich am Südrand des Taunus der sehr harte Quarzit. Das durchschnittlich rund 500 m hohe Mittelgebirge steigt in einem langgestreckten Quarzitrücken, dem Rheingaugebirge, bis auf über 600 m Höhe an und fällt dann zum Durchbruchstal des Mittelrheins steil ab.

In so liebenswerten Taunusstädtchen wie Idstein vergißt man die Hektik des Alltags.

Die markante Landstufe ist der Grund dafür, daß der westliche Taunus bis heute abseits aller Durchgangsstraßen liegt und nur dünn besiedelt ist. Große geschlossene Waldgebiete um die Kalte Herberge (619 m) und das Jägerhorn (538 m) sind für diesen Teil des Naturparks charakteristisch.

Einige wenige Flüßchen haben sich in tief eingeschnittenen Tälern den Weg zum Rhein gebahnt. Als Wanderziel beliebt ist das von Burgen gerahmte, wildromantische Wispertal mit seinen zahlreichen Mühlen. Überhaupt ist das gesamte Gebiet durch ein dichtes Netz gut markierter und gepflegter Wanderwege bestens erschlossen.

Mineral- und Thermalquellen, deren Heilkraft schon die Römer zu schätzen wußten, haben Bad Schwalbach und Schlangenbad zu bekannten Kurorten werden lassen.

Die bewaldeten Höhen und Rebhänge am Südrand des Naturparks ziehen viele Ausflügler aus Mainz und Wiesbaden an. Von den Höhenwegen des Rheingaugebirges bietet sich ein weiter Blick über die „Sonnenterrasse“ des Rheingaus, das blaue Band des Rheins, über Weinberge und die angrenzenden Höhenzüge.

ℹ Zweckverband Naturpark Rhein–Taunus, Escher Str. 12, 65510 Idstein.

Der Große Feldberg überragt die heitere Wanderlandschaft des Hochtaunus.

Naturpark Hochtaunus

Größe: 1202 km^2, gegründet 1962.

Dieser Naturpark schließt sich östlich an den Naturpark Rhein–Taunus an und umfaßt neben dem zentralen Taunus auch dessen nördliches Vorland um das Flüßchen Weil bis hin zum Lahntal. Die meistbesuchten Gebiete liegen im Süden des Naturparks, wo der Taunus mit dem Großen Feldberg (880 m) seine größte Höhe erreicht.

Entlang der Kammlinie des Taunus errichteten die Römer in den Jahren 83–85 n. Chr. den Limes, jene später weiter ausgebaute Grenzbefestigung, die römisches Gebiet vor Germaneneinfällen schützen sollte. Auf einer Einsattelung entstand in 409 m Höhe ein großangelegtes Kastell, die Saalburg.

Im Norden des Naturparks bestimmt der Wald in weiten Teilen das Landschaftsbild. Burgen und idyllisch gelegene Mühlen, aber auch Naturdenkmäler wie die Eschbacher Klippen sind gern besuchte Wanderziele.

Im Nordwesten des Naturparks befindet sich um das reizvolle Residenzstädtchen Weilburg und um Braunfels ein altes Bergbaurevier. Schon im Mittelalter wurden hier Eisenerz und andere Bodenschätze gewonnen.

Der Hochtaunus erlebt auch im Winter einen regen Zustrom von Besuchern aus dem Rhein-Main-Gebiet. Skifahrer und Rodler tummeln sich dann am Großen Feldberg, während die Langläufer zwischen zahlreichen Loipen wählen können.

ℹ Zweckverband Naturpark Hochtaunus, Pestalozzistr. 2, 61250 Usingen.

Naturpark Nassau

Größe: 560 km^2, gegründet 1962.

Das reizvolle Tal der Lahn zwischen Diez und der Einmündung in den Rhein bildet die „Lebensader“ des Naturparks. Im Norden reicht sein Gebiet bis weit in den Westerwald hinein, im Süden sind noch die Ränder der Taunushöhen einbezogen. Seinen Namen erhielt der Naturpark nach dem alten Residenzstädtchen Nassau.

Das tief in das Schiefergebirge eingekerbte, gewundene Tal der Lahn gehört zu den schönsten Flußlandschaften Deutschlands. Weinberge an sonnigen Südhängen lassen erkennen, wie mild hier das Klima ist. Wo der Weinbau aufgegeben wurde, gedeihen wärmeliebende Pflanzenarten, von denen viele unter Naturschutz stehen. Flußaufwärts und in höheren Lagen wird das Tal von dichtem Wald begleitet. Von den Burgen, die das Lahntal säumen, bieten sich immer wieder herrliche Ausblicke.

Abgeschieden sind die Nebentäler, die wie das Gelbachtal steil zu den Höhen des Westerwaldes hinaufführen. Dieser Teil des Naturparks ist mit seinen beschaulichen Dörfern ebenfalls sehr reizvoll.

In lichten Buchenwäldern gedeiht dort auf sauren Böden der Rote Fingerhut mit seinen langen Blütenstengeln.

Wildreich sind die meisten Wälder des Naturparks, insbesondere im Gebiet der Montabaurer Höhe.

ℹ Zweckverband Naturpark Nassau, Im Mühlbachtal 2, 56377 Nassau.

Naturpark Rhein–Westerwald

Größe: 446 km², gegründet 1962.

Der Naturpark beschränkt sich im wesentlichen auf den Niederwesterwald, also auf den Nordwesten des Mittelgebirges bis hin zum Rhein.

Von den Randzonen des Naturparks im Norden und Süden abgesehen, erreichen die Erhebungen meist nur zwischen 300 und 350 m Höhe. Durch den Naturpark fließt in einer weitgespannten grünen Mulde das Flüßchen Wied, das sich in teilweise schluchtartig enges Tal geschaffen hat. Zahlreiche Wanderwege führen durch das Wiedtal und über die angrenzenden Höhen, durch stille Buchenwälder und an bunten Blumenwiesen entlang.

Nach Westen zum Rhein hin weichen Wiesen und Felder geschlossenen Waldgebieten wie Rheinbrohler, Hönninger und Leubsdorfer Wald; Buchen sind dort vorherrschend. Nur kurze, dafür aber gefällreiche Bäche ergießen sich vom Westerwald hinab ins Rheintal.

Von den Burgen, Anhöhen und Aussichtsbergen hoch über dem Rhein bietet die Erpeler Ley den schönsten Blick auf den Strom. An den sonnigen Talhängen des Rheins mit ihren Hecken und Gehölzen fühlen sich viele Vogelarten wohl, darunter Wendehals, Nachtigall und verschiedene Grasmücken.

Am Nordrand des Naturparks ragen einige Berge wie Asberg und Meerberg über die flachwellige Hochfläche empor. Es sind ehem. Vulkane, die hier vor Jahrmillionen aktiv waren.

ℹ Verein Naturpark Rhein–Westerwald e.V., Rathaus, 53557 Bad Hönningen.

Am Großen Weilberg im Siebengebirge sieht man den Kontrast von dunklen Basalten und hellen Tuffdecken.

Naturpark Siebengebirge

Größe: 48 km², gegründet 1959.

Obwohl einer der kleinsten, ist der Naturpark aber auch einer der attraktivsten und meistbesuchten in Deutschland. Die einzigartige Felsenlandschaft des Siebengebirges flankiert das an Naturschönheiten reiche Mittelrheintal, bevor der Strom in die Niederrheinische Bucht eintritt. Bereits 1836 wurde das Siebengebirge unter Naturschutz gestellt und ist damit das älteste Naturschutzgebiet in Deutschland.

Genaugenommen besteht das kleine Gebirge nicht aus sieben, sondern aus über 30 Kuppen. Sie entstanden vor Jahrmillionen durch aufquellende Gesteinsschmelze. Im Lauf der Zeit wurden diese Staukuppen durch Abtragung freigelegt und herauspräpariert.

Wärmeliebende Pflanzengesellschaften besiedeln die felsigen Sonnenhänge der Bergkuppen. Mediterranen Charakter besitzen die elsbeerenreichen Eichen- und Hainbuchenwälder an den Südwesthängen und ebenso die Felsheiden an Wolkenburg, Drachenfels und Rabenlay.

ℹ Verschönerungs-Verein für das Siebengebirge, Prinz-Albert-Str. 11, 53113 Bonn.

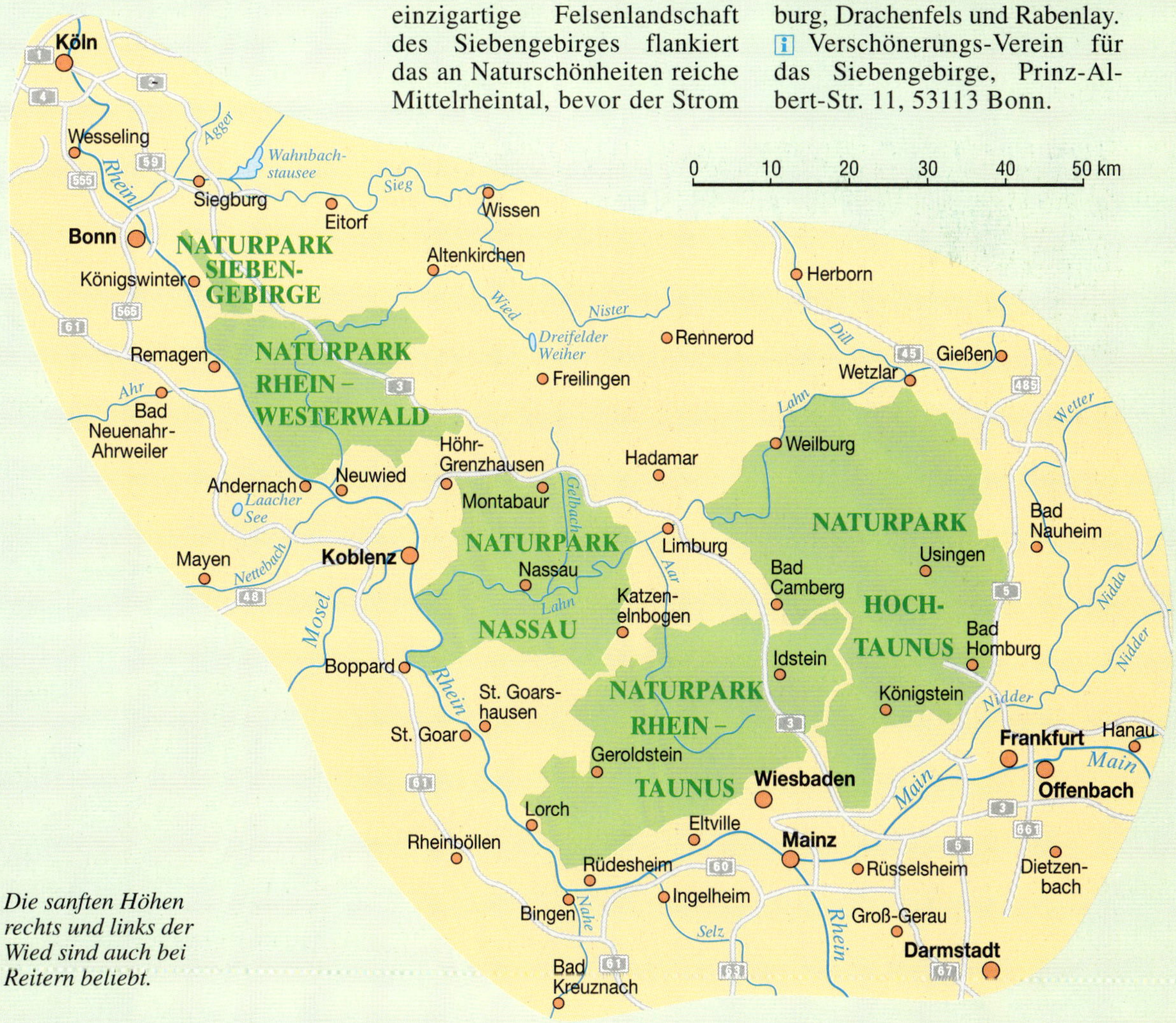

Die sanften Höhen rechts und links der Wied sind auch bei Reitern beliebt.

Naturpark Rhein–Taunus

Oberhalb von Wiesbaden ragt über dem Rheintal das liebliche Rheingaugebirge auf. Der Norden des Naturparks wird dagegen von den bewaldeten, herben Höhen des Taunus beherrscht. Zahlreiche Wanderwege, interessante kleine Orte und zwei historische Staatsbäder warten auf Besucher.

❶ **Hünstetten** Der Name der Gemeinde weist auf die zahlreichen Hünengräber dieser Gegend hin. Im Ortsteil Wallbach liegt an der Straße die *Hühnerkirche*, ein historisches Gasthaus. Der Name hat jedoch nichts mit Hühnern zu tun, sondern ein Schreibfehler im 17. Jh. machte aus der Hünerkirche eine Hühnerkirche.

Als Kapelle Zum Honerberg im Jahr 1525 erbaut und im 30jährigen Krieg zerstört, bildete die Ruine die Keimzelle für den Bau einer Poststation mit Schmiede, Pferdeschwemme, Brauerei und sogar einer Branntweinbrennerei. Heute ist das Gasthaus mit seinen regionalen Spezialitäten ein beliebtes Ausflugsziel.

Im nördlich gelegenen Ortsteil Beuerbach lädt ein See zum Angeln ein, in der Umgebung sind zahlreiche Wanderwege und ein Waldlehrpfad ausgeschildert.

Zwei Rundwege mit 4 bzw. 5 km Länge führen vom Parkplatz Eisersbach an der B 417 in den Hühnergrund, ein ruhiges Wiesental. Vom etwas längeren Weg aus lohnt sich ein Abstecher in den Hünstettener Ortsteil Strinz-Trinitatis. Die Gründung einer Klosterfilialkirche im 12. Jh. verhalf Strinz zu seinem Beinamen. Im spätgotischen Chor und im Schiff zeigt die barocke Bemalung der Tonnendecke, wem die Kirche geweiht ist: der Hl. Dreifaltigkeit.

ℹ Gemeindeverwaltung, Auf der Langwies 1, 65510 Hünstetten, Tel. 0 61 26/5 84 26.

Lauschige Plätzchen finden sich zuhauf entlang der Wisper, die sich wie hier oberhalb von Lorch durch ein beschauliches Wiesental windet und von dichten Wäldern gesäumt wird.

❷ **Idstein** Einen besonders schönen Blick auf die Schieferdächer der malerischen Altstadt bietet der Hexenturm, das Wahrzeichen der Stadt. Seine heutige Form erhielt er erst 1810, Teile des Turmes stammen jedoch schon aus dem Jahr 1355.

Eine architektonische Kostbarkeit entdeckt der Besucher am König-Adolf-Platz: das 1615 erbaute Killingerhaus mit seinen feinen Schnitzereien. Ursprünglich stand das Haus im Elsaß; dort wurde es abgebaut und in Idstein wieder errichtet. Heute beherbergt es das Fremdenverkehrsamt und das Stadtmuseum. Auf zwei Stockwerken zeigt es Ausstellungsstücke zur örtlichen Lederindustrie sowie zur Schul- und Schloßgeschichte. Ein im passenden Stil eingerichtetes Biedermeierzimmer ergänzt die Ausstellung (Sa geschlossen). Alljährlich im Juni findet in der Altstadt ein vielbeachtetes Jazzfestival statt.

Vorbei am Hexenturm gelangt man zum stattlichen Renaissanceschloß, einst Sitz der Grafen von Nassau und seit 1946 Gymnasium.

Am nördlichen Stadtrand führt ein knapp 2 km langer Waldlehrpfad durch den Tiergarten, das Naherholungsgebiet von Idstein. Auf 26 Tafeln kann man sich über Flora und Fauna informieren. Eine andere Wanderung beginnt am Parkplatz Brandberg südlich von Idstein an der B 275. In einer guten Stunde gelangt man von dort zum Gipfel der Hohelei, einer Felsklippe.

ℹ Fremdenverkehrsamt, König-Adolf-Platz 2, 65510 Idstein, Tel. 0 61 26/ 7 82 15.

❸ **Burg Hohenstein** Hoch über dem Aartal ragt auf einem steilen Felsen eine der schönsten und größten Burgruinen im Taunus auf. Als die Grafen von Katzenelnbogen im 12. Jh. den Bau in Auftrag gaben, wählten sie einen strategisch günstigen Standort: an drei Seiten schroff abfallende Talhänge und an der vierten ein flankierender Bergrücken, der mit Schildmauer und Graben gegen mögliche Angriffe geschützt war. Im 30jährigen Krieg jedoch wurde die Burg so lange vom Berg aus beschossen, bis sich die Belagerten ergaben und die Festung in Flammen aufging. Die Zerstörung war so stark, daß alle Versuche fehlschlugen, dieses einst so prächtige Bauwerk wiederherzustellen (täglich von 9 Uhr bis zum Einbruch der Dämmerung zu besichtigen; Hotel- und Restaurantbetrieb).

In den Sommermonaten bringen die Burg-

festspiele der Taunusbühne Bad Schwalbach wieder Leben in das alte Gemäuer.
ℹ Gemeindeverwaltung, Schwalbacher Str. 1, 65329 Hohenstein, Tel. 06120/2926.

❹ **Wispersee** Vom Parkplatz an der Freizeitanlage spazieren die Besucher auf markierten Wegen um den See herum oder entlang der murmelnden Wisper. Am Stausee ist reichlich Platz auf der Liegewiese; für die Kinder bietet ein Spielplatz mit zahlreichen Spielgeräten Spaß und Zeitvertreib.

❺ **Bad Schwalbach** Die schmucke Kreis- und Kurstadt im westlichen Hintertaunus trägt wegen ihrer kohlensauren Eisenquellen den Titel Staatsbad. Die Entdeckung der Quellen brachte im 16. Jh. den Aufschwung für die Ortschaft. Zwar zerstörte ein Stadtbrand 1632 fast den gesamten Ort und die damalige Kuranlage, doch sprudelten die Quellen weiter, und der Kurbetrieb wurde wieder aufgenommen. Selbstverständlich kann man auch heute noch die heilenden Kräfte der Eisenquellen zur Kur nutzen. Zu den Sehenswürdigkeiten der Stadt zählt u. a.

das mondäne Kurhaus im Stil der italienischen Spätrenaissance mit spielerischen Stuckarbeiten.

Zwischen den Bahnhöfen Bad Schwalbach und Wiesbaden-Dotzheim verkehrt an allen Sonn- und Feiertagen von Ostern bis Anfang Oktober die *Nassauische Touristikbahn*, teilweise von schnaubenden Dampfloks gezogen.
ℹ Amt für Fremdenverkehr, Adolfstr. 38, 65307 Bad Schwalbach, Tel. 06124/500124.

❻ **Römerkastell Zugmantel** Ganz in der Nähe der Ortschaft Orlen liegt der Wanderparkplatz Römerkastell Zugmantel. Von dort führt ein Römerlehrpfad vorbei an einem kleinen Amphitheater, in dem früher Tierkämpfe stattfanden, zu einem restaurierten Wachturm am Limes. Selbst die wenigen Steinreste des Kastells und seiner Fundamente lassen den Besucher erahnen, wie weitläufig das Bauwerk angelegt war. Das Kastell Zugmantel diente als Vorposten zur Sicherung der Hühnerstraße, eines wichtigen Handelsweges zwischen Limburg und Mainz.

❼ **Freizeitanlage Platte** Dieses beliebte Ausflugsziel liegt an der B 417 Wiesbaden–Limburg. Mittelpunkt der weitläufigen Anlage ist das z. T. restaurierte Jagdschloß *Platte*, um das sich Liegewiesen, zahlreiche offene Feuerstellen, ein Kinderspielplatz und eine Grillhütte gruppieren.

Eine Wandertafel am Parkplatz zeigt vier bequeme und markierte Rundwanderungen durch den Wiesbadener Stadtforst. Im Winter herrscht auf den gespurten Loipen reger Langlaufbetrieb.

❽ **Niedernhausen** Direkt an der A 3 gelegen, ist Niedernhausen vor allem für Ausflügler aus dem Frankfurter Raum ein gern angesteuertes Ziel. Zu beiden Seiten der Autobahn erstrecken sich bewaldete Höhenzüge: im Osten der Wolfskopf, im Westen die Hohe Kanzel. Markierte Wanderwege erschließen das Gebiet.

Am Gemeinschaftshaus beginnt der 18 km lange Bembelweg, der durch die bei-

Stattliche Fachwerkbauten wie das Rotenburger Schlößchen bereichern das Stadtbild von Bad Schwalbach.

Besucherattraktion im Taunus: Spaß für die ganze Familie verspricht der Freizeitpark Taunus-Wunderland mit seinen zahlreichen Angeboten für jung und alt.

den Waldgebiete führt. Von den Höhen um Niedernhausen eröffnen sich immer wieder herrliche Ausblicke ins Tal. Man wandert durch Obstwiesen, die den Rohstoff für den hier so populären Äppelwoi liefern. Eine Kostprobe kann man sich in den Dörfern am Weg einschenken lassen.

Wer etwas für die Fitneß tun will, parkt unter der Autobahnbrücke und übt auf dem über 3 km langen Sportlerpfad. Über die Funktionen des Waldes und über Waldschäden informiert ein Lehrpfad rund um den Lindenkopf (5 km). Und am Parkplatz links der Straße Niedernhausen–Naurod beginnt ein 2 km langer Vogellehrpfad.

i Verkehrsamt, Wilrijkplatz, 65527 Niedernhausen, Tel. 0 61 27/5 01 24.

9 Taunus-Wunderland Ein Märchenpark ist das Herzstück dieser vielbesuchten Anlage (März–September täglich geöffnet). Allerlei Fahrattraktionen erweitern das Angebot. Gruselig geht es im Geisterschloß, im Spukhaus und in der Geisterhöhle zu. Zurückversetzt in andere Zeiten fühlt man sich bei den Urzeitriesen im Saurierland mit seiner Dioramenschau. Die Affen und handzahmen Papageien im Wunderlandzoo begeistern vor allem die kleinen Besucher; auf manchen Tieren dürfen sie sogar reiten. Außerdem bietet das Zirkuszelt jährlich wechselnde Programme.

i Taunus-Wunderland, Haus zur Schanze, 65388 Schlangenbad, Tel. 0 61 24/40 81.

10 Schlangenbad Ein Ort der Erholung und der Heilung: die Schlangenbader Thermalquellen mit ihrem etwa 30 °C warmen Wasser. Seinen Namen verdankt das Hessische Staatsbad der Äskulapnatter, einer wärmeliebenden, ungiftigen Schlange, die in den geschützten Tälern und an den warmen Quellen immer noch vorkommt. Mondäne Kureinrichtungen vergangener Tage und eine waldreiche Umgebung bieten dem Gast ein vielfältiges Freizeit- und Erholungsangebot.

Der Schlangenbader Ortsverbindungsweg trägt als Wanderzeichen das Gemeindewappen, eine gelbe Schlange im grünen Feld. Er berührt auf einer Länge von 14,5 km alle Teilgemeinden, beginnend im Ortsteil Georgenborn. Später verbindet er sich mit dem Taunushöhenweg und endet in Niedergladbach.

i Kur- und Verkehrsverein, Landgrafenplatz, 65388 Schlangenbad, Tel. 0 61 29/88 21.

11 Unteres Wispertal In einen besonders schönen Abschnitt des Wispertales führt ein Ausflug auf der Wispertalstraße zwischen Geroldstein und der Mündung in den Rhein. In einer grünen Wald- und Wie-

Besonderheiten der Natur

Pflanzen Fast zwei Drittel des Naturparks sind waldbedeckt; Mischwälder haben in dem Gebiet einen hohen Anteil. Unter den Laubbäumen herrscht die Buche vor, doch sind in bevorzugten Lagen auch Traubeneiche, Sommerlinde und Ahorn verbreitet. In den tief eingeschnittenen Tälern wie im Wispertal wächst ein naturnaher Schluchtwald. Hier sieht man die seltene Mondviole, deren blaßblaue Blüten im Sommer ebenso auffallen wie im Herbst die als „Taler“ stehenbleibenden Zwischenwände der Schoten; ihnen verdankt die Pflanze den Beinamen Silberblatt. Ein Naturdenkmal aus Menschenhand ist das Rheingauer Gebück: Die Zweige angepflanzter Hainbuchen wurden ineinander verschlungen, so daß ein nahezu undurchdringlicher Buschwall entstand.

Tiere Auffallend ist der hohe Wildbestand. Hirsch, Reh, Wildschwein, Fuchs, Dachs und Marder sind weit verbreitet. Als außergewöhnliche Rarität kommt bei Schlangenbad die Äskulapnatter (Bild) vor, das Symbol der Heilkunst. Sie kann deutlich über 1 m lang werden und ist ungiftig. Ihr Rücken ist bräunlich, der Bauch gelblich gefärbt; der kleine, fast rechteckige Kopf geht in einen schlanken Körper über.

Als nahezu undurchdringliche Mauer zog sich das Rheingauer Gebück im Mittelalter 38 km weit quer durch den Taunus.

senaue windet sich die Wisper durch naturnahe Landschaften. Direkt an der Straße empfängt der Gasthof *Laukenmühle* seine Gäste mit anspruchsvoller Küche.

Ganz in der Nähe, in einem Seitental, liegt das Wandergebiet um Presberg. Eine Rundwanderung von 3,5 km Länge mit schönen Ausblicken beginnt am Alten Rathaus in Presberg und führt zur Rheingauer Alp, einem beliebten Ausflugsziel.

i Verkehrsamt, Markt 5, 65391 Lorch, Tel. 0 67 26/3 17.

⓬ **Mapper Schanze und Rheingauer Gebück** Der Wanderparkplatz Bitter-Eiche bei Hausen vor der Höhe ist Ausgangspunkt für schöne Touren über bewaldete Höhen. Eine besonders lohnende Route, mit einem schwarzen Eber markiert, führt oberhalb des Hofes Mappen vorbei zu dem um 1494 errichteten Gebücktor Mapper Schanze, das jedoch nur noch als Ruine erhalten ist.

Das Rheingauer Gebück, eine aus jungen Buchen und Sträuchern geflochtene „Pflanzenmauer", diente im Mittelalter als Schutz des fruchtbaren Rheingaus gegen Eindringlinge aus dem Norden. Der Name rührt von den umgebogenen („gebückten") Stämmen und Trieben her.

Vorbei am Kasimirkreuz gelangt man dann auf dem Rhein-Höhenweg über den 580 m hohen Erbacher Kopf zurück zum Parkplatz.

⓭ **Wanderparkplatz Rausch** Den Parkplatz mit Spiel- und Liegewiese und der Gaststätte *Altes Forsthaus* erreicht man von Eltville-Martinsthal aus (Zufahrt beschildert). Eine bequeme Wanderung führt von dort zu einer eingefaßten Mineralquelle – ein idyllischer Rastplatz.

Weitere bemerkenswerte Stationen dieses Waldweges sind die Antoniuseiche sowie die Bubenhäuser Höhe mit schönem Blick ins Rheintal.

⓮ **Wanderparkplatz Kreistanne** Mitten in einem herrlichen, waldreichen Gebiet gelegen, ist die Kreistanne Ausgangspunkt für zahlreiche Rund- und Streckenwanderungen (Zufahrt ab Hallgarten auf Waldstraße nach Norden). Am Hang des Rheingaugebirges eröffnen sich am Waldrand schöne Ausblicke hinunter ins Rheintal und über den lieblichen Rheingau. Von einer der höchsten Erhebungen, der Hallgarter Zange (581 m, Ausflugslokal), sieht man bei gutem Wetter vom Aussichtsturm bis hinüber zu den Höhenzügen der Eifel.

⓯ **Kloster Eberbach** 1116 von Augustinermönchen gegründet und dann 1135 von Zisterziensern übernommen, zählt das ehem. Kloster mit seinen beeindruckenden romanischen und gotischen Bauten zu den bedeutendsten mittelalterlichen Kulturdenkmälern in Hessen (April–Oktober täglich 10–18, November–März 11–16 Uhr geöffnet).

Im Zuge der Säkularisation wurde das Kloster 1803 aufgehoben und in eine Weinbaudomäne umgewandelt. Die reiche barocke Ausstattung der Kirche ging dabei verloren. Bis 1912 wurden Teile der Anlage als Gefängnis und psychiatrische Klinik genutzt.

Heute ist Kloster Eberbach hessische Staatsweinkellerei und Schauplatz großer Weinversteigerungen. Auch Seminare werden hier abgehalten. Auf dem Gelände befindet sich außerdem eine Klosterschenke, in der man Erlesenes aus dem Keller probieren kann.

i Staatsweinkellerei Kloster Eberbach, 65346 Eberbach, Tel. 0 67 23/42 28.

Vom Kloster zur Staatsweinkellerei: statt Mönchen geben in der Weinbaudomäne Kloster Eberbach heute Kellermeister den Ton an. Eine Kelter von 1668 zeugt von der langen Tradition des Weinbaus.

Naturpark Hochtaunus

Schon immer war der Hochtaunus die „grüne Lunge" für den Frankfurter Raum, wie geschaffen für den Wochenendausflug in die unverbaute Natur. Ziel vieler Ausflüge ist der Große Feldberg, dessen unbewaldete Kuppe schon von weitem die Blicke auf sich zieht.

Stille, Beschaulichkeit und eine reizvolle Landschaft erwarten den Besucher im malerischen Tal der Lahn bei Villmar.

❶ **Braunfels** Das romantische Städtchen bezaubert seine Besucher durch die verwinkelten Gassen der liebevoll restaurierten Altstadt. In der Nähe des schönen Marktplatzes liegt der Kurpark mit exotischen Bäumen, und beim Kreiskrankenhaus befindet sich das interessante Dr.-Kanngießersche-Waldmuseum, in dem man einheimische Tiere und Pflanzen sowie Schmetterlinge, Minerale und Fossilien aus aller Welt besichtigen kann (täglich 10–17 Uhr geöffnet). Wahrzeichen der Stadt ist Schloß Braunfels mit seinen mächtigen, im Lauf von 800 Jahren immer wieder veränderten Gebäuden. Vom Bergfried aus hat man einen weiten Blick über die Höhen von Taunus und Westerwald.

Im nahe gelegenen Mühlengrund lohnt das Stadtmuseum Obermühle einen Besuch. Hier im Iserbachtal beginnen auch mehrere markierte Wanderwege, und ein Lehrpfad informiert über Flora und Fauna.

Im Süden des Ortes kann man im Wildpark Tiergarten Dam-, Schwarz-, Muffel- und Rotwild bei der Fütterung beobachten.

ⓘ Braunfelser Kur-GmbH, Fürst-Ferdinand-Str. 4a, 35619 Braunfels, Tel. 0 64 62/50 61.

❷ **Weilburg** Der Luftkurort an der Lahn nennt sich stolz „barocke Residenzstadt". Die terrassenförmige Schloßanlage mit ihren beeindruckenden Barock- und Renaissancebauten war einst die Residenz der Herren von Nassau-Weilburg. Im Juni und im Juli finden hier Schloßkonzerte statt. Die dem Schloßhof vorgelagerten herrlichen Gartenanlagen sind nach Versailler Vorbild gestaltet. Ein Terrassencafé bei der Orangerie mit Blick auf die Wasserspiele lädt zum Verweilen ein (Schloß und Park täglich außer Mo geöffnet).

Das Bergbau- und Stadtmuseum Weilburg am Schloßplatz informiert über die jahrhundertealte Tradition des Eisenerzabbaus an Lahn und Dill: Neben Bergbaugeräten gibt es auch einen Schaustollen zu sehen (April–Oktober Mo Ruhetag, November–März Sa und So Ruhetage).

Der 195 m lange, 1847 erbaute Weilburger Schiffstunnel ist Deutschlands einziger Tunnel für Flußschiffe. Seine wirtschaftliche Bedeutung hat er zwar längst verloren, dafür begeistert er heute die Kanufahrer. Ab Weilburg werden auch mehrtägige Bootstouren auf der Lahn mit Ausrüstung und Rücktransport angeboten.

ⓘ Verkehrsverein, Mauerstr. 10, 35781 Weilburg, Tel. 0 64 71/76 71.

❸ **Wildpark Weilburg** Der ehemals herzogliche Tierpark, seit 1969 Wildpark, zeigt vorwiegend einheimische Tiere in ihrer natürlichen Umgebung, so etwa Brand-, Stock- und Reiherenten, Höckerschwäne und viele andere. Auf den 92 ha sieht man jedoch auch Rückzüchtungen von Tieren, die bei uns seit langem ausgestorben sind, z.B. Auerochsen und Tarpane, eine Wildpferdrasse.

Mit vielen Rast- und Grillmöglichkeiten, einem großen Kinderspielplatz und der gemütlichen Gaststätte *Hessenhaus* bietet die Anlage ein reichhaltiges Programm für einen Familienausflug (täglich 9–19 Uhr geöffnet, Gaststätte Mo Ruhetag).

Staunend gehen groß und klein durch die unterirdische Wunderwelt der Kubacher Kristallhöhle, wo es überall glitzert und glänzt.

❹ **Kubacher Kristallhöhle** Mit 30 m Höhe besitzt diese Kristallhöhle die höchste Halle aller öffentlich zugänglichen Höhlen Deutschlands. Stufe um Stufe steigt man 53 m tief hinunter, vorbei an der „Kapelle", bis zum Dom. Am Eingang zeigt ein Frei-

Besonderheiten der Pflanzenwelt

Ursprünglich herrschte im Naturpark Hochtaunus Mischwald vor, der jedoch seit dem 19. Jh. an vielen Stellen dem angepflanzten Nadelwald weichen mußte. Wo sich der Mischwald erhalten hat, findet man – besonders an den Waldrändern – geschützte Pflanzen wie etwa das zu den Orchideen zählende Rote Waldvögelein mit seinen Hütchenblüten, die mehr als 1 m Höhe erreichende, markante Türkenbundlilie und den Aronstab, der eine wirkungsvolle Bestäubungsstrategie entwickelt hat: Mit Aasgeruch lockt er Fliegen in die Falle im unteren Blütenteil, wo die Insekten die Blüte bestäuben. Danach stirbt das Hüllblatt ab, und die Fliegen kommen frei.
Zu entdecken sind auch „arktische“ Pflanzen, die sich hier während der Eiszeit ansiedelten und bis heute halten konnten; besonders zu erwähnen sind in diesem Zusammenhang die beiden Farnarten Nordischer Streifenfarn und Natternzunge.
An weitgehend kahlen Hängen der Quarzitberge und -klippen fallen seltene Sträucher auf, etwa die Elsbeere (Bild), die Felsenbirne und die Mehlbeere.

licht-Steinmuseum oberirdische Felsformationen wie z.B. Basalt in Säulenform (April–Oktober Mo–Fr 14–16, Sa und So 10–17 Uhr geöffnet).

5 Runkel Über dem beliebten Urlaubsort Runkel thront weit sichtbar die Burgruine Schadeck. Durch zwei Innenhöfe erreicht man das Burgmuseum, das u.a. eine kleine Schmiede und eine Waffensammlung zeigt. Die Besteigung des mittleren Turmes lohnt sich, sieht man doch von hier bei guter Witterung weit über das Lahntal bis zum Großen Feldberg und zum Rheingaugebirge hinüber (April–September täglich außer Mo 11–16 Uhr geöffnet).

In der Lahn, die hier die Grenze zwischen Taunus und Westerwald bildet, kann man sogar baden. Für Wanderer bietet sich eine Tour im schönen Lahntal an, und mit der Lahntalbahn oder einem Planwagen geht es dann wieder zum Ausgangspunkt zurück.

i Verkehrsamt, Burgstr. 4, 65594 Runkel, Tel. 06482/2061.

6 Weilrod Aus 13 Ortschaften besteht die Gemeinde Weilrod. Der Ortsteil Rod an der Weil wird vom Kirchberg mit dem ältesten Pfarrhaus Deutschlands überragt, in dem seit 1283 ununterbrochen der jeweilige Pfarrer wohnt. Die über 1 m dicken Mauern des Untergeschosses zeigen die ursprüngliche Wehrhaftigkeit des Baus.

In der Nähe der Schule beginnt der Lehrpfad Rentmauer (4 km), der über den Lebensraum Wald informiert.

Im Vogelpark Hochtaunus bei Weilrod-Hasselbach kann man handzahme Eulen und Papageien aus nächster Nähe beobachten (Mitte März–Mitte November täglich geöffnet, Mitte November–Mitte März nur sonn- und feiertags).

7 Eschbacher Klippen Eine geologische Attraktion sind die Eschbacher Klippen: In Millionen von Jahren wurde das weichere Schiefergestein abgetragen, und zurück blieb ein 60 m langer, schroffer Quarzgang (ab Usingen ausgeschildert, Parkplatz). Um die Klippen hat sich eine schöne Heidelandschaft mit artenreicher Tier- und Pflanzenwelt entwickelt.

8 Pferdskopf Der Hausberg des betriebsamen Ortes Treisberg mit seinen zahlreichen Einkehrmöglichkeiten ist der 663 m hohe Pferdskopf. Nochmals 34 m höher, bietet der Aussichtsturm einen hervorragenden Fernblick. Vom Parkplatz am Ortsende führen zwei schöne, gut markierte Rundwanderwege um den Berg.

9 Freilichtmuseum Hessenpark Die reizvolle Museumsanlage stellt typische Haus- und Hofformen aus verschiedenen Regionen

Ein Bild mit Seltenheitswert: mitten in Deutschland vor der gerade noch erkennbaren Skyline von Frankfurt grasen friedlich einige Zebras auf einer grünen Wiese – der Opel-Zoo bei Kronberg macht's möglich.

Hessens vor. Häuser, Scheunen, Ställe, Werkstätten, Kirchen und die Schule sind der Zeit, dem Ort und den jeweiligen Gegebenheiten entsprechend eingerichtet. Interessant sind die Vorführungen alter Handwerkstechniken – z. B. Töpfern, Weben oder Brotbacken. Am historischen Marktplatz kann man es sich im Wirtshaus *Zum Adler* schmecken lassen (März–Oktober täglich außer Mo geöffnet).

i Freilichtmuseum Hessenpark, Laubweg, 61267 Neu-Anspach, Tel. 0 60 81/58 80.

⑩ **Freizeitpark Lochmühle** Im idyllischen Tal des Erlenbaches gelegen, bietet die Anlage eine breite Palette an Betätigungsmöglichkeiten: Kinder können auf den Ponys reiten, sich auf dem Abenteuer- und Erlebnisspielplatz austoben, das Tiergehege und den Streichelzoo besuchen. Man kann auch mit dem Boot oder dem Floß fahren oder das landwirtschaftliche Museum besichtigen (vom ersten So im März bis zum letzten So im Oktober täglich geöffnet).

i Freizeitpark Lochmühle, 61273 Wehrheim, Tel. 0 61 75/70 84.

⑪ **Limeskastell Saalburg** Von 83 bis 250 n. Chr. diente das Römerkastell als Lager für eine etwa 500 Mann starke Kohorte an der einstigen Grenze des Römischen Reiches. 1898 begann man mit dem Wiederaufbau. Das Kastell auf den alten Fundamenten stimmt deshalb in einigen Details nicht mit dem heutigen Forschungsstand überein (Museum täglich geöffnet).

Der markierte Taunuslehrpfad verbindet die Saalburg und den Hessenpark (siehe ⑨, 6 km). Auf 14 Lehrtafeln erfährt man viel Wissenswertes über Land und Leute.

⑫ **Großer Feldberg** Mit 880 m bildet er die höchste Erhebung des Taunus. Den schönsten Rundblick, bis weit über die Berge von Westerwald und Odenwald, genießt man vom Brunhildisfelsen am Rand des Gipfelplateaus aus.

Etwas unterhalb des Gipfels befindet sich Hessens älteste Falknerei, der Falkenhof. Die insgesamt 60 Vögel, darunter Falken, Adler, Habichte, Milane und Eulen, können nachmittags ab 14 Uhr im Freiflug beobachtet werden (Falknerei Mitte April bis Mitte November täglich geöffnet).

⑬ **Bad Homburg vor der Höhe** Als mondäne Kurstadt präsentiert sich Bad Homburg. Mit 1,5 km Länge und 45 ha Fläche ist der 1854–1914 angelegte Kurpark einer der größten in Deutschland. Man schlendert vorbei am prachtvollen Siamesischen Tempel Thai-Sala, besichtigt den ältesten Tennisplatz auf dem europäischen Kontinent und das Hölderlindenkmal.

Weithin sichtbares Wahrzeichen der Stadt ist der Weiße Turm des landgräflichen Schlosses. Eine Besichtigung der Räume lohnt vor allem wegen der stilvollen Ausstattung und Möblierung (Mo geschlossen). Ein Heimat- und Hutmuseum befindet sich im Gotischen Haus im Stadtteil Dornholzhausen (Mo geschlossen).

Am westlichen Stadtrand, beim Parkplatz Hirschgarten, beginnt ein Lehrpfad (2,7 km) zum Thema Waldschäden: 15 Tafeln unterrichten hier über Ursachen und Erscheinungsformen des Baumsterbens.

i Verkehrsamt, Louisenstr. 60, 61348 Bad Homburg vor der Höhe, Tel. 0 61 72/ 12 13 10.

⑭ **Oberursel** Das Wahrzeichen der Stadt ist die St.-Ursula-Kirche (14./15. Jh.) auf dem Urselberg. Der Volksmund nennt das Gebäudeensemble vom Marktplatz hinüber zur Kirche Malerwinkel: Die historische Altstadt mit ihren hübschen Fachwerkbauten lohnt einen Rundgang. Das Vortaunusmuseum zeigt Ausstellungsstücke zum Thema Wasserkraft und Handwerk vergangener Jahrhunderte (Mi 10–17, Sa 10–16, So 10–13 Uhr geöffnet).

Beim Schillerturm beginnt der Waldlehrpfad Oberursel. Auf 2 km Länge stellen anschauliche Infotafeln einheimische Baum-, Pilz- und Singvogelarten vor.

i Stadtverwaltung, Am Rathausplatz 1, 61440 Oberursel, Tel. 0 61 71/50 23 07.

15 **Königstein im Taunus** Der heilklimatische Kurort am Taunusrand, bekannt durch seine Thermalquellen und die großzügigen Kuranlagen, bietet ein reichhaltiges Erholungsprogramm. Im Alten Rathaus präsentiert das Stadtmuseum archäologische und geologische Funde, Modelle der Festung Königstein, Stadtansichten, Keramik und Trachten (Sa 15–18, So 10–12 und 15–18 Uhr geöffnet).

Über der Stadt thront die Ruine, eine ehem. staufische Reichsburg, erstmals 1215 erwähnt und 1796 von den Franzosen gesprengt. Von dort bietet sich ein herrlicher Blick auf das Woogtal, über das Rhein-Main-Gebiet und auf den Taunus. Heute bildet die Ruine die Kulisse für das Burgfest im Juli und die Burgfestspielwoche im August.

Vom Parkplatz Tillmannsweg an der B 8 wandert man auf dem gleichnamigen Weg durch schönen Mischwald zum „Fuchstanz“. Hier kreuzen sich die Europäischen Fernwanderwege E 1 und E 3; aber auch zahlreiche kürzere Routen laden in der Umgebung zum Wandern ein.

i Kurverwaltung, Hauptstr. 21, 61462 Königstein im Taunus, Tel. 0 61 74/ 20 22 51.

16 **Kronberg und Opel-Zoo** Der Luftkurort am Südhang des Altkönigs besitzt eine malerische Altstadt mit spätmittelalterlichem Flair, die rund um die 1440 erbaute Johanniskirche angesiedelt ist. Im Innern der Kirche beeindrucken eine reichbemalte Tonnendecke und Wandmalereien.

Die Burg war Sitz der Ritter von Cronberg. Heute ist sie eine der wenigen noch teilweise eingerichteten Burgen des Mittelalters in Deutschland und vermittelt einen Einblick in die Wohnkultur und Lebensweise des Ritterstandes.

Der Opel-Zoo liegt an der B 455 zwischen Königstein und Kronberg. Das Freigehege widmet sich der Erhaltung von bedrohten Tierarten und ist für seine außergewöhnlichen Nachzuchterfolge bekannt. Naturlehrpfad und Geo-Garten bieten interessante Einblicke in das Zusammenspiel von Wald und Umwelt. Das Taunus-Naturkundemuseum mit Modellen in Originalgröße informiert über Lebensgewohnheiten einheimischer Tierarten. Ein Spaß für Kinder ist der Streichelzoo oder ein Ritt auf einem Kamel (täglich von 8.30 Uhr bis Einbruch der Dunkelheit geöffnet).

17 **Eppstein** Das reizvolle Städtchen liegt zu Füßen einer imposanten Burgruine aus dem 11. Jh. Zur Burganlage gehört das sog. Mainzer Schloß, in dem das Heimatmuseum seine Ausstellungen zeigt. Der Raum hat eine bewegte Geschichte: ursprünglich war er Waffenkammer der Burg, später wurde er zur Küche umfunktioniert, und schließlich diente er eine Zeitlang sogar als Gotteshaus (Burganlage Di geschlossen; Heimatmuseum April–Oktober Sa 14–17, So 11–12 und 14–17 Uhr geöffnet).

i Magistrat, Hauptstr. 99, 65817 Eppstein, Tel. 0 61 98/30 50.

Zwei mächtige Steintürme bewachen den Eingang zum wieder aufgebauten Römerkastell am Limes, der Saalburg. Bei der Besichtigung erhält man Einblicke in das einstige Leben der römischen Legionäre.

Besonderheiten der Tierwelt

Außer den üblichen Wildarten (Hirsch, Reh, Wildschwein) sind in den Misch- und Nadelwäldern des Hochtaunus Dam- und Muffelwild verbreitet – Tiere, die ausgesetzt wurden oder aus Wildparks entlaufen sind. Neben Fuchs, Dachs und Marder fallen das zierliche Wiesel (Bild) und der scheue Waschbär, ein „Neubürger“ aus Nordamerika, auf.

In den alten Waldbeständen mit ihren Baumhöhlen brüten Waldkauz, Hohltaube und Schwarzspecht. Im Geäst bauen seltene Vögel wie Misteldrossel, Waldbaumläufer und Kernbeißer ihre Nester. An manchen Bachläufen sind auch die rar gewordenen Wasseramseln und sogar Eisvögel zu beobachten.

In den oberen, besonders sauberen Abschnitten der Bäche schwimmt das Bachneunauge, ein urtümliches fischähnliches Wirbeltier, dessen runde Kiemenöffnungen Augen vortäuschen. Die blinden Larven ernähren sich 3–5 Jahre lang von Kleinlebewesen aus dem Wasser. Die ausgewachsenen Tiere nehmen keine Nahrung mehr zu sich und konzentrieren sich ganz auf die Fortpflanzung. Etwa 1000 Eier legt ein Weibchen und stirbt dann bald danach.

Naturpark Nassau

Muntere Bäche schlängeln sich in idyllischen Wiesentälern durch die Höhen von Westerwald und Taunus. Alle münden sie in die windungsreiche Lahn, an der sich Orte mit klangvollen Namen wie Perlen an einer Schnur aufreihen: Lahnstein, Bad Ems, Nassau und Schaumburg.

Bewaldete Höhen und schöne Täler prägen weite Teile des Naturparks. Einen stimmungsvollen Eindruck davon erhält man vom rekonstruierten römischen Wachturm auf dem Großen Kopf bei Arzbach.

❶ **Höhr-Grenzhausen** In dem Städtchen im Nordwesten des Naturparks dreht sich alles um die Töpferscheibe: Hier befindet man sich im Kannenbäckerland, wo seit über 500 Jahren dichtgebranntes Steinzeug hergestellt wird. International bekannt ist das salzglasierte grau-blaue Steingutgeschirr. Viele Töpfereien und Keramikfabriken gewähren Einblick in ihre Produktion und verkaufen ihre Krüge, Becher und Kannen. Besonders viele Besucher kommen am ersten Samstag im Juni hierher zum Keramikmarkt, dem größten seiner Art in Deutschland.

Das Keramikmuseum Westerwald zeigt in seiner ständigen Ausstellung „Deutsche Sammlung für historische und zeitgenössische Keramik" Töpferarbeiten aus aller Welt (täglich außer Mo geöffnet) und erläutert auch geologische Hintergründe: Feldspat- und glimmerreiche Gesteine verwitterten einst zu Tonen, die dann vor rund 40 Mio. Jahren in die damals vorhandenen Seen eingeschwemmt und in Mulden abgelagert wurden. In solchen trichterförmigen Tongruben gewinnt man seit langer Zeit den begehrten Rohstoff.

ℹ Verkehrsamt, Rathausstr. 48, 56203 Höhr-Grenzhausen, Tel. 0 26 24/10 41 87.

❷ **Montabaurer Höhe** Dieses herrliche Wandergebiet erreicht man vom Parkplatz Dernbach-Elgendorf (Straße Ransbach-Baumbach–Montabaur) aus. Man wandert 3 km hinauf zum 540 m hohen Köppel, der neben der Alarmstange (546 m) und dem Lippersberg (534 m) die höchste Erhebung des Quarzitbergzuges ist. Vom 38 m hohen Aussichtsturm (mit Gaststätte) reicht der Blick bis zum Taunus, zum Siebengebirge und zur Eifel.

❸ **Montabaur** In der geschäftigen Kreisstadt stehen fast alle bedeutenden Gebäude in unmittelbarer Nähe der Fußgängerzone, vor allem die schönen Fachwerkhäuser aus dem 17. und 18. Jh. Die schon 959 geweihte Pfarrkirche St. Peter in Ketten ist das älteste Gotteshaus des Westerwaldes. Der heutige Bau stammt allerdings aus dem frühen 16. Jh. Besonders die spätgotischen Fresken gelten als Meisterwerke. Beim Rathaus sprudelt ein Sauerbrunnen, dessen Wasser man trinken kann.

ℹ Verkehrsamt, Konrad-Adenauer-Platz 8, 56410 Montabaur, Tel. 0 26 02/12 61 92.

❹ **Gelbachtal** Tief eingeschnitten windet sich der Gelbach in einem romantischen Tal von Montabaur nach Südosten. Wer ihm folgt, kommt zuerst in das verträumte Wirzenborn, einen Stadtteil von Montabaur. Direkt an der Straße grasen friedlich Rehe in ihrem Gehege. Kulturinteressierte wenden sich der spätgotischen Wallfahrtskirche Unserer Lieben Frau und dem Stationenweg zu, dessen Darstellungen aus dem Jahr 1726 die sieben Schmerzen und die sieben Freuden der Jungfrau Maria zeigen.

Etwa 12 km weiter südlich erreicht man die einsam und sehr idyllisch gelegene *Bruchhäusermühle*, ein hübsch bemaltes landwirtschaftliches Anwesen mit Gasthaus und frei umherlaufenden Nutztieren.

❺ **Großer Kopf** Kurz hinter dem Ortsausgang von Arzbach in Richtung Kemmenau stellt man sein Auto in der Parkbucht links

Junge Braunbären auf ihrem ersten Ausflug – ein vergnüglicher Anblick. Der Wild- und Freizeitpark Westerwald hat aber auch noch manch andere Attraktion zu bieten.

Das Wahrzeichen Montabaurs ist das charakteristische gelbe Schloß mit seinen markanten Türmen. Weithin sichtbar thront es über der Westerwaldstadt.

ab und folgt der Ausschilderung Römerturm in wenigen Minuten hinauf zum Großen Kopf (423 m), einem Trachytberg. Vom rekonstruierten römischen Wachturm, einer Station des Limeswanderweges, kann man die herrliche Aussicht genießen.

6 Wild- und Freizeitpark Westerwald Am Haupteingang der Anlage in Gackenbach findet man leicht einen Parkplatz. Der sehr weitläufige Park ist hervorragend in die Landschaft eingepaßt und durch zwei große Rundwege erschlossen. Fast alle Tiere leben in Gehegen, die ihrem natürlichen Lebensraum entsprechen. Zu sehen gibt es Hirsche und Wildschweine, Wisente und Mufflons, Füchse und noch manche andere Tierart.

Mit einer Transmobilbahn tuckert man eine Anhöhe hinauf, auf der Sommerrodelbahn geht es geschwind wieder hinab. Spielplatz, Streichelwiese, Grillplatz und Café runden das Besucherangebot ab (täglich geöffnet, November–Ostern ohne Fahrten und Bewirtung).

i Wild- und Freizeitpark Westerwald, 56412 Gackenbach, Tel. 0 64 39/2 33.

7 Holzappel In dem freundlichen Fremdenverkehrsort lohnt vor allem das Heimatmuseum im Rathaus einen Besuch (März–Oktober So 15–17 Uhr geöffnet). Es zeigt die Entwicklung der abgelegenen Gegend um den damals noch Esten genannten Ort zur reichsunmittelbaren Grafschaft unter Graf Peter Melander von Holzappel im 17. Jh. In der Esterau-Stube im Museum bieten Möbel, Kleidung, Gebrauchsgegenstände und Spielzeug aus der Zeit um 1900 einen Einblick in Alltag und Wohnkultur der Wilhelminischen Epoche. Höhepunkt eines Museumsbesuchs ist jedoch die anschauliche Darstellung des hiesigen Erzbergbaus.

1751 begann man in Holzappel, Silber-, Blei- und Zinkerze zu fördern. 1815 besuchte Goethe die Anlage, um geologische Studien zu treiben.

Bis zu 900 Arbeiter waren hier um 1900 tätig. In den 30er Jahren unseres Jahrhunderts kam ein Schacht auf der 25. Tiefbausohle bei 1100 m auf die größte im deutschen Erzbergbau je erreichte Tiefe (Teufe). 1952 wurde der Betrieb eingestellt, da das Erz weitgehend abgebaut war. Ein 2 km langer Grubenlehrpfad vermittelt viel Wissenswertes zu diesem Thema.

Direkt neben dem Museum hält die ev. Kirche eine Besonderheit parat: 21 Mitglieder der gräflichen Familie ruhen hier in der Gruft in ihren Bleisärgen.

Nördlich des Ortes liegt der idyllische Herthasee. Der angenehme Badesee hat eine große Liegewiese, außerdem gibt es einen Minigolfplatz, einen Bootsverleih und ein nettes Lokal. Der See verdankt seine Entstehung dem Erzbergbau: man staute ihn einst auf, um die Förderanlagen mit Wasser zu versorgen.

i Verkehrsverein, Lindenallee 2, 56379 Holzappel, Tel. 0 64 39/75 42.

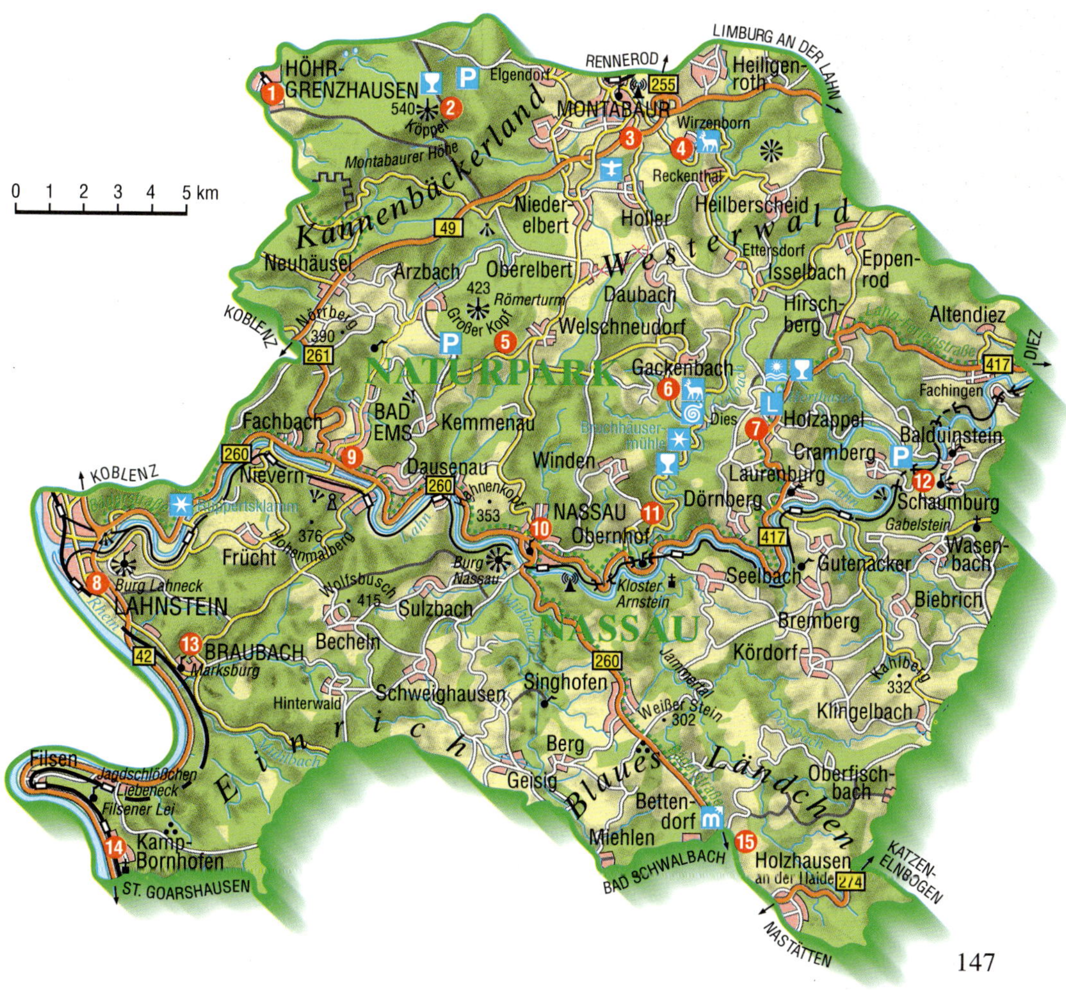

Reizvoll liegt Nassau im malerischen Tal der Lahn, die früher viel von Frachtschiffen befahren wurde, heute aber ein Eldorado für Paddler und Motorbootfahrer ist.

8 Lahnstein Einen besonderen Reiz hat die Stadt durch ihre Lage am Rhein und beiderseits der Lahn. Neben Thermalbädern besitzt Lahnstein mehrere historische Bauten, darunter das Fachwerk-Rathaus aus dem 16. Jh. und die Martinsburg am Rheinufer. Direkt an der Lahnmündung steht eine Pfeilerbasilika, die Johanniskirche aus dem 12. Jh.

Über den Flüssen thront die mächtige Burg Lahneck, eine kurmainzische Grenzburg (April–Oktober täglich geöffnet), von der aus man einen herrlichen Blick genießt.

Vom Parkplatz in Hohenrhein (ein Lahnsteiner Ortsteil an der B 260 Richtung Bad Ems) wandert man in 2 Stunden auf einem Rundweg durch die wildromantische Ruppertsklamm. Tief hat sich der Bach eingegraben, er bewältigt – über moosbewachsene Felsblöcke stürzend – auf 1 km Länge 150 Höhenmeter. Das Naturschutzgebiet sollte man nur mit festem Schuhwerk betreten, da der Aufstieg teilweise steil und der Weg besonders bei Regen sehr glitschig ist.

i Verkehrsamt, Stadthallenpassage, 56112 Lahnstein, Tel. 0 26 21/17 52 41.

9 Bad Ems Der traditionsreiche Kurort wartet mit prächtigen Kurhotels an der vornehmen Lahnpromenade, modernen Kuranlagen mit heilkräftigem Mineralwasser, einer russisch-orthodoxen Kirche und einem reichhaltigen Kulturprogramm auf. Im Kurpark erinnert der Benedetti-Stein an die Emser Depesche, die zum Auslöser für den Deutsch-Französischen Krieg von 1870/71 wurde. An der Kurbrücke kann man Tret-, Ruder- und Elektroboote ausleihen.

Zahlreiche ausgeschilderte Spazier- und Wanderwege erschließen die Umgebung und führen zu herrlichen Aussichtspunkten und netten Ausflugsgaststätten. Mit Fahrgastschiffen lassen sich unterhaltsame Rundfahrten unternehmen, etwa lahnaufwärts nach Dausenau, dem „Rothenburg an der Lahn“. Innerhalb der alten dreieckigen Stadtbefestigung sind das gotische Fachwerk-Rathaus, die romanische Pfarrkirche St. Kastor und ein schiefer Turm mit über 2 m Neigung sehenswert.

i Verkehrsbüro, Römerstr. 1, 56130 Bad Ems, Tel. 0 26 03/40 41.

10 Nassau Zu den Attraktionen der einstigen Residenzstadt zählen das Steinsche Schloß, Geburtshaus des Freiherrn vom Stein, und das Rathaus „Adelsheimer Hof“ (1607–09). Die um 1100 erbaute Stammburg der Herzöge von Nassau ragt 130 m über dem Fluß gegenüber der Stadt auf. Vom Burgturm schaut man weit ins Land, und die Burgschenke verwöhnt ihre Gäste (Mo, Di Ruhetage).

Unterhalb des Burgberges mündet der Mühlbach in die Lahn, wo ein Wanderweg (Markierung blaues Rechteck, 14 km) dem Tal bis nach Miehlen folgt. Der Bach zwängt sich erst in Windungen durch Felsen, dann plätschert er munter zwischen Wiesen dahin.

Das vielbesungene Wirtshaus an der Lahn war einst auch Zollhaus. Hier hat Johann Wolfgang von Goethe 1774 Station gemacht und ein Mittagsmahl eingenommen (unten).

i Fremdenverkehrsamt, Rathaus, 56377 Nassau, Tel. 0 26 04/7 02 30.

11 Obernhof Ruhe und Entspannung verspricht das beschauliche Winzerdorf im Lahntal. In verschiedenen Weinstuben kann man den hiesigen edlen Tropfen kosten.

Wo der Gelbach in die Lahn mündet, steht Schloß Langenau, die einzige Tal- und Wasserburg an der Lahn.

Etwas lahnabwärts thront über dem Tal das berühmte Kloster Arnstein, noch heute von Mönchen bewohnt und Ziel vieler Pilger. Am Fuß des Berges mündet der Dörsbach in die Lahn. Auf seinem langen Weg von Katzenelnbogen hat er sich ein wildes, von ehem. Mühlen gesäumtes Tal geschaffen, das sog. Jammertal.

i Fremdenverkehrsamt Nassau, siehe 10.

12 Schaumburg Die Attraktion des von Wäldern umrahmten Dörfchens Schaumburg ist die gleichnamige, märchenhaft anmutende Schloßanlage aus dem 19. Jh.

An der Straße nach Westen in Richtung Cramberg sollte man sein Auto auf dem

Wanderparkplatz abstellen und die 500 m zum herrlichen Aussichtspunkt Gabelstein wandern. 100 m fällt der Fels hier steil zur Lahnschleife ab.

i Verkehrsamt, Wilhelmstr. 63, 65582 Diez, Tel. 0 64 32/50 12 70.

⑬ **Braubach** Eine Altstadt mit winkeligen Gassen und pittoresken Fachwerkhäusern, dazu Reste der Stadtbefestigung und ein vielbesuchter Rosengarten – das macht den Reiz dieses Rheinstädtchens aus.

Hauptanziehungspunkt ist aber hoch über dem Strom die stolze Marksburg. Mit ihren Toren und Türmen, mit der Zugbrücke und dem schlanken, 39 m hohen Bergfried verkörpert sie das Bild einer mittelalterlichen Burg schlechthin. Im Inneren befinden sich eine Burgschmiede und die Burgküche, beide originalgetreu eingerichtet (täglich geöffnet).

i Verkehrsamt, Rathausstr. 8, 56338 Braubach, Tel. 0 26 27/2 03.

⑭ **Kamp-Bornhofen** Rund 200 000 Pilger kommen jährlich in den Ortsteil Bornhofen, um in der Kloster- und Wallfahrtskirche das Gnadenbild der Jungfrau Maria zu sehen.

Im Ortsteil Kamp informiert das Flößer- und Schiffahrtsmuseum über diesen einst so bedeutenden Erwerbszweig des Ortes (geöffnet April–Oktober Mi 14.30–17 Uhr und täglich vormittags nach Vereinbarung).

Für Wanderer und Spaziergänger sei zum Auftakt die 2 km lange Rheinuferpromenade empfohlen, dann geht es hinauf auf den Höhenrücken, den der Rhein in einem Bogen umfließt. Über den Hauserweg erreicht man in nordwestlicher Richtung die Filsener Lei, einen Aussichtspunkt mit Grillplatz und einem schönen Blick über das Rheintal bis nach Boppard (einschließlich Rückweg 5 km). Wer die Wanderung ausdehnen möchte, kann über das weiter nördlich gelegene Jagdschlößchen Liebeneck und einen Abschnitt des Rheinhöhenweges zurückwandern (etwa 10 km).

i Verkehrsamt, Rheinuferstr. 34, 56341 Kamp-Bornhofen, Tel. 0 67 73/3 60.

⑮ **Blaues Ländchen** Färber, die in diesem Teil des Taunus wohnten und vorwiegend blaue Tücher herstellten, gaben der Region ihren Namen. In den von sanften Hügeln umgebenen Dörfern verdienen drei Museen Erwähnung (das größte liegt in Nastätten außerhalb des Naturparks): In Holzhausen an der Haide erinnert eine Ausstellung an Nikolaus August Otto, den Erfinder des nach ihm benannten Viertaktmotors (geöffnet nach Vereinbarung, Tel. 0 67 72/ 72 42). Das Geologische Freimuseum mit Mineralesammlung in Bettendorf ist nach Anmeldung zu besichtigen (Tel. 0 67 72/ 51 34). In seinem Geburtsort Miehlen wird an den Räuberhauptmann Schinderhannes mit einem kleinen Museum erinnert (Schlüssel in der Dorfschenke erhältlich).

i Fremdenverkehrsverein Blaues Ländchen, Im Heimatmuseum, 56355 Nastätten, Tel. 0 67 72/32 10.

Leben in Weinbergen

Weinberge findet man im Naturpark Nassau an den Sonnenhängen des Rhein- und des Lahntales, allerdings werden es immer weniger. Wo sie naturschonend bearbeitet werden, bringt die Dolde des Weinberglauchs noch ihre Brutzwiebeln hervor. In den Ritzen der Mauern, insbesondere der Trockenmauern, krallen sich Pflanzen wie Mauerpfeffer, Nordischer und Schwarzstieliger Streifenfarn fest.
Auf den von der Sonne aufgeheizten Steinen lauern Eidechsen und Schlingnattern auf Beute. An sonnigen Stellen sieht man Schmetterlinge wie Segelfalter und Schwalbenschwanz.
Für die maschinelle Bearbeitung ausgelegte und mit hohem Spritzmitteleinsatz bewirtschaftete Rebhänge bieten dagegen außer der Rebe (im Bild die Blüten) kaum anderen Arten einen Lebensraum.
Wo der Weinanbau aufgegeben wird, erobern bald Liguster, Rosen, Schwarz- und Weißdorn, Zwergmispel und Felsenbirne die steilen Hänge. Im dichten Gebüsch brüten viele Vögel, auch die selten gewordene Nachtigall. Liegt das Gelände schon länger brach, entsteht oft ein Eichen-Hainbuchen-Wald.

Wer an der Uferpromenade von Bad Ems an der Lahn entlangspaziert, kann Ausblicke wie hier auf das traditionsreiche und imposante Kurhaus genießen.

Naturpark Rhein–Westerwald

Zwei Flüsse verleihen dem Naturpark Abwechslung: einmal der breite Rhein, der die Westgrenze markiert und sich mit pittoresken Städtchen schmückt, zum anderen die idyllische Wied, die sich in unzähligen Schleifen durch den Westerwald windet und vor allem von Paddlern geschätzt wird.

Unkel, das reizvolle Weinstädtchen im nordwestlichen Zipfel des Naturparks, bezaubert seine Besucher durch romantische Winkel mit liebevoll gepflegten Fachwerkhäusern wie hier in der Pützgasse.

❶ **Unkel** Auf einer kleinen Ebene am östlichen Rheinufer liegt dieser einladende Erholungsort. Die Gäste schlendern durch malerische Gassen, entdecken hübsche Winkel und kehren in einem gemütlichen Lokal ein – beispielsweise zu einem Glas des berühmten Unkeler Weins.

An der autofreien Rheinpromenade reihen sich die schönsten Gebäude zu einer heiteren Kulisse auf. Den Anfang im Süden macht das Wahrzeichen der Stadt, der Gefängnisturm, im 16. Jh. als Teil der Befestigung erbaut und um 1700 mit einer barocken Haube versehen. Der Turm der Pfarrkirche St. Pantaleon beherrscht die Szene; das um 1200 errichtete und seitdem mehrmals umgebaute Gotteshaus zieht wegen seiner bemerkenswerten gotischen und barocken Kunstwerke die Kenner an. Den Abschluß im Norden bildet der Fronhof, ein im Kern mittelalterlicher, im 19. Jh. im Stil der Neugotik umgestalteter, prächtiger Bau. Dazwischen gruppieren sich noble Wohnhäuser und Villen.

Eine Schiffsfahrt auf dem Rhein bietet sich von hier aus an: hinunter nach Köln oder Bonn, hinauf – an der Westgrenze des Naturparks entlang – nach Koblenz und an die Mosel. Wer die Landschaft erkunden will, findet rund um Unkel 160 km ausgeschilderte Wanderwege; 120 Ruhebänke locken, oft mit schönem Rheinblick.

ℹ Verkehrsamt, Linzer Str. 2, 53572 Unkel, Tel. 0 22 24/33 09.

❷ **Erpeler Ley** Von der ruhigen, von Fachwerkhäusern geprägten Ortschaft Erpel am Rhein gelangt man auf ausgeschildertem Weg hinauf zur Erpeler Ley, einem Basalthochplateau, das 145 m hoch fast senkrecht über dem Strom aufragt. Weit schweift der Blick nach Norden ins Siebengebirge, nach Westen in die Eifel, nach Süden über die Dörfer und Städte am Rhein.

An dem unter Naturschutz gestellten Steilhang gedeiht eine mediterrane Flora mit Arten wie Schriftfarn, Zwergmispel und Graslilie, dazu aus längst verschwundenen Burggärten „ausgebrochene“ Pflanzen wie die violette Schwertlilie, Färberwaid und Goldlack. Außerdem bietet die Wand hervorragende Nistmöglichkeiten für felsenbrütende Vögel – daher das Fernglas nicht vergessen.

❸ **Linz am Rhein** Im uralten, fröhlich-bunten Fachwerkstädtchen lädt die Fußgängerzone zum Bummeln ein. Man tritt durch eines der alten Stadttore, kommt vorbei an historischen Gebäuden zum Markplatz mit der Mariensäule und hört dem Glockenspiel am 1392 erbauten Rathaus zu (täglich um 12.15, 15.15, 18.15 Uhr). Besonderen Kunstgenuß verspricht die Martinskirche, an der die Linzer 1206–1512 bauten und die Elemente der Spätromanik und Gotik vereint; die Fresken aus der Zeit um 1230 bilden den Höhepunkt.

Die nur durch den Stadtgarten vom Rhein getrennte Kurfürstliche Burg, 1365 errichtet und mehrfach umgestaltet, bietet ihren Gästen viel Unterhaltung: Im „Klingenden Museum“ steht eine große Sammlung automatischer Musikinstrumente (Mitte März–Oktober Mo–Fr 13–17, Sa, So 11–17 Uhr geöffnet); in der Römischen Glashütte zeigen Kunsthandwerker, wie man vor 2000 Jahren Zerbrechliches aus Glas schuf (Ostern–Dezember täglich 10–18 Uhr geöffnet). In der urigen Burgdiskothek *Castello* ertönen heiße Rhythmen, im Rittersaal speist man wie im Mit-

Die Erpeler Ley, ein mächtiger Basaltklotz, flankiert den Rhein auf halber Strecke zwischen Unkel und Linz (unten).

telalter, Folterkammer und Burgverlies sorgen beim Besucher für Gänsehaut.

Ruhe erlebt man bei einem Schiffsausflug auf dem Rhein oder bei einem Spaziergang von der Martinskirche vorbei an der kleinen Donatuskirche hinauf zum Kaiserberg – die Aussicht ist überwältigend.

ℹ Verkehrsamt, Rathaus am Markt, 53545 Linz am Rhein, Tel. 0 25 44/25 26.

❹ Ehrenstein und Bertenauer Kopf Wenige Kilometer südöstlich von Neustadt (Wied) und über die Wiedbrücke und den ausgeschilderten Wanderweg zu erreichen, liegen Burgruine, Kloster und Kirche Ehrenstein. Von der Burg aus dem 14. Jh. blieb eine beeindruckende Ruine erhalten, vom spätgotischen Kloster immerhin ein Flügel; darin leben Mönche aus dem Orden der Kreuzbrüder. Die Kirche aus dem 15. Jh. ist berühmt wegen ihrer Ausstattung, vor allem wegen der wertvollen spätgotischen und barocken Kunstwerke und der Glasmalereien aus der Zeit um 1475.

Um zum Basaltkegel des Bertenauer Kopfes (352 m) zu wandern, stellt man das Auto auf dem Waldparkplatz an der Landstraße zwischen Neustadt und Bertenau ab. Dort und auf dem ins Tal führenden Waldlehrpfad informieren Schautafeln u. a. über das Waldsterben. Der Bertenauer Kopf ist seit Jahrzehnten ein Naturschutzgebiet.

❺ Ferien- und Freizeitanlage Lahrer Herrlichkeit Rechts der Straße Oberlahr–Döttesfeld liegt dieses attraktive Freizeitzentrum. Neben einem Freibad gruppieren sich die Bungalows und Einrichtungen eines größeren Freizeithotels. In den Dörfern ringsum können Pferdefreunde unter mehreren Reiterhöfen wählen.

ℹ Fremdenverkehrsamt, Rheinstr. 17, 57632 Flammersfeld, Tel. 0 26 85/80 91 19.

❻ Roßbach In dem Luftkurort im Wiedtal beginnt – in der Breitscheider Straße hinter der Kirche – der Basalt-Naturlehrpfad hinauf zum Roßbacher Häubchen (360 m). An der markanten Kuppe, heute ein Naturdenkmal, bauten die Steinbrecher bis zum Zwei-

Besonderheiten der Pflanzenwelt

Rund ein Drittel des Naturparks wird landwirtschaftlich genutzt, fast die Hälfte ist bewaldet. Interessanterweise findet man hier gleich mehrere artenreiche Waldtypen. Im Eichen-Hainbuchen-Wald stehen neben den namengebenden Bäumen auch Rotbuche, Winterlinde und Wildkirsche; den Unterwuchs bilden Kräuter wie Buschwindröschen, Hainwachtelweizen und Gemeines Lungenkraut. In den Buchenwäldern wachsen unter Rotbuchen, Eschen und Bergahornbäumen Hohler Lerchensporn, Maiglöckchen und Salomonsiegel. Birken sowie Stiel- und Traubeneichen herrschen im Eichen-Birken-Wald vor; hier ist die Strauchschicht mit Stechpalme, Faulbaum und Waldgeißblatt besonders interessant. Die Ahorn-Eschen-Schluchtwälder bevorzugen feuchte Bereiche; in ihrem Schatten gedeihen die beiden einheimischen Milzkrautarten, Bitteres Schaumkraut, Fieberklee und Mondviole, aber auch eine reiche Farnflora mit mancher botanischen Rarität. Im Schwarzerlenbruchwald mit seinem hohen Grundwasserspiegel verdient neben den bestandbildenden Schwarzerlen und Moorbirken das Vorkommen des geschützten Sonnentaus Erwähnung.

An trockenen, heißen Süd- und Westhängen, insbesondere oberhalb des Rheins, sind Reste einer blumenreichen Steppenflora zu entdecken: Astlose und Ästige Graslilie (Bild), Goldaster, Echte Hauswurz und Kartäusernelke bilden die Höhepunkte dieser in Deutschland selten gewordenen Pflanzengesellschaft.

Die Wied schlängelt sich in zahlreichen Windungen durch ein beschauliches Wiesental und mündet bei Neuwied in den Rhein. Als geruhsames Flüßchen stellt sie an Wasserwanderer keine hohen Anforderungen.

ten Weltkrieg den harten Säulenbasalt ab; dann verfiel die Anlage, die Natur holte sie sich zurück. Von hier aus hat man einen zauberhaften Ausblick auf das Siebengebirge und ins Wiedtal. 2 Stunden sind für den Rundweg anzusetzen.

Die Mühlenstraße führt vom Ortszentrum durch das Masbachtal 2 km weit zur 300 Jahre alten Nescher Mühle. Diese Wassermühle versieht wie eh und je ihren Dienst. Die Wanderer stärken sich in der Gaststube oder auf der Terrasse des malerischen Anwesens.

Den wohl schönsten Blick auf die mäandrierende Wied hat man von der Weißenfelser Ley. Man folgt dem Tal flußaufwärts bis zur Abzweigung nach Weißenfels. Von dem Dörfchen sind es nur ein paar Minuten bis zu diesem Aussichtspunkt.

i Touristik-Verband Wiedtal, Neuwieder Str. 61, 56588 Waldbreitbach, Tel. 2638/ 4017.

❼ **Waldbreitbach** Schön ins Wiedtal eingebettet liegt der gastliche Luftkurort. Die fast 300 Jahre alte Ölmühle mit ihrem mächtigen Wasserrad gilt als die älteste ihrer Art im Rheinland; eine kleine Ausstellung ist angeschlossen (April–Oktober täglich 10–18 Uhr geöffnet). Zusammen mit der ehem. kurfürstlichen Bannmühle des 17./18. Jh. bildet die Ölmühle ein fotogenes Ensemble. In der restaurierten Dorfschmiede werden die Gerätschaften gezeigt, die der Schmied einst benötigte.

Mehrere ausgeschilderte Rundwanderwege erschließen die Gegend. Der Naturlehrpfad Fratzehölzje etwa beginnt am Hotel *Nassen's Mühle*, führt durch den Wald bis zur 1694 errichteten Kreuzkapelle und auf dem Promenadenweg an der Wied entlang zum Ausgangspunkt zurück.

Im August kommen Tausende hierher, um das Großfeuerwerk „Wied in Flammen" zu erleben. Im Sommer können Wasserfreunde an der Wied Ruder- und Tretboote ausleihen.

i Touristik-Verband Wiedtal, siehe ❻.

❽ **Bad Hönningen** Hoch über der Kur- und Weinstadt am Mittelrhein thront das romantische Schloß Arenfels, im 13. Jh. errichtet und zuletzt 1849–55 im neugotischen Stil umgebaut.

Den Höhepunkt im Festkalender Bad Hönningens bildet das Weinblütenfest im Juni, wenn die Weinkönigin mit ihrem Gefolge auf dem Festplatz einzieht.

Am Sträßchen zur Autofähre, südlich der Stadt, erinnert ein rekonstruierter Limesturm daran, daß hier vor fast 2000 Jahren die Römer geherrscht haben. Dieser Wachturm Nr. 1 war der am weitesten westlich gelegene des insgesamt 550 km langen, befestigten Grenzwalls der Römer. Am Parkplatz im Ortsteil Arienheller beginnt ein Wanderweg, der zu Resten des Limes führt.

i Verkehrsamt–Kurverwaltung, Neustr. 2a, 53557 Bad Hönningen, Tel. 02635/ 2273.

❾ **Malberg** Zwischen dem Rhein- und dem Wiedtal erhebt sich diese 359 m hohe Kuppe, ein beliebter Wintersportplatz. Entsprechend ist der Gipfel in Hausen (Wied) als Skipiste ausgeschildert. Weit schweift der Blick von oben ostwärts über das Wiedtal hinweg zu den bewaldeten Höhen des Westerwaldes.

Besonderheiten der Tierwelt

Außer dem weitverbreiteten Rot-, Reh- und Schwarzwild leben in den Wäldern Damhirsche, Hasen und Wildkaninchen. Die Raubtiere sind mit Fuchs und Dachs, Baum- und Steinmarder, Iltis sowie Großem und Kleinem Wiesel vertreten. Besonders artenreich bietet sich dem aufmerksamen Beobachter die Vogelwelt dar. Allein sechs verschiedene Spechtarten kommen hier vor, außerdem sechs Meisenarten, darunter die seltene Weidenmeise. An Raritäten unter den Singvögeln sind außerdem Blaukehlchen (Bild), Zippammer und Nachtigall zu nennen. Waldohreule und Schleiereule, Wald- und Steinkauz jagen nachts, tagsüber sind Sperber, Baumfalke, Habicht, Wespenbussard, Schwarz- und Rotmilan auf Beutesuche.

Das Rheintal markiert eine beliebte Flugbahn der Zugvögel; so sind auf den Inseln, etwa der im Naturpark gelegenen Hammersteiner Werth, während der Zugzeiten mehr als 40 verschiedene Wasservogelarten zu beobachten, darunter so seltene Gäste wie Rothalstaucher, Zwergsäger und Kormoran.

Auch die Froschlurche warten mit einer erfreulichen Artenvielfalt auf: Gras- und Wasserfrosch, Erd- und Geburtshelferkröte, aber auch die Gelbbauchunke veranstalten in einigen Feuchtgebieten ein vielstimmiges Konzert.

Unterhalb des Gipfels führt ein geologischer Lehrpfad um den Malbergsee herum. Auf anschauliche Weise wird erklärt, wie die Basaltkuppe entstanden ist und wie der Basaltabbau vor sich ging.

❿ **Niederbreitbach und Fockenbachtal** Schmuckstück des Luftkurortes ist das Dorfmuseum in einem alten Bauernhof. Die liebevoll gestaltete Anlage zeigt Zeugnisse bäuerlicher Kultur (am ersten So im Monat 10–12 Uhr geöffnet).

Im Ort mündet der wildromantische

Fockenbach in die Wied. Ein Schluchtwald, aus dem immer wieder bizarre Felsen leuchten, begleitet den Bach. Im Tal steht die uralte Fockenbachsmühle, die jedoch nicht bewirtschaftet ist. 3 Stunden müssen für den Hin- und Rückweg allerdings gerechnet werden.

ℹ Touristik-Verband Wiedtal, siehe ❻.

⓫ **Hammerstein** Gemächlich schlendert man durch den Ortsteil Oberhammerstein, einen ruhigen Weinort, verweilt an der um 1200 erbauten Kirche aus dunklem Bruchstein, läßt sich verzaubern vom Burgmannshof aus dem 16. Jh., in dem einst die Bauern ihren Zehnten für das Kloster Rommersdorf abliefern mußten.

Auf einem besonders schönen Abschnitt des Rieslingwanderweges (Markierung grüne Traube) klettert man durch die Weinberge 20 Minuten hinauf zur gewaltigen Burgruine Hammerstein, einstmals eine bedeutende Reichsfeste. Von hier aus hat man einen herrlichen Ausblick über den Rhein bis weit hinein in die Nordeifel.

ℹ Gemeindeverwaltung, Markenweg 23, 56598 Hammerstein, Tel. 0 26 35/24 97.

⓬ **Museum Monrepos** Wer an der Wiedtalstraße der Ausschilderung folgt, entdeckt außerhalb des Neuwieder Stadtteils Segendorf ein hübsches Gebäude am Waldrand: das Prinzessinnenpalais, Teil einer 1757–67 erbauten Schloßanlage. Es beherbergt die Schätze des Museums für die Archäologie des Eiszeitalters (April–Oktober Di–So 9–17, November–März Mi, Sa, So 10–17 Uhr geöffnet).

Drei Schwerpunkte setzt die Ausstellung: Zum einen zeigt sie, wie der Homo erectus gelebt hat, der vor rund 1 Mio. Jahren nach Europa kam und hier bis vor etwa 300 000 Jahren lebte. Ihn löste der Neandertaler ab, dessen Welt die zweite Abteilung vorstellt. Die Fundstücke des dritten Abschnitts sind einer Katastrophe zu verdanken: Im Jahr 9080 v. Chr., am Ende der letzten Eiszeit, brach der Laacher-See-Vulkan aus und bedeckte die Umgebung mitsamt den menschlichen Siedlungsstätten unter einer meterdicken Bimsschicht. Hier und da finden die Archäologen derart versiegelte Siedlungsplätze – mit großartigen, für die Wissenschaftler äußerst aufschlußreichen Hinterlassenschaften der Eiszeitjäger.

ℹ Museum für die Archäologie des Eiszeitalters, Schloß Monrepos, 56567 Neuwied, Tel. 0 26 31/7 20 43.

⓭ **Altwied** Pittoresk drängt sich das zauberhafte Burgdorf, heute Stadtteil von Neuwied, auf dem riesigen Fels in einer Wiedschlinge, beherrscht von der mächtigen Ruine einer Burg aus dem 12. Jh.

ℹ Tourist-Information, Kirchstr. 52, 56564 Neuwied, Tel. 0 26 31/80 22 60.

⓮ **Kloster Rommersdorf** Ein Kleinod birgt der Neuwieder Stadtteil Heimbach-Weis. Im 12. Jh. gegründet, blühte die Prämonstratenserabtei über Jahrhunderte und erhielt Bauten der Gotik und des Barock zu denen der Romanik. 1803 wurde das Kloster aufgelöst und verfiel. Dem Einsatz der Bürger ist es zu danken, daß seit rund 20 Jahren Bestehendes gesichert, Verlorenes teilweise ergänzt und so eine beeindruckende Anlage erhalten wird (von Ostern bis Allerheiligen So 11–12 und 14–18 Uhr geöffnet).

Die Besucher lauschen während der warmen Jahreszeit im Refektorium den Konzerten oder informieren sich im Kreuzgang über Heilkräuter des Mittelalters. Ein Weg führt an der Abtskapelle und am zierlichen Turm vorbei in den französischen Garten.

⓯ **Zoo Neuwied und Heimbacher Wald** In den weitläufigen Gehegen des Tierparks leben um die 1500 Tiere, Vertreter von insgesamt 180 verschiedenen Arten (täglich 9–18 Uhr geöffnet). Als besondere Attraktion müssen die Geparde ihr Futter am Beutesimulator „erjagen" (täglich 15.30 Uhr). Der Streichelzoo ist vor allem bei den Kindern beliebt. Wer die Anlage besichtigt hat, kann sich am herrlichen Blick über das Rheintal und in die Vordereifel erfreuen.

Direkt hinter dem Zoo öffnet sich der als Freizeitwald angelegte Heimbacher Wald. Der Rheinhöhenweg durchmißt das weitläufige Gelände, berührt den Trimm-dich-Pfad, kreuzt den Waldlehrpfad und kommt an den Resten römischer Wachtürme vorbei. Das engmaschige Wegenetz führt auch zu reizvollen Aussichtspunkten.

ℹ Tourist-Information Neuwied, siehe ⓭.

Den Weg durch den Basaltpark am Malbergsee bei Hausen erläutert diese Tafel.

Das zauberhafte Fockenbachtal ist von der Hektik der heutigen Zeit unberührt geblieben. Tief hat sich der Bach im Lauf der Jahre in den Westerwald eingeschnitten.

Naturpark Siebengebirge

Alexander von Humboldt rühmte es einst als achtes Weltwunder, und im frühen 19. Jh. wurde das kleine Bergland vor den Toren Bonns unter Schutz gestellt. Die Landschaft erfreut sich großer Beliebtheit. Wer die Natur in Ruhe genießen möchte, sollte möglichst nicht am Wochenende kommen.

❶ **Ennert** Ein guter Ausgangspunkt für Wanderungen durch das schöne Waldgebiet im äußersten Norden des Naturparks ist der Ennertparkplatz an der Straße von Pützchen nach Niederholtorf (beide Orte außerhalb des Naturparks). Dort zeigt eine Tafel die Wandermöglichkeiten in der Umgebung.

Einen Steinwurf nordöstlich lockt die Hardthütte, ein beliebter Grillplatz an einem idyllischen Entenweiher.

Wer nach Süden durch den Wald wandert, kommt bald zum Dornheckensee. Gebüsch umgibt den romantischen Weiher. Bei der Schutzhütte hat man einen schönen Blick über den Rhein, hinüber nach Bonn. Bald erreicht man den Blauen und den Märchensee; letzterer ist allerdings seit einiger Zeit ausgetrocknet.

Über den Aussichtspunkt auf der Rabenlay kommt man zum Kuckstein mit seinen gewaltigen Basaltformationen, einer Station am markierten Nücker Felsenweg. Er beginnt am Ortsrand von Oberkassel.

❷ **Weinwanderweg Oberdollendorf** Im Zentrum der Ortschaft stellt man das Auto ab und erreicht über die Laurentiusstraße den informativen Lehrpfad. Er unterrichtet anschaulich über das traditionsreiche Weinbaugebiet. Man blickt hinab auf die hügelige Landschaft mit ihren kleinen Dörfern, in deren Weinstuben man den vorzüglichen Rebensaft von den Hängen der Bergkegel genießen kann.

❸ **Kloster Heisterbach** Malerisch präsentiert sich die mächtige Chorruine der spätromanischen Klosterkirche. Sie steht nur wenige Schritte vom Parkplatz an der Straße von Oberdollendorf nach Heisterbacherrott, das außerhalb des Naturparks liegt, entfernt. 1202–37 als Gotteshaus einer Zisterzienserabtei errichtet, wurde der staufische Bau nach der Auflösung des Klosters 1803 als Steinbruch mißbraucht – nur der selbst noch als Ruine beeindruckende Chor blieb stehen. Die Ruine, die barocken Nebenbauten und die modernen Gebäude des im Klostergelände errichteten Altenheims sind in einen Park eingebettet, in dem sich ungewöhnliche Grabmäler und Mausoleen befinden.

Kleine Ausflüge führen zu verschiedenen geologischen Attraktionen. Am Weilberg gibt es einen bedeutenden Basaltbruch mit geologischem Lehrpfad, und am Stenzelberg (287 m) treten Latite (vulkanisches Gestein) markant zutage.

❹ **Petersberg** Seit mindestens 4000 Jahren ist dieser Bergkegel besiedelt. Die ersten Menschen kamen in der Jungsteinzeit, später bauten die Kelten einen Ringwall. Im 12. Jh. errichteten Mönche eine kleine Kirche. 1914 entstand das noble Hotel, das heute der Bundesregierung als Gästehaus dient. Man kann die Serpentinenstraße oder

Der sagenumwobene Drachenfels ist die herausragende Attraktion des Naturparks. Der Sage nach hat in einer Höhle der Drache gehaust, den Siegfried von Xanten getötet hat. Das Nibelungenlied erzählt von dieser Heldentat. Entstanden sind die Bergkuppen des Siebengebirges durch heftige Vulkanausbrüche vor 30 Mio. Jahren.

den Bittweg mit den zwölf Kreuzesstationen als Aufstieg zum 331 m hohen Gipfel mit herrlicher Aussicht wählen. Auch ein Spaziergang zur Naturwaldzelle am Nonnenstromberg (335 m) lohnt sich.

❺ Stöckerhof Vom Parkplatz am nördlichen Ortsrand vom unmittelbar an der Naturparkgrenze gelegenen Ittenbach spaziert man 300 m bis zum Forsthaus Stöckerhof. Im interessanten Forstlehrgarten informieren Schrifttafeln über einheimische und eingebürgerte Bäume, die im Baumgarten gepflanzt wurden.

Direkt daneben beginnt ein 3,5 km langer Lehrpfad. Informationstafeln vermitteln Wissenswertes über die Tiere und Pflanzen des Waldes und über ökologische Zusammenhänge in diesem Lebensraum.

❻ Margarethenhöhe Ein großer Parkplatz, mehrere Lokale und eine günstige Lage machen diese Stelle an der Straße von Königswinter nach Ittenbach zum idealen Ausgangspunkt für abwechslungsreiche Wanderungen.

Den Großen Ölberg (460 m) erreicht man in 20 Minuten. Vom Aufstieg auf den Basaltkegel, von dem sich ein atemberaubender Blick über das Siebengebirge bietet, erholt man sich in der gemütlichen Gaststätte (Mo Ruhetag). Zum Nasseplatz sind es nur 20 Minuten, dann umgibt den Spaziergänger die angenehme Kühle des Trachytfelsenkessels; die nahe Grillhütte ist ein beliebter Treffpunkt. Auch der Lohrberg (432 m), in 20 Minuten zu erwandern, besteht aus dem vulkanischen Trachyt.

❼ Drachenfels Nur eine touristische Attraktion weltweit übertreffe – laut Fremdenverkehrswerbung – diesen Hauptanziehungspunkt des Siebengebirges in der Besucherzahl: der Zuckerhut in Rio. Richtig ist jedenfalls, daß man hier sicher keine einsamen Spaziergänge unternehmen kann.

In Königswinter startet die über 100 Jahre alte Zahnradbahn; gemütlich zuckelt sie die 220 Höhenmeter steil bergan. Auf halber Höhe hat man die Qual der Wahl: Besucht man den Reptilienzoo mit seinem Krokodilfreigehege? Oder geht man durch die 40 m lange Drachenhöhle zum steinernen Drachen Fafner, der den Nibelungenschatz bewacht? Sieht man sich die 1913 fertiggestellte Nibelungenhalle und die Kolossalgemälde von Hermann Hendrich mit Szenen aus Opern von Richard Wagner an? (Alle Sehenswürdigkeiten sind Mitte März–September täglich, November–Mitte März Sa, So 11–16 Uhr geöffnet.) Oder entscheidet man sich für das 1882–84 erbaute Schloß Drachenburg und genießt vom Garten aus den Blick ins Rheintal?

Auf dem Drachenfels erhebt sich stolz die Burgruine aus dem 12. Jh. Von hier aus blickt man bis zur Eifel. Wenige Schritte sind es nur zur Wolkenburg (324 m). Von der ehem. Burg ist zwar nichts mehr zu erkennen, doch dafür entschädigen einige Steinbrüche mit ihren Trockenbiotopen den Naturfreund.

Im Fremdenverkehrsort Königswinter, knapp außerhalb des Naturparks gelegen, sollte man ins Siebengebirgsmuseum gehen, das viele Exponate zur regionalen Kultur, Wirtschaft und Geologie zeigt (April–Mitte Oktober täglich außer Mo, Mitte Oktober–März Mi, Sa, So geöffnet).

ℹ Verkehrsamt, Drachenfelsstr. 11, 53637 Königswinter, Tel. 0 22 44/88 93 25.

❽ Aegidienberg Im Bad Honnefer Ortsteil Aegidienberg fährt man von der Hauptstraße in die Peter-Staffel-Straße bis zum Gangpferdezentrum. Die rund 200 Pferde – Isländer, Paso Peruano und die hier gezüchteten Aegidienberger – tummeln sich das Jahr über auf der Koppel.

Von dort aus erreicht man ein schönes, bewaldetes Wandergebiet mit lohnenden Zielen: die Aegidiushütte mit einer Spielwiese, die 1755 fertiggestellte Servatiuskapelle und den mächtigen Latitbruch am Himmerich (366 m), auf dessen Rastplatz man neue Kräfte sammeln kann.

Besonderheiten der Natur

Pflanzen An den Hängen wächst Buchenwald; in der Strauchschicht fallen die seltene Elsbeere und die Stechpalme auf, am Boden wachsen das zu den Orchideen zählende Schwertblättrige Waldvögelein und die Bergflockenblume. Auch die Edelkastanie gedeiht an diesen wärmebegünstigten Standorten.

Tiere Auffällig sind die zahlreichen Greifvögel wie Schwarzmilan, Turmfalke, Mäuse- und Wespenbussard. An den heißen Felsen fühlen sich Kriechtiere wohl; in Wassernähe hält sich die seltene Würfelnatter (Bild) auf. In den Höhlen überwintern einige Fledermausarten. Mit etwas Glück kann man die großohrigen Jäger an lauen Sommerabenden im Flatterflug beobachten.

7 Odenwald und Spessart

Im alten Räuberwald

Märchenhaft-verträumt mutet die Perle des Spessarts an, das ringsum von endlosen Wäldern umgebene Schloß Mespelbrunn. Wo einst herrschaftliche Jagden abgehalten wurden und Räuberbanden hausten, dürfen sich heute Waldwanderer auf stille Naturgenüsse freuen.

Odenwald und Spessart

Naturpark Neckartal–Odenwald

Größe: 1292 km², gegründet 1980.

Im Nordwesten Baden-Württembergs liegt der Naturpark an der Grenze zu den benachbarten Bundesländern Hessen und Bayern. Er schließt Gebiete aus recht unterschiedlichen Landschaften ein. Die größten Anteile entfallen auf den südlichen Odenwald, der teils dem Vorderen Odenwald, teils dem Buntsandstein-Odenwald zuzurechnen ist.

Auf einer Bergnase über dem Neckartal thront die wehrhafte Burg Zwingenberg.

Das reizvolle Engtal des Neckars, der sich in windungsreichem Lauf seinen Weg durch das Gebirge bahnt, gehört zu den schönsten Landschaften des Naturparks. Darüber hinaus umfaßt dieser aber auch Randbereiche des Kraichgaus im Süden und des badischen Baulandes im Osten. Im Norden schließt sich jenseits der Landesgrenze der Naturpark Bergstraße–Odenwald an.

Dem Odenwald vorgelagert sind im Südwesten die Großstädte Mannheim und Heidelberg. Für die Bevölkerung dieses Ballungsraumes sind die benachbarten Odenwaldhöhen beliebte Naherholungsgebiete. An der Westabdachung erstreckt sich die Bergstraße, so die Bezeichnung für den klimatisch begünstigten Hügelstreifen zwischen Odenwald und Oberrheinischem Tiefland.

Das Landschaftsbild des Odenwaldes ist weniger einheitlich, als man vielleicht vermuten würde. Der verschiedenartige Gesteinsuntergrund macht sich dabei bemerkbar: Im Grundgebirge aus Gneis und Granit ist die Landschaft reich an sanften Muldentälern, im Buntsandstein hingegen sind Täler seltener. Dort bestimmen waldreiche Hochflächen, begrenzt durch stufenartig abfallende Hänge, das Bild. Weil die Sandsteinböden aber nicht allzu ertragreich sind, ist der Wald hier kaum gerodet worden. An die Stelle des ursprünglich vorherrschenden Laubwaldes ist jedoch vielerorts Misch- oder Nadelwald getreten.

Vielfältig und erfreulicherweise meist auch erfolgreich sind die Bemühungen zur Erhaltung oder Wiederansiedlung bedrohter Tierarten im Odenwald. Weißstörche und Graureiher haben hier inzwischen wieder eine Heimat gefunden. Außerdem wird versucht, das Auerwild nachzuzüchten. Um den Bestand selten gewordener Amphibien zu sichern, wurden in vielen Gegenden Feuchtbiotope angelegt.

i Verein Naturpark Neckartal–Odenwald e. V., Kurzentrum, 69412 Eberbach.

Naturpark Bergstraße–Odenwald

Größe: 1628 km², gegründet 1960.

Der Naturpark schließt sich unmittelbar nördlich an den Naturpark Neckartal–Odenwald an und umfaßt die hessischen und bayerischen Anteile am Odenwald. Das Gebiet gliedert sich in den schmalen Saum der Bergstraße am Westrand, den ostwärts anschließenden Vorderen Odenwald und den Buntsandstein-Odenwald. Der Main bildet die Grenze zum Spessart.

Im Schutz der Berge hält zuerst an der Bergstraße der Frühling seinen Einzug in Deutschland. Ein Meer aus blühenden Mandel-, Pfirsich-, Kirsch- und Aprikosenbäumen taucht dann die Hänge in ein zartes Weißrosa. Auch Wein wird an der Bergstraße angebaut. In den ausgedehnten Wäldern wirken die meist kleinen Dörfer – z. T. auf alte Waldhufensiedlungen zurückgehend – wie hineingestreut. An die Stelle des ursprünglichen Laubwaldes ist in jüngerer Zeit teilweise Misch- oder Nadelwald getreten.

Eine eigentümliche Pflanzengemeinschaft, reich an seltenen Moosen, findet sich im Grenzbereich zwischen Vorderem und Buntsandstein-Odenwald. Dort trifft man auch eine geologische Besonderheit an: Felsenmeere aus mächtigen Granitblöcken sowie imposante Felsgebilde.

Vor allem der östliche, entlegenere Teil des Odenwaldes weist einen reichen Tierbestand auf. Neben Rot-, Reh- und Schwarzwild leben hier noch Marder, Iltis, Wiesel, Siebenschläfer und Haselmaus.

Mit großer Mühe wird versucht, die noch verbliebenen Brutplätze und Horste des fast ausgerotteten Wanderfalken zu erhalten und zu schützen. Vereinzelt sind auch noch Eisvogel und Wasseramsel im Mümlingtal zu beobachten.

Vor allem im bayerischen Teil des Odenwaldes wurden früher mehrere kleine Stauseen, hier Wooge genannt, für die Flößerei angelegt. Einige Weiher sind infolge allmählicher Verlandung zu Standorten seltener Sumpfflora geworden.

i Verein Naturpark Bergstraße–Odenwald e. V., Gräffstr. 5, 64646 Heppenheim.

Am Siegfrieds-Brunnen im Wald bei Grasellenbach soll der Held der Nibelungensage erschlagen worden sein.

Ein bewaldeter Ausläufer des Spessarts zwingt den Main bei Urphar zu einer engen Schleife.

Naturpark Bayerischer Spessart

Größe: 1710 km², gegründet 1963.

Der Naturpark umfaßt die südlichen und zentralen Teile des Spessarts. Im Westen und Süden bildet der Main die Grenze des Naturparks, im Osten greift das Gebiet noch etwas über den Main hinaus, im Norden reicht es bis zur Landesgrenze.

Mit einem Waldanteil von 85% ist der Hochspessart das waldreichste deutsche Mittelgebirge. Seit Jahrhunderten ist es als Jagdrevier geschützt; Rodungen mußten deshalb unterbleiben.

Die ursprünglichen Laubwälder mit ihren mächtigen Buchen und Eichen haben sich weitgehend erhalten. Einige der alten Eichenbestände wie z. B. am Rohrberg wurden unter Naturschutz gestellt.

Vor allem im Nordspessart sind Nadelwälder weit verbreitet. Ausschlaggebend dafür war der hohe Holzbedarf der früher hier betriebenen Glasherstellung sowie der Solegewinnung. Die damals abgeholzten Flächen wurden mit Nadelbäumen wieder aufgeforstet.

Die ausgedehnten Wälder sind reich an Rot- und Schwarzwild. Größter Vogel ist der Graureiher, der in einigen der typischen Wiesentäler anzutreffen ist. Auch Lurche finden dort noch hervorragende Laichbedingungen vor.

ℹ Verein Naturpark Bayerischer Spessart e. V., Forstamt, Brachetalstr. 2, 97785 Mittelsinn.

Naturpark Hessischer Spessart

Größe: 729 km², gegründet 1962.

An den bayerischen Teil des Spessarts schließt sich dieser Naturpark an. Er umfaßt im wesentlichen den nördlichen Buntsandstein-Spessart sowie kleinere Ausläufer benachbarter Landschaften.

Der hessische Spessart erreicht nur vereinzelt Höhen von mehr als 500 m. Wegen der geringen Fruchtbarkeit der Böden, tritt die landwirtschaftliche Nutzung hier stark zurück.

Die ursprünglichen Laubwälder wurden in vielen Teilen des Naturparks durch Eingriffe des Menschen stark geschädigt und zurückgedrängt, dann seit dem 18. Jh. wieder aufgeforstet – zunächst mit Kiefern,

Wohltuende Ruhe verströmt das idyllische Wiesental der Kleinen Sinn.

später mit Fichten und Lärchen. Doch finden sich viele Eichen- und Buchen-Mischbestände im Naturpark.

Zur typischen Vegetation des Spessarts gehören – dem Boden entsprechend – Heidelbeere, Heidekraut und Besenginster. Sehr verbreitet sind im nördlichen Spessart die Hainsimse und der Fingerhut. Etliche selten gewordene Pflanzen lassen sich ebenso entdecken. Selbst Schachbrettblume, Siebenstern, Frauenschuh, Türkenbund und Sonnentau kommen an einigen Standorten vor. Im Bergwinkel um Schlüchtern, im nördlichen Teil des Naturparks, wachsen seltene Orchideenarten.

Die Wälder sind Lebensraum vieler Tierarten. Rotwild ist hauptsächlich im Mittelteil des Naturparks verbreitet.

ℹ Zweckverband Naturpark Hessischer Spessart, Landratsamt, Barbarossastr. 20, 63571 Gelnhausen.

Naturpark Neckartal–Odenwald

Herrschaftliche Burgen thronen über dem tief eingeschnittenen Neckartal, stille Dörfer prägen das nordbadische Bauland. Eine vielfältige Tier- und Pflanzenwelt, geologische Besonderheiten und zahlreiche Zeugnisse der Vergangenheit warten in dem weitläufigen Naturpark darauf, entdeckt zu werden.

❶ **Weinheim** Erste Station in der attraktiven Stadt an der Bergstraße sollte der Schloßgarten sein. Dort steht eine riesige Libanonzeder: Sie gilt als größtes Exemplar ihrer Art in Deutschland. Schattige und sonnige Passagen wechseln sich auf den Spazierwegen des Schloßparks ab. Vom Anlagensee blickt man über die Fontänen des Springbrunnens hinauf zu zwei stattlichen Burgen: der Ruine Windeck aus dem 12. Jh. und der erst 1907 erbauten Wachenburg.

In aller Welt bekannt ist das Panorama von Heidelberg mit seinem Schloß aus Sandstein hoch über der Altstadt und dem Neckar.

Durch den östlichen Ausgang des Schloßgartens gelangt man zum Exotenwald. Ende des 19. Jh. pflanzte Christian Freiherr von Berckheim hier die ersten Bäume. Inzwischen stellen die Baumgruppen mit 80 exotischen Arten auch für Wissenschaftler interessante Anschauungsobjekte dar. Drei Wege unterschiedlicher Länge beschreibt eine Tafel am Eingang.

Einen Ausflug in die Erdgeschichte kann man im Steinbruch des Porphyrwerks unternehmen. Etwa 280 Mio. Jahre alt ist der Krater des ehem. Vulkans, dessen Schlotfüllung dort abgebaut wird. Man nimmt den ausgeschilderten Weg zur Wachenburg und geht am Hang zum Steinbruch hinüber.

ℹ Verkehrsverein, Bahnhofstr. 15, 69469 Weinheim, Tel. 0 62 01/99 11 17.

❷ **Schriesheim** Drei Ausflugsziele liegen in Schriesheim an der Straße Richtung Wilhelmsfeld. Tief ins Innere des Branigsberges trieben Bergleute die horizontalen und vertikalen Stollen des heutigen Besucherbergwerks *Grube Anna-Elisabeth*. Der Abbau begann im 15. Jh. mit Silbererz, später grub man hier nach Eisenvitriol (am ersten So im Monat von 10 bis 18 Uhr geöffnet). Am besten parkt man beim Rathaus auf dem Festplatz.

Zur Strahlenburg mit ihrem massigen Bergfried führt die Straße steil bergan (ausgeschildert). Man kann im Burgrestaurant mit schöner Terrasse einkehren und dann am Eingang zur Burg links auf einem Hangweg durch die Weinberge wandern.

Baryt, ein Mineral, das bei der Herstellung von Fotopapier und in der Farbenindustrie zum Einsatz kommt, wurde in früheren Zeiten in der Schwerspatschlucht abgebaut. Man parkt am östlichen Stadtrand bei der *Pension Freyhof*. Durch das weite Tal wandert man auf einem Schotterweg etwa 1 km und hält sich dann rechts bis zum ehem. Kompressorhäuschen der Grube *Wil-*

helmsstollen. Zur Schlucht biegt man vor dem Häuschen links ab, bis ein steiler Pfad hangaufwärts führt. Nach wenigen Minuten steht man vor der rund 300 m langen, bis zu 10 m tiefen Klamm.

i Verkehrsverein, Friedrichstr. 28–30, 69198 Schriesheim, Tel. 0 62 03/6 02 61.

❸ Weißer Stein Einer der schönsten Aussichtsberge des Odenwaldes ist der Weiße Stein. 1906 baute der Odenwaldklub auf dem 550 m hohen Gipfel einen Aussichtsturm, von dem man weit über die Rheinebene und den waldreichen Vorderen Odenwald blickt. Von Dossenheim fährt man hinauf zum Parkplatz am Turm, gleich daneben befinden sich ein Gasthof und ein Kinderspielplatz.

❹ Heidelberger Altstadt Daß die Heidelberger Altstadt einen Besuch wert ist, muß man sich nicht erst von amerikanischen Touristen erzählen lassen. Besonders empfohlen sei ein Besuch des reichbestückten Volkskundemuseums im Palais Weimar (Di–Fr 15–17, So 13–17 Uhr geöffnet) am östlichen Ende der Fußgängerzone. Einen Schwerpunkt der Ausstellung bilden Masken und Messingobjekte aus Afrika sowie eine reiche Asiensammlung.

Mit der Zahnradbahn geht es hinauf zum Schloß, das neben dem weltbekannten Faß und der ebenso berühmten Aussicht auf Stadt und Neckar vor dem Friedrichsbau auch geologisch Interessantes bietet. Der Aufschluß am Schloßgarten fällt auf den ersten Blick nicht ins Auge; geht man an der Brücke rechts die Treppe hinunter, dann erkennt man deutlich zwei unterschiedliche Gesteine: Granit mit Quarzporphyrtrümmern und darüber Buntsandstein, der den geologischen Untergrund im südlichen Odenwald bildet. Der Schloßgraben, auch *Hortus palatinus* genannt und um 1620 angelegt, bietet von seinen Spazierwegen immer wieder schöne Ausblicke hinunter ins Neckartal.

i Verkehrsverein Heidelberg, Tourist Information am Hauptbahnhof, 69115 Heidelberg, Tel. 0 62 21/2 13 41.

❺ Königstuhl und Felsenmeer Eine Station weiter mit der Zahnradbahn steigt man am 568 m hohen Königstuhl aus. Im Aussichtsturm fährt man mit dem Lift nach oben. Der Blick reicht nicht nur hinunter auf Heidelberg und das Neckartal, sondern auch weit über die Höhen des Odenwaldes. Nur ein paar Meter trennen die Kinder dann noch vom *Märchenparadies,* einer Spielanlage mit allerlei Märchenszenen und einer Kindereisenbahn, die durch das Gelände fährt (März–Oktober täglich geöffnet).

Etwa 1 Stunde dauert ein Ausflug vom Parkplatz am Königstuhl zum bemerkenswerten Naturschutzgebiet Heidelberger Felsenmeer. Auf einer Breite von bis zu 300 m bedecken unzählige Buntsandsteinblöcke den Nordhang des Berges. Inzwischen sind die ehemals kahlen Felsen von Eichen, Linden und Edelkastanien überwachsen.

❻ Obstlehrpfad Nußloch Der traditionelle Obstbau am Südrand des Odenwaldes ist ein wichtiger Wirtschaftsfaktor der Region. Streuobstwiesen prägen die Landschaft. Der Lehrpfad beginnt am südlichen Ortsrand neben der Steinbruch-Seilbahn, wo man parken kann. Er vermittelt auf 3 km Länge Wissenswertes über alte Obstsorten wie Schweizer Wasserbirne oder Honigzwetschge.

i Gemeindeverwaltung, Sinsheimer Str. 19, 69226 Nußloch, Tel. 0 62 24/90 11 06.

❼ **Mauer** In der Sandgrube am Grafenrain nordwestlich der Gemeinde fand ein Arbeiter 1907 den berühmten Unterkieferknochen des *Homo erectus heidelbergensis*. Im frühen Pleistozän verlief hier eine Schlinge des Urneckars, der Sand, Kies und fossile Knochen ablagerte. In einer Sedimentschicht, etwa 30 m unter der Landoberfläche, hat man mehr als 5000 Knochen und Zähne von Säbelzahntiger, Waldnashorn, Waldelefant, Bison und anderen urzeitlichen Tieren ausgegraben.

Der Unterkiefer gilt derzeit als der älteste Beleg für den Menschen in Europa; sein Alter wird auf rund 500 000 Jahre geschätzt. Ein naturgetreuer Abguß des Knochens ist im Urgeschichtlichen Museum im Rathaus zu sehen. Darüber hinaus bergen die Vitrinen Fundstücke aus den Mauerer Sanden; Schautafeln informieren über deren Geologie und die Tierwelt des Pleistozäns (täglich außer Sa, So geöffnet).

ℹ Gemeindeverwaltung, Heidelberger Str. 34, 69256 Mauer, Tel. 0 62 26/9 22 00.

❽ **Neckargemünd** Das Städtchen in schöner Lage an der Mündung der Elsenz in den Neckar beeindruckt durch seine Fachwerk-Altstadt. Das Museum im alten Rathaus, ursprünglich bis 1821 eine ev. Kirche, zeigt Exponate zur Stadtgeschichte, vor allem zur Neckarschiffahrt, zur Geologie und Paläontologie (So 11–17 Uhr geöffnet).

Wer sich für Vögel interessiert, sollte einen Abstecher nach Schönau machen. Am Waldrand im Osten des Ortes beginnt ein 1,5 km langer Lehrpfad, der auf Tafeln die Rolle der Vögel in der Lebensgemeinschaft Wald und ihre Gefährdung erläutert.

ℹ Verkehrsamt, Hauptstr. 25, 69151 Neckargemünd, Tel. 0 62 23/35 53.

❾ **Dilsberg** Ein eindrucksvolles Ensemble bildet die Festung Dilsberg mit dem zu ihren Füßen gelegenen Neckargemünder Stadtteil gleichen Namens.

Die erste Burg wurde 1208 erwähnt, doch erst im 15. Jh. wurde diese zu einer mächtigen Burganlage ausgebaut. 1826 fand die Badische Domänenkammer keine Verwendung mehr für das alte Anwesen und gab die Burg zum Abbruch frei. Der Burgbrunnen, 47 m tief, ist durch einen 82 m langen Brunnenstollen vom Neckarhaus aus zugänglich. Durch den Treppenturm steigt man auf die Palasmauern, um den herrlichen Blick ins Neckartal und über die Höhen des Odenwaldes zu genießen (April–Oktober täglich geöffnet). In den Sommermonaten wird im Freilichttheater das Volksstück *Die Rose von Dilsberg* aufgeführt.

Der Hangweg an der Westflanke des Burgberges führt vorbei am Brunnenstollen zu einer Wegkreuzung, an der ein Waldlehrpfad mit vielen Informationstafeln beginnt.

ℹ Verkehrsamt Neckargemünd, siehe ❽.

❿ **Eberbach** Eine staufische Gründung ist die Altstadt Eberbachs. Zwei der vier Ecktürme der Stadtbefestigung, der Haspel- und der Pulverturm, können bestiegen werden und bieten einen ausgezeichneten Blick über die Stadt und das Neckartal.

Das Stadtmuseum zeigt Dokumente und Bilder zur Stadtgeschichte und erläutert die

Unterhalb der Burg Dilsberg zwängt sich der Neckar in einer engen Windung durch einen Felsriegel des Odenwaldes.

Raum ist auf dem kleinsten Felsen

In den Ritzen, Spalten und Höhlen der aufgelassenen Buntsandsteinbrüche und schwer zugänglichen Felswände des Naturparks nistet noch der sehr selten gewordene und nur noch in Süddeutschland anzutreffende Wanderfalke (Bild). Hohe Preise für Eier und Jungvögel, vor allem in den arabischen Golfstaaten, haben den Nestraub zu einem lukrativen Geschäft gemacht. Naturschützer bewachen deshalb die einige Meter über dem Boden gelegenen Horste, die von den Wanderfalken meist Jahr für Jahr erneut bezogen werden.

Der Wanderfalke zählt zu den wendigsten Flugjägern unter den Greifvögeln. Seine Hauptbeute sind kleinere Vögel, die er in einem manchmal geräuschvoll heulenden Sturzflug packt.

Der Mauersegler hat sich besser an die Stadt und den Menschen gewöhnt und nistet meist in alten Mauerecken. Aber auch in aufgegebenen Steinbrüchen ist er heimisch, sofern das Nahrungsangebot ausreicht. Schon ein kleiner Tümpel in der Nähe seiner Brutstätte beherbergt genügend Insekten, um ihm ein Auskommen zu sichern. Auch Hausrotschwanz und Dohle fühlen sich in felsiger Umgebung wohl und ziehen dort ihre Jungen groß.

geologischen Besonderheiten der Region. Eine eigene Abteilung widmet sich der Neckarschiffahrt und dem Fischfang im Fluß (Di, Fr, So nachmittags geöffnet). Im alten Rathaus entsteht bis 1995 ein Naturpark-Informationszentrum.

Ein Erlebnis besonderer Art ist die Fahrt mit einem Ausflugsschiff auf einem der schönsten Abschnitte des Neckartales: Sie führt vorbei an zahlreichen Burgen und durch viele Flußschlingen. An bestimmten Wochentagen zwischen Mai und Oktober fahren die Schiffe bis nach Heidelberg und Neckargerach.

Am gegenüberliegenden Neckarufer finden sich im Heilkräutergarten zahlreiche Arzneipflanzen. Über die Schwanheimer Straße fährt man in den Sandweg; von dort sind es 200 m zum Garten. Auf dem Rückweg bietet sich ein Abstecher zur Ottohöhe mit schönem Blick ins Tal an.

i Kurverwaltung, Kellereistr. 32–34, 69412 Eberbach, Tel. 0 62 71/48 99.

⓫ **Erholungsgebiet Holdergrund** Wahrscheinlich rührt der Name von Holunderbüschen im Tal des Holderbaches her. Schön präsentiert sich das idyllische Bachtal südöstlich von Eberbach. Ein Waldschadenspfad erläutert anschaulich an verschiedenen Beispielen die Bedrohung des Waldes.

Beim gemütlichen Spaziergang durch das Tal lernen die Besucher auf Tafeln die einheimische Vogelwelt kennen. Kaum rascheln die Brottüten in der Nähe des Schwarzwildgeheges, kommt Leben in die Rotte. Schnell kommen die Wildschweine angelaufen, um sich füttern zu lassen.

Ein Lehrpfad ist dem einheimischen Rotwild gewidmet. Die gut gestalteten Tafeln gewähren einen Einblick in die Lebensweise der Tiere, die man im Gehege beobachten kann. In Eberbach folgt man dem Schild zum Krankenhaus bis zur Ausschilderung Holdergrund.

i Kurverwaltung Eberbach, siehe ❿.

⓬ **Katzenbuckel** Wenn das nicht den Aufstieg lohnt: Eine Rundumsicht bis hin zu Spessart, Taunus und Kraichgau bietet der Aussichtsturm auf dem 626 m hohen Katzenbuckel, der höchsten Erhebung des Odenwaldes. Zwei Aufschlüsse, einer direkt unterhalb des Turmes, zeugen vom früheren Basaltabbau. Die Kuppe des Katzenbuckels ist der Rest eines erloschenen Vulkanschlotes, der beim Ausbruch eine mächtige Gesteinsdecke durchbrochen hat.

i Kurverwaltung Eberbach, siehe ❿.

⓭ **Burg Zwingenberg** Als vollständig erhaltene Anlage aus dem Mittelalter thront die Burg auf einem Felsvorsprung über dem Neckartal. Unterhalb der Burg führt der Weg vom Parkplatz westlich der Burg in die Wolfsschlucht, ein tief eingekerbtes, wildromantisches Tal. Schroffe Felsen, urwaldartiger Wald mit alten Buchen und das mit Geröll übersäte Bachbett begleiten den Aufstieg zur Burg. Zu dem imposanten Gemäuer, in dessen Hof im Sommer Opernfestspiele veranstaltet werden, führt auch ein direkter Weg aus dem Ort.

Typische Bauernhäuser aus der ganzen Region sind im Odenwälder Freilandmuseum in Walldürn-Gottersdorf zu sehen.

i Markgräflich Badisches Forstamt, Schloßstr. 1, 69439 Zwingenberg, Tel. 0 62 63/2 11.

⓮ **Höllgrund** Durch ein breites, tief eingesenktes Kastental fließt der Höllbach, dessen Ufer mit Erlen, Eschen und Weiden bewachsen sind. Nur wenig hat der Mensch in das Tal eingegriffen, so daß es ein ursprünglicher Lebensraum für eine Vielzahl von Tieren und Pflanzen geblieben ist. Von zwei Parkplätzen an der Straße von Strümpfelbrunn nach Gaimühle führen Rundwanderwege in das Landschaftsschutzgebiet.

⓯ **Mudau** Wo früher Dampfloks schnauften, spaziert man heute auf der ehem. Bahnlinie Mudau–Langenelz–Mosbach. Die 27 km lange Wanderstrecke („Wanderbahn"), auch gut für Rad- und Rollstuhlfahrer geeignet, ist auf 2 km als ökologischer Lehrpfad gestaltet. Auf Informationstafeln werden verschiedene Lebensräume vorgestellt: Bachlauf, Feldgehölz, Feuchtwiese und Waldrand.

i Verkehrsamt, Schlossauerstr. 2, 69427 Mudau, Tel. 0 62 84/7 80.

⓰ **Odenwälder Freilandmuseum** Typische dörfliche Gebäude aus dem Bauland und dem Odenwald sind im Freilandmuseum im zu Walldürn gehörenden Gottersdorf (etwa 5 km nordöstlich) zu Gehöftgruppen zusammengestellt worden. Faszinierend ist die Detailtreue der Inneneinrichtung, etwa des ehem. Armen- und Gemeindehauses, das früher in Reichartshausen gestanden hatte und mit anderen Gebäuden hier wieder aufgebaut wurde. Die Räume wirken so, als seien sie gerade verlassen worden. Ein Tagelöhnerhaus, ein Bauernhaus mit Poststelle sowie ein historischer Hausgarten sind ebenfalls zu besichtigen (April–Oktober täglich außer Mo 10–18, im November bis 17 Uhr geöffnet).

Ein guter Ausgangspunkt für Wanderungen ins Madonnenländchen ist der 6 km von Walldürn entfernte Ortsteil Reinhardsachsen. An einer Übersichtstafel in der Ortsmitte geht man den Bach entlang bis zu einer kleinen Brücke. Im Wald auf der anderen Talseite informiert ein gut angelegter Lehrpfad über Waldnutzung.

i Odenwälder Freilandmuseum, Weiherstr. 12, 74731 Walldürn, Tel. 0 62 86/3 20.

⓱ **Walldürn** In dem beschaulichen Fachwerkstädtchen führt der erste Weg zur bekannten Wallfahrtskirche zum Heiligen Blut, einem barocken Schmuckstück mit reicher Ausstattung. Im Stadt- und Wallfahrtsmuseum (Pfingsten–September Do, Sa, So nachmittags geöffnet) finden sich vor allem Funde aus dem römischen Kastell und der Badeanlage bei Walldürn, dazu Dokumente aus der kurmainzischen Zeit der Stadt sowie altes Handwerk in allen Variationen und Zeugnisse der Wallfahrtsgeschichte.

Ziel vieler Wallfahrer ist das malerische Walldürn mit seiner barocken Kirche Heilig Blut mitten im Madonnenländchen.

Besonderheiten der Natur

Pflanzen Überall dort, wo keine einförmigen Fichtenforste angepflanzt wurden, findet man einen abwechslungsreichen Mischwald mit Buchen (Bild), die im Odenwald einer Stadt den Namen gegeben haben, sowie Eichen, Ahornbäumen, Eschen und Linden. In der Strauchschicht wachsen u.a. Schwarzer und Roter Holunder, Pfaffenhütchen und Weißdorn sowie Haselnuß.

Tiere Neben den häufigen Wildarten des Waldes (Hirsch, Reh und Wildschwein) kommt hier der Siebenschläfer noch oft vor; seltener trifft man auf seinen Vetter, den Gartenschläfer, und die Haselmaus, die alle zur Nagetierfamilie der Schläfer gehören. Erfreulich oft hört man den Gesang von Misteldrossel, Tannen- und Haubenmeise und auch von Winter- und Sommergoldhähnchen.

Geologie Der größte Teil des Odenwaldes ist aus Buntsandstein aufgebaut. Im Westen, wo einst der Oberrheingraben abgesunken ist, sind die Felsen besonders gut sichtbar. Markante Felsformationen treten auch dort hervor, wo sich Flüsse wie der Neckar tief in den Untergrund eingegraben haben.

Am Stadtrand sind noch Überreste einer römischen Grenzanlage zu besichtigen, und am ausgeschilderten Parkplatz des Limes-Lehrwanderweges kann man sich über den Limes und seine Geschichte informieren.

i Verkehrsamt, Hauptstr. 27, 74731 Walldürn, Tel. 0 62 82/6 71 06.

⑱ **Buchen** Der Stadtbrand von 1717 ließ nur wenig übrig von den mittelalterlichen Bauten Buchens. Eines der Wahrzeichen der Stadt ist der Blecker, eine Steinfigur, die dem Betrachter das Hinterteil zeigt. Einst am Stadttor angebracht, wird er heute als Kopie beim „Fasenachtsumzug" mitgeführt. Das Original kann man sich im Bezirksmuseum im Steinernen Bau anschauen. Eine der reichsten volkskundlichen Sammlungen des badischen Frankenlandes ist hier im Amtsareal, auch Kellerei genannt, zu besichtigen: Dokumente zur Stadtgeschichte und zum Handel, historische Werkzeuge aus Handwerk und Landwirtschaft, dazu stilvoll eingerichtete Stuben und die umfangreiche Volksliedsammlung Brosch (Mi 19.30–21 Uhr, Pfingsten–September auch Sa, So 14–17 Uhr geöffnet).

Eine Wanderung ins nahe Morretal nordwestlich von Buchen führt auf ruhigen Wegen durch eine liebliche Landschaft. Seit die Bewirtschaftung der Wiesen weitgehend unterbleibt, haben sich hier eine artenreiche Flora und Fauna angesiedelt.

Im 2 km entfernten Stadtteil Hettingen ist ein Vogelpark mit Volieren, Freigelände, kleinem Zwergziegengehege und gemütlicher Rasthütte zu besichtigen. Spaziert man um das Wäldchen herum, trifft man auf einen kurzen Waldlehrpfad.

i Verkehrsamt, Platz am Bild, 74722 Buchen, Tel. 0 62 81/27 80.

⑲ **Eberstadter Tropfsteinhöhle** Die Karsthöhle im Wellenkalk des unteren Muschelkalks liegt knapp außerhalb des Naturparks. Sie wurde 1971 entdeckt und anschließend auf einer Länge von 610 m gut ausgebaut, so daß sie auch für Rollstuhlfahrer zugänglich ist. Bei dem geführten Rundgang sieht man bizarre Tropfsteinformationen aus der Nähe. Viele von ihnen haben je nach Form und Größe passende Namen wie „Weiße Frau von Eberstadt" oder „Hochzeitstorte" erhalten. Besonders beeindrucken die Sinterbildungen in allen Variationen – mal Orgelpfeifen, mal Vorhänge und schließlich der sog. Elefantenrüssel (März–Oktober täglich, November bis Februar Sa, So nachmittags geöffnet). Schon am großen Parkplatz informiert eine Tafel mit Schaubildern und Texten über die Geologie der Gegend und die Entstehung der Tropfsteinhöhle.

⑳ **Neckargerach** Östlich des malerischen Ortes schneidet sich die Margaretenschlucht tief in die Talhänge des Neckars ein. Ein gut befestigter Fußweg führt, sanft ansteigend, am Hang entlang zu der Schlucht. Im feucht-kühlen Bachgrund sprießt eine üppige Vegetation. Einen Abstecher wert sind die Gickelfelsen auf der Hochfläche – nicht nur, weil es dort einen Rastplatz mit Grillhütte gibt. Im Ort fährt man zuerst Richtung Bahnhof, dann unter der Bahnlinie hindurch, schließlich weisen Schilder den Weg zur Margaretenschlucht.

Imposant liegt auf der anderen Talseite die Ruine Minneburg auf einer bewaldeten Anhöhe. Von zwei Wanderparkplätzen mit Informationstafeln steigt man auf den Spuren der Landsknechte zur Ruine hinauf. Der Palas mit repräsentativen Räumen auf drei Etagen und einem Erkeranbau im östlichen

Teil ist recht gut erhalten und für die Öffentlichkeit zugänglich.

Ein markierter Burgenwanderweg führt auf der Höhe am westlichen Talrand des Neckars flußabwärts zur 8,5 km entfernten Ruine Stolzeneck.

Etwa 10 km südwestlich von Neckargerach, in Schwarzach, tummeln sich über 300 Tiere in den großen Gehegen des dortigen Wildparks. Der Streichelzoo zieht die Kinder an; für Erwachsene ist die exotische Abteilung interessanter (Mitte März–November täglich geöffnet).

i Gemeindeverwaltung, Hauptstr. 25, 69437 Neckargerach, Tel. 0 62 63/7 71.

㉑ **Burg Hornberg** 1517 kaufte Götz von Berlichingen die Burg Hornberg bei Neckarzimmern, in der er 45 Jahre seines bewegten Lebens verbrachte und 1562 starb. Die Besichtigung des Burghofes und der Innenburg, die ein Museum beherbergt, ist nicht nur wegen der Originalrüstung des berühmten Ritters interessant (täglich geöffnet, Kartenautomat). Kunstgeschichtlich bewanderte Besucher erkennen, daß die Burg Stilelemente von Gotik und Renaissance vereint. Von den Türmen sieht man weit hinaus auf den Neckar und sein schönes Tal.

Ein paar Autominuten flußaufwärts, ein Stück außerhalb des Naturparks gelegen, grüßt wieder eine Burg von der Höhe: Burg Guttenberg ist eine der besterhaltenen Burgen Deutschlands. Die Deutsche Greifenwarte hat hier eine Bleibe gefunden. Über 100 Greifvögel und Eulen bevölkern die Volieren und können bei Flugvorführungen beobachtet werden. Die wichtigste Aufgabe, die sich die Greifenwarte gestellt hat, ist die Nachzucht von bedrohten Arten (März–November täglich geöffnet, Flugvorführungen täglich 11 und 15 Uhr, März und November nur 15 Uhr).

i Gemeindeverwaltung, Hauptstr. 4, 74865 Neckarzimmern, Tel. 0 62 61/25 79.

㉒ **Mosbach** Die Fachwerkstadt mit ihrem schönem Marktplatz erschließt sich dem Besucher auf einem gut ausgeschilderten Weg durch die Altstadt. Vom Rathausturm verschafft man sich einen Überblick. Auf mehrere Gebäude verteilt ist das städtische Heimatmuseum: Auf dem Weg von der Fußgängerzone durch die Ölgasse kommt man am ehem. Hospitalgebäude und der dazugehörigen Scheune vorbei, die sich den Ausstellungsthemen Mosbacher Fayencen und Töpfergeschirr sowie Handwerk und Zünften der Region widmen. Die Einrichtung des kleinen, windschiefen Fachwerkhauses Kickelhain zeigt bürgerlich-bäuerliche Wohnkultur des 18. und 19. Jh. (alle April–Oktober Fr 10–12, Mi 15–18 Uhr, 2. und letzter So im Monat 15–18 Uhr geöffnet).

i Verkehrsamt, Hauptstr. 29, 74821 Mosbach, Tel. 0 62 61/1 83 33.

㉓ **Dallau** Attraktion des Elztaler Ortsteils Dallau ist ein Miniaturschloß mit einem Märchengarten, in dem eine Sammlung fast lebensgroßer Puppen die Geschichte von Dornröschen erzählt. Weitere Dioramen mit Szenen aus bekannten Märchen begeistern die Kinder und lassen bei Erwachsenen Erinnerungen wach werden (Ostern–Oktober Fr–Mi geöffnet).

Südwestlich, im nahen Neckarburken, zeigt das kleine, liebevoll eingerichtete Römermuseum Funde aus der Gegend (So 14–16 Uhr geöffnet).

i Gemeindeverwaltung, Hauptstr. 8, 74834 Elztal, Tel. 0 62 61/8 90 30.

㉔ **Zimmern** In dem schön gelegenen Ortsteil von Seckach beginnt in der Nähe der historischen Brücke ein Bachlehrpfad. Auf knapp 1 km verläuft er zuerst im Tal des Schlierbaches und biegt dann ins Seckachtal ab. Die Tafeln vermitteln allgemeines Grundwissen über den Wasserkreislauf und die -reinhaltung.

Für Familien mit Kindern empfiehlt sich ein Ausflug zum phantasievoll gestalteten Abenteuerspielplatz des Kinder- und Jugendferiendorfes Klinge.

i Gemeindeverwaltung, Bahnhofstr. 30, 74743 Seckach, Tel. 0 62 92/5 21.

㉕ **Adelsheim** Ein originalgetreu eingerichteter Gemischtwarenladen aus der Zeit nach 1900 empfängt den Besucher im Bauländer Heimatmuseum in der ehem. Zehntscheuer (Mai–Oktober So 14–16 Uhr geöffnet), der bekanntesten Sehenswürdigkeit der Kleinstadt. Weiter entdeckt man altes Werkzeug, informiert sich über die Stadtgeschichte oder bewundert das Prunkstück der Sammlung, einen Hochzeitsschrank aus dem 18. Jh.

Geologie und Bodenkunde sind die Schwerpunkte des 3 km langen Naturlehrpfades rund um den Eckenberg. Beim Aufbaugymnasium steht eine Tafel mit dem Wegverlauf.

Am Krückerlewald entlang führt die Straße nach Osterburken, wo man das Römerkastell samt dem zugehörigen Museum besichtigen kann (Sa, So 14.30–16.30 Uhr, Mi nach Vereinbarung geöffnet).

i Verkehrsamt, Schloßgasse 14, 74740 Adelsheim, Tel. 0 62 91/10 31.

Über zerklüftete Sandsteinfelsen rinnt das Wasser in der wildromantischen Margaretenschlucht bei Neckargerach.

Naturpark Bergstraße–Odenwald

Von den geschichtsträchtigen Stätten im Maintal bis zu den malerischen Weinorten am Rand der Rheinebene erstreckt sich der Naturpark. Man wandert durch eine blühende Gartenlandschaft und weitläufige Wälder von einem Fachwerkstädtchen zum nächsten – oft auf den Spuren der Römer.

Von ihren 368 m Höhe blickt die Weiße Rübe, der Bergfried der Veste Otzberg, als Krone eines frei vor dem Odenwald aufragenden Basaltkegels weit ins Land hinaus.

❶ **Wenigumstadt** Das Zentrum des Ortes am nördlichen Rand des Naturparks besitzt ein schönes Fachwerkensemble; das Rathaus mit fränkischem Zierfachwerk stammt aus dem Jahr 1584.

Vögel in Wald und Flur stellt ein Vogelschutzlehrpfad vor und informiert über deren Schutz. Verschiedene Typen von Nistkästen zeigen einfache Hilfsmöglichkeiten für die Tiere. An der Straße nach Großostheim fährt man rechts in Richtung der Aussiedlerhöfe. Beim Wanderparkplatz Sausteige beginnt der ausgeschilderte, instruktive Lehrpfad.

Bei einem Abstecher nach Großostheim wird Fernsehzuschauern manches bekannt vorkommen. Der Ort war Kulisse für die bekannte Serie *Mit Leib und Seele.*

Die kath. Pfarrkirche St. Peter und Paul beherrscht dort den Marktplatz, dessen Südseite ein Fachwerkensemble aus dem 16. Jh. begrenzt. In Nöthigs Gut, einem ehem. Herrensitz, befindet sich das Bachgau-Museum mit alten Werkstätten, Wein- und Obstpressen. Nostalgiker freuen sich besonders über einen detailgetreu eingerichteten und gutsortierten Tante-Emma-Laden (Mai–Juli, September, Oktober So 15–17 Uhr geöffnet).

ℹ Marktverwaltung, Schaafheimer Str. 33, 63762 Großostheim, Tel. 0 60 26/5 00 40.

Gesundheit, die aus der Erde kommt – diese Hoffnung symbolisiert der Gesundbrunnen in Bad König, das für seine eisenhaltigen Thermalquellen bekannt ist.

❷ **Veste Otzberg** Schon von weitem erkennt man die sog. Weiße Rübe, den mächtigen Bergfried der Veste Otzberg aus dem 12. Jh. Auf einem jahrhundertealten, ausgetretenen Steinweg steigt man vom Dorf Hering zur Burg hinauf. Die Sammlungen zur Volkskunde präsentieren dem Besucher dort Sehenswertes zur Geschichte von Land und Leuten in Hessen (Mi, Sa 14–17, So 10–17 Uhr geöffnet).

Geologisch Interessierte nehmen zum Abstieg den Weg vorbei am Basaltsteinbruch an der Westflanke des Berges. Die schönen Steinsäulen bestehen aus Basalt mit eingeschlossenen Buntsandstein- und Grundgebirgsbrocken. Weiter in nordwestlicher Richtung trifft man auf den Kuhgraben und im Süden auf den Sandgraben. Diese Senken entstanden während der letzten Eiszeiten und blieben als mehrere hundert Meter lange Trockentäler zurück.

ℹ Verkehrsverein, Rodensteiner Weg 3, 64853 Otzberg, Tel. 0 61 62/7 12 98.

❸ **Burg Breuberg** Die Oberburg der imposanten Anlage oberhalb von Breuberg ließ das Kloster Fulda zum Schutz seiner Besitzungen 1150 erbauen. Um 1500 richteten die Grafen von Wertheim hier ihre Residenz ein und gestalteten die Burganlage um; damals entstanden auch zahlreiche Anbauten. Heute dient die Kernburg als Jugendherberge. In den mächtigen Gemäuern fühlt man sich in die Zeit der mittelalterlichen Ritter versetzt. Sehr eindrucksvoll

sind die meterdicken Außenmauern, die Schießscharten und der Blick tief hinunter ins grüne Tal.

Ein Gang durch das Heimatmuseum im Johann-Casimir-Bau und im Wertheimer Zeughaus zeigt Werkzeuge und Geräte von Bauern und Handwerkern sowie eine Anzahl historischer Löschgeräte. Im Rittersaal sollte man sich den Anblick der prächtigen Stuckdecke mit Ornamenten und Wappen nicht entgehen lassen. Sie hängt stark durch; um zu verhindern, daß sie vollends herunterbricht, wurde sie am darüberliegenden Stockwerk befestigt. Die Halterung ist zu besichtigen (März–Oktober täglich geöffnet, November–Februar nach Anmeldung, Tel. 0 61 63/13 09).

ℹ Verkehrsamt, Ernst-Ludwig-Str. 2–4, 64747 Breuberg, Tel. 0 61 63/70 90.

❹ **Haselburg** Einen römischen Gutshof, eine *villa rustica*, entdeckte man 1979 bei Aushubarbeiten bei Hummetroth. Inzwischen kann man die restaurierten Grundmauern des Hauptgebäudes, der sog. Haselburg, in einem Freilichtmuseum besichtigen (täglich von 9 Uhr bis Einbruch der Dunkelheit geöffnet). Vor über 2000 Jahren entstand in der Nähe des Limes die Anlage, deren Mauern einmal eine Fläche von 3,5 ha umschlossen haben. Beeindruckend sind die restaurierten Sanitäranlagen, das Badehaus und auch die Heizung aus der damaligen Zeit. Zahlreiche archäologische Fundstücke wie Werkzeuge, Keramik, Glas und Münzen vermitteln den Besuchern eine gute Vorstellung vom einstigen Leben auf einem römischen Gutshof. Von Höchst im Odenwald hält man sich Richtung Brensbach und erreicht nach etwa 5 km die ausgeschilderte Villa.

ℹ Verkehrsamt, Montmelianer Platz 4, 64739 Höchst, Tel. 0 61 63/30 41.

❺ **Bad König** Für Gesundheit und Erholung bietet die kleine Kurstadt ein breites Programm. Die bekannten eisenhaltigen Quellen, die sog. Stahlquellen, lindern mit ihrem Heilwasser vielerlei Gebrechen.

Im schön renovierten ehem. Schloß zeigt das Heimatmuseum Ausstellungsstücke zu einer Reihe verschiedener Handwerksberufe, die einst hier in der Gegend ausgeübt wurden (März–Dezember So 10.30–12 Uhr geöffnet).

Pilz und Partner

Pilze können das Sonnenlicht nicht nutzen und sind deshalb darauf angewiesen, ihre Energie auf andere Weise zu beschaffen. Sie beziehen sie entweder aus abgestorbenem Material oder nehmen sie anderen Pflanzen weg. Manche Arten brauchen ganz bestimmte Wirte; Lärchenröhrling und Buchensteinpilz z. B. verraten im Namen, wo sie sich versorgen. Der Fliegenpilz (Bild) fühlt sich vor allem dort wohl, wo Nadelbäume stehen. Artenreiche Mischwälder, wie hier im Naturpark verbreitet, beherbergen eine besonders vielfältige Pilzflora.

i Verkehrsbüro im Kurzentrum, Elisabethenstr. 13, 64732 Bad König, Tel. 0 60 63/15 65.

❻ **Weinlehrpfad Zwingenberg** Informationen rund um den Wein, seinen Anbau und die Kelter vermittelt der 2,5 km lange Weinlehrpfad, der in der Zwingenberger Altstadt beginnt und an den Weinberghängen entlangführt. Zehn Schautafeln beschreiben die Weinsorten, die Pflege der Reben sowie deren Schädlinge.

Zur Zeit der Baumblüte bietet sich von Schloß Auerbach ein bezaubernder Ausblick zum Bergkegel des Melibokus, der auch unter dem Namen Malchen bekannt ist.

Zum Verkosten laden gemütliche Weinlokale in der historischen Scheuergasse ein. Die Geschichte der ältesten Stadt an der Bergstraße dokumentiert das nahe Heimatmuseum (Sa, So 14–17 Uhr geöffnet).

i Verkehrsamt, Untergasse 16, 64673 Zwingenberg, Tel. 0 62 51/70 03 22.

❼ **Felsenmeer bei Reichenbach** Am Parkplatz an der Siegfriedsquelle bei Lautertal-Reichenbach gibt es eine Informationstafel, die drei Routen ins Felsenmeer vorschlägt. Schon nach wenigen Minuten Aufstieg – vorbei an der Siegfriedsquelle – geht es weiter bergan in das Meer aus riesigen Dioritblöcken, die z. T. vor über 1500 Jahren von römischen Steinmetzen bearbeitet wurden. Der Geologische Lehrpfad bei Beedenkirchen, der am Parkplatz Römersteine beginnt, erläutert die Entstehung dieser Gesteinsformen. Die gerundeten Riesenfelsen haben im Volksmund Namen wie Schiff, Sarg oder Teufelskanzel.

❽ **Staatspark Fürstenlager** Besonders reich an Sehenswürdigkeiten ist die Fahrt von Bensheim-Auerbach über den Aussichtsturm auf dem 515 m hohen Melibokus und dann über Schloß Auerbach hinüber zum Fürstenlager. Vom Melibokus bietet sich ein herrlicher Blick über die Hänge der Bergstraße und die Rheinebene bis zum Nordpfälzer Bergland.

Auf dem gleichen Sträßchen geht es ein Stück zurück und dann vorbei an Schloß Auerbach (Einkehrmöglichkeit) ins idyllische Tal, das den Landesfürsten für eine Sommerresidenz geeignet erschien. 1738 entdeckte man hier eine Heilquelle. 1790–95 wurde der heutige Staatspark mit seinen pavillonartigen Bauten angelegt.

Der englische Park rund um das in den letzten Jahren renovierte Ensemble zieht die Besucher wegen der zahlreichen exotischen Bäume in seinen Bann. Spazierwege führen an riesigen Mammutbäumen vorbei.

i Tourist-Information, Beauner Platz, 64625 Bensheim, Tel. 0 62 51/1 41 17.

❾ **Heppenheim (Bergstraße)** Bis ins 16. Jh. reicht die Geschichte vieler Gebäude rund um den berühmten Marktplatz von Heppenheim zurück – so z. B. die des Erdgeschosses des alten Rathauses und der Liebig-Apotheke. Ihre barocken Fachwerkgeschosse erhielten sie Anfang des 18. Jh. In der Apotheke verbrachte der später als Chemiker weltberühmte Justus von Liebig seine Lehrjahre. Die Inneneinrichtung des darin untergebrachten Restaurants zeigt noch viele Details der alten Apotheke.

Auf steiler Straße fährt man zur Ruine Starkenburg aus dem Jahr 1065; von ihren Mauern und den Gasthofterrassen aus hat man einen guten Blick über die Stadt.

Meistfotografiertes Motiv und Wahrzeichen Michelstadts ist das Rathaus, dessen Fachwerk zu den herausragenden Zeugnissen spätgotischer Baukunst gehört.

i Fremdenverkehrsamt, Großer Markt 3, 64646 Heppenheim, Tel. 0 62 52/1 31 71.

❿ **Bergtierpark Erlenbach** Über 200 Gebirgstiere in dem landschaftlich schönen Gehege haben den kleinen Ort Erlenbach zu einem beliebten Ausflugsziel gemacht (täglich geöffnet). Möglichst artgerechte Haltung heißt die Devise bei der Unterbringung der Tiere aus fünf Kontinenten. Neben einheimischen Wildarten wie Damhirsch, Gemse und Alpensteinbock leben hier auch Kamerunziege, Guanako, Lama und Jak.

Im Fürther Ortsteil Erlenbach weisen Schilder den Weg zum Bergtierpark.

i Bergtierpark Erlenbach, Werner-Krauss-Str., 64658 Fürth, Tel. 0 62 53/2 13 26.

⓫ **Steinbach** Eine der wenigen gut erhaltenen Kirchen aus karolingischer Zeit ließ Einhard, der berühmte Biograph Karls des Großen, 823 im Michelstädter Stadtteil Steinbach erbauen. Von der ursprünglich dreischiffigen, turmlosen Kirche mit drei Apsiden sind das Mittelschiff und die Hauptapsis erhalten geblieben. Ein Steinmodell, das sich vor der Basilika befindet, zeigt das Gotteshaus, wie es nach den Plänen Einhards einstmals ausgesehen hat (ganzjährig außer Mo geöffnet, Führungen stündlich).

Der Park des ehem. Wasserschlosses Fürstenau gleich nebenan, mit altem Baumbestand und einem Teich, bietet auf den gemütlichen Spazierwegen Gelegenheit zur Entspannung. Eine Ausstellung zeigt in einem Nebengebäude des Schlosses Großaufnahmen von sehenswerten Wandmalereien aus der Zeit Karls des Großen.

i Verkehrsamt, Marktplatz 1, 64720 Michelstadt, Tel. 0 60 61/7 41 46.

⓬ **Michelstadt** Berühmtes Wahrzeichen der Stadt ist das gotische Rathaus, inzwischen auch auf einer Briefmarke verewigt. In der offenen Rathaushalle des 1484 errichteten Gebäudes tagte einst das Zehntgericht.

In der ehem. Kellerei, durch die Fußgängerzone in wenigen Minuten zu erreichen, sind zwei Museen untergebracht: das Spielzeugmuseum im Amtshaus (Ostern–Oktober täglich außer Mo geöffnet) und eine Hausecke weiter das Odenwaldmuseum. Eine Etage enthält Bauerngerätschaften und Exponate zum Thema Waldarbeit sowie Vitrinen zur Geschichte des Bergbaus. Weitere Sammlungen behandeln die Römerzeit im Odenwald und die Stadtgeschichte (Ostern–Oktober täglich außer Mo, November Sa, So geöffnet).

Beim Schlendern durch die Gassen der Altstadt entdeckt man noch manches Kleinod. Das Lichtigfeld-Museum ist in der alten Synagoge von 1791 untergebracht. Sie gehört zu den wenigen Synagogen, die die Schrecken der Reichskristallnacht überstanden haben. Die Ausstellung erinnert an die jüdische Gemeinde der Stadt (Do sowie erster und zweiter So im Monat nachmittags geöffnet).

ℹ Verkehrsamt Michelstadt, siehe ⓫.

⓭ **Erbach** Zwei besondere Museen hat dieses Odenwaldstädtchen zu bieten: Einer jahrhundertealten, hier seit Generationen gepflegten Kunst widmet sich das Elfenbeinmuseum mit über 1000 Ausstellungsstücken. Feingearbeitete Schmuck- und Ziergegenstände aus 200 Jahren Erbacher Schnitzkunst sind neben Stücken aus aller Welt in den Vitrinen zu bewundern. Eine Vorführung zeigt die Bearbeitung des kostbaren Materials vom Rohling bis zum fertigen Schmuckstück (täglich geöffnet).

Die gräflichen Sammlungen im Erbacher Schloß zeigen Exponate zum Waidwerk: unzählige Geweihe in der Hirschgalerie und eine Jagdwaffenausstellung mit kostbaren Gewehren aus mehreren Jahrhunderten (März–Oktober täglich außer Mo geöffnet, November–Februar Mo–Fr nach Vereinbarung).

In einem Tal etwa 1 km außerhalb in Richtung Untermossau liegt der Natur- und Wildpark Brudergrund mit Ententeichen sowie Rot- und Damwildgehegen. Am Wanderparkplatz weist eine Tafel mehrere Rundwanderwege aus.

ℹ Verkehrsbüro, Rathaus am Marktplatz, 64711 Erbach, Tel. 0 60 62/64 44.

⓮ **Englischer Garten und Wildtierpark Eulbach** Wo heute ein englischer Landschaftspark und mehrere Tiergehege den Besucher erfreuen, dehnte sich zu Beginn des 19. Jh. nur kahles Feld aus. 1802 ließ Graf Franz I. zu Erbach-Erbach nach Plänen von Friedrich Ludwig von Sckell, der ab 1804 auch den Englischen Garten in München geplant hat, den hiesigen Park anlegen, den sogar einige römische Denkmäler schmücken. Aus Steinen vom Römerkastell bei Würzberg (siehe ⓯) bauten Steinmetzen einen Obelisken, die Grabsteine daneben stammen von Legionären aus dem 2. Jh.

Einträchtig in einem Gehege leben Dam- und Sikahirsche zusammen. Eine der hier vertretenen Tierarten wäre ohne die Aufzucht längst ausgestorben: der Wisent. Außerdem kann man Rot-, Muffel- und Schwarzwild beobachten und mit Futter vom Kiosk anlocken (ganzjährig täglich geöffnet).

ℹ Verkehrsamt Michelstadt, siehe ⓫.

⓯ **Würzberg** Die Anordnung der Häuser und Felder – lange Streifen rechtwinklig zur Hauptstraße – kennzeichnet Würzberg als ein für den Odenwald typisches Waldhufendorf. Am ausgeschilderten Weg zum

Nicht nur im Sommer ist der Englische Garten im Eulbacher Park einen Besuch wert, auch im Winter besitzt die Anlage einen besonderen Reiz.

Im feuchtwarmen Klima des Tertiärs ist durch intensive Verwitterung das imposante Felsenmeer bei Reichenbach entstanden.

Schwarzwildgehege finden sich zahlreiche Überreste aus der römischen Zeit: das als rechteckiger Erdwall erkennbare Kastell und die wesentlich besser erhaltenen Fundamente eines Bades und eines Wachturmes.

Gitterroste markieren die Einfahrt ins Wildschweingehege. Nur wenige Minuten fährt man durch den Nadelwald bis zu einem großen Parkplatz. Hinweisschilder belehren über den Umgang mit den Schwarzkitteln, die vom nahen Futterplatz auf einer Waldlichtung (Fütterung täglich 15.30 Uhr) gern auch bis auf den Parkplatz gelaufen kommen.

i Verkehrsamt Michelstadt, siehe 11.

16 **Miltenberg** Die Stadt am Main entwickelte sich im Schutz der um 1200 erbauten Mildenburg dank der günstigen Lage am wichtigen Handelsweg zwischen Frankfurt und Nürnberg bald zu einem florierenden Gemeinwesen. Zwei Stadttore begrenzen die Altstadt im Westen und Osten.

Die Pferdesegnung ist einer der Höhepunkte beim traditionellen Gangolfsritt, der alljährlich abgehaltenen Wallfahrt zur Kapelle Amorsbrunn vor den Toren von Amorbach.

Durch das Würzberger Tor gelangt man in die Fußgängerzone, und nach wenigen Schritten steht man vor einem der ältesten Fürstengasthöfe Deutschlands, dem 1590 erbauten Gasthaus *Zum Riesen*, wo man mit etwas Glück in der sog. Siegfriednische sitzen kann.

Blick von der Mildenburg: Zwischen den Höhenrücken von Odenwald und Spessart liegt die alte Handelsstadt Miltenberg an einem Knie des Mains.

Im Osten trifft die Fußgängerzone auf das Schmuckstück Miltenbergs, den Marktplatz mit dem 1583 aus rotem Sandstein geschaffenen Renaissancebrunnen. Durch den Torbogen des Schnatterlochs steigt man zur Mildenburg hinauf, von wo sich ein herrlicher Blick über das Maintal bietet. Auf der gegenüberliegenden Talseite erkennt man die Gebäude des Klosters Engelberg.

i Tourist-Information, Engelplatz 69, 63897 Miltenberg, Tel. 09371/400119.

17 **Abtei Amorbach** Bereits 1734 feierte das Kloster Amorbach sein 1000jähriges Bestehen. Man nahm den Jahrestag zum Anlaß, einen Kirchenneubau zu beschließen. 1743–47 entstand die heutige Kirche, von deren Vorgängerbau aus karolingischer Zeit nur die beiden Türme erhalten geblieben sind. Auf die Innenausstat-

tung wurde besonderer Wert gelegt. Detailreiche Ornamente aus Stuckmarmor und Gips bilden den Rahmen für die farbenprächtigen Darstellungen des bekannten Freskenmalers Matthäus Günther aus Augsburg.

Den krönenden Abschluß des Kirchenneubaus stellt die Orgel der Brüder Stumm aus dem Hunsrück dar, die 1782 eingeweiht wurde. Mit heute 5100 Pfeifen, 66 Registern und vier Manualen ist sie ein prachtvolles Instrument. Bei einer Führung durch die Kirche kann man den Klang der Orgel genießen und einen Blick in den Grünen Saal und die Bibliothek werfen (Führungen März–Oktober täglich, November–Februar Mo, Sa, So). Hübsch am westlichen Ortsrand steht die Kapelle Amorsbrunn, die in jedem Jahr das Ziel für zahlreiche Wallfahrer ist.

ℹ Verkehrsamt, Altes Rathaus, 63916 Amorbach, Tel. 0 93 73/7 78.

⓲ **Ebersberger Felsenmeer** Im Buntsandstein sind Felsenmeere weit seltener als auf granitenem Untergrund. Die Buntsandsteinblöcke des Ebersberger Felsenmeeres erreichen eine Breite von bis zu 5 m und eine Höhe von 2 m – beachtlich für die relativ dünne Gesteinsschicht, aus der sich diese Blöcke herausgebildet haben. Das Kerngebiet der Felsenhalde ist von urwüchsigem Buchenwald bedeckt; an ihren Rändern nimmt Fichtenwald immer größere Flächen ein.

Auf der B 45 fährt man in Erbach Richtung Erlenbach bis nach Bullau und dort rechts ab nach Gebhardshütte. In einer knappen halben Stunde spaziert man auf dem mit einer 2 gekennzeichneten Weg zum Felsenmeer.

⓳ **Beerfelden** Zwei Wahrzeichen besitzt das Städtchen: die Quelle der Mümling mit ihren sieben Säulen und zwölf wasserspeienden Löwenköpfen sowie den „dreischläfrigen Galgen“ aus dem Jahr 1597, der besterhaltene seiner Art in Deutschland. 1804 fand hier die letzte Hinrichtung statt; heute besucht man den geschichtsträchtigen Platz vor allem wegen der schönen Rundumsicht auf die bewaldeten Höhenzüge des Odenwaldes.

Vom Parkplatz am Galgen geht man nach Westen bis zum Waldrand, dann ins Tal hinunter zur Grillhütte und zur nahen Liederbachquelle. Dort beginnt ein interessanter Waldlehrpfad.

Ein besonderes Erlebnis für Eisenbahnfreunde ist der Besuch im Stadtteil Hetzbach. Östlich davon führt einer der längsten eingleisigen Tunnel in Deutschland über 3,1 km durch den Krähberg, und nördlich spannen sich die zehn Bogen des Himbächel-Viadukts 250 m über das Himbächeltal.

Fast 200 Jahre ist es her, daß hier der letzte Verurteilte aufgehängt wurde. Heute ist der dreischläfrige Galgen bei Beerfelden nur noch schaurige Touristenattraktion.

Wassersportlern, Badefreunden und Erholungsuchenden sei der Besuch des Staubeckens Marbach nördlich von Hetzbach empfohlen; Gewässer dieser Art gibt es im Odenwald nur wenige.

ℹ Verkehrsbüro, Metzkeil 1, 64743 Beerfelden, Tel. 0 60 68/20 71.

⓴ **Ruine Wildenburg** Ein beliebtes Ausflugsziel ist die Ruine Wildenburg bei Preunschen. In diesen mächtigen Mauern schrieb der mittelhochdeutsche Dichter Wolfram von Eschenbach das fünfte Buch seines berühmten Epos *Parzival*. Besondere Beachtung beim Gang durch die Ruine verdient der große romanische Kamin im unteren Palassaal. Von zwei Parkplätzen an der Straße von Preunschen nach Amorbach aus erreicht man die Ruine auf markierten Wegen.

Von der Wildenburg folgt man dem Wanderweg mit der Markierung liegende rote Raute zum Watterbacher Haus bei Preunschen. Dieses älteste Bauernhaus des Odenwaldes aus der Zeit um 1450 stand ursprünglich in Watterbach. Das im Aufbau befindliche Wald- und Landwirtschaftliche Museum (Eröffnung Anfang 1995) dokumentiert umfassend das Thema Wald. Werkzeuge und Texttafeln erläutern die Waldarbeit in vergangenen Jahrhunderten, landwirtschaftliche Geräte illustrieren die Arbeit auf den Feldern.

ℹ Gemeindeverwaltung, Hauptstr. 19, 63931 Kirchzell, Tel. 0 93 73/30 03.

㉑ **Neckarsteinach** Der Fluß, das Tal und die Burgen – Neckarsteinach vereint alle Reize des Neckartales. Als Vierburgenstadt wird sie auch bezeichnet – obwohl es eigentlich fünf sind, die man zu sehen bekommt. Neben Vorder-, Mittel-, Hinterburg (älteste Anlage aus dem 11. Jh., Stammsitz der Herren von Steinach) und Ruine Schadeck – im Volksmund wegen ihrer Hanglage Schwalbennest genannt – ist auch die Bergfeste Dilsberg auf der gegenüberliegenden Talseite (im Naturpark Neckartal–Odenwald) eine Sehenswürdigkeit.

Vom Wanderparkplatz an der Kaisereiche, den man über die Darsberger Straße oberhalb des Ortes erreicht, geht man auf dem markierten Weg zum Gipfel des Hohen Darsberges. Weit hinüber zum Dilsberg über einen der schönsten Abschnitte des Neckartales reicht der sog. Goetheblick.

ℹ Verkehrsamt, Hauptstr. 7, 69239 Neckarsteinach, Tel. 0 62 29/3 13.

Besonderheiten der Natur

Pflanzen Die Pflanzenwelt ist ähnlich zusammengesetzt wie im benachbarten Naturpark Neckartal–Odenwald. Zu den heimischen Mischwäldern, die hier wie dort vorkommen, gesellen sich an der klimatisch begünstigten Bergstraße einige exotische Baumarten; im Staatspark Fürstenlager bei Bensheim-Auerbach steht mit über 50 m einer der höchsten Mammutbäume Europas. An vielen Stellen gedeihen Mandel- und Eßkastanienbäume. Vom hier besonders milden Klima zeugen auch Küchenschelle, Gefranster Enzian und wärmeliebende Orchideenarten.

Tiere Hervorzuheben ist der große Bestand an räuberischen Säugetieren und Vögeln. Fuchs und Dachs, Stein- und Baummarder (Bild) sowie Iltis und Wiesel stellen Mäusen und Kleinvögeln nach. Mäusebussard, Schwarzmilan, Sperber, Habicht und Gabelweihe, die auch als Rotmilan genannt wird, ziehen über den Wäldern und Feldern ihre Kreise. An besonders naturnah belassenen Abschnitten des Mümlingtales kann man mit etwas Glück den extrem seltenen Eisvogel und die ebenfalls rar gewordene Wasseramsel beobachten.

Naturpark Bayerischer Spessart

Zwei Gesichter hat dieser Naturpark im Nordwesten Bayerns: endlose Wälder mit uralten Eichen und einsamen Wiesentälern, im Süden, Westen und Osten umrahmt vom teils lieblichen, teils wilden Tal des Mains mit seinen malerischen und romantischen kleinen Städten.

Das Hafenlohrtal ist eines der letzten unversehrten Wiesentäler im Spessart. Viele bedrohte Pflanzen und Vögel haben hier eine Zuflucht gefunden.

❶ **Hahnenkamm** Von Kälberau im Norden oder von Hemsbach im Süden fährt man ein paar Kilometer bis zum Wanderparkplatz Hahnenkamm am gleichnamigen, mit Eichenwald bedeckten Bergzug im äußersten Nordwesten des Naturparks.

Vom Ludwigsturm in 436 m Höhe hat man einen schönen Blick über die Landschaft mit dem Tal der Kahl, die in weitem Bogen das Massiv umfließt. Im *Berggasthof* (Mo Ruhetag) kann man sich nach einer Waldwanderung stärken.

❷ **Schöllkrippen** Der im Tal der Kahl gelegene Ort beeindruckt mit mehreren Baudenkmälern, so z. B. mit dem ehem. kurmainzischen Wasserschloß, um dessen mittelalterlichen Kern sich Renaissancebauten aus dem 16. Jh. gruppieren.

Am Parkplatz Alte Burg, am Ostrand des Ortes, beginnt der gleichnamige, gut 2 km lange Naturlehrpfad. Er führt in ein Gebiet, wo der kristalline Sockel des Spessarts zutage tritt, und passiert dabei auch einen keltischen Ringwall, die Altenburg.

Diese liebliche Tallandschaft durchquert ein historischer Dampfzug ein- bis zweimal im Monat. Er fährt von Kahl nach Schöllkrippen und wieder zurück.

ℹ Verwaltungsgemeinschaft, Marktstr. 1, 63825 Schöllkrippen, Tel. 0 60 24/3 09 20.

❸ **Burgsinn** Im Tal der Sinn, zwischen den Ausläufern von Rhön und Spessart, liegt dieser Erholungsort. Drei Schlösser sind sehenswert: Die Ursprünge der Wasserburg gehen bis ins 10. Jh. zurück. Aus dieser Zeit stammt auch der massige Bergfried, ein aus Sandsteinquadern erbauter, 22 m hoher Turm. Die späteren An- und Umbauten verbinden sich mit den älteren Bauteilen zu einer mächtigen Anlage, zu der auch ein gepflegter Park gehört. Einheitlicher präsentieren sich das 1607 im Stil der Renaissance erbaute Fronhofer Schlößchen und das Neue Schloß.

Zahlreiche Wanderwege von 1,5 bis 12 km Länge erschließen die waldreiche Umgebung.

ℹ Tourist-Information, Burgweg 1, 97775 Burgsinn, Tel. 0 93 56/9 91 00.

❹ **Heigenbrücken** Von dem reizvoll gelegenen Luftkurort aus kann man verschiedene Ausflüge unternehmen.

Man parkt am besten auf dem Parkplatz am Ostrand von Heigenbrücken und besucht den 4 ha großen Wildpark mit Rotwild, Damwild und Wildschweinen. Daneben gibt es einen Spielplatz und eine Kneippanlage.

Auch der mit vielen Hinweistafeln versehene Waldlehrpfad (7 km, Markierung grüner Pfeil) beginnt am Parkplatz. Durch den Bächlesgrund gelangt man zu einer Grotte mit einem Marienbild. Später erreicht man einen rekonstruierten Kohlenmeiler mit Köhlerhütte und kommt nach wenigen Minuten zurück zum Ausgangspunkt.

ℹ Kur- und Verkehrsamt, Hauptstr. 7, 63869 Heigenbrücken, Tel. 0 60 20/13 81.

Das Mainstädtchen Gemünden bietet seinen Besuchern neben interessanten Baudenkmälern auch verschiedene Erholungsmöglichkeiten am und auf dem Wasser.

Eichen mit langer Geschichte

Kaum irgendwo in Deutschland gibt es so schöne und so alte Eichen (Bild) wie im Spessart. Dazu hat der Mensch erheblich beigetragen. Die Rotbuche, die schneller wächst, hätte ohne sein Eingreifen die Eichen verdrängt. Doch die Landesherren des Spessarts hatten ein Interesse am „deutschesten“ aller Bäume: Von den Eicheln ernähren sich die als Jagdwild beliebten Wildschweine. So schonte man die Eichen und schlug nur die Buchen. Zudem verhinderte der überhöhte Wildbestand, daß Jungbäume aufkamen. Zu Beginn des 17. Jh. brauchten allerdings die Kurfürsten von Mainz für den Bau des Aschaffenburger Schlosses das harte Bauholz, so daß sich der Bestand deutlich verjüngte.
Seit dem 18. Jh. pflegen die Forstleute den Eichenwald und pflanzten gezielt nach. Kein Wunder, daß die Bäume, deren Umfang pro Jahr nur um rund 2 mm zunimmt, als Furnierholz sehr begehrt sind. Aus einem einzigen, 500 Jahre alten Stamm lassen sich Deckhölzer für etwa 500 Schlafzimmer herstellen. Leider sind die Eichen heute durch Luftverschmutzung und Stürme gefährdet.

Im ehem. Kurmainzer Schloß, das auf das 16. Jh. zurückgeht, befindet sich das reichbestückte Spessartmuseum. Hauptthema ist die Ausstellung Mensch und Wald, die die Besonderheiten des Spessarts erläutert (geöffnet Di–Sa 10–12, 14–16, So 10–17 Uhr).

ℹ Tourist-Information, Schloßplatz 5, 97816 Lohr, Tel. 0 93 52/50 02 82.

7 Gemünden am Main In der freundlichen Drei-Flüsse-Stadt – hier münden Fränkische Saale und Sinn in den Main – sollte man durch die gut erhaltene, bis heute befestigte Altstadt bummeln. Vom Main aus bieten sich schöne Aussichten; mit

5 Walderholungspark Hochspessart An der B 26 zwischen Rothenbuch und Rechtenbach lohnt ein Halt am Parkplatz Bischborner Hof bei der gleichnamigen Gaststätte. Im nahen Park gibt es einen attraktiven Spielplatz, Liegewiesen und eine Grillgelegenheit.

ℹ Bischborner Hof, 97843 Neuhütten, Tel. 0 93 52/33 56.

6 Lohr Eingebettet zwischen den bewaldeten Höhen des östlichen Spessarts liegt das beschauliche Mainstädtchen. Sein alter, von malerischen Fachwerkhäusern geprägter Kern ist heute Fußgängerzone. Herausragend ist der um 1270 erbaute Stadtturm (April–Oktober Sa, So 10–12 Uhr zugänglich). Das Rathaus entstand um 1600; die weitgehend romanische Stadtpfarrkirche wurde im 13. und 15. Jh. erbaut. Auch das Fischerviertel hinter der Kirche mit seinen Handwerkerhäuschen lohnt einen Rundgang.

Das an einer Mainschleife gelegene Stadtprozelten wird beherrscht von der gewaltigen Anlage der Henneburg, die sogar als Ruine noch einen Eindruck von ihrer einstigen Bedeutung vermittelt (oben).

Wie hier im Kohlenmeiler bei Wildensee wurde bis ins 19. Jh. hinein in den Wäldern des Spessarts Holzkohle hergestellt. Abnehmer waren früher u. a. die zahlreichen Eisenhämmer in den Bachtälern.

Ausflugsschiff oder gemietetem Paddelboot kann man den Fluß erkunden.

Das Huttenschloß am Ufer der Saale, ein prächtiger Barockbau, beherbergt das Unterfränkische Verkehrsmuseum (Mo, Do Ruhetage), das sich der Kultur- und Technikgeschichte der Region widmet.

Oberhalb der Stadt, in der Burgruine Scherenburg aus dem 13. Jh., finden im August Freilichtspiele statt.

i Verkehrsamt im Haus des Gastes, Hofweg 9, 97737 Gemünden, Tel. 09351/3830.

8 Mespelbrunn Berühmt ist das zauberhafte Renaissance-Wasserschloß in einem Nebental der oberen Elsava. Allein schon der Rittersaal und die gotische Kapelle lohnen die Führung durch das Schloß (April–Oktober täglich geöffnet).

9 Hafenlohrtal Als Ausgangspunkt für Wanderungen ins naturnahe Tal der Hafenlohr bieten sich die Parkplätze bei Lichtenau an der Straße von Weibersbrunn in Richtung Hafenlohr an. Diese Auenlandschaft gilt als eines der letzten biologisch weitgehend intakten Spessarttäler; um die 400 Pflanzen- und Dutzende von Vogelarten wurden hier nachgewiesen.

10 Waldlehrpfad Rohrberg Unweit von Rohrbrunn, an der B 8 Richtung Marktheidenfeld, liegt der Parkplatz Rohrberg II. Hier beginnt der 5 km lange Waldlehrpfad Rohrberg, der das gleichnamige Naturschutzgebiet erschließt. Man wandert durch einen der letzten ursprünglichen Spessartwälder. Beeindruckend sind die riesigen, z. T. über 500 Jahre alten Eichen und Buchen.

11 Geißhöhe Den wohl schönsten Rundblick hat man vom Ludwig-Keller-Turm (mit Gaststätte) auf der 520 m hohen Geißhöhe. Bei klarem Wetter kann man bis zu den Bergkuppen der Rhön, zum Taunus und zum Odenwald sehen.

Man erreicht die Geißhöhe von Oberwintersbach aus oder nach einer Waldwanderung herauf von Wildensee im Aubachtal. Von hier aus führen Wanderungen u. a. zur Dreifaltigkeitslärche und zu einem Schwarzwildgehege.

12 Klingenberg am Main Die malerische alte Rotweinstadt verdankt ihren Namen einer besonders reizvollen Schlucht (Klinge).

Unterhalb der Klingenburg (um 1200) fließt der Seltenbach durch eine wildromantische Schlucht. Über viele Brücken folgt ein Wanderweg dem Bach. Vom Aussichtsturm oberhalb der Stadt inmitten einer Ringwallanlage hat man einen schönen Blick über Odenwald und Spessart.

Anfang Mai feiert man auf der Ruine ein historisches Weinfest, im August steht das Winzerfest auf dem Programm.

Das Heimatmuseum widmet sich neben der Stadtgeschichte, der Mainschiffahrt und der einst ertragreichen Tongrube vor allem dem Thema Wein (Juli–Mitte September So 15–17 Uhr geöffnet).

Zwei Fernwanderwege führen durch die Stadt: der Fränkische Rotweinwanderweg, der auf rund 50 km immer in Mainnähe von Großwallstadt nach Bürgstadt verläuft, sowie der Mainwanderweg.

ℹ Kultur- und Verkehrsamt, Bahnhofstr. 3, 63911 Klingenberg am Main, Tel. 0 93 72/ 1 33 11.

⑬ **Großheubach** Der Erholungs- und Weinort mit seinem imposanten Fachwerk-Rathaus feiert Winzerfeste im Juni und Ende August. Ein Weinlehrpfad führt durch die Weinberge.

Über 612 Stufen, sog. Engelsstaffeln, kommen zahlreiche Wallfahrer und Ausflügler auf den Engelberg zum Franziskanerkloster und zu der prächtig ausgemalten Wallfahrtskirche.

ℹ Verkehrsbüro, Im Alten Rathaus, 63920 Großheubach, Tel. 0 93 71/40 99 43.

⑭ **Stadtprozelten** Zwischen den Hängen des Kühlberges und dem Main liegt das mittelalterlich wirkende Städtchen mit seinem schönen Rathaus aus dem 16. Jh. und der gotischen Stadtpfarrkirche.

Die mächtige Ruine der Henneburg (12. Jh.) über der Stadt gehört zu den größten in Deutschland. Der Aussichtsturm beim Biergarten bietet einen Blick auf das Maintal und den Odenwald.

ℹ Verwaltungsgemeinschaft, Hauptstr. 132, 97909 Stadtprozelten, Tel. 0 93 92/71 17.

⑮ **Eisenhammer Hasloch** Seit über 200 Jahren formt hier, 3 km nördlich von Hasloch, „der letzte Eisenhammer im Spessart" das weißglühende Eisen. Viele solcher Anlagen produzierten einst Pflugscharen, Achsen und anderes Gerät. Riesige Wasserräder liefern die Energie (Mo–Fr 9–15 Uhr geöffnet).

Eine abwechslungsreiche Wanderung bietet sich entlang dem Haslochbach nach Norden an. Vorbei an vier Mühlen wandert man durch eine schöne Auenlandschaft.

⑯ **Mainschleife bei Urphar** Im äußersten Südosten des Naturparks weicht der Main in einer engen Schlinge einem Bergsporn aus – ein sehenswertes Naturwunder.

Vom Parkplatz rechts der Mainbrücke zwischen Wertheim und Kreuzwertheim führt der mit einem H markierte Weg über einen bewaldeten Höhenzug, das sog. Himmelreich, an der Mainschleife entlang und in einem Bogen über den Eichberg zum Ausgangspunkt zurück. Rund 3 Stunden braucht man für diese reizvolle Tour.

⑰ **Marktheidenfeld** Eigentlich sollte man sich der Stadt auf dem Main nähern, dem sie ihre Schauseite zukehrt. Markantestes Baudenkmal ist die Pfarrkirche St. Laurentius, deren älteste Bauteile aus der Romanik stammen. Zu Ehren des Stadtheiligen feiern die Marktheidenfelder jedes Jahr im August die Laurenzimesse, das größte Volksfest der Gegend.

ℹ Fremdenverkehrsverein, Altes Rathaus, Marktplatz 24, 97828 Marktheidenfeld, Tel. 0 93 91/50 04 41.

Bei Klingenberg hat der Seltenbach eine tiefe Schlucht in den Sandstein des Spessarts gegraben, im Volksmund Klinge genannt. Sie gab der Stadt ihren Namen.

Im Wald, da sind die Spechte

Laut hallen die Schläge der Spechte, die es im Spessart noch in großer Zahl gibt, wenn sie im Frühjahr ihre Höhlen in alte Baumstämme hämmern. In Altbeständen, deren abgestorbene Stämme leichte Arbeit und reichlich Nahrung versprechen, sind Schwarzspecht (Bild), Kleinspecht, Bunt- und Weißrückenspecht anzutreffen. Ihre verlassenen Höhlen dienen auch Waldkauz, Hohltaube, Rauhfußkauz und Dohle als Nest.

Waldbaumläufer und Kleiber picken mit ihren spitzen Schnäbeln viele kleinere Insekten von der Rinde. Mit seinem kurzen Schwanz und den dreizehigen Beinen kann der Waldbaumläufer mühelos an Stämmen auf und ab klettern. Ein typischer Bewohner des hohen Buchenwaldes ist der Waldlaubsänger, der leicht an seinem trillernden Gesang zu erkennen ist.

Vor allem bei alten Eichen trifft man den Eichelhäher an, der zwar ein Allesfresser ist, sich aber auf Eicheln als Winternahrung spezialisiert hat. Etwa taubengroß, ist er an seinen blau-schwarz-weiß gemusterten Flügelfedern leicht zu identifizieren. Ehe man ihn aber zu Gesicht bekommt, stößt der „Wächter des Waldes" seinen rätschenähnlichen Warnruf aus. Bevor der erste Schnee fällt, vergräbt er viele der nahrhaften Früchte als Wintervorrat in der Nähe markanter Bäume.

Naturpark Hessischer Spessart

Vielfältig ist der hessische Teil des Spessarts. Der Besucher darf sich auf manche Abwechslung freuen: Alte Fachwerkorte, eine Märchenstadt mit Tropfsteinhöhle, gepflegte Kurorte, historische Stätten, liebliche Bachtäler und herrliche Laubwälder gibt es in diesem Naturpark.

Dem Ostteil des Naturparks drückt das liebliche Tal der Schmalen Sinn seinen Stempel auf. Wiesenhänge umrahmen die freundlichen Orte wie hier Weichersbach.

❶ **Schlüchtern** Der reizvolle Luftkurort an der Kinzig entwickelte sich schon früh zu einer bedeutenden Stadt. Kern war das im 8. Jh. gegründete ehem. Benediktinerkloster. Im Lauf der Jahrhunderte wurde die Anlage immer wieder verändert. Bauelemente mehrerer Stilrichtungen bilden zusammen eine Einheit: die karolingische Krypta aus der Zeit um 800 – einer der ältesten Sakralbauten Deutschlands –, der 1000 Jahre alte Westturm, die um 1100 errichtete Katharinenkapelle und die 100 Jahre jüngere Andreaskapelle, die beide mit romanischen Verzierungen versehen sind, und schließlich die vollkommen stilreine gotische Huttenkapelle (Führungen Oktober–April am ersten Mi im Monat 14.30, Mai–September jeden Mi 14.30 Uhr).

Die wechselvolle Geschichte von Kloster und Stadt präsentiert das Bergwinkelmuseum im Lauterschen Schlößchen, einem Bau des 17. Jh. (geöffnet April–September Di–Sa 14–16, So 10–12 Uhr, Oktober–März Mi 14–16, So 10–12 Uhr). Eine Ausstellung über die Brüder Grimm wird hier ergänzt durch die Originalzeichnungen von Ludwig Emil, dem dritten, weniger bekannten Grimm-Bruder.

Am Südwestrand der Stadt, hinter dem Bahnhof, liegt der schöne Waldpark Acisbrunnen mit einem Spielplatz. Am Wildgehege beginnt ein 1 km langer botanischer Lehrpfad. Vom Wassertreten in der schön angelegten Kneippanlage erholt man sich auf der Liegewiese – oder im Waldgasthaus *Acisbrunnen*.

Am Bahnhof startet der mit einem schwarzen E auf weißem Grund gekennzeichnete, 111 km lange Eselsweg. Er folgt der Strecke der mittelalterlichen Salztransporte bis nach Miltenberg am Main. Wer sich sechs Tage Zeit nimmt, meistert ihn ohne große Mühe durch das Angebot „Wandern ohne Gepäck".

ℹ Verkehrsbüro im Rathaus, Unter den Linden 1, 36381 Schlüchtern, Tel. 06661/8517.

❷ **Burg Brandenstein** Die wohl zu Beginn des 13. Jh. gegründete, mehrfach umgebaute und insgesamt hervorragend erhaltene Burg thront über dem Schlüchterner Stadtteil Elm und bietet einen schönen Blick über die anmutige Landschaft.

Das kleine Holzgerätemuseum in einem ehem. Stall zeigt in drei Räumen rund 700 interessante Zeugnisse dörflicher Kultur (zugänglich nach Vereinbarung).

In der Ortsmitte von Elm beginnt der 16 km lange Drei-Burgen-Weg: erst hinauf zur Burg Brandenstein, dann über die Ruine Steckelberg (siehe ❸) zur Burgruine Schwarzenfels (siehe ❹).

ℹ Holzgerätemuseum, Burg Brandenstein, 36381 Schlüchtern, Tel. 06661/2350.

❸ **Ramholz** Im Flecken Ramholz, zum Schlüchterner Stadtteil Vollmerz gehörig, schlendern die Besucher durch den schönen, weitläufigen Landschaftsgarten des 1893–95 erbauten, leider nicht zugänglichen Zuckerbäckerschlosses.

In rund einer halben Stunde erreicht man die Ruine Steckelberg, die zweite Station des Drei-Burgen-Weges (siehe ❷). Hier kam 1488 der Reichsritter, Humanist und Dichter Ulrich von Hutten zur Welt.

ℹ Verkehrsbüro Schlüchtern, siehe ❶.

❹ **Burgruine Schwarzenfels** Auf schwarzem Fels, hoch über dem Tal der Schmalen Sinn, steht diese Ruine auf einem Basaltrücken an der Westflanke des Hopfenberges (März–Oktober täglich außer Di geöffnet). Die Herren von Hanau ließen die Burg im 13. Jh. errichten und im 16. Jh. im Stil der Renaissance erweitern. Die Hauptburg verfiel, die Vorburg hingegen wurde weiter genutzt. Der Bergfried ist heute ein Aussichtsturm; im Sommer finden in der Burganlage Heimat-Kulturtage statt. Rundwanderwege führen in das Sinntal.

❺ **Steinau an der Straße** Die Straße im Ortsnamen bezeichnet den alten Handelsweg von Frankfurt nach Leipzig. Ihm verdankt die romantische Stadt an der Kinzig eine frühe Blüte. Ihre berühmtesten Söhne sind die Brüder Grimm. Und so steht die

Nahe bei Steinau an der Straße liegt der Freizeit- und Erholungspark Thalhof mit vielen, vor allem auch für Kinder interessanten Attraktionen (siehe Seite 178).

Die Teufelshöhle, entstanden im Unteren Muschelkalk vor rund 2,5 Mio. Jahren, ist die einzige Tropfsteinhöhle Hessens. Dieses Gebilde trägt den Namen Kapelle (unten).

„Märchenstadt“ mit ihren verwinkelten Gassen und schönen Fachwerkgiebeln auch ganz im Zeichen der bekannten Märchensammler.

In der ehem. Burg mit dem Bergfried aus dem 12./13. Jh., die 1528–58 zum Renaissanceschloß ausgebaut wurde, erinnert ein Museum mit Bildern und Schriften an die berühmten Brüder; außerdem sind weitere Schloßräume zu besichtigen (Mo Ruhetag).

Auf dem Marktplatz zeigt der moderne Märchenbrunnen Szenen aus bekannten Märchen.

Der ehem. Marstall am Markt beherbergt das Marionettentheater; gegenüber zeigt das Puppentheater-Museum seine Schätze (April–August täglich außer Mo geöffnet, September–März Sa, So nachmittags).

Keine 100 m sind es dann von dort zum 1562 errichteten Amtshaus, in dem die Brüder Grimm einen Teil ihrer Kindheit verbracht haben. Heute beherbergt es das Heimatmuseum, eine Brüder-Grimm-Gedenkstätte und das Deutsche Ordensmuseum (geöffnet Mo–Fr 9–12 und 13–17, Sa, So 14–17 Uhr).

Eine der schönsten Muschelkalk-Tropfsteinhöhlen ist die Teufelshöhle nördlich von Steinau. Auf dem halbstündigen geführten Rundgang kommt man zu so eindrucksvollen Gebilden wie dem 16 m hohen „Dom“ und der „Kapelle“. Zu dem Naturwunder fährt man Richtung Ürzell, stellt das Auto auf dem Parkplatz links der Straße ab und geht in 10 Minuten hinauf zum Höhleneingang (geöffnet Ostern–Oktober Sa 13–18, So 9–18 Uhr).

Südöstlich – auf dem Weg von Steinau in Richtung Thalhof stellt man das Auto am besten auf dem Parkplatz links der Straße ab – bietet die Bellinger Warte (343 m), ein mittelalterlicher Wehrturm, einen schönen Blick über die Umgebung und den waldreichen Nordspessart.

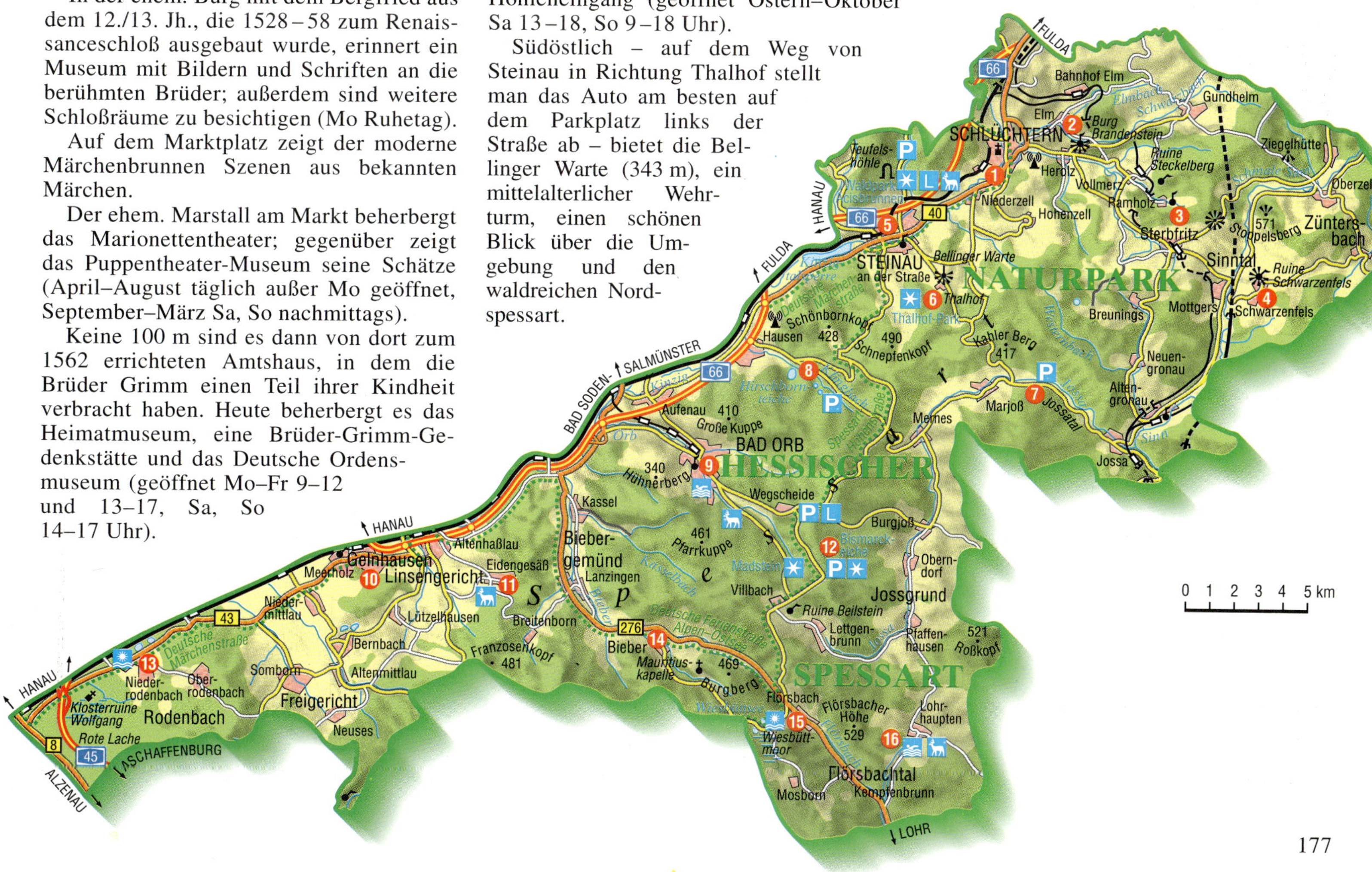

Der Mensch hat das idyllische Jossatal zum großen Teil der Natur überlassen. Im Bach, der von einer üppigen Auenvegetation gesäumt wird, breitet der Wasserhahnenfuß seine Blütenteppiche aus.

ℹ Verkehrsamt im Rathaus, Brüder-Grimm-Str. 47, 36396 Steinau an der Straße, Tel. 0 66 63/56 56.

6 Thalhof-Park Der bekannte Freizeitpark in der Nähe der Bellinger Warte bietet Interessantes für die ganze Familie: 150 Tierarten – insgesamt mehr als 1000 Tiere –, blühende Tulpen, Narzissen, Dahlien und Fuchsien in seltener Pracht sowie zahlreiche Spielgeräte in einem weitläufigen Gelände (Mitte März–Mitte November täglich ab 9 Uhr geöffnet).

ℹ Thalhof-Park, 36396 Steinau an der Straße, Tel. 0 66 63/68 89.

7 Jossatal Den idealen Ausgangspunkt für Ausflüge ins reizvolle Jossatal bietet der Wanderparkplatz Müsbrücke an der Straße Marjoß–Jossa. Hier trifft man auf den Weg mit der Markierung rotes Kreuz. In beiden Richtungen führt er an Feuchtgebieten der Jossa entlang; bis zu siebenmal im Jahr konnten die Bauern dank eines ausgeklügelten Bewässerungssystems diese Wiesen mähen. Seit sich das nicht mehr lohnt, haben sich seltene Tiere und Pflanzen in der Bachaue angesiedelt.

8 Hirschbornteiche Flüsse und Bäche zerschneiden den Westrand des Spessarts und strömen der Kinzig zu. Einer von ihnen ist der Klingbach, der bei Bad Soden mündet. In seinem idyllischen Tal liegen in einem Naturschutzgebiet die Hirschbornteiche.

Vom Parkplatz Mühlwiese an der Straße Salmünster–Mernes spaziert man in gut 1 Stunde um die Weiher auf einem Rundweg, den die informative Wandertafel am Parkplatz beschreibt. Ein Trimm-dich-Pfad, ein Kinderspielplatz und eine Grillanlage sorgen hier für Kurzweil.

9 Bad Orb Die malerische Kurstadt an der Orb besitzt eine gut erhaltene Stadtmauer und gepflegte Fachwerkhäuser in schmalen Gassen.

Technisches Denkmal und zugleich eine Quelle der Gesundheit ist das 1806 erbaute Gradierwerk im Kurpark. In dem heutigen Freiluftinhalatorium dieser ehem. Salzgewinnungsanlage rieselt die Sole über große Reisigbüschel und füllt die Luft mit feinsten Aerosolen.

Das Heimatmuseum in der Burg gibt einen Überblick über die Enwicklung des Städtchens von einer mittelalterlichen Salzsiedersiedlung zum modernen Kurort. Genauere Betrachtung lohnt u. a. das riesige Modell der Saline, die einst das ganze Orbtal beherrschte (Zugang durch das Haus des Gastes, die ehem. Zehntscheuer; ganzjährig Mo–Do 9–11.45, 15.15–18, März–Oktober zusätzlich Sa 9–14 Uhr geöffnet).

Bad Orb ist weit über die Grenzen Hessens hinaus als Kurort berühmt. Daß man hier auch zahlreiche liebevoll gepflegte Fachwerkhäuser bewundern kann, macht die Stadt noch attraktiver.

Südöstlich des Ortes an der Villbacher Straße leben Damhirsche und Mufflons in einem ansprechenden Wildpark (Dezember–Oktober täglich geöffnet).

An die 200 km lang sind die in Bad Orb und Umgebung ausgeschilderten Wanderwege. Beispielsweise geht vom Wanderparkplatz Wegscheide an der Straße Richtung Burgjoß ein 6 km langer Naturlehrpfad aus, der Geologie und Klima des Buntsandstein-Spessarts erläutert.

ℹ Kurverwaltung, Kurparkstraße, 63619 Bad Orb, Tel. 0 60 52/8 30.

10 Gelnhausen Die Gründung der Stadt am Westrand des Naturparks geht auf Kaiser Friedrich I. Barbarossa (bekannt als „Rotbart") zurück. Innerhalb von nur 10 Jahren war die auf 20 000 Eichenstämmen auf einer Insel in der Kinzig gegründete Kaiserpfalz fertiggestellt. Die Reste – Torhalle, Turm, Palas und Ringmauer – zeugen noch heute von der einstigen Pracht und Größe (täglich geöffnet).

Um 1170 begannen Mönche mit dem Bau der romanischen Marienkirche; während der langen Bauzeit (bis 1240) kamen auch gotische Elemente hinzu – die Kirche ist ein herausragendes Beispiel jenes Übergangsstils. Ihr Inneres birgt Kunstschätze von höchstem Rang, etwa den einmaligen, feingearbeiteten Sandsteinlettner aus der Mitte des 13. Jh. mit einer eindrucksvollen Darstellung des Jüngsten Gerichts (täglich außer Mo geöffnet).

In den Gassen der Altstadt reiht sich ein Baudenkmal an das andere, darunter der älteste Fachwerkbau Hessens, das Gotische Haus aus dem Jahr 1340, und das Romanische Haus (1180), das als das älteste Amtshaus Deutschlands gilt. Am Stadtgarten steht der alte Befestigungsturm Halbmond, von dem man einen herrlichen Blick über die altehrwürdige Stadt und das weite Kinzigtal hat.

Das Heimatmuseum erinnert an zwei große Söhne der Stadt: an Johann Jakob Christoffel von Grimmelshausen, den um 1622 geborenen Barockdichter, und an Johann Philipp Reis, der hier 1834 zur Welt

Besonderheiten der Natur

Pflanzen Auf dem Buntsandstein des Spessarts standen einst ausschließlich Laubwälder. Im 19. Jh. wurden dann auch Fichtenforste angelegt. Deren Unterwuchs lohnt keine nähere Betrachtung; an feuchten, helleren Standorten hingegen findet man manche Rarität. So wächst auf großen Flächen im Sinntal die faszinierende Schachbrettblume. In den Laubwäldern findet man sogar noch den Frauenschuh, eine prächtige Orchidee, an den Waldrändern ebenfalls zu den Orchideen zählende Waldvögelein- und Knabenkrautarten. Auf Lichtungen stehen der Rote und Weiße Fingerhut sowie die Türkenbundlilie, in Mooren gedeihen Siebenstern und Sonnentau.
Tiere Außer den häufigen Wildarten breitet sich der scheue Waschbär immer mehr aus. Nicht zur Freude der Naturschützer – frißt doch der geschickte Kletterer häufig die Nester seltener Baumhöhlenbrüter leer. Davon betroffen sind auch die Spechte, die dem Spessart (ursprünglich „Spechtswald") ihren Namen geliehen haben: Bunt-, Mittel-, Grün-, Grau- und Schwarzspecht, der Wappenvogel des Naturparks, aber auch Käuze, wie der noch häufig anzutreffende Rauhfußkauz. In Wiesentälern wie Sinn- und Jossatal lebt in den Tümpeln eine reiche Amphibienwelt. Mehrere Frosch-, Kröten- und Molcharten kommen vor, u. a. der farbenprächtige Teichmolch (Bild).

kam und 1861 das erste Telefon konstruierte (täglich geöffnet, So nur nachmittags).
ℹ Verkehrsbüro, Obermarkt 7, 63571 Gelnhausen, Tel. 0 60 51/82 00 54.

⓫ Wildgehege Eidengesäß Man verläßt den Ort Eidengesäß nach Südosten in Richtung Breitenborn. Kurz nach dem Ortsausgang weist rechts ein Schild zum Sportplatz; man folgt diesem Wegweiser und erreicht das am Waldrand gelegene Wildgatter mit seinen rund 100 Damhirschen. Die zutraulichen Tiere lassen sich füttern.

⓬ Bismarck-Eiche Der Name des Wanderparkplatzes Sieben Wege an der Spessart-Höhenstraße zwischen Wegscheide und Villbach deutet es schon an: Eine Vielzahl von Wegen führt von hier aus durch weite Wälder zu verschiedenen Natursehenswürdigkeiten – etwa zur Orbquelle, zum Naturschutzgebiet Am Hohen Berg oder zum Naturdenkmal Madstein.

Ein weiteres Naturdenkmal steht direkt am Kreuzungspunkt der Wege: die markante Bismarck-Eiche, ein schönes Exemplar dieser Baumart, die für den Spessart so typisch ist.

⓭ Niederrodenbach Mittelalterlich mutet der Kern dieses Ortsteils von Rodenbach in der Kinzigniederung mit seinen vielen Fachwerkhäusern an.

Nördlich des Ortes, direkt an der B 43 Richtung Hasselroth, gibt es einen Baggersee zum Baden; südwestlich von Niederrodenbach liegt in der Nähe des Naturschutzgebietes Rote Lache die Klosterruine Wolfgang.

ℹ Gemeindeverwaltung, Buchbergstr. 2, 63517 Rodenbach, Tel. 0 61 84/59 90.

⓮ Bieber Dieser Ortsteil der Gemeinde Biebergemünd ist ein typisches Spessartdorf. Die große Infotafel im Zentrum weist auf schöne Wanderwege rund ums Biebertal hin.

Das Forstmuseum an der Hauptstraße hat überörtliche Bedeutung (geöffnet Mi 10 12 Uhr). Die kleine Ausstellung im alten Gefängnis widmet sich sehr ausführlich dem Thema Waldwirtschaft. Gerade im Alltag der Spessartbewohner spielte der Wald einst eine wichtige Rolle. Das Holz diente als Bau- und Brennmaterial und als Grundstoff für die Köhlerei. Das Harz der Bäume fand in Gerbereien Absatz, und das Vieh wurde auf lichte Waldweiden getrieben.
ℹ Gemeindeverwaltung, Rathaus, 63599 Biebergemünd, Tel. 0 60 60/7 08.

⓯ Wiesbüttmoor Eine Tafel am Parkplatz Wiesbütt an der Straße von Bieber nach Flörsbach zeigt einige reizvolle Wandervorschläge. Da ist zunächst der etwa halbstündige Weg um den Wiesbüttsee, einen schönen, schilfumstandenen Waldsee. Einst gehörte er zu einem inzwischen stillgelegten Cobaltbergwerk.

Ein anderer, 2,5 km langer Rundweg (Markierung blaue Libelle) führt um das Naturschutzgebiet Wiesbüttmoor. Da solche Biotope empfindlich auf Trittbelastung reagieren, dürfen die Wege nicht verlassen werden. Hier sieht man schöne und seltene Hochmoorpflanzen wie Sonnentau und Wollgras, Siebenstern und Schnabelried.

Die Kaiserpfalz in Gelnhausen kündet selbst noch als Ruine von ihrer einstigen Bedeutung als ein Zentrum staufischer Macht.

⓰ Flörsbachtal In den Erholungsorten im Flörsbachtal sind ruhebedürftige Menschen bestens aufgehoben. Im Sommer locken das Wildgehege und die Freizeitanlage bei Lohrhaupten; im Winter wird bei ausreichender Schneelage eine 25 km lange Langlaufloipe gespurt.
ℹ Verkehrsbüro, Hauptstr. 14, 63639 Flörsbachtal, Tel. 0 60 57/6 59.

8 Rhön und Vogelsberg

Im Land der offenen Fernen

Die vulkanischen Bergländer Rhön und Vogelsberg sind einzigartig unter den Mittelgebirgen: Wo andernorts oft düstere Wälder die Sicht versperren, kann im „Land der offenen Fernen“, wie ein Heimatdichter die Rhön einmal genannt hat, der Blick in die Weite schweifen, wie hier unterhalb der Wasserkuppe.

Rhön und Vogelsberg

Die eigenartigen Steinsäulen aus Basalt lassen sich am Gangolfsberg aus nächster Nähe betrachten.

Naturpark Bayerische Rhön

Größe: 1240 km^2, gegründet 1967.

Der Naturpark umfaßt im wesentlichen den südlichen und südöstlichen Teil der Rhön bis hin zur Fränkischen Saale. Er hat aber auch einen Anteil am Kerngebiet, der Hohen Rhön.

Die Rhön verdankt ihr Landschaftsbild dem Vulkanismus, der hier im Tertiär vor über 10 Mio. Jahren wirkte. Seine Spuren werden besonders dort sichtbar, wo der aus Buntsandstein und Muschelkalk bestehende Gesteinsunterbau von mächtigen Lavaschichten überdeckt wurde. In tieferen Lagen und damit auch im größten Teil des Naturparks sind es dagegen diese älteren Schichten, die das Bild der Landschaft prägen. Nur vereinzelt ragen alte Basaltschlote als Bergkuppen über die sanft wellige Oberfläche empor.

Die unterschiedliche Beschaffenheit des Gesteinsuntergrundes, die Höhenlage und auch klimatische Unterschiede haben eine sehr vielfältige, artenreiche Pflanzenwelt entstehen lassen. Charakteristisch ist ein buntes Mosaik aus Hochwäldern, Feldfluren, Mooren, Matten, Hecken und Heiden.

Zu den interessantesten Teilgebieten des Naturparks gehört die auf über 900 m ansteigende Hohe Rhön. Sie hat weitgehend den Charakter einer Hochfläche, deren Untergrund aus sehr widerstandsfähigen Basaltschichten besteht. An natürlichen Felswänden und in Steinbrüchen trifft man häufig auf die seltsamen sechseckigen Basaltsäulen, zu denen das Gestein erstarrt ist – eine Folge der allmählichen Abkühlung der glutflüssigen Gesteinsschmelze. Besonders schöne Basaltsäulen sind am Gangolfsberg, am Steinernen Haus sowie nahe dem höchsten Gipfel des Naturparks, dem 928 m hohen Kreuzberg, zu sehen.

Da die Böden, die sich auf Basaltgestein bilden, das Wasser stauen, sind in der Hohen Rhön vielerorts sumpfige Wiesen und Moore entstanden. Ursprünglich waren die höheren Lagen der Rhön bewaldet. Die Rotbuchen- und Eichenbestände wurden jedoch zum großen Teil schon vor Jahrhunderten abgeholzt. Durch Aufforstungen sind heute auch Kiefern, Fichten und Lärchen vertreten, insgesamt ist der Waldanteil aber relativ gering.

Reich an Blütenpflanzen sind die Wiesen und Weiden. Auf den Hochweiden entfalten im späten Juni Wiesenknöterich, Schlangenknöterich, Arnika, Geflecktes Ferkelkraut, Pechnelke, Färberscharte und Bergflockenblume ihre Blüten. Gegen Ende des Sommers blühen dann Fuchskreuzkraut und Eberwurz. Botanische Kleinode wie Gefranster Enzian, Sumpfherzblatt, Kreuzenzian und Goldrute öffnen schließlich im Herbst ihre Blüten.

Die zahlreichen Moore und Feuchtwiesen sind ideale Lebensräume für viele Vogelarten. Charaktervogel der Rhön ist das seltene Birkhuhn, das auf der Langen Rhön ein Rückzugsgebiet gefunden hat. Auerhühner sind vor allem noch im Wildschutzgebiet Salzforst anzutreffen.

Zu Füßen des Stirnberges bilden das Kleine und das Große Moor, beide unter Naturschutz, artenreiche Biotope. Das größte Moor der Rhön ist das Schwarze Moor; es umfaßt ein Gebiet von rund 66 ha. Leberblume, Trollblume, Teufelskralle, Sonnentau und Fettkraut gedeihen an diesen Standorten.

i Zweckverband Naturpark Bayerische Rhön, Landratsamt, Siemensstr. 10, 97616 Bad Neustadt.

Naturpark Hessische Rhön

Größe: 700 km^2, gegründet 1963.

Zum Naturpark gehören die nordwestliche Rhön sowie Teile des anschließenden Vorlandes. Die Grenze zum benachbarten Naturpark Bayerische Rhön verläuft über die langgestreckte Hochfläche der Hohen Rhön. Nach Osten schließt sich der thüringische Teil der Kuppenrhön an.

Der Vulkanismus der Tertiärzeit hat die Landschaft im Naturpark zum guten Teil geformt. Aus zahlreichen Schloten trat einst Lava aus und überzog die damalige Oberfläche. So entstanden die heutigen Basaltdecken der Hohen Rhön.

In der Vorderen Rhön fehlen zusammenhängende Basaltdecken. Hier sind die zahlreichen Basalt- und Phonolithschlote, in denen einst Lava empordrang, ein prägendes Landschaftselement. Sie bilden auch die Kuppen, die dem „Hessischen Kegelspiel" seinen Namen gaben.

Im Gebiet des Naturparks erreicht die Rhön mit der 950 m hohen Wasserkuppe ihre größte Höhe. Auch dieser als Zentrum des Segelflugsports bekannte Berg ist aus vulkanischem Basalt aufgebaut.

Vielfältig wie die Landschaft ist auch die Pflanzenwelt. Bei einem Vergleich mit anderen Mittelgebirgen fällt der geringe Waldanteil auf, der im Gebiet des Naturparks nur 34 % beträgt. Vor allem die Rodungen früherer Jahrhunderte und der gewaltige Holzbedarf der Salinen sind die Ursache dafür.

In einigen Wäldern haben die besonderen Gegebenheiten spezielle Pflanzengesellschaften entstehen lassen, wie sie sonst selten zu finden sind. Sie wurden deshalb unter Naturschutz gestellt. Dazu zählt z. B. der

Harmonisch eingebettet zwischen Wiesenhängen liegt das Dörfchen Lahrbach im Nordosten der Rhön.

Schafstein in der Nähe der Wasserkuppe mit seinem etwa 250 Jahre alten Buchen- und Ahornbestand. Die Blockmeere an der Milseburg sind teilweise von artenreichen Bergwäldern bestanden, die manches botanische Juwel wie Schwalbenwurz und Pfingstnelke beherbergen. Zu den Besonderheiten der Blockhaldenwälder zählen auch die verschiedenartigen Moose und Flechten, die sich auf den Felsblöcken angesiedelt haben.

Unter besonderem Schutz stehen die zahlreichen Hochmoore, die sich – nur durch Regen und Schnee gespeist – auf dem wasserundurchlässigen Basaltlehm entwickeln konnten. Sie finden sich vor allem auf der Hohen Rhön und sind Standorte einer besonderen Flora. Einige der Moore sind durch Rundwanderwege erschlossen worden.

i Naturpark Hessische Rhön, Geschäftsstelle, Wörthstr. 15, 36037 Fulda.

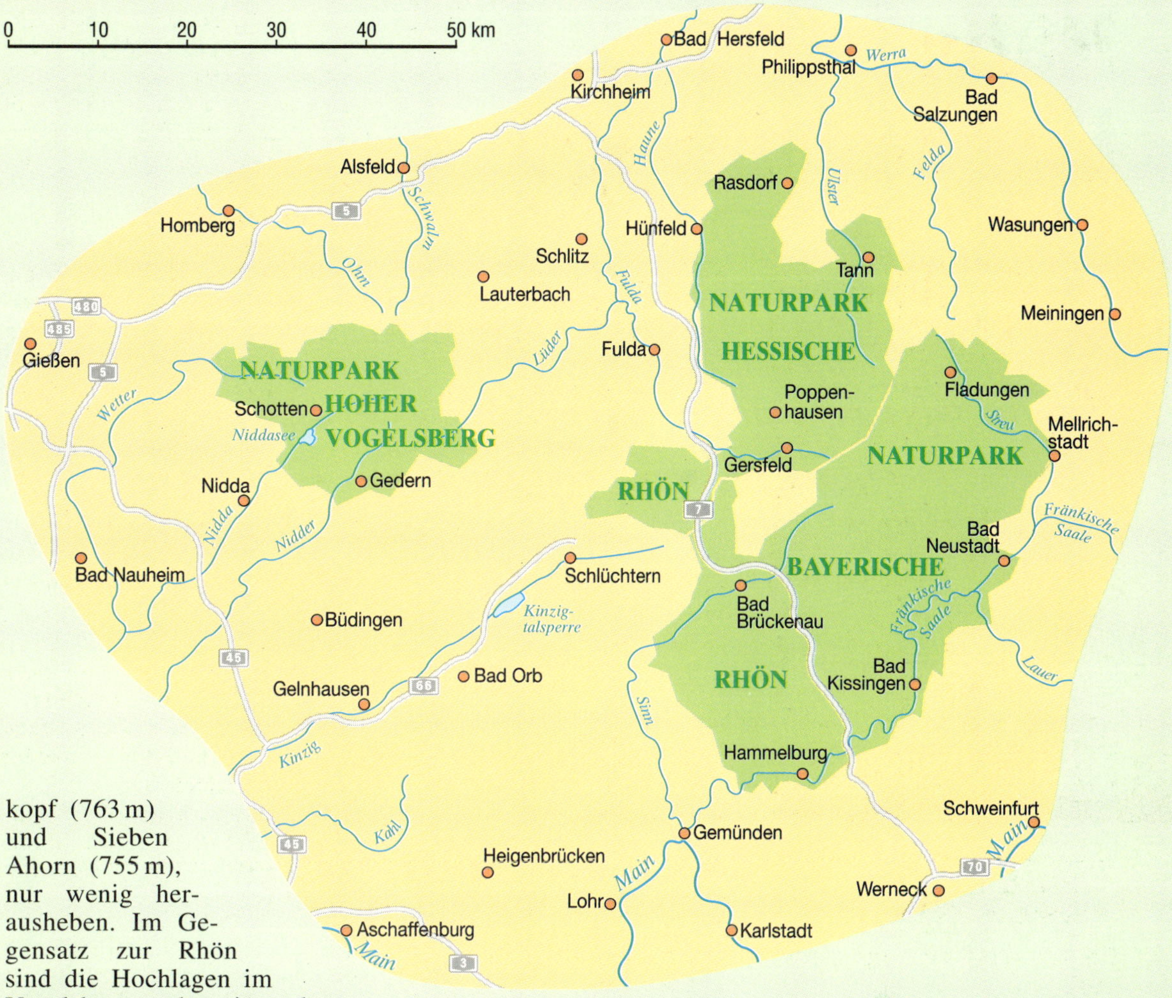

Naturpark Hoher Vogelsberg

Größe: 384 km², gegründet 1958.

Nahezu im Herzen des Bundeslandes Hessen gelegen, umfaßt der Naturpark den zentralen Teil des Vogelsberges, d. h. den breiten Rücken des Oberwaldes und einen Teil seines Vorlandes bis hinab auf Höhen zwischen 200 und 300 m.

Der Vogelsberg, für die Geologen die größte zusammenhängende Basaltmasse Mitteleuropas, verdankt seine Entstehung dem Vulkanismus, der hier am Knotenpunkt mehrerer Schwächelinien in der Erdkruste im mittleren Tertiär wirksam war. Die schildartige Aufwölbung des Berglandes hatte zur Folge, daß hier viele Bäche und Flüsse entspringen und in alle Richtungen abfließen – teils zur Weser, teils über Main und Lahn zum Rhein.

Das Zentrum des Naturparks, der Oberwald, ist eine wellige Hochfläche, aus der sich die höchsten Kuppen, nämlich Taufstein (774 m), Hoherodskopf (763 m) und Sieben Ahorn (755 m), nur wenig herausheben. Im Gegensatz zur Rhön sind die Hochlagen im Vogelsberg überwiegend von Wald bedeckt. Der früher vorherrschende Buchenwald wurde inzwischen meist von Mischwald oder Nadelwald verdrängt.

Eine Besonderheit bilden die urwüchsigen Wälder auf den Blockhalden wie etwa am Taufstein. Dort gesellen sich seltene Moose, Flechten und Farne zur Pflanzengemeinschaft des Waldes. Eine besondere Felsflora ist auch für den Diebstein und die Uhuklippen charakteristisch. Der reichliche Niederschlag, besonders an der Westflanke des Vogelsberges, speist zahlreiche Quellen. Auf dem undurchlässigen Untergrund sammelt sich das Wasser und bildet stellenweise staunasse Senken. Feucht- und Sumpfwiesen sind vor allem im Norden und Osten des Oberwaldes verbreitet.

Auffallend sind die vielen Fischteiche, die teilweise schon im 17. Jh. angelegt wurden, heute jedoch nicht mehr genutzt werden. Einige der Seen sind zu

Das hübsche Waldveilchen gedeiht in den lichten Wäldern des Vogelsberges.

Mittelpunkten von Erholungsgebieten geworden, andere haben sich dagegen zu wertvollen Refugien für zahlreiche Wasservögel entwickelt. Dort können u. a. Graureiher, Haubentaucher, verschiedene Entenarten und auch Bekassinen beobachtet werden.

i Zweckverband Naturpark Hoher Vogelsberg, Am Hohenwiesenweg 1, 63679 Schotten.

Naturpark Bayerische Rhön

„Mitten drin im deutschen Garten“, schrieb einst ein Heimatdichter, „da liegt die Rhön“. Und hier, auf der bayerischen Seite des Mittelgebirges, ist dieser Garten der Natur besonders bunt und vielfältig. Kahle, sturmgepeitschte Hochflächen wechseln ab mit dichtbewaldeten, schattigen Schluchten.

❶ **Schwarzes Moor** Eine Wanderung durch das größte Moor der Rhön (66 ha) ist wie ein Ausflug in den hohen Norden Europas, und zwar nicht nur im Winter, wenn sich die über das offene Hochmoor verteilten Birken und Kiefern unter der Last der Schnee- und Eismassen biegen. Wie in der nordeuropäischen Taiga hat sich hier auf der Wasserscheide von Weser und Rhein im Lauf von Jahrtausenden innerhalb der natürlichen Bergwälder der Rhön ein Hochmoor entwickelt, in dem viele nordische Pflanzenarten wie die Moosbeere, die Rosmarinheide, die Moorbeere oder das Wollgras gedeihen. An manchen Stellen lagert über dem Basaltlehm im Untergrund, der das Wasser staut und so das Wachstum der Torfmoose fördert, eine 6–8 m dicke Torfschicht. Nach der Faustregel, daß ein Moor etwa 1–2 mm im Jahr in die Höhe wächst, muß das Schwarze Moor also mindestens 3000–4000 Jahre alt sein.

Ein solcher in Jahrtausenden gewachsener Lebensraum, der nicht besonders artenreich ist, dafür aber äußerst seltenen Tierarten wie den Moorlibellen oder den vom Aussterben bedrohten Birkhühnern ein Refugium bietet, ist gegen Störungen sehr empfindlich. Daher sollte man als Besucher unbedingt auf dem rund 2 km langen Moorlehrpfad bleiben, der als breiter, auch für Rollstuhlfahrer gut geeigneter Bohlensteg durch das einmalige Naturschutzgebiet führt. 22 Informationstafeln vermitteln alles Wissenswerte über das Schwarze Moor, zusätzlich finden von April bis Oktober jeden Sa um 10 und um 14 Uhr Führungen statt. Die Teilnehmer treffen sich am Steinernen Tor, das am Weg vom Wanderparkplatz Schwarzes Moor an der Hochrhön-Straße zum Naturschutzgebiet steht.

❷ **Fladungen** Der historische Kern des nördlichsten Städtchens von Bayern sieht aus, als ob er zum Fränkischen Freilandmuseum Fladungen gehören würde – so wirken jedenfalls die mächtigen Wehrtürme der mittelalterlichen Stadtbefestigung, die vielen Fachwerkhäuser mit den reichbeschnitzten Eckbalken und die prächtig ausgestattete Stadtpfarrkirche. Das eigentliche, noch in Erweiterung begriffene Freilandmuseum steht dagegen am Aumühlweg (geöffnet April–Oktober täglich außer Mo) und zeigt die dörfliche Kultur Unterfrankens. Typische alte, mit bäuerlichem Mobiliar und Handwerksgerät ausgestattete Bauernhöfe, ein Backhaus, ein Brauhaus, in dem gelegentlich Bier gebraut wird, und eine Dorfschule wurden in zwei Baugruppen im Museumsgelände errichtet. 1994 kam das Wirtshaus *Schwarzer Adler* hinzu. Außerdem gibt es Bauerngärten, Tiere auf dem Bauernhof, eine Dorflinde und Vorführungen von traditionellem Handwerk, beispielsweise dem Korbflechten.

Im Fladunger Rathaus, das mit seinen imposanten Renaissancegiebeln die Dächer der Stadt überragt, ist das Rhön-Museum untergebracht (April–Oktober täglich außer Mo geöffnet). Mit seinen umfangreichen Sammlungen Rhöner Volkskunst zählt es zu den interessantesten Heimatmuseen in Franken. Einer der Schwerpunkte sind Keramikgegenstände wie hohe, schlanke Milchkrüge, eine Besonderheit der fränkischen Rhön, Branntweintöpfe und unglasierte Henkelflaschen. In der Rhöner Schnitzkunst – farbige Fastnachtsmasken, Kinderspielzeug, Heiligenfiguren und Kreuzigungsgruppen – spiegeln sich das Brauchtum und die tief verwurzelte Frömmigkeit der Bevölkerung wider. Arbeitsgeräte der Bauern und Handwerker, farbenfroh bemalte Möbel, Gesteinssammlungen und das Rhön-Herbarium ergänzen die Ausstellung.

Nach soviel Kulturgenuß sollte man es nicht versäumen, die berühmten süßherben Fruchtweine Fladungens zu kosten.

ℹ Verkehrsamt Fladungen, Rathaus, 97650 Fladungen, Tel. 0 97 78/80 24.

❸ **Eisgraben** Bei trockener Witterung plätschert der Bach, der im Schwarzen Moor

Typisch für die Rhön sind sanft gerundete und bewaldete Basaltkuppen, wie man sie hier vom Aussichtsturm auf der Rother Kuppe im Nordwesten des Naturparks sieht.

entspringt, friedlich dahin. Wenn jedoch im Frühjahr der Schnee in der Langen Rhön schmilzt oder es dort im Sommer wie aus Kübeln schüttet, dann verwandelt er sich von einer Stunde zur andern in einen echten, ungebändigten Wildbach. Er unterspült die Ufer und legt dabei immer wieder Braunkohlenflöze frei, die sich vor rund 30 Mio. Jahren in einer flachen Lagune des Tertiärmeeres ablagerten.

Die Braunkohlenschichten enthalten viele Fossilien: Fische, Frösche, Reste von Krokodilen und Vögeln, dazu Pflanzen, die heute in den tropischen Zonen unseres Planeten beheimatet sind, wie der Zimt- und der Seifenbaum. Eine besonders tiefe Kerbe riß der Eisgraben am 26. Juli 1834 nach einem Wolkenbruch über der Langen Rhön. Die Spuren jener Sintflut sind in dem engen Tal noch allgegenwärtig: Vertiefungen im Flußbett und hohe Wälle aus grobem Basaltgeröll in der Talaue.

Ausgangspunkt für die Wanderung durch die vom Eisgraben geschaffene Schlucht ist ein Parkplatz (mit Grill- und Rastplatz) an der Straße von Hausen zum Weiler Hillenberg. Der Weg bis zum kleinen Wasserfall am Rand des Schwarzen Moores ist mit einem roten Dreieck markiert. Vom nahen Roth erreicht man bequem die Rother Kuppe, die eine herrliche Aussicht bietet.

4 Steinernes Haus Zu der großzügigen Freizeitanlage mit Liegewiesen, Grillplätzen, Schutzhütte und Kiosk in einem stillgelegten Basaltbruch gehört auch ein See. Beim Baden muß man auf scharfkantige Steine achten, die wie Felsriffe unter der Wasseroberfläche liegen.

Unergründlich und still liegen die sog. Mooraugen im Schwarzen Moor, als ob sie auf ewig ein dunkles Geheimnis zu verbergen suchten.

Nach einer Gruppe von Basaltsäulen, die hier einst eine malerische Felsburg bildeten, trägt die Anlage den Namen Steinernes Haus. Von der Felsburg blieben nur die Fundamente erhalten, die Basaltsäulen selbst wurden beim Deichbau an der niederländischen Zuidersee verwendet. An der westlichen Steinbruchwand (Wegweiser „Zu den Basaltsäulen“) treten noch einige Säulen zutage. Sie sind nicht so vollendet geformt wie am Gangolfsberg (siehe 5), zeigen dafür aber sehr anschaulich, wie der

Basalt an der Erdoberfläche in Blöcke zerfällt und schließlich zu kaffeebraunem Lehm verwittert.

Die Anfahrt zum Steinernen Haus ist weiträumig ausgeschildert; man parkt am besten auf dem Wanderparkplatz Ginolfser Straße an der Straße von Ginolfs zur Hochrhön-Straße.

5 Gangolfsberg Ein etwa 2,5 km langer Naturlehrpfad verläuft mit z.T. starken Steigungen durch das Naturschutzgebiet an den Hängen des bewaldeten Berges. Er ist am bequemsten vom Wanderparkplatz am Schweinfurter Haus zu erreichen. Knapp 30 Informationstafeln erläutern den geologischen Aufbau der Rhön, ihre Tier- und Pflanzenwelt. Unter den vorgestellten Pflanzenarten ist der Seidelbast ein ausgesprochener Exot: Als einzige einheimische Pflanze trägt der Strauch seine rosaroten Blüten und später dann die Früchte direkt am Stengel, ähnlich wie die Tropenpflanzen Kaffee und Kakao.

Auf dem Gipfel des Berges erkennt man die spärlichen Reste einer Wallanlage, und am Südwesthang kommen die schönsten Basaltsäulen der Rhön an einer hohen Felswand zum Vorschein. Daneben befindet sich der Teufelskeller, eine Klufthöhle im Basalt, die sich bildete, als mächtige Gesteinsblöcke am Steilhang abrutschten.

Nach einer schönen Wanderung am Kreuzberg kann man sich im Schatten des beliebten Klosterhofes bewirten lassen.

6 Oberelsbach In der Marktgemeinde befindet sich das Naturschutzzentrum Hohe Rhön (April–Oktober täglich außer Mo und Di geöffnet). Hauptaufgabe ist dabei nicht nur der Schutz der Rhön als unversehrte Naturlandschaft, sondern vor allem auch die Bewahrung eines in Jahrhunderten gewachsenen Kulturbereiches. Unter diesem Aspekt sind Teile der Rhön auch von der UNESCO als Biosphärenreservat anerkannt worden. Das mehr als 165 000 ha große Schutzgebiet verteilt sich auf die Bundesländer Bayern, Hessen und Thüringen.

In Schaubildern, mit naturgetreuen Präparaten und Sammlungen von Pflanzen, Tieren und Gesteinen erhält der Besucher einen Einblick in die durch jahrhundertelange land- und forstwirtschaftliche Nutzung geprägte Rhöner Kulturlandschaft. Gezeigt werden beispielsweise die vom Wind zerzausten, einzeln stehenden Altbuchen, uralte Hecken und kleine Gehölzinseln, die charakteristisch für die weite Bergwiesenlandschaft der Hohen Rhön sind, die auch als Lange Rhön bekannt ist. Vielen Tieren dienen sie als Brutplatz, Nahrungsquelle, Singwarte, Ruheplatz, Versteck und Schattenspender zugleich.

i Naturschutzzentrum Hohe Rhön, 97656 Oberelsbach, Tel. 0 97 74/14 46.

7 Ostheim vor der Rhön Die idyllische Kleinstadt hat ihr altertümliches Stadtbild nahezu unversehrt bewahrt. An der breiten Marktstraße reihen sich rechts und links des Fachwerkrathauses aus dem 16. Jh. stattliche Adelshöfe aneinander und wetteifern mit den alten Bürgerhäusern im fränkisch-thüringischen Zierfachwerk.

Die bedeutendste Sehenswürdigkeit steht ein wenig abseits auf den Ausläufern des Schloßberges hoch über der Talaue der Streu: die größte und am besten erhaltene Kirchenburg Deutschlands. Ein doppelter Mauerring mit fünf Wehrtürmen, Zwinger und kleineren Bastionen umschließt die mit kunstvoll gearbeiteten Bildnisgrabsteinen geschmückte Pfarrkirche St. Michael (16./17. Jh.). Die Festung entstand in der ersten Hälfte des 15. Jh. als Fliehburg, in die sich die Bevölkerung in kriegerischen Zeiten zurückzog. Damit man auch einer längeren Belagerung standhalten konnte, horteten die Bürger in den sog. Gaden innerhalb des Mauerrings Vorräte. Die unterirdischen Speicherräume dienen bis heute als Vorratskeller.

Von der großen Kreuzgruppe auf dem Kreuzberg hat man einen herrlichen Blick über die runden Kuppen der Bayerischen Rhön.

Zu Ostheim gehört die 2 km nördlich auf dem Schloßberg gelegene Lichtenburg. Der hohe Bergfried (Schlüssel in der Burggaststätte) bietet einen schönen Ausblick auf die Hohe Rhön.

i Fremdenverkehrsverein, Kirchstr. 3, 97645 Ostheim vor der Rhön, Tel. 0 97 77/ 18 50.

8 Bauersberg Die Wanderparkplätze auf der Hohen Rhön entlang der Hochrhön-Straße kann man an den Fingern einer Hand abzählen, das Netz der Wanderwege ist weitmaschig, und die freie Landschaft darf nur auf den markierten Wegen bzw. im Winter auf gespurten Loipen betreten werden. Der Schutz der Tiere und Pflanzen hat im Naturschutzgebiet absoluten Vorrang.

Am besten lernt man die rauhe Mittelgebirgslandschaft bei einer Wanderung auf dem Naturkundlichen Wanderpfad Bauersberg kennen. Ausgangs- und Endpunkt der etwa 10,5 km langen Wanderung ist der Parkplatz Rothsee an der Hochrhön-Straße, in dessen unmittelbarer Nähe auch der malerische Rothsee liegt. Gleich am Anfang

Ein Bild voller Ruhe und Beschaulichkeit bieten die grasbedeckten Hochflächen der Hohen Rhön mit den typischen Schafherden.

führt der Pfad durch ein ehem. Braunkohlenabbaugebiet mit Stollen und Flözen, dann geht es über die weiten Bergmatten hinauf zur Kalten Buche. Hier auf der kahlen Hochfläche versteht man auch, woher die Hohe Rhön ihren zweiten Namen Lange Rhön hat: kilometerweit erstrecken sich wellige, mit Gras bedeckte Plateaus, auf denen nur da und dort einzelne Büsche und Bäume stehen. Die herbe Schönheit dieser Hochflächen ist allerdings nicht auf natürliche Weise entstanden: Früher waren sie mit dichten Buchenwäldern bewachsen, die im 16. Jh. abgeholzt und in Glashütten und Eisenschmelzen verheizt wurden. Durch das Schwarzbachtal mit seinen üppigen Schluchtwäldern und schäumenden Wasserfällen kehrt man wieder zum Ausgangspunkt zurück.

9 **Kreuzberg** Früher hieß der zweithöchste Berg der Rhön (928 m) Asenberg oder Aschberg, bis der heilige Kilian – der Legende nach um 686 – auf einer heidnischen Kultstätte ein Kreuz errichtete und so dem Berg zu seinem heutigen Namen verhalf. Im 17. Jh. gründeten Franziskanermönche auf dem „heiligen Berg der Franken" ein Kloster, bauten die mit drei Barockaltären geschmückte Klosterkirche und zu Beginn des 18. Jh. die 14 Kreuzwegstationen zur großen Kreuzgruppe auf dem Gipfel. Im Klostergebäude werden heute Pilger und Wanderer von den Franziskanern bewirtet. Seit 1731 brauen die Mönche das vielgerühmte dunkle Klosterbier. Das dafür verwendete Quellwasser tritt in der Nähe des Klosters an dem Quellhorizont zwischen der Basaltkappe und den Muschelkalkschichten aus. Da sich Basaltgestein in Wasser kaum löst, enthält das Quellwasser nur wenige Minerale und eignet sich daher besonders gut zum Bierbrauen.

Wer nach den leiblichen Genüssen noch einen tiefen Blick ins Erdinnere werfen möchte, sollte sich das Mauerwerk der Klostergebäude einmal genauer anschauen, denn die Basaltsteine enthalten sehr schöne Knollen von Olivin, einem olivgrünen Mineral, aus dem wahrscheinlich die oberen Schichten des Erdmantels (in 50–2900 km Tiefe) bestehen. An der Südostflanke des Berges zieht sich ein großes Blockmeer aus aschgrauen Basaltblöcken die steilen Hänge hinab.

Früher war der Aufstieg zum Kreuzberg lang und mühsam. Heute kann man mit dem Auto von Bischofsheim bis zu einem gebührenpflichtigen Parkplatz am Kloster Kreuzberg fahren, dort parken und die Rhönlandschaft bei einer Wanderung auf drei gut markierten Rundwanderwegen (3–5,5 km) genießen. Rundwanderweg 1 führt über Wiesen hinweg am Sender des Bayerischen Rundfunks vorbei zum höchsten Punkt der Bayerischen Rhön mit schönem Rundblick und durch den schattigen Wald zum Ausgangspunkt zurück.

i Verkehrsverein, Kirchplatz 5, 97653 Bischofsheim an der Rhön, Tel. 0 97 72/14 52.

10 **Volkersberg** Der markante Bergkegel unmittelbar neben der Autobahn A 7 besteht im Kern aus einem harten Basaltpfropfen, der am Gipfel beim ehem. Franziskanerkloster zutage tritt. Schon im 12. Jh. wurde eine Einsiedelei auf dem Berg urkundlich erwähnt, zuvor hatten wahrscheinlich unsere heidnischen Vorfahren in luftiger Höhe ihren Berggottheiten geopfert.

Von der Aussichtsterrasse vor der Kirche Heiliges Kreuz (17./18. Jh.) erkennt man im Nordosten die kahlen Bergkuppen, die im militärischen Sperrgebiet liegen und deshalb für zivile Besucher unzugänglich sind. Im Süden ragt über den Dächern von Bad Brückenau der Dreistelzberg auf, unverwechselbar mit seinem „Bürstenschnitt" aus windgeschorenen Rotbuchen.

Besonderheiten der Natur

Pflanzen Nur wenige Landschaften in Deutschland weisen ein solch abwechslungsreiches und vielfältiges Mosaik an Standorten auf: vulkanisches Gestein und Buntsandstein, Nord- und Südlagen, Naß- und Trockenbereiche. Außerdem hat der Mensch auf mancher einst bewaldeten Kuppe die Bäume abgeholzt. Entsprechend vielgestaltig ist das Pflanzenkleid: traumhafte Mischwälder auf Sandstein wie der Staatsforst Geiersnest, Wälder auf Blockhalden mit Farnen und Moosen wie am Gangolfsberg, Moorvegetation wie im Schwarzen Moor auf der Hohen Rhön.

Tiere Die Großtierfauna ist mit der anderer Mittelgebirge in Deutschland vergleichbar. Doch eine herausragende Besonderheit hat die Rhön zu bieten: In den einsamen Mooren „tanzen" noch die Birkhähne ihr beeindruckendes, nach genauen Regeln ablaufendes Balzspiel (Bild).

Geologie Zwar herrscht der Buntsandstein vor, doch der vulkanische Basalt hat attraktivere Felsbildungen hinterlassen: Basaltprismen am Gangolfsberg und am Steinernen Haus sowie riesige Blockmeere, etwa am Kreuzberg oder an der Platzer Kuppe.

⓫ **Schwarze Berge** Geologisch besonders interessant in der Rhön ist das Gebiet um die Schwarzen Berge mit dem Farnsberg (786 m), der Platzer Kuppe (737 m) und dem nördlich gelegenen Lösershag (765 m). Die verschiedenen Gesteinsstockwerke des Gebirges kann man mit einem Blick überschauen: Der Sockel wird von den festen, meist rötlichen Sandsteinen des Mittleren Buntsandsteins eingenommen. Darüber trifft man auf die Tonsteine des Oberen Buntsandsteins, zu erkennen an den violetten, grauen und grünlichen Farbtönen. Die dritte Etage beherbergt die hellgrauen Kalksteine und Mergel des Muschelkalks, und ganz oben befinden sich die verschiedenen Basaltarten. Für die Basalte ist die Platzer Kuppe ein besonderer Ort, denn dort wurde im Lavagestein das seltene Mineral Rhönit entdeckt, das nach der Rhön benannt ist.

Als Ausgangspunkt für Streifzüge durch die Schwarzen Berge bietet sich der Wanderparkplatz am Berghaus Rhön an. Hier befindet sich auch eine Freizeitanlage mit Schutzhütte, Grillstationen und einem schönen, abwechslungsreich gestalteten Kinderspielplatz (Karussell, Bocciabahn, Pferdewagen aus Holz, Spielhütte und manches andere).

⓬ **Salzforst** Zwischen den waldarmen Basaltkuppen der Hohen Rhön und dem Tal der Fränkischen Saale erstrecken sich große, nur hier und da von Rodungsinseln unterbrochene Waldgebiete. Sie gehören zum Salzforst, der im Jahr 1000 ein nahezu geschlossenes Areal von 42 500 ha einnahm und bis 1803 im Besitz des Fürstbistums Würzburg war. Als beliebtes Jagdrevier der Franken- und Sachsenkaiser und später dann der Fürstbischöfe war das riesige Waldgebiet ein sog. Bannforst, der nicht gerodet werden durfte.

Auch wenn in jüngerer Zeit an einigen Stellen Lücken in das Waldkleid geschlagen wurden, ist der Salzforst bis heute ungewöhnlich wildreich geblieben. Hirsche und Rehe kommen hier noch in großen Rudeln vor; wer die Augen offenhält, kann vielleicht sogar eine Rotte Wildschweine beobachten, die den Waldboden nach Leckerbissen durchwühlt oder sich in einem Schlammloch suhlt. Der Naturlehrpfad Salzforst (10 km) führt an einem solchen Schlammbad vorbei, auch an einem Fuchsbau und einem großen Ameisennest. Fast 50 Schautafeln erläutern die geologischen, geschichtlichen, tier- und pflanzenkundlichen Besonderheiten des Salzforstes. Der Naturlehrpfad beginnt und endet am Wanderparkplatz an der Landstraße Burgwallbach–Windshausen.

Um den Salzgehalt der Sole zu erhöhen, läßt man sie über Reisig auf einem Holzgerüst laufen, so daß ein Teil des Wassers verdunstet; das Bild zeigt ein solches Gradierwerk in Bad Kissingen.

⓭ **Bad Neustadt an der Saale** Das seit dem vorigen Jahrhundert vielbesuchte Sole- und Moorheilbad zählt zu den malerischsten Städten der Bayerischen Rhön. Vor und hinter der vollständig erhaltenen, rundum begehbaren Stadtmauer (1,5 km) drängen sich die Sehenswürdigkeiten: das Hohntor aus dem 16. Jh. als Wahrzeichen der Stadt, die klassizistische Stadtpfarrkirche, das ehem. Karmeliterkloster, eine der kunsthistorischen Kostbarkeiten Frankens, sowie prachtvolle Amts- und Bürgerhäuser.

Früher war eine der Haupteinnahmequellen der Stadt das Salz, der einzig nennenswerte Bodenschatz im „Land der armen Leute“, wie die Rhön früher genannt wurde. Es lagert freilich tief unter der Erdoberfläche und gelangt nur an einigen wenigen Stellen in Salzquellen bis ans Tageslicht. Die Salzquellen, die im Tal der Fränkischen Saale bei Bad Neustadt austreten, werden beispielsweise von Salzlagern in 600–800 m Tiefe gespeist. Nach ihnen ist die schon im 12. Jh. in Urkunden erwähnte Salzburg benannt, die heute als mächtige Ruine über dem Ufer der Saale thront.

ⓘ Kurverwaltung, Löhriether Str. 2, 97616 Bad Neustadt an der Saale, Tel. 09771/ 90983.

⓮ **Aschach** Das Wiesentälchen, das sich von Aschach nach Nordwesten bis in den Klauswald hinzieht, ist zwar nicht das Revier der vom Aussterben bedrohten Birkhühner, dafür brüten und rasten hier beiderseits des Vogelkundepfades Hirschtränke zahlreiche ihrer kleineren Vettern – man hört es am vielstimmigen Gesang. Die 120 Informationstafeln am ersten, etwa 2,5 km

Hoch auf dem gelben Wagen – wer das bekannte Volkslied in die Tat umsetzen will, kann zwischen Bad Kissingen und Bad Bocklet mit einer echten Postkutsche durch das Tal der Fränkischen Saale fahren.

langen Vogelkundelehrpfad Bayerns zeigen die gefiederten Sänger vom Dompfaff über den Kuckuck bis zum Zilpzalp mit farbigen Vogelbildern – falls man sie nicht in natura sehen sollte. Außerdem gibt es Nistkästen, Gehege, Horste, Futter- und Badeplätze sowie eine Schutzhütte (von Aschach etwa 1 km dem Wegweiser zum Wanderparkplatz Vogelkundepfad folgen).

⓯ **Bad Bocklet** Liebenswert präsentiert sich das Staatsbad, das vom Stil der Biedermeierzeit geprägt ist. Die 1724 entdeckte Mineralquelle wurde von Balthasar Neumann, dem genialen Baumeister, eingefaßt.

In der offenen Halle des Brunnentempels (1787) sprudelt für jedermann zugänglich das heilkräftige nasse Element aus den Hähnen. Wer sich von der offiziellen Bezeichnung „Eisenhaltiger Natrium-Calcium-Magnesium-Hydrogencarbonat-Sulfat-Chlorid-Säuerling“ nicht schrecken läßt, kann das Wasser kosten. Als man seinerzeit die Quelle anbohrte, kam es durch das im Wasser gelöste Kohlendioxid zu einer regelrechten Eruption.

Fachleute schätzen an den Heilquellen der Rhön die ausgewogene Mischung von verschiedenen gelösten Salzen und natürlicher Kohlensäure. Die Mineralsalze stammen hauptsächlich aus den Stein- und Kalisalzlagern des Zechsteins, während die prickelnde Kohlensäure von vulkanischen Einschlüssen „geliefert“ wird, die im tieferen Untergrund langsam abkühlen.

ℹ Kur- und Fremdenverkehrsverein, Von-Hutten-Str. 30, 97708 Bad Bocklet, Tel. 0 97 08/2 21.

⓰ **Bad Kissingen** Der elegante, traditionsreiche Kur- und Badeort an der Fränkischen Saale steht mit seinem breitgefächerten Freizeitangebot in der Bayerischen Rhön unangefochten an der Spitze. Es reicht vom Angeln in der Saale über das traditionelle Eisstockschießen im Winter und faszinierende Rundflüge über die grünen Kuppen der Rhön bis zu den Schießwettbewerben der „Königlich privaten Freihandschützen 1458 Bad Kissingen“.

Nur zwischen Bad Kissingen und Bad Bocklet bzw. Schloß Aschach verkehrt in Deutschland noch eine echte Postkutschenlinie mit zwei Postillionen und vier prächtigen Pferden (Mai–Oktober jeweils So, Mo, Mi und Fr nach Bad Bocklet, Di, Do und Sa zum Schloß Aschach). Zwei Motorboote, liebevoll *Dampferle* genannt, tuckern im Sommerhalbjahr im Linienverkehr auf der Fränkischen Saale, die sich behäbig durch die breite Talaue schlängelt. Das *Kurbähnle*, die bayerisch-weißblaue Kleinbahn, fährt vom Kurgarten zum Wildpark Klaushof und wieder zurück (April–Oktober täglich, Mo erst ab 14 Uhr).

Der Wildpark, im Stadtwald gelegen und 30 ha groß, beherbergt die verschiedensten Wildtierarten: von der Wildkatze über das Wildschwein bis zum weißen Damhirsch. Kinder freuen sich über das Streichelgehege mit Bergziegen, Zwerghasen, Eseln und anderen Tieren (täglich geöffnet).

ℹ Staatliche Kurverwaltung, 97688 Bad Kissingen, Tel. 09 71/80 48 51.

⓱ **Hammelburg** Die älteste Weinstadt Frankens liegt nur eine halbe Autostunde von den höchsten Gipfeln der rauhen Rhön entfernt. Seit über 1200 Jahren reifen Weintrauben an den sonnigen Talhängen der Fränkischen Saale – das bezeugt eine Schenkungsurkunde Kaiser Karls des Großen vom 7. Januar 777. Neben dem Silvaner und neueren Rebsorten wie Optima oder Perle gedeiht auf den Muschelkalkböden vor allem die Sorte Müller-Thurgau, die einen Wein mit der von Kennern so geschätzten „Haselnußwürze“ hervorbringt.

Bei einer Wanderung auf dem Natur- und Weinlehrpfad Hammelburg (knapp außerhalb des Naturparks gelegen) erfährt man alles Wissenswerte über den Weinbau im nördlichsten Anbaugebiet Frankens: die Rebsorten, den Bocksbeutel, das Kellerrecht, aber auch über die natürliche Flora der steilen Muschelkalkhänge. Der knapp 6 km lange Lehrpfad führt rund um das Schloß Saaleck, eine der vielen ehem. Burgen entlang der Fränkischen Saale. Der massige Bergfried wurde bereits um das Jahr 1150 errichtet. Die Gebäude an der Talseite, in denen das Schloßrestaurant untergebracht ist, sind viel jünger, wurden z. T. erst nach einem verheerenden Brand im vorigen Jahrhundert errichtet. Tief unten schlängelt sich die blaue Saale durch die grüne Talaue, und nördlich schmiegt sich die historische Altstadt von Hammelburg mit der spätgotischen Pfarrkirche St. Johannes und dem Renaissance-Rathaus an die Uferhöhen.

ℹ Tourist-Information, Kirchgasse 4, 97762 Hammelburg, Tel. 0 97 32/8 02 49.

Wehrhaft thront hoch über der Fränkischen Saale auf einer bewaldeten Anhöhe Schloß Saaleck bei Hammelburg.

Naturpark Hessische Rhön

Die Mittelgebirgslandschaft rund um die Wasserkuppe ist nichts für Stubenhocker – ihre Schätze müssen Schritt für Schritt erwandert werden: weite Bergwiesen, die sich im Frühjahr in Blütenteppiche verwandeln, stille Moore mit einer interessanten Fauna und Flora, sagenumwobene Burgen und Schlösser.

Über dunkle Basaltsäulen schweift der Blick von der Wasserkuppe weit hinaus ins offene Kuppenland der Hohen Rhön.

❶ **Gehilfersberg** Der Ausflug auf den 456 m hohen Berg in der Kuppenrhön mit seiner prächtigen Aussicht ist keine bergsteigerische Höchstleistung, denn man kann mit dem Auto von Rasdorf bis zu einem Parkplatz kurz unterhalb des Gipfels fahren (Wegweiser). Der Kreuzweg hinauf zu der bekannten Wallfahrtskapelle (1675) – eine der bedeutendsten im Fuldaer Land – wird von uralten Linden gesäumt; die ältesten dürften um 1600 gepflanzt worden sein. Die für die Rhön so typischen Bildstöcke (Ende 17. Jh.) haben im freien Gelände unter Wind und Wetter arg gelitten, im Schutz des Waldes blieben sie dagegen besser erhalten. Auf dem Rückweg lohnt sich ein Abstecher zum Wehrkirchhof aus dem 15./16. Jh. in Rasdorf, dem eindrucksvollsten seiner Art in Hessen.

ℹ Gemeindeverwaltung, 36169 Rasdorf, Tel. 0 66 51/4 12.

❷ **Ulmenstein** Die Baumart, die dem 520 m hohen Bergrücken über dem Nüsttal den Namen gegeben hat, kommt dort nur noch vereinzelt vor. Schlanke Rotbuchen wachsen auf dem Muschelkalkboden an den Berghängen, oben am Gipfel klammern sich windzerzauste Kiefern und Birken malerisch an die Klippen über dem Basaltsee. Der runde, von blaugrauen Felswänden umschlossene See ist ein Basaltsteinbruch. Das einstige Steinbruchgelände wurde zu einer großzügigen Freizeitanlage mit Schutzhütte, überdachter Grillstelle und Rastplatz ausgebaut. Am Wanderparkplatz Ulmenstein (2 km von Hofaschenbach über die Ulmensteinstraße) beginnen drei Rundwanderwege sowie ein Waldsportpfad mit 21 Stationen.

Das dörfliche Leben von Anno dazumal wird im Rhöner Museumsdorf in Tann vor Augen geführt.

❸ **Tann (Rhön)** Das verträumte Städtchen an der Ulster besitzt mit dem Rhöner Museumsdorf und dem Rhöner Naturmuseum gleich zwei der interessantesten Museen im hessischen Teil der Kuppenrhön. Im Museumsdorf stehen drei für die Rhön typische, originalgetreu eingerichtete Gehöfte mit mehreren Nebengebäuden.

Das Naturkundemuseum befindet sich im Neuen Bau ganz in der Nähe des Museumsdorfes. Es zeigt den Besuchern die verschiedenen Lebensräume der Rhönlandschaft. Wie durch ein Schaufenster blickt man in die 20 hinter Glas aufgebauten Landschaftsmodelle hinein. Beide Museen sind vom 1. April bis 31. Oktober täglich 10–12 und 14–17 Uhr geöffnet (im Winterhalbjahr nur nach Anmeldung).

ℹ Verkehrsamt, 36142 Tann (Rhön), Tel. 0 66 82/16 55.

❹ Hilders Am Gemeindezentrum des vielbesuchten Luftkurortes beginnt der neue Vogelkundepfad Ritterschlucht. Der mit der Silhouette einer Waldohreule markierte Lehrpfad (1,5 km) gibt einen Einblick in die ungewöhnlich artenreiche Vogelwelt der Rhön. Auf 35 Informationstafeln sind zahlreiche einheimische Vögel von der Amsel über den Buntspecht bis zum Rotkehlchen abgebildet.

Vögel nisten auch in dem Wäldchen rund um die Lourdes-Grotte. Die vor fast 100 Jahren nach dem Vorbild der berühmten Mariengrotte im französischen Lourdes aus Basaltsäulen errichtete Grotte birgt eine zarte Madonnenfigur.

ℹ Verkehrsamt, 36115 Hilders, Tel. 06681/7612.

❺ Milseburg Der kantige Felsklotz über dem Biebertal ist vielleicht nicht der schönste, sicher aber der interessanteste Berg der Rhön. Am Rundwanderweg 1 (3,5 km Länge, starke Steigungen), der vom Wanderparkplatz Milseburg an der Abzweigung vom Hochrhön-Ring zum Weiler Danzwiesen auf den 835 m hohen Gipfel hinaufführt, gibt es deshalb auch auf Schritt und Tritt viel Sehenswertes zu entdecken: bizarre Felsklippen, ausgedehnte Blockmeere, urige Bergbuchenwälder, viele seltene Kräuter, eine einzigartige Moos-, Farn- und Flechtenflora. Oben, vom höchsten Punkt nahe der St.-Gangolfs-Kapelle, der Kreuzigungsgruppe und der Schutzhütte des Rhönklubs Fulda aus, hat man einen atemberaubenden Blick auf die Hessische Rhön (Schutzhütte von April bis Oktober täglich 11–20 Uhr geöffnet).

Die schöne Aussicht war es freilich nicht, weswegen die Milseburg schon in grauer Vorzeit besiedelt wurde, wichtiger war vielmehr ihr natürlicher festungsartiger Charakter. Die Kelten bauten den sagenumwobenen Berg im 1. Jahrtausend v. Chr. zu einem befestigten Stammeszentrum aus. Ein prähistorischer Wanderpfad führt den Besucher vom Rundweg 1 aus zu den Überresten der keltischen Burg.

❻ Steinwand Für die einen sind die bis zu 28 m hohen Phonolithklippen in der Nähe der gleichnamigen Ortschaft ein schützenswertes Naturdenkmal, für die anderen ein idealer Klettergarten. Senkrecht steigen die Felsen aus einer Halde kubikmetergroßer Blöcke auf, die sich an ihrem Fuß angesammelt hat. Zum Klettern eignen sich die in mächtige Gesteinssäulen gegliederten Klippen bestens.

Die Steinwand erreicht man von Poppenhausen (Wasserkuppe) auf dem Hochrhön-Ring in nördlicher Richtung nach etwa 4 km (Parkplatz am Waldrand hinter dem Berggasthof *Zur Steinwand*).

❼ Wasserkuppe Der höchste Berg Hessens und der Rhön (950 m) wirkt aus der Ferne breit und behäbig. Kein anderer Gipfel zwischen Main und Werra bietet jedoch eine solche Fülle von Betätigungsmöglichkeiten wie die weithin kahle Basaltkuppe,

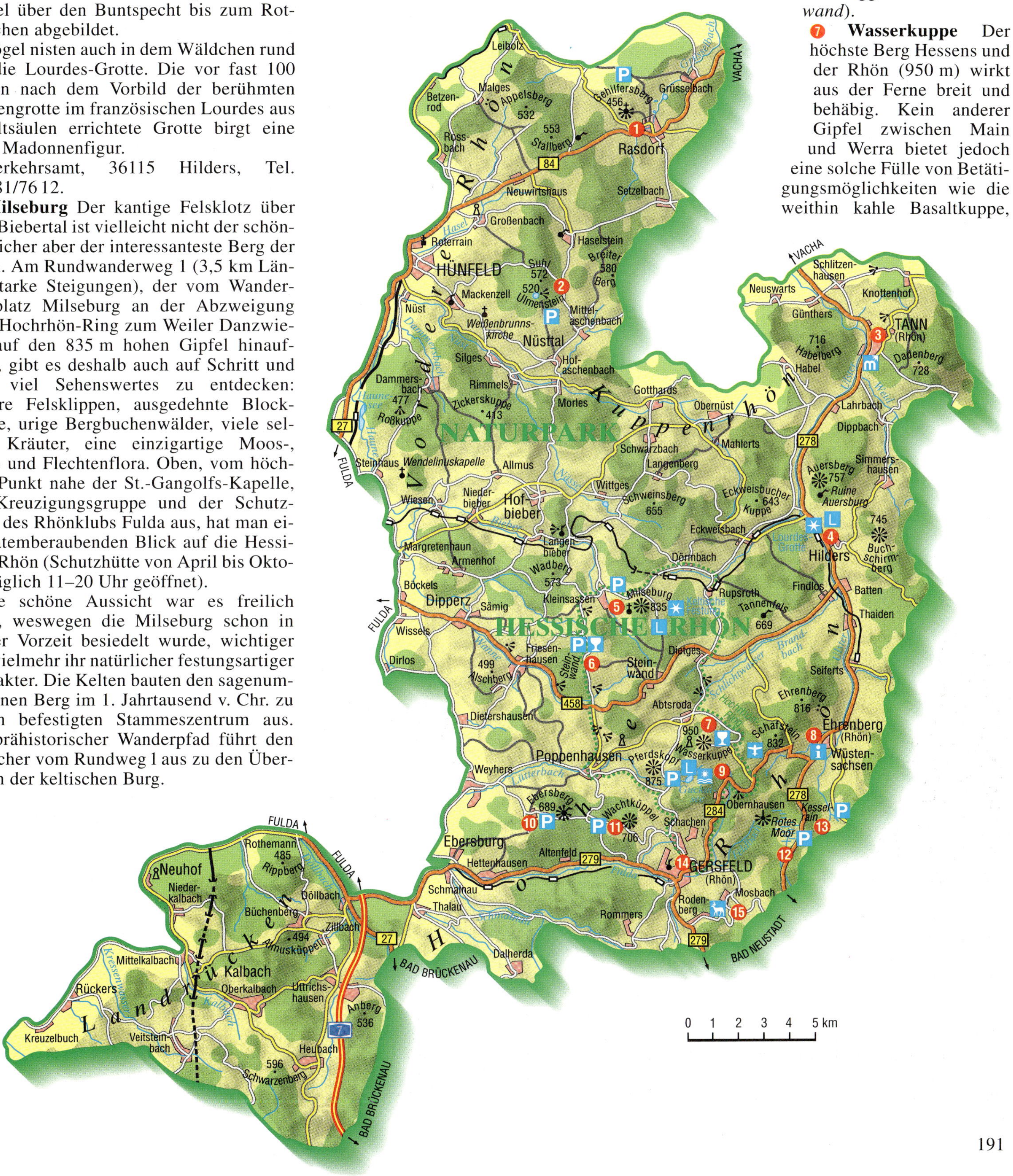

an der nicht weniger als 30 Bäche und Flüsse entspringen, darunter als bekanntester die Fulda. Das Angebot umfaßt Segelfliegen, Drachen- und Gleitschirmfliegen, Modellflugsport, Skiwandern, Rodeln und Rutschen (auf der 700 bzw. 800 m langen Doppelrutschbahn nur im Sommer).

Kurz nach der Jahrhundertwende starteten an den kahlen Hängen die Pioniere des Segelfluges zu ihren ersten waghalsigen Flügen. Heute erinnert auf einem Vorgipfel im Nordwesten das 1923 errichtete Fliegerdenkmal an diese Zeit. Das Deutsche Segelflugmuseum Wasserkuppe an der Paßhöhe des Hochrhön-Rings (außer am 24. und 25. Dezember ganzjährig täglich geöffnet) dokumentiert die Entwicklung des Segelfluges. Wer die Rhön selbst einmal aus der Vogelschau erleben möchte, kann bei der Segelflugschule auf der Wasserkuppe (Tel. 0 66 54/3 64) einen Rundflug mit einem Motor- oder Segelflugzeug buchen. Zuschauer, Piloten und Passagiere können sich in den Hotel-Restaurants *Deutscher Flieger* und *Peterchens Mondfahrt* neben dem Segelflugmuseum stärken.

i Kurverwaltung, 36129 Gersfeld (Rhön), Tel. 0 66 54/17 80.

Das hübsche Barockschloß in Gersfeld zählt zu den Sehenswürdigkeiten der „heimlichen Hauptstadt der Rhön“.

Wie ein kleines Abbild der mächtigen Rhönkuppen ragt der Wachtküppel über seine grüne Umgebung hinaus.

8 Ehrenberg (Rhön) Nur wenige Landschaften in Mitteleuropa sind bisher von der UNESCO wegen ihrer biologischen Vielfalt und ihres ökologischen Wertes als Biosphärenreservate anerkannt worden. Ein Teil der Rhön wurde auf diese Weise unter Schutz gestellt. Hier soll das Zusammenspiel von Natur und landwirtschaftlicher Nutzung erforscht werden.

Das Naturschutz-Informationszentrum des Vereins Natur und Lebensraum in Ehrenberg-Wüstensachsen gibt in einem eigens dafür umgebauten Haus mit Schautafeln und Landschaftsmodellen einen Überblick über die vielseitige Natur des Mittelgebirges, informiert aber gleichzeitig auch über die Entwicklung der Kulturlandschaft und die Auswirkungen der heutigen Umweltbelastungen.

i Verkehrsamt, 36115 Ehrenberg (Rhön), Tel. 0 66 83/96 01 17.

9 Guckaisee Wie ein natürliches Amphitheater öffnet sich der Talkessel am Fuß der Wasserkuppe nach Südwesten. Er fängt die Sonnenstrahlen ein, hält aber den kalten Nordwind ab, der oft genug über die Höhen der Rhön weht. Kein Wunder, daß der kleine Guckaisee am Grund des Kessels zu den beliebtesten Badeseen der Rhön gehört. Man kann hier auch Paddelboote ausleihen oder auf einem der drei Rundwanderwege (1–5 km Länge) spazierengehen.

Wer sich für Gesteine, Minerale und Fossilien interessiert, findet beim Wanderparkplatz am Ende der Straße Anschluß an den Geologischen Wanderpfad, der auf etwa 10 km Länge an der Westflanke der Wasserkuppe entlangführt. 48 Tafeln informieren hier über den Gesteinsaufbau und die Landschaftsgeschichte der Rhön.

10 Ebersburg Die Herren von Ebersberg, einst eines der mächtigsten Adelsgeschlechter der Rhön, genossen nicht immer den besten Ruf. Als Raubritter sollen sie jahrhundertelang das Fuldaer Land unsicher gemacht und sich manche Fehde mit den Äbten des Klosters Fulda geliefert haben. Ihr Stammsitz auf dem 689 m hohen Ebersberg war dafür eine ideale Bastion, denn die Bergkuppe fällt steil ab und bietet zugleich einen weiten Ausblick in das westliche Vorland der Rhön. Bei klarem Wetter sind in der Ferne die Höhen des Spessarts und des Vogelsberges zu erkennen. Seit mehr als 300 Jahren ist die zu Beginn des 13. Jh. erstmals urkundlich erwähnte Burg verlassen. Der Bergfried und ein zweiter, zinnenbewehrter Rundturm ragen weithin sichtbar über die Baumwipfel. Vom Wanderparkplatz Ebersburg (Wegweiser an der Landstraße Poppenhausen–Gersfeld) steigt man in 5 Minuten zur Burg hinauf. Am Fuß des Berges befindet sich ein schön gelegener Grillplatz mit einer Schutzhütte.

11 Wachtküppel Die Umgebung von Poppenhausen gilt wegen der vielen verschiedenen vulkanischen Gesteine, die hier auf engstem Raum nebeneinander vorkommen, als „Mekka der Mineralogen“. Der Wachtküppel (von Poppenhausen 3 km auf der Landstraße in Richtung Gersfeld bis zur Paßhöhe bei Neufeld, dann links dem Weg-

Eine Fülle seltener Tier- und Pflanzenarten lebt im Roten Moor, das mit großem Aufwand renaturiert worden ist.

Besonderheiten der Natur

Pflanzen Eine breite Palette an Pflanzengesellschaften hat die Hessische Rhön aufzuweisen. Auf den Matten in den Hochlagen gedeihen trockenheitsliebende Raritäten wie Küchenschelle, Gold- und Silberdistel (Bild). Besonders hervorzuheben sind die seltenen Gewächse des renaturierten Roten Moores: Zwischen den Moorbirken gedeihen u. a. Sonnentau, Siebenstern, Trollblume, Moos- und Krähenbeere.
Tiere Aufgrund des rauhen Klimas sind Großtiere eher rar. In der Abgeschiedenheit der Sümpfe jedoch leben Birkhühner sowie Bekassinen und Waldschnepfen, die allesamt auf der Roten Liste der bedrohten Arten stehen. Auch die Greifvögel sind mit Seltenheiten wie Wespenbussard und Baumfalke vertreten.
Geologie Fast noch großartigere Basaltformationen als im benachbarten Naturpark Bayerische Rhön sind hier zu sehen. An der Milseburg, am Buchschirmküppel, am Stallberg und am Schafstein – um nur die wichtigsten zu nennen – ziehen sich gewaltige Blockmeere hin. Ein beeindruckendes Beispiel für das Vorkommen des Vulkangesteins Phonolith liefert die Steinwand.

weiser zum Wanderparkplatz Wachtküppel folgen) bildet als ehem. Basaltschlot eine kleine, aber markante Bergkuppe im Buntsandsteingebirge. Der Aufstieg auf dem schmalen, rutschigen Pfad lohnt sich vor allem aber wegen des Blicks auf die Wasserkuppe, die gleich gegenüber hinter dem Guckaikessel und dem Pferdskopf in voller Größe aufragt.

12 **Rotes Moor** Das nach dem Schwarzen Moor zweitgrößte Hochmoor der Rhön ist vorbildlich erschlossen. In einem Pavillon, 500 m vom Wanderparkplatz Moordorf an der B 278 entfernt, geben zahlreiche Erläuterungstafeln Auskunft über die Entstehung des Moores, seine Pflanzen- und Tierwelt und den früheren Torfabbau. Ein 1 km langer Bohlensteg führt vom Informationspavillon zu einem Beobachtungsturm, von dem aus man das in ein Naturschutzgebiet eingebettete Moor überblicken kann.

Besonders interessant sind die Karpatenbirkenwälder in der Randzone des Moores. Diese Bäume kommen bei uns in größeren Beständen nur in der Hohen Rhön vor. Hier und dort entdeckt man im Frühjahr im dichten Unterwuchs die weißen Blüten des Europäischen Siebensterns, einer typischen Pflanze der Wälder am Rand der Arktis.

13 **Kesselrain** Die Bergwiesen der Hohen Rhön, die im Juni/Juli von den Blüten der Schlangenwurz hellrosa gefärbt sind, lassen vergessen, daß die Rhön von Natur aus ein Waldgebirge ist. Am Kesselrain, auf den steilen Hängen im Quellgebiet der Ulster, ist ein kleiner Fleck des ursprünglichen Waldkleides bis heute erhalten geblieben.

Man kann diesen Urwald erleben, wenn man von Ehrenberg-Wüstensachsen etwa 4,5 km weit in Richtung Oberelsbach fährt, das Auto auf dem Parkplatz rechts der Straße stehenläßt und auf dem mit einem blauen Pfeil markierten Forstweg bis zur Ulsterquelle (1,5 km) wandert. An der Nordflanke des Heidelsteins wachsen dichte Bergahorn-Buchen-Wälder.

Charakteristisch für die Wälder am Kesselrain ist die üppige und artenreiche Krautschicht, die das dunkle Grün des Waldes mit einigen Farbtupfern belebt: mit den blauvioletten Zungenblüten des Alpenmilchlattichs, dem gelbblühenden Berghahnenfuß, der weißlichgrünen Weißwurz und anderen mehr. Von April bis Juni erfüllt der Bärlauch mit seinem durchdringenden Knoblauchduft den Wald.

14 **Gersfeld (Rhön)** Wie es sich für die „heimliche Hauptstadt der Rhön" gehört, besitzt der von hohen Bergen umrahmte Ort an der jungen Fulda eine ganze Reihe prunkvoller Bauten. Im weitläufigen Schloßbezirk mit englischem Park stehen drei Schlösser, in denen einst die Herren von Schneeberg und später dann die von Raubrittern zu kunstsinnigen Schloßherren geläuterten Ebersberger residierten.

Am eindrucksvollsten ist das 1740 erbaute Untere Schloß, ein stattlicher Barockbau. Als wertvollster Kunstschatz des Kneippheilbades gilt jedoch die ev. Pfarrkirche (1780–88), eine der schönsten Rokokokirchen in Hessen. Die einheitliche, noch originale Innenausstattung mit reichen Holzschnitzarbeiten ist ein wahres Kleinod dieser Kunstepoche.

i Kurverwaltung Gersfeld, siehe 7.

15 **Hochwildschutzpark Ehrengrund** Mehr als 150 Tierarten, überwiegend einheimisches Wild, tummeln sich in den Freigehegen des harmonisch in die Rhönlandschaft eingebetteten Wildparks südöstlich von Gersfeld. Für Kinder gibt es einen Spielplatz und einen Streichelzoo, für Petrijünger gleich hinter dem Eingang einen Angelteich. Man erreicht den Wildpark über eine ausgeschilderte Zufahrtsstraße oder zu Fuß in 15 Minuten von der Stadtmitte in Gersfeld aus (ganzjährig täglich geöffnet).

i Hochwildschutzpark Ehrengrund, 36129 Gersfeld (Rhön), Tel. 0 66 54/17 80.

Naturpark Hoher Vogelsberg

Die Feuerberge im größten zusammenhängenden Vulkangebiet Mitteleuropas sind bereits vor Jahrmillionen erloschen. Heute gehört das Basaltmassiv in Oberhessen mit seinen tiefgrünen Talmulden und den kleinen rotweißen Fachwerkkirchen eher zu den beschaulichen Gegenden unseres Landes.

❶ **Ulrichstein** Das historische Bergstädtchen oberhalb der Ohmquelle, eines der höchstgelegenen in Hessen, entwickelte sich vor mehr als 700 Jahren im Schutz der Burg auf dem Schloßberg (614 m). Neben Resten der Wehrmauer blieb auf dem Basaltgipfel nur noch ein Eckturm erhalten.

Dieser Turm bietet heute, zu einem Aussichtsturm ausgebaut, den wohl schönsten Blick auf den westlichen Vogelsberg und die benachbarten Mittelgebirge: Im Südwesten ragt jenseits der Wetterau der Taunus mit dem Großen Feldberg auf, im Norden sind bei klarem Wetter in der Ferne die Basaltkuppen des Knülls zu erkennen, im Südosten sieht man den Taufstein (774 m) und den Hoherodskopf (763 m), die beiden höchsten Erhebungen des Vogelsberges. Man parkt in der Hauptstraße nahe der Kirche und steigt durch die Schloßgasse in 5 Minuten zur Burgruine hinauf.

ℹ Verkehrsamt, 35327 Ulrichstein, Tel. 0 66 45/15 15.

❷ **Schleuningsteine** Wie Menhire vorgeschichtlicher Kulturen ragen grünbemooste Basaltklippen auf der Höhe südlich von Ulrichstein aus dem Erdboden. Einige Kilometer entfernt, bei Stumpertenrod, liegt die bedeutendste archäologische Fundstelle der mittleren Steinzeit in Hessen. Die Basaltklippen wurden freilich lange vor dieser Epoche, im Eiszeitalter, durch den Frost geformt. Das sehenswerte Naturdenkmal gehört heute zu einer kleinen Freizeitanlage mit Schutzhütte, Grill- und Rastplatz.

Man erreicht die Schleuningsteine am bequemsten von Ulrichstein-Feldkrücken aus: auf dem asphaltierten Feldweg am Friedhof vorbei etwa 700 m leicht bergan, dann links in den Weg, der nach 500 m zu dem Wäldchen mit den Klippen führt.

❸ **Herbstein** Die „Stadt auf dem Berge“ besitzt ein ganz besonderes Naturdenkmal: Seit 1963 pflanzen einige Frischvermählte am Tag ihrer Hochzeit drei Bäumchen. Inzwischen säumen über 200 Birken – die weiße Rinde soll an das Kleid der Braut erinnern – die sog. Straße der Ehe und andere Wege im Kurpark (Wanderparkplatz am Thermalbad mit zwei markierten Rundwanderwegen und einem Waldlehrpfad).

Die größte Attraktion des Städtchens ist jedoch der Herbsteiner Rosenmontagszug, den es seit dem Mittelalter gibt. Dabei hüpfen kostümierte „Springer“, angeführt

Weithin sichtbar überragen die Türme von Herbstein die schmucken Häuser des Städtchens im Nordosten des Naturparks. Sogar ein Thermalbad gibt es hier.

vom „Bajaß“ mit Krone und Zepter, durch die Straßen.
ℹ Kurbetriebsgesellschaft, 36358 Herbstein, Tel. 0 66 43/71 12.

❹ **Laubach** Mit seinem westlichen Zipfel reicht der Naturpark bis zu der malerischen Stadt an der Wetter, die seit dem 16. Jh. gräfliche Residenz ist. Das noch immer bewohnte Schloß der Grafen zu Solms-Laubach mit den markanten runden Wehrtürmen, der 120 000 Bände umfassenden Bibliothek und dem kostbaren Mobiliar kann von April bis Oktober jeweils Mi ab 14 Uhr

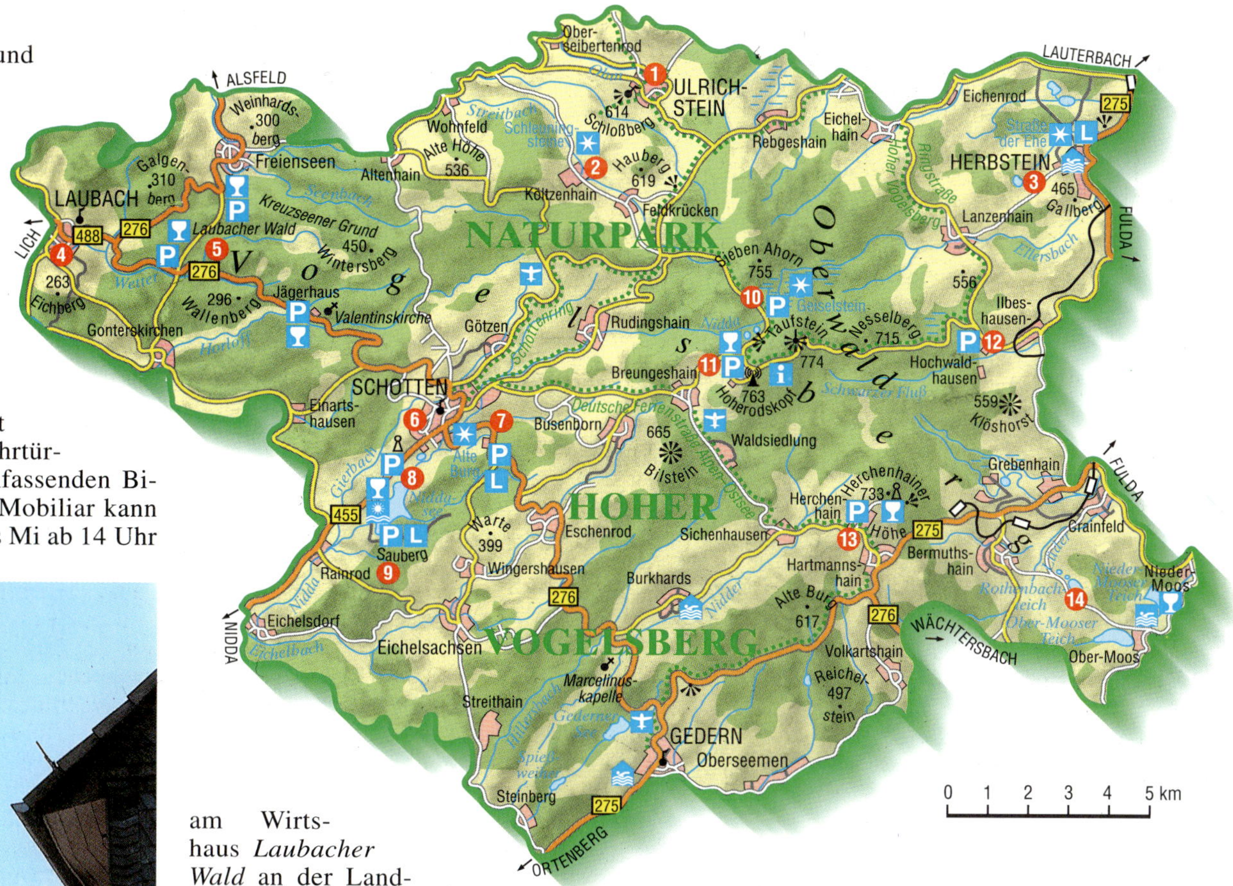

Im altertümlichen Fachwerkstädtchen Schotten ziehen viele historische Bauwerke die Blicke der Besucher auf sich.

besichtigt werden. Neben dem Schloß steht die sehenswerte Pfarrkirche aus dem 13. Jh.
ℹ Kurverwaltung, 35321 Laubach, Tel. 0 64 05/2 81.

❺ **Laubacher Wald** Die B 276 von Laubach nach Schotten schlängelt sich kilometerweit durch den Laubacher Wald, ein wichtiges Wildschutz- und beliebtes Wandergebiet (Parkplätze mit markierten schönen Rundwanderwegen befinden sich u. a. am Wirtshaus *Laubacher Wald* an der Landstraße nach Freienseen oder am Waldrestaurant *Jägerhaus* etwa 7 km hinter Laubach). Auf der bewaldeten Höhe gegenüber dem *Jägerhaus* steht die Ruine der um 1260 erbauten Kirche St. Valentin. Alljährlich im Juni wird hier ein ökumenischer Gottesdienst gefeiert.

❻ **Schotten** Die Stadt, im 8. Jh. gegründet, nennt sich heute gern „Herz des Vogelsberges“. Die ältesten Bauten im Stadtkern beiderseits der Nidda stammen aus dem 14. Jh., darunter die gotische Liebfrauenkirche mit einem wertvollen Flügelaltar

Basaltsäulen: aus des Vulkans feuriger Werkstatt

„Arme basaltische Säulen, ihr solltet dem Feuer gehören, und doch sah euch kein Mensch je aus dem Feuer entstehn!“ – heute wüßte es Goethe besser, denn inzwischen hat man bei Vulkanausbrüchen beobachten können, daß sich die Säulen in der noch glühenden Basaltlava bilden. Zu Goethes Zeiten verglichen Geologen die regelmäßig geformten Säulen mit Kristallen und sahen darin einen Hinweis auf die Entstehung von Basalt im Wasser. Wasser spielt bei der Bildung der Säulen in der Tat eine Rolle, entweder indem die Gesteinsschmelze Wasser aufnimmt oder indem wasserreiche Lockergesteine die Lava abkühlen und bereits im Untergrund erstarren lassen. So gelangt die Schmelze nicht bis zur Erdoberfläche, wo sie normalerweise schnell erstarrt und oft von entweichenden Gasen zerfetzt wird.
Die regelmäßigsten Säulen, meist mit sechseckigem Querschnitt, findet man in ehem. unterirdischen Magmakammern oder in der Mitte von Lavaströmen. Sie bilden sich dort bei allmählicher Abkühlung durch Schrumpfung, ähnlich wie die Risse in einem ausgetrockneten Erdboden. Wenn Basaltsäulen von der Abtragung aus ihrem Gesteinsmantel freigelegt werden, verwittern sie meist relativ schnell. Wasser dringt in die Klüfte zwischen den Säulen ein und verwandelt sich bei Minustemperaturen in Eis, das die Säulen sprengt. Fast überall in unseren vulkanischen Mittelgebirgen liegt am Fuß von Säulenbasaltklippen eine Halde aus Frostschutt, der weiter verwittert, bis nur noch kaffeebrauner Basaltlehm übrigbleibt.

und das Schloß, das mit seinen hohen Staffelgiebeln sehr reizvoll ist. Unter den vielen Bauten des 15.–18. Jh. ragen das reichverzierte Rathaus, die Altenburg, eine alte Wasserburg, und das imposante Fachwerkhaus in der Vogelsbergstraße 95 heraus. Es beherbergt heute das Vogelsberger Heimatmuseum mit sehenswerten Sammlungen, darunter altes Handwerksgerät, Ausgrabungsfunde und Bauernmöbel (15. März bis 15. Oktober Di, Do und So geöffnet; sonst nur Do).

i Verkehrsamt, 63679 Schotten, Tel. 0 60 44/66 51.

❼ **Alte Burg** Die einstige Fliehburg auf einer Kuppe über dem Niddatal ist um vieles älter als die Altenburg im Kern von Schotten. Sie könnte bereits in der Bronzezeit oder in der frühen Eisenzeit, also vor mehr als 3000 Jahren, entstanden sein. Außer den Wällen blieb allerdings nichts erhalten; vom Wanderparkplatz Alteburgskopf (von Schotten auf der B 276 in Richtung Gedern) führen der Rundwanderweg R 2 und ein Waldlehrpfad zur Fliehburg hinauf.

❽ **Niddasee** Vielseitiges Wassersportvergnügen auf 65 ha Fläche bietet dieser Stausee: Baden, Surfen, Segeln, Ruder- und Tretbootfahren sowie Angeln, dazu gibt es einen Kinderspielplatz und drei Rundwege zum Wandern, Joggen und Radfahren (vom gebührenpflichtigen Parkplatz Niddasee an der B 455). Die Talsperre soll vor allem die Hochwassergefahr an diesem Nebenfluß des Mains bannen. Vor dem Bau des Dammes trat die Nidda immer wieder über ihre Ufer und richtete große Schäden an.

❾ **Sauberg** Vom Parkplatz Niddasee führt ein Wanderweg über die Dammkrone hinüber zum Parkplatz Waldhof am südöstlichen Ufer des Sees. Dort beginnt und endet der Naturlehrpfad Sauberg (insgesamt 7 km; markiert mit einer Waldohreule); in der Nähe gibt es eine Freizeitanlage mit Rast-, Spiel- und Grillplatz.

Die buchstäblich größten Sehenswürdigkeiten am Lehrpfad sind die vier nordamerikanischen Sequoien (Mammutbäume), die 1900 am Heller Häuschen gepflanzt wurden. Die Bäume haben sich inzwischen prächtig entwickelt, der größte von ihnen mißt schon mehr als 35 m in der Höhe und hat in Brusthöhe einen Durchmesser von fast 2 m; damit ist er wahrscheinlich der stärkste Baum des Vogelsberges.

Der Hoherodskopf im Herzen des Naturparks hat sich mit seinen weiten Wiesenhängen zu einem beliebten Ausflugsziel für Wanderer und Sommerrodelfans entwickelt.

❿ **Oberwald** Im Oberwald, der Hochfläche im Herzen des Vogelsberges, liegen die Natursehenswürdigkeiten dicht beisammen. Die fünf interessantesten lernt man auf dem Rundwanderweg R 1 kennen, der vom Parkplatz Heide an der Ringstraße Hoher Vogelsberg aus in etwa 1 Stunde an der Westflanke des Massivs entlangführt. Hinter den Fichten zur Linken erstreckt sich die Breungeshainer Heide, neben dem Roten Moor in der Rhön das einzige echte Hochmoor in Hessen. Nach einer Viertelstunde taucht rechts im Buchenwald die zerklüftete Felsmauer des Geiselsteins auf. Der Basalt, der hier zutage tritt, enthält viele schwarze Magneteisenkristalle, die als natürliche Magnete die Kompaßnadel stark ablenken. Der Geiselstein ist deshalb auch als Magnetfels bekannt.

Die feuchte Bergwiese westlich der Basaltklippen heißt im Volksmund Goldwiese, weil sie im Frühjahr und Sommer von den goldgelben Blüten der Trollblume und der

Kostbarkeiten im klaren Wasser

Nach allen Richtungen fließen die Bäche vom regenreichen Hochplateau des Vogelsberges zu Tal. Dort, wo der Mensch nicht eingegriffen hat, entfaltet sich in den Bachläufen ein reges Tierleben.
Am Grund der klaren Bäche leben Muscheln: die Maler- und die Dicke Teichmuschel. Sogar die extrem seltene Flußperlmuschel soll noch in wenigen Exemplaren vorkommen. Spezialisten haben weit über 100 verschiedene Arten von Weichtieren – also Muscheln und Schnecken – im Naturpark entdeckt.
Auch die Larven einiger Insektenarten finden im sauerstoffreichen Wasser eine passende Kinderstube. Steinfliegenlarven z. B. jagen kleine Wassertiere; und Köcherfliegenlarven verstecken ihren Körper in einer selbstgebauten Hülse aus Steinchen und Aststücken, aus der nur der Kopf herausschaut.
Die Vogelwelt ist an diesen Bergbächen ebenfalls mit einigen Raritäten vertreten. Am auffälligsten ist der strahlendblaue Eisvogel; hat er einen Beutefisch erspäht, stürzt er sich kopfüber in die Fluten und erwischt ihn meist mit seinem langen, spitzen Schnabel.
Aufgeregt wippt die Wasseramsel (Bild) – an ihrem weißen Brustlatz zu erkennen – mit dem Schwanz; sie ist übrigens eine recht gute Schwimmerin. Von der wesentlich häufigeren Bachstelze ist die seltenere Gebirgsstelze durch ihren gelben Bauch zu unterscheiden.

Am Niddasee herrscht im Sommer reges Treiben: Wassersportler, Campingfreunde und Badelustige finden an dem 1961 angelegten Gewässer Spaß und Erholung.

Arnika überzogen ist. Der Rundweg R 1 führt dann an der Niddaquelle vorbei zu den Forellenteichen, die in ein Naturschutzgebiet mit Wiesen, Quellmooren und Birkenwäldern eingebettet sind. Nach dem Abstecher zum Hoherodskopf (siehe ⓫) steigt der Weg allmählich zur höchsten Erhebung des Vogelsberges, dem 774 m hohen Taufstein, an. Auf dem Basaltschutt an seinen Hängen hat sich in der Nacheiszeit ein urwüchsiger Blockhaldenwald angesiedelt. Hier findet sich auch der sog. Bonifatius-Brunnen. Vom Gipfel der Höhe bietet der Bismarckturm einen weiten Rundblick über die Mittelgebirgslandschaft.

⓫ **Hoherodskopf** Auf der zweithöchsten Erhebung des Vogelsberges (763 m) wurde unmittelbar am großen Parkplatz unter dem Sendeturm 1986 das Naturschutz-Informationszentrum Vogelsberg eingerichtet. Es gibt dem Besucher einen Überblick über die Pflanzen- und Tierwelt des größten mitteleuropäischen Basaltgebirges, erläutert seine Entstehung und zeigt die wichtigsten natürlichen Lebensgemeinschaften (ganzjährig Mo–Fr von 13–17 Uhr geöffnet, Sa, So und an Feiertagen von 10–17 Uhr).

Auf den im Winter tief verschneiten Grashängen an der Westflanke des Massivs tummeln sich Rodler und Skiläufer, auch zahlreiche Langlaufloipen sind gespurt. Im Sommer kann man auf der 750 m langen Sommerrodelbahn am Hoherodskopf eine trockene Rutschpartie unternehmen.

⓬ **Schwarzer Fluß** Das Wasser der Bäche und Flüsse im Vogelsberg ist durch Humusstoffe und den mitgeführten dunklen Basaltlehm oft schwarzbraun gefärbt – wie der Schwarze Fluß, der am Taufstein entspringt. In Ilbeshausen-Hochwaldhausen, wenige Kilometer unterhalb der Quelle, treibt er die Wasserräder der Teufelsmühle an (Wegweiser an der Hauptstraße). Am westlichen Ortsrand hat sich der Schwarze Fluß durch ein dickes Paket von Basalt- und Tuffschichten gegraben. Der härtere Basalt tritt dabei aus Felskanten und Klippen hervor, während der Tuff schneller abgetragen wird und Hangterrassen bildet.

Die Rundwanderwege 1 und 2, die vom Wanderparkplatz Felsenmeer in Hochwaldhausen ausgehen, führen durch eine gestufte Landschaft mit zerklüfteten Basaltfelsen, naturnahen Wäldern und dem urwüchsigen Schwarzen Fluß.

ℹ Verkehrsamt, 36355 Grebenhain, Tel. 0 66 44/70 51.

⓭ **Herchenhainer Höhe** Der Wanderparkplatz Herchenhainer Höhe beim gleichnamigen Bergrasthaus ist im Winter oft überfüllt. Im Frühsommer wird er weniger angesteuert, obwohl gerade dann die Landschaft um das höchstgelegene Dorf des Vogelsberges am schönsten ist: Mitte bis Ende Juni überziehen sich die Bergwiesen auf den nährstoffreichen Basaltböden nämlich mit einem vielfarbigen Blütenflor. Gelb blühen dann der Hainhahnenfuß und die Trollblume, violett die Teufelskralle und weiß der Wiesenlein, rosa der Schlangenknöterich, blau die Bergflockenblume. Den besten Ausblick auf die Blütenpracht sowie über die Wetterau und den Taunus in der Ferne hat man vom Rundweg R 3 aus, dem Saubuchenweg, der am Wanderparkplatz beginnt und endet (etwa 1 Stunde).

⓮ **Mooser Teiche** Der Wasserreichtum des Vogelsberges wird seit Jahrhunderten genutzt. Zwischen den Dörfern Reichlos und Bermuthshain wurden vor über 400 Jahren vier Stauteiche zur Fischzucht angelegt. Die Teiche der „Mooser Seenplatte", wie sie auch genannt werden, sind also keine natürlichen Gewässer; trotzdem stehen sie bis auf den Nieder-Mooser Teich wegen der zahlreichen Wasservögel und botanischen Kostbarkeiten unter Naturschutz.

Mindestens ein halbes Dutzend Entenarten kann man hier beobachten, dazu manchmal Haubentaucher und mit etwas Glück gelegentlich auch seltenere Arten wie die Bekassine, den Schwarzmilan oder den Fischadler. An den sumpfigen Ufern des Ober-Mooser Teiches und des Rothenbachteiches blühen Raritäten wie das Sumpfveilchen und das Sumpfblutauge. Der 1 km lange und bis zu 500 m breite Nieder-Mooser Teich wird von Campingplätzen, Liegewiesen, Spiel- und Grillplätzen umgeben. Man erreicht die Freizeitanlage am einfachsten von der Landstraße von Nieder-Moos nach Grebenhain aus (Zufahrt bis zum Parkplatz an der Gaststätte *Seeblick*).

ℹ Gemeindeverwaltung, 36399 Freiensteinau, Tel. 0 66 66/4 12.

Der sog. Bonifatius-Brunnen oder -born am Taufstein im Oberwald erinnert an den berühmten Missionar, der hier angeblich im 7. Jh. gepredigt und getauft haben soll.

9 Thüringer Wald und Werratal

Grüne Berge im Herzen Deutschlands

Jahrhunderte deutscher Geschichte spiegeln sich in der berühmten Wartburg am Westrand des Thüringer Waldes wider. Zwischen Werra und Saale ziehen sich die sanftgerundeten Höhen dieses Gebirgszuges hin. Einsame Moorheiden und blumenreiche Bergwiesen setzen immer wieder bunte Akzente.

Thüringer Wald und Werratal

Steile Felshänge – hier die Ebenauer Köpfe – säumen die Werra bei Creuzburg.

Naturpark Werratal–Eichsfeld

Größe: 670 km², gegründet 1990 (Planungsbeginn).

Der Naturpark umfaßt die nordwestliche Umrahmung des Thüringer Beckens und erstreckt sich vom bewaldeten Höhenzug des Hainichs über den Ringgau bis zum Obereichsfeld. Im Süden reicht er bis an die Stadt Eisenach heran. Im Jahr 1995 soll der Park erheblich erweitert werden: Dies betrifft insbesondere den nördlichen Teil im Gebiet Heiligenstadt und den südöstlichen Bereich, der den gesamten Hainich umfassen und bis Bad Langensalza reichen wird. Daher wird der Naturpark künftig den Namen Eichsfeld–Hainich–Werratal tragen.

Weitgespannte wellige Hochflächen mit Höhen zwischen 350 und 450 m prägen das Bild der Landschaft. Nur vereinzelt steigen die sanften Anhöhen am Rand des Naturparks auf über 500 m an.

In die Schichten des Muschelkalks, die in mächtiger Folge das Fundament der Landschaft bilden, hat sich die Werra teilweise schluchtartig eingeschnitten. Zwischen Creuzburg und Treffurt liegt der beeindruckendste Talabschnitt. Über 200 m hohe, steil aufragende Prallhänge begleiten den gewundenen Flußlauf.

Fast unmerklich geht der Hainich in das Obereichsfeld über. Dort herrscht ein rauheres Klima als im Thüringer Becken, und die Böden sind meist wenig ertragreich. Daher tritt hier der Ackerbau in den Hintergrund. Statt dessen bestimmen Wiesen, Weiden und Wälder das Landschaftsbild in dem nur dünn besiedelten Gebiet. Im äußersten Nordwesten grenzt es an den Naturpark Meißner–Kaufunger Wald.

Die Wälder zeigen eine reiche Vielfalt an Laubbäumen, denn neben der vorherrschenden Buche finden sich auch Bergahorn, Esche, Traubeneiche und andere Baumarten. Eine Besonderheit ist der beachtliche Bestand an Eiben.

Eine ganz spezielle Zusammensetzung weisen die lichten Wälder auf, die sich an den steilen Süd- und Westhängen des Werratales festklammern: Rotbuche, Els- und Mehlbeere gedeihen in diesen klimatisch begünstigten Lagen. Ansonsten gehören Zwergmispel, Weiße Schwalbenwurz, Traubenwucherblume und Pfirsichblättrige Glockenblume zu den verbreiteten Pflanzenarten.

Auf dem Obereichsfeld wachsen als typische Vertreter der Pflanzenwelt Mandelwolfsmilch, Schwarze Tollkirsche, Elsbeere, Efeu und Schwarzroter Sitter.

[i] Naturparkverwaltung Werratal–Eichsfeld, Dorfstraße 19, 37318 Fürstenhagen.

Naturpark Thüringer Wald–Westliches Schiefergebirge

Größe: 2300 km², gegründet 1990 (Planungsbeginn).

Der im Süden Thüringens gelegene Naturpark umfaßt – von nur wenigen Ausläufern abgesehen – den gesamten Thüringer Wald. Ein Teil des Gebietes, das Vessertal mit seinen urwüchsigen Wäldern mit Buchen und Tannen und blumenreichen Bergwiesen, ist als Biosphärenreservat ausgewiesen. Im Osten hat der Naturpark Anteil am Thüringer Schiefergebirge und dessen Vorland.

Der Hauptkamm des Thüringer Waldes erreicht Höhen zwischen 800 und 900 m, doch liegen die höchsten Gipfel wie Großer Beerberg mit 982 m und Schneekopf mit 978 m deutlich darüber.

Das Gebirge ist aus Gesteinen des Erdaltertums aufgebaut. Es ragt unvermittelt aus dem nur rund 400 m hohen Vorland auf und zieht sich wie eine natürliche Barriere quer durch Thüringen. Den klimatischen Gegebenheiten und den Oberflächenformen entsprechend, ist es überwiegend bewaldet. Die ursprüngliche Vegetation, Buchen- und Mischwälder, wurde weitgehend durch Aufforstungen mit Fichten abgelöst. Dem Gebirgskamm, zu dem tief eingeschnittene Täler heranführen, folgt der Rennsteig, ein alter Grenzweg. Heute zählt er zu den beliebtesten Fernwanderwegen in Deutschland.

Vor allem auf den Bergwiesen und in den Moorgebieten des Thüringer Waldes, aber auch in den engen Bachtälern, kommen noch viele seltene Tier- und Pflanzenarten vor. Die Wiesen schmücken sich mit Arnika, Trollblume, Bergwohlverleih und Holunder-Knabenkraut. Die hochgelegenen Moore sind bedeutende Standorte von Wollgras, Moos- und Krähenbeere.

Auch die Vogelwelt ist mit vielen, teils selten gewordenen Arten vertreten. So haben selbst Schwarzspecht und Sperlingskauz, Braunkehlchen, Auer- und Birkhuhn sowie Wasseramsel noch ihren Lebensraum in einigen entlegenen Gegenden.

Ein Superlativ im Thüringer Wald: die Oberweißbacher Bergbahn, steilste Normalspur-Seilzugbahn der Welt, führt hinauf nach Lichtenhain.

Eigene Biotope bilden die klaren Bergbäche, in denen Bachforelle, Elritze, Bachneunauge und der eigentümliche Alpenstrudelwurm zu Hause sind.

Das Schiefergebirge, das die südöstliche Fortsetzung des Thüringer Waldes bildet, ist breiter angelegt und hat keinen deutlich ausgeprägten Kamm. Höhen von 700 m werden nur vereinzelt übertroffen. Anders als im Thüringer Wald ist Schiefer das vorherrschende Gestein.

Im Südosten reicht der Park an den bayerischen Naturpark Frankenwald heran. Eine enge Zusammenarbeit ist erklärtes Ziel der beiden Verwaltungen.

Der Norden des Schiefergebirges ist weniger stark bewaldet. Dort tragen Blumenwiesen mit einer überraschenden Artenvielfalt zum Reiz der Landschaft bei. Verbreitete Pflanzen der Feucht- und Naßwiesen sind Kuckuckslichtnelke und Sumpfhornklee. Auch verschiedene Orchideenarten wie die Zweiblättrige Waldhyazinthe sind an solchen Standorten zu entdecken.

ℹ Naturparkverwaltung Thüringer Wald–Westliches Schiefergebirge, Friedrichshöhe, 98749 Steinheid.

Naturpark Thüringer Schiefergebirge – Obere Saale

Größe: 873 km², gegründet 1990 (Planungsbeginn).

Der östliche Teil des Schiefergebirges bildet zusammen mit den Höhen am Oberlauf der Saale den zweitgrößten Naturpark Thüringens. Er wird flankiert von Thüringer Wald im Westen, Vogtland und Erzgebirge im Osten sowie Frankenwald im Süden. Im Norden begrenzt die Orlasenke das Thüringer Becken.

Für den nordöstlichen Teil des Naturparks sind kleinere Grenzänderungen in der Planung, der südöstliche Zipfel bei Hirschberg wird nicht mehr zum Park gehören.

Das östliche Schiefergebirge erreicht Höhen zwischen 450 und 650 m. Hochflächen, unterbrochen von tief eingeschnittenen Tälern, bestimmen das Bild der Landschaft. Besonders reizvoll ist das Saaletal mit seinen zahlreichen Windungen. Hier boten sich günstige Voraussetzungen für die Errichtung mehrerer großer Talsperren, die sowohl der Trinkwasserversorgung als auch der Flußregulierung und der Stromerzeugung dienen.

Die 1932 fertiggestellte Bleilochtalsperre ist dem Fassungsvermögen nach die größte ihrer Art in Deutschland. Nur wenige Kilometer talabwärts fügt sich die etwas kleinere Talsperre Hohenwarte fjordartig in die Landschaft ein. Die Stauseen sind beliebte Ausflugsziele im Naturpark.

Die Hochflächen werden weithin von dichtem Fichtenwald eingenommen. Besonders im Süden des Naturparks hat sich in einzelnen Gebieten auch der ursprüngliche Bergmischwald erhalten. Etliche der engen Bachtäler sind Standorte einer vielfältigen Flora. Wo Diabasgestein sonnige Felshänge bildet, findet man submediterrane und kontinentale Pflanzengesellschaften, die den natürlichen Reichtum dieser Landschaft mit ausmachen.

Eine Besonderheit bilden die Bergwiesen im nördlichen Vorland des Schiefergebirges mit ihrer Blütenpracht. Rund ein Dutzend verschiedener Orchideenarten sind hier anzutreffen, darunter Großes Zweiblatt, eine Reihe von Stendelwurzarten, Stattliches Knabenkraut, Weiße Waldhyazinthe und Holunder-Kuckucksblume.

ℹ Naturpark Thüringer Schiefergebirge–Obere Saale, Verwaltung, Lehestener Str. 13, 07330 Probstzella.

Bewaldete Höhenrücken säumen die gewundene Talsperre Hohenwarte an der oberen Saale.

Naturpark Werratal–Eichsfeld

Den besten Eindruck von diesem beschaulichen Landstrich erhält man vom Heldrastein aus. Tief unten fließt in weiten Schlingen die Werra, deren Ufer z. T. von schroffen Felsklippen gesäumt werden. Diese leiten über zu den bewaldeten Höhen des Eichsfeldes, die sich östlich des Flusses erstrecken.

Der Erholungspark Neun Brunnen ist ein beliebtes Ausflugsziel im Heiligenstädter Stadtwald.

❶ **Burg Hanstein** Nahezu magnetisch zieht die malerische Ruine der Burg Hanstein bei Bornhagen – eine der größten Deutschlands – Tausende von Besuchern an. Von der Plattform des 24 m hohen Nordturmes aus hat man eine großartige Sicht über Göttingen bis zum Brocken, zum Thüringer Wald und über das Werratal hinüber zum Hohen Meißner. Unterhalb der Burg liegt der kleine Ort Rimbach, dessen Kirche – aus der Ferne gesehen – mit dem Hanstein zu verschmelzen scheint.

Das Auto läßt man auf dem großen Parkplatz in Bornhagen zurück und wandert die wenigen hundert Meter zur Burg hinauf.
ℹ Gemeindeverwaltung, 37318 Bornhagen, Tel. 03 60 81/3 11.

❷ **Teufelskanzel** Diesen mächtigen Sandsteinblock soll der Satan aus Wut über verlorene Seelen bis an die Werra geschleudert haben. Der Rücken des Gebirgszuges Höheberg bietet schöne Wanderwege und herrliche Ausblicke.

Von der Teufelskanzel bietet sich dieser herrliche Ausblick über eine besonders schöne Werraschleife bis zu den bewaldeten Höhen des Kaufunger Waldes.

Man erreicht den Felssporn von der Burg Hanstein bzw. Bornhagen (siehe ❶) aus. Von dem 2,5 km langen, markierten Weg und von der Teufelskanzel bieten sich weite Ausblicke nach beiden Seiten in das Werra- und das Steinbachtal. Fast 350 m tiefer fließt die Werra bei Lindewerra in einer großen Schlinge, darüber staffeln sich die Höhenzüge des Kaufunger Waldes. Vor dem Rückweg ist eine Stärkung im nahen Waldgasthaus angebracht. Man kann aber auch über einen steilen Abstieg hinunter nach Lindewerra wandern. In diesem Stockmacherdörfchen sollte man das kleine Museum besuchen und dabei einem Meister seiner Kunst über die Schulter schauen (Besichtigung nach Vereinbarung).
ℹ Stockmachermuseum, Brückenstraße, 37318 Lindewerra, Tel. 0 56 52/66 01.

❸ **Heiligenstädter Stadtwald** Dieses 3000 ha große Landschaftsschutzgebiet um den Iberg (453 m), südlich von Heilbad Heiligenstadt, liegt am Rand des Naturparks. Herrliche Buchenwälder bedecken das Muschelkalkplateau, das sich bis zu 200 m über der Stadt erhebt. Die an manchen Stellen hervortretenden Steilabbrüche und Muschelkalkklippen wie die Maienwand sind Standorte seltener Pflanzen, etwa der Astlosen Graslilie oder der Felsenbirne. Ein Naturlehrpfad erschließt auf 9,5 km Länge viele sehenswerte Stationen und schöne Aussichtspunkte wie Maienwand, Kurfürstenstein, Meridianstein und Ibergwarte. Ausgangspunkt ist die Alte Burg an der B 80 von Heiligenstadt nach Uder (Ausflugsgaststätte, großer Parkplatz).

Startpunkt für weitere Waldwanderungen

ist der Erholungspark *Neun Brunnen* am südöstlichen Stadtrand von Heiligenstadt mit Gaststätte und Terrasse, Teichen und Spielplätzen.

ⓘ Heiligenstadt-Information, 37308 Heilbad Heiligenstadt, Tel. 0 36 06/20 63.

❹ **Burg Gleichenstein** Die Gemeinde Martinfeld und das Tal der Rosoppe liegen dem Betrachter zu Füßen, wenn er vom „Blauen Wunder“, einem Aussichtspunkt auf der Burg, hinausblickt in das südliche Eichsfeld. Die Fernsicht reicht bis zum Kaufunger Wald und nach Süden bis zur Kirche von Effelder hoch auf dem Berg.

Die auf einer vorspringenden Muschelkalkkuppe erbaute, rund 800 Jahre alte Burg soll künftig eine Falknerei beherbergen. Ein Naturpark-Informationszentrum ist ebenfalls geplant; die Burggaststätte ist schon heute an Sonntagen geöffnet.

❺ **Westerwald** Im Norden von Großbartloff und östlich von Martinfeld erstreckt sich dieses große Waldgebiet. Das teils sehr steil abfallende Muschelkalkplateau ist mit dichten Buchenwäldern bedeckt. In den sog. Hallenbuchenwäldern in 500 m Höhe ist der Boden mit Zahnwurz, Sauerklee und Waldmeister, im Frühling dicht mit Buschwindröschen überzogen. An den Oberkanten der Muschelkalkabbrüche wachsen verkrüppelte, breitkronige Buchen im Verein mit Elsbeere, Ahorn und Wildobstgehölzen.

Die Straße von Wachstedt (etwas außerhalb des Naturparks) nach Großbartloff bietet mit ihren zwei Parkplätzen und dem Forsthaus Westerwald gute Ausgangspunkte für Wanderungen. Mehrere markierte Wege führen u. a. zum Campingplatz Luttergrund, zur Burg Gleichenstein, zum Martinfelder Fenster (herrlicher Blick auf Martinfeld und das Südeichsfeld) oder zum Klüschen Hagis. Diese östlich von Martinfeld gelegene Kapelle ist von jeher ein vielbesuchter Wallfahrtsort.

❻ **Gobert** Westlich des Dorfes Volkerode liegt ein bogenförmiger, dichtbewaldeter Höhenzug: die Gobert. An ihrer steil abfallenden Westseite führen herrliche Wanderwege durch die Muschelkalkfelsen von Hitzelrode herauf. Hier oben verlief früher die innerdeutsche Grenze. Auch von Volkerode aus kann man auf den prächtigen Muschelkalkrücken wandern, der mit 543 m Höhe die höchste Erhebung des Eichsfeldes aufweist. Ungefähr 80 m vom „Gipfel“ entfernt befindet sich eine Schutzhütte (So bewirtschaftet), eine weitere steht am Volkeröder Blick. Von Volkerode herauf sind es 2 km, bis zur Uhlenkuppe 2,5 km, und ebensoweit ist es bis zur Schönen Aussicht. Neue Wanderwege werden hier ausgeschildert, so daß bald der Kamm in seiner gesamten Länge vom Rachelsberg (521 m) über die Pfaffschwender Kuppe (493 m) und zur Silberklippe über Kella erwandert werden kann.

ⓘ Gemeindeverwaltung, 37308 Volkerode, Tel. 03 60 82/3 89.

Besonderheiten der Pflanzenwelt

Die verschiedenen Typen von Buchenwäldern, die an den Steilhängen der Werra gedeihen, wachsen auf Muschelkalk. Die Unterschiede ergeben sich vor allem aus der Lage: Süd- und Westhänge tragen eher Trockenheit und Wärme liebende Pflanzen, während an Nord- und Osthängen überwiegend Pflanzen kühlfeuchter Standorte zu finden sind.
In wärmeren Lagen wächst neben der Buche auch die Eibe (im Bild ein Zweig mit Beeren). Als typische Sträucher sind dort Mehl- und Elsbeere anzutreffen, in der Krautschicht fallen Tollkirsche und Mandelwolfsmilch auf. Ahorn und Esche ergänzen den Buchenbestand an kühleren Standorten, wo Waldmeister, Aronstab und Maiglöckchen gedeihen.
Sehr artenreich sind die Waldränder. Schlehe und Haselnußstrauch, Feldahorn und Weißdorn sowie die Hundsrose bieten vielen Kleintieren einen geeigneten Lebensraum.

Die gewaltige Kalksteinwand des Heldrasteins wird gern als „Krone des Werratales" bezeichnet. Von hier aus hat man bei klarem Wetter einen großartigen Blick bis zum Kaufunger Wald.

Der Hülfensberg bei Geismar ist bis heute ein bekannter Wallfahrtsort. An Feiertagen versammeln sich die Gläubigen vor der Franziskusgrotte.

7 Wasserfall der Lutter In einem tief eingeschnittenen Bachtal durchquert die Lutter das annähernd ebene Muschelkalkplateau bei Großbartloff. Über eine Geländekante stürzt der Bach 10 m tief hinab. Steigt man links neben der kleinen Natursteinbrücke einen Pfad zum Bachbett hinunter, gewinnt der Wasserfall sichtlich an Gestalt. Der tief ausgearbeitete, schluchtartige Einschnitt unterhalb des Falles gibt eine Vorstellung von der Erosion, durch die das Wasser sich ständig weiter in den weichen Kalk arbeitet.

Am Ortseingang von Großbartloff (aus Richtung Effelder) führt links ein Weg zu der sehenswerten Naturattraktion, die man nach etwa 400 m erreicht.

8 Hülfensberg Wer heute den Berg bei Geismar als Wallfahrer oder Wanderer besucht, findet neben der Bonifatiuskapelle von 1716 eine einfache, dreischiffige Wallfahrtskirche (1890) vor. Sie geht auf eine Vorgängerkirche von 1360 und die folgende gotische Kirche des Zisterzienserordens zurück. Das alte Klostergebäude, das Nonnenhaus, und der von Linden umstandene Hof verbreiten eine ganz eigene Stimmung. Weit schaut man vom Bonifatiusblick (Südspitze) oder von der Plattform am mächtigen Dr.-Konrad-Martin-Kreuz in die liebliche Landschaft: südlich in das Tal der Werra bis zum Heldrastein, nach Norden über die Berge und Täler des Eichsfeldes.

Man kann von Geismar den alten Stationenweg hinaufwandern oder auch das Auto auf einem der Parkplätze an der Straße von Geismar nach Döringsdorf oder in Döringsdorf selbst zurücklassen und dann zum Gipfel aufsteigen.

9 Kloster Zella Die älteste Klosteranlage des Eichsfeldes fügt sich malerisch in die Landschaft ein. Wohn- und Wirtschaftsgebäude aus dem 17. und 18. Jh., zumeist in Fachwerkbauweise, gruppieren sich um die einschiffige spätromanische Kirche. Besonders stattlich gibt sich die Propstei von 1606. Das Benediktinerinnenkloster nahe der Friedaquelle stammt vermutlich aus dem 12. Jh.; 1810 wurde es aufgehoben.

i Ev. Heimstätte Kloster Zella, 99976 Struth, Tel. 03 60 26/2 14.

10 Stadtwald Mühlhausen Dieses fast 3500 ha große, traditionelle Naherholungsgebiet im nördlichen Teil des Hainichs liegt vor den Toren der bereits außerhalb des Naturparks gelegenen Stadt Mühlhausen. Günstiger Ausgangspunkt für Ausflüge und Wanderungen durch den Buchenwald ist das Weiße Haus, wo sich auch eine Haltestelle der Stadtbuslinien befindet. Kiosk, Grillstelle und Abenteuerspielplatz sind dort ebenfalls zu finden. Zahlreiche mit Schutzhütten ausgestattete Wanderwege führen von dieser Stelle aus zu interessanten Zielen: zu den mächtigen, 40 m hohen und etwa 110 Jahre alten Mammutbäumen, dem Spittelbrunnen, dem Grenzforsthaus Heyerode oder der Obermühle.

Man kann auch einem Natur-/Waldschadenslehrpfad (3 km) folgen oder am Mühlhäuser Landgraben entlangwandern. Dieser einst zum Schutz gegen die Eichsfelder angelegte Doppelwallgraben mit Sperrtoren und Wachtürmen, der heute mit Sträuchern und Bäumen bewachsen ist, beginnt in Eigenrieden und führt bald aus dem Naturpark hinaus.

ℹ Fremdenverkehrsamt, 99974 Mühlhausen, Tel. 0 36 01/45 23 35.

⓫ **Treffurt** In den schmalen, kopfsteingepflasterten Gassen der Altstadt scheint die Zeit stehengeblieben zu sein: Stadtmauer, Fachwerkhäuser, ein prächtiges Renaissance-Rathaus (16. Jh.) mit Freitreppe und hohem Turm, die alten Amtshöfe der Sachsen, Hessen und Mainzer und weiter oben am Berg die gotische Bonifatiuskirche mit ihren verzierten Portalen prägen das Bild. Über allem thront auf den steilen Kalkhängen die Burgruine Normannstein – einst gebaut zum Schutz der drei Furten (daher der Name Treffurt) durch die Werra. Die Ruine ist ungewöhnlich, denn die zwei um einen runden Bergfried gescharten Wohntürme samt Palas dokumentieren die Herrschaft der einstigen drei Lehnsherren.

Um den großartigen Ausblick von den Felsklippen oberhalb Treffurts bis hin zum Thüringer Wald und zur Rhön genießen zu können, wandert man auf dem Bildhäuschenweg, vorbei an Obstwiesen und dem Töpferberg, auf die Adolfsburg, eine imposante Kalkklippe (380 m). Nach kurzem Abstieg gelangt man zum Normannstein (Ausflugsgaststätte) und auf steilem Pfad zurück zum Marktplatz (2,5 km).

ℹ Fremdenverkehrsamt, 99830 Treffurt, Tel. 03 69 23/2 24.

⓬ **Heldrastein** „Krone des Werratales" nennt man die mächtige, zerklüftete Kalksteinwand, die sich mehr als 300 m hoch über den Fluß erhebt.

Ein bequemer Weg führt von Treffurt hinauf über den Sandberg (hin und zurück 8 km). Dieser Gleithang gegenüber der Stadt bewahrt mit seinen Streuobstwiesen (Naturschutzgebiet) die Reste einer alten Kulturlandschaft, wie sie auch für das Werratal mit seinen Kirschbäumen typisch ist. Vom Wanderparkplatz an der Straße Schnellmannshausen–Großburschla geht es zu Fuß hinauf zum Heldrastein. An der Ostseite des Berges liegen die Reste der Hüneburg, einer frühsteinzeitlichen Burganlage. Vom Heldrastein genießt man eine großartige Aussicht auf das Werratal sowie die Höhen von Eichsfeld und Meißner–Kaufunger Wald.

⓭ **Werraschleife** Zwischen Falken und Frankenroda fließt die Werra in einer S-förmigen Talschlinge, gesäumt von unverbauten Ufern. Natursehenswürdigkeiten bietet die Landschaft in Fülle, allen voran die Falkener Klippen. Die bis zu 60 m hoch über der Werraschleife aufragenden Muschelkalkfelsen sind Lebensraum einer seltenen Tier- und Pflanzenwelt.

Das ehem. Weberdorf Frankenroda gilt als eine der ältesten Werrasiedlungen. Es wurde vermutlich von fränkischen Siedlern vom nahen Probsteizella aus gegründet. Das Gerichtsgebäude (17. Jh.) ist das wohl bemerkenswerteste Bauwerk im malerischen Ort.

ℹ Gemeindeverwaltung, Brückenstraße, 99826 Frankenroda, Tel. 03 69 24/21 52.

⓮ **Creuzburg** Ein Bild des Mittelalters bietet diese Stadt, wenn man an der siebenbogigen Werrabrücke vorbei zur Liboriuskapelle schaut. Die spätgotische Brückenkapelle entstand 1499, ihre sehenswerten Fresken stammen von 1520. Auch die Nikolaikirche gilt trotz Umbauten und Kriegszerstörung als kulturhistorisch bedeutendes Bauwerk. Die 1170 aus einem ehem. Kloster hervorgegangene Burganlage wurde neben der Wartburg zu einem Hauptsitz der Thüringer Landgrafen. An den Aufenthalt der heiligen Elisabeth erinnert die gleichnamige Kemenate im Burgkomplex (mit Heimatmuseum, geöffnet nach Voranmeldung).

Schöne Wanderwege – u.a. der Werraburgensteig (X 5) – berühren die reizvoll gelegene Stadt. Vom Wisch (364 m, Wanderweg gelbes Dreieck, 3,5 km) und vom Brückenberg (281 m, Wanderweg grüner Punkt, 2,5 km) bieten sich schöne Blicke auf Creuzburg. Ein steiler Aufstieg führt zu den Ebenauer Köpfen, zerklüfteten Muschelkalkfelsen am Werradurchbruch nördlich der Stadt (Markierung gelbes Viereck).

ℹ Fremdenverkehrsbüro, 99831 Creuzburg, Tel. 03 69 26/9 80 47.

Eindrucksvoll kündet das schön restaurierte Renaissance-Rathaus von der stolzen Vergangenheit der Stadt Treffurt.

Alle Vögel sind schon da …

Die Buchenwälder des Werratales beherbergen eine besonders große Vielfalt verschiedener Waldvögel.

Tagsüber jagen Rotmilan und Mäusebussard, nachts wird der Waldkauz aktiv. Bunt- und Schwarzspecht hämmern ihre Nisthöhlen in alte Bäume. Ebenfalls in Baumhöhlen brütet der Kleiber (Bild). Um Räubern das Vordringen zum Gehege zu erschweren, verengt er den Eingang zur Höhle durch einen Lehmring. Der Kleiber fällt auch dem wenig geübten Beobachter dadurch auf, daß er behende an Stämmen auf und ab klettert, häufig sogar kopfüber.

Zaunkönig, Trauerschnäpper, Heckenbraunelle und Waldlaubsänger lassen ein vielstimmiges Konzert erklingen. Mit etwas Aufmerksamkeit, einem Fernglas und einem guten Vogelbuch sind alle Arten leicht zu erkennen.

Naturpark Thüringer Wald – Westliches Schiefergebirge

Zu beiden Seiten des Höhenwanderweges Rennsteig erstreckt sich auf mehr als 100 km Länge eine der reizvollsten Mittelgebirgslandschaften Deutschlands. Es ist das enge Nebeneinander von vielfältiger Natur und in Jahrhunderten gewachsener Kultur, das für die Besucher hier zu einem Erlebnis wird.

❶ **Wartburg** Die berühmte Burganlage bei Eisenach ist sicher die bekannteste Attraktion im Naturpark. Wohl keine andere deutsche Burg lockt in so einmaliger Weise mit Legenden und bedeutsamen Ereignissen, mit Dichtung und Wahrheit alljährlich Hunderttausende von Besuchern in das romantische Gemäuer: Sängerkrieg und Rosenwunder, Martin Luther und das Wartburgfest der Burschenschaften – auf Schritt und Tritt begegnet man hautnah deutscher Geschichte beim geführten Rundgang durch die mehr als 900jährige Burg. Schönstes und ältestes Gebäude ist der ab 1170 nach dem Vorbild staufischer Kaiserpfalzen erbaute Palas. Von der romantischen Ausstattung aus dem 19. Jh. sind besonders die Fresken von Moritz von Schwind hervorzuheben. Wer nach Lutherstube, Sängersaal und Museum noch genügend Kraft für die Besteigung des Südturmes aufbringt, wird durch einen grandiosen Rundblick reich belohnt.

Zu der erhaben über der Stadt thronenden Burg kommt man mit dem Auto über die steile Wartburgallee bis zum Parkplatz an der Wartburgschleife. Hier ist eine 12 m hohe Felswand zu sehen, die einen Einblick in den geologischen Aufbau des Mittelgebirges bietet.

Ein Fußweg führt als ein bequemer Aufstieg von Eisenach über den Reuterweg, vorbei an einer stattlichen Villa, in der ein Museum an den Dichter Fritz Reuter und den Komponisten Richard Wagner erinnert. Länger, aber interessanter ist der Weg vom Markt über den Schloßberg (gelbe Markierung). Man passiert dabei den Metil- oder Mädelstein (398 m), der einst einen Vorläuferbau der Wartburg trug, und die pittoreske Felsgruppe von Mönch und Nonne. Beide Wege führen zur Eselstation. Hier beginnt für Kinder der wohl schönste Aufstieg zur Burg – auf dem Rücken geduldiger Esel.

ℹ Wartburg-Informationszentrum, Schloßberg 2, 99817 Eisenach, Tel. 0 36 91/7 70 72.

❷ **Drachenschlucht** Am unteren Ende des Annatales – markiert mit einem großen, in den Fels gehauenen A – ist noch keine Spur von diesem Naturwunder zu erahnen. Doch schon bald verwandelt sich das lichte grüne Tal in eine enge, teilweise düstere Schlucht. Die über 10 m hohen Felswände rücken auf Schulterbreite zusammen. Wasser gurgelt unter dem Knüppelweg der Klamm, die man sich nun 182 m lang mit dem Stein- oder Marienbach teilt. Die Schlucht ist eine geologische Sehenswürdigkeit ersten Ranges. Die vor etwa 250 Mio. Jahren entstandenen Gesteine sind durch die Kraft des fließenden Wassers unterschiedlich zerfurcht worden: Klammartige Einschnitte wechseln sich ab mit sanft eingekerbten Abschnitten. Strudellöcher in unterschiedlichen Höhen der Felswände bezeugen, daß sich das Wasser ständig tiefer einschneidet. Zwischen den schattenspendenden, feuchten Felsen entwickelte sich eine eigene Pflanzenwelt, der

Ein Meer von Granitblöcken hinterließ die intensive Frostverwitterung der letzten Eiszeit auf dem Gipfel des Glöckners.

Farne, Lebermoose, Bärlauch, Greiskraut und das Zweiblütige Veilchen – Relikt einer vergangenen Zeit – angehören.

Der nördliche Taleingang der treffend „Werkstatt der Erosion" genannten Schlucht liegt im Mariental an der B 19, etwa 500 m hinter dem Ortsschild von Eisenach (Parkmöglichkeiten an der Straße).

Die rund 3 km lange Tour endet am Rennsteig an der *Hohen Sonne,* einem ehem. herzoglichen Jagdhaus. Die Drachenschlucht ist auch Teil eines 14 km langen Naturlehrpfades, der am nahen Prinzenteich (ausgeschildert) beginnt.

ℹ Fremdenverkehrsamt, Bahnhofstraße, 99817 Eisenach, Tel. 0 36 91/48 95.

❸ **Glöckner und Gerberstein** Südlich von Ruhla erheben sich auf dem Kamm des Thüringer Waldes malerische Felsformationen, die etwas versteckt im Fichtenwald liegen, aber in wenigen Minuten vom Rennsteig aus zu erreichen sind. Hier, im Bereich des Ruhlaer Sattels, ist das vor etwa 300 Mio. Jahren entstandene Gestein – ein grobkörniger Granit – durch die Verwitterung zu Blöcken und Schutt zerfallen. Aus einem Blockmeer ragen die Felsen des Glöckners (691 m) auf, an denen sich einige interessante Inschriften befinden.

Auch am Gerberstein (729 m) türmt sich bis zum Fuß des Berges ein Blockfeld, in dem sich knorrige Buchen, Ebereschen und Ahornbäume behaupten. Von der luftigen Felskanzel geht der Blick über die windzerzausten Baumwipfel hinüber zum nahen Großen Inselsberg mit 916 m Höhe (siehe ❺) und bei klarem Wetter sogar bis zu den Höhen der Rhön.

Wer mit dem Auto kommt, parkt es an der Glasbachswiese am Straßendreieck Ruhla–Bad Liebenstein–Brotterode. Von hier sind es in westlicher Richtung etwa 900 m auf dem Rennsteig bis zum Glöckner; den Gerberstein erreicht man nach 600 m in östlicher Richtung.

❹ **Altensteiner Höhle** Es gehört schon viel Phantasie dazu, sich die Gegend um Bad Liebenstein am Nordwestrand des Thüringer Waldes von einem riesigen Meer bedeckt vorzustellen und die bizarren Felsen als wogenumbrandete Riffe. Doch wer aufmerksam sucht, findet sogar fossile Reste der Lebewesen aus dem

Eng rücken die steilen Wände der Drachenschlucht zusammen, die ein Bach in den harten Konglomeratfels gegraben hat.

Als „König des Thüringer Waldes" wird der Große Inselsberg oft bezeichnet. Ihm zu Füßen liegt der Kurort Brotterode.

einstigen Zechsteinmeer: Kalkalgen und Moostierchen. Durch Auslaugung an Rissen entlang entstanden zudem zahlreiche unterirdische Hohlräume, die meist nur durch Zufall entdeckt wurden. So auch die Altensteiner oder Glücksbrunner Höhle (außer Do täglich geöffnet), die man 1799 bei Straßenbauarbeiten anschnitt. Die einst sogar von Höhlenbären bewohnten Räume teilt der Besucher nun lediglich mit Fledermäusen. Etwa 300 m des Höhlensystems sind begehbar. Der durch das Labyrinth fließende Bach bildet einen etwa 50 m² großen See. Der Zugang zur Höhle liegt unmittelbar neben dem Parkplatz an der Altensteiner Straße.

Von hier aus sollte man den steilen Aufstieg zum Schloß Altenstein nicht scheuen. Es geht an seltsam geformten Klippen vorbei zum Morgentor, einem markanten ehem. Riff mit herrlicher Aussicht. Die wärmeliebende Kalkflora ist mit Blaugras, Thymian und Orchideen vertreten. Prächtige Mammutbäume, Hängebuchen und Eiben zeugen hingegen in dem vielgestaltigen Park von der Handschrift der berühmten Landschaftsgestalter Fürst von Pückler-Muskau, Lenné und Petzold, die hier Mitte des vorigen Jahrhunderts wirkten.

i Informationsbüro, Ruhlaer Str. 2, 36448 Bad Liebenstein, Tel. 03 69 61/27 33.

5 Großer Inselsberg Zu Recht nennt man die eindrucksvolle Kuppe über dem Brotteroder Kessel den „König des Thüringer Waldes". Kann er auch dem Großen Beerberg (982 m) den Rang als höchstem Berg nicht streitig machen, erscheint er doch durch seine teilweise recht steilen Flanken markanter und höher als jener. Da er zudem seine Nachbarn um mehr als 100 m überragt, bietet er die umfassendste Aussicht weit und breit. An klaren Tagen reicht die Sicht vom 916 m hohen Gipfel 70 km und mehr ins Land. Das berühmte „Pläncknersche Panorama" von 1839 benennt 1039 mit bloßem Auge erkennbare Städte und Dörfer, Seen und Schlösser.

Dieser Ausblick, der leichte Zugang und die gute Bewirtung auf dem Gipfel machen den Berg zu einem der beliebtesten Ausflugsziele im Thüringer Wald. Wanderer (markierter Weg, Rennsteig) und Wintersportler (Lifte, Abfahrtsstrecken) kommen ebenso auf ihre Kosten wie stille Naturbeobachter: Die als Naturschutzgebiet ausgewiesene Gipfelzone umfaßt vorwiegend Buchenwälder; die Latschen sind erst im vorigen Jahrhundert angepflanzt worden. Tanne und Schwarze Heckenkirsche erreichen hier die Nordgrenze ihres Verbreitungsgebietes. Besonders reizvoll sind die Reitsteine südöstlich unterhalb des Gipfels, von deren Felszacken sich ein herrlicher Blick über den Brotteroder Kessel bietet.

Vom Parkplatz an der Grenzwiese (723 m, auch Kleiner Inselsberg genannt) führen beschilderte Wege zum Gipfel. Der Inselsberg-Expreß nimmt Besuchern die Mühen des Aufstiegs ab (zweimal täglich von Brotterode und Tabarz zur Grenzwiese, von dort Pendelverkehr zum Gipfel). Übrigens gibt es oben auch eine der längsten Sommerrodelbahnen Deutschlands.

i Fremdenverkehrsamt, Hagenplatz 5, 98599 Brotterode, Tel. 03 68 40/22 15.

6 Lauchagrund Als einer der schönsten Aufstiege auf den Großen Inselsberg empfiehlt sich die Wanderung von Tabarz durch den Lauchagrund. Dabei müssen auf einer etwa 6 km langen Wegstrecke (Markierung gelbes Quadrat) immerhin 500 Höhenmeter bewältigt werden. Wer es jedoch bei einem, wenn auch ausgedehnten, Spaziergang belassen möchte, hat mit dem Torstein ebenfalls ein attraktives Ziel.

Das südliche Ortsende von Tabarz (Parkplatz) geht unmittelbar in den tief zwischen dicht bewaldeten Hängen eingeschnittenen Grund über. Zwischen *Schweizerhaus* und *Massemühle* geht man am munteren Bach entlang bergauf. Oberhalb des Grundes werden zu beiden Seiten bizarre Felswände und -türme sichtbar, die bei Kletterern recht beliebt sind. Durch das bald nach rechts abzweigende Felsental gelangt man in das Naturschutzgebiet Kleiner Wagenberg. Kurz darauf fesselt ein gewaltiges, mitten im Wald stehendes Felsentor den Blick. Es ist 6–7 m hoch und besitzt eine Breite von etwa 12 m. Durch dieses imposante Gebilde hindurch führt der Weg zu den Resten von Wallanlagen einer untergegangenen Burg.

7 Marienglashöhle Gips in seiner schönsten Gestalt empfängt den Besucher in dieser Kristallgrotte. Die Wände der Höhle sind bedeckt von der glitzernden Pracht der seltsam verschachtelten Kristalle, wie sie so in Europa sonst nirgendwo anders vorkommen. Zufällig war man im 18. Jh. bei der Suche nach Kupferschiefer und Eisenerz auf das mächtige Gipsvorkommen gestoßen, das dann lange Zeit ausgebeutet wurde. Nach umfangreichen Sicherungsarbeiten eröffnete man 1968 die nun Marienglashöhle genannte Sehenswürdigkeit. Der Name deutet auf den alten Brauch hin, mit gespaltenen Gipsblättchen Marienbilder zu verkleiden.

Während der etwa 30minütigen Führung bekommt der Besucher einen Wasserfall, eine Höhlengrotte, den 90 m langen Höhlensee und die Kristallgrotte zu sehen.

Das etwa 1 km nordwestlich von Friedrichroda an der B 88 nach Tabarz gelegene Naturwunder (Parkplatz) erreicht man gut zu Fuß auf beschilderten Wegen oder mit der Thüringer Waldbahn. Seit 1929 befördert die „Straßenbahn durch Feld und Wald" Ausflügler auf direktem Weg von

Gotha bis Tabarz und hält auch an der Marienglashöhle (täglich geöffnet).

i Marienglashöhle, 99894 Friedrichroda, Tel. 0 36 23/49 53.

8 **Trusetaler Wasserfall** Regierungsrat Specht aus Schmalkalden konnte 1865 nicht ahnen, daß die Verwirklichung seiner Idee soviel von sich reden machen würde. Dicht unterhalb von Brotterode ließ er das Wasser der Truse anzapfen und durch einen künstlichen Graben zu den imposanten Granitfelsen am Ortsausgang der heutigen Großgemeinde Trusetal führen. Hier stürzt es über eine Holzrinne 50 m tief recht eindrucksvoll herab – jedoch nur von Anfang Mai bis Ende Oktober. Jeweils im Juli findet am zweiten So ein vielbeachtetes Wasserfallfest statt.

Besonders nach ergiebigen Regenfällen bieten die Kaskaden des 20 m hohen Spitterfalles ein großartiges Schauspiel.

Neben den gischtenden Wassern führen 222 Stufen zur Teufelskanzel hinauf. Ein Stück talwärts erwartet den Naturfreund eine weitere Sehenswürdigkeit – das geologische Naturdenkmal Trusetaler Hauptgang. Auf einer Schautafel wird erläutert, wie hier vor etwa 280 Mio. Jahren Ganggesteine den Granit durchschlugen. Die außerordentlich harten Steine wurden abgebaut und zu Pflastersteinen und Schotter verarbeitet. Dabei folgte man über 100 m weit der ehem. Spalte und schuf dadurch die sog. Porphyrschlucht.

9 **Mommelstein** Dieser Felsgipfel (703 m) erhebt sich auf einem vom Seimberg aus südwärts verlaufenden Bergrücken. Eine der Felsklippen ist der Hermannstein. Steil bricht die Klippe zu dem mit Felsbrocken übersäten Bergmischwald ab. Über die Baumwipfel hinweg bietet sich ein weiter Ausblick. Nur 300 m vom Mommelstein entfernt kann man sich in der Gaststätte *Zum Fuchsbau* stärken. Bis hierher gelangt man von Brotterode aus auch mit dem Auto. Doch ungleich schöner ist die Wanderung durch den Seimbergwald (4 km, Markierung gelber Punkt). Dieses Naturschutzgebiet empfängt den Besucher mit naturnahen Bergmischwäldern. Man entdeckt Rippenfarn, Weiße Pestwurz und sogar die seltene Breitblättrige Glockenblume.

10 **Spitterfall** Der mit 20 m Fallhöhe höchste natürliche und zugleich höchstgelegene Wasserfall des Thüringer Waldes ist – im Gegensatz zum Trusetaler – nur zu Fuß erreichbar. Vom Berghotel *Ebertswiese*, das von Floh aus über eine Waldstraße zu erreichen ist, sind es weniger als 1 km, vom Ferienort Tambach-Dietharz hingegen 6 km auf ansteigendem, jedoch reizvollem Weg (Markierung gelbes Quadrat). Dieser führt entlang dem Bergbach Spitter und gibt eine Vorstellung von der einst intakten Natur an den Rändern der zahllosen Bergbäche des Thüringer Waldes. Schon am Ortsausgang von Tambach-Dietharz erheben sich über dem Bach die farbigen Konglomeratwände der Tambacher Schichten. Der durch Wiesen plätschernden Spitter folgt man aufwärts, vorbei an einem etwas versteckt liegenden Steinbruch, in dem einst rötliche Tuffplatten gebrochen wurden. Nach einem Anstieg geht man an dem Wasserfall vorbei, der in drei Stufen über eine Felsschwelle herabstürzt.

Dicht an der blumenreichen Ebertswiese befindet sich eine Jugendherberge, und in einem ehem. Steinbruch verlockt herrlich klares, kaltes Wasser zum Schwimmen.

11 **Tobiashammer** Von alten Hammerwerken geht eine seltsame Faszination historischer Technik aus. So auch beim mehr als 500jährigen Eisenhammer des Tobias Albrecht bei Ohrdruf. Die Tief-, Breit- und Flächenhämmer – vom Wasser der Ohra angetriebene sog. Schwanzhämmer – verarbeiteten Mansfelder Kupfer zu Waschkesseln, Milchbehältern und Kesselpauken. Bis 1973 war der Tobiashammer in Betrieb, seitdem präsentiert sich die alte restaurierte Produktionsstätte als technisches Denkmal. Zu der Anlage gehören ein Pochwerk, ein Schmelzofen und ein Walzwerk sowie eine Radstube mit oberschlächtigem Rad und Museumsräume. Seit 1988 ist die gepflegte Anlage um eine Attraktion reicher: man kann nun auch eine riesige Dampfmaschine von 1922 bestaunen.

i Technisches Denkmal Tobiashammer, Suhler Str. 34, 99885 Ohrdruf, Tel. 0 36 24/27 92.

12 **Schmalkalden** Die baulichen Sehenswürdigkeiten der denkmalgeschützten Altstadt machen diese zu einer der attraktivsten Thüringens: Die Stadtkirche St. Georg (1437–1509) gehört zu den schönsten spätgotischen Hallenkirchen des Landes. Schloß Wilhelmsburg (1585–90) ist ein Bau und Kunstdenkmal deutscher Spätre-

Besonderheiten der Natur

Pflanzen Der Thüringer Wald hat Anteil an mehreren Höhenstufen der Vegetation; dementsprechend reich ist das Mosaik an Pflanzengesellschaften. Unter den Waldtypen ist – neben den eintönigen Nadelholzforsten und den artenreichen Buchenmischwäldern – ein in den Hochlagen vorkommender Fichtenwald erwähnenswert. In seinem Unterwuchs entdeckt man seltene Farne, etwa Gebirgsfrauen-, Berg- und Rippenfarn (Bild). Auf feuchten Bergwiesen stehen auffällig blühende Blumen wie Wiesenknöterich, Trollblume, mehrere Orchideenarten und Arnika, die auch das Wappen des Naturparks ziert. In den Hochmooren gedeihen eine vielfältige Moos- und Binsenflora, Zwergsträucher wie Moos- und Krähenbeere sowie der insektenfressende Sonnentau.

Tiere Teilweise überhöhte Wildbestände schaden zwar dem Wald, steigern aber die Chance, daß man Hirsch oder Wildschwein zu Gesicht bekommt. Ökologisch bedeutsamer ist der Reichtum an Kleinsäugern: mit Feld-, Erd-, Wald-, Scher-, Gelbhals- und Rötelmaus sind die Nagetiere besonders artenreich vertreten; an Insektenfressern leben hier u. a. die seltenen Wald-, Zwerg-, Wasser- und Sumpfspitzmäuse.

naissance. Die Schloßkirche selbst zählt zu den ältesten protestantischen Kirchen Deutschlands, und ihre Orgel – ausschließlich mit Holzpfeifen bestückt – ist eines der seltenen noch funktionstüchtigen Instrumente dieser Art überhaupt. Im Hessenhof, dessen Kellerräume aus romanischer Zeit stammen, sind die Wände der sog. Trinkstube mit Fresken der Iweinsage (um 1202) nach Hartmann von Aue geschmückt – sie gehören zu den ältesten Zeugnissen profaner Wandmalerei in Mitteleuropa.

ⓘ Schmalkalden-Information, Mohrengasse 2, 98574 Schmalkalden, Tel. 0 36 83/ 31 82.

⑬ **Schaubergwerk Finstertal** Seit dem 14. Jh. prägen Eisenerzbergbau und Eisenverarbeitung Stadt und Kreis Schmalkalden. Die kleine stillgelegte Grube *Finstertal* bei Asbach machte man 1959 als Schauanlage zugänglich. Ein 51 m langer Stollen, Füllort, Nebengänge von insgesamt 300 m Länge sowie das Gezähe (Arbeitsgerät des Bergmannes) sind zu besichtigen (geöffnet Anfang April–Ende Oktober Mi–So).

Am Bergwerk beginnt ein Naturlehrpfad (1 km), der durch den interessanten Übergangsbereich zwischen unterschiedlich alten Sedimentgesteinen führt. Auffallend sind vor allem die mächtigen Porphyrfelsen über dem engen Tal, allen voran die 60 m hohe Felswand des Hachelsteines.

Wer den weiteren Weg des einst abgebauten Erzes verfolgen möchte, kann zur etwa 4 km entfernten Neuen Hütte im nahen Weidebrunn weiterwandern. In der spätklassizistischen Hüttenanlage werden neuerdings Schauvorführungen in der Bohrerschmiede veranstaltet.

ⓘ Schmalkalden-Information, siehe ⑫.

ⓘ Technisches Denkmal Neue Hütte, 98574 Schmalkalden, Tel. 0 36 83/30 18.

Oberhalb der Schmalkaldener Altstadt mit ihren prächtigen Fachwerkhäusern thront Schloß Wilhelmsburg.

⑭ **Hohe Möst und Donnershauk** Wer auf dem Rennsteig von Nordwesten her auf Oberhof zuwandert, sollte einen Abstecher zu diesen beiden fast gleich hohen Porphyrfelsen einplanen. Zum Donnershauk (893 m) biegt man vom Rennsteig beim Stein 169 westlich ab und erreicht nach etwa 400 m den rundlichen Gipfel. Sein Name – vermutlich nach dem germanischen Gott Donar – und steinzeitliche Funde deuten darauf hin, daß sich hier einst eine Kultstätte befand. Bessere Aussicht bietet die benachbarte Hohe Möst (887 m). Aus luftiger Höhe erkennt man mehr als 350 m tiefer die Dächer von Oberschönau und über den Wäldern den Großen Inselsberg. An der Südflanke der Hohen Möst befinden sich am Hang die Zwölf Apostel, verstreut liegende Porphyrbrocken, zu denen man bequem auch von Oberschönau hinaufsteigen kann (etwa 2 km).

⑮ **Felsen bei Oberhof** In der Umgebung des bekannten Wintersportortes tritt der besonders widerstandsfähige Quarzporphyr in wuchtigen Felsmassiven zutage, die sich als Ziele von Wanderungen anbieten. Vom Bärenstein (843 m) oberhalb des Brandleitetunnels am Bahnhof Oberhof und vom Gebrannten Stein, mit 896 m die höchste Erhebung im Umkreis, eröffnen sich schöne Ausblicke über die Südabdachung des Thüringer Waldes in das Vorland.

Eine besondere Bewandtnis hat es mit dem Ausgebrannten Stein, der sich etwa 3 km östlich von Oberhof an einem Talhang erhebt. Sehenswert an ihm ist ein rund 30 m langer, mannshoher Stollen, der 1704 durch den Felsen getrieben wurde. Er war Teil eines 23 km langen Flößgrabens vom Kehltalsteich bis nach Luisenthal, durch den fast 20 Jahre lang das Holz aus dem Gebirge geschafft wurde. Die kurios anmutende Anlage oberhalb eines Flüßchens war durch Zollstreitigkeiten notwendig geworden, wie sie zwischen kleinen thüringischen Herzogtümern nicht selten vorkamen. Der Wanderweg beginnt am Parkplatz neben der Tankstelle in Oberhof.

ⓘ Kurverwaltung, Crawinkeler Str. 2, 98559 Oberhof, Tel. 03 68 42/51 43.

⑯ **Rennsteiggarten** Edelweiß und Enzian, asiatische Trollblumen sowie Himalajamohn – wohl keiner vermutet solche alpine Pflanzenpracht am Kamm des Thüringer Waldes. Der alte Steinbruch am Pfanntalskopf (868 m) in der Nähe Oberhofs jedoch bietet fast 4000 verschiedenen Pflanzenarten aus den Hochgebirgen der Welt ideale, in Mittelgebirgen sonst höchst selten anzutreffende Lebensbedingungen: niedrige Jahresmitteltemperaturen, große Niederschlagsmengen, starke Sonneneinstrahlung und eine monatelang geschlossene Schneedecke.

Eine reiche Vielfalt an Gebirgspflanzen, die sonst nur in höchsten Höhen anzutreffen sind, gedeiht im Rennsteiggarten.

Das 7 ha große Areal gliedert sich um eine zentrale Schauanlage nach pflanzengeographischen und -ökologischen Gesichtspunkten.

Deutschlands wohl größten botanischen Garten für Gebirgsflora sollte man möglichst zur Hauptblütezeit besuchen, die in der ersten Junihälfte beginnt. Der Rennsteiggarten ist vom 1. Mai bis 31. Okt. täglich geöffnet, sein Zugang liegt unmittelbar am großen Parkplatz Rondell, an dem auch der Rennsteig die B 247 kreuzt.

i Rennsteiggarten, Postfach 1 04, 98558 Oberhof, Tel. 03 68 42/52 45.

⑰ **Goethewanderweg** Der nach dem Dichterfürsten benannte Wanderweg verbindet auf einer Länge von 18 km alle Stätten, die in der Landschaft um Ilmenau eng mit Goethes Schaffen verbunden sind.

Der markierte Weg beginnt am Amtshaus in Ilmenau, in dessen einst von Goethe genutzten Räumen eine Gedenkstätte eingerichtet wurde (Mo geschlossen). Über den Berggraben geht es zum Schwalbenstein (hier entstand der vierte Akt der *Iphigenie auf Tauris)* und dem Emmafelsen, den Goethe 1777 zeichnete. Dann führt der Weg hinunter in die alte Bergmannssiedlung Manebach (Kantorhaus) und steigt am jenseitigen Ilmhang zum Großen Hermannstein hinauf. Nach etwa 1 km Aufstieg ist der Gipfel des Kickelhahns (861 m) erreicht. Hier steht der Nachbau der alten Jagdhütte, in der die berühmten Zeilen *Über allen Gipfeln ist Ruh'*... entstanden. Ein 24 m hoher Aussichtsturm gewährt einen herrlichen Rundblick. 1 km südlich – unterhalb des Gipfels – lädt im Jagdhaus Gabelbach eine weitere Goethegedenkstätte zum Besuch ein (Mo geschlossen, im Winter Mo und Di geschlossen). Über Hirtenwiese und Knöpfelstaler Teiche führt die Wanderung ins Glasmacherdorf Stützerbach, wo sich im ehem. Gundelachschen Haus ein weiteres Museum befindet (Mo, im Winter Mo und Di geschlossen).

i Ilmenau-Information, Lindenstr. 12, 98693 Ilmenau, Tel. 0 36 77/23 58.

⑱ **Klosterruine Paulinzella** Die dichtbewaldeten Berge um das Rottenbachtal vermitteln eine gewisse Vorstellung von der Waldeinsamkeit, in der die adlige Stifterin Paulina von Schraplau zwischen 1102 und 1105 ein Benediktinerkloster erbauen ließ. Mit der Reformation und der Aufhebung des Klosters 1542 wurde das Lebenswerk der Stifterin größtenteils zerstört: Klostergebäude und -kirche dienten zeitweise als Steinbruch. Den endgültigen Verfall verhinderte das Zeitalter der Romantik zu Beginn des 19. Jh., als die immer noch imposante Ruine zum Denkmal erhoben wurde. In den 60er Jahren unseres Jahrhunderts wurde die Anlage dann wieder aufgebaut. Seitdem präsentiert sich das Bauwerk als eines der hervorragendsten Zeugnisse romanischer Architektur.

Das ehem. Amtshaus, ein prächtiger Fachwerkbau aus dem 17. Jh., und der einstige Zinsboden des Klosters (Fachwerkaufsatz aus dem 16. Jh.) mit einem kleinen, aber sehenswerten Regionalmuseum ergänzen einen Besuch in Paulinzella (täglich geöffnet).

i Zinsboden Paulinzella, 07422 Paulinzella, Tel. 03 67 39/3 04.

⑲ **Schwarzatal** Nicht nur die geologisch Interessierten fasziniert das tief eingeschnittene Kerbtal, das der Fluß in das extrem harte Gestein des Schwarzburger Sattels geschnitten hat. Hier, im Naturschutz-

Wintersport und Naturschutz

Der Thüringer Wald gehört zu den traditionellen Wintersportgebieten Deutschlands. Hier, wie in allen anderen Skigebieten, bereitet der weiße Sport den Menschen Freude, der Natur aber nur zu oft auch Probleme. Auf stark verdichteten Pisten gedeiht im Sommer kaum mehr ein Halm. Die Erosion kann ansetzen und die spärliche Krume abtragen – eine Renaturierung ist dann nicht mehr möglich. Der Lebensraum vieler Pflanzen und Tiere wie der Waldeidechse (Bild) ist endgültig zerstört.

Die langen Autokolonnen der Skifahrer schädigen die Natur ebenso wie zahlreiche Parkplätze, die nicht in die Landschaft eingepaßt sind. Am Rand vieler Pisten verstreuter Müll zeugt unübersehbar vom mangelnden Umweltbewußtsein etlicher Wintersportler.

Wer von Pisten und Loipen abweicht, scheucht oft Tiere auf – z. B. das seltene Auerhuhn. Bei ihrer Flucht verbrauchen sie viel von ihren über das Jahr angesammelten Fettreserven, die sie für das Überleben im harten Winter benötigen.

Einige Hinweise für ein umweltbewußtes Verhalten sollten Wintersportler deshalb beachten: mit öffentlichen Verkehrsmitteln anreisen, Abfälle wieder mitnehmen, gespurte Loipen und präparierte Pisten nicht verlassen, nur bei reichlicher Schneeauflage fahren, Wintersportorte bevorzugen, in denen schon bei der Planung auf eine naturverträgliche Vorgehensweise Wert gelegt wird.

Ein Stück ursprünglicher Natur hat sich im Biosphärenreservat Vessertal bis zum heutigen Tag erhalten.

gebiet Unteres Schwarzatal zwischen Schwarzburg und Bad Blankenburg, sind es bis zu 500 Mio. Jahre alter Schiefer und Quarzite, die beiderseits der Schwarza schroffe Felsklippen bilden.

Erlebnisreich gestaltet sich eine Wanderung auf gut markierten Höhenwegen oberhalb des Flusses über die Klippen, in deren Verlauf man auch Teilstücke des Naturlehrpfades Heinrich Cotta (Gesamtlänge 38 km, Markierung grüne Fichte) begeht. Niemand sollte indes versäumen, vom Trippstein (504 m) hinabzublicken, einem der schönsten Aussichtspunkte Thüringens: 250 m tiefer liegt Schloß Schwarzburg.

i Fremdenverkehrsamt, Magdeburger Gasse 1, 07422 Bad Blankenburg, Tel. 03 67 41/2 66 79.

⑳ **Waffenmuseum Suhl** Ein Büchsenmacher aus Nürnberg war es, der 1535 den Suhlern die Gewehrherstellung beibrachte. Die hier im Suhler Raum schon seit dem 13. Jh. betriebene Metallverarbeitung ließ bald darauf das neue Handwerk erblühen, und bereits um die Mitte des 16. Jh. nannte man die kleine Stadt die „Waffenschmiede Europas". Wie eng die Geschichte Suhls stets mit dem Waffenhandwerk verbunden war, läßt sich im Waffenmuseum nachvollziehen. In zahlreichen Vitrinen finden sich Handfeuerwaffen vom 14. Jh. bis in unsere Zeit. Eine original eingerichtete Büchsenmacherwerkstatt und eine historische Rohrschmiede gestatten interessante Einblicke in die Produktionsweisen der Handwerker.

Das im ehem. Malzhaus – einem schönen Fachwerkbau von 1663 – untergebrachte Waffenmuseum erhielt 1989 mit dem historischen Fachwerkhaus direkt daneben eine gelungene Ergänzung: Hier sind Wohnung und Werkstatt eines Gewehrschäfters zu besichtigen (Mo geschlossen).

i Waffenmuseum, Ernst-König-Str. 31, 98527 Suhl, Tel. 0 36 81/2 06 98.

㉑ **Vessertal** Seit 1979 genießt eines der schönsten Täler des Thüringer Waldes als Biosphärenreservat Vessertal–Thüringer Wald besonderen Schutz. Als international anerkanntes Schutzgebiet mit einer Gesamtfläche von etwa 170 km² repräsentiert es einen weitgehend unversehrten Ausschnitt dieser Mittelgebirgslandschaft.

Das Reservat umfaßt beide bestimmenden Landschaftsformen des Thüringer Waldes: ebene Flächen auf den Kammhöhen und mehr oder weniger steile Taleinschnitte in den Hängen.

Ausgangspunkt für Wanderungen durch das Tal ist das anmutig gelegene Urlauberdorf Vesser an der Nahtstelle zwischen oberem und unterem Vessertal und Breiten-

Zur Tradition vieler Thüringer Dörfer gehört seit jeher die Tanzlinde. In Effelder ist ein besonders schön gewachsenes Exemplar zu sehen.

Moose mögen's feucht

Die Moose – weltweit gibt es etwa 25 000 Arten – sind eine ganz eigene Pflanzengruppe, die sich von den höheren Pflanzen durch einige Besonderheiten unterscheidet. Zum einen besitzen die Moose keine echten Wurzeln, mit denen sie Wasser aus dem Untergrund aufnehmen könnten. Zum anderen fehlen ihnen oft Wasserleitungsbahnen im „Stamm". Zum dritten tragen ihre Blättchen, sofern sie überhaupt welche haben, nur eine sehr dünne Haut; dadurch trocknen die Pflanzen leicht aus.

So wachsen die Moose ausschließlich an feuchten Standorten, etwa in den Schluchtwäldern, wie man sie im Thüringer Wald an erfreulich vielen Stellen noch nahezu unberührt finden kann.

Hunderte von Arten aus Dutzenden von Familien sind hier schon entdeckt worden, darunter ausgesprochene Raritäten. Leider haben die selteneren Arten keine deutschen

Namen, sondern nur die lateinische Fachbezeichnung. Die häufigeren Spezies tragen dafür so kuriose Namen wie Frauenhaarmoos (Bild), Eibenblättriges Spaltzahnmoos oder Brunnenlebermoos.

Moose entfalten zwar keine bunten Blüten, tragen jedoch auf der Spitze schlanker Stiele kleine Sporenkapseln. Ein Blick durch die Lupe offenbart die versteckte Schönheit dieser unscheinbaren Pflanzen.

Die „Thüringer Kirmes" ist eine der liebevoll gestalteten Puppenszenen im Deutschen Spielzeugmuseum in Sonneberg.

bach. Dieser kleine Ort ist Sitz der Verwaltung des Biosphärenreservates. Im Naturschutzzentrum werden in einer ständigen Ausstellung die vielfältigen Wechselbeziehungen zwischen Natur- und Kulturlandschaft dargestellt. Schautafeln informieren über Naturschutz, Gewerbe und Tourismus, eine kleine Gesteinssammlung und naturkundliche Exponate ergänzen die interessante Schau.

ℹ Verwaltung des Biosphärenreservates Vessertal–Thüringer Wald, An der Wilke 4, 98574 Breitenbach, Tel. 03 68 41/81 87.

㉒ **Oberweißbacher Bergbahn** Zu einer ungewöhnlichen Lösung griff der Erfurter Ingenieur Bäseler, als er die Berggemeinden auf der Hochfläche des Schiefergebirges an die mehr als 300 m tiefer liegende Bahnlinie im Schwarzatal anschließen sollte. Er konzipierte eine eingleisige Standseilbahn, die von 1923 an auf einer Länge von knapp 1,5 km 340 Personen pro Stunde und Richtung befördern konnte. Sie ist eine der steilsten Bahnen ihrer Art.

Die fahrtüchtige Bahn besteht nun seit 70 Jahren und gilt heute als technisches Denkmal und Sehenswürdigkeit ersten Ranges. Eindrucksvoll ist der Ausblick aus dem hinteren Teil des Wagens hinunter in das immer tiefer versinkende Schwarzatal und auf die gegenüberliegenden waldreichen Höhen. Wer will, kann vom Bahnhof Lichtenhain mit einem elektrischen Triebwagen nach Oberweißbach und bis zum schön gelegenen Ferienort Cursdorf weiterfahren.

ℹ Fremdenverkehrsamt, Fröbelhaus, Markt 10, 98744 Oberweißbach, Tel. 03 67 05/ 21 23.

㉓ **Meurasteine** Die im dichten Wald versteckte Felsgruppe wird oft als eine der großartigsten in Thüringen bezeichnet. Ganz sicher ist sie eine der geologisch ältesten. Die an grob bearbeitete Marmorblöcke erinnernden, schroffen Felsen bestehen aus sehr hartem Phycodenquarzit. Namengebend für das rund eine halbe Milliarde Jahre alte Gestein ist ein wurmartiges Meerestier, dessen versteinerte, fächerartige Wohngänge im Fels noch heute zu entdecken sind. Auf einem Felsrücken ragt die von Bäumen verdeckte Mauer, die dem Ort Meura ihren Namen gegeben hat, weit in das Schlagetal hinein. Den letzten, bemoosten Felsen besteigt man auf einer Leiter. Von einer kleinen Schutzhütte bietet sich ein schöner Blick über endlos scheinende Wälder.

Eine markante Lärchengruppe am Ortsrand von Meura ist der Ausgangspunkt der Wanderung (700 m) zu den Felsen.

㉔ **Museum für Glaskunst** Die Glashütten im Thüringer Wald wanderten dem Holz hinterher – nur die sog. Mutterglashütte in Lauscha blieb mehr als 300 Jahre an derselben Stelle. Holz gab es an den steilen Hängen im Überfluß. Aus dem grünlichen Waldglas entstanden einst die Balsamfläschchen für die heimischen Heilmittel. Später fertigte man Glasperlen, springende Hirsche und auch kunstvolle Tier- und Menschenaugen aus Glas. Die in aller Welt begehrten Christbaumkugeln wurden in Lauscha 1848 erstmals geblasen.

Das und noch viel mehr erfährt der Besucher im Museum für Glaskunst, zu dessen Besichtigung man sich reichlich Zeit nehmen sollte (täglich geöffnet).

ℹ Fremdenverkehrsamt, Bahnhofstr. 12, 98724 Lauscha, Tel. 03 67 02/4 56 und 7 24 (Museum).

㉕ **Tanzlinde in Effelder** Die Thüringer Dorflinden standen in vielen Orten zur jährlichen Kirmes, dem wohl wichtigsten Volksfest dieses Landstrichs, im Mittelpunkt: Hier fand der Tanz auf der Linde statt. Die Astkränze dieser Bäume wurden speziell für die Aufnahme des Tanzbodens waagrecht herangezogen. Holzkonstruktionen stützten sie ab und verwandelten die Krone in eine luftige Tanzlaube.

Die 1707 gepflanzte Linde bei der Kirche in Effelder erhielt schon 44 Jahre später ihren ersten Tanzboden. Die in den vergangenen Jahrzehnten wiederbelebte Tradition lockt alljährlich zum Kilianstag zahlreiche Gäste an.

ℹ Gemeindeamt, Sonneberger Str. 51, 96528 Effelder, Tel. 03 67 66/610.

㉖ **Deutsches Spielzeugmuseum** Eine Tanzlinde darf natürlich auch in einer Puppen-Schaugruppe nicht fehlen, wenn sie die Thüringer Kirmes zum Thema hat. Sonnebergs Spielzeugmacher modellierten auf einer einst 72 m² großen Grundfläche 67 Figuren handwerklich und künstlerisch so vollendet, daß man sich als Betrachter förmlich in das fröhliche Kirmestreiben einbezogen fühlt. Die „Thüringer Kirmes", auf der Weltausstellung 1910 in Brüssel mit dem Großen Preis geehrt, ist das wohl bekannteste Exponat von Deutschlands ältestem, bereits 1901 gegründetem Spezialmuseum für Spielzeug. Gulliver in Liliput, Puppen und Puppenzubehör, technisches Spielzeug und vieles mehr, was Kinderherzen in aller Welt höher schlagen läßt, sind im stattlichen Museumsgebäude versammelt – insgesamt mehr als 50 000 Ausstellungsstücke. Auch über das Leben der Spielzeugmacherkinder um 1900 kann man sich ein Bild machen (Mo geschlossen).

ℹ Deutsches Spielzeugmuseum, Beethovenstr. 10, 96515 Sonneberg, Tel. 0 36 75/ 28 56.

Naturpark Thüringer Schiefergebirge–Obere Saale

Die weiten, sanft geschwungenen Hochflächen zwischen bewaldeten Hügeln lassen fast vergessen, daß man sich in einem Mittelgebirge befindet. Doch aus sanften Mulden werden bald tief eingeschnittene Täler, durch die zahlreiche Bäche der waldgesäumten Saale zustreben.

❶ **Feengrotten** Gleich am Eingang zu diesem ehem. Bergwerk erhält man einen schützenden Regenmantel: Unentwegt tropft es hier aus Spalten und Klüften auf die Besucher des etwa 550 m langen Labyrinths. Das einsickernde Wasser hat aus den Hohlräumen des 400 Jahre alten Schieferbergwerks *Jeremiasglück* erst die vielfarbige Pracht entstehen lassen, die man seit 1914 als Feengrotten bewundern kann. Höhe- und Endpunkt der 40minütigen Führung durch die künstliche Höhle bildet in der dritten, unteren Sohle der von ausgeschiedenen Minerallösungen überzogene „Märchendom mit Gralsburg“. Die Feengrotten (20. 1.–20. 11. täglich, sonst Sa, So und Feiertag geöffnet) liegen am südwestlichen Stadtrand von Saalfeld, unmittelbar neben der B 281 in Richtung Neuhaus.

❷ **Obernitzer Bohlen** Am südlichen Stadtrand von Saalfeld, das knapp außerhalb des Naturparks liegt, ist diese Sehenswürdigkeit zu besichtigen. Wie die aufgeschlagenen Seiten eines gewaltigen Buches wirken die steil aufgestellten Schichten am Berghang über der Saale. Die etwa 700 m lange und bis zu 120 m hohe Steilwand direkt an der B 85 gilt als Musterbeispiel einer sog. geologischen Diskordanz: Die während der Gebirgsbildung vor rund 360 Mio. Jahren gefalteten und danach wieder abgetragenen Schieferschichten sind später waagrecht von einem Stapel aus Zechsteinsedimenten überlagert worden. Selbst der Laie kann von der Straße am Fuß der Wand aus die ungleichförmige Lagerung der Gesteinsschichten gut erkennen.

Vorder- und Hinterbohlen schließen ein Naturschutzgebiet ein, wo sich eine spezielle, wärmeliebende Pflanzengemeinschaft angesiedelt hat. So entfaltet hier u.a. die seltene Alpenaster ihre violetten Blüten.

Oberhalb der gewaltigen Felswand des Bohlens (Aufstieg vom Ortsteil Köditz aus, Zugang durch die Unterführung des Bahndamms) eröffnet sich ein schöner Blick in das Saaletal und zum Hinterbohlen. Ein Pfad führt – den Talweg von Kamsdorf nach Obernitz kreuzend – weiter zum Gleitsch (402 m). Hier sind noch die Reste einer keltischen Fliehburg und steinzeitliche Wohnhöhlen zu erkennen. Der Abstieg endet in Obernitz.

❸ **Talsperre Hohenwarte** Einen eindrucksvollen Überblick über die durch Aufstau der oberen Saale entstandene fjordartige Landschaft bieten die Höhen um das Oberbecken des Pumpspeicherwerks Hohenwarte, 300 m über der Talsohle, von der Rohrbrücke aus (Rundwanderweg um das Oberbecken 2,5 km). Die 27 km lange Talsperre Hohenwarte lockt mit vielen Erholungsmöglichkeiten. Man kann segeln, surfen, angeln und Boote mieten. Das Motorschiff *Hohenwarte* startet von Anfang April bis Mitte Oktober täglich zu Ausflugsfahrten. Zum Erlebnis wird eine Gruppenbesichtigung (Anmeldung erforderlich) des Pumpspeicherkraftwerks Hohenwarte II.

ℹ Pumpspeicherwerke Hohenwarte WKG Saalekaskade, 07338 Hohenwarte, Tel. 03 67 33/84 01 und 84 02.

ℹ Fahrgastschiffahrt Hohenwarte GmbH, 07338 Hohenwarte, Tel. 03 67 33/5 28.

❹ **Reitzengeschwenda** Auf den Höhen oberhalb der Stauseen und der Saale-Sei-

Zauberhaft spiegeln sich die in bunten Farben schillernden Tropfsteine in den Quellteichen der Feengrotten wider.

Hunderte solcher verträumter Teiche geben der Landschaft um Plothen einen eigentümlichen Reiz.

tentäler liegen kleine Dörfer. Eines davon ist das Angerdorf Reitzengeschwenda. In einem etwa 300 Jahre alten, weitgehend original erhaltenen Bauernhaus wurde dort ein sehenswertes Volkskundemuseum (u. a. mit einer Sammlung bäuerlicher Trachten) eingerichtet. Eine Ausstellung über den Naturpark Thüringer Schiefergebirge–Obere Saale schließt sich an (Mo geschlossen).
ℹ Volkskundemuseum, 07338 Reitzengeschwenda, Tel. 03 67 37/2 22 94.

❺ **Ziegenrück** Das reizvoll im Schnittpunkt der Täler von Sornitz, Dreba, Plothenbach und Saale gelegene Städtchen kann auf eine geologische Sehenswürdigkeit verweisen: Am Fuß des Schloßberges zeigen Ton- und Grauwackenschiefer in lehrbuchhafter Faltung den Gesteinsaufbau des Schiefergebirges. Außerdem lohnt ein Besuch des Wasserkraftmuseums, in dem u. a. große Modelle von Wasserkraftwerken zu sehen sind (Mo geschlossen).
ℹ Ziegenrück-Information, 07924 Ziegenrück, Tel. 03 64 83/2 26 49.

❻ **Plothener Teiche** Einen ganz eigenen Charme weist dieser Landstrich im nordöstlichen Zipfel des Naturparks auf. Teich reiht sich an Teich, und bei Wanderungen auf stillen Wegen entdeckt man unzählige kleinere Gewässer. „Land der tausend Teiche“ nennt man das kaum erschlossene Gebiet. Tatsächlich gibt es hier auf wenigen Quadratkilometern noch Hunderte der einst weit zahlreicheren sog. Regen- oder Himmelsteiche. Die meisten von ihnen sind auf dem wasserstauenden Tonschiefer-Untergrund auf natürliche Weise entstanden. Aus vielen Teichen werden Karpfen, Hechte und Schleien gefischt. An den Ufern und in den Wiesen brüten Kiebitz, Haubentaucher und Rohrdommel, und Tausende von Zugvögeln finden hier einen idealen Rastplatz.

Am Obernitzer Bohlen erkennt auch das ungeübte Auge deutlich die unterschiedlich ausgerichtete Schichtung der Gesteine.

Die in Wälder und Wiesen eingebettete Bleilochtalsperre ist ein Eldorado für Wassersportler. In den Fluten des Stausees versanken Ortsteile von Saalburg und Saaldorf.

Keinesfalls sollte man deshalb die Wege verlassen (Naturlehrpfad 5,5 km lang, Markierung rotes Kreuz). Unmittelbar am Ufer des Hausteiches, nur 1,5 km von Plothen entfernt, liegt eine Jugendherberge, die ein spezielles Programm zur Natur- und Umwelterziehung anbietet.

i Jugendherberge, 07907 Plothen, Tel. 03 66 48/2 23 29.

7 Leutenberg „Stadt der sieben Täler" – so wirbt der Erholungsort. Das Sormitztal gilt von Hockeroda bis hinauf zum Rennsteig bei Wurzbach als eines der reizvollsten Täler in diesem Teil des Thüringer Schiefergebirges. Das unterhalb des Schloßberges einmündende Ilmtal mit seinem Naturschutzgebiet Ilmwand lohnt wegen seiner Bergmischwälder den Besuch. Unter Führung des Oberförsters werden Wanderungen in das Gebiet veranstaltet; auch Pilz- und Kräuterwanderungen sowie Wildbeobachtungen werden angeboten.

Auf dem dichtbewaldeten Schloßberg thront 100 m über dem schieferblauen Städtchen Schloß Friedensburg. Seine Entstehung geht bis in das 9. Jh. zurück, die im Kern spätgotische Anlage wurde jedoch im 17. Jh. umgebaut.

i Stadtverwaltung, 07338 Leutenberg, Tel. 03 67 34/2 22 07.

8 Wysburg Ganz in der Nähe des kleinen Dorfes Weisbach werden auf einem Felsrücken seit 1985 Grabungen durchgeführt: Archäologen und Heimatfreunde sind dabei, Licht in die Vergangenheit der versunkenen, vermutlich im 12. Jh. gegründeten Wysburg zu bringen. Mittlerweile sind verwachsene Wallgräben freigelegt, Fundamente und Umfassungsmauern gesichert und wieder aufgeführt worden.

Im Wysburg-Haus im Ort zeigt eine kleine Ausstellung ausgegrabene Gegenstände, Modelle, Fotos und Grafiken, die auch ein anschauliches Bild von mittelalterlicher Belagerungstechnik vermitteln (geöffnet nach vorheriger Anmeldung).

Vom Dorfende aus wandert man, der gelben Markierung folgend, bergab bis zum Waldrand. Bis dorthin ist auch die Fahrt mit dem Auto möglich. Vom Wanderparkplatz sind es noch etwa 500 m bis zur Burgruine über dem Ottergrund, durch den außerdem ein Wanderweg zur Ottermühle führt.

i Gemeindeverwaltung, 07356 Weisbach, Tel. 03 66 43/2 24 15.

9 Schloß Burgk Die neben dem gleichnamigen Ort an der Saale gelegene Anlage war einst eine Grenzfeste und gehörte zur Saale-Elster-Linie, einer Verteidigungslinie an der ehem. Grenze fränkischer Macht. Das mittelalterliche Bauwerk wurde später mehrfach umgebaut, doch blieben einige Teile nahezu unverändert erhalten. Heute wird die Schloßanlage auch als Museum und für Konzerte genutzt (ganzjährig täglich außer Mo geöffnet).

Auf dem Sophienberg südlich des Schlosses ließen die Fürsten von Reuß im 18. Jh. einen französischen Garten anlegen und einen eleganten Rokokopavillon errichten.

Ein Naturlehrpfad und markierte Wanderwege führen am Schloß vorbei, ebenso der bekannte Europäische Fernwanderweg Eisenach–Budapest.

i Museum Schloß Burgk, 07907 Burgk, Tel. 0 36 63/40 01 19.

10 Bleilochtalsperre Das Pumpspeicherkraftwerk Bleiloch an der gigantischen Talsperre kann von Gruppen nach vorheriger Anmeldung besichtigt werden. Weit in Seitentäler hinein und 28 km den Flußlauf hinauf staut sich das „Thüringer Meer“. Das kleine Städtchen Saalburg, von dem Teile in der Bleilochtalsperre versanken, hat sich zu einem Ferien- und Erholungsort entwickelt: Wassersport wird großgeschrieben. Von hier starten außerdem die Motorschiffe zu Linien- und Rundfahrten nach Saaldorf, zum Heinrichsstein oder zur Staumauer. Wanderungen führen auf markierten Wegen zu Zielen rund um den Stausee, u. a. auch zur Steinernen Rose, einem Naturdenkmal von seltener Schönheit: Diabasgestein verwitterte hier in konzentrischen Schalen, die wie eine sich öffnende Rosenknospe aussehen. Die Steinrose findet man zwischen Saalburg und Gräfenwarth, kurz bevor die Straße den Seitenarm des Stausees überquert.

i Pumpspeicherwerke Hohenwarte WKG Saalekaskade, 07929 Gräfenwarth, Tel. 03 66 47/7 21 und 7 22.

i Fremdenverkehrsamt, 07929 Saalburg, Tel. 03 66 47/4 93.

11 Lehesten Wohin das Auge blickt, überall ist der matte Glanz des dunkelblauen Schiefers zu sehen. Kirchturm, Dächer und Wandverkleidungen aller Häuser des Ortes bestehen aus dem „blauen Gold“, hoch aufgeschüttete Halden und alte, aufgelassene Brüche prägen die Landschaft. Seit dem 13. Jh. wird auf der Steinernen Heide im Gebiet zwischen Lehesten, Wurzbach, Unterloquitz und Probstzella Schiefer abgebaut.

Im alten Kießlichbruch bei Lehesten (südwestlicher Ortsausgang) zeugen ein riesiger, etwa 20 ha großer Bruch und eine 30 m hohe senkrechte Felswand noch heute von dem einst blühenden Wirtschaftszweig. Das Bild des historischen Schieferbergbaus vervollständigen alte und rekonstruierte Anlagen in dem sehenswerten Bruch. In den wiederhergerichteten Spalthütten können die Besucher nach vorheriger Demonstration selbst versuchen, Schiefer zu spalten und mit der Hebelschere zu beschneiden (Gruppenführungen ganzjährig Di und Do 10 Uhr, an den Wochenenden nach Vereinbarung).

Schweißtreibend ist die Arbeit der Eisengießer in der Gießerei Heinrichshütte in Wurzbach. Davon können sich die Besucher bei einer Vorführung überzeugen.

i Technisches Denkmal Historischer Schieferbergbau, Stadtverwaltung, Obere Marktstr. 1, 07349 Lehesten, Tel. 03 66 53/2 22 12 oder 2 23 81.

12 Gießerei Heinrichshütte Seit 1982 können sich in der Eisengießerei im Sormitztal bei Wurzbach (an der B 90 aus Richtung Leutenberg) die Besucher beim Schaugießen ein Bild von der schweren Arbeit in einer der letzten Eisenhütten machen (Mo–Fr ganzjährig geöffnet, Mai–Oktober auch So; Schaugießen jeden zweiten Mi). Seit 1982 ist das Werk ein Gießereimuseum und technisches Denkmal.

i Schaugießerei Heinrichshütte, 07343 Wurzbach, Tel. 03 66 52/2 27 17.

13 Schloßpark Ebersdorf Das Schloß wurde 1690–93 an der Stelle einer Wasserburg des 14. Jh. erbaut. Doch ist vom stattlichen Barockbau äußerlich nur noch wenig zu ahnen. Sehenswert ist jedoch der 55 ha große Landschaftspark (18. Jh.).

Der Luftkurort Ebersdorf ist Ausgangspunkt schöner Wanderungen, z. B. nach Friesau mit seiner spätgotischen Wehr- und Wallfahrtskirche und zu herrlichen Aussichtspunkten an der Bleilochtalsperre.

i Tourist-Information, 07368 Ebersdorf, Tel. 03 66 51/8 70 30.

Besonderheiten der Natur

Pflanzen Der Naturpark umfaßt sehr unterschiedliche Lebensräume. Hervorzuheben sind die steilen Saalehänge bei Saalfeld, wo zwischen Gemeiner Felsenbirne und Zwergmispel seltene wärmeliebende Kräuter wie Berglauch, Alpenaster, Bleichschwingel und Astlose Graslilie gedeihen. Auf den Teichen im Nordosten schwimmen die Blätter der Kleinen Seerose, leuchten die weißen Blüten des Wasserhahnenfußes, „jagt“ der Wasserschlauch mit seinen Fangblasen Wasserflöhe und andere Kleinlebewesen. In den wenigen verbliebenen Buchenwäldern entdeckt man Sträucher wie Schwarze Heckenkirsche, Roten Holunder und Waldgeißbart; am Boden wachsen Waldbingelkraut, Waldmeister und Goldnessel. Vereinzelt finden sich sogar seltene Orchideenarten wie das Rote Waldvögelein, die Braunrote Stendelwurz und die Weiße Waldhyazinthe.

Tiere Die Teichlandschaft im Nordosten ist ein Vogelparadies. 60 Arten brüten dort, darunter Zwerg- und Haubentaucher, Rohrdommel, Reiher- und Tafelente, Teichrohrsänger und der seltene Rauhfußkauz (Bild). Während des Vogelzuges legen sogar

Schwarzstorch und Fischadler gelegentlich eine Rast ein. In den Wäldern kommen schöne Nachtschmetterlinge vor, darunter Eichen- und Buchenspinner, Mondfleckglucke, Roseneule und Buchensichelspinner.

Geologie Ein Prallhang der Saale, der Obernitzer Bohlen bei Saalfeld, gilt als geologische Sensation (siehe 2). Schichten verschiedener Erdzeitalter liegen dort offen zutage, sie wurden im Zuge der Gebirgsbildung stark gefaltet und verschoben.

10 Oberfränkisches Bergland

Bayerns sanfte Höhen

Der Zahn der Zeit hat die oberfränkischen Gebirge abgetragen und ihrer dramatischen Formen beraubt. Geblieben sind der aufgewölbte Sattel des Fichtelgebirges, einige sanft gewellte Höhenzüge und das Plateau des Frankenwaldes mit seinen weiten Wiesen (Bild).

Oberfränkisches Bergland

Naturpark Frankenwald

Größe: 972 km², gegründet 1973.

Der Naturpark liegt im äußersten Nordosten Bayerns und reicht bis an die Grenze zu Thüringen. Wie der anschließende Thüringer Wald ist der Frankenwald hauptsächlich aus Grauwacke und Schiefern des Erdaltertums aufgebaut, aber auch Diabas, ein vulkanisches Ergußgestein, und selbst Kalk sind am Aufbau des Gebirges beteiligt. Die Münchberger Hochfläche im Osten des Frankenwaldes besteht im Untergrund aus hartem Gneis.

Das wellige Plateau des Frankenwaldes liegt auf einer Höhe von rund 600 m. Es wird von einzelnen Bergkuppen und -rücken überragt, von denen der Döbraberg (795 m) die höchste Erhebung im Naturpark bildet.

Mehr als die Hälfte des Gebietes wird von Wald eingenommen. Fichten sind am weitesten verbreitet, doch ist man in neuerer Zeit bemüht, auch wieder vermehrt Mischwälder entstehen zu lassen.

In den Tälern, die teilweise schluchtartig in die Hochfläche eingeschnitten sind, hat der Wald seinen urwüchsigen Charakter oft noch erhalten. Das ist vor allem im Südwesten des Parks der Fall, wo viele Bäche und Flüßchen mit starkem Gefälle dem Main zuströmen.

Weidenröschen, Roter Holunder und Lupinen gehören zu den verbreitetsten und auffälligsten Blütenpflanzen. An schattigen, feuchten Stellen, vor allem in felsigen Schluchten, kommt der Geißbart vor.

Stille Wiesentäler, wie hier bei Schwarzenbach-Döbra, durchziehen das sanft wellige Plateau des Frankenwaldes.

Ebenfalls häufig sind Weiße und Rote Pestwurz, Blauer Eisenhut, Schwalbenwurz und Flockenblume anzutreffen, seltener auch das Waldvögelein.

Eine botanische Besonderheit ist der Reichtum an Farnen, darunter auch seltenere Arten wie Grüner Milzfarn und Streifenfarn. Wo an den Südhängen Kalk den Untergrund bildet, findet man auch wärmeliebende Steppenheidevegetation.

ℹ Verein Naturpark Frankenwald e.V., Landratsamt, Güterstr. 18, 96317 Kronach.

Märchenhaft mutet das in dichten Nadelwald eingebettete Felsenlabyrinth der Luisenburg bei Wunsiedel an.

Naturpark Fichtelgebirge

Größe: 1028 km², gegründet 1971.

Neben dem Fichtelgebirge sind auch noch Teile der angrenzenden Landschaften in den Naturpark einbezogen. Dazu gehört die Selb–Wunsiedeler Hochfläche mit dem Sechsämterland sowie der Waldstein im Grenzbereich zum Frankenwald. Im Osten reicht der Naturpark bis unmittelbar an die tschechische Grenze heran.

Den klimatischen Bedingungen und den wenig fruchtbaren Böden entsprechend, ist das Fichtelgebirge fast völlig waldbedeckt. Seit dem 15. Jh. wurden die Wälder lange Zeit lediglich als Holzlieferanten für Bergbau und Gewerbe angesehen und abgeholzt. So verschwand der ursprüngliche Laubwald nach und nach und wurde schließlich durch Nadelwald ersetzt. Neben den vorherrschenden Fichten finden sich nur Kiefern und in klimatisch begünstigten Lagen Rotbuchen in etwas größerer Verbreitung. Leider sind in jüngster Zeit die Wälder in den Hochlagen des Gebirges durch Umwelteinflüsse teilweise beträchtlich geschädigt worden.

Auf den sauren Böden des Granits ist die Pflanzenwelt nicht allzu artenreich. Charakteristisch sind neben Moosen und Farnen der Siebenstern und die Drahtschmiele sowie Preisel- und Heidelbeere. Wo die Böden nicht versauert sind, ist die Pflanzenwelt erheblich vielfältiger; zu den Besonderheiten gehören der Fransenenzian und einige Orchideenarten wie die Händelwurz.

In den Gipfellagen des Gebirges hat die Verwitterung ausgedehnte Felsenmeere und imposante Felsburgen entstehen lassen. Am eindrucksvollsten ist die Luisenburg, ein grandioses Naturlabyrinth aus Granit.

Obwohl etliche der früheren Moore trockengelegt worden sind, ist das Fichtelgebirge immer noch reich an Feuchtgebieten. Das größte Moor ist das Fichtelseemoor mit seinem lichten Bestand an Spirken.

Die einsamen Wälder sind wildreich. Rot- und Schwarzwild und vor allem Rehe sind sehr häufig. Die besondere Sorge der Naturschützer gilt den Auerhühnern. Um deren Lebensraum zu sichern und den gefährdeten Bestand zu erhalten, wurden strenge Schutzbestimmungen erlassen.

ℹ Verein Naturpark Fichtelgebirge e.V., Landratsamt, Jean-Paul-Str. 9, 95632 Wunsiedel.

Naturpark Steinwald

Größe: 233 km², gegründet 1970.

Er ist zwar der kleinste Naturpark in Bayern, weist aber dennoch eine bemerkenswerte landschaftliche Vielfalt auf. Zwischen Fichtelgebirge und Oberpfälzer Wald gelegen, umfaßt er im wesentlichen den auf mehr als 900 m ansteigenden Granitrücken des Steinwaldes.

Der Name des Naturparks deutet auf die vielen Blockmeere und Felsburgen hin. Ihr oft bizarres Aussehen drückt sich in bildhaften Bezeichnungen wie Zipfeltanne, Kiebitzstein, Riesenschüssel oder Katzentrögel aus.

Auf einigen Felsbastionen ließen frühere Landesherren Burgen anlegen. Von der Ruine Weißenstein, die sich auf einer Felsgruppe östlich der Platte erhebt, bietet sich ein weiter Rundblick über das Gebirge und die vorgelagerte Naab-Wondrab-Senke.

Harmonisch fügen sich die stillen Weiher bei Wiesau in die anmutige Landschaft ein.

Neben den bizarren Felsformationen machen die ausgedehnten Wälder mit ihrem reichen Bestand an Rot- und Schwarzwild sowie die Wildwasser den Reiz des Parks aus. Eine Besonderheit sind die weitverbreiteten Vogelbeerbäume.

Die zahlreichen Weiher im Südosten des Naturparks setzen sich östlich im benachbarten Stiftland des Klosters Waldsassen fort. Teils gehen sie auf alte Ton- und Kaolingruben zurück, teils wurden sie auch zur Karpfenzucht angelegt. Einige von ihnen haben sich im Lauf der Zeit zu Lebensräumen seltener Pflanzen und Wasservögel entwickelt.

ℹ Verein Naturpark Steinwald e.V., Kolpingplatz 1, 95688 Friedenfels.

Naturpark Hessenreuther und Manteler Wald

Größe: 270 km², gegründet 1975.

Der Naturpark liegt zwischen den südlichen Ausläufern des Fichtelgebirges und dem Oberpfälzer Wald. Die geschützte Lage sorgt für ein verhältnismäßig mildes Klima. Zwei große geschlossene Waldgebiete, der Manteler und der Hessenreuther Wald, nehmen mit ihren ausgedehnten Kiefernbeständen mehr als die Hälfte der Naturparkfläche ein.

Eine weithin sichtbare Landmarke ist der Parkstein. Der einstige Vulkanschlot, eine besonders formschöne Kuppe, ragt heute mehr als 100 m über seine flach wellige Umgebung auf. Dort, wo das dunkle Gestein freiliegt, ist die säulenförmige Anordnung des erstarrten Basalts gut zu erkennen.

Einige Gebiete wie die Gscheibte Loh, ein verlandetes Hochmoor, sind wegen ihres besonderen Pflanzenbestandes unter Naturschutz gestellt worden. Aber auch die vielen Teiche und Weiher in der grünen Niederung der Haidenaab bieten einer artenreichen Tier- und Pflanzenwelt ausgezeichnete Lebensbedingungen. An die 60 Vogelarten wurden dort gezählt.

ℹ Verein Naturpark Hessenreuther und Manteler Wald mit Parkstein/OPf. e.V., Landratsamt, Stadtplatz 36, 92660 Neustadt

Eine schmucke Wallfahrtskirche krönt den markanten Basaltkegel des Parksteins.

Naturpark Frankenwald

Es ist still geworden im Frankenwald: Die lärmenden Eisenhämmer sind verschwunden, kaum eine Mühle klappert noch, in den meisten Steinbrüchen ist die Arbeit längst eingestellt. Durch die Wälder führt nun abseits aller Betriebsamkeit ein schier endloses Netz von erholsamen Wanderwegen.

❶ **Burg Lauenstein** Zum Typus „Urbild einer mittelalterlichen Burg" mag man Lauenstein im nördlichsten Zipfel des Naturparks heute zählen – doch viele Formelemente sind erst bei Restaurierungsarbeiten um 1900 hinzugekommen. Dabei hat die Burganlage eine lange und bedeutende Geschichte: Zu Beginn des 12. Jh. erbaut, wurde sie später Schauplatz des Dramas um die sog. Weiße Frau, die als Witwe ihre beiden Kinder erstach, weil sie glaubte, sie stünden ihrer zweiten Ehe mit einem Hohenzollern im Weg. Heute ist die Burg im Besitz des Freistaates Bayern, dient zum Teil als Hotel, zum Teil – mit Rittersaal, Prunk- und Jagdsaal – als Museum (Mo geschlossen).

Eine abwechslungsreiche Panorama-Ringstraße verbindet Lauenstein mit der Thüringer Warte auf dem 678 m hohen Ratzenberg. Dieser 26 m hohe Aussichtsturm unmittelbar an der bayerisch-thüringischen Grenze wurde 1963 im Zeichen der Teilung Deutschlands errichtet. Im Verlauf der Panoramastraße finden sich immer wieder Wanderparkplätze, von denen aus man die Thüringer Warte zu Fuß erreichen kann.

❷ **Steinbach an der Haide** Ein ungewöhnlich großer Anger bildet die Mitte dieses schmucken Dorfes nahe der thüringischen Grenze. Dieser ovale Platz diente den Dorfbewohnern in früheren Zeiten als Viehweide – heute wird er als gemeinsamer Blumen- und Gemüsegarten aller Bürger genutzt. Für sein gepflegtes Ortsbild und für die große Zahl wohlrestaurierter, mit dunkelgrauen Schieferschindeln verkleideter Häuser erhielt Steinbach an der Haide schon zweimal die Goldmedaille im Wettbewerb „Unser Dorf soll schöner werden".

Malerisch schlängelt sich die Saale in ihrem tief eingesenkten Tal nach Norden aus dem Naturpark. Die eindrucksvollsten Talansichten bieten sich von der Panoramastraße bei Lichtenberg.

In der kleinen, um 1250 erbauten Dorfkirche unterhalb des Angers hat sich ein gotischer Freskenzyklus mit Szenen aus der Heilsgeschichte erhalten.

Im südwestlich gelegenen Ludwigsstadt befindet sich ein Schiefermuseum, das den Weg des thüringisch-fränkischen Schiefers vom Abbau über die Verarbeitung bis hin zur fertigen Schindel oder zur Schiefertafel zeigt. Außerdem können sich die Besucher hier selbst Griffel herstellen, so wie sie früher in der Schule benutzt wurden (ganzjährig So und an Feiertagen 13–16 Uhr oder nach Vereinbarung geöffnet).

ℹ Tourist-Information, Lauensteiner Str. 1, 96337 Ludwigsstadt, Tel. 0 92 63/9 49 30.

❸ **Ölschnitzsee** Mitten im Wald, nur an einer Stelle berührt von einer Autostraße, liegt dieser kleine Badesee nordwestlich von Steinbach am Wald. Der Landkreis Kronach hat ihn künstlich aufgestaut und mit Einrichtungen wie Umkleideräumen, Kiosk und Kinderspielplatz ausgestattet. Das Wasser des 2 ha großen Sees ist nur von bestimmten Stellen aus zugänglich, ein eigener Nichtschwimmerbereich ist abgetrennt. Wer nicht schwimmen will, kann Tretboot fahren.

❹ **Nordhalben** Um den Frauen in der armen Region des nördlichen Frankenwaldes eine Möglichkeit zum Zusatzverdienst zu eröffnen, wurde im Jahr 1903 in Nordhalben eine Klöppelschule eingerichtet. Das Vorbild dazu boten die zahlreichen Klöppelwerkstätten im Erzgebirge. Heute wird diese Technik zur Herstellung feiner Spitzen aller Art kaum noch gewerblich betrieben. So hat sich die Klöppelschule Nord-

halben, die einzige kommunale Einrichtung ihrer Art in Deutschland, auch fast ausschließlich auf Hobbykurse für Kinder, Erwachsene und vor allem für Urlauber spezialisiert (Tel. 0 92 67/3 75). Der Schule angeschlossen ist eine Sammlung geklöppelter Spitzen aus vielen Ländern (täglich außer Mo geöffnet, Sa, So und an Feiertagen nur nachmittags).

2 km südwestlich von Nordhalben beginnt die Trinkwassertalsperre Mauthaus, auch als Ködeltalsperre bekannt. Diese größte Trinkwassertalsperre Bayerns versorgt im wasserarmen Oberfranken insgesamt 350 000 Menschen. Ein etwa 13 km langer Rundweg führt um das waldgesäumte Gewässer. Ein Fahrradverleih an der Talsperre hält Räder für die weitgehend ebene Strecke bereit (Mai–September Mo–Sa 13–17, So und an Feiertagen 10–17 Uhr geöffnet).

5 Lichtenberg Bei der einstigen Bergbaustadt wurden bis in unser Jahrhundert hinein Eisen, Kupfer und Flußspat abgebaut. Von der im 13. Jh. erbauten Burg ragt nur noch der Bergfried über dem Städtchen empor; er wurde zu einem Aussichtsturm umgebaut.

Im nahen Blechschmidtenhammer hat der Verein Naturpark Frankenwald im ehem. Bahnhof ein lehrreiches Informationszentrum eingerichtet, das über die historischen Verbindungen zwischen Frankenwald und Thüringer Wald unterrichtet (täglich geöffnet, Dezember–März eingeschränkte Öffnungszeiten). Auf einem ansonsten ungenutzten Gleisstück am Bahnhof stehen drei Museumswaggons. Gleich daneben, an der Straße nach Lichtenberg, liegt rechts der Eingang zum Friedrich-Wilhelm-Stollen, den Ende des 18. Jh. Alexander von Humboldt, der vielseitig begabte Naturforscher und Bruder des Wilhelm von Humboldt, als Oberbergmeister des nahe gelegenen Kurortes Bad Steben anlegen ließ.

Am Bahnhof vorbei verläuft auch die Panorama- und Saaletalstraße. Sie beginnt in Bad Steben und führt über weite Strecken am teilweise tief eingeschnittenen Tal der Saale entlang bis nach Hof. Sie bietet dabei nicht nur prächtige Ausblicke nach Thüringen hinein, sondern führt auch an verschiedenen Industriedenkmälern und am Rennsteigdenkmal vorbei.

Der große Parkplatz in Blechschmidtenhammer ist ein guter Ausgangspunkt für Wanderungen in das romantische, streckenweise auch liebliche Höllental. Zu beiden Seiten der Selbitz, eines ruhig dahinfließenden Mittelgebirgsbaches, läßt sich das bewaldete Tal, aus dem streckenweise

Grüne Wälder verhüllen das Höllental bei Lichtenberg, dessen Wanderwege eher Erholung als höllische Qualen versprechen.

schroffe Felswände ragen, bequem durchwandern. Besondere Attraktionen sind ein Naturlehrpfad, der Aussichtspunkt König David 170 m über dem Tal und der Hirschsprung. Dort soll der Überlieferung nach ein Hirsch auf der Flucht vor einem Jäger die Schlucht übersprungen haben.

Südlich von Lichtenberg, in Richtung Marxgrün, wurde vor etlichen Jahren ein weitläufiges Erholungsgebiet angelegt. Es umfaßt eine Ferienhausanlage, einen Campingplatz und den Frankenwaldsee, einen kleinen Badesee. An seinem Ufer befinden sich neben der Badeanstalt ein großes Restaurant und ein Bootsverleih.

i Verkehrsamt, Marktplatz 16, 95192 Lichtenberg, Tel. 0 92 88/10 81.

❻ **Frankenwarte** Hirschhügel heißt die sanfte Erhebung nordöstlich von Geroldsgrün, auf die man den grauen, runden Steinturm mit dem Namen Frankenwarte gestellt hat. Die weite Aussicht von seiner Panoramaplattform kann man allerdings nur genießen, wenn man sich vorher bei Familie Köstner in Hirschberglein Nr. 25 den Schlüssel besorgt hat. Von oben schweift der Blick weit über die Höhen des Frankenwaldes, nach Norden in vorwiegend landwirtschaftlich genutztes Gebiet, nach Süden über bewaldete Höhen.

❼ **Geroldsgrün** Im ehem. Forsthaus und jetzigen Wanderheim Gerlas in der freundlichen Gemeinde Geroldsgrün hat der Verein Naturpark Frankenwald ein Informationszentrum über Geologie und Bergbau des Frankenwaldes eingerichtet. Die Sammlungen vermitteln auch dem Laien einen Eindruck von der erstaunlichen Vielfalt der Gesteine im Frankenwald sowie von der Filetstickerei, mit der sich die Bergarbeiterfrauen früher ein Zubrot verdienten (Di 9–11, Do 16–18 und So 12–18 Uhr geöffnet). In einem Steinbruch im etwa 1 km entfernten Horwagen kann man zusehen, wie der sog. Deutschrot-Marmor gewonnen wird.

❽ **Stockheim** Am Fuß des Spitzberges liegt dieser ehem. Bergbauort. Bereits 1756 begann man hier mit dem Abbau von Steinkohle, 1968 wurde die Förderung eingestellt. An diese Zeit erinnert ein Rundwanderweg durch die Bergbaugeschichte. Der insgesamt 16 km lange, aber auch abkürzbare Lehrpfad führt an der alten Katharinenzeche, stillgelegten Gruben, Bergmanns- und Hüttenhäusern sowie an Abraumhalden vorbei.

❾ **Steinwiesen** Im ehem. Bahnhof des Marktortes wurde ein Informationszentrum zum Thema Pflanzen und Tiere des Frankenwaldes eingerichtet (täglich geöffnet). Ein Naturlehrpfad, der an einem Wanderparkplatz an der Straße nach Birnbaum beginnt, vertieft das im Museum Gesehene und dokumentiert den Reichtum an Baum- und Straucharten, aber auch an Tieren und unterschiedlichen Gesteinen.

Zur Verarbeitung des Holzreichtums im Frankenwald wurden in den Flußtälern, beginnend im 14. Jh., zahllose Sägemühlen gebaut. Aber nur noch eine in dieser Gegend verläßt sich auch heute noch allein auf die Wasserkraft: die Teichmühle Steinwiesen im Rodachtal, nördlich des Ortsendes von Steinwiesen. 1742 wird sie erstmals genannt. Während in der Mühle, die heute dem Landkreis Kronach gehört, noch täglich gearbeitet wird, ist das daneben stehende Wohnhaus inzwischen ein Mühlenmuseum (April–November So und an Feiertagen sowie nach Vereinbarung geöffnet).

❿ **Köhlerei bei Thiemitz** Eine wichtige Verwendungsart für das Holz des Frankenwaldes war die Verarbeitung zu Holzkohle. Diese wurde zum Schmieden und zur Erzverhüttung benötigt. Heute gibt es nur noch wenige Schmieden, und die Holzkohle wird zudem billig importiert, so daß von den vielen hundert Köhlern des Frankenwaldes nur noch ein einziger übriggeblieben ist. Und auch der kann nicht mehr allein von der

Ein weiter Blick ins Land bietet sich dem Wanderer vom Hirschhügel und seinem Aussichtsturm, der Frankenwarte, aus.

Zuviel Wild schadet den Wäldern

Natürlich freut sich der Wanderer, wenn er auf seinen Touren auch Rehe und Hirsche zu Gesicht bekommt. Und genauso freut sich der Jäger, wenn er regelmäßig Wild vor die Flinte bekommt.
Rothirsch (Bild), Reh und Wildschwein sind aus unseren Wäldern nicht wegzudenken. Allerdings würden eigentlich auch die Tierarten hierher gehören, die den Wildbestand wirkungsvoll regulieren können: Braunbär, Luchs und Wolf. Doch diese hat der Mensch ausgerottet.
Das hatte zur Folge, daß sich die großen Pflanzenfresser in den meisten Wäldern stark vermehren konnten. Die Verjüngung des Waldes unterbleibt, da die hungrigen Mäuler Jungbäume radikal abfressen. Eine Eigenheit des Rothirsches kommt erschwerend hinzu: er schält saftige Rindenstücke von den Bäumen, die sich – vor allem, wenn sie vorgeschädigt sind – von dieser Tortur kaum erholen.
So widersinnig es zunächst klingen mag: aus Naturschutzgründen muß in vielen Wäldern möglichst viel Rot-, Reh- und Schwarzwild abgeschossen werden. Denn der Jäger übernimmt heute die Rolle der Raubtiere.

Köhlerei leben. Deshalb bietet er nicht nur Holzkohle an, sondern auch Schallplatten, auf denen er Volkslieder zum besten gibt. Seine Köhlerhütte ist leicht zu finden: vom Parkplatz neben dem südlichen Ortsschild von Thiemitz erreicht man sie in 1 Minute.

⓫ **Döbraberg** Stolz nennt sich Döbra (699 m) das höchstgelegene Dorf des Frankenwaldes. Es liegt auf halber Höhe des Döbraberges, der mit 795 m wiederum die höchste Erhebung des Frankenwaldes ist. Vom Parkplatz am westlichen Ortsausgang ist der Berg auf einem sanft ansteigenden, bequemen Weg in knapp 20 Minuten zu ersteigen. Oben steht der 18 m hohe eiserne Prinz-Luitpold-Turm, der über den bewaldeten Gipfel hinausragt und einen weiten Rundblick mit sehr verschiedenen Landschaftseindrücken bietet: im Osten eine offene Acker- und Wiesenlandschaft, im Norden, Westen und Süden dichtbewaldete Höhenzüge. Bei klarem Wetter läßt sich sogar die Veste Coburg erkennen. Über den Döbraberg zieht sich auch die Wasserscheide zwischen Rhein und Elbe. Beliebt ist der Berg bei Skifahrern, bietet er doch in recht schneesicherer Lage etliche gespurte Langlaufloipen. Der graugrüne Sandstein, der in der Nähe abgebaut wird, ist als Baumaterial sehr gefragt.

⓬ **Mitwitz** Attraktion des reizvollen, knapp außerhalb des Naturparks gelegenen Marktortes ist das von 1596 bis 1598 entstandene Wasserschloß. Seit seiner Renovierung ist der fünftürmige Renaissancebau auch dem Publikum wieder zugänglich. Die Besitzer öffnen das Schloß nicht nur für kulturelle Veranstaltungen, sondern auch für Besichtigungen (Führungen März–Oktober Sa 14.30, So und an Feiertagen 11 und 14 Uhr). Dabei kann man dann auch die für Süddeutschland einmaligen ölbemalten Leinwandbespannungen in fünf Räumen sowie das prachtvolle Spiegelzimmer bewundern. Im Innenhof der über ein Brückchen zugänglichen Anlage wurden Sgraffito-Bemalungen aus dem 16. Jh. entdeckt und restauriert. Besonders reizvoll ist der englisch angelegte Park, der nach ökologischen Gesichtspunkten gepflegt wird. Sein Teehaus mit Terrasse ist im Sommer Sa und So ab 14 Uhr bewirtschaftet. Das Schloß ist Sitz der Ökologischen Bildungsstätte Oberfranken.

⓭ **Kronach** Die Stadt am Westrand des Frankenwaldes hat innerhalb ihrer fast vollständig erhaltenen Stadtmauer eine große Zahl mittelalterlicher Bauten bewahrt: neben der Stadtpfarrkirche St. Johannes und der St.-Anna-Kapelle aus der Gotik auch das Geburtshaus des Malers Lukas Cranach, das Bamberger Tor aus dem 13. Jh., das Alte Rathaus von 1583 sowie zahlreiche spätmittelalterliche Fachwerk- und Steinhäuser. Gekrönt wird das Stadtbild durch die Veste Rosenberg. Mit ihren fünf Bastionen war sie einst die größte Festung in Deutschland und schützte, niemals erobert, die Nordflanke des Fürstbistums Bamberg. In dem imposanten Renaissancebau sind heute verschiedene Museen und Sammlungen untergebracht, so die Fränkische Galerie mit Kunst des Mittelalters und das Frankenwaldmuseum, in dem man sich mit der Geschichte von Flößerei und Weberei vertraut machen kann.

Schon in vorgeschichtlicher Zeit gab es in der Gegend von Kronach eine Festungsanlage, die Heunischenburg. Sie liegt westlich der Stadt, jenseits der Ortschaft Gehülz nahe der B 303. Der Platz war bereits im 12. Jh. v. Chr. besiedelt. Im 9. Jh. v. Chr. wurde die Anlage zu ihrer heutigen Größe von etwa 110 × 50 m ausgebaut. Ein Stück der starken Steinmauern wurde inzwischen originalgetreu wieder aufgerichtet, ein kleiner Abschnitt konnte sogar im Original freigelegt werden. Der Name Heunischenburg stammt aus dem Mittelalter, als man die gewaltige Anlage für ein Werk von Heunen, also Hünen, hielt. Eine ausführliche Dokumentation zu den Ausgrabungen findet sich im Frankenwaldmuseum in der Veste Rosenberg.

i Fremdenverkehrsamt, Marktplatz 5, 96317 Kronach, Tel. 09261/97236.

⓮ **Unterrodach** Damit das Holz aus dem Frankenwald an seine Bestimmungsorte gelangen konnte, mußte es in früheren Zeiten die Bäche und Flüsse hinuntergeflößt werden – oft bis nach Holland. Nahezu 800 Jahre lang übten Männer aus dem Frankenwald dieses gefährliche Handwerk aus. An

Ein Tor zum Naturpark Frankenwald ist die Stadt Kronach, deren mittelalterliche Kulisse sich am gleichnamigen Flüßchen präsentiert. *Gekrönt wird sie von der Veste Rosenberg aus dem 15. Jh., in der heute u. a. auch eine Jugendherberge untergebracht ist.*

Mit einem Donnerkeil soll der germanische Gott Donar das vulkanische Gestein zerteilt und damit die Steinachklamm geschaffen haben.

die Zeit, als noch Hunderte von Flößen jährlich die Rodach hinunterschwammen, erinnert in Unterrodach das in einem alten Flößerhaus eingerichtete Flößermuseum. Es veranschaulicht die harte Arbeit des Flößers, die mit dem Zusammenfügen der Baumstämme begann und nach schwieriger Fahrt über Stromschnellen und an Felswänden vorbei erst mit dem Auseinandernehmen des Floßes am Ziel endete. Gezeigt werden neben der Ausrüstung eines Flößers Modelle von Flößen, Flußwehren und Mühlen (Mo–Fr 9–11, 14–16, Sa, So und an Feiertagen 14–16 Uhr geöffnet).

⑮ **Fränkische Linie** Eine geologische Bruchlinie zieht sich quer durch Franken: die sog. Fränkische Linie. Sie verläuft in etwa von Nordwesten nach Südosten und markiert das Aufeinandertreffen von Gesteinspaketen zweier Erdzeitalter. Die Gesteine des nordöstlich dieser Linie gelegenen Frankenwaldes gehören dem Erdaltertum an, das Obermainische Bruchschollenland südwestlich der Fränkischen Linie dagegen dem Erdmittelalter. Als sich vor etwa 280 Mio. Jahren in der sog. Variskischen Hebung die Gesteinsmassen des heutigen Frankenwaldes um rund 200 m hoben, machte das Obermainische Schollenland nicht mit – es kam zum Bruch. Am Prallhang der Rodach westlich des Ortes Zeyern treten die verschiedenen Schichten sehr schön zutage. Ein geologischer Lehrpfad, der kurz hinter der Wöhrleinschneidmühle beginnt, erklärt alle in der Wand angeschnittenen Gesteine.

⑯ **Wallenfels** Der alte Flößerort setzt auch heute noch die Tradition der Flößerei fort – als feuchtfröhliche Touristenattraktion, die von der eigentlichen harten Arbeit der Floßführer in den vergangenen Jahrhunderten kaum eine Vorstellung vermittelt. Auf etwa 5 km Flußstrecke der hier eher zahmen Wilden Rodach geht es mit dem Floß über einige Wehre von Schnappenhammer nach Wallenfels. Abfahrt ist von Anfang Mai bis Ende September jeweils Sa 14 Uhr.
ℹ Verkehrsamt, Rathausgasse 1, 96346 Wallenfels, Tel 0 92 62/5 51.

⑰ **Helmbrechts** Die Stadt am Ostrand des Frankenwaldes weist eine bedeutende Textiltradition auf. Es begann im 13. Jh. mit der Leineweberei. Schon früh gab es zahlreiche selbständige Webermeister, doch auch für die Bauern war die Weberei angesichts der wenig ertragreichen Böden in der Region ein begehrter Nebenerwerb. Auch die Industrialisierung im 18. und 19. Jh.

Besonderheiten der Natur

Pflanzen Der Frankenwald ist zu mehr als 50 % bewaldet. Deutlich überwiegen dabei artenarme Fichtenforste. In den vielfältigeren Mischwäldern hingegen wachsen und blühen Roter Holunder und Eberesche, Waldgeißbart und Weidenröschen. Täler, die noch weitgehend unberührt geblieben sind, beherbergen botanische Seltenheiten wie Salomonsiegel und Wurmfarn, auf trockenen Felsstandorten gar den Gelben Fingerhut (Bild), die Pfingstnelke und die Felsenzwergmispel. In den eher raren Trockenrasen kann man Fliegenragwurz, in lichten Buchenwäldern Rotes Waldvögelein und einige andere Orchideenarten finden.

Tiere In den Wäldern kommen Tiere vor, die man vielerorts antrifft. Die Brachflächen in den Tälern hingegen bergen eine ungewöhnlich hohe Zahl von verschiedenen Tierarten, wie eine umfassende wissenschaftliche Untersuchung zutage brachte: allein 339 verschiedene Spinnen, 168 Laufkäfer, 30 Heuschrecken und sage und schreibe 531 unterschiedliche Großschmetterlinge wiesen die Forscher nach. Solche aus der Nutzung genommene Grenzertragsflächen sind auch für seltene Vögel überlebenswichtig: Braunkehlchen, Wiesenpieper und Bekassine brüten hier.

Der Stumpf des Bergfriedes und einige Mauerreste sind von der um 1100 gegründeten Burg Nordeck übriggeblieben.

überstanden die Helmbrechtser Weber gut. Ihre Geschichte dokumentiert das völlig neu eingerichtete Oberfränkische Textilmuseum. Schauvorführungen vermitteln einen Eindruck von der Arbeit der Weber (täglich außer Mo geöffnet).

ℹ Verkehrsamt, Luitpoldstr. 21, 95233 Helmbrechts, Tel. 0 92 52/70 10.

⓲ **Steinachklamm** Durch einen mächtigen Riegel aus Diabasfelsen mußte sich einst die Steinach ihren Weg gen Westen graben. Das Ergebnis ist eine kurze, tief eingeschnittene Schlucht. Sie ist der Höhepunkt einer Wanderung im ansonsten eher lieblichen Tal der oberen Steinach unterhalb von Wildenstein. Bekannt ist das Tal auch für seinen Reichtum an seltenen Pflanzen wie etwa dem geschützten Waldgeißbart.

⓳ **Stadtsteinach** Sein viertes Informationszentrum hat der Verein Naturpark Frankenwald im Campingplatzgebäude in Stadtsteinach eingerichtet. Es informiert umfassend über die Geschichte des Frankenwaldes und ist täglich geöffnet. Stadtsteinach selbst ist ein verwinkeltes Städtchen mit einer in Teilen erhaltenen Stadtmauer. Nordwestlich der Stadt, am Rundwanderweg Nr. 6, liegt die Grünburg, eine dreifach gestaffelte Festungsanlage, die vermutlich im 9. Jh. als Grenzposten des östlichen Karolingerreiches angelegt wurde. Die Wallanlage aus lose geschichteten Steinmauern, strategisch günstig am Eingang des Steinachtales gelegen, gilt als eine der schönsten Festungsanlagen aus dieser Zeit. Weiter das Steinachtal aufwärts gelangt man zum Parkplatz Oberhammer. Von dort aus ist die Burgruine Nordeck (im Bauernkrieg 1525 zerstört) leicht zu erreichen. Hier beginnt auch ein Naturwaldreservat. Zur Erhaltung des naturnahen Waldes und zur Erforschung der nun sich selbst überlassenen Waldlebensgemeinschaft unterbleibt jegliche forstwirtschaftliche Nutzung.

ℹ Verkehrsamt, Badstr. 5, 95346 Stadtsteinach, Tel. 0 92 25/66 00.

⓴ **Peterlesstein** Auf dem unscheinbaren bewaldeten Hügel nahe der B 289, 2 km nordöstlich von Kupferberg, läßt sich eine interessante Erscheinung beobachten: ein plötzliches Abweichen der Kompaßnadel von ihrer Nordausrichtung. Verursacht wird dieses Phänomen durch Magneteisenkristalle in den Felsen der Gipfelregion. Verlaufen wird man sich aber dennoch nicht, denn der Weg vom Parkplatz neben dem Weiher an der B 289 ist deutlich mit einem blauen Querstrich markiert.

㉑ **Weißenstein** Einer der schönsten Aussichtsberge im Frankenwald ist der Weißenstein (668 m). Gut zu erreichen ist er auch: von Stammbach aus führt eine breite Fahrstraße fast bis zum Gipfel. Vom Aussichtsturm neben der Gaststätte bietet sich ein herrlicher Rundblick auf eine abwechslungsreiche Landschaft. Weite Grünflächen, darin eingestreut viele Waldinseln, dazwischen zahlreiche Dörfer und Einzelgehöfte. Im Süden erkennt man die breiten Rücken von Schneeberg und Ochsenkopf im Fichtelgebirge. Über den Weißenstein und die ihn umgebende sog. Münchberger Gneismasse, zu der er gehört, streiten sich seit 150 Jahren die Geologen: das Gestein, aus dem er besteht, kommt hier sonst gar nicht vor. So meinen die einen, das Gestein sei als Decke aus Böhmen hierher verschoben worden, während die anderen es als Teil der alten ozeanischen Erdkruste, aus 20 km Tiefe emporgedrückt, betrachten.

㉒ **Neuenmarkt** Ein Paradies für Dampflokfreunde ist das Deutsche Dampflokomotivmuseum um den ehem. Lokschuppen im Bahnhof von Neuenmarkt. Ein Verein hat hier seit 1977 mehr als zwei Dutzend Dampflokomotiven erworben und größtenteils betriebsbereit restauriert. Dieses größte Museum seiner Art in Deutschland bietet auch Fahrten mit historischen Dampfzügen sowie Fachbücher und Souvenirs aus der Dampflokzeit. Das Museum liegt am Fuß der ersten Eisenbahn-Steilstrecke Europas, der 1848 in Betrieb genommenen sog. Schiefen Ebene. Um auf der Trasse Bamberg–Hof die Geländeschwelle zwischen dem Tal des Weißen Mains und den Randhöhen von Frankenwald und Fichtelgebirge überwinden zu können, mußte eine Steilrampe gebaut werden. Die rund 8 km lange Steilstrecke wird von zwei Lehr- und Informationspfaden begleitet. Bei einer Fahrt mit dem fahrplanmäßigen Zug von Neuenmarkt nach Marktschorgast kann man die Besonderheit dieser Strecke selbst erleben. Für den Rückweg zu Fuß bietet sich eine Wanderung auf einem der beiden Pfade an.

ℹ Deutsches Dampflokomotivmuseum, Birkenstr. 5, 95339 Neuenmarkt, Tel. 0 92 27/57 00.

In der Tradition der Rodachflößer kann man sich den Fluß hinab nach Wallenfels treiben lassen – ein Erlebnis, bei dem man immer ein paar Spritzer abbekommt.

Naturpark Fichtelgebirge

Wenn es heißt, das Fichtelgebirge sei steinreich, ist damit weniger der bescheidene Wohlstand seiner Bewohner gemeint als vielmehr die unterschiedlichen Gesteinsarten, aus denen die oft von Burgen gekrönten Waldgipfel zusammengesetzt sind. Davon kann man sich in vielen Steinbrüchen ein Bild machen.

❶ **Großer Kornberg** Im dichtbewaldeten nördlichen Fichtelgebirge ist der Große Kornberg (825 m) die höchste Erhebung. Seinen Gipfel zieren zwei Türme: Der eine, über 60 m hoch und weithin sichtbar, dient militärischen Zwecken (Fotografierverbot!). Der zweite, die nur 25 m hohe Schönburgwarte, gewährt eine weite Rundsicht. Der kürzeste Weg zum Gipfel (knapp 30 Minuten) beginnt am Wanderparkplatz Vorsuchhütte. Ein Kuriosum ist, nahe der kaum mehr erkennbaren Ruine Hirschstein, der sog. Wackelstein, ein Granitfelsen westlich des Großen Kornberges. Diesen gewaltigen Felsbrocken kann man mit Hilfe eines Holzhebels tatsächlich, wie der Name sagt, zum Wackeln bringen.

Skifahrern bietet der Große Kornberg neben zwei insgesamt rund 14 km langen Loipen um den Berg auch recht gute Abfahrtsmöglichkeiten.

❷ **Selb** Das Porzellan hat diese Stadt berühmt und reich gemacht. Den Grundstein zu diesem Wohlstand hatte 1857 Lorenz Hutschenreuther mit der Gründung seiner Porzellanfabrik gelegt.

Mit ihrem wuchtigen Bergfried beherrscht die stark zerfallene Burg Thierstein die Silhouette des gleichnamigen Ortes.

Südöstlich der Stadt erstreckt sich das Naturschutzgebiet Häuselloh, ein weitgehend naturbelassenes Hochmoor, das vom Stadtteil Neuhof aus über den Selber Häusellohweg zu erreichen ist. Kurz vor dem Forsthaus Häusellohe befindet sich linker Hand ein Schausteinbruch. Dieses Industriedenkmal um einen 1898 erbauten Steinkran und eine riesige, noch betriebstüchtige Steinsäge herum illustriert den früheren Arbeitsalltag im Granitbruch.

ℹ Stadtverwaltung, Ludwigstr. 6, 95100 Selb, Tel. 0 92 87/88 30.

❸ **Zell** Die Marktgemeinde westlich des Großen Waldsteins zeigt nach verheerenden Bränden im 19. Jh. ein Ortsbild, das kaum mehr als 150 Jahre alt ist. Im Rathaus hat der Verein Naturpark Fichtelgebirge ein Informationszentrum eingerichtet. Südwestlich von Zell erhebt sich der Haidberg (693 m). Er bietet zwei Besonderheiten: Zum einen lenkt der Magnetit, der in den grünblauen Serpentinit dieses Bergrückens eingelagert ist, jede Kompaßnadel von ihrem rechten Nordkurs ab. Zweite Besonderheit ist ein Steinbruch an der Flanke des Haidberges, in dem der Serpentinit bis 1983 abgebaut wurde. Heute ist dieser Steinbruch gesperrt, denn er hat sich inzwischen zu einem Rückzugsgebiet für selten gewordene Tiere wie felsenbrütende Vogelarten und Kreuzotter entwickelt. Anschaulich erklärt und auch erschlossen wird das Gebiet – ohne den Steinbruch – durch den Naturlehrpfad Haidberg.

Von Zell aus nach Südosten gelangt man zur Quelle der Sächsischen Saale. Sie liegt im Münchberger Stadtwald, kaum 5 Minuten vom Wanderparkplatz entfernt. Zum Markt Zell gehört auch das (nordwestlich außerhalb des Parks gelegene) Kleinlosnitz mit dem sehenswerten Oberfränkischen Bauernhofmuseum (Di–Fr 13–16, Sa und So 13–17 Uhr geöffnet, Mitte November–Dezember geschlossen)

ℹ Marktverwaltung, 95239 Zell, Tel. 0 92 57/5 35.

❹ **Großer Waldstein** Bequem mit dem Auto erreichbar und durch viele Wanderwege erschlossen ist dieser 880 m hohe Aussichtsberg, der mit die schönste Rundumsicht im Fichtelgebirge bietet. Seinen Gipfel bildet die sog. Schüssel, ein gewaltiger Haufen übereinandergeschichteter Granitblöcke, deren oberster Stein einst die Form einer Schüssel zeigte. Für einen Besuch des bayerischen Königs Max II. hatte man diese Schüssel Mitte des vorigen Jahrhunderts zurechtgemeißelt und mit einer überdachten Aussichtskanzel überbaut, von deren Nachfolgerin man auch heute noch einen ausgezeichneten Blick hat. Nicht weniger eindrucksvoll sind bizarre Felsgebilde wie Teufelstisch und Waagstein. Unterhalb des Gipfels liegt die Ruine des seit 1523 zerstörten Roten Schlosses sowie der Wendische Wall, Rest der um 1100 hier errichteten ersten Burg. Das *Waldsteinhaus,* ein 1853 erbautes Forsthaus, ist heute Gaststätte mit Übernachtungsmöglichkeit. Auf einen interessanten Bau trifft man beim Abstieg in Richtung Zell: auf einen Bärenfang aus dem 17. Jh. Die Markgrafen von Bayreuth ließen in diesem Steinbau mit zwei Falltüren Bären lebendig fangen, um mit ihnen eine Bärenhatz veranstalten zu können.

❺ **Epprechtstein** Wie ein kleiner Bruder des Großen Waldsteins (siehe ❹) wirkt der nur 5 km entfernte Epprechtstein. Der 799 m hohe Berg wird von einer teilweise restaurierten Burgruine gekrönt, von der aus sich ein fast unbehinderter Rundblick bietet. Markant grüßen im Südwesten über die glitzernde Fläche des Weißenstädter Sees hinweg Schneeberg und Ochsenkopf, während im Nordwesten das Auge bis in den Frankenwald schweift. Unterhalb der Burg steht ein großer steinerner Tisch, umgeben von Steinbänken. Er wurde 1805 aus Anlaß eines Besuchs von König Friedrich Wilhelm III. und seiner Gemahlin Luise als Picknickplatz errichtet und heißt seither Luisensitz. Außerdem findet man rund um den Epprechtstein zahlreiche Steinbrüche: Dieser Berg weist einen besonders großen Reichtum an unterschiedlichen Mineralarten auf.

❻ **Thierstein** Das Fichtelgebirge ist äußerst reich an Burgen. Eine der ältesten und schönsten dieser Wehranlagen ist die Burg Thierstein, 1343 erstmals genannt. Nach dem 30jährigen Krieg verfiel sie langsam.

Eine Laune der Natur: der aus Granit herausgewitterte Teufelstisch auf dem Großen Waldstein.

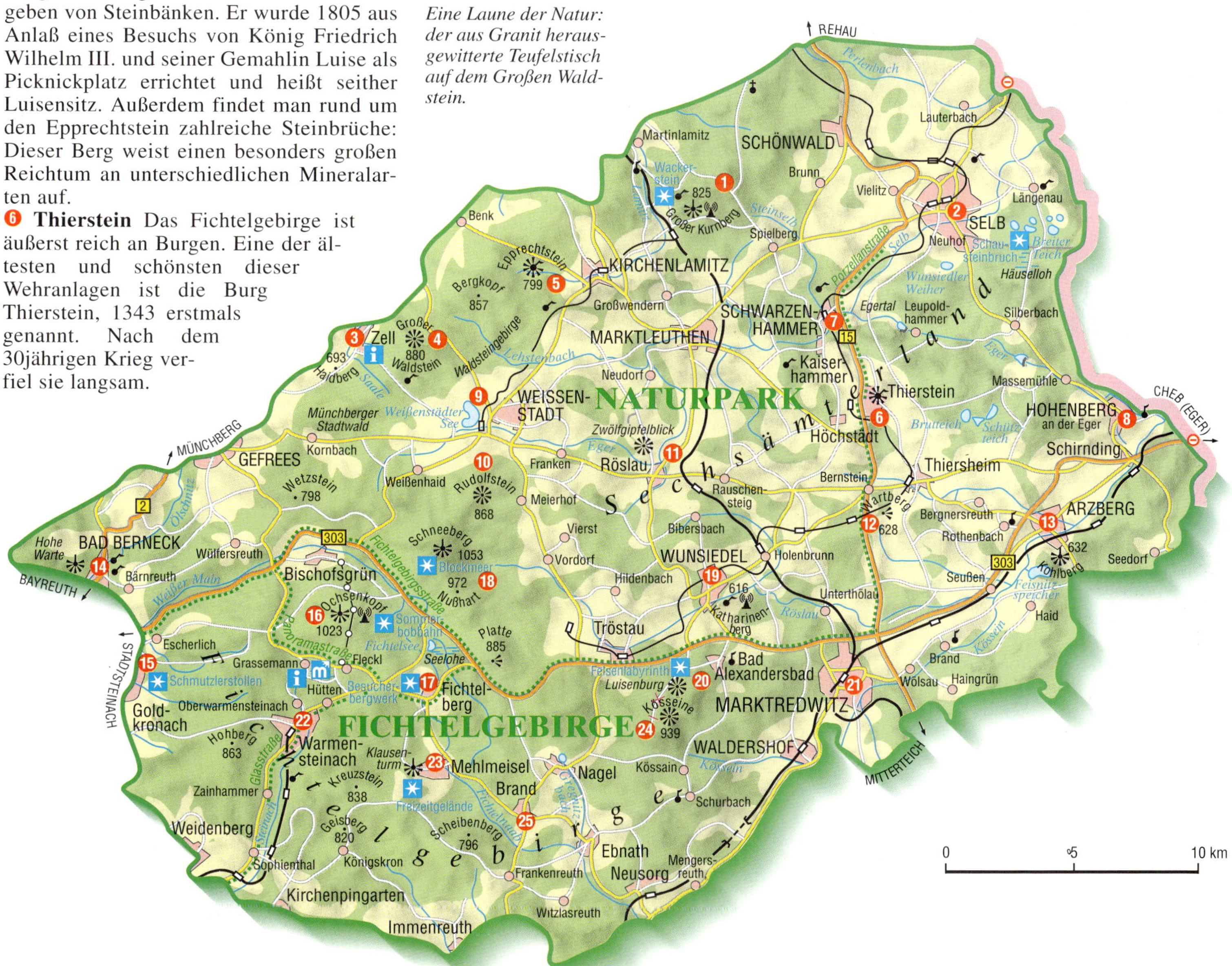

Heute ist von der einst stolzen Burg außer einigen Außenmauern nur noch der 24 m hohe, runde Bergfried erhalten. Man kann ihn besteigen – Schlüssel beim Burgwart unterhalb der Burg an der Burgstraße – und hat von oben einen grandiosen Rundblick über das Fichtelgebirge und nach Böhmen.
i Gemeindeverwaltung, 95199 Thierstein, Tel. 0 92 35/2 32.

7 Egertal Einem ganzen Land hat dieser Fluß, der am Nordabhang des Schneeberges entspringt, seinen Namen gegeben: dem Egerland. Einer seiner schönsten Talabschnitte aber liegt noch im Fichtelgebirge, zwischen Marktleuthen und Hohenberg an der Eger. 20 km lang kann man hier den Fluß entlangwandern.

Der landschaftlich reizvollste Teil beginnt bei Schwarzenhammer. Immer wieder trifft man am Flußlauf auf kleine Mühlen und Wasserkraftwerke. Höhepunkte sind der Stausee vor Leupoldhammer und der von Granitfelsen und Wäldern begleitete Weg bis Massemühle.

8 Hohenberg an der Eger Unmittelbar an der Grenze zum Egerland in der Tschechischen Republik liegt diese Kleinstadt mit ihrer ausgezeichnet erhaltenen, weithin sichtbaren Burg. Sie ist in Privatbesitz und kann außen besichtigt werden. In dem beschaulichen Städtchen erkämpfte sich zu Anfang des letzten Jahrhunderts Carl Magnus Hutschenreuther gegen die damalige Monopolgesellschaft, die Königliche Manufaktur Nymphenburg, das Recht, als bürgerlicher Unternehmer Porzellan herstellen zu dürfen. Sein Sohn errichtete etliche Jahre später dann einen weiteren Betrieb in Selb (siehe 2). Auf dem Gelände der Porzellanfabrik wurde das Museum der Deutschen Porzellanindustrie eingerichtet, eine faszinierende Sammlung der verschiedensten Arten von Porzellan (außer Mo täglich 10–17 Uhr geöffnet).
i Fremdenverkehrsverein, 95691 Hohenberg an der Eger, Tel. 0 92 33/16 04.

Im letzten Jahrhundert fast verschwunden, hat sich der Weißenstädter See heute zu einem beliebten Erholungsgewässer entwickelt.

9 Weißenstädter See Eine bewegte Geschichte hat dieser See. Angelegt wurde er bereits im Mittelalter – als „Triebwerksweiher“, dessen Wasser mehrere Mühlen und Hammerwerke antrieb. 1820 legte man ihn ganz trocken und nutzte die verlandeten Flächen zum Torfstich. 1975–80 wurde er renaturiert und ist heute mit 50 ha der zweitgrößte Freizeitsee Nordostbayerns: Man kann baden, surfen, segeln, angeln und Boote mieten.

Die Stadt ist ein traditionelles Zentrum der Hartsteinveredelung. Als die seit Jahrhunderten betriebenen Zinnbergwerke nicht mehr rentabel waren, erfand der Weißenstädter Erhard Ackermann Mitte des 19. Jh. die Granitveredelung. Es gelang ihm, dieses Gestein so fein zu polieren, daß es sogar vor den Augen von König Ludwig I. bestehen konnte: Dieser ließ 72 polierte Weißenstädter Granitsäulen in die Befreiungshalle bei Kelheim einbauen.
i Städtisches Verkehrsamt, Kirchplatz 1, 95163 Weißenstadt, Tel. 0 92 53/7 11.

10 Rudolfstein Kaum ein Gipfel im Fichtelgebirge ist so mit Steinen übersät wie dieser. Locker übereinandergeschichtete Granitblöcke wirken bisweilen so, als seien sie von Riesen aufeinandergetürmt worden. Im Mittelalter wurde hier eine Burg errichtet, wobei die Felstürme mit Ziegelmauern ver-

Wie Stapel von Pfannkuchen muten die Felstürme am Rudolfstein an, die aus dem klüftigen Gestein herausmodelliert wurden.

Die hölzernen Kolonnaden des Kurparks von Bad Berneck lassen etwas Atmosphäre der Jahrhundertwende aufkommen.

bunden wurden. Auf den höchsten (868 m) der Felsen hat man später eine Holztreppe gebaut, die vor allem nach Norden, über Weißenstadt und zum Großen Waldstein, einen schönen Ausblick bietet.

⓫ **Röslau** Der flach ansteigende, 602 m hohe Hügel mit dem weiten Rundblick nördlich der gleichnamigen Gemeinde wurde jüngst unter dem Namen Zwölfgipfelblick zum Mittelpunkt des Fichtelgebirges erklärt. In der Tat ist hier ein Dutzend der bedeutendsten Erhebungen des Fichtelgebirges zu überblicken. Man schaut auf eine Landschaft mit Wäldern, landwirtschaftlich genutzten Flächen und kleinen Weilern. Der Aussichtspunkt selbst ist als Brotzeitplatz mit Ruhebänken und Kinderspielgeräten ausgestattet.

⓬ **Wartberg** Interessant ist dieser Basaltkegel eher aus historischer Sicht: Markgraf Alexander von Bayreuth ließ auf dieser aus der sanften Landschaft südlich von Thiersheim ansteigenden Kuppe einen – längst abgebrochenen – Lichtsignalturm errichten, von dem aus die Annäherung von Feinden zu weiteren Stationen auf dem Schneeberg oder dem Katharinenberg signalisiert werden konnte. Die Aussichtsplattform, die man hier vor Jahrzehnten auf einen Wasserbehälter setzte, ist mittlerweile derart eingewachsen, daß man nur noch nach Südosten in einem schmalen Sektor einen freien Ausblick genießen kann.

⓭ **Arzberg** Die bekannte Porzellanstadt besitzt eine gut erhaltene Kirchenburganlage aus dem 15. Jh. Das hübsche Volkskundliche Gerätemuseum im Ortsteil Bergnersreuth zeigt bäuerliche und handwerkliche Arbeitsgeräte (Mai–Oktober täglich außer Mo geöffnet). Südlich der ehem. Erzbergbaustadt erhebt sich der Kohlberg (632 m). Von der Waldenfelswarte aus, einem stählernen Aussichtsturm auf seinem Gipfel, blickt man auf die Stadt, weit hinein nach Böhmen und in die Oberpfalz. Zu Füßen des Kohlberges liegt der Feisnitzspeicher, der Kühlwasserspeicher für das Kraftwerk Arzberg. Am Ufer befindet sich ein Campingplatz. Für den See sind Angelkarten erhältlich; gebadet werden darf nur in einem Teil des Gewässers.

Wenige Kilometer südöstlich, schon außerhalb des Naturparks, steht auf einem breiten Höhenrücken die Wallfahrtskirche Kappel. Dem Barockbaumeister Georg Dientzenhofer ist mit diesem Werk, in dem wesentliche Elemente wie Türme, Altäre und Apsiden dreifach vorkommen, eine geniale bauliche Umsetzung des Gedankens der Heiligen Dreifaltigkeit gelungen.

ℹ Stadtverwaltung, 95659 Arzberg, Tel. 09233/4040.

⓮ **Bad Berneck** Lang zieht sich das traditionsreiche Kurstädtchen mit schönem Ortsbild vom breiten Tal des Weißen Mains aus in das enge Ölschnitztal hinauf, begleitet von malerischen Ruinen auf den Höhen. Unmittelbar oberhalb des Städtchens erhebt sich die Hohe Warte, ein Aussichtsturm mit schönem Rundblick. Attraktiv für Freunde seltener Bäume ist der in der Nähe des Kurmittelhauses angelegte Rotherspark mit zahlreichen einheimischen und exotischen Bäumen.

ℹ Städtische Kurverwaltung, Bahnhofstr. 77, 95460 Bad Berneck, Tel. 09273/9250.

⓯ **Goldkronach** In dem alten Bergstädtchen hat man tatsächlich früher nach Gold geschürft. Ein nach dem Naturforscher Alexander von Humboldt benannter Goldbergbau-Lehrpfad führt zu allen wichtigen Stationen des Goldkronacher Bergbaus. Der Schmutzlerstollen ist als Besucherstollen eingerichtet und kann von Mai bis September jeden So 10–16 Uhr besichtigt

Auf den Boden kommt es an

Welche Pflanzen im Unterwuchs eines naturnahen Waldes gedeihen, hängt von vielen Umweltfaktoren wie Lichtverhältnissen, Höhe, Niederschlagshäufigkeit und Temperaturschwankungen ab. Im Fichtelgebirge wird ein weiterer Faktor deutlich: der pH-Wert des Bodens. Er gibt an, wie sauer oder basisch der Untergrund ist.

Saure Böden, wie sie über Granit und Gneis entstehen, gelten als verhältnismäßig artenarm. Neben Moosen und Farnen sind aber auch einige botanische Raritäten zu finden wie etwa der Siebenstern (er ziert das Naturparkwappen), das Wintergrün und der Waldwachtelweizen (Bild), dazu die verbreiteten Zwergsträucher Preiselbeere und Heidelbeere.

Über Basalt, Diabas und Kalksilicat sind die Böden dagegen basisch und relativ artenreich. Sie erfreuen mit botanischen Schönheiten wie Schlüsselblume, Sonnenröschen und Gefranstem Enzian, aber auch mit der spektakulären Großen Händelwurz. Sie kann eine Höhe von 60 cm erreichen und trägt Dutzende rotvioletter bis rosafarbener Blüten in typischer Orchideenform.

werden. Eine interessante Ergänzung dazu ist das Heimatmuseum von Goldkronach (15. März bis 4. Advent jeden So von 14 bis 17 Uhr geöffnet).

i Stadtverwaltung, Marktplatz, 95497 Goldkronach, Tel. 0 92 73/98 40.

⑯ **Ochsenkopf** Der Ochsenkopf (1023 m) ist zwar nicht der höchste, aber der berühmteste Berg des Fichtelgebirges. An seiner Ostflanke entspringen Weißer Main und Fichtelnaab. Bergbahnen führen von Bischofsgrün im Norden und vom südlich gelegenen Ort Fleckl auf den Gipfel. Der kürzeste Fußweg beginnt am Wanderparkplatz oberhalb von Bischofsgrün. Ein weiterer Ausgangspunkt für den Aufstieg, der sich mit einem Besuch der Weißmainquelle verbinden läßt, ist das ehem. Forst- und jetzige Gasthaus *Karches* an der B 303 südöstlich von Bischofsgrün. Auf dem Gipfel des Ochsenkopfes steht seit 1923 der Asenturm mit Berggaststätte und weitem Rundblick. Der 186 m hohe Fernsehturm daneben wurde 1958 errichtet.

Der Ochsenkopf ist auch der vielseitigste Wintersportberg im Fichtelgebirge. Er bietet neben zahlreichen Langlaufloipen und kleineren Abfahrtsmöglichkeiten immerhin eine mit 2,3 km Länge fast schon alpine Abfahrt. Rodelvergnügen ohne Schnee garantiert eine Sommerbobbahn.

i Kurverwaltung, Hauptstr. 27, 95493 Bischofsgrün, Tel. 0 92 78/12 92.

⑰ **Fichtelberg** Das einstige Bergbaudorf am Südosthang des Ochsenkopfes hat sich zum Urlaubs- und Luftkurort entwickelt. Attraktiv ist hier vor allem die Seelohe mit dem Fichtelsee. Dieses Naturschutzgebiet umfaßt ein in Resten erhalten gebliebenes, 45 ha großes Hochmoor, an dessen Südende der Fichtelsee liegt, ein beliebtes Ausflugsziel. Der See wurde 1985 nach Süden hin erweitert, nicht zuletzt im Interesse der Surfer, Badefreunde und Kahnfahrer, die sich hier seither in großer Zahl einfinden. Zugleich wird auf diese Weise das wertvolle Naturschutzgebiet vom Besucherandrang entlastet.

Östlich von Fichtelberg erhebt sich die 885 m hohe Platte. Ihr Gipfel besteht aus einem ausgedehnten Geröllfeld aus verschieden stark verwitterten Granitplatten und bietet vor allem nach Osten eine weite Aussicht.

An Fichtelbergs bergmännische Vergangenheit erinnert das Schaubergwerk *Gleißinger Fels* an der Straße vom Ortsteil Neubau nach Grassemann. 500 Jahre lang wurde hier Silbereisen abgebaut (April bis Oktober täglich geöffnet, sonst an Wochenenden).

i Verkehrsamt, Bayreuther Str. 4, 95686 Fichtelberg, Tel. 0 92 72/9 70 32.

⑱ **Nußhart** Zu dem 972 m hohen Gipfel geht es vom Wanderparkplatz an der B 303 durch den Wald zunächst zum Gasthaus *Seehaus*. Der Gipfel des Nußharts, der vom *Seehaus* in 30 Minuten zu erreichen ist, besteht aus Gneis- und Granitfelsen, deren höchster über eine Holztreppe bestiegen werden kann. Wer dem Weg nun weiter in Richtung Bischofsgrün folgt, der trifft auf das Blockmeer am Haberstein, das größte des Fichtelgebirges.

⑲ **Wunsiedel** Traditionsreicher Mittelpunkt des Fichtelgebirges ist diese Stadt. Charakteristisch sind die zahlreichen Brunnen im Stadtgebiet, die jedes Jahr am Samstag vor Johanni (24. Juni) Schauplatz fröhlicher Brunnenfeste sind. Auch Wunsiedel hat eine Bergbauvergangenheit: Hauptsächlich Zinn und Marmor wurden hier gewonnen. Exponate aus Bergbau und Industrie werden im sehenswerten Fichtelgebirgsmuseum neben der Spitalkirche gezeigt, dazu volkskundliche Sammlungen und die größte Mineraliensammlung Süddeutschlands. Erinnert wird auch an den Dichter Jean Paul, der 1763 hier geboren wurde.

i Verkehrsamt, Jean-Paul-Str. 5, 95632 Wunsiedel, Tel. 0 92 32/60 21 62.

⑳ **Luisenburg** Bekannt ist sie vor allem als älteste Freilichtbühne Deutschlands, doch auch ohne gespieltes Theater bietet die Luisenburg ein dramatisches Schaustück. Für dieses größte Felsenlabyrinth Deutschlands fehlten selbst Goethe die passenden Worte: „Zahllose, alle Beschreibung und Einbildungskraft überragende, in sich zusammengestürzte und getürmte Fels-

Weit ausladend ist der rundliche, waldbedeckte Ochsenkopf, an dessen Fuß sich der Luftkurort Bischofsgrün schmiegt.

Es muß kein Schnee liegen, damit man rasant zu Tal sausen kann – die Sommerbobbahn am Ochsenkopf macht's möglich.

massen, ein Anblick, dessengleichen mir auf allen Wanderungen niemals vorgekommen ist.“ Sogleich befaßte er sich intensiv mit der Entstehungsgeschichte dieser vielgestaltigen Ansammlung von Granitfelsen und stellte die heute als richtig erkannte These auf, sie sei durch die unterschiedlich schnelle Verwitterung der verschiedenen Gesteinsarten entstanden. Heute kann man oberhalb der Freilichtbühne in dieses bizarre, gut erschlossene Labyrinth einsteigen und es in einem etwa 1stündigen, teilweise mühsamen Weg durchsteigen. Höhepunkt ist der über die steile Teufelstreppe erreichbare, 785 m hohe Versöhnungsfelsen mit weitem Ausblick.

Bis in das Jahr 1692 geht die Tradition des Freilichttheaters auf der Luisenburg zurück. Seit 1890 finden hier regelmäßig Aufführungen statt (Mitte Juni–Mitte August).

21 **Marktredwitz** Zu Zeiten, als die Grenze nach Osten hin noch nahezu undurchdringlich war, bauten heimatvertriebene Egerländer hier, nur wenige Kilometer von ihrer alten Heimat entfernt, ein Museum zur Volkskunde und Kulturgeschichte des Egerlandes auf. Es hat sein Domizil im 1973 eröffneten Egerland-Kulturhaus und ist Mi, Sa und So 14–17 Uhr geöffnet.

i Verkehrsbüro, Markt 29, 95615 Marktredwitz, Tel. 0 92 31/50 11 28.

22 **Warmensteinach** Südlich des Ochsenkopfes liegt dieser weitläufige Erholungsort, der sich auch im Winter großer Beliebtheit erfreut. Wirtschaftlicher Schwerpunkt ist neben dem Fremdenverkehr die Glasproduktion. Im sog. Freizeithaus befindet sich ein Glasmuseum, das die Geschichte der Glasherstellung, einen historischen Glasschmelzofen und vielerlei Glasprodukte zeigt (Mi 15–17 Uhr geöffnet).

Im nördlich gelegenen Ortsteil Grassemann wurde ein kleines Freilandmuseum eingerichtet. Es umfaßt auch eine Informationsstelle des Vereins Naturpark Fichtelgebirge samt einer ständigen Ausstellung zur Geschichte der Waldnutzung (Mai–Oktober täglich außer Mo geöffnet, Dezember bis April nur Sa und So 14–16 Uhr).

Im Ortsteil Oberwarmensteinach beginnt an der Jugendherberge ein 4,5 km langer Naturlehrpfad.

i Verkehrsamt, Oberwarmensteinacher Str. 3, 95485 Warmensteinach, Tel. 0 92 77/ 14 01.

23 **Mehlmeisel** Südwestlich dieses beliebten Erholungsortes liegt zwischen Scheibenberg und Kreuzstein das *Bayreuther Haus*. Rund um dieses bewirtschaftete Berggasthaus ist ein vielseitiges Freizeitgelände entstanden. Im Winter ist das Haus Gipfelstation für zwei Skilifte und Ausgangspunkt mehrerer Langlaufloipen. Im weiteren Umkreis um das *Bayreuther Haus* verteilen sich im Wald einige Spiel- und Rastplätze, eine Kneippanlage, verschiedene Tiergehege sowie ein Waldmuseum (täglich geöffnet, bei Regen geschlossen). Am Gasthaus nehmen auch mehrere Wanderwege ihren Ausgang; in etwa 10 Minuten erreicht man von hier aus den 46 m hohen Klausenturm mit Ausblick auf das gesamte Fichtelgebirge und den Steinwald.

i Verkehrsamt, Hauptstr. 46, 95694 Mehlmeisel, Tel. 0 92 72/97 90 13.

24 **Kösseine** Als schönster Aussichtsberg im Fichtelgebirge wird die 939 m hohe Kösseine oft bezeichnet, deren Gipfel gewaltige Granitbrocken bedecken. Auf dem höchsten dieser Felsen hat man 1924 eine Art Aussichtspavillon errichtet, der einen nahezu vollständigen Rundumblick ermöglicht. Etwas unterhalb liegt ein ganzjährig bewirtschaftetes Unterkunftshaus. Nördlich schließt sich der bewaldete Gipfel der Kleinen Kösseine (922 m) an, an deren Flanken Granit abgebaut wird.

25 **Brand** Bereits zur Oberpfalz gehört dieser Erholungsort. Hier wurde 1873 der Komponist Max Reger geboren. Im Rathaus ist ein Zimmer mit Erinnerungen an den großen Musiker eingerichtet (Mo, Mi, Fr 9–12, Do 14–17 Uhr geöffnet). Eine besonders schöne Wanderung führt durch das östlich gelegene Tal des Gregnitzbaches.

i Gemeindeverwaltung, 95682 Brand, Tel. 0 92 36/2 30.

Ein merkwürdiges Moos

Im Fichtelgebirge ist – wie in einigen wenigen anderen Mittelgebirgen Deutschlands – eine in mehrfacher Hinsicht höchst merkwürdige Pflanze zu entdecken: das Leuchtmoos, das die Wissenschaftler *Schistostega pennata* nennen (Bild).

In dunklen Erdhöhlen und Felslöchern gedeiht das Gewächs, das – der Name deutet es schon an – zu leuchten scheint. Tatsächlich produziert es kein Licht; diese Kunst beherrschen im Pflanzenreich nur einige Algen und Pilze. Es besitzt vielmehr linsenförmige Zellen, die das wenige, für die Photosynthese so dringend benötigte Licht sammeln. Dazu richten sich die Zellen in Richtung der Lichtquelle aus. Ein Teil des Lichts wird reflektiert. Diese Lichtreflexe nimmt der Betrachter als Leuchten wahr.

Eine zweite Besonderheit weist die Pflanze in ihrer Entwicklung auf. Die Laubmoose, zu denen das Leuchtmoos gehört, entwickeln sich nicht direkt aus den Sporen, die etwa den Samen der höheren Pflanzen entsprechen. Aus der Spore treibt vielmehr ein Vorkeim, das Protonema. Erst aus ihm wächst dann die eigentliche Moospflanze, und der Vorkeim stirbt ab. Anders beim Leuchtmoos: hier bleibt der Vorkeim lange Zeit erhalten, wächst und gedeiht – und leuchtet.

Einen der schönsten Ausblicke im Fichtelgebirge kann man von der Terrasse des Berghauses auf der Kösseine genießen.

Naturpark Steinwald

Eine eigenartige Verbindung sind Felsen und Fichten in diesem weiten Waldland eingegangen. Bizarre Granitformationen und gewaltige Felder mit wirr durcheinandergeworfenen Felsen begeistern den Wanderer ebenso wie die ruhigen Wälder oder die sanften Hügel in den Randgebieten des Naturparks.

Reich an idyllischen, zwischen bewaldeten Bergen und Hügeln versteckten Gewässern ist der Steinwald wie hier bei Friedenfels.

❶ **Platte** Die höchste Erhebung des Steinwaldes ist vollständig mit Wald bedeckt. So gab es bis 1972 von ihrem kaum auszumachenden, 946 m hohen Gipfel aus auch keinerlei Aussicht; dann aber errichtete der Verein Naturpark Steinwald den Oberpfalzturm, der 26 m in die Höhe ragt und einen freien Rundblick ins Stiftland und in den Böhmerwald sowie in den Oberpfälzer Wald, die Fränkische Alb und ins Fichtelgebirge bietet. Interessant ist im nördlichen Bereich der Platte das Katzentrögel, eine seltsam geformte Felspartie. Man kann sie über eine Treppe besteigen. Auf die Platte gelangt man zu Fuß von der Ruine Weißenstein oder von Pfaben aus (siehe ❷ und ❺).

❷ **Ruine Weißenstein** Reizvoll ist die Wanderung vom Parkplatz an der Straße von Friedenfels nach Poppenreuth durch prächtigen Mischwald hinauf zur Ruine der Burg Weißenstein. Am Weg, am Fuß des Burgfelsens, steht der Kiebitzstein, ein mächtiger Granitfelsen, dessen Form an einen Kiebitzschnabel erinnert. Die Ursprünge der Burg auf ihrem 863 m hohen Felsen gehen auf das 12. Jh. zurück; heute ist kaum mehr als der Stumpf des Bergfrieds übriggeblieben. Darauf steht ein kleiner, über eine Holztreppe erreichbarer Aussichtsturm. Der Ausblick ist freilich durch Baumwipfel stark eingeschränkt, nur nach Süden ist er einigermaßen frei. Burg Weißenstein wurde von ihren Bewohnern, dem Geschlecht der Notthafft von Weißenstein, bereits Mitte des 16. Jh. verlassen; seither hat die Natur den Platz wieder erobert.

Von hier kann man in 30 Minuten zur Platte (siehe ❶) weiterwandern. Dabei passiert man die 1974 erbaute Dreifaltigkeitskapelle, die den Wanderer zu stiller Andacht einlädt. Einige Kilometer östlich gibt es bei Fuchsmühl einen kleinen Waldbadesee. Bei schönem Wetter herrscht vor allem am Wochenende allerdings ein starker Andrang.

❸ **Wiesauer Waldseen** Südlich des ruhigen Marktes Wiesau mit seiner sehenswerten Kreuzbergkirche aus dem 17. Jh. breitet sich ein ausgedehntes Teich- und Weihergebiet aus. Die Gewässer dienen z. T. der Fischzucht. Eine Gruppe dieser Seen, bei der Ortschaft Schönhaid im Nordosten des Gebietes, hat man aber bereits in den 70er Jahren nach einem „Modellplan Wiesauer Waldseen“ umweltverträglich zum Naherholungsgebiet umgestaltet. Neben den Badeseen mit ihren weitgehend naturbelassenen Ufern wurden Liegewiesen, ein Trimm-dich-Pfad, ein hübscher Kinderspielplatz und verschiedene Rastplätze angelegt. Lichter Mischwald umrahmt die schön gelegenen Freizeiteinrichtungen.

Recht bekannt war einst das Ottobad, 1 km westlich von Wiesau. Seine Heilquellen wurden bereits 1542 entdeckt, aber erst ab 1835 genutzt. Der Kurbetrieb endete im Zweiten Weltkrieg. Heute wird das Wasser aus den Ottoquellen als Mineralwasser vermarktet. An die Kurortzeit erinnert nur noch der hübsche Park.

ℹ Verkehrsamt, Marktplatz 1, 95676 Wiesau, Tel. 0 96 34/9 20 00.

❹ **Armesberg** Kühn reckt sich der Basaltschlotkegel des Armesberges aus dem fruchtbaren Keuperland um Kemnath am westlichen Rand des Steinwaldes empor.

Zu wunderlichen Formen ist das Granitgestein verwittert, und so wurden den Felsen oft auch phantasievolle Namen gegeben: hier die Zipfeltannenfelsen bei Pfaben.

Seine Kuppe krönt seit 1678 eine Kirche. Der heutige klassizistische Rundbau mit seinem Sandsteinturm stammt aus dem Jahr 1836 (Gottesdienste Mai–November So und an Feiertagen 10 Uhr; Kirche ansonsten geschlossen). Trotz seiner exponierten Lage bietet der 731 m hohe Armesberg – auch wenn manche Reiseführer dies behaupten – keine Aussicht: Rundum ist sein Gipfel von einem dichten Baumgürtel umgeben. Lediglich von der unterhalb gelegenen Gaststätte (mit Parkplatz und Kinderspielplatz) hat man nach Südosten hin einen weiten Ausblick über die sanft gewellte Landschaft der Ausläufer des Steinwaldes.

5 Pfaben Der kleine Ort etwa 4 km nördlich von Erbendorf ist Ausgangspunkt für eine Fülle von Wanderungen, etwa zum Saubadfelsen oder zur Platte (siehe 1).

Vom Wanderparkplatz nordwestlich des Weilers geht u. a. ein sehr informativer Waldlehrpfad aus. Er zeigt, daß es hier neben Fichten auch Tannen, Kiefern und Lärchen und zwischendurch sogar Buchen gibt. Der Pfad führt mitten hinein ins Gebiet der Zipfeltannen- und der Saubadfelsen: Gerade diese Gruppen hoch aufgetürmter oder auch wild durcheinandergeworfener Felsen haben dem Gebiet den Namen Steinwald gegeben.

Der Saubadfelsen (858 m) bietet von einer Plattform aus vor allem in westliche Richtung einen weiten Ausblick. Von hier sind es dann noch etwa 10 Minuten Gehzeit bis zum Waldhaus, einem ehem. Forsthaus. In dessen Nähe wurden am Südhang der Platte ein weitläufiges Rotwildgehege und ein Kinderspielplatz eingerichtet. Zur Platte selbst wandert man von dort aus noch etwa 45 Minuten.

Von Pfaben aus in westlicher Richtung gelangt man zu den Räuberfelsen, an denen sich geübte Kletterer versuchen können, und zum Vogelfelsen, an dem sich die Verwitterung des Granitgesteins eindrucksvoll beobachten läßt. Das Gebiet um Pfaben ist mit seinen Loipen auch ein beliebtes Wintersportgebiet.

i Verkehrsamt, Bräugasse 4, 92681 Erbendorf, Tel. 0 96 34/23 27.

6 Ruine Waldeck Wer heute durch die Ruinen auf dem 641 m hohen Schloßberg wandert, der ahnt an diesem stillen Ort kaum etwas von dessen früherer Bedeutung. Dabei sind die wenigen verbliebenen Mauern – der vor einigen Jahren begonnene Wiederaufbau ist mittlerweile ins Stocken geraten – Teil einer einst wichtigen kurbayerischen Grenzfestung. Schon im 9. Jh. entstand hier die erste Befestigung, ausgebaut wurde sie im späten Mittelalter. Im Verlauf des Spanischen Erbfolgekrieges eroberten dann 1704 kaiserliche Truppen Burg Waldeck und zerstörten die Anlage.

Leben auf Felsen

Völlig nackt sind sie selten, die Felsen und Blockmeere im Steinwald. Vielmehr gedeihen auf ihnen Algen und vor allem Flechten (Bild), die sich am Stein festkrallen und scheinbar ohne Erde und Nährstoffe auskommen sowie extreme Temperaturunterschiede und anhaltende Trockenheit ertragen.

Flechten sind seltsame Doppelwesen: Sie bestehen aus einem Pilz und einer Alge. Die beiden sind eine so innige Partnerschaft (Symbiose) eingegangen, daß man sie von außen gar nicht mehr auseinanderhalten kann. Die Alge betreibt Photosynthese, versorgt die Pflanze also mit Energie. Der Pilz nimmt Feuchtigkeit auf und sorgt mit seinen wurzelartigen Organen dafür, daß die Flechte haften kann.

Krustenflechten wachsen meist sehr langsam; 1 mm pro Jahr ist schon viel. Eine Flechte von der Größe eines Fünfmarkstücks ist also um die 30 Jahre alt.

Aus den Steinen der niedergerissenen Burg aber bauten die Waldecker ihren ebenfalls zerstörten Marktort wieder auf. Die Fresken ihrer neuen Barockkirche ließen sie sich durch keine Geringeren als die Gebrüder Asam malen. Heute streift der Blick vom Schloßberg vor allem nach Süden frei über das gewellte Land.

7 Tannenlohe Unmittelbar an der B 299, die in diesem Gebiet die Grenze des Naturparks bildet, liegt Tannenlohe, heute eine Jugendherberge. Vom dortigen Parkplatz aus führen mehrere Wanderwege, darunter ein Waldlehrpfad, ins ebenfalls etwas außerhalb des Naturparks gelegene Tal der Tirschenreuther Waldnaab. Das enge Tal steht ab der Hammermühle bei Falkenberg auf rund 8 km Länge unter Naturschutz. Seine Uferhänge sind vom Wechsel steiler Felspartien und dichter Fichtenwälder geprägt, am Ufer selbst säumen Laubbäume den sprudelnden Flußlauf. Flußbett und Talboden sind bedeckt von unzähligen Granitblöcken, so als hätten Riesen sie aus Übermut in die Schlucht geworfen. Ihre eigenwilligen Formen regten die Menschen zu phantasievollen Namen an: Amboß, Flaschenbovist oder Tischbein heißen einige dieser Felsen.

Naturpark Hessenreuther und Manteler Wald

In dieser stillen Gegend, die beherrscht ist vom weithin sichtbaren Basaltkegel des Parksteins, wird der Besucher von der Natur in ihren Bann gezogen, etwa auf Wanderungen durch dichte Wälder und entlang ausgedehnten, von blütenreichen Wiesen umgebenen Teichanlagen.

Ruhig und unbewegt liegt, von dichtem Wald umsäumt, ein kleiner, dunkler Moorweiher im Zentrum der Gscheibten Loh. Das Naturwaldreservat bietet dem Naturfreund eine besondere Rarität: die Spirke.

❶ **Hessenreuth** Auf einer großen Rodungslichtung mitten im Hessenreuther Wald liegt das kleine Dörflein, das dem Forst seinen Namen gegeben hat. Die nahe gelegenen Parkplätze an der B 299 sind Ausgangspunkt für zahlreiche Wanderstrecken im Gebiet des 713 m hohen Hesserberges. So verläuft auch der große Main-Donau-Wanderweg durch das Dorf und quert beim Gasthof *Schraml* die Bundesstraße. Der Hesserberg, eher ein langgezogener Höhenrücken, ist vollständig mit Wald bedeckt und bietet trotz seiner Höhe kaum eine Aussicht, dafür aber viele Möglichkeiten der Ruhe und Entspannung auf wenig begangenen Wegen. In dem schönen und stillen Forst mischen sich schon vielerorts zahlreiche Kiefern unter die immer noch vorherrschenden Fichten, und in den Aufforstungsgebieten wächst ein artenreicher Mischwald heran.

ℹ Verein Naturpark Hessenreuther und Manteler Wald mit Parkstein/Opf. e. V., Landratsamt, Stadtplatz 36, 92660 Neustadt an der Waldnaab, Tel. 0 96 02/2 20.

❷ **Dießfurt** Inmitten weitläufiger Teichanlagen liegt dieses stille Dorf. Hier befand sich einst eines der größten Hammerwerke der Oberpfalz, das bereits 1387 erstmals urkundlich erwähnt wurde. Heute ist davon nur noch das von Wasser umgebene Schloß der Hammerherren erhalten mit einem älteren, spätgotischen Teil und einem neueren Bau von 1544, beide mit hübschem Doppelwalmdach. Von Dießfurt aus lohnt eine Wanderung durch das idyllische Tal der Haidenaab. Die Teiche rund um das Dorf sind infolge intensiver Sand- und Kiesgewinnung entstanden. Manche dienen heute der Fischzucht – vor allem Karpfen wachsen hier zu stattlicher Größe heran; an einigen können auch Angler ihr Glück versuchen. Auf dem sandigen Boden dieser Gegend findet die Kiefer ideale Bedingungen und bildet einen bestimmenden Landschaftsaspekt.

Ein Abstecher an den westlichen Rand des Naturparks führt den Besucher nach Grafenwöhr, in dessen Altstadt vor allem das 1462 erbaute Rathaus und der ehem. Zehentkasten aus dem Jahr 1532 eine Besichtigung lohnen.

ℹ Verwaltungsgemeinschaft, Hauptstr. 14, 92690 Pressath, Tel. 0 96 44/85 14.

❸ **Parkstein** Jäh und unvermittelt steigt dieser Basaltkegel aus einer ansonsten sanft gewellten Landschaft bis zu einer Höhe von 596 m auf. Vom Gipfel aus, den man über den gemächlich ansteigenden Wallfahrtsweg erreicht, bietet sich nach Süden und Osten ein grandioser freier Blick auf die Höhen des Oberpfälzer Waldes und die in einem Kessel liegende Stadt Weiden. Außerdem erwartet den Wanderer dort ein Wallfahrtskirchlein mit einer Kreuzigungsgruppe; darunter ziehen sich, die Westflanke entlang, die Reste einer seit langem verfallenen Burg, deren Mauern in den letzten Jahren gesichert und teilweise ausgegraben wurden. Auf halber Höhe umklammern die Häuser des Marktes Parkstein den eigenartigen Berg fast ganz. An seiner Südostseite, wo sich auch eine Mariengrotte befindet, treten sehr imposant die langen und schmalen fünf- und sechskantigen Basaltsäulen an die Oberfläche.

ℹ Verkehrsamt, Marktplatz 25, 92711 Parkstein, Tel. 0 96 02/51 71.

❹ **Süßenloher Weiher** Im Osten und Süden von dichtem Wald umgeben ist der unter Landschaftsschutz stehende Süßenloher Weiher, in dessen näherer Umgebung man auf einige weitere Teiche stößt. Eine Wanderung um den Weiher (Dauer etwa 1 Stunde) unternimmt man am besten vom an der B 22 gelegenen Parkplatz am Gasthaus *Süßenloher Weiher* aus.

❺ **Altenstädter Wald** Zwischen Parkstein und Weiden hat das Forstamt Weiden im Altenstädter Wald ein weites Waldgebiet auch für Wanderer erschlossen. Entlang der Straße zwischen den beiden Orten laden

Wegtafeln an fünf Parkplätzen zu längeren und kürzeren Wanderungen durch den Wald ein. Besonders reizvoll ist der Weg entlang der unter Landschaftsschutz stehenden Schweinnaab. Einige öffentliche Freizeiteinrichtungen machen das Gebiet vor allem für Familien und Sportler anziehend: Nahe dem ehem. Gasthaus *Grünthal* verläuft ein Waldsportpfad, und in der Nähe des hübschen Gasthauses *Zum alten Schuster* dehnt sich ein großer Waldspielplatz mit Turn- und Klettergeräten, Volleyballfeldern usw. Unmittelbar hinter der Gaststätte steht einsam in einer Wiese als Naturdenkmal die sog. Moosloh-Eiche.

i Städtisches Kultur- und Fremdenverkehrsamt, Altes Rathaus, 92637 Weiden, Tel. 09 61/8 14 11.

6 Gscheibte Loh Früher hießen Gerbrindegehölze Lohe. Die etwa 120 ha große Gscheibte Loh im Manteler Forst ist als Naturwaldreservat ausgewiesen. Man will damit sicherstellen, daß diese weitgehend natürliche Landschaft im interessanten Übergangsstadium zwischen Nieder- und Hochmoor in ihrer Entwicklung ungestört belassen wird. Außerdem gilt es, die Spirke zu schützen. Sie ist wie die Latsche eine Wuchsform der Bergkiefer. Im Unterschied zur Latsche wächst die Spirke nicht mehrstämmig und niederliegend, sondern mit einem deutlichen Stamm und aufrecht.

Um das Reservat zu erreichen, biegt man, von Hütten kommend, etwa 1 km nach der ersten großen Kreuzung auf den ersten geteerten Weg nach rechts in den Wald ab. Hier parkt man das Fahrzeug – noch außerhalb des Naturschutzgebietes – am Straßenrand. Auf teilweise feuchten Wegen, die nicht verlassen werden dürfen, erreicht man in wenigen Minuten den im Zentrum des Gebietes liegenden See, der mit seiner dunklen Farbe sowie den dicht ineinander verwucherten und stellenweise wild übereinandergestürzten Bäumen an seinem Ufer sehr urtümlich wirkt.

Wie hier am Ostrand des Naturparks bei Kirchendemenreuth werden die ausgedehnten Waldgebiete von einem Mosaik aus Wiesen und Feldern unterbrochen.

Bäume mit „nassen Füßen“

Als Voraussetzung für ein gesundes Wachstum gilt bei den meisten Bäumen ein normal feuchter Boden; sehr trockene und sehr nasse Standorte sind nur für Spezialisten geeignet. Wo viel Wasser vorhanden ist – wie in der Gscheibten Loh –, bekommen die Wurzeln zuwenig Luft und können faulen; außerdem bietet der Untergrund wenig Halt. Hier hat daher ein Sumpfbaum sein Verbreitungsgebiet: die Spirke oder Moorkiefer (im Bild eine Blüte). Sie gehört zur Gattung der Kiefern und gilt als Unterart der Bergkiefer. Sie bleibt meist buschig oder erreicht nur eine geringe Höhe. Die paarweise angeordneten Nadeln werden 2–5 cm lang; die reifen Zapfen, die bis zu 5 cm lang und bis zu 2,5 cm dick werden, hängen nicht herab, sondern „sitzen“ auf den Ästen.

11 Sächsisches Bergland

Zauberhafte Welt aus Sandstein

Originelle Namen tragen die bizarren Felstürme, die durch die Verwitterung aus dem Sandsteinplateau der Sächsischen Schweiz herausgelöst wurden. Große und Kleine Gans (links) etwa flankieren in erhabener Pose den Raaber Kessel, einen jener schluchtartigen Gründe, die im herrlichen Elbetal münden.

Sächsisches Bergland

Die größte Talsperre des Erzgebirges trägt den Namen des alten Bergbaustädtchens Eibenstock.

Naturpark Erzgebirge/Vogtland

Größe: 1470 km², gegründet 1990.

Der Naturpark erstreckt sich im äußersten Südwesten Sachsens entlang der tschechischen Grenze. Er umfaßt eine abwechslungsreiche Mittelgebirgslandschaft, deren Höhen vorwiegend zwischen 600 und 900 m liegen. Nur in den Kammlagen des Erzgebirges übersteigen sie 1000 m.

Im Nordosten reicht der Naturpark fast bis an das Elbsandsteingebirge heran. Im Westen sind Teile des Vogtlandes und des Elstergebirges einbezogen.

Das Vogtland, zwischen Thüringer Wald, Frankenwald und Erzgebirge gelegen, ist eine wellige Hochfläche, die nach Süden hin sanft ansteigt. Erst nahe der tschechischen Grenze werden Höhen zwischen 600 und nahezu 1000 m erreicht. Die Voraussetzungen für die Landwirtschaft sind besser als im klimatisch rauheren Erzgebirge. Deshalb, und ebenso wegen der verkehrsgünstigen Lage, ist es dichter besiedelt als das östlich anschließende Gebirge, und der Wald tritt – zumindest in den tieferen Lagen – dementsprechend zurück.

Aber auch in den tief eingesenkten Tälern des Erzgebirges finden sich zahlreiche kleine Dörfer und Städtchen. In vielen Fällen hängt ihre Entstehung mit dem Bergbau zusammen, der vereinzelt schon im Mittelalter betrieben wurde und im 15./16. Jh. seine Blütezeit erlebte. Abgebaut wurden hauptsächlich Eisen- und Silbererze, die dem Gebirge seinen Namen gaben. Später trat die Gewinnung von Kupfer, Zinn und anderen Metallen in den Vordergrund. Nicht nur Städte verdanken ihre Entstehung dem Bergbau. Abseits der Erzvorkommen entstanden zahlreiche kleine Dörfer und Weiler. Ihre wirtschaftliche Grundlage bildete häufig die Versorgung der Bergwerke mit Holz. Durch den radikalen Einschlag wurden die ursprünglichen Buchenbestände weitgehend vernichtet. Später wurde dann wieder mit Fichten aufgeforstet.

Häufig anzutreffen ist noch die widerstandsfähige Eberesche, bekannter unter der Bezeichnung Vogelbeerbaum. Die Erzgebirgler sprechen den Früchten von jeher eine heilende Wirkung zu.

Zu den reizvollsten und auch vielbesuchten Landschaften des Erzgebirges gehört das Gebiet um den 1214 m hohen Fichtelberg. Allerdings haben hier Raubbau am Wald und Aufforstungen um die Mitte des vorigen Jahrhunderts den natürlichen Lebensraum erheblich verändert. In den letzten Jahrzehnten machen sich zudem in starkem Maß umweltbedingte Waldschäden bemerkbar. Viele abgestorbene Fichten in den Kammlagen künden auf beklemmende Weise vom Kampf der Natur gegen die schadstoffbelastete Luft aus dem nordböhmischen Braunkohlenrevier.

Dennoch haben sich hier schützenswerte Biotope erhalten können. Dazu gehören vor allem die Hochmoore. Birken, Latschenkiefern und Ebereschen bilden den Baumbestand, Wiesensegge, Schlangenknöterich, Sumpfblutauge, Teich- und Sumpfschachtelhalm, Wollgras sowie Sonnentau sind verbreitete Pflanzen in den Hochmooren.

Tief verschneit präsentiert sich der Fichtelberg in den Wintermonaten.

Auch an der niederschlagsreichen Nordwestabdachung des Erzgebirges sind auf wenig durchlässigem Gestein (Phyllit, Tonschiefer, Quarzsandstein) mehrere Moore entstanden. Zu den bekannteren gehören Großer und Kleiner Kranichsee. Neben einigen Vorkommen an seltenen Pflanzen, darunter mehrere Orchideenarten, weist dieses Gebiet einen bemerkenswerten Bestand an seltenen Libellen und Schmetterlingen auf.

i Zweckverband Naturpark Erzgebirge/Vogtland, Waldstr. 3, 08248 Mühlleithen.

Nationalpark Sächsische Schweiz

Größe: 93 km², gegründet 1990.

Zu dem Nationalpark im Südosten Sachsens gehören zwei Ausschnitte des Elbsandsteingebirges, dessen landschaftlich attraktivste Gebiete als Sächsische Schweiz bezeichnet werden. Die beiden Nationalparkteile sind in das fast viermal größere Landschaftsschutzgebiet Sächsische Schweiz eingebettet.

Der vordere Teil im Nordwesten umfaßt im wesentlichen die vielgestaltige Felslandschaft im Gebiet um die Bastei und das Polenztal. Der etwas größere hintere Teil des Nationalparks liegt südöstlich davon und erstreckt sich zwischen

Elbe und tschechischer Grenze beiderseits des wildromantischen Bachtales der Kirnitzsch.

Der besondere Reiz der Landschaft geht von den Felsbildungen aus, die das Elbetal und die Nebentäler säumen. Bizarre Felstürme, senkrechte Wände und enge Schluchten, steile Canyons, abenteuerliche Naturbrücken und wuchtige Tafelberge wurden von der Erosion aus den kreidezeitlichen Sandsteinschichten herausmodelliert. Weil die Festigkeit des Gesteins auf kleinem Raum wechselt, war die Abtragung in unterschiedlicher Weise wirksam, so daß bizarre Aushöhlungen und überhängende Felsen entstanden. Auch heute noch befindet sich diese von 3 Mio. Touristen jährlich besuchte Landschaft in stetem Wandel.

Die Pflanzenwelt der Sächsischen Schweiz muß mit kargen Böden vorliebnehmen, weist aber doch manche Besonderheit auf. So gibt es im Elbsandsteingebirge einzelne Schluchten, in die das ganze Jahr über kaum ein Sonnenstrahl dringt und die trotz geringer Höhenlage echte Gebirgsvegetation aufweisen. Dort gedeihen auch seltene Farne und Moose.

Eine andere Besonderheit sind Pflanzen, die sich als eiszeitliche Relikte in einem isolierten Verbreitungsgebiet bis heute halten konnten. Der Große Zschand und einige seiner Nebentäler beherbergen mehrere solcher Pflanzenarten wie Knotenfuß, Gelbes Veilchen und Sumpfporst.

Die klimatisch günstigsten Standorte finden sich im Elbetal. Knolliger Hahnenfuß, Gelbe Skabiose und – einzigartig in Deutschland – die Balkan-Witwenblume gehören zu den botanischen Kostbarkeiten, die hier gedeihen. Ebenso hat sich der Wald an die völlig verschiedenartigen Lebensbedingungen angepaßt. In höheren Lagen steht auf nährstoffarmen Böden heideartiger Kiefern-Eichen-Wald, während für die Basaltkuppen im hinteren Teil des Nationalparks artenreiche Laubmischwälder charakteristisch sind.

Das Schutzkonzept des Nationalparks sieht vor, möglichst große Bereiche frei von jeder Beeinträchtigung durch den Menschen zu halten, damit sich dort wieder ein naturnaher Zustand entwickeln kann. Diese Gebiete bilden als Zone I die Kernzone, die etwas mehr als ein Drittel des Nationalparks einnimmt.

In der Zone II, der Entwicklungs- und Pflegezone, kann dieses Ziel nur dann erreicht werden, wenn geeignete Pflege- und Renaturierungsmaßnahmen durchgeführt werden.

Die Zone III umfaßt nur einige kleinere Gebiete, in denen verschiedene Einrichtungen für den Fremdenverkehr liegen.

i Nationalparkverwaltung Sächsische Schweiz, Schandauer Str. 36, 01824 Königstein.

Vor den schroffen Felswänden der Sächsischen Schweiz schrecken die Kletterer nicht zurück.

Naturpark Erzgebirge/Vogtland

Tiefgrüne Nadelwälder, unterbrochen vom Blau zahlreicher Talsperren, prägen das Gesicht dieses Naturparks an der Grenze zur Tschechischen Republik. Die Erze in der Tiefe des Gebirges sind längst ausgebeutet; sie begründeten einst den Reichtum, dem der Besucher in den schönen Bergstädten begegnet.

❶ **Schönberg** Tief im Süden Sachsens, im Elstergebirge, liegt dieses ruhige Dorf. Am alten Schloß fällt ein stilvoller spätgotischer Erker auf. Daneben, im Schloßpark, beginnt ein 8 km langer, ausgeschilderter Lehr- und Wanderpfad, der zu schönen Aussichtspunkten führt. Höhepunkt ist der Kapellenberg (759 m) mit Aussichtsturm und weitem Blick über das Egerland.

Ein bequemer Spazierweg zieht sich vom Schloß den Windberg hinunter. Man überquert dann die B 92 und gelangt – vorbei an bunten Feuchtwiesen – zu idyllischen Teichen an der tschechischen Grenze.

ℹ Fremdenverkehrsamt, Dorfstr. 14, 08648 Schönberg, Tel. 03 74 38/2 55.

❷ **Vogtländisches Bauernmuseum Landwüst** In der kleinen Museumsanlage (Februar–Oktober täglich außer Mo geöffnet) stehen ein Dutzend alte Bauernhäuser, Scheunen und Schuppen. Die Wohngebäude sind original eingerichtet, in den Scheunen gibt es historische landwirtschaftliche Geräte zu besichtigen.

Rund 20mal im Jahr zwischen Mai und September lädt das Museum zur Veranstaltung „Musik aus der Scheune" mit vogtländischen Volksmusikern und -tänzern ein.

ℹ Vogtländisches Bauernmuseum, Am Bauernmuseum 2, 08258 Landwüst, Tel. 03 74 22/21 36.

❸ **Bad Elster** Seit 1848 trägt der Kurort den Titel Königlich Sächsisches Staatsbad; bei Trink-, Bade- und Moorkuren finden vor allem Herz-, Nieren- und Rheumakranke Linderung. Beherrscht wird der weitgehend restaurierte Ort vom mächtigen Badehaus, erbaut 1852–1927. Zum Flanieren lädt der 140 Jahre alte Kurpark ein.

Schwimmen kann man in den beiden Teichen des Waldbades. Über ein Wegenetz mit insgesamt 30 km Länge dürfen sich die Wanderer freuen.

ℹ Info-Center, Badeplatz-Kolonnaden, 08645 Bad Elster, Tel. 03 74 37/7 14 61.

❹ **Adorf** Das alte Zentrum des Städtchens sitzt auf einem Bergvorsprung über dem Tal der Weißen Elster. Der lange, von Bürgerhäusern des 17. und 18. Jh. umstandene Marktplatz fällt sanft zur 1904–06 erbauten Jugendstilkirche St. Michaelis hin ab.

Nur ein paar Schritte sind es vom Marktplatz zum Freiberger Tor, einst Teil der mittelalterlichen Stadtbefestigung und heute Heimatmuseum (Di–Fr 9–12 und 13–16, Sa 8–11 Uhr geöffnet).

Vor dem Tor beginnt ein 8 km langer, gut ausgeschilderter Lehrpfad und Wanderweg in das Naturschutzgebiet Zeidelweide mit seiner vielfältigen Flora.

Stattliche Bauernhäuser wie dieses Umgebindehaus kann man im Vogtländischen Bauernmuseum in Landwüst besichtigen.

ⓘ Fremdenverkehrsbüro, Markt 1, 08626 Adorf, Tel. 03 74 23/22 74.

❺ **Markneukirchen** 1677 wurde in Markneukirchen die erste deutsche Geigenmacherinnung gegründet. Seither genießen die Instrumente aus dem vogtländischen Musikwinkel weltweit einen guten Ruf. An diese Tradition erinnert das Museum im spätbarocken Paulus-Schlössel mit seinen 3000 Instrumenten und einer komplett eingerichteten Geigenmacherwerkstatt (täglich außer Mo geöffnet).

Die private Musikwerk-Ausstellung Hüttel (täglich geöffnet) in Wohlhausen zeigt mechanische Musikinstrumente wie Drehorgeln und Orchestrien.

ⓘ Musikinstrumenten-Museum, Bienengarten 2, 08258 Markneukirchen, Tel. 03 74 22/ 20 18.

❻ **Klingenthal** Das traditionsreiche und bekannte Zentrum der Musikinstrumentenherstellung am Aschberg (935 m) bietet gute Wintersportbedingungen. Mehrere Sprungschanzen, vier Schlepplifte und eine Skischule stehen zur Verfügung. Nördlich von Klingenthal verläuft die 36 km lange Kammloipe von Schöneck, der höchstgelegenen Stadt des Vogtlandes, nach Johanngeorgenstadt.

Im Ort lohnt die achteckige Stadtkirche Zum Friedefürst (im Sommer 10–16 Uhr geöffnet), der größte barocke Zentralbau Sachsens, einen Besuch.

Alljährlich im Mai wird in Klingenthal ein internationaler Akkordeonwettbewerb mit Künstlern aus aller Welt ausgetragen.

ⓘ Fremdenverkehrsamt, Kirchstr. 6, 08248 Klingenthal, Tel. 03 74 67/2 24 94.

❼ **Muldenberg** Der wenig bekannte Ferienort liegt inmitten weiter Wälder. Das ausgedehnte Wanderwegenetz ist gut ausgeschildert, Schrifttafeln weisen überall auf die natur- und kulturhistorischen Zusammenhänge hin. Nicht weit vom Ort liegt der Muldenberger Stausee. In dem Trinkwasserbecken ist Baden verboten; erlaubt ist es im Badeteich unterhalb der Talsperre. Im nahen Gasthof *Flößerstube* ist eine kleine Ausstellung mit Gerätschaften der Flößer zu sehen. Eine besondere Attraktion ist das Schauflößen: Zwischen Mai und September bringen Flößer einmal im Monat auf den alten Floßgräben ihr Holz zu Tal. Gäste, die ihr Geschick unter Beweis stellen wollen, dürfen gegen eine Gebühr auch selbst flößen.

ⓘ Gemeindeamt, Schönecker Str. 8, 08269 Muldenberg, Tel. 03 74 64/4 30.

❽ **Schneckenstein** Ein in Europa einzigartiges Mineralvorkommen befindet sich auf dem Schneckenstein (880 m) mitten im Wald: der 24 m hohe Topasfelsen (täglich 11–21 Uhr zugänglich). Einen großartigen Blick nach Bayern und Böhmen hat man von der nahen Aussichtskanzel „Schneckensteinaussicht". Der Weg vom Weiler

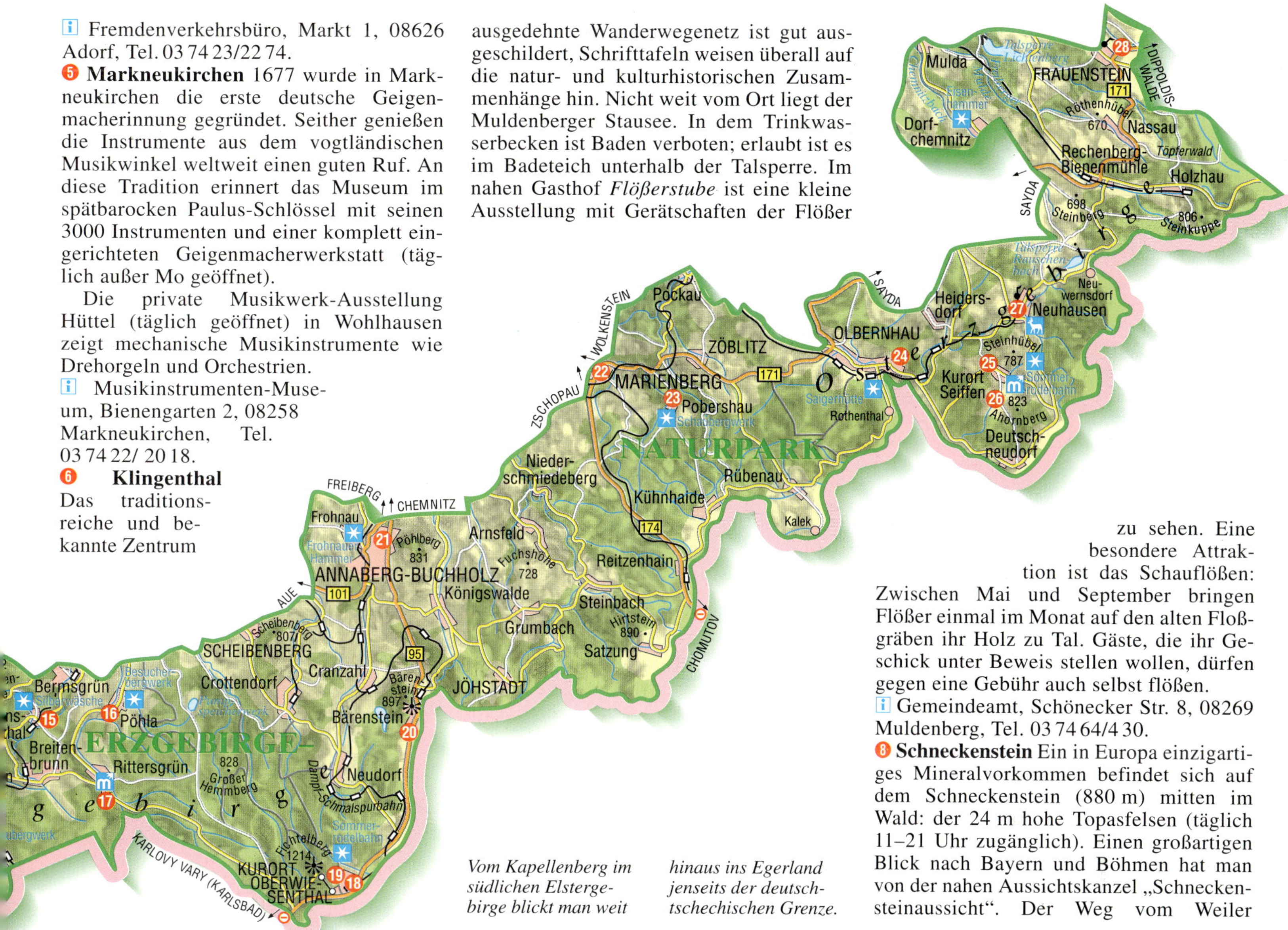

Vom Kapellenberg im südlichen Elstergebirge blickt man weit hinaus ins Egerland jenseits der deutsch-tschechischen Grenze.

Schneckenstein zum Topasfelsen (200 m) ist ausgeschildert, ebenso der zur Aussichtskanzel (400 m). Rund um den östlich gelegenen Kiel (943 m) verläuft ein naturkundlich-geologischer Lehrpfad.

Im nahen Hammerbrücke führt ein 2 km langer Weg (Markierung grüner Balken auf weißem Grund) zu den Rißfällen, wo ein Bach über Felsstufen hinabstürzt.

An der Straße Hammerbrücke–Tannenbergsthal steht eine Naturschutzstation, die Ausgangspunkt für einen 600 m langen Lehrpfad durch eines der für das Erzgebirge charakteristischen Hochmoore ist.

9 Morgenröthe-Rautenkranz Der idyllisch gelegene Ort hält eine Überraschung bereit: die Deutsche Raumfahrtausstellung (täglich außer Mo geöffnet). Im Ortsteil Rautenkranz wurde der erste deutsche Raumfahrer Siegmund Jähn geboren. Die liebevolle Präsentation informiert über die Raumflüge mit deutscher Beteiligung, zeigt Modelle, Ausrüstungsstücke u. a.

i Deutsche Raumfahrtausstellung e. V., Bahnhofstr. 8, 08262 Morgenröthe-Rautenkranz, Tel. 03 74 65/5 38.

10 Eibenstock In dem Bergstädtchen lohnt vor allem das reichbestückte Heimatmuseum einen Besuch (Di, Mi, Fr 9–12, 14–16, Sa, So 9.30–12 Uhr geöffnet). Sehenswert sind besonders die Mineraliensammlung und ein Bergwerksmodell.

Nicht nur ein geologisches Kleinod ist der Topasfelsen auf dem Schneckenstein: er lieferte einst den Rohstoff für Schmucksteine.

Einen schönen Blick auf die Talsperre Eibenstock hat man vom Grillplatz oberhalb der Staumauer an der Straße Hundshübel–Blauenthal. Wunderbar ist auch die Aussicht vom Naturlehrpfad (5 km) um den Gerstenberg (642 m); er beginnt an der B 283 nördlich von Eibenstock.

i Fremdenverkehrsamt, Rathausplatz 1, 08309 Eibenstock, Tel. 03 77 52/51 16.

11 Sosa Ein malerisches Ortsbild zeichnet diese kleine Gemeinde aus: Entlang der Hauptstraße, die von einem Bach begleitet wird, reiht sich ein denkmalgeschütztes Ensemble von Fachwerkhäusern auf.

Von einem ausgeschilderten Parkplatz führt ein Rundweg (10 km) um die reizvoll gelegene Talsperre Sosa.

i Gemeindeamt, Hauptstr. 28, 08326 Sosa, Tel. 03 77 52/81 21.

12 Auersberg Mit seinen 1019 m ist der Auersberg der zweithöchste Berg des Erzgebirges auf deutscher Seite. Neben einer Militäranlage und einem Gasthaus ragt auf seinem Plateau der um die Jahrhundertwende errichtete Aussichtsturm auf (täglich geöffnet). Ihm zu Füßen liegen die Talsperren von Eibenstock und Sosa (siehe 10 und 11); bei günstiger Witterung sieht man bis nach Leipzig im Norden, zum Fichtelgebirge im Südwesten und zum höchsten Berg des tschechischen Erzgebirges, dem Keilberg (Klínovec, 1244 m). Man erreicht Berg und Turm über eine Straße vom Johanngeorgenstädter Stadtteil Sauschwemme aus.

Zwischen den bewaldeten Höhen des Eibenstocker Granitgebietes leuchtet das Blau der Talsperre Sosa hervor – ein Bild, das man vom Aussichtsturm auf dem Auersberg genießen kann.

Im Südwesten schmiegt sich der Wintersportort Carlsfeld in ein Tal. Um den nahen Weiterswiese-Stausee führt vom Gasthaus *Talsperre* ein 7 km langer Rundweg.

⓭ **Steinbachtal** Zum 8 km langen Naturlehrpfad in dem wildromantischen Waldtal gelangt man am besten von Johanngeorgenstadt-Steinbach aus; vom Kriegergedenkstein an der Hauptstraße sind es rund 500 m. Entlang dem sauberen Bächlein kommt man bald zum Naturschutzgebiet Teufelssteine; bis zu 30 m hoch ragen dort grandiose Granitwände und -türme auf. Der Pfad (Markierung grüner Schrägbalken) endet bei Steinheidel.

⓮ **Johanngeorgenstadt** Die ehem. Bergbaustadt wird in letzter Zeit immer mehr zu einem betriebsamen Urlaubsort.

Besonderheiten der Natur

Pflanzen In den Wäldern des Naturparks, die rund 70 % seiner Fläche einnehmen, herrschen monotone Nadelforste mit armem Unterwuchs vor. Erhalten haben sich jedoch – vor allem in der Kammregion – einige Hochmoore mit ihrer typischen Flora aus Moosen, Wollgräsern, Moosbeere, Moorkiefer (Spirke) und dem nur noch selten vorkommenden, insektenfressenden Rundblättrigen Sonnentau. Auf den extensiv genutzten Bergwiesen fallen neben der Arnika mehrere Orchideenarten besonders auf, etwa die Waldhyazinthe (Bild). Charakterbaum des Erzgebirges ist die Eberesche, auch Vogelbeere genannt; sie kommt sowohl natürlich in Mischwäldern als auch angepflanzt an Straßenrändern und in Gärten vor.

Tiere Die rar gewordenen Tierarten sind vorrangig in den Hochmooren anzutreffen. Unter den Insekten verdienen insbesondere die Moorzikaden und der Hochmoorgelbling Erwähnung, ein Schmetterling, der ausschließlich in solchen Biotopen vorkommt. Auch Auer- und Birkhuhn, von denen hier noch mehrere Paare balzen und brüten, sind auf den Lebensraum Moor angewiesen.

Basalt in seiner schönsten Form ist am Scheibenberg zu sehen: Glutflüssige Lava erstarrte hier zu meist sechseckigen Säulen, die an Orgelpfeifen erinnern.

Im großen Schaubergwerk *Frisch Glück* fährt man 200 m tief in den Berg ein und erlebt vier Jahrhunderte Bergbaugeschichte (Führungen jeweils zur vollen Stunde; täglich 9–11, 13–15 Uhr geöffnet). Am Bahnhof beginnt außerdem ein Bergbau-Lehrpfad (6 km).

2 km oberhalb des malerischen Stadtteils Jugel liegt das 30 ha große Naturschutzgebiet Kleiner Kranichsee. Ein zum Schutz des Hochmoores angelegter Bohlenweg führt zu einer Beobachtungskanzel, von der aus man über dieses mit Latschenkiefern bestandene Gebiet blicken kann.

ℹ Fremdenverkehrsamt, Eibenstocker Str. 52, 08349 Johanngeorgenstadt, Tel. 0 37 73/30 30.

⓯ **Silberwäsche Antonsthal** Ein Zeugnis bergmännischer Kunst stellt das 1828 errichtete technische Schaudenkmal „Wäsche samt Pochwerk" der ehem. Silbererzgrube *Unverhofft Glück an der Achte* dar. Vor der Verhüttung mußte das geförderte Erz zerkleinert und gewaschen werden; diese Arbeitsgänge kann man in der wassergetriebenen Schauanlage miterleben.

Nicht versäumen sollte man einen Abstecher ins nahe Schwarzenberg, das knapp außerhalb des Naturparks liegt. Nach dem Gang durch die Altstadt steigt man hinauf zur Stadtkirche St. Georg und besucht im Schloß das Museum Erzgebirgisches Eisen und Zinn (geöffnet Mai–Oktober Di–Sa 10–12, 13–17, So 13–17 Uhr, November–April Di–So 13–17 Uhr).

ℹ Silberwäsche, Jägerhäuser Str. 17, 08359 Antonsthal, Tel. 0 37 74/25 55.

⓰ **Besucherbergwerk Pöhla** Mit der Grubenbahn fährt man bei einer Führung 3 km in das 1911 stillgelegte Bergwerk mit den größten Zinnabbauhallen Europas hinein (ausgeschildert; Führungen Mo–Fr 9, 11 und 13, Sa 9, 11 und 14 Uhr).

Das nahe gelegene Städtchen Scheibenberg wartet mit einer geologischen Sehenswürdigkeit auf: den sog. Orgelpfeifen, einer mehrere hundert Meter breiten Wand aus bis zu 40 m hohen Basaltsäulen. Der Weg dorthin ist im Ort ausgeschildert (Parkplatz am Fuß des Naturdenkmals).

ℹ Besucherbergwerk, Luchsbachtalstr. 1, 08352 Pöhla, Tel. 0 37 74/8 10 79.

⓱ **Oberrittersgrün** Hauptanziehungspunkt des in ein sanftes Tal eingebetteten Ortsteils von Rittersgrün ist das interessante Museum Schmalspurbahnhof. Auf der Außenanlage stehen über 40 Schienenfahr

Lichter- und Budenzauber: Annaberg-Buchholz erfreut seine Gäste im Winter mit dem traditionellen Weihnachtsmarkt auf dem Marktplatz.

zeuge. Die Diensträume im ehem. Bahnhof dokumentieren anschaulich den Betriebsalltag (täglich außer Mo geöffnet).

i Museum Schmalspurbahnhof, Kirchstr. 4, 08355 Rittersgrün, Tel. 03 77 57/4 40.

⑱ **Kurort Oberwiesenthal** Die höchstgelegene Stadt Deutschlands – der Markt liegt auf 914 m – ist als gepflegter Wintersport- und Kurort bekannt. An der Postdistanzsäule von 1730 beginnen geführte Wanderungen und Kutschfahrten. Nur ein paar Schritte entfernt präsentiert das Ski- und Heimatmuseum seine Sammlungen (außer Mo täglich nachmittags geöffnet).

Zehnmal täglich kommt am Bahnhof schnaubend die fahrplanmäßig verkehrende Dampf-Schmalspurbahn aus Cranzahl an – eine der letzten ihrer Art im Alltagsbetrieb.

Für den nordischen Skisport stehen vier Schanzen, das Skistadion am Fichtelberg (Loipen von 2 bis 10 km), eine Biathlonanlage sowie eine Skirollerstrecke (5 km) zur Verfügung. Für Abfahrer gibt es vier Schlepp- und zwei Sessellifte, die immerhin 15 Pisten bedienen. In der warmen Jahreszeit sausen die Freizeitsportler auf der Sommerrodelbahn am Fuß des Fichtelberges (siehe ⑲) zu Tal (von 10 Uhr bis Einbruch der Dunkelheit in Betrieb).

i Kurverwaltung, Markt 8, 09484 Kurort Oberwiesenthal, Tel. 03 73 48/6 14.

⑲ **Fichtelberg** Nicht zu übersehen sind die fatalen Folgen des Waldsterbens auf der höchsten Erhebung des sächsischen Erzgebirges (1214 m) – die Fichtenwälder hier oben gehören zu den am stärksten geschädigten in Deutschland. Neu- und Unterpflanzungen standortgerechter heimischer Gehölzarten sollen Abhilfe schaffen. Großartig ist der Panoramablick vom Aussichtsturm (täglich geöffnet). Eine stattliche Sammlung von Gebirgspflanzen ist im Pflanzengarten nahe der Wetterwarte zu sehen. Mit dem Bus, dem Auto oder am besten mit der Seilbahn (9–12.30, 13–17 Uhr in Betrieb) geht es bis knapp unter bzw. direkt auf den Gipfel. Mehrere Ausflugslokale bieten hier Gelegenheit zur Einkehr.

⑳ **Bärenstein** Den schön gelegenen und gut restaurierten Erholungs- und Wintersportort trennt nur ein Bach vom tschechischen Nachbarn Weipert (Vejprty). Eine Fußgängerbrücke verbindet die beiden Orte.

Auf dem gleichnamigen Berg (897 m) steht ein Hotel mit Aussichtsturm (täglich geöffnet), von dem man das gesamte Osterzgebirge überblickt.

i Fremdenverkehrsamt, Oberwiesenthaler Str. 14, 09471 Bärenstein, Tel. 03 73 47/2 26.

㉑ **Annaberg-Buchholz** Die alte Bergstadt gilt als schönster Ort im Naturpark. Unter den vielen denkmalgeschützten Gebäuden fällt die St.-Annen-Kirche auf (täglich geöffnet, So nur nachmittags), ein spätgotischer Bau mit reicher Ausstattung.

Das Erzgebirgsmuseum (täglich außer Fr geöffnet) zeigt eine umfassende volkskundliche Sammlung. Das Adam-Ries-Museum (täglich außer Mo geöffnet) ist dem Rechenmeister gewidmet, der fälschlich Adam Riese genannt wird und 1559 in Annaberg starb.

Alljährlich im Juni wird in der Stadt seit 1520 die sog. Kät gefeiert, das größte und älteste Volksfest im Erzgebirge.

Nicht weit von der Stadt entfernt befindet sich in Frohnau das technische Denkmal Frohnauer Hammer (Führungen täglich, Oktober–April Mo geschlossen). In dem Gebäude von 1436 wird den Besuchern ein Eisenhammer aus dem 17. Jh. vorgeführt.

i Stadtinformation, Mittelgasse 1, 09456 Annaberg-Buchholz, Tel. 0 37 33/36 97.

㉒ **Marienberg** Zentrum der 1521 gegründeten Bergstadt ist der lindenumstandene Marktplatz, auf dem ein Standbild an den Stadtgründer Heinrich den Frommen erinnert. Am Rathaus fällt das kunstvolle Renaissanceportal auf. Das Heimatmuseum im Zschopauer Tor (täglich geöffnet) präsentiert volkstümliche Schnitzarbeiten und informiert über das Leben des legendären „sächsischen Robin Hood“ Karl Stülpner.

i Fremdenverkehrsbüro, Ratsstr. 7, 09496 Marienberg, Tel. 0 37 35/2 23 32.

㉓ **Schaubergwerk Pobershau** Schon 1525 wurde die Silber- und Zinngrube *Tiefer Molchner Stolln* in den Berg getrieben. Bei einer Führung (Schutzkleidung wird gestellt) gewinnt man Einblick in die schwere Arbeit der Bergleute (ganzjährig täglich 9–16.30 Uhr geöffnet).

Ein Leckerbissen für Eisenbahnfreunde ist die Schmalspurbahn, die noch täglich von Oberwiesenthal nach Cranzahl dampft.

i Schaubergwerk, Amtsseite, Dorfstr. 67, 09496 Pobershau, Tel. 0 37 35/2 34 36.

㉔ **Saigerhütte Olbernhau-Grünthal** Etwas außerhalb der Sieben-Täler-Stadt Olbernhau stößt man im Stadtteil Grünthal auf die Saigerhütte, in der vom 16. Jh. an Kupfer gewonnen wurde. In dem angeschlossenen technischen Museum Althammer (Mitte März–Mitte November außer Mo

Der Wald stirbt

In den Wäldern des Erzgebirges, besonders in den Kammlagen (Bild), treten Schäden auf, die unter dem Begriff „Waldsterben" vereinfachend zusammengefaßt werden. Saure Niederschläge mit der Aggressivität von Essig schädigen die Blätter und Nadeln der betroffenen Bäume. Sie sorgen aber auch dafür, daß der Boden versauert und damit Nährstoffe wie Calcium, Magnesium und Kalium verliert. Die Folge: die Bäume leiden unter Mangelerscheinungen, werden anfällig gegen Stürme und Schädlingsbefall und sterben im Extremfall schließlich ab. Ursache für den sauren Regen sind einerseits Schwefelverbindungen, die durch Industrie, Heizungen, Kraftwerke und den Straßenverkehr in die Luft gelangen. Die zweite Schadstoffgruppe, die direkt schädigenden Stickstoffverbindungen, entsteht in der Landwirtschaft und beim Autoverkehr. Experten schlagen vor, die Nährstoffversorgung besonders stark betroffener Wälder durch Kalken zu verbessern. Vor allem aber müssen der Schwefelausstoß und die Entstehung von Stickstoffverbindungen bald reduziert werden.

täglich geöffnet) werden die wassergetriebenen Kupferhämmer vorgeführt.
i Althammer, An der Natzschung 5, 09526 Olbernhau, Tel. 03 73 60/33 67.

25 **Kurort Seiffen** Dieser Ort ist für seine Holzschnitzereien bekannt. In jedem zweiten Haus werden Holzgegenstände hergestellt und verkauft: Nußknacker, Weihnachtspyramiden, „Bergmann und Engel" und vieles mehr. In der Schauwerkstatt der Schnitzergenossenschaft kann man den Kunsthandwerkern bei der Arbeit zusehen.

Die schönsten Stücke sind im Spielzeugmuseum (täglich geöffnet) zu bewundern. Am Museum beginnt auch der historische Bergbausteig, dessen 20 Stationen über den hiesigen Zinnbergbau informieren.

Am Berg unterhalb des Ortes lockt eine Sommerrodelbahn vor allem die Kinder an (bei trockener Witterung täglich geöffnet).
i Tourist-Information, Hauptstr. 40, 09548 Kurort Seiffen, Tel. 03 73 62/4 38.

26 **Erzgebirgisches Freilichtmuseum** Die weitläufige Anlage südöstlich des Kurortes Seiffen (April–Oktober täglich außer Mo geöffnet) zeigt knapp ein Dutzend original eingerichteter Gebäude der Region. Die Besucher können zuschauen, wie ein Reifendreher auf einer mehr als 200 Jahre alten Maschine Holzringe drechselt, aus denen die berühmten Seiffener Tiere entstehen.

Im Mai und September findet hier ein Tag des historischen Handwerks statt: Klöpplerinnen, Schindelmacher, Glasbläser und viele andere zeigen dann ihr Können.
i Erzgebirgisches Freilichtmuseum, Hauptstraße, 09548 Kurort Seiffen, Tel. 03 73 62/3 88.

27 **Neuhausen** Den Erholungsort im Osterzgebirge überragt das im 13. Jh. begonnene, mehrfach umgebaute Schloß Purschenstein mit seinem einladenden Park.

Ein originelles Privatmuseum (Sa, So geöffnet, sonst am Eingang klingeln) zeigt über 1500 verschiedene Nußknacker.

Beim Hotel *Goldhübel* am Ortsrand ist im kleinen Wildgehege ein Damhirschrudel zu beobachten. Eine Tafel weist auf Wanderwege und Langlaufloipen hin.

Nur wenige Kilometer nordöstlich, ein paar Schritte vom Parkplatz an der Straße nach Rechenberg-Bienenmühle entfernt, glitzert zwischen den Bäumen die Talsperre Rauschenbach hindurch. Man spaziert über die Dammkrone und kann den Ausflug – der Ausschilderung folgend – zu einem etwa 2stündigen Rundgang ausdehnen.
i Fremdenverkehrsamt, Bahnhofstr. 8, 09544 Neuhausen, Tel. 03 73 61/41 87.

28 **Frauenstein** Unweit vom Marktplatz des freundlichen Ortes – in seiner Mitte ragt markant die Stadtkirche auf – steht das prächtige Schloß aus dem 16. Jh. Es beherbergt das kleine Museum Gottfried Silbermann (täglich geöffnet), das Exponate zur Stadtgeschichte zeigt und an den berühmten, in Frauenstein aufgewachsenen Orgelbaumeister Silbermann erinnert. Am Eingang weist eine große Wanderkarte auf das ausgedehnte Wegenetz der Gegend hin. Die Ruine der im 13. Jh. erstmals erwähnten Burg, die direkt am Schloß liegt (Mai–Oktober täglich geöffnet), gilt als größte ihrer Art in Sachsen.

Im nahen, südwestlich gelegenen Dorfchemnitz ist ein vom Wasser des Chemnitzbaches getriebener Eisenhammer zu besichtigen (Di–Sa 9–11, 13–15.30 Uhr geöffnet, Mai–Oktober auch So 13–16 Uhr).
i Fremdenverkehrsamt, Markt 28, 09623 Frauenstein, Tel. 03 73 26/3 05.

Weltbekannt sind die Nußknacker aus dem Erzgebirge, die, wie auch anderes Holzspielzeug, in den Werkstätten im Kurort Seiffen von geübten Händen gefertigt werden.

Nationalpark Sächsische Schweiz

Elbsandsteingebirge nennen die Geographen diese grandiose Landschaft – eine der schönsten Deutschlands. Mit ihren bizarren Sandsteintürmen und Tafelbergen, den wildromantischen Bachtälern und dem tief eingeschnittenen Elbetal erhielt sie schon im 19. Jh. den Beinamen „Sächsische Schweiz".

❶ **Stadt Wehlen** Das hübsch gelegene Elbstädtchen unmittelbar an der Grenze des Nationalparks, das man hier nur „Wehlstädtel" nennt, hat der Spaziergänger in 10 Minuten durchquert. Vom Parkplatz an der Elbe kommend, geht man über den kleinen Marktplatz und wendet sich wieder nach rechts zur kurzen Elbpromenade, wo die Anlegestelle für die Ausflugsdampfer der Weißen Flotte liegt.

Hinter dem *Ratskeller* ist der Fußweg zum Pflanzengarten ausgeschildert; nach wenigen Minuten steht man vor der Anlage, die rund 800 Arten aus der reichhaltigen Flora der Region vorstellt (Mai–Oktober täglich geöffnet).

Neben Wanderungen auf beliebten Wegen, etwa der 3stündigen zur Bastei (siehe ❷) und zurück, bieten sich hier auch Entdeckungstouren an, so etwa zum Uttewalder Grund mit seinem Felsentor (ausgeschildert, 2 Stunden).

ℹ Gästeamt, Markt 5, 01829 Stadt Wehlen, Tel. 03 50 24/4 13.

❷ **Bastei** Von der Einsamkeit des Elbsandsteingebirges ist hier in der Saison nichts zu spüren: Vom Großparkplatz strömen die Massen an Kiosken, Imbißständen und am massigen Hotelkomplex vorbei zu der Felsbastion. Die zerklüftete Felsgruppe ragt an ihrem höchsten Punkt 203 m über die ruhig dahinfließende Elbe auf.

Inmitten des Trubels geht man die wenigen Schritte über die steinerne Basteibrücke zu den großartigen Aussichtspunkten, blickt vom „Balkon Europas" auf die tief unten schimmernde Elbschleife, zum Lilienstein (siehe ⓫) und zu den Tafelbergen jenseits des Flusses, außerdem über den Wehlgrund hinüber zu den vielfotografierten Felstürmen der Kleinen Gans. An einigen Sandsteinnadeln kann man mitunter Kletterer erkennen.

Als Freilichtmuseum ausgebaut, lohnen die umfangreichen Reste der teilweise ins Gestein gehauenen spätmittelalterlichen Felsenburg Neu-Rathen unbedingt einen Besuch (April–Oktober täglich geöffnet).

Mehrere beschilderte Wanderwege nehmen an der Bastei ihren Ausgang. Besondere Reize hat der Weg durch die Schwedenlöcher hinunter in den Amselgrund (siehe ❺); 2 1/2 Stunden sind für Hin- und Rückweg zu veranschlagen.

❸ **Kurort Rathen** Unvergleichlich liegt der schmucke Ortsteil Niederrathen an der Elbe zu Füßen der Bastei. Ohne Sondergenehmigung darf man in das einstige Fischerdorf mit seinen engen Gassen nicht hineinfahren. Man erreicht es entweder zu Fuß oder mit der Fähre von Oberrathen.

ℹ Gästeamt, Nr. 17b, 01824 Kurort Rathen, Tel. 03 50 24/4 22.

❹ **Felsenbühne Rathen** Den Superlativ „Europas schönstes Naturtheater" nimmt die zwischen gigantischen Felsen gelegene Bühne mit einiger Berechtigung für sich in Anspruch. Zwischen Mai und September werden hier mehrmals pro Woche von der

Eines der seit Generationen beliebtesten Ausflugsziele in der Sächsischen Schweiz ist die Bastei oberhalb von Rathen. Bereits 1850/51 wurde die imposante Steinbrücke errichtet, von der man in schwindelerregende Abgründe blickt.

Landesbühne Sachsen Märchen und Karl-May-Stücke, aber auch Klassiker wie *Wilhelm Tell* und *Der Freischütz* aufgeführt.

In 10 Minuten ist die Felsenbühne von Niederrathen aus zu Fuß zu erreichen.

ℹ Theaterkasse der Felsenbühne Rathen, 01824 Kurort Rathen, Tel. 03 50 24/4 96.

❺ **Amselsee** Direkt am Ortsrand von Niederrathen beginnt der Amselgrund. Vorbei an den Fischteichen kommt man nach wenigen Minuten zum Amselsee, der sich malerisch unterhalb der Felstürme ausbreitet, die wegen ihrer eigenartigen Form Namen wie „Lokomotive", „Bienenkorb" oder „Storchennest" tragen. Der malerische See lockt zu beschaulichen Kahnpartien.

Weiter talaufwärts liegt die Amselfallbaude. Hier unterrichtet die Nationalpark-Informationsstelle (April–Oktober täglich geöffnet) über Flora, Fauna und Geologie des Parks; für Kinder und Jugendliche gibt es Möglichkeiten zu experimentieren. In der Nähe befindet sich auch der Amselfall: Dort stürzt das Wasser des Grünbaches über eine künstlich angelegte Staustufe.

❻ **Hohnstein** Das Städtchen mit seinem gemütlichen, von Fachwerkhäusern umgebenen Marktplatz liegt knapp außerhalb des Nationalparks. Die an den Markt anschließende mächtige Burganlage aus dem 12. Jh. beherrscht die Stadt. Auf ihre wechselvolle Geschichte in neuerer Zeit – Gefängnis, Jugendburg, KZ, heute große Jugendherberge – geht ein historisches Museum ein (April–Oktober täglich geöffnet); die Naturkundliche Lehrschau macht mit den biologischen und geologischen Gegebenheiten vertraut.

ℹ Fremdenverkehrsamt, Rathausstr. 10, 01848 Hohnstein, Tel. 03 59 75/2 50.

❼ **Polenztal** Vom Parkplatz an der Straße westlich von Hohnstein erwandert man diese tief eingeschnittene Bachschlucht, einen Höhepunkt im Nationalpark. Ihre Besonderheit: sie führt von einem Granit- in ein Sandsteingebiet. Den Übergang erkennt auch der Laie: Während das Tal im Granit V-förmig eingeschnitten ist, zeigt es sich im Sandstein U-förmig mit schroffen, bis zu 100 m emporragenden Felswänden und -türmen. Eine artenreiche Pflanzen- und Tierwelt hat sich vor allem in den schluchtartigen Abschnitten angesiedelt.

❽ **Hockstein** Vom Hocksteinparkplatz gelangt man in 10 Minuten zu den Resten ei-

Knapp 200 m unterhalb der Bastei strömt die Elbe in einer weiten Schlinge durchs Felsenland – ein atemberaubender Ausblick.

ner Signalwarte aus dem 14./15. Jh. Über kurze, gesicherte Wege erreicht man einige Stellen mit grandiosem Ausblick hinüber nach Hohnstein und über das Polenztal (siehe 7).

9 **Lehrpfad Hohnstein** Auf 57 Tafeln erläutert der 6 km lange Pfad kulturhistorische und geologische Besonderheiten der Gegend. 4 Stunden sollte man für diese anspruchsvolle Wanderung einplanen, denn die rund 120 m Höhenunterschied zwischen Berg und Tal sind viermal zu bewältigen.

Von der Burg Hohnstein (siehe 6) steigt man ins Polenztal (siehe 7) ab, besteigt den Hockstein (siehe 8), steigt ab durch die Wolfsschlucht, kommt an der Gautschgrotte (siehe 10) vorbei und erreicht nach dem Bärengarten wieder den Ausgangspunkt.

10 **Gautschgrotte** Kenner rühmen diese Grotte als schönste ihrer Art im Elbsandsteingebirge: Der grandiose, 40 m breite und 30 m hohe Felsüberhang besteht aus einer besonders widerstandsfähigen Sandsteinschicht; er verdankt seinen Namen übrigens einem Erforscher der Gegend.

Man erreicht das Naturdenkmal in wenigen Minuten auf dem Lehrpfad Hohnstein (siehe 9, in umgekehrter Richtung starten). Der auf den ersten Metern steile, dann gemütlichere Hangweg im Wald führt durch den 1609 eingerichteten Bärengarten, in dem einst Bären für die kurfürstlichen Hetzjagden gezüchtet wurden.

11 **Lilienstein** Die einzigartigen Tafelberge der Sächsischen Schweiz haben einen ungekrönten König: den Lilienstein. Mit seinem topfebenen Plateau, senkrechten, 60–80 m hohen Wänden und einem Gürtel dunkelgrüner Kiefernwälder auf seinem Schuttkegel überragt er eine weite Elbschlinge.

Doch auch Wanderer können den Lilienstein bezwingen. Über Waltersdorf kommt man von Norden zum ausgeschilderten Parkplatz, nimmt den 1/2stündigen Nordaufstieg, überquert das 415 m hohe Plateau und wandert in 45 Minuten über die steile Südseite zurück.

Fast noch mehr Freude, aber auch mehr Mühen bringt der komplette Aufstieg vom Städtchen Königstein aus mit sich (siehe 12): Mit der Fußgängerfähre überquert man die Elbe und steigt über das Dorf Ebenheit auf der Südroute auf. Diese Strecke hat 1708 der legendäre Kurfürst von Sachsen, August der Starke, anlegen lassen, als er den Lilienstein besteigen wollte. Für Hin- und Rückweg rechne man mit mindestens 2 Stunden. Man überwindet immerhin rund 300 Höhenmeter – die letzten gar auf Eisenleitern.

12 **Königstein** Das Städtchen und die Festung gleichen Namens liegen zwar knapp außerhalb des Nationalparks, doch sollte man sich diesen Abstecher keinesfalls entgehen lassen. Auf dem mühelos mit dem Aufzug erreichbaren, fast 10 ha großen Plateau der Festung wird man überrascht von einer Art kleiner Stadt. Die Gebäude stammen aus der Spätgotik, der Renaissance, aus dem Barock und dem 19. Jh. und bergen Ausstellungen zur Militärgeschichte sowie zur Geologie des Elbsandsteingebirges (täglich geöffnet). Noch faszinierender wirkt jedoch die Aussicht: Von den Befestigungsanlagen schaut man hinüber zum Lilienstein (siehe 11), sieht tief unten gemächlich die Elbe fließen und blickt weit hinein in den Nationalpark.

i Festung Königstein, 01824 Königstein, Tel. 03 50 21/6 83 74.

13 **Bad Schandau** Dieser gastliche Kneippkurort, das Tor zum östlichen Teil des Nationalparks, ist das touristische Zentrum der Sächsischen Schweiz – entsprechend reichhaltig ist auch das Angebot an Hotels, Restaurants und dergleichen. In der markanten St.-Johannis-Kirche steht ein im 16. Jh. entstandener Renaissancealtar, einer der ersten protestantischen Altäre Sachsens. Das Heimatmuseum informiert über die Stadtentwicklung, die Geologie der Umgebung und die Geschichte des Bergsteigens in der Region.

Der kleine Pflanzengarten am Ortsrand im Kirnitzschtal (April–Oktober täglich geöffnet) zeigt viele Gewächse des Elbsandsteingebirges. Einen Ausflug wert ist auch der ebenfalls an der Elbe gelegene Stadtteil Postelwitz mit schönen Fachwerkbauten.

Mit den unterschiedlichsten Verkehrsmitteln kann man von hier aus Ausflüge unternehmen: An der Elbpromenade legen die Ausflugsschiffe ab, eine Schmalspur-

Majestätisch erhebt sich der Lilienstein über die abwechslungsreiche Landschaft des Elbsandsteingebirges. Er gilt als wahres Musterbeispiel eines Tafelberges.

So weit die Pfoten tragen

Größere Raubtiere, wie sie auch in der Sächsischen und angrenzenden Böhmischen Schweiz vorkommen, legen oft weite Strecken auf der Suche nach Beute oder einem Partner zurück.

Eine seltsame Form besitzt das Revier des stark bedrohten Fischotters: Es ist meist nur 100 m breit, dafür 2–6 km lang. Immer zieht es sich an den Ufern eines Baches oder Flusses entlang, denn dort findet der Wassermarder im Wurzelstock unterhöhlter Bäume Unterschlupf und im sauberen Wasser Fische, seine bevorzugte Nahrung.

Bis zu 40 km^2 groß kann das Revier des einzelgängerischen Luchses sein, doch kommt er bei reichlichem Futterangebot auch mit nur 5 km^2 aus. Größere Säugetiere bilden seine Hauptnahrung: Ein einziges Weibchen mit zwei Jungen braucht alle 5 Tage ein Reh – eine im immer noch viel zu wildreichen Nationalpark reichlich vorhandene Beute.

Die scheue Wildkatze (Bild) benötigt ein Revier von mindestens 2 km^2. Kater ziehen in der Paarungszeit auch durch weitaus größere Gebiete. Möglicherweise wandert dieser bis 1809 im Elbsandsteingebirge heimische Jäger irgendwann aus östlichen Regionen wieder in die Ruhezonen des Nationalparks ein.

Straßenbahn (siehe (14)) fährt in den Nationalpark, und ein schwindelerregender, frei stehender Aufzug bringt Fußgänger 60 m hoch zum Stadtteil Ostrau. In Bad Schandau befindet sich außerdem der Ausgangspunkt des Flößersteigs (siehe (15)).

i Kurverwaltung, Markt 8, 01814 Bad Schandau, Tel. 03 50 22/24 12.

(14) **Kirnitzschtalbahn** Welcher Nationalpark hat schon eine eigene Straßenbahn? In der Sächsischen Schweiz verkehrt ab Bad Schandau fahrplanmäßig (6.30–18.30, im Sommer bis 21 Uhr) seit 1898 eine Bahn ins Kirnitzschtal. Auf einer Strecke von 8 km holpert die Straßenbahn in 1/2 Stunde zum Lichtenhainer Wasserfall (siehe (18)). Die Fahrt ist ein Erlebnis: In aller Gemütsruhe fährt man durch den schönen Talgrund, vorbei an markanten Felsen, alten Mühlen und historischen Ausflugsgaststätten. Eingeweihte sitzen talaufwärts rechts, denn dort gibt es mehr zu sehen.

(15) **Flößersteig** Dieser heimatkundliche Lehrpfad (Markierung grüner diagonaler Balken) folgt – weitgehend im Wald – ab Bad Schandau dem Kirnitzschtal und führt bis zur Neumannmühle. Dabei bleibt er nicht nur im Tal, sondern windet sich auch am Hang entlang. Zahlreiche Tafeln erläutern, wie sich das harte Leben der Flößer, Waldarbeiter und Bauern abgespielt hat. Auch Formationen wie Felsen und Phänomene wie z. B. Felsstürze werden erklärt.

Da der Weg rutschig sein kann und durch Wurzelwerk stellenweise schwer zu begehen ist, sollte man festes Schuhwerk tragen. Nach 2 Stunden erreicht man einen Hauptpunkt des Lehrpfades, den Lichtenhainer Wasserfall (siehe (18)).

(16) **Schrammsteine** Wer sich diese pittoreske Felsgruppe bei Bad Schandau nur aus der Ferne ansehen will, kann das entweder von der Straße Schmilka–Bad Schandau oder vom Anleger der Personenfähre in Krippen jenseits der Elbe aus.

Aber eigentlich will dieses stark zergliederte, 12 km^2 große Sandsteingebiet erwandert werden. Man fährt mit dem historischen Aufzug von Bad Schandau nach Ostrau, folgt zunächst dem grünen Dreieck bis zur Bushaltestelle und dann dem blauen Strich. Nach 1 1/2 Stunden hat man das Schrammtor erreicht, den Eingang zur eigentlichen Felsgruppe. Nach wenigen Minuten beginnt dann der Steilaufstieg, der zu schönen Gratwegen und zur berühmten Schrammsteinaussicht führt. Wo der Weg auf den Reitsteig trifft, wendet man sich nach links zum Carolafelsen (459 m) mit seiner grandiosen Aussicht. Auf kurzem, schwierigem Weg geht es dann hinunter ins Kirnitzschtal und von dort mit der Straßenbahn zurück nach Bad Schandau. Gut 4 Stunden benötigt man für eine solche Durchquerung.

Kletterern gilt das Schrammsteingebiet übrigens als wahres Eldorado. An den Dutzenden von Türmen, Wänden und Spitzen sieht man sie ihren waghalsigen Sport ausüben.

(17) **Kleine Bastei** Ausgangspunkt für die anstrengende, aber äußerst lohnende Besteigung des Aussichtspunktes Kleine Bastei ist der Grenzort Schmilka am Südrand des Nationalparks. Hier stellt man das Auto auf dem Parkplatz zwischen der B 172 und der Elbe ab und findet am unteren Ende der Dorfstraße eine ausführliche Informationstafel, die einen Überblick über die Wandermöglichkeiten bietet.

Zur Kleinen Bastei folgt man der Markierung grüner Strich. 160 Höhenmeter geht es steil bergan. Dann öffnet sich der hinreißende Blick ins Elbtal. Rechts glänzen die Schrammsteine – besonders ein-

Bizarre Sandsteintürme und traumhafte Aussichtspunkte machen eine Wanderung auf dem Schrammstein-Gratweg zu einem besonderen Erlebnis.

drucksvoll im Abendlicht –, dahinter ist Bad Schandau zu erkennen, und in der Ferne setzt der Lilienstein (siehe ⑪) am Horizont einen unverwechselbaren Akzent.

⑱ **Lichtenhainer Wasserfall** Malerisch stürzt der Lichtenhainer Bach über riesige Sandsteinfelsen – direkt an der Straße Bad Schandau–Hinterhermsdorf und an der Endstation der Kirnitzschtalbahn (siehe ⑭). Der Wasserfall ist aber nicht der einzige Grund, warum sich dieser Platz zu einem bedeutenden Ausflugsziel entwickelt hat; die dortige historische Ausflugsgaststätte mit großem Biergarten unter einer riesigen alten Kastanie hat sicher ebenso dazu beigetragen.

Auf dem großen Parkplatz stellen viele Besucher ihre Autos ab und machen sich auf zu einer der zahlreichen, gut ausgeschilderten Wanderungen im Kirnitzschtal, so z. B. zur Kuhstallhöhle (siehe ⑲).

⑲ **Kuhstallhöhle** Auf einer nur 1/2stündigen Wanderung gelangt man zu dieser geologischen Sehenswürdigkeit (mit Gasthaus). Man startet am Lichtenhainer Wasserfall und folgt der Markierung roter Punkt. Immer wieder kommt man an Felsenüberhängen und kleinen Grotten vorbei, die kleine und große Kinder zum Klettern verlocken.

Die Kuhstallhöhle präsentiert sich als mächtiger Felstunnel – 11 m hoch, 17 m breit und 24 m lang. Der Name geht auf den 30jährigen Krieg zurück, als die Bewohner von Lichtenhain hier ihr Vieh versteckten. Wer das gigantische Tor durchschritten hat, blickt weit nach Südosten über die Wälder und Felsen des Kleinen Winterberges und des Wintersteins.

Drüben angekommen, klettert man in wenigen Minuten über die Himmelsleiter, eine Eisentreppe in nur schulterbreiter Kluft, auf das Plateau des Neuen Wildensteins (336 m). Dort, wo im 15. Jh. eine Burg aufragte, bieten sich ebenfalls wunderschöne Aussichten.

⑳ **Ruine Arnstein** Eine schwierige, wegen ihrer Einsamkeit aber auch besonders lohnende Tour erwartet den Wanderer, der am Parkplatz an der Neumannmühle im Kirnitzschtal zur Ruine Arnstein aufbricht.

Sanft gleitet die Gondel zwischen steil abfallenden Felswänden auf der spiegelglatten Wasserfläche der Oberen Schleuse dahin – ein traumhafter Ort zum Entspannen.

Besonderheiten der Natur

Pflanzen Der Nationalpark ist zum großen Teil bewaldet. Unter der reichen Farnflora der Fichtenwälder ist besonders der Rippenfarn hervorzuheben. Auf den eher trockenen Sandsteinhochflächen wachsen Adlerfarn, Heidelbeere und Wiesenwachtelweizen. In den Laubwäldern sind Aronstab (Bild), Waldmeister und Frühlingsplatterbse anzutreffen.

Tiere Auffallend ist der große Reichtum an gefiederten Nachtjägern: Waldohreule, Sperlings-, Wald- und Rauhfußkauz, schließlich der große Uhu. Auch kommen hier verschiedene Fledermausarten vor. Die naturnahen Fließgewässer bieten Bachforelle und Äsche, Wasseramsel und Eisvogel Lebensraum.

Geologie Besondere Attraktionen des Nationalparks sind die über 1000 Sandsteinfelsen, die zu Felsnadeln, -zinnen und -türmen verwittert sind.

Der Waldweg (Markierung gelber Strich) führt gemütlich zum Fuß des Berges, dann folgt der eigentliche Aufstieg. Er ist nicht zu verfehlen, denn schon von unten sind die Tritte und Stufen zu sehen. Kletterausrüstung ist nicht erforderlich, doch muß man bereit sein, sich gelegentlich an Eisenbügeln festzuhalten, die in die Felsen eingelassen sind. Bei feuchter Witterung ist diese Tour daher nicht zu empfehlen.

Fast übertrieben ist die Bezeichnung Ruine für das, was den Besucher oben erwartet: Nur wenige Mauerreste weisen auf die einstige menschliche Besiedlung hin. Raubritter trieben von hier aus bis ins 15. Jh. ihr Unwesen.

Doch wegen der Bauten kommt man auch nicht an diesen Ort. Hier möchte man vor allem die Waldeinsamkeit genießen – und den spektakulären Blick über die waldreiche, von Felsen durchsetzte Landschaft.

21 Neumannmühle und Großer Zschand Die Gebäude der Mühle bilden ein ansprechendes Ensemble, das als technisches Kulturdenkmal Schutz genießt. Das Wasserrad hat einen Durchmesser von 4,60 m und trieb einst Maschinen zur Produktion von Holzschliff für die Papierherstellung an. Die Anlage wird restauriert und soll als Museum zugänglich gemacht werden.

Der Parkplatz bei der Mühle ist Ausgangspunkt für eine Wanderung in das Kerngebiet des Nationalparks, den Großen Zschand. Sanft steigt die Forststraße an, die rund 20 m hohen Felsen links und rechts splittern sich auf in einzelne Spitzen, Türme und Plateaus. In dieser Abgeschiedenheit hat sich eine große Vielfalt an Waldpflanzen und Kleintieren erhalten.

Nach 3 km hat man das bewirtschaftete Zeughaus erreicht. Von der Wegkreuzung vor dem Haus aus ist eine Vielzahl weiterer Wanderungen möglich.

22 Hinteres Raubschloß Ein Höhlengemach und eine Zisterne gehören zu den heute noch deutlich zu erkennenden Überresten der im 14. Jh. erstmals erwähnten und im 15. Jh. als Raubritternest abgerissenen Burg, dem Ziel einer erholsamen Wanderung. Wieder ist der Parkplatz an der Neumannmühle Ausgangspunkt, und wieder geht es hinein in den Großen Zschand – allerdings nicht bis zum Zeughaus. Vorher biegt man an der Gabelung rechts in die Zeughausstraße, verläßt diese aber bald wieder nach links zum Winterstein (390 m), auf dem einst das Hintere Raubschloß stand. Nach gut 1 Stunde hat man den Tafelberg erreicht. Die 40 m hohen Wände des Plateaus erklimmt man über steinerne Stufen und Eisenleitern.

Nach der Rückkehr zur Neumannmühle lädt die nur wenige Minuten talaufwärts gelegene *Buschmühle* zur Einkehr. Hausgemacht ist hier nicht nur das Essen; auch der Strom stammt aus eigener Produktion. Ein Wasserrad hinter dem Haus sorgt dafür, daß das Licht drinnen nicht ausgeht.

Der Name verrät es: Während des 30jährigen Krieges diente die heute als Naturdenkmal geschützte Kuhstallhöhle den Lichtenhainern als Versteck für ihre Rinder.

23 Obere Schleuse Um zu dem einst für die Flößerei aufgestauten schmalen Gewässer zu gelangen, folgt man vom Parkplatz bei Hinterhermsdorf der Markierung blauer Balken. Erst bleibt man auf der breiten, ebenen Forststraße, dann steigt man ab ins Tal, vorbei an der Dachsenhöhle, wild verstreuten Felsblöcken und hoch aufragenden Wänden. Wo sich kleine Lichtungen öffnen, flattern zahlreiche Schmetterlinge. Nach einer 3/4 Stunde hat der Spaziergänger die Obere Schleuse erreicht.

Wie ein kurzer Fjord schlängelt sich der 700 m lange künstliche See durch eng zusammenrückende Felsen. Im 16. Jh. angelegt, um das geschlagene Holz mit einem gewaltigen Wasserschwall zu Tal schwemmen zu können, bietet die Obere Schleuse heute ein Vergnügen der besonderen Art (Mai–Mitte Oktober täglich 9–16 Uhr): Auf großen Gondeln gleiten jeweils bis zu 20 Personen auf der Wasserfläche, über der Myriaden von Mücken tanzen, Schmetterlinge gaukeln und Libellen blitzschnell hin und her flitzen. Vorbei an baumgekrönten Sandsteintürmen und Felsen mit seltsamen Namen wie „Elefant“ oder „Schlafendes Lamm“ kommt man zur Staumauer, die in ihrer heutigen Form von 1931 stammt. Man wandert von hier entweder weiter in die Kirnitzschklamm (siehe 24) oder kehrt mit dem Boot zur Anlegestelle zurück, die auch zu Fuß zu erreichen ist.

Endstation: die Kirnitzschtalbahn hält direkt vor der historischen Ausflugsgaststätte und dem Lichtenhainer Wasserfall.

24 Kirnitzschklamm Direkt an die Obere Schleuse schließt das Engtal der Kirnitzsch an, das auch die Grenze zur Tschechischen Republik markiert. Schon vor der Gründung des Nationalparks als Naturreservat geschützt, beherbergt es eine Vielzahl seltener Tiere und Pflanzen. Auf schwindelerregendem Pfad durchwandert man hoch über dem rauschenden Bach die wildromantische Klamm. Dort, wo sich das Tal dann weitet, hält man sich rechts und kommt zurück nach Hinterhermsdorf.

Wie im Polenztal (siehe 7) und im Großen Zschand (siehe 21) ist auch in der Kirnitzschklamm das Phänomen der Höhenstufenumkehr beispielhaft zu erkennen: Während hoch an den Berghängen die dort zu erwartenden, der Höhenlage angepaßten Pflanzen wachsen, gedeihen im Talgrund solche, die sonst eigentlich nur in Hochlagen zu finden sind. Im engen Tal herrscht ein sog. Kellerklima – auch im Sommer bleibt es dort sehr kühl.

12 Niederrhein und Münsterland

Naturidylle vor den Toren großer Städte

Die Bewohner der Industriezentren an Ruhr und Niederrhein haben ihre Erholungsgebiete sozusagen vor der Haustür. Auch dort, wo es keine „richtigen" Berge gibt, zeigt sich die Landschaft durchaus abwechslungsreich und voller Überraschungen. Schloß Raesfeld ist eher eine der beschaulich-stillen Attraktionen.

Niederrhein und Münsterland

Naturpark Kottenforst–Ville

Größe: 880 km², gegründet 1959.

Der Naturpark umfaßt die westlichen Randbereiche der Kölner Bucht und erstreckt sich vom Eifelrand bis an den Ballungsraum Köln-Bonn. Für die Großstadtbewohner ist der Naturpark ein sehr beliebtes Naherholungsgebiet.

Quer durch den Naturpark zieht sich die Ville, ein langgestreckter Höhenrücken, der parallel zum Rhein verläuft und im Süden bis auf 170 m Höhe ansteigt. Vor allem im mittleren und nördlichen Abschnitt, der Braunkohlenville, wurden die natürlichen Landschaftsformen durch großflächigen Tagebau und anschließende Rekultivierung drastisch verändert. In der südlichen Ville, der Waldville, waren die Eingriffe des Menschen weniger stark. Hier gibt es noch Reste von Altwald mit bis zu 160jährigen Rotbuchenbeständen, die durchsetzt sind von Ahornbäumen, Traubeneichen, Hainbuchen und einigen Nadelbäumen.

Das größte geschlossene Waldgebiet des Naturparks ist der Kottenforst, der sich unmittelbar südlich an die Waldville anschließt. Einst diente er den Erzbischöfen von Köln als Jagdrevier.

Die Laubwälder halten eine Besonderheit bereit: die Stechpalme, Kennzeichen für das bereits stark ozeanisch beeinflußte Klima der Region. Kleine Bereiche des Kottenforstes wurden als Naturwaldzellen von jeglicher Nutzung und Pflege ausgenommen, so daß man die natürliche Entwicklung der Waldgesellschaften im Naturpark erforschen kann. Dort sind bereits wieder häufiger verschiedene Kräuter anzutreffen wie Waldlabkraut, Einblütiges Perlgras, Waldziest und Weiße Hainsimse, die sonst im Naturpark kaum vorkommen.

Mit einem gepflegten Strandbad lockt der waldumsäumte Liblarer See die Badefreunde an.

Klimatisch und botanisch bereits mit der Eifel verwandt ist das zweite große Waldgebiet im Süden des Naturparks, der Rheinbacher Stadtwald. Hier wurde der 316 m hohe Tomberg, der nordwestliche Vorposten des Vulkangebietes der Eifel, unter Naturschutz gestellt. Darüber hinaus ist dieses Gebiet durch das Vorkommen einiger sonst im Rheinland seltener Pflanzenarten wie dem Speierling und durch die artenreiche Vogelwelt interessant.

Im Norden des Naturparks haben Rekultivierungsmaßnahmen eine abwechslungsreiche Erholungslandschaft hervorgebracht. Relikte des alten Tagebaus sind die zahlreichen Seen, wie sie insbesondere zwischen Brühl, Liblar und Hürth in den Staatsforst Ville eingebettet sind. 1964 wurde hier der Bergbau endgültig eingestellt.

i Zweckverband Naturpark Kottenforst–Ville, Willy-Brandt-Platz 1, 50126 Bergheim.

Naturpark Schwalm–Nette

Größe: 435 km², gegründet 1965.

Im Westen des Niederrheinischen Tieflandes liegt dieser Naturpark, der seit 1976 Teil des Deutsch-Niederländischen Naturparks Maas–Schwalm–Nette ist. Seinen Namen hat der Naturpark von zwei Flüßchen, die das flache Land in vielen Windungen durchziehen.

Das Grundmuster der Landschaft bilden flache Terrassen, die durch eiszeitliche Schmelzwasserrinnen in einzelne Platten aufgelöst worden sind. Im Westen des Naturparks dehnen sich großflächige Sandanwehungen aus. An vielen Stellen hat der Wind während der letzten Eiszeit sogar Dünen aufgehäuft. Früher breitete sich auf den unfruchtbaren Sandböden Heide aus. In den Tieflagen, wo das Grundwasser bis an die Oberfläche heranreicht, entstanden Flachmoore und Brüche. Durch Aufforstung wurden die ursprünglichen Bruchwälder allerdings weitgehend durch Kiefernwald ersetzt, und nur einzelne Gebiete haben noch ihr urtümliches Aussehen bewahrt. In solchen Sumpflandschaften sind Schwarzerlen meist die einzigen Bäume. Seggen, Bitteres Schaumkraut und Wiesenschaumkraut sowie Sumpfdotterblume und Gelbweiderich sind die charakteristischen Pflanzen in den Brüchen.

Geruhsame Paddeltouren lassen sich auf der von urwüchsigem Auwald gesäumten Schwalm unternehmen.

Größere Ausdehnung besitzen die Feuchtgebiete im Westen des Naturparks, besonders an Schwalm, Nette und Niers entlang. Die Uferzonen der Flüsse und ihrer Altwasser werden fast überall von dichtem Auwald eingenommen. In den Niederungen von Schwalm und Nette gibt es außerdem Seen und Tümpel. Sie sind nicht natürlichen Ursprungs, sondern gehen zurück auf den Torfabbau, der hier seit dem 16. Jh. betrieben wurde. Infolge des hohen Grundwasserspiegels füllten sich die Gruben anschließend mit Wasser.

Die bekanntesten und sicherlich auch reizvollsten dieser Gewässer sind die Krickenbecker Seen. Seerosen bedecken ihre Wasserflächen, die Ufer werden von dichtem Röhricht gesäumt. Eine außerordentlich artenreiche Vogelwelt, darunter sogar das seltene Blaukehlchen, hat dort ihren Lebensraum gefunden.

i Zweckverband Naturpark Schwalm–Nette, Rathausmarkt 3, 41747 Viersen.

Naturpark Hohe Mark

Größe: 1040 km², gegründet 1963.

Im Südwesten des Münsterlandes gelegen, bezieht der Naturpark auch noch Teile des Niederrheinischen Tieflandes mit ein. Seinen Namen verdankt er dem Höhenzug, der sich zwischen Merfelder Bruch und Lippe erstreckt und bis auf rund 140 m Höhe ansteigt.

Im Osten des Naturparks schließen sich an die Hohe Mark die Borkenberge an, südlich der Lippe die Haard. Im annähernd flachen Münsterland treten diese eher sanften Höhen als durchaus markante Berge in Erscheinung.

Durch großflächige Aufforstung wurde der ursprüngliche Charakter der Landschaft nachhaltig verändert. Fast überall sind die Heiden, die sich früher auf dem sandigen Untergrund ausdehnten, weiten Kiefernwäldern gewichen. Auch die Bruchlandschaften in den Niederungen zwischen den einzelnen Höhenrücken blieben nur noch in kleinen Resten erhalten. Die meisten Brüche sind heute trockengelegt. Im Merfelder Bruch, das unter Naturschutz gestellt wurde, liegt das berühmte Wildgestüt des Herzogs von Croy. Die Wildpferde, eigentlich Wildlinge, die in völliger Freiheit aufwachsen, gingen aus Kreuzungen einst hier heimischer Wildpferde mit anderen Wildpferderassen hervor.

Auch im Westen des Naturparks sind Heide- und Bruchlandschaften weitgehend in Weideland oder Wald umgewandelt worden. Feldgehölze, Baumgruppen und Hecken gliedern diese reizvolle parkartige Landschaft.

Im Süden des Naturparks trennt die Auenlandschaft der Lippe das Hügelland der Hohen Mark von Hünxer Wald und Haard. In der feuchten Lippeniederung haben viele Wasservögel ein sicheres Refugium gefunden.

Die größte Wasserfläche im Naturpark, der Halterner Stausee, wurde zur Wasserversorgung für das nördliche Ruhrgebiet angelegt. Er ist zugleich Mittelpunkt einer Erholungslandschaft, die sich bei der Bevölkerung der nahen Industriestädte großer Beliebtheit erfreut.

ℹ Verein Naturpark Hohe Mark e. V., Kurt-Schumacher-Allee 1, 45657 Recklinghausen.

Freien Auslauf in der unverfälschten Landschaft des Merfelder Bruchs haben die berühmten Wildpferde.

Naturpark Kottenforst – Ville

Wie kein anderer hat dieser Naturpark zwei Gesichter: Im Norden hat der Mensch die Landschaft geformt – erst wurde großflächig Braunkohle abgebaut, dann pflanzte man neue Wälder und legte Badeseen an. Der mittlere und südliche Teil dagegen bietet Natur pur mit vielen Erholungsmöglichkeiten.

❶ **Altkaster** Das noch ganz mittelalterlich wirkende Städtchen im Erfttal hat beide Weltkriege unversehrt überstanden. Es konnte auch erfolgreich gegen die Interessen der Braunkohlenindustrie verteidigt werden, die es gern den 100 Mio. t Kohle geopfert hätte, die in mächtigen Flözen unter der Stadt lagern. So ist der Besucher, der auf das Agatha-Tor zugeht, zuerst vom Anblick der Stadtmauer aus Backstein fasziniert, die Altkaster noch nahezu vollständig umgibt. Dahinter weitet sich die Hauptstraße zum Marktplatz aus mit mehreren Häusern aus der Zeit nach dem großen Stadtbrand von 1624. Nach links führt die Kirchstraße wieder aus der Altstadt hinaus zur Burgruine und dann entlang der Stadtmauer zurück zum Agatha-Tor.

Vergnügen zu Land, zu Wasser und in der Luft bietet der bekannte Freizeitpark Phantasialand Besuchern aller Altersgruppen.

Ein ansprechendes Erholungsgebiet ist rund um den neu angelegten Kasterer See entstanden. Dieser wird vom umgeleiteten Erftmühlenbach gespeist.

ℹ Stadt Bedburg, Am Rathaus 1, 50181 Bedburg, Tel. 0 22 72/40 20.

❷ **Schloß Paffendorf** Der Nordwesten des Naturparks ist Teil des rheinischen Braunkohlenreviers, in dem im Tagebau jährlich bis zu 120 Mio. t dieses Rohstoffes gefördert werden. Faszinierende Einblicke in den Braunkohlentagebau erhält man in der Umgebung von Schloß Paffendorf bei Bergheim: Von Aussichtspunkten kann man in die über 200 m tiefen Gruben blicken und die gigantischen Schaufelradbagger dabei beobachten, wie sie sich in die Hänge graben. An drei Sonntagen im Jahr bietet das Informationszentrum eine Fahrt durch ein Tagebaugelände an. Eine Ausstellung der Rheinbraun AG im Schloß Paffendorf informiert über alle Aspekte des Tagebaus (März–Oktober jeden So geöffnet, während der Sommerferien in Nordrhein-Westfalen auch Mi; im Schloß ist ein Informationsfaltblatt erhältlich).

Das romantische Schloß Paffendorf entstand im 16. Jh. am Übergang zwischen Gotik und Renaissance als trutzige Wasserburg, wurde jedoch 1861–65 im neugotischen Stil umgebaut. Im Schloßpark (März–Oktober täglich geöffnet) sind über 300 Bäume und Sträucher zu sehen, deren Vorfahren vor 12–15 Mio. Jahren im feuchtwarmen Klima zur Bildung der Braunkohlen-Lagerstätten im Untergrund der Ville beigetragen haben.

ℹ Rheinbraun AG, Öffentlichkeitsarbeit, Stüttgenweg 2, 50935 Köln, Tel. 0221/ 4 80 31 36.

❸ **Abtei Brauweiler** Das bereits 1024 gegründete und 1802 unter Napoleon aufgelöste Kloster beeindruckt auf den ersten Blick durch seine Größe. Seine Hauptgebäude umschließen drei Innenhöfe, die tagsüber frei zugänglich sind. Am schönsten ist der Marienhof mit dem zur Hälfte erhaltenen Kreuzgang aus dem 12. Jh. Durch große Glasscheiben kann man in den Kapitelsaal und die Benediktuskapelle aus derselben Zeit hineinschauen.

In der dreischiffigen Abteikirche aus dem 12./13. Jh. (geöffnet nur Do vormittags sowie an Wochenenden) sind die um 1700 phantasievoll geschnitzten Tierköpfe auf den Armlehnen des Chorgestühls besonders sehenswert.

❹ **Keramikmuseum Frechen** Ergiebige Tonlager in Stadtnähe ließen Frechen nachweislich schon im 15. Jh. zu einem Zentrum des rheinischen Töpfergewerbes werden. Das Museum im Stadtzentrum erklärt anschaulich die Arbeit des Töpfers und zeigt Keramik aus fünf Jahrhunderten. Dabei

fallen besonders die Frechener Bartmannkrüge auf: Krüge, aber auch Kannen und Flaschen mit einem bärtigen Männergesicht als Auflage am Gefäßhals, die hier seit langem hergestellt werden und daher zu einer Art Markenzeichen für Frechen wurden.
ℹ Keramikmuseum, Hauptstr. 110–112, 50226 Frechen, Tel. 0 22 34/50 14 21.

❺ **Liblarer Seenplatte** Über 40 Seen mit einer Wasserfläche von rund 750 ha sind auf dem Villerücken zwischen Brühl und Liblar entstanden, nachdem die Braunkohlenflöze im Untergrund erschöpft waren und der Tagebau eingestellt wurde. Zurückgebliebene Vertiefungen füllten sich mit Wasser, und Wälder wurden angelegt. 75 ha dieser renaturierten Flächen stehen unter strengem Schutz und sind ein unentbehrlicher Lebensraum für viele Vogelarten und andere Tiere.

Doch kommt der Mensch keineswegs zu kurz: Rund um den von Bäumen gesäumten Liblarer See führt ein 3 km langer Wanderweg, ein herrliches Strandbad nahe der B 265 lädt zum Baden ein, mit einem Erlaubnisschein kann man angeln und gegen eine Gebühr die Einrichtungen des Segelclubs benutzen.

❻ **Villenhofer Maar** Anders als der Liblarer See ist das Villenhofer Maar kein Freizeitgewässer für den Menschen, sondern steht unter Naturschutz. Es gehört trotz seines Namens, der eigentlich auf eine vulkanische Entstehung schließen läßt, zu den ersten im Zug des Braunkohlenabbaus entstandenen Gewässern in diesem Gebiet und sieht in der Tat wie ein natürlicher See aus. Auch eine reiche Fauna hat sich in diesem Biotop angesiedelt: Allein 3000 Erdkröten haben hier ihre Laichplätze. Der Mischwald aus

Nichts weist im idyllischen Park von Schloß Paffendorf darauf hin, daß gleich nebenan Bagger die Landschaft durchwühlen.

Eichen und Buchen südlich des Sees wurde 1935 gepflanzt und gehört damit zu den ältesten Aufforstungen im Bereich der Ville-Seenplatte. An Wald und See vorbei führt der Rundwanderweg A 6, der an einem Parkplatz an der Straße zwischen Brühl und der Autobahnauffahrt Brühl-Süd in Brühl-Badorf beginnt.

❼ **Phantasialand** Abwechslung ist Trumpf in diesem hochtechnisierten Freizeitpark südlich von Brühl. Rasante und beschauliche Fahrgeschäfte für groß und klein warten zwischen April und Oktober ebenso auf Besucher wie wechselnde Live-Shows mit Artisten und Unterhaltungskünstlern, Laser-Shows, ein 180-Grad-Kino und verschiedene Spezialitätenrestaurants. Geburtstagskinder haben gegen Vorlage ihres Ausweises freien Eintritt.

i Phantasialand, Berggeiststr. 31–41, 50321 Brühl, Tel. 0 22 32/3 62 04.

8 Brühl Das Städtchen am Ostrand des Naturparks hat Außergewöhnliches zu bieten: Zu den wenigen Bauwerken Deutschlands, die in die UNESCO-Liste der Weltkulturgüter aufgenommen wurden, zählen die beiden Barockschlösser Augustusburg und Falkenlust. Der Kölner Kurfürst Clemens August aus dem Haus Wittelsbach ließ sie im 18. Jh. unter Beteiligung berühmter Baumeister wie Johann Conrad Schlaun, François de Cuvilliés und Balthasar Neumann erbauen.

Führungen durch Schloß Augustusburg, die von Februar bis November täglich außer Mo angeboten werden, dauern etwa 40 Minuten. Dabei sieht man nicht nur das prächtige Treppenhaus mit seinen Säulen aus kostbarem Stuckmarmor, sondern erfährt auch Interessantes über den Ablauf der festlichen Staatsempfänge, die der Bundespräsident zwischen Mai und September in diesem Schloß abhält.

Durch den unter Naturschutz stehenden Schloßpark mit schönen Lindenalleen kann man anschließend zum 2 km entfernten Jagdschloß Falkenlust spazieren. Stärker noch als in Schloß Augustusburg fällt hier die große Leidenschaft des Kurfürsten für die Falkenjagd ins Auge: Falkenmotive als Schmuck sind in jedem Raum zu finden. Eine kleine Ausstellung in einem Nebengebäude informiert über die Falknerei.

i Brühl-info, Uhlstr. 7, 50321 Brühl, Tel. 0 22 32/7 93 45.

9 Römische Wasserleitung Schon zu Zeiten der Römer bekamen die Kölner ihr Trinkwasser von weit her. Es wurde aus Quellen in der Eifel über eine 95 km lange Leitung in die Stadt geführt. Der größtenteils unterirdisch angelegte Kanal bestand aus Bruchsteinen und einer frühen Art von Beton.

Nur drei Gehminuten vom Forsthaus Buschhoven an der B 56 entfernt sind Überreste des etwa 1 m hohen und 74 cm breiten Kanalbaus gut zu sehen. An vielen Stellen ist dieses Zeugnis römischer Ingenieurskunst abgebrochen und das Material zum Bau von Kirchen, Burgen und anderen Gebäuden verwendet worden, wo es an den Kalkablagerungen teilweise heute noch im Mauerwerk zu erkennen ist.

10 Wildgehege und Haus der Natur Am Rand der bisherigen Bundeshauptstadt wurde im Waldgebiet der Waldau ein altes Bauernhaus aus dem Hunsrück wieder aufgebaut und dient nun als Informationszentrum. In der täglich außer Mo nachmittags geöffneten Ausstellung im Haus der Natur kann man u. a. Bienen in ihrem Stock und Waldameisen in ihrem Nest beobachten und sich über die Pilze des Kottenforstes informieren. Kinder können an der Streichelwand Rehkitz und Frischling, Igel und Entenküken anfassen. Sehenswert ist auch der hübsch gestaltete Bauerngarten. An einem außergewöhnlich großen Spielplatz mit vielen originellen Geräten vorbei kommt man in fünf Gehminuten zum Wildgehege, in dessen weitläufigen Gattern heimisches Wild zu sehen ist.

i Haus der Natur, An der Waldau 50, 53127 Bonn, Tel. 02 28/28 51 07.

11 Geologischer Lehrpfad Über die Geologie des Bonner Raumes informieren 20 Tafeln entlang einem 9 km langen Lehrpfad, der am Ende der Hochkreuzallee am Rand von Bad Godesberg beginnt. Noch aufschlußreicher ist freilich die Teilnahme an einer geführten Rundwanderung, zu der die Stadt Bonn an jedem ersten So im Monat zwischen Mai und Oktober einlädt.

i Amt für Wirtschaftsförderung und Tourismus, Münsterstr. 20, 53111 Bonn, Tel. 02 28/77 39 28.

12 Jägerhäuschen Eines der meistfotografierten Gebäude im Kottenforst mit seinen beachtlichen Beständen an alten Eichen und Buchen ist das romantische Jägerhäuschen. Es war einst Wechselstation für Pferde und Hunde während der fürstlichen Parforcejagden, die im frühen 18. Jh. in Mode kamen. Die Jäger hetzten dabei Hundemeuten auf Rothirsche und Wildschweine. Für diese Jagden wurden auch zahlreiche Schneisen, Alleen genannt, in den Wald geschlagen. Um die Orientierung zu erleichtern, stifteten Kurfürst und Jagdteilnehmer mit unterschiedlichen Reliefs verzierte Kreuze, die noch heute an den Wegen stehen.

Trefflich promenieren läßt es sich im Rokokopark von Schloß Augustusburg in Brühl. Blumenrabatten und Alleen sind in strengen geometrischen Formen gehalten.

Von der Mondlandschaft zur Seenplatte

Seit über 100 Jahren wird in der Ville Braunkohle abgebaut. Da der fossile Brennstoff nur wenig unter der Erdoberfläche liegt, gewinnt man ihn im Tagebau: Nach Abräumen der Deckschichten tragen die Bagger direkt die Kohlenlager ab (Bild). So entstehen Löcher von gigantischen Ausmaßen, und der Abraum häuft sich zu Bergeshöhe.
In der ersten Phase überließ man die Hinterlassenschaften des Tagebaus sich selbst oder experimentierte mit verschiedenen Bepflanzungen. Um 1950 pflanzten die Forstleute vor allem schnellwüchsige Pappeln, die den optischen Schaden rasch zudeckten und den Boden für Mischwälder vorbereiteten. Solche naturnahe Forste, die gern als Erholungsgebiet angenommen werden, entstehen in der dritten Phase der Rekultivierung.
Die Tagebaugruben füllten sich teilweise mit Wasser, so daß sich Dutzende von Seen bildeten. Einige wurden zugeschüttet, andere zu Sport- und Badeseen hergerichtet, die übrigen der natürlichen Entwicklung überlassen.
Das Projekt ist allerdings noch nicht abgeschlossen. Noch ist nicht klar, wie sich die Ville in weiteren 100 Jahren präsentieren wird. Doch das Zwischenergebnis ist erfreulich – auch für die Natur, die sich bereits manchen Lebensraum zurückerobert hat.

Vom Wanderparkplatz an der Straße zwischen Meckenheim und Röttgen aus kann man auf einem dieser schnurgeraden Wege zum Jägerhäuschen spazieren und dann auf der anderen Seite der Autobahn eine Rundwanderung über die Flerzheimer und die Elches-Maar-Allee unternehmen. Dabei kommt man am Dickbaumskreuz vorbei, das vom Wappen des Kurfürsten Clemens August, vom Deutschordenswappen und dem Kurhut verziert wird.

Im spitzen Winkel zwischen beiden Alleen erkennt man auch eines der beiden Waldareale im Kottenforst, die von jeder forstwirtschaftlichen Nutzung ausgenommen sind und nicht betreten werden dürfen. Dort wachsen überwiegend Stieleichen, Winterlinden sowie Rot- und Hainbuchen, zwischen denen Maiglöckchen, Buschwindröschen und Waldveilchen blühen.

⓭ **Wollmarkt Kuchenheim** Am ersten So im Juni dreht sich auf dem Marktplatz im Euskirchener Stadtteil Kuchenheim alles um Schaf und Wolle. Seit 1991 hat der alte Tuchmacherort damit wieder einen Wollmarkt, wie er davor zuletzt 1889 in Euskirchen stattgefunden hatte. Textilhandwerker zeigen historische und moderne Wollverarbeitungstechniken, Schafe werden geschoren, Schaffelle und Schafskäse verkauft. Initiator des Wollmarktes ist das Rheinische Industriemuseum, das in Kuchenheim voraussichtlich 1995 auch eine historische Tuchfabrik als Museum wieder in Betrieb nehmen wird.
ℹ Stadtverwaltung, Kölner Str. 75, 53879 Euskirchen, Tel. 0 22 51/1 40.

⓮ **Rheinbach** Zu einem Zentrum der Hohlglasherstellung ist Rheinbach nach dem Zweiten Weltkrieg geworden. Sudetendeutsche Glasbläser wurden hier angesiedelt und fanden in dem Städtchen eine neue Bleibe. Die traditionsbewußten Handwerker schlossen sich zusammen, um ihre überlieferten Arbeitsweisen fortzuführen, eine Glasfachschule zu gründen und eine Sammlung ihrer Kostbarkeiten aufzubauen. Meisterwerke aus der Zeit des Barock bis zum modernen Studioglas präsentiert täglich außer Mo das gut gestaltete Glasmuseum im Himmeroder Hof, der auf eine mittelalterliche Hofanlage zurückgeht. Dort ist auch das Haus der Natur untergebracht. Diese Informationsstätte beherbergt eine Ausstellung über den Naturpark, die Wissenswertes über Natur und Landschaft vermittelt und zum Wandern anregen soll.

Nach telefonischer Voranmeldung werden zwischen September und Februar Führungen in der Staatlichen Glasfachschule organisiert. Der Besucher kann hier Glasbläsern bei der Ausübung ihres jahrhundertealten Handwerks zuschauen.

Von überregionaler Bedeutung ist die Freizeitanlage am Südwestrand der Stadt. Neben einem Wellenbad bietet sie Grillmöglichkeiten und Picknickplätze, ein vielfältiges Sportangebot, eine Freilichtbühne und einen Rodelberg.
ℹ Städtisches Verkehrsbüro, Schweigelstr. 21, 53359 Rheinbach, Tel. 0 22 26/ 8 11 70.

⓯ **Adendorf** In Nordrhein-Westfalens größtem Töpferdorf, heute ein Ortsteil von Wachtberg, macht der Bummel von Ausstellung zu Ausstellung viel Spaß. Die Töpfer, Handwerker alter Schule, zeigen Besuchern gern ihre Werkstätten und geben Auskunft über ihre Arbeit. Jeder hat sich auf ein bestimmtes Produkt spezialisiert.

Bei den Töpfern kann man auch Keramik nach eigenen Entwürfen in Auftrag geben. Zwischen März und November sind die Töpfereien Mo–Fr und einmal monatlich Sa und So, in der Adventszeit an sämtlichen Wochenenden, von 11–17 Uhr geöffnet.

Einen Spaziergang wert ist die in ihren Ursprüngen aus dem 14. Jh. stammende Wasserburg Adendorf südöstlich des Ortes.
ℹ Gemeindeverwaltung, Rathausstr. 34, 53343 Wachtberg-Berkum, Tel. 02 28/ 85 30.

Mit eigenen Augen kann man sich in Adendorf von der beeindruckenden Kunstfertigkeit der dortigen Töpfer überzeugen.

Naturpark Schwalm–Nette

Im Niederrheinischen Tiefland zwischen Niers und Maas liegen grüne Flußauen und stille Seen, die zur Naturbeobachtung oder zum Baden und zu geruhsamen Bootstouren einladen. Gut markierte Wanderwege, historische Städte und zahlreiche Wassermühlen sind die Anziehungspunkte dieser Landschaft.

❶ **Wachtendonk** Der malerische Ort im Naturpark steht unter Denkmalschutz. Der Besucher geht über Kopfsteinpflaster durch ruhige Straßen, die von niedrigen, kleinen Häusern aus zumeist dunklem Ziegelstein gesäumt sind. Sie wurden fast alle im 18. und 19. Jh. erbaut. Dazwischen eingestreut sind einige ältere Häuser aus der Zeit vor dem großen Stadtbrand von 1708. Besonders schön ist das Haus Püllen gegenüber dem Rathaus in der Mühlenstraße mit seinem geschweiften Doppelgiebel; noch sehr wehrhaft wirkt der sog. Hoff aus dem frühen 17. Jh. in der Neustraße 10.

Der wuchtige Pulverturm war einst Teil der Stadtbefestigung, jetzt beherbergt er ein Café-Restaurant. Hier bekommt man ebenso wie in anderen Lokalen der Gemeinde und im Rathaus kostenlos die Begleitbroschüre für den etwa 3 km langen Naturlehrpfad. Dieser führt vom Pulverturm zunächst an der Ruine der schon 1608 geschleiften Burg vorbei. Archäologen haben ihre Grundmauern aus Ziegelsteinen rekonstruiert. Eine Grillhütte steht gleich nebenan.

Der Pfad verläuft dann zwischen den Flüßchen Niers und Nette und macht an insgesamt zwölf Stationen auf Interessantes aufmerksam: so etwa auf eine Wildkräuterwiese, schöne Farne, eine Linden- und eine Pappelallee.

ℹ Gemeindeverwaltung, 47669 Wachtendonk, Tel. 0 28 36/1 00.

❷ **Krickenbecker Seen** Poelvennsee, Glabbacher Bruch, Schroliksee und Hinsbecker Bruch bilden zusammen ein vielseitiges Freizeit- und Naturparadies. Am Poelvennsee und am Hinsbecker Bruch gibt es Strandbäder, in drei der vier Seen darf man angeln, am Poelvennsee werden außerdem Ruderboote vermietet. Gut gekennzeichnete Wanderwege – mehrere davon auch für Rollstuhlfahrer und Eltern mit Kinderwagen geeignet – führen durch mit Eichen, Birken und Buchen durchsetzte Kiefernforste. Die Seeufer selbst sind nur an wenigen Stellen zugänglich; sie wurden unter Schutz gestellt. Dort breiten sich Seerosenfelder und Röhricht aus, leben Graureiher, verschiedene Taucher- und Entenarten, Blaukehlchen und Rohrdommeln, wachsen Drachenwurz und Gagelstrauch.

Die Seen sind durch Mithilfe des Menschen entstanden. Ursprünglich erstreckten sich hier mächtige Niedermoore, die bis ins 18. Jh. hinein abgetorft wurden. Die Nette, die dieses Gebiet durchfließt, füllte die Torfstiche später mit Wasser.

Den besten Eindruck von dieser reizvollen Landschaft bekommt man, wenn man die Seen umwandert. Wanderweg A 5 (11,5 km) führt am 1902 erbauten Schloß Krickenbeck vorbei um die beiden nördlichen Seen herum, Wanderweg A 3 (9 km) um die beiden südlichen. Ausgangspunkt für diese Wanderungen ist der Parkplatz am Strandbad Krickenbecker See am Hinsbecker Bruch.

ℹ Verkehrsamt, 41334 Nettetal, Tel. 0 21 53/89 86 03.

❸ **Naturschutzgebiet Sekretis** Das herrliche Bruchwaldgebiet läßt sich von der alten Leuther Wassermühle aus (1738, heute Teil eines modernen Hotels) leicht zu Fuß erreichen. Vom Wanderweg A 3 aus hat man einen eindrucksvollen Blick in das Reservat im Süden der Krickenbecker Seen. Es wird von der Nette durchflossen. Seinen Kern bildet der letzte größere Erlenbruchwald am Niederrhein mit der größten Graureiherkolonie im Niederrheinischen Tiefland.

Am stillen Hinsbecker Bruch ist noch heute etwas von der Abgeschiedenheit des einst unzugänglichen Niedermoores zu spüren.

Besonderheiten der Pflanzenwelt

Die Schwarzerlen, nach denen die Erlenbruchwälder benannt sind, wachsen auf einem ständig durchnäßten Boden. Im Wasser gedeiht auch die Drachen- oder Schlangenwurz Calla mit dem auffälligen weißen Blütenblatt. Sie verdankt ihren Namen dem eigenartig gewundenen Wuchs ihres Stengels; sie wird übrigens von Schnecken bestäubt. Die Farne sind in den Bruchwäldern durch Sumpf- und Königsfarn vertreten.
Die Hangmoore bergen, neben vielfältigen Torfmoosen, den sehr selten gewordenen Beinbrech mit seinen gelben, langgestielten Blüten, deren Staubbeutel dicht behaart sind. Als Charakterpflanze mooriger Heiden gilt der Gagelstrauch (Bild), von dem es männliche und weibliche Exemplare gibt. Seine Blätter sondern vor allem im Sommer einen aromatischen Duft ab. 38 verschiedene Moosarten und alle drei einheimischen Sonnentauarten fanden die Experten in diesen Biotopen. In den erhalten gebliebenen Heideflächen herrschen Wacholder und Ginster vor.

Im Zentrum der nahen Ortschaft Leuth können Fahrräder und vierrädrige Tretmobile mit Schutzdach entliehen werden. Sie bieten zwei Erwachsenen und zwei Kindern Platz und ermöglichen gerade auch Eltern gehbehinderter Kinder vergnügliche Ausflüge.

ℹ Verkehrsamt Nettetal, siehe ❷.

❹ **Hinsbeck** Wahrzeichen des zur Stadt Nettetal gehörenden Ortes ist die blendendweiße, privat genutzte Stammenmühle (erbaut 1854), die außerhalb auf einer sanften Anhöhe steht. Gleich westlich des Zentrums liegt eine weitläufige, sehenswerte Grünfläche. Dort befindet sich der Geologische Lehrpark, in dem zahlreiche große, mit Erklärungstafeln ausgestattete Felsbrocken aus verschiedenen Regionen Deutschlands aufgestellt sind, darunter schöne Beispiele für Säulenbasalt aus dem Westerwald und der Eifel. Eine harmonische Ergänzung dazu bilden moderne Stein- und Holzskulpturen, die während eines internationalen Bildhauersymposiums 1992 an Ort und Stelle geschaffen wurden.

ℹ Verkehrsamt Nettetal, siehe ❷.

❺ **Grefrath** Wie die Menschen auf dem Land in den letzten Jahrhunderten am Niederrhein lebten, zeigt anschaulich das Niederrheinische Freilichtmuseum in Grefrath. Auf dem Gelände der Dorenburg, einer Wasserburg aus der Zeit um 1630, wurden neben alten niederrheinischen Bauernhöfen eine Gerberei, eine Töpferei, eine Schmiede und ein altes Spritzenhaus der Feuerwehr wieder aufgebaut. Hier wird noch mit dem Pferd gepflügt, weiden Schafe und Ziegen, watscheln Enten durch die Gärten. Am Wochenende kann man in einem nostalgischen Tante-Emma-Laden einkaufen; auch an den anderen Tagen geöffnet sind die große Modelleisenbahnanlage, das Spielzeugmuseum

Aus dem 13.Jh. stammt die mächtige Anlage der Burg Brüggen im Herzen des Naturparks. Heute ist in der Hauptburg ein Jagd- und Naturkundemuseum untergebracht.

und das Pannekokehuus. In dieser einstigen Posthalterei aus dem 18. Jh. wird heute vor allem die „Pizza des Niederrheins" serviert: Pfannkuchen.

In unmittelbarer Nachbarschaft zum Freilichtmuseum erwartet den Besucher von September bis März auch noch die zweitgrößte Kunsteissportanlage Europas mit über 8000 m² Eisfläche. Schlittschuhe können entliehen werden.

Vom nahen Flugplatz Niershorst aus kann man zu Rundflügen in Segel- oder Motorflugzeugen starten.

i Gemeindeverwaltung, 47929 Grefrath, Tel. 0 21 58/91 81 23.

6 Sequoia-Farm Heimat der Mammutbäume sind die pazifischen Regionen Nordamerikas. Daß über 80 Exemplare dieser Baumriesen nahe der Gaststätte *Galgenvenn* bei Kaldenkirchen zu sehen sind, ist der Initiative eines einheimischen Ehepaares zu verdanken. Der Grenzwald, in dem das Arboretum liegt, war im Zweiten Weltkrieg nahezu völlig zerstört worden und wurde dann in den 50er Jahren aufgeforstet. Man wagte damals das Experiment mit den Bäumen, die in der Fachsprache *Sequoia* genannt werden. Die Farm ist nur nach telefonischer Voranmeldung zu besichtigen (Tel. 0 21 57/12 05 20), doch die Bäume sieht man auch gut über die Umzäunung hinweg. Der etwas schwierig zu findende Weg dorthin führt aus dem Ortszentrum von Kaldenkirchen über Venn-, Ravens-, Kreuzmönch- und Knorrstraße bis zum Parkplatz an der Gaststätte *Galgenvenn*.

7 Natur- und Freizeitpark Schwalmland Zwischen Ostern und Oktober ist dieser Park (täglich geöffnet) für Kinder eine der größten Attraktionen der Region. Hier können sie riesige Watussirinder, Kragenbären, Ziegen, Guanakos, Waschbären, Zebras und Kamele, Alpakas und Emus sehen, die meisten dieser Tiere selbst füttern und manche sogar streicheln. Noch hautnaher wird der Kontakt zum Tier beim Ponyreiten. Zum Austoben stehen über 50 Spielgeräte zur Verfügung, darunter auch eine Sommerrodelbahn; zum Ausruhen setzt man sich dann in die Einschienenbahn, die das Spielgelände in 3 m Höhe umfährt. Die Eltern können derweil in einer Grillhütte inmitten der freundlichen Parklandschaft schon das Essen vorbereiten.

i Natur- und Freizeitpark Schwalmland, 41379 Brüggen, Tel. 0 21 63/54 47.

8 Brüggen Was in anderen Museen oft verboten ist, ist im Jagd- und Naturkundemuseum in Brüggen ausdrücklich erwünscht: Fast alles darf angefaßt und ausprobiert werden. So darf man sich etwa in einer nachgebauten Wohnhöhle der Neandertaler niederlassen. Präparierte Rehkitze, Frischlinge, Wisente, Füchse und Wölfe darf man berühren, ebenso die naturgetreue Nachbildung einer Graureiherkolonie. Auf Knopfdruck erklingt bei manchen Vogelpräparaten der Gesang des lebenden Originals.

Untergebracht ist dieses erlebnisreiche Museum (Mo geschlossen) auf den fünf Etagen der Burg Brüggen. Gleich gegenüber dreht sich noch das Rad der letzten wirtschaftlich genutzten Wassermühle am Niederrhein: Es erzeugt Strom für die Wohnung über dem Mühlenrestaurant.

i Verkehrsamt, 41379 Brüggen, Tel. 0 21 63/57 01 64.

9 Elmpter Schwalmbruch Das urwüchsige Stück Natur an der Schwalm lernt man

Besonderheiten der Tierwelt

Unter den im Naturpark heimischen Säugetieren fallen besonders die Fledermäuse auf, die fast überall zurückgedrängt werden, hier aber immerhin noch mit sechs Arten vertreten sind.

Bunt und artenreich ist die Vogelwelt des Parks. Weit über 100 Arten, darunter auch eine Reihe von Seltenheiten, brüten vor allem in den Feuchtgebieten, dazu kommt eine große Zahl von Wintergästen und Durchzüglern. An den Seen zieht der prächtige Haubentaucher seine Jungen auf. Dort lebt auch der unverwechselbare Graureiher (Bild), der in dem Gebiet so beachtliche Bestände aufweisen kann, daß er zum Wappenvogel des Naturparks erklärt wurde. Im Röhricht jagt die extrem rare und scheue Wasserralle nach Fischen und Schnecken, baut der Schilfrohrsänger sein Nest. Unweit davon ertönt der Gesang des männlichen Blaukehlchens; mit seinen eigenen Melodien mischt es immer wieder auch Strophen aus den Liedern anderer Sumpfvögel.

Froschlurche fallen ebenfalls durch ihren intensiven „Gesang" auf. Man kann das

Quaken der Kreuz- und der Knoblauchkröte hören, aber auch den extrem selten gewordenen Moorfrosch.

Besonders erfreulich ist das arten- und individuenreiche Auftreten der Libellen. Spezialisten haben hier nahezu vier Dutzend verschiedene Arten nachgewiesen – viel-leicht rekordverdächtig.

Im Elmpter Schwalmbruch, den man auch mit dem Fahrrad erkunden kann, zeigt sich die Natur noch sehr ursprünglich. Neben verschiedenen Feuchtgebieten hat sich dort eine Wacholderheide erhalten.

am besten auf einer Wanderung kennen. Ein Rundwanderweg (Markierung A 5) führt vom Parkplatz Venekoten bei Elmpt zur Schwalm und dann an ihrem Ufer entlang. Erlenbruchwälder und Birkenmoore haben sich hier ebenso erhalten wie die letzte Wacholderheide am linken Niederrhein. Mit Glück bekommt man Wasserrallen und Bekassinen oder sogar eine Kreuzotter zu Gesicht.

⑩ **Hariksee** Der von der Schwalm durchflossene, rinnenförmige See ist ein wahres Freizeitparadies. Hier kann man rudern, paddeln, segeln, angeln und schwimmen, Minigolf spielen und sogar eine Rundfahrt mit einem Motorschiff unternehmen.

Eine Umrundung des Gewässers auf dem Wanderweg A 5 dauert nur 1 Stunde. Die besten Ausgangspunkte dafür sind die Gaststätte *Inselschlößchen* und die heute als Restaurant und Hotel genutzte *Mühlrather Mühle,* die seit 1447 existiert.

i Gemeindeverwaltung, 41366 Schwalmtal, Tel. 0 21 63/45 01 09.

⑪ **Rurniederung** In ihrem Unterlauf windet sich die Rur durch eine flache Wiesen- und Feldlandschaft. Man befindet sich hier in unmittelbarer Nähe zu den Niederlanden, wo die Rur dann Roer heißt.

Erwandern kann man diese weite, beschauliche Niederung vom Wallfahrtsort Ophoven aus auf dem Wanderweg A10 oder vom Spargeldorf Effeld aus auf dem Wanderweg A 9, der teilweise an der Grenze entlang verläuft.

⑫ **Naturlehrpark Haus Wildenrath** In dem im Wald versteckten Bauernhof zwischen Wassenberg und Wegberg, der von privaten Pächtern bewirtschaftet wird, findet man alle Informationen über den neu angelegten Naturlehrpark. Hier wurden auf kleinstem Raum die unterschiedlichsten geologischen und hydrologischen Bedingungen geschaffen. Jeder dieser Lebensräume beherbergt ganz spezielle Tier- und Pflanzengesellschaften. Der Park ist jederzeit zugänglich.

i Stadtverwaltung, 41844 Wegberg, Tel. 0 24 34/8 30.

⑬ **Schloß Tüschenbroich** Das Schloßgebäude erinnert mit seinem hohen Turm an eine Kirche. Eine Besichtigung ist nicht möglich – der stilvolle Bau befindet sich in Privatbesitz. Ringsherum gibt es jedoch einiges zu sehen. Im Schloßweiher, der bei Tag und Nacht höchstens von sechs Anglern gleichzeitig befischt werden darf, tummeln sich kapitale Süßwasserfische. Im nahen *Anglerheim* sind ein 62 kg schwerer Wels und ein 142 cm langer Hecht als Trophäen an der Wand zu sehen. Für bescheidenere Ansprüche stehen zwei weitere Fischgewässer zur Verfügung.

Auf dem Schloßweiher darf außerdem gerudert werden. Die hoch aus ihm aufragende Insel ist künstlich: Auf ihr wurde im 9. Jh. eine Trutzburg erbaut. Am Ufer des Schloßweihers stehen noch zwei ehem. Wassermühlen. Die eine mahlte Korn, die andere Leinsamen. Zwei weitere Mühlen liegen am Wanderweg A 4, der durchs Schwalmtal 2,5 km weit ins nahe Städtchen Wegberg führt.

⑭ **Beeck** Die Niederungen von Niers, Schwalm und Nette waren noch zu Beginn des 19. Jh. jedes Jahr im Juli von einem dichten Teppich hellblauer Flachsblüten bedeckt. Bis die Baumwolle den Flachsanbau später zum Erliegen brachte, waren Leinenherstellung und Leinölgewinnung die wichtigsten Erwerbsquellen dieser Gegend. Heute erinnert das in einer alten Zehntscheune untergebrachte Flachsmuseum in Beeck daran (geöffnet So sowie nach telefonischer Voranmeldung). Jeweils an einem Wochenende im September wird auf dem Kirchplatz von Beeck ein historischer Flachsmarkt abgehalten, auf dem neben Folklore und Kunstgewerbe auch die alten Techniken der Flachsgewinnung und Leinenverarbeitung demonstriert werden.

i Heimatverein, 41844 Beeck, Tel. 0 24 34/35 35.

⑮ **Heiligkreuzkapelle** In dem Jahr, in dem Kolumbus Amerika entdeckte, wurde am Ortsrand von Kipshoven eine kleine Kapelle erbaut und wenig später über und über mit Wandmalereien geschmückt. 1968 entdeckte man diese unter sieben Kalkschichten wieder. Viele waren so gut erhalten, daß sie nicht einmal restauriert werden mußten – ihre Farben sind also immer noch original.

Die Küsterin schließt Besuchern gern die Kapelle auf und kann auch sachkundige Erklärungen geben.

Naturpark Hohe Mark

Vom Niederrhein bis weit ins Münsterland hinein reicht der junge Naturpark mit seinen ausgedehnten Kiefernwäldern. Hauptattraktionen sind die Wildpferde des Herzogs von Croy im Merfelder Bruch und stattliche Wasserburgen, in denen man bisweilen sogar übernachten kann.

Von den Gletschern der letzten Eiszeit aus Skandinavien hierherverfrachtet, wurden die Düwelsteene in vorgeschichtlicher Zeit zu Hünengräbern zusammengetragen.

❶ **Haus Döring** Die älteste Form mittelalterlicher Wasserburgen lernt man am südlichen Stadtrand von Borken nahe der B 70 kennen. Da steht ein 1727 aus Backstein erbautes, zweigeschossiges Herrenhaus über mittelalterlichen Fundamenten auf einem künstlichen Hügel, einer sog. Motte. Sie wurde aus dem Erdreich aufgeschüttet, das beim Ausheben des Burggrabens anfiel. Auf der Motte stand ursprünglich nur ein wehrhafter Turm. Im flachen Münsterland war das die beste Möglichkeit, sich vor Feinden zu schützen. Eine Besichtigung der Burganlage von innen ist nicht möglich.

❷ **Düwelsteene** Im Mischwald zwischen Heiden und Groß Reken liegen neben einem einladenden Picknickplatz noch etwa 25 Findlinge, die vor 4000 Jahren ein Steinkammergrab bildeten. Im Volksmund heißen sie Teufelssteine, weil sie der Sage nach der Teufel hier fallen ließ: Er war von Karl dem Großen um die Seele des ersten Besuchers des Aachener Doms betrogen worden und wollte mit den Steinen eigentlich den Domneubau zerstören. Da begegnete er hier bei Heiden einem Jüngling. Als der Teufel diesen fragte, wie weit es noch bis Aachen sei, wies der Bursche auf all die Schuhe mit durchgelaufenen Sohlen, die er zufällig in einem Sack bei sich trug. So groß hatte sich der Teufel die Entfernung nicht vorgestellt. Wütend ließ er deshalb seine Steine fallen.

❸ **Groß Reken** Weithin sichtbar überragt eine weiße Turmwindmühle bei Groß Reken seit 200 Jahren die grüne Umgebung. Heute ist in ihr das Heimatmuseum der ländlichen Ortschaft untergebracht, das auf zwei Etagen historische Objekte aus Haushalt, Handwerk und Landwirtschaft zeigt. Malerisch gruppieren sich alte Bauten um die Mühle: eine Kornscheune von 1723, ein Backhaus, eine Wagenremise, ein 95 Jahre alter Brunnen für das Milchvieh und manches mehr. Geöffnet ist das kleine Freilichtmuseum an Sonntagnachmittagen von Mai bis Oktober sowie nach Voranmeldung.

Fährt man vom Ortsteil Bahnhof Reken in Richtung Heiden, kommt man zum Wild- und Märchenpark Frankenhof, der zwischen März und November täglich geöffnet ist.

ⓘ Heimatverein Reken, Hauptstr. 6, 48734 Reken, Tel. 02864/1242.

❹ **Merfelder Bruch** Nicht nur bei Pferdeliebhabern, sondern bei allen Naturfreunden schlägt das Herz höher, wenn sie die Wildpferde des Herzogs von Croy inmitten einer schönen Wald- und Heidelandschaft zu sehen bekommen. Gelegenheit dazu besteht zwischen März und Oktober bei gutem Wetter an jedem Wochenende und Feiertag zwischen 10 und 18 Uhr. Dann nämlich sind immer zahlreiche Tiere in der Koppel nahe der Wildpferdefangbahn zusammengetrieben, die man über eine Zufahrt von der Straße nach Borken aus erreicht.

An allen anderen Tagen im Jahr leben diese Pferde ganz sich selbst überlassen im ringsum eingefriedeten, 283 ha großen Naturschutzgebiet des Merfelder Bruchs. Hier finden sie auf Weiden, im Heideland und Birkengestrüpp sowie im teilweise urwaldähnlichen Hochwald ausreichend Nahrung, so daß nur bei hohem Schnee einige Futterstellen mit Heu eingerichtet werden müssen. Die Merfelder Herde zählt mit Fohlen etwa 250 Tiere, die bis zu 30 Jahre alt werden können. Ganz reinrassige Wildpferde sind es allerdings – zoologisch gesehen – nicht mehr. Treffender für die bräunlichfahlen, gedrungenen Pferde ist die Bezeichnung Wildlinge.

Die einjährigen Hengste kommen alljährlich am letzten Sonnabend im Mai auf die Fangbahn und werden anschließend versteigert. Karten für die Zuschauerränge sollte man unbedingt im voraus bestellen, da sie immer schnell vergriffen sind.

ⓘ Herzog von Croysche Gutsverwaltung, Schloßpark 1, 48249 Dülmen, Tel. 02594/4045.

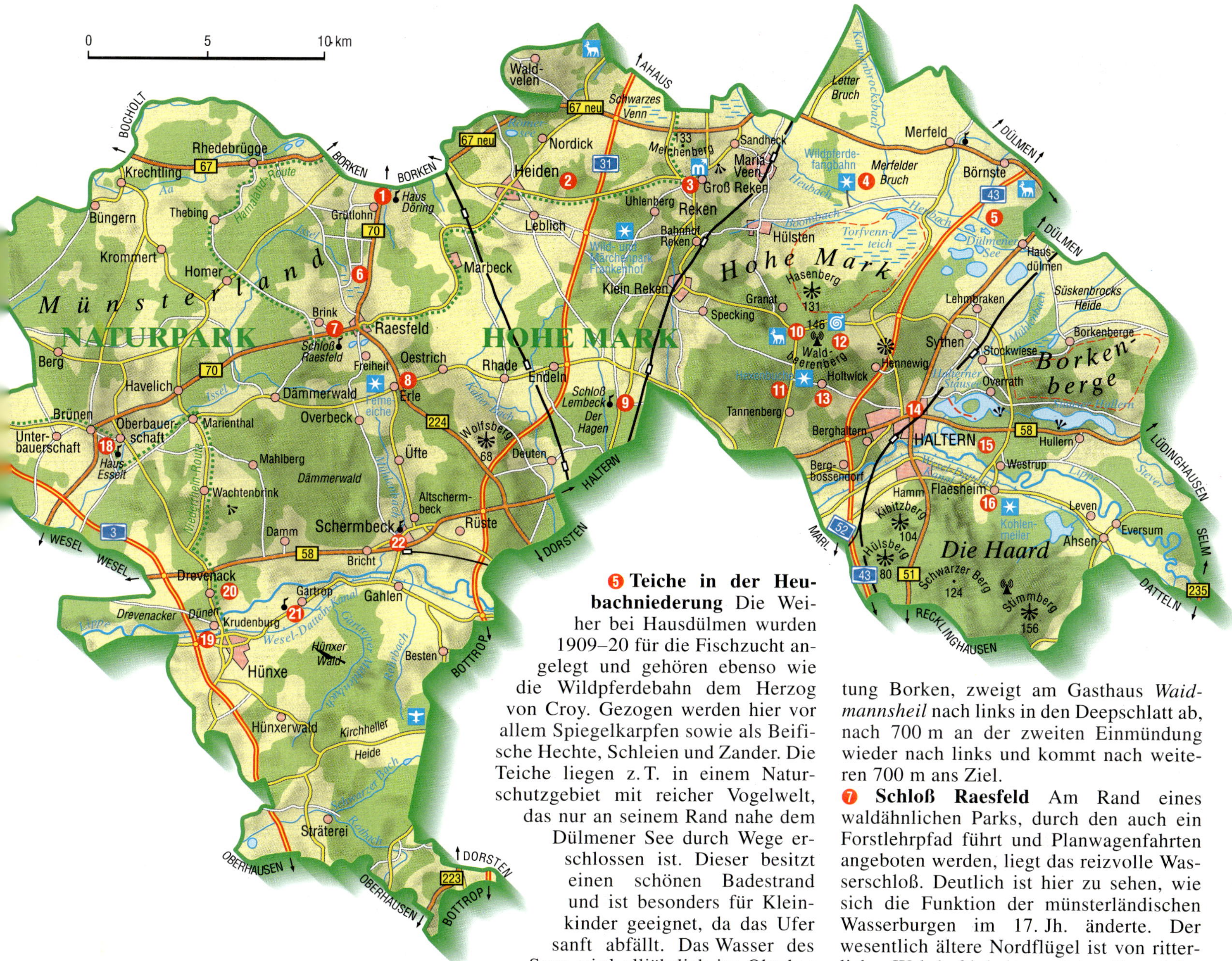

5 Teiche in der Heubachniederung Die Weiher bei Hausdülmen wurden 1909–20 für die Fischzucht angelegt und gehören ebenso wie die Wildpferdebahn dem Herzog von Croy. Gezogen werden hier vor allem Spiegelkarpfen sowie als Beifische Hechte, Schleien und Zander. Die Teiche liegen z. T. in einem Naturschutzgebiet mit reicher Vogelwelt, das nur an seinem Rand nahe dem Dülmener See durch Wege erschlossen ist. Dieser besitzt einen schönen Badestrand und ist besonders für Kleinkinder geeignet, da das Ufer sanft abfällt. Das Wasser des Sees wird alljährlich im Oktober nach dem Abfischen abgelassen, so daß der verschlammte Grund gereinigt werden kann. Nördlich des Sees liegt der Wildpark Dülmen.

i Verkehrsamt der Stadt Dülmen, Markt 1–3, 48249 Dülmen, Tel. 0 25 94/1 22 92.

6 Isselquelle Der Fluß, nach dem das niederländische Ijsselmeer benannt ist, entspringt 3 km nördlich von Raesfeld in einem winzigen Quellteich, an dessen Ufer zwei Sitzgruppen zum Picknick einladen. Die Issel fließt von hier zunächst 55 km weit bis zur Grenze und dann noch einmal 145 km bis ins Ijsselmeer.

Der Weg zur Quelle ist nicht beschildert: Man fährt am besten auf der B 70 in Richtung Borken, zweigt am Gasthaus *Waidmannsheil* nach links in den Deepschlatt ab, nach 700 m an der zweiten Einmündung wieder nach links und kommt nach weiteren 700 m ans Ziel.

7 Schloß Raesfeld Am Rand eines waldähnlichen Parks, durch den auch ein Forstlehrpfad führt und Planwagenfahrten angeboten werden, liegt das reizvolle Wasserschloß. Deutlich ist hier zu sehen, wie sich die Funktion der münsterländischen Wasserburgen im 17. Jh. änderte. Der wesentlich ältere Nordflügel ist von ritterlicher Wehrhaftigkeit geprägt, während der jüngere Westflügel vor allem repräsentative Wirkung hat.

Zur Innenbesichtigung ist nur die Schloßkapelle aus dem Jahr 1658 an Wochenenden nachmittags geöffnet.

8 Femeeiche in Erle Auch nach 1500 Jahren grünt die knorrige Femeeiche von Erle noch jeden Sommer. Als sie das erstemal Blätter trug, war noch nicht einmal Karl der Große geboren. Im Schatten der Eiche, die als ältester Baum in ganz Deutschland gilt, brachten die Germanen ihren Göttern Opfer dar. Im Mittelalter tagte hier das Femegericht, das Todesurteile fällen und sogar sofort vollstrecken lassen durfte. 1965 sanierte ein Baumchirurg die innen hohle Eiche, die dank vieler Stützen weiterleben kann.

Der Weg zur Eiche führt an einer Kornbrennerei vorbei. Diese kann nach Voran-

Viel Grün begleitet die Issel, hier bei Marienthal, auf ihrem Weg durch den Westen des Naturparks.

Ein weites Netz von Radwegen, hier Pättkes genannt, lädt im Münsterland zu gemütlichen Radtouren ein.

meldung von Gruppen ab zwölf Personen ebenso besichtigt werden wie die Ziegelei des Ortes und ein naher Bauernhof.

ℹ Verkehrsverein Raesfeld, Weseler Str. 19, 46348 Raesfeld, Tel. 02865/60151.

❾ **Schloß Lembeck** Schloß Lembeck unterscheidet sich von den anderen Wasserburgen im Naturpark. Es entstand Ende des 17. Jh. als kompletter Neubau, der sich an den Vorbildern des französischen Barock orientierte. Die Landschaft in der Umgebung wurde gezielt einbezogen, um die repräsentative Wirkung des Baus zu steigern. So führt eine 200 m lange Allee auf die Mitte der Vorburg zu, findet ihre Fortsetzung als Mittelachse der Burg, die reizvolle Durchblicke gewährt, und verliert sich dann wieder in der Weite des Parks.

In der Hauptburg kann der Besucher nicht nur wertvolle Antiquitäten und kostbare Gobelins aus Flandern besichtigen, sondern auch zwei Säle, die Westfalens berühmtester Architekt Johann Conrad Schlaun (1695–1773) entworfen hat. Sie beeindrucken durch zarte Stukkaturen, kunstvolle Eichenholztäfelung und vollkommene Symmetrie. Gelegentlich finden in den stilvollen Räumen auch öffentliche Kammerkonzerte statt. Führungen werden von März bis Oktober täglich, sonst nur nach Voranmeldung angeboten.

Wer will, kann in Schloß Lembeck auch speisen und übernachten – für Paare mit Sinn für Romantik steht sogar ein Hochzeitszimmer mit historischem Himmelbett zur Verfügung.

ℹ Graf von Merveldtsche Rentei, Schloß Lembeck, 46286 Lembeck, Tel. 02369/7167.

❿ **Hochwildgehege Granat** In großzügig dimensionierten, naturnahen Gehegen leben hier inmitten eines 6000 m^2 großen Waldgebietes zahlreiche Tiere, die z. T. sogar zahm sind und gefüttert werden dürfen. Dazu gehören Maral-, Rot-, Dam- und Sikahirsche, Mufflons und Murmeltiere. Gehalten und gezüchtet werden auch Auerwild sowie Birk- und Haselhühner, Rentiere, Elche, Schneehasen und Wildschweine. Für einen Rundgang sollte man mindestens 2 Stunden einplanen. Werktags ist das Wildgehege zwischen Mai und Oktober nachmittags geöffnet, an Wochenenden und Feiertagen ganzjährig den ganzen Tag über.

ℹ Verkehrsamt, Markt 1, 45721 Haltern, Tel. 02364/933366.

⓫ **Hexenbuche** Wie verwunschen wachsen auf einer Lichtung am Waldrand acht Buchen, die einen Kreis von etwa 50 m Durchmesser bilden. Die bizarren Bäume sind 250–300 Jahre alt und erreichen eine Höhe von bis zu 16 m.

Man kommt zu diesem in der Fachsprache „Süntelbuche" genannten Naturdenkmal, wenn man am südlichen Ende des Parkplatzes an der Straße zwischen Hochwildgehege Granat und Holtwick noch etwa 40 m hangabwärts geht und dann auf den mit einem gelben H und einem Pfeil gekennzeichneten Weg nach links einbiegt. 400 m weiter ist man bereits am Ziel.

⓬ **Freizeitpark Ketteler Hof** Nicht die Technik, sondern aktives Spiel steht im Mittelpunkt des Parks (Mitte März bis Mitte Oktober täglich geöffnet). Kinder können auf Riesensprungkissen herumtollen, Tretauto fahren, auf Ponys reiten, über die Sommerrodelbahn rasen, Minigolf spielen oder Zwergziegen streicheln. Wem dies nicht genügt, der geht in den Märchenwald, wo neben Figuren der Brüder Grimm auch Asterix, Obelix, Alf u. a. auf ihn warten. Wer alle Fragen zum Naturlehrpfad des Parks beantwortet, kann kleine Preise gewinnen.

Der Halterner Stausee zählt zu den beliebtesten Ausflugszielen im Naturpark. Badelustige zieht es vor allem an die Sandstrände.

Der Geist des Absolutismus stand Pate beim Bau des Wasserschlosses Lembeck. Die prachtvolle Inneneinrichtung und die barocken Gartenanlagen sind bemerkenswert.

ⓘ Freizeitpark Ketteler Hof, Rekener Str. 211, 45721 Haltern-Lavesum, Tel. 0 23 64/ 34 09.

⑬ **Holtwicker Wacholderwald** Nicht locker verstreut wie auf vielen Heideflächen, sondern als dichter Wald präsentieren sich die etwa 1000 Wacholderbüsche auf einer kleinen Hochebene südwestlich von Holtwick. Wie eine 6 ha große Insel liegt er in den Kiefernwäldern der Hohen Mark. Ein etwa 50minütiger Spaziergang vom Parkplatz am Hotel *Uhlenhof* führt dorthin, und zwar auf dem Wanderweg A 4, der als Naturlehrpfad gestaltet ist. Auf ihm wird der Wanderer auf Zitterpappel, Moorbirke, Stiel- und Roteiche, Hainbuche und andere Vertreter der heimischen Pflanzenwelt aufmerksam gemacht.

⑭ **Haltern** Die historische Kleinstadt in einer von Wäldern und Heidegebieten geprägten Landschaft bietet viele Möglichkeiten zur Freizeitgestaltung. Sehens- und Erlebenswertes gibt es mitten in der Stadt: Ein stadtökologischer Lehrpfad von 3,5 km Länge erläutert an 16 Stationen Konflikte zwischen Mensch und Natur. Um ihm folgen zu können, benötigt man ein dazugehöriges Faltblatt, das beim Verkehrsamt erhältlich ist. Für Rollstuhlfahrer gibt es eine eigens hergerichtete Rundstrecke durch die Altstadt. Geschichtsinteressierten unbedingt zu empfehlen ist ein Besuch im neuen Westfälischen Römer-Museum. Hier sind die Funde ausgestellt, die bei den archäologischen Ausgrabungen mehrerer römischer Militärlager aus der Zeit zwischen 9 v. Chr. und 9 n. Chr. auf dem Stadtgebiet von Haltern gemacht wurden. Prunkstück ist ein römisches Legionärsschwert.

Am östlich der Stadt gelegenen, 307 ha großen Halterner Stausee kann man an natürlichen Sandstränden baden, außerdem angeln und Wassersport treiben. Die Palette der Aktivitäten umfaßt Surfen, Segeln, Paddeln, Rudern, Tretboot- und Kanadierfahren. Wer es gemütlicher haben will, kann an einer einstündigen Dampferfahrt teilnehmen. Ein Wander- und Radweg führt rund um den See. Das Wasser des Speicherbeckens, aus dem große Teile des Ruhrgebietes und des Münsterlandes ihr Trinkwasser beziehen, dient zugleich zur Auffüllung der Grundwasservorräte. Während des bis zu 10 Wochen dauernden Versickerungsvorgangs wirken die Sandschichten des Untergrundes als Filter.

ⓘ Verkehrsamt Haltern, siehe ⑩

⑮ **Westruper Heide** Eine Rundwanderung auf sandigen Wegen erschließt eines der größten Heidegebiete des Naturparks. Weil das knapp 63 ha große Naturschutzgebiet vor allem in der schönen Jahreszeit einem starken Besucherandrang ausgesetzt ist, muß die Heide hier besonders intensiv gepflegt werden. Vereine sind für die Pflege einzelner Abschnitte zuständig und führen z. T. auch Pflanzaktionen durch. An den Kosten für die zeitweise Beweidung – eine Heidschnuckenherde hält das Gras kurz und soll das Wiedervorrücken des Laub-

Ganz auf das Leben am Fluß eingestellt war einst das freundliche Lippedorf Krudenburg mit seinen gepflasterten Gäßchen.

waldes aufhalten – können sich die Besucher neuerdings durch eine Patenschaft für einzelne Tiere der Herde beteiligen.

Am Südwestrand der Heide erweckt eine wie eine riesige Sanddüne wirkende Abraumhalde beim Besucher das Gefühl, in der Wüste zu sein. Sie ist im Gegensatz zu den kleinen Dünen der Heidefläche jedoch künstlichen Ursprungs: Hier wurde in den späten 70er Jahren der Sand aufgehäuft, den ein Saugbagger bei der Vergrößerung des Halterner Stausees zutage gefördert hatte.

16 **Flaesheim** 167 km markierte Wanderwege und ausgedehnte Reitwege führen durch die Laub- und Nadelholzwälder der Haard, an deren Nordrand die Ortschaft liegt. Im Mai arbeitet hier etwa 4 Wochen lang ein Köhler. Hat er seine Arbeit beendet, wird ein Fest gefeiert und die Holzkohle verkauft.

Den Kohlenmeiler erreicht man am besten vom Parkplatz Dachsberg aus, an dem auch viele Wanderwege vorbeiführen. Er liegt am südlichen Ortsrand von Flaesheim, wo sich für Kunstfreunde ein Besuch der Stiftskirche lohnt. Besonders sehenswert ist das Kircheninnere mit dem 1658 entstandenen Hochaltar.

17 **Schwarzes Wasser** Mitten in den bewaldeten Dünen des Diersfordter Forstes nordwestlich von Wesel liegt der größte Heideweiher am unteren Niederrhein. Sein Uferbereich ist zum Schutz des wertvollen Feuchtbiotops eingezäunt, aber auch vom Wanderweg rund um den länglichen See aus erblickt man Moorbirkenbrüche und Wollgras, Rosmarinheide und Torfmoos. Das Gewässer entstand nach der letzten Eiszeit, als der Wind aus den Dünen eine abflußlose Wanne ausblies, in der sich das Regenwasser sammeln konnte. Die Zufahrt erfolgt von der B 8 aus über die Waldstraße Heuweg, wo man nach rund 1 km an einer Wegkreuzung parken kann und über den Weg nach rechts zum Schwarzen Wasser gelangt.

18 **Otto-Pankok-Museum Haus Esselt** Freunde moderner Kunst können in der ehem. Scheune dieses historischen Herrenhauses aus dem 17. Jh. Werke des Grafikers, Malers und Bildhauers Otto Pankok (1893–1966) kennenlernen, der in Haus Esselt in Drevenack von 1958 an lebte. Der von van Gogh und dem Expressionismus beeinflußte und von den Nationalsozialisten verfemte Künstler stellte mit ausdrucksstarkem Realismus vor allem Leid

Wiesen, Felder und eingestreute Baumgruppen bestimmen das Bild der flachen Lippeniederung wie hier bei Schermbeck. Auf dem Bild nicht zu sehen ist der parallel zum Fluß verlaufende Weser-Datteln-Kanal.

und Unterdrückung des Menschen dar (ganzjährig Fr, Sa, So geöffnet).

⑲ **Krudenburg** Unmittelbar an der Lippe liegt das idyllische Treidlerdorf Krudenburg mit seiner gepflasterten Hauptstraße und den kleinen, nur ein- oder zweigeschossigen Backsteinhäusern. In ihnen lebten früher die Treidler, die mit Hilfe ihrer Pferde die Frachtkähne flußaufwärts zogen, und die Handwerker, die in Krudenburg noch im vorigen Jahrhundert Flußschiffe bauten. Auch als Überwinterungshafen für die auf der Lippe fahrenden Schiffer war Krudenburg von Bedeutung. Heute lockt es vor allem durch sein historisches Ambiente.

Das vierflügelige Schloß Gartrop bei Hünxe, zu dem auch eine Kirche gehört, fügt sich harmonisch in eine schöne Parklandschaft ein.

ℹ Gemeindeverwaltung, Dorstener Str. 24, 46569 Hünxe, Tel. 02858/69203.

⑳ **Drevenacker Dünen** Nordöstlich von Drevenack wird das Landschaftsbild durch die kleinen Kuppen von 5–12 m hohen Sanddünen bestimmt, die größtenteils bewaldet sind. Durch diesen Mischwald aus Eichen, Buchen, Birken und Kiefern führen in ständigem leichtem Auf und Ab Wanderwege und ein Waldsportpfad. An den dort aufgestellten Sportgeräten kann man gut ins Schwitzen kommen und nach schriftlicher Anleitung Gymnastik betreiben.

㉑ **Schloß Gartrop und Lippeaue** Das Wasserschloß aus dem 17. Jh. ist noch immer in Privatbesitz. Es kann ebenso wie die alte Wassermühle vor dem Schloßtor wohl fotografiert, aber nicht besichtigt werden. Dennoch lohnt es sich, das Auto hier zu parken. Am Schloß beginnt nämlich der etwa 4 km lange Rundwanderweg A 5, der in seinem nördlichen Teil unmittelbar an das Naturschutzgebiet der Lippeaue heranführt. Man sieht Weiden und Erlen, Röhrichte und ausgedehnte Feuchtwiesen, steil abfallende Uferböschungen, und mit viel Glück lassen sich seltene Vögel wie Bekassinen, Wiesenpiper und Nachtigallen beobachten.

㉒ **Schermbeck** Die Gemeinde im Übergangsbereich zwischen Niederrhein und Münsterland lohnt vor allem wegen ihrer Wassermühlen einen Besuch. Am unteren Burgteich mit seinen schönen Trauerweiden steht die im 14. Jh. erstmals urkundlich erwähnte Untere Mühle. Hier wurde bis in die 60er Jahre Korn gemahlen. Nur wenige Schritte bachaufwärts stößt man auf die Obere Mühle. Ihr verhältnismäßig kleines Mühlrad – das ursprüngliche hatte 9 m im Durchmesser – erhielt sie zwischen den beiden Weltkriegen.

Von hier aus erkennt man auch noch einen etwa 15 m langen Überrest der mittelalterlichen Stadtmauer, die mit zwei Toren und acht Türmen einst den ganzen Ort umgab. Zwischen beiden Mühlen erhebt sich auf einem niedrigen Hügel die um 1300 gegründete, mehrfach umgestaltete Burg.

Wer sich rechtzeitig anmeldet und einen tiefen Griff in die Tasche nicht scheut, kann von Schermbeck aus auch zu einer Heißluftballonfahrt starten. Bei günstigem Wind kann er den Naturpark Hohe Mark unter sich vorbeiziehen lassen und dessen reizvolles Landschaftsmosaik aus der Vogelperspektive betrachten.

ℹ Gemeindeverwaltung, Weseler Str. 1, 46514 Schermbeck, Tel. 02853/9100.

Aus Narben werden Biotope: Kiesgruben

Im Naturpark haben an vielen Stellen die Bagger tiefe Wunden in die Landschaft gerissen – dort, wo Sand und Kies für die Bauindustrie abgebaut werden. Wenn die Löcher nicht als Deponien genutzt werden, vernarben die Wunden schnell, denn die Natur holt sich diese Stellen zurück.

Normalerweise füllen sich die stillgelegten Kiesgruben mit Wasser. An den Uferzonen entstehen Feuchtgebiete, die Böschungen werden zu Trockenstandorten. Dieses kleinräumige Mosaik unterschiedlicher Biotope läßt aufgelassene Kiesgruben zu einem Paradies aus zweiter Hand für Tiere und Pflanzen werden.

Seltene Vögel siedeln sich an: Flußregenpfeifer (Bild), Austernfischer und Uferschwalbe wurden u. a. in der Hohen Mark beobachtet. Im kühlen Naß tummeln sich Amphibien, darunter die seltene, vom Aussterben bedrohte Kreuzkröte. Libellen schweben über den Wasserflächen, etwa der Plattbauch, eine Segellibelle mit seltsam abgeflachtem, metallischblau schimmerndem Körper. Auch feuchtigkeitsliebende Pflanzen nehmen den Ersatzlebensraum gern an. Man sieht u. a. die urtümlich wirkenden Sumpf- und Keulenbärlappe, außerdem den insektenfressenden Sonnentau.

13 Bergisches Land und Sauerland

Revier für Wanderer und Wassersportler

Ein Bild, das die Eigenheiten von Bergischem Land und Sauerland vereint: der anmutig gewundene Biggesee aus der Vogelperspektive. Er ist nur einer unter vielen Stauseen, die das Landschaftsmosaik aus bewaldeten Hügeln, grünen Bachtälern, eingestreuten Städtchen, Wiesen und Feldern harmonisch bereichern.

Bergisches Land und Sauerland

Der von sanften Höhenzügen umrahmte Listerstausee ist ein beliebtes Freizeitrevier.

Naturpark Bergisches Land

Größe: 1917 km², gegründet 1973.

Das Bergische Land, also den nordwestlichen Ausläufer des Rheinischen Schiefergebirges, sowie das nördliche Siegerland umfaßt der Naturpark. Gesteine aus dem Erdaltertum, vorwiegend Schiefer und Kalke, bilden den Untergrund.

Das Gebiet ist bekannt für seinen Niederschlagsreichtum. In großen Talsperren wird ein Teil des Oberflächenwassers aufgefangen und gespeichert. Einige dieser Stauseen stellen heute die Trinkwasserversorgung etlicher Städte im Großraum Rhein–Ruhr sicher, andere sind ein Eldorado für Wassersportler.

Zu erholsamen Wanderungen in grüner Umgebung lädt das liebliche Dhünntal ein.

Einen wohltuenden Kontrast zu den teilweise dichtbesiedelten Tälern bilden die Wälder, die das Gebiet wie ein Geflecht überziehen. Insgesamt 560 km² werden von Wald eingenommen, wobei Laub- und Mischwälder vorherrschen.

Die bewaldeten Höhen, hübschen Fachwerkdörfer, Stauseen und freundlichen Wiesentäler des Bergischen Landes sind das bevorzugte Naherholungsgebiet für die Bewohner des Köln-Bonner Raumes und der Städte am Südrand des Ruhrgebietes.

i Zweckverband Naturpark Bergisches Land, Moltkestr. 34, 51643 Gummersbach.

Naturpark Ebbegebirge

Größe: 777 km², gegründet 1964.

Der Naturpark nimmt den Großteil des südwestlichen Sauerlandes ein. Benannt ist er nach einem bewaldeten Höhenzug zwischen Meinerzhagen und dem Lennetal, der in der 663 m hohen Nordhelle gipfelt. Im Süden schließt sich die von der Bigge durchströmte Attendorner Senke an. Seit 1956 ist die Bigge zu einem langgezogenen See aufgestaut. Daneben gibt es noch weitere acht Talsperren, in denen der Wasserüberschuß der mit Niederschlägen gesegneten Gegend zurückgehalten wird. Drei von ihnen – Biggesee, Listerstausee und Oestertalsperre – sind beliebte Wassersportreviere.

Schon im 12. Jh. wurden die verbreiteten Eisenerzvorkommen ausgebeutet und in den Tälern verhüttet. Dadurch erlebten die Städte Olpe und Attendorn einen frühen industriellen Aufschwung. Heute bilden sie die Bevölkerungsschwerpunkte der Region, während der Naturpark sonst größtenteils dünn besiedelt ist und von weitläufigen Wäldern eingenommen wird. Rund zwei Drittel des Gebietes sind vorwiegend von Nadelwäldern bedeckt.

Ein dichtes Wanderwegenetz erschließt die bewaldeten Anhöhen, Bergheiden, Wiesenhänge und einsamen Hochmoore des Naturparks. Im Winter verspricht eine beständig hohe Schneedecke ungetrübte Ski- und Rodelfreuden: Zentrum ist das Gebiet um die Nordhelle.

Gastlichkeit strahlen zu jeder Jahreszeit die typisch sauerländischen Dörfer mit ihren schwarzweißen Fachwerkhäusern aus.

i Zweckverband Naturpark Ebbegebirge, Kreishaus, Danziger Str. 2, 57462 Olpe.

Naturpark Homert

Größe: 550 km², gegründet 1965.

Der Naturpark erstreckt sich vom Lennetal im Südwesten bis zum Ruhrtal bei Meschede im Nordosten. Der namengebende Höhenzug, die Homert, zieht sich als Fortsetzung des Lennegebirges quer durch den Süden des Naturparks. Die höchste Erhebung dieser Schwelle erreicht 656 m. Der Balver Wald im Nordwesten bleibt deutlich unter der 600-m-Marke.

Das Nebeneinander von sanften Bergkuppen und grünen Quellmulden macht die Landschaft abwechslungsreich. Eine Reihe von Bächen entspringt auf den Höhenzügen. Das Klima ist verhältnismäßig rauh.

Ein dichtes Waldkleid überzog ursprünglich das ganze Land. Im Lauf von Jahrhunderten hat der Mensch den Wald durch Rodungen stark zurückgedrängt. Heute sind gerade noch 56 % des Naturparks bewaldet, wobei sich die größten geschlossenen Waldgebiete an der Homert und um die Sorpetalsperre erhalten haben.

i Zweckverband Naturpark Homert, Steinstr. 27, 59872 Meschede.

Bürgt für Sauerländer Gastlichkeit: das stilvolle Torhaus am Möhnesee.

Naturpark Arnsberger Wald

Größe: 482 km², gegründet 1961.

Der Arnsberger Wald zieht sich über mehrere Bergrücken des östlichen Sauerlandes zwischen Ruhr und Möhne. Einen krassen Gegensatz dazu bildet nördlich der Möhne die offene, dichter besiedelte Landschaft des Haarstrangs. Nahezu waldlos ist auch die Umgebung der Stadt Warstein. Dort lagern uralte Kalkgesteine, auf denen sich gute Böden bilden konnten – ideale Voraussetzungen für eine frühe Besiedlung.

Rund 80 % des Naturparks werden auch heute noch von

Wäldern eingenommen. Wanderer, die Einsamkeit und Stille suchen, sind im Arnsberger Wald gut aufgehoben. Vogelliebhaber zieht es an die Möhnetalsperre, wo zahllose Wasservögel überwintern oder rasten. Die mit 10,4 km² Fläche größte Talsperre Nordrhein-Westfalens ist ein Freizeitparadies, das in der schönen Jahreszeit von zahlreichen Ausflüglern besucht wird, die aus dem östlichen Ruhrgebiet hierherkommen.

i Zweckverband Naturpark Arnsberger Wald, Postfach 1752, 59491 Soest.

Skifahrer und Rodler tummeln sich in der kalten Jahreszeit an den verschneiten Hängen um Winterberg.

Naturpark Rothaargebirge

Größe: 1355 km², gegründet 1963.

Im Südosten Nordrhein-Westfalens gelegen, schließt der Naturpark neben dem gleichnamigen Höhenzug auch noch andere Teile des Hochsauerlandes ein. Das Rothaargebirge gipfelt im 843 m hohen Langenberg (außerhalb des Naturparks) und dem gerade 2 m niedrigeren, aber bekannteren Kahlen Asten. Dieser ist eine Hochburg des Wintersports.

Am Massiv des Kahlen Astens entspringen zahlreiche Bäche, die sternförmig Ruhr, Rhein, Eder und Weser zufließen. Dementsprechend viele Täler durchschneiden das waldreiche Land. Rauh ist hier das Klima. Die winterliche Schneedecke hält sich im Durchschnitt zwischen 70 und 110 Tagen. Am Kahlen Asten werden die höchsten Niederschlagsmengen des gesamten Sauerlandes gemessen.

Der Wechsel von dunklen Fichtenwäldern, lichten Buchenbeständen, grünen Wiesenauen und freien Hochflächen verleiht der Landschaft des Hochsauerlandes ihren unverwechselbaren Reiz.

i Zweckverband Naturpark Rothaargebirge, Steinstr. 27, 59872 Meschede.

Einer idyllischen Parklandschaft gleicht das Diemeltal bei Marsberg-Giershagen.

Naturpark Diemelsee

Größe: 334 km², gegründet 1965.

Der Naturpark liegt zu rund zwei Dritteln in Hessen; die übrigen Teile im Westen und Norden gehören zu Nordrhein-Westfalen. Seinen Kern bildet der namengebende Stausee, der von den waldigen Höhen und Wiesen des östlichen Sauerlandes umrahmt wird. An der Grenze zum Naturpark Rothaargebirge sind die Berge deutlich höher als 800 m; nach Osten hin nimmt die Landschaft sanftere Formen an. Der als Bade- und Wassersportrevier beliebte Diemelsee ist auch im Sommer nie überlaufen – er liegt zu weit entfernt von den Städten des Ruhrgebietes und Nordhessens. Die Berge des Sauerlandes schirmen den See und seine Umgebung vor den Westwinden ab und sorgen so für ein sonnenreiches Klima.

i Verein Naturpark Diemelsee e. V., Kreishaus, Südring 2, 34497 Korbach.

Naturpark Bergisches Land

Vielfältiger und kontrastreicher kann eine Landschaft kaum sein: zwischen den Industrietälern mit ihrem pulsierenden Leben und den mit Seen durchsetzten Waldgebieten der Mittelgebirgslandschaft entdeckt der Besucher nicht nur Zeugnisse 2000jähriger Kultur, sondern auch idyllische Naturoasen.

❶ **Beyenburg** Wuppertal hat viele Gesichter. Eines davon ist Alt-Beyenburg. Seine besondere Atmosphäre verdankt dieser Stadtteil der Abseitslage seines historischen Kerns in einer Schleife der Wupper, hinter der sich ein schöner Laubwald hangaufwärts zieht. Wegen seiner Ursprünglichkeit und des Vorkommens seltener Orchideen- und Farnarten wurde das Waldgebiet unter Naturschutz gestellt. Beyenburg wird von der spätgotischen Klosterkirche überragt, die einen sehenswerten Hochaltar von 1698 aufweist. Durch den Ort mit seinen bergischen Fachwerk- und Schieferhäusern gelangt man zur Fußgängerbrücke neben der alten Furt durch die Wupper. Jenseits der Bahnlinie kann man am Ostufer wupperaufwärts wandern. Hier verläuft ein interessanter Fischlehrpfad. Eine Wanderung in Richtung Dahlhausen (8 km) durch das Tal der Wupper vermittelt einen Eindruck von der typischen Verzahnung von historisch gewachsener Industrie und z. T. noch sehr naturnaher Landschaft.

An ein dunkles Kapitel der Geschichte erinnern das KZ-Mahnmal und die Gedenkstätte Kemna ein Stück flußabwärts. Hier wurden 1933/34 über 400 Gegner des Nationalsozialismus interniert.

ℹ Informationszentrum, Pavillon Döppersberg, 42103 Wuppertal, Tel. 02 02/63 22 70.

❷ **Lennep** Seit dem letzten Stadtbrand im Jahr 1746 ist das bereits 500 Jahre zuvor mit Stadtmauer und Gräben befestigte Städtchen fast unversehrt erhalten geblieben. Der heutige Stadtteil von Remscheid bietet noch Gelegenheit zum Rückblick in die Geschichte. Bekannt wurde Lennep als Geburtsort von Wilhelm Conrad Röntgen, der hier am 27. März 1845 das Licht der Welt erblickte. Medizinisch und naturwissenschaftlich Interessierte aus aller Welt besuchen das Deutsche Röntgen-Museum, das eine in der Welt einmalige Sammlung von Apparaturen zur Erzeugung und Anwendung von Röntgenstrahlen enthält (täglich außer Mo geöffnet).

ℹ Wirtschaftsförderung Remscheid GmbH, Elberfelder Str. 41, 42853 Remscheid, Tel. 0 21 91/9 23 20.

❸ **Müngstener Brücke** Die höchste Eisenbahnbrücke Europas spannt sich zwischen

Malerisch auf einem Felsvorsprung thront Schloß Burg über der Wupper. Ihr mittelalterlicher Bergfried und Teile der Burgkapelle sind noch original erhalten.

Remscheid und Solingen über die Wupper. Sie wurde zwischen 1894 und 1897 errichtet, ist 107 m hoch und 505 m lang. Die eindrucksvolle Eisenkonstruktion ist heute ein vielbesuchtes technisches Denkmal. Von Solingen-Schaberg aus führt ein Wanderweg (Markierung X 29) an der Bahnlinie entlang in den Wald, unter der Brücke hindurch und in das Tal der Wupper.

4 Schloß Burg Die 1130 von Graf Adolf I. von Berg errichtete Burg verlor bereits in der Mitte des 16. Jh. ihre Bedeutung als Residenz der Grafen von Berg, nach denen das Bergische Land benannt ist. Ein großer Teil der Anlage wurde am Ende des 30jährigen Krieges zerstört. Der Hauptbau wurde um 1700 neu errichtet, nach 1800 begann die Restaurierung der bergischen Stammburg. Das Burgmuseum ist täglich geöffnet, von November bis Februar jedoch Mo geschlossen (Tel. 02 12/4 20 98 und 4 20 99).

5 Leichlingen Die etwas außerhalb des Naturparks gelegene Stadt und ihre Umgebung verdanken dem fruchtbaren Lößboden und dem milden Klima ihre Standortgunst, die das Gebiet zur bergischen Obstkammer machte. Die Pracht der Obstblüte lockt im Frühling, wenn sich die Landschaft in einen weißen Teppich hüllt, viele Besucher an. Am ersten Wochenende im Oktober findet ein großer Obstmarkt statt.

Zum Tummelplatz für Wassersportler werden die Seen des Naturparks – hier die Bevertalsperre – an schönen Sommertagen.

6 Bevertalsperre Die sog. Hückeswagener Seenplatte gehört zu den schönsten Landschaften des Bergischen Landes. Die Stauseen füllen schmale Täler aus und sind deshalb nicht sehr breit, dafür aber lang und buchtenreich. Vor allem die Bevertalsperre bietet Gelegenheit, alle Formen des nichtmotorisierten Wassersports auszuüben. Boote kann man hier ausleihen.

Der Naturfreund findet rund um den weitläufigen See, trotz des gelegentlichen Besucherandrangs, noch ruhige Uferpartien. Besonders am Westufer kann man mit etwas Glück dem Haubentaucher bei der Balz, dem Graureiher beim Fischfang und den schwarzweißen Reiherenten beim Tauchen zuschauen.

Ganz in der Nähe liegt Hückeswagen mit seinen alten Fachwerkhäusern und dem im 12. Jh. erbauten Schloß, das von altem Baumbestand umgeben ist. Im Palas zeigt das Heimatmuseum Gegenstände der bergischen Wohnkultur (Mi 15–17, So 10–12 Uhr geöffnet).

Ein Kleinod im Grünen: Der Bergische Dom in Altenberg wird von Kunst- wie auch von Naturfreunden gern besucht.

ℹ Verkehrsamt, Auf dem Schloß, 42499 Hückeswagen, Tel. 0 21 92/8 81 12.

❼ **Eifgental** Der Eifgenbach, der östlich von Wermelskirchen entspringt, schlängelt sich durch ein bildhübsches Wiesental. Als Ausgangspunkt für eine Wanderung (5 km) durch dieses autofreie Tal wählt man die Markusmühle westlich von Dabringhausen, als Zielpunkt den Bergischen Dom in Altenberg (siehe ❽). Es lohnt sich, das Fernglas mitzunehmen. Mal kreist der Mäusebussard über den Wiesen, mal trippelt Wasseramsel oder Gebirgsstelze am Bachufer. Den geologisch Interessierten erwartet ein Steinbruch, in dem Fossilien aus dem Devon gefunden wurden.

❽ **Altenberg** Der Bergische Dom, wie der Altenberger Dom auch genannt wird, ist ein wahres Schmuckstück deutscher Gotik. Als Ausdruck der Bescheidenheit der Zisterzienser hat er allerdings keinen Turm. Doch die dreischiffige Basilika bei dem kleinen Ort wirkt auch so schon überwältigend. Das ehem. Klostergelände beherbergt heute eine Jugendbildungsstätte sowie Restaurants.

Östlich von Schloß Strauweiler unterhalb von Altenberg dehnt sich der etwa 350 ha große Wildpark des Prinzen zu Sayn-Wittgenstein aus, in dem neben Reh auch Muffel- und Schwarzwild leben. Ebenfalls von Altenberg aus erreicht man den Waldlehrpfad zur östlich gelegenen Spezarder Mühle (ca. 1 Stunde).

ℹ Gemeinde Odenthal, Fremdenverkehrsabteilung, Bergisch Gladbacher Str. 2, 51519 Odenthal, Tel. 0 22 02/7 10 38.

❾ **Gut Hungenbach** Aus dem 17. und 18. Jh. stammende, vom Abriß bedrohte Fachwerkhäuser wurden auf den Wiesen von Gut Hungenbach bei Kürten wieder aufgebaut. Zu dem attraktiven Ensemble, das heute als Hotel und Restaurant genutzt wird (keine Besichtigung), gehört auch das historische Wohnhaus des Arztes und Schriftstellers Johann Heinrich Jung-Stilling, der ein enger Freund Goethes war.

❿ **Marienheide** Im Sommer wie im Winter empfängt der Ort viele Sport- und Naturfreunde. Denn was die benachbarten Stauseen, die 1887 bzw. 1912 angelegte Lingese- und Brucher Talsperre, dem Sommerurlauber bieten (alle Wassersportarten außer Surfen möglich), sind für den Wintersportgast die Loipen und der Skilift rund um den Ortsteil Müllenbach.

Zu jeder Zeit eindrucksvoll sind die 900 Jahre alte Wehrkirche in Müllenbach, die Wallfahrts- und Klosterkirche Marienheide und das malerisch gelegene Schloß Gimborn. Freunden bodenständigen Bauens besonders zu empfehlen ist ein Besuch des ältesten oberbergischen Bauernhauses in Dahl bei Müllenbach. Es wurde 1586 erbaut und beherbergt heute ein Heimatmuseum mit einer Ausstellung landwirtschaftlicher Geräte (Di 9–12, Sa 14–18 Uhr geöffnet, Gruppen nach Vereinbarung).

Ein Abstecher führt von Marienheide nach Osten ins Quellgebiet der Wupper, die bei Börlinghausen in über 20 kleinen Quellen austritt. Auf einem Fußweg gelangt man zu dem Feuchtgebiet, dessen Untergrund sehr trittempfindlich ist. Vom Rand aus kann man Erlenbrüche und Weidengebüsche sowie die Feuchtheide sehen, die mit Binsen und Wollgras auf den Wasseraustritt hinweist.

ℹ Verkehrsamt, Hauptstr. 20, 51709 Marienheide, Tel. 0 22 64/22 40.

⓫ **Bensberg** Vom neuen Schloß des an der westlichen Naturparkgrenze gelegenen Stadtteils von Bergisch Gladbach, das Kurfürst Johann Wilhelm von der Pfalz (im Volksmund Jan Wellem) 1703–16 als Jagdschloß errichten ließ (nicht öffentlich zugänglich), hat man einen prächtigen Ausblick auf das Rheintal und Köln.

Einblick in den Arbeitsalltag der Handwerker in früherer Zeit gewinnt der Besucher des Bergischen Museums für Bergbau, Handwerk und Gewerbe im historischen Türmchenhaus und in einem Nebengebäude am Burggraben. Hier wird u. a. der Aufbau eines bergischen Fachwerkhauses vom Fällen der Bäume bis zur Fassadenverkleidung gezeigt; im Schaubergwerk hat man Einblick in eine Erzgrube. Neben den Werkstätten verschiedener Handwerksberufe, in denen Vorführungen stattfinden, gibt es auch ein Backhaus und eine alte Schule zu sehen (täglich außer Mo geöffnet).

Stille Wege durchziehen die liebliche Wiesenlandschaft zwischen Agger und Wiehl – eine reizvolle Gegend für Wanderfreunde.

Vögel des Hochwaldes

Ein Hochwald zeichnet sich durch starkes Stammholz aus. In den Wipfeln, vor allem auf dem Höhenzug des Nutscheids, des größten zusammenhängenden Waldgebietes im Naturpark, baut der Habicht sein Nest. Er ist ein Überrumplungsjäger, der besonders Drosseln und Ringeltauben auflauert. Das Männchen ist wesentlich kleiner als das Weibchen.
Der Baumfalke brütet zwar im Wald, jagt jedoch über Freiflächen – bevorzugt Mauersegler und Schwalben, aber auch Libellen, die gleich im Flug verzehrt werden.
Mit spitzem Schnabel pickt der Waldbaumläufer Insekten aus den Ritzen der Baumrinde, wobei er sich am Stamm spiralförmig in die Höhe arbeitet. Ganz anders der Kleiber: Ihm ist die Richtung egal – er ist der einzige einheimische Vogel, der häufig kopfunter die Stämme hinabklettert.
Spechte trommeln übrigens vor allem dann, wenn sie auf Partnersuche sind. Der Buntspecht (Bild) lockt mit dem rhythmischen Schlagwirbel zur Paarung; es dauert allerdings oft wochenlang, bis sich ein Weibchen an die Höhle herantraut.

i Stadt Bergisch Gladbach, Presseabteilung, Konrad-Adenauer-Platz 1, 51465 Bergisch Gladbach, Tel. 02202/142241 und 2804.

12 Lindlar Von der alten bergischen Siedlung führt ein Weg im Lennefer Bachtal durch einen Park zum Schloß Oberheiligenhoven. Ein schöner Baumbestand mit 1000jährigen Eiben und ein großer Teich ließen hier eine reiche Vogelwelt heimisch werden. Die Kanadagänse sind eingebürgerte Fremdlinge, die Wacholderdrosseln sind erst in jüngster Zeit aus dem Osten eingewandert.

Unmittelbar nördlich von Lindlar befinden sich einige Sandsteinbrüche, wo Kenner Fossilien entdecken können, vor allem Armfüßer, Muscheln und Seelilien (Anmeldung beim Verkehrsamt erforderlich).

Bei Scheel nordöstlich von Lindlar gibt es zwei Burgruinen: Burg Eibach (14. Jh.) und die Ruine Neuenburg, deren Geschichte noch weitgehend ungeklärt ist.
i Verkehrsamt, Borromäusstr. 1, 51789 Lindlar, Tel. 02266/9667.

Geradezu märchenhaft spiegeln sich die Ruinen von Burg Eibach bei Lindlar in einem malerischen Weiher.

13 Aggertal Das Tal der Agger wirkt in weiten Abschnitten noch recht naturnah und beinahe urwüchsig. Bei Ründeroth durchziehen das Aggertal Kalke aus dem Mitteldevon. Etliche Dolinen (Einsturztrichter) am Altenberg weisen darauf hin, daß unterirdische Gesteinsschichten aufgelöst wurden – das gilt auch für die Entstehung der Aggertalhöhle. Hier hat sich ein Bach durch ein ehem. Korallenriff gegraben, dessen Bewohner in versteinerter Form heute noch zu erkennen sind (15. März–15. Oktober täglich geöffnet). Im Walbachtal nahe der Höhle wurde 1960 das Naturschutzgebiet Altenberg ausgewiesen, das Spuren früheren Erzbergbaus aufweist. Um den Altenberg führt ein markierter Rundweg.

Unmittelbar nördlich der Aggerschleife bei Ründeroth bieten sich der Haldyturm und südlich des Ortes die Hohe Warte zu einem weiten Rundblick an, der bis zum Siebengebirge und in die Kölner Bucht reicht.

14 Aggertalsperre Ende der 20er Jahre wurde die Aggertalsperre angelegt, deren drei schmale Arme rings von Wald umgeben sind. Der westliche Zufluß, die Genkel, wurde nach dem Zweiten Weltkrieg etwas oberhalb zusätzlich zu einer Trinkwassertalsperre aufgestaut. Im Zentrum dieser Wald- und Wasserlandschaft liegt die Ortschaft Bredenbruch. Von hier aus kann man zu mehreren Wanderungen aufbrechen, so u. a. in 1 Stunde über die schmale Halbinsel zwischen dem Genkel- und dem Aggerzufluß, wo auf dem Bergrücken die Reste einer frühgeschichtlichen Ringwallanlage als Kulturdenkmal zu sehen sind.

Im Westen der Genkeltalsperre liegt der Unnenberg, mit 506 m die höchste Erhebung im Oberbergischen. Vom Aussichtsturm (Parkmöglichkeit in der Nähe) kann man den Blick über die gebirgige Waldlandschaft schweifen lassen.

15 Königsforst Im Gegensatz zum hügeligen Bergischen Land ist der 3000 ha große Königsforst, der bis an die Vororte von Köln heranreicht, weithin eben. Das beliebte Naherholungsgebiet, in dessen Einzugsbereich rund 1,2 Mio. Menschen leben, ist weitgehend siedlungsfrei – die jeweiligen Grundherren wollten ungestört jagen, während ringsum Siedlungen entstanden, deren Bewohnern der Wald durch Holzeinschlag, Sammeln von Einstreu für die Ställe und Beweidung ein Auskommen bot. Zur Verwüstung des Waldes und der leichten Böden trugen hier auch die überhöhten Wildbestände bei.

Der heutige Baumbestand ist vor allem auf die Wiederaufforstungen seit 1803 zurückzuführen. Die Kiefer hielt dabei als besonders anspruchslose Baumart Einzug in die verheideten Flächen. Sie prägt nun größere Teile des Königsforstes.

⑯ Wiehl Die bekannteste Attraktion des Städtchens ist die Wiehler Tropfsteinhöhle an der Straße nach Nümbrecht. Bei einer halbstündigen Führung durch die 1 km lange Höhle erfährt man Interessantes über Geologie und Mineralogie (15. März–31. Oktober täglich geöffnet, sonst nur Sa und So 11–16 Uhr). Danach bietet sich ein Gang durch das angrenzende Wildgehege an.

Transportmittel aus fünf Jahrtausenden zeigt das Museum Achse, Rad und Wagen, das Werksmuseum der Bergischen Achsenfabrik (Sa 14.30–17.30 Uhr geöffnet, Gruppen nach Vereinbarung).

Bunte Blütenpracht erlebt der Besucher alljährlich von Mitte Mai bis Oktober, wenn in Wiehl die Formen- und Farbenvielfalt von über 400 verschiedenen Dahliensorten präsentiert wird. Die Blumen werden in der Umgebung gezüchtet.

ℹ Verkehrsamt, Hauptstr. 31, 51674 Wiehl, Tel. 0 22 62/9 30 24.

⑰ Eckenhagen Der zentrale Ort der Gemeinde Reichshof hat für den Naturfreund ein vielfältiges Angebot. Es beginnt bei der Mineraliengrotte im Haus des Gastes mit Gesteinen und Mineralen aus dem heimischen Bergbau und aus aller Welt. In einem 12 ha großen Vogelpark werden nicht nur Vögel gezeigt, sondern es gibt auch Berberaffen, die sich frei im Gelände bewegen.

Der Wiehltal-Stausee lohnt ebenfalls einen Besuch, obwohl man zum Schutz des Trinkwassers die Ufer nicht betreten darf. Von den Wanderwegen und vom 32 m hohen Külbergturm aus kann man die Talsperre und ihre Umgebung aber gut überblicken. Ein Lehrpfad im Waldgebiet Puhlbruch beginnt am Parkplatz Wickenbach.

Vom Parkplatz Landwehr aus gelangt man über einen markierten Rundwanderweg (A 4) zum Wacholdergebiet südöstlich von Branscheid. In dem 4 ha großen Naturschutzgebiet wachsen mehr Wacholdersträucher als sonst irgendwo im Oberbergischen – hier wie andernorts ein Hinweis auf frühere Weidewirtschaft.

ℹ Verkehrsamt Eckenhagen, Barbarossastr. 5, Haus des Gastes, 51580 Reichshof, Tel. 0 22 65/90 70 und 4 70.

⑱ Nümbrecht Zentrum der Flächengemeinde ist der gleichnamige Kurort, dessen denkmalgeschützter Kern mit seinen historischen Bauten an die ehem. reichsunmittelbare Herrschaft Homburg erinnert. Oberhalb des Kurparks bietet ein 30 m hoher Aussichtsturm einen schönen Blick auf den Ort und dessen Umgebung.

Für den Naturfreund hält Schloß Homburg Interessantes bereit: das Museum des Oberbergischen Landes mit seinen sehenswerten Schausammlungen zur heimischen Pflanzen- und Tierwelt und über die Jagd im 17. und 18. Jh. (27. März–15. Dezember täglich außer Mo geöffnet).

Unterhalb von Schloß Homburg liegen verstreut die als Naturdenkmäler geschützten Dicken Steine: devonische Quarzitblöcke, die bei der Formung des Tales im Tertiär als Härtlinge erhalten blieben.

Ein besonderes Erlebnis ist die idyllische Fahrt mit einer historischen Postkutsche von Nümbrecht (Mai–September Fr, Sa, So und an Feiertagen, Abfahrt 10 Uhr vor der Post) nach Wiehl (Ankunft 12 Uhr) und zurück (Abfahrt 13.30 Uhr vom *Hotel zur Post*) mit einer gemütlichen Rast in *Holsteins Mühle*.

ℹ Kur- und Fremdenverkehrszentrale, Lindchenweg 1, 51588 Nümbrecht, Tel. 0 22 93/30 20 und 5 18.

⑲ Lohmar Im Lohmarer Wald, der sich auf einer weiten Randterrasse der Rheinniederung südlich von Lohmar erstreckt, liegen mehrere flache Gewässer: die Stallberger

Beschaulich ist die Flußlandschaft der Sieg bei Windeck: In zahlreichen Mäandern schlängelt sie sich am Südrand des Nutscheids entlang.

Besonderheiten der Natur

Pflanzen Vor allem in den lichten Buchenwäldern des Naturparks trifft man auf die Stechpalme. Das ganze Jahr hindurch trägt sie ihre glänzenden, lederartigen Blätter, die mit kleinen Dornen bewehrt sind. Der Waldsauerklee (Bild) treibt zwei Arten von Blüten aus: Den langstieligen, weißen im Frühjahr folgen im Sommer solche mit kurzen Stielen, die die Mehrzahl der Samen hervorbringen. In den Flußauen kommt die Rote Pestwurz mit ihren riesigen Blättern und purpurnen Blütenständen vor.

Tiere Der Wildbestand in den Wäldern ist nicht allzu hoch – besonders Schwarzwild wird man kaum zu sehen bekommen. Überaus artenreich vertreten ist die Vogelwelt. So sind an den Zuflüssen der Stauseen noch Eisvögel und Wasseramseln heimisch. Auch mehrere Fledermausarten leben im Naturpark. An manchen Teichen und Bächen kommt z. B. die Wasserfledermaus vor, die besonders dicht über der Wasseroberfläche nach Insekten wie Mücken und Steinfliegen jagt.

Stadt Blankenberg, ein schöner Ort über dem Tal der Sieg, wird von alten Fachwerkhäusern und romantischen Gäßchen geprägt.

Fischteiche. Vom Parkplatz am südöstlichen Ortsrand von Lohmar aus kann man eine etwa 1stündige Rundwanderung unternehmen. Von den 15 Fischteichen blieben in den letzten Jahren mehrere ungenutzt, so daß sich die Pflanzen- und Tierwelt weitgehend ungestört entfalten konnte. Für den Gagelstrauch, sonst eher in Nordwestdeutschland verbreitet, wurde hier bereits 1938 ein Naturschutzgebiet errichtet. Die würzig duftenden Blätter des Gagels wurden früher beim Bierbrauen verwendet. Seerosen, Schilf und Rohrkolben gedeihen in diesen Gewässern, in denen etliche Amphibien laichen und die von herrlichen Libellen umschwirrt werden.

⑳ **Bröltal** Schon die Fahrt durch das Bröltal von Hennef-Allner auf der B 478 flußaufwärts ist ein nicht alltägliches Erlebnis. Der Eichen-Hainbuchen-Wald am Bach gehört mit seinen Eschen und Flatterulmen, seinen üppigen Beständen des sonst seltenen Straußfarns und mit einer Artenfülle frühblühender Kräuter zu den schönsten und wertvollsten Waldbeständen des Naturparks. An der Abzweigung nach Broeleck oder Büchel kann man den Wanderwegen Nr. 2 bzw. 6 brölabwärts folgen und über Winterscheid zurückkehren (etwa 12 km). Am schnell fließenden Wasser der Bröl ist mit etwas Glück sogar der farbenprächtig schillernde Eisvogel zu sehen.

㉑ **Hennef** Der hübsche Kneippkurort mit einigen historischen Profanbauten lädt zu einem Spaziergang durch den Kurpark ein, wo manche der stattlichen Einzelbäume Namensschildchen tragen. Hangaufwärts gelangt man durch einen typischen Hainbuchen-Niederwald zu einem Wildgehege mit Dam- und Rotwild. An der Klinik wurde ein geologischer Garten eingerichtet; ein Rundweg führt an verschiedenen Gesteinsblöcken vorbei.

Jenseits der Sieg erhebt sich Schloß Allner. Das Schloß ist nicht zugänglich, dafür kann man hier durch einen wildromantischen Park mit vielen exotischen und einheimischen Baumarten streifen.

ℹ Verkehrsamt, Frankfurter Str. 97, 53773 Hennef, Tel. 0 22 42/88 81 59.

㉒ **Stadt Blankenberg** Wer den historischen Ort erstmals erblickt, ist überwältigt. Alte Mauern, schmuckes Fachwerk und winkelige Gäßchen verbreiten eine romantische Atmosphäre. Vom Turm aus führt ein Weg an der Mauer entlang und gibt den Blick in kleine Weingärten frei. Weil hier und an den Mauern die Wildflora glücklicherweise von Herbiziden verschont bleibt, finden die Girlitze, Stieglitze und andere Körnerfresser einen gedeckten Tisch. Man hört aus dem Ort den Gesang des sonst selten gewordenen Gartenrotschwanzes, während man auf den Wanderwegen A 4/A 6 in ½ Stunde bergab am schluchtwaldartig bewachsenen Hang zu den Fischteichen im Tal wandert.

㉓ **Nutscheid** Im Südostteil des Naturparks erstrecken sich das Windecker Ländchen und der Nutscheid, ein bis über 370 m aufragender Höhenzug nördlich der Sieg. Auch das 1500 ha große zusammenhängende Waldgebiet an dessen Flanken ist unter diesem Namen bekannt. Der Nutscheid ist Wasser- und Wetterscheide und markiert die Verbreitungsgrenze mancher atlantischen Pflanzenart. Diese Grenzsituation kann der Wanderer am besten kennenlernen, wenn er den Nutscheid von Norden nach Süden durchquert. Von Ruppichteroth fährt man südostwärts auf die Höhe, wo es mehrere Wanderparkplätze gibt. Auf dem

Reisen wie Anno dazumal, nämlich mit der Postkutsche, kann man auf beschaulichen Sträßchen zwischen Nümbrecht und Wiehl.

Höhenweg, der Nutscheidstraße, wandert man dann 2 km weit nach Osten; hier passiert der Weg (Markierung X 12) die Naturschutzgebiete Kesselsiefen und Neuenhähnen. Das Heidemoor, das man am besten vom Wegrand aus betrachtet, ist von Pfeifengras, Weiden-Faulbaum-Gebüsch und vereinzelten Birken geprägt und beherbergt mit Glockenheide und Moorlilie, auch Beinbrech genannt, noch Arten, die in kontinentaler geprägten Moorlandschaften fehlen.

Der steile Abstieg läßt dann etwas vom wärmeren und trockeneren Kleinklima der südexponierten Hänge verspüren, das auch in der Flora und Fauna – beispielsweise im Schmetterlingsreichtum – seinen Niederschlag findet. Nördlich von Dattenfeld erreicht man auf einem Bergpfad die Burgruine Windeck (15. Jh.) mit schönem Ausblick auf die Flußschlingen im Siegtal.

Naturpark Ebbegebirge

Die Landschaft mit den bewaldeten Rücken und den satten Wiesen, Mulden und Tälern verdankt der Wasserwirtschaft die blauen Tupfer im grünen Kleid: die Talsperren. Zu Recht gelten diese künstlich angelegten Gewässer als landschaftliche und touristische Höhepunkte des Naturparks.

Herbststimmung im Ebbegebirge: Morgendunst verzaubert die grünen Wiesentäler zwischen den dichtbewaldeten Höhenzügen bei Meinerzhagen.

❶ **Ruine Schwarzenberg** Einen romantischen Anblick bietet der Burghügel mit den Resten der Burg, die die Grafen von der Mark 1301 auf dem Felsen über einer Lenneschleife errichteten. Man erreicht diesen idyllischen Flecken, den die Natur sich längst wieder zurückerobert hat, vom Wanderparkplatz Auf der Bracht aus, der am östlichen Stadtrand von Plettenberg liegt. Knapp 1½ km lang wandert man auf dem Weg mit der Markierung X 18 und biegt dann der Beschilderung folgend nach links ab. Außer den Kellergrotten und einigen Mauern, in deren Bruchsteinfugen sich der Braune Streifenfarn und die Wollige Königskerze angesiedelt haben, erinnert nur noch der 26 m tiefe Brunnen, der Anfang der 80er Jahre wieder freigelegt wurde, an vergangene Zeiten. Im Frühling blühen hier Lungen- und Moschuskraut sowie die Grüne Nieswurz. An den steilen Hängen wachsen Reste eines ehem. Schluchtwaldes. Vom Engelbertstuhl aus, einem 700 m vor der Ruine gelegenen Bergvorsprung, genießt der Wanderer den Blick auf das tief unten verlaufende Lennetal.

❷ **Versetalsperre** 1938 wurde diese Trinkwassertalsperre angelegt und bis heute von jeglichem Wassersport freigehalten. Jede einzelne der vielen Buchten gibt einen malerischen Ausblick auf Wasser und Wald frei. Auf dem für den Verkehr gesperrten östlichen Uferrandweg kann man entlang der Talsperre wandern. Ein Stück weit wird der ebene Weg von einem Waldlehrpfad begleitet.

Wer das Auto auf dem Parkplatz am Versedamm parkt, kann auf einer gut 10 km langen Strecke mit der Markierung A 1 zur 120 m höher gelegenen Gasmert wandern. Dort blieben in einem Naturschutzgebiet die Reste einer einst größeren Bergheide erhalten. Der Wacholder und andere Pflanzenarten, die das Licht lieben, müssen vor der Beschattung durch den heranrückenden Wald geschützt werden. Wälder beherrschten ursprünglich das gesamte Gebiet des Naturparks; erst später hat der Mensch den Wald zurückgedrängt.

Wer von der Gasmert aus in nördlicher Richtung weiterwandert, kommt zu einem interessanten Grubenlehrpfad, und Freunde der Technikgeschichte finden in Schwarze Ahe bei Herscheid ein Schmiedemuseum, wo zu bestimmten Terminen u. a. Schmiede und Feilenhauer ihr altes Handwerk vorführen. Besichtigungen und Vorführungen können auch vereinbart werden (Tel. 0 23 92/5 67 07).

Die historische Märkische Museumseisenbahn fährt an etwa 10 Betriebstagen im Jahr zwischen Mai und Oktober in 40 Minuten von Herscheid-Hüinghausen nach Plettenberg-Köbbinghausen und zurück. Beliebt sind auch die Nikolausfahrten im Dezember (Voranmeldung erforderlich unter Tel. 0 23 91/1 30 35).

ℹ Verkehrsverein, Am Kirchplatz 2, 58849 Herscheid, Tel. 0 23 57/41 33.

❸ **Nordhelle und Ebbekamm** Das Waldgebirge fängt sowohl den Regen als auch die Schmutzfracht der Luft ab, die die Winde von der See bzw. aus den Ballungsgebieten an Rhein und Ruhr herübertragen. Der Wald leidet unter diesen Schadstoffen. Vor allem die alten Fichten und Buchen in Kammlage zeigen deutliche Krankheitssymptome, die man auch als Laie bei Wanderungen erkennen kann.

Vom Wanderparkplatz Nordhelle an der Straße von Herscheid nach Valbert folgt man dem Wanderweg mit der Markierung A 1. Der 5 km lange Rundweg weist kaum Steigungen auf, nur zur Nordhelle hinauf sind 63 m zu überwinden. Den höchsten Berg des Ebbegebirges (663 m) krönt der Robert-Kolb-Turm (Schlüssel im Restaurant).

Vom Parkplatz Nordhelle führt ein Abstecher nach Süden in das Naturschutzgebiet Wilde Wiese, wo sich in einer Talmulde auf Schiefer und Grauwacke das Wasser aus Quellen und Niederschlägen gestaut hat, so daß ein Moor entstand und in 1000 Jahren eine 40 cm mächtige Torfschicht heranwuchs. Heute gibt es hier

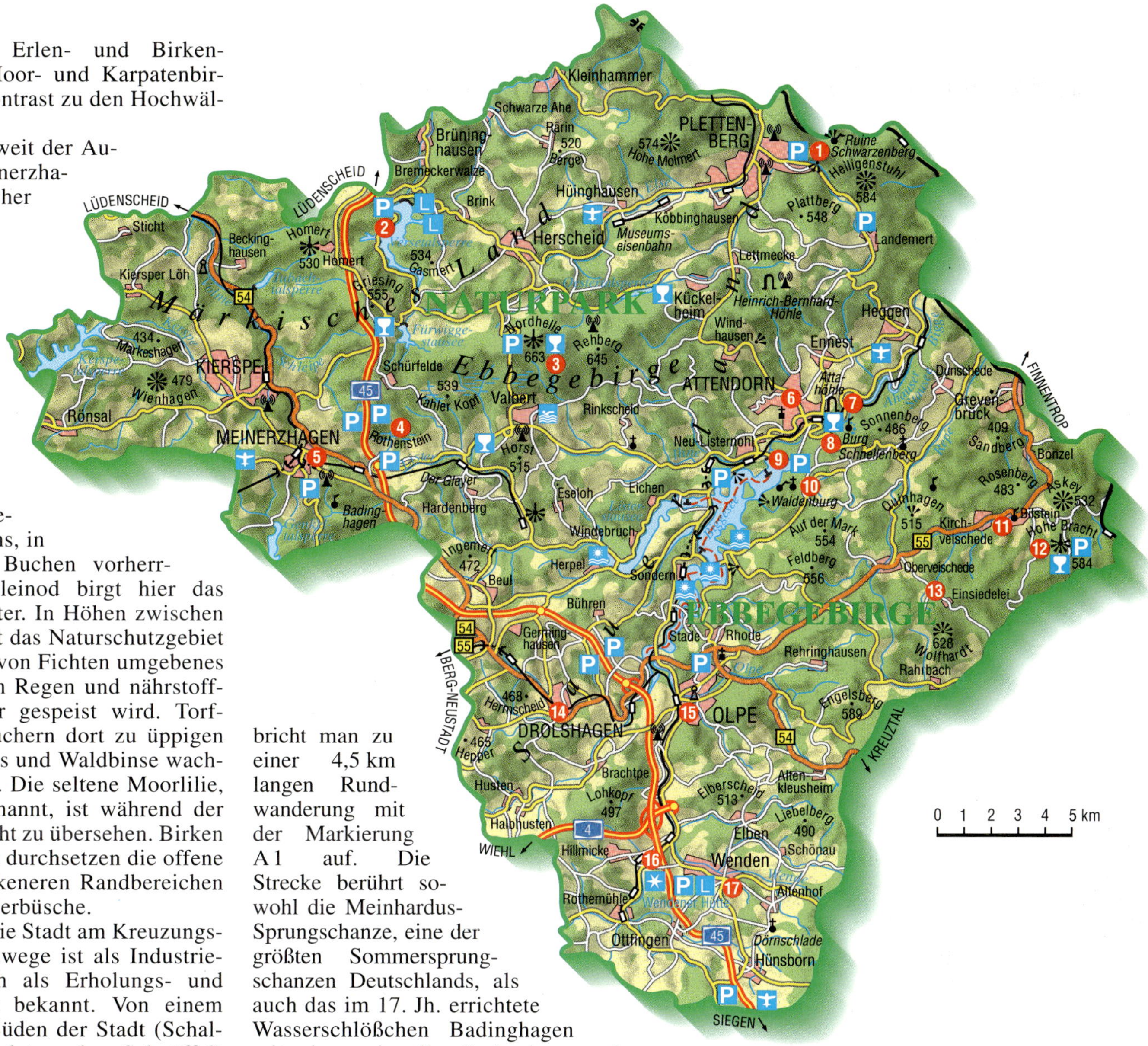

Pfeifengraswiesen. Erlen- und Birkenbruchwälder mit Moor- und Karpatenbirken bilden einen Kontrast zu den Hochwäldern ringsum.

4 Rothenstein Unweit der Autobahnausfahrt Meinerzhagen liegt in östlicher Richtung Willertshagen mit dem Wanderparkplatz Stoltenberg.

Der auf 5,5 km angelegte Rundwanderweg A 5 führt zunächst im Flußtal der Lister aufwärts, dann bis in 600 m Höhe durch das geschlossene Waldgebiet des Rothensteins, in dem Fichten und Buchen vorherrschen. Ein Naturkleinod birgt hier das Quellgebiet der Lister. In Höhen zwischen 540 und 560 m liegt das Naturschutzgebiet Die Grundlose, ein von Fichten umgebenes Hangmoor, das vom Regen und nährstoffarmem Quellwasser gespeist wird. Torf- und Laubmoose wuchern dort zu üppigen Polstern; Pfeifengras und Waldbinse wachsen auf den Wiesen. Die seltene Moorlilie, auch Beinbrech genannt, ist während der Blütezeit im Juli nicht zu übersehen. Birken und Öhrchenweiden durchsetzen die offene Fläche, in den trockeneren Randbereichen findet man Wacholderbüsche.

5 Meinerzhagen Die Stadt am Kreuzungspunkt alter Handelswege ist als Industriestandort, aber auch als Erholungs- und Wintersportzentrum bekannt. Von einem der Parkplätze im Süden der Stadt (Schalershaus, Schützenplatz oder Schnüffel) bricht man zu einer 4,5 km langen Rundwanderung mit der Markierung A 1 auf. Die Strecke berührt sowohl die Meinhardus-Sprungschanze, eine der größten Sommersprungschanzen Deutschlands, als auch das im 17. Jh. errichtete Wasserschlößchen Badinghagen mit seinen reizvollen Parkanlagen und Teichen.

i Verkehrsamt, Bahnhofstr. 11, 58540 Meinerzhagen, Tel. 0 23 54/7 71 32.

6 Attendorn Die alte Hansestadt wird gern zur Osterzeit besucht, denn nirgendwo sonst im Sauerland haben sich Osterbräuche so mannigfaltig entwickelt und wurden so bewahrt wie hier.

Die Stadtkirche St. Johannes (zweite Hälfte des 14. Jh.) als „Sauerländer Dom" bekannt, ist der Mittelpunkt der Altstadt. Im ehem. Rathaus ist das Kreisheimatmuseum untergebracht. Es zeigt eine beachtliche geologische Sammlung sowie Exponate zur Jagd und zur Stadtgeschichte, u. a. auch zum Osterbrauchtum (Di–Fr 9–13 und 15–17, Sa und So 11–13 Uhr geöffnet).

Im jüngst erweiterten Feuerwehrmuseum kann ein Besuch vereinbart werden (Tel. 0 27 22/42 25).

i Städtisches Verkehrsbüro, Rathauspassage, 57439 Attendorn, Tel. 0 27 22/6 42 29.

7 Attahöhle Im Jahr 1907 wurde beim Abbau von Kalkstein eine der schönsten Tropfsteinhöhlen Deutschlands entdeckt, in der eindrucksvolle unterirdische Hallen mit Stalaktiten und Stalagmiten in phantastischen Formen den Besucher in eine wahre Zauberwelt versetzen. Die unter Naturschutz gestellte Höhle liegt am Ostrand von Attendorn nahe der Hauptstraße (täglich 10–16 Uhr geöffnet, Führungen alle 15 Minuten). Neben einer Führung (45 Minuten) kann man auch eine 1/2stündige Rundwanderung um die Kalkkuppe, in der die Höhle liegt, einplanen. Im Sommer ist dort die bunte Palette der Kalkflora zu sehen.

8 Burg Schnellenberg Die ebenfalls östlich von Attendorn, aber südlich der Bigge gelegene Burg Schnellenberg ist die größte

Bizarre Tropfsteingebilde faszinieren den Besucher in der Attahöhle. Die Ruhmeshalle (Bild) ist nur eine von 30 Grotten.

Farbkleckse im Blätterwald

Die Bäume, Sträucher und Kräuter in den Mischwäldern des Ebbegebirges bieten zahlreichen Schmetterlingsarten Nahrung; die Raupen ernähren sich von den Blättern, und die Falter saugen den Nektar der Blüten. Einer der größten und auffälligsten Schmetterlinge ist der Kaisermantel (Bild). Seine stachelige Raupe frißt mit Vorliebe Veilchen- und Himbeerblätter. Wo Eichen wachsen, trifft man mit viel Glück den Großen Schillerfalter an, dessen Flügel bei bestimmtem Lichteinfall blau erstrahlen. Seine Raupe sitzt an den Blättern der Salweiden, an denen sie durch ihre Tarnung kaum zu erkennen ist. Auf Wiesen ist der Schachbrettfalter und am Waldsaum der Nierenfleck zu sehen, die ihre Namen vom Muster auf ihren Flügeln haben.

Viele Nachtfalter sind in diesem Lebensraum heimisch. Den Waldrand bevorzugt die Weiße Tigermotte. In der Nähe von Linden trifft man den Lindenschwärmer, und auf Lichtungen mit Heidekraut flattert das Kleine Nachtpfauenauge.

Burganlage des südwestfälischen Raumes. Der Grundstein für die Burg wurde bereits um 1220 vom Kölner Erzbischof gelegt. Sie wurde im 17. Jh. zum Schloß aus- und umgebaut, das heute ein Hotel und ein Restaurant beherbergt (Besichtigung nur nach Voranmeldung, Tel. 0 27 22/48 97). Gleich mehrere, 2–3 km lange Rundwanderwege führen um die Burganlage und über den Bergsporn. Sie geben den Blick frei auf die tiefen Gräften (Wassergräben), die als Fischteiche genutzt werden und zugleich auch Lebensraum für Amphibien sind. Abends vernimmt man das vielstimmige „Läuten" der Geburtshelferkröten, die in den Mauern und unter Steinen sitzen.

9 Biggesee Die größte und zugleich jüngste Talsperre des Sauerlandes ist der touristische Mittelpunkt des Naturparks. Nach der Fertigstellung 1965 ist hier auf rund 15 km Länge ein ganzes Talsystem zu einem einzigen großen Gewässer geworden. Zwei Doppelbrücken mit 314 bzw. 283 m Länge entstanden, die in 40 m Höhe den Straßenverkehr und darunter die Eisenbahn über den See führen. Der 52 m hohe und 640 m lange Staudamm bei Attendorn hält 172 Mio. m³ Wasser zurück, das über das Biggeflüßchen und die Lenne der Ruhr zugeführt wird. Aus dem Ruhrtal wird über Tiefbrunnen das Trinkwasser für 5,1 Mio. Menschen im Ruhrgebiet gewonnen.

Um die Talsperre sind zahlreiche Erholungseinrichtungen entstanden. Fast jede Form von Wassersport ohne Motor ist möglich. Ein 28 km langer Rundwanderweg führt um den Hauptsee. Wer nicht so weit wandern möchte, kann auch den Weg von Stade durch die Wälder am Ostufer des Sees nach Norden bis zum Biggedamm nehmen. Am Westufer läßt sich die Wanderung an mehreren Stellen beenden oder abkürzen; den Rest des Weges oder eine Teilstrecke kann man auch mit dem Schiff zurücklegen. Die Schiffe verkehren von Gründonnerstag bis Ende Oktober nach Fahrplan.

i Fremdenverkehrsamt, Franziskanerstr. 6, 57462 Olpe, Tel. 0 27 61/8 32 29.

10 Waldenburger Bucht am Biggesee Am jungen Biggesee gibt es auch verträumte historische Flecken zu entdecken. Nicht weit von der Erholungsanlage Waldenburger Bucht (Parkplätze) entfernt, vereinigen sich zwei klare Bergbäche. Hier wurde 1965/66 ein kleines, vielbesuchtes Gotteshaus errichtet, zu dem alljährlich am Samstag nach Mariä Himmelfahrt zahlreiche Wallfahrer pilgern.

Von der Kapelle lohnt sich ein Abstecher zur 250 m entfernten Ruine der Waldenburg, die 1190 erstmals erwähnt wurde. Von hier aus hat man einen stimmungsvollen Blick auf den See. Der Waldboden in der Umgebung ist auf größeren Flächen mit Immergrün überzogen.

Eine Wanderung von der Waldenburger Bucht über den Seerandweg zum Biggedamm oder in die Gegenrichtung bis zur Gilberginsel lohnt sich. Die kleine, bewaldete Insel ist ein Naturschutzgebiet, an dem Boote nicht anlegen dürfen. Die Graureiher, die dort ihre Brutkolonie haben, kann man mit dem Fernglas vom gegenüberliegenden Ufer aus gut beobachten.

11 Burg Bilstein Stolz erhebt sich über dem gleichnamigen Ort im mittleren Veischedetal die malerische Burg Bilstein, deren erste Anlage im 13. Jh. errichtet wurde. Seit 1927 ist in Burg Bilstein eine Jugendherberge untergebracht.

Oberhalb der Burg stößt man auf einen schönen Wanderweg (Markierung X 5), der durch ausgedehnte Staatsforste bergan führt. Um den 483 m hohen Rosenberg breiten sich große naturnahe Buchenwälder aus, wie sie einst das gesamte sauerländische Bergland prägten. Fichten gibt es hier erst seit etwa 200 Jahren. Sie dienten hauptsächlich der Wiederaufforstung, nehmen heute aber schon über zwei Drittel der Waldfläche des Sauerlandes ein. Die Buchenwälder sind abwechslungsreicher, sie beheimaten viele Pflanzen- und Tierarten. Einer der markantesten und besonders schützenswerten Vögel im Waldgebiet um den Rosenberg ist der stattliche Schwarzspecht, der fast ausschließlich in Buchen-Althölzern vorkommt.

12 Hohe Bracht Auf die 584 m hohe Bergkuppe, die Ausgangspunkt etlicher Höhenwanderwege und ein beliebtes Wintersportgebiet ist, kann man mit dem Auto fahren (Parkplatz). Im 30 m hohen Aussichtsturm befindet sich ein Restaurant. Bei klarem Wetter hat man von hier einen guten Blick auf die sauerländischen Bergwälder und Höhen, der auch bis weit in die Naturparks

Am Biggesee läßt sich eine Wanderung auch gut mit einer Fahrt auf dem Schiff verbinden, das hier in Olpe-Sondern anlegt.

Homert und Rothaargebirge reicht. Vor allem, wenn sich im Mai die Buchen mit frischem Grün schmücken, während die Fichten dann vergleichsweise düster wirken, erkennt man bis weit in die Ferne die Verteilung von Laub- und Nadelwald.

⓭ **Einsiedelei** Waldeinsamkeit kann der Wanderer noch in dem nur von einigen Wiesentälern und eng begrenzten Rodungsinseln unterbrochenen Waldgebiet zwischen dem Veischedebach und der Olpe erleben. Von Oberveischede aus begleitet die Apollmicke die kleine Waldstraße; sie schlängelt sich idyllisch durch die Wiesen und wird von üppig wachsenden Kräutern gesäumt. Im angrenzenden Wald verraten jüngere Eichen mit krummer Stammbasis, daß die Bestände aus Baumstümpfen erneut Triebe bilden konnten. An lichten Stellen halten sich Birken, Besenginster und Besenheide.

Auf der Höhe erreicht man die Einsiedelei, eine staatliche Försterei, an deren Stelle sich bis zum Anfang des 19. Jh. eine Einsiedlerklause des Karmeliterordens befand. Etwa 400 m südlich davon steht an der Straße nach Welschen-Ennest ein fast 100jähriger Birken- und Erlenbruchwald. Auf dem nassen Untergrund wächst eine dichte Vegetation aus Kräutern und Moosen, vor allem auch von Torfmoosen. Die alten, mit Zunderporlingen – einem Baumschwamm – bewachsenen Rotbuchen sind Nachbarn des Bruchwaldes, wo oft Wildschweine ihre Spuren hinterlassen und die hierzulande seltene Waldschnepfe brütet.

Bei der Weiterfahrt nach Süden entdeckt man ein früher mit Fichten überzogenes Bachtal, das inzwischen von Gehölzen befreit wurde, damit sich der bachbegleitende Erlenwald wieder ausbreiten kann.

⓮ **Drolshagen** Der bereits 1477 mit Stadtrechten ausgestattete Ort konnte altes Brauchtum und historische Bauten gleichermaßen bewahren. Die Bürgerhäuser mit ihren grünen Fensterläden sind in schwarzweißem Fachwerk gehalten, schiefergedeckt und teilweise auch mit Schiefer verkleidet. Eindrucksvoll ist die romanische Basilika St. Clemens.

Teil des Brauchtums ist das sog. Gänsereiten, das am ersten Septemberwochenende im nahe gelegenen Bühren, nördlich von Drolshagen, stattfindet. Dabei reiten junge Männer auf ungesattelten Pferden und versuchen, einer Gummigans den Kopf abzureißen. Der Preis für den Gewinner ist eine lebende Gans.

ℹ Stadtwerbeamt, Klosterhof 2, 57489 Drolshagen, Tel. 0 27 61/70 30 81.

⓯ **Olpe** Die von bewaldeten Bergen umgebene Kreisstadt hat durch den Biggesee noch an Attraktivität gewonnen. Olpe wurde 1311 vom Erzbischof von Köln zur Stadt erhoben und befestigt. Von der Stadtmauer sind noch Reste erhalten. An die traditionsreiche Geschichte der Eisenindustrie in Olpe erinnert auf dem Marktplatz das Pannenklöpper-Denkmal, dessen Name auf die Pfannenschmiede hinweist.

Erhaben thront über dem Tal der Bigge die gut erhaltene Burg Schnellenberg, eine ausgedehnte Anlage aus dem 13. Jh., die im 17. Jh. zum Schloß umgebaut wurde.

Einen Eindruck von der Stadt und ihrer Nähe zum Biggesee gewinnt man bei einer Wanderung vom Wanderparkplatz Kreuzberg an der B 55 aus, den eine Gruppe als Naturdenkmal geschützter Buchen ziert. Eine ½stündige Wanderung führt von dort zum Seeufer und zum Kreuzberg, eine 1stündige Tour um den Bratzkopf mit Blick auf die Stadt.

ℹ Fremdenverkehrsamt Olpe, siehe ❾

⓰ **Wendener Hütte** Neben geeigneten Erzen waren Wasser und Wald unerläßlich für die Stahlerzeugung. Der Holzkohlenbedarf der Hütten war unermeßlich; ihm fielen die Wälder weiter Gebiete zum Opfer. Zurück blieben oft kahle Höhen und Buschwerk.

Ein Zeuge der Erzverhüttung im Sauer- und Siegerland ist die Wendener Hütte, die einzige komplett erhaltene und voll restaurierte Holzkohlen-Hochofenanlage der Gegend. Sie wurde 1728 gegründet und stellte 1866 ihren Betrieb ein. Für das Jahr 1802 ist belegt, daß zur Herstellung von 595 t Stahlkuchen 1100 t Holzkohle nötig waren, die nur zu beschaffen waren, indem man den Wald bis auf die letzten Höhen und in die letzten Täler hinein rodete.

Heute lädt die Anlage als Industriedenkmal, d. h. die Gießhalle mit Hochofen und Gebläse, das Hammerwerk mit den Obergräben und die Menage als Lager für Erz, Holzkohle und Zuschläge, zur Besichtigung ein (April – Oktober täglich außer Mo 15 – 18 Uhr geöffnet, Führungen nach Vereinbarung; Tel. 0 27 62/56 03 oder 50 73).

⓱ **Wenden** Das Dorf, das sich in einer Talmulde der Wende ausbreitet, besitzt mit seiner von Lindenbäumen umstandenen Pfarrkirche St. Severinus eine der schönsten Barockkirchen des Ebbegebirges. Von der Ortsmitte oder vom Wanderparkplatz Am Waldlehrpfad aus kann man dem 2 km langen Lehrpfad folgen oder auf einem 8 km langen Rundweg (Markierung A 10) die südöstlich gelegene Wallfahrtskapelle Dörnschlade besuchen, die 1864 erbaut wurde und mit einem Gnadenbild, einer Darstellung Mariens mit dem Kind, ausgestattet ist. In der 1866 in ihrer Nachbarschaft errichteten Klause wohnt heute eine Einsiedlerin, die den Wallfahrtsort betreut. Der Buchen- und Lindenbestand an der Wallfahrtskapelle ist als Naturdenkmal geschützt und verleiht dieser Stätte einen zusätzlichen Reiz.

Naturpark Homert

Im Herzen des Sauerlandes ist das Wasser auf vielerlei Weise gegenwärtig: als plätschernder Bach oder stiller See, als Trinkwasserreservoir oder Energiespeicher. Nicht zu vergessen ist seine gestalterische Kraft, die tiefe Täler und ganze Höhlensysteme aus dem löslichen Kalkgestein gewaschen hat.

❶ **Felsenmeer und Heinrichshöhle** Als „Riesenspielzeug" hat man die durcheinandergewürfelt und turmartig aufgeschichtet erscheinenden bizarren Kalkblöcke des Felsenmeeres (Naturschutzgebiet) bei Hemer bezeichnet. Geologen gehen davon aus, daß hier ein unterirdisches Höhlensystem eingestürzt ist. Menschen haben das natürliche Felsenmeer verändert, als sie hier schon vor 1000 Jahren Eisenerz schürften. Als der Bergbau schließlich zum Erliegen gekommen war, eroberte Buchenwald den Boden zwischen den Trümmern, während die Felsen selbst einer Schluchtwald-Gesellschaft Lebensraum boten. Vor allem Farne und Moose sind mit zahlreichen Arten vertreten. Um ihnen und der gesamten schutzwürdigen Flora eine Überlebenschance zu geben, wurden die vielen Trampelpfade beseitigt und durch einen gut ausgebauten Rundwanderweg ersetzt.

Das Felsenmeer ist etwa 700 m lang und 100 m breit. Es liegt zwischen Hemer und Sundwig knapp außerhalb des Naturparks. Ein Parkplatz befindet sich am Südostrand des Naturschutzgebietes, von dem aus auch die Heinrichshöhle mit ihrem 150 000 Jahre alten Höhlenbärenskelett in knapp 1/2 Stunde zu erreichen ist (März–Mitte November täglich außer Fr geöffnet).

ℹ Heinrichshöhle, Felsenmeerstraße, 58675 Hemer, Tel. 0 23 72/6 15 49.

Baumstämme wurzeln zwischen den bizarren Kalkgebilden des imposanten Felsenmeeres bei Hemer.

❷ **Hönnetal** Als romantisches Hönnetal wird die 4–5 km lange Talstrecke unterhalb von Volkringhausen bezeichnet, wo die Hönne einen Bergrücken aus Kalkgestein in einem 50–60 m tiefen schluchtartigen Tal durchbricht. Hier kann der Naturfreund die verschiedensten Karsterscheinungen auf engem Raum studieren: das Versickern des Flusses in Schwalg- oder Schlucklöchern, insgesamt 23 Höhlen und die oberflächlichen Lösungsformen des Kalkgesteins an allen exponierten Stellen. Der Schluchtwald ist reich an seltenen Blüten- und Farnpflanzen. Der hier zahlreich vertretene Hirschzungenfarn ist wie die gesamte Flora des Naturschutzgebietes streng geschützt; ein striktes Kletterverbot soll die Unberührtheit der Felsen sichern.

Die schönste Wanderstrecke (5,5 km) beginnt am ehem. Bahnhof Klusenstein und endet südlich in Sanssouci. Westlich der Hönne befinden sich auf steilem Felsen die Reste der um 1353 erbauten Burg Klusenstein, zu ihren Füßen am Fluß die zugehörige alte Mühle. An der darauffolgenden Brücke blickt man auf die Felsgruppe der Sieben Jungfrauen am östlichen Steilhang. Bei Binolen kann man dann die mit vielen prächtigen Tropfsteinen reichverzierte Reckenhöhle besichtigen (April–Oktober täglich Führungen).

ℹ Haus Recke, Binolen 1, 58802 Balve, Tel. 0 23 79/2 09.

❸ **Wocklum** Nördlich von Balve liegt der Weiler Wocklum mit seinen Kulturdenkmälern Mühle und Hammer. Die Luisenhütte ist ebenfalls Kulturdenkmal und ein Museum. Sie ist die älteste vollständig erhaltene, mit Holzkohle betriebene Hochofenanlage Deutschlands. Die Hütte wurde 1732 gebaut und 1865 stillgelegt (von Mai bis Oktober täglich außer Mo geöffnet).

Von der Luisenhütte aus gelangt man auf dem Wanderweg A 2 zum Wasserschloß und Gestüt Wocklum, das Ende des 17. Jh. errichtet wurde und sich heute im Besitz des Grafen von Landsberg befindet (keine Besichtigungsmöglichkeit). Ein stattlicher Baumbestand umgibt die Schloßanlage. In Höhe des Schlosses führt der Wanderweg nach Süden auf den Burgberg (1,5 km) mit seinem halbkreisförmigen Ringwall aus frühgeschichtlicher Zeit.

ℹ Luisenhütte, 58802 Balve, Tel. 0 23 75/31 34.

❹ **Balve** Die Stadt an der Hönne, die bereits 1430 Stadtrechte erhielt, besitzt eine schöne romanische, St. Blasius geweihte Hallenkirche mit sehenswerten Wandmalereien. Der Balver Wald im Nordwesten der Stadt ist ein weitläufiges Wandergebiet. Der abwechslungsreiche Mischwald wird durch die Wanderrouten A 0 bis A 3 (3–10 km Länge) erschlossen. Unmittelbar

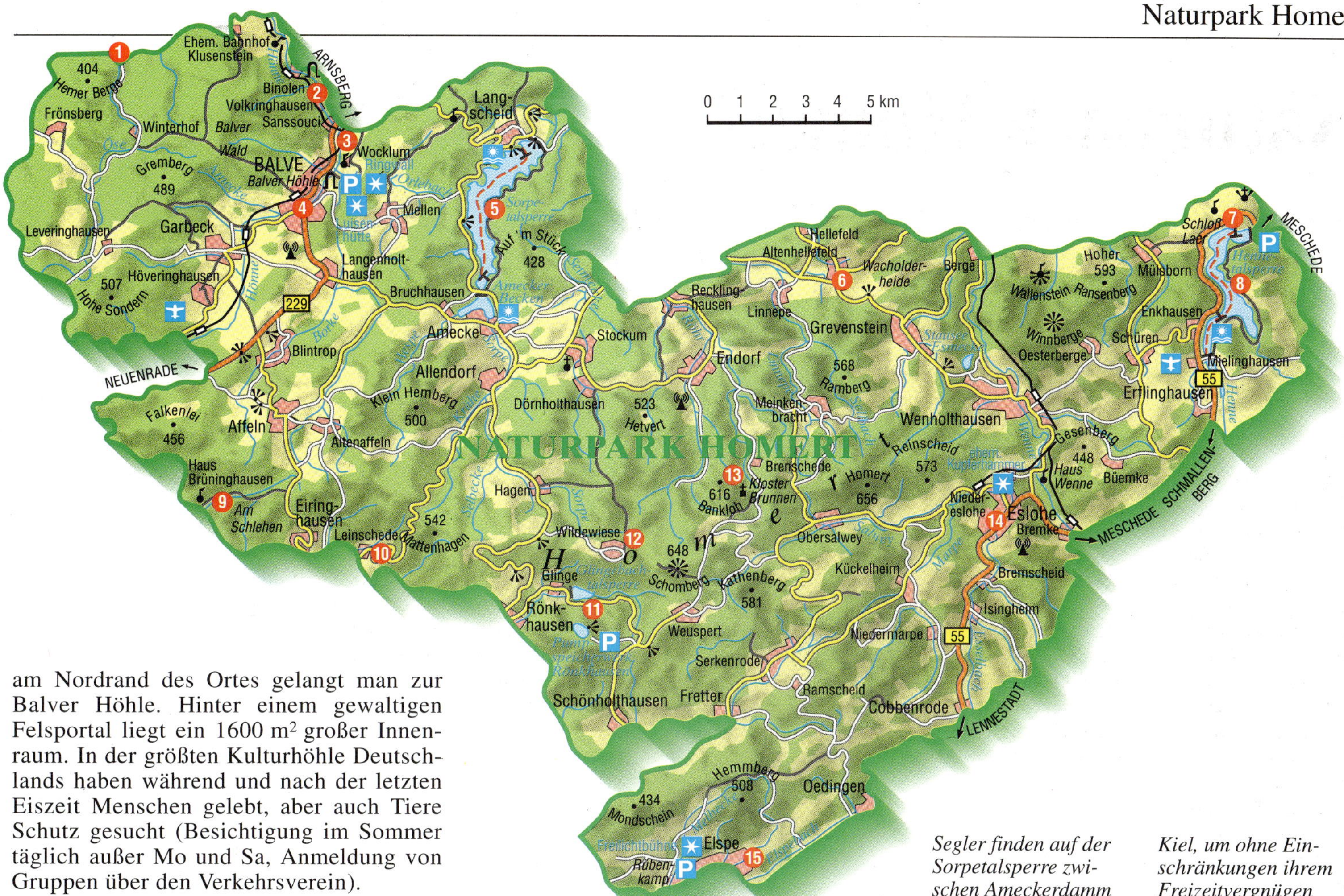

am Nordrand des Ortes gelangt man zur Balver Höhle. Hinter einem gewaltigen Felsportal liegt ein 1600 m^2 großer Innenraum. In der größten Kulturhöhle Deutschlands haben während und nach der letzten Eiszeit Menschen gelebt, aber auch Tiere Schutz gesucht (Besichtigung im Sommer täglich außer Mo und Sa, Anmeldung von Gruppen über den Verkehrsverein).

Im Museum am Kirchplatz in Balve werden – ebenso wie in Menden – zahlreiche wertvolle Funde aus den Höhlen des Hönnetales gezeigt, vor allem Werkzeuge der Steinzeitmenschen. Auch Reste der eiszeitlichen Tierwelt sind zu sehen, darunter das vollständig erhaltene Skelett eines Höhlenbären.

i Verkehrsverein, Kirchplatz 2, 58802 Balve, Tel. 0 23 75/53 80.

5 **Sorpetalsperre** Rund 7 km lang und 330 ha groß ist die westliche der beiden Talsperren im Naturpark Homert. Sie ist ein Mekka der Wassersportler, da der See mit Ausnahme von Motorbooten eine breite Palette an Sport- und Freizeitaktivitäten zuläßt. Statt einer Staumauer gibt es hier einen 700 m langen und 69 m hohen Damm. Ihn benutzen Wanderer, um auf das für den Verkehr gesperrte Ostufer zum Ameckerdamm und zum Vorstaubecken zu wandern und auf dem mit einem H markierten Hangweg zurückzukehren (etwa 14 km).

In den stillen Buchten des Ostufers halten sich gern Stock- und Reiherenten, Haubentaucher und Graureiher auf. Im Spätherbst und Winter kommen Gänsesäger, Schellenten und oft auch seltenere Gäste hinzu. Am Amecker Becken, wo Sorpe und Hespe in den See münden, gibt es für Ornithologen zu allen Jahreszeiten Interessantes zu sehen. Im Sommerhalbjahr kann man

Segler finden auf der Sorpetalsperre zwischen Ameckerdamm und Langscheid genügend Wasser unter dem Kiel, um ohne Einschränkungen ihrem Freizeitvergnügen nachgehen zu können.

auch mit einem Motorboot vom Ameckerdamm zum Sorpedamm zurückfahren.
i Verkehrsverein Langscheid, Haus des Gastes, Hakenbrinkweg 19, 59846 Sundern-Langscheid, Tel. 0 29 35/6 96.

❻ **Altenhellefeld** Zum „Alten Testament" zählen Altenhellefeld und drei Nachbardörfer, weil sich die Menschen hier früher als im übrigen Sauerland zum Christentum bekannt haben sollen. In die Vergangenheit versetzt fühlt sich der Naturfreund, der aus dem Dorf nach Osten in die nahe Wacholderheide wandert. Zu jeder Tageszeit, vor allem aber frühmorgens und bei Sonnenuntergang, breitet sich der Zauber der alten Hutelandschaft (Waldweide) aus – etwa wenn die Baumpieper trillernd von einer Wacholderspitze zur nächsten fliegen und die Goldammern ihr gleichförmiges Lied vernehmen lassen, wenn sich im zeitigen Frühling der Schlehdorn über und über weiß schmückt oder später der Besenginster seine Zweige vergoldet.

❼ **Schloß Laer** Im Ruhrtal westlich von Meschede lohnt ein Abstecher zu dem barock umgestalteten Wasserschloß, u. a. wegen des alten Baumbestandes im ehem. englischen Landschaftspark. Er ist heute Bestandteil eines Naturschutzgebietes in der Talaue der Ruhr. Vor allem im Frühling entwickelt sich im feuchten Talgrund eine üppige Krautflora mit Lerchensporn und Schneeglanz, Milzkraut und Primel, Aronstab und Gelbem Windröschen. Die Schloßanlage selbst ist nicht zu besichtigen.

Ein Abstecher zur Klause St. Michael führt auf einem Fahrweg zunächst von Laer aus nach Süden auf die Höhe und dann über den Wanderweg A 2 weiter an den Stadtrand von Meschede (knapp 2 km). Von der Klause aus hat man einen schönen Blick auf das Ruhrtal und auf Meschede, das bereits außerhalb des Naturparks liegt.

❽ **Hennetalsperre** Die Anfang unseres Jahrhunderts angelegte Talsperre wurde 1952–54 vergrößert, so daß der See heute eine Fläche von rund 200 ha aufweist. Ein 16 km langer Wanderweg (A 8) führt um das schön gelegene Gewässer. Man startet am besten am Hennedamm, wo es große Parkplätze gibt. Der für den Vogelfreund interessanteste Teil ist das Vorstaubecken, d. h. der südlichste Bereich am Einfluß der Henne in den See. Hier stehen häufig Graureiher und warten auf die Gelegenheit, blitzschnell nach vorüberschwimmenden Fischen zu schnappen. Auch ein Eisvogel schießt ab und zu wie eine große farbenprächtige Libelle vorüber.

Vom Hennedamm bis zum Vorstaudamm in Mielinghausen verkehrt im Sommer ein Personenboot. Es gibt Badestrände und Möglichkeiten zu angeln, zu segeln, zu surfen sowie Ruder- und Tretbootverleih.
i Städtisches Verkehrsamt, Ruhrstr. 25, 59870 Meschede, Tel. 02 91/20 52 77.

❾ **Am Schlehen** Unweit nördlich vom Ortsrand des Plettenberger Stadtteils Ohle (knapp außerhalb des Naturparks) biegt von der B 236 eine Straße zum Herrensitz Haus Brüninghausen ab. Ihm gegenüber befindet sich das Naturschutzgebiet Am Schlehen, das im feuchteren unteren Teil Eichen- und Hainbuchenwald und im trockeneren oberen Teil Perlgras-Buchen-Wald trägt. An dem steilen Nordwesthang tritt riffartig der Kalkstein hervor. Feuchtigkeit und Kalkgehalt des Bodens sind hier die Grundlage für ein Blütenwunder, das alljährlich im Frühjahr stattfindet. Dann schmückt sich der Waldboden mit Tausenden von Frühlingsknotenblumen, auch Märzenbecher genannt. Um diese Pracht vor Plünderern zu bewahren, wird das Gebiet zur Blütezeit bewacht.

❿ **Reiherkolonie bei Leinschede** Wenn man das Lennetal in Leinschede verläßt, er-

Winnetou, Old Shatterhand und ihre Freunde aus dem Wilden Westen kann man bei den Karl-May-Festspielen auf der Elsper Freilichtbühne bewundern.

Kostbarkeiten am Wegesrand

Wer mit offenen Augen durch die Landschaft des Naturparks wandert, kann an den Wegrändern eine bunte Flora entdecken. Die bekannteren Arten fallen gleich ins Auge: der Spitzwegerich, der gelbblühende Hornklee und die ebenfalls gelben Blüten des Kleinen Habichtskrautes. Überragt werden sie von den Blütenstengeln der blauen Wegwarte, deren Name sie als einen häufigen Begleiter am Wegesrand ausweist. Seit dem 17. Jh. gewinnt man aus ihrer Wurzel die Zichorie, den Grundstoff für Ersatzkaffee. Immer seltener schmücken die roten Blüten des Klatschmohns und die leuchtendblauen Kornblumen die Ränder von Getreidefeldern.
Eine Vielzahl von Pflanzen, die als Heilkräuter Verwendung finden, gedeiht ebenfalls am Wegesrand. Blätter von Wiesensalbei, Schafgarbe und Wiesenaugentrost z. B. werden getrocknet und dann als Tee aufgebrüht. Eher an feuchten Standorten in Bachtälern trifft man auf den hell- bis dunkelrot blühenden Großen Baldrian (Bild), der bis zu 2 m hoch werden kann.

blickt man von Mitte Februar bis Mitte Mai linker Hand in den Fichtenwipfeln eine Brutkolonie von Graureihern. Von der in Serpentinen ansteigenden Straße aus kann man anfangs die stattlichen Vögel bei ihren Horsten sehen. Weiter oben sind vom Hang aus in den großen Horsten sogar gelegentlich die Jungen zu beobachten.

⓫ **Pumpspeicherwerk bei Rönkhausen** Das Oberbecken des aus zwei Becken bestehenden Pumpspeicherwerks erreicht man von Schönholthausen (Richtung Weuspert). Mit dem Auto kann man bis zu einem Parkplatz am Südostrand des Beckens fahren und dann über die Dammkrone wandern. Auf dem 1,5 km langen Rundweg bietet sich bei guter Fernsicht nach allen Seiten ein phantastischer Ausblick über die Berge und Täler des Sauerlandes.

Bau und Funktion des Beckens werden vor allem Technikinteressierte begeistern. Es wurde 1969 fertiggestellt und dient zum Ausgleich des unterschiedlichen Energiebedarfs im Tagesablauf. 1 Mio. m^3 Wasser werden nachts vom Unterbecken, der Glingebachtalsperre, in das 265 m höher gelegene Oberbecken gepumpt. Tagsüber dient das Wasser zur Stromerzeugung für den Spitzenbedarf (Besichtigung nur für Gruppen und nach Voranmeldung).

ℹ Elektromark AG, Körnerstr. 40, 58095 Hagen, Tel. 0 23 31/1 23 27 36.

⓬ **Wildewiese** Im Winter, besonders bei günstigen Schneeverhältnissen, herrscht in diesem kleinen Ort Hochbetrieb: Man bewegt sich hier in Höhenlagen zwischen 500 und 640 m in einem bekannten Wintersportgebiet, das mit drei größeren und drei kleinen Skiliften, mit Sprungschanze, Rodelwiese, Flutlichthang, vielen Skiloipen und einer Skischule aufwartet.

Der naturinteressierte Sommergast verdankt dem winterlichen Skibetrieb die Tatsache, daß hier die Freiflächen als bunte Bergwiesen erhalten bleiben. Südöstlich des Ortes hat man vom Schomberg (648 m) eine großartige Fernsicht.

ℹ Fremdenverkehrsamt, Mescheder Str. 20, 59846 Sundern, Tel. 0 29 33/8 12 51.

⓭ **Kloster Brunnen** Noch immer gilt das einsam in der Homert gelegene Kloster (6 km südlich von Endorf zwischen Brenschede und Röhrenspring) als Geheimtip. Es wurde 1722 an einer als heilkräftig bekannten Quelle errichtet und soll das älteste Badehaus des Sauerlandes besessen haben. Das Klostergebäude wurde mehrfach umgebaut und dient heute als Jugendbildungsstätte. Die Klosterkirche birgt einen beachtenswerten Hochaltar mit einer Darstellung der Taufe Christi (Besichtigung nach Voranmeldung, Tel. 0 27 24/3 74).

⓮ **Eslohe** Gut erhaltenes und gepflegtes Fachwerk schmückt den Ortskern, der sich um den Kirchhügel gruppiert. In der Talaue des Esselbaches lädt ein kleiner Kurpark zum Verweilen ein. Lohnend ist ein Besuch im Maschinen- und Heimatmuseum, das im ehem. Kupferhammer in Niedereslohe eingerichtet ist und landwirtschaftliche Geräte zeigt. Außerdem wird das dörfliche Handwerk dokumentiert (ganzjährig Mi, Sa 15–17 und So 10–12 Uhr geöffnet).

Wenn man Eslohe auf der B 55 nach Norden verläßt, gelangt man in das reizvolle Wennetal und zum landschaftlich schön gelegenen Herrensitz Haus Wenne. Südlich von Eslohe bis nach Cobbenrode wurde der größte Teil der früheren Wiesen und Felder in riesige Blaufichtenkulturen umgewandelt. Die künftigen Weihnachtsbäume stehen vorwiegend auf vergilbten Flächen, die mit Herbiziden von jeder Begleitflora freigehalten werden.

ℹ Museumsverein, Hauptstr. 61, 59889 Eslohe, Tel. 0 29 73/62 12 oder Verkehrsamt der Gemeinde im Rathaus, Tel. 0 29 73/4 42.

⓯ **Elspe** Der zu Lennestadt gehörende Ort ist durch seine jährlich zwischen Juni und September stattfindenden Karl-May-Festspiele auf der eindrucksvollen Freilichtbühne landesweit bekannt geworden.

Der Parkplatz unmittelbar westlich davon kann auch für einen Besuch des angrenzenden Naturschutzgebietes Rübenkamp benutzt werden. Diese Wacholdertrift, eine Art Trockenrasen, ist aus einem Perlgras-Buchen-Wald hervorgegangen, der in früheren Jahrhunderten Opfer der ungezügelten Holznutzung und der nachfolgenden Beweidung wurde. Der flachgründige Boden ist bedeckt von einem artenreichen, licht- und wärmeliebenden Kalk-Halbtrockenrasen, der mit Wacholderbüschen, Wildrosen, Weiß- und Schlehdorn durchsetzt ist. Drei Enzianarten gehören zu den besonderen botanischen Kostbarkeiten dieses Naturschutzgebietes.

ℹ Verkehrsamt, Helmut-Kumpf-Str. 25, 57368 Lennestadt, Tel. 0 27 23/60 88 01.

Dichter Fichtenforst überzieht die Bergrücken in der stillen Umgebung von Kloster Brunnen.

Naturpark Arnsberger Wald

Wer in dem Naturpark in der Nähe des Ruhrgebietes vor allem Menschenmassen und endlose Autoschlangen erwartet, wird angenehm überrascht: Weite, stille Wälder sind als Naturschutzgebiete ausgewiesen, und einträchtig teilen sich Tierwelt und Erholungsuchende auch den Möhnesee.

❶ **Bismarckturm** Markanter kann der Kontrast zwischen zwei verschiedenen Großlandschaften kaum sein: einerseits die landwirtschaftlich genutzte Soester Börde, andererseits die Höhen des Arnsberger Waldes. Vom Haarweg, der die B 229 (Soest–Arnsberg) kreuzt und die Nordgrenze des Naturparks markiert, aber noch weitaus besser vom Bismarckturm aus kann man die Gegensätze zwischen offenem Land und bewaldetem Mittelgebirge erkennen (an der B 229 ausgeschildert). Bei klarem Wetter schweift der Blick über Soest hinaus bis tief ins Münsterland, ja bis zu den die Westfälische Bucht begrenzenden Höhen des Teutoburger Waldes. Der Turm ist an jedem Sonn- und Feiertag von 10 bis 12 Uhr geöffnet und mit einem auskunftsfreudigen Vertreter des Heimatvereins besetzt. Besuche zu anderen Zeiten können vereinbart werden.

ℹ Verkehrsamt, Küerbikerstr. 3, 59519 Möhnesee, Tel. 0 29 24/4 97.

❷ **Möhnetalsperre** Mit seiner über 1000 ha großen Wasserfläche ist dieser Stausee das größte Gewässer Westfalens. Als riesiger Wasserspeicher mit einem Inhalt von 135 Mio. m³ reguliert er den Wasserstand der Ruhr. Gleichzeitig erfüllt er sowohl die Freizeitwünsche vieler Surfer, Segler, Schwimmer, Angler und Wanderer als auch die Ansprüche großer Vogelscharen auf einen ungestörten Lebensraum. Die beiden scheinbar unvereinbaren Funktionen erfüllt der Möhnesee durch seine Größe und die klare Abgrenzung seiner Naturschutzgebiete beispielhaft – solange sich alle Besucher an die Spielregeln halten.

An der 650 m langen Sperrmauer bei Günne beherrschen zunächst einmal die Menschen das Bild. Aber schon beim Rundgang um das unterhalb der Mauer gelegene Ausgleichsbecken (2,5 km) kann der Naturfreund – besonders vom Spätsommer bis zum Frühling – zahlreiche verschiedene Wasservogelarten beobachten. Auf diesem Rundweg gelangt man auch zum neuen Landschafts-Informations-Zentrum Wasser und Wald, das im Sommer 1994 eröffnet wurde. Es befindet sich in einer ehem. Mühle, die mit ihren schweren Bruchsteinmauern der Flut nach der Bombardierung der Sperrmauer am 17. Mai 1943 trotzte. Verschiedene Modelle erklären die Funktion der Talsperre, anhand von Präparaten werden Tier- und Pflanzenwelt des Gewässers vorgestellt und die Bedeutung des Naturschutzes erläutert.

ℹ Landschafts-Informations-Zentrum Wasser und Wald Möhnesee, Brüningser Str. 2, 59519 Möhnesee, Tel. 0 29 24/8 41 10.

❸ **Hevearm** Etwa ein Viertel der Gesamtfläche der Möhnetalsperre ist für die gefiederten Gäste reserviert. Von August an nimmt die Zahl der Wasservögel auf dem See jeweils zu. Auf dem Zug in südlichere Winterquartiere und als Endstation der Reise über die Wintermonate dient das Naturschutzgebiet alljährlich Tausenden von nordischen Wasservögeln als sicheres Quartier. Neben verschiedenen Enten- und Möwenarten kann man im Herbst und Winter auch Singschwäne, Gänsesäger, Graugänse und viele andere Arten beobachten; Kormorane, Graureiher, Haubentaucher sowie Reiher- und Tafelenten sind das ganze Jahr über anzutreffen.

Die besten Beobachtungsmöglichkeiten bieten sich bei einem Rundgang über die Hevehalbinsel (5,5 km), den man vom Parkplatz am Torhaus an der B 229 aus beginnt. Der befestigte Uferrandweg darf hier zum See hin nicht verlassen werden; den Vögeln bleibt ohnehin nur eine kurze Fluchtdistanz.

Ein besonderes Erlebnis ist die Fahrt mit

Ursprünglich als reiner Trinkwasserspeicher angelegt, hat sich die Möhnetalsperre zu einem beliebten Ausflugsziel entwickelt.

Schauplatz zahlreicher Konzerte und kleinerer Theateraufführungen ist jedes Jahr die Drüggelter Kapelle mit ihrem ungewöhnlichen zwölfeckigen Grundriß.

Im Reich der Schwarzkittel

Das in der Jägersprache Schwarzkittel genannte Wildschwein (Bild) bekommt man trotz seiner verhältnismäßig hohen Bestände tagsüber kaum zu Gesicht. Drei Gehege im Naturpark bieten jedoch die Möglichkeit, eine Gruppe von Wildschweinen, die sog. Rotte, einmal aus der Nähe zu beobachten. Das Fehlen natürlicher Feinde und ihre ausgeprägte Anpassungsfähigkeit hat in heimischen Wäldern zu einer starken Vermehrung dieser Tiere geführt. Als Allesfresser, die mit ihrer markanten Schnauze nach Wurzeln, Engerlingen und Schnecken graben, überstehen sie auch harte Winter. Selbst Mäuse und verendetes Wild verschmähen sie nicht – alles, was irgendwie eßbar erscheint, wird gefressen.
Der Keiler gesellt sich lediglich zur Paarung zu einem Harem von mehreren Bachen, um dann wieder als Einzelgänger seiner Wege zu gehen. Zur Aufzucht der Jungtiere, der Frischlinge, ziehen sich die Bachen am Ende des Winters in ruhige Waldgebiete zurück und bauen ein Lager für bis zu zwölf Junge. In dieser Zeit ist für Wanderer Vorsicht geboten – auf vermeintliche Angreifer sind die Bachen gar nicht gut zu sprechen.

einem Passagierschiff, das auch einen Abstecher in das Naturschutzgebiet macht. Zusteigen kann man an der Spitze der Hevehalbinsel und an der Sperrmauer (von Ostern bis Mitte Oktober).
ℹ Personenschiffahrt Möhnesee, In den Höfen 26a, 59846 Sundern, Tel. 0 29 35/ 21 09 oder 01 61/5 22 03 50.

❹ **Drüggelter Kapelle** Die ungewöhnlichste Kapelle weit und breit ist ein kleiner romanischer Zentralbau mit einem zwölfeckigen Grundriß. In der Mitte des 12. Jh. an entlegenem Ort errichtet und auch heute noch abseits aller größeren Straßen gelegen, gibt die Entstehungsgeschichte der Kapelle zu vielerlei Vermutungen Anlaß. Die meisten Fachleute neigen heute dazu, sie mit den Kreuzzügen in Verbindung zu bringen und in ihr eine Erinnerungsstätte an das Hl. Grab in Jerusalem zu sehen. Den Besucher jedenfalls zieht die hoch über dem See gelegene Kapelle unweigerlich in ihren Bann. Im Sommer finden hier regelmäßig Kammermusikkonzerte statt; jeweils zu Pfingsten lädt das Verkehrsamt zu den „Drüggelter Kunststücken“ ein: Musiker und Schauspieler geben dann Kostproben ihres Könnens. Die Kapelle ist an der B 229 in Delecke ausgeschildert.
ℹ Verkehrsamt Möhnesee, siehe ❶.

❺ **Körbecke** Ein Besuch des Hauptortes der Gemeinde Möhnesee lohnt sich aus mehreren Gründen. Dort gibt es nicht nur einen Freizeitpark mit allerlei sportlichen Einrichtungen und ein Haus des Gastes, sondern auch die interessante St.-Pankratius-Kirche, eine der schönsten Barockkirchen Westfalens, zu sehen. Figürliche Schnitzereien an Hochaltar, Kanzel und Orgelprospekt legen Zeugnis von der Frömmigkeit wie von der Lebensfreude und dem Humor der Menschen jener Zeit ab.

Alle zwei Jahre (an geraden Jahreszahlen) strömen zwischen Palmsonntag und Ostermontag Tausende von Besuchern aus nah und fern nach Körbecke, um sich hier an der weithin bekannten und vielbeachteten Ausstellung zum Osterbrauchtum zu erfreuen.
ℹ Verkehrsamt Möhnesee, siehe ❶.

❻ **Möhneaue Völlinghausen** Von der einzigen aus der Bauzeit der Sperrmauer (1912) noch erhalten

gebliebenen Brücke, der kleinen Kanzelbrücke am Möhnezufluß, führt ein Rundweg in einer knappen Stunde um einen Erlenbruchwald (Naturschutzgebiet), der die längste Zeit des Jahres überschwemmt ist. Maler und Fotografen haben diese reizvolle Landschaft in ihren Bildern festgehalten. Wo auch sonst begegneten ihnen Höckerschwäne, Taucher und Rallen, die durch den Wald schwimmen?

Wegen seiner Unzugänglichkeit ist die Natur im größten Teil dieses Schutzgebietes ganz sich selbst überlassen, zumindest seitdem die ehem. Wiesen infolge des Rückstaus der Talsperre vernäßten. Die Graureiher aus einer benachbarten Brutkolonie kommen gern hierher zur Jagd. Das in den Wäldern des Naturparks heimische Rotwild und das schon vor einem Jahrhundert aus Ostasien hier eingebürgerte Sikawild kann der Naturfreund im stets zugänglichen Wildpark Völlinghausen beobachten, der von der Kanzelbrücke aus in einer knappen halben Stunde zu erreichen ist.

7 Buchenwaldreservat Breitenbruch-Neuhaus Um die Erhaltung und Wiederherstellung der naturnahen Buchenwälder, die ursprünglich das Bild des Sauerlandes bestimmten, geht es der Forst- und Naturschutzverwaltung in diesem Naturreservat, das man am besten vom Parkplatz Kreuzeiche aus erwandert. Er ist von Neuhaus oder Breitenbruch über die Forststraße zu erreichen und Ausgangspunkt mehrerer Rundwanderwege. In den über 150jährigen Forsten, wegen ihrer Geräumigkeit als Buchen-Hallenwälder bezeichnet, sind nicht selten Rufe und Trommeln des Schwarzspechtes zu vernehmen, der die Symbolfigur dieses neuen Reservats werden könnte.

8 Hirschberg Wegen ihrer exponierten Lage ist die 1306 von den Arnsberger Grafen gegründete kleine Ortschaft weithin sichtbar. In dem hübschen Ort sind viele Fachwerkhäuser noch traditionell mit Schieferdächern und z. T. auch mit Schieferfassaden versehen.

Der Wald, der die malerische Siedlung umgibt, sicherte früher den Menschen Arbeit und Brot. Davon zeugen u. a. die vielen Meilerplätze. Wie ein Meiler angelegt wird und wie die Köhler früher lebten, erfährt man an dem vom Sauerländischen Gebirgsverein aufgebauten und gepflegten Meilerplatz, wo von Zeit zu Zeit Vorführungen stattfinden. Wer gegenüber dem Schwimmbad in den Feldweg einbiegt und dann den Schildern folgt, gelangt nach wenigen hundert Metern zu der Anlage mit Schutzhütte, Rast- und Grillplatz.

ⓘ Verkehrsverein, Prinzenstr. 19, 59581 Warstein, Tel. 0 29 02/39 01.

9 Bilsteinhöhle Noch heute verschwindet der Bilsteinbach südwestlich von Warstein in dem hohen, steil aufragenden Kalksteinfelsen. 400 m weiter nördlich tritt er dann unmittelbar hinter dem dortigen Hotel aus zwei Felsspalten wieder zutage und setzt seinen Lauf oberirdisch fort. Die auf höherem Niveau im selben Kalksteinfelsen für Besucher erschlossene Tropfsteinhöhle verdankt ihre Entstehung diesem Bach, wodurch die Geschichte eines ganzen Höhlensystems anschaulich erfahrbar wird (Führungen; April–November täglich 9–16.30 Uhr, sonst werktags 10–12, 14–16 und an Feiertagen 9–16 Uhr geöffnet).

In der Nähe des Bilsteinbachtales kann man in einem Wildgehege Rot-, Dam- und Sikawild erleben.

Auf der gegenüberliegenden Straßenseite beginnt ein gelungener Wald- und Forstlehrpfad rund um die Kahlenbergsköpfe, der sehr anschaulich und detailliert auf einzelne Waldbestände eingeht und dem Besucher außerdem die forstlichen Pflegemaßnahmen sowie die Geologie der Umgebung gut verständlich erläutert.

ⓘ Warsteiner Bilsteinhöhle, Im Bodmen, 59581 Warstein, Tel. 0 29 02/27 31.

10 Warstein Im Tal entwickelte sich die Stadt – heute durch das Bier der gleichnamigen Brauerei landesweit bekannt – erst nach dem großen Brand von 1802. Nur die Hallenkirche mit ihrem wuchtigen Westturm und die Zehntscheune des Klosters Grafschaft überdauerten die Katastrophe und erinnern noch heute an die ältere Bergstadt.

Lohnend ist ein Besuch im Haus Kupferhammer. In dieser repräsentativen Villa eines Industriellen werden neben Zeugnissen einer großbürgerlichen Wohnkultur vor allem eine geologische Sammlung sowie Funde aus den Kulturhöhlen im Umkreis von Warstein gezeigt (Di und Do ganzjährig 15–17 Uhr geöffnet).

ⓘ Stadtverwaltung, Dieplohstr. 1, 59581 Warstein, Tel. 0 29 02/8 13 05.

11 Naturschutzgebiet Oberhagen Von der Kirche in Suttrop fährt man in Richtung Warstein nach einer Linkskurve (Telefonzelle) links in den Hahnenwall und dann rechts bis zum sog. Born (Parkmöglichkeit

Als typisch sauerländisches Idyll stellt sich der beschauliche, von Wald umgebene Ort Hirschberg dem Besucher dar.

In einem stillen Tal in der Nähe von Kallenhardt versteckt sich das stilvolle Wasserschloß Körtlinghausen aus dem 18. Jh. (unten).

Neubürger in deutschen Wäldern

Im Naturpark fallen vor allem zwei Tierarten auf, die hier ursprünglich nicht heimisch sind: der Sikahirsch (Bild) und der Waschbär. Solche Neuzuwanderer vermehren sich unter günstigen Bedingungen schnell; nur durch Jagd und Hege lassen sich ihre Bestände regulieren.

Nach dem großen Schneebruch 1936 entwichen aus einem Wildgehege im Arnsberger Wald ein halbes Dutzend Sikahirsche. Noch heute sind in den Wäldern rund um das ehem. Gatter ungewöhnlich viele dieser Tiere anzutreffen, die gern auf Lichtungen äsen und auch junge Triebe und Knospen von Laubbäumen nicht verschmähen.

Aus Nordamerika kam der Waschbär in den 30er Jahren nach Europa. Diese nachtaktive Kleinbärenart ist für ihre Kletterkünste bekannt und stellt damit eine Bedrohung für viele Höhlenbrüter wie Spechte und Käuze dar. Seinen Namen trägt der Waschbär übrigens zu Recht: Fast übergründlich wäscht er seine Nahrung, bevor er sie verspeist.

Für Ausflüge wie geschaffen ist das Bibertal bei Rüthen. An einem Weiher kann man dort unter ausladenden Bäumen gut rasten.

am Bildstock). Zu Fuß erreicht man von hier aus in wenigen Minuten den Oberhagen, der sich von der Hochfläche in steilem Abfall bis an den Stadtrand von Warstein erstreckt. Auf kleinen Spazierpfaden erlebt der Naturfreund in diesem Naturschutzgebiet vom Vorfrühling bis zum Frühsommer die üppige Blütenpracht artenreicher Buchen- und Laubmischwälder auf Kalkuntergrund: Vom Scharbockskraut über die Bergplatterbse bis zur Türkenbundlilie reicht die Palette von über 40 verschiedenen Frühblühern.

Ein wildromantisches Bild bieten die von oben einsehbaren, farnbewachsenen Felsen am Eingang zum ehem. Tagebaugelände der Grube Rom, in der aus den Klüften des Kalkes Spat- und Brauneisenerz gefördert wurde.

⓬ **Piusberg** Unmittelbar südöstlich der Stadt Warstein bietet der 395 m hohe und mit einem Gipfelkreuz geschmückte Piusberg einen weiten Rundblick über Warstein, die Kalklandschaft im Herzen des Naturparks und die Waldgebiete ringsum. Jährlich am Ostersonntag lodert vom Piusberg das größte Osterfeuer weithin sichtbar ins Land und vereint hier viele Menschen in froher Runde.

⓭ **Hohler Stein** Die steilen Kalkfelsen des Hohlen und des Hohen Steins sowie das Lörmecketal sind für Freunde sommerlicher Kalkflora besonders empfehlenswerte Exkursionsziele. Vom Parkplatz Hohler Stein südwestlich von Kallenhardt gelangt man über den 3,5 km langen Rundweg 5 zum Hohlen und weiter bachabwärts zum Hohen Stein mit einem kleinen Wacholderbestand und einer üppigen Flora, in der im Juli und August prächtige lila Farbtöne das Bild beherrschen.

⓮ **Kallenhardt** Von der Lage her hat die sehenswerte Rüthener Teilgemeinde Ähnlichkeit mit Hirschberg und Eversberg. Der Ort wurde vor 1297 vom Kölner Erzbischof und Kurfürsten gegründet, um das nach der Teilung des Herzogtums Sachsen neu verteilte Territorium zu schützen. In gleicher Absicht veranlaßten die Arnsberger Grafen 1242 die Gründung von Eversberg und zu Anfang des 14. Jh. die von Hirschberg. In allen Fällen verfielen frühere bäuerliche Siedlungen, weil die Menschen in die neuen Städte zogen und als Ackerbürger ihre Felder von dort aus bewirtschafteten. Doch eine richtige Stadtkultur konnte sich in den Neugründungen nicht entwickeln; die Bürger blieben Acker- und Waldbauern.

Die Geschichte des Siedlungswesens in Kallenhardt wird lebendig, wenn man sich bei einem Gang durch den Ort die Gebäude aus den verschiedenen Epochen anschaut. Viele wurden von ihren Besitzern verlassen, die Aussiedlerhöfe gründeten.

Nordwestlich von Kallenhardt liegt abgeschieden das zwischen 1714 und 1720 in barockem Stil errichtete Wasserschloß Körtlinghausen. Eine Besichtigung des symmetrisch entlang einer Nord-Süd-Achse angelegten Anwesens, das von den Freiherren von Fürstenberg bewohnt wird, ist allerdings nicht möglich.

ℹ Verkehrsamt Rüthen, siehe ⓯.

⓯ **Bibertal** Gut in die Landschaft eingepaßte Erholungseinrichtungen findet der Besucher südlich der Stadt Rüthen im Bibertal. Mittelpunkt ist ein großer Weiher mit Spielplätzen. Besonders empfehlenswert ist eine Rundwanderung (6 km) in dem langgestreckten Tal zwischen Wald und Wiesen, das sich landschaftliche Vielfalt und Natürlichkeit bewahrt hat. Von diesem Weg gehen auch ein Trimm-dich- und ein Waldlehrpfad aus.

Der 3 km weite Weg in das 1276 gegründete Rüthen (etwas außerhalb des Naturparks gelegen) lohnt sich allein schon wegen der Stadtmauer und des Rundblicks vom Wasserturm aus. Er unterstreicht noch einmal den Kontrast zwischen dem kahlen Gebirgszug des Haarstrangs im Norden und dem großen Waldgebiet im Süden, das als ein der Möhnetalsperre vorgelagerter, natürlicher Wasserspeicher für das Ruhrgebiet dient.

ℹ Verkehrsamt, Hochstr. 14, 59602 Rüthen, Tel. 0 29 52/81 80.

Naturpark Rothaargebirge

Dieser Gebirgskamm hat von jeher starke Trennungen bewirkt: zwischen dem rauheren, atlantischen Klima im Norden und dem wärmeren, kontinentalen im Süden, aber auch zwischen den Mundarten und Konfessionen der Menschen. Gerade solche Kontraste machen jedoch den Reiz der Region aus.

An klaren Wintertagen reicht der Blick von den Hängen des Kahlen Astens weit über den Ort Neuastenberg hinweg in die Ferne.

❶ **Hunau** Das Waldgebiet der Hunau mit seinem hohen Anteil an Buchenwäldern und besonders schutzwürdigen Feuchtbiotopen soll künftig ein großflächiges Waldreservat werden. Man erwandert diese Landschaft mit den Naturschutzgebieten Nasse Wiese, einem von Weidengebüsch und Fichten durchsetzten Hoch- und Zwischenmoor, und Rauhes Bruch von Bödefeld aus auf dem Wanderweg A6 in 3 Stunden oder auf dem Weg A4 in 4 Stunden. Das Moor mit seinen Torfmoosen, Wollgrasbulten und den zierlichen Trieben der Moosbeere ist natürlichen Ursprungs. Es bildete sich im Quellgebiet der Valme auf staunassen Böden, wurde jedoch in früheren Jahrhunderten durch Weidenutzung von den Rändern her überformt und erweitert. Hier gab es noch bis in die 60er Jahre Auerwild; gegenwärtig versucht man, die stattlichen Rauhfußhühner wieder anzusiedeln. Bei Wanderungen sind deshalb die ausgewiesenen Wege strikt einzuhalten.

Wer vom Moor aus weiter zum sog. Großen Bildchen, zur Schafsbrücke und in das Renautal wandert, gelangt nach 3 Stunden bachabwärts zum Jagdschloß Siedlinghausen. Für die gesamte Strecke und den Rückweg nach Bödefeld sollte man ruhig einen ganzen Tag einplanen.

ℹ Verkehrsverein Bödefeld, Schützenstr. 1, 57392 Schmallenberg, Tel. 0 29 77/3 55.

❷ **Ruhrquelle** Die gefaßte Quelle schüttet durchschnittlich nur 3/4 Liter in der Sekunde. Vom 695 m hohen Ruhrkopf aus fließt die Ruhr dennoch 217 km weit und versorgt das Ruhrgebiet mit Trinkwasser, bevor sie bei Duisburg in den Rhein mündet. Vom Wanderparkplatz Ruhrquelle nordöstlich von Winterberg führen Rundwanderwege durch Wald und blumenreiche Wiesen. Der 3 km lange Ruhrkopf-Rundwanderweg A1 führt zunächst zur Ruhrquelle und dann durch reizvolle Wiesentäler zum Ausgangspunkt zurück. Der Totenweg A2 (5 km) folgt ein Stück weit derselben Route, wendet sich dann aber durch Wiesen und Felder in Richtung Elkeringhausen.

Am nächsten Wanderparkplatz in Richtung Küstelberg liegt die Kiesgrube am Wagenschmier. Ton und Schluff, die während der Nacheiszeit im fließenden Schmelzwasser abgelagert und geschichtet wurden, verfestigten sich hier zu sog. Bänderschutt. An der nächsten Abzweigung führt die Straße im spitzen Winkel abwärts nach Elkeringhausen in das Orketal, eines der landschaftlich schönsten Bachtäler am Rand der Winterberger Hochfläche.

❸ **Schloßberg** Am Fuß des Schloßberges (790 m) liegt ein Wanderparkplatz, von dem aus sich sowohl der Weg in das westlich gelegene, malerische Örtchen Küstelberg als auch der durch den Hochwald auf die Schloßbergkuppe lohnen, wo noch Reste der Ringwallanlagen einer ehem. Fliehburg zu sehen sind und man eine herrliche Aussicht genießen kann.

❹ **Holthausen** Im Heimatmuseum des malerischen Dorfes werden der Schieferbergbau, der hier früher ein wichtiger Wirtschaftszweig war, und die Verarbeitung des Schiefers vorgestellt (Mi und Sa 15–17, So 10–12 Uhr geöffnet, Gruppen nach Vereinbarung, Tel. 0 29 74/60 19 oder 68 25).

Über Niedersorpe und Winkhausen führt ein Abstecher nach Gleidorf, wo von der schmalen Landstraße nach Grafschaft der

Als ein unscheinbares Rinnsal entspringt am 695 m hohen Ruhrkopf in der Nähe von Winterberg die Ruhr.

Pflanzen, die aus der Kälte kamen

In den mit Fichten durchsetzten Buchenwäldern des Rothaarkammes und vor allem am Gipfel des Kahlen Astens wachsen noch Pflanzen, die an lang zurückliegende, kältere Klimaperioden erinnern. Sie blieben als Reste – sog. Reliktpflanzen – zurück und haben ihre eigentlichen Verbreitungsgebiete heute meist im Voralpen- und Alpenraum, etwa die Weiße Pestwurz oder der Alpenmilchlattich. Die zu Rispen zusammengefaßten blauvioletten Korbblüten dieses bis zu 2 m hohen Gewächses fallen im Juli/August schon von weitem auf. Der außerhalb der Alpen sehr selten anzutreffende Eisenhutblättrige Hahnenfuß entfaltet an den Berghängen ebenfalls seine weißen Blüten.

Blütenlos zeigen sich die filigran geformten Blätter des Bergschildfarns und die gabelig verzweigten Sprosse des Alpenbärlapps (Bild) mit ihren winzigen Blättchen. Die Bärlappe sind sehr urtümliche Pflanzen, die im Lauf der Erdgeschichte schon viel erfolgreicher waren, als sie es heute sind.

Weg zum Parkplatz Wilzenberg abzweigt. Die 4 km lange Wanderung mit der Markierung A 4 ist sehr reizvoll: Der Kreuzweg führt an der Kapelle vorbei hinauf zum Aussichtsturm auf dem 658 m hohen Wilzenberg, zur ehem. Fliehburg mit ihren Wallanlagen und weiter nach Grafschaft. Am Fuß des Berges wurde 1072 die Benediktinerabtei Grafschaft gegründet. Von den Klostergebäuden blieb jedoch nur ein bescheidener Rest aus der ersten Hälfte des 18. Jh. erhalten.

i Kur- und Freizeit GmbH, Alte Poststraße, 57392 Schmallenberg, Tel. 0 29 72/ 40 44.

5 Kahler Asten Der 841 m hohe, mit Parkplatz, Wetterstation und einem 20 m hohen Aussichtsturm bestückte Berg ist der bekannteste im Rothaargebirge. Bei gutem Wetter hat man eine herrliche Fernsicht.

Der Kahle Asten trägt eine von Besenheide, Heidel- und Preiselbeere sowie Gräsern geprägte Hochheide. Ein Rundgang über den Heidelehrpfad verdeutlicht, wie der Wald den durch frühere Weidewirtschaft kahl gewordenen Astenberg zurückerobert. Der Mensch hingegen drängt Ebereschen, Zitterpappeln, Weiden und Birken zurück, um das winterliche Skivergnügen nicht einzuengen. Der starke Besucherandrang zieht die Natur erheblich in Mitleidenschaft. Inzwischen hat man Maßnahmen ergriffen, um die Wanderer sinnvoll durch das Naturschutzgebiet zu lenken.

Westlich des Aussichtsturmes entspringt die Lenne, die nach 131 km bei Hagen in die Ruhr mündet.

Am Fuß des Kahlen Astens befindet sich der Ausgangspunkt zum Naturlehrpfad durch das Renautal. Nahe der Stelle, wo

Die Wasserbobbahn ist nur eine unter vielen Attraktionen im Panoramapark Sauerland, dem auch ein Wildpark angegliedert ist.

sich die Straße nach Altastenberg und Neuastenberg gabelt, liegt ein Parkplatz, von dem sich ein Spaziergang in das botanisch interessante Sonneborntal lohnt. Außer den Trollblumen fallen am Rand des Wiesengrundes die Weiße Pestwurz, der Eisenhutblättrige Hahnenfuß, der Alpenmilchlattich und das Silberblatt auf. Der Waldstorchschnabel verzaubert das Tal im Juni mit seiner Blütenfülle.

Im benachbarten Winterberg gibt es neben der St.-Georg-Sprungschanze und der bekannten Bob- und Rodelbahn über 60 Liftanlagen, die freilich eine erhebliche Belastung für die Landschaft darstellen.

i Kurverwaltung, Hauptstr. 1, 59955 Winterberg, Tel. 0 29 81/70 71.

6 Rinsleyfelsen Nordöstlich von Gleierbrück (ausgeschildert an der B 236) stößt man auf die Rinsleyfelsen, eine Gruppe vulkanischer Felsen aus Porphyrgestein. Hier gibt es eine Anlage mit Schutzhütte, Bänken und Wassertretbecken, wo auch ein 2 km langer Waldlehrpfad beginnt.

Knapp 2 km östlich im Lennetal erreicht man den Luftkurort Saalhausen mit seinem hübschen Kurpark und pittoresken Fachwerkhäusern.

7 Oberhundem Eindrucksvoll bietet sich am Ortseingang die barocke Adolfsburg aus dem Jahr 1677 dar. Einzig in seiner Art ist das Stickmuseum im Alten Pastorat an der Kirche in der Ortsmitte (täglich außer Mo 14–17 Uhr geöffnet).

Durch ausgedehnte Wälder führt die Straße von Oberhundem auf den Rothaarkamm, die Wasserscheide zwischen Rhein und Weser. Auf dem 662 m hohen Westerberg genießt man vom Rhein-Weser-Turm aus eine herrliche Aussicht auf das Waldgebirge und die angrenzenden Landschaften.

Über Würdinghausen gelangt man nach Albaum, wo die Forellenzuchtanlagen der Landesanstalt für Fischerei zu sehen sind. Am östlichen Ortsrand ragen die Albaumer Klippen, 15 mächtige Keratophyrfelsen vulkanischen Ursprungs, aus dem Wald hervor.

8 Panoramapark Sauerland Diesen Freizeit- und Erlebnispark kann man von Oberhundem aus erreichen. Den Besucher erwarten Freigehege mit heimischen Hochwildarten und ein Pflanzenschaugarten. Außerdem gibt es verschiedene Fahrattraktionen, Rutschen und ein Trampolin, aber auch Musik- und Theateraufführungen. Der Wildpark ist ganzjährig täglich geöffnet (Sommer 10–18, Winter 11–16 Uhr), der Erlebnispark von Ostern bis Oktober.

i Panoramapark Sauerland, 57399 Kirchhundem, Tel. 0 27 23/77 41 00.

9 Hallenberg Eine besondere Sehenswürdigkeit des im 13. Jh. gegründeten Städtchens ist die spätromanische Hallenkirche St. Heribert. Von Juni bis August bietet die oberhalb der Stadt in einem Felsenkessel gelegene Freilichtbühne ein jährlich wechselndes Programm.

Die einschiffige Merklinghauser Kapelle am Ortsausgang in Richtung Bromskirchen beeindruckt durch ihr dickes Bruchsteinmauerwerk und den historischen Friedhof. In entgegengesetzter Richtung erstreckt sich das landschaftlich schöne Liesetal.

Von den Wanderparkplätzen Am Rees (am westlichen Ortsrand) und Weifetal (an der Straße nach Wunderthausen) aus geht es in 1–2 Stunden auf den 704 m hohen Heidkopf, dessen Aussichtsturm einen schönen Blick über das Nuhnetal und die Wälder im benachbarten Hessen bietet.

i Verkehrsverein, Kirchstr., 59969 Hallenberg, Tel. 0 29 84/82 03.

10 Bad Berleburg Im Schloß des Kneippkurortes, der Residenz der Grafen von Sayn-Wittgenstein, finden alljährlich im Juli Musikfestwochen und im Sommer am So vormittags Schloßhofkonzerte statt. Der malerische Schloßpark wird durch alten Baumbestand und Teiche geprägt, das nur z. T. bewohnte Schloß mit seinen Stuckarbeiten und das Schloßmuseum kann man besichtigen (Mai–September Führung täglich 10.30 und 14.30, Oktober–April Sa, So, Di und Do Führung 14.30 Uhr).

Nur 2 km südlich mündet die Odeborn in die Eder. Sehenswert sind in Raumland das Schieferschaubergwerk auf der einen und Schiefertagebau und -halden auf der anderen Talseite. Auf dem Gelände ringsum hat sich die Flora bodensaurer Standorte üppig und artenreich entwickelt.

Das Naturschutzgebiet Auf dem Gebrannten, eine kleine ehem. Bergheide mit Wacholder, erreicht man, wenn man von Wemlighausen aus 3 km in Richtung Wunderthausen zum Parkplatz Winterbach fährt. Auf dem dortigen Weg A 6 dauert die Wanderung 1 Stunde.

In Hufeisenform flankieren die barocken Flügel mit ihrer klar gegliederten Fassade den Schloßhof in Bad Berleburg.

Im Wald zu Hause

In der Weidmannssprache wird das Schmalreh, das erstmals geworfen hat, als Ricke (Bild) bezeichnet. Während das Muttertier äst, verstecken sich die Jungen oft im hohen Gras, wo sie sich durch fiepende Laute verraten. Die Kitze sind durch ihr hellgeflecktes Fell getarnt. Zudem produzieren sie fast keinen Geruch, so daß ihr größter Feind, der Fuchs, sie kaum ausmachen kann.
Das größte heimische Wildtier, der Rothirsch, bevölkert in großen Stückzahlen auch das Hochsauerland, lebt aber wesentlich zurückgezogener als das Rehwild in ausgedehnten, zusammenhängenden Wäldern. Über 40 ha Wald braucht ein ausgewachsener Rothirsch, um seinen Nahrungsbedarf zu decken. Pflanzen, die Bitterstoffe enthalten, mag das Rotwild nicht fressen. Um Knospen und Baumschößlinge vor zu starkem Verbiß zu schützen, muß der Jäger daher die Bestände reduzieren, da die natürlichen Feinde des Rotwildes – Wolf, Bär und Luchs – im Sauerland ausgerottet worden sind.

ℹ Kurverwaltung und Verkehrsbüro, Im Herrengarten 1, 57319 Bad Berleburg, Tel. 0 27 51/70 77.

⓫ **Müsen** Die mühsame Arbeit, die mit der Erzgewinnung verbunden war, läßt sich nachvollziehen beim Besuch des kleinen Bergbaumuseums in Hilchenbach-Müsen und im *Stahlberger Erbstollen*, in den man 310 m weit hineingehen kann. Wie die Menschen hier im Mittelalter lebten, erfährt man im Ausgrabungsgelände Altenberg. Bergab fährt man dann zum Parkplatz unterhalb der Sperrmauer der Breitenbachtalsperre, um deren Ufer Wege verlaufen.

ℹ Verkehrsamt, Markt 13, 57271 Hilchenbach, Tel. 0 27 33/2 88 77.

⓬ **Lützel** Vom östlichsten Ortsteil Hilchenbachs aus geht es bergauf zur Ginsberger Heide mit ihren Naturschutzgebieten, die nahe dem Rothaargebirgskamm in einer wannenartigen, versumpften Senke liegen. Hangmoor und Feuchtwiesen heben sich hier durch eine an Sumpf- und Wiesenpflanzen reiche Flora deutlich von den umliegenden Fichtenforsten ab.

Der Wanderweg A 5 führt vom Wanderparkplatz Giller zur Ruine Ginsburg auf dem 590 m hohen Schloßberg (3,5 km). Der Wanderweg A 4 (1,5 km) verläuft über den 653 m hohen Giller mit Aussichtsturm und durch das Wintersportzentrum mit Sprungschanze und Rodelbahn.

⓭ **Erndtebrück** Im Edertal im nördlichen Teil von Erndtebrück liegt das ringsum durch Bebauung verfremdete Naturschutzgebiet Auf der Struth. Es besitzt große wissenschaftliche Bedeutung, denn es birgt den Rest eines ehem. Hochmoores, dessen Torflager die im Sauerland seltene Mächtigkeit von über 3 m erreichten und die für die Pollenanalyse zur Erforschung der Wald- und Siedlungsgeschichte einmalig sind.

Malerisch ist das Benfetal, in dem sich der Bach frei und natürlich bewegen kann, so daß hier im naturnahen Wiesengrund die Entwicklung der Bachmäander noch ganz unmittelbar zu sehen ist.

⓮ **Bad Laasphe** Hoch über dem Kneippkurort liegt im Wald Schloß Wittgenstein. Interessant in Bad Laasphe ist das Pilzkundliche Museum, das sich im Haus des Gastes befindet und u. a. Pilzseminare mit Exkursionen für Anfänger und Fortgeschrittene anbietet.

ℹ Kurverwaltung, Haus des Gastes, Wilhelmsplatz, 57334 Bad Laasphe, Tel. 0 27 52/8 98.

⓯ **Netphen** Der ganz in der Nähe des Obernautalstausees gelegene Ort bietet in einem Erholungspark ein breites Angebot für eine aktive Freizeitgestaltung. Für den Besucher reizvoll sind auch die Hauberge: Flächen, auf denen man im Rhythmus von 20 Jahren junge Bäumchen für die Köhlerei schlug, die Rodung dann mit Getreide einsäte, später als Weideland nutzte und schließlich nachgewachsene Jungstämme wieder fällte. Hauberge begleiten u. a. den Weg nach Walpersdorf (siehe ⓰).

In einem Seitental der Sieg zwischen Deuz und Salchendorf zeigen Reste von Gräben noch deutlich die Spuren der im Siegerland früher besonders hoch entwickelten Wiesenbautechnik.

ℹ Gemeindeverwaltung, Amtsstr. 6, 57250 Netphen, Tel. 0 27 38/60 30.

Wiesen mit eingestreuten Wäldern und Ortschaften prägen das Landschaftsbild im Wittgensteiner Land bei Bad Berleburg.

⓰ **Walpersdorf** Am Wanderparkplatz Köhlerplatz nördlich von Walpersdorf existiert noch eine Köhlerei, in der Eichen- und Birkenholz aus den Haubergen zu Holzkohle verarbeitet werden. In Absprache mit der Gemeindeverwaltung Netphen kann eine Führung zum Thema Köhlerei und Haubergwirtschaft organisiert werden. Vom Parkplatz Köhlerplatz oder Buchenweg im benachbarten Nenkersdorf aus lohnen sich Abstecher in die Hauberge.

Sieg- und Lahnquelle sind stark besuchte Ziele. Die nur 4 km lange Wanderstrecke von der Sieg- zur Lahnquelle berührt das Naturschutzgebiet Auerhahnwald. Alte Baumruinen geben diesem Naturschutzgebiet ein urwaldartiges Aussehen.

Naturpark Diemelsee

Auf geschichtlichen Spuren wandert man im waldreichen Grenzland zwischen Hessen und Westfalen sowohl auf als auch unter der Erde. Einige der einst zahlreichen Bergwerke sind bis heute erhalten geblieben und dokumentieren eindrucksvoll die Technik der Erzförderung in vergangenen Zeiten.

Von zwei Flüssen wird der langgestreckte Diemelsee gespeist, dessen abwechslungsreiche Umgebung vor allem von Wanderern geschätzt wird.

❶ **Obermarsberg** Dieser Stadtteil von Marsberg, auch Oberstadt genannt, ist das historische Zentrum im Norden des Naturparks am Kreuzungspunkt alter Handelswege und Heerstraßen. Nach den Zerstörungen im 30jährigen Krieg verlor Obermarsberg immer mehr an Bedeutung und wurde zunehmend vom benachbarten Niedermarsberg überrundet, heute ebenfalls Stadtteil von Marsberg und schon außerhalb des Naturparks gelegen. In Obermarsberg blieben viele historische Spuren erhalten, die teilweise 2000 Jahre zurückweisen: Die frühere Eresburg auf dem steilen Felsen über der Diemel war eine Grenzfeste der Cherusker; in der Zeit der Völkerwanderung drangen die Sachsen ein und sollen hier die Irminsul, eines ihrer größten Heiligtümer, in Form einer hölzernen Säule errichtet haben. Nach dem Sieg des Frankenheeres im Jahr 772 ließ Karl der Große an der Stelle der Irminsul eine Kirche erbauen. Der Nachfolgebau ist die Stiftskirche, eine stattliche Hallenkirche aus dem 13. Jh., die wegen ihres reichen Schnitzwerks sehenswert ist.

Von kunsthistorischem Interesse ist auch die Nikolaikapelle am Markt, an der der Übergang von der Früh- zur Hochgotik gut zu studieren ist. Am alten Rathaus steht noch der historische Schandpfahl. Von der Stadtmauer und vom Butterturm aus genießt man den Rundblick auf das Diemeltal und die Unterstadt. Zu Führungen von 1 bis 3 1/2 Stunden Dauer lädt der Fremdenverkehrsverband Marsberg ein.

Seit der Verleihung des Rechtes, nach Erzen zu graben und diese zu verarbeiten, wurden in Marsberg von 1150 an vor allem Kupfer- und Eisenerze abgebaut. Der Kupferbergbau endete 1945, doch der Stollen des Bergwerks ist heute wieder begeh- und befahrbar. Der Marsberger Heimatbund betreibt das nordöstlich etwas außerhalb des Naturparks gelegene Besucherbergwerk *Kilianstollen*, das einen hervorragenden Einblick in die Bergbaugeschichte vermittelt (Besichtigung mit Führung April–Oktober So und an Feiertagen 13–17, im Juli und August zusätzlich Mi 14–17 Uhr, Tel. 0 29 92/43 66).

ℹ Verkehrsbüro, Bülberg 2, 34431 Marsberg, Tel. 0 29 92/33 88.

❷ **Padberg** Der heute zu Marsberg gehörende Ort wurde schon 1030 erstmals erwähnt und erhielt 1247 Stadtrechte. Die Barockkirche St. Magdalena besitzt einen Hoch- und einen Marienaltar aus der Werkstatt des hiesigen Bildschnitzers Heinrich Papen, der im benachbarten Giershagen arbeitete und dort im Jahr 1694 auch den sehenswerten Altar der Kluskapelle schuf. In Padberg lohnt sich ein Spaziergang auf den gleichnamigen Berg wegen des Rundblicks auf die waldreiche Umgebung, die u. a. zu Wanderungen in den Tälern von Diemel und Rhene zwischen den Höhenzügen Padberg, Lüchtenberg und Hüttenberg einlädt. Die Täler sind noch auf längeren Strecken frei von Straßen und bieten mit ihren Wiesen und Teichen Gelegenheit zu erholsamen Spaziergängen.

ℹ Verkehrsbüro Marsberg, siehe ❶.

❸ **Leitmarer Felsen** Geradezu idyllische Landschaften begegnen dem Naturfreund, der von Marsberg aus nach Süden in das Glindetal fährt. Die steilen Hänge an der

Heute ist er selbst Ausstellungsstück, früher gab er arme Sünder dem Gespött der Leute preis: der Schandpfahl in Obermarsberg.

Wasser voller Leben

Als größtes Gewässer des Naturparks birgt der Diemelsee eine Vielzahl von Fischarten. Besonders häufig sind Plötzen und Brassen, aber auch Zander, Hechte, Aale und Barsche tummeln sich zur Freude der Angler im Wasser. Am Grund des Sees suchen Welse ihre Nahrung. Die Bachforelle (Bild) bevorzugt das fließende Wasser der Zuflüsse.
Der Graureiher ist der einzige noch relativ weit verbreitete große Wasservogel, der sich zunehmend an den Menschen gewöhnt hat. Mit seinem spitzen Schnabel jagt er kleinere Fische, Kriech- und Weichtiere sowie Insekten. Auch den Haubentaucher sieht man am Diemelsee in größerer Zahl. Er bewegt sich nicht nur auf und über, sondern ebenso unter Wasser sehr geschickt. Dort stellt er kleinen Fischen nach.
In den zahlreichen Feuchtbiotopen rund um den See lebt eine artenreiche Amphibienfauna, etwa Berg- und Fadenmolch. Lautstark machen Erdkröte, Grasfrosch und Geburtshelferkröte auf sich aufmerksam. Und wie funkelnde Juwelen blitzen umherschwirrende Libellen in der Sonne auf.

östlichen Talseite erinnern ein wenig an süddeutsche Weidelandschaften wie etwa die Schwäbische Alb. Das Naturschutzgebiet Leitmarer Felsen mit seinem Hangbuchenwald und die sich südlich anschließenden Ibergfelsen und die Leitmarer Felsen ziehen nicht nur Naturfreunde an, sondern sind auch reizvolle Fotomotive. An der Abzweigung nach Giershagen endet einer der schönsten Talabschnitte des Naturparks.

Südlich von Obermarsberg, wo die Straße nach Erlinghausen aus dem Glindetal abbiegt, wandert man durch botanisch interessanten Magerrasen auf Kalkböden. Der Rundwanderweg, der aus dem Naturpark hinausführt, ist nur knapp 3 km lang, vermittelt aber einen guten Eindruck von dieser alten Weidelandschaft, die auch heute noch von Schafen und Ziegen beweidet wird. Ein Beispiel dafür ist das Naturschutzgebiet Wulsenberg beim Ausgangspunkt der Wanderung. Auf der Wanderroute 23 geht es bergauf bis auf den Höling mit guter Rundumsicht. Der Weg führt von dort erst etwas nach Westen und dann – die Route 23 verlassend – nach Südosten bis kurz vor Altefeld und am Südhang des geplanten Naturschutzgebietes Hasental und Kregenberg hinab ins Glindetal. Wegen des Artenreichtums der Kalkflora auf dem Enzian-Fiederzwenken-Rasen sollte man bei dieser naturkundlich interessanten Wanderung ein Pflanzenbestimmungsbuch mitnehmen.

4 Diemelsee Die Talsperre ist der Mittelpunkt des Naturparks. Sie wurde in der Zeit zwischen 1912 und 1923 – verzögert durch den Ersten Weltkrieg – errichtet, um die Wasserführung von Weser und Mittellandkanal zu sichern. Der Diemelsee hat eine Wasserfläche von 166 ha und faßt 22 Mio. m^3. Die kleine, harmonisch in die Talenge eingefügte Sperrmauer ist 220 m lang und 42 m hoch; sie dient zusätzlich dem Hochwasserschutz. Außer bei Wassersportlern – man kann hier schwimmen, surfen und segeln sowie Boote mieten – ist der Diemelsee auch bei Anglern sehr beliebt. Es gibt einen reichhaltigen Bestand an Zandern, Hechten, Welsen und Aalen; alljährlich kommen die Petrijünger deshalb zu Tausenden an die Ufer, die sich dennoch auf weiten Strecken Stille und Naturnähe bewahren konnten.

Am Westufer des Diemel-Vorstaubeckens befindet sich eine Graureiher-Brutkolonie, die man vom Ostufer aus auf der Straße nach Giebringhausen einsehen kann, ohne die Vögel zu stören.

Am Einfluß der Itter in den See ist ein Naturschutzgebiet ausgewiesen, das die zeitweilig überschwemmte, aber auch trockenfallende flache Randzone des Sees umfaßt, wo sich Haubentaucher und Reiherenten, Graureiher und manchmal sogar noch seltenere Vogelarten einstellen. Von der Straße nach Bontkirchen aus kann man das Schutzgebiet gut überblicken.

5 Heringhausen Das einzige Dorf, das unmittelbar am Diemelsee liegt, hat als kulturhistorisches Kleinod eine besonders ein-

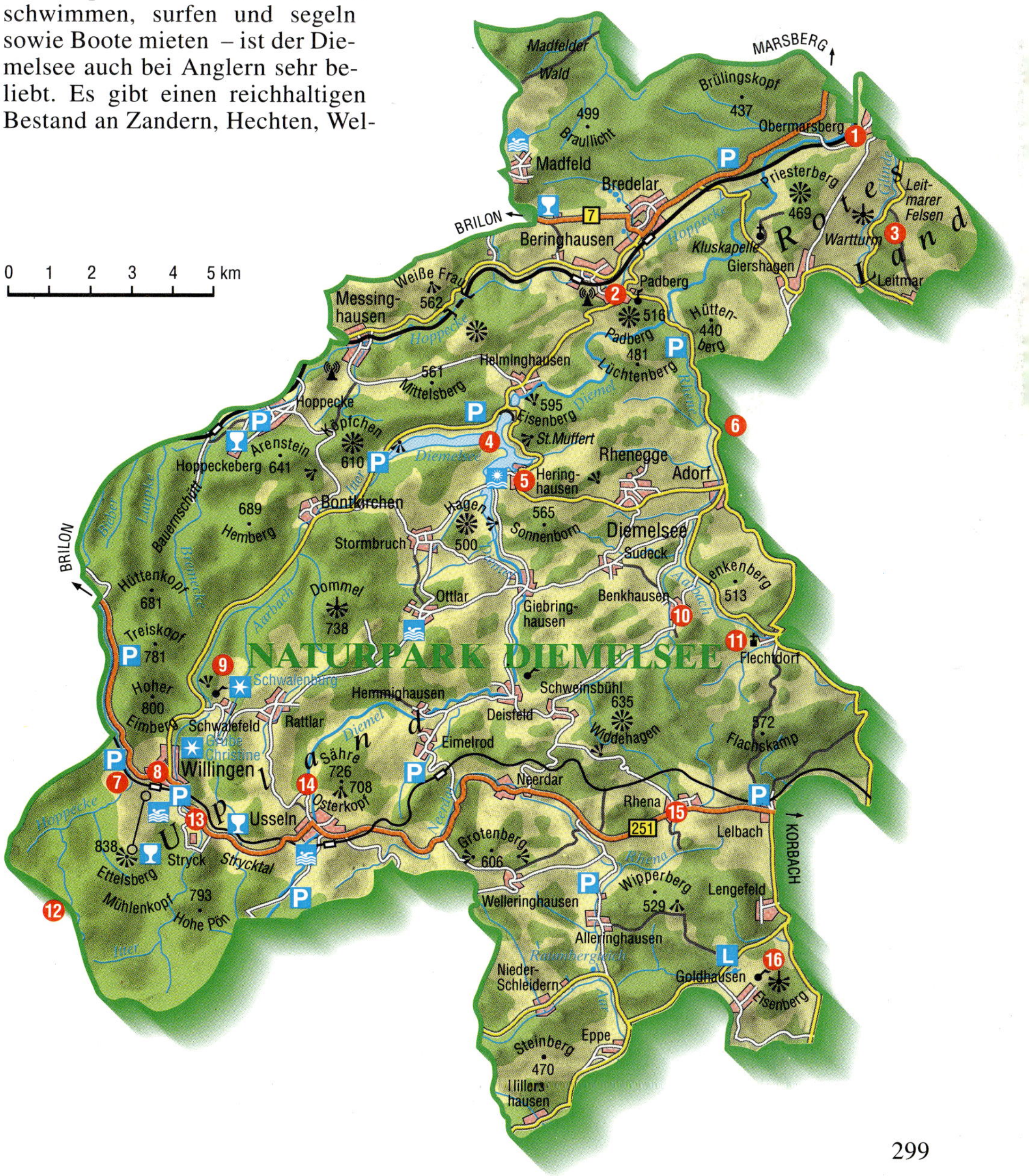

drucksvolle romanische Basilika zu bieten, die als Wehrkirche erbaut wurde und mit ihren ältesten Teilen wohl auf die Jahrtausendwende zurückgeht. Die Ortschaft ist auch Ausgangspunkt für eine kleine Wanderung (2 km) zu dem als Aussichtspunkt bekannten St. Muffert, der einen besonders schönen Blick über den Diemelsee ermöglicht. Der Weg führt streckenweise durch urwüchsig wirkenden Niederwald und an Steilhängen mit artenreicher Vegetation entlang.

i Verkehrsamt, Am Kahlenberg 1, 34519 Diemelsee, Tel. 0 56 33/8 73.

❻ **Besucherbergwerk Grube Christiane** 2 km nördlich von Adorf – einem Dorf mit sehenswerter romanischer Kirche – betreut der Knappenverein eine etwas außerhalb des Naturparks gelegene Eisenerzgrube als Besucherbergwerk. Der Bergbau ist in dieser Region seit 1273 belegt; zeitweilig wurden hier bis zu 120 Gruben betrieben. Der zu besichtigende Stollen, der nach 50 m in einen unterirdischen Schacht führt, stammt aus dem 18. Jh. Das Erz, das damals gefördert wurde, hatte nur einen Eisengehalt von 35 %; deshalb lohnte es sich später nicht mehr, weiter Erz abzubauen. Außer der Grube selbst ist das Gebäude mit Förderband und Steinbrecher sowie einer interessanten Gesteinssammlung zu sehen. Mit lebensgroßen Puppen wird die harte Arbeit der Bergleute nachgestellt (April–Oktober Mi, Sa und So nachmittags, So auch 10–12 Uhr geöffnet).

i Verkehrsamt Diemelsee, siehe ❺.

❼ **Hoppecketal** Die B 251, die zwischen Willingen und Brilon eines der größten zusammenhängenden Waldgebiete des Süderberglandes mit Rot- und Muffelwildrevieren quert, folgt hier dem wildromantischen Tal der Hoppecke, einem noch recht naturnahen Mittelgebirgsbach. Vom Wanderparkplatz am Hoppern, etwas nordwestlich von Willingen gelegen, führen markierte Wanderwege talaufwärts bis zur Quelle.

❽ **Willingen** Das anerkannte Kneipp-Heilbad verfügt über ein großes Freizeitangebot, u. a. mit einem Lagunen-Erlebnisbad und einer Eislaufhalle. Willingen ist auch ein bekanntes Wintersportzentrum des Sauerlandes mit verschiedenen Wintersporteinrichtungen, zu denen rund um Willingen im Winter 16 Skilifte und 80 km gespurte Loipen gehören. An den Pisten findet der Naturfreund im Sommer etliche lichtliebende Pflanzenarten, die sich – aus den dunklen Fichtenforsten verdrängt – auf den Hochheiden und anderen waldfreien Flächen angesiedelt haben. Das Willinger Upland bietet dem Naturfreund lohnende Ziele in großer Zahl und viele ruhige Wanderwege. Mehrere Wege führen auf den nahen Ettelsberg. Über die Landschaft informiert das Haus der Natur, wo mit Fotos, Grafiken und Präparaten auch die geologischen und ökologischen Zusammenhänge der Region um Willingen anschaulich erläutert werden (Mai–Oktober täglich außer Mi und Fr geöffnet, Sa und So 15–17, November bis April nur Mi und Sa 15–17 Uhr).

Leicht zu erreichen ist die im Ort gelegene Schiefergrube *Christine*, aus der von 1864 bis 1971 Dachschiefer gefördert wurde. Die 2–20 m mächtigen Schieferbänke im Iberg sind rund 360 Mio. Jahre alt und enthalten als Fossilien den Tintenfisch *Orthoceras* und verschiedene Trilobiten, urzeitliche Krebse. Einblicke in die Welt unter Tage bekommen die Besucher bei den täglich außer Mo und Di angebotenen Führungen.

i Kurverwaltung, Waldecker Str. 12, 34508 Willingen, Tel. 0 56 32/4 01 80.

❾ **Schwalenburg** Wenn man dem Ittertal von Willingen aus 2 km nach Norden folgt, gelangt man nach Schwalefeld, wo nördlich des Dorfes auf der Höhe die Schwalenburg liegt, eine ausgedehnte altsächsische Wallanlage. Drei Wallringe umschließen eine Fläche von insgesamt 6 ha Größe. Die längste der ursprünglich fast 5 m hohen Schichtmauern war 880 m lang. Für diese Grenzbefestigung der Sachsen aus dem 8. Jh., die unter Historikern als eine der eindrucksvollsten Befestigungsanlagen Mitteleuropas aus dieser Zeit gilt, mußten 30 000 m³ Material verarbeitet werden – damals eine gewaltige Leistung!

Von einem Aussichtspodest überblickt man das von Gehölzen befreite Gelände der Wallanlage; Tafeln erläutern die Ausgrabungs- und Rekonstruktionsergebnisse der Forschungsarbeiten.

❿ **Benkhausen** Zu Füßen eines malerischen Bergrückens liegt dieses Dorf, durch das munter ein Bach plätschert und das durch Fachwerkbauten und Gärten sehr idyllisch wirkt. Hier stand bis 1961 die schon 1550 erwähnte, sagenumwobene Höppermühle (Höpper bedeutet Frosch). Auch um die Klippen am Dorfrand, die einen Ausblick auf das einladende Tal gewähren, rankt sich eine Sage, nach der dort

Ob auf schnellen Brettern oder mit den Langlaufskiern – Willingen bietet vielfältige Winterfreuden im Sauerland.

Wo früher Buchenwald stand, hat sich durch den Raubbau des Menschen und Viehverbiß am Osterkopf eine offene Heidelandschaft entwickelt.

einst Hollen wohnten, Zwerge mit Tarnkappen. Seit einer von ihnen beim Erbsenpflücken ertappt und seiner Tarnkappe beraubt worden sein soll, sind sie nicht mehr in Erscheinung getreten.

⑪ **Kloster Flechtdorf** Im kleinen Herrschaftsgebiet der Padberger Grafen entstand in Flechtdorf am östlichen Rand des Naturparks, das bereits 830 urkundlich erwähnt wird, im Jahr 1102 dieses Kloster. Graf Erpo vom Padberg veranlaßte den Bau des Benediktinerklosters, das bis zur Reformationszeit bestand. Die Grafen von Waldeck, die späteren Besitzer, richteten hier ein Armenhospital ein. 1702 wurde schließlich das noch heute existierende Landeshospital gegründet (Schlüssel für die Klosterkirche bei der Bäckerei im Ort).

Leben am Waldrand

Am Waldsaum, dem Übergang von Wald zu Wiese oder Heide, hat sich meist ein Strauchgürtel angesiedelt. Vor allem an sonnig-warmen Waldrändern gedeihen farbenprächtige Orchideenarten wie die Knabenkräuter, außerdem findet man den seltenen Gefransten Enzian. Der bis zu 1,5 m hohe Seidelbast (Bild) zeigt seine roten Blüten, die direkt an den holzigen Zweigen knospen.

In den Sträuchern nisten viele Arten von Singvögeln, darunter einige Vertreter aus der Gattung der Grasmücken. Äußerlich sind die braun gefärbten, eher unscheinbaren Vögel kaum voneinander zu unterscheiden. Während jedoch die Gartengrasmücke zum Singen das Unterholz bevorzugt, tirilieren Mönchs- und Zaungrasmücke in der mittleren „Buschetage", und die Dorngrasmücke besetzt die höchsten Zweige des Gehölzes. Häufig an geschützten Stellen anzutreffen sind Zaun- und Waldeidechsen, die man beim Sonnenbaden beobachten kann. Auch flattert hier eine Vielzahl von bunten Schmetterlingen, darunter der tiefrot, weiß und dunkelbraun gefärbte Admiral.

⑫ **Neuer Hagen** Dieses Naturschutzgebiet grenzt unmittelbar an den Naturpark an und ist eine der schönsten und größten Hochheiden zwischen dem Massiv des Kahlen Astens und dem Upland. Vom Parkplatz Hoppecketal südwestlich von Willingen aus erreicht man das Naturschutzgebiet Neuer Hagen über die Wanderstrecke X 16 nach $1^1/_2$ Stunden bei mäßiger Steigung. Hier entspringt auch die Hoppecke.

⑬ **Strycktal** Der Wasserkraft der Bäche verdankten die Upländer lange Zeit Arbeit und Brot. Sie trieb die Hammerwerke, in denen das in der Region geförderte und auch verhüttete Eisen zu Äxten und Sensen, Schaufeln und Pflugscharen verarbeitet wurde. Gleich vier Hütten mit den zugehörigen Hämmern gab es allein in Willingen und Schwalefeld, die bedeutendsten allerdings im Strycktal, südöstlich von Willingen zwischen den Willinger Ortsteilen Stryck und Usseln gelegen. Ebenfalls von hier kamen die ersten Impulse zur Entwicklung des Wintersports. Im Jahr 1906 war es ein Förster aus diesem Tal, der den Skisport im Sauerland begründete. Vier Jahre später entstand ein Wintersportverein, der 1925 am Hang des Mühlenkopfes bei Stryck eine Sprungschanze errichtete. Die Region um Willingen entwickelte sich dann zu einem beliebten Wintersportgebiet.

Eine Wanderung im benachbarten Ittertal führt vom Parkplatz Stryck nach 2–3 km bergwärts gleich in zwei Naturschutzgebiete mit Feuchtwiesen, Erlen- und Birkenbrüchen.

⑭ **Osterkopf** Unmittelbar am Nordrand von Usseln beginnt das Naturschutzgebiet Osterkopf. Nachdem der auf den höchsten Erhebungen des Uplandes ohnehin in seiner Vitalität geschwächte Buchenwald durch Raubbau und nachfolgende Beweidung zurückgedrängt worden war, entstanden Weideflächen mit Besenheide, Blau- und Preiselbeere, Johanniskraut und vielen anderen niedrigen Stauden. Ebereschen und Zitterpappeln wurden hier ebenso wie Weiden, Rosen, Weiß- und Schlehdorn durch Viehverbiß kurz gehalten. Solche Landschaftsformen, die teilweise auch Spuren historischer Waldwirtschaft und zeitweiliger Ackernutzung aufweisen, kennzeichnen die Hochheiden des Hochsauerlandes und des Uplandes. Man kann diese Hochheiden übrigens nicht einfach sich selbst überlassen, weil sie sonst rasch vom Wald zurückerobert würden. Man muß sie daher weiterhin extensiv bewirtschaften oder „entbuschen", wenn ihre lichtliebende Flora erhalten bleiben soll.

⑮ **Rhena** In dem Dorf, das am Weg von Willingen nach Korbach liegt, lohnt sich ein kurzer Halt, um die romanische Dorfkirche zu besichtigen. Der alte Baumbestand, die Mauern der angrenzenden Gehöfte und die krautreichen Raine sorgen für eine enge Verbindung dieses Kulturdenkmals mit der Natur und geben dem Ort seinen besonderen Reiz.

⑯ **Eisenberg** Von Goldhausen führt ein kurzer, aber recht steiler Weg auf den Eisenberg. Auf ihm steht der Georg-Viktor-Turm (Mai–Oktober täglich 9–18 Uhr geöffnet), von dem aus der Blick sowohl über die bewaldeten Berge der östlichen Ausläufer des Waldecker Uplandes als auch über die Umgebung Korbachs schweift. Zu Füßen des Turmes liegen die restaurierten Grundmauern des Waldeckschen Grafenschlosses, das bereits um 1700 als verwahrlost und 1729 als unbewohnte Ruine beschrieben wurde. Grundrißzeichnungen und instruktive Texte informieren über die Geschichte von Burg und Schloß. Die wichtigsten Grabungsfunde sind im Heimatmuseum im östlich, außerhalb des Naturparks gelegenen Korbach ausgestellt, dessen mittelalterlicher Stadtkern mit doppeltem Stadtmauerring einen Abstecher lohnt.

Einen schönen Blick auf das idyllische Tal der Rhene hat man von den Klippen, die am Dorfrand von Benkhausen aufragen.

Bei einer kleinen Freizeitanlage am südwestlichen Ortsrand von Lengefeld beginnt ein anschaulicher Vogellehrpfad. Für die Rundwanderung mit über 50 Tafeln sollte man sich $1^1/_2$ Stunden Zeit nehmen.

ℹ Verkehrsamt, Stechbahn 1, 34497 Korbach, Tel. 05631/53231.

14 Rund um den Teutoburger Wald

Gratwanderungen im Nordwesten

Wie die Rückenkämme einer gigantischen versteinerten Drachenfamilie ragen Teutoburger Wald, Egge- und Wiehengebirge aus dem Norddeutschen Tiefland empor. Von ihrer wohl imposantesten Seite zeigen sich die schmalen Höhenrücken in den Externsteinen, jenem magischen Ort der alten Germanen.

Rund um den Teutoburger Wald

Naturpark Eggegebirge und Südlicher Teutoburger Wald

Größe: 593 km², gegründet 1965.

Der Naturpark erstreckt sich über die beiden Gebirgszüge, die die Münsterländer Bucht im Osten begrenzen und Westfalen vom Einzugsbereich der oberen Weser trennen. Erweiterungen des Parks nach Westen (nördlich und südlich von Lichtenau) und nach Osten (nördlich von Bad Driburg) sind vorgesehen.

Der Teutoburger Wald im Norden des Naturparks besteht im wesentlichen aus einem langgestreckten Hauptkamm, dessen Höhen nur vereinzelt 300 m übersteigen. Die zahlreichen paßartigen Einsenkungen erinnern an einen Drachenkamm. Am bekanntesten ist die bizarre Felsengruppe der sagenumwobenen Externsteine, die aus dem Waldland aufragen.

Das Eggegebirge ist zwischen 50 und 100 m höher und gliedert sich in eine Abfolge schmaler Kämme und breiterer Rücken. In teilweise schroffen Felsklippen fällt das Gebirge zum Vorland hin ab. Nur im Westen ist der Übergang zur Paderborner Hochfläche sanfter.

Der gesamte Naturpark ist zum größten Teil in ein dichtes Waldkleid gehüllt. Fichte, Kiefer und Buche sind am weitesten verbreitet, während die früher sehr häufige Eiche durch Aufforstung mit Nadelhölzern stark zurückgedrängt wurde.

An warmen und trockenen Standorten, vor allem auf Kalkgestein, haben sich heideartige Landschaften mit einer interessanten Trockenflora erhalten.

Die Höhenzüge des Naturparks sind bei Wanderern beliebt. Den Gebirgskämmen folgen die bekannten Wanderwege Eggeweg und Hermannsweg.

ℹ Zweckverband Naturpark Eggegebirge und Südlicher Teutoburger Wald, Felix-Fechenbach-Str. 5, 32756 Detmold.

Ein Touristenmagnet im Teutoburger Wald ist das berühmte Hermannsdenkmal in der Nähe von Detmold.

Malerische Fachwerkhäuser säumen die gepflasterten Gäßchen der kleinen Bergstadt Tecklenburg.

Naturpark Nördlicher Teutoburger Wald–Wiehengebirge

Größe: 1220 km², gegründet 1962.

Der Naturpark umfaßt die am weitesten nach Nordwesten vorstoßenden Ausläufer der deutschen Mittelgebirge. Neben dem nördlichen Teutoburger Wald und dem annähernd parallel verlaufenden Wiehengebirge zählen dazu auch die anschließenden Höhenzüge, die in den Fürstenauer Bergen und der Ankumer Höhe allmählich in das Norddeutsche Tiefland übergehen. Zu zwei Dritteln liegt der Naturpark in Niedersachsen, ein Drittel gehört zu Nordrhein-Westfalen.

Der Schichtkamm des Teutoburger Waldes wird an einigen Stellen durch paßartige Einsenkungen durchbrochen und ist deshalb kein schwieriges Hindernis für den Durchgangsverkehr. Die Noller Schlucht nördlich von Dissen bildet einen solchen Einschnitt, der besonders reizvoll ist.

Ein ähnliches Landschaftsbild weist auch das Wiehengebirge auf, dessen ursprüngliche Buchen-Eichen-Wälder wie im Teutoburger Wald zum großen Teil Nadelwäldern gewichen sind. Zwischen dem Wiehengebirge und dem östlich anschließenden Wesergebirge liegt die natürliche Eingangspforte nach Westfalen, die von der Weser geschaffene Porta Westfalica. Dieser von bewaldeten Bergen umrahmte Talabschnitt der Weser, vom Kaiser-Wilhelm-Denkmal aus gut zu überblicken, gehört zu den attraktivsten Szenerien des Naturparks.

Zu den besonderen und weit über die Region hinaus bekannten Sehenswürdigkeiten des Gebietes zählen auch die rund 120 Mio. Jahre alten Trittspuren von Sauriern im Huntetal bei Barkhausen.

ℹ Verein Naturpark Nördlicher Teutoburger Wald–Wiehengebirge e. V., Ringstr. 11, 49191 Belm.

Naturpark Dümmer

Größe: 472 km², gegründet 1972.

Herzstück des Naturparks ist der 16 km² große Dümmer im Südwesten Niedersachsens. Einbezogen sind auch die Moore und feuchten Niederungen im Umkreis des Sees sowie die Höhenzüge der Dammer Berge (145 m) und des Stemweder Berges (181 m).

Ihre Formung verdankt diese

Landschaft der Saale-Eiszeit (vor 180 000 bis 120 000 Jahren). Die aufgestauchten Moränen der damaligen Gletscher bilden die heutigen Höhenzüge, und das Schmelzwasser hinterließ flache Senken, in denen Moore entstanden. Eine Gletscherzunge staute einen großen Schmelzwassersee auf, von dem noch der geschrumpfte Dümmer geblieben ist.

Zahlreiche seltene Tier- und Pflanzenarten kommen in den Feuchtgebieten vor. Besonders groß ist die Vielfalt in den ausgedehnten Röhrichtzonen des Dümmers. Hier brüten noch Große Rohrdommel, Tüpfelsumpfhuhn, Bartmeise und Haubentaucher. Wieder eingebürgert wurde die Graugans, die heute überall am See zu sehen ist. Für viele Zugvögel ist der Dümmer ein wichtiger Rastplatz. Große Teile der Uferzone stehen unter Naturschutz; der Freizeitbetrieb konzentriert sich auf den Nordosten des Gewässers.

Auch die großen Moorgebiete sind wieder zu artenreichen Lebensräumen geworden. Dazu beigetragen haben die Naturschützer, die viele von der Austrocknung bedrohte Moorflächen in ihren Urzustand zurückversetzt haben. Ökologisch wertvolle Moorteile wurden als Vogelschutzgebiete ausgewiesen. Dort haben bedrohte Arten wie Großer Brachvogel und Rotschenkel überlebt.

Mit ihrem dichten Waldkleid bieten dagegen die nahen Höhenzüge der Dammer Berge ganz anders geartete Lebensräume. Rotbuche, Fichte, Sandbirke, Waldkiefer und Stieleiche herrschen hier vor. Die Dammer Berge sind seit prähistorischer Zeit besiedelt.

i Verein Naturpark Dümmer e. V., Niedersachsenstr. 2, 49356 Diepholz.

Reger Besucherverkehr herrscht im Sommer an den Bootsanlegestellen von Steinhude.

Naturpark Steinhuder Meer

Größe: 310 km², gegründet 1974.

Mit einer Fläche von 30 km² ist das rund 25 km nordwestlich von Hannover gelegene Steinhuder Meer der größte Binnensee Nordwestdeutschlands. Der Naturpark umfaßt außerdem Teile der angrenzenden Landschaften, darunter auch mehrere Moorgebiete. Sie nehmen insgesamt rund ein Viertel der Naturparkfläche ein. Abgesehen vom Grinderwald im Norden, gibt es hier ansonsten kaum nennenswerte Waldflächen.

Das Steinhuder Meer ist durchschnittlich nur 1,5 m tief. Entstanden ist das Seebecken in einem Urstromtal der Saale-Eiszeit. Man vermutet, daß der Wind den Sand aus dem zeitweilig trockenen Urstromtal ausgeblasen hat. In der flachen Wanne hat sich später Schmelzwasser, dann Grundwasser gesammelt. Einen Zufluß besitzt der See nicht.

Die von dichtem Röhricht gesäumten Uferabschnitte im Westen, Süden und Osten des Sees sind Brutplatz und Lebensraum für zahlreiche Wat- und Wasservögel. Im Spätherbst lassen sich dort auch große Schwärme durchziehender oder überwinternder Wasservögel nieder.

i Landkreis Hannover, Amt für Naturschutz, Hildesheimer Str. 20, 30169 Hannover.

Naturpark Eggegebirge und Südlicher Teutoburger Wald

Über der Adlerwarte Berlebeck ziehen imposante Greifvögel ihre Kreise. Wer den Naturpark ebenfalls aus der Vogelperspektive kennenlernen will, kann auf dem größten Segelflugplatz Europas zu einem Rundflug starten und das Hermannsdenkmal und die Externsteine einmal von oben erleben.

❶ **Sparrenberg** Hoch über dem engen Tal, das den Südlichen vom Nördlichen Teutoburger Wald trennt, erhebt sich auf dem 177 m hohen Sparrenberg seit 1250 die gleichnamige Burg. Beeindruckend sind die Festungsmauern mit den mächtigen Rondellen an den Ecken; weit reicht der Blick vom 37 m hohen Turm über Bielefeld und die bewaldeten Höhen der Umgebung. Im inneren Burghof stellt die Burgschenke auch verwöhnte Gaumen zufrieden • (Di Ruhetag). Ausgedehnte Rasenflächen bieten sich im äußeren Burghof als Liegewiesen an. Alljährlich finden auf der Burg Sing- und Reiterspiele statt, und an einem Sommerwochenende verwandelt sich die Burg in einen mittelalterlichen Markt mit Händlern, Gauklern und Spielleuten, bei dem auch viele Zünfte vertreten sind.

ℹ Tourist-Information im Leinenmeisterhaus, Am Bahnhof, 33602 Bielefeld, Tel. 05 21/17 88 44.

❷ **Archäologisches Freilichtmuseum Oerlinghausen** 11 000 Jahre Vergangenheit werden bei einem Spaziergang durch das

Stimmungsvoll brechen die Sonnenstrahlen durchs lichte Kronendach des Lippischen Waldes im Norden des Naturparks.

Armer Boden – reiche Natur

An den Südhängen von Eggegebirge und Teutoburger Wald haben sich an einigen Stellen auf nährstoffarmen Böden noch natürliche Rasen erhalten, die als Kalk-Halbtrockenrasen bezeichnet werden. Große Tiere sind dort selten – wo sollten sie sich auch verstecken? Um so häufiger sind in dieser blütenreichen Pflanzengesellschaft, zu deren Vertreter seltene Orchideen wie die Fliegenragwurz (Bild) gehören, verschiedene Kleintiere anzutreffen.

Insbesondere die Insekten zeigen sich dort in seltener Artenvielfalt. Unter den Schmetterlingen fallen vor allem – aufgrund der intensiven Färbung – die Bläulinge und die oft knallrot gepunkteten Widderchen auf; den Schwalbenschwanz erkennt man an seiner Größe und seinem Flug: mal unruhig flatternd, dann wieder anmutig im Wind segelnd. Mehrere Laufkäferarten huschen zwischen den Halmen umher und jagen ihre Beute. Dutzende der inzwischen zum Teil sehr selten gewordenen Wildbienenarten saugen an den Blumen und legen im lockeren Boden ihre Nester an.

Wo so viel Nahrung vorhanden ist, sind auch die gefiederten Jäger nicht weit: Braun- und Schwarzkehlchen, Grasmücken und Baumpieper sind in dem scheinbar kargen Lebensraum heimisch.

im Wald bei Oerlinghausen gelegene, anschaulich gestaltete Freilichtmuseum lebendig. 15 Wohnstätten und Häuser aus der Zeit zwischen 10 000 v. Chr. und 1000 n. Chr. wurden hier in Originalgröße nachgebaut. Man sieht u. a. ein Zelt altsteinzeitlicher Rentierjäger, Korbhütten aus der Mittelsteinzeit und Teile eines sächsischen Dorfes aus dem 8. Jh. Besonders hervorzuheben ist, daß jedem Gebäude auch die entsprechenden Äcker mit Kulturpflanzen, Wildkräutern und Bäumen der jeweiligen Epoche zugeordnet sind. Mehrmals im Jahr kann man miterleben, wie vor Jahrtausenden Brot gebacken, Bier gebraut, getöpfert oder Kleidung hergestellt wurde. Das Museum ist von April bis Oktober täglich geöffnet.

ℹ Archäologisches Freilichtmuseum, Am Barkhauser Berg, 33813 Oerlinghausen, Tel. 0 52 02/22 02.

3 Segelflugplatz Oerlinghausen Das weitläufige Wiesengelände am Rand der Senne ist Europas größter Segelflugplatz. Wer nicht nur zuschauen möchte, kann – am besten nach telefonischer Voranmeldung – auch mitfliegen. Angeboten werden Gastflüge mit Segelflugzeug und Motorsegler sowie Fahrten mit dem Heißluftballon. Hier kann man nach einem zweiwöchigen Intensivkurs bereits die ersten drei Starts und Landungen im Alleinflug ausführen.

ℹ Segelflugschule Oerlinghausen e. V., Flugplatz, 33813 Oerlinghausen, Tel. 0 52 02/79 01.

4 Donoper Teich Zwischen Pivitsheide – etwas außerhalb des Naturparks – und dem Hermannsdenkmal führt die Straße am Donoper Teich vorbei. Der einstige Fischteich liegt inmitten von Buchen, Eichen und Kiefern. In diesem abwechslungsreichen Lebensraum leben manche Vogelarten, etwa Spechte und Käuze, aber auch Rehe und Hirsche kann man mit etwas Glück erblicken. Ein etwa 4 km langer Rundwanderweg führt um den Donoper Teich und am Krebsteich vorbei.

ℹ Kurverwaltung Hiddesen, Hindenburgstr. 58, 32760 Detmold, Tel. 0 52 31/8 80 85.

5 Hermannsdenkmal Die 386 m hohe Sandsteinkuppe Grotenburg ragt steil aus der mittleren Kette des Teutoburger Waldes auf. Seit 1875 steht auf ihr eines der berühmtesten Denkmäler Deutschlands. Es erinnert an Hermann den Cherusker, der im Jahr 9 n. Chr. mit seinem Heer die römischen Legionen besiegte. Wo genau die Schlacht stattfand, war lange umstritten; heute gilt die Kalkrieser Senke bei Bramsche als wahrscheinlichster Schauplatz. Der Unterbau des Denkmals und das Standbild selbst sind fast gleich hoch, nämlich jeweils knapp 27 m. Allein das Schwert Hermanns ist 7 m lang und wiegt 1100 kg.

Der Unterbau kann tagsüber bestiegen werden. Anschließend kann man noch eine etwa 40minütige Wanderung auf markiertem Weg zum Großen und zum Kleinen Hünenring unternehmen, Überresten von Fliehburgen aus germanischer Zeit.

ℹ Städtisches Fremdenverkehrsamt, Lange Straße, Rathaus, 32756 Detmold, Tel. 0 52 31/97 73 28.

6 Vogel- und Blumenpark Heiligenkirchen Bunte Vögel aus aller Welt und sorgsam gepflegte Blumenrabatten prägen das Bild des vom Frühjahr bis zum Herbst täglich geöffneten kleinen Parks an der landschaftlich besonders schönen Straße zwischen Hermannsdenkmal und Adlerwarte. In etwa 120 Freivolieren sind über 2000 meist exotische Vögel zu Hause. Pfauen stolzieren auf den Wegen herum, Papageien, Kakadus und verschiedene Sittiche können z. T. sogar gekrault werden. Das

Das Archäologische Freilichtmuseum am Barkhauser Berg bei Oerlinghausen vermittelt interessante Eindrücke vom Leben unserer Vorfahren.

Spektrum reicht von der Zwergwachtel bis zu Emu und Nandu. Aus einer Art Musikbox kann man sich gegen Gebühr ein Vogelstimmenkonzert zusammenstellen; in den Wärmeschränken daneben werden Eier ausgebrütet.
ℹ Vogel- und Blumenpark Heiligenkirchen, 32760 Detmold, Tel. 0 52 31/4 74 39.
❼ **Adlerwarte Berlebeck** Etwa 80 Greifvögel aus aller Welt sind in Deutschlands größter Greifvogelwarte im Detmolder Stadtteil Berlebeck zu sehen. Die meisten von ihnen sind in großzügigen Volieren untergebracht, andere sitzen tagsüber auf festen Blöcken und können ohne trennende Gitter betrachtet werden. Täglich um 11 und um 15 Uhr (November–März 14.30 Uhr) läßt ein Falkner einige von ihnen zum Freiflug starten und gibt dazu interessante Erklärungen. Die Adlerwarte widmet sich auch der Zucht gefährdeter Greifvogelarten und befaßt sich mit der Pflege und Wiederaussetzung verletzter heimischer Greifvögel. Zum Bestand gehören Adler, Geier, Eulen, Falken, Habichte, Bussarde und Sperber.
ℹ Adlerwarte Berlebeck, 32760 Detmold, Tel. 0 52 31/4 71 71.
❽ **Externsteine** Die geheimnisumwitterten Sandsteinklippen sind Natur- und Kulturdenkmal zugleich. Bis zu 38 m hoch überragen sie einen kleinen, künstlich aufgestauten See, der von der Wiembecke durchflossen wird. Erdgeschichtlich gesehen ist dieser Sandstein eine Ablagerung des Meeres, das in der Kreidezeit vor etwa 130–70 Mio. Jahren weite Teile Nordwestdeutschlands bedeckte. Am Ende dieser Epoche wurde die Sandsteinschicht aufgefaltet, deren Schollen heute nahezu senkrecht stehen. Weichere Schichten wurden ausgeräumt, so daß schließlich die bizarren Klippen übrigblieben. Aus den Felsen ist ein 5 m hohes und 3,3 m breites Relief herausgemeißelt worden, das auf die Zeit um 1130 datiert wird und als bedeutendstes Werk seiner Art und Zeit in ganz Nordwesteuropa gilt: die Kreuzabnahme Christi. Bei den in den Fels gehauenen Grotten handelt es sich ursprünglich wohl um Kapellen. An den Externsteinen war man bereits in vorchristlicher Zeit sehr stark interessiert: Vermutlich befand sich hier eine Kultstätte germanischer Volksstämme.
❾ **Silberbachtal und Velmerstot** Das Waldhotel *Silbermühle* ist Ausgangspunkt für eine der schönsten Wanderungen im Eggegebirge. Sanft steigt der Weg durch das enge, wildromantische Silberbachtal mit seinen Sandsteinklippen zur Kattenmühle an. Von dieser führt ein Weg hinauf auf die 441 m hohe Lippische Velmerstot, auf der abgeflachte Klippen zum Sonnenbad einladen. Von dort fällt der Blick auf die benachbarte Preußische Velmerstot, mit 468 m der höchste Gipfel des schmalen Höhenzuges. Am Ortsrand von Leopoldstal vorbei führt der Rundwanderweg dann zurück zur *Silbermühle*. Insgesamt sollte man für den Weg etwa 3 1/2 Stunden veranschlagen.
❿ **Fürstenallee** Als schönste lippische Straße gilt die Fürstenallee zwischen Schlangen und Oesterholz, wo einst ein Jagdschloß der lippischen Landesherren stand. Vier Reihen 300jähriger Eichen säumen das Asphaltband auf 3 km Länge. In Richtung Berlebeck führt die Straße weiter durch das Waldgebiet Gauseköte, das wildreichste lippische Jagdrevier.
ℹ Verkehrsamt, Kirchplatz 5–6, 33189 Schlangen, Tel. 0 52 52/8 10 28.
⓫ **Waldglashütte Erpentrup** In der Umgebung von Bad Driburg wird schon seit dem 15. Jh. Glas hergestellt. In der Waldglashütte kann man den Glasbläsern und

Die in Teilen noch erhaltene Klosteranlage von Hardehausen war die erste Zisterzienserniederlassung in Westfalen.

Blütenpracht trotz Gift

Manche Pflanzen wachsen und gedeihen dort, wo sich alle anderen längst „verabschiedet“ haben: auf stark schwermetallbelasteten Böden, hier im Naturpark etwa in den Bleikuhlen von Blankenrode. Zauberhafte Arten wie das Westfälische Galmei-Stiefmütterchen (Bild), auch einfach Galmeiveilchen genannt, haben es geschafft, die giftigen Salze – in diesem Fall vor allem Zink – in älteren Blättern zu speichern und damit für die Pflanze insgesamt unschädlich zu machen; die Blätter mit der Giftfracht werden einfach abgeworfen.
Wie entstehen nun solche problematischen Standorte? Einerseits hat sie der Mensch geschaffen, indem er Abraum aus dem Bergbau auf offenen Halden deponiert – meist eine Umweltbelastung für die Menschen der Umgebung, für die „Schwermetallpflanzen“ jedoch eine Chance, denn an solchen Plätzen müssen sie nicht mit der Konkurrenz „normaler“ Pflanzen kämpfen. Eine zweite Möglichkeit besteht darin, daß die erzhaltigen Gesteinsschichten ganz natürlich an der Erdoberfläche vorkommen – dies ist bei Blankenrode der Fall.

-schleifern bei der Arbeit zusehen. Sie produzieren hier Kristallglas nach klassischen Vorbildern und nach eigenen Entwürfen, das an Ort und Stelle gekauft werden kann.

ℹ Waldglashütte Erpentrup, 33014 Bad Driburg, Tel. 05238/1265.

⓬ **Altenbeken** Der beschauliche Ort zwischen Eggegebirge und Lippspringer Wald ist Eisenbahnfreunden wegen seines Viadukts ein Begriff. 482 m lang überspannt es in 35 m Höhe mit 24 Bogen seit 1853 das Tal der Beke. Von der einstigen wirtschaftlichen Bedeutung Altenbekens als Standort von Eisenerzbergwerken, Hüttenbetrieben und Hammerschmieden erzählt das Eggemuseum in einem ansprechend restaurierten Bauernhaus im Ortszentrum. Besonders schön sind dort die Ofenplatten aus dem 16.–19. Jh. mit Darstellungen biblischer Ereignisse (geöffnet ganzjährig Di und Do 14–17 Uhr).

ℹ Verkehrsverein Egge, Bahnhofstr. 5 a, 33184 Altenbeken, Tel. 05255/12000.

⓭ **Stiftskirche Neuenheerse** Nicht nur ihrer Größe wegen wird die tagsüber frei zugängliche Stiftskirche von Neuenheerse auch als „Dom des Eggegebirges" bezeichnet. Sie gehört zu einem 1810 aufgelösten Damenstift, das bereits 868 gegründet wurde. Besonders schön sind die Säulen mit ihren romanischen Würfelkapitellen im Nordschiff, die einen großen Kirchenbrand im 14. Jh. überstanden. Danach wurde der Bau im gotischen Stil neu errichtet. Bemerkenswert sind auch die barocken Altäre aus Marmor und Alabaster.

⓮ **Karlsschanze und Drudenhöhle** Nordöstlich der Ortschaft Kleinenberg lohnt sich eine etwa 5 km lange Wanderung am Steilabfall des Eggegebirgskammes entlang. Vom Wanderparkplatz Alte Eisenbahn führt ein Weg zur Karlsschanze, den Resten einer mächtigen Befestigungsanlage. Von dort gelangt man auf einem schmalen, ausgeschilderten Pfad in den Wald und dann zur Drudenhöhle, auch Gertrudskammer genannt. Woher die Höhle ihren Namen hat, ist nicht geklärt. Dafür ranken sich um so mehr Sagen und Geschichten um die geheimnisvolle Stätte. Über den Eggeweg kommt man anschließend wieder zum Parkplatz zurück.

⓯ **Stadtwüstung Blankenrode** Viele Städte haben sich aus mittelalterlichen Siedlungen entwickelt. Nicht wenige dieser Gründungen wurden jedoch irgendwann aufgegeben. Eine solche besonders gut erhaltene Stadtwüstung kann man sich bei Blankenrode anschauen. Sie liegt etwa 1200 m vom Wanderparkplatz Blankenrode entfernt mitten im Wald. Deutlich sind Graben und Wall zu erkennen, die einst die ganze Stadt umgaben. An manchen Stellen sind sogar noch Überreste der ehem. Stadtmauer zu sehen. Etwas weiter folgt ein Doppelwall, dann der kegelstumpfförmige Burghügel. Einst war er durch eine vieleckige Ringmauer gesichert, von der noch vereinzelte Quader übrigblieben.

Eine schwindelerregende Brücke verbindet die imposanten Felszacken der vielbesuchten Externsteine.

Historiker haben herausgefunden, daß diese verlassene Stadt zwischen 1225 und 1248 gegründet wurde. Doch schon 1396 wurde sie wieder aufgegeben.

Ganz in der Nähe zeugen die sog. Bleikuhlen vom Erzabbau, der hier im Mittelalter betrieben wurde.

⓰ **Hardehauser Klippen und Felsenmeer** Zerklüftete Sandsteinklippen, herabgestürzte Felsen und entwurzelte Bäume sowie zahlreiche Gesteinsblöcke prägen das Gesicht der Landschaft südlich von Kleinenberg. Der etwa 3 km lange Weg dorthin beginnt am Parkplatz neben dem Gasthaus *Grünewald* an der B 68 zwischen Kleinenberg und Scherfede.

⓱ **Wildpark und Zisterzienserkloster Hardehausen** Wie groß mittelalterliche Klosteranlagen waren, läßt sich in Hardehausen gut erkennen. Noch heute ist der Gesamteindruck des Zisterzienserklosters aus dem Jahr 1140 überwältigend.

Am Wanderparkplatz in der Nähe des Klosters beginnt der 20minütige Fußweg zum Wildpark Hardehausen. Seit 1958 werden hier in einem 60 ha großen Freigehege Wisente gezüchtet. 1922 gab es weltweit nur noch 59 Exemplare dieser Wildrindart, heute sind es wieder über 3000. Mehr als 80 von ihnen wurden in Hardehausen geboren. In zwei weiteren Freigehegen sind Nachzüchtungen der Urwildpferdart Tarpan sowie Schwarzwild zu sehen.

ℹ Verkehrsamt Warburg, 34414 Warburg, Tel. 05641/92555.

Naturpark Nördlicher Teutoburger Wald–Wiehengebirge

Die Saurier, die einst durch dieses Gebiet zogen, sind längst verschwunden. Spuren dieser urzeitlichen Riesenechsen sind jedoch im Naturpark erhalten geblieben. Heute suchen viele Menschen in den stillen Wäldern oder in den Erholungsgebieten an Flüssen und Seen Abwechslung vom Alltag.

❶ **Stift Börstel** Völlig einsam stehen die Gebäude des um 1250 gegründeten Zisterzienserinnenklosters am Rand des Hahnenmoores im äußersten Nordwesten des Naturparks. Seit der Reformation gehören diesem Damenstift jeweils acht evangelische und katholische Stiftsdamen an, die täglich außer Mo auch Besucher durch die Klosteranlage führen. Treffpunkt für die Führung sind die beiden 700jährigen Linden vor der Südtür der aus roten Ziegeln errichteten frühgotischen Klosterkirche. Besonders eindrucksvoll sind der noch zur Hälfte erhaltene Kreuzgang aus dem späten 13. Jh. und der große, aus Findlingen erbaute Speicher.
ℹ Gemeinde Berge, Bippener Str. 8, 49626 Berge, Tel. 0 54 35/3 97.

Der Höhenzug des Wiehengebirges hat wie hier im Nordwesten des Naturparks noch manchen stillen Winkel aufzuweisen.

❷ **Bippen** Südlich des Erholungsortes erstreckt sich auf der Ankumer Höhe das weitläufige Waldgebiet Maiburg mit ausgedehnten Laub- und Nadelwäldern. Am Wanderparkplatz Forsthaus beginnt ein 7,5 km langer, vorbildlich gestalteter Waldlehrpfad, das sog. Vosspäddken. Er passiert einen schönen Kinderspielplatz mitten im Wald und mehrere Schutzhütten.

Ebenfalls lohnend ist ein Ausflug zur *Sültemühle* im Südwesten der Gemeinde, einer restaurierten und zu einer Gaststätte umgestalteten Wassermühle aus dem 16. Jh.
ℹ Gemeindeverwaltung, 49626 Bippen, Tel. 0 54 35/8 40.

❸ **Eggermühlen** Das einstige Wasserschloß Eggermühlen (nur von außen zu besichtigen) ist ein dreiflügeliger Barockbau aus dem frühen 18. Jh. Am Schloß zweigt von der Hauptstraße die Zufahrt zur nahe gelegenen Wassermühle Wöstenesch ab. Nachdem der Heimatverein von Eggermühlen das 1594 erstmals schriftlich erwähnte Bauwerk renoviert hat, kann es voll funktionstüchtig besichtigt werden (März–Oktober, erster So im Monat, 10–12 Uhr).
ℹ Heimatverein Eggermühlen, 49577 Eggermühlen, Tel. 0 54 35/18 56.

❹ **Steingräberweg Giersfeld** Fährt man von Ankum, dessen neoromanische Pfarrkirche ihrer Größe wegen als „Artländer Dom“ bezeichnet wird, in Richtung Ueffeln, bietet sich Gelegenheit zu einem Ausflug in die Ur- und Frühgeschichte. Eine

Stichstraße führt südlich von Westerholte zum Parkplatz Steingräberweg Giersfeld, an dem ein 2,5 km langer archäologischer Lehrpfad beginnt. Er führt zu neun gut gekennzeichneten und erklärten Stein- und Hügelgräbern, die zwischen 3500 v. Chr. und Christi Geburt angelegt wurden.
ℹ Gemeindeverwaltung, 49577 Ankum, Tel. 0 54 62/4 75.

5 Alfsee Bis zu 9 m hohe und am Fuß bis zu 60 m breite Deiche umgeben den über 330 ha großen Stausee, mit dessen Anlage 1971 begonnen wurde. Der Alfsee fängt das Hochwasser der Hase auf und führt ihr in Trockenperioden Wasser zu. Zugleich ist er aber auch Mittelpunkt eines Erholungsgebietes mit vielfältigen Freizeiteinrichtungen. An seinem Ostufer können Kinder ab zehn Jahre und Erwachsene Go-Kart fahren; für die Kleinen gibt es ein Auto-Kinderland mit langsameren Fahrzeugen. Am Campingplatz werden Fahrräder verliehen; es gibt eine Grillhütte, einen Minigolfplatz und einen extra angelegten Badesee mit künstlichem Sandstrand sowie einer Wasserski-Schleppanlage. Man kann auch Segel-, Tret- und Ruderboote oder Surfboards ausleihen. Wer sich hier länger aufhält, kann sogar den Segel-, Sportboot- oder Surfgrundschein erwerben.
ℹ Gemeindeverwaltung, Alte Schulstr. 5, 49594 Alfhausen, Tel. 0 54 64/13 05.

6 Kalkriese Die Schlacht im Teutoburger Wald im Jahr 9 n. Chr., in der die Cherusker unter ihrem berühmten Feldherrn Arminius die Römer besiegten, zählt zu den bedeutendsten Ereignissen der frühen deutschen Geschichte. Seit kurzem weiß man nahezu sicher, wo sie stattfand: in der 6 km langen und nur 1 km breiten Kalkrieser Senke bei Bramsche. Seit 1987 werden hier archäologische Ausgrabungen durchgeführt, bei denen vor allem genau datierbare Münzen und Überreste von Waffen und Rüstungen gefunden wurden.

Beim Ausgrabungsgelände wurde 1993 ein Dokumentationszentrum eröffnet, in dem auch verschiedene Funde ausgestellt werden (Tel. 0 54 68/65 68). Führungen über das Grabungsgelände sind nach Voranmeldung (Tel. 0 54 68/18 72) möglich. Der kurze Fußweg zum Ausgrabungsgelände ist ab den Parkplätzen Schloß Barenaue und Niewedde an der B 218 gut ausgeschildert.

Ein kurzer Abstecher zum ehem. Wasserschloß Alt Barenaue über die Cheruskerstraße lohnt sich vor allem wegen der einzigartigen Lindenallee: Die Bäume entlang der Straße wachsen hier aus der Böschung in einem Winkel von etwa 30 Grad gen Himmel.
ℹ Stadt Bramsche, Amt für Öffentlichkeitsarbeit, Postfach 1461, 49554 Bramsche, Tel. 0 54 61/8 31 08.

7 Piesberg Auch ohne Werkzeug und geologische Kenntnisse kann man am Piesberg bei Osnabrück 300 Mio. Jahre alte Fossilien entdecken. Besonders häufig sind Abdrücke und Einlagerungen von Schachtelhalmen, Farnen und Baumrinde. Der Weg zum Piesberg ist von der B 68 aus ausgeschildert. 3 km nach der Abfahrt von der B 68 biegt man nach rechts in die Lechtinger Straße ein und folgt ihr bis über das Ende der Siedlung hinaus. Kurz darauf parkt man am Haus Nr. 56 und gelangt links am Haus vorbei zu einer Abraumhalde. In den dort abgeladenen Tonsteinbrocken kann man sehr schöne Exemplare der silbrig oder bunt schillernden Fossilien finden. Der Steinbruch ist nur am Wochenende zugänglich, zuvor aber muß man eine Genehmigung einholen (Tel. 05 41/12 12 27).

Ein Freizeitparadies ist der Alfsee: Wassersportfreunde kommen hier auf ihre Kosten.

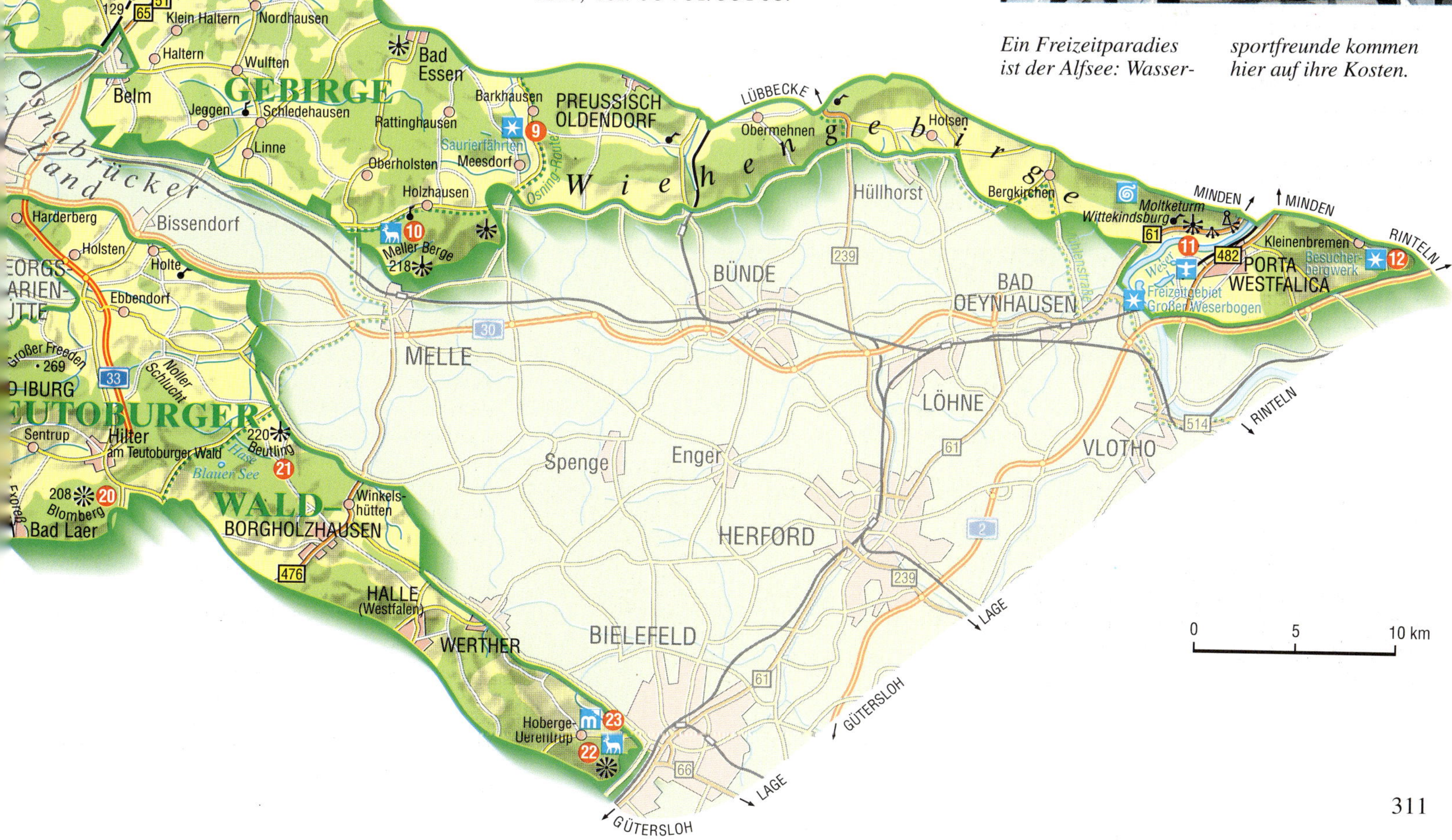

An der berühmten Porta Westfalica zwängt sich die Weser zwischen Weser- und Wiehengebirge hindurch und tritt in die Weite des Norddeutschen Tieflandes ein.

❽ **Findlinge bei Vehrte** Hunderte von Findlingen sind über den Gattberg verstreut, den man am besten von Belm aus erreicht. Ein Findling ganz besonderer Art ist der Süntelstein bei Vehrte, ein 4 m hoher Granitblock mit einer Höhlung, die der Volksmund als Abdruck des Teufelsrückens interpretiert. Die dazugehörige Sage kann auf einer Informationstafel nachgelesen werden. Der Weg dorthin ist vom Parkplatz Vehrter Bergstraße aus gekennzeichnet.

Markiert ist auch der Weg vom Parkplatz zur etwa 700 m entfernten Schwarzkreidegrube am Ortsrand von Vehrte. Bei der Schwarzkreide, die früher abgebaut und als Farbstoff z. B. für Schuhcremes benutzt wurde, handelt es sich um eine in Europa einmalige Ausbildung von alten Tonsteinen, die vor rund 200 Mio. Jahren am Boden des Jurameeres abgelagert wurden. Das weiche, sehr feinkörnige Gestein kommt hier in einer knapp 50 m mächtigen Schicht vor. Es besteht aus tonigen Sedimenten, die große Mengen organischer Substanz enthielten, Reste von abgestorbenen Pflanzen und Lebewesen. Im sauerstoffarmen Meerwasser zersetzte sich das Material nicht, sondern wurde zu Bitumen. Der durch spätere Aufheizung daraus entstandene Kohlenstoff ist für die dunkle Färbung der Schwarzkreide verantwortlich.

ℹ Gemeindeverwaltung, Marktring 13, 49191 Belm, Tel. 0 54 06/20 21.

❾ **Saurierfährten bei Barkhausen** Wo heute Saurierfährten zu sehen sind, bedeckte vor etwa 140 Mio. Jahren ein durch Überschwemmungen aufgeweichter Boden den Grund. Im Abstand von wenigen Tagen querten ihn Saurier zweier verschiedener Arten: der pflanzenfressende *Elephantopoides barkhausenensis* und die auf den Hinterbeinen gehende, dreizehige Raubechse *Megalosaurus teutonicus.* Damals herrschten solch hohe Temperaturen, daß die riesigen Abdrücke der Saurierklauen schon vor der nächsten Überschwemmung des Bodens getrocknet und gehärtet waren. Im Lauf von Jahrmillionen stellten sich diese zu Sand-, Ton- und Kalkstein verfestigten Schichten nahezu vertikal, so daß man heute den Eindruck gewinnen kann, die Saurier seien senkrechte Wände emporgegangen.

Die Saurierfährten, die 1921 in einem Steinbruch südlich von Barkhausen entdeckt wurden, sind jederzeit zugänglich. Man erreicht den Steinbruch vom Wanderparkplatz an der Straße zwischen Rabber und Melle, von wo aus ein 200 m langer Fußweg dorthin führt.

ℹ Fremdenverkehrsamt, Markt 22, 49324 Melle, Tel. 0 54 22/96 53 12.

❿ **Meller Berge** Ein wenig Mut gehört dazu, den Wildpark in den Meller Bergen zu besuchen – nicht selten empfangen nämlich mächtige Keiler die Besucher gleich am Eingang. In diesem Wildpark

Saurierfährten in Stein

Vor rund 140 Mio. Jahren geschah es: Ein 10–13 m langer Saurier mit gigantischen Füßen stapfte durch den Schlick eines tropischen Meeres. Um einen Verwandten von *Dicraeosaurus* soll es sich bei der Riesenechse nach Meinung von Fachleuten gehandelt haben, mit 3 m Körpergröße und stattlichen 5 t Gewicht allerdings ein kleinerer Vertreter der Saurier. Trotz seiner furchteinflößenden Statur ernährte sich der harmlose, elefantenfüßige Koloß ausschließlich von Pflanzen.
Da war der *Megalosaurus*, der wenig später eilig auf den Hinterbeinen vorbeikam, bei etwa gleicher Größe eine deutlich schlankere Erscheinung: mit einem kräftigem Gebiß, einer dreifingrigen Hand und je drei krallenbewehrten Zehen eindeutig ein Raubsaurier.
Die Spuren der beiden Saurier haben sich im feinkörnigen Sediment, das sich im Lauf der Zeit verfestigt hat, hervorragend erhalten, weshalb sie anhand der Schrittweite und -folge auch relativ leicht zu identifizieren waren. Versteinert und bei der Auffaltung des Wiehengebirges gegen Ende der Kreidezeit vor rund 70 Mio. Jahren nahezu senkrecht gestellt, ist die 1921 in einem Steinbruch bei Barkhausen entdeckte, 10 x 6 m messende Platte mit den Fußabdrücken ein bedeutendes Zeugnis des Lebens vor Jahrmillionen.

sieht man Schwarz-, Dam- und Muffelwild ohne trennenden Zaun. Der Park ist 200 ha groß, die Besucher sollten lediglich auf den Wegen bleiben (in Melle fährt man in Richtung Bad Essen bzw. Oldendorf, dann ist der Weg ausgeschildert; Mai–August täglich, September–April nur Sa und So und an Feiertagen geöffnet). Auf dem höchsten Punkt steht der um 1850 erbaute Aussichtsturm Diedrichsburg, dessen Name an eine frühmittelalterliche Burg erinnert.

⓫ **Porta Westfalica** Wo die Weser zwischen Weser- und Wiehengebirge ins Norddeutsche Tiefland eintritt, gibt es ein besonders breites Angebot von Aktivitäten: Im Freizeitgebiet Großer Weserbogen westlich der Stadt Porta Westfalica kann man an einem Baggersee baden oder Tretboot fahren; vom Flugplatz Costedt aus werden Rundflüge mit Segel- und Motorflugzeugen angeboten. Ein Paradies für Drachen- und Gleitschirmflieger ist der Südhang des Wiehengebirges. Ihr Startplatz ist die Caféterrasse des Gasthauses *Wittekindsburg*, benannt nach einer altsächsischen Fliehburg, von der nahe dem Gasthaus noch Reste der Wallanlage und verfallene Steinmauern auszumachen sind.

Hauptattraktion an der Porta Westfalica ist aber ein monumentales, von manchen gar als monströs empfundenes Denkmal für Kaiser Wilhelm I. Die 7 m hohe Statue des preußischen Monarchen steht unter einem 50 m hohen Baldachin aus einheimischem Sandstein; mit Unterbau ist das 1892–96 erbaute Monument 88 m hoch. Zur nahe gelegenen Wittekindsburg führt von hier aus ein 1,5 km langer Wanderweg, der zwei Aussichtspunkte berührt. Einer davon ist der 31 m hohe Moltketurm.

An der Grenze zum Naturpark liegt schließlich noch *Potts Park* im Mindener Stadtteil Dützen (Öffnungszeiten bitte erfragen Tel. 05 71/5 10 88). Der Freizeitpark will weniger Rummelplatz mit hochtechnisierten Fahrgeschäften sein als vielmehr ein Spielplatz für die ganze Familie.

ℹ Fremdenverkehrsamt, Kempstr. 4a, 32457 Porta Westfalica, Tel. 05 71/ 79 12 80.

⓬ **Besucherbergwerk Kleinenbremen** In eine von Menschen geschaffene unterirdische Wunderwelt, eine der bedeutendsten Eisenerzgruben Deutschlands, fährt der Besucher von Kleinenbremen aus mit dem Triebwagen von 1937. 90 Minuten dauert die Führung durch ehemalige oder noch tätige Bergleute. Ihre Schilderungen des harten Arbeitsalltags korrigieren manche romantische Vorstellung. Die bis zu 12 m hohen Hallen, die regelmäßigen Reihen im Gestein stehengelassener, mächtiger Pfeiler und die effektvoll beleuchteten Wasserflächen allerdings erscheinen malerisch und geheimnisvoll.

Führungen werden von Ostern bis Oktober an allen Wochenenden und Feiertagen zwischen 10 und 17 Uhr sowie während der Sommerferien auch Di und Fr angeboten. Jederzeit frei zugänglich ist der Bergbau-Schaupfad des Besucherbergwerks, der auf 1,5 km Länge über die geologischen Verhältnisse, die Geschichte des Bergbaus sowie Maßnahmen zur Renaturierung des Bergwerksgeländes informiert.

ℹ mkb-Reisedienst, Karlstr. 48, 32423 Minden, Tel. 05 71/39 94 38.

⓭ **Dörenther Klippen** Die bizarren, steil aufragenden Sandsteinklippen auf einem sonst eher sanften, dichtbewaldeten Höhenrücken bei Ibbenbüren sind als Ausflugsziel sehr beliebt. Die eigentümlichste Form hat das Hockende Weib: Während einer großen Überschwemmung bat der Sage nach eine Mutter den Himmel um Errettung ihrer Kinder. Der verwandelte sie daraufhin in den Fels, auf dem sich ihre Kleinen in Sicherheit bringen konnten. Nahe den Klippen liegt unmittelbar an der B 219 der Frei-

Zum Klettern verlocken die bizarr geformten Dörenther Klippen. *Aus Naturschutzgründen wird dies jedoch nicht gern gesehen.*

zeitpark *Sommerrodelbahn* (April–Oktober täglich 10–18 Uhr geöffnet) mit einem Märchenwald, zahlreichen Wasserspielen und einem Automuseum mit 50 Oldtimern. Südwestlich beim Ort Dörenthe, der außerhalb des Naturparks liegt, zeigt der von April bis Oktober geöffnete Botanische Garten vor allem die einheimische Pflanzenwelt und seltene Nadelbäume.

i Verkehrsverein, Alte Münsterstr. 16, 49477 Ibbenbüren, Tel. 05451/53114.

⓮ **Tecklenburg** Am Rand des Teutoburger Waldes erstreckt sich Nordwestdeutschlands einzige „Bergstadt" an den Hängen des 190 m hohen Burgberges, auf dem einst die Residenz der Grafen von Tecklenburg stand. Das Ortsbild wird von engen Gassen und alten Fachwerkhäusern geprägt, deren ältestes in der Brauerstraße 6 steht. Es wurde 1513 erbaut. Von Mitte Mai bis Anfang September bereichert die Freilichtbühne mit Vorführungen für Kinder und Erwachsene das Veranstaltungsprogramm des Luftkurortes, der sich im übrigen durch besondere Angebote für Schachfreunde und an Heilkräutern Interessierte auszeichnet.

i Verkehrsverein, Markt 7, 49545 Tecklenburg, Tel. 05482/494.

⓯ **Geologischer Lehrpfad am Hüggel** An dem 4 km langen Höhenzug im nordwestlichen Teutoburger Wald treten Gesteinsschichten zutage, die anderswo nur in großen Tiefen anzutreffen sind. Auf einem 8 km langen geologischen Lehrpfad mit 25 Exkursionspunkten werden 300 Mio. Jahre Erdgeschichte und der Eisenerzabbau in dieser Region erklärt (eine kürzere Variante ist nur 3 km lang und verbindet 14 Exkursionspunkte). Der Weg ist mit roten Punkten markiert. Er beginnt am Wanderparkplatz Roter Berg nahe der Straße von Hasbergen nach Natrup-Hagen.

Der purpurn blühende Hohle Lerchensporn ist eine der Pflanzen, die den Boden der lichten Wälder am Blomberg im Frühjahr in einen bunten Blütenteppich hüllen.

⓰ **Hagen am Teutoburger Wald** Der beschauliche Ort liegt in einem weiten Tal, umgeben von Äckern, Wiesen und Kirschbäumen. An die Vergangenheit des Töpferdorfes erinnert eine kleine Ausstellung im Heimatmuseum im Alten Pfarrhaus. Dort und in der alten Kirche finden auch klassische Konzerte statt. Heute arbeitet nur noch eine Töpferei nahe der Straße nach Hasbergen. Ein Besuch des Ortes lohnt sich besonders zur Zeit der Kirschblüte und während der Hagener Kirmes am ersten Wochenende im Oktober, die mit einem traditionellen Viehmarkt verbunden ist.

i Gemeindeverwaltung, Rathaus, 49170 Hagen am Teutoburger Wald, Tel. 05401/9770.

⓱ **Villa Stahmer** Eisenerzvorkommen führten im Jahr 1856 zur Gründung eines Hüttenwerks mitten im Grünen, das wie die Stadt Georgsmarienhütte heißt. Das Heimatmuseum Villa Stahmer dokumentiert in 31 Räumen auf fünf Etagen die Stadtgeschichte, erklärt den Prozeß der Stahlgewinnung und zeigt allerlei Volkskundliches. Besonders sehenswert ist das orientalische Bad, das sich die einstigen Besitzer der Villa eingerichtet hatten.

i Stadt Georgsmarienhütte, Kulturamt, 49124 Georgsmarienhütte, Tel. 05401/850268.

⓲ **Bad Iburg** Der heutige Kneippkurort war jahrhundertelang Residenz der Bischöfe von Osnabrück. So wird das Stadtbild denn auch von einer im späten 11. Jh. gegründeten, ausgedehnten Burg- und Klosteranlage geprägt, die in geschützter Lage hoch auf einem Felssporn errichtet wurde. Sie beherbergt eine Landespolizeischule und kann nur Fr und So um 15 Uhr besichtigt werden. Der älteste erhaltene Teil der Doppelanlage ist ein achteckiger Bergfried aus der Zeit um 1500.

Bad Iburg besitzt originelle Museen. Im

Ganz wie in früheren Zeiten schnaubt der Teuto-Expreß auf kurviger Strecke durch Wälder und Felder.

täglich geöffneten Uhrenmuseum am Gografenhof werden über 500 Zeitmesser gezeigt, darunter 12 Kirchturmuhren und die größte Taschenuhr der Welt. Im Roller- und Kleinwagenmuseum (März–Oktober jeden Nachmittag geöffnet) sind Fahrzeuge aus der Frühzeit der Bundesrepublik zu bewundern. Zudem gibt es am Schloß auch noch ein Töpferei- und Münzmuseum (März–Oktober Mi, Do, Fr, So und November–Februar Fr am Nachmittag und So geöffnet). Auf Kinder und ihre Eltern wartet von April bis Oktober außerdem ein Märchenzoo mit heimischem Wild und vielen Vögeln (täglich geöffnet).

Das ganze Jahr über ist der Aussichtsturm auf dem 331 m hohen Dörenberg nördlich des Ortes ein lohnendes Wanderziel. Besonders Ende April/Anfang Mai ist ein Spaziergang über den Großen Freeden östlich von Bad Iburg ein Muß: Dann bildet hier der Hohle Lerchensporn einen purpurnen Blütenteppich.

i Kurverwaltung, Am Gografenhof 4, 49186 Bad Iburg, Tel. 0 54 03/40 16 12.

⑲ **Teuto-Expreß** An neun Wochenenden im Sommer ziehen historische Dampflokomotiven von 1915 nostalgische Waggons, die von einem Verein liebevoll restauriert wurden, von Ibbenbüren über Bad Iburg nach Bad Laer. Dort kann man auch zusteigen. Der Fahrplan ist so gestaltet, daß Unterbrechungen unterwegs möglich sind. An manchen Terminen fährt der Zug weiter bis Gütersloh.

i Tourist Information Tecklenburger Land, Postfach 11 47, 49537 Tecklenburg, Tel. 0 54 82/7 08 15.

⑳ **Blomberg** Die sonnigen Hänge des Blomberges am Rand von Bad Laer sind oft schon im März mit blühenden Buschwindröschen, Hohlem Lerchensporn und Lungenkraut bedeckt. Später kommen dann Immergrün, Hundsveilchen, Scharbockskraut und die Waldschlüsselblume dazu. Außerdem wachsen in diesem botanisch interessanten Gebiet acht Orchideenarten, darunter die seltene Kuckucksblume.

Besonderheiten der Natur

Pflanzen Rund drei Viertel des Naturparks sind bewaldet. Wie in den meisten Teilen Deutschlands wurde der Wald zur raschen Holznutzung in einen Fichtenforst umgewandelt, dessen Unterwuchs in aller Regel recht artenarm ist. Hier und da haben sich jedoch Laubmischwälder erhalten, in denen Buche, Eiche, Esche, Ahorn und Ulme ein abwechslungsreiches Bild ergeben. Gemeiner Frauenmantel, Echtes Lungenkraut und Buschwindröschen fallen in der Krautschicht auf, in der außerdem Waldsauerklee und Waldgeißblatt zu finden sind.

Tiere Auch die Fauna gibt sich – entsprechend der Art der Bewaldung – recht unterschiedlich. In den angepflanzten Fichtenwäldern finden gerade einmal ein Dutzend Vogelarten Brutmöglichkeiten und geeignete Nahrung. In den Mischwäldern hingegen beträgt ihre Zahl ein Vielfaches. Allein die Greifvögel sind dort mit Mäusebussard (Bild), Rotmilan, Sperber und Habicht in beachtlicher „Besetzung" vertreten. Seltener kommen Baumfalke und Wespenbussard vor.

Der Mäusebussard ist eigentlich ein Vogel der Felder, weil er gern in den aufsteigenden warmen Luftsäulen dahinsegelt.

㉑ **Hasequelle** In einem Waldgebiet 3 km nordöstlich von Dissen, das selbst schon außerhalb des Naturparks liegt, befindet sich das Quellgebiet der Hase. Die einzelnen Quellen kann man sowohl erwandern als auch – mit Ausnahme des Blauen Sees – mit dem Auto ansteuern.

Die eigentliche Hasequelle gleicht einem kleinen Tümpel: Die Quelle schüttet so spärlich, daß sie in manchen Sommern sogar trockenfällt. Sehr viel ergiebiger ist die Schwarze Welle, an deren eingefaßtem Quellbecken ein schöner Picknickplatz angelegt wurde.

Die Kleine Rehquelle entspringt noch ganz ursprünglich an einem bewaldeten Hang; die Große Rehquelle ist wiederum in ein Quellbecken gefaßt. Beide Quelltöpfe liegen unmittelbar an der Straße von Dissen nach Wellingholzhausen. Eine fünfte Quelle, die wie alle anderen die Hase speist, ist von dort aus in etwa 10 Minuten bequem zu Fuß zu erreichen: der Blaue See.

㉒ **Heimattierpark Olderdissen** Rund 600 zumindest früher in Deutschland heimische Tiere werden in diesem Tierpark nahe Bielefeld gehalten. Unter den 135 verschiedenen Arten sind z. B. Wisente und Wölfe, Fischotter und Luchse. Der Park liegt reizvoll in einem engen Tal und ist täglich geöffnet; der Eintritt ist frei. Einigen Tieren darf man im Park gekauftes Futter geben.

㉓ **Bauernhausmuseum** Das kleine Bauernhausmuseum am westlichen Stadtrand von Bielefeld wird z. T. noch bewohnt. Vor dem Haus liegt ein schläfriger Hund, unter den Bäumen im Garten ist manchmal die Wäsche aufgehängt. Noch mehr Leben kehrt an einigen Sommerwochenenden ein, wenn gebacken wird oder wenn der Korbflechter oder der Holzschuhmacher alte Handwerkskünste demonstriert.

Zu dem interessanten Museum gehört nicht nur ein Fachwerkhaus aus der Zeit um 1600, sondern auch ein besonders romantisch wirkender Speicher, ein Backhaus, eine einst von Pferden angetriebene Mühle zur Flachsgewinnung und eine Bockwindmühle aus dem Jahr 1686. Das Bauernhausmuseum ist täglich außer Mo geöffnet.

i Verkehrsverein, Niederwall 25, 33602 Bielefeld, Tel. 05 21/51 27 17.

Nicht nur für Kurgäste attraktiv ist der Bad Iburger Schloßpark, der mit seinen gemütlichen Spazierwegen zum Flanieren einlädt.

Naturpark Dümmer

Zwischen den sanften, bewaldeten Höhen der Dammer Berge und des Stemweder Berges liegt im Zentrum der Dümmerniederung ein See, den Segler und Surfer ebenso schätzen wie Naturfreunde. Hier ist eine artenreiche Vogelwelt zu Hause, deren Zusammensetzung je nach Jahreszeit wechselt.

❶ **Dersaburg** Wie sich die germanischen Stämme im 9. oder 10. Jh. zu verteidigen suchten, zeigt eine gut erhaltene Fliehburg am Rand der Dammer Berge. Man nutzte eine natürliche Höhe, die ohnehin nach drei Seiten steil abfiel, und sicherte sie zusätzlich durch drei terrassenförmig übereinander angelegte Ringwälle mit jeweils vorgelagerten Gräben. Das Hügelplateau wurde zu einem 40 × 75 m großen, ovalen Lagerplatz eingeebnet. Die heute dichtbewaldete, von Wiesen und Feldern umgebene Dersaburg ist über eine Stichstraße von der Straße Holdorf–Damme aus zu erreichen.

❷ **Dammer Berge** Die bis zu 145 m hohen Dammer Berge, eigentlich ein rund 12 km langer Bergrücken, sind in der Saale-Eiszeit vor 200000 Jahren entstanden. Ein Gletscher kam hier zum Stillstand und lagerte die mitgeführten Geröllmassen als Endmoränen ab. In dieser formenreichen Landschaft mit ihren Laub- und Nadelwäldern findet man sogar steile Hänge und tief eingeschnittene Kerbtäler. Sie heißt deshalb auch Dammer Schweiz. Man kann sie auf einem markierten, etwa 16 km langen Waldlehrpfad mit 35 Stationen durchwandern, der am Erholungszentrum *Schemder Bergmark* vorbeiführt. Das Auto läßt man auf dem Parkplatz Schweizerhaus (siehe ❸) stehen. Auf halber Strecke zwischen Damme und Steinfeld liegt am Stappenberg ein Steingrab, das größte seiner Art in Nordwestdeutschland. Von der ursprünglich 32 × 8 m großen Grabkammer aus dem 3. Jahrtausend v. Chr. sind noch die mächtigen Findlinge zu sehen.

ℹ Zweckverband Erholungsgebiet Dammer Berge, Kapitelplatz 9, 49377 Vechta, Tel. 04441/898450.

❸ **Mordkuhlenberg** Einen besonders schönen Rundblick über die Geest bis zum Wiehengebirge genießt man vom hölzernen Aussichtsturm auf dem 141 m hohen Mordkuhlenberg. Der Blick schweift über die Dümmerniederung und den Stemweder Berg. Der Name Mordkuhlenberg hängt mit einer alten Räubergeschichte zusammen, die im nahen Märchenpark (Di–Sa ab 14, So ab 10 Uhr geöffnet) erzählt wird. Berg und Park sind in wenigen Minuten vom Parkplatz Schweizerhaus an der Straße Damme – Steinfeld aus zu erreichen.

❹ **Naturpfad Dammer Bergsee** Zwischen 1939 und 1967 wurde in den Dammer Bergen Eisenerz abgebaut. Im Zusammenhang mit der Erzaufbereitung entstand 1953 ein 56 ha großer künstlicher See zwischen 30 m hohen Dämmen. Seit der Einstellung der Erzgewinnung hat er sich mehr und mehr zu einem nahezu natürlichen Bergsee entwickelt, an dessen Ufer seltene Pflanzen wachsen, darunter auch Orchideen. Im Uferröhricht brüten Haubentaucher, Bläßhuhn, Zwergreiher, Rohrammer, Fitis und andere Vogelarten; im Winter kann man hier die verschiedensten Enten beobachten. Ein schmaler Naturlehrpfad führt in rund 1½ Stunden um den See herum.

❺ **Damme** Die größte Ortschaft im Naturpark ist eine moderne Stadt, in der die gewaltige kath. Pfarrkirche St. Viktor mit ihrem historischen Turm besondere Beachtung verdient.

Keinesfalls versäumen sollte man den seit 1614 gefeierten Dammer Karneval, den größten Norddeutschlands. Weil die Kirche einst dem närrischen Treiben einen Riegel vorschieben wollte und die Dammer deshalb zu einem 40stündigen Gebet von Rosenmontag bis Aschermittwoch verpflichtete, wird der Karneval samt Umzug jedoch schon eine Woche vor dem offiziellen Karnevalswochenende gefeiert.

ℹ Stadtverwaltung, 49401 Damme, Tel. 05491/6620.

❻ **Rüschendorf und Dümmerlohausen** An der Hauptstraße von Rüschendorf steht ein besonders schöner Fachwerkhof mit Reetdach, der 1764 erbaute Sandermannshof. Im benachbarten Dümmerlohausen sind zwar auch noch einige wenige Fachwerkhöfe mit Reetdach (zumindest teilweise) erhalten, doch zeigt sich hier ein neuer Trend: Während die Landwirte mittlerweile Klinkerbauten und Ziegeldächer bevorzugen, entstehen immer mehr Wohnhäuser nach alter Bautradition.

❼ **Dümmer** Wie der mit etwa 16 km² Wasserfläche zweitgrößte Binnensee Niedersachsens entstanden ist, darüber sind sich die Wissenschaftler noch nicht einig. Der Sage nach hat Karl der Große auf der Sachsenjagd die Heiden in einem Wald zusam-

An den Bootsanlegestellen im Olgahafen und auf dem Wasser herrscht an schönen Sommertagen ein reges Treiben. Segler, Paddler, Tretbootfahrer und Surfer vereinnahmen dann den flachen Dümmer.

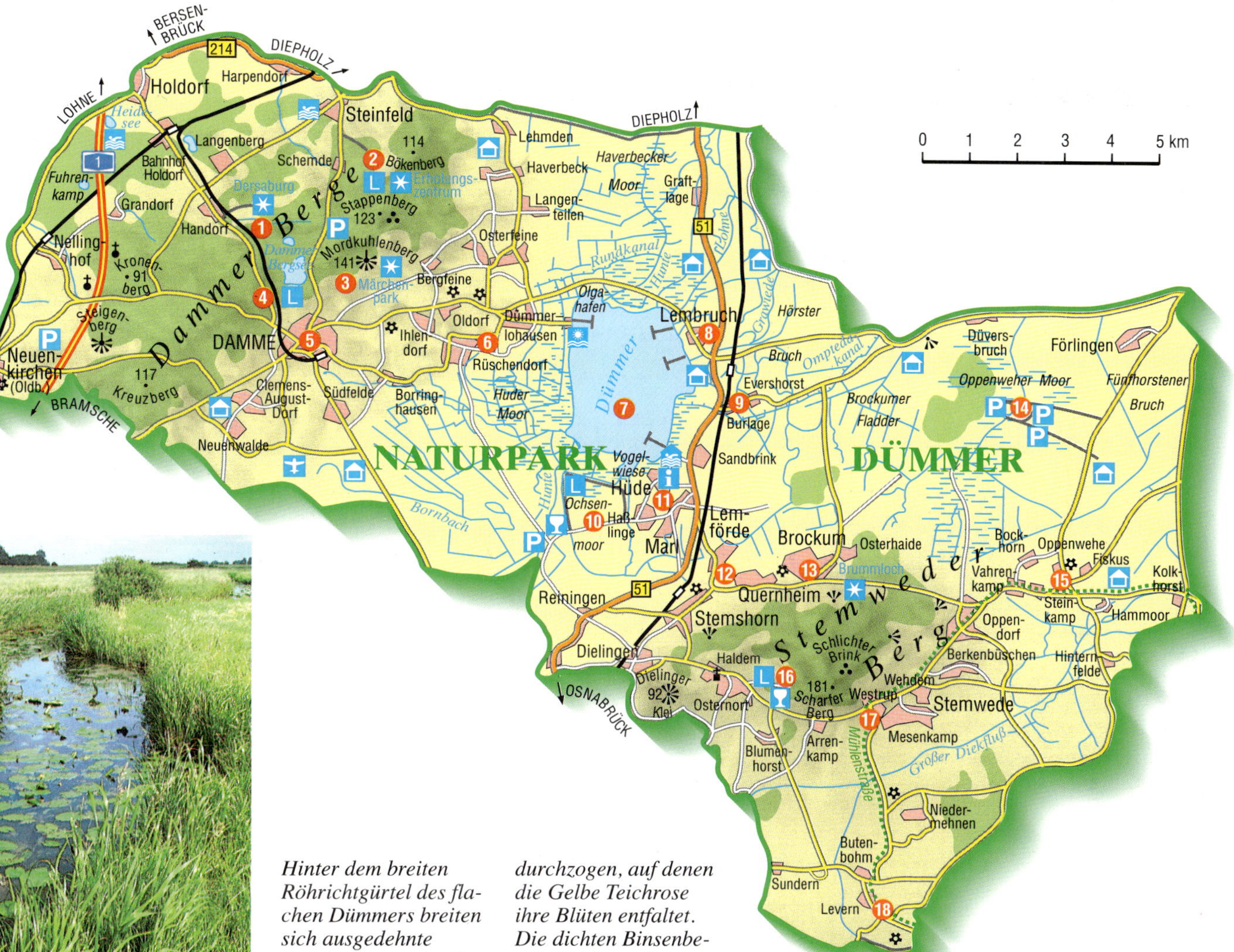

Hinter dem breiten Röhrichtgürtel des flachen Dümmers breiten sich ausgedehnte Feuchtwiesen aus. Sie sind von Wassergräben durchzogen, auf denen die Gelbe Teichrose ihre Blüten entfaltet. Die dichten Binsenbestände bieten vielen Vögeln Schutz.

mentreiben lassen und befohlen, den Wald anzuzünden. Nach dem Brand habe sich an der Stelle dunkles Wasser angesammelt: der Dümmer.

Die Geologen hingegen sehen den flachen See als Hinterlassenschaft der Saale-Eiszeit. Demnach könnte er aus einem inzwischen nahezu verlandeten Schmelzwasser-Staubecken hervorgegangen sein.

Am besten erfaßt man die ganze Schönheit, aber auch die Probleme des Dümmers, wenn man ihn auf dem 18 km langen, erst 1953 fertiggestellten Deich umrundet. Man erkennt die ausgedehnten Schilf- und Röhrichtflächen auf der Seeseite, in denen Vögel wie Große Rohrdommel und Wasserralle, Rohr- und Feldschwirl, Teich- und Schilfrohrsänger nisten. Man sieht aber auch die vielen Wassersportler, die mit Segelbooten und Surfbrettern auf dem See kreuzen und sich nicht immer an die Naturschutzbestimmungen halten. Aus wirtschaftlichen Gründen wenden sich manche Gemeinden sogar gegen das von November bis Mitte März geltende Winterfahrverbot auf dem See, das dem Schutz dort rastender

Moränen: Schutt von gestern

Das Norddeutsche Tiefland gilt unter den Geologen als der „Schuttabladeplatz Skandinaviens“, weil der Gesteinsschutt, der im Eiszeitalter von den Gletschern hier abgelagert wurde, größtenteils aus dem hohen Norden stammt. Man findet z. B. Gneis aus Schweden, Porphyr aus Norwegen, Granit aus Finnland, Feuerstein aus Dänemark und Kalkstein aus den baltischen Ländern. Ohne die eiszeitlichen Ablagerungen, die an manchen Stellen mehrere hundert Meter dick sind, würde der gesamte Bereich zwischen der heutigen Küste und dem Rand der Mittelgebirge, von einigen kleinen Inseln abgesehen, unter dem Meeresspiegel liegen.
Den eiszeitlichen Gletschern verdankt das Tiefland auch seine wenigen Berge und Hügel, vom Hümmling im Westen über die Dammer Berge im Naturpark Dümmer bis zum Fläming im Osten. Sie gehören zu Endmoränenzügen, die den Eisrand während der verschiedenen Vereisungen darstellen. Die

Moränen aus der Saale- und der Elstereiszeit (vor 120 000–180 000 bzw. 260 000–400 000 Jahren) sind als Altmoränen mehr oder weniger stark abgetragen und die Sedimente, aus denen sie bestehen, tiefgründig verwittert. Wo sie aufgeschlossen sind, erkennt man ihre Zusammensetzung: umgeschichtete Schotter, Kiese, Sande und Lehm (Bild).

Eine originelle Attraktion am Stemweder Berg ist das 50 cm tief in den Fels gehauene Brummloch. Wenn man den Kopf hineinsteckt und einen Summton in der richtigen Höhe anstimmt, geht das Summen in ein kräftiges Dröhnen über, das bald den ganzen Körper vibrieren läßt.

und überwinternder Wasservögel dienen soll. Auch die Feuchtwiesen in der Verlandungszone sind ein Vogelparadies. Noch aber fehlt den Landkreisen das Geld, um landwirtschaftlich extensiv genutzte Flächen aufzukaufen und ganz dem Naturschutz zu unterstellen. Die Bauern bringen weiterhin Gülle aus, die über Gräben und Bäche in den See gelangt. Der hohe Phosphatgehalt des Abwassers führt zu einem unkontrollierten Algenwachstum – der Sauerstoff wird aufgezehrt, und der See verschlammt. Als Gast am Dümmer kann man dazu beitragen, daß die unterschiedlichsten Interessen gewahrt bleiben, indem man sich streng an alle Schutzvorschriften hält.

Am Ostufer des Sees sowie am Olgahafen bei Dümmerlohausen werden Ruder-, Tret- und Segelboote vermietet; hier kann man auch an 45minütigen Segelrundfahrten teilnehmen. An mehreren sandigen Badestellen können Kinder in dem höchstens 1,5 m tiefen See planschen.

ℹ Verein Naturpark Dümmer e. V., Niedersachsenstr. 2, 49356 Diepholz, Tel. 0 54 41/9 56 67.

❽ **Lembruch** Lembruch ist eines der beiden Urlaubszentren am See. In den Gasthäusern kann man nicht nur Süßwasserfische aus dem Dümmer, sondern insbesondere im Mai und Juni auch den regionalen Spargel sowie im Winter Oldenburger Grünkohl mit Pinkel, eine berühmte norddeutsche Spezialität, genießen.

Über Tierwelt und Geschichte am Dümmer informiert das Dümmer-Museum am Seeufer (geöffnet Mitte März–Mitte Oktober täglich außer Mo). Die Vogelwelt wird in Dioramen mit zahlreichen Tierpräparaten und Gelegen vorgestellt; die im See vorkommenden Fischarten sind in Aquarien zu sehen. Die vorgeschichtliche Besiedlung des Gebietes belegen ein etwa 5000 Jahre alter hölzerner Einbaum sowie Feuersteinwerkzeuge und Keramik.

ℹ Fremdenverkehrsamt, Große Str. 142, 49459 Lembruch, Tel. 0 54 47/2 42.

❾ **Marienkirche** Das bedeutendste Kulturdenkmal im Naturpark ist die kleine, auf den ersten Blick eher unscheinbare Marienkirche in Burlage. Von April bis Oktober ist sie täglich ganztägig geöffnet. Ihr ältester Bauteil ist der niedrige, heute als Sakristei bezeichnete gotische Chor einer alten Benediktinerinnenkirche aus dem 14. Jh. An ihn schließt das höhere Kirchenschiff aus dem späten 16. Jh. mit einem schönen Fachwerkgiebel an. Der Turm wurde nach einem Brand im Jahr 1990 nach altem Vorbild wieder aufgebaut. Im Innern der Kirche fasziniert die eigenartige Emporengalerie, die nahezu den ganzen Raum umschließt. Kunstgeschichtlich bedeutend sind der barocke Kanzelaltar und der Taufständer, beide von 1713, sowie die geschnitzten Apostelfiguren und die bemalte Skulptur der Anna selbdritt aus dem 15. Jh.

❿ **Vogelschutzwanderweg am Ochsenmoor** Das Ochsenmoor gehört wie das Oppenweher Moor zur Niederung des Großen Moores, die sich von Goldenstedt, nordöstlich von Vechta, bis zum Teutoburger Wald erstreckt. Kiebitz und Rohrweihe, Goldammer und Brachvogel sind nur einige der Vogelarten, die man auf der Tour durch das Ochsenmoor mit großer Wahrscheinlichkeit zu sehen bekommt. Auch Graureiher, Lachmöwen und Graugänse sind häufig anzutreffen. Der knapp 9 km lange Fuß- und Radrundwanderweg verläuft ein kurzes Stück durch die Busch- und Erlenzone nahe dem Deich und führt an den Weiden im Ochsenmoor und an Feuchtwiesen vorbei. Zu diesen gehört auch die Vogelwiese, die im Winter künstlich überschwemmt wird, um durchziehenden und rastenden Wasservögeln einen Ersatz für die durch die Eindeichung des Dümmers verlorengegangenen Feuchtgebiete zu schaffen. Zur Einkehr lädt unterwegs der *Schäferhof* ein, in dem Lammspezialitäten angeboten werden.

ℹ Informationszentrum des Naturschutzbundes Deutschland, Am Ochsenmoor 40, 49448 Hüde, Tel. 0 54 43/13 67.

⓫ **Hüde** Die Gemeinde am südlichen Ufer des Dümmers ist das zweite Urlaubszentrum des Naturparks. Man kann dort an naturkundlichen Führungen teilnehmen, die vom Informationszentrum des Naturschutzbundes Deutschland veranstaltet werden. Oder man erwirbt eine Berechtigungskarte für Angler und versucht sein Glück. Für eine Fahrradtour um den See oder durch den Naturpark kann man sich Räder ausleihen, und auch das Hallenbad (täglich außer Mo geöffnet) ist zu empfehlen, da man im Dümmer wegen der geringen Wassertiefe und der zeitweiligen Verschmutzung nur bedingt schwimmen kann.

ℹ Fremdenverkehrsamt Lembruch, siehe ❽ und Samtgemeinde Altes Amt Lemförde, siehe ⓬.

⓬ **Lemförde** In dem Ort mit seinen vielen Fachwerkhäusern, darunter dem aufwendig restaurierten Amtshof aus dem 17. Jh. am Markt, ist einer der größten deutschen Orchideenzuchtbetriebe ansässig. In seinen weitläufigen Gewächshäusern sind das ganze Jahr über exotische Blumen zu bewundern; ein wahres Blütenmeer erwartet

den Besucher im Dezember und Januar. Besichtigung und Einkauf sind Mo–Fr, dazu an jedem Sa von Oktober bis März sowie an jedem ersten Sa im Monat von April bis September möglich.
i Samtgemeinde Altes Amt Lemförde, Bahnhofstr. 10a, 49448 Lemförde, Tel. 0 54 43/2 09 19.
⓭ **Brockum** Seit 1570 ist der 1000jährige Ort jedes Jahr im Herbst Schauplatz eines großen Marktes, zu dem heute neben dem traditionellen Viehmarkt auch eine Landmaschinenausstellung, eine Gewerbeschau und ein Rummelplatz gehören. An der Straße nach Quernheim gibt es niedrige Dünen.
i Samtgemeinde Altes Amt Lemförde, siehe ⓬.
⓮ **Oppenweher Moor** Unweigerlich denkt man an *Der Knabe im Moor*, jenes Gedicht der Annette von Droste-Hülshoff, wenn man an den dunklen Moorwassern am Rand dieses 600 ha großen Naturschutzgebietes steht. Bäuerlicher Torfstich hatte zwar auch hier schon zur Heidebildung geführt, doch durch den Bau von Stauanlagen und das Verfüllen von Gräben hat es sich gut regeneriert. Über 400 Tierarten sind hier bereits wieder heimisch geworden, darunter Kreuzotter, Schwarzkehlchen und Moorfrosch. Von drei Wanderparkplätzen aus führen vier Rundwanderwege – z. T. über Bohlen – um und durch das Moor.
⓯ **Oppenwehe** Am Rand des Spargeldorfes Oppenwehe wirkt die alte Bockwindmühle aus dem Jahr 1705 durch ihren Bretteraufbau wie ein Relikt aus vergangenen Tagen.

Feuchter Lebensraum aus zweiter Hand

Ursprünglich bot der Dümmer mit seinen offenen Wasserflächen, Schilfbeständen und Feuchtwiesen einer artenreichen Vogelwelt einen angemessenen Lebensraum. Nach der Eindeichung des Sees und der Hunte verschwanden jedoch nach und nach die ökologisch wertvollen Feuchtwiesen – und mit ihnen die dort heimischen Brutvögel. So gingen die Naturschützer daran, insgesamt drei Bereiche wieder in solche wertvollen Biotope zurückzuverwandeln. Sie umgaben diese mit Erdwällen und fluten sie nach einem genau festgelegten Schema mit Hilfe windgetriebener Pumpen. Den Stickstoffeintrag von den mit Gülle gedüngten Wiesen und Feldern ringsum können sie dadurch allerdings nicht verhindern.
Die künstlichen Feuchtwiesen kommen den natürlichen trotzdem offenbar nahe, denn bald erschienen viele der gefiederten Gesellen wieder und brüteten dort: Kiebitze (Bild), Uferschnepfen und Bekassinen tauchten auf, und selbst die extrem selten gewordenen Kampfläufer fanden sich ein.
In jeweils Hunderten von Exemplaren fallen außerdem zur Zeit des Vogelzuges Gastvögel wie Grau-, Saat- und Bläßgänse ein, um auf den Wiesen zu grasen und frische Kräfte für ihre anstrengende Reise zu sammeln.

Zwischen April und Oktober ist sie einmal monatlich wieder in Betrieb; der gepflegte Picknickplatz davor lädt das ganze Jahr über zur Rast ein.
i Fremdenverkehrsamt, Buchhofstr. 17, 32351 Stemwede, Tel. 0 57 45/1 09 30.
⓰ **Stemweder Berg** Während die Dammer Berge im Norden des Dümmers nur etwa 200 000 Jahre alt sind, ist der bis zu 181 m hohe Stemweder Berg schon vor etwa 70 Mio. Jahren entstanden. Er ist kein Überbleibsel aus der Eiszeit, sondern der aus Muschelkalkablagerungen aufgebaute nördlichste Ausläufer des deutschen Mittelgebirgslandes. Natürliche Buchenwälder und einige Fichtenschonungen bedecken ihn. Der Stemweder Berg ist von zahlreichen markierten Wanderwegen überzogen; ein guter Ausgangspunkt für Spaziergänge ist das Berggasthaus *Wilhelmshöhe* bei Haldem, in dessen Nähe auch ein informativer Forstlehrpfad beginnt.

Fossilienfunde sind bei Brockum zu sehen, und dort lohnt auch ein kleiner Steinbruch den Besuch: Im sog. Brummloch im Steinbruch läßt sich ein interessantes physikalisches Experiment durchführen. Auf dem Schlichter Brink kann man ein Hügelgrab besichtigen.
⓱ **Westrup** Das schmucke Dorf am Rand des Stemweder Berges ist ein bedeutendes Obstanbauzentrum. Es zieht nicht nur während der Baumblüte, sondern auch zur Zeit der Apfelernte die Besucher an.
i Fremdenverkehrsamt Stemwede, siehe ⓯.
⓲ **Levern** Um die geschichtsträchtige, im Kern romanische Pfarrkirche herum findet man das schönste historische Ortsbild im ganzen Naturpark. Besonders auffällig sind die fünf großen Stiftshäuser aus dem 17. und 18. Jh. Ein noch stimmungsvolleres Fachwerkensemble bilden die drei aneinandergebauten Häuser am Kirchplatz 88.

Ebenfalls reizvoll ist die Windmühlenanlage am Ortsrand, zu der außer einer restaurierten Mühle von 1922 mehrere Nebengebäude gehören. Hier werden an einigen Tagen im Jahr originelle Mahl- und Backfeste gefeiert, und Konzerte und Folkloreveranstaltungen finden statt.
i Fremdenverkehrsamt Stemwede, siehe ⓯.

Diese schön restaurierte Bockwindmühle setzt einen nostalgischen Akzent im Spargeldorf Oppenwehe.

Naturpark Steinhuder Meer

Niedersachsens größter Binnensee zieht an schönen Sommertagen viele Besucher an. Große Teile seiner Ufer stehen unter Naturschutz, doch der Konflikt zwischen den Erholungsuchenden und den Belangen der Natur ist am Steinhuder Meer vorbildlich gelöst worden.

Weiße Segel auf einer glitzernden Wasserfläche, eingebettet in eine heitere Landschaft – so präsentieren sich das Steinhuder Meer und seine Umgebung.

❶ **Grinderwald** Im 17. und 18. Jh. war dieses Waldgebiet ein bevorzugtes Jagdrevier der hannoverschen Herzöge und Kurfürsten. Mitte des 19. Jh. wurde es als Nutzwald extensiv bewirtschaftet. Heute steht hier wieder überwiegend Mischwald. Bester Ausgangspunkt für schöne Wanderungen ist das Gasthaus *Lindenhof* in Linsburg. Wandert man auf dem markierten Weg in den Wald hinein, passiert man den Großen und Kleinen Stern, von denen einst strahlenförmige Schneisen für die Parforcejagden ausgingen.

ℹ Naturparkinformationsstelle, Mardorfer Str. 6a, 31535 Neustadt am Rübenberge, Tel. 0 50 36/8 89.

❷ **Rehburg-Loccum** Im Zentrum von Rehburg fallen der Ratskeller und die Bauschule auf. Sie sind Werke der hiesigen Architekten Ernst und Wilhelm Meßwarb. Außerhalb der Stadt sind nahe der Straße nach Loccum die Grundmauern eines um 1050 gegründeten Klosters zu sehen. Von der Straße nach Husum zweigt eine Zufahrt zur Düsselburg ab, einer um 800 angelegten sächsischen Ringwallanlage. Am Kloster und an der Burg stehen Informationstafeln mit Rekonstruktionszeichnungen der kaum noch erkennbaren Ruinen.

ℹ Stadtverwaltung, Heidtorstr. 2, 31547 Rehburg-Loccum, Tel. 0 50 37/30 20.

❸ **Mardorf** Der Ort ist Sitz der von April bis Oktober Di–Sa geöffneten Informationsstelle des Naturparks. Hier erfährt man u. a. die Termine geführter Wanderungen, etwa zum Goliathstein, einem monumentalen Findling. Von Beobachtungstürmen und -plattformen aus kann man die vogelreichen Uferzonen der Naturschutzgebiete am West- und Ostufer des Sees einsehen. Ein schöner Badestrand ist die Weiße Düne vor dem gleichnamigen Restaurant.

ℹ Fremdenverkehrsverein Mardorf, Mardorfer Str. 6, 31535 Neustadt am Rübenberge, Tel. 0 50 36/6 55; siehe auch ❶

❹ **Totes Moor** Weite Moorflächen am Steinhuder Meer werden noch immer abgebaut. Hoch- und Niedermoor gibt es am Ostufer, wo ein etwa 13 km langer, markierter Wanderweg von der Gaststätte *Klabautermann* am östlichen Rand von Mardorf bis nach Steinhude führt. Man kommt an den Kuhlen vorbei, in denen die Bauern früher Torf stachen, und sieht schöne, bereits renaturierte Hochmoorflächen. Vom Aussichtsturm Großenheidorn aus im Schilfgürtel kann man die artenreiche Vogelwelt beobachten. Dieser Abstecher ist nur zu Fuß möglich; der übrige Wanderweg darf auch mit dem Rad befahren werden.

ℹ Naturparkinformationsstelle, Neustadt, siehe ❶

❺ **Dinosaurierpark Münchehagen** Rund um das Naturdenkmal der Saurierfährten ist 1992/93 ein einzigartiges Freilichtmuseum entstanden. An einem 2,5 km langen Lehrpfad stehen über 130 lebensgroße Sauriermodelle (täglich geöffnet von Mitte Januar bis Mitte Dezember). Vom nahen Wilhelmsturm in den Rehburger Bergen hat man eine herrliche Sicht bis zur Weser.

ℹ Dinosaurierpark Münchehagen, Alte Zollstr., 31547 Rehburg-Loccum, Tel. 0 50 37/13 16.

❻ **Winzlar** Das Haufendorf ist einer der wenigen seenahen Orte, die nicht vom Tourismus geprägt sind. Bei einem Spaziergang sieht man noch zahlreiche Bauernhöfe. Die

Wie ein Bild von Anno dazumal: ein Steinhuder Aalfänger. Heute werden in Steinhude fast nur noch importierte Aale angeboten.

Besucherlenkung am See

Am Steinhuder Meer, das an manchen Wochenenden von 50 000 Menschen besucht wird, haben die Verantwortlichen eine beispielhafte Lösung zur Steuerung des Massenandrangs erarbeitet.
Durch ein kostenloses Buspendelsystem und Auffangparkplätze außerhalb der empfindlichen Zonen wurden die Autos vom Seeufer zurückgedrängt.
Auch die Fußgänger wurden in das Konzept einbezogen, weil sie oft die Wege verließen und der Natur – meist ungewollt – Schaden zufügten. Es wurden Brücken und Stege eingerichtet, die vom Seerundweg zu Beobachtungsplattformen und -türmen (Bild) führen. Wer von dort aus alles Interessante sieht, braucht nicht in die Schutzzonen einzudringen.
Den Seglern und Surfern wurde mit Hilfe von Bojen der Weg an die geschützten Uferabschnitte im Westen und Osten verwehrt. Weil im Norden, in der Mitte und im Süden reichlich Platz vorhanden ist, gewöhnten sich die meisten Wassersportler schnell an die Regeln.
Diese Maßnahmen erwiesen sich als so erfolgreich, daß das Steinhuder Meer 1984 im ersten Bundeswettbewerb der Naturparks zum Thema „Naturparks zwischen Naturschutz und Erholung – Vorbildliche Konfliktlösungen“ mit der Goldmedaille ausgezeichnet wurde.

Ökologische Schutzstation Steinhuder Meer im Ortszentrum informiert über den Naturschutz in der Region und gibt ökologische Tips (Mo–Do 9–12 und 14–17, Fr 9–15 Uhr geöffnet, Sa und So auf Anfrage).
ℹ Ökologische Schutzstation Steinhuder Meer, Hagenburger Str. 16, 31547 Rehburg-Loccum, Tel. 0 50 37/56 36.

❼ **Festung Wilhelmstein** Die Insel wurde 1761–65 künstlich aufgeschüttet und in den folgenden Jahren zur Festung ausgebaut. Sie war Militärschule und Gefängnis; heute ist sie Museum. Gezeigt werden vornehmlich Militaria aus dem 18. Jh. Übersetzen kann man mit Schiffen, „Auswanderer“ genannt, ab Mardorf und Steinhude.
ℹ Verkehrsamt Steinhude, Meerstr. 2, 31515 Wunstorf, Tel. 0 50 33/17 45.

❽ **Hagenburg** Im Findlingsgarten von Hagenburg erfährt der Besucher nicht nur, um welche Gesteinsarten es sich bei den 23 mächtigen Brocken handelt, sondern meist auch, von wo sie durch die vorrückenden Gletscher der Eiszeit nach Norddeutschland transportiert wurden. Nahe dem kleinen Heimatmuseum kann man zu einer etwa 30 km langen Wanderung rund um den See aufbrechen, die am Naturschutzgebiet Meerbruch entlangführt.
ℹ Fremdenverkehrsverein Hagenburg, 31558 Hagenburg, Tel. 0 50 33/76 80.

❾ **Steinhude** Fischläden und -räuchereien prägen ebenso das Ortsbild Steinhudes wie schmucke Fachwerkhäuser. Der berühmte Steinhuder Aal wird inzwischen zwar größtenteils importiert, aber immer noch in Steinhude geräuchert. An den Bootsstegen liegen private Segelboote sowie Ausflugsschiffe, die für das Steinhuder Meer typischen „Auswanderer“; Ruder-, Elektro- und Tretboote können gemietet werden. Es gibt eine künstliche Badeinsel mit schönen Liegewiesen und Sandstrand am Ortsrand.

Wie die Menschen in Steinhude früher lebten, zeigt das Fischer- und Webermuseum. Vergnügliches und Originelles gibt es im Spielzeugmuseum zu sehen. Außerdem informiert ein Aquarium über die Tierwelt im See.
ℹ Verkehrsamt Steinhude, siehe ❼.

An schönen Sommertagen herrscht reges Treiben auf der Steinhuder Strandpromenade. Viele Hannoveraner zieht es zu „ihrem“ Meer, das auch abseits allen Trubels viel Interessantes zu bieten hat.

15 Weserbergland

Am großen Strom

Auf ihrem Weg zur Nordsee muß sich die Weser durch manchen Bergkamm zwingen. Der Strom erfüllt diese Aufgabe mit norddeutscher Gelassenheit und läßt sich in den breiten Niederungen zwischen den Gebirgen, wie hier bei Polle, Zeit für weite Windungen.

Weserbergland

Naturpark Meißner–Kaufunger Wald

Größe: 421 km², gegründet 1962.

Der Naturpark liegt im äußersten Nordosten Hessens und umfaßt die abwechslungsreiche Mittelgebirgslandschaft zwischen Werra und Fulda. Im Südosten des Naturparks erhebt sich – weithin sichtbar – der 750 m hohe Basaltrücken des Meißners. Im Norden liegt der durchschnittlich 500 m hohe Kaufunger Wald, bekannt für seine mächtigen Buchen und Linden. Er reicht im Westen wie der gleichfalls noch in den Naturpark einbezogene Höhenzug der Söhre bis an den dichtbesiedelten Ballungsraum Kassel heran. Für die Bevölkerung dieser Großstadt ist der Naturpark ein Naherholungsgebiet.

In den Wäldern des Höllentales kann man die langen Blütenstengel des Salomonsiegels entdecken.

Der sagenumwobene Hohe Meißner ist – nach dem Vogelsberg – der höchste Gipfel im Nordhessischen Bergland. Seine Hänge ragen rund 450 m über die Umgebung auf. Zum Werratal beträgt der Höhenunterschied sogar fast 600 m. Die Bergflanken sind von Laubwald bedeckt, während die Hochfläche teils von Nadelwald, teils von Hochmooren und Heideflächen eingenommen wird. Das Klima auf dem Meißner ist so rauh, daß dort subalpine und subarktische Reliktpflanzen überdauern konnten. Verschiedene Farne, Flechten, Moose, Bärlappgewächse, aber auch Trollblumen und Arnika gehören zur Pflanzenwelt des Meißners. Verbreitet sind an den moorigen Stellen des Plateaus außerdem Sauergräser wie die Schnabelbinse sowie das hübsche Wollgras.

Auch aus geologischer Sicht bietet der Meißner manche Besonderheit. Sein Sockel aus Buntsandstein wird überlagert von Ablagerungen des Tertiärs, die ein mächtiges Kohleflöz einschließen. Schon vor Jahrhunderten wurde hier Braunkohle abgebaut, anfangs im Stollenbau, in diesem Jahrhundert dann im Tagebau. Zur Beseitigung der Wunden, die Bergbau und Basaltabbau verursacht haben, wurden umfangreiche Rekultivierungsarbeiten in die Wege geleitet.

Einen landschaftlichen Kontrast zum Meißner bildet das Werratal, die natürliche Ostgrenze des Naturparks. Über 150 000 Kirschbäume verwandeln die Talniederung bei Witzenhausen jedes Frühjahr in ein Blütenmeer.

ℹ Zweckverband Naturpark Meißner–Kaufunger Wald, Landratsamt, 37213 Witzenhausen.

Naturpark Münden

Größe: 374 km², gegründet 1959.

Wo sich Fulda und Werra zur Weser vereinigen, also im südlichsten Zipfel Niedersachsens, liegt dieser Naturpark. Er umfaßt östlich der Weser den Bramwald und den Hohen Hagen (508 m) mit dem Dransberg (445 m) sowie zwischen Fulda und Werra die Lutterberger Höhe und den Nordwesten des Kaufunger Waldes.

Die Gierfähre über die Weser bei Hemeln wird von der Strömung angetrieben.

Dichte Laubwälder, teilweise mit schönem altem Buchen- und Lindenbestand, sind charakteristisch für den Naturpark. Vor allem der Kaufunger Wald, der im Großen Steinberg an der Südostgrenze des Naturparks 542 m Höhe erreicht, gilt als besonders wildreich. Der Bramwald steht in Teilen unter Naturschutz und dient auch als Lehrforst. Im Norden wird er durch das tief eingeschnittene Tal des Niemebaches begrenzt, im Westen fällt er steil zur Weser hin ab. Vom Rand des Bramwaldes bieten sich reizvolle Ausblicke auf das Wesertal und den Reinhardswald.

Ein bekannter Aussichtspunkt im Naturpark ist der Hohe Hagen, von dessen Turm sich die Hügellandschaft zwischen Leine und Weser weithin überblicken läßt. Die Wiesen am Hohen Hagen und an einigen benachbarten Basaltkuppen wurden wegen ihres bemerkenswerten Reichtums an seltenen Pflanzen, darunter auch verschiedene Orchideenarten, unter Naturschutz gestellt.

ℹ Verein Naturpark Münden e. V., Wilhelmstr. 3a, 34346 Münden.

Naturpark Habichtswald

Größe: 471 km², gegründet 1962.

Der Naturpark liegt in Nordhessen zwischen Waldecker Land und Reinhardswald. Im Osten reicht er mit dem Bergpark Wilhelmshöhe und der Löwenburg bis an den Stadtrand von Kassel heran. Dessen Bewohner schätzen den Habichtswald als stilles Wanderrevier vor ihrer Haustür.

Sandstein, Kalkstein und Basalt, also recht unterschiedliche Gesteine, bilden den geologi-

Eine harmonische Verbindung gehen Natur und Architektur im Kasseler Bergpark Wilhelmshöhe ein.

schen Untergrund des Habichtswaldes. Das erklärt auch zu einem gut Teil, warum im Naturpark so außerordentlich vielfältige Pflanzengesellschaften anzutreffen sind.

Von besonderer Schönheit sind die großen Laubwälder, meist Buchenbestände, auf den Bergrücken. In engen Tälern herrschen dagegen Ahorn und Esche vor. Dort gedeihen auch Waldpflanzen wie Frauenschuh, Seidelbast und Goldfarn.

Wo Kalkgestein den Untergrund bildet, hat sich auf warmen Hängen eine steppenartige Flora ausgebreitet. Das Naturschutzgebiet Dörnberg im Nordosten des Naturparks umfaßt das größte dieser Trockenrasengebiete.

Auch die Basaltböden bringen besondere Pflanzengesellschaften hervor. Typische Vertreter sind Pech- und Pfingstnelke sowie Wimperfarn.

i Zweckverband Naturpark Habichtswald, Kasinoweg 22, 34369 Hofgeismar.

Naturpark Solling–Vogler

Größe: 527 km², gegründet 1966.

Unmittelbar östlich an die Weser im Abschnitt Bodenfelde–Bodenwerder anschließend, umfaßt der Naturpark eines der größten geschlossenen Waldgebiete in Niedersachsen. Der Solling ist ein Sandsteinmassiv, das sich wie eine gewaltige kuppelförmige Aufwölbung bis zu einer Höhe von 528 m erhebt. Etwas bescheidenere Ausmaße hat der sich nördlich anschließende Vogler, der bis auf 461 m ansteigt.

Fast der gesamte Naturpark wird von artenreichen Wäldern eingenommen. Buchen, Eichen und Fichten sind am häufigsten anzutreffen, an warmen Südhängen jedoch auch Esche, Ahorn und Bergulme. Die großen Waldgebiete sind außerordentlich reich an Wild. Vor allem Rothirsch, Wildschwein und Reh sind weit verbreitet, daneben aber auch das ursprünglich auf Korsika und Sardinien heimische Muffelwild.

Der Solling hat sich in Norddeutschland als Urlaubslandschaft einen Namen gemacht. Besonders Wanderfreunde zieht es in diesen Teil des Weserberglandes, wo sie ein dichtes Netz von Wanderwegen vorfinden.

i Zweckverband Naturpark Solling–Vogler, Neuhaus im Solling, Schloßplatz 6, 37603 Holzminden.

Wacholderheide bedeckt die Burgberghänge im Norden des Sollings. Schafe tragen zu ihrem Erhalt bei.

Naturpark Weserbergland/Schaumburg–Hameln

Größe: 1116 km², gegründet 1975.

Weite Teile des Berglandes beiderseits der Oberweser um die Stadt Hameln bilden den Naturpark. Das in zahlreiche Höhenzüge gegliederte Hügelmosaik ist zu einem gut Teil Acker- und Wiesenland. Die offene Landschaft steht in reizvollem Kontrast zu den bewaldeten Höhen.

In den Naturpark einbezogen ist auch eine Reihe von Städten und Dörfern sowie Kurorte wie Bad Pyrmont und Bad Münder. Eng mit der Weser verbunden ist seit alters die Rattenfängerstadt Hameln mit ihrer sehenswerten Altstadt.

Im Norden flankieren die bewaldeten Höhenzüge der Bückeberge und des Deisters den Naturpark. Nach Süden schließen sich östlich der Weser die markanten Schichtrippen von Süntel und Ith, westlich der Weser die großen Waldgebiete um Bad Pyrmont an. Gerade der stufenförmig zur Weser hin abfallende Südhang des Süntels zählt zu den reizvollsten Landschaften im Naturpark. Steile Felsen aus harten Massenkalken wechseln hier mit sanften Hängen aus weicheren Gesteinsschichten.

Besonders markant ausgeprägt ist der Schichtkamm des Iths. Vom felsigen Grat des Höhenzuges aus bietet sich ein weiter Blick auf das Wesertal.

Buchen und Eichen sind die vorherrschenden Baumarten. Die Wälder des Naturparks sind durch Wanderwege hervorragend erschlossen. Waldlehrpfade und geologische Lehrpfade tragen dazu bei, das Verständnis für die Landschaft des Weserberglandes zu vertiefen.

i Verkehrsbüro, Deisterallee, 31785 Hameln.

Ihr berühmtes Wahrzeichen hat die Stadt Hameln in einem originellen Glockenspiel am Hochzeitshaus verewigt.

Naturpark Meißner–Kaufunger Wald

Der Meißner, König der nordhessischen Berge, thront über einer bunt zusammengewürfelten Landschaft und wacht über Basaltrücken und Buntsandsteinplateaus, schier endlose Buchen- und Fichtenwälder, das von Kalkfelsen gesäumte Werratal, die Ausläufer des Ringgaus und des Kaufunger Waldes.

Weit über das Blätterdach des Kaufunger Waldes ragt der Aussichtsturm auf dessen höchstem Punkt, dem Bilstein (642 m).

❶ **Erlebnispark Ziegenhagen** Der auf dem Gelände eines ehem. Rittergutes eingerichtete Erlebnispark ist seit seiner Gründung vor mehr als 25 Jahren ständig erweitert worden. Heute umfaßt er fünf Bereiche: einen Freizeitpark mit Sandbahn-Buggys, Eisenbahn, Wasserspringboot und vielen anderen Attraktionen; Abenteuer- und Familienspielplätze; ein Märchenreich mit Figurenpuppen aus der Welt der Märchen und Sagen; die „Jungmühle" mit ihren Trampolinen, Luftkissen und Rüttelplatten, die zwar keine Verjüngungskur, dafür aber sportliches Vergnügen garantieren; der Tierpark, dessen Bestand mittlerweile auf ungefähr 150 Tierarten angewachsen ist. Dem Erlebnispark sind auch drei Museen angeschlossen: ein Auto- und Motorradmuseum mit 350 historischen Fahrzeugen, ein Eisenkunstguß-Museum mit über 500 alten Ofen- und Kaminplatten sowie das sog. Jahrhundertmuseum mit den verschiedensten Exponaten. Der Park und die Museen sind im März Sa, So und von April bis Ende Oktober täglich geöffnet.

ℹ Erlebnispark Ziegenhagen, 37217 Witzenhausen, Tel. 0 55 45/2 46 oder 5 04.

❷ **Mühlenberg** Im äußersten Westen geht das Bergland zwischen Fulda und Werra ohne scharfe Grenze in das dichtbesiedelte Kasseler Becken über. Hier wurden die Wälder auf den fruchtbaren Lößlehmböden schon in grauer Vorzeit gerodet und nehmen seither nur noch kleine Flächen ein. Der schöne Eichen-Hainbuchen-Wald auf dem Mühlenberg gehört zu den größten Waldbeständen der Region. Ein 2 km langer Waldlehrpfad, der am Parkplatz Mühlenberg beginnt und endet, erläutert auf 20 Schautafeln die Besonderheiten dieser artenreichen Pflanzengemeinschaft. Am Weg liegen mehrere Hügelgräber, die als archäologische Denkmäler an die Besiedelung der nordhessischen Lößgebiete z. T. bereits in der Jungsteinzeit erinnern.

Ein Denkmal ganz anderer Art steht etwa 1 km vom Parkplatz an der Straße nach Niederkaufungen beim Gut Windhausen: das wahrscheinlich einzige Affendenkmal der Welt. Die Inschrift auf der Steinsäule berichtet vom Schicksal der Affen, die der Gutsherr Martin Ernst von Schlieffen (1764 bis 1825) auf seinem Hof gehalten hatte.

❸ **Freizeitpark Steinertsee** Der Steinertsee zwischen den Ortsteilen Nieder- und Oberkaufungen ist ein gelungenes Beispiel für die Rekultivierung eines Zechengeländes und einer ehem. Mülldeponie. Rund um den künstlichen See erstrecken sich in der Talaue der Losse ausgedehnte Grünflächen. Für Kinder gibt es einen hübschen Abenteuerspielplatz; die vielfältige Vogelwelt, die den See mit seinem Schilf- und Auwaldgürtel als Rast- und Brutplatz angenommen hat, kann sich in das Vogelschutzgebiet zurückziehen. Ein Gasthaus, ein Grillplatz und eine Modelleisenbahn ergänzen die Freizeiteinrichtungen.

❹ **Kaufungen** Die Einwohner der Gemeinde im Lossetal lebten früher vor allem vom Bergbau. 1554 wurde beim Ortsteil Oberkaufungen das erste Alaunbergwerk Hessens angelegt. Später kamen vier Braunkohlenzechen sowie mehrere Sand- und Tongruben hinzu. Oberkaufungen, das im Schutz einer Kaiserpfalz entstand, besitzt mit dem ehem. Benediktinerinnenstift eines der architektonischen Kleinode im Fulda-Werra-Bergland. Innerhalb der mächtigen Anlage, die 1017 in der Kaiserpfalz gegründet und später vielfach umgebaut wurde, sind besonders die spätgotischen Wandmalereien in der Stiftskirche,

Spaß, Spiel und Zeitvertreib für alle Altersstufen verspricht der weithin bekannte und beliebte Erlebnispark Ziegenhagen.

der Stiftshof mit seinen prächtigen Fachwerkhäusern sowie das Kaufunger Regionalmuseum in der Alten Schule sehenswert.

ℹ Verkehrsamt, Leipziger Str. 463, 34260 Kaufungen, Tel. 05605/8020.

5 Bilstein Im Südosten des Kaufunger Waldes liegt dieser 642 m hohe Berg. Auf der Höhe über bewaldeten Bachtälern steht der Bilsteinturm mit großartiger Aussicht auf die Gebirge im Dreiländereck von Hessen, Thüringen und Niedersachsen.

Ausgangspunkt für eine Wanderung zum Bilstein ist der Parkplatz Kohlenstraße nördlich von Großalmerode (Wegweiser an der B 451 Großalmerode–Helsa). Der Rundwanderweg 3 (5 km) führt durch den Wald leicht bergan auf den mit einer schönen Aussicht lockenden Gipfel. Etwa auf halber Strecke befindet sich in einem ehem. Säulenbasalt-Steinbruch eine Freizeit- und Rastanlage mit Grillstelle, Schutzhütte, Liegewiese, Spielplatz und Sportpfad.

Die sanft geneigte Südwestflanke des Kaufunger Waldes ist auch ein beliebtes Wintersportgebiet. Am Schwarzenberg nahe dem Parkplatz Kohlenstraße wird regelmäßig eine über 6 km lange Langlaufloipe gespurt. Abfahrtsläufer treffen sich an der sog. Weizenkammer bei Großalmerode (Schlepplift, Skischule, Sprungschanze).

6 Werleshäuser Pforte Die Werra mußte harte Erosionsarbeit leisten, um sich einen Weg durch den Sandsteinriegel zu bahnen, der ihr bei Werleshausen den Weg versperrt. Ihr Tal gehört zu den landschaftlichen Höhepunkten im Grenzgebiet zwischen Hessen und Thüringen. Flußabwärts weitet sich das Tal wieder und schafft Platz für die Obstgärten bei Witzenhausen. Rund 150000 Kirschbäume überziehen dort das Werratal Ende April/Anfang Mai mit ihrem schneeweißen Blütenflor.

Vom Parkplatz Öhrchen (Schutzhütte, Grillstelle, Liege- und Spielwiese) in der Nähe der Flachsbachmühle aus kann man die Landschaft an der Werleshäuser Pforte erwandern: entweder auf der Frau-Holle-Route flußabwärts durch die Talaue oder flußaufwärts am Zweiburgenblick vorbei hinauf zur Burg Ludwigstein, 1415 von Landgraf Ludwig I. von Hessen errichtet, heute Jugendherberge. Jenseits der Werra liegt etwas außerhalb des Naturparks in einem Seitental die noch etwas ältere Ruine Hanstein in Thüringen.

7 Glas- und Keramikmuseum Großalmerode Die kleine Stadt war in den letzten Jahrhunderten eine Hochburg der Glas- und Keramikherstellung. Das Bergland zwischen Fulda und Werra bietet nahezu alles, was die beiden Gewerbe an Rohstoffen benötigen: Lehm, Ton, Quarzsand und Salz sowie Braunkohle

Zahlreiche Fachwerkhäuser prägen das hübsche Bild des ehem. Bergbauortes

Oberkaufungen, heute ein Ortsteil der Gemeinde Kaufungen.

und Holz als Brennstoffe. Heute ist die Herstellung von feuerfesten Schmelztiegeln und Spezialsteinen der wichtigste Zweig in der „Stadt des guten Tones“. Im Glas- und Keramikmuseum Großalmerode, Kleiner Kirchrain 3 (geöffnet Mi und Do 14–16 sowie So 14–17 Uhr), sind Gläser und keramische Erzeugnisse ausgestellt. Eine zeitgetreu nachgebaute Töpferwerkstatt gibt anschaulich Einblick in die Arbeit des traditionsreichen Handwerks. Eine dem Museum angeschlossene Galerie zeigt einen Querschnitt durch die Arbeit des Heimatmalers Heinrich Pforr.

i Fremdenverkehrsamt, Marktplatz 11, 37247 Großalmerode, Tel. 0 56 04/8 08 26.

❽ **Kammerbacher Höhle** Feuchtkalte Luft weht dem Besucher an Sommertagen aus dem Höhlenportal entgegen. Nicht nur aus diesem Grund sollte man sich mit einem kurzen Blick durch das Gitter in das Innere der 20 m breiten, 50 m tiefen und 12 m hohen Karsthöhle begnügen: Der Aufenthalt am Fuß der bis zu 30 m hohen Felswände ist wegen herabstürzender Gesteinsblöcke sehr gefährlich. Die Kammerbacher Höhle, auch Hilgershäuser Höhle genannt, ist übrigens eine der ältesten namentlich nachweisbaren Höhlen Deutschlands. Sie liegt in der Nähe der Landstraße Kammerbach–Dudenrode (von Kammerbach etwa 1 km bis zu einem von Dolinen geradezu durchlöcherten Waldgebiet; 500 m weiter an der Stelle, an der die Straße den Wald wieder verläßt, rechts ab zu einem Parkplatz und dem Wegweiser noch 150 m bis zur Höhle folgen).

❾ **Salzmuseum Bad Sooden-Allendorf** Die Werrastadt, seit 1881 Solebad, lebte jahrhundertelang vom „weißen Gold“ des Mittelalters, dem Salz. Das Grundwasser löst das Mineralsalz in der Tiefe und bringt es in Solequellen an die Oberfläche. Um die Bedeutung des Salzes für die Stadt geht es auch im Salzmuseum im Söder Tor (geöffnet Mi 15–18 sowie So und an Feiertagen 14–17 Uhr). Einen Schwerpunkt bilden die Techniken der Salzgewinnung. Eindrucksvolle Modelle von Bohrtürmen, Pumpwerken, Siedehäusern und Gradierwerken gibt es zu sehen, außerdem Originalwerkzeuge und schriftliche Dokumente der Salzgeschichte. Zu den Außenanlagen des Museums gehören u. a. ein Bohrturm und das als einziges erhalten gebliebene Gradierwerk von 1638.

i Kur GmbH, Landgraf-Philipp-Platz, 37242 Bad Sooden-Allendorf, Tel. 0 56 52/5 01 66.

❿ **Kripplöcher** Das etwa 2 km nördlich von Berkatal-Frankershausen gelegene Naturschutzgebiet sollte man besser nicht betreten, auch wenn die malerischen Wacholderheiden und Felsklippen zu einem Ausflug in die Gipskarstlandschaft verlocken. Der Boden wird hier nämlich von vielen Hohlräumen durchzogen, die leicht einstürzen – und wer möchte schon, so wie es zwei Kühen in den 50er Jahren erging, in einem fast 40 m tiefen Erdfall enden! Von außen betrachtet, sind die Abgründe, die sich hier und im benachbarten Naturschutzgebiet Hielöcher öffnen, nur zu erahnen. Wacholdersträucher, Schlehen, Heckenrosen, einzelne Kiefern und Wildkirschen verhüllen den durchlöcherten Boden. An lichten Stellen breitet sich Halbtrockenrasen aus.

Um zu dieser Naturattraktion zu gelangen, parkt man das Auto in Frankershausen in der Nähe der Bushaltestelle Frankershausen-Mitte und wandert dann durchs Oberdorf bis auf die Höhe der Oberdorfer Mühle. Rechts der Mühle liegt das Naturschutzgebiet.

⓫ **Meißner** Wenn man den Sprachforschern glauben darf, dann bedeutet der Name des auf der Kasseler Kuppe 754 m

Landschaftlich und geologisch sehr abwechslungsreich ist der Hohe Meißner, ein abgeflachter Basaltrücken.

Besonderheiten der Natur

Pflanzen Reich an Raritäten wie Bärlapp, Prachtnelke und Trollblume ist die Flora rund um den Meißner. In den engen Tälern breiten der riesige Adlerfarn (Bild) und der seltene Deutsche Streifenfarn ihre feingefächerten Blätter aus. Eher unscheinbar wirken die kleinen lilafarbenen Blüten der Mondviole, die durch die silbrig glänzenden Scheidewände ihrer Schoten auffällt – daher auch ihr Zweitname Silberblatt. Im Berkatal leuchten die weißen Sterne des Buschwindröschens, die Blüten des Seidelbastes verströmen einen betörenden Duft, und der weißblühende, fleischfressende Aronstab lockt mit Aasgeruch Fliegen in seinen Trichter.

Tiere Von den großen Säugetieren bekommt man am ehesten Hirsch, Reh und Hase zu Gesicht. Laut hallen die Trommelwirbel des Schwarzspechts durch die Wälder. An den Bachläufen sieht man die Wasseramsel mit ihrem weißen Brustlatz und dem aufgeregt wippenden Schwanz sowie den blau schimmernden Eisvogel. Ebenfalls hier heimisch sind Rauhfußkauz, Misteldrossel und erst seit jüngerer Zeit auch der Tannenhäher.

hohen Basaltrückens soviel wie „weißer Berg“. Früher, als die Winter noch kälter waren, muß er oft wochenlang eine dicke Schneedecke getragen haben. Heute legt der Meißner sein weißes Kleid seltener an. Dann aber tummeln sich die Wintersportler auf den Hochflächen.

Der sagenumwobene Frau-Holle-Teich, auf dessen Grund Frau Holle nach der Überlieferung in einem wunderschönen Schloß lebt, liegt an der Ostflanke des Meißners, gleich unterhalb der aussichtsreichen Kalbe und der Stinksteinwand, wo seit Jahrhunderten im Untergrund ein Kohlenflöz schwelt und die Luft mit Rauch verpestet. Ein gut 1 km langer Rundweg und Waldlehrpfad führt um den in der Eiszeit durch Bergrutschmassen abgedämmten, bis zu 9 m tiefen Teich, der für seinen Fischreichtum bekannt ist.

12 Höllental So höllisch, wie der Name klingt, ist das Tal der Berka im östlichen Vorland des Meißners keineswegs. Die felsigen Talhänge fallen zwar an manchen Stellen 100 m steil ab, im Talgrund windet sich das Bächlein jedoch geruhsam der Werra entgegen. Von der Burg Bilstein, die im 12. Jh. auf dem gleichnamigen Felsen über dem linken Ufer der Berka gegründet wurde, zeugen nur noch ein paar Mauerreste. Die fast senkrechten Diabasfelsen, die die Burg einst vor Überraschungsangriffen schützten, sind auch Standort mehrerer seltener Pflanzenarten. Für den Aufstieg zur Ruine braucht man vom Wanderparkplatz an der Gaststätte *Frau Holle* eine Viertelstunde.

13 Besucherbergwerk Grube Gustav 400 Jahre lang, von 1497 bis 1897, wurde in der Grube im Bilsteiner Bergbaurevier Kupferschiefer gefördert. Als dann der Abbau der relativ dünnen buntmetallhaltigen Mergelschicht immer schwieriger wurde, schürften die Bergleute nach Schwerspat, der hier ebenfalls vorkommt. 1967 mußte der Abbau endgültig eingestellt werden; seit 1968 ist die *Grube Gustav* als Besucherbergwerk eingerichtet.

Von der ehem. Bergarbeitersiedlung Meißner-Abterode folgt man dem Wegweiser zur Grube; nach knapp 2 km liegt rechts der Straße ein Parkplatz, an dem eine kleine Grubenlok und ein Mannschaftstransportwagen aufgestellt sind. Die Lore auf der anderen Straßenseite enthält Schwerspatbrocken; typische Gesteine der Region sind in der Sammlung vor der Grube ausgestellt. Das Bergwerk selbst ist von Mitte März bis Oktober Mi, Do, Sa und So sowie an Feiertagen von 13 bis 16 Uhr geöffnet. Eine Führung durch die Stollen dauert etwa 1 Stunde.

i Besucherbergwerk *Grube Gustav*, 37290 Meißner, Tel. 0 56 57/72 33 und 7500.

Heute ein Badeort mit einer repräsentativen Kurpromenade, hat Bad Sooden jahrhundertelang von und mit dem Salz gelebt.

14 Wildpark Meißner-Germerode Das weiträumige Wildgehege am Fuß des Meißners beherbergt viele heimische Tierarten. Rothirsche laufen frei durch den Park, die Wildschweine haben sich an die neugierigen Besucher längst gewöhnt, und sogar die sonst so scheuen Rehe sind sehr zutraulich geworden. Auf zwei Teichen schwimmen Enten und Schwäne, buntgefiederte Vögel aus fernen Ländern sind in mehreren Volieren untergebracht. Von der Aussichtskanzel überblickt man den Park aus luftiger Höhe. Ein Wald- und Vogellehrpfad informiert über die natürliche Pflanzen- und Vogelwelt des Berglandes zwischen Fulda und Werra. Für Kinder gibt es direkt neben dem Eingang einen großen Spielplatz.

Der an der Landstraße von Meißner-Germerode nach Harmuthsachsen gelegene Wildpark ist vom 1. April bis 31. Oktober täglich außer Mo, im Winterhalbjahr nur Sa und So sowie an Feiertagen geöffnet.

i Wildpark Meißner-Germerode, 37290 Meißner, Tel. 0 56 57/75 91.

15 Ruine Reichenbach Vom Stammsitz der Grafen von Reichenbach blieb nur der mächtige Bergfried übrig. Zu Beginn dieses Jahrhunderts wurde er neu errichtet, nachdem der alte Turm 1821 eingestürzt war. Er bietet den wohl schönsten Ausblick auf den Meißner, den man im Nordosten an seinen Funktürmen erkennt. Am Fuß der Burg, die auf den Resten einer germanischen Fliehburg errichtet wurde und seit dem 16. Jh. verfällt, entsteht im Naturwaldreservat der Urwald von morgen. Hier wird der Wald völlig sich selbst überlassen. Die Ruine liegt knapp 2 km westlich von Reichenbach am Barbarossaweg. Der mit X 8 markierte Fernwanderweg führt weiter zu den Großen Steinen am Jugendlager, rund 3 km südöstlich von Reichenbach.

Vorsicht, Einsturzgefahr! Der verkarstete Untergrund der Naturschutzgebiete Kripplöcher und Hielöcher ist von zahlreichen Gängen und Hohlräumen durchzogen.

Naturpark Münden

„Wo Werra sich und Fulda küssen“ und sich zur Weser vereinen, da liegt in freundlicher Umgebung das romantische Fachwerkstädtchen Hann. Münden, ein Kleinod des Weserberglandes. Nach ihm benannt ist der Naturpark mit seinen malerischen, von stillen Wäldern umrahmten Flußauen.

❶ **Bursfelde** Die im äußersten Nordwesten des Naturparks an einer breiten Weserschleife gelegene ehem. Benediktiner-Abteikirche blickt auf eine 900jährige Geschichte zurück. Graf Heinrich von Northeim stiftete das Kloster im Jahr 1093 und besiedelte es mit Mönchen aus der Abtei Corvey. Nach der Reformation wurde das Kloster im Jahr 1589 aufgelöst, und die Abteikirche verfiel. Um die Mitte des 19. und zu Beginn des 20. Jh. wurde das Gotteshaus von Grund auf erneuert; die sehenswerten spätgotischen Wandmalereien im mittleren Schiff erstrahlen seit den 50er Jahren wieder in ihrem alten Glanz. In der südlichen Apsis steht der Sarkophag Graf Heinrichs des Dicken. Die Kirche ist täglich von 8 bis 18.30 Uhr geöffnet.

❷ **Bramburg** Zum Schutz der Abtei Bursfelde ließ Graf Heinrich die hoch über dem Weserbogen auf einem Bergsporn des Bramwaldes errichtete Bramburg ausbauen. Die Burgherren nahmen ihre Aufgabe jedoch offenbar nicht allzu ernst, sondern entwickelten sich zu berüchtigten Wegelagerern. Mehrfach wurde die Raubritterburg zum Ziel von Strafaktionen, doch erst seit dem 16. Jh. ist das aus roten Sandsteinquadern errichtete Gemäuer verlassen und weitgehend verfallen. Oberhalb der Burgruine liegt eine weitere, noch ältere Bergfestung, die Hünenburg. Vom Wanderparkplatz an der Deutschen Märchenstraße zwischen Hemeln und Bursfelde führt eine Straße zur Ruine hinauf. Unten an der Märchenstraße trotzt die knorrige Märchenbuche seit Jahrhunderten Wind und Wetter, weiter oben tritt im idyllischen Buchenwald eine Quelle, der Ritterbrunnen, hervor.

Gemächlich zieht die Landschaft des Weserberglandes während einer Schiffsfahrt auf der Oberweser zwischen Hann. Münden und Bad Karlshafen am Betrachter vorbei.

❸ **Hemeln** Die Weser trennt das schmucke Dorf am Fuß des Bramwaldes von Veckerhagen, seinem hessischen Gegenüber. Als Ersatz für eine Brücke über den Strom zwischen den beiden Dörfern dient eine umweltfreundliche Seilfähre, die ohne Motorantrieb allein vom Druck des strömenden Wassers bewegt wird. Unweit der Anlegestelle reihen sich am Ufer die Fachwerkhäuser von Hemeln mit ihren roten Ziegeldächern, braun- oder schwarzgestrichenen Balken und hellgetünchten Gefachen auf. Unter den prächtigen alten Linden, die den großen Dorfanger schmücken, tagte früher die Gemeindeversammlung.

❹ **Bramwald** Bis ins vorige Jahrhundert hinein wurde der praktisch unbesiedelte Bramwald, der das Sandsteingebirge über dem rechten Ufer der Oberweser bedeckt, als Hutewald genutzt. Die Bauern trieben im Sommer ihr Vieh in den Wald und ließen Schweine, Ziegen und Rinder unter den Eichen, Buchen und Wildobstbäumen weiden. Mit der Zeit verdrängten Nadelholz-Monokulturen die Laubwälder. Einige Reste der alten Hutewälder sind jedoch erhalten geblieben, z. B. am Pflügeberg, unweit der Stelle, an der die Landstraße Ellershausen–Hemeln den flachgewölbten Kamm des Bramwaldes quert. Man stellt sein Auto hier auf dem Wanderparkplatz ab und geht auf der „Langen Bahn“, die schnurgerade auf dem Kamm verläuft, etwa 15 Minuten nach Norden. Bald tauchen rechts des Weges die ersten Huteeichen auf, altehrwürdige Baumveteranen mit weit ausladenden Kronen.

❺ **Oberweserfahrt** „Wo Werra sich und Fulda küssen/Sie ihren Namen büßen müssen/Und hier entsteht durch diesen Kuß/Deutsch bis zum Meer der Weserfluß.“ Gleich neben dem 3,5 t schweren Weserstein am Zusammenfluß von Werra und Fulda, den seit 1899 dieser Reim ziert, liegt in der Dreiflüssestadt Hann. Münden die Schiffsanlegestelle Tanzwerder. Sie ist von Ostern/Mitte Mai bis Ende September/Anfang Oktober täglich außer Mo Ausgangspunkt von Dampferrundfahrten auf der idyllischen Oberweser und der nicht weniger schönen Fulda. Zusätzlich verkehren im Sommerhalbjahr jeweils am Do Linienschiffe zwischen Hann. Münden und Bad Karlshafen, das aber bereits weit außerhalb des Naturparks liegt. Am Rand und im Bereich des Parks legen die Damp-

Spinnen – lautlose Jäger in Millionenzahl

In naturnahen Wäldern, wie man sie in Naturparks noch findet, entfaltet sich ein artenreiches Spinnenleben. Denn wie für viele andere Tiergruppen gilt auch für die Spinnen: je differenzierter die Flora, desto reicher die Fauna. Zur Klasse der Spinnentiere zählt man die mit acht Beinen ausgestatteten Tiere, die bei vielen Menschen – in aller Regel aus Unkenntnis – Abscheu hervorrufen. Dabei gibt es nur ganz wenige, die uns wirklich Schaden zufügen könnten – unter den heimischen Arten nur der Dornfinger.
Die Krabbenspinnen (Bild) sind farbenprächtige Blütenbewohner. Ihren Namen haben sie von der krabbenähnlich abgeplatteten Gestalt und ihrer Bewegungsweise. Ihre Farbe paßt sich wunderbar dem Blütengrund an, den sie als Jagddomizil gewählt haben. Es gibt rosarote, elfenbeinweiße oder kanariengelbe Individuen, die sogar zur selben Art gehören können. Läßt sich ein Insekt auf der Blume nieder, schießt die Krabbenspinne hervor und lähmt es durch Gift.

Seit Jahrhunderten blickt die Turmfront der mehrfach umgebauten Benediktiner-Abteikirche Bursfelde auf die in weitem Bogen vorbeiströmende Weser.

fer in Reinhardshagen-Vaake und Reinhardshagen-Veckerhagen sowie in Bursfelde an. Die romantischen Fahrten dauern etwa 2–2 1/2 Stunden. Ein besonderes Erlebnis ist die Saisoneröffnungsfahrt, bei der die Passagiere beim Start von Dr. Eisenbarth und in den Zielorten von Märchenfiguren wie Schneewittchen und Dornröschen begrüßt werden.
i Oberweser-Dampfschiffahrt GmbH, Inselstr. 3, 31787 Hameln, Tel. 0 51 51/2 20 16.

❻ **Hoher Hagen** Dieser Berg zählt zu den rund drei Dutzend Basaltpfropfen, die auf der Hochfläche zwischen Weser und Leine zutage treten. Es sind Reste erloschener Vulkane, die vor 7–20 Mio. Jahren Lava und Asche ausspuckten. Da die erkaltete Lava, der Basalt, härter ist als die durchbrochenen Sandsteinschichten, bildeten sich markante Bergkegel. Mit seinen 480 m ist der Hohe Hagen der imposanteste der Dransfelder Basaltberge; folgt man den Hinweisschildern, erreicht man ihn von Dransfeld aus nach 3,5 km. 1962 stürzte der alte Gaußturm, den man 1911 zur Erinnerung an Carl Friedrich Gauß (1777–1855) auf der Höhe errichtet hatte, aufgrund des Basaltabbaus ein. Das Steinbruchgelände ist inzwischen teilweise rekultiviert, und seit 1964 erinnert ein neuer Turm mit Café und prächtiger Aussicht an den genialen Mathematiker. Vom Hohen Hagen hinab führt ein Waldschäden-Lehrpfad.

❼ **Hann. Münden** Die südlichste Stadt Niedersachsens hat über ihre traumhafte Lage am Zusammenfluß von Werra und Fulda hinaus noch viel Sehens- und Erlebenswertes zu bieten: über 700 Fach-

werkhäuser aus sechs Jahrhunderten, ein Schloß und eine der ältesten norddeutschen Steinbrücken. Kurzum, die schon vor 1200 Jahren urkundlich genannte Stadt gilt zu Recht als das „architektonische Schatzkästchen“ des Weserberglandes. Aus der Vielzahl der sehenswerten Bauten ragen als besondere Kleinode das historische Rathaus mit seiner prunkvollen Fassade im Stil der Weserrenaissance und die gotische St.-Blasius-Kirche (13.–16. Jh.) hervor. Das Welfenschloß an der Werra beherbergt heute das Kulturzentrum der Stadt mit dem Städtischen Museum und einer kostbaren Sammlung Mündener Fayencen. In der Langen Straße steht – neben anderen wundervollen Fachwerkhäusern – mit der Nummer 79 das Sterbehaus des Dr. Johannes Andreas Eisenbarth (1663–1727). Zu Ehren dieses bekanntesten Arztes der Barockzeit veranstaltet man in Hann. Münden alljährlich im Sommerhalbjahr vor der prächtigen Kulisse des Rathauses die Doktor-Eisenbarth-Festspiele. Am Rand der Altstadt liegt der Forstbotanische Garten, mit rund 1000 Gehölzarten einer der reichhaltigsten Baumgärten Norddeutschlands. Von der Tillyschanze mit einem 27 m hohen Aussichtsturm über dem linken Ufer der Fulda hat man die schönste Aussicht auf die Stadt (Turmbesteigung ab Mitte April bis Mitte Oktober täglich außer Mo 10–17 Uhr).

Über die steinerne Werrabrücke erreicht man nach kurzem Anstieg die Weserliedanlage mit einem herrlichen Blick auf den Zusammenfluß von Fulda und Werra. Hier beginnt auch ein Naturlehrpfad, verbunden mit Wanderwegen über den Blümer Berg.

i Verkehrsverein Naturpark Münden e. V., Rathaus, 34346 Hann. Münden, Tel. 0 55 41/7 53 13.

❽ **Kattenbühl** Diesen Ausgangspunkt für Wanderungen und Spaziergänge erreicht man von der Hann. Mündener Stadtmitte aus am besten mit dem Bus (bis zur Station Hainbuchenbrunnen) oder mit dem Auto über die Straße in Richtung Laubach. Ein Rundwanderweg am Kattenbühl führt zu einigen Aussichtspunkten mit Blick auf Hann. Münden und die ehem. Steinbrüche, in denen früher Mühlsteine gebrochen wurden. Ein idyllischer Grill- und Abenteuerspielplatz an der Haarthstraße lädt jung und alt zu längerem Verweilen ein. Von hier aus führt eine Waldstraße zum Kleinen Steinberg in ein ausgedehntes Wandergebiet mit mehreren Wanderparkplätzen hinauf.

❾ **Lippoldshausen** Nicht ohne Grund hat dieses Dorf im Werratal den Frauenschuh im Gemeindewappen. Die Buchenwälder und Magerrasen an den Hängen der Muschelkalkhöhen Käseberg und Brachenberg in der unmittelbaren Umgebung sind nämlich ungewöhnlich reich an seltenen Pflanzenarten, darunter verschiedenen Orchideen. Daher lohnt sich der steile Aufstieg vom Dorf. Im Ort selbst ist die ev. Kirche mit ihren in den 60er Jahren restaurierten Fresken sehenswert. Technikinteressierte können unweit des Dorfes die imposanten Konstruktionen der alten Autobahnbrücke und, unmittelbar daneben, der modernen Eisenbahnbrücke der Schnellbahnstrecke Göttingen–Kassel bewundern. Unterhalb der beiden Brücken ist die Werra zu einem langgestreckten See gestaut, auf dem man paddeln, rudern oder Wasserski fahren kann.

❿ **Europäisches Brotmuseum** In der malerischen „Göttinger Schweiz“, etwa 1 km südwestlich von Friedland bei Mollenfelde, sind in und um ein altes Forsthaus mehr als 5000 Exponate ausgestellt, die die bunte und abwechslungsreiche Welt des Brotes von der Antike bis zur Gegenwart illustrieren. Da gibt es u. a. traditionelles Backgerät wie hölzerne Backmodeln oder Waffeleisen, Brotstempel und Brotzeichen der Müller und Bäcker aus mehreren Jahrtausenden zu sehen. Natürlich gehört zum Europäischen Brotmuseum auch ein Café, in dem man die Erzeugnisse des Bäckerhandwerks genießen kann. Das Museum ist vom ersten Samstag im Februar bis zum dritten Adventssonntag täglich von 10 bis 16.30 Uhr, an Sonn- und Feiertagen von 10 bis 17.30 Uhr geöffnet.

i Europäisches Brotmuseum, Berlepscher Str. 27, 37133 Friedland, Tel. 0 55 04/5 80.

⓫ **Rinderstall** Ein Rinderstall mitten im Wald, fernab vom nächsten Dorf? Heute begegnet der Wanderer im Kaufunger Wald zwar keinen Rindern mehr, die zwischen den Bäumen grasen, doch bis zum vorigen Jahrhundert war die Waldweide im Weserbergland weit verbreitet, und auf diese lange Zeit betriebene Wirtschaftsform geht der Name des beliebten Ausflugslokals östlich von Lutterberg zurück (von der An-

Am Zusammenfluß von Werra und Fulda liegt in einem Talkessel eine Stadt, die der Naturforscher Alexander von Humboldt zu den schönsten der Welt zählte: Hann. Münden.

Besonderheiten der Natur

Pflanzen Im nördlichen Teil des Kaufunger Waldes herrschten früher Eiche und Buche vor, inzwischen wurde jedoch weitgehend mit Fichten aufgeforstet, besonders auf den ehem. Weideflächen der Höhenlagen.
Im lichten Laub- und Mischwald auf den Muschelkalkböden nördlich der Werra bezaubern filigrane Blüten zahlreicher Orchideenarten, darunter der unverwechselbare Frauenschuh mit seiner kunstvollen Blüte (Bild). Neben vielen Farnarten fallen im Hochsommer auf Lichtungen und an Wegrändern die großen Blüten des Roten Fingerhutes auf, aus denen die Substanz für ein Herzmedikament gewonnen wird.
Tiere Rot-, Schwarz- und Rehwild lebt gut versteckt im Kaufunger Wald, man bekommt es ebenso wie Fuchs, Dachs und Marder selten zu Gesicht. An den Gewässern und in deren Umgebung sind u. a. der Graureiher, der Wappenvogel des Naturparks, Rot- und Schwarzmilan und verschiedene andere Greife sowie Eulen beheimatet. Dank eigens aufgehängter Nistkästen wuchs der Bestand des hier einst seltenen Rauhfußkauzes wieder an.

schlußstelle Hann. Münden/Lutterberg der A 7 zunächst in Richtung Staufenberg, nach 1 km links dem Wegweiser „Steinberg-Naturpark Münden" folgen, vorbei am Hühnerfeld, und am Eselsbach entlang 3 km zum Wanderparkplatz am Rinderstall). An der Waldgaststätte (Fr Ruhetag) befinden sich ein Waldmuseum und ein kleines Wildfreigehege.

⓬ **Hühnerfeld** Das Naturschutzgebiet nahe beim *Rinderstall* umfaßt ein kleines Hochmoor. In dessen Mitte ist die Torfschicht bis zu 1,5 m dick. Das eigentliche Hochmoor geht in eine moorige Bergwiese über und ist von einzelnen Baumgruppen durchsetzt. Mannshohe Dickichte von Adlerfarn, der bei uns nur in Gegenden mit mehr als 700 mm Jahresniederschlag gedeiht, nehmen die offenen Flächen ein. Neben dem feuchten Klima spielten bei der Entstehung des Moores auch das geringe Gefälle der Hochflächen und wasserstauende Schichten im Untergrund eine Rolle. Ähnlich wie im Solling kommen im Kaufunger Wald weitflächig sog. Molkenböden vor. In der Eiszeit herangewehte Lößschichten wurden durch Niederschläge im Lauf der Zeit stark entkalkt und wirken hellgrau gebleicht – daher der Name.

⓭ **Fuldaschleife** Nachdem sie das geräumige Kasseler Becken durchquert hat, muß sich die Fulda auf den letzten Kilometern ihres Laufs durch den Sandsteinriegel zwischen Kaufunger Wald und Reinhardswald zwängen. Bis zu 150 m steigen die Talhänge zwischen Kassel und Münden steil aus der Flußaue auf – am höchsten bei den Orten Landwehrhagen und Speele. So, als ob sie es gar nicht eilig hätte, sich mit der Werra zu vereinen, macht die Fulda westlich von Landwehrhagen noch einmal einen weiten Schlenker nach Nordwesten und bildet hier die großartigste Flußschleife ihres gesamten Laufs.

⓮ **Staufenberg-Sichelnstein** Wie verfeindete Schwestern standen sich einst die Burgen Sichelnstein und Sensenstein auf zwei Höhen beiderseits des Niestetales gegenüber. Während von Burg Sensenstein nichts erhalten blieb, ist ihr Gegenstück noch einen Abstecher an den Südrand des Kaufunger Waldes wert. Auf einem Basaltkegel wurde Burg Sichelnstein im 14. Jh. als Grenzfeste gegen die hessischen Landgrafen erbaut. Die etwa 7 m hohen Burgmauern bestehen größtenteils aus dunkelgrauem Säulenbasalt. Seit dem 30jährigen Krieg ist die Burg verfallen. Vor einigen Jahren wurde ein Teil der Ruine als Freilichtbühne hergerichtet. Wer den Naturpark Münden aus der Vogelschau betrachten möchte, kann vom Segelflugplatz am Großen Staufenberg zu einem Rundflug starten.
ℹ Fremdenverkehrsverein, Staufenbergstr. 15, 34355 Staufenberg, Tel. 0 55 43/6 67.

⓯ **Großer Steinberg** Der Kaufunger Wald, das Waldgebiet zwischen Fulda und Werra, hat zwei Gesichter: von Südwesten, vom Fuldatal her, steigt er sanft auf mehr als 600 m Höhe an, während er nach Nordosten zum Werratal hin steil abbricht. Der Große Steinberg, mit 542 m der markanteste Berg im niedersächsischen Teil des Kaufunger Waldes, liegt unmittelbar am Steilabfall und bietet daher eine grandiose Aussicht. Eine Grillstelle und ein Naturfreundehaus am Frau-Holle-Pfad laden ermattete Wanderer zu einer Rast ein. Der im Gelände mit der weißen Markierung X 4 gekennzeichnete Weg folgt der alten Kohlenstraße, auf der früher Braunkohle aus den Gruben am Kleinen Steinberg und Holzkohle aus den Meilern zu den Glashütten und Töpfereien am Rand des Kaufunger Waldes transportiert wurden. Mit dem Pkw erreicht man das Naturfreundehaus von Hann. Münden über die Kohlenstraße.

An der Haarthstraße bietet eine schöne Anlage unbeschwertes Freizeitvergnügen. Die jüngeren Gäste können sich auf dem weitläufigen Abenteuerspielplatz austoben.

Naturpark Habichtswald

Hier, inmitten herrlicher Wälder, begegnet man beinahe auf Schritt und Tritt stummen Zeugen einer bewegten Geschichte: Hünengräbern aus grauer Vorzeit, malerischen Burgen, behäbigen Bauerndörfern und schmucken Fachwerkstädtchen, in denen die Zeit stehengeblieben zu sein scheint.

❶ **Stadtwüstung Landsberg** In der Region gibt es zahlreiche verlassene Dörfer, aber wohl nur eine aufgegebene Stadt: Landsberg. Der Erzbischof von Mainz ließ sie zu Beginn des 13. Jh. auf einem Hügel über der Erpe anlegen. Doch bereits 1231 wurde die Stadt in einer Fehde mit dem Landgrafen von Thüringen bis auf die Grundmauern zerstört. Die Wüstung liegt 2 km südlich von Volkmarsen-Ehringen im Wald an der Straße nach Wolfhagen. Im Hochwald, 300 m südlich vom Wanderparkplatz, sind heute noch deutliche Spuren zu erkennen. Einen Abstecher lohnt die östlich im Erpetal gelegene kleine Burg Rödersen, deren Ruine vor einigen Jahren freigelegt wurde.

❷ **Löwenweg** Der im Gelände mit einem weißen X gekennzeichnete Fernwanderweg führt bei Zierenberg durch die Talpforte zwischen dem von altersgrauen Ruinen gekrönten Schartenberg und dem Großen Gudenberg. Bequemer als der steile Aufstieg zu den bewaldeten Bergrücken ist eine Wanderung von Zierenberg auf dem Löwenweg zum Schloß Escheberg. Nach etwa 1 km taucht links ein runder gotischer Wartturm auf. Vorbei an der Wüstung Hedwigsen und weiter über den Falkenberg, auf dem einst ebenfalls eine Burg stand, erreicht man nach insgesamt 6 km das idyllisch in einem Wiesental gelegene Schloß.

❸ **Zierenberg** Das schlichte spätgotische Rathaus des 700jährigen Städtchens gilt als das älteste Fachwerk-Rathaus Hessens. 1450 wurde es erbaut, 1538 brannte es zusammen mit der ganzen Stadt nieder, erst 1710 entstand es in seinen heutigen Formen neu. Die Stadtkirche überdauerte die Feuersbrunst im 16. Jh.; sie ist mit bedeutenden gotischen Wandmalereien geschmückt. Der Stadtkern mit dem Marktplatz und vielen Fachwerkhäusern des 17. und 18. Jh. wird noch fast vollständig von der mittelalterlichen Stadtbefestigung umschlossen. Oberhalb der Stadt, auf dem Großen Schreckenberg, steht ein Aussichtsturm. Der Ortsteil Friedrichsaue an der Straße nach Oberelsungen wurde 1777 von Landgraf Friedrich II. von Hessen-Kassel für Glaubensflüchtlinge aus Frankreich gegründet.

ℹ Verkehrsamt, 34289 Zierenberg, Tel. 0 56 06/8 79 55.

❹ **Dörnberg** Auf den drei weithin sichtbaren Kuppen dieses Berges, einem Zentrum der Segelflieger, entdeckten die Archäologen drei Wallanlagen aus frühgeschichtlicher Zeit: auf der mit 579 m höchsten Kuppe einen großen Ringwall, den die Kelten wohl im 1. oder 2. Jh. v. Chr. anlegten, und zwei kleinere Steinwälle am Helfenstein und am Hohlestein. Sie schmiegen sich an die schroffen Basaltfelsen, die als verwitterte Lavapfropfen aufragen. Man muß jedoch die Augen offenhalten, um die Wallanlagen zu erkennen, denn Fels und Steinhalden am Fuß der Klippen gehen nahtlos in die künstlichen Wälle über.

An der Westflanke des Dörnberges hat sich aus der Zeit der Weidewirtschaft eine Kalkmagerrasen-Vegetation mit Wacholderheiden erhalten, die wegen ihrer botanischen Kostbarkeiten wie der Fliegenragwurz oder der Großen Händelwurz unter strengem Naturschutz steht. Zwei markierte Rundwanderwege, der Alpenpfad (5 km) und der Jägerpfad (6 km), führen vom Parkplatz am Dörnberghaus durch dieses Stückchen „Natur aus zweiter Hand".

❺ **Wolfhagen** Aus dem 13. Jh., der Gründungszeit dieser Stadt, sind nur wenige Bauten erhalten geblieben, etwa der halbkreisförmige Kattenturm, die ehem. Burg (heute Landratsamt) und die mehrfach erneuerte gotische Stadtkirche, die als unübersehbares Wahrzeichen die Dächer der Fachwerkstadt überragt. Das stattliche Rathaus und die meisten Bürgerhäuser wurden erst nach dem 30jährigen Krieg erbaut; im alten Renthof und der früheren Zehntscheune in der Ritterstraße ist ein Regionalmuseum untergebracht (geöffnet Di–Fr 14–17, Sa und So 15–18 Uhr). Wer Zeit für einen Abstecher hat, sollte es nicht versäumen, Schloß Elmarshausen, eine schöne Wasserburg nördlich von Wolfhagen, zu besuchen.

ℹ Verkehrsamt, 34466 Wolfhagen, Tel. 0 56 92/60 20.

Das romantische Stadtbild von Wolfhagen ist geprägt von eindrucksvollen Fachwerkbauten wie der Alten Wache (vorn) und dem Rathaus mit seinen zwei stark vorkragenden Fachwerkgeschossen (hinten).

6 Hohes Gras Die höchste Erhebung des Habichtswaldes verdankt ihren Namen den ausgedehnten Bergweiden, die den 615 m hohen Basaltrücken früher bedeckten. Heute trägt er wieder sein natürliches Waldkleid, nur am Rand gibt es hier und dort noch einige Weideflächen. Von der Plattform des Aussichtsturmes (Wegweiser an der Landstraße Kassel–Ehlen) schaut man über die Wipfel der Buchen hinweg weit ins Hessische Bergland. Drei Rundwege (2–4 km Länge) gehen vom Wanderparkplatz am Fuß des Turmes aus. Der mit II markierte Weg führt in einer Viertelstunde zum Naturdenkmal Herbsthaus, einem kleinen, von Basaltklippen gekrönten Kegel, der sich aus den Bergwiesen am Südosthang des Hohen Grases erhebt.

7 Bergpark Wilhelmshöhe Die großartige Parkanlage am Osthang des Habichtswaldes zählt zu den glanzvollsten Schöpfungen barocker Gartenkunst. Meisterhaft hat es der italienische Architekt Francesco Guerniero verstanden, den steilen Hang für den Landgrafen Karl (1670–1730) zu einem barocken Park zu gestalten. Im Mittelpunkt seines Entwurfs standen die heute weltberühmten Wasserspiele mit Kaskaden, Wasserfällen, Aquädukten und einer über 50 m hohen Fontäne als grandiosem Abschluß. Auf dem sog. Oktogon, einem phantastischen Riesenschloß, das von Mitte März bis Mitte November besichtigt werden kann, thront das Wahrzeichen Kassels: die in Kupfer getriebene Herkulesfigur. Die Nachfolger Karls ließen den Park im 18. und 19. Jh. verändern und erweitern. Landgraf Friedrich II. (1720–85) ließ die Plutogrotte anlegen und viele exotische Bäume und Sträucher pflanzen. Insgesamt beherbergt der Park über 800 verschiedene Gehölzarten. Unter dem Landgrafen und späteren Kurfürsten Wilhelm IX. (1743–1821) entstand Schloß Wilhelmshöhe, in dem heute mit den Staatlichen Kunstsammlungen ein Museum von europäischem Rang untergebracht ist (geöffnet Di–So 10–17 Uhr). Zur Schloßanlage gehört auch ein großes Gewächshaus. Die Löwenburg, romantischer Nachbau einer mittelalterlichen Burg, wurde ebenfalls in dieser Epoche errichtet und beherbergt umfangreiche Sammlungen (u. a. Rüstungen, Waffen, Gemälde, Gläser, Möbel), die täglich außer Mo besichtigt werden können.

Die Wasserspiele kann man in der Zeit vom Himmelfahrtstag bis Ende September jeden Mi und So sowie an Feiertagen jeweils ab

Auf dem Dörnberg kann der Wanderer sowohl Reste frühgeschichtlicher Wehranlagen als auch seltene Gewächse entdecken.

Einen imposanten Blick weit über den Habichtswald hat man von der Plattform des Aussichtsturmes auf dem Hohen Gras.

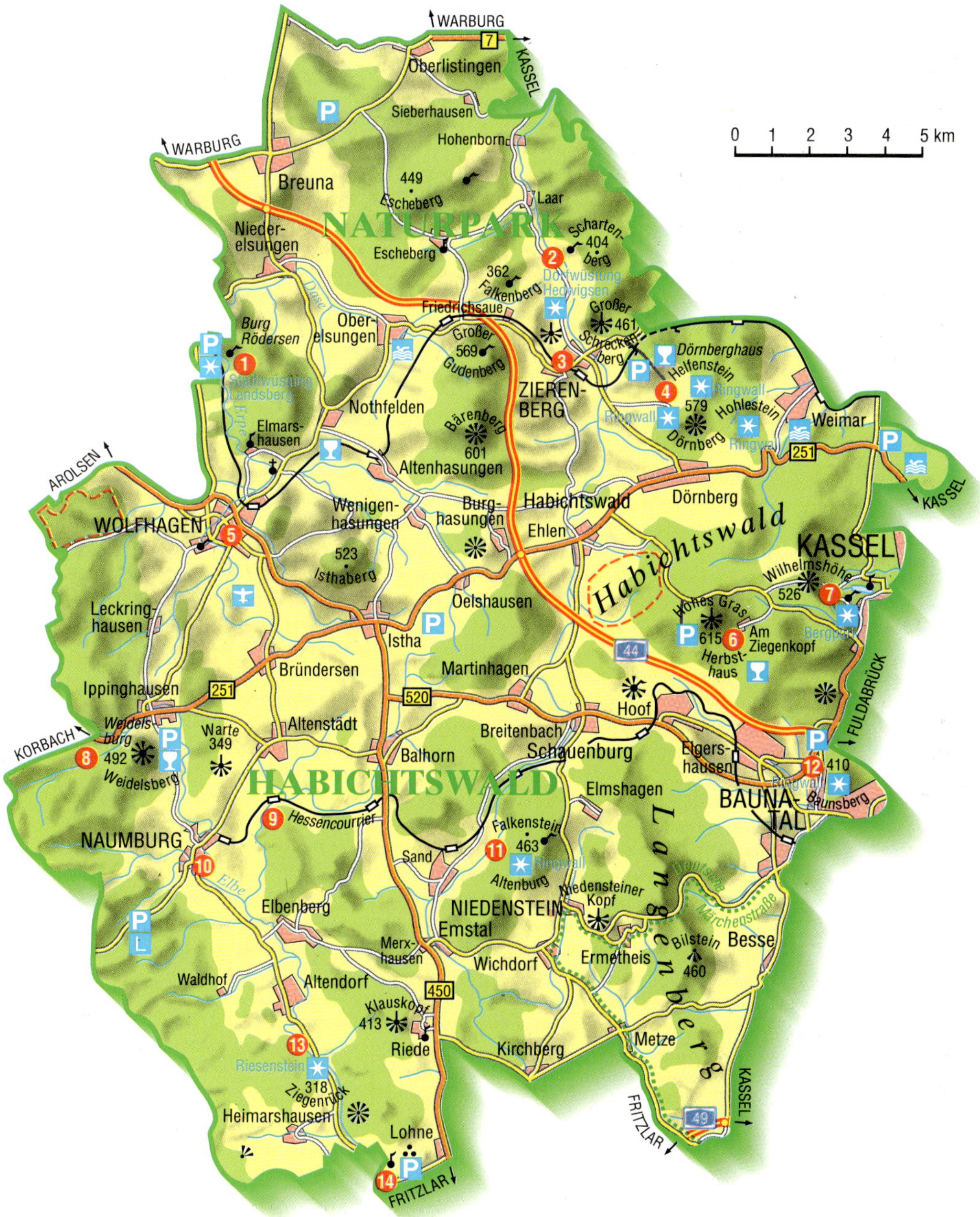

Am Flüßchen Elbe liegt, eingerahmt von sanften Hügeln, die verträumte Stadt Naumburg. Hoch über malerischen Fachwerkhäusern und verwinkelten Gassen thront die kath. Stadtpfarrkirche.

14.30 Uhr bewundern. Eine Auswahl der exotischen Pflanzen wird bei Führungen an jedem 4. Sa im Monat vorgestellt.

ℹ Tourismus- und Kurzentrale, 34117 Kassel, Tel. 05 61/7 87 80 07.

8 Weidelsburg Seit dem Ende des 16. Jh. ist diese Burg, die die Grafen von Naumburg spätestens im 12. Jh. auf dem markanten Basaltkegel des Weidelsberges oberhalb von Wolfhagen-Ippinghausen errichten ließen, eine Ruine – allerdings keine gewöhnliche, denn selbst die Trümmer der mächtigen Anlage bieten noch ein imposantes Bild. Die hohe Ringmauer der oftmals heißumkämpften Burg scheint förmlich aus den Basaltsäulen zu wachsen, die am Gipfel zutage treten. Sie umschließt zwei wehrhafte Wohntürme, von denen der östliche zum Aussichtsturm ausgebaut wurde. Im Burghof befinden sich ein Rastplatz und eine Grillstelle sowie ein zeitweise bewirtschafteter Kiosk. Der Weg zur Burgruine ist ab Ippinghausen ausgeschildert; vom Parkplatz am Waldrand dauert der Aufstieg etwa eine Viertelstunde.

9 Hessencourrier Von Mai bis Oktober schnaufen zwischen Kassel und Naumburg an 10–14 fest geplanten Tagen originalgetreu restaurierte Dampfloks auf kurvenreicher Strecke durchs Habichtswälder Bergland. Fahrzeiten zwischen 1 1/2 und 2 1/2 Stunden garantieren beschaulichen Landschaftsgenuß. Der Zug fährt auf dem Bahnhof der Kassel-Naumburger Eisenbahn in der Druseltalstraße in Kassel ab; außerhalb der regelmäßigen Verkehrstage organisiert der Hessencourrier e. V. auf Wunsch auch Sonderfahrten.

ℹ Hessencourrier e. V., Kaulenbergstr. 5, 34131 Kassel (schriftliche Informationen gegen Rückporto), Tel. 05 61/3 59 25 (ab 17 Uhr).

10 Naumburg Von der Burg, der das reizvolle Städtchen am schmalen Wasserlauf der Elbe seinen Namen verdankt, blieben nur einige Mauerreste übrig. Bei einem Bummel durch die engen Gassen der Altstadt, vorbei an den vielen bunten Fachwerkhäusern, dem ehem. mainzischen Amthaus und der gotischen Stadtpfarrkirche fühlt man sich dennoch um Jahrhunderte in die Vergangenheit zurückversetzt.

Auf der reizvollen Mittelgebirgsstrecke zwischen Naumburg und Kassel verkehrt der nostalgische Dampfzug Hessencourrier.

In dem Waldgebiet südwestlich von Naumburg erinnert der Historische Grenzsteinpfad an die bewegte Geschichte des Städtchens, das in Fehden zwischen Mainz und Hessen mehrmals den Besitzer wechselte. Der 6,5 km lange Pfad beginnt und endet an dem Wanderparkplatz an der Landstraße Naumburg–Netze. Die Steine tragen die verschiedensten Wappenschilder, etwa den Waldecker Stern und den hessischen Löwen, vor allem aber das Mainzer Rad, das Wappenemblem der Mainzer Erzbischöfe, die hier lange eine Exklave besaßen.

Entlang einem Wanderweg, der vom Haus des Gastes in Naumburg ausgeht, wei-

Die Greife: Scharfes Auge, scharfe Krallen

Falke, Mäusebussard und Habicht (Bild) stehen als Greifvögel am Ende der Nahrungskette in Wald und Flur. Ihre Beutetiere sind meist kleine Säuger, Vögel und Aas. Der Mäusebussard – an sich Mäusejäger – profitiert an Landstraßen von den vielen Kleintieren, die dem Auto zum Opfer fallen. Je näher er sich an die Straße heranwagt, desto mehr Futter fällt für ihn ab – einer der Gründe, warum sich Mäusebussarde in den letzten Jahren erfreulich vermehrt haben. Den Habicht dagegen, den Namenspatron des Habichtswaldes, bekommt man dort nur noch selten zu sehen. Wer Glück hat, kann ihn beobachten, wenn er auf seiner rastlosen Suche nach sitzender oder fliegender Beute in elegantem Flug an den Waldrändern entlangstreicht.
Das „Fressen-und-gefressen-Werden" führt aber auch dazu, daß sich Schadstoffe wie Pestizide auf dem Weg über Insekten in den Beutetieren anreichern und schließlich bei den Greifvögeln mitunter immense Belastungen erreichen. Bei manchen Greifvögeln können sie z. B. zu einer übergroßen Brüchigkeit der Eierschalen und damit zum Verlust des Geleges führen.

sen Merkpfosten den Weg zu den interessantesten Plätzen in der abwechslungsreichen Landschaft. Im Haus des Gastes ist zu diesem landschaftskundlichen Wanderweg ein Heft erhältlich, mit dessen Hilfe man auf eigene Faust auf Entdeckungsreise gehen und viel Wissenswertes über Tier- und Pflanzenwelt, Geschichte und Kultur der einzelnen Stationen erfahren kann.
i Haus des Gastes, 34311 Naumburg, Tel. 0 56 25/79 09 21.

⓫ **Altenburg** Die Ringwallanlage der Altenburg auf dem Basaltplateau bei Niedenstein ist mit 15 ha Innenfläche die größte ihrer Art in Hessen. Umfangreiche Grabungsfunde (allein über 500 kg Keramikscherben) deuten darauf hin, daß die Burg zu den Bergstädten gehörte, die die Kelten im 2.–1. Jh. v. Chr. zu starken Festungen ausbauten.

Ausgangspunkt für eine Wanderung zur Altenburg ist der Luftkurort Niedenstein. Man folgt dem Löwenweg (markiert mit einem weißen X) von der Ortsmitte etwa 1,5 km weit bis zum Fuß des Altenburgplateaus und steigt dann auf steilem Pfad durch den Buchenwald zu den Überresten der Burg hinauf. Von der Altenburg lohnt auch ein Abstecher zur nordöstlich gelegenen Burgruine Falkenstein.

⓬ **Baunsberg** Wie ein felsiges Vorgebirge schiebt sich der bewaldete Basaltkamm als Ausläufer des Habichtswaldes in das dichtbesiedelte Kasseler Becken. Auf dem 410 m hohen Kamm, den man von einem Wanderparkplatz unmittelbar an der Anschlußstelle Kassel-Wilhelmshöhe der A 44 aus auf dem Baunsberg-Rundweg (weißer Punkt) besteigen kann, gibt es vor allem im Naturschutzgebiet an der jäh abfallenden Ostseite noch ein paar Flecken mit unberührter Natur: Perlgras-Buchen-Wälder, zerzauste Baumveteranen, Basaltklippen und moosüberzogene Blockfelder. Die kleine Wallanlage auf dem südlichen Gipfel zeugt davon, daß der Mensch spätestens seit dem frühen 5. Jh. v. Chr. Spuren in der Naturlandschaft hinterlassen hat.

⓭ **Riesenstein** Diese sagenumwobene Buntsandsteinklippe mit ihren seltsamen Verwitterungsformen findet man auf dem Ziegenrück südöstlich von Altendorf. Kein anderer Gesteinsbrocken im Habichtswälder Bergland hat die Menschen mehr beschäftigt als dieser bizarre Pilzfelsen. War der Riesenstein einst eine heidnische Kultstätte? Sammelte sich in seinen Felsmulden vielleicht das Blut der Opfertiere?

Die geologische Erklärung der seltsamen Zerklüftungen ist dagegen viel nüchterner: Als Klippe aus einer bestimmten Schichtenfolge des Mittleren Buntsandsteins umfaßt der Riesenstein feinkörnige, feste Sandsteine und schwächer verkittete, geröllführende Schichten. Die geröllhaltigen, oft sehr porösen Gesteinsschichten verwitterten schneller als der feste Sandstein, und so bildeten sich die Hohlkehlen, die sich rings um den grünschimmernden Felsen ziehen. An den Stellen, an denen das Gestein weniger verfestigt ist, greifen Wind und Wetter besonders an. Dort entstanden die schalenförmigen Vertiefungen, die die Dachfläche der Klippe überziehen. Der Volkmarser Weg (im Gelände mit einem weißen V gekennzeichnet) führt von Altendorf nach ungefähr 3 km zu dem Sandsteinfelsen.

⓮ **Züschen** Von den Steinkammergräbern im Hessengau zwischen Fritzlar und Gudensberg ist die als „Züschen I" bezeichnete, gut erhaltene vorgeschichtliche Grabstätte die bedeutendste. Sie liegt nordöstlich von Züschen, bereits knapp außerhalb des Naturparks (Wegweiser an der Landstraße Züschen–Lohne). Um das einzigartige archäologische Denkmal vor Schäden zu bewahren, wurde es überdacht und mit Gittern umgeben. Die Sandsteinplatten, aus denen die 20 m lange und 3,5 m breite Grabkammer besteht, sind mit Ritzzeichnungen geschmückt. Sie werden von den Forschern z. T. als Darstellungen von Rindern gedeutet. In ihnen spiegelt sich die Glaubenswelt einer frühen bäuerlichen Kultur des 4. und 3. Jahrtausends v. Chr. wider, einer Kultur, in der das Rind als Symbol der Fruchtbarkeit verehrt wurde.

Zur Besichtigung kann man im Museum der Stadt Fritzlar Mo–Fr 10–12 und 15–16 Uhr gegen Pfand einen Schlüssel zu dem abgesperrten Raum ausleihen.

Bis zu 14 m hoch ragen die Reste der schon lange verfallenen Burg Falkenstein gen Himmel. Auch Wall und Graben der einst mächtigen, auf einem Basaltkegel gelegenen Burg haben die Zeit überdauert.

Naturpark Solling–Vogler

Herrlich grün sind die beiden Höhenzüge Solling und Vogler an der jungen Weser. Kaum ein anderer deutscher Naturpark ist so dicht bewaldet und noch so wildreich wie das Buntsandstein-Bergland, das sich von Bodenfelde bis Bodenwerder am rechten Ufer des Stromes erstreckt.

Bunte Wiesenblumen setzen in der idyllischen Hügellandschaft der Rühler Schweiz reizvolle farbliche Akzente.

❶ **Königszinne** Als schmaler Sandsteinkamm begleitet der westliche Ausläufer des Voglers die Weser von der Rühler Schweiz (siehe ❹) bis zur Einmündung der Lenne. Vom Wanderparkplatz in Breitenkamp kann man in einer halben Stunde zum bewaldeten Kamm hinaufsteigen und dann die Wanderung auf dem Fernwanderweg Nr. 10 knapp 3 km weit bis zu der von Steinbrüchen „angenagten“ Königszinne am nördlichen Ende fortsetzen.

Tief unten am Fluß, knapp außerhalb des Naturparks, liegt Bodenwerder, die Heimatstadt des Lügenbarons von Münchhausen. Hier stößt man auf das Geburts- und Sterbehaus des Freiherrn – heute Rathaus und Erinnerungsstätte – und auf den Münchhausenbrunnen mit dem halbierten Pferd.

ℹ Fremdenverkehrsamt Bodenwerder, Weserstr. 3, 37619 Bodenwerder, Tel. 0 55 33/ 40 41.

❷ **Breitestein** Die Felswand, die sich im Durchbruchstal der Weser zwischen Holzminden und Bodenwerder bei Rühle fast 60 m über dem Strom erhebt, paßt eigentlich nicht zu Solling und Vogler. Im Unterschied zu den beiden Gebirgen besteht sie aus Muschelkalkschichten, die quer in das Sandsteingewölbe eingebrochen sind und als harte Felsriegel der Weser mühselige Erosionsarbeit abverlangen. Es dauerte mindestens 2 Mio. Jahre, bis die Urweser, deren Bett einst 100–120 m über der heutigen Talaue lag, ihr Durchbruchstal geschaffen hatte. Den schönsten Blick auf die Muschelkalkklippen des Breitesteins hat man von der Wesertalstraße am gegenüberliegenden Ufer bei Pegestorf aus.

Die Wanderung auf dem schmalen, bei feuchtem Wetter rutschigen Waldpfad von Rühle nach Dölme an der oberen Kante der Felswand entlang lohnt sich vor allem wegen der Flora mit seltenen Gehölzen wie Eiben und Elsbeeren. Seit einiger Zeit ist am Breitestein auch wieder der Ruf des Uhus zu hören. Die Exemplare, die hier ausgesetzt wurden, haben sich gut eingelebt.

❸ **Ebersnacken** Das Sollingmassiv steigt von den Rändern her sanft an. Als Gebirge erlebt man es allenfalls vom Wesertal her.

Anders zeigt sich der kleinere Bruder im Norden: Im Vogler wechseln sich schmale Bergrücken mit steilen Hängen und tief eingekerbten Tälern ab. Der knapp 2 km lange Aufstieg vom Wanderparkplatz bei Heinrichshagen auf ausgeschilderten Wegen hinauf zum Ebersnacken ist daher etwas beschwerlich. Für die Mühen wird man durch die herrliche Aussicht vom Turm auf dem 460 m hohen Gipfel entschädigt. Bei klarem Wetter reicht der Blick vom Deister bis zum Habichtswald, vom Harz bis zum Wiehengebirge. Wie zum Greifen nahe liegen dann im Osten die langgestreckten Kämme des Iths und des Hils; im Südosten steht auf der Hochfläche im Sollingvorland das ehem. Kloster Amelungsborn, sehenswert wegen der romanischen Abteikirche mit Resten gotischer Glasmalereien.

❹ **Rühler Schweiz** Eidgenössische Hochgebirgsszenerie wird man in der Rühler Schweiz zwar vermissen, doch mit dem Schweizer Mittelland kann sich die Landschaft zwischen Solling und Vogler ohne weiteres vergleichen. Das Landschaftsmosaik aus Bergkuppen und Tälern, Wiesen und Wäldern, Obstgärten und Feldern zeigt, wie unterschiedlich der Gesteinsuntergrund hier zwischen Solling und Vogler ist und wie engräumig die verschiedenen Gesteinsarten des Muschelkalks wechseln.

Am schönsten ist die Rühler Schweiz im Frühling, wenn die Kirschbäume blühen. Die Naturparkverwaltung lädt dann Besucher zu naturkundlichen Wanderungen durch die Kalkberge oberhalb der Weser ein. Dabei werden die besonders artenreiche Pflanzenwelt und die Landschaftsgeschichte des Weserberglandes erläutert.

Auf eigene Faust kann man die Rühler Schweiz z. B. bei einer Fahrt auf der Straße von Golmbach nach Rühle erkunden. Ein kleiner Umweg über Warbsen lohnt sich, denn dort stehen sehr schöne Bauernhäuser.

ℹ Zweckverband Naturpark Solling–Vogler, Neuhaus im Solling, Schloßplatz 6, 37603 Holzminden, Tel. 0 55 36/13 13.

5 Burgberg Zum Golmbacher Bergland, wie die Kalkberge zwischen Solling und Vogler genannt werden, gehört auch der Burgberg nördlich von Bevern, dessen Schloß zu den Prunkstücken der Weserrenaissance zählt. Am Burgberg gibt es kleinere und größere Kalkmagerrasen, die als Lebensraum für seltene Pflanzen und Tiere große ökologische Bedeutung haben.

Der Rundwanderweg Burgberg, der am Wanderparkplatz an der B 64 Bevern–Eschershausen etwa 2 km hinter dem Ortsende von Lobach beginnt, erschließt diesen ungewöhnlich artenreichen Lebensraum. Hier können auf einer Fläche von etwa 100 m^2 bis zu 70 unterschiedliche Pflanzen- und 1000 Tierarten vorkommen. Ein besonderes Kleinod ist der rotbraune Frauenschuh, eine Orchideenart, die Anfang Juni ihre Blüten entfaltet. Die Landesforstverwaltung hat am Rundweg eine Frauenschuhfläche angelegt, auf der man die Pflanze bewundern kann – aber nur vom Weg aus, denn an den steilen Hängen entstehen schnell Trittschäden.

Emsige Waldarbeiter: Rote Waldameisen

Bis zu 1 m hoch sind die Bauten der Roten Waldameisen (Bild), die unter Naturschutz stehen. Darin leben mehrere hunderttausend Ameisen, regiert von einer Königin, die 20 Jahre alt werden kann. Die Arbeiterinnen fungieren als eine Art „Polizei“ des Waldes. Rund um den Bau ziehen die Roten Waldameisen auf ihren Bahnen zur Futtersuche. Wenn sie gemeinschaftlich angreifen, können sie sogar einen großen Mistkäfer erbeuten. Dabei spielen ihre kräftigen Mundzangen eine Nebenrolle; Hauptwaffe ist das Sekret aus der Giftblase am Hinterleib: Ameisensäure – für den Menschen schmerzhaft, für viele Insekten tödlich.

Die Roten Waldameisen ernähren sich von Larven und Kleintieren, darunter auch Forstschädlinge. Deshalb werden sie gezielt zu deren Bekämpfung eingesetzt.

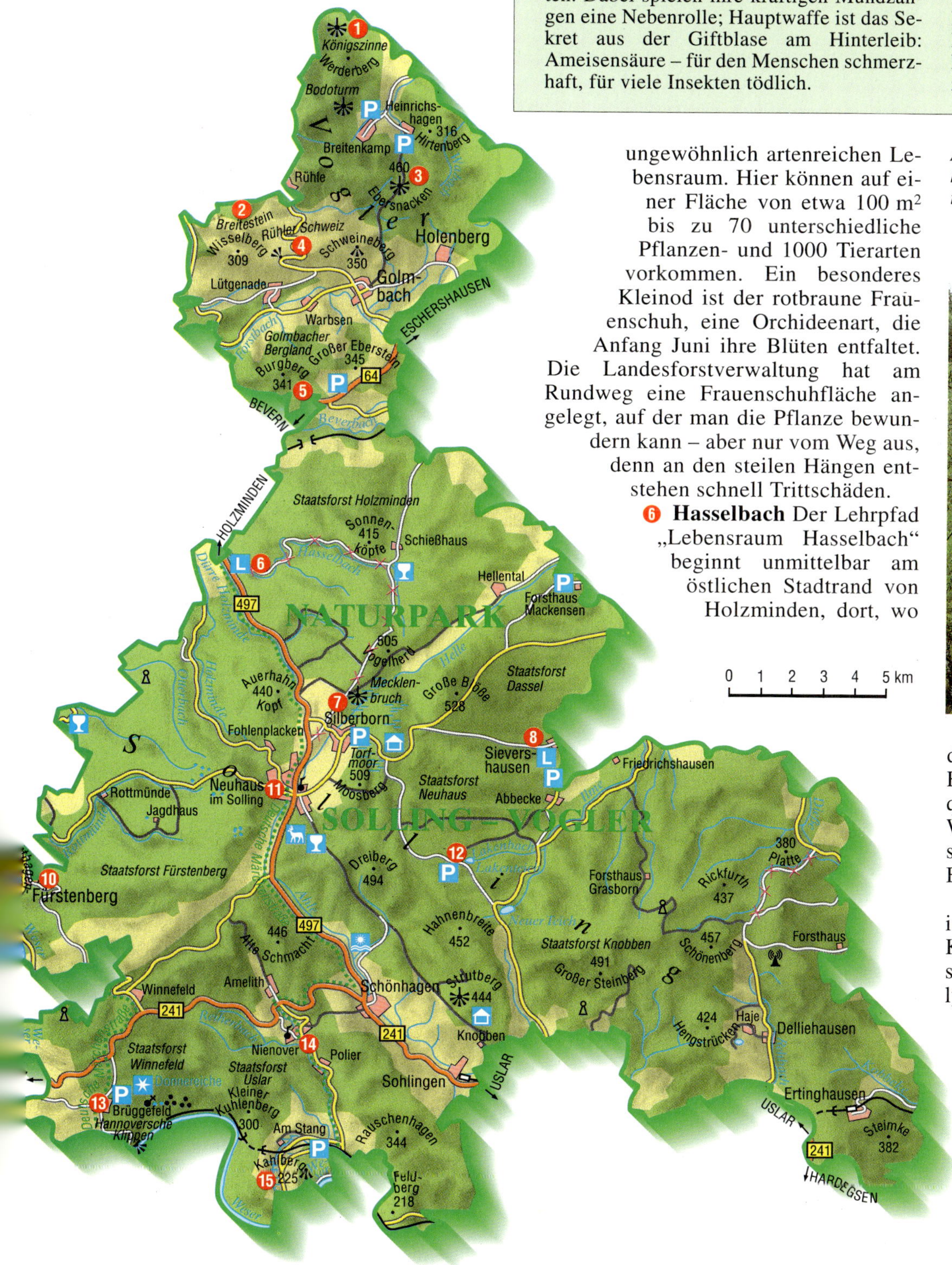

6 Hasselbach Der Lehrpfad „Lebensraum Hasselbach“ beginnt unmittelbar am östlichen Stadtrand von Holzminden, dort, wo die B 497 in Richtung Neuhaus die Dürre Holzminde, einen der vielen Sollingbäche, quert. Auf 15 Schautafeln erfährt man alles Wissenswerte über die Ökologie und Entstehung dieser für den Solling typischen Bachauenlandschaft.

Auf einem Holzsteg können Wanderer trockenen Fußes die faszinierende Moorlandschaft des Mecklenbruchs erkunden.

Bei Holzminden mündet der Hasselbach in die Weser. Im Kern der im 30jährigen Krieg fast völlig zerstörten Stadt stehen stattliche Fachwerkhäuser wie das sog. Tillyhaus oder das Severinsche Haus.

i Zweckverband Naturpark Solling–Vogler, siehe 4.

7 Mecklenbruch Durch den Mecklenbruch, das größte Hochmoor im Weserbergland, führt ein Steg. Man kann das Naturschutzgebiet aber auch von oben, von einem Aussichtsturm aus, betrachten.

Besonderheiten der Natur

Pflanzen Eher unscheinbar sehen die typischen Bewohner der Moore im Naturpark aus: der fleischfressende Sonnentau und die Moosbeere. Anders der Bewuchs an den Bachläufen; dort leuchtet das Gelb der Sumpfdotterblume zwischen Binsen und mannshohem Rohrglanzgras hervor. In der Waldgesellschaft des Hainsimsen-Buchen-Waldes finden sich neben der Weißen Hainsimse auch Goldnessel, Frauenfarn und Habichtskraut.
Tiere Über dem feuchten Moorboden schwirren Torfmosaikjungfer, Arktische Smaragdlibelle und Kleine Moosjungfer, außerdem Schmetterlinge wie Hochmoorgelbling und Braunfleckiger Perlmutterfalter.
Als „importierte" Arten kommen der aus Nordamerika stammende Waschbär (Bild) und das Muffelwild vor. Auch die Wildkatze fühlt sich hier wieder wohl.

Zu Beginn des 19. Jh., als die Holzvorräte des Sollings erschöpft waren, wurde im Mecklenbruch die bis zu 5 m dicke Torfschicht z. T. bis auf den Mineralboden abgebaut und als Brennstoff für eine Glashütte am Moorrand genutzt. Beinahe wäre so die einzigartige Pflanzen- und Tierwelt dieses in Jahrtausenden gewachsenen Moores in nur zwei Jahrhunderten zerstört worden. Seit 1981 sind die Entwässerungsgräben, die beim Torfabbau angelegt wurden, wieder geschlossen, und die Torfmoose erhalten seitdem ihr Lebenselixier: Wasser.

Der Weg zum Mecklenbruch ist vom Wanderparkplatz am östlichen Ortsausgang von Silberborn ausgeschildert.

Von April bis Oktober veranstaltet das Verkehrsamt Silberborn jeweils am Mi um 9.30 Uhr eine etwa 2stündige Führung durch den Mecklenbruch.

Nordöstlich des Mecklenbruchs erstreckt sich das idyllische Hellental. Man erkundet es am besten über den Rundwanderweg, der vom Parkplatz in Hellental ausgeht.

i Verkehrsamt Silberborn, Am Kurgarten 1, 37603 Holzminden, Tel. 0 55 36/2 23.

8 Sievershausen In einer Landschaft, die zu mehr als 80 % von Wäldern bedeckt ist, spielt die Nutzung des Waldes eine wichtige Rolle. Während die Wälder im Solling früher vor allem Brennstoff und Baumaterial lieferten, ist der Wald heute eher für die Wechselbeziehung zwischen Lebewesen und Umwelt als für die Wirtschaft wichtig. Die Aufgaben des Waldes im Naturhaushalt gehören daher zu den Themen, die auf den Informationstafeln am Waldpfad Sievershausen behandelt werden. Manche Eigenarten der Sollingwälder werden jedoch erst aus der geschichtlichen Entwicklung heraus verständlich. So wird zur Erinnerung an das traditionelle Handwerk der Köhlerei alljährlich am Waldpfad ein Holzkohlenmeiler errichtet und angezündet.

Der etwa 1,5 km lange Rundweg beginnt und endet beim Wanderparkplatz an der Abbecker Straße nahe der Revierförsterei Sievershausen.

9 Kathagenberg Im Naturschutzgebiet Kathagenberg unterhalb der Porzellanmanufaktur Fürstenberg lernt man eine Seite des Sollingmassivs kennen, die überhaupt nicht zu dem Bild des herben, rauhen Waldgebirges mit seinen Bruchwäldern und Nadelholzforsten paßt. Hier am sonnenüberfluteten Prallhang der Weser erwartet den Besucher ein artenreicher Laubmischwald mit vielen verschiedenen Bäumen, von denen einige auch aus anderen Zonen der Erde stammen. In den vier ehem. Steinbrüchen am Kathagenberg, in denen früher der als Naturstein geschätzte rötliche Sandstein gebrochen wurde, haben sich wärmeliebende Pflanzenarten angesiedelt. Am Fuß der Felsen schlängelt sich die seltene Schlingnatter durchs Gestrüpp. Die Schlange wird oft mit der Kreuzotter verwechselt, hat jedoch keine Giftzähne und ist für den Menschen völlig ungefährlich.

Im Nordwesten des NSG, direkt am Rad- und Wanderweg nach Boffzen, ist ein Hainbuchen-Niederwald erhalten. Die Niederwälder dienten bis zum Beginn des 19. Jh. vor allem der Brennholzproduktion. Die Bäume, hauptsächlich Hainbuche, Eiche und Hasel, wurden alle 15–30 Jahre kurz über dem Boden abgeschnitten. Deutlich älter, nämlich mehr als 240 Jahre, sind die

Bei schönem Wetter lädt die Gaststätte im Wildpark Neuhaus zu einer gemütlichen Rast unter freiem Himmel ein.

Von den Hannoverschen Klippen genießt man einen herrlichen Blick über die Weser, die gemächlich im Tal dahinfließt.

Eichen am Weg zur Gaststätte *Petriwinkel* neben dem Schiffsanleger. Dort beginnt der Wanderweg zum NSG Kathagenberg.

10 Fürstenberg Der auf einer Flußterrasse hoch über der Weser gelegene Erholungsort ist vor allem durch seine Porzellanmanufaktur bekannt geworden. Mehr als zwei Jahrhunderte lang wurde im ehem. Jagdschloß Porzellan mit einem blauen F als Gütesiegel produziert. Heute beherbergen die Schloßgebäude im Stil der Weserrenaissance ein Museum, in dem mehr als 2500 Exponate zu sehen sind. Es läßt den Besucher auch einen Blick hinter die Kulissen der Porzellanherstellung werfen (geöffnet Di–Sa 9–17, So und Feiertage 10–17 Uhr).

i Porzellanmanufaktur Fürstenberg, Postfach 54, 37699 Fürstenberg, Tel. 05271/40 10.

11 Neuhaus im Solling Das heutige Schloß in der Stadt entstand Ende des 18. Jh., nachdem das landesfürstlich-hannoversche Gestüt 1760 hierher verlegt worden war. Die Hannoveraner auf den Weiden des Sollings erinnern an die Zeit, als im Gestüt die Isabellen, Pferde mit besonderer Färbung, gezüchtet wurden. Der Marstall des Jagdschlosses wurde zum Haus des Gastes umgebaut, in dem sich das Verkehrsamt befindet; das Schloß kann besichtigt werden (geöffnet täglich 10–18 Uhr).

Etwa 600 m südlich von Neuhaus an der B 497 von Uslar nach Holzminden liegt der Wildpark Neuhaus (täglich geöffnet, Februar geschlossen). Dort können einheimische und bei uns eingebürgerte Tierarten wie Rot-, Dam-, Reh-, Schwarz- und Auerwild sowie Waschbären von einem etwa 2 km langen Rundwanderweg aus beobachtet werden. Dem Wildpark ist außer einer Gaststätte auch ein Waldmuseum angeschlossen, das über das Ökosystem Wald sowie die Geschichte und Nutzung der Wälder im Weserbergland informiert.

i Verkehrsamt Neuhaus, Lindenstr. 8, 37603 Holzminden, Tel. 05536/1011.

12 Lakenteich Der Lakenteich gehört wie der benachbarte Neue Teich zu den Flößteichen im Solling. Da die Bäche für die Holzflößerei meist zuwenig Wasser führten, wurde Wasser in Teichen gestaut, das man nach der Schneeschmelze schnell abließ; mit der künstlichen Flutwelle trieb das Brennholz bis zum Schloß in Hannover. Erst als fast alle Buchen im Solling abgeholzt waren, wurden gegen Ende des 18. Jh. der Raubbau an den Wäldern und die Holzflößerei aufgegeben. Geblieben sind die Teiche, die sich heute wie natürliche Seen in die Landschaft einfügen.

Knapp 8 km nördlich von Uslar zweigt von der Straße in Richtung Dassel am Neuen Teich links eine schmale Straße nach Silberborn ab. 1,5 km hinter der Abzweigung liegt am Rand einer Waldlichtung ein Wanderparkplatz, von dem aus man den Lakenteich erkunden kann.

13 Brüggefeld Der Wanderparkplatz am *Forellenhof* in Brüggefeld an der Straße von Bad Karlshafen zur B 241 ist Ausgangspunkt für Wanderungen durch den südwestlichsten Zipfel des Naturparks. Auf der Forststraße, die vom Parkplatz in nordöstlicher Richtung durch den Wald führt, kommt man nach 600 m zur Donnereiche, einer der mächtigsten Eichen im Solling. Rechts des Weges, bei den kleinen Teichen, liegen die Überreste einer Kirche. Das dazugehörige Dorf Schmessen wurde schon vor Jahrhunderten von seinen Bewohnern verlassen. Rund 500 m südöstlich liegen Hügelgräber verstreut, die aus dem 1. und 2. Jahrtausend v. Chr. stammen.

Auf der Fahrt von Brüggefeld nach Bad Karlshafen kommt man am Parkplatz Dreiländereck vorbei. Tief unter den Hannoverschen Klippen aus rotem Sandstein strömt die Weser; am gegenüberliegenden Ufer sieht man Bad Karlshafen, das sich knapp außerhalb des Naturparks befindet.

14 Nienover Auf einer Anhöhe über dem Reiherbachtal steht ein ehem. Jagdschloß, das im 17. Jh. auf einem gewaltigen Unterbau aus roten Sandsteinquadern errichtet wurde. Geöffnet ist es nur, wenn dort Ausstellungen stattfinden. In der Nähe des Schlosses gibt es im Reiherbachtal eine Grillstelle mit Spiel- und Liegewiese.

Der Fernwanderweg Porta Westfalica–Hann. Münden führt von Nienover in rund 1/2 Stunde ins benachbarte Dörfchen Amelith, wo noch alte, mit Sandsteinplatten gedeckte Fachwerkhäuser stehen.

i Verkehrsamt, Bleekstr. 23, 37194 Bodenfelde, Tel. 05572/893.

15 Kahlberg Wie eine bewaldete Insel steigt der 225 m hohe Sandsteinberg aus der halbmondförmigen Ausbuchtung des Wesertales bei Bodenfelde auf. Ein Rundweg führt vom Wanderparkplatz an seiner Ostseite (Zufahrt von der Straße Bodenfelde–Wahmbeck aus) um den Berg herum. Beim Grillplatz an der Südspitze hat man einen schönen Ausblick auf die Weser, die unten am Prallufer an den Sandsteinfelsen nagt; im Hintergrund ragen über dem gegenüberliegenden Ufer die Ausläufer des Reinhardswaldes auf.

Vor rund 250 000 Jahren war der Kahlberg noch mit dem Reinhardswald verbunden; während oder kurz nach der Saale-Eiszeit durchbrach die Weser dann jedoch hier den Bergsporn innerhalb einer Mäanderschleife und schnürte den Kahlberg als lehrbuchreifen Umlaufberg ab. Der Reiherbach benutzt seither das für ihn viel zu große, alte Flußbett der Weser zwischen Bodenfelde und Wahmbeck.

Naturpark Weserbergland/ Schaumburg–Hameln

Das Bergland, das die Weser auf ihrem Weg bis zur Porta Westfalica durchquert, ist märchenhaft. Nicht nur, weil hier der Rattenfänger von Hameln und die Familie des Lügenbarons von Münchhausen beheimatet sind, sondern auch wegen der traumhaften Landschaft, die noch voller Geheimnisse steckt.

Lust zum Wandern bekommt man, wenn man über sattgrüne Baumwipfel hinweg die bewaldeten Bückeberge vor Augen hat.

❶ **Nenndorfer Kraterquelle** Dieses Naturwunder – eine Karstquelle – spricht besonders Blumenfreunde an. Blumensträuße, die in den 1 m tiefen Quelltopf am südwestlichen Rand des niedersächsischen Staatsbades (unmittelbar an der B 65 in Richtung Stadthagen) geworfen werden, bleiben erstaunlich lange frisch. Das Geheimnis dieses „Jungbrunnens“, aus dem täglich mehr als 100 000 l Wasser strömen, liegt vor allem im hohen Kalkgehalt des Quellwassers. Der Kalk lagert sich auf den Blumen ab und bildet so eine hauchdünne Schutzschicht, die die Zersetzung verlangsamt. Der sichtbare Beweis für den hohen Kalkgehalt befindet sich 25 m westlich der Quelle: der Nenndorfer Krater. Ein bis zu 6 m hoher Ringwall aus Kalktuff, ausgeschieden im Lauf von Jahrtausenden, umgibt die jetzt von der unterirdischen Wasserzufuhr abgeschnittene Karstquelle.

Das Wasser der Nenndorfer Kraterquelle stammt größtenteils vom Deister (siehe ❼). Der langgestreckte Waldkamm endet südöstlich von Bad Nenndorf mit dem 197 m hohen Strutzberg (naturkundlicher Lehrpfad, Waldsportpfad, Schutzhütte).

ℹ Kur- und Verkehrsverein, Kurhausstr. 4, 31542 Bad Nenndorf, Tel. 0 57 23/34 49.

❷ **Bückeburg** Kunstsinnige Fürsten schmückten das Residenzstädtchen mit prunkvollen Bauten wie dem in verschwenderischer Fülle ausgestatteten Schloß (geöffnet täglich 9–12 und 13–18 Uhr) oder dem mächtigen Kuppelbau des Mausoleums im weitläufigen Schloßpark (von April bis Oktober täglich geöffnet). Die 1615 vollendete Stadtkirche gehört zu den Glanzstücken der Weserrenaissance. Hinter ihrer reichgegliederten Fassade birgt sie eine großartige Orgel und als besondere Kostbarkeit ein frühbarockes Taufbecken. Am Sabléplatz zeigt das einzigartige Hubschraubermuseum in mehreren großen Hallen Originale und Modelle der verschiedensten Helikopter, dazu ein umfangreiches Archiv über die Entwicklung der Hubschrauber und Senkrechtstarter (geöffnet täglich 9–17 Uhr).

Das Besucherbergwerk in Kleinenbremen, das knapp außerhalb des Naturparks liegt (etwa 4 km südlich von Bückeburg an der Straße nach Rinteln), lädt zu einem Ausflug ins Erdinnere ein. In der Grube wurde bis vor 50 Jahren Eisenerz gefördert (Öffnungszeiten und Führungen Mitte April–Ende Oktober Di, Fr–So sowie an Feiertagen 10–17 Uhr).

ℹ Städtisches Verkehrsbüro, Lange Str. 45, 31675 Bückeburg, Tel. 0 57 22/20 61 81.

❸ **Teufelsbad** Im Quellgebiet am Südwesthang der Bückeberge gibt es morastige, feuchte Bereiche, und gerade deshalb fühlen sich Wildschweine, Feuersalamander und zahllose andere Tiere hier wohl. Es ist erstaunlich, wie viele Tierarten das dicht mit Buchen, Eschen und Erlen bestandene Naturschutzgebiet östlich von Bad Eilsen bevölkern. Zu dem sehenswerten Feuchtbiotop führt der mit X 11 markierte Wanderweg vom Wanderparkplatz an der Straße Krainhagen–Buchholz aus in 15 Minuten. Man erreicht das Teufelsbad auf diesem Weg auch von Bad Eilsen aus, wo der Kurpark mit seinen herrlichen alten Bäumen einen Abstecher wert ist.

Eine Kahnfahrt um das Wasserschloß Hülsede, das aus dem 16. Jh. stammt, hat ihren ganz besonderen Reiz.

4 Obernkirchen Das stille Städtchen am Fuß der Bückeberge ist weltbekannt wegen des Sandsteins, der dort seit Jahrhunderten abgebaut wird. Mit seinem warmen, weißgoldenen Farbton hat er die Bauwerke der Weserrenaissance und dazu Bauten in aller Welt geprägt. Die Obernkirchener Sandsteinbrüche liegen beiderseits der Steinbruchstraße, die vom Stadtteil Krainhagen aus auf dem schmalen Kamm der Bückeberge verläuft und nach etwa 5 km am Wanderparkplatz beim Berggasthaus *Walter* endet. Von dort kann man auf dem Fernwanderweg X 11 und mehreren Rundwanderwegen das Steinbruchgelände erkunden. Für Besucher, die mehr über den Sandstein erfahren möchten, werden auch Steinbruchführungen veranstaltet.

i Stadtverwaltung, Marktplatz 4, 31683 Obernkirchen, Tel. 0 57 24/39 50.

i Obernkirchener Sandsteinbrüche, Steinhauer Platz 6, 31683 Obernkirchen, Tel. 0 57 24/10 07.

5 Auetal Sehenswerte Bauten in beschaulichen Ortschaften sorgen für willkommene Abwechslung in diesem Tal, das zwischen dem Süntel und den Bückebergen liegt. So gibt es z. B. in Kathrinhagen und in Hattendorf romanische Dorfkirchen, bei Rannenberg das Gut Bodenengern und südlich von Altenhagen das Rittergut Wormsthal. Jenseits der Wasserscheide, die das Auetal vom Tal der Rodenberger Aue trennt, steht in Apelern eine Wasserburg. Hülsede besitzt ein Wasserschloß, und Lauenau glänzt mit zwei Herrenhäusern, der neugotischen Pfarrkirche und einem Fachwerk-Rathaus.

i Gemeindeverwaltung, Rehrener Str. 25, 31749 Auetal, Tel. 0 57 52/18 10.

Besonderheiten der Natur

Pflanzen An den Waldrändern wächst das zartrosa blühende Tausendgüldenkraut und an feuchten Standorten die Kuckuckslichtnelke. Im Hochsommer blüht auf Lichtungen der Rote Fingerhut. Auf Trockenrasenflächen zeigt die violette Küchenschelle ihre behaarten Blüten, und es gedeihen einige Distelarten.

Tiere In Gewässern tummeln sich Bachforellen, Rotaugen, Schleien und Rotfedern. Und mit etwas Glück bekommt man Hirsch, Reh, Dachs, Fuchs oder Wiesel zu sehen. Muffelwild und Waschbär sind eingewandert bzw. wurden hier ausgesetzt. Auch die recht seltene Haubenmeise, das Sommer- und Wintergoldhähnchen und der Tannenhäher kommen im Naturpark vor. Häufig sieht man den Turmfalken (Bild) über Feldern kreisen.

❻ **Tillybuche** Die sog. Süntelbuchen (siehe Kasten S. 347) wachsen nicht wie andere Buchen schlank und gerade empor, sondern schrauben sich mit dickem Stamm und gewundenen Ästen beinahe spiralförmig in die Höhe. Weltweit gibt es nur noch etwa 30 Süntelbuchen, die Hälfte davon im Süntel. Viele sind vom Alter gezeichnet, wie die rund 350jährige Tillybuche bei Raden am Nordwestrand des Süntels. Man erreicht sie von der Ortsmitte von Raden auf dem mit X 12 markierten Weg nach gut 500 m.

❼ **Deister** Der aus Jurakalk und Kreidesandstein aufgebaute Höhenzug ist eines der nördlichsten deutschen Mittelgebirge. Am Fernwanderweg E1, der von Bad Nenndorf bis Springe über den Deisterkamm verläuft, liegen Reste uralter Wehranlagen wie die aus fränkischer Zeit stammende Heisterburg, aber auch sagenumwobene Stätten. Dazu gehört vor allem die Teufelskammer ganz in der Nähe des Nordmannsturmes, von dem aus man einen weiten Blick auf die bewegte Landschaft des Weserberglandes hat. Aus den mächtigen Sandsteinblöcken, die hier im Buchenwald verstreut liegen, ragt einer durch seine Größe besonders hervor: die sog. Teufelskanzel.

Die Teufelskammer und der Nordmannsturm sind vom Wanderparkplatz am Nienstedter Paß an der Straße Nienstedt–Egestorf auf dem Kammweg in einer Viertelstunde bequem zu erreichen.

❽ **Rinteln** Im malerischen Kern der früheren Universitäts- und Festungsstadt drängen sich ehem. Adelshöfe und Fachwerkhäuser um die Marktkirche St. Nicolai und das Rathaus. Von den Gebäuden des ehem. Klosters ist nur die spätgotische Kirche erhalten geblieben. Einer der schönsten Adelshöfe war der Stammsitz der Familie von Münchhausen. Der Lügenbaron lebte jedoch nicht hier, sondern in Bodenwerder.

Für Kanuwanderer ist die Stadt eine beliebte Anlegestelle; Surfer, Ruderer und Badelustige vergnügen sich am Doktorsee westlich der Stadt.

ℹ Stadtverwaltung, Fremdenverkehrsbüro, Klosterstr. 19, 31737 Rinteln, Tel. 05751/4030.

Ein Bild von baulicher Geschlossenheit vermitteln die bezaubernden Fachwerkhäuser im historischen Stadtkern von Rinteln.

❾ **Rumbecker Berg** Das kleine Dorf, nach dem dieser Ausläufer des Lipper Berglandes benannt ist, liegt am linken Ufer der Weser. Südwestlich davon steigt der bewaldete, von tiefen Tälern zerkerbte Bergrücken steil an. Er trägt an der Nordflanke die überwachsene Ruine der Hünenburg. Am südöstlichen Teil des Rumbecker Berges, von dem sich zwischen den Bäumen hindurch immer wieder schöne Ausblicke auf die Weser und das Weserbergland bieten, hat die Niedersächsische Forstverwaltung das Naturwaldreservat Rinderweide eingerichtet. Das Waldmoor, das in einen Erlenbruchwald übergeht, birgt feuchtigkeitsliebende Pflanzen wie den Sumpfpippau. Bei Naturfreunden ist es jedoch vor allem wegen der Märzenbecher bekannt, die hier Ende März/Anfang April zu Tausenden blühen. Das Naturwaldreservat befindet sich direkt an der Straße von Klein Heßlingen nach Friedrichsburg, hinter der Egestorfer Mühle.

Fährt man von Friedrichsburg nach Wennenkamp weiter, kommt man zu einem Wanderparkplatz, von dem aus Rundwege über den Rumbecker Berg führen. An ihnen sind Tafeln aufgestellt, die über den Gesteinsaufbau und die Erdgeschichte des Lipper Berglandes informieren.

❿ **Schaumburg** Die Burg, die der Landschaft an der Oberweser den Namen gegeben hat, krönt die Jurakalkfelsen über dem Wesertal. Heute beherbergt sie ein Restaurant. Beim Blick vom Bergfried begreift man, weshalb das Bauwerk ursprünglich Schauenburg hieß: von seiner Höhe aus hat man weite Sicht ins Land (Zufahrt über die Straße Rehre–Deckbergen).

Die Hexenteiche, die etwa 1 km östlich der Schaumburg an den Hängen des Möncheberges liegen, wurden früher schauerlich genutzt. Als Hexen verdächtigte Frauen wurden gefesselt hineingeworfen. Ertranken sie nicht, galten sie als schuldig.

⓫ **Amelungsberg** Zwei Parkplätze mit Rundwegen (an der Straße Rehren–Hessisch Oldendorf bzw. Langenfeld–Hessisch Oldendorf) laden zu Wanderungen durch das Naturschutzgebiet auf dem östlichsten Ausläufer des Wesergebirges ein. Kalkbuchenwälder mit dichtem Unterwuchs verhüllen die jäh abfallenden Klippen, die den 321 m hohen Berg zu einer natürlichen Festung machen. Die Cherusker hatten hier vermutlich einen Stützpunkt im Kampf gegen die Römer; ein Wall der germanischen Burg blieb erhalten. Jenseits des nördlich vom Amelungsberg verlaufenden Höllen-

Ein seltener Anblick: Im Wildpark Springe kann man die bei uns längst ausgestorbenen Wisente noch in natura bewundern.

Der Hohenstein macht seinem Namen Ehre. Wer aber erst einmal oben angelangt ist, wird dort mit einem herrlichen Ausblick über das Wesertal belohnt.

baches ragen die weißen Felsen des Schrabsteins auf. Talaufwärts stürzt der Höllenbach bei der Höllenmühle 15 m in die Tiefe und ist damit der höchste Wasserfall im Weserbergland.

⓬ **Hohenstein** Wer steile Aufstiege scheut, wandert zur mächtigsten Klippe Niedersachsens am besten vom Wanderparkplatz Kreuzsteinquelle 1,5 km nordöstlich von Zersen durch das Lange Föhrtal und dann über den mit XW markierten Weg (5,5 km) hinauf. Kürzer (2,5 km), aber steiler ist der Anstieg vom Parkplatz an der Straße Zersen–Langenfeld aus; er führt streckenweise über einen Waldlehrpfad und am Rastplatz an der Baxmannbaude vorbei. Rutschungen und Bergstürze haben die bis zu 40 m hohe und 350 m lange Felswand aus Korallenoolith geformt. Das Kalkgestein und das warme Klima an dem nach Süden gerichteten Steilabfall behagen wärmeliebenden Pflanzen. Auf Felskanten entdeckt man manche botanische Kostbarkeit wie die Felsennelke mit ihren hellroten Blüten oder das dottergelb blühende Brillenschötchen.

⓭ **Wildpark Springe** Der knapp außerhalb des Naturparks gelegene Saupark Springe wurde seinerzeit als königliches Jagdrevier im Kleinen Deister südlich von Springe (Wegweiser Saupark-Wisentgehege) angelegt. Heute ist der über 2500 ha große Park Naturschutzgebiet. In einem Teil davon richtete man 1928 einen Wildpark mit Wisentgehege ein, der dem Schutz bedrohter Tierarten dient. Inzwischen gibt es rund 80 Tierarten in dem 55 ha großen Wildpark, u. a. Luchse, Wölfe, Przewalskipferde, Elche, viele Vögel und als besondere Attraktion Wisente, die letzten Wildrinder Europas. Auf zwei Rundwegen (1 bzw. 2 Stunden) kann man den ganzjährig geöffneten Park erkunden und die Tiere beobachten.

Am Rand des Sauparks liegt das Jagdschloß Springe mit einer Lehrschau zur Geschichte der Jagd (geöffnet Di–So 9–16 Uhr, im Februar nur Sa und So).

ⓘ Wildpark Springe, 31832 Springe, Tel. 0 50 41/58 28.

⓮ **Hameln** Als „Mühlenhameln“ war die zweitgrößte Stadt an der Oberweser der zahlreichen Mühlen wegen im Mittelalter weithin bekannt. Wo es Mühlen gibt, wird Getreide gelagert, und dieses zieht bekanntlich Ratten an, die zu einer Plage werden können. Die Sage vom Rattenfänger von Hameln, die von Mitte Mai bis Mitte September jeden So um 12 Uhr beim Rattenfänger-Freilichtspiel auf der Terrasse des Hochzeitshauses die Zuschauer begeistert, hat also durchaus einen historischen Hintergrund. An leeren Kassen kann es nicht gelegen haben, daß die Bürger dem Rattenfänger den versprochenen Lohn verweigerten, denn die Stadt war seit jeher reich – wie reich, das verraten Patrizierhäuser wie das Hochzeitshaus, von dessen Giebel dreimal täglich um 13.05, 15.35 und 17.35 Uhr das Rattenfänger-Glockenspiel erklingt, das Stiftsherrenhaus oder das Dempterhaus mit dem für die Weserrenaissance so typischen erkerartigen Auslug. Im Stiftsherrenhaus und im benachbarten Leisthaus ist das Museum der Stadt untergebracht (geöffnet Di–Fr 10–17, Sa und So 10–13 Uhr).

ⓘ Verkehrsverein Hameln, Deisterallee 3, 31785 Hameln, Tel. 0 51 51/20 26 17.

⓯ **Ith** An den Hängen des schmalen Bergkammes öffnet sich ein düsterer Felsenkessel, aus dem an warmen Tagen modrig

Kamelskopf nennt der Volksmund diese bizarr geformte Felsklippe am Ith – und aus diesem Blickwinkel wird auch deutlich, warum.

riechender Dunst aufsteigt. Hoch über dieser „Teufelsküche" balanciert der Wackelstein, eine tonnenschwere Gesteinsplatte, auf einem Felsklotz. Vorsichtige Wanderer treten beim Anblick des Akrobatenstücks der Natur ein paar Schritte zurück, weniger vorsichtige überzeugen sich davon, ob der Wackelstein seinem Namen auch Ehre macht. Und in der Tat: Er wackelt, wenn man ihn anhebt! Die beiden so gegensätzlichen Naturwunder liegen am Oberberg (404 m), dem nördlichsten Sporn des Iths, der sich als schmaler Waldkamm rund 20 km weit zwischen Lenne und Saale erstreckt.

Vom Wanderparkplatz am Gasthaus *Felsenkeller* bei Coppenbrügge steigt der Weg zunächst leicht bergan. Er vereint sich dann mit dem Fernwanderweg Erichshagen–Bad Gandersheim (Markierung XR). Weiter geht es an Dolomitfelsen vorbei steil nach oben. Auf der Höhe verläuft der Kammweg nahezu eben; ein Abstecher zu den Bessinger Klippen oder zum zerklüfteten Mönchstein ist daher verglichen mit dem Steilaufstieg beinahe ein Spaziergang.

⑯ **Rasti-Land** Dieses Abenteuer- und Freizeitland befindet sich bei Benstorf unmittelbar an der B 1 Hameln–Hildesheim (geöffnet im April und September Sa und So 10–18 Uhr, im Mai Mo–Sa 12–18 und So 10–18 Uhr, in den Sommermonaten täglich 10–18 Uhr). Zu den Attraktionen gehören die Electronic Show, die Oldtimer-Bahn und die Familien-Achterbahn sowie die Wildwasserbahn und die Märchenburg.

ℹ Rasti-Land, Benstorf, 31020 Salzhemmendorf, Tel. 0 51 53/68 74 und 0 51 56/2 57.

⑰ **Ohrbergpark** Im Dorf Ohr befindet sich am linken Ufer der Weser das Rittergut der Freiherren von Hake. Das Herrenhaus ist eher schlicht, um so prächtiger gestaltete die Familie dafür den Gutspark, der sich auf dem Ohrberg am südlichen Rand von Hameln oberhalb der B 83 in Richtung Bodenwerder erstreckt (Zufahrt mit dem Auto von Emmerthal-Ohr oder mit dem Weserdampfer bis zur Anlegestelle und dann zu Fuß über eine Treppe hinauf zum Ohrbergpark). Die Gartenanlage gehört zu den schönsten Landschaftsgärten Deutschlands. Zuerst wurden vor allem exotische Gehölze angepflanzt, später kamen Azaleen- und Rhododendronbüsche hinzu, die den Park im Frühjahr in ein Blütenmeer verwandeln (der Park ist frei zugänglich).

⑱ **Hämelschenburg** Seit 1437 ist die Familie von Klencke mit dem Dorf Hämelschenburg im Tal der Emmer verbunden; das gleichnamige Schloß wird noch heute von den Nachkommen des Bauherren Jürgen von Klencke bewohnt (Führungen April–Oktober täglich außer Mo 10–12 und 14–17 Uhr zu jeder vollen Stunde). Die dreiflügelige Anlage gilt als vollendeter und neben Bevern bedeutendster Schloßbau der Weserrenaissance. Auch die vollständig erhaltene Innenausstattung ist sehenswert. Die *Schloßschänke* lädt hier zur Rast ein.

ℹ Schloß Hämelschenburg, 31860 Emmerthal, Tel. 0 51 55/85 39.

⑲ **Pyrmonter Dunsthöhle** Im 16. Jh. wallfahrteten alljährlich mehr als 10 000 Menschen zu den Pyrmonter „Wunderquellen" im Tal der Emmer, und noch immer erwarten manche Kurgäste Wunder von den Stahl- und Kochsalzquellen des niedersächsischen Staatsbades. Geheimnisumwittert ist auch die Grotte am Helvetiushügel: Da schwimmen Seifenblasen wie Gummibälle auf einem unsichtbaren See, und eine brennende Kerze verlöscht plötzlich, als ob sie ein Geist ausgeblasen hätte. Naturwissenschaftlich betrachtet, läßt sich das leicht erklären, ein Naturwunder bleibt die Dunsthöhle in dem kleinen Park an der Bismarckstraße in Bad Pyrmont aber dennoch (von April bis Oktober bei guter Witterung täglich 15–18 Uhr geöffnet). Aus dem Einschnitt hinter der vergitterten Tür am Grund der Grotte quillt Kohlendioxid, ein unsichtbares, geruchloses Gas, das wahrscheinlich von einer vulkanischen Magmakammer in großer Tiefe stammt. Da Kohlendioxid schwerer als Luft ist, füllt das Gas die Grotte je nach Wetterlage, und auf diesem Gaskissen schweben dann die

Urtümliche Giganten

Noch streiten sich die Wissenschaftler, ob es sich bei den Süntelbuchen um eine eigenständige, vererbbare Art handelt. Zwar scheint sich der besondere Wuchs dieser Mutation der gewöhnlichen Rotbuche zu vererben, dennoch sind die Süntelbuchen vom Aussterben bedroht. Nur wenige Exemplare der eindrucksvoll geformten Bäume haben die Rodungen im 19. Jh. überlebt. Ihre verdrehten Äste und die Form der verzweigten Krone ließen sie den Menschen des letzten Jahrhunderts als ein Werk des Teufels erscheinen; als sog. Teufelsholz wurden sie deshalb geschlagen.
Im Süntel, der ihnen im übrigen auch den Namen gab, gibt es noch etwas mehr als ein Dutzend Exemplare dieser vom Aussterben bedrohten Bäume. Mit ihrem kurzen, in sich gewundenen Stamm, den skurril verformten Ästen und einer breiten, weitgefächerten und verflochtenen Krone fallen die „Geisterbäume" dem Wanderer gleich auf. Fünf Exemplare stehen im nördlichen Süntel, auf dem Dachtelfeld nördlich des Naturschutzgebietes Hohenstein (siehe ⑫).

Seifenblasen, weil sie ebenfalls leichter als das Gas sind.
ℹ Kur- und Verkehrsverein e. V., Arkaden 14, 31812 Bad Pyrmont, Tel. 05281/4627.
⑳ **Oberweserfahrt** Wenn die Dampfer der Oberweser-Dampfschiffahrt bei ihrer festlichen Eröffnungsfahrt alljährlich im April in Hameln anlegen, dann heißt der Rattenfänger die Passagiere in der Stadt willkommen. Und in Bodenwerder erwartet sie der Baron von Münchhausen. Zwischen beiden Städten verkehren von Ende April bis Anfang Oktober Ausflugsdampfer. Weitere regelmäßig angelaufene Stationen sind in diesem Abschnitt des Stromes Ohrberg und Grohnde; stromaufwärts folgen bis zum Beginn der Weser in Münden insgesamt noch einmal rund zwei Dutzend Anlegestellen. 1- und 2stündige Rundfahrten werden in Hameln vom Anleger in der Nähe des Parkhauses Rattenfängerhalle täglich außer Mo durchgeführt. Ein besonderes Erlebnis ist ein Schiffsausflug nach Bodenwerder am zweiten Sa im August, wenn in der Münchhausenstadt das große Lichterfest auf der Weser stattfindet.
ℹ Oberweser-Dampfschiffahrt GmbH, Inselstr. 3, 31787 Hameln, Tel. 05151/22016.
㉑ **Grohnder Platanenallee** Über 100 stämmige Platanen säumen die B 83 zwischen Grohnde und Hehlen auf etwa 500 m Länge. Die eindrucksvollste Platanenallee Norddeutschlands steht bereits seit 1938 unter Naturschutz. Verwandte Platanenarten können mehr als 2000 Jahre alt werden. Die Grohnder Platanen sind jedoch jünger und wurden angeblich zu Napoleons Zeiten gepflanzt, aber als man die Jahresringe eines abgebrochenen Baumes zählte, ergab sich ein Alter von etwa 100 Jahren.
㉒ **Lönsturm** Die bizarre Form der Felsengruppe am Steilabfall des Kansteins nordöstlich von Ockensen regte seit jeher die menschliche Phantasie an. Auch Dichter wie Hermann Löns (1866–1914) ließen sich von ihr inspirieren. Nach dem Heidedichter hat man den Aussichtsturm benannt, der oben auf dem Kanstein steht und den Blick ins Weserbergland freigibt.

Man steigt vom Wanderparkplatz am Forsthaus auf dem Wanderweg Ahrenfeld–Torfhaus (AV) durch den Ahrenfelder Wald den Thüster Berg hinauf (3 km) und folgt dann nach rechts dem Kammweg 1,5 km weit bis zum Turm auf dem Kanstein.
㉓ **Wasserbaum** Etwa 1 km südwestlich von Ockensen (Wegweiser im Ort) befindet sich ein Gebilde, das wie ein abgesägter Baum aussieht und aus dessen zapfenförmiger Spitze fast immer Wasser sprudelt. Im Inneren dieses moosgrünen Wasserbaumes steckt eine hölzerne Röhre, die ein findiger Sägemüller zu Beginn dieses Jahrhunderts als eine Art Überlaufventil und Wasserstandsanzeiger für seinen Stauteich am Ithhang errichtete. Das Wasser aus dem Ith enthält viel gelösten Kalk, der sich rund um die Röhre als Kalktuff abgelagert und so im Lauf der Zeit den „Baum" geschaffen hat.

Schloß Hämelschenburg beeindruckt sowohl durch seinen Baustil als auch durch seine idyllische Lage im Emmertal.

Auf 5 m Höhe hat es der Wasserbaum, der eigentlich gar kein Baum, sondern ein Kalkgebilde ist, inzwischen gebracht.

16 Harz und Harzvorland

Im Bann des Blocksberges

Seit langem schon zieht Norddeutschlands höchster Gipfel, der Brocken (im Hintergrund links), die Menschen in seinen Bann. Als „Blocksberg“ hat er sogar Eingang in die Welt der Sagen gefunden. Das Reich, das er bewacht, ist gesegnet mit Naturschönheiten.

Harz und Harzvorland

Gewaltige Granitblöcke liegen im Bachbett des wildromantischen Siebertales im Oberharz.

Naturpark Harz

Größe: 2335 km², gegründet 1960 bzw. 1990, Zusammenschluß geplant.

Der Naturpark gliedert sich in zwei Teile: den niedersächsischen im Westen des Gebirges und den östlichen Teil des Harzes, der auf die Bundesländer Sachsen-Anhalt und Thüringen entfällt. Der Ostharz hat 1992 einen Verein ins Leben gerufen, um die Gründung eines länderübergreifenden Naturparks Harz voranzutreiben.

Markant erhebt sich der Oberharz, der Nordwestteil des Gebirges, aus dem Norddeutschen Tiefland. Er ist durch kurze und steile Täler in Rücken und Einzelberge aufgelöst. Das größte, kaum zerteilte Plateau ist die Clausthaler Hochfläche. Westlich davon hat sich die Innerste tief in die Hochfläche eingeschnitten.

Vielerorts stößt man auf Spuren des schon im Mittelalter betriebenen Bergbaus, dem viele der Städte und Dörfer ihre Existenz verdanken.

Heute ist der Oberharz ein beliebtes Erholungs- und Feriengebiet. Die ursprüngliche Vegetation, Mischwälder mit Buchen und in höheren Lagen Fichten, ist durch den großen Holzbedarf des Bergbaus stark verändert worden. Die heutigen Fichtenwälder sind das Ergebnis von Aufforstungen.

Auch für den Unterharz, den Ostteil des Gebirges, sind weite Hochflächen charakteristisch. Das von steilen Bachtälern zergliederte Plateau sinkt von 500 m im Westen auf rund 300 m am Ostrand ab. Dort wurde der Wald durch Ackerflächen stark zurückgedrängt.

Dichter Wald säumt dagegen die Talsperren, die als Trinkwasserspeicher für die Städte im Harzvorland dienen.

ℹ Niedersächsischer Teil: Bezirksregierung Braunschweig, Wilhelmstr. 3, 38100 Braunschweig.

Ostharz: Verein Naturpark Harz e. V., Heilige-Geist-Str. 7, 06484 Quedlinburg.

Nationalpark Harz

Größe: 165 km², gegründet 1994.

Der Nationalpark umfaßt im wesentlichen den niedersächsischen Teil des Hochharzes im Anschluß an den Nationalpark Hochharz in Sachsen-Anhalt. Den Kernbereich des Nationalparkes Harz bildet ein 700 – 800 m hoch gelegenes Plateau, das von einzelnen Erhebungen überragt wird.

Dichte Bergfichtenwälder bilden die natürliche Vegetation. In den Hochlagen sind die Wälder allerdings in weiten Teilen schwer geschädigt.

Aufgelockert werden die Wälder durch Hochmoore, die unter dem Einfluß des rauhen und feuchten Klimas auf wasserstauendem Untergrund entstanden sind. Sie bilden den Lebensraum für eine spezialisierte Tier- und Pflanzenwelt. Zu den Seltenheiten zählen Wenigblütige Segge, Zwergbirke und Moor-Perlmutterfalter.

Einen ganz eigenen Lebensraum bieten auch die Granitfelsen und Blockhalden an den Flanken der steil eingeschnittenen Bachtäler. Seltene Moose und Flechten, die sonst nur in alpinen Höhen vorkommen, gehören zu den ganz besonderen Reichtümern dieser Biotope, und selbst der stark gefährdete Wanderfalke ist hier wieder anzutreffen.

ℹ Nationalparkverwaltung Harz, Oderhaus, 37444 St. Andreasberg.

Die gelben Blüten der Arnika leuchten auf manchen nährstoffarmen Feuchtwiesen im Hochharz.

Nationalpark Hochharz

Größe: 59 km², gegründet 1990.

Die Kernzone des Nationalparks umschließt den 1142 m hohen Brocken. Einbezogen sind außerdem die tieferen Lagen des steil ansteigenden Massivs.

Der in Sachsen-Anhalt gelegene Nationalpark grenzt im Westen an den niedersächsischen Nationalpark Harz. In den höchsten Lagen hat die Natur ihre Ursprünglichkeit am besten bewahren können. Den knorrigen, windzerzausten Fichten sieht man die Spuren des immerwährenden Kampfes mit Wind und Wetter an. In den tiefen Lagen ist das Waldkleid dagegen noch weitgehend geschlossen.

Die freien Gipfelhöhen werden von Bergheiden mit einer artenreichen Flora sowie von

Die nostalgische Brockenbahn schnauft in weiten Kehren bis hinauf in Gipfelnähe.

Vom Kyffhäuserdenkmal blickt man über die Ackerbaulandschaft der Goldenen Aue bis zum Harz.

Hochmooren eingenommen. Hier befindet sich – außerhalb der Alpen – das einzige Gebiet in Deutschland mit einer subalpinen Zwergstrauchheide. In der Wildnis des Hochharzes haben auch seltene Tierarten wie Wildkatze und Auerhuhn ein Refugium gefunden.

Rund ein Fünftel des Nationalparks wurde als Kernzone von jeder Nutzung ausgenommen, damit die urwüchsige Landschaft in ihrem Naturzustand erhalten bleibt. In der Entwicklungszone, die rund ein Drittel des Nationalparks umfaßt, sollen die Fichtenforste wieder in naturnahe Wälder umgewandelt werden.

Die Besucher sind angehalten, im gesamten Nationalpark unbedingt das Wegegebot zu beachten.

ℹ Nationalparkverwaltung Hochharz, Lindenallee 35, 38855 Wernigerode.

Naturpark Kyffhäuser

Größe: 114 km², gegründet 1990 (Planungsbeginn).

Benannt ist der Naturpark nach dem sagenumwobenen Höhenzug im südlichen Harzvorland. Das fast völlig waldbedeckte Kyffhäusergebirge gipfelt im 473 m hohen Kulpenberg. In den Naturpark einbezogen ist aber auch das sich westlich anschließende Vorland um die Talsperre Kelbra.

Trotz der geringen Ausdehnung weist der Gebirgszug eine Fülle verschiedenartiger Biotope auf. Die wertvollsten Gebiete, teils alte Laubwaldbestände, teils Trockenrasen mit Orchideen und anderen Raritäten, wurden unter Naturschutz gestellt. Eine Besonderheit ist z. B. die eigenartige Vegetation auf salzhaltigen Böden im Umkreis von Solequellen. Sogar Steppenvegetation wie in Südosteuropa ist hier zu finden.

ℹ Verwaltung Naturpark Kyffhäuser, Rathsfeld, 06567 Bad Frankenhausen.

Naturpark Elm–Lappwald

Größe: 470 km², gegründet 1976.

Im östlichen Niedersachsen gelegen, schließt der Naturpark mehrere waldreiche Höhenzüge nördlich des Harzes ein, darunter den bis zu 323 m hohen Elm. Die Muschelkalkschichten des bewaldeten Rückens sind durch ihren Reichtum an Fossilien, vor allem versteinerten Seelilien, bekannt.

Nach Osten hin schließt sich die Helmstedter Mulde an, deren fruchtbare Lößböden landwirtschaftlich genutzt werden.

Die ausgedehnten Laubwälder der Höhenrücken mit ihren alten Buchenbeständen machen den besonderen Reiz des Naturparks aus. Auf kalkreichen Böden sind an sonnigen Stellen Türkenbund und Leberblümchen zu finden. Auch Märzenbecher, Schlüsselblume und Bärlauch sind in den lichten Wäldern von Elm und Lappwald weit verbreitet.

Für die Bewohner von Braunschweig und Wolfsburg ist der Naturpark ein beliebtes Ausflugsziel.

ℹ Geschäftsstelle Naturpark Elm–Lappwald, Bahnhofstr. 11, 38300 Wolfenbüttel.

Als Kleinod romanischer Baukunst im Naturpark Elm–Lappwald gilt die Dorfkirche von Süpplingenburg.

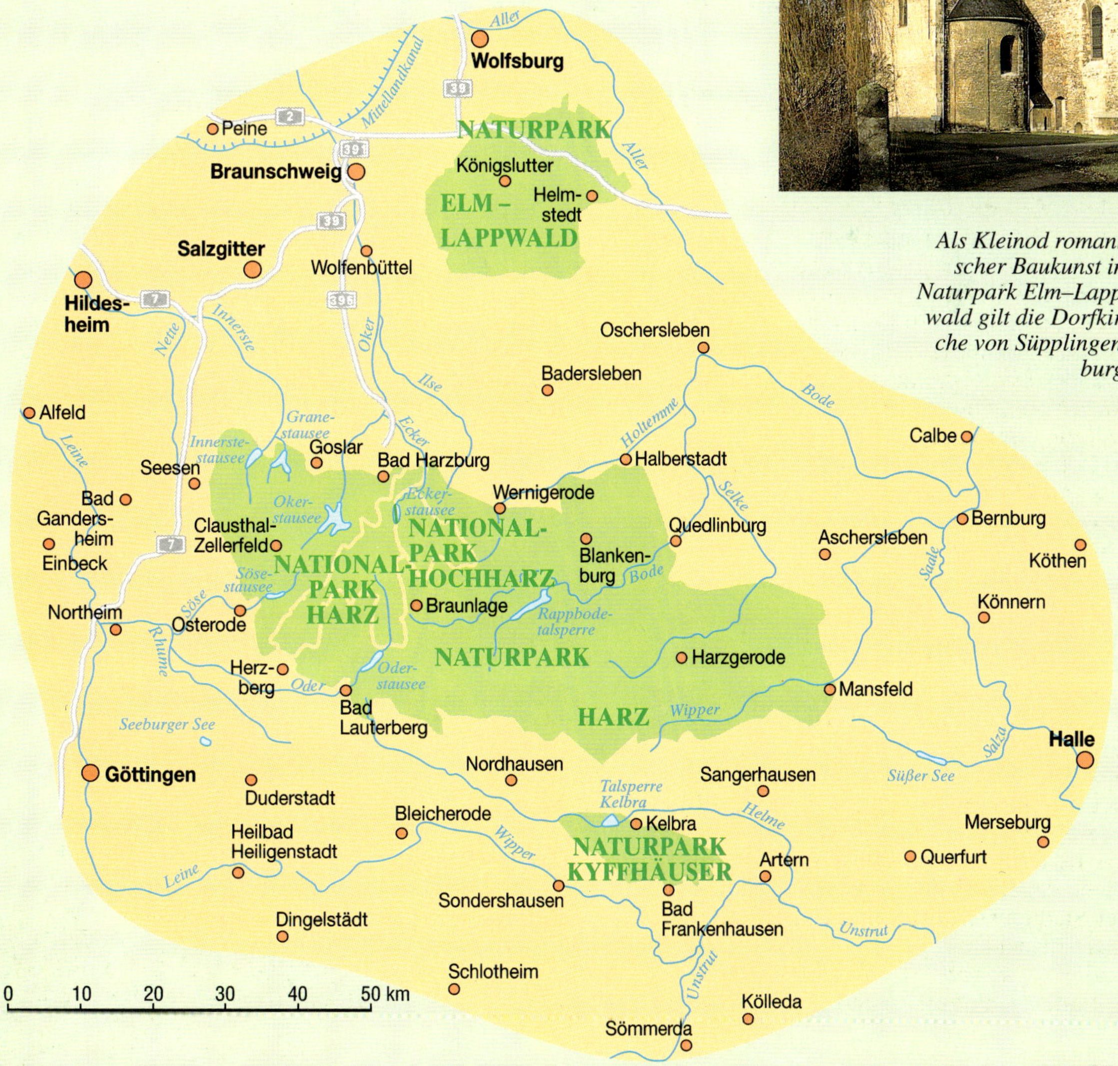

Naturpark Harz

Seinen Namen, der soviel wie Bergwald bedeutet, trägt der Harz bis heute zu Recht. Einst die erzreiche „Schatzkammer Deutschlands" und heute ein Wander- und Wintersportparadies, ist diese Mittelgebirgslandschaft aber auch der Wasserspeicher Norddeutschlands und ein geologisches Kleinod unter den Gebirgen.

❶ **Rammelsberg** Der 636 m hohe Bergrücken oberhalb der alten Kaiserstadt Goslar ist als „wertvollster Berg" Deutschlands etwas ganz Besonderes. Hier, in einer der reichsten Erzlagerstätten der Erde, wurden mehr als 1000 Jahre lang Erze gefördert. Bis zur Stillegung der Grube im Jahr 1988 waren es rund 28 Mio. t, hauptsächlich Zink, Blei und Kupfer sowie Silber und Gold. Der Metallwert der geförderten Erze würde nach heutigen Preisen ungefähr 24 Mrd. DM betragen.

Seit der Stillegung wird das Erzbergwerk nach und nach in ein Bergwerksmuseum und Besucherbergwerk umgewandelt. Über Tage kann man u. a. die historische Lampenstube der Bergleute und im Untertagebereich des Rammelsberger Bergbaumuseums den fast 200 Jahre alten *Roederstollen* mit zwei großen hölzernen Wasserrädern besichtigen (Öffnungszeiten und Führungen täglich 9.30–18 Uhr; aus Sicherheitsgründen haben Kinder unter sechs Jahren zum Untertagebereich keinen Zutritt).

In der Stadt Goslar läßt sich der frühere Reichtum an über 1000 sehenswerten Bauwerken und einer Fülle von Kunstschätzen ablesen: Kaiserpfalz, Domvorhalle, Rathaus, Marktkirche, Gilde- und Patrizierhäuser und viele andere Gebäude.

ℹ Tourist-Information, Markt 7, 38640 Goslar, Tel. 0 53 21/28 46 und 28 47.

❷ **Okertal und Okerstausee** Die Skigebiete im Harz gelten zwar nicht als lawinengefährdet, im tief eingekerbten Tal der Oker unterhalb der Okertalsperre kommt es jedoch in schneereichen Wintern gelegentlich vor, daß Lawinen die steilen Hänge des Ahrendsberges herabstürzen. Das Kerbtal mutet auch schon fast alpin an, und an landschaftlicher Schönheit wird es im Harz allenfalls noch vom Bodetal übertroffen.

Das Auto parkt man auf einem der Parkplätze an den Gaststätten *Waldhaus Okertal* bzw. *Romkerhaller Wasserfall* und wandert auf dem mit einem roten Dreieck markierten Pfad ein Stück an der Oker entlang. Kanufahrer, die in dem mit mächtigen Gesteinsblöcken gefüllten Flußbett nicht auf dem trockenen sitzen möchten, sollten sich über die

Kanufahrer kommen bei der Wildwasserfahrt auf der Oker voll auf ihre Kosten.

Zeiten informieren, zu denen verstärkt Wasser aus der Okertalsperre abgelassen wird und der Fluß anschwillt (Okerstausee, Tel. 0 53 29/8 24).

Im Unterschied zu den meisten anderen Talsperren im Harz, auf denen der Wassersport durch Verbote eingeschränkt wird, lockt der größte Stausee des Westharzes mit einem vielseitigen Sportangebot: Segeln, Surfen, Ruder-, Paddel- und Tretbootfahren, Tauchen und Baden – sogar ein Ausflugsdampfer verkehrt von Mai bis Oktober auf dem vielarmigen Stausee.

3 Elfenstein Quarz ist eines der härtesten Minerale, das Verwitterung und Abtragung großen Widerstand entgegensetzt, besonders wenn es als kompakter Quarzgang eine Spalte in der Erdkruste füllt. Der bis 20 m dicke Elfenstein, der sich westlich von Bad Harzburg 3 km am Nordrand des Harzes entlangzieht, ragt daher als imposante Felsmauer aus seinem weicheren Gesteinsmantel empor. An der Nordseite fällt der in Bastionen und Zinnen gegliederte Felsen stellenweise 30 m senkrecht ab. Von der Aussichtskanzel auf dem schmalen Grat hat man einen weiten, herrlichen Blick ins nördliche Harzvorland.

Trotz seiner beachtlichen Dimensionen ist der Elfenstein im dichten Wald nicht einfach zu finden: Man fährt auf der Landstraße vom Zentrum Bad Harzburgs in Richtung Oker, biegt am Stadtrand links in die Straße Am Schloßpark ein und fährt nach gut 1 km rechts in die Straße Am Silberborn, die nach 500 m in einer Wendeschleife endet. Dort parkt man und steigt über einen Waldpfad in 30 Minuten zur Felsmauer hinauf.

4 Bad Harzburg Eine Seilbahn bringt Besucher in wenigen Minuten (außer in der Zeit von Mitte November bis Mitte Dezember) auf den Gipfel des Burgberges der ehem. Reichsfeste Bad Harzburg. An der Ruine beginnen mehrere der schönsten Wanderwege im Oberharz, etwa der mit einem blauen Balken markierte Weg nach Osten hinüber zur Kattnäse, einer Quarzitklippe, oder der Kaiserweg, der einer alten Heer- und Handelsstraße quer durch den gesamten Harz folgt und in 2–3 Tagesetappen zu bewältigen ist.

1–2 Stunden dauert der Ausflug auf dem Kaiserweg zum *Molkenhaus* südöstlich von Bad Harzburg. Die Waldgaststätte ist mit der benachbarten Grillstelle, dem Abenteuerspielplatz, einer Liegewiese und der

In Lautenthal sollte man unbedingt an einer Grubenführung im Stollen der historischen Silber- und Goldgrube teilnehmen.

Wildfütterung im Sommer wie im Winter ein beliebtes Ausflugsziel.

Im Kurpark von Bad Harzburg, in der Nähe der Talstation der Burgbergbahn, steht das täglich außer So 9–18, am Sa 9–13 Uhr geöffnete Haus der Natur, das über die Geschichte des Waldes sowie über das Wild und die Jagd im Oberharz informiert.

ℹ Kurbetriebsgesellschaft, Herzog-Wilhelm-Str. 86, 38667 Bad Harzburg, Tel. 0 53 22/7 53 00.

5 Lautenthal Der Oberharzer lebte einst vom Gold- und Silberbergbau, doch diese Schätze sind inzwischen längst ausgebeutet. Heute bietet Lautenthal seinen Gästen

Die sehenswerte Kirche von Hahnenklee wurde 1908 nach dem Vorbild der Stabkirche im norwegischen Borgund gebaut.

eine breite Palette von Sport- und Freizeitmöglichkeiten: Drachenfliegen und Skilaufen am Teufelsberg, Radwandern auf einer stillgelegten Bahnstrecke im Innerstetal, den Waldlehrpfad am Bielsteinkopf, einen Waldspielplatz im Förstergarten und nicht zuletzt den Innerstestausee als Ziel für Wassersportler (keine Motorboote).

Sehenswert ist das Niedersächsische Bergbaumuseum in Lautenthal. Eine Vielzahl von Exponaten ist im ehem. Bergwerksgebäude und auf dem Freigelände ausgestellt. Mit einer Grubenbahn können Museumsbesucher drei Stollen der historischen Silber- und Goldgrube *Lautenthals Glück/Tiefer Sachsenstollen* befahren (Öffnungszeiten und Führungen täglich 9–12 und 14–18 Uhr).

i Kurverwaltung Lautenthal, Am Kurhaus 2, 38685 Langelsheim, Tel. 0 53 25/44 44.

❻ **Hahnenklee-Bockswiese** Die beiden ehem. Bergmannssiedlungen sind in eine Landschaft mit tiefgrünen Fichtenwäldern und stillen Seen eingebettet, die ebensogut in Skandinavien liegen könnte.

Der Aufstieg von der sehenswerten nordischen Stabkirche in Hahnenklee (täglich 10.30–12 und 13.30–17 Uhr geöffnet) auf den 726 m hohen Bocksberg dauert etwa 30 Minuten. Man kann die rund 200 m Höhenunterschied aber auch mit der Bocksberg-Seilbahn bewältigen. In der Bergstation der Seilbahn ist ein Edelsteinmuseum eingerichtet (Mo–Sa 10–17, So 11–17 Uhr geöffnet).

i Kurverwaltung Hahnenklee-Bockswiese, Rathausstr. 16, 38644 Goslar, Tel. 0 53 25/20 14.

❼ **Kästeklippe** Der 2,5 km lange Bergpfad, der vom Parkplatz Romkerhalle an der B 498 (Wegweiser: „Über die Klippen zur Käste") zu den Randhöhen des Okertales hinaufführt, ist streckenweise sehr steil und im Winter oft gefährlich vereist. Wer den mühsamen Aufstieg trotzdem wagt, darf sich auf ein besonderes Naturerlebnis freuen: prächtige Felsburgen, die sich wie Bastionen auf den Kämmen der Granitberge aufreihen. Die Kette der Klippen beginnt mit der Feigenbaumsklippe (Aussichtskanzel), dann folgt die Mausefalle, eines der sonderbarsten Felsgebilde im Harz, bei dem eine dünne Granitplatte einen mächtigen Felsblock stützt. Die wie von Riesenhand übereinandergetürmten Blöcke der Hexenküche scheinen vom Rauch geschwärzt. Von der eigentlichen Kästeklippe am gleichnamigen Berggasthaus bietet sich schließlich aus 602 m Höhe ein herrlicher Ausblick ins tief eingekerbte Okertal.

❽ **Bad Grund** Im 16. Jh., als die älteste der sieben Oberharzer Bergstädte die Rechte einer „freien Bergstadt" erhielt, gab es im Oberharz mehrere hundert Erzgruben. 1992 stellte die letzte ihren Betrieb ein: die Grube *Hilfe Gottes* in Bad Grund. Auf dem Gelände des Knesebeck-Schachts, der zu dieser Grube gehört, wurde 1986 das Bergwerks- und Heimatmuseum Rohstoffquelle Harz eröffnet (Öffnungszeiten Mai–Oktober Di–So 10–16, im Winterhalbjahr Do und So 10–16 Uhr).

Von einem Bergmann der Erzgrube *Hilfe Gottes* wurde in jahrzehntelanger Arbeit der Märchenpark *Märchental* mit zahlreichen handgeschnitzten Figuren und Märchenhäusern geschaffen (Mai–Oktober täglich außer Mo 10–17 Uhr geöffnet). Der Park befindet sich zwischen dem Teufelstal, wo ein geologischer Lehrpfad über die Gesteine und Bodenschätze im Bad Grunder Revier informiert, und der Harzhochstraße, gegenüber dem Parkplatz der Iberger Tropfsteinhöhle (Führungen April–Oktober täglich 9–16.30 Uhr, im Winterhalbjahr wechselnde Öffnungszeiten).

Viele schöne Tropfsteingebilde schmükken die fast 150 m lange und bis 20 m hohe

Alljährlich werden in der Nacht auf den 1. Mai, der Walpurgisnacht, in Bad Grund wie auch in anderen Orten im Harz Hexenfeiern abgehalten.

Besonderheiten der Natur

Pflanzen Der Unterwuchs der vor allem im Ostharz verbreiteten Laubwälder besteht aus Immergrün, Maiglöckchen und Waldmeister. In den Bachtälern finden sich Waldstorchschnabel, Hahnenfuß sowie Rote und Weiße Pestwurz. Im Hochsommer blüht auf Waldlichtungen und Kahlschlägen der auffällige Rote Fingerhut (Bild). Anfang des Jahrhunderts wurde aus dem Roten Fingerhut das erste pflanzliche Herzpräparat hergestellt.
Tiere Bemerkenswert ist das Vorkommen der scheuen und seltenen Wildkatzen. Sie leben sehr zurückgezogen in einsamen Waldgebieten. Das Muffelwild, das es hier seit Anfang des Jahrhunderts gibt, stammt ursprünglich aus dem Mittelmeerraum. Zudem nisten hier einige wenige Brutpaare des streng geschützten Wanderfalken.

Karsthöhle, darunter der „Versteinerte Wasserfall". Die Höhle durchzieht ein Korallenriff der Devonzeit. Der weiße Korallenkalk tritt auf dem Iberg im sagenumwobenen Hübichenstein, einer 40 m hohen, steil aufragenden Klippe, zutage.

ⓘ Kurverwaltung, Clausthaler Str. 38, 37539 Bad Grund, Tel. 0 53 27/20 21.

9 Clausthal-Zellerfeld In den historischen Bauwerken, Museen und Sammlungen der auf der Harzer Hochfläche gelegenen Doppelstadt spiegelt sich ein halbes Jahrtausend bewegter Stadtgeschichte wider. Die Marktkirche Zum Heiligen Geist in Clausthal (April–Oktober und in den Weihnachtsferien täglich geöffnet), mit 2200 Sitzplätzen die größte Holzkirche Deutschlands, überstand den 30jährigen Krieg und verheerende Stadtbrände. Fast alle anderen sehenswerten Bauten wurden nach der Feuersbrunst von 1672 errichtet.

Im Zentrum des barocken Stadtteils Zellerfeld liegt das Oberharzer Bergwerks- und Heimatmuseum. Zum ältesten Technikmuseum in Niedersachsen (1892) gehören ein 260 m langer Stollen, eine historische Bergwerksanlage des 18./19. Jh. im Freigelände sowie als Außenstationen zwei ehem. Erzgruben am Stadtrand (geöffnet täglich 9–17 Uhr). Das Hauptgebäude der Technischen Universität Clausthal beherbergt eine der größten Mineraliensammlungen der Welt, die seit 1775 zusammengetragen wurde (geöffnet Mo 14–17 und Di–Fr 9–12 Uhr).

ⓘ Kurbetriebsgesellschaft, Bahnhofsstr. 5a, 38678 Clausthal-Zellerfeld, Tel. 0 53 23/ 8 10 24.

10 Oberharzer Teiche Die Oberharzer Teiche wurden seit dem 16. Jh. angelegt, um Wasser zur Energiegewinnung für die Erzgruben zu speichern. Als Feuchtbiotope für Molche, Frösche und andere Tiere spielen die Teiche im Naturhaushalt eine wichtige ökologische Rolle und sind im Lauf der Jahrhunderte zu untrennbar mit der Naturlandschaft verwachsenen Zeugnissen einstiger Wirtschaftsformen geworden.

Die meisten Teiche liegen auf der Hochfläche rund um Clausthal-Zellerfeld. Beinahe jeder Wanderweg berührt hier mindestens einen der 66 Teiche. Eine schöne Wanderung führt vom Wanderparkplatz am Hasenbacher Teich 1 km südlich von Clausthal an der B 241 in Richtung Osterode zu den drei Flambacher Teichen und weiter zum idyllischen Prinzenteich. An seinem Ufer befindet sich eine Grillhütte (Anmeldung beim Harzclub Clausthal-Zellerfeld, Tel. 0 53 23/8 17 58).

11 Österoder Wildvogelstation Die Wildvogelstation, die sich den Schutz der einheimischen Vogelwelt und die Pflege von kranken oder verletzten Vögeln zur Aufgabe gemacht hat, liegt an der B 498 von Osterode zum Sösestausee (ausgeschilderte Zufahrt zu einem Wanderparkplatz, von dort 600 m Fußweg). Etwa 50 verschiedene Vogelarten bevölkern die Freigehege und Volieren, darunter Schneehühner, Raben, Wildtauben, Birkhühner und Waldkäuze (April–November Mo–Sa 14–18, am So und an Feiertagen 10–18 Uhr).

ⓘ Verkehrs- und Reisebüro, Dörgestr. 40 (Schachtruppvilla), 37520 Osterode, Tel. 0 55 22/68 55.

12 Einhornhöhle und Steinkirche Der spannende Ausflug in die Unterwelt des Harzes beginnt im knapp außerhalb des Naturparks gelegenen Scharzfeld, an der Durchgangsstraße gegenüber dem Dolomitwerk. Wer dem Wegweiser „Einhornhöhle" folgt, gelangt nach 2,5 km zum Wanderparkplatz neben der Höhle (April–Oktober täglich 9–17 Uhr geöffnet). Die während des Eiszeitalters von einem unterirdischen Wasserlauf geformte Höhle beeindruckt durch ihre schönen Räume. Berühmt ist vor allem die domartige „Blaue Grotte", in die das Tageslicht durch das eingestürzte Höhlendach fällt.

Knapp 2 km von der Einhornhöhle entfernt, an der Harz-Heide-Straße (B 27/ B 243), öffnet sich unter einem Dolomitfelsen das Portal der Steinkirche. Die natürliche Klufthöhle, in der schon während der jüngsten Eiszeit Jäger Schutz suchten, wurde in mittelalterlicher Zeit zu einer Felsenkirche ausgehauen. Besuchern ist die Steinkirche jederzeit zugänglich.

Die Oberharzer Teiche, die seit dem 16. Jh. künstlich angelegt wurden, sind ein wichtiger Lebensraum für Pflanzen und Tiere in diesem Teil des Harzes.

Auf den grünen und während der Blütezeit wunderschönen Bergwiesen bei Hohegeiß wächst eine Vielzahl seltener Blumen.

⓭ **St. Andreasberg** Als „Mineralienkabinett des Harzes" war die Bergstadt früher bekannt, da die Bergleute in den Andreasberger Gruben im Gestein häufig auf besonders schön geformte Kristalle stießen. 1910 wurde hier die letzte Erzgrube, die Grube *Samson*, geschlossen. Das historische Silberbergwerk kann heute als Bergbau- und Heimatmuseum besichtigt werden (Führungen Mo–Sa 11 und 14.30 Uhr). Als größte Attraktion gibt es hier eine funktionsfähige Fahrkunst zu sehen. Diese mechanische Leiter, die den Bergleuten den mühsamen Auf- und Abstieg in die tiefen Schächte erleichterte, wird mit Wasserkraft von einem riesigen Rad angetrieben. An das Museum schließt sich ein Bergbaugeologischer Lehrpfad an; in der Nähe der Grube *Samson* befindet sich auch ein Holzkohlenmeiler.

ⓘ Kur- und Verkehrsamt, Am Glockenberg 12, 37444 St. Andreasberg, Tel. 0 55 82/8 03 36.

⓮ **Wurmberg** Der Granit- und Hornfelsgipfel, der nördlich von Braunlage zwischen den Quellbächen der Bode stolze 971 m hoch aufragt, gehört zu den Wintersportzentren im Harz. Die Wurmberg-Seilbahn befördert Besucher in einer guten Viertelstunde auf den Gipfel des höchsten Berges in Niedersachsen. Wanderer fahren am besten über die Wurmbergstraße bis zum Oberen Parkplatz und steigen am Osthang zur Wurmbergskuppe auf. Kurz unterhalb des Gipfels sind im Gelände die unscheinbaren Überreste der sog. Heiden- oder Hexentreppe zu erkennen. Die prähistorischen Steinstufen führen zu einer ringförmigen Anlage auf dem oberen Plateau, die in keltischer Zeit vielleicht ein Bergheiligtum war.

ⓘ Kurverwaltung, Elbingeröder Str. 17, 38700 Braunlage, Tel. 0 55 20/10 54.

⓯ **Bad Sachsa** Mindestens 3 Stunden muß man für eine Rundwanderung von dem am Südrand des Harzes gelegenen Kurort hinauf zum Ravensberg und wieder zurück nach Bad Sachsa einplanen. Dafür bietet der Porphyrkegel dann vom *Berghotel* aus (ganzjährig täglich außer Mo geöffnet) einen grandiosen Panoramablick über den Südharz und das Eichsfeld. Der Harzfalkenhof auf dem Katzenstein am Fuß des 660 m hohen Gipfels dient der Zucht, dem Studium und dem Schutz von Falken, Adlern und anderen Greifvögeln. In der Zeit von Mai bis Oktober finden täglich von 10 bis 18 Uhr Flugvorführungen statt.

Für Kinder ist der Märchenpark in der Katzentalstraße in Bad Sachsa interessant. Zum Park, in dem Märchenfiguren ausgestellt sind, gehört auch eine originalgetreu nachgebaute Wassermühle. Am Weg zum Katzenstein liegt der Schmelzteich. Dort kann man Ruder- und Tretboote ausleihen.

Der Ottofelsen, eine Granitklippe, liegt in der Steinernen Renne, einem Tal südwestlich von Wernigerode mit vielen bizarren Felsformationen.

ℹ Kurverwaltung, Am Kurpark 6, 37441 Bad Sachsa, Tel. 0 55 23/3 00 90.

⑯ **Walkenried** Die Kirche des Zisterzienserklosters Walkenried, ein Meisterwerk der gotischen Baukunst, ist bis auf wenige Mauerreste zerstört. Von den Konventsgebäuden südlich der Kirche ist der doppelte Kreuzgang ein architektonisches Glanzstück, das erhalten blieb. Nach gründlicher Restaurierung ist die Klosteranlage nun im Sommerhalbjahr Mo–Sa 10–12 und 14–17 sowie So 12–17 Uhr geöffnet.

Die einst mächtige Zisterzienserabtei Walkenried besaß in der Umgebung 365 Fischteiche. Ein größeres Teichgebiet liegt südlich der Landstraße Walkenried–Bad Sachsa rund um den Sachsenstein, der mit seinen weißen Gipsfelsen aus der grünen Talaue aufragt und von den Ruinen der Sachsenburg gekrönt wird. Von dem Wanderparkplatz etwa auf halber Strecke zwischen Walkenried und Bad Sachsa führen mehrere Rundwege durch die Teichlandschaft mit ihrer artenreichen Pflanzen- und Tierwelt. Der Priorteich ist z. T. als Waldschwimmbad ausgebaut.

ℹ Kurverwaltung, Steinweg 4, 37445 Walkenried, Tel. 0 55 25/3 57.

⑰ **Hohegeiß** Auf einer Bergkuppe über dem Wolfsbachtal liegt der Kurort Hohegeiß. Das Naturschutzgebiet Dicke Tannen erstreckt sich an den Hängen des Wolfsbachtales südlich von Hohegeiß. Allerdings sind die Tannen in Wirklichkeit Fichten: 300–350 Jahre alte Baumriesen mit einem Durchmesser bis 1,5 m, bis 4,5 m Stammumfang und Höhen um 50 m. Sie stehen, von Buchen, Ulmen und anderen Laubbäumen umgeben, am Steilhang unterhalb des Waldhotels *Dicke Tannen*. Der Weg vom Ortszentrum zum Naturschutzgebiet ist mit dem roten Dreieck des Wanderweges 29 D markiert. Er führt durch die Hohegeißer Bergwiesen, die zu den buntesten und artenreichsten im Harz gehören. Im Juni und Juli präsentiert sich die Flora in unvorstellbarer Farbenpracht.

ℹ Kurverwaltung Hohegeiß, Kirchstr. 15 a, 38700 Braunlage, Tel. 0 55 83/2 41.

⑱ **Harzquerbahn** Mit Volldampf schraubt sich die Harzquerbahn auf Schmalspurgleisen mit nostalgischen Dampfloks von Wernigerode her durch dunkle Wälder und enge Kurven, an tiefen Schluchten entlang bis auf die Harzhochfläche und rollt dann über die Stationen Elend, Sorge, Benneckenstein und Ilfeld gemächlich bis nach Nordhausen am südlichen Rand des Gebirges. Insgesamt dauert die 60 km lange Fahrt mit der Harzquerbahn etwa 3 Stunden. In Drei Annen Hohne kann man in die Brockenbahn umsteigen; von der Station Eisfelder Talmühle gibt es eine Querverbindung zur Selketalbahn.

ℹ Harzer Schmalspurbahnen, Unter den Zindeln (Bahnhof), 38855 Wernigerode, Tel. 0 39 43/20 85.

⑲ **Schaubergwerk Büchenberg** Mehr als ein Jahrtausend förderten die Bergleute in der Umgebung von Elbingerode Eisen- und Manganerze. In der Grube am Büchenberg 3 km nordöstlich von Elbingerode (Zufahrt über die B 244 in Richtung Wernigerode) wurde die Förderung erst 1970 eingestellt. Als Schaubergwerk und Bergwerksmuseum ist die Erzgrube heute für Besucher geöffnet (Führungen täglich 10–16 Uhr). Auf einem 600 m langen unterirdischen Rundweg lernt man die während des Erdaltertums gebildeten Erzlager und die Technik der Eisenerzgewinnung kennen.

ℹ Schaubergwerk Büchenberg, 38875 Elbingerode, Tel. 03 94 54/22 00.

⑳ **Ilsenburg** Für Wanderer mit guter Kondition ist das Städtchen an der Ilse Ausgangsort für Touren auf den Brocken (hin und zurück 28 km; siehe auch S. 362 und 363). Kürzer (12 km) und weniger anstrengend ist eine Wanderung vom Parkplatz Beim Blochauer am Südrand von Ilsenburg durch das romantische Ilsetal zum Ilsestein und zu den Ilsefällen, zwei landschaftlichen Höhepunkten des Gebirges. Der Felsklotz des Ilsesteins erhebt sich etwa 150 m über die Talaue. Er besteht aus einem rötlichen Granit, der eisenhaltige Minerale enthält und – wie schon der Naturforscher Alexander von Humboldt vor 200 Jahren beobachtete – die Kompaßnadel über Osten nach Süden abweichen läßt. Auf dem Gipfel des Ilsesteins stand im Mittelalter eine Reichsburg, von der nur noch geringe Reste erhalten sind. 2 km flußaufwärts, am Bremer Weg, stürzt die Ilse über mehrere Steilstufen in ihrem Bett hinab.

Die Harzquerbahn, die auf Schmalspurgleisen fährt und von einer Dampflok gezogen wird, verkehrt auf einer 60 km langen Strecke zwischen Wernigerode und Nordhausen. Die Fahrt dauert etwa 3 Stunden.

㉑ **Steinerne Renne** Das tief und schmal in die Harzhochfläche eingekerbte Tal mit seinen Blockmeeren, Kaskaden und bizarren Felsgebilden ist ein Dorado für Wanderer und Naturfreunde. Am besten parkt man das Auto im Wernigeroder Stadtteil Hasserode und fährt mit der Harzquerbahn eine Station bis zum Haltepunkt Steinerne Renne. Von dort führt ein beschilderter Weg am linken Ufer des Baches entlang steil bergan. Bald verengt sich das Tal zwischen dem Silbernen Mann und der Silbernen Frau, zwei Quarzfelsen, unter denen früher nach Erz geschürft wurde. Der schönste Talabschnitt liegt unterhalb der Gaststätte *Steinerne Renne*. Wer den Gebohrten Stein und den Ottofelsen, zwei imposante Granitklippen, bewundern möchte, kann vom Gasthaus aus noch einen halbstündigen Abstecher ins Thumkuhlental unternehmen.

Kleine Pflanzen entgiften den Boden

Im Gebiet des Naturparks finden sich auf den offengelassenen Flächen der Abraumhalden mit Zinkblende und Bleiglanz einige wenige Standorte mit den charakteristischen Pflanzengesellschaften des Schwermetallrasens. Sie sind fast einzigartig in Deutschland, in Österreich kommen sie im Gebiet von Bleiberg in Kärnten vor.

Die Entgiftung der Böden ist biologisch sehr aufwendig und erfordert viel Energie. Man findet daher vorwiegend Pflanzen mit geringer Wuchsleistung, die eine gewisse Resistenz gegen die hohen Schwermetallgehalte entwickelt haben; Sträucher und Bäume fehlen völlig. Eine Vielzahl von spezialisierten Krusten- und Erzflechten bedeckt die ausgesprochen kargen, fast humuslosen Flächen. Kommt ein wenig Feinerde vor, wachsen Pflanzen wie Hallers Grasnelke, Hallers Schaumkresse und Frühlingsmiere. An trockenen Standorten wächst das Taubenkropf-Leimkraut (Bild). Viele dieser Arten sind bei uns in ihrem Bestand gefährdet.

㉒ **Wernigerode** Vom Reichtum der im 12. Jh. an der Kreuzung alter Handelsstraßen entstandenen Kaufmannssiedlung zeugen prachtvolle Bauten im mittelalterlichen Stadtkern, der heute ganz unter Denkmalschutz steht. Hauptanziehungspunkt ist der Marktplatz mit dem spätgotischen Fachwerk-Rathaus. Beachtung verdienen auch die Oberpfarrkirche St. Silvestri oder die Pfarrkirche St. Johannis, die beide mit kostbaren spätgotischen Flügelaltären ausgestattet sind. Von der mittelalterlichen Stadtbefestigung blieb u. a. das 36 m hohe Westerntor erhalten. An der Stelle der Burg der Wernigeroder Grafen wurde um die Mitte des 19. Jh. ein neugotisches Schloß errichtet, das heute in 40 Ausstellungsräumen eine Vielzahl von Exponaten zeigt, angefangen bei sakralen Kunstwerken über Porzellan bis zu Dokumenten der Industriegeschichte im Harz (Öffnungszeiten Di–So 10–18 Uhr).

i Fremdenverkehrsamt, Nicolaiplatz 1, 38855 Wernigerode, Tel. 0 39 43/3 30 35.

㉓ **Baumannshöhle und Hermannshöhle** Von den zahlreichen Höhlen, die das Korallenkalkmassiv in der Umgebung des Ortes Rübeland durchziehen, können diese beiden Höhlen besichtigt werden (in der Zeit von Mitte Mai bis Mitte September täglich 9.45–17.15, im Winterhalbjahr 9.15–16.15 Uhr; am Mo und Fr ist jedoch nur eine der Höhlen geöffnet).

Im mittelalterlichen Stadtkern von Wernigerode reiht sich ein Fachwerkhaus an das andere. Im Bild ist das kleinste Haus der Altstadt zu sehen.

Wie eine Befestigungsmauer mit Zinnen und Türmen zieht sich die Teufelsmauer am Rand des Harzes hin. Der imposanteste Teil liegt zwischen Thale und Neinstedt.

In die Baumannshöhle, die als die älteste deutsche Schauhöhle gilt, steigen seit 1649 Besucher fast 70 m tief in die unterirdische Schatzkammer hinab, um die Säulenhallen und Grotten mit den seltsamen Tropfsteingebilden zu bewundern. Der größte Höhlensaal dient als Naturtheater für Höhlenfestspiele. Die erst 1866 entdeckte Hermannshöhle lockt mit zwei besonderen Attraktionen: der Kristallkammer mit schneeweißen Kristallen und dem Olmensee, in dem zwei bis drei Dutzend Grottenolme hausen.

㉔ **Rappbodetalsperre** Eine mehr als 100 m hohe Staumauer dämmt das Bodetal an der B 81 Blankenburg–Hasselfelde zwischen zwei Felsen ab. Der vielfach verästelte, 8 km lange Stausee speichert bis zu 110 Mio. m³ Wasser. Er bildet das Kernstück eines ausgedehnten Talsperren- und Stollensystems, das in der Nachkriegszeit im Einzugsgebiet der Bode angelegt wurde. Informationstafeln am Aussichtspunkt bei der Hauptstaumauer erläutern einige der Aufgaben dieses Systems: Trinkwasserversorgung, Hochwasserschutz, Energiegewinnung, Bewässerung.

㉕ **Thale** Das untere Bodetal, das der Stadt Thale am Nordrand des Harzes ihren Namen gegeben hat, zählt zu den bedeutendsten Sehenswürdigkeiten der deutschen Mittelgebirge. Im 18. Jh. war das Bodetal noch praktisch unzugänglich, und z. T. steht es schon seit 1899 unter Naturschutz. An den schroffen Steilhängen des engen Tales wechseln urwüchsige Wälder mit kahlen Blockschutthalden. In nassen Mulden gedeiht die Himmelsleiter, ein blaues Sperrkrautgewächs. Auf sonnigen Klippen kommt die Pechnelke vor.

Thale ist der Ausgangspunkt für Wanderungen durch das wildromantische Tal. Oberhalb des Kurortes liegt der Hexentanzplatz, ein Felsplateau, das eine unübertroffene Aussicht auf das Bodetal bietet. Man erreicht das Plateau, auf dem sich der Sage nach in der Walpurgisnacht zum 1. Mai die Hexen treffen (Walpurgishalle), am bequemsten vom Ufer der Bode aus mit einer Schwebebahn.

Im Harzer Bergtheater in der Nähe der Bergstation werden seit 1903 alljährlich von Mai bis September Schauspiele, Opern und Operetten aufgeführt. Nicht weit davon entfernt befindet sich ein Tiergarten, der die heute und früher im Harz heimischen Tierarten zeigt (täglich geöffnet von 7 Uhr bis Einbruch der Dunkelheit). Ein Sessellift verkehrt zum Roßtrappefelsen über dem nördlichen Ufer der Bode. Namengebend war eine Vertiefung im Granit, die wie ein überdimensionaler Pferdehufabdruck, die

Spur eines hart trappenden Rosses, aussieht. Wie die Sage berichtet, brachte das Pferd der Königstochter Brunhilde diese mit einem Satz über das Tal hinweg vor dem bösen Ritter Bodo in Sicherheit. Wenn man sich den „Hufabdruck" im Gestein genauer betrachtet, dann muß das Roß sogar rückwärts über das Tal gesprungen sein.
ℹ Tourist-Information, Rathausstr. 1, 06502 Thale, Tel. 0 39 47/22 77.

㉖ **Teufelsmauer** Zuweilen wirkt der felsige Höhenzug, der sich mit Unterbrechungen etwa 15 km weit von Blankenburg bis Ballenstedt am Fuß des Harzes entlangzieht, wie ein geschlossenes Bollwerk, dann wieder ist er in einzelne Zinnen aufgelöst. Er wurde freilich nicht durch teuflische, sondern durch geologische Kräfte geschaffen: Die Teufelsmauer ist eine Schichtrippe, aufgebaut aus harten Sandsteinschichten, die hier unmittelbar am Harzrand steil aufgerichtet sind. Kieselsäure verklebt die Sandsteinkörner und macht den rund 80 Mio. Jahre alten Sandstein äußerst widerstandsfähig gegenüber Wind und Wetter. Die Schichten sind allerdings nicht gleichmäßig verfestigt; härtere Partien wechseln mit weicheren, und daher weist die Teufelsmauer größere und kleinere Lücken auf.

Man erreicht den eindrucksvollsten Abschnitt der Teufelsmauer von Neinstedt über die Straße in Richtung Quedlinburg. Direkt hinter der Bodebrücke liegt links ein kleiner Wanderparkplatz, von dem man in einer Viertelstunde zum Königstein und auf dem Kammweg weiter zur Felsengruppe der Mittelsteine hinaufsteigen kann.

㉗ **Selketal** Das muntere Gebirgsflüßchen, das bis zu seiner Mündung in die Bode quer durch den Unterharz fließt, hat eines der landschaftlich reizvollsten Harztäler geschaffen. Der wohl schönste Talabschnitt beginnt an der Gaststätte *Selkemühle* unterhalb der hoch über der Talaue gelegenen Ruine der Burg Anhalt. Grauverwitterte Schiefer- und Grauwackenfelsen ragen aus den z. T. mehr als 200 Jahre alten Eichen- und Buchenwäldern an den steilen Talhängen hervor. Nach etwa 7 km taucht auf einem Bergsporn über dem rechten Ufer der Falkenstein auf. Die von einer gewaltigen Ringmauer umschlossene Burg hat ihr mittelalterliches Bild nahezu unversehrt bewahrt. In ihren Räumen wurde das Museum Burg Falkenstein (geöffnet Di–So 8.30 bis 16.30 Uhr) mit einer sehenswerten Sammlung historischer Waffen eingerichtet. Etwa 1 km flußabwärts in der Nähe der Gaststätte *Zum Falken* befindet sich ein Wanderparkplatz. Von dort dauert der Aufstieg zur Burg eine knappe halbe Stunde.
ℹ Stadtverwaltung, Markt 1, 0 64 63 Ermsleben, Tel. 03 47 43/2 00.

㉘ **Stolberg** Das Städtchen im Engtal der Thyra geht wie so viele im Harz auf eine Bergmannssiedlung zurück. Eisen-, Kupfer- und Goldgruben machten diese vor allem im 15. und 16. Jh. reich, und ihre Bürger konnten sich deshalb – außer den mit Schnitzereien verzierten Fachwerkhäusern – ein in der Welt einzigartiges Rathaus leisten. Innen hat es keine Treppen – der Zugang zu den oberen Stockwerken führt über die Außentreppe der benachbarten Martinikirche –, dafür aber so viele Fenster wie das Jahr Wochen und so viele Fensterscheiben wie das Jahr Tage hat.

Auf dem Großen Auerberg nordöstlich von Stolberg steht das größte eiserne Doppelkreuz der Welt, das nach Graf Joseph von Stolberg Josephskreuz heißt. Die Plattform in 38 m Höhe entschädigt für den mühsamen Aufstieg über 200 Stufen mit einem herrlichen Rundblick auf den Unterharz (Zufahrt zum Großen Auerberg von Stolberg über die Straße in Richtung Straßberg bis zum Parkplatz am *Harzhotel Schindelbruch*, von dort auf dem mit einem roten Kreuz markierten Weg etwa 1,5 km bis zum Turmkreuz).
ℹ Fremdenverkehrsamt Stolberg, Markt 2, 06547 Stolberg, Tel. 03 46 54/4 54.

Tropfsteine: 1 cm Wachstum in 100 Jahren

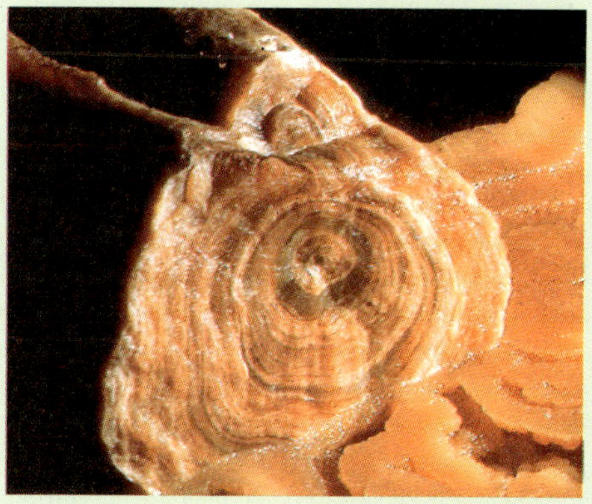

Das Wachstum aller Tropfsteine beruht darauf, daß sich der im Wasser gelöste Kalk an der Tropfstelle abscheidet, wenn das Wasser verdunstet und Kohlendioxid aus dem Wasser entweicht. Die Wachstumsgeschwindigkeit kann sehr unterschiedlich sein. Bei hängenden Tropfsteinen kann sie 0,1 mm, bei den sehr dünnen Sinterröhrchen oder Makkaronistalaktiten aber auch 40 mm im Jahr betragen. Im Querschnitt sind die Wachstumsschichten gut zu erkennen (Bild).
Es gibt drei wichtige Typen von Tropfsteinen: Stalaktiten, Stalagmiten und Exzentriker. Stalaktiten sind hängende Tropfsteine oder Deckenzapfen. Sie bilden sich dort, wo das Wasser an der Höhlendecke durch eine Fuge eintritt und frei abtropft. Als Stalagmiten bezeichnet man stehende Tropfsteine oder Bodenzapfen. Exzentriker schließlich sind Tropfsteine, die vielfach gewundene und nicht selten verzweigte, strauchartige Formen bilden.

Die schroffen Steilhänge des Bodetales, einer der schönsten Mittelgebirgslandschaften in Deutschland, leuchten hier in allen Farben des Herbstes.

Nationalpark Harz

Mit seinen Wäldern und Mooren, den rauschenden Wildbächen und zerklüfteten Felsen ist der jüngste Nationalpark Deutschlands ein besonders urwüchsiges Stück Natur. Aber auch hier hinterläßt der Mensch seine Spuren: Die Luftverschmutzung zerstört Jahr für Jahr immer größere Teile des Waldes.

❶ **Radaufall** Der Wasserfall, der etwa 4 km südlich von Bad Harzburg direkt an der B 4 über eine 22 m hohe Felswand in die Tiefe stürzt, ist nicht natürlich entstanden. Er wurde 1859 als touristische Attraktion angelegt, weil die Herzoglich-Braunschweigische Eisenbahn mit dem künstlichen Wasserfall den Fremdenverkehr im Harz ankurbeln wollte. Dennoch ist der Wasserfall zu jeder Jahreszeit eine sehenswerte Attraktion. Sein Name kommt von dem Flüßchen Radau, von dem ein Teil des Wassers abgezweigt und durch einen Graben bis zum Wasserfallfelsen geleitet wird. Das grünlichschwarze Gestein, der seltene Gabbro, der am Wasserfallfelsen zutage tritt, ist wie der Granit ein Tiefengestein.

❷ **Bruchberg** Das letzte noch lebende Gipfelmoor Mitteleuropas bedeckt den zweithöchsten Gipfel (927 m) Niedersachsens. Auf dem Plateau des breiten Quarzitrückens ist die seit dem Ende der jüngsten Eiszeit gewachsene Torfdecke 2–3 m dick. In den Hangmulden schwillt das pechschwarze, wie ein Schwamm mit Wasser getränkte Moor stellenweise auf mehr als 4 m Mächtigkeit an. An den Bergspornen reißt die mit Wollgras, Rosmarinheide und einzelnen verkrüppelten Fichten bestandene Torfschicht auf und läßt den harten Quarzit in hohen Felsklippen wie dem Okerstein, der Schusterklippe oder der Wolfswarte zutage treten. Die Wolfswarte verdankt ihren Namen den Wölfen, die es hier einmal gab. Heute sind die Wölfe zwar ausgestorben, dafür gibt es wieder Wildkatzen. Man erreicht die Wolfswarte vom Parkplatz Steile Wand an der Straße Torfhaus–Altenau in 15–30 Minuten über den Wanderweg 18 C (blaues Dreieck).

❸ **Sonnenberger Moor** Das seiner seltenen Flora wegen bekannte Sonnenberger Moor entstand vor ungefähr 4000 Jahren. Seither ist die Torfschicht an einigen Stellen auf mehr als 5 m angewachsen. Der Pfad, der beim Ort Sonnenberg vom nordwestlichen Ende des Parkplatzes an der Harz-Hochstraße in den Wald hineinführt, endet nach 50 m an einer Geländestufe, dem sog. Randgehänge des Moores. Von hier aus kann man in das von Fichtenwaldinseln durchsetzte Moor schauen. Das Betreten des Sonnenberger Moores ist heute streng verboten, nicht nur weil die Moorpflanzen sehr trittempfindlich sind, sondern auch weil immer wieder tiefe Trichter über ausgespülten Hohlräumen im Untergrund einstürzen.

❹ **Oderteich** Der älteste Stausee Deutschlands liegt unmittelbar an der Harz-Hochstraße (B 242). Am westlichen Ende des 18 m hohen Dammes befindet sich ein großer Parkplatz. Von dort kann man auf dem Märchenweg am westlichen Ufer entlang bis zum Ende des Stausees und weiter bis nach Torfhaus (3,5 km) wandern. Die Talsperre wurde 1714–21 von Harzer Bergleuten, die nur mit Schaufeln und Kiepen ausgerüstet waren, erbaut. Sie staut das Wasser der Oder und mehrerer anderer Bäche, die hier im niederschlagsreichsten Gebiet des Harzes entspringen.

❺ **Odertal** Nirgends im Harz haben die Eiszeitgletscher deutlichere Spuren hinterlassen als im Odertal: Moränenwälle und Schmelzwasserrinnen blieben im Tal zurück. Auch wer sich weniger für die Gesteins- und Pflanzenwelt interessiert, wird die Wanderung durch das malerische Tal der oberen Oder genießen. Die Rundwan-

Das Wirtshaus Hanskühnenburg ist ein beliebtes Ausflugsziel auf dem felsigen Bergkamm namens Auf dem Acker.

Lautlose Jäger

Im schwachen Licht des Mondes machen die Eulenvögel in den Wäldern des Nationalparks Jagd auf ihre Beute. Auch bei geringer Helligkeit sehen sie gut in die Ferne. In der Nähe jedoch sind sie auf ihren Tastsinn und vor allem auf ihr Gehör angewiesen. Wahrscheinlich verlassen sie sich bei völliger Dunkelheit vollkommen auf ihre Ohren und erlauschen die Geräusche kleiner Säugetiere am Boden. Damit der Flügelschlag gedämpft wird und den Greifvogel beim Angriff nicht verrät, sind die Schwungfedern nicht miteinander verbunden. Die Schleiereule bevorzugt Kirchtürme für ihre Nester und Mäuse als Beute. Auf größere Beutetiere wie Hasen, Fasane und sogar junge Rehe hat es die mit 1,7 m Flügelspannweite größte einheimische Eule, der Uhu (Bild), abgesehen.

derung vom Parkplatz am Oderteich durch das Oder- und Kellwassertal bis zum *Rehberger Grabenhaus* und zurück über den Weg am Rehberger Graben ist 12 km lang.

❻ Achtermannshöhe Östlich des Odertales ragt dieser wohl seltsamste Berg des Harzes mit seiner kahlen Spitze aus dem dunklen Fichtenwald auf. Wie viele andere Gipfel des Waldgebirges besteht der 925 m hohe Kegel größtenteils aus Granit, doch über dem hellgrauen, körnigen Tiefengestein trägt er eine kleine Kappe aus Hornfels, der im Gegensatz zum Granit nur sehr schwer verwittert und den Kegel bisher davor bewahrte, völlig flach zu werden. In den Eiszeiten allerdings hat der Frost die beiden Gesteinsarten zermürbt; steile Halden aus scharfkantigem Frostschutt ziehen sich an den Flanken der Höhe bis auf die Hochfläche an der Wasserscheide zwischen Weser und Elbe hinunter.

Am Wanderweg 31 J (2 km), der vom Parkplatz am Gasthof *Königskrug* an der B 4/244 zur Achtermannshöhe hinaufführt, steht ungefähr 600 m vom Gipfel entfernt das Achtermannstor, ein etwa 6 m hoher quaderförmiger Granitklotz.

❼ Bodetal Besonders schön und urwüchsig sind die Täler der Kleinen und der Großen Bode mit ihren weißschäumenden Kaskaden, die sich über die im Bachbett verteilten mächtigen Granitblöcke ergießen. An zwei Stellen stürzen die Wassermassen über höhere Felsriegel hinab und bilden den Oberen Bodefall und, 800 m bachabwärts, den Unteren Bodefall. Von der Großen Bodestraße (grünes Dreieck), die von Braunlage aus nordwärts zum Brockenfeld führt, zweigen im Wald kurze Stichwege zu den beiden Wasserfällen ab. Am eindrucksvollsten sind die Kaskaden im Frühjahr nach der Schneeschmelze, während sich die Harzbäche im Spätherbst mitunter in unscheinbare Rinnsale verwandeln.

ℹ Kurverwaltung Braunlage, Elbingeroder Str. 17, 38700 Braunlage, Tel. 0 55 20/10 54.

❽ Auf dem Acker Einen Acker gab es auf dem Höhenzug, der sich vom Paß der Harz-Hochstraße an der Stieglitzecke bis an den Südrand des Gebirges erstreckt, mit Sicherheit noch nie. Im Namen „Acker" steckt hier vielmehr eine uralte Sprachwurzel, die soviel wie „spitz", „kantig" oder „oberst" bedeutet. Der vermeintliche Acker ist demnach ein hoher, markanter Bergkamm.

Das Wirtshaus *Hanskühnenburg* mit Aussichtsturm (täglich außer Do 9–17 Uhr geöffnet, Anfang November bis Mitte Dezember geschlossen) ist nach den hellgrauen Quarzitklippen benannt, die man auf dem mit einem blauen Dreieck markierten Weg vom Parkplatz an der Stieglitzecke nach einer schönen, etwa 7 km langen Wanderung erreicht.

Eine Augenweide ist der Radaufall im Winter, wenn seine Wasserkaskaden zu Eiszapfen gefroren sind.

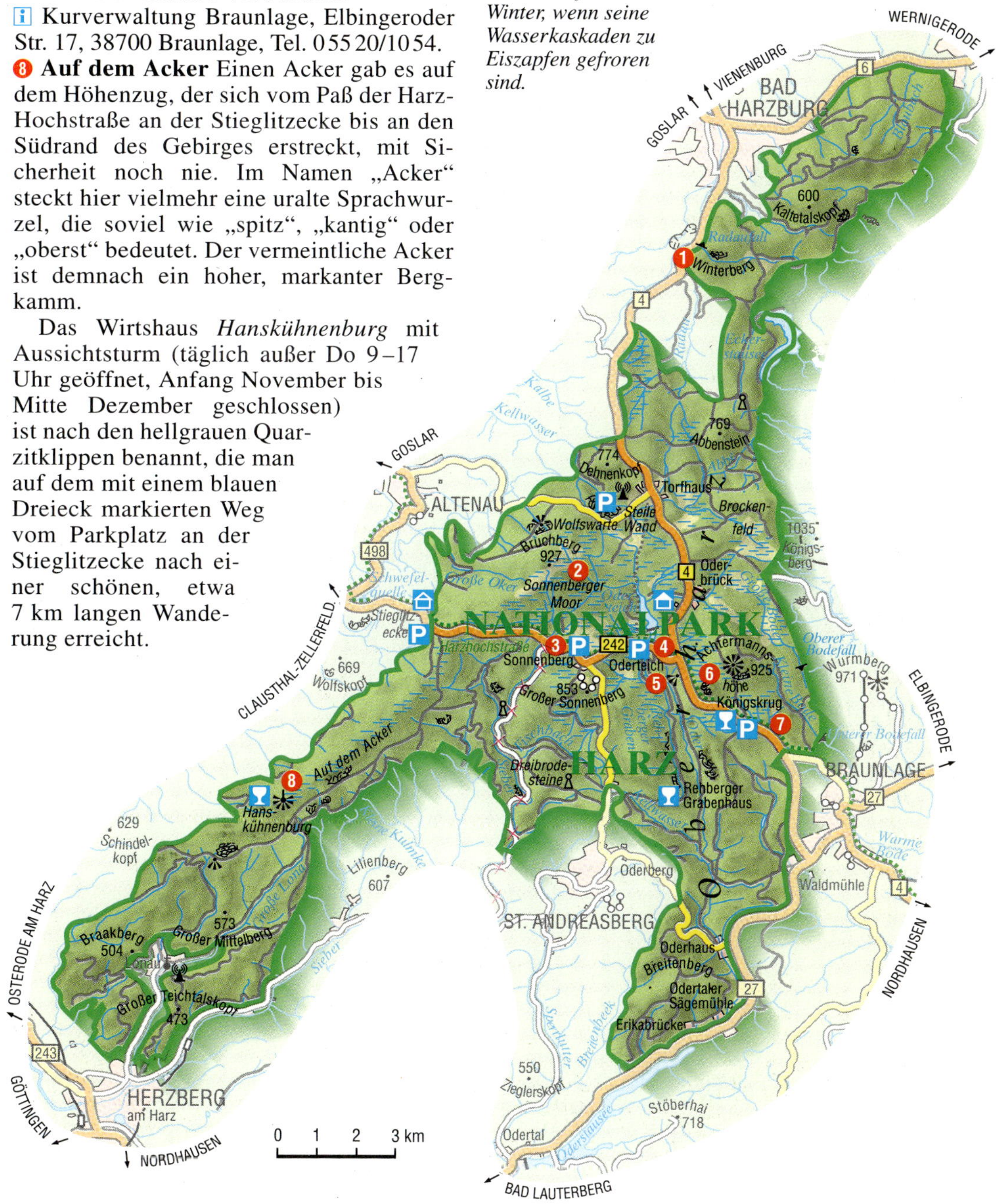

Nationalpark Hochharz

Der atemberaubende Ausblick vom Brocken hat schon große Dichter wie Johann Wolfgang von Goethe oder Heinrich Heine begeistert. Wer auf ihren Spuren wandelt, kann diesen Genuß mit ihnen teilen, sofern nicht gerade dichte Wolken die Naturschönheiten des Nationalparks Hochharz verhüllen.

Bei gutem Wetter kann man vom Gipfel des Brockens über sturmgepeitschte Bäume und Klippen hinweg zum Wurmberg sehen.

❶ **Eckertal** Das lebhafte Flüßchen Ecker entspringt im Eckersprung am Fuß des Brockens und vereinigt sich im Harzvorland mit der Oker. Ausdauernde Wanderer können das Eckertal von der gleichnamigen Ortschaft bis zum Eckersprung durchwandern – eine Tagestour von immerhin 17 km. Unterwegs bieten sich Abstecher an, etwa zur Rabenklippe mit herrlicher Aussicht und einem Waldgasthaus, zum Echoplatz oder zum Molkenhaus mit Abenteuerspielplatz, Liegewiese, Gaststätte und Grillstelle.

Etwa auf halber Strecke staut die Eckertalsperre das Flüßchen zu einem über 2 km langen und bis 500 m breiten See auf. Der Stausee speichert Trinkwasser für Wolfsburg und andere norddeutsche Städte. Aus diesem Grund darf in dem See nicht gebadet werden.

❷ **Kleiner Brocken** Der Brocken gehört zu den wenigen Gipfeln der deutschen Mittelgebirge, auf denen, wie Heinrich Heine während seiner Harzreise sinngemäß notierte, der Wald an seine natürlichen Grenzen stößt. Der Scheitel des Massivs, oberhalb der 1100-m-Höhenlinie, liegt schon über der Baumgrenze. Am Kleinen Brocken (1019 m), im Norden des großen Bruders, reicht die Übergangszone zwischen Bergfichtenwäldern und der subalpinen Pflanzenwelt sogar an die 1000-m-Marke heran.

Auf einer 3 km langen Wanderung vom Brockengipfel über den Hirtenstieg bis zum Kleinen Brocken und zurück lernt man alle Übergangsformen zwischen dem urwüchsigen Fichtenwald und der Zwergstrauchheide des Hochgebirges kennen. Vor allem Stürme und die winterlichen Schnee- und Eislasten machen den Bäumen das Leben auf dem Höhenzug schwer. Die hier beheimateten Harzer Hochlagenfichten konnten Wind und Wetter besser trotzen; später aus dem Tiefland eingeführte Fichten hingegen sind an das rauhe Klima weniger gut angepaßt. Zwischen verkrüppelten Fichten, vom Wind gebeugten Zwergsträuchern und mit Flechten bewachsenen Granitblöcken verbergen sich botanische Seltenheiten wie Brockenanemone, Alpenhabichtskraut oder Alpenflachbärlapp, Relikte aus der jüngsten Eiszeit. Hochgebirgstiere kommen am Gipfel des Brockens ebenfalls vor, so z. B. Alpenspitzmaus und Ringdrossel.

❸ **Goetheweg** Der Weg, den der Dichter Johann Wolfgang von Goethe zum Brockengipfel wählte, ist als gut beschilderter Goetheweg seither gewissermaßen die klassische Aufstiegsroute. Bis auf den obersten Abschnitt dieses Weges, der zum Schutz der Natur gesperrt ist und durch einen neu angelegten Wanderweg parallel zu den Gleisen der Brockenbahn abgelöst wurde, kann man etwa 9 km weit auf den Spuren des Dichters wandeln und dabei rund 350 m Höhenunterschied überwinden.

Der Weg (Markierung roter Punkt im weißen Dreieck) führt von den Parkplätzen am Torfhaus, das an der B 4 von Braunlage nach Bad Harzburg außerhalb des Nationalparks liegt, am Abbegraben entlang. Weiter geht es an den Felsgebilden der Luisenklippe und der Hopfensäcke vorbei, dann über das Brockenfeld zum Eckersprung und im Steilanstieg zur Trasse der Brockenbahn mit dem neu angelegten Wanderweg.

❹ **Brocken** Eine Brockenwanderung ist kein einfacher Spaziergang! Der kahle Gipfel hat das Klima eines Zweitausenders, und die Höhenunterschiede sind beträchtlich! Mit 1142 m ist das eher behäbig wirkende Granitmassiv immerhin der höchste Berg Norddeutschlands.

Die Hexen, die sich hier alljährlich in der Walpurgisnacht zu ihren „Gipfeltänzen“ treffen sollen, reiten auf Besen und Mistgabeln hinauf zum sagenumwobenen „Blocksberg“, wie der Brocken volkstümlich als Hexenberg genannt wird. Zu einer Wanderung gibt es zwei Alternativen: Pferdekutschfahrten von Schierke und Wernigerode oder seit etwa 100 Jahren die Brockenbahn, die auf 19 km einen Höhenunterschied von knapp 600 m überwinden muß (durchgehende Fahrten ab Wernigerode und Nordhausen bzw. Umsteigen an

Besonderheiten der Natur

Pflanzen Mit seinen einzigartig ursprünglichen Bergfichtenwäldern, verschiedenen Arten von Mooren, Blockhalden, Bachtälern und subalpinen Heiden besitzt der Nationalpark eine einmalige Naturausstattung. Aus der letzten Eiszeit stammt die Brockenanemone (Bild), die auf dem Brocken die letzten Jahrtausende überstanden hat. Zu den eiszeitlichen Reliktpflanzen gehören außerdem das Alpenhabichtskraut mit seinen gelben Blüten sowie Alpenfrauenfarn und Gebirgsampfer. In den Moorgebieten wachsen Moosbeere, Trunkelbeere und Sonnentau. Verschiedene Flechtenarten sind auf den Blockhalden zu finden.
Tiere Die Bestände an Rotwild sind sehr groß. An kleineren Säugern kommen Wildkatze, Baummarder, Garten- und Siebenschläfer vor. In den Bergwäldern leben u. a. der seltene Rauhfußkauz und die Ringdrossel mit ihrem weißen Brustlatz. Auch von den Auerhühnern sind wieder wenige Exemplare heimisch. Die Insektenfauna weist alpine Vertreter wie die Alpensmaragdlibelle und hochmontane Spinnenarten auf.

der Station Drei Annen Hohne). Oben erwarten den Besucher das Brockenmuseum (geöffnet täglich 9–17 Uhr), der Brockengarten und der *Brockenwirt* sowie ein phantastischer Fernblick, der bei optimalen Wetterverhältnissen bis zum Thüringer Wald, zur Rhön und zum Erzgebirge reicht.
ℹ Kurverwaltung, Brockenstr. 5, 38879 Schierke, Tel. 03 94 55/3 10.

❺ **Hohneklippen** Die Natur läßt sich viel Zeit bei ihren Schöpfungen. Vor mehr als 70 Mio. Jahren tauchte das Granitmassiv des Brockens erstmals aus seinem Gesteinsmantel auf. Die „Brockenkinder" und die anderen bizarren Felsgebilde, die sich in gebührendem Abstand um den majestätischen „Vater" scharen, sind nach geologischen Zeitmaßstäben kaum jünger. Sie wurden z. T. schon im Tertiär vor 30–40 Mio. Jahren durch Verwitterung gebildet, erhielten ihren letzten Schliff jedoch erst im Eiszeitalter. Einige der eindrucksvollsten Klippen, vom Hohnekopf bis zur Landmanns Klippe, reihen sich auf dem bewaldeten Bergrücken nordöstlich von Schierke auf.

Ausgangspunkt für eine 10 km lange Rundwanderung durch dieses Gebiet, das man unter dem Namen Hohneklippen in Wanderkarten verzeichnet findet, ist die Station Drei Annen Hohne an der Brockenbahn. Trittsichere Wanderer können die aus riesigen Granitblöcken aufgebaute Leistenklippe erklettern und aus 900 m Meereshöhe die herrliche Aussicht genießen.

❻ **Schnarcherklippen** Felsklippen, die schnarchen? Auf dem Barenberg 2 km nordwestlich von Elend gibt es solche Launen der Natur. Die Schnarcherklippen schnarchen nur bei Südostwind, und man muß sehr genau hinhören, um das Geräusch wahrzunehmen, das der Wind erzeugt, wenn er durch die Spalten im Gestein weht.

Eine weitere Besonderheit der Schnarcherklippen ist dagegen bei jeder Wetterlage zu beobachten, vorausgesetzt, man hat einen Kompaß dabei. Der Granit der Klippen enthält nämlich einen größeren Anteil von Magneteisenstein und lenkt deshalb die Kompaßnadel deutlich ab. An einer mit einem Kreuz gekennzeichneten Stelle ist die Abweichung besonders stark.

Der halbstündige Aufstieg zu den Schnarcherklippen, die bereits außerhalb des Nationalparks liegen, erfolgt über einen Waldpfad am nordwestlichen Ortsrand von Elend, dort, wo die B 27 von Elbingerode nach Braunlage die Kalte Bode quert.

Auf dem Goetheweg, der zum Brockengipfel hinaufführt, läßt es sich im Schatten alter Fichten herrlich wandern.

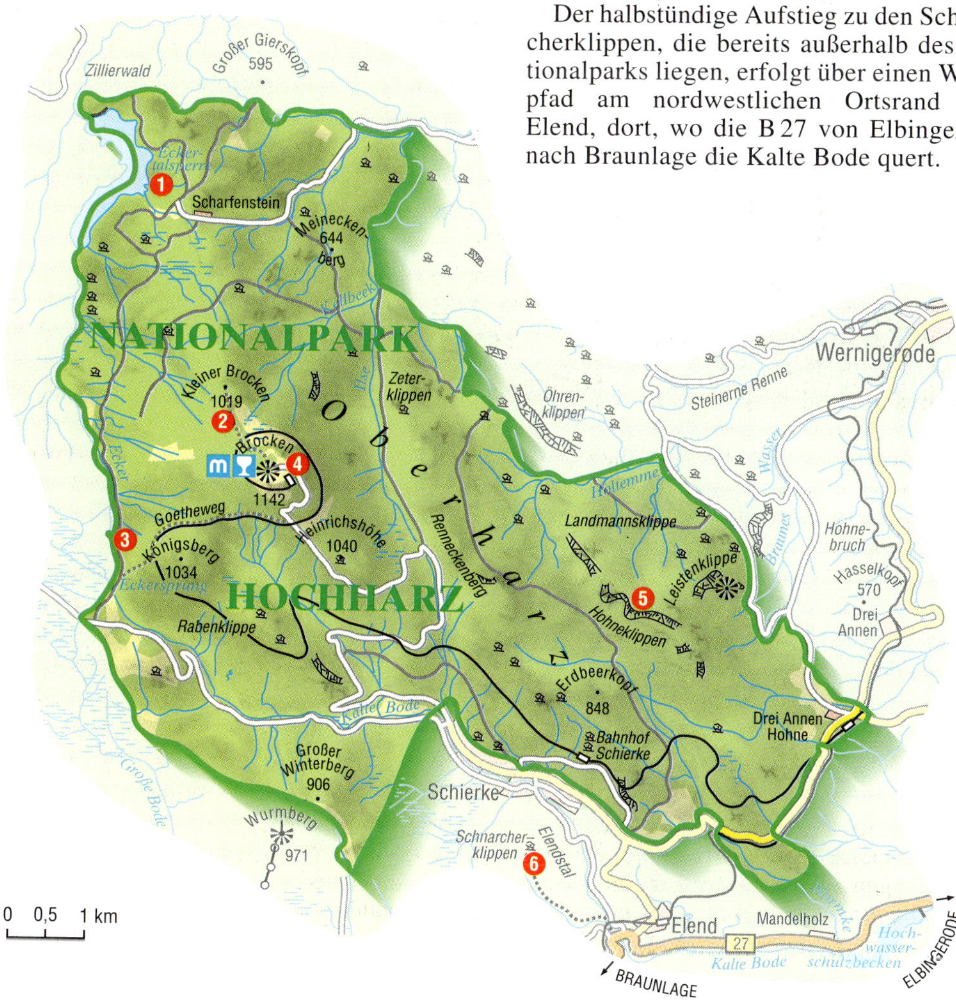

Naturpark Kyffhäuser

Im Vergleich zum mächtigen Nachbarn Harz wirkt der sagenumwobene Bergrücken südlich der Goldenen Aue nur wie die Miniaturausgabe eines Gebirges. Aber was ihm an Größe fehlt, macht der Kyffhäuser durch eine Fülle von Naturschönheiten und seinen Reichtum an historischen Stätten wett.

❶ **Goldene Aue** Die breite Talniederung zwischen dem Harz im Norden und dem Kyffhäuser im Süden zählt mit ihren fruchtbaren Lößböden und dem warmen Klima zu den begünstigten Landschaften Deutschlands. Nur die Hochwassergefahr trübt den Glanz der Goldenen Aue von jeher ein wenig; vor allem die Helme schwillt nach der Schneeschmelze oder starkem Regen kräftig an und setzte früher die Talaue kilometerweit unter Wasser. Heute bannt die in den 60er Jahren angelegte Talsperre Kelbra die Hochwassergefahr. Das 600 ha große Becken hält die Wassermassen auf und speichert sie für trockene Zeiten. Für die rund 3 km lange und 2 km breite Wasserfläche sind natürlich auch die Wassersportler dankbar. Die schönsten Badeplätze befinden sich am flachen Südufer unmittelbar an der Straße von Kelbra nach Sondershausen.

In dem breiten Schilf- und Röhrichtgürtel am westlichen Ufer hat dagegen eine vielfältige Vogelwelt eine Heimat gefunden. Über 200 Vogelarten hat man bisher rund um den Stausee beobachtet, darunter so seltene Arten wie Schwarzstorch und Fischadler. Zur Zeit des Vogelzuges bevölkern an manchen Tagen mehr als 15 000 Vögel den künstlichen See, der inzwischen mit dem Prädikat „Feuchtgebiet von internationaler Bedeutung“ ausgezeichnet wurde.

Bereits vor Jahrhunderten legten Siedler aus Flandern im Auftrag des Zisterzienserordens Deiche und Entwässerungskanäle in der hochwassergefährdeten Talaue an. In Kelbra steht noch die sehenswerte Klosterkirche St. Georgi eines ehem. Zisterzienserinnenklosters.

ℹ Stadtinformation Kelbra, Lange Str. 8–10, 06537 Kelbra, Tel. 03 46 51/62 06 und 65 28.

❷ **Badraer Schweiz** Beim Anblick dieser Naturschönheit im Süden der Talsperre Kelbra müßten selbst Eidgenossen vor Neid erblassen: Eine so eindrucksvolle Gipskarstlandschaft mit der dazugehörigen Flora und Fauna gibt es in ihrem Alpenland nämlich nicht. Dolinen, sprich Karsttrichter, sowie Erdfälle, Trockentäler und Gipsfelsen, die bizarr geformt sind, prägen hier die Ausläufer des Kyffhäusers. Die überwiegend flachgründigen Gips- und Dolomitböden sind an steilen Hängen von

Von den Höhen der Badraer Schweiz genießt der Betrachter einen herrlichen Blick auf die Talsperre Kelbra, die harmonisch in die Goldene Aue eingebettet ist.

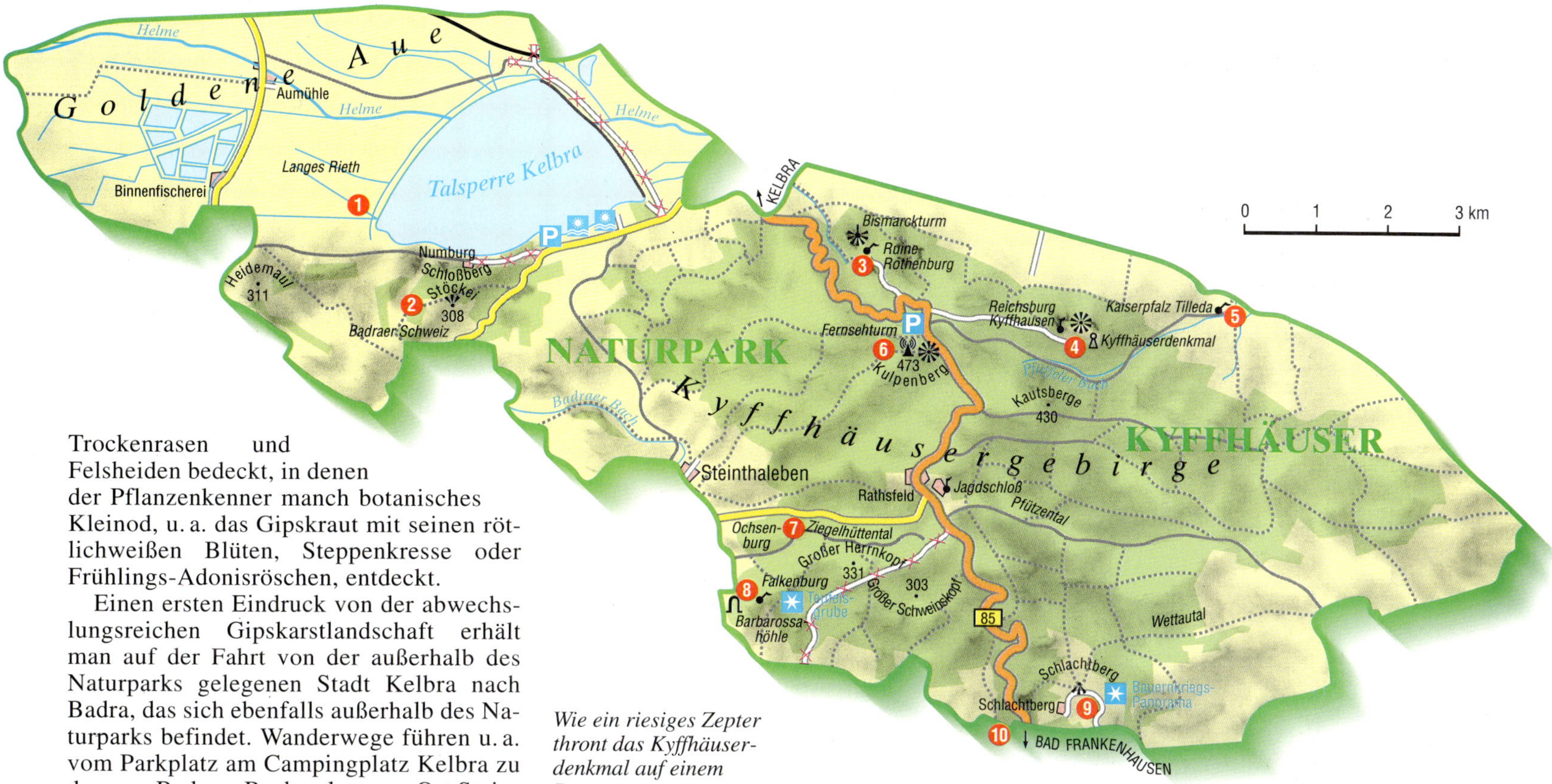

Trockenrasen und Felsheiden bedeckt, in denen der Pflanzenkenner manch botanisches Kleinod, u. a. das Gipskraut mit seinen rötlichweißen Blüten, Steppenkresse oder Frühlings-Adonisröschen, entdeckt.

Einen ersten Eindruck von der abwechslungsreichen Gipskarstlandschaft erhält man auf der Fahrt von der außerhalb des Naturparks gelegenen Stadt Kelbra nach Badra, das sich ebenfalls außerhalb des Naturparks befindet. Wanderwege führen u. a. vom Parkplatz am Campingplatz Kelbra zu dem am Badraer Bach gelegenen Ort Steinthaleben (markiert mit einem roten Quadrat) oder hinauf zum Schloßberg, der einen herrlichen Ausblick auf die Gipskarstlandschaft und die Talsperre Kelbra bietet.

❸ Rothenburg Mit einem blauen X ist der sog. Heimweg markiert, auf dem man in einer halben Stunde vom südöstlichen Ortsrand von Kelbra an einem Wassergraben entlang und dann durch den Buchenwald zur Ruine Rothenburg auf der nördlichsten Spitze des Kyffhäusergebirges hinaufsteigt. Hier an der Nordflanke tritt sein Fundament aus Granit und Gneis zutage. Von der in der zweiten Hälfte des 12. Jh. aus rotem Sandstein errichteten Rothenburg sind umfangreiche Mauerreste erhalten, so von Palas, Bergfried und der einstigen Ringmauer. In den altehrwürdigen Gemäuern gründeten Studenten im August 1881 den Kyffhäuser-Verband. Unter Schutt und Geröll lag in der unterirdischen Burgkapelle die rätselhafte Figur des „Püsterichs“ verborgen, die jetzt im Schloßmuseum Sondershausen die Besucher anpustet.

Der Bismarckturm an der Nordseite der Burgruine wurde Anfang dieses Jahrhunderts erbaut. Vom Fuß des Turmes hat man einen herrlichen Ausblick über die weite Niederung der Goldenen Aue.

❹ Reichsburg Kyffhausen und Kyffhäuserdenkmal In alten Urkunden wird die höchste Erhebung des Gebirges Wotansberg genannt, weil es hier anscheinend Kultstätten gab, die dem germanischen Gott Wotan geweiht waren. Der heutige Name bedeutet wohl soviel wie „Haus auf der Kuppe“, und damit ist die Reichsburg Kyffhausen gemeint, die im 11. Jh. auf den Grundmauern älterer Festungen zum Schutz der Kaiserpfalz Tilleda erbaut wurde. Die 600 m lange und bis zu 60 m breite, durch Mauern in Ober-, Mittel- und Unterburg geteilte Bergfeste gehört zu den größten Burganlagen Deutschlands. Ein Modell im Burgmuseum auf der Oberburg zeigt ihren Zustand zur Zeit des Stauferkaisers Friedrich I. Barbarossa (geöffnet Oktober–April täglich 9–17, ansonsten täglich 9–19 Uhr). Im späten Mittelalter verfiel die gewaltige Burg, aber die fast vollständig erhaltene Ringmauer, der 176 m tiefe Burgbrunnen, das Erfurter Tor und der Ruinenrest des Bergfrieds vermitteln noch immer einen Eindruck von ihren ursprünglichen Dimensionen.

Wie ein riesiges Zepter thront das Kyffhäuserdenkmal auf einem Bergsporn.

In eine völlig andere, geheimnisvolle Welt taucht der Besucher ein, wenn er wie hier in der Barbarossahöhle ein kleines Stück in das Innere der Erde vordringt.

Mit den romantischen Ruinen verbindet sich die Sage von der Wiederkehr des Kaisers, der 1190 fern der Heimat in einem reißenden Fluß Kleinasiens ertrank und nun mit seinem Gefolge und der flachsspinnenden Tochter Uta in einem unterirdischen Schloß ruhen und auf den Aufbruch warten soll. So sitzt er denn auch aus Stein gehauen am Fuß des monumentalen Kyffhäuserdenkmals, das im Juni 1896 feierlich eingeweiht wurde und von der Größe des deutschen Kaiserreiches künden sollte. Über Barbarossa erhebt sich das Reiterstandbild Kaiser Wilhelms I. Die Spitze des 81 m hohen Denkmals aus rotbraunem Sandstein bildet eine riesige Kaiserkrone.

❺ **Kaiserpfalz Tilleda** Ausgrabungen brachten die Überreste der Kaiserpfalz unterhalb der Reichsburg Kyffhausen ans Tageslicht. Die vom 10. bis 13. Jh. zeitweilig von Kaiser Friedrich I. Barbarossa, seinem Sohn Heinrich VI. und anderen deutschen Herrschern als Residenz benutzte Anlage befindet sich auf dem Pfingstberg am südlichen Rand von Tilleda, das bereits außerhalb des Naturparks liegt. Innerhalb eines knapp 6 ha großen Areals sind Fundamente von Toren, Wehrmauern und Gebäuden sowie mehrere rekonstruierte Häuser, u. a. mit einer mittelalterlichen Tuchmacherei, zu sehen. Die Mauern der ehem. Hauptburg umschließen die Pfalzkapelle, die Festhalle und die herrschaftlichen Gemächer, die mit einer Heißluftheizung ausgestattet waren. Das im Aufbau befindliche Freilichtmuseum ist täglich 9–17 Uhr geöffnet.

ℹ Gemeindeverwaltung, 06537 Tilleda, Tel. 03 46 51/29 20 und 29 23.

❻ **Kulpenberg** Das 13 km lange und bis 6 km breite Kyffhäusergebirge erreicht seine größten Höhen im Norden, wo die Hänge über 300 m steil zur Goldenen Aue hin abfallen. Nach Süden senken sich die bewaldeten Hochflächen dagegen allmählich zum Vorland ab. Aus der Ferne betrachtet, erinnert der Höhenzug an ein Schreibpult mit einer sanft geneigten Schreibfläche und steiler Vorderseite. Die Geologen bezeichnen den Kyffhäuser deshalb auch als Pultschollengebirge. Im Nordwesten wurde die hier von Brüchen zerstückelte Erdkruste z. T. mehr als 1000 m angehoben. Am Fuß der hohen Bruchstufe tritt daher der Sockel des Gebirges mit sehr alten Gesteinen zutage. Der darüber lagernde Schichtenstapel ist leicht nach Süden gekippt, und so werden verschiedene Schichten vom Erdalterum bis zum -mittelalter an der Erdoberfläche sichtbar. Innerhalb des Schichtenstapels sind vor allem die Zechsteinschichten bemerkenswert, denn sie enthalten leicht lösliche Gesteine wie Steinsalz und Gips, die besonders an den Rändern des Gebirges eindrucksvolle Karstlandschaften mit Dolinen, Höhlen und Trockentälern entstehen ließen (siehe auch ❷ und ❽).

Die höchste Erhebung ist mit 473 m der Kulpenberg. Man gelangt dorthin über den Rennweg, der zu herrlichen Wanderungen auf dem Kamm des Kyffhäusergebirges einlädt. Der Fernsehturm auf dem Berg ist nicht mehr zugänglich.

❼ **Ochsenburg** Die Vielfalt von Gesteinen beschert dem Kyffhäuser zusammen mit dem relativ warmen und trockenen Klima im Regenschatten des Harzes eine reiche Pflanzen- und Tierwelt. Über 100 Brutvogelarten konnten nachgewiesen werden, zahlreiche Fledermausarten kommen hier vor und viele seltene Insekten. Die trockenwarmen Gipsböden im Südkyffhäuser, die oft ein paar Meter weiter in feuchten, tiefgründigen Löß übergehen, sind der Lebensraum vieler ursprünglich in den Steppen Südosteuropas beheimateter Tier- und Pflanzengemeinschaften. Cremeweiß blüht das Weiße Waldvögelein in den Buchenwäldern des Naturschutzgebietes Ochsenburg und blauviolett die Küchenschelle auf den Trockenrasen der Gipsfelsen.

Man durchwandert das größte der vier Schutzgebiete im Naturpark Kyffhäuser vom ehem. Jagdschloß Rathsfeld aus auf dem mit einem gelben Dreieck markierten Weg durch das Ziegelhüttental.

❽ **Barbarossahöhle** Ungefähr 40 Höhlen sind im Kyffhäusergebiet bekannt. Die

Mit seinen Laubwäldern ist der Kyffhäuser ein beliebtes Wandergebiet. Die Routen – hier am Rennweg – sind gut ausgeschildert.

größte und schönste, die Barbarossahöhle am Südwesthang des Kyffhäusers, wurde im Dezember 1865 von Bergleuten entdeckt, die auf der Suche nach Kupferschiefer unterhalb der Ruine Falkenburg einen Stollen in das Gestein trieben. Ihre Entdeckung war noch kostbarer als das buntmetallhaltige Mergelgestein, denn bereits im folgenden Jahr besuchten die ersten zahlenden Gäste die imposante Gipshöhle, und seither ist der Besucherstrom kaum abgerissen (geöffnet Mai–September täglich 9–18, im Winterhalbjahr 9–17 Uhr, die letzte Führung beginnt 30 Minuten vor Schluß der Öffnungszeit).

Auf 600 m Länge ist die Höhle mit ihren gewaltigen Gewölben und klaren Höhlenseen, den funkelnden Gipskristallen und schneeweißen Alabasterkugeln für Besucher erschlossen. Eingedenk der Sage hat man Barbarossatisch und -stuhl im Tanzsaal aus Schlangengipsblöcken errichtet.

Oberhalb der Höhle, einer der größten Gipshöhlen Mitteleuropas, liegen die Ruinenreste der Falkenburg. Gleich daneben ist über einem unterirdischen Hohlraum die Teufelsgrube, eine große Einsturzdoline, eingebrochen.

❾ **Bauernkriegs-Panorama** Am Südrand des Kyffhäusergebirges bei Bad Frankenhausen liegt der Schlachtberg, der im Mai 1525 Schauplatz einer der erbittertsten Schlachten der Bauernkriege war. Zur Erinnerung an dieses blutige Gefecht schuf der Leipziger Maler Werner Tübke von 1976 bis 1987 ein monumentales, 14 m hohes und 123 m langes Panoramagemälde, das in dem weithin sichtbaren Rundbau zu bewundern ist (geöffnet April–September täglich außer Mo 10–18, im Winterhalbjahr 10–17 Uhr).

Vom Schlachtberg schaut man auf die alte Salzstadt Bad Frankenhausen, die bereits außerhalb des Naturparks liegt. Sie verdankt dem Zechsteinsalz nicht nur Wohlstand und viele sehenswerte Bauten wie das Schloß, den Hausmannsturm, das Rathaus und die Fachwerkhäuser, sondern infolge unterirdischer Salzauslaugung auch den Schiefen Turm der Oberkirche.

ℹ Kyffhäuser-Information, Anger 14, 06567 Bad Frankenhausen, Tel. 03 46 71/ 30 37.

❿ **Geologischer Lehrpfad** Knapp außerhalb des Naturparks, am Stadtpark von Bad Frankenhausen, beginnt ein etwa 10 km langer Lehrpfad, der einen Einblick in den geologischen Aufbau des südlichen Kyffhäusers vermittelt. Unterwegs lernt man typische Gesteinsarten kennen, z. B. Stinkschiefer und Schlangengips, wandert durch die Weiße Küche mit ihren Gipsfelsen und durch das Naturschutzgebiet Kattenburg, vor dem sich die Äbtissinnengrube, ein 20 m tiefer Erdfall, im Boden öffnet. Im Gelände trifft der Wanderer auf einen Findling, den die Gletscher des Eiszeitalters zurückgelassen haben, und auf die Spuren der alten Salzstraße, über die das in Bad Frankenhausen gewonnene Salz transportiert wurde. Es lohnt sich, auch auf die Flora der Trockenrasen an sonnigen Steilhängen zu achten. Hier blühen seltene Orchideen.

Besonderheiten der Natur

Pflanzen Im Norden des Naturparks erstrecken sich großflächige Laubwälder. An den Südhängen hingegen sind die Wälder lichter. Bedingt durch die geschützte Lage im Schatten des Harzes gedeihen hier Pflanzen, die sonst hauptsächlich in Ost- und Südosteuropa vorkommen. Dazu gehören das seltene, gelb blühende Frühlings-Adonisröschen und das Ebensträußige Gipskraut; auch der Weiße Diptam (Bild) zählt mit seinen prächtigen, bis zu 1 m hohen, zartrosa geäderten Blütenständen dazu. Die Pflanze enthält ätherische Öle, die an heißen Tagen so stark verdunsten, daß man sie anzünden kann – daher auch der Beiname Brennender Busch.

Tiere Die Artenvielfalt an Tag- und Nachtschmetterlingen ist beachtlich; u. a. kommen noch Seltenheiten wie Segelfalter, Großer Schillerfalter und Kleines Nachtpfauenauge vor. Auch die Vogelwelt ist beeindruckend vielfältig. 103 Brutvogelarten wurden nachgewiesen, darunter eine große Anzahl an Greifvögeln wie Sperber, Habicht, Rotmilan sowie die Waldohreule. An Säugetieren ist vor allem Rot-, Reh- und Schwarzwild heimisch. Aber auch seltenere Tiere wie der Waschbär und die vom Aussterben bedrohte Wildkatze haben im Naturpark einen Lebensraum gefunden.

Die höchste Erhebung des Kyffhäusergebirges ist der bewaldete Kulpenberg, erkennbar am Fernsehturm auf seinem Gipfel.

Naturpark Elm–Lappwald

Dichte Laubwälder, umgeben von fruchtbarem Ackerland, sagenumwobene Fliehburgen und geheimnisvolle Hünengräber, stille Wiesentäler, schmucke Dörfer und alte Städte mit geschichtsträchtiger Vergangenheit – Till Eulenspiegel hätte keinen schöneren Schauplatz für seine Streiche finden können.

Im Naturwaldreservat am Rieseberg soll sich im Lauf der Zeit wieder ein „richtiger" Urwald entwickeln.

1 Rieseberg Zu den Bergriesen gehört der flachgewölbte Hügel mit 158 m Gipfelhöhe gewiß nicht, doch seine Wälder bilden inmitten der Spargelfelder und Rübenäcker im nördlichen Vorland des Elms ein Fleckchen nahezu unberührter Natur; deswegen steht der Rieseberg auch fast ganz unter Naturschutz. Im südwestlichen Teil wurde ein Naturwaldreservat eingerichtet. Der „Urwald von morgen", der sich hier entwickeln soll, wird in den Bördenlandschaften am Nordrand der Mittelgebirge eine ausgesprochene Rarität sein, denn die natürlichen Eichen- und Hainbuchenwälder mit ihrem üppigen Unterwuchs aus Waldgerste, Bingelkraut und Buschwindröschen wurden auf den fruchtbaren Lößböden meist schon vor Jahrtausenden abgeholzt.

Zum Reservat gelangt man, wenn man von Lauingen 1,5 km in Richtung Scheppau fährt und von der linken Straßenseite aus etwa 500 m am Waldrand entlanggeht.

Höchst selten und gefährdet sind auch Fauna und Flora, die im Naturschutzgebiet Rieseberger Moor eine Zufluchtstätte gefunden haben. In dem Dickicht aus Erlen, Birken und Grauweiden gedeihen auf vernäßtem Kalkuntergrund manche botanischen Kostbarkeiten wie Sumpfwurz, Moorenzian und Fettkraut.

Vom Ort Rieseberg fährt man 1 km bis zum Gasthaus *Puritzmühle*, und von dort aus geht es zu Fuß weiter am Jugendheim vorbei bis zum Rand des Moores. Das Moor selbst darf nicht betreten werden.

2 Dorm In dem Höhenzug nordöstlich von Königslutter, so erzählt eine Sage, liegt ein Riesenkönig unter einem großen Stein begraben. Vielleicht ist damit das Steingrab bei Groß Steinum gemeint. Es wurde in den 60er Jahren aus 16 gewaltigen Quarzitblöcken rekonstruiert, die man in einem Acker gefunden hatte. Die eindrucksvolle Anlage befindet sich etwa 1 km nördlich von Groß Steinum, unmittelbar am Waldrand. Man erreicht sie über den Rundweg 3, den Hünengrabweg (2 km).

Jenseits des Waldes ragt über den Ausläufern des Dorms ein weißer Berg auf, der bei den Einheimischen als „Wetterprophet" gilt. Der Berg ist die Salzhalde eines stillgelegten Kalibergwerks. Salz nimmt Feuchtigkeit aus der Luft auf und verändert dabei seine Farbe. Solange die Salzhalde weiß ist, bleibt das Wetter schön.

3 Mariental Auf dem Rundweg 11 (6 km) kommt man am Rand des Lappwaldes nach Mariental. Als hier im 12. Jh. ein Zisterzienserkloster gegründet wurde (Vallae S. Mariae), fanden die Mönche noch dichten Wald vor. Sie rodeten ihn, legten Fischteiche an und erbauten ein Kloster, das bis auf den Kreuzgang noch fast vollständig erhalten ist. Die Kirche kann besichtigt werden (geöffnet täglich von 8 Uhr bis Einbruch der Dunkelheit).

i Stadt Helmstedt, Markt 1, 38350 Helmstedt, Tel. 05351/17333.

4 Königslutter Ehrfürchtig drängen sich die Häuser der Stadt um die Abteikirche des ehem. Benediktinerklosters. Die Kirche, im 12. Jh. errichtet, ist die letzte Ruhestätte Kaiser Lothars III.; deswegen nennt man sie auch Kaiserdom. Der majestätische Bau zählt zu den Meisterwerken der Romanik in Deutschland (geöffnet täglich 9–18 Uhr; Kaiserdom-Museum Mo–Fr 15–18, Sa 14–18, So 11–13 und 14–18 Uhr).

Schlicht wirkt der romanische Bau der Basilika von Mariental, ein Teil des ehem. Klosters des asketischen Zisterzienserordens.

An der Südseite des Kaiserdomes steht die Kaiser-Lothar-Linde, ein mächtiger Baum, dessen Stamm in Brusthöhe einen Umfang von 15 m hat. Die Linde soll nach der Überlieferung von Kaiser Lothar III. selbst gepflanzt worden sein.

Bei den fossilen Ausstellungsstücken, die in der Otto-Klages-Sammlung in Königslutter, Sack 1, zu sehen sind, spielen ein paar Jahrhunderte mehr oder weniger keine Rolle. Die Minerale und Fossilien, vom winzigen Seeigel bis zum wagenradgroßen Ammoniten, stammen größtenteils aus den viele Millionen Jahre alten Schichten des Erdmittelalters (geöffnet Mo–Do 16–17, Sa und So 15–17 Uhr).

i Fremdenverkehrsamt, Am Markt 1, 38154 Königslutter, Tel. 0 53 53/50 11 29.

5 Süpplingenburg Das Dorf am historischen Salzweg besitzt eine sehenswerte romanische Basilika. Sie gehörte ursprünglich zu einem Stift, das Kaiser Lothar III. gegründet hatte und das später dem Ritterorden der Templer überlassen worden war.

6 Lutterspring Weniger das Wasser der kräftigen Quellen im Luttertal südlich von Königslutter, sondern vielmehr das rotblonde, süffige Bier, das man damit braut, wird von jeher geschätzt. Das Quellwasser enthält viel gelösten Kalk, der unterhalb des Luttersprings als Kalktuff ausgeschieden wird. Duckstein heißt das helle, poröse Gestein im Braunschweiger Land und das bekannte Bier deshalb „Ducksteinbier". Rund 20 000 m³ Wasser liefern die Quellen am Nordrand des Elms täglich. Sie werden von unterirdischen Wasserläufen gespeist, die sich unter dem Kalkgestein auf undurchlässigen Tonschichten stauen. Die Quellschüttung ist so groß, daß die Lutter auf ihrem kurzen Lauf früher neun Wassermühlen antreiben konnte.

7 Steinkuhlen-Rundweg Unter Fossiliensammlern ist der Elm als „größter Seelilienfriedhof der Erde" bekannt. Millionen Tonnen von Überresten dieser entfernt mit den Seesternen und Seeigeln verwandten Meerestiere häuften sich vor etwa 235 Mio. Jahren am Grund des Muschelkalkmeeres auf. Manche Schichten, vor allem im oberen Teil des Schichtenstapels, bestehen fast ausschließlich aus versteinerten Seelilien. Auch wenn die zahlreichen Steinbrüche, in denen diese Schichten früher abgebaut wurden, inzwischen meist überwachsen sind, kann man noch fossile Seelilien finden. Häufiger kommen die Stielglieder von Seelilien vor, sog. Trochiten.

Der Steinkuhlen-Rundweg (4 km) führt vom Wanderparkplatz an der Straße nach Schöppenstedt 1 km südlich von Königslutter durch ein Gebiet mit vielen alten Steinbrüchen, wo man fündig werden kann. Im Steinbruch Metzner am südlichsten Punkt des Rundweges kann man sein Glück ebenfalls versuchen (Berechtigungsschein beim Fremdenverkehrsamt Königslutter, siehe 4).

8 Lübbensteine Die Segelflugzeuge, die auf dem Flugplatz am St.-Annen-Berg bei Helmstedt niedergehen, landen auf geschichtsträchtigem Boden. Gleich neben der Piste befinden sich auf einer Hügel-

Lößkindel: eine Laune der Natur

In dickeren Lößschichten finden sich oft haselnuß- bis apfelgroße Gebilde aus Kalk, die manchmal wie winzige Menschen aussehen und deswegen Lößkindel, -puppen oder -männchen (Bild) genannt werden. Früher hielt man sie für versteinerte Lebewesen. Zwar kommen im Löß häufig Fossilien vor, die Lößkindel sind jedoch keine Versteinerungen. Sie entstehen durch natürliche Vorgänge bei der Bodenbildung: Wasser versickert im Erdboden und löst in Oberflächennähe den im Löß enthaltenen Kalk auf, den dann der Sickerwasserstrom in die Tiefe spült. Dort scheidet sich der gelöste Kalk wieder aus, allerdings nicht gleichmäßig im Boden verteilt, sondern in Form von rundlichen Körpern, um die sich weiterer gelöster Kalk in hauchdünnen Schichten übereinander ablagert. So wachsen die Gebilde langsam wie Zwiebeln im Boden.

kuppe zwei Megalithgräber, in denen vor 4000–5000 Jahren die Führer eines Stammes zur letzten Ruhe gebettet wurden. Das eine der beiden Hünengräber ist zerfallen, das andere wurde in den 30er Jahren restauriert. Die gewaltigen Steinblöcke, die die Umfassung bilden oder als Decksteine aufgelegt wurden, ziehen nicht nur wegen ihrer Größe die Blicke auf sich; noch auffälliger ist ihre knollige, wulstige Oberfläche. Sie bestehen aus sog. Braunkohlenquarzit, der vor 30–40 Mio. Jahren aus lockerem Sand entstand.

Die Zufahrt zu den Lübbensteinen erfolgt von Helmstedt auf der B 1 in Richtung Braunschweig; etwa 300 m hinter der Bahnüberführung zweigt rechts ein Feldweg zu den Megalithgräbern ab.

Die Lübbensteine, Megalithgräber am St.-Annen-Berg, erinnern an die prähistorischen Bewohner dieser Gegend.

❾ **Helmstedt** Ein Kleeblatt als Wegmarkierung leitet die Besucher beim Rundgang (2 km) durch den historischen Kern der mehr als 1000jährigen Stadt am Lappwald. Mindestens 1 Stunde sollte man sich dafür Zeit lassen. Als Wahrzeichen der ehem. Universitätsstadt gilt das im Renaissancestil erbaute Juleum, die alte Hochschule, mit dem schlanken Treppenturm. Im früheren Weinkeller des Juleums befindet sich das Kreisheimatmuseum, dessen Schwerpunkte auf der Ur- und Frühgeschichte sowie der Geschichte des Braunkohlenabbaus liegen (geöffnet Mo–Fr 9–11 und 15–17, Sa 15–17 und So 11–12.30 Uhr). Das herzogliche Hoflager am Markt, schönstes Bürgerhaus der Stadt, zeigt reichen Bildschmuck, ebenso viele andere Fachwerkhäuser. Im Osten der Altstadt betritt man durch das Türkentor den Kirchenbezirk St. Ludgeri mit dem stilvollen Rokokosaal im Konventsgebäude des früheren Klosters, der berühmten Doppelkapelle und der frühromanischen Felicitas-Krypta (geöffnet werktags 10–17 Uhr nach Voranmeldung). Am anderen Ende der Stadt beherbergen die Gebäude des ehem. Klosters Marienberg (12. Jh.) in der Schatzkammer kostbare mittelalterliche Altartücher und Bildteppiche (Besuch nach Vereinbarung).

ℹ Stadt Helmstedt, siehe ❸.

❿ **Reitlingstal** Nur ein Flüßchen, die Wabe, hat das Muschelkalkgewölbe des Elms bis auf den Buntsandsteinsockel durchschnitten. Der tonige Untergrund staut hier das Wasser, und vermutlich war das idyllische Wiesental früher einmal versumpft. Im hintersten Winkel, in der „Teufelsküche", verschwindet ein Wasserlauf gurgelnd in einem Erdfall. Sein Wasser tritt im Lutterspring wieder zutage.

Ausgangspunkt für Wanderungen im Reitlingstal ist der Parkplatz an der Waldgaststätte *Reitling*. Der 6 km lange Reitlingsrundweg (Nr. 27) führt hinauf zu den Resten der Krimmelburg, die wahrscheinlich um Christi Geburt in beherrschender Lage hoch über dem Talgrund als Fliehburg angelegt wurde. Am gegenüberliegenden Talhang wacht die Brunkelburg über das Reitlingstal, das mit seinen flankierenden Muschelkalkhöhen selbst wie ein riesiger natürlicher Ringwall wirkt.

⓫ **Evessen** Der 7 m hohe Tumulus (Grabhügel), der mitten in diesem Dorf direkt an der Straße Braunschweig–Schöppenstedt liegt, hat seine Geheimnisse noch nicht preisgegeben. Eine gründliche wissenschaftliche Grabung wurde bisher nicht durchgeführt, um die schätzungsweise 800 Jahre alte Gerichtslinde, die auf ihm steht, nicht zu gefährden. Nach den wenigen Funden, die zutage gefördert wurden, könnte der Hügel aus der jüngeren Steinzeit oder der Bronzezeit stammen.

⓬ **Tetzelstein** Der Elm ist ein beliebtes Naherholungsgebiet. Mehr als 30 überwiegend ebene bis leicht ansteigende Rundwanderwege mit einer Länge von 2,5 bis 16 km erschließen das Waldgebiet. Es gibt ein Dutzend Ausflugsgaststätten, die allerdings meist am Waldrand (z. B. das *Watzumer Häuschen* oberhalb von Eitzum oder der *Elmgarten* bei Warberg) liegen. Zu den wenigen Waldgaststätten gehört das Gasthaus *Tetzelstein* (Fr Ruhetag) an der Landstraße Königslutter–Schöppenstedt. Hier wurde 1519 der Ablaßhändler Tetzel beraubt und erschlagen; Tetzels Ablaßpredigten waren u. a. Anlaß für Luthers sog. Thesenanschlag in Wittenberg (1517).

⓭ **Schöppenstedt** Die „Stadt der Streiche" verdankt ihren Ruf nicht allein Till Eulenspiegel, der wohl um 1300 im benachbarten Kneitlingen das Licht der Welt erblickte. Die Bürger Schöppenstedts hatten sich schon lange vor Tills Schwänken einen Namen als Schildbürger gemacht.

Alles über Till Eulenspiegels Streiche erfährt man im Eulenspiegel-Museum (geöffnet Di–So 14–17, Sa, So und an Feiertagen 10–12 Uhr). Dort befindet sich neben Bildern, Plastiken und Büchern die Truhe, die den Nachlaß des buchstäblich „steinreichen" Spaßvogels enthält: Steine. Und wer durch Schöppenstedt bummelt, wird sicher

Dem Spaßvogel Till Eulenspiegel, der die Bürger seiner Zeit zum Narren hielt, ist dieses Museum in Schöppenstedt gewidmet.

Pferde, die auf saftigen Wiesen grasen, umgeben von dichtem Wald – verlockender kann sich das Reitlingstal kaum zeigen.

eine Bäckerei finden, die noch Eulen und Meerkatzen bäckt wie zur Zeit des Schelms.

ℹ Arbeitsgemeinschaft für Fremdenverkehr, Markt 3, 38170 Schöppenstedt, Tel. 0 53 32/93 81 30.

⓮ **Goldener Hirsch** Goldbraun ist dieser gewaltige Findling in der Tat (wenigstens unter der grauen Verwitterungsrinde), seine massige Form läßt jedoch eher an eine gigantische Schildkröte denken. Der fast 5 m lange, 2 m hohe, bis 2,5 m breite und tonnenschwere Steinblock besteht aus Braunkohlenquarzit. Diese Gesteinsart mit der unverwechselbaren knolligen Oberfläche kommt in der Helmstedter Braunkohlenmulde vor. Wenn der Goldene Hirsch nicht, was unwahrscheinlich ist, von Menschen irgendwann in grauer Vorzeit kilometerweit hierher transportiert worden ist, dann müssen ihn die Eiszeitgletscher auf die Hochflächen des Elms befördert haben.

Man erreicht das Naturdenkmal nahe den Überresten der Elmsburg vom Parkplatz Kaltetal an der B 82 Schöningen–Wobeck über den Burgfeld-Rundweg (3,5 km) und einen Waldpfad, der 1 km oberhalb des Parkplatzes nach links abzweigt.

⓯ **Schöningen** Das Städtchen an den östlichen Ausläufern des Elms profitiert seit Jahrhunderten von den Schätzen der Erde; zunächst lebte es vom Salz und dann seit dem Ende des 19. Jh. von der Braunkohle. Der Braunkohlenabbau östlich der Stadt stellt im Hinblick auf die Landschaft keine ungetrübte Freude dar. Die Salinen bescherten dagegen dem ehem. fränkischen Königshof großen Wohlstand. Man erkennt dies an der stattlichen Kirche des St.-Lorenz-Stifts (12./15. Jh.), dem einstigen Welfenschloß und der früheren Lateinschule am Markt, die das Heimatmuseum mit umfangreichen Sammlungen zum Thema Braunkohlenarchäologie beherbergt (geöffnet Mi 15–17 und So 10.30–12.30 Uhr).

Von der Gaststätte *Elmhaus* am westlichen Stadtrand führt der Elmhaus-Rundweg (4 km), ein naturkundlicher Lehrpfad, durch die Buchenwälder des Elms und die Kirschbaumgärten an seinen Hängen. Die Gegend ist für ihren Kirschwein bekannt.

ℹ Verkehrsamt, Markt 1, 38364 Schöningen, Tel. 0 53 52/51 20.

Besonderheiten der Natur

Pflanzen In den Eichen-Hainbuchen-Wäldern von Elm und Lappwald setzen Buschwindröschen, Große Sternmiere und Maiglöckchen weiße Blütentupfen in die Krautschicht. Auf kalkreichen Böden gesellen sich oft der lachsrot blühende Türkenbund, das blaue Leberblümchen und die blauviolette Frühlings-Platterbse hinzu. In den alten Fichtenbeständen des Elms konnte sich eine Reihe von Farn- und Bärlapparten ansiedeln, die eigentlich in Bergfichtenwäldern heimisch sind. Auf den Trocken- und Halbtrockenrasen beeindrucken die Blüten der Fliegenragwurz und des Knabenkrauts neben dem Deutschen Enzian und der Golddistel. Wahre Raritäten sind der Lungenenzian und die Sibirische Schwertlilie, die auf ungedüngten Feuchtwiesen wachsen.

Tiere In den Wäldern finden sich viele Vogelarten; Sing- und Misteldrossel lassen ihre Gesänge und der Schwarzspecht sein Klopfen hören. Recht selten sind inzwischen Kolkrabe, Braunkehlchen und Rotmilan. Die Gewässer beherbergen Teich-, Kamm- und Bergmolch sowie einige Krötenarten.

Schwalbenschwanz, Kaisermantel und der Große Schillerfalter (Bild) mit seinen braunen Flügeln, die im Licht dunkelblau schillern, sind reizvolle Vertreter der Schmetterlinge.

17 Links und rechts der Saale

Burgen, Wein und grüne Auen

Burg Saaleck und die Rudelsburg (Bild) thronen als steinerne Zeugen des Mittelalters über dem vielbesungenen Saaletal, das sich mal lieblich-breit, mal felsig-eng durch die Leipziger Bucht zieht. Doch es lohnt sich, den Blick auch über die Talränder hinaus auf die benachbarten Landschaften zu richten.

Links und rechts der Saale

Naturpark Saale–Unstrut–Triasland

Größe: 800 km², gegründet 1990 (Planungsbeginn).

Der Naturpark im Süden von Sachsen-Anhalt umfaßt einen Teil des mittleren Saaletales sowie das untere Unstruttal mit den benachbarten Hochflächen. Allerdings sind die Grenzen noch nicht endgültig im jetzigen Verlauf gesichert. Sanfte Hügel, die nur im Norden des Naturparks knapp 300 m Höhe erreichen, sind charakteristisch für diese überwiegend offene Landschaft.

Wie der Name des Naturparks schon andeutet, sind es

An den geschützten Steilhängen des unteren Unstruttales reift der Freyburger Wein.

die Schichten der Trias, die den geologischen Unterbau der Landschaft bestimmen. Weit verbreitet, vor allem im Norden und Westen, ist der Buntsandstein, während nach Süden hin auch der Muschelkalk an die Oberfläche tritt. Eine mehr oder weniger mächtige Lößschicht sorgt für fruchtbare Böden. Da auch das Klima günstig ist, wird fast überall Ackerbau betrieben. Größere Waldgebiete, überwiegend gepflegte Buchenbestände oder Mischwald, nehmen nur den Norden zwischen Nebra und Allstedt ein.

Die reizvollsten Landschaftsteile des Naturparks sind die Täler von Unstrut und Saale. Weite, offene Talabschnitte wechseln mit engen, von Steilhängen flankierten Teilstücken, wie sie besonders fur die Gebiete des Muschelkalks typisch sind. An den Sonnenhängen staffeln sich Weinberge, die den Tälern ein südländisches Gepräge verleihen. Hier befindet sich das nördlichste Weinbaugebiet Deutschlands.

Zu den Besonderheiten des Naturparks gehören ausgedehnte Trockenrasen mit ihren speziellen Pflanzengesellschaften. Botanisch besonders wertvolle und deshalb auch unter Naturschutz gestellte Standorte sind die Toten Täler zwischen Laucha und Bad Kösen. In diesen tief eingesenkten Trockentälern kommt die wärmende Kraft der Sonne besonders zur Geltung, während die Niederschläge im Kalk rasch versickern. Deshalb gedeihen hier zahlreiche seltene Pflanzenarten, darunter einige Orchideen wie Blasses Knabenkraut, Grüne Waldhyazinthe, Frauenschuh sowie Weißes und Rotes Waldvögelein. Wolliger Schneeball, Kornelkirsche und Speierling, hier und da auch Mispel und Wacholder bilden an den felsigen Hängen stellenweise dichtes Buschwerk. Vielfältig vertreten ist auch die Vogelwelt, z. B. mit Sperbergrasmücke, Heidelerche und Feldschwirl.

ℹ Verein Naturpark Saale–Unstrut–Triasland e. V., Unter der Altenburg 1, 06642 Nebra.

Ein weithin sichtbarer Blickfang in der flachen Saaleaue ist Burg Wettin.

Naturpark Unteres Saaletal

Größe: 180 km², gegründet 1991 (Planungsbeginn).

Das untere Saaletal ist eingebettet in die sanftwellige Landschaft, die sich ostwärts an den Harz anschließt. Der Naturpark beginnt wenige Kilometer unterhalb von Halle und umfaßt einen besonders schönen Abschnitt der Flußlandschaft, der sich bis zur Talenge von Könnern hinzieht. Einbezogen sind nicht nur die schon seit längerem unter Landschaftsschutz gestellten Talhänge, sondern auch die angrenzenden Höhen. In der breit ausufernden Talau bestimmen Wiesen, durchsetzt von Auwaldinseln und Baumreihen, das Bild. Bei Friedeburg rücken die Talhänge zusammen; in einem engen Durchbruchstal bahnt sich die Saale ihren Weg nach Norden. Eine Erweiterung des Naturparks bis zur Mündung der Saale in die Elbe ist geplant.

Eine bedeutende Lebensader des Verkehrs ist das Saaletal nie gewesen. Diesem Umstand ist es wohl zu verdanken, daß die zahlreichen Dörfer und wenigen Städtchen noch viel von ihrem ursprünglichen Charakter bewahrt haben.

Entsprechendes gilt auch für die Landschaft des Naturparks mit ihrem außergewöhnlichen Reichtum an schützenswerten Pflanzen. Prägend für das gesamte Gebiet ist das kontinental beeinflußte Klima mit warmen Sommern und geringen Niederschlagsmengen, das bedingt wird durch die Lage im Regenschatten des Harzes. An den Talhängen der Saale und einmündender Bäche breiten sich daher Trocken- und Halbtrockenrasen, Zwergstrauchheiden sowie lichte Trockenwäldchen aus. Federgräser und Schwingelarten, die sonst eher im Südosten Europas vorkommen, sind hier ebenso wie einige Orchideenarten weit verbreitet. Häufig ist z. B. das Kleine Knabenkraut anzutreffen. Vertreter der Trockenflora sind auch Tragant und Steppenspitzkiel, Astlose Graslilie und Körnchensteinbrech.

Die Artenvielfalt erklärt sich nicht zuletzt aus der Verschiedenheit des Gesteinsuntergrundes: Kalkstein, Porphyr, Schieferton und Sandstein.

ℹ Verband Naturpark Unteres Saaletal e. V., Am Kindergarten 11, 06420 Rothenburg (Saale).

Naturpark Dübener Heide

Größe: 950 km², gegründet 1990 (Planungsbeginn).

Der Naturpark liegt am Nordrand der Leipziger Bucht zwischen Elbe und Mulde. Der nördliche Teil gehört zu Sachsen-Anhalt, der südliche zum Nachbarland Sachsen. Für die Bewohner des Industriereviers Leipzig–Bitterfeld ist die Dübener Heide ein beliebtes Erholungsgebiet. Neben der eigentlichen Heide sind in den Naturpark auch die weiten Flußauen der Mulde im Westen und der Elbe im Osten teilweise mit einbezogen.

Ihre Entstehung verdankt die Dübener Heide der vorletzten Eiszeit. Ihre Gletscher lagerten hier vor über 120 000 Jahren mächtige Endmoränen ab. In der folgenden Eiszeit wurden die Höhenrücken von den Armen eines breiten Urstromtales umspült und z. T. wieder abgetragen. Sanfte Höhenzüge herrschen deshalb heute vor. Die höchste Erhebung ist die Hohe Gieck (193 m).

Die Böden dieser Altmoränenlandschaft sind nährstoffarm und sehr wasserdurchlässig, also für den Ackerbau wenig geeignet. Heidevegetation, wie man sie eigentlich erwarten würde, ist kaum verbreitet. Auch die natürliche Vegetation des Höhenrückens, ein Mischwald mit Beständen von Traubeneichen und Rotbuchen, nimmt nur noch geringe Flächen ein. Infolge von Aufforstungen herrschen heute auf den trockenen Böden ausgedehnte Kiefernwälder vor. Nur in moorigem Gelände bestimmen Bruchwälder mit Eschen und Erlen das Bild.

Selbst an mächtige Erlen wagen sich die an stillen Bächen heimischen Elbebiber heran.

Auf einsamen Wegen kann man die Naturschönheiten der Dübener Heide entdecken.

Im Süden des Naturparks liegen mehrere Moore und verlandende Seen mit einer interessanten Pflanzenwelt. Wollgras, Fieberklee, Wasserschwertlilie, Sumpfblutauge und Sumpfporst sind typisch für diese Feuchtgebiete.

Die Dübener Heide ist sehr dünn besiedelt, so daß auch zahlreiche Tierarten hier noch ein ungestörtes Refugium vorfinden. Wohl die bemerkenswerteste Tierart ist der Elbebiber, der sich in einigen Bachauen der Dübener Heide angesiedelt hat.

Die Vogelwelt ist mit zahlreichen, teils selten gewordenen Arten vertreten. Selbst Fisch- und Seeadler sowie Schwarzstorch wurden im Naturpark beobachtet. Und der Kranich hat hier sein südwestlichstes Brutgebiet im mitteleuropäischen Raum.

i Verein Naturpark Dübener Heide e. V., Geschäftsstelle, Oppiner Str. 4 f, 06901 Lubast.

Naturpark Saale–Unstrut–Triasland

Weite Talauen und enge Durchbrüche verleihen den Flußtälern von Saale und Unstrut Abwechslung. Vielerorts begleiten Muschelkalk- und Buntsandsteinhänge ihren gewundenen Lauf, gekrönt von uralten Grenzburgen und bepflanzt mit den Reben für traditionsreiche Weine.

❶ **Allstedt** Seinen Charakter als stilles Ackerbürgerstädtchen hat Allstedt bewahrt. In dem 1330 gegründeten Ort dominieren die Stadtkirche St. Johannis (1775 neu erbaut) und am Ende des langgestreckten Marktes das Renaissance-Rathaus. Hauptattraktion ist jedoch die ausgedehnte Burganlage auf dem Bergrücken über der Stadt. In der Schloßkapelle im Ostflügel erinnert eine Ausstellung an den radikalen Reformator Thomas Müntzer. Sehenswert sind auch die anderen Sammlungen des Burg- und Schloßmuseums (Mo geschlossen).

i Burg und Schloß Allstedt, 06542 Allstedt, Tel. 03 46 52/1 05 19.

❷ **Burg Querfurt** Die ehem. Burg der Grafen von Querfurt ist ein großartiges Zeugnis früherer Wehrbaukunst. Die Ringmauern entstanden um 1200 bzw. um 1350, die in das Felsgestein gehauenen, tiefen Burggräben wurden durch drei imposante Kanonenbastionen (1461–79) zusätzlich geschützt. Im Korn- und Rüsthaus (1535) befindet sich das Burg- und Kreismuseum (Mo geschlossen). Sehenswert ist die romanische Schloßkapelle (12. Jh., mit barocker Ausstattung), denn dort steht die kunstvoll gestaltete Tumba des Grafen Gebhard XIV. von Querfurt (gestorben 1383).

i Burgmuseum, 06268 Querfurt, Tel. 03 47 71/2 20 64.

❸ **Klosterruine Memleben** Efeuumranktes Mauerwerk, alte, bizarre Baumgestalten, Halbdunkel, Stille – so stimmungsvoll erwartet die Klosterruine den Besucher. Was heute solche Faszination ausstrahlt, sind die stattlichen Ruinen einer dreischiffigen Basilika, unter deren Chor als einziger Raum die Krypta erhalten geblieben ist.

Die schöne Lage Memlebens verlockt zu Wanderungen. Hier führt der Hauptwanderweg Saalfeld–Bad Frankenhausen (Markierung blauer Balken) vorbei, und hier beginnt auch der Kaiserweg (Markierung grünes Dreieck, 20 km) nach Billroda über Bucha. Die Buntsandsteinformationen oberhalb der Unstrut erschließt der Steinbruchweg (Markierung gelber Punkt, 9,5 km) über Wangen nach Nebra und zurück.

Im nahen Wohlmirstedt wurde ein 2,5 km langer Naturlehrpfad (Markierung gelber Schrägstrich) nach Zeisdorf behindertengerecht ausgebaut.

i Gemeindeverwaltung, Volkmer-Kroll-Str. 22, 06642 Memleben, Tel. 03 46 72/6 02 74.

❹ **Forst Bibra** Der Untere Muschelkalk (Wellenkalk) bestimmt den geologischen Untergrund der Naumburger Mulde. Dort, wo an ihrem Nordwestrand zwischen Bad Bibra und Laucha der Wellenkalk in einer Stufe zum Oberen Buntsandstein abfällt, erstreckt sich mit 505 ha das Naturschutzgebiet Forst Bibra. Das wellige, von Mulden und ausgeprägten Trockentälern durchsetzte Gebiet ist teils mit prächtigem Wald aus Winterlinden, Eichen und Hainbuchen bedeckt, teils finden sich auch Perlgras-Buchen-Wälder. Wer aufmerksam wandert, wird manche botanische Kostbarkeit entdecken, z. B. verschiedene Arten von Orchideen (Knabenkräuter, Bienenragwurz), an den Trockenrasenhängen Kuhschellen, Silberdisteln, Frühlingsadonisröschen und Tragantarten. Sehr informativ ist der Orchideenlehrpfad bei Krawinkel. Der etwa 500 m lange Weg führt u. a. zu Standorten von Frauenschuh, Purpurknabenkraut, Fliegenragwurz und Großem Zweiblatt.

Ausgeschilderte Wege erschließen auch außerhalb des Naturschutzgebietes die Hügellandschaft um Bad Bibra: südlich durch das Tal des Hasselbaches, nördlich im reizvollen Tal des Biberbaches hinab zur Unstrut (Teil des sog. Biberbach-Orlas-Weges, Markierung roter Querbalken). Hier an der Mündung liegt Burgscheidungen mit seinem sehenswerten Renaissanceschloß (nicht von innen zu besichtigen). Der als Terrassengarten nach italienischem Muster angelegte Schloßpark bietet dafür jedoch schöne Ausblicke ins Tal der Unstrut.

i Fremdenverkehrsverein Bad Bibra-Finne e. V., Lauchaer Str. 73, 06647 Bad Bibra, Tel. 03 44 65/2 02 25.

❺ **Glockenmuseum Laucha** Am östlichen Stadtrand steht an der B176 die 1790 erbaute ehem. Glockengießerwerkstatt der Gebrüder Ulrich. Hier entstanden im Lauf von 121 Jahren mehr als 5000 Bronzeglocken. Mit dem Tod des letzten Meisters Ulrich endete 1911 eine lange Tradition. 1932 wurde die alte Werkstatt als Glocken-

Wehrhafte Türme beherrschen die Silhouette von Querfurt – Relikte aus dem Mittelalter, als die Burg Teil eines großangelegten Befestigungsringes war.

museum der Öffentlichkeit zugänglich gemacht (täglich außer Mo geöffnet). Glocken, Formen, Werkzeuge und Informationstafeln bringen dem Besucher die hohe Kunst des Glockengießens näher.

ℹ Fremdenverkehrsverein, Untere Hauptstraße, 06636 Laucha, Tel. 03 44 62/2 05 09.

6 Zscheiplitz Dem kleinen Dorf am Ostrand des Schafberges über dem Unstruttal nähert man sich von Norden her. Wo heute ein runder Turm aus neuerer Zeit aufragt, stand einst die Burg sächsischer Pfalzgrafen. Vermutlich stammen noch Teile der Ringmauer von der alten Burg. Zu einem Benediktinerinnenkloster gehörte die Kirche (11. Jh.), neben der ein Aussichtspunkt einen prächtigen Blick ins Unstruttal bietet.

Entlang der alten Mauer führt ein blau markierter Weg mit schöner Aussicht zu einem etwa 500 m entfernten Steinbruch. Dort steht ein Kalkbrennofen als technisches Denkmal, in dem bis in die 60er Jahre Futter- und Düngekalk gebrannt wurde. Als Rundweg wurde außerdem ein instruktiver Geschichtslehrpfad angelegt (Markierung grüner Schrägstrich, 7,2 km).

7 Freyburg Der Fluß, das von einer Burg beherrschte Städtchen, die Terrassen der Weinberge und ein wenig südlich-heiteres Flair – fast fühlt man sich an den Rhein versetzt. Tatsächlich reifen hier an den Muschelkalkhängen die Trauben für beachtliche Weißweine. Das traditionelle Winzerfest vereint am zweiten Wochenende im September viele Weinfreunde in dem alten Städtchen, das im 13. Jh. im Schutz der Burg an einem Unstrutübergang entstand und von gut erhaltenen Befestigungsmauern umgeben ist. Die im Kern

Eine stimmungsvolle Kulisse geben die eingewachsenen Mauern der Klosterruine Memleben für sommerliche Konzerte ab.

Auf den sonnigen Terrassen, die sich an den Unstruthängen bei Freyburg staffeln, reift ein Tropfen für Kenner heran.

spätromanische Marienkirche erinnert mit ihrer Westfront an den Naumburger Dom. Ein Museum ist dem 1852 in Freyburg gestorbenen Turnvater Friedrich Ludwig Jahn gewidmet (Mo geschlossen).

In mittelalterlicher Ursprünglichkeit empfängt die Neuenburg ihre Besucher. Die im 11. Jh. gegründete Kernburg wurde bald erweitert, so daß sie sich heute als große, stark befestigte Anlage präsentiert. Die prächtige spätromanische Doppelkapelle (um 1220) und das Schloßmuseum (Dauer- und Sonderausstellungen) mit Weinbaumuseum (Mo geschlossen) gehören zu den eindrucksvollsten Attraktionen der Burg. Einen herrlichen Ausblick gewährt der mächtige Bergfried Dicker Wilhelm.

i Fremdenverkehrsamt Freyburg, Markt 2, 06632 Freyburg, Tel. 03 44 64/2 72 60.

8 **Steinernes Bilderbuch** Zwischen Freyburg und Naumburg tritt die Unstrut aus ihrem tief eingeschnittenen Tal in die weite, fruchtbare Saale-Aue über. Muschelkalk- und Buntsandsteinhänge mit Weinbergen und Obstgärten bestimmen das Bild. Am Talhang bei Großjena erstreckt sich der Steinauersche Weinberg, den ein Relief mit überlebensgroßen Figuren ziert: das sog. Steinerne Bilderbuch, das 1722 wohl Freunde des Weinbergbesitzers in die Felswand schlugen. In zwölf teils schon verwitterten Motiven sind auf etwa 200 m Länge biblische Bezüge zu Weinbau und Jagd dargestellt. Leider verwehren Privatgrundstücke den direkten Zugang, doch sind die Reliefs von der Straße aus sichtbar.

Ganz in der Nähe mündet die Unstrut in die Saale. Der Blütengrund lädt längs der Saale zum Wandern ein, auf den Wellen gleiten die Paddler dahin, und mit einer Personenfähre kommt man zu Campingplatz und Schwimmbad auf der anderen Seite.

9 **Naumburg** Wer an Naumburg denkt, dem fällt meist zuerst der Dom ein. Das Gotteshaus, ehem. Bischofssitz und architektonisches Schmuckstück ersten Ranges, besaß im 13. Jh. solche Bedeutung, daß es sich wie die Stadt mit einer eigenen Mauer umgeben durfte. Selbst wenn von dieser kaum noch Reste zu sehen sind, wird die einstige Trennung in Bischofsstadt (Domfreiheit) und Bürgerstadt (Ratsstadt) im Stadtgrundriß deutlich. Ein Blick vom 67 m hohen Turm der spätgotischen Wenzelskirche bestätigt das: Im Zentrum der Altstadt liegt der Marktplatz, der von stattlichen Bürgerhäusern aus Renaissance- und Barockzeit mit reichen Portalen, Maßwerkgiebeln und Dachspeichern umgeben ist; als prächtigstes Bauwerk präsentiert das Rathaus (vollendet 1528) seine zehn Zwerchgiebel. Dahinter drängt sich das Dachgewirr alter Häuser. Der Ring folgt dem Verlauf der alten Stadtmauer und des Grabens. Jenseits davon erhebt sich das großartige Domensemble mit Peter-Paul-Dom (Neubau ab 1210), Kurien und Kapellen (Dom täglich geöffnet). Weltweite Berühmtheit haben die gotischen Stifterfiguren von Ekkehard und Uta im Westchor erlangt, die dem unbekannten sog. Naumburger Meister zugeschrieben werden.

i Fremdenverkehrsamt Naumburg, Markt, 06618 Naumburg, Tel. 0 34 45/20 16 14.

10 **Bad Kösen** Das Wahrzeichen des Kurortes an der Saale präsentiert sich am Hang über der Stadt: das 320 m lange Gradierwerk. Hier rieselt die Sole, die seit Generationen den Ruf Bad Kösens begründet, durch 20 m hohe Reisiglagen. Die Sole wurde einst in der Saline zu Kochsalz eingedampft, seit dem 19. Jh. dient sie Heilzwecken. Nach dem Bergingenieur, der die Heilquellen 1730 erschloß, ist der 175 m tiefe Borlachschacht benannt, dessen Schachtgebäude ein weiteres Aushängeschild der Stadt ist. Zur Hebung der Sole konstruierte man 1780 ein geniales System: ein hölzernes Gestänge übertrug auf 180 m Länge die Drehbewegung eines 7 m hohen Wasserrades in der Saale auf die Pumpen im Schacht. 1947 stellte das Werk seinen Betrieb ein, es wird heute jedoch zu Schauzwecken wieder in Gang gesetzt.

Das Romanische Haus (12. Jh.) zählt zu Deutschlands ältesten Profanbauten und beherbergt das Stadtmuseum (Mo geschlossen). Hier sind u. a. die weltbekannten Puppen der Käthe Kruse zu bewundern, die von 1912 bis 1950 in Bad Kösen arbeitete.

Gepflegte Kuranlagen, ein Café und ein kleiner Tierpark laden zum Verweilen am

Einen prächtigen Blick über das Tal der Saale genießt man von der Rudelsburg aus, die bereits seit Jahrhunderten eine Ruine ist.

Saaleufer ein. Ein schöner Wanderweg (Markierung roter bzw. blauer Balken, 3 km) führt zu den Saaleburgen (siehe ⑫), zurück kann man mit dem Schiff fahren.

ⓘ Kurverwaltung, Loreleypromenade, 06628 Bad Kösen, Tel. 03 44 63/82 89.

⑪ **Himmelreich** „2 km bis zum Himmelreich" verheißt ein Hinweisschild im Dörfchen Lengefeld südlich von Bad Kösen. Steil führt die schmale Straße aus dem Saaletal bergauf, wendet sich dann auf der Hochfläche nach links und endet vor einem Waldstück. Hier liegt die Gaststätte mit dem verheißungsvollen Namen. Von den Terrassen und der östlich anschließenden Hangkante aus bieten sich großartige Blicke in das Saaletal und zu den gegenüberliegenden Burgen Rudelsburg und Saaleck (siehe ⑫). Trockenheit und Wärme liebende Pflanzen besiedeln die Kalkhänge, darunter Königskerze, Gewöhnliches Sonnenröschen, Graslilie und Steinnelke. Im Wald findet man wilde Birnen, Schlehen und Kornelkirschen.

Ein Wanderweg führt hinter dem Gasthaus hinab nach Stendorf und Saaleck; man kann auch auf der Höhe – vorbei an einem alten Steinbruch – durch das Äbtische Holz nach Bad Kösen wandern (2,5 km).

⑫ **Saaleburgen** Geblieben von den einst großen Burganlagen südlich von Bad Kösen sind nur malerische Ruinen. Burg Saaleck, 1140 erstmals erwähnt, reichte einst bis zum gleichnamigen Ort hinab. Ihr Wahrzeichen sind die beiden Türme, in denen ein Burgmuseum untergebracht ist (Ostern–Mitte Oktober Mi–So geöffnet). Der Westturm kann bestiegen werden.

Jenseits der Kunoklamm, durch die ein Pfad zur Bootsanlegestelle hinabführt, erhebt sich auf steiler Muschelkalkklippe die Rudelsburg (erste Erwähnung 1171). Die durch einen Halsgraben geschützte, im Kern romanische Hauptburg wurde 1641 endgültig zur Ruine. Der ehem. Rittersaal ist heute eine vielbesuchte Gaststätte, vom viereckigen Wachturm aus blickt man weit ins Saaletal. Wochentags kann man mit dem Pkw von Saaleck aus hinauffahren, an den Wochenenden verkehren nur Pendelbusse (10–17 Uhr).

ⓘ Kurverwaltung Bad Kösen, siehe ⑩.

⑬ **Eckartsburg** Die Finne markiert als langgestreckter Höhenzug eine tektonische Störungszone, die das Thüringer Becken im Nordosten begrenzt. Bei Eckartsberga zeigt sie sich als steiler Muschelkalkrücken, der auf dem Schloßberg (299 m) die Ruine der weithin sichtbaren Eckartsburg trägt. In deren Vorburg steht der 22 m hohe Bergfried, und die Hauptburg wird von dem 36 m hohen, massigen Wohnturm überragt. Hier ist ein kleines Museum (täglich geöffnet) zu besichtigen, dessen Attraktion sicherlich das große Diorama ist: Über 6000 Zinnfiguren halten den entscheidenden Augenblick der Schlacht von Auerstedt fest. Im Hohlweg bei Hassenhausen wurde dabei 1806 der Befehlshaber der preußischen Truppen, der Herzog zu Braunschweig und Lüneburg, tödlich verwundet, und 28 000 Franzosen siegten über 50 000 Preußen. Vom Turm blickt man nach Osten über das ehem. Schlachtfeld.

Wie anno dazumal wird der Wanderer bei Bad Kösen über die Saale gebracht: der Fährmann ersetzt die Brücke.

Mehrere markierte Wanderwege berühren Eckartsberga, u. a. der rotmarkierte Finnewanderweg von Rastenberg nach Weißenfels (68 km).

Etwa 500 m vor dem Ortseingang des östlich an der B 87 gelegenen Hassenhausen bezeichnet ein von Bäumen umgebenes Denkmal die Stelle, an der damals der Feldherr fiel. Im Dorf selbst erinnert ein Kriegerdenkmal an alle Gefallenen, und in der Hauswand des Gebäudes gegenüber der Gaststätte stecken noch einige Kanonenkugeln aus der Schlacht von 1806.

ⓘ Eckartsberga-Information, Markt, 06648 Eckartsberga, Tel. 03 44 67/5 04.

Besonderheiten der Natur

Pflanzen Sowohl Buntsandstein als auch Kalk bilden den Untergrund; entsprechend große Vielfalt zeigt die Pflanzendecke. In den Mischwäldern auf Buntsandstein gedeihen als Unterwuchs Waldklee, Pechnelken und der hohe Weiße Diptam in beachtlichen Beständen. An den Hängen wachsen Sträucher wie Liguster, Schlehen und Wildbirnen. Dazwischen gibt es Steppenheiden mit seltenen Blumen wie Nacktstengel-Schwertlilie, Stengelloser Tragant und Violette Königskerze. Die lichten Wälder auf Kalkboden enthalten in der Krautschicht vor allem Maiglöckchen, Echte Sternmiere und Kleines Immergrün. Hangwärts geht der Wald in Strauchvegetation über: Zu Weißdorn, Rotem Hartriegel und Echter Zwergmispel gesellen sich wärmeliebende Arten wie Echter Steinsame, Schwarze Platterbse und Gemeine Weißwurz. Auf Felsschutt fallen Gefranster Enzian, Gewöhnliches Sonnenröschen (Bild) und zahlreiche Orchideenarten auf.
Tiere Besonders artenreich präsentiert sich die Vogelwelt. In den Gebüschen brüten Feldschwirl und Sperbergrasmücke, auf sandigen Böden die Heidelerche. In den Wäldern hört man Spechte hämmern. Hier leben auch Habichte sowie Rot- und Schwarzmilane.

Naturpark Unteres Saaletal

Auch an ihrem landschaftlich harmonischeren Unterlauf hat die Saale manchen reizvollen Abschnitt vorzuweisen. Ihre friedlichen Auen, stillen Seitentäler und die eindrucksvollen Felshänge begeistern nicht nur Naturfreunde, sondern einfach jeden, der sich nach Ruhe und Entspannung sehnt.

❶ **Saaledurchbruch** Landschaftlicher Höhepunkt des Naturparks ist das Durchbruchstal der Saale durch die Halle-Hettstedter Gebirgsbrücke. Zwischen Friedeburg und Könnern hat sich der Fluß tief in das etwa 300 Mio. Jahre alte Gestein eingeschnitten. Dem Wanderer oder Benutzer der Rothenburger Autofähre zeigen sich die quarzreichen Sedimente als leuchtendrote Felsbänke beiderseits des Flusses. An den Hängen gedeiht eine reiche Trocken- und Halbtrockenrasen-Vegetation mit typischen Pflanzenarten wie Zwergmispel, Weinrose, Graslilie, Mauerpfeffer und Federgras.

Der Ausblick über das Saaletal von den Steilhängen bei Rothenburg lohnt die Mühen des kurzen Aufstiegs. Damit läßt sich ein Besuch der 961 erstmals erwähnten Sputinesburg verbinden. Von der slawischen Anlage sind nur Ringwälle erhalten. Hier steht auch die Schiffahrtssäule mit der Wetterfahne, die einst hilfreiche Orientierung beim Navigieren auf der Saale war.

Wanderwege führen von Rothenburg am Fluß entlang, durch kleine Seitentäler und oberhalb der Hänge in nördliche und südliche Richtung. Eine Wanderung nach Nelben und zurück (etwa 9 km) sollte man mit einem Abstecher in das Naturschutzgebiet Teufelsgrund verbinden. Das Naturschutzgebiet Zickeritzer Busch am gegenüberliegenden westlichen Saalehang vermittelt mit Winterlinden, Traubeneichen und Hainbuchen eine Vorstellung vom ursprünglichen Aussehen dieser Region.

Ein 5 km langer Rundweg führt durch den Rothenburger Nußgrund mit einer Skisprungschanze und alten Walnußbäumen sowie durch den Tannengrund. Weiter entfernte Ziele sind Dobis (5 km), die Saalehänge, ein Saale-Altarm und die Weiße Wand, ein interessanter geologischer Aufschluß, oder auch Wettin (12 km, siehe ❹).

❷ **Schloß Friedeburg** Unmittelbar am Fluß liegt Friedeburg. Das weithin sichtbare Renaissanceschloß wurde durch spätere Um- und Anbauten zwar verändert, doch mit seinen Treppentürmen und Erkern ist es recht ansehnlich. Der Dichter Friedrich Gottlieb Klopstock verbrachte hier auf dem Amtsgut einige glückliche Kinderjahre. Heute ist im Schloß das Landesamt für Bodendenkmalpflege untergebracht.

Unterhalb des Schlosses mündet die Schlenze in die Saale. Auf dem nahen Galgenberg wurden germanische Gräber entdeckt.

Im Lauf von Jahrmillionen hat sich die Saale tief in die harte Felsschwelle bei Rothenburg eingeschnitten und dieses Durchbruchstal geschaffen. Die steilen Felshänge bergen eine ungewöhnliche Trockenflora.

Besonderheiten der Natur

Pflanzen Auf den vielen verschiedenen Boden- und Gesteinsarten findet sich eine artenreiche Flora. Experten schätzen, daß an die 1000 Arten höherer Pflanzen hier wachsen. Auf Porphyr, Muschelkalk und Kalksandstein sind die wertvollsten Lebensgemeinschaften des Naturparks zu entdecken: die Felsfluren, die Trocken- und die Halbtrockenrasen. Neben seltenen Gräsern gedeihen dort Stengelloser Tragant und Zottiger Spitzkiel, beide mit gelben Schmetterlingsblüten und äußerst rar. Auch die Astlose Graslilie, der Körnchensteinbrech und der würzig duftende Feldthymian (Bild) verdienen Erwähnung. Im Mai/Juni färben die Blüten des Österreichischen Leins ganze Hänge himmelblau.

Tiere Die bunte Flora findet ihre Entsprechung in einer reichen Fauna. Über 500 verschiedene Arten von Großschmetterlingen leben hier, darunter Schönheiten wie der Schwalbenschwanz, ferner fast 200 Wildbienen-, Hunderte von Käfer- und Dutzende von Schneckenarten. Unter den fast 100 Vogelarten fallen Sperbergrasmücke, Rebhuhn und Rotmilan auf. Als Vertreter der Säuger sei das elegante Mauswiesel genannt.

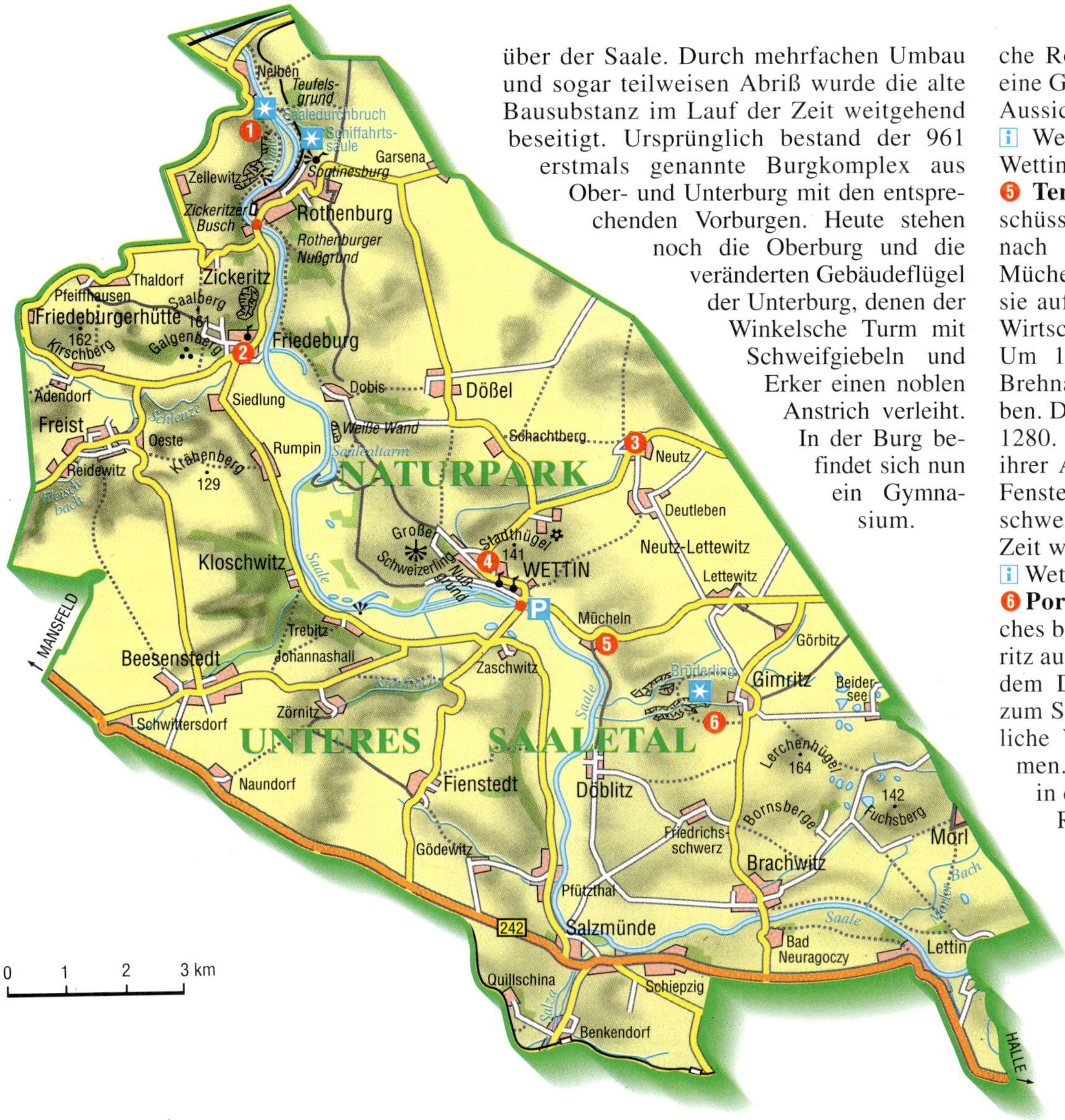

Auf Wanderwegen durch typische Streuobstwiesen kann man interessante Vögel wie den Wiedehopf beobachten.

❸ **Neutz** Alte Gehöfte, geschart um eine kleine, einschiffige Dorfkirche – so präsentieren sich die Dörfer an den Talhängen der Saale und auf den Hochflächen. Wohl die bedeutendste Dorfkirche dieser Art steht in Neutz. An dem gut erhaltenen Bruchsteinmauerwerk haben die Jahrhunderte keine Spuren hinterlassen. Bereits um 1180 wurde der Bau errichtet und blieb nahezu unverändert in seiner romanischen Gestalt: Schallarkaden, halbkreisförmige Apsis und ein prächtiges Rundbogenportal an der Südseite (Besichtigung nur nach Voranmeldung im Pfarramt, Tel. 03 46 07/4 34).

❹ **Wettin** Das Stammschloß des Herrschergeschlechts der Wettiner, die bis 1918 als sächsische Könige regierten, läßt nur noch wenig ahnen von der einst ausgedehnten Burganlage auf dem steilen Porphyrfelsen über der Saale. Durch mehrfachen Umbau und sogar teilweisen Abriß wurde die alte Bausubstanz im Lauf der Zeit weitgehend beseitigt. Ursprünglich bestand der 961 erstmals genannte Burgkomplex aus Ober- und Unterburg mit den entsprechenden Vorburgen. Heute stehen noch die Oberburg und die veränderten Gebäudeflügel der Unterburg, denen der Winkelsche Turm mit Schweifgiebeln und Erker einen noblen Anstrich verleiht. In der Burg befindet sich nun ein Gymnasium.

Zu Füßen des Burgberges stehen einfache Schifferhäuser. Oberhalb des steil ansteigenden Marktplatzes prunkt der schöne, turmgeschmückte Renaissancebau (1660) des Rathauses; die nahe gelegene, spätgotische Nikolaikirche besitzt einen im Kern romanischen Turm mit Renaissancegiebeln.

Eine erholsame Rundwanderung (5 km, Markierung: Turm auf einem Hügel) führt vom Parkplatz an der Fähre Wettin aus durch ein Trockental, den Nußgrund, zum Großen Schweizerling, von dessen Aussichtsturm man einen herrlichen, weiten Blick hat. Zurück nach Wettin geht es auf einem Panoramaweg.

Auch am Saale-Altarm gegenüber Rumpin führt ein schöner Weg entlang. Zahlreiche Rotmilane kreisen über der Saaleaue; eine Graureiherkolonie kann man von einer Aussichtsplattform bei Trebitz beobachten.

ℹ Wettin-Information, Burgstr. 4, 06198 Wettin, Tel. 03 46 07/3 20.

❺ **Templerkirche Mücheln** Wer die abschüssige Straße von Lettewitz ins Saaletal nach Wettin fährt, wird im Dörfchen Mücheln kaum die Kirche wahrnehmen, da sie auf dem abseitigen Areal des einstigen Wirtschaftshofs der Wettiner Grafen steht. Um 1240 hatte Dietrich I. von Wettin-Brehna das Gut dem Templerorden übergeben. Die Templer errichteten die Kirche um 1280. Sie ist eine der wenigen erhaltenen ihrer Art und zeichnet sich durch schmale Fenster zwischen Strebepfeilern und geschweifte Renaissancegiebelchen aus. Zur Zeit wird das elegante Bauwerk restauriert.

ℹ Wettin-Information, siehe ❹.

❻ **Porphyrlandschaft** Nichts Ungewöhnliches bietet die Porphyrhochfläche um Gimritz auf den ersten Blick. Doch wer sich von dem Dörfchen in südwestlicher Richtung zum Saaletal hinwendet, wird eine erstaunliche Wandlung der Landschaft wahrnehmen. Sanfte Senken werden zu Gründen, in denen Bäche der Saale zufließen. Die Rasenhänge werden steiler und enden in dunklen Porphyrfelsformationen. Man findet die verschiedensten Biotope: von Felsflurengesellschaften über Trocken- und Halbtrockenrasen bis zu Staudenfluren entlang den Bachufern.

Ein 4 km langer, in Gimritz ausgewiesener Rundweg erschließt das Naturschutzgebiet. Wälle verraten eine alte slawische Spornburg, die 1020 erwähnt wird und heute Brüderling heißt.

Eine ungewöhnliche Landschaft zieht den Besucher bei Gimritz in ihren Bann: Senkrecht abfallende Porphyrwände überragen teils wassergefüllte, teils trockene Senken.

Naturpark Dübener Heide

Immer mehr Erholungsuchende finden den Weg in die herrlichen Buchen- und Kiefernwälder, zu den eingestreuten Teichen und den großen, aus einstigen Braunkohlengruben entstandenen Wasserflächen der Dübener Heide. In dieser Landschaft hat das Wappentier des Naturparks überlebt: der Elbebiber.

Von Menschenhand geschaffen, sind die riesigen, wassergefüllten Löcher der ehem. Kohlengruben heute Teil der Kulturlandschaft. Wie der Bergwitzsee sind viele der Gewässer Erholungsgebiete geworden.

❶ **Bergwitzsee** Braunkohlentagebau verändert eine Landschaft nachhaltig und selten zu ihren Gunsten. Doch das Restloch am südlichen Ortsrand von Bergwitz, das ab Mitte der 50er Jahre zum See wurde, präsentiert sich heute als 150 ha große Wasserfläche mit bewaldeten Ufern, die ihre künstliche Entstehung nahezu vergessen läßt. Segler, Ruderer und Surfer finden hier ausgezeichnete Bedingungen, und das klare Wasser lockt jährlich Tausende Badegäste – auch FKK-Anhänger – und Tauchsportler an. Eine Tauch- und Segelschule hält Kurse ab, Druckkammer, Sauna und Solarium sind vorhanden; es gibt außerdem einen Campingplatz und Angebote für Reiterferien und Kutschfahrten.

Ein Naturlehrgarten und ein 3 km langer Naturlehrpfad befinden sich in der Nähe des Campingplatzes. Von diesem Ausgangspunkt führen markierte Wege rund um den See und durch die Heide, so der Försterweg (bis Doberschütz, Markierung gelber Balken) oder der Heideringweg (Markierung roter Punkt).

ℹ Verwaltungsgemeinschaft Bergwitzsee, Friedhofweg 1, 06773 Bergwitz, Tel. 03 49 21/82 92 und 82 02.

❷ **Kemberg** Der Ort ist bis heute ein stilles Ackerbürgerstädtchen geblieben. Die durch ungünstige Verkehrslage ausgebliebene Industrialisierung ist Grund dafür, daß es sein ursprüngliches Gefüge bewahrte. Den dreieckigen, kopfsteingepflasterten Markt säumen bescheidene Bürgerhäuser aus dem 18. und 19. Jh. sowie das Rathaus (15. Jh.), dem zwei Maßwerkgiebel und die Renaissancefassade ein stattliches Aussehen verleihen. Eine kursächsische Postmeilensäule vervollständigt das von der Marienkirche und ihrem mächtigen Turm überragte Ensemble. Der Innenraum des renovierten Gotteshauses besitzt reiche Sterngewölbe und sehenswerte Ausstattungsstücke, unter denen der Flügelaltar von Lucas Cranach d. J. hervorzuheben ist.

Die einst die Stadt schützende Mauer aus alten Ziegeln und Findlingen ist in großen Teilen erhalten. Sie umschloß auch den Friedhof, so daß zunehmender Platzmangel die Bestattung in mehreren Tiefenlagen erforderte.

ℹ Stadtverwaltung, Markt 1, 06901 Kemberg, Tel. 03 49 21/2 04.

❸ **Gniester Seen** Die hügelige Moränenlandschaft südwestlich von Kemberg trägt wegen ihrer sanften Erhebungen, Buchen- und Kiefernwälder, wiesenbedeckten Senken und stillen Wasserflächen den Namen Gniester Schweiz. Einst waren hier Braunkohle und Ton abgebaut worden, doch seit der Jahrhundertwende verwandelten sich die aufgelassenen Gruben in paradiesische Seen. Am Königssee befindet sich ein Campingplatz. Nicht weit ist es zum Langen See, der als Angelgewässer mit Fischreichtum und Anglerheim die Petrijünger lockt.

Eine schöne Wanderung führt durch die Wälder in südlicher Richtung (Markierung grüne Raute) zum Ochsenkopf mit *Waldschenke* inmitten der Heide; nicht weit ist es auch durch das Dörfchen oder die Kolonie Gniest zum Friedrichssee (Camping).

ℹ Campingplatz Königssee, 06773 Uthausen, Tel. 03 49 21/5 89.

❹ **Gräfenhainichen** Der beschauliche Ort wurde 1285 erstmals urkundlich erwähnt. Ihren stillen Charme als einstige Ackerbürgerstadt hat sich das „Tor zur Dübener Heide" bis heute bewahrt. Von der ursprünglichen Bausubstanz blieben nur wenige Reste erhalten, da die Stadt und das Schloß 1637 von den Schweden zerstört wurden. Dazu gehören die beiden Tortürme aus dem 14. und 15. Jh. sowie Teile der Stadtmauer. Ein hübscher Bau ist das Rathaus (1696). Die ehem. spätgotische, nach dem 30jährigen Krieg barock wiedererstandene Marienkirche erhielt ihren Turm erst 1866. Mit einer klassizistischen Kapelle und einer lebensgroßen Statue gedenkt man

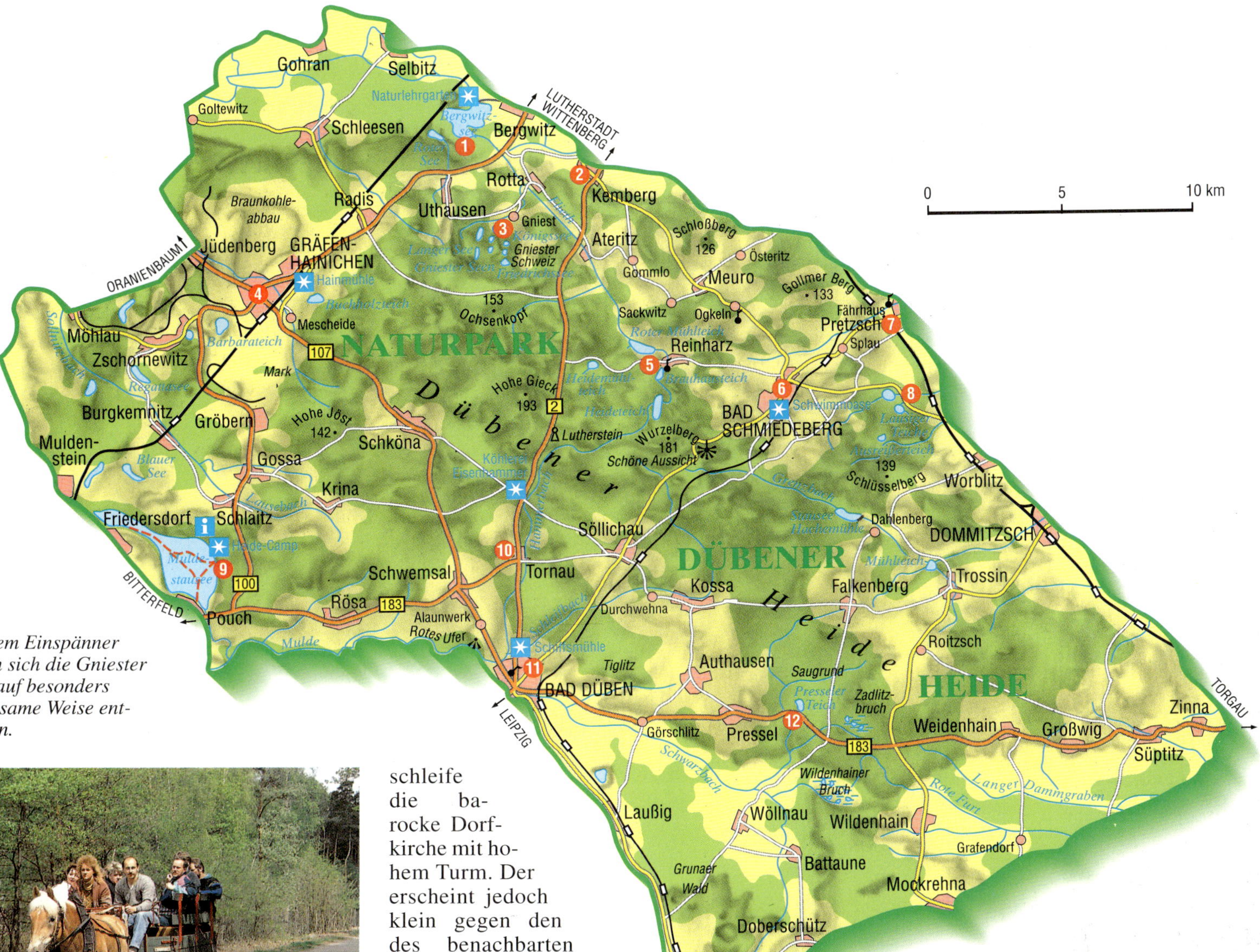

Mit dem Einspänner lassen sich die Gniester Seen auf besonders geruhsame Weise entdecken.

des berühmten Sohnes der Stadt: Der Dichter evangelischer Kirchenlieder, Paul Gerhardt, wurde am 12. März 1607 hier geboren. Ein weiteres Denkmal erinnert an den Astronomen Johann Gottfried Galle, der 1846 den Planeten Neptun entdeckte. An der Hainmühle beginnt ein ornithologischer Naturlehrpfad zum Buchholzteich (etwa 2 km). Eine große Zahl von Hügelgräbern aus der Jungsteinzeit liegt etwa 3 km südöstlich der Stadt.

ℹ Stadtinformation, Markt 1, 06773 Gräfenhainichen, Tel. 03 49 53/4 41.

❺ **Wasserschloß Reinharz** In Reinharz scheint die Welt zu Ende zu sein. Längs der holprigen Dorfstraße stehen aufgereiht kleine Häuschen, an der letzten Straßenschleife die barocke Dorfkirche mit hohem Turm. Der erscheint jedoch klein gegen den des benachbarten Schlosses, der sich 68 m hoch erhebt. Das ebenfalls recht stattliche, zur Zeit unbewohnte und nicht zu besichtigende Wasserschloß entstand 1696–1701. Einer der letzten Bewohner aus dem Grafengeschlecht der Löser nutzte den hohen Schloßturm als Sternwarte für seine wissenschaftlichen Ambitionen. Die wertvollen Instrumente gehören heute zur Sammlung des Mathematisch-Physikalischen Salons im Dresdner Zwinger.

Im Wald um das Schloß kommt der Naturfreund voll auf seine Kosten: riesige Blutbuchen, starke Eichen, Buchen und Ahorne, darunter Teppiche von Maiglöckchen und Fingerhut, Teichrosen auf den Wasserflächen, Schilf und die gelben Blüten der Wasserschwertlilien am Ufer. Es ist ein herrliches Wandern um den Brauhausteich, zum Roten Mühlteich und weiter durch die Endmoränenlandschaft zum Heidemühlteich oder dem von Heidekraut um-

Eleganter Blickfang des Wasserschlosses Reinharz ist der schlanke Turm, der einem Minister von Kurfürst August dem Starken einst als Sternwarte diente.

gebenen Heideteich. Auch der Heideringweg (Markierung roter Punkt) berührt Reinharz.

6 Bad Schmiedeberg Um sein Rheumaleiden zu lindern, soll um 1870 ein Arbeiter aus einem nahen Eisenvitriolwerk im warmen Moorschlamm gebadet und sich dabei immer besser gefühlt haben. Nur acht Jahre später eröffneten die Stadtväter von Schmiedeberg den Badebetrieb. Im Jahr 1904 entschloß man sich zum Bau des neuen Kurhauses. Das inzwischen vorbildlich restaurierte Gebäude überrascht den Besucher mit vielen Jugendstildetails.

Ein Rundgang durch das von flämischen Einwanderern im 12. Jh. gegründete Städtchen macht mit einigen sehenswerten Gebäuden bekannt. Das Au-Tor (1490) und die spätgotische Stadtkirche verkörpern älteste Stadtgeschichte, das frühbarocke Rathaus (1648) am Markt weist wie auch einige Bürgerhäuser prächtige Portale auf.

Über den Heideringweg erreicht man die *Schöne Aussicht* (Gaststätte, Aussichtsturm in der Nähe des Wurzelberges), über die auch der Heidekammweg (Markierung grünes Dreieck) führt. Außerdem werden Kutschfahrten, Reittouristik, Wurftaubenschießen, Tennis und manches mehr angeboten; die *Schwimmoase Basso*, ein Freizeitbad mit Kuppelhalle, hält verschiedene Schwimmbecken, einen Wasserfall und eine 80 m lange Riesenrutsche bereit.

Besonderheiten der Natur

Pflanzen In den Kiefernwäldern des waldreichen Gebietes kommen seltene Pflanzen wie Berg- und Königsfarn, Salbei-Gamander und Herzynisches Labkraut vor. Die Buchenwälder bergen an Besonderheiten den Rippenfarn, den Bergholunder und an feuchten Stellen den Sumpfporst. Auf Feuchtwiesen entdeckt man Arnika, Rundblättrigen Sonnentau und Blutauge, an Teichrändern die Drachenwurz Calla. Küchenschelle, Ähriger Ehrenpreis und Gelbe Skabiose gedeihen auf Trockenrasen im Westteil der Dübener Heide.

Tiere Die einzige in Deutschland heimische Schildkröte kommt hier noch vor: die streng geschützte Europäische Sumpfschildkröte. Mit ihrem dunkel gefärbten Panzer, der eine Länge von 30 cm erreichen kann, ist sie in sumpfigen Gewässern gut getarnt. Sie ernährt sich vorwiegend von wirbellosen Tieren, Amphibien und kleinen Fischen.

Nicht zu übersehen sind die auf Feuchtgebiete angewiesenen Vogelarten wie Seeadler, Schwarzstorch und Kranich. Die auffälligsten Spuren hinterläßt jedoch ein besonderes Nagetier: bis zu 70 m lange und bis zu 2 m hohe Dämme sind das Werk des Bibers (Bild), der in Bächen und Teichen der Dübener Heide seine Burgen baut. Saubere Bäche sind die Heimat bedrohter Fische wie Bachneunauge und Schmerle.

i Fremdenverkehrsbüro Dübener Heide, Leipziger Str. 72, 06905 Bad Schmiedeberg, Tel. 03 49 25/7 02 95.

7 Pretzsch Auf einem alten Prallhang der Elbe liegt die Stadt am östlichen Rand des Naturparks. An dieser strategisch bedeutenden Stelle beschützte schon im 10. Jh. eine Burg den Stromübergang. Der später folgende, stattliche Renaissancebau (1571–74) ist heute Kinderheim und Schule. Der Schloßpark trägt die Handschrift des großen Baumeisters des Dresdner Barock, Matthäus Daniel Pöppelmann, ebenso der plastische Schmuck sowie die Kavaliershäuser. Die nahe Stadtkirche St. Nikolaus verdankt ihm den barocken Turm, unter dem sich die kleinen Häuser um den dreieckigen Marktplatz drängen.

Einen schönen Blick auf Elbaue und Schloß bietet das Fährhaus (Autofähre), zu dem man durch die Wiesen wandern kann. Rad- und Rundwanderwege sind vorhanden, weitere sind im Entstehen. Der mit einem grünen Balken markierte Reinharzer Weg verspricht Wandervergnügen zum Wasserschloß gleichen Namens (siehe 5).

i Fremdenverkehrsverein, Goetheallee 3, 06909 Pretzsch, Tel. 03 49 26/3 07.

8 Lausiger Teiche Ein reizvolles Stück Heidelandschaft wurde von der Saale-Eiszeit um Bad Schmiedeberg geformt. Das abwechslungsreiche Relief wird von kiefernbestandenen Höhenrücken und langgestreckten Senken bestimmt, die östlich zur Elbaue abfallen. Dämme und Schleusen stauen die Zuflüsse zu Teichen, deren größte die Lausiger Teiche mit etwa 25 ha Ausdehnung sind. Ein Campingplatz liegt am größeren der beiden. Baden sollte man nur in seiner Nähe, denn ansonsten sind die Wasserfläche und ihre Uferzonen als Naturschutzgebiet ausgewiesen. Zu Recht, denn Wildenten, Taucher und Bläßhühner, Frösche und Kröten haben hier ihren Lebens-

Seinem Namen alle Ehre macht das Rote Ufer bei Bad Düben: Rot leuchtet der Abraum aus den Alaungruben, der hier zu mächtigen Halden aufgeschüttet wurde.

raum. Störche, Kraniche und Gänse kreisen zuweilen über den Teichen, und in der Dämmerung sieht man mit etwas Glück auch einen Biber. Röhricht, Eichen und Erlen säumen die Ufer, sandige Höhen sind mit Ginster, Heidekraut, Birken und Kiefern bestanden. Herrliche Wanderwege führen südwärts durch die bewaldeten Moränenhügel zum Ausreißerteich (ebenfalls ein Naturschutzgebiet) und – vorbei am 139 m hohen Schlüsselberg – zum Stausee Hachemühle (6 km). Der Campingplatz (Vermittlung von Kutschfahrten u. ä.) liegt an der Verbindungsstraße von der B 182 nach Bad Schmiedeberg.
ℹ Campingplatz Lausiger Teiche, 06905 Bad Schmiedeberg, Tel. 03 49 26/4 75.
❾ **Muldestausee** Landkarten zu Beginn der 70er Jahre verzeichnen den Verlauf des Muldeflusses noch in seinem alten Bett südwestlich von Pouch und Friedersdorf. Inzwischen klafft dort die riesige Grube eines Braunkohlentagebaus, und der umgeleitete Fluß bildet nördlich von Pouch eine nicht minder beeindruckende Wasserfläche. Am 20. April 1975 hatte das Wasser der Mulde einen aufgelassenen Tagebau zu füllen begonnen, und knapp ein Jahr später trug man in neue Kartenwerke ein: Muldestausee, Fläche 6,8 km², Länge 7 km, Tiefe 25 m, Umfang 15 km. Pouch, auf schmaler Landzunge den Baggern von beiden Seiten entkommen, ist nun Anlegeplatz des Fahrgastschiffes *Muldeperle*. Das Heidedorf Schlaitz gegenüber wurde gar Zentrum eines neuen Erholungsgebietes am Westrand der Dübener Heide. Hier entstand am Ufer des Sees das Heide-Camp mit Campingplatz, Ausflügen mit Kutsche und hoch zu Roß, Wassersport, Bootsverleih und Rundfahrten mit der *Muldeperle*. In einem Naturschutz- und Informationszentrum erfährt man auch Interessantes über den Braunkohlenabbau. Bei Wanderungen am See findet man Informationstafeln zur mittlerweile reichen Vogelwelt.
ℹ Referat Tourismus, Mittelstr. 20, 06749 Bitterfeld, Tel. 0 34 93/34 10.
❿ **Tornau** Am südlichen Ende des kleinen Ortes Tornau erblickt man im Hammerbachtal unmittelbar neben der B 2 zwei Biberfiguren. Die Wappentiere des Naturparks nagen symbolisch an der Grenzsäule zwischen Sachsen und Sachsen-Anhalt – eine originelle Art, den länderübergreifenden Naturparkgedanken auszudrücken. Etwa 3 km nördlich von Tornau säumen die wenigen Häuser des Ortsteils Eisenhammer die B 2. Noch etwas weiter ist man mitten in der Heide mit Köhlerei, Lutherstein, Biberburg und Wanderwegen.

Die Köhlerei Eisenhammer ist die letzte ihrer Art in der Heide. Qualmt es auch statt aus Erdmeilern nur noch aus dickbauchigen Stahlretorten, so kann man sich dennoch eines Anflugs von Romantik nicht entziehen. Dicht hinter der Köhlerei liegt ein mächtiger Findling an der Straße (Parkplatz). Gegenüber von diesem sog. Lutherstein führt der Försterweg (Markierung gelber Balken) nach 500 m an der Biberburg vorbei. Von einem Hochsitz (bitte nur von hier!) ist das Reich des Elbebibers zu überschauen.
⓫ **Bad Düben** Der Name Düben, dem auch die Heide ihre Bezeichnung verdankt, taucht erstmals 981 im Zusammenhang mit einer Sumpfburg auf einer bronzezeitlichen Wallanlage auf. Das Prädikat „Bad" geht auf das Jahr 1948 zurück.

Viel blieb von der mittelalterlichen Burganlage, der Keimzelle der Stadt, nach zahlreichen Zerstörungen nicht erhalten. Dennoch ist die 1000jährige Burg in mehrfacher Hinsicht äußerst sehenswert. Im Lug ins Land und im Amtshaus (1710) ist das Landschaftsmuseum der Dübener Heide untergebracht (Volkskunde, Heidehandwerk u. a., täglich außer Mo geöffnet), im Burggarten steht die letzte Schiffsmühle Deutschlands, eine Art schwimmendes Mahlwerk.

Im Ortsteil Alaunwerk geht man durch lichten Birken- und Robinienwald hinaus zum Roten Ufer, einem etwa 10 m hohen Steilhang aus Alaunerde an der Mulde. Von dieser ehem. Abraumhalde hat man einen schönen Ausblick in die Muldelandschaft.
ℹ Städtisches Fremdenverkehrsamt, Markt 11, 04849 Bad Düben, Tel. 03 42 43/7 22 30.
⓬ **Presseler Teich** Unmittelbar an der B 183 von Bad Düben nach Torgau passiert man kurz hinter dem Ort Pressel diesen großen Teich. Nicht nur für die beiden Städte ist der reizvoll gelegene See zum beliebten Erholungsgebiet geworden. An seinem Westufer liegt ein Campingplatz, und das Feriendorf Neumühle direkt gegenüber der Straße bietet sich als Quartier und Ausgangspunkt für Wanderungen an. Das den östlichen und nördlichen Teil des Sees umfassende Naturschutzgebiet Saugrund ist Lebensraum für seltene Tiere und Pflanzen. Viele Vogelarten leben im Schilf und dem angrenzenden Wald; auch der Biber findet in den sumpfigen Bruchgebieten ideale Lebensbedingungen. Durch das ausgedehnte Wald- und Bruchgebiet ringsum führen markierte Wanderwege.
ℹ Gemeindeverwaltung, Hinterhäuser 23, 04849 Pressel, Tel. 03 42 43/2 61 20.

An die Tage, als noch vielerorts in der Heide rauchende Meiler standen, erinnert die Köhlerei bei Eisenhammer.

Im Mittelpunkt des Naturparks liegt der 181 m hohe Wurzelberg mit Gaststätte und Aussichtsturm „Schöne Aussicht".

18 Von der Lausitz an die Oder

Stille Schönheiten in Brandenburg

Im Land südlich und östlich Berlins wechseln karge, aber botanisch um so reichere Heiden mit bewaldeten Hügeln, zwischen denen sich klare Bäche winden und verträumte Seen ausdehnen. Die bedrängte Natur kann sich oft noch behaupten – so wie hier in der einzigartigen Auenlandschaft der unteren Oder.

Von der Lausitz an die Oder

Dünenartige Sandflächen mit schütterer Vegetation sind im Norden des Naturparks anzutreffen.

Naturpark Niederlausitzer Heidelandschaft

Größe: 480 km², gegründet 1991 (Planungsbeginn).

Im Südwesten Brandenburgs umfaßt der Naturpark das Gebiet östlich und nördlich der Schwarzen Elster sowie beiderseits der Kleinen Elster.

In unmittelbarer Nachbarschaft einer Region gelegen, die in starkem Maß durch den Braunkohlentagebau überformt und verändert worden ist, überrascht der Park durch seine naturnahen Landschaften. Seinen Kern bilden die Niederlausitzer Randhügel, an die sich im Süden die markant abgesetzte, breite Niederung der Schwarzen Elster anschließt. Das Nebeneinander von höher gelegenen, trockenen Sanderplatten und feuchten Niederungen ist charakteristisch für dieses wenig bekannte Gebiet.

Das Hügelland besteht aus Altmoränen der vorletzten Eiszeit, der Saale-Eiszeit. Die Eismassen haben hier ein ganzes System von Moränenwällen abgelagert. Durch diese Moränenlandschaft haben sich später die Schmelzwasserströme in einem mehrere Kilometer breiten Urstromtal ihren Weg gebahnt und eine von Osten nach Westen verlaufende Einsenkung geschaffen, durch die heute die Schwarze Elster fließt.

Im Norden des Naturparks überwiegen sandige Flächen. Sie verdanken ihre Entstehung großen Schmelzwasserströmen, die nach der jüngsten Eiszeit gewaltige Sandmassen zurückließen. Wie in der sandigen Altmoränenlandschaft sind auch die Böden in der Niederlausitzer Randhügeln wenig ertragreich. Deshalb spielt die Landwirtschaft nur eine untergeordnete Rolle. Dafür treten hier ausgedehnte Kiefernwälder in den Vordergrund, teilweise durchsetzt von Traubeneichen.

Zur Vielfalt natürlicher Lebensräume tragen auch die Feuchtgebiete in den Niederungen der Schwarzen Elster und ihres Nebenflusses, der Kleinen Elster, bei. Diese von zahlreichen Altwässern, Mooren und Feuchtwiesen geprägten Gebiete sind Standorte einer interessanten Flora mit Arten wie Wassernuß, Schwanenblume, Sonnentau und verschiedenen Knabenkräutern.

Die Flußniederungen der Schwarzen und Kleinen Elster sind auch Lebensraum einer artenreichen Tierwelt. Selbst Biber und Fischotter haben in den urwüchsigen Auen ein Refugium gefunden. Zahlreiche Vogelarten nutzen dieses Gebiet als Brut- oder Rastplatz. Nicht nur Kraniche, sondern sogar Fisch- und Seeadler kann man gelegentlich beobachten. Auch bedrohte Arten wie Schwarzstorch, Wiedehopf und Ziegenmelker leben hier, und in einem einzigen Naturschutzgebiet wurden 350 Schmetterlingsarten nachgewiesen.

Ein „Problemkind" im Naturpark ist der ehem. Truppenübungsplatz bei Bad Liebenwerda. Landschaftspflegerische Maßnahmen größeren Stils werden erforderlich sein, um die biologisch überaus wertvollen Heideflächen vor der Verbuschung zu bewahren.

i Naturparkverwaltung Niederlausitzer Heidelandschaft, Elstermühle, 04928 Plessa.

Der klagende Ruf des Waldkauzes – hier zwei Jungvögel – ist in der Märkischen Schweiz auch heute noch zu vernehmen.

Naturpark Märkische Schweiz

Größe: 205 km², gegründet 1990.

Der Naturpark liegt im Osten Brandenburgs zwischen Berlin und der Oder. Den Kern bildet eine bewegte Hügellandschaft, das Buckower Wald- und Seengebiet. Geformt wurde die Landschaft durch die Gletscher der letzten Eiszeit, die im sog. Frankfurter Stadium bis hierher vordrangen und girlandenförmig angeordnete Endmoränenwälle und -hügel bei ihrem Abschmelzen zurückließen.

In diese Hügellandschaft eingebettet sind zahlreiche Seen, darunter der bekannte, bis zu 45 m tiefe Schermützelsee. Die übrigen Seen sind flacher. Einige sind bereits stark verlandet und von breiten Schilfgürteln umgeben oder auch vermoort.

Zu den besonders schützenswerten Bereichen gehört das Tal des Stobbers mit seinen Feuchtwiesen und den Auwaldresten im Roten Luch. Im Bach selbst sind noch einige selten gewordene Fischarten heimisch. Aber nicht nur Feuchtgebiete prägen das Bild der Landschaft, sondern auf sandigem Untergrund in höheren Lagen auch Trockenrasen. Ungefähr die Hälfte des Naturparks wird allerdings von Wäldern eingenommen, etliche mit einem naturnahen Baumbestand.

Der Naturpark verdankt seinen besonderen Reiz nicht zu-

An dieser Touristenstation in Buckow erhalten Wanderer Proviant und Informationen.

letzt der artenreichen Pflanzen- und Tierwelt. Zu den bemerkenswerten Tierarten gehören Fischotter, Wasserspitzmaus und Europäische Sumpfschildkröte. Besonders vielfältig vertreten ist – mit 246 vorkommenden Arten – die Vogelwelt. Das Teichgebiet am Unterlauf des Stobbers im Nordosten des Naturparks ist Rastplatz und Durchzugsgebiet für Zugvögel aus dem Norden Europas. Dort brüten zudem Kranich, Flußseeschwalbe und Beutelmeise.

Rund 9 % der Naturparkfläche wurden als besondere Entwicklungs- und Pflegezone (Schutzzone II) ausgewiesen. Der Rest ist als Erholungszone (Schutzzone III) eingestuft. Ein gut ausgebautes Wanderwegenetz erschließt von Buckow aus die Wälder und Bachtäler.

i Naturparkverwaltung Märkische Schweiz, Weinbergsweg, 15377 Buckow.

Alte Flußarme, Tümpel und Feuchtgebiete sind typisch für die Auenlandschaft der unteren Oder.

Nationalpark Unteres Odertal

Größe: 224 km², gegründet 1990 (Planungsbeginn).

Im äußersten Nordosten von Brandenburg gelegen, umfaßt der Nationalpark einen unterschiedlich breiten Geländestreifen am linken Ufer der Oder zwischen Lunow und Neurochlitz auf einer Länge von rund 60 km. Am rechten Stromufer schließt sich auf polnischer Seite ebenfalls ein Schutzgebiet an. Beide Gebiete sollen zu einem Deutsch-Polnischen Nationalpark entwickelt werden.

Der Nationalpark stellt eine der letzten naturnahen Stromauenlandschaften Mitteleuropas unter Schutz. Neben der breiten Niederung sind auch Randhänge und Seitentälchen einbezogen.

Die eigentliche Stromaue ist eine amphibische Landschaft, die von der Oder regelmäßig überschwemmt wird und von jeher nur als extensiv genutztes Weideland dient. Geschaffen wurde die breite Talsenke nicht durch die Oder, sondern von den Schmelzwasserströmen eiszeitlicher Gletscher. Wegen des geringen Gefälles reicht die Transportkraft der Oder nicht aus, um die mitgeführten Schwebstoffe bis ins Meer zu spülen. So wurden und werden sie weiträumig aufgeschüttet.

Die Oder ist längst eingedeicht, und die Überflutung der Talaue wird durch den Menschen geregelt. Bis das winterliche Hochwasser aus den künstlichen Flutungspoldern wieder abfließt, ist es April oder Mai.

Ausgedehnte Riede, Erlenbruchwälder und Schilfröhrichte bilden einen Lebensraum von unschätzbarem Wert. Selbst Biber und Fischotter finden hier noch ein weitgehend ungestörtes Dasein. Besonders artenreich ist die Vogelwelt vertreten. Sogar den Seeadler kann man sichten, aber auch manche Seltenheit wie Uferschnepfe, Rotschenkel, Großer Brachvogel, Kampfläufer, Wachtelkönig und Seggenrohrsänger. Das Gebiet ist außerdem ein bedeutender Rastplatz von Zugvögeln aus Nordeuropa. Die verschiedensten Gänse und Enten können dann in großer Zahl beobachtet werden.

Um einen wirksamen Naturschutz durchsetzen zu können, hat man den Nationalpark in Schutzzonen untergliedert. Die Zonen I und II, die als einstweilig gesicherte Naturschutzgebiete eingestuft wurden, bilden die Kernzonen. Sie umfassen die eigentliche Stromaue. Die Landwirtschaft darf hier nicht mehr intensiviert werden. Das gesamte Gebiet ist bis auf wenige Ausnahmen für den Autoverkehr gesperrt. Später soll die Natur in Zone I sich selbst überlassen werden. Lockerere Auflagen gelten für Zone III, die auch etliche Dörfer einschließt. Sie wird als Erholungsgebiet sowie für eine umweltverträgliche Landwirtschaft und Fischerei genutzt.

i Nationalparkverwaltung Unteres Odertal, Berliner Str. 143, 16294 Schwedt/Oder.

Naturpark Niederlausitzer Heidelandschaft

In weitem Bogen umgreift im Süden die Schwarze Elster dieses ausgedehnte Heidegebiet, das noch vor wenigen Jahren als Truppenübungsplatz diente. Ein Erbe des früheren Tagebaus sind viele Teiche und kleine Seen, an denen zahlreiche Wasservögel, Biber und Fischotter ideale Lebensbedingungen finden.

❶ **Doberlug-Kirchhain** Im Ortsteil Kirchhain dieser knapp außerhalb des Naturparks gelegenen Stadt blühte einst das Gerberhandwerk. Daran erinnert heute ein Weißgerbermuseum, das in der Potsdamer Straße in der Anlage einer alten Gerberei untergebracht ist.

Im anderen Ortsteil, Doberlug, gibt der imposante Backsteinbau der gotischen Klosterkirche ein Zeugnis der asketischen Strenge zisterziensischer Baukunst.

ⓘ Stadtverwaltung, Am Markt 8, 03253 Doberlug-Kirchhain, Tel. 03 53 22/25 52.

❷ **Lindena** Ungefähr in der Mitte des langgezogenen Angerdorfes liegt ein etwa 400 Jahre altes Backsteingehöft (Haus Nr. 19), dessen Bauernstube heute als Museum dient. Dafür wurde in den letzten Jahren eine vielfältige Sammlung alter Bauernmöbel, Trachten und Gebrauchsgegenstände sowie historischen landwirtschaftlichen Geräts zusammengetragen.

In einem Feuchtwiesengebiet nördlich des Dorfes suchen zahlreiche Weißstörche nach Nahrung. An einigen der kleinen Seen östlich und südöstlich von Lindena finden Erholungsuchende ruhig gelegene Badestrände.

Auch die Umgebung des nahen Rückersdorf hat sich in den letzten Jahrzehnten zu einem reizvollen Naherholungsgebiet entwickelt, das durch ein weitverzweigtes Wander- und Radwegenetz erschlossen ist. Den Ort selbst schmückt ein hübscher Park mit altem Baumbestand.

ⓘ Gemeindeverwaltung, Dorfstr. 5, 03238 Lindena, Tel. 03 53 22/28 11.

❸ **Elsterwanderweg** Eine Fülle von Entdeckungen vermittelt der mit einer Elster als Symbol gut gekennzeichnete, 35 km lange Elsterwanderweg, der von der Bahnbrücke bei Beutersitz bis zur Schradener Brücke bei Plessa durch das Naturparkgebiet führt.

Die erste, sehr reizvolle Station ist Bad Liebenwerda, dessen gesamte Innenstadt mit dem Rathaus und der gotischen Nikolaikirche unter Denkmalschutz steht. Besonders sehenswert ist das Renaissance-Wasserschloß (1568–79), das heute das Kreismuseum beherbergt.

In Elsterwerda stößt man, inmitten eines schönen Parks, auf ein Barockschloß der sächsischen Kurfürsten (1720–37), in dem derzeit eine Schule untergebracht ist.

Die unterschlächtige alte Elstermühle in Plessa, die auf das 13. Jh. zurückgeht, wurde sorgfältig restauriert und dient heute als Sitz der Naturparkverwaltung, der Naturwacht und des Fördervereins und als Informationszentrum.

ⓘ Naturparkverwaltung Niederlausitzer Heidelandschaft, Elstermühle Plessa, 04928 Plessa, Tel. 0 35 33/53 32.

❹ **Wahrenbrück** Dieser am Westufer der Schwarzen Elster gelegene Ort zählt zu den kleinsten Städten Deutschlands und wirkt wie ein großes, um den charakteristischen Anger gewachsenes Dorf. Auf einem dicht von Bäumen gesäumten Nebenarm des Flusses kann man die Natur während einer Kahnfahrt besonders intensiv erleben. Ausgangspunkt für die geruhsamen Ausflüge in den sog. Kleinen Spreewald ist eine hübsche Grünanlage mit Kleintiergehege und Voliere (Kahnfahrten Mai–September; Anmeldung täglich 11–20 Uhr, Tel. 03 53 41/9 44 24; So 14.30–15.30 Uhr Familienfahrten).

❺ **Rothsteiner Felsen** An der Straße von Wahrenbrück nach Rothstein (etwa 300 m vor dem Ortseingang) steigen rechts, von lichtem Kiefernwald umgeben, die Rothsteiner Felsen empor. Sie sind in ihrer Art einmalig in Europa, denn sie bestehen aus

In der stillen, wasserreichen Niederlausitzer Heidelandschaft (hier bei Wahrenbrück) haben zahlreiche vom Aussterben bedrohte Pflanzen und Tiere ein Refugium gefunden.

Das erst in den letzten Jahren renovierte Rathaus in Bad Liebenwerda beherrscht den Marktplatz der reizvollen Stadt.

porösem Sintergestein, das durch Bewegungen der Erdkruste aus großen Tiefen an die Oberfläche gelangt ist. Am Fuß des höchsten dieser rotbraunen Felsen (112 m) findet auf einer bühnenartigen Plattform alljährlich am zweiten Juliwochenende das Rothsteiner Felsenfest, das größte Volksfest der Umgebung, statt.

❻ **Maasdorfer Teiche** Sie liegen am südwestlichen Ortsende von Thalberg und sind beinahe vollständig in Röhricht eingebettet. Mit ihren Schilfinseln bieten sie im besonderen zahlreichen Vogelarten einen idealen Lebensraum. So haben neben vielen anderen Wasservögeln Haubentaucher, Bläßhuhn und Graureiher ein Zuhause gefunden. Der etwa 4 km lange Wanderweg rund um die Teiche führt als Lehrpfad die Besonderheiten dieses Biotops vor Augen.

❼ **Ehem. Truppenübungsplatz Hohenleipisch** Dieses weitläufige Heide-, Kiefern- und Traubeneichenwaldgelände soll einmal Kern des Naturparks werden. Noch aber ist darüber nicht endgültig entschieden. Auf jeden Fall will man das Auerwild, das hier einmal heimisch war, unter besonderen Schutz stellen. Zwischen Hohenleipisch und Friedersdorf führt ein Wanderweg (markiert mit einem weißen Quadrat und rotem Querbalken) durch das Gebiet. Gefährliche Bereiche sind eingezäunt. Im Naturschutzgebiet Loben zwischen Hohenleipisch und Gorden machen im Herbst regelmäßig die Kraniche auf ihrem Zug in den Süden Station und haben hier auch ihren Brutplatz.

❽ **Saathain** Die Attraktionen dieser knapp außerhalb des Naturparks gelegenen Gemeinde sind die hübsche, helle Fachwerkkirche aus dem 16. Jh. und der idyllische Rosengarten eines verfallenen Schlosses. In dieser frei zugänglichen barocken Anlage bieten etwa 1000 Rosenstöcke aus 100 Sorten eine unvergleichliche Blütenpracht.

❾ **Grünewalder Lauch** Im Bereich aufgelassener Kiesgruben wurde westlich von Grünewalde ein Erholungsgebiet mit zahlreichen Bademöglichkeiten angelegt.

Am Ortsausgang von Grünewalde beginnt vom Weg Welkmühle aus ein Lehrpfad zu Problemen des Naturschutzes. Hinweisschilder zeigen den kurzen Weg zu einem Gehege für vom Aussterben bedrohte Haustierrassen.

Besonderheiten der Natur

Pflanzen In den Mischwäldern gedeihen u. a. das Waldveilchen, der Wiesenwachtelweizen mit seinen bizarren Blüten und der Frauenfarn. Dort, wo die Kiefern zahlreicher werden, entdeckt man den Waldschachtelhalm (Bild), an feuchteren Standorten gar das Sumpfveilchen. In den Flachmooren setzt der Lungenenzian einen Glanzpunkt.

Tiere In lichten Baumbeständen brüten seltene Vogelarten wie Ziegenmelker und Schwarzstorch, im Nadelwald das Auerhuhn; die Feuchtbereiche bieten Großvögeln wie Kranich, See- und Fischadler einen Lebensraum. Dort ist auch eine artenreiche Amphibienwelt einschließlich der bedrohten Rotbauchunke zu finden. Als besondere Säugetiere seien Fischotter und Biber erwähnt.

Naturpark Märkische Schweiz

Die waldreiche Seen- und Hügellandschaft vor den Toren Berlins ist eine traditionsreiche Fremdenverkehrsgegend mit noch weitgehend intakter Natur. Seltene Pfanzen- und Tierarten haben hier ein sicheres Rückzugsgebiet, darunter Eisvogel, Fischotter und die Europäische Sumpfschildkröte.

❶ **Altfriedland** Schon im Oderbruch, am Rand des Barnim, liegt dieser freundliche Ort zwischen Kietzer See und Klostersee. Um die Mitte des 13. Jh. war hier ein Zisterzienserinnenkloster entstanden, das jedoch 1540 säkularisiert wurde. Erhalten geblieben sind die im 18. Jh. veränderte Feldsteinkirche und Teile des Kreuzgangs, die jetzt restauriert werden. Neben dem Kloster liegt ein einfaches, aber ansprechendes Freibad. Originell ist das 1989 wiedereröffnete *Gasthaus zur Wende*.

Der Kietzer See ist in seinem südlichen Teil ein Paradies für Angler. Das 200 ha umfassende Altfriedländer Teichgebiet dient außerdem als Durchzugsgebiet, Rast- und Brutplatz für geschützte Vogelarten wie Schwarzstorch, Seeadler und Rohrweihe. Auch zahlreiche Enten-, Gänse- und Möwenarten und seit kurzem sogar einige Eisvögel brüten hier. Flußseeschwalben mit 35–60 Brutpaaren wurden im Teichgebiet beobachtet, aber auch 10–15 Brutpaare der seltenen Beutelmeise. Bei Altfriedland wie beim südlich gelegenen Karlsdorf wurden Vogelbeobachtungskanzeln aufgestellt.

An der B 167 breitet gegenüber der Abzweigung nach Altfriedland die Napoleoneiche – auch Franzoseneiche genannt – ihre mächtigen Äste aus: Unter ihrer weiten Krone frühstückte der Korse im Frühjahr 1812 auf seinem Feldzug nach Rußland.

ℹ Fremdenverkehrsverein, Hauptstraße, 15320 Altfriedland.

❷ **Ruhlsdorfer Bruch** Im Westen des Naturparks – fast nur zu Fuß zu erreichen – verbirgt sich dieses langgezogene Naturschutzgebiet. Es umfaßt ein höchst interessantes Areal, in dem sich Gewässer in den verschiedensten Stadien der Verlandung finden, bis hin zu Trockenrasenbiotopen. Die Wiesen zeichnen sich durch eine große Artenvielfalt aus, darunter ein reiches Vorkommen an Orchideen.

Östlich davon liegt das idyllische und für die Gegend typische kleine Angerdorf Hasenholz. Seine Kirche aus der Mitte des 13. Jh. wurde ebenso aus behauenen Feldsteinen errichtet wie die meisten der Gehöfte, die seit Jahrhunderten kaum eine Veränderung erfahren haben.

❸ **Bollersdorfer Höhe** Die 83 m hohe Anhöhe über der Nordspitze des Schermützelsees (siehe ❼) bietet den wohl schönsten Blick über die angrenzende hügelige Jungmoränenlandschaft, Teile der Stadt Buckow (siehe ❽) und den See, der 54 m tiefer ruht.

Leider ist die Gaststätte auf der Höhe, von deren Terrasse man einen besonders weiten Ausblick auf die waldreiche Hügellandschaft genießen konnte, z. Zt. geschlossen. Von der Bollersdorfer Höhe abwärts ziehen sich Kehlen, tief eingeschnittene, enge Erosionsschluchten, in denen früher teilweise Braunkohle abgebaut wurde.

Südlich schließt z. B. die sog. Schwarze Kehle an. Durch den Druck des Eises wur-

Eingestreut in die Landschaft des Naturparks sind zahlreiche Seen, wie hier der Schermützelsee im Herzen der Märkischen Schweiz (siehe Seite 394).

Aufgelockert wird der waldreiche Naturpark durch offene Flächen mit lichten Gehölzinseln und Hainen (hier bei Waldsieversdorf).

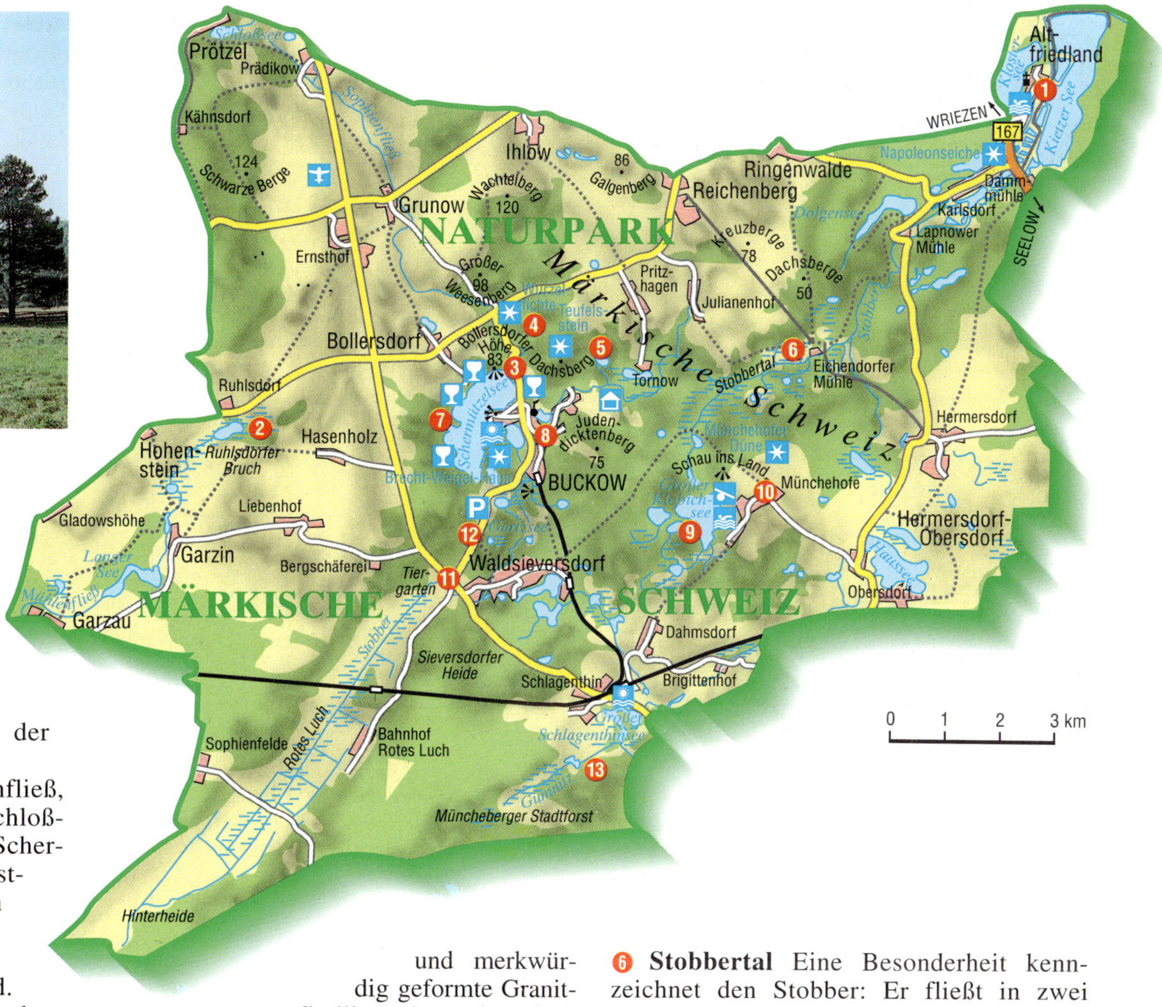

den hier Quarzsande, kohleführende Tone und Kohlenflöze emporgepreßt. In der Schwarzen Kehle mündeten auch die Stollen zur Wasserableitung und Erschließung der Kohlenschichten.

4 Wurzelfichte Entlang dem Sophienfließ, einem munteren Bächlein, das im Schloßsee bei Prötzel entspringt und in den Schermützelsee mündet, führt von der Gaststätte *Haus Tirol* nördlich von Buckow ein sehr schöner, schattiger Weg durch einen überwiegend aus Laubbäumen bestehenden Mischwald. Auf diesem Waldweg gelangt man nach knapp 2 km zur Wurzelfichte, die am Ufer des Sophienfließes auf ihren hoch aus dem Boden ragenden Wurzelarmen an eine riesige Krake erinnert. Die Wurzeln des 150 Jahre alten und 29 m hohen Baumes wurden nämlich durch die Hochwasser des gefällereichen und nach starken Niederschlägen reißenden Sophienfließes immer weiter ausgewaschen. Es ist schon fast ein Wunder, daß der mächtige Baum sich hier immer noch halten kann.

Unter dem freigelegten, weitverzweigten Wurzelwerk des Baumes sollen 20 Menschen Platz finden. Allerdings mußte die Fichte inzwischen, wegen der immer stärker zunehmenden Trittschäden, eingezäunt werden.

5 Teufelsstein am Dachsberg Auf dem Rücken eines Gletschers der Saale-Eiszeit muß der Teufelsstein wohl vor über 100 000 Jahren aus Skandinavien hierher bis unter den Gipfel des Dachsberges gekommen sein. Der 2,5 × 2 × 5 m große, gespaltene und merkwürdig geformte Granitfindling hat schon früh die Menschen zu allerlei Sagen inspiriert. Am Dachsberg selbst gibt es eine kleine Schutzhütte, und in der Wolfsschlucht, die sich von hier zum Kleinen Tornowsee hinunterzieht, lebten bis vor 200 Jahren tatsächlich noch Wölfe.

6 Stobbertal Eine Besonderheit kennzeichnet den Stobber: Er fließt in zwei Meere. Aus seinem Quellgebiet im Roten Luch, nahe der Bahnlinie nach Berlin, ergießt sich der eine Arm nach Süden und damit über Havel und Elbe in die Nordsee, ein zweiter nach Norden zur Oder und so in die Ostsee. Besonders reizvoll – und deshalb auch unter Naturschutz gestellt – ist das

Die Wurzelfichte am Ufer des Sophienfließes wurde im Lauf der Zeit so unterspült, daß das verzweigte Wurzelwerk des Baumes inzwischen fast ganz freigelegt ist.

Diese Jugendstilvilla am Schermützelsee bewohnten einst der Schriftsteller Bertolt Brecht und seine Frau Helene Weigel.

Stobbertal nordöstlich von Buckow auf 13 km Länge bis zum Kietzer See bei Altfriedland. Trotz mancher Eingriffe in der Vergangenheit ist der Fluß auf diesem Abschnitt noch weitgehend naturnah und erfreut durch sein klares Wasser, das ein Lebensraum für seltene Schnecken und Muscheln ist. Einen besonders schönen Anblick bietet im Frühling der Laubwald mit seinen blauen Leberblümchen und Gelben Windröschen. Die markierten Wege im Wald dürfen nicht verlassen werden.

Auf einem Wanderweg, der in Buckow (siehe 8) am Parkplatz An der Schule beginnt und über den Hopfenweg an den Stobber führt, geht man durch kleinere Auwälder, Schluchtwälder und Feuchtgebiete. An die Ufer grenzen auch Trockenrasenflächen. Im und am Fluß leben noch Fischotter und Biber.

Etwa auf halber Strecke der Wanderung passiert man die Eichendorfer Mühle. Dem Geschlecht von Eykendorf, das 1343 diese Mühle errichtete, entstammt der Dichter Joseph von Eichendorff (1788–1857).

Ein bemerkenswertes Programm führt die Naturparkverwaltung im Stobbertal durch: Um den Fischen wie früher die Wanderung von der Oder in den Buckow- und den Schermützelsee zu ermöglichen, werden im Fluß Fischtreppen teils restauriert, teils neu eingerichtet, die den Fischen helfen sollen, die durch die Stauwehre an den früheren Mühlenstandorten entstandenen Höhenunterschiede zu überwinden.

Solche Fischtreppen wurden u. a. an der Dammühle, der Lapnower und der Eichendorfer Mühle gebaut. Eine dieser flachansteigenden Rampen ist in Buckow (siehe 8) an der Hauptstraße neben dem Kino zu besichtigen. Sie überwindet einen Höhenunterschied von 1,6 m. Nutznießer dieser aus Natursteinen aufgeschichteten Treppe sind neben Hecht, Aal, Plötze und Döbel auch die geschützten Fischarten Bitterling, Steinbeißer und Schmerle.

7 **Schermützelsee** Schon zur Bronzezeit waren die Ufer des Schermützelsees besiedelt. Im Seegrund, der stellenweise 19 m unter Meereshöhe liegt, fand man Reste von Pfahlbauten.

Den mit 146 ha Fläche größten See der Märkischen Schweiz kann man auf mehrere Arten kennenlernen. Erste Möglichkeit ist der mit einem grünen Punkt markierte, 7,5 km lange Rundweg, der von der Buckower Hauptstraße zunächst zum Brecht-Weigel-Haus und dann weiter, zumeist durch schönen Mischwald, um die südliche Seespitze herum und an den Gasthäusern *Fischerkehle* und *Buchenfried* vorbei zum Westufer führt. Dort geht es unterhalb der Bollersdorfer Höhe zum *Haus Tirol* und schließlich zurück nach Buckow.

Die zweite Möglichkeit bietet das Rundfahrtschiff *Scherri*, das von seiner Anlegestelle an der Wriezener Straße in Buckow mit Zwischenhalt an den Gaststätten *Fischerkehle* und *Buchenfried* den See befährt und so eine Kombination von Wanderung und Schiffsfahrt ermöglicht.

Und schließlich bietet sich noch die Gelegenheit, den See im Strandbad Buckow kennenzulernen. Angler können den Fischreichtum sowohl vom Ufer als auch vom Boot aus nutzen. Hauptfischarten sind Plötze, Rotfeder, Brachse, Karpfen, Barsch und Aal.

i Fremdenverkehrsamt Märkische Schweiz, Wriezener Str. 1a, 15377 Buckow, Tel. 03 34 33/3 71.

8 **Buckow** Den besonderen Reiz der Stadt macht ihre Lage zwischen drei Seen aus – Schermützel-, Buckow- und Griepensee – umgeben von dichtbewaldeten Höhen. Eine Vielzahl von Wanderwegen führt von hier aus in alle Himmelsrichtungen. Buckow war und ist der zentrale Ort für einen Besuch in der Märkischen Schweiz.

Bald nach dem Bau der Bahnlinie Berlin–Müncheberg (1865) und der Stichstrecke nach Buckow (1897) wurde das Städtchen eine beliebte Sommerfrische für die Berliner. In den 20er Jahren war es der größte märkische Kur- und Badeort. Die berühmtesten Wahl-Buckower waren ab 1952 Bert Brecht und Helene Weigel, die eine Jugendstilvilla unmittelbar am Ufer des Schermützelsees erwarben. Sie ist mit ihrem hübschen Park unter dem Namen Brecht-Weigel-Haus seit 1977 Gedenkstätte und Museum (April–Oktober Di–Do und Sa, So 13–17, November–März Di, Do, Fr 10–12 und 13–16 Uhr geöffnet).

Bedeutend war in Buckow jahrhundertelang der Hopfenanbau, der vor 250 Jahren von der Rosenzucht abgelöst wurde. Blumen und Neuzüchtungen wurden sogar an die königlichen Gärten nach Berlin geliefert. Heute zieren Rosen überall die Hausfassaden und Gärten. Alljährlich im Juni feiert Buckow seine Rosentage mit Musik und Unterhaltung.

i Fremdenverkehrsamt Märkische Schweiz, siehe 7.

9 **Klobichseen** Vier größere und mehrere kleine Seen sind unter diesem Namen als Naturschutzgebiet ausgewiesen; es liegt südöstlich von Buckow. Charakteristisch für die Schutzregion ist eine große Anzahl verschiedener Feucht- und Trockenbiotope. Sie bilden den Lebensraum für viele unterschiedliche Orchideenarten und sind einer der letzten Rückzugsräume der Europäischen Sumpfschildkröte.

Der Große Klobichsee ist mit seinen 74 ha der zweitgrößte See der Märkischen Schweiz. Während die drei kleineren Klobichseen so gut wie unzugänglich sind, befindet sich an seinem Ostufer – von Münchehofe aus zugänglich – eine Freibadeanstalt mit Gaststätte, angrenzendem Campingplatz und Ferienhausanlage. Hier kann man auch Boote mieten und Plötzen, Karpfen, Aale und andere Fische angeln. Auf einem Wanderweg, der hier seinen Ausgang nimmt, lernt man in 2 Stunden das Gebiet mit seinen ausgedehnten Waldsümpfen näher kennen.

⑩ **Münchehofe** Im Mittelpunkt dieses hübschen, von Lebuser Mönchen bereits 1232 gegründeten Ortes steht eine massive Wehrkirche aus Feldsteinen mit einem sehenswerten spätgotischen Schnitzaltar. Nördlich des Dorfes erstreckt sich die Münchehofer Düne, die bereits steinzeitlichen Jägern als Rast- und Wohnplatz gedient hat. Funde von entsprechenden Werkzeugen belegen das. Die Düne selbst wurde vom Wind in der Nacheiszeit aufgehäuft. Auf einem Fußweg erreicht man vom Dorf aus in westlicher Richtung in 10 Minuten den Schau ins Land, von dessen flacher Kuppe man einen prächtigen Ausblick hat, vor allem auf Teile des Großen Klobichsees und auf die dichtbewaldeten Hügel. Unterhalb des Schau ins Land liegt ein ausgedehnter Kinderspielplatz mit vielerlei Geräten.

Die schön gelegene Badeanstalt von Waldsieversdorf am Großen Dabersee lädt mit ihrem sandigen Naturstrand zu einer erfrischenden Ruhepause ein.

Besonderheiten der Natur

Pflanzen Über 1000 Farne und Blütenpflanzen konnten die Experten in diesem reichstrukturierten Naturpark nachweisen. So gedeihen selbst noch auf den landwirtschaftlich genutzten Flächen zahlreiche schöne Ackerwildkräuter wie Kornrade und Ackerschwarzkümmel.
Als botanisch wertvoll erweisen sich die Lebensräume um die Gewässer. Hervorzuheben ist der Reichtum an Orchideen auf den Wiesen, unter denen die seltene Echte Sumpfwurz herausragt. In moorigen Bereichen fängt der Rundblättrige Sonnentau Insekten, und in den Seen gehen Wasserflöhe in die Klappfallen des Wasserschlauchs.
Tiere Genau 129 Weichtierarten – also Muscheln und Schnecken –, 43 Libellenspezies und 60 verschiedene Tagfalter repräsentieren im Naturpark eindrucksvoll die Welt der Wirbellosen.
Mehr als 240 Vogelarten kommen hier außerdem vor, hervorzuheben und stark bedroht sind Weiß- und Schwarzstorch, See- und Fischadler, Mittel- und Schwarzspecht, Eisvogel und Kranich. In den Zugzeiten kommen u. a. Wildgänse, Flußseeschwalben und Beutelmeisen hinzu. Selbst Fischotter und Biber leben im verzweigten System der Wasserläufe, und auch die Europäische Sumpfschildkröte (Bild) findet hier noch ideale Lebensbedingungen.

⑪ **Tiergarten** Mit einem Tiergarten hat das Naturschutzgebiet eigentlich nichts mehr zu tun. Die Besonderheit dieses Naturraumes ist vielmehr sein ungewöhnlicher Reichtum an alten Bäumen, die bereits lange forstlicher Nutzung entzogen sind. Hier trifft man auf Eichen, Hainbuchen und Linden von beträchtlichem Alter, deren Zustand dem eines Naturwaldes sehr nahe kommt. Aus diesem Wald, in dem auch noch artenreicher Krautbewuchs mit Lungenkraut, Salomonsiegel und Einbeere anzutreffen ist, soll nun allmählich eine sog. Naturwaldzelle entstehen. Auf einem Wanderweg von Waldsieversdorf aus kann man das Gebiet durchqueren.

ℹ Gemeindeamt, 15377 Waldsieversdorf, Tel. 03 34 33/7 20.

⑫ **Gartzsee** Im Zustand der raschen Verlandung befindet sich der Gartzsee. Man erreicht ihn von einem Parkplatz aus, der an der Straße Buckow–Waldsieversdorf liegt. Der kleine See ist mit dem ihn umgebenden, für Ostbrandenburg typischen Kesselmoor zum Naturschutzgebiet erklärt worden, denn hier leben nicht nur seltene Pflanzen wie der fleischfressende Sonnentau, die Moosbeere oder der Sprossende Bärlapp, sondern auch 23 Libellenarten. Sogar die Rohrweihe hat hier noch Brutplätze.

⑬ **Gumnitz und Großer Schlagenthinsee** Verhältnismäßig unzugänglich ist dieses südlichste Naturschutzgebiet im Naturpark Märkische Schweiz. Und das ist sicher von Vorteil, denn hier befindet sich der Lebensraum von mehr als 120 Vogel- und vielen Schmetterlingsarten, davon über 40 Tagfalter. Eine eigene Flora und Fauna besitzen die urwüchsigen Erlenbruchwälder der Seenniederung.

Feucht- und Trockengebiete liegen in dieser Landschaft in unmittelbarer Nachbarschaft zueinander. Die Gumnitz, die im Süden des Naturschutzgebietes entspringt, fließt zunächst durch ein Feuchtgebiet nach Nordosten, wo sie den Großen Schlagenthinsee speist, der allerdings langsam verlandet. Nordöstlich des Tales, in der nach Schlagenthin hin leicht ansteigenden Landschaft, liegen weitgehend unbewaldete Trockengebiete mit typischem Buschbewuchs.

Nationalpark Unteres Odertal

Dieser neue Nationalpark an der polnischen Grenze schützt die letzte weitgehend unberührte Stromauenlandschaft Mitteleuropas. In dem grenzüberschreitend geplanten Park erschließt sich dem Besucher zu Fuß, mit dem Rad oder auch mit dem Boot ein natürlicher Lebensraum von einzigartiger Urwüchsigkeit.

1 Mescherin An einem alten Oderübergang gegenüber dem heute polnischen Greifenhagen (Gryfino) liegt dieses Dorf mit prächtigem Blick auf die Westoder und die dahinterliegenden Auen. Die Grenzbrücke ist seit vielen Jahren gesperrt. Eine Fähre hat ihre Aufgaben übernommen, doch gibt es hier nicht viel Grenzverkehr. Noch immer leben die Bewohner in abgeschiedener Ruhe, wenn auch mehr und mehr Sportboote den Ort anlaufen. Am südlichen Ortsende liegen am Fluß eine Badestelle und ein Strandcafé sowie ein Campingplatz. Boote und Fahrräder werden vermietet. Hier beginnt auch der Wanderweg durch den Gartzer Schrey (siehe 3).

i Förderverein für die Region Gartz, Stettiner Str. 37c, 16307 Gartz, Tel. 0 33 32/ 268.

2 Geesower Hügel Eine ungewöhnliche Landschaft stellt die Kette der Geesower Hügel zwischen Gartz und Geesow dar. Die bis zu 46 m hohen, kargen Höhen mit ihrer interessanten Steppenvegetation sind kaum durch Wege erschlossen und bieten durch ihre Abgeschiedenheit eine ideale Heimat für zahlreiche Vogelarten und Reptilien.

3 Gartzer Schrey Rund um den 41 m hohen Dachsberg breitet sich diese vielfältige, fast unberührte Landschaft an der Westoder aus. Charakteristisches Merkmal dieses Naturschutzgebietes sind ausgedehnte Trockenrasenflächen im Wechsel mit hohen Laubwäldern. Zwischen Mescherin und Gartz verläuft – mit Abzweigungen – ein reizvoller Naturlehrpfad durch den Gartzer Schrey, der auf die verschiedenen Landschaftsformen und die vielfältige Tierwelt hinweist. Vor allem Vogelfreunde werden ihre Freude an den zahlreichen hier anzutreffenden Arten haben (von Gartz aus zu Fuß zu erreichen; ein Parkplatz befindet sich am Ortsausgang).

4 Gartz Im Endmoränengebiet des unteren Odertales liegt diese kleine Stadt, die einst als eine pommersche Grenzfeste gegen Brandenburg angelegt wurde. Von den mächtigen Wehrbauten der damaligen Zeit sind noch Reste der Stadtmauer sowie das Storchentor und der Stettiner Torturm übriggeblieben. Eindrucksvoll selbst noch als Teilruine ist die in ihrem Mittelschiff zerstörte spätgotische Stadtpfarrkirche St. Stephan. Auch einige typische pommersche Häuser sind noch erhalten. Der Mühlenteich mitten im Ort verwandelt sich im Sommer in einen Seerosenteppich. Von der Uferpromenade östlich der Altstadt bietet sich ein weiter Blick über die polnische Oderniederung.

Vom Scheitelpunkt der über einen breiten Höhenrücken verlaufenden Straße Gartz–Hohenreinkendorf aus lassen sich im Oktober rastende Kranichschwärme während ihres Zuges nach Süden beobachten. Doch selbst wenn keine Kraniche zu sehen sind, öffnet sich ein sehr schöner, ungestörter Rundblick über das weite Land, allerdings auch auf die in der Ferne rauchenden Schlote der chemischen Werke in Schwedt und des Kohlekraftwerks Gryfino jenseits der Oder.

i Förderverein für die Region Gartz, siehe 1.

5 B 2 bei Gartz Die neuen Bundesländer sind mittlerweile berühmt für ihre erhalten gebliebenen alten Alleen. Selbst im Auto macht sich ihre schattenspendende Wirkung im Hochsommer angenehm bemerkbar. Wieviel dankbarer müssen aber die Menschen im Zeitalter der Postkutschen, einsame Reiter und Fußgänger dafür gewesen sein, daß sie sich unter solch einem

Zwischen Schwedt und Gartz teilt sich die Oder in einen westlichen Stromarm (Bild) und die polnische Ostoder auf. Dazwischen liegt sumpfige Auenlandschaft.

Elche auf dem Vormarsch

Auf der polnischen Seite des Odertales gibt es sie seit Jahrzehnten wieder: die Elche (Bild), jene bis zu 2 m hohen und bis zu einer halben Tonne schweren Hirsche mit dem mächtigen Schaufelgeweih und dem charakteristischen Profil. In früheren Zeiten hierzulande heimisch, sind sie vor Generationen ausgerottet worden.
Da diese größte aller Hirscharten ausgesprochen wanderlustig ist, tauchen einzelne Tiere immer wieder auch in Deutschland auf. Ein besonders reisefreudiger Elch soll es zu Beginn der 70er Jahre bis in die Gegend von Dortmund geschafft haben, bevor er schließlich auf einer Autobahn überfahren wurde.
Auch im Westteil der Oderauen werden hin und wieder Elche gesichtet. Nach Meinung von Experten steht einer weiteren Ausbreitung der Elche in diesem wasserreichen Lebensraum nichts im Weg – womöglich sind sie bald auch an der Mecklenburgischen Seenplatte zu Hause.

grünen Dach fortbewegen konnten. Ein besonders schönes Beispiel für eine alte Lindenallee ist die B 2 südlich und nördlich von Gartz bis zur Abzweigung nach Mescherin, die z. T. auch die Nationalparkgrenze bildet. Diese Straße, die mit ihrem Verlauf von Mittenwald über München, Nürnberg, Leipzig und Berlin bis nördlich von Gartz zu den längsten Bundesstraßen zählt, weist in der Gartzer Gegend auch noch die alte Kopfsteinpflasterung auf und erlaubt deshalb keine schnelle Fahrgeschwindigkeit.

6 Friedrichsthal Gegründet hat diesen Ort am Oderufer Preußens König Friedrich der Große 1751 im Zuge der von ihm in die Wege geleiteten Regulierung des Stromes. Die damals angelegte Dorfstraße, entlang der sich die typischen Siedlungshäuser reihen, besitzt noch immer eine Sanddecke. Ursprünglich wurde um Friedrichsthal ausschließlich Tabak angebaut, und die hohen Tabakscheunen bestimmen bis heute den westlichen Teil des langgezogenen Dorfes. Inzwischen ist nun im Rahmen des Nationalparkprojektes geplant, den weitgehend aufgegebenen Tabakanbau zu neuem Leben zu erwecken.

7 Schwedt Die in der Barockzeit mit rechtwinkligem Straßengrundriß angelegte und schon außerhalb des Nationalparks gelegene Stadt wurde bei Kriegsende zu 85 % zerstört. Die Ruine des markgräflichen Schlosses am Oderufer ließ die DDR-Regierung 1962 abreißen. An gleicher Stelle entstand 1978 das Gebäude der Uckermärkischen Bühnen Schwedt. Nur einzelne Straßenzüge wie die Berliner Straße und die Vierradener Straße – heute Fußgängerzone – erinnern noch an das alte Schwedt. Erhalten geblieben und restauriert ist außerdem der Ermelerspeicher, ein Tabaklagerhaus aus jener Zeit, als Schwedt

Ein Bild, das in Zukunft wohl wieder häufiger zu sehen sein wird: Friedrichsthaler Bauern beim Trocknen von Tabakblättern.

Wo die Lebensbedingungen für Tiere und Pflanzen so ideal sind wie in den Oderauen bei Schwedt, da wird auch das Anglerglück nicht lange auf sich warten lassen.

Mittelpunkt eines großen Tabakanbaugebietes war. An diese Epoche erinnern auch noch zahlreiche Exponate im Stadtmuseum am Markt. Überbleibsel aus dem alten Schwedt sind außerdem der Jägerhof, das einstige jüdische Ritualbad und die ehem. französische Kirche, ein eigenwilliger barocker Bau auf ovalem Grundriß. Vor den Toren der Altstadt entstand ab 1959 das petrochemische Zentrum der damaligen DDR, umgeben von gewaltigen Wohnblöcken in Plattenbauweise. In jüngster Zeit wurde im Wald am Oderufer eine riesige Papierfabrik errichtet.

i Schwedt-Information, Platz der Befreiung 6, 16303 Schwedt, Tel. 0 33 32/2 34 56.

8 **Oderfahrten** Kerngebiet des Nationalparks Unteres Odertal ist der Polder- und Auenbereich zwischen den beiden Oderhauptarmen. Besonders gut erschließt sich dieses Gebiet dem Besucher vom Wasser aus. Die öffentliche Ausflugsschiffahrt auf der sog. Schwedter Querfahrt und anderen Wasserstraßen, die einige Zeit eingestellt war, soll wiederaufgenommen werden. Doch es gibt eine Menge Möglichkeiten, mit dem eigenen oder gemieteten Boot die verschiedenen Wasserstraßen zu befahren. Man muß dabei aber stets beachten, daß die Oder Grenzfluß ist. Im südlichen Bereich bildet der eigentliche Oderlauf die Grenze. Etwa in Höhe des Dorfes Friedrichsthal teilt sich der Strom in die West- und die Ostoder. Die Grenze folgt hier dem westlichen Flußarm. Bei Beachtung der Zoll- und Paßvorschriften kann jedoch auch die polnische Ostoder befahren werden, allerdings sind Nachtfahrten zu vermeiden. Nähere Auskünfte erhält man in den Bootshäfen Gartz und Schwedt sowie beim Förderverein für die Region Gartz (siehe 1).

9 **Auenwanderungen** Um den Besuchern das Herz des Parks nahezubringen, hat die Nationalparkverwaltung zwischen Gartz im Norden und Lunow im Süden zwölf verschiedene Rundwege ausgewiesen, die sich auch miteinander kombinieren lassen. Sie führen von den Trockenpoldergebieten im Süden bis zu den bei Hochwasser – etwa von November bis April – gefluteten Feuchtpoldern im Norden und schließen außerdem die Landschaft des Großen Bruchs südwestlich von Gartz mit ein. Da das Land nach 1945 weitgehend sich selbst überlassen blieb, hat es sich mittlerweile zu einer weiten, naturnahen Aue entwickelt. Hier ziehen die letzten Ostseelachse durch, um weiter stromaufwärts zu laichen. Rund 35 000 Bläßgänse und 15 000 Saatgänse lassen sich im Großen Bruch regelmäßig nieder. 130 Brutvogelarten wurden gezählt; als Besonderheit gilt das Nistvorkommen des Seggenrohrsängers. Weitere ornithologische Raritäten sind u. a. Kampfläufer, Uferschnepfen oder überwinternde Seeadler.

Die einzelnen Rundwege variieren in ihrer Länge zwischen 3 und 9 Stunden. Sie können auch mit dem Rad zurückgelegt werden.

i Nationalpark Unteres Odertal, Schloß Zützen, Dorfstr. 22, 16306 Zützen, Tel. 0 33 32/51 64 08.

10 **Felchowsee** Ein geschütztes Feuchtgebiet von großer Bedeutung ist dieser See nördlich von Felchow am Rand der Niederlandiner Heide. Er liegt zwischen dichten

Den Lauf der Alten Oder begleitet der nach seinem Gestalter Lenné benannte Landschaftspark, dem bei seiner Anlage das alte Dorf Criewen weichen mußte.

Besonderheiten der Natur

Pflanzen Großseggensümpfe und andere Röhrichttypen beherrschen das Bild der Stromaue, durchsetzt von Auwäldern und markanten Einzelbäumen wie Silberweiden, Schwarzpappeln und Flatterulmen. Wasserschwertlilie, Teich- und Seerose setzen bunte Akzente. An den Hängen gedeihen unterschiedliche Waldgesellschaften und eine attraktive Steppenvegetation: Das äußerst seltene, gelbblühende Frühlingsadonisröschen hat hier seinen nördlichsten Standort in Deutschland; Küchenschelle, Großes Windröschen und viele andere erfreuen das Auge. Insgesamt haben Botaniker im Nationalpark fast 300 Arten von Blütenpflanzen gezählt.
Tiere Überaus reichhaltig präsentiert sich die Fauna: fast 20 Amphibien- und Reptilienarten, über 50 Weichtierspezies, 41 verschiedene Fisch- und 50 Säugetierarten wurden nachgewiesen. Vielfältig ist auch die Vogelwelt mit fast 250 Arten. Seltene oder fast ausgestorbene Vögel wie Seeadler, Kranich, Seggenrohrsänger, Schwarz- und Weißstorch (Bild) sind hier zu beobachten. Unter anderem überwintern auch Sing- und Zwergschwan. Im Frühling und im Herbst rasten Zugvögel in sechsstelliger Zahl: Kampfläufer, Bekassinen und Kiebitze, Bläß- und Saatgänse, Stock-, Krick-, Pfeif-, Spieß-, Löffel- und Knäkenten und viele andere.

Kiefern- und Birkenwäldern und ist nur an einer Landzunge im Westen zugänglich. Dort kann man von einem Steg aus die reiche Vogelwelt beobachten, die vor allem in den breiten Schilfzonen eine sichere Heimstatt gefunden hat.

⓫ **Zützen** In einem alten, mehrfach umgebauten Herrenhaus haben der Verein des deutsch-polnischen Nationalparks Unteres Odertal und die Verwaltung des deutschen Nationalparks ihren Sitz. Ziel des Vereins ist es, die Vertreter der Kommunen und Kreise, der Naturschutzverbände, der Land-, Forst- und Fischereiwirtschaft sowie der Wissenschaft zusammenzubringen und in das Nationalparkprojekt einzubeziehen. In dem Schloß befindet sich auch ein Informationszentrum der Nationalparkverwaltung (siehe ❾).

⓬ **Criewen** Um einen Landschaftspark entlang der Alten Oder anlegen zu können, ließ man um 1820 das alte Dorf Criewen einige hundert Meter vom Fluß weg verlegen. Lediglich die spätgotische Dorfkirche blieb stehen, die nun als romantisches architektonisches Versatzstück den von Peter Joseph Lenné 1822 angelegten Park schmückt. Vom – leider nicht in seiner ursprünglichen Form erhaltenen – klassizistischen Rittergutshaus aus bietet sich ein herrlicher Ausblick auf das gegenüberliegende Oderufer; Brücklein führen über stille Gewässer, Platanen und zwei alte Sumpfzypressen verleihen der Anlage einen Hauch von Exotik. Der Park ist auch Ausgangspunkt für den Naturlehrpfad Densenberge, der zu einer Quelle führt und über die Pflanzenwelt der Umgebung informiert.

⓭ **Stolpe** In einem tiefen Tal liegt dieser hübsche Ort, den man über eine wunderschöne Allee von Dobberzin her erreicht. Nur noch in stark veränderter Form ist das Renaissanceschloß von 1545–53 erhalten. Aus der Schloßbesitzerfamilie von Buch stammt Leopold von Buch (1774–1853), einer der bedeutendsten Geologen seiner Zeit. Sein Grabstein findet sich im Ort. Der zum Schloß gehörige Landschaftsgarten, den Peter Joseph Lenné um 1830 aus einem vorhandenen Barockgarten gestaltete, führt hinauf zur alten Burganlage. Von ihr ist als einziger Bau nur noch der Grützpott erhalten, der mittelalterliche Bergfried aus der Zeit um 1170. Der runde Backsteinbau auf Granitfundamenten gilt mit seinen 18 m Durchmesser als stärkster Bergfried Deutschlands. Der Eingang befindet sich mehrere Meter über dem Boden und kann nur über Leitern erreicht werden. Vom Turm aus hat man einen sehr schönen Ausblick auf das Odertal, den etwas entfernten Fluß und die am Fuß des Turmhügels vorbeiführende, Anfang des 20. Jh. ausgebaute Hohensaaten-Friedrichsthaler Wasserstraße. Sie ist Teil des Oder-Havel-Kanals, der heute wieder bis Berlin befahrbar ist.

Nicht zu übersehen ist der Grützpott bei Stolpe. Der mächtige Bergfried gehörte zu einer mittelalterlichen Burganlage, von der aber sonst nichts mehr erhalten ist.

ℹ Gemeindeverwaltung, 16278 Stolpe, Tel. 03 33 38/5 04.

⓮ **Gellmersdorfer Forst** Dieses Naturschutzgebiet südlich von Stolpe umfaßt einen der letzten naturnahen Laubmischwälder Ostdeutschlands. Es zeichnet sich vor allem als Standort des seltenen Adonisröschens aus. Auch andere Vorposten der südöstlichen Steppenvegetation finden sich hier, so z. B. Sandnelke und Kreuzenzian, die das Gebiet besonders im Frühsommer in ein buntes Blütenmeer verwandeln.

19 Zwischen Ems und Elbe

Landschaften zum Entdecken

Urstromtäler, Wälder, Heiden – sie verzahnen sich im Norddeutschen Tiefland auf unverwechselbare Weise und verzaubern denjenigen, der zum Suchen und Aufnehmen bereit ist. Besonders ein Landstrich zieht schon seit langem die Gäste in seinen Bann: die Lüneburger Heide (Bild).

Zwischen Ems und Elbe

Naturpark Wildeshauser Geest

Größe: 1554 km², gegründet 1984.

Der Naturpark, rund 30 km südwestlich von Bremen gelegen, umfaßt das Tiefland beiderseits des Flüßchens Hunte. Das Gebiet ist ein typischer Ausschnitt aus der nordwestdeutschen Geest, einer Landschaft also, die von der vorletzten der vier großen Eiszeiten geprägt worden ist. Der Reiz dieses weitgehend ebenen Gebietes geht von den stillen Flußniederungen, den Mooren und Heideflächen aus. Sie bergen noch viele Lebensräume selten gewordener Vogelarten wie Goldregenpfeifer, Uferschnepfe und Großer Brachvogel. Besonders im Norden des Naturparks und in der Hunteniederung wurden deshalb mehrere, z. T. größere Naturschutzgebiete ausgewiesen.

Das Gebiet ist von Natur aus waldarm, jedoch wurden Flugsandfelder und Dünen, die in den Osenbergen im Nordwesten auf 23 m ansteigen, sowie Teile der bis zu 58 m hohen Geest im Süden aufgeforstet.

Die Besiedlungsgeschichte der Wildeshauser Geest reicht bis in die Stein- und Bronzezeit zurück, wie die hier in großer Zahl entdeckten Großsteingräber und Gräberfelder belegen.

ℹ Zweckverband Naturpark Wildeshauser Geest, Delmenhorster Str. 6, 27793 Wildeshausen.

Naturschutzpark Lüneburger Heide

Größe: 230 km², gegründet 1913.

Schon 1910 wurden Teile der bereits früh als Ausflugs- und Ferienziel vor den Toren Hamburgs vielbesuchten Heidelandschaft vom ein Jahr zuvor gegründeten Verein Naturschutzpark e. V. aufgekauft. 1913 wurde in Abstimmung mit den Behörden der Naturschutzpark Lüneburger Heide, der Vorläufer der heutigen Naturparks, aus der Taufe gehoben.

Bienenstände wie hier bei Niederhaverbeck gehören seit langem zum Bild der Heide.

Der Park ist eine von eiszeitlichen Gletschern geformte Hügellandschaft, die im Wilseder Berg immerhin auf beachtliche 169 m ansteigt. Große Teile werden von Kiefernwald eingenommen, jedoch hat sich insbesondere um den Wilseder Berg und am Radenbach auch die typische Heidelandschaft erhalten. Kennzeichnend sind Wacholder und verschiedene Zwergstraucharten, für die häufig der nicht ganz richtige Name Heidekraut benutzt wird. Diese anspruchslosen Pflanzen breiteten sich dort aus, wo der ursprüngliche Wald durch Abholzung und übermäßige Beweidung zerstört worden war. So gesehen, verdankt die Heide ihre Existenz dem Menschen. Sie muß aber auch weiterhin regelmäßig gepflegt und von Schafen, den berühmten Heidschnucken, beweidet werden, sonst würden die Zwergsträucher von Gebüsch und Gräsern verdrängt werden.

ℹ Verein Naturschutzpark e. V., Niederhaverbeck, 29646 Bispingen.

Naturpark Südheide

Größe: 500 km², gegründet 1963.

Nördlich von Celle erstreckt sich der Naturpark bis nach Faßberg und Unterlüß. Der größte Teil gehört zum Lüß, einem weitgehend geschlossenen Waldgebiet mit Kiefern, Fichten, Buchen, Eichen und Birken. Höchste Erhebung ist der 130 m hohe Lüßberg.

Wenn sich auch die eigentliche Heidevegetation auf kleinere Flächen bei Müden, Hermannsburg und Unterlüß beschränkt, so ist der Naturpark doch reich an unterschiedlichen Lebensräumen. Die Feuchtgebiete an der Örtze im Westen des Naturparks sowie die Fischteiche an der Aschau sind Brutplätze seltener Wasservögel.

ℹ Landkreis Celle, Der Oberkreisdirektor, Naturpark Südheide, Trift 26, 29221 Celle.

Naturpark Harburger Berge

Größe: 38 km², gegründet 1959.

Für den Naturpark im Südwesten des Hamburger Stadtgebietes wurde nie eine Rechtsverordnung erlassen – er ist folglich nicht gesetzlich verankert. Am Nordrand der Lüneburger Heide haben Gletscher der vorletzten Eiszeit den Endmoränenwall im Kern des Parks abgelagert. Dieser bewaldete Höhenzug ist durch einen markanten Anstieg von der Elbniederung abgehoben.

Die ursprüngliche Vegetation, ein lichter Laubwald, blieb nur an wenigen Stellen erhalten. Vor allem auf sandigem Boden verkümmerte der Wald infolge einer übermäßigen Nutzung, und karge Heidevegetation breitete sich aus. Erst in jüngster Zeit wurden die Heideflächen wieder mit Kiefern und Fichten aufgeforstet. Nur vereinzelt, so im Naturschutzgebiet Fischbeker Heide, blieben kleine Heidegebiete erhalten.

ℹ Freie und Hansestadt Hamburg, Umweltbehörde, Naturschutzamt, Steindamm 22, 20099 Hamburg.

Mit dem Paddelboot auf der gemächlich dahinströmenden Örtze – so läßt sich die Südheide auf geruhsame Weise entdecken.

Naturpark Elbufer–Drawehn

Größe: 750 km², gegründet 1968.

Im niedersächsischen Wendland gelegen, erstreckt sich der Naturpark über mehr als 50 km entlang der Elbe, die hier die Grenze zu Mecklenburg-Vorpommern bildet. Die breite Elbniederung mit ihren Flußmarschen und Altwässern ist ein einzigartiger Lebensraum für seltene Vogelarten und gilt deshalb als Feuchtgebiet von internationaler Bedeutung. Mit dem bewaldeten Höhenrücken des Drawehn reichen die Ausläufer der Lüneburger Heide bis nahe an den Fluß heran.

Ein beliebter Aussichtspunkt ist der Weinberg beim Elbstädtchen Hitzacker.

Größere Ausdehnung erreichen die Wälder im Staatsforst Göhrde, der weite Teile des westlichen Naturparks einnimmt. Das ehemals fürstliche Jagdgebiet ist auch heute noch reich an Wild.

Eine Besonderheit ist der sog. Hutewald im Staatsforst Göhrde, ein lichter Eichenwald, der früher als Viehweide genutzt wurde.

ℹ Verein Naturpark Elbufer–Drawehn e. V., Königsberger Str. 10, 29439 Lüchow.

Naturpark Elbetal

Größe: 1220 km², gegründet 1990 (Planungsbeginn).

Der Naturpark umfaßt einen breiten Streifen des Elbe-Urstromtales, der sich am Nordufer des Stroms zwischen Bad Wilsnack und Boizenburg über eine Länge von rund 100 km erstreckt. Die Auenlandschaft ist ökologisch sehr reichhaltig; sie umfaßt im kleinräumigen Nebeneinander Altwässer und Feuchtwiesen, durchzogen von Gräben und Bächen, aber auch waldbestandene Flugsandfelder und kuppige Dünen.

Mittlerweile haben drei Länder Anteil am Naturpark: Niedersachsen, Brandenburg und Mecklenburg-Vorpommern, das nach Nordosten hin eine deutliche Erweiterung plant.

ℹ Brandenburgische Elbtalaue, Am Bahndamm 11, 19309 Lenzen. Niedersächsisches und Mecklenburgisches Elbetal, Hauptstr. 33, 19273 Tripkau.

Naturpark Drömling

Größe: 249 km², gegründet 1990.

Der Drömling, im Nordwesten Sachsen-Anhalts gelegen, ist eine flache Einsenkung am Rand des Aller-Urstromtales. Ursprünglich war das ganze Gebiet ein unzugängliches Niedermoor, das nur von wenigen Sandinseln unterbrochen wurde. Das sumpfige und früher bei Hochwasser regelmäßig überflutete Land wurde im Zuge mehrerer Entwässerungsmaßnahmen in den letzten 200 Jahren weitgehend trockengelegt und kolonisiert. Dennoch zählt der Drömling heute noch immer zu den Feuchtgebieten, die aus Sicht des Naturschutzes besonders wertvoll sind. Der beachtliche Bestand an Weißstörchen ist der eindrucksvollste Beleg dafür.

ℹ Naturparkverwaltung Drömling, Sitz Kämkerhorst, 39359 Mannhausen.

Naturpark Wildeshauser Geest

Als Urlaubsregion war die stille Landschaft südlich von Oldenburg und Bremen lange Zeit unbekannt. Doch inzwischen haben die Bewohner der beiden Großstädte die weiten Heidelandschaften, Wälder, Seen, Flüßchen und Moore längst als Erholungsgebiet vor ihrer Haustür entdeckt.

❶ **Kirche in Huntlosen** Wehrhaft und trutzig wie bei ihrer Erbauung im 13. Jh. steht die kleine Dorfkirche auf dem Friedhof der Gemeinde. Nur wenige Fenster lassen Licht in den Innenraum, in dem ein Triumphkreuz aus dem 14. Jh. und ein um 1600 entstandener Taufstein in Pokalform die Blicke auf sich ziehen.

❷ **Wildpark und Märchenwald Ostrittrum** An der Straße zwischen Ostrittrum und Dötlingen leben in Freigehegen u. a. Dam-, Axis- und Sikahirsche, Wild- und Hängebauchschweine, Mähnenschafe, Antilopen, Emus und Nandus. Zu der Anlage gehört auch ein kleiner See, auf dem man Tretboot fahren kann. Märchenfiguren erfreuen die Kinder; in einem kleinen Heimatmuseum sind land- und hauswirtschaftliche Geräte aus vergangener Zeit zu sehen. Der Park ist täglich geöffnet.

ℹ Wildpark, 27801 Ostrittrum, Tel. 04487/7166.

❸ **Ahlhorner Fischteiche** Geht man auf einem der drei gut markierten Rundwanderwege durch diese naturnahe Weiherlandschaft, kann man sich kaum vorstellen, daß die Teiche erst 1906 durch Aufstauung des Flüßchens Lethe angelegt wurden. Dadurch füllten sich die vom Wind ausgeblasenen Mulden im Heidesand mit Wasser. Mit Dämmen hat man die rund 60 Teiche voneinander abgegrenzt. Noch heute werden hier Forellen und andere Besatzfische für Angelgewässer gezüchtet.

Die Teiche und ihre Uferzonen sind mittlerweile zu wertvollen Biotopen geworden, die über 200 Vogelarten anziehen. Hier kann man u. a. Graureiher, Haubentaucher und viele Entenarten sehen.

Reizvoll ist auch schon der Weg dorthin. Parkt man am Ende der von der B 213 abzweigenden, 4 km langen Stichstraße, führen der rot und dann der orangefarben markierte Wanderpfad an Ginsterbüschen vorbei in das windungsreiche, sumpfige Kastental der unteren Lethe. Ein schöner Rastplatz sind die Bänke an den Zwölf Aposteln, einer Findlingsgruppe aus Gneis und Granit auf einer kleinen Heide- und Rasenfläche. 1993 wurden die Teiche zum Kulturdenkmal erklärt.

ℹ Gemeindeverwaltung, Markt 3, 26197 Großenkneten, Tel. 04435/6000.

Inmitten eines lichten, sonnendurchfluteten Laubwaldes trifft man unvermutet auf ein beeindruckendes Zeugnis der jungsteinzeitlichen Megalithkultur: das 4500 Jahre alte Großsteingrab Visbeker Bräutigam.

In der stillen Weiherlandschaft der Ahlhorner Fischteiche liegen rund 60 kleinere und größere Gewässer. Vor allem Entenarten haben dieses Naturparadies aus zweiter Hand erobert.

❹ **Urwald Baumweg** In früheren Jahrhunderten wurden Schafe und Schweine zum Weiden in die lichten Wälder der Geest getrieben. Durch den Verbiß entwickelten die Eichen und Hainbuchen in diesen sog. Hutewäldern bizarre Formen. Der Urwald Baumweg ist solch ein alter Hutewald mit größtenteils 200–300 Jahre alten Bäumen. Vom Parkplatz nahe der B 213 führt ein Wanderweg in das Gebiet hinein.

ℹ Forstamt Ahlhorn, 26197 Großenkneten, Tel. 04435/2038.

Ökologisch wertvoll: die Knicks

Seit rund 200 Jahren gehören die Knicks oder Wallhecken, mit denen Bauern ihre Felder, Wiesen und Weiden voneinander abgrenzen, zum Bild der Landschaft in weiten Teilen des Norddeutschen Tieflandes und damit auch im Gebiet der Wildeshauser Geest. Auf den niedrigen Erdwällen wachsen Hecken mit artenreichem Unterwuchs; werden die Büsche zu hoch, so schneidet man sie – etwa alle zehn Jahre – auf den Stock herunter, man „knickt“ sie.

In diesem Lebensraum, der ökologisch gesehen schmalen Waldrandstreifen entspricht, kommen etwa 7000 Tierarten vor – eine fast unvorstellbar große Zahl. In einem einzigen Knick haben die Zoologen rund 1700 Spezies entdeckt. Neben den vielen Insekten und Spinnen gibt es hier vor allem zahlreiche Vogelarten. Dorngrasmücke, Heckenbraunelle und Goldammer gelten geradezu als Charaktervögel der Knicks. Außerdem dienen die Hecken zahlreichen Säugetieren als Unterschlupf und „Wanderweg“. Hasen, mehrere Mäusearten, ja selbst Rehe verstecken sich im dichten Buschwerk, und der Igel (Bild) macht sich von hier zu seinen Beutezügen auf.

5 Visbeker Braut und Bräutigam Am Landgasthof *Engelmannsbäke* (Mo geschlossen) beginnt ein Wanderweg, der in nur 10 Minuten bleibende Eindrücke der vorgeschichtlichen Megalithkultur dieser Gegend vermittelt. Etwa 130 Findlinge bilden hier ein 104 m langes und 10 m breites Großsteingrab, in dessen noch erkennbarer Grabkammer vor etwa 4500 Jahren vermutlich ein Häuptling bestattet wurde. Der Volksmund nennt die Anlage Visbeker Bräutigam.

Die Überreste eines weiteren Megalithgrabes in unmittelbarer Nähe werden als Brautwagen bezeichnet. Eine alte Sage erklärt die Namengebung: Als sich einst ein Brautzug auf die Hochzeitsgesellschaft des Bräutigams zubewegte und die Hochzeitsglocken schon erklangen, rief die gegen ihren Willen zur Heirat gezwungene Braut verzweifelt aus: „Haltet ein! Haltet ein! Lieber werde ich zu Stein, als daß ich werde sein!“ So wurden sie und beider Gefolge versteinert.

Die Visbeker Braut hingegen, ein 80 m langes und 7 m breites Megalithgrab, befindet sich eine gute Wanderstunde östlich von ihrem Bräutigam im Staatsforst Steinhorst, kann aber auch mit dem Auto von der B 213 aus angesteuert werden.

6 Dötlingen und Huntetal Im wohl schönsten Dorf der Wildeshauser Geest stehen noch zahlreiche alte, reetgedeckte Fachwerkhäuser. Das auffälligste ist der Tabkenhof, Niedersachsens größtes niederdeutsches Hallenhaus. Das Alter der

Kaum mehr zu erkennen sind die rund 500 bronzezeitlichen Grabhügel des Pestruper Gräberfeldes südlich von Wildeshausen. Ein dichter Heideteppich überdeckt das Gebiet.

14 m hohen Dötlinger Dorfeiche wird auf über 1000 Jahre geschätzt.

Gegenüber vom Tabkenhof steht die Dorfkirche aus dem 13. Jh. Auffallend ist das mächtige Mauerwerk aus Findlingen. An der Kirche vorbei führt der 3,5 km lange Huntepadd als Rundwanderweg an das bis zu 10 m hohe Steilufer der Hunte, die sich in diesem Abschnitt tief in die Geest eingegraben hat.

Auf der anderen Hunteseite führt der Huntepadd durch den Wald zum Naturschutzgebiet Glaner Heide. Auch hier ist ein Großsteingrab zu sehen – die Glaner Braut.

Nach der Wanderung und einem Rundgang durch das nicht zuletzt für seinen Spargel berühmte Dorf wird man verstehen, warum Dötlingen vor dem Ersten Weltkrieg eine bekannte Künstlerkolonie war. Harmonie und Weite der Landschaft zogen u. a. die Maler August Kaufhold, Karl Dehmann und Otto Pankok an.

i Gemeindeverwaltung, Hauptstr. 36, 27801 Dötlingen, Tel. 0 44 32/95 01 12.

❼ **Wildeshausen** Die kleine Stadt im Herzen des Naturparks ist schon über 700 Jahre alt. An der „Herrlichkeit", einer vierreihigen Sommerlindenallee, erhebt sich ihr ehrwürdigstes Bauwerk, die mächtige Alexanderkirche aus dem 13. Jh. In der dreischiffigen Basilika sind mehrere spätgotische Malereien erhalten, darunter eine Darstellung der Heiligen Dreifaltigkeit. Den Schlüssel zur Kirche bekommt man an Werktagen vormittags im Kirchenbüro. Das einzigartige Dampfkornbranntwein-Brennereimuseum dagegen ist nur von Mai bis September nachmittags an Wochenenden oder nach telefonischer Anmeldung geöffnet. In dem Produktionsgebäude von 1857 steht eine technische Besonderheit: eine der ältesten Einkolben-Dampfmaschinen Deutschlands, die einst mehrere Aggregate und einen Lastenaufzug antrieb.

Zeugnisse aus der Vergangenheit sind auch das Historische Rathaus aus dem 14. Jh. mit seinem spätgotischen Treppengiebel und die Rokoko-Wasserpumpe aus dem Jahr 1747 auf dem Marktplatz davor. Das schöne Glockenspiel am Stadthaus mit umlaufenden Figuren aus Lindenholz, das täglich um 10, 12, 16 und 18 Uhr zu hören und zu sehen ist, ist dagegen neu. Zu den Figuren gehören auch Soldaten der Wildeshauser Schützengilde von 1403, die heute noch existiert. Alljährlich steht sie im Mittelpunkt des traditionellen Gildefestes, das in der Woche nach Pfingsten mit Umzügen und vielen Veranstaltungen gefeiert wird.

i Verkehrsverein, Historisches Rathaus, 27793 Wildeshausen, Tel. 0 44 31/65 64.

❽ **Pestruper Gräberfeld** Der etwa einstündige Spaziergang über das bronzezeitliche Gräberfeld westlich der Straße von Wildeshausen nach Goldenstedt ist im August und September am schönsten, wenn die Heide blüht. Eine eigene Heidschnuckenherde sorgt für ihren Erhalt. Das weiträumige Gräberfeld wirkt wie ein leicht bewegtes Meer: Über 500 niedrige Grabhügel aus der Bronzezeit bargen einige aufschlußreiche Grabbeigaben.

Die sog. Königsgräber am Nordrand, mit bis zu 30 m Durchmesser fast zehnmal größer als die Grabhügel, dienten als Verbrennungsstätten. Die 14 langgestreckten Hochäcker im Zentrum des Gräberfeldes waren nach Ansicht der Archäologen Kultplätze. Seit 1908 steht das gesamte Gelände unter Natur- und Denkmalschutz.

❾ **Pestruper Moor** Unmittelbar gegenüber vom Pestruper Gräberfeld beginnt am selben Wanderparkplatz ein 2,5 km langer Rundwanderweg, der ein botanisch interessantes Niedermoor erschließt. Birken, Erlen und Ebereschen bedecken es nahezu vollständig. Wegen der zahlreichen seltenen Pflanzen, die hier vorkommen, hat man das Moor bereits vor 50 Jahren zum Naturschutzgebiet erklärt. Besucher erfreuen sich vor allem an den silbrigen Blütenteppichen des Schmalblättrigen Wollgrases.

❿ **Harpstedt** Heftig schnaufend zieht eine über 40 Jahre alte Dampflok die Waggons der historischen Kleinbahn *Jan Harpstedt* durch Wald und Flur. Sie ist immer noch schneller als der alte Triebwagen, der ebenfalls auf der Strecke zwischen Harpstedt

Liebevoll herausgeputzt ist dieses reetgedeckte Bauernhaus im bezaubernden Huntedorf Dötlingen.

und Delmenhorst verkehrt. Empfehlenswertes Ziel für die Fahrt ist Heiligenrode, das man in rund 30 Minuten erreicht. Dort steht am Klosterbach eine restaurierte Wassermühle und ganz in der Nähe die ehem. Klosterkirche aus der Zeit um 1300.

In Harpstedt sollte man sich die um 1870 erbaute Windmühle anschauen, in der noch heute Korn gemahlen wird. Führungen können telefonisch vereinbart werden.

Zwischen Mühle und Bahnhof steht das beeindruckende Fachwerkgebäude des Harpstedter Amtshofes aus dem 18. Jh.
i Samtgemeindeverwaltung, Amtsfreiheit 1, 27243 Harpstedt, Tel. 04244/8 20.

⓫ **Kreismuseum Syke** Vom Leben in vergangener Zeit erzählt das kleine Freilichtmuseum unmittelbar an der B6 (geöffnet täglich außer Mo). Hier hat man ein niederdeutsches Hallenhaus aus dem Jahr 1747 und einen großen Kornspeicher aus dem Jahr 1677 originalgetreu wieder aufgebaut. Im Museumsneubau sind historische, voll ausgestattete Werkstätten zu sehen, so die eines Holzschuhmachers, eines Schmieds und eines Böttchers. Am Museum machen Schilder auf die vielen Wanderwege aufmerksam, die die herrlichen Mischwälder der Umgebung erschließen.
i Stadtverwaltung, Postfach 1365, 28847 Syke, Tel. 04242/1640.

⓬ **Kleinenknetener Steine** Wie die norddeutschen Großsteingräber ursprünglich ausgesehen haben, erfährt man bei einem Besuch der Kleinenknetener Steine. Hier wurde ein besonders eindrucksvolles Großsteingrab aus der Jungsteinzeit nach wissenschaftlichen Erkenntnissen rekonstruiert. Man hat die Zwischenräume zwischen den 85 – insgesamt 340 t schweren – Findlingen der Umfassung wieder mit Bruchsteinen und das Innere der 50 m langen und 7 m breiten Anlage mit Erde ausgefüllt. Die Grabkammer kann man sogar betreten.

Interessant ist aber auch das etwas weiter östlich gelegene Grab II: Mit seinen drei Grabkammern im Innenraum stellt es eine einzigartige Sonderform dar. Die mittlere Kammer war zum Zeitpunkt der Ausgrabung noch völlig unberührt. Sie enthielt eine Vielzahl von Gefäßen, Waffen, Schmuck und anderen Gegenständen.

⓭ **Hartensbergsee** Der schönste Badesee der Wildeshauser Geest ist der Hartensbergsee bei Goldenstedt mit seinen ansprechenden Stränden. Er wird ausschließlich von Grundwasser gespeist; entsprechend gut ist die Wasserqualität. 500 m vom Nordufer entfernt widmet sich ein privater Tierpark vor allem der Zucht von Straußen- und Wasservögeln, aber auch von Löwen, Waschbären und anderen Säugetieren.
i Gemeindeverwaltung, 49424 Goldenstedt, Tel. 04444/200922.

⓮ **Goldenstedter Moor** Etwa 5 km südlich von Goldenstedt wird im ausgedehnten Goldenstedter Moor noch immer Torf abgebaut. Abgetorfte Flächen werden aber wieder vernäßt, so daß sich erneut Moor bilden kann. Auf einem 3 km langen Moorerlebnispfad kann man diesen Vorgang beobachten. Ausgangspunkt ist das Informationsgebäude im ehem. Torfwerk am Westrand des Moores, zu erreichen ab Goldenstedt Richtung Vechta, dann dem Wegweiser folgend nach links in die Arkeburger Straße. Wer zwischen Mai und Oktober Sonntag nachmittags um 15 Uhr kommt, kann auch eine kleine Rundfahrt mit der Moorbahn unternehmen. Die Ausstellung über die Geschichte und die Renaturierung des Goldenstedter Moores im Informationsgebäude ist hingegen ganzjährig geöffnet.

Diese stattliche Windmühle ist zum Wahrzeichen von Harpstedt geworden. Seit mehr als 120 Jahren versieht sie ihren Dienst.

Unfruchtbare Geest

Das hügelige Land beiderseits der mittleren Hunte gehört zu dem breiten Landschaftsgürtel, der von der Ems bis zur Oder verläuft und nach dem niederdeutschen Wort „güst" als Geest bezeichnet wird. „Güst" bedeutet soviel wie „unfruchtbar"; die Geest ist also im Gegensatz zu den Marschen an der Küste ein unfruchtbares Land mit meist trockenen, sandigen Böden. Sie deckt sich weitgehend mit dem norddeutschen Altmoränengebiet, schließt jedoch auch die Sandebenen vor den Endmoränen der jüngsten Eiszeit als niedere Geest mit ein. Den typischen Boden der Geest erkennt man an einer aschgrauen Schicht, aus der Humus und wertvolle Pflanzennährstoffe ausgewaschen sind. Darunter haben sich im Podsol (Aschenboden) die Humusstoffe und eisenhaltigen Minerale wieder ausgeschieden. Sie bilden häufig steinharte Krusten, gelegentlich mit zapfenartigen Ausbuchtungen (Bild), die von den Pflanzenwurzeln nicht durchdrungen werden können.
Die Geest war allerdings nicht immer ein so karges Land, erst durch den jahrhundertelangen Raubbau an der Natur hat sie ihre Fruchtbarkeit verloren. Die Bauern schälten immer wieder die Narbe von Rasen- und Heideflächen ab, um die durchwurzelten Stücke (Plaggen) auf ihren Äckern als Dünger zu verwenden (Plaggenwirtschaft).

Naturschutzpark Lüneburger Heide

Wenn zwischen Mitte August und Mitte September die Heide blüht, pilgern Zehntausende dorthin. Wer dann den ganzen Reiz dieser Landschaft erleben will, sollte entweder sehr früh oder spät am Abend wandern. Herrliche Natureindrücke erlebt man in der Heide aber auch in den übrigen Jahreszeiten.

❶ **Waldlehrpfad Vorm Westernhoop** Die Lüneburger Heide ist keine Naturlandschaft, sondern die Folge massiver Eingriffe des Menschen in die Natur. Die einst ausgedehnten Laubwälder wurden teilweise gerodet, weil man Ackerland gewinnen wollte und später Brennholz für die Salinen in Lüneburg benötigte. Am schwerwiegendsten war jedoch, daß die Bauern schon seit der Bronzezeit ihr Vieh der Eicheln und Bucheckern wegen in die Wälder trieben. Die Tiere verbissen die Jungbäume, der Wald verschwand. Auf den nährstoffarmen Sandböden breitete sich das anspruchslose Heidekraut aus.

Ausgenommen von Rodung und Beweidung wurden später nur die königlichen Bannforste. Solch ein ehem. Bannforst ist der Westernhoop westlich von Undeloh. Buchen und Eichen sind hier bis zu 140 Jahre alt. Das Forstamt Sellhorn hat darin einen 3 km langen Waldlehrpfad eingerichtet. Zahlreiche Schrifttafeln erklären Naturerscheinungen wie die Frostleisten an Eichen, handeln allgemeine Themen zum Wald ab und gehen auch auf einzelne Baumarten ein.

❷ **Undeloh** Das schon vor über 800 Jahren gegründete Dorf ist das touristische Zentrum im Naturschutzpark. Zwischen Juli und September gleicht es einem großen Jahrmarkt: Fahrende Händler haben dann dort ihre Stände aufgeschlagen, überall werden Heidschnuckenfelle und Heidehonig, -pflanzen und -souvenirs verkauft. Böse Zungen nennen Undeloh deshalb auch „die Goldgräberstadt der Heide“. Dennoch

Der Dichter Hermann Löns hat einer breiten Öffentlichkeit die Augen für die Schönheit der Heidelandschaft geöffnet. Mit Erfolg, denn schon 1921 wurde ihr Kerngebiet unter Naturschutz gestellt.

ist Undeloh ein idealer Ausgangpunkt für Wanderungen und Radtouren durch das große Naturschutzgebiet, das für jeglichen Kraftfahrzeugverkehr gesperrt ist. Hier starten Kutschfahrten nach Wilsede (siehe 5), werden Fahrräder verliehen und im Winter bei ausreichend Schnee sogar Touren mit Pferdeschlitten angeboten.

Schmucke Kirchen aus Fachwerk oder Findlingen gibt es wie hier in Undeloh in vielen Heidedörfern zu bewundern.

Eine gute Einführung in Geschichte und Natur der Lüneburger Heide bietet von Mai bis Mitte Oktober (täglich außer Mo) die Naturinformation im Seume-Haus in der Wilseder Straße gegenüber dem großen Wanderparkplatz. Anschauliche Modelle und Dioramen zeigen die Entstehung der Heide; Kinder können Tiere und Pflanzen unter dem Mikroskop betrachten. Ein Videofilm stellt den Naturschutzpark vor, und man erhält Ratschläge für Wanderungen. Im Laden nebenan ist auch ein empfehlenswertes Buch über den Naturschutzpark erhältlich, das zwei Mitarbeiter des Vereins Naturschutzpark verfaßt haben. An besonders interessanten Stellen einiger Wanderwege sind Nummern angebracht, die auf entsprechende Erklärungen in diesem Buch verweisen.

Einen Besuch lohnt schließlich auch die das ganze Jahr über ganztägig geöffnete St.-Magdalenen-Kirche im Dorfkern. Deutlich ist am Äußeren die Baugeschichte abzulesen. Der westliche Teil ist aus 1 m dicken Findlingsmauern errichtet, der Chorraum hingegen aus Fachwerk. Das wehrhafte alte Gemäuer stammt noch aus dem Jahr 1198, der Chorraum mußte nach dem 30jährigen Krieg im 17. Jh. neu errichtet werden. Wie bei Heidekirchen üblich, steht der hölzerne Glockenturm (15. Jh.) isoliert neben dem Gotteshaus.

Ältestes Kunstwerk der Kirche ist ein Triumphkreuz aus der Zeit zwischen 1220 und 1275, das an der Nordwand hängt.

Besonders stimmungsvoll ist ein Besuch der Kirche an jedem zweiten So während der Sommermonate. Dort werden dann im Rahmen der Veranstaltungsreihe „Musik in alten Heidekirchen" Konzerte gegeben. Andere Ereignisse in Undeloh sind das Osterfeuer, der Tanz in den Mai und das Dorffest Mitte Juli.

i Verkehrsverein, Zur Dorfeiche 16, 21274 Undeloh, Tel. 0 41 89/3 33.

3 Sudermühlen Die alte Wassermühle von 1817 an der Schmalen Aue steht auf dem Gelände einer Pension, die sich architektonisch nicht besonders harmonisch in die Umgebung einfügt. In der Mühle befindet sich heute das Verkaufsatelier der Malerin Theodore Schliebner, die auf Öl- und Acrylbildern sowie Aquarellen typische Heidelandschaften festhält.

i Verkehrsverein, 21272 Egestorf, Tel. 0 41 75/15 16.

4 Wilseder Berg Mit 169 m ist der Wilseder Berg die höchste Erhebung des Norddeutschen Tieflandes. Von seiner langgestreckten Kuppe aus reicht der Blick an klaren Tagen über Heide und Wälder weit ins Land und manchmal sogar bis nach Hamburg, das 43 km nördlich liegt. Der Wilseder Berg, das Herz der Lüneburger Heide, ist Teil eines etwa 150 000 Jahre

alten Endmoränenzuges, der sich annähernd in Nord-Süd-Richtung von Harburg bis westlich von Uelzen erstreckt und die Süd- von der Nordheide trennt. Bis hierher war das skandinavische Inlandeis auf seinem Vorstoß nach Süden vorgedrungen.

Man erreicht den Berg nur zu Fuß oder (mehr geduldet als erwünscht) mit dem Rad. Ein 4,5 km langer Weg dorthin beginnt in Undeloh. Man durchquert zunächst ein kleines Waldgebiet und wandert dann am Waldrand an einer weiten Heidefläche entlang. Schließlich tritt der Wald ganz zurück, der Weg auf den Berg wird nur noch von Heide und Wacholder gesäumt. Beim Abstieg in Richtung Wilsede oder Nieder- bzw. Oberhaverbeck zeigt der Berg dann mit Mulden und Tälern ein vielgestaltiges Gesicht, wie man es in dieser Gegend kaum erwartet.

Auf dem Wilseder Berg steht ein Gedenkstein, der an den berühmten Mathematiker und Astronomen Carl Friedrich Gauß (1777–1855) erinnert. Hier war der Mittelpunkt der bedeutenden Landvermessungen, denen er sich zwischen 1821 und 1823 widmete. Das ist auch der Hintergrund für die Gestaltung des neuen Zehnmarkscheines: Auf der einen Seite ist Gauß abgebildet, auf der anderen ein Landvermessungsgerät. Rechts unten auf dem Geldschein ist ein Netz von Linien und Orten mit Wilsede als Bezugspunkt zu sehen.

Die Lüneburger Heide – ein Pflegefall

Die Lüneburger Heide, die vielen als Musterbeispiel einer von der Natur hervorgebrachten Landschaft gilt, ist in Wirklichkeit keine Naturlandschaft, sondern eine ausgesprochene Kulturlandschaft. Sie verdankt ihre Entstehung – und ihr Weiterbestehen – dem Menschen. Die lichten Laubwälder, die einst hier auf dem sandigen Boden standen, wurden z. T. in den Lüneburger Salinen verheizt oder zur Verwendung als Baumaterial für Häuser und Schiffe geschlagen. Hauptverantwortlich für das Aufkommen der Heide war jedoch, daß die Bauern ihr Vieh in die Wälder trieben, das die jungen Baumtriebe abweidete und so verhinderte, daß neuer Wald entstand. Es blieb eine karge, heideartige Landschaft zurück, die durch die Entnahme von Heidesoden als Stallstreu weitere Nährstoffe verlor. Nur genügsame Zwergstraucharten wie Besenheide, Heidelbeere und Ginster können unter solchen Bedingungen gedeihen.
Würde von heute auf morgen die Bewirtschaftung der Heide aufhören, so könnte sich innerhalb kurzer Zeit Gebüsch ausbreiten, das sich nach und nach zu einem Mischwald entwickeln würde. Um das typische Landschaftsbild zu bewahren, werden in der Heide heute wieder vermehrt Schafe gehalten, die das Aufkommen der Büsche durch Abfressen verhindern. So sind die Heidschnucken zu einem festen Bestandteil dieser herb-schönen Landschaft geworden. Dennoch müssen die Naturschützer in regelmäßigen Abständen im Rahmen von Pflegeaktionen das Strauchwerk entfernen, das den Schafen entgangen ist (Bild).

❺ **Wilsede** Den besten Eindruck vom Aussehen eines alten Heidedorfes bekommt man in Wilsede, obwohl dort kein einziger Bauer mehr tätig ist. Die 40 Einwohner leben vor allem vom Fremdenverkehr. Kein Heidebesucher wird sich Wilsede entgehen lassen, auch wenn man das Dorf nicht mit dem Auto erreichen kann, sondern nur zu Fuß, per Rad, mit der Kutsche oder hoch zu Roß dorthin gelangt.

Die reetgedeckten Bauernhäuser sind von alten Buchen und Eichen umgeben, auf dem Hofgelände stehen hölzerne Treppenspeicher und traditionelle Ziehbrunnen. Zwei alte Höfe sind andernorts ab- und in Wilsede wieder aufgebaut worden: Der 1609 erbaute Emhof, heute als Tagungsraum genutzt, stand ursprünglich in Emmingen; das niederdeutsche Hallenhaus, das heute das Heidemuseum beherbergt, wurde 1742 in Hanstedt erbaut.

Das bereits im Jahr 1907 gegründete Heidemuseum Dat ole Huus (Das alte Haus) zeigt, wie man im letzten Jahrhundert in der Heide lebte – zusammen mit dem Vieh unter einem Dach! Im Obergeschoß sind prähistorische Funde aus der Heide zu sehen (Mai–Mitte Oktober täglich 10–13 und 14–17 Uhr geöffnet).

Das Gasthaus *Heidemuseum* gleich gegenüber und der *Wilseder Hof* mit seinem eindrucksvollen Reetdach gehören dem Verein Naturschutzpark e.V. In beiden Häusern werden Heidespezialitäten wie Buchweizentorte und Heidschnuckenbraten serviert.

Aus der Heide nicht wegzudenken sind die Heidschnucken, die mit ihrer Vorliebe für junge Baumtriebe dafür sorgen, daß die Heideflächen erhalten bleiben.

Das Heidemuseum Dat ole Huus steht erst seit 1907 an seinem Platz in Wilsede. Erbaut wurde das Haus 1742 in Hanstedt.

i Verkehrsamt Bispingen, Borsteler Str. 4/6, 29646 Bispingen, Tel. 0 51 94/3 98 50.

6 **Pastor-Bode-Weg** Keine Heidelandschaft gleicht der anderen. Ein abwechslungsreiches, auf engem Raum variierendes Relief sorgt selbst im relativ kleinen Naturschutzpark Lüneburger Heide dafür, daß nie der Eindruck von Eintönigkeit entsteht. Wandert man auf dem Pastor-Bode-Weg, der zwischen Wilsede und Hannibals Grab (siehe 7) beginnt, von West nach Ost, beeindruckt die Weite der hier nahezu baumlosen Heidefläche, die sich nördlich des Weges einen sanften Hang hinabzieht. Der Weg führt an zwei Schafställen vorbei und erreicht schließlich an einer Gabelung das Tal des Radenbaches. Rechts geht es weiter nach Döhle, links nach Undeloh.

Benannt ist der Weg nach dem Egestorfer Pastor Wilhelm Bode (1860–1927), der maßgeblich an der Schaffung des Naturschutzparks beteiligt war.

7 **Hannibals Grab** Die Findlingsgruppe an der für Kraftfahrzeuge gesperrten Straße von Wilsede nach Sellhorn ist selbstverständlich nicht die letzte Ruhestätte des karthagischen Feldherrn, der 218 v. Chr. mit seinen Elefanten die Alpen überquerte. Sein wirkliches Grab liegt vielmehr in Kleinasien, wo er sich 183 v. Chr. vergiftete, um nicht an die Römer ausgeliefert zu werden. Dieses Grab hatte der zu seiner Zeit bekannte Landschaftsmaler Eugen Bracht (1842–1921) auf einer Orientreise

Der Wilseder Berg mißt am höchsten Punkt knapp 170 m. Doch das Radfahren – auch wenn es erlaubt ist – sieht man nicht so gern.

gemalt. An jenes Bild erinnerten sich nun Wanderer, als sie vor der Findlingsgruppe standen. Sie erzählten davon – und der romantische Name setzte sich schnell durch.

8 **Urgeschichtliche Museumspfade** Die frühesten Spuren menschlicher Besiedlung der Heide sind etwa 12 000 Jahre alt. Innerhalb des Naturschutzparks stammen die meisten vorgeschichtlichen Fundstätten aus der Zeit zwischen 1700 und 800 v. Chr. Es sind überwiegend Grabhügel, aber auch Spuren alter Heerwege. Zwei als Rundwege angelegte urgeschichtliche Museumspfade führen von Niederhaverbeck zu einer ganzen Reihe solcher Bodendenkmäler. Um ihnen folgen zu können, braucht man allerdings die offizielle Topographische Karte im Maßstab 1:50 000 des Niedersächsischen Landesvermessungsamtes, da sie nicht markiert und bis auf wenige Ausnahmen auch nicht mit Informationstafeln ausgestattet sind. Diese Hinweise findet man nur auf der Karte.

Auch ohne Karte findet man freilich den Weg von Niederhaverbeck durch die Niederung der bald darauf in die Wümme mündenden Haverbeeke, der in etwa 30 Minuten bis zu einem mittelalterlichen Ringwall führt. Man folgt dem reizvollen Wasserlauf bachabwärts am nördlichen Ufer und biegt am Waldrand rechts ab. Schon 200 m weiter steht man vor einer eingezäunten, dreifachen Wallanlage. Sie entstand im 9. und 13. Jh. und war wahrscheinlich eine Zoll- oder Wachstation an der Salzstraße nach Lüneburg oder eine Sammelstelle für den von den Bauern in Naturalien zu leistenden Pachtzins.

Für den Rückweg von der Ringwallanlage nach Niederhaverbeck sollte man das südliche Bachufer wählen. Der Wanderpfad führt besonders nah am Wasser entlang, bietet schöne Rastplätze und passiert kurz vor der Ortschaft auch noch einige deutlich erkennbare Hügelgräber. Sie wurden um 1500 v. Chr. angelegt und um 1100 v. Chr. erneut benutzt. Grabbeigaben, die hier bei archäologischen Ausgrabungen zutage gefördert wurden, sind im Heidemuseum in Wilsede ausgestellt (siehe 5).

9 **Niederhaverbeck** Bis zu Beginn dieses Jahrhunderts bestand der Weiler nur aus drei Höfen; heute gehören zwei davon dem Verein Naturschutzpark, der hier seinen Hauptsitz hat. In dem nach seinem Stifter, dem Hamburger Hans Pforte (1900–75), benannten Naturinformationshaus (zwischen Mai und Mitte Oktober Di–So geöffnet) zeigen Stelltafeln die verschiedenen Landschaftstypen und informieren über die Probleme und Maßnahmen des Naturschutzes in diesem Gebiet. Eine Sonderausstellung hat die traditionsreiche Imkerei in der Heide zum Thema.

Schon auf dem Parkplatz von Niederhaverbeck warten Kutschen auf die Besucher. Man kann aber auch zum Wilseder Berg (siehe 4) wandern. Der 3,5 km lange Weg führt vom Parkplatz aus am Fürstengrab vorbei, einem besonders eindrucksvollen bronzezeitlichen Grabhügel, in dem mehrere Tote beigesetzt waren.

Nach Wilsede sind es von Niederhaverbeck aus 4,5 km, nach Undeloh 8 km.

i Verkehrsamt Bispingen, siehe 5.

Eines der Hauptwanderziele in der Heide ist der Totengrund, ein Trockental mit sandigen Steilhängen. Heidekraut und Wacholderbüsche bestimmen das Landschaftsbild.

⑩ **Oberhaverbeck** Oberhaverbeck ist im Gegensatz zu Wilsede und Niederhaverbeck tatsächlich noch ein echtes Bauerndorf: Zwei der vier Hofbesitzer im Dorf betreiben Landwirtschaft. Scheunen und Ställe sind aus Holz erbaut, die Wohnhäuser z. T. auf einfache Art holzverkleidet. Natürlich gibt es auch hier einen großen Parkplatz, ein Gasthaus und die Möglichkeit zu Fahrten mit der Pferdekutsche. Nach Wilsede kommt man auf die gleiche Weise: Wer die Stille jenes Dorfes und die Heide bei Nacht genießen will, kann sich dort bis abends um 23 Uhr abholen lassen.

Von Oberhaverbeck führt eine 4 km lange, kopfsteingepflasterte Straße nach Wilsede, die aber nur mit Sondergenehmigung von Kraftfahrzeugen benutzt werden darf. Sie durchquert ein langgestrecktes Heidetal und steigt dann auf einen Höhenrücken an. Auch hier liegen rechter Hand wieder mehrere deutlich erkennbare bronzezeitliche Grabhügel; eine große Informationstafel klärt über die verschiedenen archäologischen Funde auf.

In jenem Heidetal zweigt nach rechts ein beschilderter Weg zum Steingrund (siehe ⑪) ab, der z. T. als Waldlehrpfad ausgebaut ist. Die Informationstafeln stehen hier dicht an dicht, erklären den Wald unter forstwirtschaftlichen und ökologischen Aspekten, benennen außerdem einzelne Baumarten wie Atlantische Tanne und Stieleiche.

ℹ Verkehrsamt Bispingen, siehe ❺.

⑪ **Steingrund** Im relativ schmalen Tal des Steingrundes steht der Wacholder besonders dicht, er bildet manchmal schon richtige Wäldchen. Die Heidschnucken, für die es im Steingrund einen Stall gibt, in dem sie die Nacht verbringen können, gehen dem Wacholder mit seinen 1–2 cm langen Nadeln aus dem Weg. So konnte der Wacholder zum Charakterbaum der Heide werden.

Steingrund wird dieses schöne Tal genannt, weil die Findlinge hier besonders zahlreich sind. Diese an riesige Kieselsteine erinnernden, glattgeschliffenen Gesteinsbrocken stammen aus Skandinavien und wurden von den eiszeitlichen Gletschern hierher verfrachtet. Man erreicht das Tal entweder über den Waldlehrpfad von Oberhaverbeck aus oder auf beschilderten Wegen von Wilsede und vom Totengrund.

⑫ **Totengrund** Der Totengrund überrascht jeden Heidewanderer. Ganz gleichgültig, aus welcher Richtung man kommt, man trifft plötzlich auf ein ringsum von steil-

Früher wurde im Pietzmoor Torf abgebaut, heute gehört es wieder der Natur. Auf Holzstegen kann man das Moor gefahrlos durchqueren.

wandigen Hängen umschlossenes, tiefes Trockental mit hochgewachsenen Wacholdersträuchern, die z. T. mehrere hundert Jahre alt sind. Ein Weg führt rund um das Tal, denn nur der Schäfer und seine Heidschnucken dürfen den streng geschützten Totengrund betreten.

Der Totengrund bildet zusammen mit dem Wilseder Berg die Keimzelle des Naturschutzparks. Durch die Vermittlung von Pastor Bode gelang es Naturfreunden 1906, das Land zu kaufen und damit vor einer geplanten Bebauung zu bewahren. Auf der schönen Aussichtshöhe ist ein Gedenkstein für Prof. Dr. Thomsen (1863–1948) eingelassen, der das Gelände damals erworben hat. Seit langem ist es im Besitz des Vereins Naturschutzpark e. V.

Der etwa 1 km lange Weg von Wilsede zum Totengrund führt über eine für Grundmoränenlandschaften typische Ebene. Darauf erkennt man Reste von alten Wanderdünen, die durch Überweidung der Heide entstanden sind: Nachdem die Schafe die schützende Grasschicht weggefressen hatten, lag der Boden frei und wurde ausgeblasen. Auf den kleinen Kuppen wächst Silbergras.

⓭ **Forstamt Sellhorn** In der holzarmen Heide umfriedete man die Höfe häufig mit Mauern aus Findlingen, die leichter und preiswerter zu beschaffen waren als Holz. Eine solche Mauer ist besonders gut am Staatlichen Forstamt Sellhorn erhalten, das in einem klassizistischen Bau aus dem Jahr 1860 untergebracht ist. Dieses Forstamt betreut etwa 5000 ha Staatswaldfläche im Naturschutzpark, denn die eigentliche Heide bedeckt nur 15 % der Parkfläche.

⓮ **Pietzmoor** Eine Moorlandschaft wie aus dem Bilderbuch lernt man auf einer Wanderung (Streckenlänge knapp 5 oder 6,5 km) kennen, die rund um das 2,4 km^2 große Moor bei Pietz, südöstlich von Schneverdingen, führt. Die seit der Entstehung des Moores vor mindestens 7000 Jahren auf etwa 7 m Mächtigkeit angewachsene Torfschicht wurde bis 1960 zur Gewinnung von Torf als Brennstoff genutzt; seit 1975 bemüht man sich um eine Renaturierung des Biotops durch Abdichtung der alten Entwässerungsgräben. In den ehem. Torfstichen sammelt sich wieder Wasser, die Bäume sterben ab und ragen als Gerippe aus dem dunklen Wasser heraus, es bilden sich kleine Inselchen. Die typischen Moorpflanzen wie Wollgras und Sonnentau, Torfmoos und Moosbeere siedeln sich wieder an. Auch Waldeidechse und Kreuzotter, Moorfrosch, Sumpfschnepfe und viele Libellenarten sind bereits wieder dorthin zurückgekehrt.

Von einem Wanderparkplatz an der Straße zwischen Schneverdingen und Heber aus gelangt man schon nach 5 Minuten in die typische Moorlandschaft. Knüppeldämme und Bohlenwege, die nicht verlassen werden dürfen, ermöglichen auch das Passieren schwieriger Stellen.

ℹ Fremdenverkehrsamt, 29640 Schneverdingen, Tel. 0 51 93/70 66.

⓯ **Norddeutsche Naturschutzakademie** Eine lange Birkenallee führt von der Straße zwischen Heber und Schneverdingen zum Hof Möhr, der seit 1982 Sitz der Akademie ist. Sie betreibt wissenschaftliche Forschung, hat sich aber vor allem der Aus- und Fortbildung in den Bereichen Naturschutz und Landschaftspflege, Ökologie und Umweltschutz verschrieben. Ein Seminarprogramm kann angefordert werden. Von Ende April bis Mitte Oktober finden an jedem Di und Do Führungen über das Hofgelände statt. Dabei werden auch der Bauerngarten und die Nistkästen-Demonstrationswand sowie die Pflanzenkläranlage erklärt. Hof Möhr ist zugleich Ausgangspunkt für einen als Rundwanderweg (30 Minuten) angelegten Waldlehrpfad.

ℹ Norddeutsche Naturschutzakademie, Hof Möhr, 29640 Schneverdingen, Tel. 0 51 99/ 98 90.

⓰ **Hof Tütsberg** Eines der größten landwirtschaftlichen Anwesen der Heideregion gehört heute dem Verein Naturschutzpark e. V. Schon die zahlreichen schmucken Hofgebäude sind sehenswert, insbesondere das heute als Hotel und Restaurant genutzte, reetgedeckte Fachwerkhaus und der Pferdestall des Hotels mit einem der schönsten Reetdächer weit und breit. Auch eine ansehnliche Heidschnuckenherde ist hier beheimatet.

Vor allem dient der Hof dem Verein Naturschutzpark e. V. als landwirtschaftlicher Versuchsbetrieb. Hier will man Erfahrungen sammeln, die an die etwa 20 noch im Park tätigen Bauern weitergegeben werden können. So baut der Verein außer Buchweizen und Flachs auch alte, in Vergessenheit geratene Getreidesorten an sowie solche, die speziell für die Trockenregionen der Erde entwickelt wurden. Aufs Pflügen wird verzichtet, um die Bodenlebewesen nicht zu stören.

Die Zufahrt zum Hof Tütsberg erfolgt aus südlicher Richtung von Scharrl aus. In diesem Gebiet sah man häufig britische Militärfahrzeuge: Die Briten nutzten den Süden des Naturschutzparks bis Mitte 1994 als Panzerübungsgelände. Inzwischen sind Renaturierungsmaßnahmen angelaufen.

ℹ Fremdenverkehrsamt Schneverdingen, siehe ⓮.

Mit 2 PS durch die romantische Heidelandschaft: Mit dem Pferdewagen kann man von Oberhaverbeck aus über Kopfsteinpflaster nach Wilsede oder quer durch den Naturschutzpark kutschieren.

Naturpark Südheide

Der Süden der Lüneburger Heide ist zwar nicht so bekannt wie der Naturschutzpark um den Wilseder Berg. Dafür hält sich hier der Besucherandrang selbst zur Zeit der Heideblüte in Grenzen. Ohnehin drängen in der Südheide ausgedehnte Wälder die eigentlichen Heideflächen eher in den Hintergrund.

Durch die idyllische Heidelandschaft führt ein Rad- und Wanderweg über die sanfte Anhöhe des Wietzer Berges.

❶ **Hügelgräber bei Bonstorf** Im Südwesten des Wietzer Berges erstreckte sich in der späten Jungstein- und der frühen Bronzezeit ein weitläufiges Gräberfeld. Einer von sechs Grabhügeln bei Bonstorf wurde 1973 geöffnet. Er gibt Aufschluß über die Anlage von Gräbern in der mittleren Bronzezeit (etwa 1500–1200 v. Chr.). Der Grabhügel war von einem Kranz mächtiger Findlinge eingefaßt. In seiner Mitte waren die sterblichen Überreste eines Mannes in einer hölzernen Kammer beigesetzt. Skeletteile einer Frau, möglicherweise die seiner Gattin, fanden die Archäologen auf einem Steinlager am Rand des Grabhügels. Detailgetreue Abbildungen der Grabbeigaben sind auf einer Informationstafel vor dem Grabhügel zu sehen.

Das Hügelgrab liegt etwa 1 km östlich von Bonstorf; der Weg dorthin ist im Ort ausgeschildert.

❷ **Wietzer Berg und Tillylinde** Sanft steigt der Wietzer Berg vom Tal der Örtze auf 102 m Höhe an. Dieser Endmoränenhügel im äußersten Nordwesten ist eine der höchsten Erhebungen des Naturparks. Vom Parkplatz Lönsstein an der Straße zwischen Baven und Müden gelangt man durch die fast baum- und strauchlose Heidelandschaft in etwa 7 Minuten bis zum Lönsstein auf dem Gipfel. Bürger aus Culm, dem westpreußischen Geburtsort des Dichters, stifteten das Denkmal. Hermann Löns (1866–1914) saß gern hier oben und genoß den weiten Blick in die Landschaft. Wie er die Heide erlebt und in seinen Gedichten und Geschichten beschrieben hat, ist auch heute noch lesenswert.

Ein paar Schritte in Richtung Baven führen vom Parkplatz aus zu einem Wanderweg, über den man in 5 Minuten zur Tillylinde am Willighäuser Kirchweg kommt. Der Feldherr aus dem 30jährigen Krieg hat freilich nie hier gesessen; der Name der alten Linde leitet sich vielmehr vom Wort Thing ab, der germanischen Bezeichnung für Volks- und Gerichtsversammlung.

❸ **Müden (Örtze)** Müden ist ein typisches, sehr hübsches Heidedorf. Das erkennt der Besucher besonders gut, wenn er die Alte Dorfstraße mit ihren Fachwerkbauten entlanggeht. Hier steht auch die St.-Laurentius-Kirche aus dem 15. Jh. Holt man sich den Schlüssel im gegenüberliegenden Pfarrhaus (Hausnummer 16), kann man das kunstvolle Sterngewölbe im Chor bewundern, der zudem mit einem Deckengemälde aus dem 16. Jh. geschmückt ist: Christus thront als Weltenrichter auf einem Regenbogen. Auf der einen Seite geleiten Engel die Seligen in den Himmel, auf der anderen Seite schleppen Teufel die Verdammten in die Hölle.

Am nördlichen Rand des Dorfes bietet der 6,5 ha große, künstlich angelegte Heidesee Gelegenheit zum Angeln und Rudern. Ein 2,5 km langer Rundwanderweg führt um den See. Am südlichen Dorfende

Wie hier in Müden an der Örtze stehen in vielen Heidedörfern kleine Backsteinkirchen mit ihrem typischen Holzturm.

Besonderheiten der Natur

Pflanzen Zwei Elemente bestimmen das Bild der Landschaft im Naturpark: einerseits die Heide, andererseits ineinander verzahnte Wälder und Feuchtgebiete. Während in der Heide Zwergsträucher wie die Besenheide, verschiedene Ginsterarten, Heidel- und Preiselbeere und gelegentlich Wacholder vorherrschen, wachsen in den lichten, relativ naturnahen Mischwäldern vor allem Birken, Fichten, Eichen und Kiefern mit ihrem artenreichen Unterwuchs.

Tiere Die Heide besitzt einen erstaunlichen Reichtum an Tierarten. Rund 2500 Spezies haben Experten gezählt. Vor allem die Wirbellosen tragen zu dieser hohen Zahl bei. 140 verschiedene Spinnenarten leben hier, dazu Wildbienen und zahlreiche Käfer. Einige Arten sind auf die Heide als Biotop angewiesen: die Heuschrecke etwa oder auch Schmetterlinge wie Heidebürstenbinder und Heidespinner. Zur Heidefauna gehören auch Schlingnatter, Ringelnatter und Kreuzotter. Weniger spektakulär ist die Fauna der Wälder. Neben Wildschwein, Rothirsch und Reh trifft man noch am ehesten auf Fuchs, Dachs, Marder oder Iltis. Rund um die Fischteiche haben sich viele wasserliebende Insekten angesiedelt. Etwa 30 Libellenarten leben in der Umgebung der Aschauer Teiche, darunter die Azurjungfer (Bild).

können im weitläufigen Wildpark heimische Tiere beobachtet und gefüttert werden. Ein besonderes Ereignis ist alljährlich Anfang Juli die traditionelle Heidschnuckenbock-Auktion in Müden, bei der morgens ab 7.30 Uhr etwa 30–50 dieser Tiere versteigert werden. Das schmackhafte Heidschnuckenfleisch kann man auch kaufen: entweder tiefgefroren das ganze Jahr über oder je nach Marktlage frisch beim Dorfschlachter.

Für die Erkundung der näheren Umgebung ist Müden ein gut geeigneter Standort. Hier werden nicht nur Fahrräder verliehen, sondern auch Kutschfahrten in die Heide angeboten.

Eine ganz andere Landschaft erlebt man in den für die Südheide ebenfalls charakteristischen Moorgebieten. Zwei davon, im Süden und Südosten von Müden gelegen, kann man auf kurzen Radtouren kennenlernen. Wanderweg Nr. 8 führt von Müden aus durchs Bümmbachsmoor, Nr. 1 an das Ahlkenmoor.

ℹ Verkehrsverein Müden, Hauptstr. 6, 29328 Faßberg, Tel. 0 50 53/3 29.

❹ Kanuwandern auf der Örtze Vorbei an Mooren, Feuchtwiesen und Wäldern schlängelt sich die Örtze, die der Dichter Hermann Löns einmal als „echtesten Heidefluß“ bezeichnet hat, auf ihrem 60 km langen Lauf noch weitgehend naturbelassen von Müden zur Aller. In Müden und Hermannsburg werden Kanus verliehen, in der Regel ist der Rücktransport im Preis inbegriffen. Daneben werden auch kombinierte Touren mit Kanu und Kutsche angeboten. Eine Verbindung von Paddel- und Fahrradtouren ist ebenfalls möglich. Aus Gründen des Naturschutzes ist das Paddeln allerdings während der Hauptbrutzeit der Vögel zwischen 1. März und 15. Juli verboten. Für die Strecke von Müden bis Hermannsburg sollte man etwa 1–2 Stunden Fahrzeit veranschlagen, für die Fahrt bis Wolthausen nahe der Mündung in die Aller etwa 6–7 Stunden.

ℹ Verkehrsverein Müden, siehe ❸.

❺ Schmarbecker Wacholderwald Heideromantik wie aus dem Bilderbuch erwartet den Wanderer in der Nähe des Heidedorfes Schmarbeck: strohgedeckte Scheunen und unverfälschte alte Höfe inmitten lichter Buchenwälder. Während der Wacholder sonst in der Heide nur vereinzelt vorkommt, bildet er hier fast schon einen Wald. Die für die Heide so typischen Büsche sind äußerst anspruchslos und gedeihen auf dem kargen Sandboden bestens. Licht hingegen ist für sie sehr wichtig, weshalb die teilweise Baumhöhe erreichenden Sträucher selbst im hier relativ dichten Bestand nie sehr nah zusammenrücken. Kenner zählen den etwa 20 ha großen Wacholderwald zu den schönsten in ganz Niedersachsen.

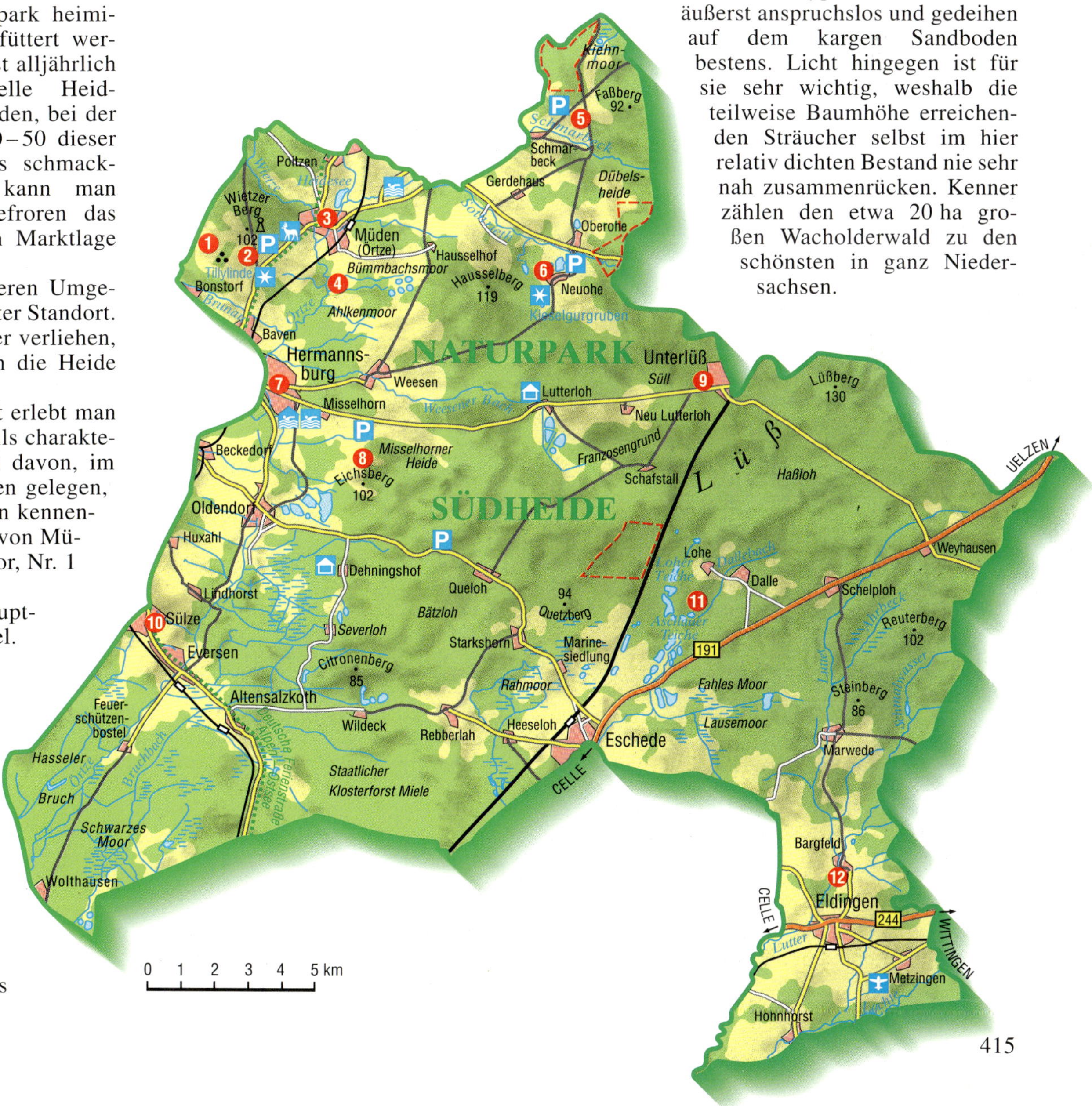

Am Parkplatz Wacholderwald/Schmarbeck beginnen zwei Rundwanderwege, die durch das Gebiet führen; Dauer etwa $^1/_2$–$2^1/_2$ Stunden. Hölzerne Tische und Bänke laden zu einem gemütlichen Picknick ein.

❻ **Kieselgurgruben bei Neuohe** Daß die Heide auch Bodenschätze birgt, ist wenig bekannt. Im Nordosten des Naturparks kann man sich davon überzeugen. Hier wird seit 1863 Kieselgur abgebaut, nachdem Alfred Nobel (1833–96), der Erfinder des Dynamits, als erster deren wirtschaftlichen Nutzen entdeckt hatte. Die Kieselgur entstand vor etwa 300 000 Jahren in Seen mit besonders kieselsäurehaltigem Wasser. In ihnen lebte eine Vielzahl von Algen mit einem Panzer aus Kieselsäure voller winziger Hohlräume. Aus diesen Schalengehäusen entstand die graugrüne Kieselgur, die im Untergrund in bis zu 28 m mächtigen Schichten lagert. Die Verwendungsmöglichkeiten sind äußerst vielfältig. So kann Kieselgur als Träger für Schädlingsbekämpfungs- und Düngemittel, als Füllstoff in der Papierindustrie, als Katalysator bei chemischen Prozessen, als Beimengung zu Autoreifen oder als Filtermittel in Brauereien eingesetzt werden. Nicht zuletzt auch in der Dynamitherstellung findet dieser Rohstoff nach wie vor Verwendung.

Abgebaut wird Kieselgur mit Löffelbaggern in tiefen Gruben, deren Betreten strikt verboten ist. Vom Wanderparkplatz beim benachbarten Oberohe aus kann man jedoch den drei markierten Rundwanderwegen von 3, 4 und 5 km Länge durch schöne Heideflächen folgen und kommt dabei an alten, mit Grundwasser gefüllten sowie an nach wie vor genutzten Gruben vorbei.

In Oberohe selbst können Kutschfahrten in die Heide, Reitunterricht und Ausritte mit Pferd oder Pony gebucht werden.

ℹ Verkehrsverein Müden, siehe ❸.

❼ **Hermannsburg** Das Heidedorf ist in den entlegensten Weltregionen bekannt. Denn hier gründete der Hermannsburger Pfarrer Ludwig Harms im Jahr 1849 ein evangelisch-lutherisches Missionswerk, dessen Missionare den Namen Hermannsburg in alle Welt trugen. Noch heute sind fast 300 „Hermannsburger" in Afrika, Asien und Südamerika tätig. Im Ludwig-Harms-Haus informiert eine kleine Ausstellung über Geschichte und Gegenwart der Missionsarbeit und präsentiert traditionelle Kunst aus den Missionsgebieten. Aber auch als Ferienort hat sich Hermannsburg in den letzten Jahren einen Namen gemacht. Es gibt ein Hallen- und ein Freibad, Fahrradverleih und Reiterhof, Kutschfahrten und geführte Wanderungen.

Sehenswert sind in und um Hermannsburg die alten Heidehöfe mit ihren hölzernen Treppenspeichern. Den 1768 erbauten Hiesterhof im Südosten des Ortes kann man über einen 5 km langen Rundwanderweg erreichen. Der Speicher dieses Hofes stammt noch aus der Zeit vor dem 30jährigen Krieg. Der Treppenspeicher, stets abseits des Wohngebäudes errichtet, ist eine Besonderheit niedersächsischer Bauernhöfe. Seinen Namen verdankt er der Treppe, die außen an dem zweigeschossigen Gebäude in die obere Etage führt. Zweck der getrennten Bauweise war der Schutz von Vorräten und wertvollen Haushaltgegenständen für den Fall, daß das reetgedeckte Wohnhaus einmal Feuer fangen sollte. Allerdings sind die Gebäude des Hiesterhofs für Besucher nicht zugänglich.

In Jahren mit ungerader Jahreszahl findet in Hermannsburg am letzten Augustwo-

Nur von außen darf das Naturwaldreservat Süll betrachtet werden, damit sich die Natur hier völlig ungestört entwickeln kann.

Fischteiche als Biotope

Der Mensch ist auf die Nutzung der Natur angewiesen. Wie er dabei vorgeht, ist unterschiedlich: mit dem Ziel des höchstmöglichen Ertrages – und damit gegen die Natur – oder – mit gewissen Abstrichen bei der Wirtschaftlichkeit – im Einklang mit ihr. Einige Teichwirte im Naturpark haben letzteren Weg gewählt.

Zwar produzieren sie in ihren Teichen Karpfen und Forellen für den Verzehr, doch leben in den naturnahen Gewässern weitere Nützlinge: die Teichmuschel (Bild) sowie der Bitterling. Dieses 6–8 cm lange, bunt schillernde Fischlein braucht für seine Vermehrung die Muschel; nur im Schutz ihrer Schalen können sich aus den Eiern die Larven entwickeln. Die Muschel ihrerseits ist auf besonders sauberes Wasser angewiesen. Die Folge: Bei steigender Wasserverschmutzung verschwindet erst die Muschel, dann nach kurzer Zeit auch der Bitterling.

Inzwischen haben sich aber aufgrund verbesserter Klärung zahlreiche Gewässer erholt und bieten nun auch wieder die notwendigen Lebensgrundlagen für das ungleiche Paar. Statt auf eine natürliche Zuwanderung zu hoffen, besorgen sich Angler und Naturschützer den Neubesatz für ihre Gewässer oft aus den Aschauer Teichen. Auch die kultivierten Seerosen finden ihre Abnehmer. Ganz ohne Zutun der Teichwirte sind außerdem viele Wasservögel zugezogen, denen es nicht zuletzt die zahlreichen hier vorkommenden Libellen angetan haben.

chenende ein großes Trachtenfest mit internationalen Volkstanzgruppen statt.

i Verkehrsverein Hermannsburg, Harmsstr. 3A, 29320 Hermannsburg, Tel. 0 50 52/80 55.

8 **Misselhorner Heide** Die Misselhorner Heide bildet einen bogenförmigen Streifen inmitten eines Kiefernwaldgebietes. Sie bedeckt etwa 15 ha und wird von einem knapp 6 km langen Rundwanderweg erschlossen, an dem zwei Wanderparkplätze liegen: einer an der Straße von Hermannsburg nach Unterlüß, der andere (Parkplatz Tiefental) nördlich der Straße nach Eschede. Im Winter kann man an fröhlichen Pferdeschlittenfahrten teilnehmen.

Ein Unterschied zwischen dem Naturschutzpark Lüneburger Heide rund um den Wilseder Berg und den Heideflächen im Naturpark Südheide wird hier besonders deutlich: Während die Landschaft dort sehr bewegt ist, wird die Südheide durch weite Ebenen und allenfalls sanfte Anhöhen geprägt. Diese Altmoränen, Platen genannt, werden von Wind und Wasser im Lauf der Zeit abgetragen, da sie nur aus Lockermaterial wie Sand und Kies bestehen.

Fährt man zum Parkplatz Tiefental, kommt man zu Beginn des Waldweges durch ein Ameisenschutzgebiet. Die Nester der Kleinen Roten Waldameise sind hier zum Schutz vor Menschen sowie vor Vögeln durch Maschendraht geschützt. Die größten Nester sind bis zu 20 Jahre alt; in einem einzigen Nest leben 5000 Königinnen und 3 Mio. Arbeiterinnen. Königinnen können maximal 25, Arbeiterinnen höchstens sechs Jahre alt werden. Die Arbeiterinnen eines Nestes vernichten pro Tag bis zu 100 000 Schädlinge und verbessern den Waldboden dadurch, daß sie große Mengen von mineralischen Nährstoffen an die Oberfläche bringen. Daher wird die Beschädigung eines Waldameisennestes mit empfindlichen Geldbußen geahndet.

9 **Unterlüß** Der überwiegend moderne, von seiner Nähe zu großen Truppenübungsplätzen geprägte Ort liegt inmitten des rund 8000 ha großen Lüßwaldes, einem der größten zusammenhängenden Waldgebiete Norddeutschlands. 120 km markierte Rad- und Wanderwege erschließen den Forst – einen lichten Mischwald aus Rotbuchen, Eichen, Kiefern und Fichten. Ein beliebtes Wanderziel ist der 130 m hohe Lüßberg. Wie ein Wald aussieht, den man sich selbst überläßt, zeigt das Naturwaldreservat Süll westlich des Weges zum Lüßberg. Das Naturwaldreservat darf zwar nicht betreten, jedoch umwandert werden. Sehenswert ist im Ort das Albert-König-Museum. Der Künstler lebte von 1881 bis 1944 und malte vor allem heimische Landschaften, Bäume und Kieselgurgruben (Mai–Oktober täglich außer Mo, November–April nur Sa und So von 14.30 bis 17.30 Uhr geöffnet).

i Verkehrsverein, Hermannsburger Str. 26, 29345 Unterlüß, Tel. 0 58 27/74 41.

10 **Afrika-Museum in Sülze** Im Rathaus des zur Stadt Bergen gehörenden Dorfes Sülze kann während der üblichen Bürozeiten eine private Afrikasammlung besichtigt werden, die über Aspekte der Wirtschaft, Tierwelt und traditionellen Kunst des Schwarzen Erdteils informiert.

i Fremdenverkehrsverein, 29303 Bergen, Tel. 0 50 54/3 92.

11 **Aschauer und Loher Fischteiche** Bei der Trockenlegung der Moore im Nordosten von Eschede zu Beginn unseres Jahrhunderts wurde das abgeleitete Wasser in einer Vielzahl von Teichen aufgestaut, in denen man zunächst nur Karpfen und Schleien züchten konnte. Inzwischen aber werden die Teiche auch von der Aschau gespeist, einem Bach, in dessen Wasser sich sogar die hochwertigen Forellen wohl fühlen. Die Aschauer Teiche werden noch intensiv genutzt; Wanderer sind darum in ihrer Nähe nicht allzugern gesehen. Nördlich davon schließen sich unmittelbar die Loher Teiche an, wo sich Radfahrer und Wanderer an den waldgesäumten Ufern und der reichen Vogelvielfalt ungestört erfreuen können. Der Wander- und Radweg dorthin, der Loher Weg, beginnt unmittelbar hinter Eschede in der Rechtskurve der B 191 in Richtung Uelzen.

An der B 191 liegt kurz dahinter eine Räucherei, in der in Erlenrauch geräucherte Forellen aus den Aschauer Teichen verkauft werden. Eine unbefestigte Zufahrtsstraße führt von dort ein Stück weit nordwärts zu einem Unternehmen, das Seerosen züchtet und verkauft.

i Fremdenverkehrsverein, Bahnhofstr. 13, 29348 Eschede, Tel. 0 51 42/8 36.

12 **Bargfeld** Der Schriftsteller Arno Schmidt wohnte von 1958 bis zu seinem Tod 1979 in dem kleinen, beschaulichen Heidedorf im Süden des Naturparks. Schmidt wurde vor allem mit seinem experimentellen Romanwerk *Zettels Traum* bekannt. Sein Arbeitszimmer kann nach telefonischer Voranmeldung besichtigt werden; im Stiftungshaus finden wechselnde Ausstellungen über Leben und Werk Arno Schmidts statt.

Goldgelb geräucherte Forellen sind eine begehrte Spezialität aus den Aschauer Teichen.

i Arno Schmidt Stiftung, Unter den Eichen 13, 29351 Eldingen, Tel. 0 51 48/ 15 16.

Naturpark Harburger Berge

Bergsteiger werden über die sanften Hügel nur milde lächeln. Bekannt ist das beliebte Naherholungsgebiet vor den Toren Hamburgs, das im rechtlichen Sinn eigentlich gar kein Naturpark ist, auch eher durch die abwechslungsreiche Heidelandschaft im Naturschutzgebiet Fischbeker Heide.

Charakteristisch für die Fischbeker Heide mit ihren kargen, sandigen Böden sind weite, mit verkrüppelten Bäumen durchsetzte Besenheideflächen.

❶ **Fischbeker Heide** Von der nahen Großstadt Hamburg ist in diesem herrlichen Heidegebiet nichts zu spüren. Wer hier spazierengeht, fühlt sich in der freien Natur – und ist doch in einer Landschaft, die wie alle Heidegebiete über Jahrhunderte hinweg vom Menschen geprägt wurde. Um sie als diese Kulturlandschaft zu erhalten, hat man in den 50er Jahren im Naturschutzgebiet eine eigene Heidschnuckenschäferei eingerichtet. Es gibt zwar immer noch etwa 200 dieser Tiere, aber die jungen Gehölztriebe werden heutzutage vorwiegend maschinell entfernt. Besonders reizvoll ist der kleinräumige Wechsel von Trockentälern, relativ steilen Hängen und weitläufigen Höhenzügen; romantisch wirken die bizarr verkrüppelten Baumgruppen, hier Stühbusch genannt. Sie entwickelten ihre eigenartigen Formen, weil die Heidebauern die Bäume in bestimmten Abständen kappten, um Feuerholz zu gewinnen, ihr Vieh mit Laub zu füttern und die Rinde zum Gerben zu verwenden.

Mehrere Rundwanderwege von 1–3 Stunden Dauer durch das Fischbektal und die Fischbeker Heide beginnen an den Parkplätzen am Scharlbarg bei der Wohnsiedlung Neugraben-Fischbek.

ℹ Tourismus-Zentrale Hamburg, Burchardstr. 14, 20095 Hamburg, Tel. 040/30 05 10.

❷ **Naturschutz-Informationshaus Fischbeker Heide** Ein äußerst fotogenes Ensemble zweier Reetdachhäuser beherbergt den Heidschnuckenstall und das Informationszentrum des Naturschutzgebietes. Auf bunten Schautafeln und in zahlreichen Vitrinen werden dort die Tier- und Pflanzenwelt sowie die Pflege der Heidelandschaft erklärt (April – Oktober Di, Mi 10–13, Do, Fr 14–17, Sa, So 11–18 Uhr geöffnet).

ℹ Naturschutz-Informationshaus Schafstall Fischbeker Heide, Fischbeker Heideweg 43, 21149 Hamburg, Tel. 040/7 02 66 18.

❸ **Rodelbahn ins Fischbektal** Auch wenn es offiziell nicht so gern gesehen wird, nutzen viele Kinder im Winter die sanften Hänge des Naturschutzgebiets zum Rodeln. Eine Bahn beginnt ganz in der Nähe des Naturschutz-Informationshauses (siehe ❷) und führt etwa 200 m weit ins Fischbektal hinunter.

❹ **Archäologischer Wanderpfad** Zwischen Heidefriedhof und Tempelberg verläuft ein archäologischer Wanderpfad (2,5 km), der auf zahlreiche Spuren und auf Rekonstruktionen vorgeschichtlicher Grabdenkmäler aufmerksam macht. Die ältesten sind etwa 4500 Jahre alte Großsteingräber und stammen aus der Jungsteinzeit. In der Bronzezeit (etwa 1800–800 v. Chr.) wurden die Toten dagegen in ausgehöhlten Eichenstämmen unter runden Grabhügeln bestattet.

Die letzten Beisetzungen fanden auf dem Fischbeker Gräberfeld auf einem Urnenfriedhof mit über 1000 Grabstellen bis ins 1. Jh. v. Chr. hinein statt. Ein im Helms-Museum in Hamburg-Harburg erhältlicher Führer erläutert die Objekte am Weg.

ℹ Helms-Museum für Früh- und Urgeschichte, Museumsplatz 2, 21073 Hamburg, Tel. 040/77 17 06 91.

❺ **Moisburger Stein** Nur 10 Gehminuten vom Fischbeker Heidefriedhof entfernt steht am Rand des Naturschutzgebietes Fischbeker Heide ein alter Grenzstein. Unter den Initialen Georg Augusts von Hannover, des späteren Königs Georg II. von Großbritannien, trägt er in römischen Ziffern die Jahreszahl 1750. Heute markiert er die Grenze zwischen Hamburg und Niedersachsen.

❻ **Freilichtmuseum am Kiekeberg** Über ein Dutzend bäuerliche, meist reetgedeckte Baudenkmäler aus der nördlichen Lüneburger Heide bilden seit 1953 dieses stimmungsvolle, 8 ha große und knapp 2 km südlich außerhalb des Naturparks gelegene Freilichtmuseum. Zwei der Bauernhäuser sind typische niederdeutsche Hallenhäuser, in denen Mensch und Tier unter einem Dach lebten. Sie stammen aus dem 17. Jh., während das einfachere Häuslingshaus aus dem 18. Jh. datiert. Im Backhaus von 1688 wird gelegentlich noch Brot gebacken.

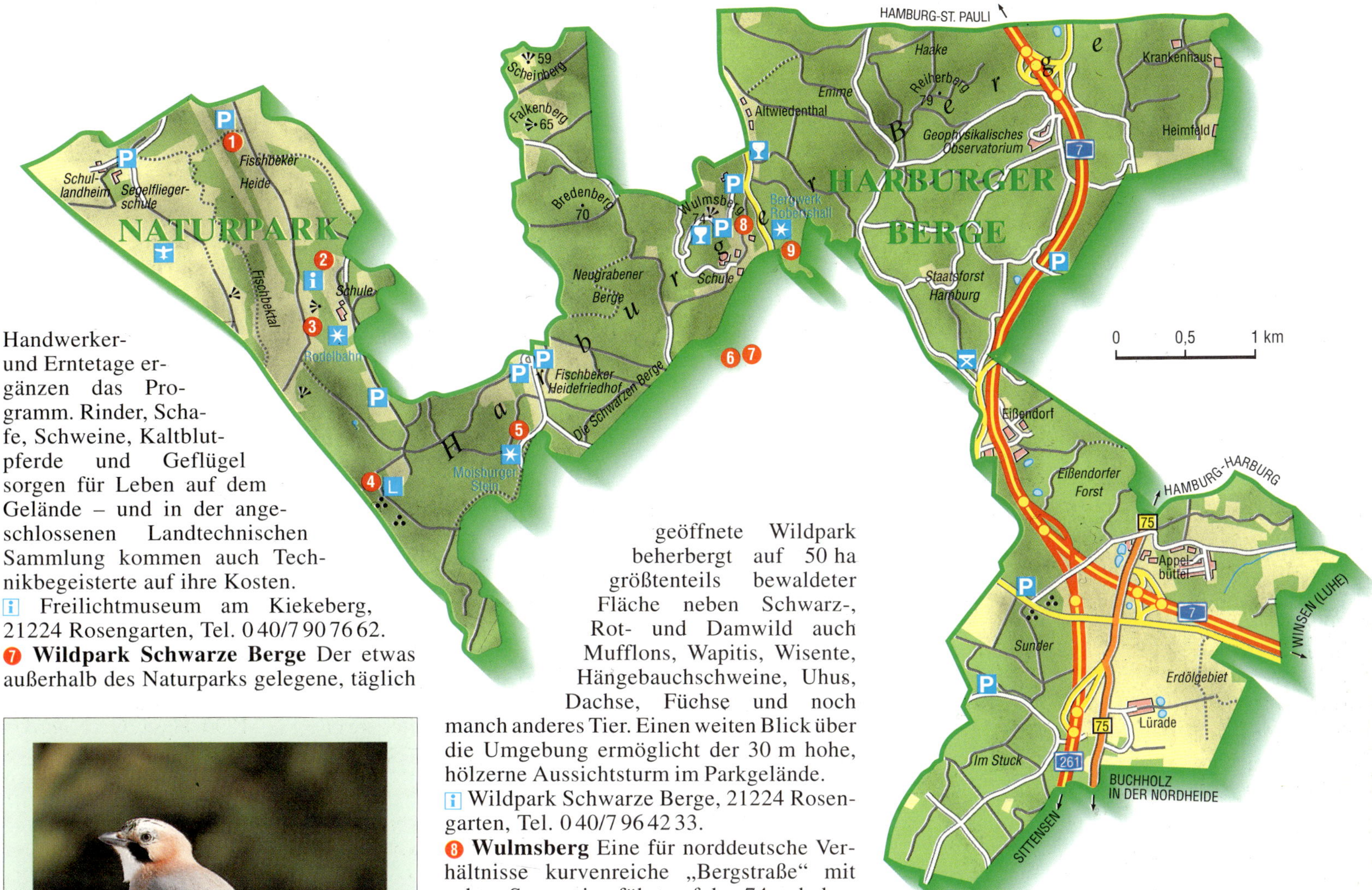

Handwerker- und Erntetage ergänzen das Programm. Rinder, Schafe, Schweine, Kaltblutpferde und Geflügel sorgen für Leben auf dem Gelände – und in der angeschlossenen Landtechnischen Sammlung kommen auch Technikbegeisterte auf ihre Kosten.

i Freilichtmuseum am Kiekeberg, 21224 Rosengarten, Tel. 0 40/7 90 76 62.

7 Wildpark Schwarze Berge Der etwas außerhalb des Naturparks gelegene, täglich geöffnete Wildpark beherbergt auf 50 ha größtenteils bewaldeter Fläche neben Schwarz-, Rot- und Damwild auch Mufflons, Wapitis, Wisente, Hängebauchschweine, Uhus, Dachse, Füchse und noch manch anderes Tier. Einen weiten Blick über die Umgebung ermöglicht der 30 m hohe, hölzerne Aussichtsturm im Parkgelände.

i Wildpark Schwarze Berge, 21224 Rosengarten, Tel. 0 40/7 96 42 33.

8 Wulmsberg Eine für norddeutsche Verhältnisse kurvenreiche „Bergstraße" mit echter Serpentine führt auf den 74 m hohen Wulmsberg hinauf. Der Blick auf die Skyline Hamburgs ist bei Tag und Nacht faszinierend. Das Hotel mit Restaurant und Café auf dem Berg wurde bereits 1892 gegründet; sein Vorläufer war die alpin wirkende Sennhütte eines Hamburger Schusters, der hier zuvor jahrelang durstigen Hamburger Wanderern Getränke verkauft hatte.

i Berghotel Sennhütte, Wulmsberg 12, 21149 Hamburg, Tel. 0 40/79 70 01.

9 Bergwerk Robertshall Daß am Stadtrand von Hamburg einmal Braunkohle abgebaut wurde, erscheint heute fast unvorstellbar. Und doch wurden hier im Bergwerk Robertshall am Rand des jetzigen Naturparks zwischen 1919 und 1922 nahezu 50 000 t Braunkohle gefördert. Weitere 280 000 t liegen noch in drei Flözen unter der Erde; ihr Abbau wäre jedoch derzeit völlig unrentabel.

An der Straße Beim Bergwerk, die von der Hauptstraße zwischen Ehestorf und Hausbruch abzweigt, sieht man im Wald neben Einsturzlöchern über nicht verfüllten Stollen auch noch den Rest einer Anlage, in der die hier mit Schmelzwassersanden vermischte Braunkohle gewaschen wurde.

Besonderheiten der Natur

Pflanzen Den biologisch wertvollsten Teil des Naturparks nimmt das Naturschutzgebiet Fischbeker Heide ein. Ein sehr seltener Gehölztyp ist der dortige Krattwald. Er diente den Bauern früher zur Brennholzversorgung: von Zeit zu Zeit sägten sie die dickeren Stämme und Äste ab. Die Bäume (vor allem Eichen und Buchen) schlugen wieder aus und verwuchsen zu dichtem Gebüsch.

Tiere Eine reiche Vielfalt von Insekten kommt in der Heide vor, denen die wärmeliebenden Eidechsen nachstellen. Seltene Vogelarten wie Waldohreule, Heidelerche und Ziegenmelker leben dort, aber auch der häufiger vorkommende Eichelhäher (Bild).

Ein Heim für rund 500 Heidschnucken waren früher die beiden Schafställe, von denen einer heute als Naturschutz-Informationshaus dient. Der ehem. Stall ist Ausgangspunkt für naturkundliche Führungen.

Naturpark Elbufer–Drawehn

Über 40 Jahre lang bildete die Elbe die Grenze zwischen beiden Teilen Deutschlands. Die ohnehin stille Landschaft des Wendlandes wurde zum vergessenen Hinterstübchen der alten Bundesrepublik. Einen Vorteil hatte der Dornröschenschlaf: Die Natur und die Ortsbilder blieben unversehrter als anderswo.

❶ **Brackede** Das kleine Dorf im nördlichsten Zipfel des Naturparks zeigt eine für das Marschland typische Siedlungsform, Marschhufendorf genannt: Die Häuser stehen in einer Reihe quer zum Deich, die Gärten und Felder ziehen sich als lange, schmale Streifen vom Haus ins Binnenland. Auf der anderen Seite des Deiches liegt heute das Naturschutzgebiet Altwasser, um das ein knapp 4 km langer Rundwanderweg, teilweise an der Elbe entlang, führt. Das Feuchtgebiet ist Brut-, Nahrungs- und Nistraum für fast 200 Vogelarten, darunter allein 60, die auf der roten Liste der bedrohten Tierarten stehen.

An der Elbuferstraße zwischen Brackede und Bleckede liegt östlich der Straße der Auwald Vitico mit einer großen Kolonie Graureiher. Der Wald steht unter Naturschutz.

❷ **Bleckede** Einen schönen Überblick über die Stromaue der Elbe gewinnt man von der Aussichtsplattform, die sich auf der Ruine des mittelalterlichen Bergfrieds von Schloß Bleckede befindet. Die erhaltenen Schloßbauten, ein Fachwerkflügel von 1600 und ein Backsteinbau von 1743, beherbergen heute eine Heimvolkshochschule. Im Schloßhof lockt alljährlich in der zweiten Maihälfte der renommierte „Musikalische Frühling“ Besucher von nah und fern zu klassischer Musik, Ballett und Jazzkonzerten. Einer von den vielen Fachwerkbauten der Stadt ist das Heimathaus Bleckede. Im Schloß Bleckede ist das Heimatmuseum untergebracht, in dem u. a. das Richtschwert von 1670 und einige vorgeschichtliche Funde besonders bemerkenswert sind (Fr–So und feiertags 15–17 Uhr geöffnet).

Wer sich sportlich betätigen will, kann am Hafen zwischen Mai und August ein Tretboot mieten. Alljährlich am ersten Wochenende im September ist der Hafen Schauplatz eines traditionellen Fischmarktes.

ℹ Verkehrsverein Bleckede, Rathaus, 21354 Bleckede, Tel. 0 58 52/3 99 22.

❸ **Barskamp** Von den Zeiten, als das Elbufer noch Grenzland zwischen Germanen und Slawen war, kündet der trutzige romanische Wehrturm der St.-Vitus-Kirche in der Mitte des Dorfes.

Sattgrüne Auwiesen erstrecken sich im weiten Urstromtal der Elbe, das sich vom Weinberg bei Hitzacker aus gut überblicken läßt.

Tiere aus Wald und Flur geben sich im Waldmuseum Göhrde ein Stelldichein – leider nur in ausgestopftem Zustand.

An der Straße nach Tosterglope beginnt an einem Wanderparkplatz ein Rundwanderweg: Er führt an den drei über 4000 Jahre alten Hünengräbern im Schieringer Forst vorbei zum Opferberg, einem abgeflachten Hügel, dessen Ursprung noch ungeklärt ist.

❹ **Wassermühle in Katemin** Daß man auch heute noch mit Wasserkraft Getreide mahlen kann, beweist die 200 Jahre alte Mühle in Katemin am stimmungsvollen, von Erlen, Kastanien und Birken gesäumten Mühlteich. Das Wasserrad wurde zwar bereits 1907 durch eine Turbine ersetzt, treibt aber noch immer die liebevoll gepflegten, über 50 Jahre alten Maschinen an und erzeugt z. T. auch noch Strom für die Mühle.

Der Müller führt seine Besucher gern durch die Mühle; Vollkornmehl aus Katemin gibt es in jeder beliebigen Menge zu kaufen (geöffnet Mo–Fr 8–12.30 und 14.30–18 Sa 8–12.30 Uhr).

i Kateminer Mühle, 29490 Neu Darchau, Tel. 0 58 53/2 31.

❺ **Aussichtsturm Kniepenberg** Am 86 m hohen Kniepenberg fühlen sich Norddeutsche fast ins Mittelgebirge versetzt: Die Elbuferstraße zwischen Katemin und Hitzacker hat hier bis zu 13 % Gefälle. Vom Parkplatz auf dem Kniepenberg geht man nur einige Schritte bis zu einem hölzernen Aussichtsturm. Tief unten sieht man Frachtkähne und Sportboote auf der Elbe, der Blick geht über die Stromniederung bis hinein nach Mecklenburg-Vorpommern.

❻ **Göhrde** In der Hügellandschaft des Drawehns liegt Norddeutschlands größtes geschlossenes Waldgebiet, die Göhrde. Auf 60 km² wachsen hier Buchen, Tannen und insbesondere Eichen, deren Holz extrem weich ist und das als Furnierholz Höchstpreise erzielt. Jahrhundertelang war die Göhrde exklusives Jagdgebiet der jeweiligen Landesherren. Georg I., Kurfürst von Hannover und König von England, ließ 1706–09 ein repräsentatives Jagdschloß erbauen, von dem aber nur noch wenige Nebengebäude wie der Marstall und ein Kavaliershaus erhalten sind. Sie beherbergen jetzt eine Heimvolkshochschule. Aus noch früherer Zeit stammt der Celler Stall, ein Fachwerkbau von 1672. Einst bot er 76 herrschaftlichen Pferden Platz, heute steht er als Waldmuseum Besuchern zwischen März und Oktober täglich außer Mo offen. Zu sehen sind u. a. 20 Mio. Jahre alte versteinerte Hölzer, Tierpräparate und Gesteine der Göhrde. Einen kurzen, aber guten Einblick vermittelt auch der 1 km lange Waldlehrpfad, der an der B 216 gegenüber dem Hotel *Zur Göhrde* beginnt.

❼ **Hitzacker** Auf einer kleinen Insel in der Jeetzelmündung befindet sich der historische Kern des Städtchens. Vom 50 m hohen Weinberg aus erkennt man, daß die Jeetzel, deren Mündung von der Elbe immer weiter nach Norden verschoben

Besonderheiten der Natur

Pflanzen Zwei völlig verschiedenartige Landschaften sind in diesem Naturpark vereint. Zum einen ist dies die Stromniederung der Elbe mit ihren verschiedenen Feuchtbiotopen. Über 100 Farn- und Blütenpflanzen, die auf der roten Liste der bedrohten Arten stehen, finden hier – meist in den flußnahen Auwäldern – noch einen geeigneten Lebensraum. Mächtige Eschen, Eichen und Pappeln dominieren die Vegetation. In den Teichen und Altarmen entdeckt man seltene Schwimmblattpflanzen wie Krebsschere, Seekanne und Teichrose. Zum andern sind es die knapp über 100 m hohen Geestrücken, deren lichte Laubmischwälder mit Buchen, Eichen, Eschen, Ulmen und ihrer charakteristischen Krautschicht zu den schönsten Forsten Norddeutschlands gerechnet werden.

Tiere In alten Eichenbeständen leben die größten heimischen Käfer, die über 7 cm messenden Hirschkäfer (Bild). Ebenfalls ein Waldbewohner ist der extrem seltene Schwarz- oder Waldstorch. Kaum zu zählen sind dagegen die in Flußnähe brütenden Vögel, darunter Kranich, Seeadler, Rotmilan und Brachvogel.

Weiher, Tümpel und Auwälder machen den Reiz der unteren Seegeniederung bei Gartow aus. Jedes Frühjahr wird das Gebiet vom Elbhochwasser überschwemmt.

wurde, in einer von dem größeren Fluß verlassenen Stromrinne fließt. Der nahe gelegene Weinberg ist heute Deutschlands nördlichstes Weinanbaugebiet. Die Trauben werden alljährlich während des Gallusmarktes Anfang Oktober geerntet. Käuflich erwerben kann man diesen Wein freilich nicht – er wird von der Stadtverwaltung an Ehrengäste verschenkt.

Vom Weinberg führt der Weinbergsweg an einer 350jährigen Riesenkastanie vorbei hinunter zur Jeetzel, auf der man Tretboote mieten kann. Wer solche Anstrengungen nicht mag, kann ein Motorschiff besteigen und an einer Rundfahrt nach Tießau oder zur Dömitzer Elbbrücke teilnehmen.

In der Altstadt ist der klassizistische Kanzelaltar in der ganztags geöffneten Stadtkirche St. Johannis ebenso sehenswert wie das kleine Heimatmuseum im ältesten und größten Fachwerkhaus der Stadt, dem 1589 erbauten Zollhaus (von Mitte Mai bis Mitte Oktober Fr–So 15–17 Uhr geöffnet). Das Museum zeigt u. a. ein mittelalterliches Schachspiel und einen 1600 Jahre alten Einbaum. Wie die Menschen während der Bronzezeit lebten, ist in einem rekonstruierten Langhaus am Ufer des Hitzacker Sees zu sehen (April–Oktober Mi–So geöffnet). Dort können Besucher während der „Tage der lebendigen Archäologie“ (an zwei Wochenenden im Sommer) wie ihre Vorfahren weben, töpfern oder Brot backen. Schon seit 1946 steht Hitzacker alljährlich in der letzten Juliwoche während der „Sommerlichen Musiktage“ ganz im Zeichen der Kammermusik.

Wasser, das qualmt

Einige Flächen im Einzugsbereich der Elbe liegen etwa gleich hoch wie der Wasserspiegel des breiten Stromes. Wie feucht diese sind, hängt daher immer von der Wasserführung des Flusses ab. Führt er Hochwasser, drückt das Wasser von unten auch in diese Bereiche hinein und tritt dort häufig in Form von sog. Qualmwässern an die Oberfläche. Mitgeführte feinste Bodenteilchen lassen das trübe herausquellende Wasser in klaren Tümpeln wie Qualm erscheinen. So erklärt sich der Name dieses Wassers, das in anderen Gegenden auch „Dränge-“, „Kör-“ oder „Kuverwasser“ genannt wird.
Die aus dem Sandboden hervordringenden Sickerwässer sind dank der guten Filterwirkung des lockeren Untergrundes sehr nährstoffarm. Dennoch gibt es einige Wasserbewohner, die sich auf diesen von periodischen Überschwemmungen geprägten Lebensraum eingestellt haben. Winzige, garnelenähnliche Süßwasserkrebse *(Siphonophanes grubei)* z. B. ernähren sich von Mikroorganismen, die sie aus dem Wasser herausfiltern.
Die von den Qualmwässern gespeisten Feuchtwiesen bieten einer Vielzahl von verschiedenen Lurchen Nahrung und Laichplätze. Zehn der insgesamt 15 in Deutschland heimischen Molche, Kröten und Unken leben im Naturpark Elbufer–Drawehn, darunter als besondere Seltenheit die Rotbauchunke (Bild).

i Kurverwaltung Hitzacker, Weinbergsweg, 29456 Hitzacker, Tel. 0 58 62/80 22.

8 Radrundtour durch die Elbmarsch
Die erste Etappe führt von Hitzacker, wo man auch Räder mieten kann, auf der wenig befahrenen Elbuferstraße nach Damnatz. Erster Ort am Weg ist Wussegel. Wenn man genau hinschaut, erkennt man, daß der alte Ortskern auf einer Wurt steht, also auf einer künstlichen Erhebung in der flachen Marsch. Diese Siedlungsform ist uralt und stammt noch aus den Zeiten, als es keinen Elbdeich gab. Durch das Dorf Penkefitz

kann man dann auf einem Feldweg am Nordrand des Naturschutzgebietes Penkefitzer See entlangradeln; er ist ein Altarm der Elbe und ein Vogelparadies. Auf die Elbuferstraße zurückgekehrt, geht es nach Jasebeck zu einem der letzten vier Auwälder der Elbe. In Damnatz ist die weißbraune Fachwerkkirche von 1617 ein wahrer Augenschmaus. Nächstes Etappenziel ist Seedorf am Gümser See, einem weiteren Altarm der Elbe. Die Fachwerk-Bauernhäuser stehen z. T. direkt am Wasser, in dem im Sommer auch gebadet werden kann. Über Breese in der Marsch, Predöhlsau und Seerau führt die insgesamt etwa 40 km lange Tour zurück nach Hitzacker.

❾ **Gorleben** Der Name des eigentlich stillen Dorfes an der Elbe steht für heftige Auseinandersetzungen zwischen Polizei und Atomkraftgegnern Anfang der 80er Jahre. Streitpunkt war das geplante Zwischenlager für Brennelemente. Die Betreibergesellschaft der umstrittenen Anlage informiert anhand von Modellen und Schautafeln über das System der Lagerung radioaktiven Reaktorabfalls in Deutschland (So und Mo geschlossen). Nach Voranmeldung können Gruppen ab zehn Personen das Zwischenlager besichtigen.

ℹ Brennelementelager Gorleben GmbH, Lüchower Str. 8, 29475 Gorleben, Tel. 0 58 82/1 00.

❿ **Höhbeck** Wie ein kleines Gebirge wirkt der bis zu 76 m hohe, 4 km lange und 2,5 km breite Altmoränenzug. Von Vietze aus führt ein kurzer Spaziergang am Steilabfall entlang zum Kastell, einer eindrucksvollen Wallanlage aus der Zeit von Karl dem Großen. Vom Kastell geht es durch dichten Buchen- und Eichenwald zur 2 km entfernten Schwedenschanze mit dem Rest der Wallanlage einer slawischen Fliehburg. Die beiden in der Nähe aufgestellten rotweißen Richtfunkantennen sind eine weithin sichtbare Landmarke; vom hölzernen Aussichtsturm am Steilufer des Urstromtales blickt man weit ins Land hinein. Hier gibt es Steppenböden mit südosteuropäischen Pflanzen.

Für die Rückkehr nach Vietze kann man einen etwas landeinwärts gelegenen Weg parallel zum Elbufer wählen. In Vietze präsentiert das kleine Heimatmuseum eine Sammlung zur Tierwelt, Elbschiffahrt, Fischerei und Waldwirtschaft (April–September Mi, Sa, So ab 17 Uhr geöffnet). Am Ortsrand Richtung Meetschow beeindruckt eine romanische Feldsteinkapelle durch ihr wehrhaftes Erscheinungsbild.

⓫ **Gartow** Für Naturfreunde, die sich gern mit der Tier- und Pflanzenwelt, aber auch der Geologie und Archäologie im Naturpark befassen wollen, ist Gartow ein idealer Ausgangspunkt. Hier werden den ganzen Sommer über Fuß- und Radwanderungen unter sachkundiger Führung angeboten. Über die Lebensräume von Tieren und Pflanzen in der Gartower Elbmarsch und am Höhbeck informiert eine an den Wochenenden zwischen April und Oktober geöffnete Ausstellung des Naturschutzbundes (NABU) am Juwel-Feriendorf. Darüber hinaus gibt es ein Wildgatter mit heimischem Wild sowie den Wanderweg Eichenallee, der zu Kranichnistplätzen in den Auwaldresten am Elbufer führt. Er ist aber während der Brutzeit gesperrt.

Auf dem 60 ha großen Gartower See werden Tret-, Paddel-, Ruder- und Elektroboote verliehen und Surfkurse angeboten. Ein 4 km langer Spazierweg führt rund um den See. Angelkarten werden auch tageweise ausgegeben. Ein großes Reitzentrum bietet ganzjährig Lehrgänge für Kinder und Erwachsene sowie Tagesausritte an; baden kann man im See, im beheizten Waldbad oder in der Wendland-Therme mit einer 50 m langen Wasserrutsche.

Sehenswert ist schließlich auch die im Sommer ganztags geöffnete Barockkirche gleich neben dem privaten Gartower Schloß von 1710, das Besuchern allerdings nur während der gelegentlich stattfindenden Schloßkonzerte offensteht.

ℹ Kurverwaltung Gartow, Nienwalder Weg 1, 29471 Gartow, Tel. 0 58 46/3 33.

Der Elbdeich schützt Dörfer und Höfe wie dieses Bauernhaus in Wussegel vor Überschwemmungen.

⓬ **Schnackenburg** In der kleinsten Stadt Niedersachsens ist es seit der deutschen Einigung noch stiller geworden. Bis 1990 kontrollierte hier der Zoll die Elbschiffahrt. Es kamen Urlauber, um vom Aussichtsturm am Hafen einen Blick auf die Grenzanlagen der ehem. DDR auf der anderen Elbseite zu werfen. Heute gibt es hier naturkundliche Führungen. Die alte Schiffer- und Hafenstadt lohnt schon ihrer schönen Fachwerkhäuser wegen einen Besuch.

ℹ Kurverwaltung Gartow, siehe ⓫.

⓭ **Clenzer Schweiz** Die von Gletschern der vorletzten Eiszeit gebildete und bis zu 122 m hohe Hügelkette ist durch den Formenreichtum ihrer Kuppen und Täler ein reizvolles Wandergebiet. In Serpentinen, im Volksmund „Kaffeemühle" genannt, überwindet die Landstraße von Clenze nach Kreyenhagen 50 m Höhenunterschied. Biegt man oben nach links in Richtung Starrel ab und folgt dann dem Wegweiser zur Blockhütte, gelangt man zu einem kleinen Tiergehege und einem Aussichtsturm. Von hier oben hat man einen schönen Ausblick über den Drawehn.

⓮ **Belau** Rundlingsdörfer gehören zu den bekanntesten Sehenswürdigkeiten im Wendland. Innerhalb des Parks, südlich von Bergen (Dumme), liegt Belau, das alle Merkmale dieser bei uns einmaligen Siedlungsform aufweist. Eine einzige Zufahrt führt auf den tropfenförmigen Dorfplatz, auf den alle Höfe ausgerichtet sind. Weitere Rundlingsdörfer liegen östlich von Clenze außerhalb des Parks.

Naturpark Elbetal

An den stillen Altarmen der Elbe überwintern in einer der ursprünglichsten Auenlandschaften Mitteleuropas Tausende von Schwänen und Abertausende von Gänsen. Im Frühjahr und Herbst rasten Kraniche in der grünen Niederung, und im Sommer hat fast jedes Dorf ein Storchenpaar zu Gast.

Wie ein Fremdkörper wirkt die einstmals rege befahrene Dömitzer Brücke in der unendlichen Weite der Elbe-Stromaue.

❶ **Stixer Wanderdüne** Eine echte Wanderdüne mitten im Kiefernwald ist selbst im dünenreichen Elbetal eine Besonderheit. Parkt man Auto oder Fahrrad in der Kurve der B 195 gleich nördlich von Stixe, steht man schon nach 150 m vor der Sandfläche, über die ein gesicherter Weg auf den höchsten Punkt hinaufführt. An einigen bis zur Spitze zugewehten Kiefern erkennt man, daß die Düne in Bewegung ist. Kahle Sandflächen kennzeichnen die windzugewandte Seite, während an der steilen Leeseite der Düne Strandhafer, Sandsegge und Gemeines Silbergras wachsen.

❷ **Tripkau** In der Naturschutzstation Elbtalaue, einer ehem. Molkerei, informiert eine kleine Ausstellung anhand von präparierten Tieren, Fotos und Schautafeln über die Tier- und Pflanzenwelt der Region. Schräg gegenüber lohnt die Fachwerkkirche mit ihrem viergeschossigen Turm und ornamentalen Ziegeln einen Besuch.

ℹ Naturschutzstation Elbtalaue, Hauptstr. 33, 19273 Tripkau, Tel. 03 88 45/2 49.

❸ **Wehninger Werder** Viele Vogelarten aus ganz verschiedenen Lebensräumen kann man bei einer Wanderung über den Deich am Wehninger Werder beobachten. In den Schilfzonen, an den Altarmen der Elbe und auf dem Feuchtgrünland brüten der Große Brachvogel, Bekassinen, Kiebitze und Trauerseeschwalben; Kormorane, Graureiher, See- und Fischadler sind ebenfalls zu sehen. Im ehem. Schloßpark nördlich von Wehningen bietet schöner alter Baumbestand u. a. Waldkauz, Neuntöter, Zilpzalp, Wendehals und Kleiber ideale Lebensbedingungen. Zwei Wanderparkplätze an der B 195 nördlich und südlich von Wehningen sind Ausgangspunkte für die Deichwanderung, bei der ein Fernglas zur Ausrüstung gehören sollte.

❹ **Rüterberg** Das kleine Dorf, unmittelbar an der Elbe auf einer Geestinsel gelegen, versteht sich als lebendiges Denkmal gegen die Unmenschlichkeit der ehem. DDR-Machthaber. Daran soll auch der Zusatz zum Ortsnamen „Dorfrepublik 1967–1989“ erinnern, der offiziell geführt werden darf. 22 Jahre war das 150-Seelen-Dorf an der Elbe hermetisch gegen die Außenwelt abgeschirmt: Hinter Stacheldraht, Todesstreifen und Minenfeldern hörten die Bewohner das Gebell der Wachhunde. Nur engste Verwandte oder aus dienstlichen Gründen ausgewählte Personen durften als Besucher das einzige Tor passieren. An diese Zeit erinnern heute noch ein alter Wachturm am Steilufer, der Todesstreifen am Waldrand entlang der B 195 und zahlreiche Dokumente, die in Schaukästen aushängen oder im Dorfgasthaus besichtigt werden können.

ℹ Denkmal Dorfrepublik e. V., Heinrichstr. 1, 19303 Rüterberg, Tel. 03 87 58/22 13.

❺ **Dömitz** Wie ein fünfzackiger Stern ist die mächtige Festung am Elbufer angelegt, die Herzog Johann Albrecht von Mecklenburg zwischen 1559 und 1565 erbauen ließ. Ihre eindrucksvolle Größe erkennt man am besten, wenn man sie auf dem ausgeschilderten Weg entlang dem Festungsgraben umwandert. Dabei sieht man auch die Straßenbrücke, die Ost- und Westufer der Elbe seit 1991 wieder verbindet, sowie die Ruine der ehem. Eisenbahnbrücke, die bei einem amerikanischen Luftangriff im April 1945 zerstört wurde.

Im Kommandantenhaus der 1894 aufgelösten Festung präsentiert das Heimatmuseum u. a. eine Ausstellung zur politischen und baugeschichtlichen Entwicklung der Anlage (geöffnet täglich außer Mo).

ℹ Dömitz-Information, Torstr. 2, 19303 Dömitz, Tel. 03 87 58/20 43.

❻ **Dünen bei Klein Schmölen** Hinter grünen Wiesen erheben sich an der Stromaue bei Klein Schmölen 2 km lange und 600 m breite Dünen wie an einer Meeresküste. Hier findet man lichten Kiefernwald neben großen, völlig unbewaldeten Hängen. Der Wind verändert das Aussehen der Dünen ständig. Trotzdem gedeihen hier Strandhafer und Heidenelke, Blaugrünes Schillergras und Echtes Labkraut. Heidelerche, Schwarzkehlchen und Steinschmätzer kann man beobachten, und man sieht verschie-

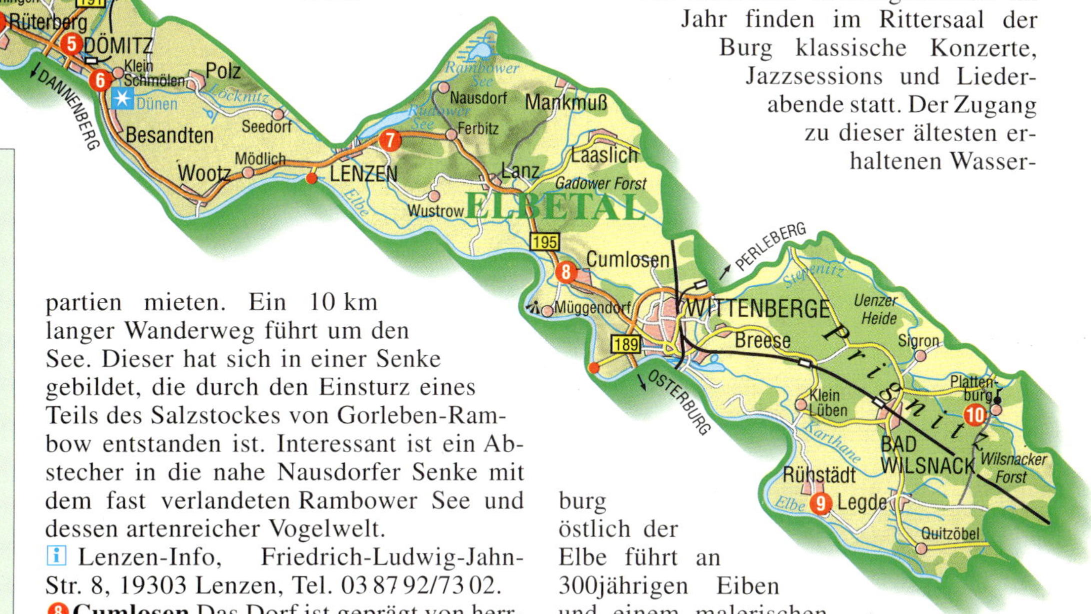

dene Libellen-, Schmetterlings- und Heuschreckenarten. Der schönste Wanderweg (4 km) beginnt an einem Parkplatz, den man von Klein Schmölen aus ostwärts erreicht. Er führt über die Dünen und endet an einem anderen Parkplatz, wo in die Dünen das wie ein Waldsee wirkende Schmölener Brack eingebettet ist.

❼ Rudower See Zwischen Dömitz und Lenzen fährt man auf der B 195 durch kilometerlange alte Eichenalleen. Am Ortsausgang von Lenzen kann man an den beiden Strandbädern am flachen Rudower See auch Ruderboote für beschauliche Kahnpartien mieten. Ein 10 km langer Wanderweg führt um den See. Dieser hat sich in einer Senke gebildet, die durch den Einsturz eines Teils des Salzstockes von Gorleben-Rambow entstanden ist. Interessant ist ein Abstecher in die nahe Nausdorfer Senke mit dem fast verlandeten Rambower See und dessen artenreicher Vogelwelt.

ℹ Lenzen-Info, Friedrich-Ludwig-Jahn-Str. 8, 19303 Lenzen, Tel. 03 87 92/73 02.

❽ Cumlosen Das Dorf ist geprägt von herrlichen Eichen und beherbergt ein kleines Heimatmuseum (geöffnet nur jeden ersten So im Monat 9.30–11.30 Uhr). Am südlichen Ortsende zweigt eine Straße von der B 195 nach Müggendorf ab: Dort hat man vom Deich aus einen phantastischen Blick auf einen besonders interessanten Teil der Stromniederung.

❾ Rühstädt Rund 200 Storchenpaare brüten alljährlich im Naturpark Elbetal. Etwa jedes sechste dieser Paare nistet im „Storchendorf" Rühstädt, einem beschaulichen Ort hinter dem Deich. Auf einem Dach im Ortszentrum kann man gleich vier Storchennester sehen.

❿ Plattenburg 5 km nordöstlich von Bad Wilsnack steht die Plattenburg, ein sehenswertes Baudenkmal aus dem Spätmittelalter, das täglich außer Mo im Rahmen einer Führung besichtigt werden kann. An mehreren Samstagabenden im Jahr finden im Rittersaal der Burg klassische Konzerte, Jazzsessions und Liederabende statt. Der Zugang zu dieser ältesten erhaltenen Wasserburg östlich der Elbe führt an 300jährigen Eiben und einem malerischen Mühlteich vorbei.

Das benachbarte Bad Wilsnack war von 1383 bis 1552 einer der bedeutendsten Wallfahrtsorte im nördlichen Mitteleuropa. Die mächtige Kirche St. Nikolas zeugt von dieser Ära.

ℹ Fremdenverkehrs- und Kulturverein Prignitz, Plattenburg, 19336 Bad Wilsnack, Tel. 03 87 91/3 66 11.

Besonderheiten der Natur

Pflanzen Die Natur schert sich nicht um Staats- und Ländergrenzen, und so unterscheidet sich die Tier- und Pflanzenwelt in der rechtselbig gelegenen Auenlandschaft auch nicht wesentlich von der im niedersächsischen Naturpark Elbufer-Drawehn. Eine Auswirkung auf die Natur hatte die ehem. innerdeutsche Grenze jedoch in diesem Abschnitt: In ihrem Schutz blieb die Elbaue weitgehend unberührt. Am Fuß der teilweise vegetationslosen Binnendünen gedeihen bunte Magerrasen, in denen Küchenschelle, Heidenelke und Sandstrohblume Farbtupfer setzen.

Tiere Neben den zahlreichen Brutvögeln – es sind weitgehend dieselben Arten wie im benachbarten Naturpark Elbufer-Drawehn – fallen in den Zeiten des Vogelzugs aus Skandinavien und Nordrußland Abertausende von Gästen ein: einige, um in der verhältnismäßig milden Stromniederung den Winter zu verbringen, andere, um nach Rast und reichlicher Nahrungsaufnahme den Weg fortzusetzen. Schon allein wegen ihrer Größe und Zahl fallen darunter die Saat- und Bläßgänse auf, außerdem die Zwerg- und Singschwäne (Bild). Ornithologen haben in einem Jahr fast 5000 Zwergschwäne gezählt.

Kein seltener Anblick in Rühstädt: 38 Storchenpaare haben sich in dem als „Storchendorf" bekannten Ort niedergelassen.

Naturpark Drömling

Im Südwesten der Altmark liegt eines der bedeutendsten Feuchtgebiete Deutschlands, das noch vor 250 Jahren als unbewohnbar galt. Touristisch ist der Drömling bis heute kaum erschlossen, die Natur genießt eindeutig Vorrang. So finden hier auch bedrohte Tierarten wie Fischotter und Kranich einen Lebensraum.

Wie mit dem Lineal gezogene Gräben entwässern das stille Feuchtgebiet des Drömlings (oben).

❶ **Naturschutzgebiet Nördlicher Drömling** Mäusebussarde, Rotmilane und Turmfalken, Goldammern, Stieglitze und Weißstörche sind nur einige der vielen Vogelarten, die dem Wanderer auf einer Rundwanderung durch das Naturschutzgebiet Nördlicher Drömling begegnen. Nachtigallen singen in fast jeder Hecke; an den verlandenden Kanälen schwirren zahlreiche Libellenarten durch die Luft.

Die 12 km lange Wanderung beginnt in Buchhorst am Parkplatz bei der Diskothek. Man geht zunächst in Richtung Dannefeld ins Dorf und biegt dann nach links in den Köckter Damm. Er führt an den historischen Moordammkulturen des Theodor Hermann Rimpau vorbei. Der Rittergutsbesitzer ließ im 19. Jh. im nördlichen Drömling ein enges Netz schmaler Gräben anlegen und den daraus geförderten Sand auf die Flächen zwischen den Gräben auftragen, so daß darauf Ackerbau betrieben werden konnte. Die Gräben sind inzwischen verlandet. Heute werden sie durch parallel verlaufende Heckenstreifen markiert.

In Dannefeld steht diese über 200 Jahre alte, für die Siedlungen des Drömlings typische Fachwerkkirche.

Am Friedrichskanal biegt man nach Südosten ab und gelangt zu Holzschleusen aus den Jahren 1875/76. In Kahnstieg wendet man sich wieder nach Südwesten und kommt dann zurück nach Buchhorst.

Eine weitere Möglichkeit, dieses Naturparadies kennenzulernen, bietet ein in Kunrau beginnender, etwa 7 km langer Naturlehrpfad mit 20 Stationen, der 1993 eröffnet wurde.

ℹ Naturparkverwaltung Drömling, Kämkerhorst, 39359 Mannhausen, Tel. 01 61/ 1 30 36 06.

❷ **Dannefeld** Fachwerkkirchen gehören zum typischen Erscheinungsbild des Drömlings, in dem Stein immer rar, Eichenholz hingegen in ausreichendem Maß vorhanden war. Ursprünglich waren die Gefache nur mit speziell aufbereitetem Lehm ausgefüllt, erst vom 18. Jh. an wurden sie mit Ziegelsteinen ausgekleidet.

Eine schöne Fachwerkkirche steht neben der alten Molkerei, auf deren Schornstein ein Storchenpaar nistet. Die 1775 erbaute Kirche hat eine barocke Kanzel sowie einen spätgotischen Schnitzaltar mit Mondsichelmadonna und den zwölf Aposteln. Den Schlüssel zur Besichtigung der Kirche erhält der interessierte Besucher bei Herrn Fritz Franke, Vordorf 15.

ℹ Gemeindeverwaltung Kunrau, 38486 Kunrau, Tel. 03 90 08/3 63.

❸ **Storchennest bei Bergfriede** Der Drömling ist Deutschlands storchenreichste Region westlich der Elbe. Etwa 30 Weißstorchenpaare nisten hier regelmäßig. Ein sehr auffälliger Horst thront auf einem Strommast unmittelbar an der B 188 beim Allerkanal nahe Bergfriede.

❹ **Radwanderung ab Miesterhorst** Der etwa 30 km lange Rundweg führt an Weiden, Äckern und kleinen Wäldern entlang, überquert viele Kanäle und Gräben und ermöglicht von einigen höher gelegenen Punkten aus auch einen guten Blick über die Niederung des Drömlings. Der Weg ist mit zwei senkrecht stehenden Balken gut markiert. Fahrräder kann man am Bahnhof in Oebisfelde und im Gasthof *Zur Goldenen Gans* in Rätzlingen – beide Orte etwas außerhalb des Naturparks gelegen – ausleihen. Eine Radwanderkarte, in die der Streckenverlauf eingetragen ist, ist im örtlichen Buchhandel erhältlich.

Der Weg überquert jeweils zweimal die Ohre und den Mittellandkanal und führt auch ein Stück am Friedrichskanal entlang.

Die zur Elbe fließende Ohre war neben der in die Weser mündenden Aller mit für die alljährlichen Überschwemmungen im Drömling verantwortlich. Sie versickerte ursprünglich bei Jahrstedt am Nordrand des Drömlings im Sumpf und trat erst östlich von Calvörde wieder hervor. Unter dem Preußenkönig Friedrich II. wurde für sie ab 1805 ein kanalartiges Bett angelegt. Im gleichen Zeitraum entstand auch der Friedrichskanal, der das Wasser aus zahlreichen Entwässerungsgräben sammelt und in die Ohre leitet. Der Mittellandkanal hingegen, Verbindung zwischen Ems, Weser und Elbe, wurde erst zwischen 1905 und 1938 erbaut.

❺ **Kämkerhorst** An der Naturparkverwaltung in Kämkerhorst beginnt ein 6 km langer, als Rundwanderweg angelegter Naturlehrpfad, an dem Informationstafeln auf Natur und Geschichte des Drömlings aufmerksam machen. Er führt auch durch die für das Gebiet typischen Horstwälder mit Eichen und Birken, die auf natürlichen Talsandinseln gedeihen. Hier leben noch Wendehals und Pirol. Diese Wälder waren einst bedeutend für die Bewohner des Drömlings, da sie wegen ihrer Unzugänglichkeit der Kontrolle des Landesherrn entzogen waren. So konnten sie von den Bauern zur Holzgewinnung, zur Jagd und für die Schweinemast genutzt werden. Deshalb war die Bevölkerung ursprünglich auch wenig angetan von den Trockenlegungsarbeiten, an die ein Gedenkstein aus dem Jahr 1786 an der Kämkerhorstschleuse 250 m westlich von der Naturparkverwaltung erinnert. Der Lehrpfad passiert zudem das von Eichen bestandene Deutsche Eck, an dem der Friedrichskanal in die Ohre mündet.

Die Wanderung lohnt das ganze Jahr über allein schon der Vögel wegen, die man sieht. Im Sommer kann man z. B. Graureiher und Brachvögel beobachten, im Winter sind hier Singschwäne zu Gast. Mit etwas Glück sieht man eine Kornweihe oder den seltenen Schwarzmilan. Auf den Wasserläufen blühen im Frühjahr Pfeilkraut, Wasserhahnenfuß und Wasserschlauch.

ℹ Naturparkverwaltung Drömling, siehe ❶.

Besonderheiten der Natur

Pflanzen Die herausragenden und für den Naturpark typischen Pflanzengesellschaften sind vor allem in den weitverzweigten Netzen der Entwässerungsgräben anzutreffen. Die hübschen weißen Blüten des Wasserhahnenfußes gehören ebenso zum Bild der träg dahinströmenden Wasserläufe wie die goldgelben Blüten des Wasserschlauches, der mit kleinen Fangblasen an seinen untergetauchten Fiederblättern zur Nährstoffversorgung Wasserflöhen „nachstellt".

Tiere Die im und am Wasser lebende Fauna ist hier sehr vielfältig. Die Libellen sind mit 35, teilweise vom Aussterben bedrohten Arten vertreten. Unter den 25 Fischarten verdienen vor allem rar gewordene Kleinfische wie Schmerle, Quappe und Schlammpeizger Erwähnung. Moor- und Laubfrosch, Erd-, Kreuz- und Knoblauchkröte kommen in so großer Zahl vor, daß ihr „Konzert" gelegentlich alles andere übertönt.

Die Aufzählung der Brutvögel liest sich wie ein Auszug aus der Roten Liste der bedrohten Tierarten: Pirol (Bild), Braunkehlchen, Bekassine, Kiebitz, Rotmilan – um nur einige zu nennen. Aber auch viele Zugvögel wie Kranich, Goldregenpfeifer, Gänsesäger und Weißstorch legen eine längere Rast ein. Selbst Fischotter und Biber – zwei der seltensten einheimischen Säugetiere – kommen noch in sicheren Beständen vor.

Im Labyrinth der tausend Seen

Eine Unzahl von Seen prägt das Bild der mecklenburgischen Landschaft. Lang und schmal, buchtenreich – wie hier die Feldberger Seen – oder elegant geschwungen, zeichnen sie den Verlauf der eiszeitlichen Schmelzwasserströme nach oder füllen einstige Gletscherbecken aus.

Mecklenburgische Seenplatte

Üppige Vegetation überwuchert die Ruine des ehem. Zisterzienserinnenklosters Boitzenburg.

Naturpark Feldberg–Lychener Seenlandschaft

Größe: 1120 km², gegründet 1990 (Planungsbeginn).

Der Naturpark liegt am Ostrand der Mecklenburgischen Seenplatte und reicht in das südlich angrenzende Bundesland Brandenburg hinein. Im Nordwesten umschließt er den Serrahner Teil des Müritz-Nationalparks.

Das abwechslungsreiche Hügel- und Seenland verdankt seine Entstehung den Gletschern der letzten Eiszeit. Der nördliche Teil des Naturparks gehört dem breiten Moränenzug an, der sich durch den gesamten Süden Mecklenburgs zieht. Eingebettet zwischen kuppigen Grund- und Endmoränen liegen die zahlreichen Seen, die den besonderen Reiz dieser lieblichen Landschaft ausmachen.

Nach Süden schließen sich sanft wellige Sanderflächen an. Sie wurden von eiszeitlichen Schmelzwasserströmen abgelagert. Auch dort gibt es Seen, die alte Schmelzwasserrinnen ausfüllen und sich deshalb durch ihre langgestreckte, meist schmale Form von den Seen im Norden des Naturparks unterscheiden.

Wo die fruchtbaren Böden im Norden nicht landwirtschaftlich genutzt werden, sind sie von Mischwald mit schönen Buchen- und Eichenbeständen bedeckt. Die Sandböden im Süden des Naturparks werden hingegen von Heide und Nadelwald eingenommen. Wenn auch die früheren Heideflächen zum großen Teil durch Kiefernwälder ersetzt worden sind, so ist dieses Gebiet doch ein schützenswerter Lebensraum. Zu den Besonderheiten gehören die Biber- und Fischotterpopulationen im Einzugsgebiet der jungen Havel.

Auch die Moore und viele der Seen sind wertvolle Rückzugsgebiete für seltene Tier- und Pflanzenarten. Selbst See-, Fisch- und Schreiadler haben in dem dünnbesiedelten Gebiet noch ihren Lebensraum.

i Naturparkverwaltung Feldberg–Lychener Seenlandschaft, 17237 Serrahn.

Müritz-Nationalpark

Größe: 313 km², gegründet 1990.

Der Nationalpark besteht aus zwei voneinander getrennten Teilgebieten und umfaßt einen typischen Ausschnitt der Mecklenburgischen Seenplatte. Seinen Namen trägt er nach dem mit einer Fläche von 110 km² größten See Mecklenburgs. Einbezogen ist allerdings nur das Nordostufer und die angrenzende weiträumige Verlandungszone. Sein Kernstück bildet das mit 5000 ha größte Naturschutzgebiet der ehem. DDR („Ostufer der Müritz“).

Abgesehen von dieser flachen, von kleinen Seen durchsetzten und teilweise vermoorten Uferregion hat der Nationalpark aber auch Anteil an dem hügeligen Moränenland, das die Senke im Nordosten säumt. Auch der Serrahner Teil, der vom Naturpark Feldberg–Lychener Seenlandschaft umschlossen wird, gehört zu diesem Landschaftstyp.

Charakteristisch für den Nationalpark sind auch die ausgedehnten Sanderflächen, gelegentlich zu Binnendünen aufgeweht, die den eiszeitlichen Moränenhöhen südlich vorgelagert sind. Hier finden sich ebenfalls zahlreiche kleinere Seen.

Vielgestaltig wie die Landschaft sind auch die natürlichen Lebensräume. Auf den lehmigen Böden der Moränen entwickelten sich Mischwälder mit Buchen und Eichen, während für die sandigen Flächen Kiefern typisch sind und auf den feuchten Niederungen Erlenbruchwälder stehen.

Weitläufige Röhrichtbestände und Riede bestimmen das Bild am Ostufer der Müritz. Hier finden sich die größten Bestände des Schneiderieds in Mitteleuropa. Die Uferzonen der Seen, die feuchten Niederungen und Moore sind Lebensräume für zahlreiche selten gewordene Tierarten. So brüten hier neben etlichen Entenarten auch Kranich, Seeadler, Fischadler und Schwarzstorch; Haubentaucher, Drosselrohrsänger, Rohrweihe und Kolkrabe sind

Für die Kormorane ist die Müritz ein ergiebiges Jagdrevier.

ebenfalls heimisch. Für viele Zugvögel aus dem Norden ist hier ein wichtiger Rastplatz.

Auch die Kleinlebewesen sind in einem seltenen Artenreichtum vertreten. Das gilt besonders für die Insektenwelt,

Morgenstimmung an der Müritz, deren Nordostufer eine wertvolle Flora und Fauna beherbergt.

deren Vielfalt allein schon durch die über 800 hier vorkommenden Schmetterlingsarten deutlich wird.

Der Nationalpark wurde in drei Schutzzonen eingeteilt. Zone 1 umfaßt mehrere größere und kleinere Areale, die die Kernbereiche des Nationalparks bilden. Hier ist die Natur durch Eingriffe des Menschen nur wenig verändert worden. Wirtschaftliche Nutzung ist entweder schon seit langem aufgegeben worden oder wird demnächst eingestellt.

Zur Zone 2 gehören die Pflegebereiche. Das sind vor allem Wiesen und Weiden, die ohne landschaftspflegerische Maßnahmen nicht bewahrt werden können. Hierbei setzt man auf natürliche Methoden: Freilebende Fjällrinder verhindern, daß Gebüsch aufkommt.

Zone 3 umfaßt derzeit noch rund zwei Drittel des Nationalparks. Darunter fallen die Entwicklungsbereiche, in denen die Wiederherstellung einer zumindest naturnahen Landschaft noch längere Zeit in Anspruch nehmen wird.

ℹ Nationalparkamt Mecklenburg-Vorpommern, Außenstelle Müritz-Nationalpark, Specker Schloß, 17192 Speck.

Naturpark Nossentiner–Schwinzer Heide

Größe: 365 km², gegründet 1994.

Im Herzen der Mecklenburgischen Seenplatte liegt dieser Naturpark in einer weithin ebenen, nur vereinzelt von einigen Hügeln überragten Landschaft. Den Westteil bildet die Schwinzer Heide, an die sich nach Osten die Nossentiner Heide anschließt. Die typische Heidevegetation, die als Folge eines jahrhundertelang betriebenen Raubbaus an die Stelle des ursprünglichen Waldes getreten war, nimmt heute allerdings nur noch einen kleinen Teil des Naturparks ein. Umfangreiche Aufforstungen haben ausgedehnte Kiefernwälder entstehen lassen. Vereinzelt sind hier und da auch noch Buchen und Eichen als letzte Zeugen der ursprünglichen Vegetation anzutreffen.

Eine Attraktion in dem noch wenig bekannten Naturpark ist das Wisentgehege auf dem Damerower Werder.

Die weiten Sandflächen, die das ganze Gebiet bedecken und vereinzelt zu Dünen aufgeweht wurden, sind von eiszeitlichen Schmelzwasserströmen abgelagert worden. Die eingebetteten Seen liegen meist dort, wo gewaltige Eisblöcke von Ablagerungen bedeckt wurden, bevor sie allmählich abschmolzen.

Viele der flachen Seen sind ganz oder teilweise verlandet.

Zu den größten ehem. Seen gehören Großer und Kleiner Serrahn. Auch der benachbarte Goldberger See zeigt ebenso wie der Damerower See bereits Verlandungserscheinungen.

Die dicht eingewachsenen Uferzonen und zahlreichen anderen Feuchtgebiete bilden außerordentlich wertvolle Lebensräume. Zu den Bewohnern zählen Fischotter, etliche Amphibien- und Insektenarten, vor allem aber die Vogelwelt. Viel Beachtung bei den Ornithologen findet der Bestand an Seeadlern, von denen es im Naturpark derzeit ein starkes Dutzend Brutpaare gibt.

ℹ Nationalparkamt Mecklenburg-Vorpommern, Naturparkverwaltung Nossentiner–Schwinzer Heide, Ziegenhorn 1, 19395 Karow.

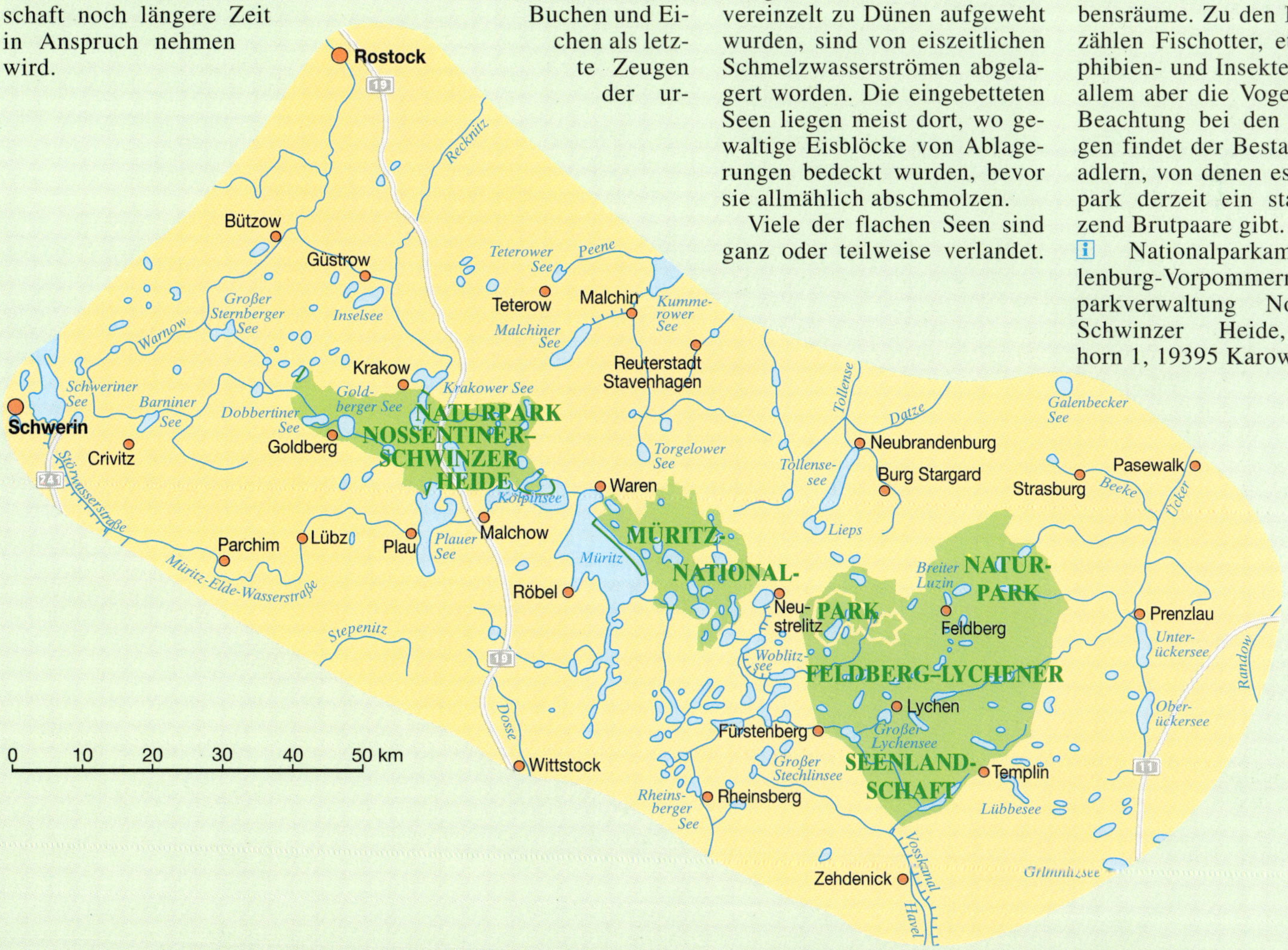

Naturpark Feldberg–Lychener Seenlandschaft

Das mecklenburgische Feldberg und das brandenburgische Lychen sind attraktive Urlaubszentren. Sie liegen im Herzen einer während der letzten Eiszeit vor über 15 000 Jahren geformten Endmoränenlandschaft mit stillen, tief eingeschnittenen Seen und alten Buchenwäldern.

❶ **Heilige Hallen** Seinen Namen trägt dieser 350 Jahre alte Rotbuchenwald zu Recht. Den altersbedingten Zerfall eines von Menschenhand fast unberührten Rotbuchenwaldes und seine natürliche Erneuerung durch junge Bäume kann man nirgendwo in Deutschland besser studieren als in diesem 65,6 ha großen Naturschutzgebiet. Die kranken und toten, bis zu 50 m hohen und 4 m dicken Baumriesen werden durch Bakterien, Pilze und Kleinlebewesen zersetzt. Über 50 Käferarten besiedeln das tote Buchenholz, und auch höhlenbewohnende Vögel sind hier vertreten: Waldkauz, Schellente, Blaumeise, Trauerschnäpper.

Durch die Heiligen Hallen führt ein Wanderweg (kein Rundweg). Man erreicht ihn nach knapp 2 km vom Parkplatz 400 m westlich von Lüttenhagen aus.

ℹ Forstamt Lüttenhagen, Dorfstr. 1, 17258 Lüttenhagen, Tel. 03 98 31/2 04 79.

❷ **Cantnitzer Wacholderberg** Der dichte Wacholderwald auf einem Hügel am Rand des Cantnitzer Sees entstand vor etwa 200 Jahren auf einem von Schafen und Ziegen beweideten Trockenrasen. Doch schon vor 100 Jahren stand der Wacholder auf dem 8,4 ha großen Areal dafür zu dicht. Das romantische Gebiet erreicht man über einen Feldweg von der knapp außerhalb des Naturparks gelegenen Cantnitzer Kirche aus, einem wehrhaften Bau aus dem 13. Jh.

Das Städtchen Lychen ist auf Landbrücken inmitten von Seen erbaut. In der Altstadt steht die Pfarrkirche St. Johannis.

❸ **Feldberg** Die Kleinstadt im Mecklenburg-Strelitzer Land ist der ideale Ausgangspunkt für Ausflüge in die Seenlandschaft. Rund zweistündige Dampferfahrten führen über Haussee, Breiten Luzin und Lütten See. Über die Stadtgeschichte Feldbergs informiert die Heimatstube auf dem Amtswerder (Mo, Mi, Fr 10–11.30, im Juli und August auch Sa und So 10–12 und 14–16 Uhr geöffnet).

Einen besonders schönen Ausblick über die Feldberger Seenlandschaft genießt man vom nahen, 125 m hohen Reiherberg am Nordufer des Haussees aus. Von hier gelangt man gut ins Naturschutzgebiet Feldberger Hütte, das sich an den westlichen, von Buchenwäldern bedeckten Hängen von Haussee und Breitem Luzin erstreckt.

ℹ Fremdenverkehrsverein Feldberger Seenlandschaft, Strelitzer Str. 15a, 17258 Feldberg, Tel. 03 98 31/2 03 43.

❹ **Schmaler Luzin** Dichtbewaldete Steilufer säumen diesen einzigartig schönen See, der sich etwa 7 km lang und bis zu 34 m tief, aber nur 75–300 m breit zwischen Feldberg und Carwitz erstreckt. Über den Fischersteig kann man von Feldberg bis zur handgetriebenen Luzinfähre wandern, an deren Anleger Kajaks, Ruder- und Elektroboote vermietet werden. 5 Gehminuten nördlich am Hang liegt der 20 t schwere Luzinstein, ein eiszeitlicher Felsblock.

Die Luzinfähre setzt den Fahrgast über zum Buchenwald im Naturschutzgebiet Hullerbusch, den man auf einem Naturlehrpfad durchwandern kann. Er führt auch zum Hünenwall, einer Anhäufung eiszeitlicher Geschiebeblöcke, und schließt an einen zweiten Naturlehrpfad an, der auf den 121 m hohen Hauptmannsberg führt. Der Weg hinauf belohnt durch einen einzigartigen Ausblick auf die Landschaft.

ℹ Fremdenverkehrsverein Feldberger Seenlandschaft, siehe ❸.

❺ **Carwitz** Am Ufer des Carwitzer Sees lebte zwischen 1933 und 1944 der Schriftsteller Hans Fallada. Sein Arbeitszimmer kann täglich außer Mo 15–17 Uhr besichtigt werden. Auf der anderen Seite des Dorfes Carwitz mit seiner schönen Fachwerkkirche ist auf dem Falladafriedhof die Urne des 1947 verstorbenen Autors beigesetzt.

ℹ Fremdenverkehrsverein Feldberger Seenlandschaft, siehe ❸.

❻ **Boitzenburg** In der ehem. Klostermühle am Rand des Naturschutzgebietes Tiergarten ist ein Museum untergebracht, das anschaulich zeigt, wie die Menschen vergangener Jahrhunderte lebten und arbeiteten. Das Naturschutzgebiet wird durch einen als Waldlehrpfad angelegten Rundwanderweg erschlossen, der an einem Picknickplatz

vorbeiführt und nahe der Mühle an der Ruine des Klosters Marienpforte endet.
i Gemeindeverwaltung, 17268 Boitzenburg, Tel. 03 98 89/2 95.

❼ **Lychen** Die Kleinstadt im Nordwesten der Uckermark ist von Seen umgeben, die Altstadt auf schmalen Landbrücken zwischen den Seen erbaut. Mit dem Dampfer, der Pferdekutsche oder auf einer geführten Wanderung kann die Umgebung erkundet werden.
i Fremdenverkehrsamt, Am Markt 1, 17279 Lychen, Tel. 03 98 88/2 84.

❽ **Klosterruine Himmelpfort** Vom 1299 gegründeten Kloster blieb nur der Chor der ehem. Klosterkirche neben den efeuberankten Ruinen der übrigen Gebäude erhalten. Von der nahe gelegenen Stadt Fürstenberg aus kann man Bootsausflüge nach Himmelpfort unternehmen. Auf einem 16 km langen Rundwanderweg entlang der Woblitz gelangt man von Lychen zum Kloster.
i Stadtverwaltung, 16798 Fürstenberg, Tel. 03 30 93/21 80.

Besonderheiten der Natur

Pflanzen Im Mosaik der Wälder, Felder und Seen konnte man über 1000 verschiedene Pflanzenarten nachweisen. Rund die Hälfte der Naturparkfläche ist bewaldet. Im Norden, auf Endmoränen, wachsen vor allem Buchenwälder. Dort gibt es Bäume, die bis zu 300 Jahre alt sind. Im Süden des Naturparks wurden die natürlichen Buchen- durch Kiefernwälder ersetzt. In den Mooren fallen besonders Moosbeere und Sumpfporst, Sonnentau- und Orchideenarten auf.
Tiere Gleich drei Adlerarten brüten hier: See-, Fisch- und Schreiadler, und auch der Kranich zieht seine Jungen auf. An den Rändern der Laubwälder sucht der Wendehals (Bild) Futter. Der scheue Vogel gehört zur Familie der Spechte.
Unter den Kleintieren verdient die Listspinne besondere Erwähnung, die mit 2 cm Körperlänge eine der größten hierzulande heimischen Arten ist.

Der Wacholderberg, ein sandiges Heidegebiet auf einem Hügel am Rand des Cantnitzer Sees, ist ein schönes Wanderziel.

❾ **Mahn- und Gedenkstätte Ravensbrück** Der ehem. Zellenbau des größten Frauenkonzentrationslagers im nationalsozialistischen Deutschland ist heute eine Gedenkstätte. Führungen, Filmvorstellungen und Vorträge finden nach Absprache statt.
i Stiftung Brandenburgische Gedenkstätten, Mahn- und Gedenkstätte Ravensbrück, 16798 Fürstenberg, Tel. 03 30 93/20 25.

Müritz-Nationalpark

Mehr als 100 Seen liegen in den urwüchsigen Wäldern östlich der Müritz, Deutschlands zweitgrößtem Binnensee. Menschen sind im Nationalpark rar, doch dafür sind nirgendwo in Mitteleuropa auf gleichem Raum so viele See- und Fischadler zu Hause wie in dieser großartigen Naturlandschaft.

Nur außerhalb des Nationalparks wie hier am Warener Stadtforst ist das Ufer der Müritz an einem längeren Abschnitt zugänglich. Wald bedeckt die Randhügel des Sees.

❶ **Waren** Die Kreisstadt ist das bedeutendste Urlaubs- und Wassersportzentrum an der Müritz und zugleich das nördliche Tor zum Nationalpark. Der Name des 117 km^2 großen Gewässers soll sich vom slawischen Wort *morcze* ableiten, das „kleines Meer" bedeutet. Sein Ostufer ist auf 11 km Länge Bestandteil des Nationalparks. Boote jeder Art müssen dort mindestens 500 m Abstand vom Ufer halten.

Rund 3stündige Dampferfahrten führen von Waren über die Müritz, aber auch über den Fleesen- und den Kölpinsee. Boote vom Kanu bis zur führerscheinpflichtigen Segelyacht können hier gemietet werden. Neben Tauch- und Surfkursen werden auch Schnellkurse für den Sportbootführerschein Binnen angeboten. Den Nationalpark von oben kann man sich auf einem Rundflug ansehen, und mit dem Fahrrad läßt er sich auf 1wöchigen Camptouren kennenlernen. Besucher können auch den Angelschein erwerben. Bademöglichkeiten bestehen in mehreren Strandbädern.

Einen Besuch lohnt die Altstadt von Waren. Besonders schön ist das Fachwerkhaus der Löwen-Apotheke vom Ende des 18. Jh. Altstadtführungen von 2 Stunden Dauer beginnen Di, Mi, Do und Sa um 11 Uhr am Büro des Nationalparkservice.

Bedeutendste Sehenswürdigkeit ist das 1866 gegründete naturhistorische Müritz-Museum in der Friedensstraße (Mo geschlossen). Im angeschlossenen Süßwasseraquarium – einem der größten in Deutschland – werden in 17 Becken über 40 Fischarten der mecklenburgischen Binnengewässer sowie Krebse, Weichtiere und Wasserpflanzen gezeigt. Darüber hinaus gehört auch ein 3 ha großer Tiergarten mit einheimischen Vögeln und Säugetieren zum Museum.

Geführte naturkundliche Spaziergänge (7 km) und Radtouren (20 km) werden zwischen April und Oktober an unterschiedlichen Wochentagen angeboten; auch Kutsch- und Kremserfahrten durch den Nationalpark sind von Waren aus möglich.

ℹ Nationalparkservice, Neuer Markt 19, 17192 Waren, Tel. 0 39 91/41 72.

❷ **Rundwanderung um den Feisnecksee** Der Feisnecksee ist ein etwa 3 km langer und 1 km breiter See im nördlichsten Teil des Nationalparks. Bei Einheimischen beliebt ist das Bad Feisneck, ein schöner Badeplatz mit Sandstrand an einer kiefernbestandenen Düne. Er befindet sich 400 m entfernt vom Wanderparkplatz am Ende der Straße An der Feisneck.

Eine 8 km lange Wanderung um den See beginnt man am besten am Wanderparkplatz an der Specker Straße. Der Weg ist ausgeschildert (Markierung Schmetterling), über 30 Informationstafeln weisen auf Sehenswertes an der Strecke hin. Dazu gehört auch die Insel im See, auf der ein hoher Burgwall die slawische Besiedlung zwischen dem 6. und 12. Jh. bezeugt. Zu den Vögeln, die man unterwegs sehen kann, gehören zwischen Februar und Juni Graugänse, meist im Juli und August Fischadler und vor allem im Herbst Enten und Haubentaucher. Auf den Trockenrasen am Seeufer gedeihen u. a. Schlüsselblume und Königskerze, Gras- und Kartäusernelke, Sandstrohblume und Ohrlöffel-Leimkraut.

ℹ Nationalparkservice (siehe ❶).

❸ **Warnker See und Müritzufer** Ein etwa 10 km langer Rundwanderweg führt vom Parkplatz an der Specker Straße nahe Wa-

Großen Anklang bei vielen Besuchern finden Schiffsausflüge auf der Müritz, die am Anleger in Waren beginnen.

ren über den Glockenblumenweg um den Warnker See und an den einzigen frei zugänglichen Abschnitt der Müritz im Norden des Parks. Von Aussichtstürmen hat man Gelegenheit zur Vogelbeobachtung.

Der Warnker See ist im Herbst Rastplatz von bis zu 40 000 Enten; das dicht eingewachsene Ostufer der Müritz ist das ganze Jahr über ein Vogelparadies. Es fällt hier sanft ab, liegt je nach Pegelstand zeitweilig trocken und bietet so einen geradezu idealen amphibischen Lebensraum. Mit etwas Glück kann man Fisch- und Seeadler bei der Jagd beobachten.

Nur im Rahmen von Führungen ist ein Besuch der Spuklochkoppel möglich. Wacholderheide und Feuchtwiesen werden von Fjällrindern und Gotlandschafen beweidet und beherbergen viele gefährdete Pflanzen- und Tierarten. So sind hier noch der Bittere und der Baltische Enzian, die Händelwurz und das Fettkraut zu finden.

❹ **Fischadlerhorste** Vom Parkplatz am Rand von Federow aus geht man in Richtung Speck etwa 400 m zu einem Beobachtungsschirm. Von dort aus kann man auf einem 350 m entfernten Hochspannungsmast einen der etwa zwölf Fischadlerhorste im Nationalpark beobachten.

Für die Allgemeinheit unzugänglich war früher der Wald um das Dorf Klockow (Bild) – er war Staatsjagden vorbehalten.

Zwischen Mai und September werden von Federow aus zweimal wöchentlich geführte Wanderungen (2 Stunden) in den Nationalpark angeboten.

i Nationalparkservice (siehe ❶).

❺ **Schwarzenhof** Zwischen Federow und Schwarzenhof verläuft die Straße in Richtung Speck annähernd parallel zu einer Hochspannungsleitung, auf deren Masten einige Nisthilfen etwa ein halbes Dutzend Fischadlerpaare zum Horstbau bewogen haben. Aber auch direkt auf den Masten nisten die Vögel. Anzuhalten oder auszusteigen ist hier zum Schutz der Vögel streng verboten.

Einen Beobachtungspunkt für die Adlerhorste erreicht man vom Wanderparkplatz in Federow aus. Hier beginnt auch ein 3,5 km langer Rundwanderweg durch Wälder und Wiesen.

❻ **Klockow** An der Bahnlinie von Waren nach Neustrelitz liegt einsam inmitten weiter Wälder der Weiler Klockow. Die nur etwa 40 Einwohner erinnern sich hier noch genau an die Zeit zwischen 1970 und 1989, als fast 15 000 ha Fläche an der Müritz als privates Jagdgebiet der Staatsregierung für die Öffentlichkeit unzugänglich waren. Klockow lag damals in diesem Revier. Rot-, Dam- und Muffelwild wurden geradezu gemästet; der übermäßig hohe Wildbestand gefährdet auch heute noch

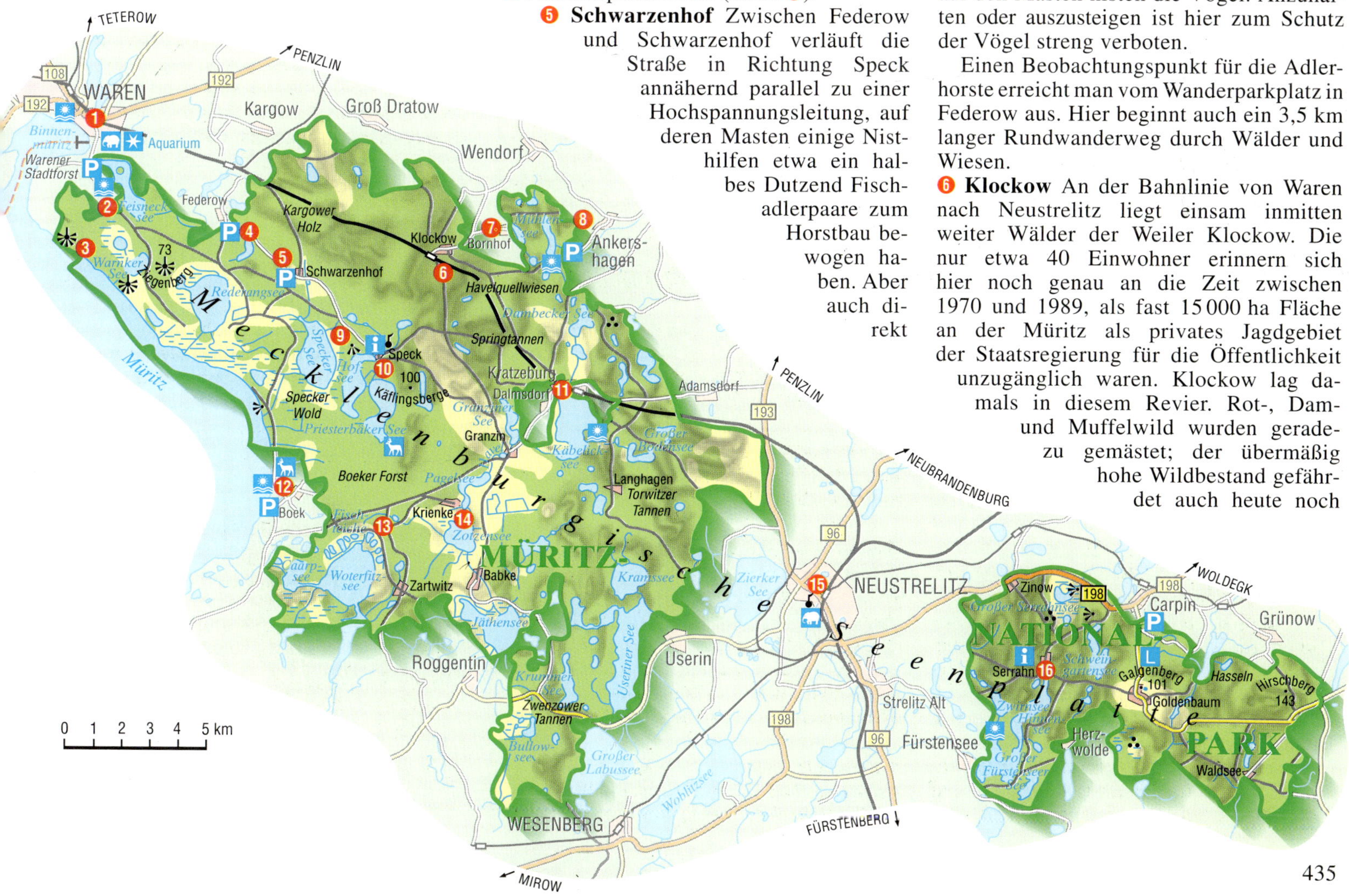

die Waldentwicklung. Daher wird etwa auf winterliche Wildfütterungen verzichtet.

7 **Bornhof** Das kleine Bornhof am Nordrand des Nationalparks mit dem Havelquellsee ist das Reitsportzentrum der Region. Zum alljährlichen Reiterfest Ende Mai mit Dressur- und Springturnier, Pferdeparade und Ponyreiten kommen rund 200 Pferde zusammen; den ganzen Sommer über werden Reitunterricht, Ausritte und Mehrtagestouren mit Zeltübernachtung angeboten. Auch Kutsch- und Kremserfahrten werden organisiert.

i Reit- und Fahrverein Ankershagen e. V., Reiterhof, 17219 Bornhof, Tel. 03 99 21/ 1 30 71 38.

8 **Havelquellwiesen und Ankershagen** Im knapp außerhalb des Nationalparks gelegenen Ankershagen verbrachte der spätere Altertumsforscher Heinrich Schliemann (1822–90) die Zeit von 1823 bis 1831. Ein kleines Museum zeigt Fotos und Dokumente aus der Kindheit des berühmten Entdeckers von Troja, Tiryns und Mykene und präsentiert verschiedene Ausgrabungsstücke (Mo geschlossen). Vom Museum gelangt man auf einem Wanderweg (auch für Radfahrer) in den Nationalpark. Von Ankershagen führt eine Straße zum Wanderparkplatz am Eingang des Nationalparks. 400 m weiter kennzeichnet eine Tafel die Wasserscheide zwischen Nord- und Ostsee.

Ein kleines Schild weist den Weg zu den Havelquellwiesen; mehrere Quellen in dieser grünen Niederung sowie etwa 20 Seen und Tümpel in der Umgebung gelten als Ursprung des Flusses, der nach 341 km bei Havelberg in die Elbe mündet.

Ein auch mit dem Fahrrad gut zu bewältigender Wanderweg führt vom Parkplatz aus 6,5 km weit durch das Quellgebiet.

i Amt Möllenhagen, Fremdenverkehrsamt, 17219 Möllenhagen, Tel. 03 99 28/80 10.

9 **Radwanderung um die Specker Seen** Radwanderungen sind insbesondere nach längeren Trockenperioden auf den zumeist tiefsandigen Wegen im Nationalpark problematisch. Der 20 km lange Rundweg um die Specker Seen, mit einem blauen Radfahrer markiert, gilt als schönste Strecke. Er führt auch über den Specker Horst, einst Zentrum des Staatsjagdgebietes.

Mit dem Auto oder Bus erreichbare Ausgangspunkte sind die Parkplätze von Speck, Boek und Schwarzenhof. Am Weg liegen Badestellen und überdachte Picknickplätze sowie Beobachtungskanzeln für ornithologische Studien.

10 **Speck** Das Specker Jagdschloß, 1937 über den Grundmauern eines älteren Gutshofes erbaut, ist heute Sitz des Nationalparkamtes. In einer restaurierten alten Schmiede an der Straße zu Parkplatz und Schloß ist eine Informationsstelle untergebracht (Mai–September täglich geöffnet). Im Weiler Speck findet man Privatzimmer und einen Fahrradverleih.

i Nationalparkamt, Müritz-Nationalpark, Specker Schloß, 17192 Speck, Tel. 0 39 91/ 73 90.

11 **Kratzeburg** Das Dorf Kratzeburg wird vollständig vom Nationalpark umschlossen. Die Fachwerkkirche von 1786 steht wie verwunschen auf einem Friedhof zwischen Birken und einer uralten Kastanie.

Kratzeburg wird durch eine Bahnlinie vom Ufer des Käbelicksees getrennt, wo man nahe dem Campingplatz gut baden kann. Zum Platz gehört eine Kanuschule, die Ausgangspunkt für Kanutouren auf den Gewässern der Umgebung ist; man kann z. B. 23 km weit durch den Nationalpark bis zur Havelschleuse Userin paddeln. Die Tour führt durch viele kleine Seen wie Granziner See, Schulzensee (seltene Wasservögel), Pagelsee, Zotzensee, Jäthensee, Görtowsee (ab Juli Seerosenblüte), Zierzsee und Useriner See.

i Wassersportverein Einheit e. V., Zierker Nebenstr. 31, 17235 Neustrelitz, Tel. 0 39 81/25 80.

12 **Boek** Boek ist das Eingangstor zum südwestlichen Teil des Nationalparks. Nach der deutschen Wiedervereinigung sind hier

Zwischen Land und Wasser

Genau 117 Seen mit einer Größe von mehr als 1 ha gibt es im Nationalpark, dazu ungezählte kleinere. Viele von ihnen sind von einem dichten Röhrichtgürtel umgeben. Der Halmwald setzt sich aus verschiedenen Pflanzen zusammen: Je nach Wassertiefe, Nährstoffgehalt, Wassertemperaturen und Windverhältnissen kommen neben dem Schilf weitere Gewächse vor. Mal sind es die Rohrkolben, mal der Teichschachtelhalm, mal die Flechtsimse, mal die Schneide (Bild) – ein Riedgras, das nirgendwo in Europa so große Flächen besiedelt.
Auf die Schneide angewiesen ist der kleine weiße Trägspinner *Laelia coenosa*, der fast ausschließlich hier vorkommt. Libellen und andere Insekten, die einen Teil ihres Lebens im Wasser verbringen, sind in großer Zahl vertreten. Zwischen den Halmen bauen Vögel wie Rohrweihe, Haubentaucher, Rohrdommel, Schilfrohrsänger und Rohrammer ihre Nester. Zahlreiche Fledermausarten jagen hier. Auch der scheue Fischotter findet im Röhricht Schutz.

Zum Kanuwandern geradezu ideal ist die Havel, die eine Reihe von Seen östlich der Müritz (hier bei Kratzeburg) miteinander verbindet.

Hotels und Pensionen entstanden; Fahrräder können geliehen und Kutschfahrten gebucht werden. Eine kleine Ausstellung der Parkverwaltung am Parkplatz ist zwischen Mai und September täglich geöffnet; ebenso ein 80 ha großer Wildpark.

Von Boek aus können zahlreiche Wanderungen auf markierten Wegen unternommen werden, so auch um die Specker Seen (siehe ❾) oder zu den Fischteichen (siehe ⓭). Zwischen Mai und September bietet der Förderverein Müritz-Nationalpark an einigen Tagen der Woche etwa 3stündige naturkundliche Wanderungen an.

Außerdem ist Boek der Ausgangspunkt für eine mehrtägige Rundwanderung über den 165 km langen Müritz-Nationalparkweg.

i Nationalparkservice (siehe ❶).

⓭ **Fischteiche** Die künstlich angelegten Fischteiche nördlich des Woterfitzsees sind vom Parkplatz in Boek aus in 1/2 Stunde zu Fuß zu erreichen. Dort kann man z. Zt. des Vogelzuges Rot- und Grünschenkel, Alpen- und Zwergstrandläufer, Kiebitzregenpfeifer und Pfuhlschnepfen beobachten. Seeadler schlagen an den Teichen ihre Beute; sie sind am besten von einem Unterstand nahe der Straße Richtung Rechlin aus zu sehen. Silber-, Lach- und Sturmmöwen sind ebenso anzutreffen wie Graureiher und viele Entenarten.

⓮ **Krienke und Babke** Die beiden nur selten von Fremden besuchten Dörfer haben noch viel ländliche Ursprünglichkeit bewahrt. Bis Babke gelangt man bequem mit dem Auto oder Bus; das altertümliche Krienke ist dagegen nur über versandete Pisten zu erreichen, so daß man den Weg zwischen den Dörfern (4 km) besser zu Fuß zurücklegt. Man passiert dabei den Pagel- und den Zotzensee, auf denen Seerosen und Wasserknöterich gedeihen.

⓯ **Neustrelitz** Zwischen dem westlichen und dem östlichen Teil des Nationalparks liegt ein schmaler Streifen nicht unter Schutz gestellten Landes, der im wesentlichen von der Stadt Neustrelitz eingenommen wird. Sie wurde erst 1733 als Residenz des Herzogs Adolf Friedrich III. von Mecklenburg-Strelitz gegründet. Zentrum der barocken Stadtanlage ist der von zweistöckigen Häusern umrahmte Marktplatz, auf den sternförmig acht Straßen zuführen. Hier stehen auch das klassizistische Rathaus von 1841 und die spätbarocke Stadtkirche von 1778, deren Turm werktags bestiegen werden kann. Sehenswert sind auch die neugotische Schloßkirche und der Tiergarten mit rund 450 Tieren aus aller Welt.

Am extrem flachen Zierker See am Stadtrand von Neustrelitz können Ruderboote gemietet werden.

i Verkehrsamt, Tiergartenstr. 4–6, 17235 Neustrelitz, Tel. 0 39 81/5 33 40.

⓰ **Serrahn** Auf drei Seiten vom Naturpark Feldberg–Lychener Seenlandschaft umgeben (siehe S. 432), bildet der Serrahn den östlichen, kleineren Teil des Müritz-Nationalparks. Diese bis auf 143 m Höhe ansteigende Endmoräne ist größtenteils von alten Traubeneichen-Rotbuchen-Wäldern bestanden. Teile davon sind Totalreservat, in dem die natürlichen Zerfalls- und Verjüngungsphasen des Buchenwaldes vom Menschen völlig unbeeinflußt ablaufen können.

In den sandigen Heidegebieten südlich der Endmoräne liegen zwischen Kiefernforsten mehrere Seen wie Hinnen-, Zwirn- und Großer Fürstenseer See; nördlich der Endmoräne haben sich in zwei ehem. Gletscherzungenbecken der maximal 1,5 m tiefe Große Serrahnsee mit seinen Verlandungsmooren und der buchtenreiche, bis zu 31 m tiefe Schweingartensee gebildet. In den Uferzonen der Seen bieten Erlen-, Birken- und Eschenbruchwälder vielen Tierarten einen sicheren Lebensraum.

Von hohem ökologischem Wert sind die über 20 kleinen, kreisrunden Kesselmoore mit ihren weichen Torfmoospolstern, die in die Wälder eingestreut sind. Die Senken entstanden durch das langsame Schmelzen von sog. Toteisblöcken, die nach der letzten Eiszeit mit Sand bedeckt wurden. Stellenweise hat sich in den Kesseln seitdem eine bis zu 10 m dicke Torfschicht gebildet.

Bester Ausgangspunkt für eine Wanderung durch den Serrahn ist der Wanderparkplatz am Rand des Nationalparks im Süden von Carpin. Von hier aus führt ein 13,5 km langer, mit dem Piktogramm Adler markierter Rundwanderweg zum Weiler Serrahn, wo sich eine Station des Nationalparkamtes befindet (Verkauf von Broschüren). Der Weg ist teilweise als Naturlehrpfad gestaltet und führt sowohl durch den Buchenwald als auch durch die Erlen-, Birken-, Eschenbruchzone und an den sumpfigen Schilfgürteln mehrerer Seen vorbei. Dort ermöglichen einige Aussichtskanzeln die Beobachtung der Vogelwelt.

i Nationalparkamt, Außenstelle Serrahn, 17237 Serrahn, Tel. 03 98 21/2 02.

Obwohl künstlich angelegt, werden die Fischteiche bei Boek von zahlreichen Vogelarten als Lebensraum angenommen. Die Vögel sind dort auch gut zu beobachten.

In Ruhe grasen die Pferde auf diesem Reiterhof in Boek, bevor es auf Ausritten hinaus in die Natur geht.

Naturpark Nossentiner–Schwinzer Heide

Hier im Herzen Mecklenburgs mußte der Wald schon vor vielen Jahrhunderten weichen: Ackerbau, Glasherstellung und Teergewinnung veränderten die Landschaft. Es entstanden Kiefernforste, in die zahlreiche Seen eingestreut sind und die heute Brut- und Rastplätze für weit über 150 Vogelarten bieten.

❶ **Kloster Dobbertin** In dem um 1220 gegründeten Benediktinerkloster am Nordufer des Dobbertiner Sees ist heute ein psychiatrisches Pflegeheim untergebracht; das Gelände kann jedoch besichtigt werden. Nach der Reformation diente das Kloster von 1575 bis 1945 als adliges Damenstift. Führungen können über das Museum Goldberg (siehe ❷) arrangiert werden.

In der Nähe des Klosters verläßt die Mildenitz den Dobbertiner See. Auf ihrem weiteren Weg schuf sie ein reizvolles Durchbruchstal, das zum Wandern einlädt. An der alten Mühle bei Kläden beginnt ein Wanderweg.

ℹ Museum Goldberg, Müllerweg 2, 19399 Goldberg, Tel. 03 87 36/8 16.

❷ **Museum Goldberg** Eine ehem. Wassermühle, unmittelbar an der Naturparkgrenze gelegen, beherbergt in Goldberg das täglich außer Sa geöffnete Museum. Man bekommt dort einen Überblick über die Geologie, Fauna, Siedlungs- und Wirtschaftsgeschichte der Region. Erklärt werden auch die Zusammenhänge zwischen Torfabbau, Holzeinschlag und Entstehung der Heide. Mitarbeiter des Museums bieten außerdem Exkursionen im Naturpark an.

ℹ Museum Goldberg, siehe ❶.

❸ **Wooster Teerofen** Der Name der Ortschaft am Rand der Schwinzer Heide zeugt von einem Handwerk, das hier von der Mitte des 18. bis zum Ende des 19. Jh. seine Blütezeit hatte: der Gewinnung von Holzteer in speziellen Öfen. Die Weidewirtschaft und die Abholzung der Buchenwälder für die Glasherstellung und Teergewinnung trugen zur Ausbreitung der Heideflächen bei, auf denen sich aber inzwischen wieder Kiefernwälder angesiedelt haben.

Vom Campingplatz am Langhagensee bei Wooster Teerofen führt ein mit Informationstafeln bestückter, 3 km langer Weg zu den Naturschutzgebieten Großer und Kleiner Langhagensee und Dünenkiefernwald. Dort wächst ein lichter, mit herrlichen Wacholdern durchsetzter Kiefernwald auf einer Binnendüne.

ℹ Naturparkverwaltung, Ziegenhorn 1. 19395 Karow, Tel. 03 87 38/2 92.

❹ **Krakower Obersee** Mit seinen Inseln und Buchten, Röhrichtgürteln, Feldern und Wiesen am Ufer ist der Südteil des Krakower Sees einer der bedeutendsten Brut-, Mauser- und Rastplätze für rund 180 Vogelarten. Zu den häufigsten Brutvögeln gehören Stock- und Schnatterenten, Lachmöwen, Flußseeschwalben und Graugänse. Im Juli und August sind am Krakower Obersee Tausende von Reiher- und Tafelenten zu sehen; im Herbst nutzen ihn zahlreiche Bläß- und Saatgänse als Rastplatz. Auch Greifvögel leben am See: Habicht, Rohrweihe, Rot- und Schwarzmilan und einige wenige Seeadler. Der Fischreichtum lockt Fischadler, Graureiher und Kormorane sowie im Winter auch Zwerg- und Gänsesäger an. Mit Fernglas gewappnete Naturfreunde besteigen die Beobachtungskanzel am Südufer des Sees, die man, der Straße nach Glave folgend, zu Fuß erreicht.

Touristisches Zentrum der Region ist der knapp außerhalb des Naturparks gelegene Kurort Krakow am See, der neben Unterkünften und einem kleinen Campingplatz auch ein Freibad, einen Bootsverleih und Dampferfahrten zu bieten hat.

ℹ Krakow-Information, Schulplatz 1, 18292 Krakow am See, Tel. 03 84 57/22 58.

❺ **Naturparkverwaltung** Im ehem. Forsthaus Ziegenhorn bei Karow können sich Besucher in einer Mo–Fr (Juni–August täglich) geöffneten Ausstellung über den Naturpark informieren. An vielen Tagen bietet der Förderverein Naturpark von verschiedenen Punkten aus geführte Wanderungen zu unterschiedlichen Zielen an.

ℹ Naturparkverwaltung, siehe ❸.

❻ **Plauer See** Mit 39 km² ist der Plauer See Mecklenburgs drittgrößte Binnenwasserfläche. An seinem Nordufer – einem Naturschutzgebiet – mit den angrenzenden Moor- und Sumpfflächen sind noch kreisende Seeadler und Kraniche, Kormorane, Fischadler und Graureiher zu sehen. Nahe dem Ort Glashütte steht unweit der B 192 eine 10 m hohe Beobachtungskanzel, von der aus man das reiche Vogelleben beobachten kann, ohne die Tiere zu stören. Eine kleine Ausstellung macht hier zudem auf die Besonderheiten des Naturschutzgebietes aufmerksam.

Einen Bummel wert ist die außerhalb des Naturparks am westlichen Ufer gelegene historische Kleinstadt Plau mit schönen Fachwerkhäusern aus dem 18. Jh. Der

Schon von weitem macht diese 24 m hohe Holländerwindmühle auf das Agrarhistorische Museum in Alt Schwerin aufmerksam.

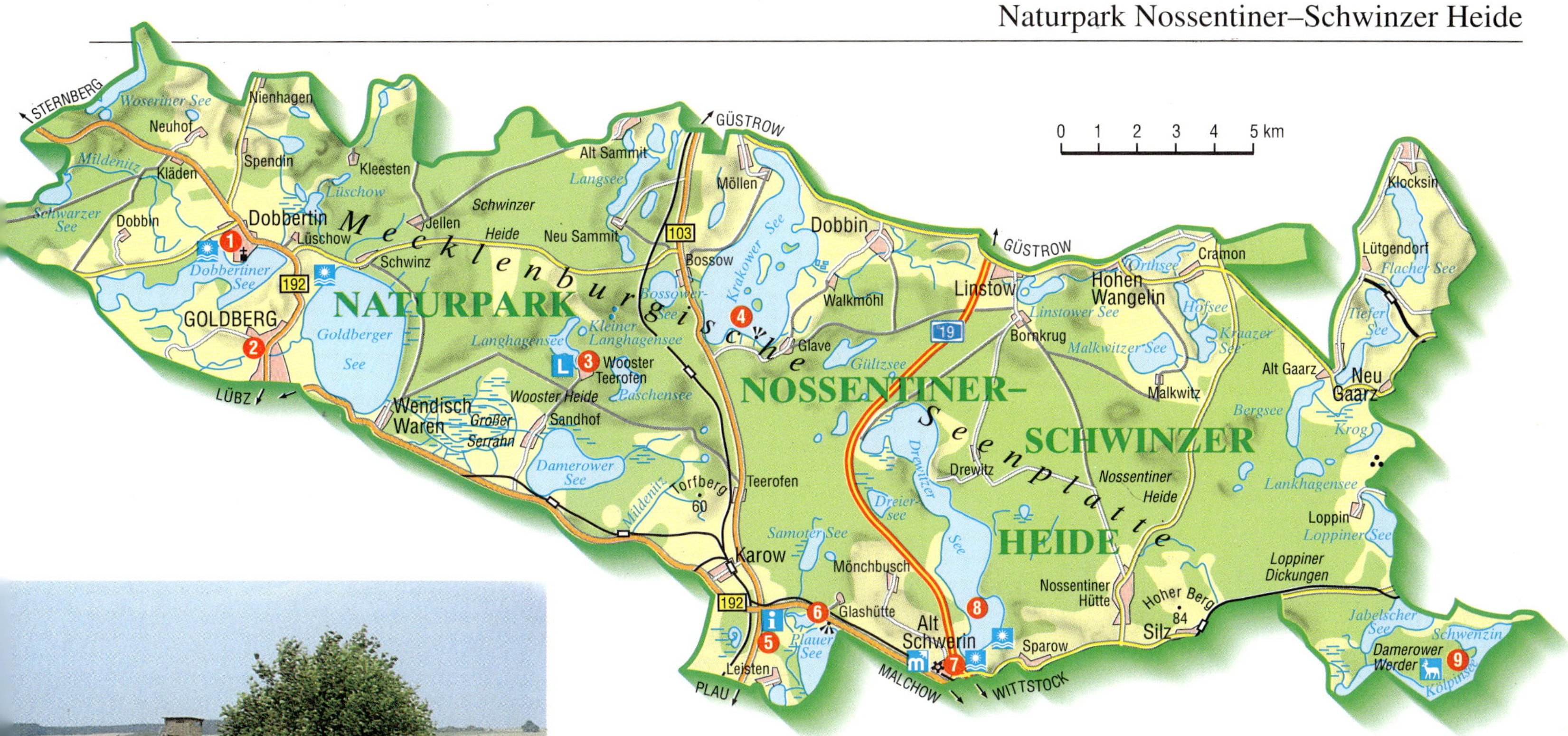

Am Südufer des Krakower Obersees steht diese Beobachtungskanzel, von der aus man das Naturschutzgebiet überblickt.

Name Plau leitet sich von wendisch *plav* her, was Schwemme bedeutet.

ℹ Plau-Touristinformation, Marktstr. 22, 19395 Plau, Tel. 03 87 35/5 13 81.

❼ **Agrarhistorisches Museum** Die von weitem sichtbare Windmühle, die von 1843 bis 1953 in Betrieb war, steht auf einem Freigelände des Museums, auf dem in zwei Hallen auch Traktoren und Agrarflugzeuge zu sehen sind. Das Hauptgebäude des Museums an der Hauptstraße im Dorf ist die ehem. Schnitterkaserne. Hier lebten einst unter menschenunwürdigen Bedingungen die Schnitter, polnische Tagelöhner. Nachdem sich das ursprünglich 350 Seelen zählende Dorf immer mehr entvölkert hatte, wurden die alte Dorfschule, eine LPG-Bauernwohnung von 1965, eine Tagelöhnerkate und das Gutsherrenhaus von 1733 in das Museum einbezogen. Es ist zwischen April und Oktober täglich außer Mo 9–12 und 13–16 Uhr geöffnet.

ℹ Agrarhistorisches Museum, 17214 Alt Schwerin, Tel. 03 99 32/4 99 18.

❽ **Drewitzer See** Da das Baden an diesem als Naturschutzgebiet ausgewiesenen See nur im Süden bei Sparow und Alt Schwerin erlaubt ist, dient der bis zu 32 m tiefe Klarwassersee noch immer als Nahrungsrevier für See- und Fischadler. In seinem Schilfgürtel leben Rohrsänger und Fischotter, Armleuchteralgen bilden ausgedehnte Unterwasserrasen, und wildreiche Kiefernwälder säumen die Ufer. Ein Spaziergang von Sparow an den See und an seinem Südostufer entlang lohnt sich.

❾ **Damerower Werder** Auf der natürlichen, 320 ha großen Halbinsel im Kölpinsee werden seit 1957 Wisente gehalten. Der Wisent ist – wie der Auerochse – ein europäisches Wildrind und dem nordamerikanischen Bison nahe verwandt. Alle Wisente (der Flachland-Unterart) stammen aus dem Wald von Białowieza in Polen, dem einzigen Ort auf der Welt, wo der Wisent überlebt hatte. Besucher können einige der Damerower Wisente im Schaugehege sehen, wo sie täglich um 10 und 15 Uhr gefüttert werden; die anderen Tiere leben im Freigehege ohne sommerliche Zufütterung. Der Damerower Werder bietet Fischottern einen Lebensraum und vielen Wat- und Wasservögeln Rast-, Sammel- und Schlafplätze.

ℹ Forstamt Jabel, Ernst-Alban-Str. 6, 17192 Waren, Tel. 0 39 91/12 11 33.

Besonderheiten der Natur

Pflanzen Im Unterwuchs der Kiefernforste fallen als Besonderheiten mehrere Bärlapparten, die Krähenbeere und das seltene Moosglöckchen auf. In den Seen gedeihen Pflanzen, deren Blätter auf der Wasseroberfläche schwimmen. Weiße Seerose (Bild), Spiegelndes Laichkraut und Teichrose sind die wichtigsten Vertreter dieser Schwimmblattgesellschaften.

Tiere In Wald, Wasser und Heidegebieten findet sich eine reiche Insektenwelt. Hervorzuheben sind die mehr als 40 Libellenarten, deren Vorkommen an die Klarwasserseen gebunden ist. Raritäten unter ihnen sind Kleine Zangenlibelle, Grüne Mosaikjungfer, Zweifleck und Keiljungfer. Auch Fischotter kommen an den Gewässern des Naturparks vor, und auf Ausschau nach Beute segeln Fisch- und Seeadler über dem Gebiet.

21 Nordseeküste

Wo die Natur den Takt angibt

Die Nordseeküste hat ihren ureigenen festen Rhythmus: die Gezeiten. Der Wechsel von Ebbe und Flut bestimmt den Tageslauf und bringt einen einzigartigen Lebensraum hervor, das Watt. Inseln – im Bild Baltrum – schützen es wie ein natürliches Bollwerk vor der offenen See.

Nordseeküste

Fangfrische Gaumenfreuden aus dem Wattenmeer: die beliebten Nordseekrabben.

Nationalpark Niedersächsisches Wattenmeer

Größe: 2400 km^2, gegründet 1986.

Der Nationalpark stellt den Westteil des Wattenmeeres an der deutschen Nordseeküste unter Schutz. Er reicht von der niederländischen Grenze an der Emsmündung bis Cuxhaven an der Mündung der Elbe. Eingeschlossen ist nicht nur das eigentliche Watt, sondern auch Teile der angrenzenden Meeresgebiete bis zu einer Tiefe von einigen Metern. Auch die etwas über den Wasserspiegel herausragenden Sandbänke und große Teile der Ostfriesischen Inseln gehören dazu.

Das Watt ist ein einzigartiger Lebensraum für eine Fülle spezialisierter Tier- und Pflanzenarten. Darunter sind Algen, die oft mikroskopisch klein sind, im Schlick verborgene Würmer, Schnecken, Krebstiere und Muscheln. Sie bilden das reiche Nahrungsangebot für andere Tiere, vor allem für Millionen von See- und Watvögeln. Der reichgedeckte Tisch des Wattenmeeres zieht auch Gäste aus dem hohen Norden an: Im Winter halten sich hier etwa 2 Mio. Vögel aus Nordeuropa auf. Zu den Bewohnern des Wattenmeeres zählen außerdem verschiedene Fische und eine Säugetierart, der Seehund.

Die Inseln sind größtenteils aus Sandbänken hervorgegangen, auf denen der Wind Dünen aufgehäuft hat. Auf diesen halten sich nur speziell angepaßte Pflanzen wie der Strandhafer. Sie festigen die Dünen mit ihrem Wurzelwerk und schaffen so die Voraussetzung dafür, daß sich auch andere Pflanzen ansiedeln können. Die Dünen schützen die Inseln und das nahe Festland vor der anrollenden Brandung.

Einen eigenartigen Lebensraum bilden die Salzwiesen – Neuland, das nur noch gelegentlich von der See überflutet wird, auf dem sich aber bereits hochspezialisierte Pflanzengesellschaften angesiedelt haben.

Die Bewahrung der Naturschätze ist Hauptaufgabe des Nationalparks. Zugleich gilt es, den an der Küste und auf den Inseln heimischen Menschen ihre Lebensgrundlage zu belassen und auch dem Erholungsbedürfnis der zahlreichen Urlauber zu entsprechen. Dafür wurde ein Zonierungskonzept entwickelt, wonach der Nationalpark in drei Schutzzonen aufgeteilt ist. Die strengsten Schutzbestimmungen gelten für Zone I, die Ruhezone. Sie darf nur auf ausgewiesenen Wegen betreten werden. Grüne Pfähle markieren die Wanderwege, rote Pfähle zeigen an, daß Reiten erlaubt ist. Zone I umfaßt den größten Teil des Nationalparks, insbesondere auch die Sandbänke, auf denen die Seehunde ihre Ruheplätze haben. Einbezogen sind aber auch die Seevogelschutzgebiete auf den Inseln.

In Zone II, der Zwischenzone des Nationalparks, gilt das Wegegebot lediglich während der Brut- und Aufzuchtzeit der Vögel (1. April–31. Juli), um diese zu schützen.

Zone III, die Erholungszone, umfaßt vor allem die innerhalb des Nationalparks liegenden Badestrände an der Küste und auf den Inseln. Sie sind für den Erholungs- und Kurbetrieb freigegeben.

i Nationalparkverwaltung Niedersächsisches Wattenmeer, Virchowstr. 1, 26382 Wilhelmshaven.

Nationalpark Hamburgisches Wattenmeer

Größe: 117 km^2, gegründet 1990.

Vergleichsweise klein ist der hamburgische Anteil am Wattenmeer. Wie ein Keil schließt sich das vollständig als Nationalpark ausgewiesene Gebiet vor der Küste von Cuxhaven an den benachbarten niedersächsischen Nationalpark an.

Bedingt durch die Elbemündung, sind die Gezeitenströme hier besonders stark. Deshalb wird das Watt auch intensiv durch Ebbe und Flut umgestaltet. Über die Elbe werden ständig große Nährstoffmengen herangeführt; dementsprechend reichhaltig ist das Nahrungsangebot für Kleinlebewesen und Vögel. Zahllose brütende Vögel drängen sich jeden Sommer auf den drei kleinen Inseln des Nationalparks: der bewohnten Insel Neuwerk sowie Scharhörn und Nigehörn. Scharhörn hat die Naturschützer vor besondere Probleme gestellt, denn die Düneninsel wandert immer weiter nach Südosten und wird nun von der schweren Brandung allmählich zerstört. Noch brüten hier jedoch 17 Vogelarten regelmäßig.

Da der Zerfall der Insel kaum mehr aufzuhalten ist, wurde 1989 einige Kilometer südwestlich eine neue Insel durch Aufspülung von Sand angelegt und mit Pionierpflanzen befestigt. Wie erhofft, ergriffen die Vögel von Nigehörn Besitz, und heute ist das für Besucher gesperrte Inselchen ein angenommener Brutplatz.

Um den Schutz der Tierwelt zu gewährleisten, wurden rund 90 % des Nationalparks als Zone I eingestuft. Diese darf

Neuwerk ist eine der wenigen Inseln, die man zu Fuß oder mit dem Pferdewagen vom Festland aus erreicht.

Die Halligháuser stehen – wie hier auf Hooge – auf überflutungssicheren Warften, also aufgeschütteten Hügeln.

nur auf besonderen, mit Buschwerk markierten Wattwanderrouten betreten werden. In Zone II, die für Besucher und Urlauber zugänglich ist, sind Aktivitäten wie Baden, Wandern und Reiten erlaubt.

ℹ Nationalpark Hamburgisches Wattenmeer, Freie und Hansestadt Hamburg, Umweltbehörde, Steindamm 22, 20099 Hamburg.

Nationalpark Schleswig-Holsteinisches Wattenmeer

Größe: 2850 km², gegründet 1985.

Der Nationalpark umfaßt den Teil des Wattenmeeres, der sich von Nordfriesland über die Halbinseln Eiderstedt und Dithmarschen bis zur Mündung der Elbe erstreckt. Das Watt ist hier insgesamt breiter als vor der niedersächsischen Küste. Abgesehen von einigen schmalen Küstenstreifen, sind die Inseln und das Festland jedoch nicht einbezogen. Zum Nationalpark gehören neben reinen Wattflächen und Sandbänken auch Dünen, Salzwiesen, Halligen und angrenzende Flachmeerbereiche.

Der Nationalpark hat Anteil an einem der bedeutendsten Feriengebiete Deutschlands. Schon deshalb kann nicht das gesamte Gebiet in gleicher Weise dem Schutz von Landschaft und belebter Natur dienen. Daneben gilt es, die Interessen der Menschen in den Küstenorten, auf den Inseln und Halligen sowie das Erholungsbedürfnis der vielen Feriengäste zu berücksichtigen. Deshalb wurde der Nationalpark in verschiedene Zonen unterteilt. Zone I mit den strengsten Auflagen hat einen Anteil von 30% und umfaßt große Teile des eigentlichen Watts, die Sandbänke und die angrenzenden Flachwasserbereiche. Die tieferen Fahrrinnen zwischen den einzelnen Arealen der Schutzzone I mußten jedoch ausgespart bleiben, um Schiffen und Booten die Zufahrt zu den Häfen zu ermöglichen. Sämtliche Wattflächen dürfen weder mit Booten befahren noch betreten werden. Die größte dieser Schutzzonen liegt vor der Insel Pellworm und umfaßt Süderoog, Norderoog, Japsand und das umliegende Watt. In der Zone I liegen die ökologisch wertvollsten und empfindlichsten Bereiche des Nationalparks. Dazu gehören die Seehundbänke sowie die Brutkolonien mancher vom Aussterben bedrohter Seevogelarten, insbesondere der Brand-, Zwerg- und Lachseeschwalbe.

Leider sind Teile dieses wertvollen Ökosystems trotz aller Beschränkungen noch gefährdet. Nach wie vor werden dort z.B. Schießübungen veranstaltet, und an einigen Stellen wird nach Öl gebohrt.

Die Zone II bildet einen Übergangsbereich, der beispielsweise die meisten Salzwiesen umfaßt. Hier stellt man die Beweidung durch Schafe Schritt für Schritt ein, damit die Salzwiesen sich natürlich entwickeln können.

Der Grenzverlauf zwischen Zone II und Zone III, wo nur gewisse Einschränkungen gelten, ist noch offen.

ℹ Landesamt für den Nationalpark Schleswig-Holsteinisches Wattenmeer, Schloßgarten 1, 25832 Tönning.

Nationalpark Niedersächsisches Wattenmeer

An der Nordseeküste sind die Kräfte der Natur noch zu spüren: auf den Sandbänken, über die der Sturm den Sand treibt; im Wattenmeer, das ein vielseitiger, aber auch ein bedrohter Lebensraum vieler Tiere ist; in den Marschen, die der Mensch mühsam dem Meer abgerungen hat.

❶ **Greetsiel** Vom einstigen Wohlstand des Fischerdorfes an der Leybucht zeugen heute noch die stattliche Backsteinkirche aus dem 15. Jh. und die prächtigen Schiffer- und Kaufmannshäuser rund um den malerischen Hafen. Die schönsten stehen, durch eine hohe Mauer vor Sturmfluten geschützt, in der Sielstraße. Dort befindet sich auch das Bäckereimuseum Poppinga's Alte Bäckerei mit historischem Mobiliar und altem Gerät des Bäckerhandwerks (geöffnet Mitte März–Ende Oktober täglich 11–19, im Winter täglich außer Di 13–18 Uhr). Von März bis Oktober, jeweils Sa um 14 Uhr, führt der Müller Besucher durch eine der beiden Zwillingswindmühlen am Alten Greetsieler Sieltief, die noch bewirtschaftet wird. In der Schatthauser Str. 6 befindet sich das Nationalpark-Haus (geöffnet April–Oktober täglich außer Mo).

ℹ Fremdenverkehrs-GmbH Krummhörn-Greetsiel, Zur Hauener Hooge 15, 26736 Krummhörn, Tel. 0 49 26/13 31 und 13 33.

❷ **Leybucht** Die heutige Bucht an der ostfriesischen Küste ist nur ein kleines Überbleibsel der Meeresbucht, die sich vor allem im 14. Jh. durch großflächige Meereseinbrüche bei Sturmfluten gebildet hatte. Ursprünglich reichte sie bis Marienhafe und Norden. Schritt für Schritt wurde das Meer seither durch Landgewinnung und Eindeichung wieder zurückgedrängt. Die Einwohner der Küstendörfer erhielten damit neues, sehr fruchtbares Grün- und Ackerland sowie mehr Schutz vor Sturmfluten. Der Lebensraum der natürlichen Tier- und Pflanzenwelt wurde andererseits immer weiter eingeengt. Noch in den 80er Jahren unseres Jahrhunderts gingen am Rand des Nationalparks durch den Deichbau mehr als 700 ha Wattenmeer und Salzwiesen für die Seevögel als Nahrungs-, Rast- und Brutplatz verloren. Die Nonnen- und Ringelgänse, die sich hier von März bis Mai aufhalten, und die Säbelschnäbler, die an der Leybucht ihr wichtigstes Brutgebiet in Mitteleuropa haben, müssen sich daher wie die übrigen Gast- und Brutvögel im größten zusammenhängenden Salzwiesenareal Niedersachsens mit weniger Platz begnügen. Die Vogelwelt kann man am Nordrand der Bucht von den Deichen bei der Küstenfunkstelle Norddeich Radio oder im Südwesten vor Greetsiel beobachten.

❸ **Norddeich** Der Fischerei- und Fährhafen mit Fährverbindungen zu den Inseln Juist und Norderney liegt nahe der Utlandshörn, der äußersten Landspitze im Meer. Hier brandet die Nordsee bei Sturm besonders heftig gegen die Küste, und die Deutsche Gesellschaft zur Rettung Schiffbrüchiger (DGzRS) muß in Seenotfällen immer wieder Hilfe leisten. Im ehem. Rettungsschuppen der DGzRS an der Tunnelstraße in Norddeich werden Gerätschaften zur Rettung Schiffbrüchiger ausgestellt (Ostern bis Oktober Do und Sa 16–17.30 Uhr geöffnet).

Zur Rettung verwaister Seehundbabys wurde 1971 eine Seehundaufzucht- und -forschungsstation in Norddeich eingerichtet. Von Juni bis Oktober werden hier Jungtiere, sog. Heuler, ernährt und gepflegt, bis sie kräftig genug für das Leben in der freien Natur sind (geöffnet täglich 10–17 Uhr).

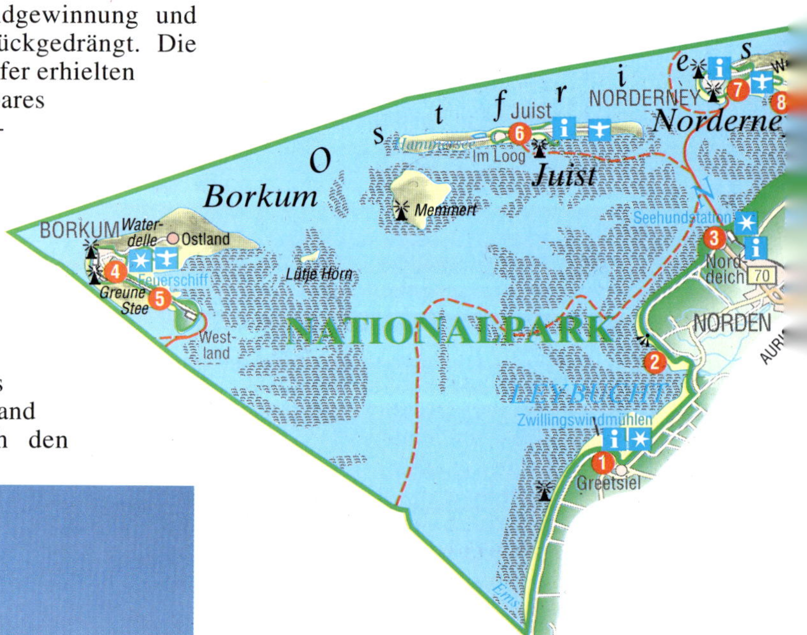

Auf einer gemütlichen Bootsfahrt im Sielkanal kommt man nahe an den malerischen Greetsieler Windmühlen vorbei.

Die Häuser der Inselgemeinde Borkum drängen sich aneinander, als ob sie sich gegenseitig vor Wind und Meer schützen wollten.

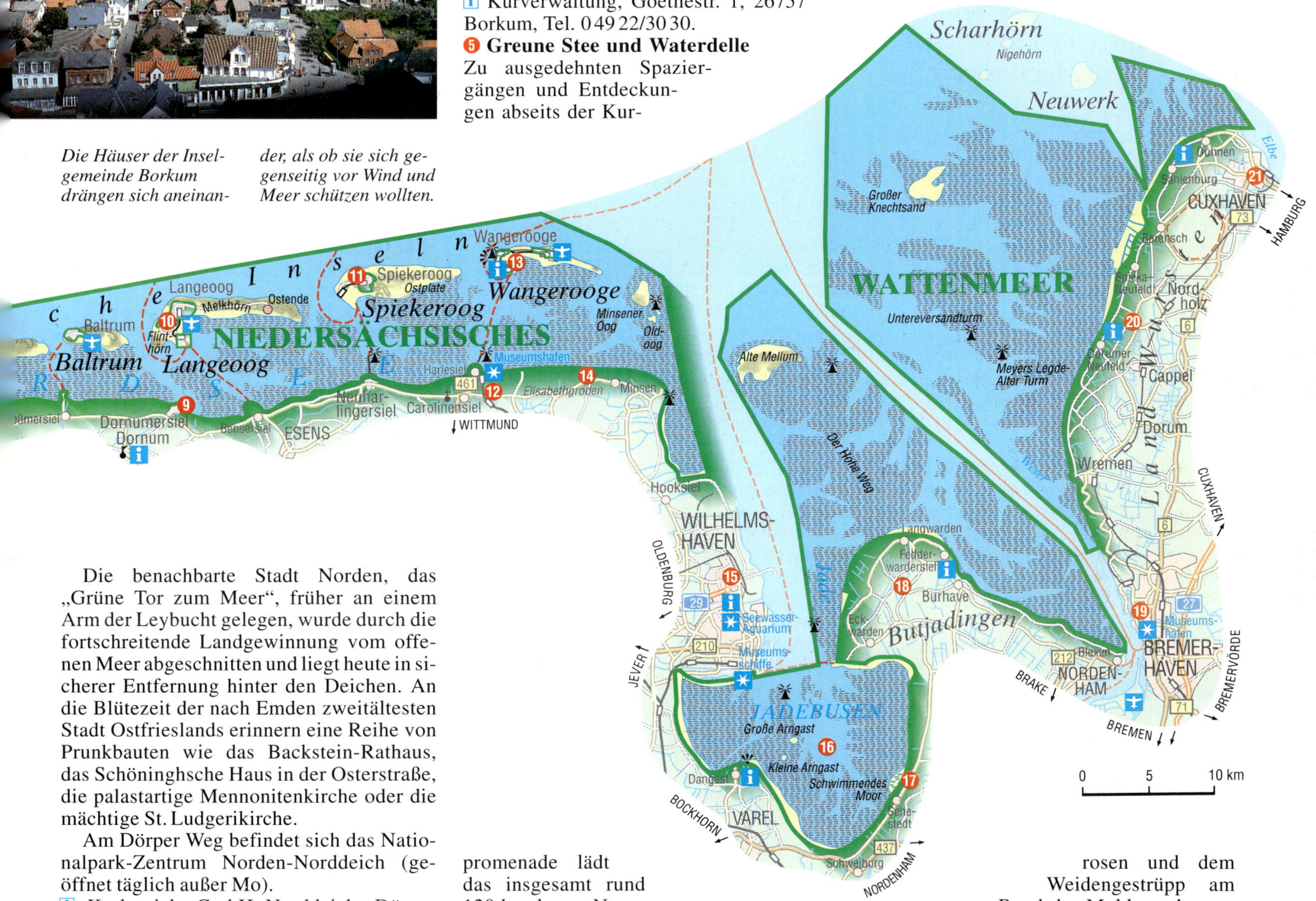

Die benachbarte Stadt Norden, das „Grüne Tor zum Meer", früher an einem Arm der Leybucht gelegen, wurde durch die fortschreitende Landgewinnung vom offenen Meer abgeschnitten und liegt heute in sicherer Entfernung hinter den Deichen. An die Blütezeit der nach Emden zweitältesten Stadt Ostfrieslands erinnern eine Reihe von Prunkbauten wie das Backstein-Rathaus, das Schöninghsche Haus in der Osterstraße, die palastartige Mennonitenkirche oder die mächtige St. Ludgerikirche.

Am Dörper Weg befindet sich das Nationalpark-Zentrum Norden-Norddeich (geöffnet täglich außer Mo).

i Kurbetriebs-GmbH Norddeich, Dörper Weg 22, 26506 Norddeich, Tel. 04931/172 02.

4 Borkum In alten Urkunden wird die größte der Ostfriesischen Inseln (31 km²) erstmals gegen Ende des 14. Jh. erwähnt. Fischer und Bauern lebten damals auf der „Grünen Insel im Meer", wie sich Borkum nach dem grünen Weideland im Schutz der beiden hufeisenförmigen Dünenketten nennt; später verkam sie zum Schlupfwinkel von Piraten, bis im 18. Jh. der Walfang vor Grönland den Borkumern Wohlstand brachte. Im historischen Ortskern, z. B. am Pfarrhaus, blieben einige Zäune aus Walknochen erhalten, mit denen die Grönlandfahrer ihre Häuser schmückten. Die Erinnerung an die bewegte Inselgeschichte wird u. a. im Nationalpark-Schiff *Feuerschiff Borkumriff* wachgehalten (geöffnet April–Oktober täglich außer Mo). Interessant ist auch das Nordseeaquarium (geöffnet täglich 10–12 und 14–17 Uhr).

i Kurverwaltung, Goethestr. 1, 26757 Borkum, Tel. 049 22/30 30.

5 Greune Stee und Waterdelle
Zu ausgedehnten Spaziergängen und Entdeckungen abseits der Kurpromenade lädt das insgesamt rund 120 km lange Netz von Wanderwegen auf Borkum ein. Hinter dem Alten Leuchtturm und den Süddünen liegt der „Inselurwald", so urwüchsig und grün, daß er Greune Stee (grüne Stelle) genannt wird. Eine Geländemulde, die um 1815 durch einen Meereseinbruch in die Dünen entstanden ist, wird heute von einem Sumpfwald und Schilfröhricht eingenommen; das Feuchtgebiet kann man trockenen Fußes auf einem befestigten Weg erkunden. In der Ruhezone brüten noch Sumpfohreule und Rohrweihe. Am entgegengesetzten Ende der Insel, in den Norddünen, befindet sich eine weitere Ruhezone: die Waterdelle, erreichbar vom Café *Seeblick* auf dem Wanderweg etwa 500 m inseleinwärts.

In der Wassermulde erstreckt sich ein seichter, von Schilf gesäumter See, der im Sommer austrocknet. Hinter den Dünenrosen und dem Weidengestrüpp am Rand der Mulde verbergen sich botanische Kostbarkeiten wie das sehr seltene Große Zweiblatt oder die rötlich blühende Große Händelwurz, beides Orchideen.

6 Juist Die mit 17 km längste, aber auch schmalste der Ostfriesischen Inseln – an manchen Stellen ist sie nur 500 m breit – besitzt mit der Ruhezone Hammersee eine besondere Natursehenswürdigkeit: einen großen Süßwassersee auf einer von Salzwasser umgebenen Insel. Der 1–2 m tiefe

Küstendünen: natürliche Deiche

Man sollte nicht abseits der Wege quer durch die Dünen der Ostfriesischen Inseln gehen, weil dadurch die schützende Pflanzendecke zerstört wird und der Wind dann ungehindert Breschen in die Dünenketten reißen kann. Ohne den Schutz dieser natürlichen Deiche würden die meisten Inseln bei schweren Sturmfluten überschwemmt.

Wind und Pflanzen tragen zur Entstehung von Dünen bei. Der Wind transportiert den Sand vom Strand heran. Im Windschatten von Strandhafer, -roggen und -quecke lagern sich die Sandkörner ab und werden von den Pflanzenwurzeln festgehalten. Bei reichlicher Zufuhr von Sand können sich in ein paar Jahren meterhohe Weißdünen entwickeln. Sobald eine Pflanzendecke vorhanden ist und die obersten Sandschichten durch Humus grau gefärbt sind, spricht man von Graudünen. Der rostbraune Farbton der älteren Braundünen stammt von eisenhaltigen Mineralen.

In den Dünen leben u. a. Ameisenlöwen (Bild), die Larven der Ameisenjungfer.

Barfuß durch das Watt zu gehen, wie hier vor Norderney, ist nicht nur wohltuend, es gibt dabei auch viel zu entdecken.

See entstand erst im Lauf des 19. Jh., als man die Scharte schloß, die eine Sturmflut im Jahr 1651 in die Dünenketten geschlagen hatte. Seit 1927 ist der See völlig vom Meer getrennt. Süßwasser hat das Salzwasser verdrängt, und die knapp 16 ha große Wasserfläche verlandet zusehends.

Den besten Überblick über den Hammersee hat man von einer Aussichtsplattform am Westufer des Sees aus. Ein 5 km langer Rundweg führt vom Inseldorf, das ursprünglich an der Stelle des Hammersees lag, am Küstenmuseum mit Ausstellungsstücken zur Inselgeschichte (geöffnet Mai bis Oktober sowie Oster- und Weihnachtsferien Mo–Fr 9–12 und 14.30–18, Sa 9–12 Uhr) vorbei zu dem stillen Gewässer. In einem feuchten Dünental etwa 2 km weiter im Westen liegt der Billwald, ein angepflanzter Sumpfwald aus Weiden und Moorbirken. Lohnend ist auch ein Besuch des Nationalpark-Hauses in der Carl-Stegmann-Str. 5 (geöffnet April–Oktober täglich außer Mo).

Die Vogelschutzinsel Memmert, 1 km von Juist entfernt, darf nur außerhalb der Brutzeit mit Erlaubnis betreten werden.

i Kurverwaltung, Friesenstr. 18, 26571 Juist, Tel. 0 49 35/80 90.

7 **Norderney** Als selbständige Insel besteht das 26 km² große Düneneiland erst seit 700–800 Jahren. Die jüngste der Ostfriesischen Inseln besitzt viele Sehenswürdigkeiten, etwa die Napoleonschanze, während der Napoleonischen Kriege von den Franzosen erbaut, um den Handel mit Großbritannien zu verhindern, das Reichsgründungsdenkmal oder die einzige ostfriesische Inselmühle, die heute eine Teestube beherbergt. Sammlungen zur Geschichte der Fischerei und zur Entwicklung des Kur- und Badebetriebes sind im Fischerhausmuseum in dem Wäldchen am Weststrand untergebracht (geöffnet März–September Mo–Sa 15–17, So 10–12 Uhr). Am Hafen befindet sich das Nationalpark-Haus (geöffnet täglich außer Mo).

i Kurverwaltung, Weststrandstraße, 26548 Norderney, Tel. 0 49 32/89 10.

8 **Weiße Düne** Der rund 20 m hohe Sandberg gehört zum alten Dünenkern von Norderney. Jahrhundertelang war die Weiße Düne auf Wanderschaft. Inzwischen ist sie östlich des Ortes Norderney zum Stillstand gekommen und von einer geschlossenen Pflanzendecke überzogen. Jüngere weiße Dünen drängen vom Ostbadestrand nach.

Bei einer Wanderung vom Ostbad zum Leuchtturm begegnet man allen Entwicklungsstadien der Küstendünen – von den niedrigen Zungendünen über die schütter mit Strandhafer bewachsenen Weißdünen bis hin zu den Grau- und Braundünen, die durch eine schützende Pflanzendecke gebändigt werden (siehe auch Kasten auf dieser Seite). Am besten sind die verschiedenen Dünengenerationen von der Aussichtsplattform des Leuchtturmes aus fast 60 m Höhe zu erkennen. Von oben erblickt man auch die Ruhezone Südstrandpolder, ein Rast- und Brutgebiet für Seevögel.

9 **Dornumersiel** Ein Siel ist eine kleine Deichschleuse, die sich bei Flut automatisch schließt und bei Ebbe von selbst wieder öffnet. An solchen Schleusen entstanden oft Sielhäfen, so auch Dornumersiel.

Dornum selbst zählt mit der Beningaburg, in der ein Hotel-Restaurant untergebracht ist, dem Wasserschloß Norderburg, der alten Backsteinkirche St. Bartholomäus und einer Bockwindmühle zu den sehenswertesten Orten zwischen Jadebusen und Dollart. Am Oll Deep 7 lädt das Nationalpark-Haus zu einem Besuch ein (geöffnet April–Oktober täglich außer Mo).

i Kurverwaltung, Westerstr. 3, 26553 Dornum, Tel. 0 49 33/20 77.

10 **Langeoog** Auf dem 11 km langen Eiland werden Wandern und Fahrradfahren großgeschrieben: Es ist autofrei. Motorisierte Gefährte müssen auf dem Festland, auf den Parkplätzen am Fährhafen Esens-Bensersiel, zurückbleiben.

Vor allem zwei Wanderziele lohnen den 2- bis 4stündigen Marsch über Deich- und Dünenwege: das Flinthörn, eine Dünen- und Wattlandschaft im Südwesten, und das Ostende der Insel mit der Vogelkolonie. In der Ruhezone Flinthörn kann man die Entstehung der Dünen in allen Etappen beobachten. Der Weg zum Ostende führt vorbei an der Düne Melkhörn, mit 21 m Höhe Ostfrieslands höchster „Gipfel", zum Vogelwärterhaus, von dem aus in der Sommersaison Führungen auf einem Lehrpfad angeboten werden. Im Dorf gibt es im Haus der Insel ein interessantes Schiffahrtsmuseum mit vielfältigen Sammlungen zu sehen (geöffnet Mitte März–Ende Oktober sowie während der Weihnachtsferien Mo–Fr 10–12 und 14–17, Sa 10–12 Uhr).

i Kurverwaltung, Hauptstr. 28, 26465 Langeoog, Tel. 0 49 72/69 30.

⓫ **Spiekeroog** Das Eiland besteht aus zwei unterschiedlichen Insellandschaften: im Westen ein bis zu 20 m hoher Dünenkern, der für ostfriesische Verhältnisse erstaunlich dicht bewaldet ist; im Osten eine nur schütter bewachsene, breite Sandbank, die Ostplate, eine Ruhezone mit niedrigen Dünen. Sie entstand im wesentlichen erst in der Mitte des 19. Jh. und ist ein wichtiges Brut- und Rastgebiet für viele Seevögel. Während der Brut- und Aufzuchtzeit der Vögel, von April bis Ende Juli, ist der Wanderweg zur Ostplate gesperrt.

Der Dünenkern, der das Inseldorf umschließt, wird zwar hart von der See bedrängt, hat sich allerdings seit 1650 nur um knapp 1 km nach Osten verlagert. Deshalb mußten die Bewohner ihr Dorf nicht so häufig versetzen wie ihre Landsleute auf den anderen Inseln. So wurde auch die 1696 erbaute Kirche, die älteste ostfriesische Inselkirche, nicht Opfer der Wellen, sondern steht noch immer mitten in dem Dorf mit seinen alten Seemannshäusern. Möglicherweise stammen die Altarbilder und Teile der Kanzel in der schlichten Backsteinkirche von dem 1588 vor Spiekeroog gestrandeten Flaggschiff der spanischen Armada.

Zwei Museen auf Spiekeroog laden zum Besuch ein: das Spiekeroog-Museum (geöffnet April–November und in den Weihnachtsferien täglich 10–12 und 15–18 Uhr) und das Muschel-(Sturmeck-)Museum an der Strandhalle (geöffnet Mitte Mai bis Mitte September Mo–Sa 11–13 und 15–17 Uhr).

i Kurverwaltung, Norderbad 25, 26474 Spiekeroog, Tel. 0 49 76/1 70.

⓬ **Carolinensiel und Harlesiel** Carolinensiel ist seit 1730 Sielhafen. Nach Landgewinnung und Eindeichungen wurde 1956 das Harlesiel als Schleuse und Pumpanlage zum Abpumpen des Binnenwassers bei kritischem Pegelstand in Betrieb genommen. Das Sielhafenmuseum für die niedersächsische Nordseeküste, im Kornspeicher Groot Hus am Hafen von Carolinensiel (geöffnet Februar–Dezember täglich 10–18 Uhr), informiert über die Sielhäfen und die Fischerei. Im dazugehörigen Museumshafen ankern Oldtimer-Schiffe. In der Alten Pastorei wurde ein Nationalpark-Haus eingerichtet, das täglich geöffnet ist.

Altfunnixsiel an der B 461 nach Wittmund war früher auch ein Sielhafen. Hier lohnt sich ein Besuch des Freizeitparks *Lütge Land* mit Modellen historischer Bauwerke (geöffnet Mai–Oktober täglich 9.30–20 Uhr).

i Kurverwaltung Carolinensiel–Harlesiel GmbH, Bahnhofstr. 40, 26409 Wittmund, Tel. 0 44 64/80 14.

⓭ **Wangerooge** Das östlichste Eiland der ostfriesischen Inselkette hat von allen Inseln unter den Naturgewalten am stärksten gelitten. Die noch im 14. Jh. schriftlich erwähnte Nikolaikirche versank mit dem dazugehörigen Dorf im Meer, und die Grundmauern des um 1550 am damaligen Ostende der Insel angelegten Westdorfes sind noch heute bei Ebbe im Wattenmeer zu erkennen. Dreimal mußte das Inseldorf verlegt werden. Von der turbulenten Geschichte Wangerooges berichten Schriften

Der breite Sandstrand, begrenzt von herrlichen Dünen, macht die Insel Juist zu einem großartigen Badeparadies.

Der verträumte Hafen von Fedderwardersiel im Nordosten der Halbinsel Butjadingen ist Ausgangspunkt für die beliebten Schiffsfahrten zu den Seehundsbänken.

und Karten des Inselmuseums im Alten Leuchtturm. Dieser beherbergt auch eine Muschel- und Bernsteinsammlung sowie in 30 m Höhe eine Aussichtsgalerie (geöffnet Mitte Mai bis Ende Oktober täglich 10–12 und 15–17 Uhr).

Im Rosenhaus, Friedrich-August-Str. 18, ist das Nationalpark-Haus untergebracht.

ℹ Kurverwaltung, Strandpromenade 3, 26486 Wangerooge, Tel. 0 44 69/8 90.

⓮ **Elisabethgroden** Die rund 14 km lange, aber nur 300–700 m breite Ruhezone zwischen Harlesiel und Schillig gehört zu den wichtigsten Brut- und Rastplätzen der Vogelwelt an der deutschen Nordseeküste. Mehr als 200 Vogelarten wurden hier beobachtet. Im Spätsommer und Herbst bevölkern mitunter über 50 000 gefiederte Gäste die Watten und Salzwiesen. Gut zu beobachten sind sie vom 3 km langen Lehrpfad aus, der bei Harlesiel am östlichen Parkplatz hinter dem Deich beginnt. Von August bis November sind besonders viele Gastvögel zu sehen.

⓯ **Wilhelmshaven** In der Marinestadt am Jadebusen dreht sich heute noch fast alles um die Schiffahrt, die Küste und das Meer. Von den über das Stadtgebiet und die benachbarten Gewässer verstreuten maritimen Sehenswürdigkeiten sind vor allem das Küsten-Museum im City-Haus (geöffnet täglich außer Mo 10–13 und 14–17 Uhr, Sa nur vormittags), das Seewasser-Aquarium (geöffnet täglich 10–17.30, Juli, August 10–18 Uhr), die Heinrich-Gätke-Halle mit einer umfangreichen vogelkundlichen Sammlung (geöffnet Di 8–13 und Do 13–17 Uhr) sowie die Museumsschiffe am Bontekai im Großen Hafen einen Besuch wert. Für den Jade-Windenergiepark sollte man sich ebenfalls Zeit nehmen (geöffnet April–September täglich außer So und Mo; Oktober–März täglich außer Sa und So). Das Nationalpark-Zentrum befindet sich in der Virchowstr. 1 (Mo–Fr geöffnet).

ℹ Freizeit in Wilhelmshaven GmbH, Grenzstr. 24–32, 26382 Wilhelmshaven, Tel. 0 44 21/92 79 30.

⓰ **Jadebusen** Rund 450 Mio. m^3 Wasser strömen täglich zweimal mit Flut und Ebbe in die 190 km^2 große Meeresbucht hinein und wieder hinaus. Die Wassermassen werden benötigt, um die Fahrrinne zu den Wilhelmshavener Häfen freizuspülen, sonst hätte man den Jadebusen gewiß längst trockengelegt. Das wäre nicht nur für die Fischerei und den Fremdenverkehr, sondern vor allem für die Vogelwelt ein herber Verlust. Mindestens 1 Mio. Vögel finden sich alljährlich während der Zugzeiten in der mit dem Prädikat „Europareservat" ausgezeichneten Bucht ein.

Als natürliche Aussichtsplattform bietet sich das Steilufer beim Ferienort Varel-Dangast am Südwestrand des Jadebusens an. Ein Ausläufer der Geest reicht hier bis an die Küste heran. Auf den Deichen kann man Rad- und Fußwanderungen nach Cäciliengroden oder zur Vareler Schleuse unternehmen. Das Nationalpark-Haus an der Straße nach Dangast (geöffnet April–Oktober täglich außer Mo) gibt einen Einblick in die Ökologie des Wattenmeeres.

ℹ Kurverwaltung, Am Alten Deich 4–6, 26316 Varel, Tel. 0 44 51/8 10 21.

⓱ **Schwimmendes Moor** Am Ostufer des Jadebusens, an der Kleihörne bei Sehestedt, liegt unmittelbar vor dem Deich ein von Salzwiesen umgebenes Hochmoor. Es ist der letzte Rest der Moore, die im Mittelalter weite Teile der Meeresbucht bedeckten und im Lauf der Jahrhunderte von den Wellen abgetragen wurden. Im Jahr 1720 war das von Moorbirken und Ebereschen bestandene Moor 235 ha groß. Derzeit mißt es noch knapp 11 ha und wird bald verschwunden sein. Seinem Namen „Schwimmendes Moor" wird das Sehestedter Moor allerdings nur bei Sturmfluten von mehr als 3,25 m Wasserhöhe gerecht: Da der Hochmoortorf locker und leicht ist, hebt er sich dann von seinem Untergrund ab und schwimmt auf dem Meer.

Bei der Wanderung von der Badestelle Sehestedt am Meer entlang sieht man die großen Torfblöcke, die die Brandung aus dem Moor gerissen hat, auf den Salzwiesen verstreut liegen. Das Moorgebiet ist Ruhezone und darf nicht betreten werden.

⓲ **Butjadingen** Von der Nordspitze dieser Halbinsel, die zwischen dem Jadebusen und der Wesermündung außerhalb des Nationalparks liegt, erstreckt sich in Richtung der Vogelschutzinsel Alte Mellum ein ausgedehntes Wattgebiet, „Der Hohe Weg" genannt. Diese Ruhezone gehört zu den größten zusammenhängenden Wattflächen an der deutschen Nordseeküste und ist besonders beliebt bei den Seehunden, die sich hier auf den Sand- und Schlickbänken tummeln. Ausflugsfahrten zu den Seehundsbänken werden ab Fedderwardersiel angeboten.

Im Nationalpark-Haus am Hafen von Fedderwardersiel (geöffnet Di–So 10–12 und 14–18 Uhr) kann sich der Besucher über den Nationalpark Wattenmeer und die Geschichte der Halbinsel informieren. Gleich neben dem im Pferdestall des Zollhauses untergebrachten Museum beginnt ein 3 km langer markierter Entdeckungspfad durch den malerischen Kutterhafen Fedderwardersiel und in das Deichvorland am Hohe-Weg-Watt.

i Butjadinger Kur- und Touristik GmbH, Strandallee 61, 26969 Butjadingen, Tel. 0 47 33/16 16.

⑲ **Deutsches Schiffahrtsmuseum** Die umfangreiche Sammlung von Wasserfahrzeugen im außerhalb des Nationalparks gelegenen Bremerhaven dokumentiert die deutsche Schiffahrts- und Schiffbaugeschichte von den Anfängen bis zur Gegenwart (ganzjährig Di–So 10–18 Uhr geöffnet). Im Museumshafen (Anfang April–Ende September geöffnet) ankern acht Oldtimer der Seefahrt. Zu den Attraktionen des Museums gehören auch ein Wasserbecken mit ferngesteuerten Schiffsmodellen und ein Kinderspielplatz, der junge Besucher spielerisch mit der Schiffahrt vertraut macht.

Am gegenüberliegenden Weserufer steht der Kirchturm von Blexen, das älteste Seezeichen der Deutschen Bucht.

i Deutsches Schiffahrtsmuseum, Van-Ronzelen-Straße, 27568 Bremerhaven, Tel. 04 71/48 20 70.

⑳ **Land Wursten** Die Watten und Deichvorländer an der Wurster Küste zählen zu den ökologisch wertvollsten Bereichen des Nationalparks Niedersächsisches Wattenmeer. Hier gibt es auf dem über 100 Jahre alten Untereversandturm und dem ehem. Leuchtturm Meyers Legde Alt, etwa 10 bzw. 6 km vor der Küste, Brutkolonien des Kormorans, die zu den größten an der niedersächsischen Nordseeküste gehören. Mehr als ein Drittel aller Seehunde im Nationalpark versammeln sich hier in den Sommermonaten, und im Frühjahr und Herbst halten sich zeitweilig 10 000 Vögel und mehr im Wattenmeer vor Dorum-Neufeld auf.

Wattwanderungen zur Insel Neuwerk im benachbarten Nationalpark Hamburgisches Wattenmeer beginnen am Strand von Duhnen.

In der Strandhalle Dorumer Tief befindet sich das Nationalpark-Haus und daneben ein Salzwiesen-Biotop (Anfang Mai bis Mitte Oktober täglich 13–18 Uhr geöffnet).

Das Niedersächsische Deichmuseum in Dorum (geöffnet Anfang Mai bis Mitte September Mo–Fr 14–17, Sa und So 14–18, im Winterhalbjahr Sa und So 14–16 Uhr) zeigt die Entwicklung des Deichbaus und Küstenschutzes im niedersächsischen Küstengebiet während des vergangenen Jahrtausends. Schiffsmodelle und Fanggeräte sind im Museum für Wattenfischerei in der Wursterlandstraße in Wremen zusammengetragen (geöffnet Anfang Mai bis Ende September täglich außer Mo 16–18, im Winterhalbjahr nur So 15–17 Uhr).

i Kurverwaltung Land Wursten, Westerbüttel 18, 27632 Dorum, Tel. 0 47 42/87 50 und 87 53.

㉑ **Cuxhaven** Auf dem Sandwatt vor Cuxhaven-Duhnen werden an einem Sonntag im Juli bei Ebbe Pferderennen ausgetragen.

Etwas außerhalb des Nationalparks, in Cuxhaven-Sahlenburg, informiert das Nationalpark-Zentrum Cuxhaven über die Pflanzen- und Tierwelt des Wattenmeeres. Dort sind u. a. ein naturgetreues Wattbodenmodell und ein Meeresaquarium zu sehen (April–Oktober täglich geöffnet; in der Wintersaison Sa geschlossen). Zudem empfiehlt sich ein Gang über den Seefischmarkt Cuxhaven (Führungen über den Markt in den Sommermonaten Di–Do, Treffpunkt um 6.45 Uhr vor Halle IX).

i Kurverwaltung, Cuxhavener Str. 92, 27476 Cuxhaven, Tel. 0 47 21/40 40.

Salzwiesen – Lebensraum für Spezialisten

An der Küste, gerade auch im Nationalpark Niedersächsisches Wattenmeer, hat sich unter scheinbar widrigen Verhältnissen ein besonderer Lebensraum für spezielle Pflanzen und Tiere entwickelt: die Salzwiesen. Im Gegensatz zum Watt werden diese nicht bei jeder Flut überschwemmt, aber das Meerwasser bricht doch immer wieder über sie herein.

Den hohen Salzgehalt des Wassers können nur speziell angepaßte Blütenpflanzen, von denen hier rund 45 Arten vorkommen, verkraften. Einige versuchen, ihren Wasserbedarf und damit die Salzaufnahme zu verringern: Der Strandbeifuß ist von einem feinen Pelz umgeben, der die Verdunstung reduziert. Die Blätter des Quellers (Bild), eines Musterbeispiels für Bewohner der seenahen Salzwiesen, sind zu kleinen Schuppen umgebildet und geben deshalb besonders wenig Wasser ab.

Andere Pflanzenarten wie Strandaster, Milchkraut und Strandflieder scheiden das überflüssige und zugleich schädliche Salz unter hohem Energieaufwand über spezielle Salzdrüsen wieder aus.

Neben den Pflanzen existieren aber auch vielerlei Kleinlebewesen in den salzigen Wiesen. 1500–2000 Insektenarten sind hier heimisch, von denen einige nur auf den charakteristischen Salzpflanzenarten überleben können.

Für die Vogelwelt sind die Salzwiesen ebenfalls ein wichtiger Lebensraum. Viele Seevögel wie Austernfischer oder Rotschenkel finden hier einen Hochwasser-Rastplatz.

Nationalpark Hamburgisches Wattenmeer

Einst trieben hier der Seeräuber Klaus Störtebeker und seine Vitalienbrüder ihr Unwesen. Heute erinnert an diese Zeit noch der fast 700 Jahre alte Wehrturm auf der Insel Neuwerk, die Urlauber nach einer Fahrt im Pferdewagen oder nach einer Wattwanderung durch Sand und Schlick erreichen.

Neuwerk ist eine von Prielen durchzogene grüne Marschinsel, die vielen Seevogelarten einen einzigartigen Lebensraum bietet. Im Hintergrund ist eine Bake zu sehen, ein altes Seezeichen für die Schiffahrt.

❶ **Scharhörn** Das Eiland am nördlichen Ende der Wattzunge, die sich von der Küste bei Cuxhaven 20 km weit in die Nordsee hinauszieht, gehört zu den jüngsten Inseln Deutschlands. Erst um die Mitte des vorigen Jahrhunderts tauchte hier eine Sandbank aus dem Meer auf; vor 70 Jahren bildeten sich die ersten Sandhügel, und heute gibt es auf dem etwa 15 ha großen Eiland, das von einer weit größeren Sandbank umschlossen wird, bis zu 5 m hohe Dünen.

Die einsame Insel, die bereits 1939 unter Naturschutz gestellt wurde, ist ein hervorragender Rast- und Nistplatz für Seevögel. An manchen Tagen bevölkern mehr als 100 000 Vögel Scharhörn. Die Kolonie der Seeschwalben ist die größte im gesamten Nordseeraum; die Brandseeschwalben unterhalten hier sogar eine der größten Brutkolonien Europas. Neben der Seeschwalbenkolonie steht das Vogelwärterhaus.

Wattwanderer, die von Neuwerk an der geführten Wanderung zur Vogelschutzinsel Scharhörn teilnehmen, werden am Inselrand vom Vogelwart empfangen und über die Tierwelt informiert. Da Übernachtungsmöglichkeiten fehlen, müssen sich die Besucher meist auf eine mehrstündige Wanderung durch Sand und Schlick einstellen. Vor Touren auf eigene Faust, ohne ortskundige Führung, muß dringend gewarnt werden.

i Nationalpark-Infohaus Neuwerk, 27499 Hamburg-Insel Neuwerk, Tel. 04721/28594.

i Verein Jordsand, Informationszentrum, 27499 Hamburg-Insel Neuwerk, Tel. 04721/28594.

❷ **Insel Neuwerk** Die Insel Neuwerk ist trotz ihres Namens eine alte Insel, die man vor 900 Jahren schon beweidet hat. Ihre heutige Form entstand 1825 bei einer schweren Sturmflut. Das grüne Inselchen in der Elbmündung ist die einzige Hallig zwischen den Mündungen von Elbe und Ems.

700 Jahre lang diente die knapp 300 ha große Insel, die 1286 erstmals urkundlich erwähnt wurde, der Freien und Hansestadt Hamburg als strategisch wichtiger Vorposten im offenen Meer und war möglicher Standort für einen Vorhafen. Im 16. Jh. wurde mit der Eindeichung der Insel begonnen. Heute zählt die einst von Fischern und Heringshändlern bewohnte Hallig drei Dutzend ständige Bewohner und ist der Mittelpunkt des Nationalparks.

In 1 Stunde kann man die Insel Neuwerk auf dem Deichweg bequem umrunden. Von der Anlegestelle am Ende der Hundebalje führt der Weg auf der Deichkrone im Uhrzeigersinn um den eingedeichten Inselkern mit seinen Äckern, Wiesen und kleinen Gehölzen. Vor dem Deich erstrecken sich im Nordosten die von Prielen zerfurchten Salzwiesen, dahinter die Watten des Kleinen Vogelsandes, und in der Ferne ist die vielbefahrene Seeschiffahrtsstraße in der Elbmündung zu erkennen. Der Badestrand mit einer Schutzhütte liegt an der Nordspitze der Insel. Es lohnt sich, hier am Strand nach Bernstein zu suchen, da die Flut immer wieder Stücke dieses goldgelben Steins anschwemmt. In der Inselschule, etwa 300 m nördlich des Anlegers, sind besonders schöne Exemplare ausgestellt.

i Nationalpark-Infohaus, siehe ❶.

Den mächtigen, jahrhundertealten Wehrturm auf der Insel Neuwerk kann man vom Festland aus zu Fuß oder mit von Pferden gezogenen Wattwagen erreichen.

❸ Wehrturm auf Neuwerk Das „Nyge Werk“, nach dem die Insel ihren Namen hat, wurde hier zu Anfang des 14. Jh. vom Stadtstaat Hamburg errichtet: ein mächtiger Wehrturm mit fast 3 m dicken Backsteinmauern. Der 45 m hohe Turmkoloß, das älteste Bauwerk an der deutschen Nordseeküste, ist seither das Wahrzeichen der Insel. In den ersten Jahrhunderten diente der Turm als Bollwerk, um die Elbmündung gegen Seeräuber wie Klaus Störtebeker zu sichern.

1815 installierte man auf der Zinne des Turmes einen Lampenapparat, der den Schiffen den Weg durch den Mündungstrichter der Elbe weist. Eine Treppe mit 138 Stufen führt zu einer Aussichtsplattform hinauf, von der man einen herrlichen Ausblick über die Insel und das Wattenmeer hat. Am Fuß des Turmes befinden sich die Nationalparkstation sowie ein naturkundliches Informationszentrum der Stadt Hamburg und des Vereins Jordsand, der sich dem Schutz und der Erforschung der Vogelwelt verschrieben hat. 5 Minuten vom Turm entfernt, wo der Wattenweg zur Küste über den Deich führt, liegt der Friedhof der Namenlosen. Hier haben viele Seeleute ihre letzte Ruhestätte gefunden, deren Schiffe auf den Sandbänken an der Elbmündung, dem berüchtigten „Kirchhof der Schiffe“, strandeten.

ℹ Verein Jordsand, siehe ❶.

❹ Sahlenburger Watt Man kann das Sahlenburger Watt bei Ebbe auf einem 10 km langen Weg zu Fuß durchwandern. Der mit Pricken (Büschen) gekennzeichnete Wattenweg beginnt in Cuxhaven-Sahlenburg am Muschelgrund. Er verläuft auf dem Rücken zwischen Watt und Meer, schlängelt sich zwischen Muschelbänken hindurch und erreicht in der Nähe des Friedhofs der Namenlosen die Insel Neuwerk. Die Wattführer erwarten die Gäste zu der 2- bis 3stündigen Wanderung am markierten Treffpunkt in Sahlenburg. Wer die Insel trockenen Fußes in etwa 1 Stunde erreichen möchte, kann mit den von Pferden gezogenen Wattwagen dorthin fahren. Fahrten und Wanderungen lassen sich auch kombinieren, z. B. zu Fuß nach Neuwerk und mit dem Schiff zurück nach Cuxhaven.

ℹ Reederei Cassen Eils, Bei der Alten Liebe 12, 27472 Cuxhaven, Tel. 04721/ 32211 und 350 82–84.

❺ Wernerwald Außerhalb des Nationalparks, zwischen Sahlenburg und Arensch, erstreckt sich ein über 400 ha großes Waldgebiet, das nach dem Verwaltungsbeamten Dr. Charles A. Werner benannt ist, der den Wald 1878 im Auftrag des Hamburger Senats anlegen ließ. Heute ist der von vielen Wanderwegen durchzogene, nahe der Küste gelegene Kiefernforst um das Finkenmoor ein vielbesuchtes Erholungs- und Wandergebiet (Zufahrt in Sahlenburg zu den Parkplätzen in der Wernerwaldstraße). Am Lohmsmoor in Sahlenburg beginnt und endet der etwa 8 km lange, mit einem blauen Dreieck markierte Rundwanderweg Wernerwald. Ein Wald unmittelbar am Meer ist an der nahezu waldlosen deutschen Nordseeküste ohnehin eine Seltenheit, noch interessanter wird der Wernerwald jedoch dadurch, daß hier die Geest ohne vorgelagerten Marschengürtel an die offene See stößt und ein steiles Kliff bildet, das einzige an der Südküste der Deutschen Bucht.

ℹ Verkehrsverein, Nordheimstr. 35, 27476 Cuxhaven, Tel. 04721/28028.

Das Watt als Laich- und Brutplatz

Im freien, flachen Wasser über dem Watt mit seinen Wasserläufen, den Prielen, und den Tümpeln laichen einige Fischarten, die als Speisefische auch eine wirtschaftliche Bedeutung haben: Scholle, Flunder, Seezunge und Hering. Ebenso sind die meist fälschlich als Krabben bezeichneten Garnelen ein wichtiger Bestandteil der Nahrungskette im Meer und eine begehrte Spezialität. Aber auch für Vögel ist das Hamburgische Wattenmeer ein Paradies. Im Nationalpark brüten 26 verschiedene, zum Teil sehr seltene Vogelarten, ungefähr dreimal so viele stoßen alljährlich als Gäste während des Vogelzuges dazu. Ein beeindruckendes Beispiel ist der Knutt, ein Strandläufer. Bis zu 70 000 Tiere fallen beim Vogelzug innerhalb von wenigen Tagen hier ein.

Auf den sandigen Inseln, die entweder gar nicht oder nur auf bestimmten Wegen betreten werden dürfen, etwa auf Scharhörn, kümmern sich bis zu 10 000 Paare der eleganten, extrem raren Brand-, Küsten- und Flußseeschwalben (Bild) um ihre Jungen. Auch Austernfischer, Rotschenkel und Regenpfeifer legen hier ihre Eier.

Die Insel Scharhörn ist in den vergangenen Jahren durch Erosion geschrumpft und droht in den nächsten Jahren völlig der Brandung zum Opfer zu fallen. Um die bedrohten Brutplätze von Scharhörn zu ersetzen, wurde 1989 südwestlich davon die Insel Nigehörn künstlich aufgespült.

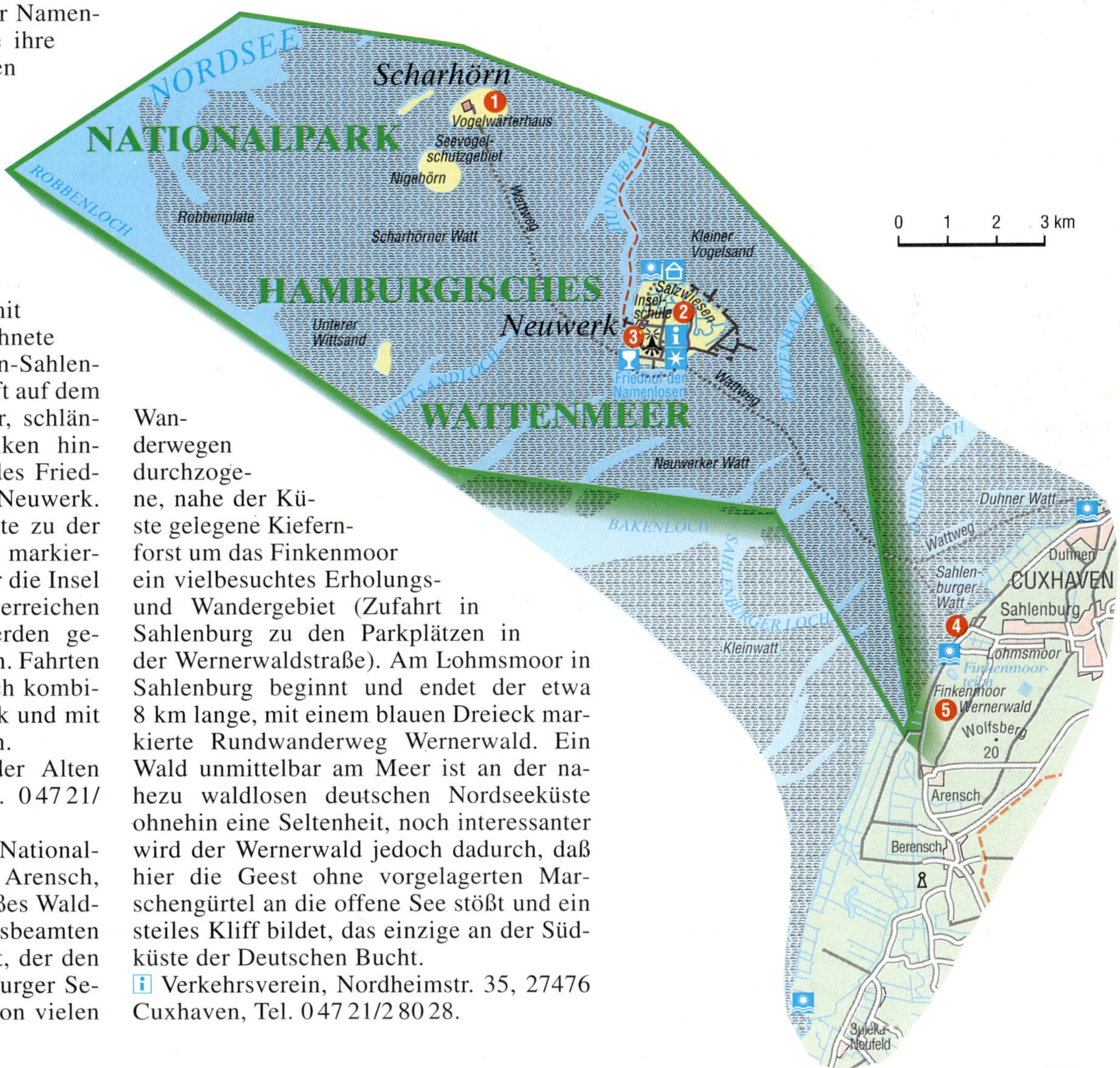

Nationalpark Schleswig-Holsteinisches Wattenmeer

Das Naturparadies im hohen Norden hat nicht nur „Sehenswürdigkeiten"; die amphibische Welt will mit allen Sinnen erlebt werden: Man muß fühlen, wie die nackten Füße im Schlick versinken, das leise Knistern der Schlickkrebse im Watt hören, am Strand den Tang riechen, das Salz auf den Lippen spüren …

❶ **Listland** Obwohl das „Nordkap" Deutschlands, der Westellenbogen, gleich um die Ecke liegt, fühlt man sich zwischen der Blidselbucht und dem Königshafen eher in die Wüste versetzt. Die Wanderdünen, die sich hier zu Höhen von 30 m auftürmen, sind freilich keine Klimazeugen, sondern Folgen der Umweltzerstörung. An Trampelpfaden greift der Wind an, schält die Pflanzendecke ab und verwandelt auf diese Weise die seit Jahrhunderten ruhenden Sandberge in ruhelose Wanderdünen. Um weitere Schäden zu vermeiden, bleibt man also besser auf den Wegen und schaut sich die in Deutschland einzigartige Dünenlandschaft vom Strandtal aus an. Gäste aus dem hohen Norden wie Ringelgänse und andere Vogelarten machen regelmäßig im Königshafen Rast. Als international bedeutsames Feuchtgebiet wurde die seichte Bucht am Nordende der Insel Sylt zusammen mit dem angrenzenden Lister Koog in die Reihe der Europareservate aufgenommen. Die Biologische Station List bietet von März bis November täglich außer So um 10 Uhr Führungen zum Seevogelschutzgebiet sowie durch das Watt an. In der Forschungsstation 200 m nördlich vom Lister Hafen – Ausgangspunkt für Fahrten zu den Seehunds- und Austernbänken – befindet sich auch ein Wattenmeer-Informationszentrum (geöffnet täglich 16–17 Uhr).
ℹ Kurverwaltung, Listlandstraße, 25992 List, Tel. 0 46 52/9 50 00.

❷ **Kampener Vogelkoje** Eine Vogelkoje ist keineswegs ein Schlafplatz für müde Vögel, wie Binnenländer vielleicht annehmen könnten. Hier wurden von 1767 bis zur Aufgabe der Vogeljagd 1935 Zehntausende von Enten gefangen. Jetzt steht die historische Anlage unter Naturschutz. Rund 130 Pflanzenarten kommen in dem kleinen Areal vor, etwa 40 Vogelarten brüten hier.

Noch artenreicher ist die Tierwelt im Naturschutzgebiet Nielönn (Neuland), das

Verschiedenfarbige Gesteinsschichten aus dem Tertiär hat die Brandung am Sylter Morsumkliff freigelegt.

sich nach Süden an das Gelände der Vogelkoje anschließt. Im Röhricht nistet noch die seltene Rohrweihe. Nebenan läßt die vom Aussterben bedrohte Bekassine im Flug ein dumpfes Meckern ertönen. Die Vogelkoje ist von Ostern bis Pfingsten täglich 13–16 Uhr, von Pfingsten bis Oktober 10–16 Uhr geöffnet. Das benachbarte Naturschutzgebiet Nielönn darf nicht betreten werden.

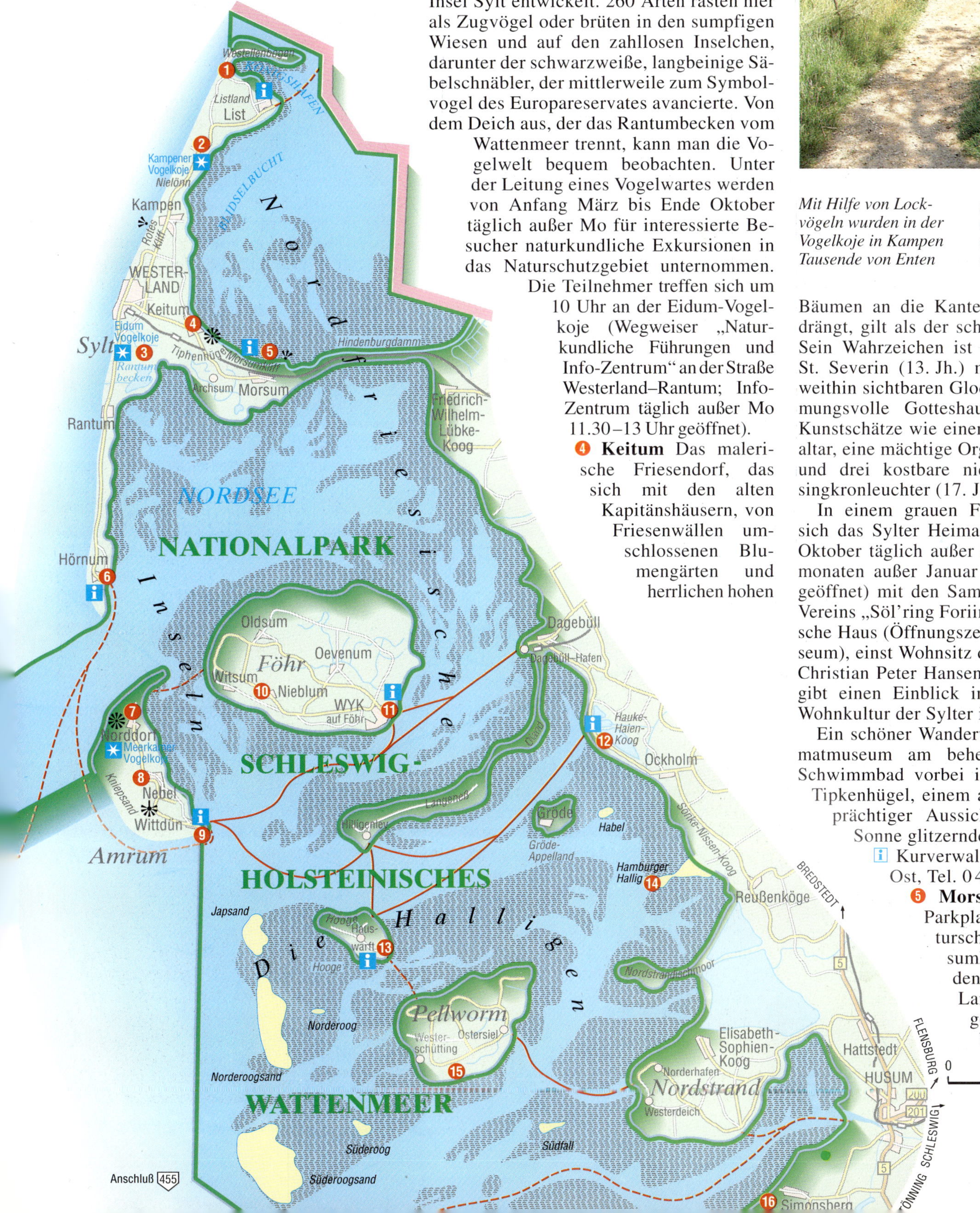

3 Rantumbecken Ein 9 km langer Deich grenzt das Becken gegen das Wattenmeer ab. Im Krieg hatte man es als gezeitenunabhängigen Seeflughafen angelegt, doch dann war dieser überflüssig geworden, und man überließ das über 500 ha große Areal der Natur. Im Lauf der Jahre hat es sich zu einem äußerst vielseitigen Lebensraum und zum artenreichsten Vogelschutzgebiet der Insel Sylt entwickelt. 260 Arten rasten hier als Zugvögel oder brüten in den sumpfigen Wiesen und auf den zahllosen Inselchen, darunter der schwarzweiße, langbeinige Säbelschnäbler, der mittlerweile zum Symbolvogel des Europareservates avancierte. Von dem Deich aus, der das Rantumbecken vom Wattenmeer trennt, kann man die Vogelwelt bequem beobachten. Unter der Leitung eines Vogelwartes werden von Anfang März bis Ende Oktober täglich außer Mo für interessierte Besucher naturkundliche Exkursionen in das Naturschutzgebiet unternommen. Die Teilnehmer treffen sich um 10 Uhr an der Eidum-Vogelkoje (Wegweiser „Naturkundliche Führungen und Info-Zentrum" an der Straße Westerland–Rantum; Info-Zentrum täglich außer Mo 11.30–13 Uhr geöffnet).

4 Keitum Das malerische Friesendorf, das sich mit den alten Kapitänshäusern, von Friesenwällen umschlossenen Blumengärten und herrlichen hohen

Mit Hilfe von Lockvögeln wurden in der Vogelkoje in Kampen Tausende von Enten gefangen. Am Ende des Fangpfeifenkanals (Bild) landeten sie in einer Reuse.

Bäumen an die Kante des Grünen Kliffs drängt, gilt als der schönste Ort der Insel. Sein Wahrzeichen ist die Seefahrerkirche St. Severin (13. Jh.) mit dem wuchtigen, weithin sichtbaren Glockenturm. Das stimmungsvolle Gotteshaus birgt zahlreiche Kunstschätze wie einen gotischen Schnitzaltar, eine mächtige Orgel mit 3500 Pfeifen und drei kostbare niederländische Messingkronleuchter (17. Jh.).

In einem grauen Friesenhaus befindet sich das Sylter Heimatmuseum (April bis Oktober täglich außer Mo, in den Wintermonaten außer Januar Do–Sa 10–17 Uhr geöffnet) mit den Sammlungen des Sylter Vereins „Söl'ring Foriining". Das Altfriesische Haus (Öffnungszeiten wie Heimatmuseum), einst Wohnsitz des Heimatforschers Christian Peter Hansen und jetzt Museum, gibt einen Einblick in Lebensweise und Wohnkultur der Sylter im 18. und 19. Jh.

Ein schöner Wanderweg führt vom Heimatmuseum am beheizten Meerwasser-Schwimmbad vorbei in 15 Minuten zum Tipkenhügel, einem alten Grabhügel mit prächtiger Aussicht auf das in der Sonne glitzernde Wattenmeer.

i Kurverwaltung, 25980 Sylt-Ost, Tel. 0 46 51/33 70.

5 Morsumkliff Auf dem Parkplatz am Rand des Naturschutzgebietes Morsumkliff (von Morsum den Wegweisern zum Landhaus Nösse folgen) steht eine mobile Station der Naturschutzgemeinschaft Sylt. Sie bietet neben einer kleinen naturkundlichen Sammlung viele Informationen zu Geologie, Flora und Fauna der Küstenlandschaft am Ostzipfel der Insel. Von Mitte April bis Ende Oktober werden von der Station aus am Mo, Mi und Fr um 10.30 Uhr Führungen in das Schutzgebiet veranstaltet. Man lernt dabei die Geestheiden, die Marschen, die Dünen und nicht zuletzt das Morsumkliff, die „Klassische Geologische Quadratmeile" der Insel, kennen. Das Meer hat hier in einem farbenprächtigen Schichtenquerschnitt von Schneeweiß über Rostrot bis Pechschwarz mehrere Millionen Jahre Erdgeschichte des Tertiärs freigelegt.

6 Hörnum Die Mitarbeiter der Schutzstation Wattenmeer im Kuno-Ehlfeldt-Haus am Ortsrand von Hörnum geben sich viel Mühe, den Besuchern alles Wissenswerte über das Wattenmeer und die Nordfriesischen Inseln zu vermitteln (Ostern–November und über die Jahreswende Di–So 10–12 und 15–18 Uhr geöffnet; außerdem Watt- und Strandexkursionen um das Naturschutzgebiet Hörnumer Odde, vogelkundliche Wanderungen, Dünen- und Salzwiesenführungen). Die Ausstellung läßt aber auch viel Raum für eigene Aktivitäten; man kann z. B. im Freigelände mit nackten Füßen und verbundenen Augen typische Bodenarten der Nordseeküste erfühlen oder häufige Muschel- und Schneckenarten des Wattenmeeres mit den Fingerspitzen ertasten. Im Hörnumer Hafen ankern die Schiffe, die regelmäßig zu Exkursionen in den Nationalpark Schleswig-Holsteinisches Wattenmeer auslaufen.

i Schutzstation Wattenmeer, Steintal, Kuno-Ehlfeldt-Haus, 25997 Hörnum, Tel. 04653/1093.

7 Norddorf Das nördlichste Dorf Amrums schmiegt sich an den Fuß der Dünen, die der Wind hinter dem Kniepsand z. T. mehr als 30 m hoch aufgetürmt hat. Vom südlichen Ortseingang führt ein Treppenweg zur 32 m hohen Aussichtsdüne hinauf. Der Weg, der hinter den Dünen südwärts durch Kiefernwald verläuft, endet nach etwa 1 km an der Meerhamer Vogelkoje. Wie die Kampener Vogelkoje auf Sylt steht auch diese historische Fanganlage heute unter Naturschutz (Vogelkojen-Lehrpark, Kinderspielplatz). Das bedeutendste Naturschutzgebiet der Insel (Amrumer Odde) liegt jedoch an der Nordspitze.

Vom Vogelwärterhaus im Haustal aus (von Norddorf zu Fuß am Seehospiz vorbei 1/2 Stunde) werden regelmäßig Führungen durch die Dünen- und Marschenlandschaft angeboten (April–Oktober täglich außer Mo um 10 Uhr).

Bei Einheimischen und Touristen gleichermaßen beliebt ist die ulmengesäumte Strandpromenade von Wyk auf Föhr.

Wo der Seehund ruht

Einige tausend Seehunde (Bild) gibt es im Nationalpark. Am liebsten liegen die Tiere auf Sandbänken an Prielkanten, denn von dort können sie bei Gefahr sofort ins sichere Wasser entkommen. Bis zu 10 Minuten bleiben die eleganten Schwimmer unter Wasser und erreichen Geschwindigkeiten von bis zu 35 km/h.
Auf ihren angestammten Plätzen bringen die Seehundmütter im Juni/Juli ihre Jungen zur Welt – und zwar stets bei Ebbe. Bei der nächsten Flut ist für die Kleinen dann bereits die erste Schwimmstunde angesagt. 4–5 Wochen lang säugen die Weibchen den Nachwuchs, wiederum auf der Sandbank.
Jede Störung bedeutet für die empfindlichen Jungtiere möglicherweise tödliche Gefahr. Deshalb wurden die Aufzuchtbänke zu gesperrten Bereichen erklärt; einige andere Liegeplätze der drolligen Meeressäuger hingegen darf man unter Berücksichtigung bestimmter Verhaltensmaßregeln mit dem Ausflugsschiff passieren.
Neben dem Seehund kommt noch die wesentlich größere Kegelrobbe hier vor, allerdings äußerst selten.

i Verein Jordsand, 25946 Norddorf, Tel. 04682/2332.

8 Nebel Rund um das idyllische Amrumer Dorf liegen auf Äckern und Wiesen bronzezeitliche Grabhügel verstreut; insgesamt gibt es 136 vorgeschichtliche Grabstätten auf der Insel. Der Ort ist seit jeher auch das kulturelle Zentrum Amrums. Hier steht seit dem frühen 13. Jh. die St.-Clemens-Kirche in ihrem Kirchhof mit den für die Inseln so typischen Grabstelen.

Die historische Windmühle von 1771 beherbergt das Amrumer Museum (geöffnet Mai–Oktober Mo–Mi 10–12, Do–So 15–18 Uhr). Im Ortsteil Westerheide zweigt die Straße zum Parkplatz an der Strandhalle ab. Von dort aus erreicht man in wenigen Minuten den Kniepsand, eine bis zu 1,5 km breite Sandbank, den größten Sandstrand Deutschlands.

i Kurverwaltung, 25946 Nebel, Tel. 04682/881.

Diese reetgedeckte Windmühle, deren Mahlwerk nach wie vor funktionsfähig ist, gehört seit 1964 zum Amrumer Museum.

❾ **Wittdün** Das Nordseebad an der Südspitze der Insel ist der einzige Fährhafen Amrums und Tor zu den Nachbarinseln und zum Festland. Hier kann sich der neuangekommene Gast im Info-Zentrum der Schutzstation Wattenmeer (Mittelstr. 34) eingehend über die Gegebenheiten der Insel und die Natur des Wattenmeeres informieren; zur Schutzstation gehört der Naturlehrpfad Wriakhörn (über einen Bohlensteg vom Meerwasser-Schwimmbad aus zu erreichen) mit dem Dünensee als letztem Überrest des schon längst verlandeten Kniephafens.

Den besten Überblick über Amrum und die nordfriesische Insel- und Halligenwelt erhält man von der Aussichtsplattform des Leuchtturmes auf der 27 m hohen Großdüne (Mai–Oktober Mo–Fr 8.30–12.30 Uhr geöffnet; im Winter und bei Sturm nicht zugänglich).

ℹ Kurverwaltung, 25946 Wittdün, Tel. 0 46 82/8 61.

❿ **Nieblum** Als „Friesendom" ist die St.-Johannis-Kirche in diesem schönsten Friesendorf auf Föhr besser bekannt. Der im 13. Jh. errichtete kreuzförmige Backsteinbau ist auf der flachen Insel weithin sichtbar. Hinter der imposanten Fassade verbirgt sich kostbares Inventar: ein spätgotischer Schnitzaltar, kunstvolles Schnitzwerk auch an den Emporen und an der Kanzel sowie ein Granittaufbecken aus der Zeit um 1200 (Führungen Mi 18 Uhr). Ebenso sehenswert ist der Kirchhof mit seinen zahlreichen Bildstelen.

ℹ Kurverwaltung, Poststrat 2, 25938 Nieblum, Tel. 0 46 81/25 59.

⓫ **Wyk auf Föhr** Die bekannte Inselhauptstadt wendet ihre schönste Seite dem Festland zu, wo die Fährschiffe von Dagebüll-Hafen aus zur Überfahrt nach Föhr (45 Minuten) auslaufen. Rund um den Fähranleger, an der Hafenstraße, in der Carl-Häberlin-Straße oder am Sandwall, hat das älteste Seebad Nordfrieslands (1819) seinen nostalgischen Charme aus der „Königszeit" um die Mitte des vorigen Jahrhunderts bewahrt, als der Dänenkönig Christian VIII. hier seine Sommerferien verbrachte.

Am Sandwall befindet sich auch das Naturkundliche Informationszentrum der Schutzstation Wattenmeer (in den Sommermonaten täglich außer Mo 10–12 und 16–18 Uhr geöffnet, sonst Di, Do, Sa und So 15–17 Uhr). Mit Landschaftsmodellen, Sammlungen und Schautafeln vermittelt es alles Wissenswerte über das Wattenmeer und die Insel Föhr, die im Norden an eine der strengsten Schutzzonen des Nationalparks grenzt.

Drei Straßenzüge hinter dem Sandwall, im Rebbelstieg 34, befindet sich das Friesenmuseum (Juni–August täglich außer Mo 10–12.30 und 13.30–17 Uhr geöffnet, in der übrigen Zeit meist nur 15–17 Uhr). Neben umfangreichen Sammlungen zur Insel-

und Schiffahrtsgeschichte zeigt das Museum im Freigelände das älteste Haus der Insel und eine Windmühle.
ℹ Kurverwaltung, 25938 Wyk auf Föhr, Tel. 04681/3053.

⓬ **Hauke-Haien-Koog** Die Wasserhypothek, die auf der Landwirtschaft in den Niederungen an der Nordseeküste lastet, ist für die Natur ein Segen: Über 230 Vogelarten profitieren von den Speicherbecken, die angelegt werden mußten, um bei Sturmfluten Überschwemmungen im Hinterland zu vermeiden. Der Hauke-Haien-Koog, benannt nach dem Schimmelreiter in Theodor Storms gleichnamiger Novelle, hinter der Straße Dagebüll–Ockholm ist ein solches Stück Natur aus zweiter Hand, ausgezeichnet mit dem Prädikat „Feuchtgebiet internationaler Bedeutung". Den besten Überblick hat man vom Seedeich am Fährhafen Schlüttsiel aus; dort unterhält der Verein Jordsand auch ein Informationszentrum (Tel. 04674/848).

⓭ **Hallig Hooge** Für die Festlandsküste sind die Eilande im nordfriesischen Wattenmeer als Wellenbrecher unentbehrlich, ebenso wie für die Vogelwelt als Brut- und Rastplätze. Mehr als ein Fünftel der Wat- und Möwenvögel im Nationalpark brüten auf den Halligen. Auf der Hallig Hooge haben vor allem Austernfischer wichtige Brutplätze.

Das Hooger Heimatmuseum auf der Hanswarft (täglich 10–16 Uhr geöffnet) gibt einen Einblick in die Vogelwelt der Halligen, zeigt aber auch Wattfunde und altfriesisches Mobiliar. Nebenan steht die größte Attraktion: der Königspesel, ein reichausgestattetes Kapitänshaus von 1776 (in der Sommersaison nach Ankunft der Schiffe geöffnet). Auf der Ockenswarft hat der Hooger Natur- und Umweltschutzverein ein Naturzentrum eingerichtet (April bis Oktober täglich geöffnet).

Von Anfang Juli bis Ende September darf das Hooge im Süden vorgelagerte winzige Eiland Norderoog in kleinen Gruppen unter offizieller Führung besucht werden. Bis zum „Mekka der Ornithologen", wie die von Seevögeln am dichtesten besiedelte Hallig auch genannt wird, müssen die Besucher 5 km durch das Watt marschieren.
ℹ Fremdenverkehrsbüro, 25859 Hooge, Tel. 04849/255.

Für viele Vogelarten wie diese Weißwangengänse ist die Westerhever Salzwiese ein lebenswichtiges Biotop.

Als „lebendige Rasenmäher" gehören wie hier auf dem Deich bei Westerhever die Schafe zum Landschaftsbild der Nordseeküste.

⓮ **Hamburger Hallig** Besuch aus dem hohen Norden bekommt die Hallig zumeist im Februar/März: mitunter zu Tausenden gehen dann die nördlich des Polarkreises heimischen Nonnengänse auf der inzwischen mit dem Festland vor dem Koog verbundenen Hallig nieder. Vor allem Gänse schätzen die Salzwiesen der Hallig sehr, nicht zuletzt, weil sie in dem offenen Gelände natürliche Feinde schon von weitem erkennen können. Wer Nonnen-, Ringel- oder Brandgänse beobachten möchte, sollte also auf dem Plattenweg bleiben, der vom Parkplatz im Sönke-Nissen-Koog quer über die landfest gewordene Hallig führt und nach knapp 4 km auf einer Warft endet. Die Brutgebiete dürfen nicht betreten werden! Im benachbarten Bredstedt wartet das Naturzentrum Nordfriesland mit einem umfangreichen Programm auf (Mai–September täglich außer So geöffnet).
ℹ Fremdenverkehrsverein, 25821 Bredstedt, Tel. 04671/5857.

⓯ **Pellworm** Grasgrün und eben präsentiert sich die Marscheninsel auf der Pellwormplate. Diese Sand- und Schlickbank reicht hier mehr als 30 km von der Festlandsküste in die Nordsee hinaus und endet in einer Kette von Sandinseln, die zur Schutzzone I des Nationalparks gehören und (mit Ausnahme des nördlichen Japsandes) nicht betreten werden dürfen. Die Hallig Süderoog, auf der ein einziger Hof steht, darf dagegen besucht werden – allerdings nur unter ortskundiger Führung, denn das Eiland ist Seevogelschutzgebiet, und der Wattenweg vom Westerkoog her ist weit (7 km) und nicht ungefährlich. In Westerschütting hat der ehem. Pellwormer Halligbriefträger Heinrich Liermann in einem kleinen Museum Dinge zusammengetragen, die er bei seinen Dienstgängen durch das Watt entdeckt hat: ein buntes Sammelsurium von kuriosem Treibgut und historisch interessanten Funden (täglich geöffnet). In Sichtweite steht das Inselwahrzeichen, die Ruine des 1611 eingestürzten Turmes der alten Pellwormer Kirche. Die Kirche selbst mit der berühmten Arp-Schnitger-Orgel blieb erhalten.

ℹ Kurverwaltung, 25849 Pellworm, Tel. 04844/18943.

⑯ **Westerspätinge** Das Naturschutzgebiet Westerspätinge im Adolfskoog bei Husum ist relativ klein, doch dafür kann man hier die Vogelwelt in ihrem natürlichen Lebensraum optimal beobachten. Vor allem bei Flut ziehen sich die Wasservögel in ihr Reservat hinter dem schützenden Deich zurück. Am Rand des Naturschutzgebietes steht der Rote Haubarg, der bekannteste Vertreter der für die Halbinsel Eiderstedt typischen Bauernhausform. Er beherbergt heute eine Gaststätte und ein Museum (Tel. 04864/845).

Umweltfreundliche Energieerzeugung wird auf Pellworm großgeschrieben: Solar- und Windkraftanlagen produzieren hier Strom.

⑰ **Westerhever Salzwiese** Leuchttürme ziehen an der flachen Nordseeküste die Blicke geradezu magisch an, besonders, wenn sie so schön sind wie der 40 m hohe, rotweiß gestreifte Turm auf dem Westerheversand. Er ist eine der Stationen am Lehrpfad durch die Westerhever Salzwiese (Zufahrt vom Ortskern Westerhever bis zu der unmittelbar hinter dem Deich gelegenen Häusergruppe von Ahndel). Auf dem etwa 5 km langen Wanderweg lernt man die Flora der Salzwiesen kennen, erlebt das Wattenmeer als „Energietankstelle" für die Zugvögel und wird über die Probleme der Beweidung der Deichvorländer informiert.

⑱ **St. Peter-Ording** Die kurze Westküste der Halbinsel Eiderstedt wird von goldgelben Sandstränden gesäumt; ansonsten versinkt der Wattwanderer meist nach wenigen Schritten bis zu den Knöcheln im schwarzen Schlick. Entsprechend groß ist vor St. Peter-Ording der Andrang der Badeurlauber. Trotzdem gehören die dortigen Strände, Dünen und Salzwiesen zu den von der Flora und Fauna her interessantesten und reichhaltigsten Gebieten an der schleswig-holsteinischen Nordseeküste. Teilnehmer der von Mitarbeitern der Schutzstation Wattenmeer geleiteten Watt- und Salzwiesenführungen lernen sie kennen.

In engen Kontakt mit der Tierwelt kommt man im Westküstenpark St. Peter-Ording. Außer Gänsen, Störchen, Enten und vielen anderen Wildtieren beherbergt der Park auch seltene Haustierrassen, besitzt ein Streichelgehege, einen Bauerngarten und eine interessante Pflanzenkläranlage (Mitte März–Mitte Oktober täglich 9–19 Uhr, Winter 10–17 Uhr geöffnet).

ℹ Kurverwaltung, 25826 St. Peter-Ording, Tel. 04863/830.

⑲ **Tönning** In der malerischen Kleinstadt an der Eidermündung hat das Nationalparkamt seinen Sitz. Das Eiderwatt, das sich flußabwärts zwischen der Grünen Insel und dem Dithmarscher Ufer erstreckt, gehört allerdings nicht mehr zum Nationalpark. Dabei ist die trichterförmige Flußmündung ökologisch besonders wertvoll. Seit 1974 trennt der fast 5 km lange Eiderdamm das Watt vom offenen Meer. Zwar strömen an ruhigen Tagen alle 12 Stunden rund 50 Mio. m³ Wasser durch die geöffneten Tore des Sperrwerks ein und aus, bei Sturmfluten schließen sie sich jedoch. Am Parkplatz am Sperrwerk gibt es einen Aussichtspunkt.

ℹ Nationalparkamt, Schloßgarten 1, 25832 Tönning, Tel. 04861/6160.

⑳ **Büsum** Die größte Attraktion des Nordseeheilbades ist der romantische Fischereihafen mit der großen Krabbenkutterflotte. Über die nicht unumstrittene Rolle des Krabbenfangs im Nationalpark informieren – neben verschiedenen anderen Themen – die Info-Zentren der Schutzstation Wattenmeer und der Nationalparkverwaltung. Sehenswert ist auch das Nordsee-Aquarium Büsum (Anfang März–Ende Oktober täglich geöffnet).

ℹ Kurverwaltung, 25761 Büsum, Tel. 04834/9090.

㉑ **Trischendamm** Wenn die Sicht gut ist, dann kann man die Insel Trischen mit der charakteristischen Kugelbake von den Deichen am Hohen Ufer bei Friedrichskoog aus im Nordwesten erkennen. Die Entfernung beträgt nur knapp 10 km, aber die Insel ist dennoch unerreichbar fern. Seit 1908 steht das fast 300 ha große Eiland unter strengstem Naturschutz. Vogelwärter sorgen dafür, daß Vögel wie die besonders empfindlichen Brandseeschwalben oder die Brandgänse, die sich im Juli/August in Scharen auf Trischen zur Mauser sammeln, nicht gestört werden. Die Insel, die sich pro Jahr um etwa 20 m nach Osten verlagert, liegt in der Schutzzone I des Nationalparks.

In der Seehundstation Friedrichskoog und im Informationszentrum des Nationalparks können die Besucher Seehunde beobachten. Dort erfährt man auch alles Wissenswerte über die Insel Trischen.

ℹ Seehundstation, 25718 Friedrichskoog, Tel. 04854/1372.

ℹ Nationalpark-Infozentrum, Koogstraße, 25718 Friedrichskoog, Tel. 04854/1005.

Watt: Leben im Sechs-Stunden-Takt

Öde und leer wirkt das Watt auf den ersten Blick, jene prieldurchzogene, schier endlose Sand- und Schlickfläche, die bei jeder Flut von der See überspült wird und bei jeder Ebbe wieder trockenfällt. Nach diesem Gezeitenwechsel richtet sich auch das vielfältige Leben.

Vor allem im und am Boden herrscht reger Betrieb. So produzieren die hier lebenden Pflanzen – hauptsächlich winzige schalentragende Kieselalgen, die als braune Beläge zu erkennen sind – auf den Quadratmeter und auf das Jahr gerechnet mehr Biomasse als die Pflanzen auf einem Ackerboden.

Die hochspezialisierten Tierarten treten in fast unglaublichen Individuenzahlen auf: pro Quadratmeter fanden Wissenschaftler an die 40000 Schlickkrebse und bis zu 10000 Pfeffermuscheln. Der typische Wattwurm, der an seinen Kothäufchen erkennbare Pierwurm (Bild), frißt Sand und lebt von den dabei mitaufgenommenen Kleinstlebewesen; die Würmer auf der Fläche eines Hektars „verdauen" so jährlich rund 1000 t Sand.

22 Seenland im hohen Norden

Vom Eise befreit …

… sind die Landschaften im wald- und seenreichen Herzen Schleswig-Holsteins zum Teil erst seit vorgestern – wenigstens nach dem Kalender der Geologen. Die Eiszeitgletscher haben das Land reich beschenkt: mit fruchtbaren Böden, lieblichen Moränenhügeln und herrlichen Gewässern wie den Plöner Seen.

Seenland im hohen Norden

Für geruhsame Kutschfahrten ist das stille Land rund um den Aukrug wie geschaffen.

Naturpark Aukrug

Größe: 380 km^2, gegründet 1970.

Ziemlich genau in der Mitte Schleswig-Holsteins, von Ostsee und Nordsee gleich weit entfernt, liegt dieser Naturpark. Sein Kerngebiet bildet der Aukrug, eine hügelige Landschaft, deren Name sich von dem Flüßchen Au ableitet. Durch sein bewegtes Relief unterscheidet sich der Aukrug deutlich vom sanftwelligen Umland. Abgelagert wurden die Moränenhügel während eines Gletschervorstoßes gegen Ende der vorletzten Eiszeit.

Der Aukrug war ursprünglich von Buchenwald bedeckt. Durch Raubbau wurde der Wald vom Mittelalter an zugrunde gerichtet, und Heidevegetation eroberte die wenig fruchtbaren Böden. Heute nimmt Mischwald nahezu ein Viertel des Naturparks ein. Entstanden ist er durch Aufforstung im 19. Jh. Dazwischen haben sich hier und da auch kleinere Heideflächen erhalten.

Kennzeichen der Agrarlandschaft am Rand des Aukrugs sind die Knicks – mit Buschwerk bestandene Erdwälle, die die einzelnen Flurstücke voneinander trennen. Die Hecken sind wertvolle Lebensräume für Insekten und Vögel, zu deren charakteristischen Vertretern Dorngrasmücke, Grauammer und Hänfling gehören.

ℹ Fremdenverkehrsverein Naturpark Aukrug, Bargfelder Str. 10, 24613 Aukrug.

Naturpark Westensee

Größe: 260 km^2, gegründet 1969.

Der Naturpark umfaßt einen Ausschnitt aus dem ostholsteinischen Hügel- und Seenland südwestlich von Kiel. Kuppige Höhenzüge und Täler, fruchtbare Äcker, Weiden, Wälder und Seen wechseln sich hier in buntem Nebeneinander ab.

Neben dem Westensee sind Ahrensee und Brahmsee die bekanntesten unter den zahlreichen idyllischen Gewässern, die dem Naturpark ihren Stempel aufdrücken.

Nach Süden und Westen schließen sich an die kuppige Hügellandschaft leicht gewellte Sandflächen an. Hier sind die wenigen Seen erheblich kleiner und teilweise bereits verlandet. Moore und Heideflächen verleihen der Landschaft einen besonderen Reiz. Dementsprechend groß ist auch die Vielfalt an natürlichen Lebensräumen.

ℹ Fremdenverkehrsverein Naturpark Westensee e.V., Rathaus, 24589 Nortorf.

Naturpark Hüttener Berge

Größe: 260 km^2, gegründet 1970.

Der Naturpark liegt im Norden des Schleswig-Holsteinischen Hügel- und Seenlandes – nur wenige Kilometer landeinwärts von der Eckernförder Bucht. Die Hüttener Berge, von denen der Naturpark seinen Namen hat, gehören zu einem bis auf 106 m Höhe ansteigenden Endmoränenzug, der durch Gletscher der letzten Eiszeit aufgeschoben worden ist.

Ein ganz anderes Aussehen als diese kuppige und teilweise bewaldete Hügellandschaft mit ihrem lebhaften Relief zeigt der Westen des Naturparks. Charakteristisch für die flachwellige Landschaft mit ihren sandigen Böden sind dort die zahlreichen Moore. Allerdings haben diese durch den Torfabbau ihr ursprüngliches Aussehen mehr oder minder stark verändert. Nur im äußersten Südwesten haben sich kleine Flächen mit der eigentümlichen Hochmoorvegetation erhalten.

Im Norden reicht der Naturpark fast bis an die Große Breite, eine Nebenbucht der weit ins Land hineingreifenden Schlei. Das gesamte Gebiet des Naturparks ist verhältnismäßig dünn besiedelt und weist einen bemerkenswerten Wildbestand auf. Die Uferzonen der Seen, vor allem des Bistensees, sind mit ihren dichten Schilfgürteln hervorragende Brutplätze für Wasservögel.

ℹ Fremdenverkehrsverein Naturpark Hüttener Berge, Amt Hütten, 24358 Ascheffel.

Naturpark Holsteinische Schweiz

Größe: 581 km^2, gegründet 1986.

Die reizvolle Seen- und Hügellandschaft, die sich vom Plöner See bis zur Halbinsel Wagrien erstreckt, bildet den Naturpark. Wie der gesamte Osten Schleswig-Holsteins hat auch dieses Gebiet seine Formung während der letzten Eiszeit erhalten. Die Ablagerungen der Gletscher türmen sich hier besonders hoch auf. Höchste Erhebung ist der Bungsberg (168 m) im Osten des Naturparks.

Weiter westlich sind es die zahlreichen verzweigten Seen, die mit ihren bewaldeten Randhöhen das Bild der Landschaft bestimmen. Sicherlich am bekanntesten ist der Große Plöner See, an den sich andere, vielfach gegliederten Seen anschließen. Überall erscheinen Wasser und Land aufs engste verzahnt, und immer wieder eröffnen sich von den Höhen neue reizvolle Ausblicke. So wundert es nicht, daß die Holsteinische Schweiz als beliebtes Feriengebiet und Ausflugsziel von vielen Gästen besucht wird.

Auch eine Möglichkeit, die Schönheiten der Holsteinischen Schweiz zu entdecken: Rundfahrten mit dem Ausflugsboot.

Wenn auch die unmittelbare Umgebung mancher Seen dicht besiedelt ist, so haben sich doch auch hier noch artenreiche Lebensräume erhalten.

ℹ Verein Naturpark Holsteinische Schweiz e. V., Kreis Ostholstein, Hamburger Str. 17–18, 24306 Plön.

Naturpark Lauenburgische Seen

Größe: 474 km², gegründet 1960.

Im äußersten Südosten Schleswig-Holsteins gelegen, schließt der Naturpark eine hügelige, teils bewaldete Landschaft zwischen Schaalsee im Osten und Elbe-Lübeck-Kanal im Westen ein. Im Norden des Naturparks erreichen die eiszeitlichen Endmoränen Höhen

Das reizvolle alte Städtchen Mölln fügt sich harmonisch in die Landschaft ein.

zwischen 70 und 80 m. Im Süden schließen sich sanftwellige Sandflächen an, die von Schmelzwasserströmen aufgeschüttet worden sind.

Ratzeburger See und Schaalsee, dessen Ostufer bereits in Mecklenburg liegt, sind zwar die größten, aber längst nicht die einzigen Seen im Naturpark. Etliche der kleineren Seen sind bereits verlandet und zu Mooren geworden.

Lebensräume seltener Tier- und Pflanzenarten haben sich vor allem im Salemer Moor und im Hellbachtal erhalten. Die bis vor wenigen Jahren recht abgelegene Lage an der ehem. innerdeutschen Grenze hat dazu beigetragen, daß im Naturpark sogar Fischotter und Seeadler überleben konnten.

ℹ Kreis Herzogtum Lauenburg, Amt für Kreisforsten, 23909 Farchau.

Naturpark Schaalsee

Größe: 162 km², gegründet 1990.

Der Naturpark setzt den Naturpark Lauenburgische Seen auf mecklenburgischem Gebiet fort. Er umfaßt den größten Teil des Schaalsees, den Niendorfer Binnensee und eine Reihe weiterer Seen bis zum Ostufer des Ratzeburger Sees. Sie sind eingebettet in eine wellige bis flachkuppige, von kleinen Wäldern und Mooren durchsetzte Landschaft.

Besonders artenreich vertreten ist hier – im einstigen DDR-Grenzgebiet – die Vogelwelt. Selbst Kranich und Seeadler brüten im Naturpark, und zahllose Zugvögel legen am See im Spätsommer eine Rast ein.

Der Naturpark wurde in verschiedene Zonen gegliedert. In Zone I ist jede Nutzung untersagt, in Zone II ist naturverträgliche Nutzung gestattet, während Zone III für Freizeitgestaltung und Erholung zur Verfügung steht.

ℹ Nationalparkamt Mecklenburg-Vorpommern, Außendezernat Naturpark Schaalsee, Stintenburg-Insel, 19246 Lassahn.

Unberührte Uferlandschaften machen den Schaalsee zu einem wertvollen Naturreservat.

Naturpark Aukrug

Das in den Eiszeiten entstandene Moränenland der holsteinischen Geest- und Moorlandschaft wirkt norddeutsch-herb und gemütlich – so gemütlich wie die Flüßchen, die sich in breiten Schlingen, in „Krög'n", durch die grünen Auen winden und damit diesem Gebiet wohl zu seinem Namen verholfen haben.

Bei Wanderungen durch die Geestlandschaft des Aukrugs trifft man auch auf idyllische Fischteiche, die im vergangenen Jahrhundert angelegt wurden und heute vor allem die Petrijünger anlocken.

❶ **Bargstedt** Mit einem Waldanteil von 23 % gehört der Naturpark Aukrug zu den waldreichsten Gegenden Schleswig-Holsteins. Die meisten Wälder sind jung, doch bei Wanderungen durch den Staatsforst Barlohe, z. B. beim Wanderparkplatz an der Försterei Bargstedt (1,5 km nordwestlich von der Ortsmitte an der Straße nach Holtdorf) oder durch das „Gehege Himmelreich" (1 km südlich von Bargstedt), durchquert man gelegentlich auch ältere Waldbestände. Besonders auffällig sind lichte, oft von Heide durchsetzte Eichengehölze mit bizarr verformten Stämmen und Zweigen. Diese sog. Kratts sind Reste von Eichen-Niederwäldern, in denen die Bäume alle 15–20 Jahre dicht über dem Boden abgeschnitten wurden und dann wieder aus dem Stock ausschlugen. In diesen lichten Gehölzen kommen viele seltene Pflanzen vor, z. B. die Graslilie mit ihren großen weißen Blüten oder die Arnika. Zur artenreichen Flora gesellt sich eine vielfältige Tierwelt, u. a. mit Hunderten von Insektenarten, darunter allein mehrere Dutzend Arten von Wildbienen.

❷ **Hohenwestedt** Das Wahrzeichen der holsteinischen Gemeinde knapp außerhalb des Naturparks ist die geschweifte Turmhaube der Rokoko-Backsteinkirche am Marktplatz, erbaut um 1770; im stuckverzierten Inneren ist wertvolles Inventar aus der Bauzeit erhalten, darunter ein hölzerner Altaraufbau und die achtseitige Kanzel. Das Heimatmuseum Burmesterhaus (geöffnet Mi–Fr und So 10–17 Uhr) beherbergt die heimat- und volkskundlichen Sammlungen der holsteinischen Geest, außerdem vorgeschichtliche Werkzeuge und eine zoologische Abteilung. Sehenswert ist auch das Fachwerkhaus aus dem 18. Jh., in dem das Museum untergebracht ist.

ℹ Tourist-Info, 24594 Hohenwestedt, Tel. 0 48 71/3 60.

❸ **Boxberg** Wer den höchsten Gipfel des Naturparks (76 m) erklimmen möchte, folgt an der B 430 Neumünster–Hohenwestedt dem Wegweiser „Restaurant/Imbiß am Boxberg" zu einem Wanderparkplatz, von dem aus ein markierter Waldpfad auf die eiszeitliche Moränenkuppe führt. Man kann aber auch 2 km weiter am Hotel-Restaurant *Hof Bucken* parken, sich mit holsteinischen Gerichten stärken und dann den 1/2stündigen Aufstieg wagen. Vom Wind geschliffene Steine, sog. Windkanter, liegen auf den Trampelpfaden, und an den Böschungen tritt der kaffeebraune, z. T. eisenharte „Voßborrn" (Fuchsboden) der Heidegeest zutage. Weit schweift der Blick von oben über die Flußniederungen im Westen, durch die während der jüngsten Eiszeit von den Gletschertoren im Norden her gewaltige Schmelzwasserströme flossen. Für Kinder hat man am Boxberg einen Spielplatz eingerichtet.

❹ **Aukrug** Die holsteinische Geest rund um den Boxberg ist altes Bauernland mit behäbigen Haufendörfern, die die Gemeinde Aukrug bilden. Das schönste der vielen stattlichen Bauernhäuser steht im Ortsteil Bünzen. Seit vielen Jahren dient „Dat ole Hus" als Heimatmuseum. Zwei Wohnungen sind mit Möbeln und Hausrat aus der Zeit zwischen 1750 und 1920 eingerichtet. Dazu gehört auch eine kleine Freilichtabteilung (geöffnet Sa und So sowie an Feiertagen 14–18 Uhr). Gleich nebenan, an der Bünzener Au, steht die 450 Jahre alte Wassermühle. Ein Golfplatz, eine Pferderennbahn und ein Segelflugplatz runden das Angebot für Sportbegeisterte ab. Am beliebtesten sind allerdings Reiten, Kutschfahrten (ab Böken oder Bargfeld), Angeln und nicht zuletzt Wandern und Radwandern. Einer der schönsten Wanderwege führt vom Parkplatz im Hennstedter Holz (an der Straße

von Aukrug-Innien nach Hennstedt) durch den Geestwald zum Jagdhaus Waldhütten. Seit dem Ende des 19. Jh. wurden dort zahlreiche Fischteiche angelegt, in denen Karpfen, Forellen und Zander heranwachsen.
ℹ Fremdenverkehrsverein, 24613 Aukrug, Tel. 0 48 73/9 99 44.

❺ **Schierenwald** Das urwüchsige Waldgebiet im äußersten Südwesten des Naturparks wird vom Hauptwanderweg Kiel–Westensee–Lockstedt und mehreren markierten Wanderpfaden durchzogen. Sie gehen vom Waldparkplatz an der Försterei, 1 km nordwestlich von Lockstedt, aus. Immer wieder trifft man hier auf vorgeschichtliche Grabhügel.

❻ **Kellinghusen** Das Städtchen am Geesthang über der bis hierher schiffbaren Stör ist seit über 200 Jahren die Hochburg des schleswig-holsteinischen Keramik- und Fayencehandwerks. Außer den traditionellen Kellinghusener Fayencen werden noch heute Gebrauchsgeschirr und Einzelstücke in modernen Formen gefertigt. Auf dem Töpfermarkt, alljährlich im August, bieten die Handwerker und Künstler ihre Erzeugnisse an. Die schönsten Stücke stehen im Museum Kellinghusen in der Hauptstraße, an der auch einige malerische Backstein- und Fachwerkhäuser stehen (von März bis Dezember Di–Do sowie Sa und So 14–17 Uhr geöffnet). Vom Louisenberg-Turm (nur am Wochenende zugänglich) hat man einen weiten Blick über das Land bis zur Elbe.
ℹ Fremdenverkehrs- und Kulturamt, 25548 Kellinghusen, Tel. 0 48 22/39 31.

Besonderheiten der Natur

Pflanzen Der Reiz der flachwelligen Geestlandschaft liegt weniger in den spektakulären, seltenen Pflanzenarten als vielmehr im Neben- und Miteinander verschiedener Lebensräume. In den Wäldern – unter den Naturparks Schleswig-Holsteins hat der Aukrug den höchsten Waldanteil – fallen hier und da seltsame, niedrige Eichenbestände auf, sog. Kratts. Sie entstanden dadurch, daß die Bäume zur Brennholz- und Gerberlohegewinnung alle 15–20 Jahre auf den Stock gesetzt, also bis auf den Stumpf „geerntet“ wurden.
In den Hochmooren des Naturparks wächst die vom Wollgras beherrschte, charakteristische Vegetation. Anders die trockenen Heideflächen: Dort bestimmen die blaßvioletten Blüten des Heidekrauts das Bild. Als biologisch außerordentlich wertvolle Kleinlebensräume grenzen Knicks (Wallhecken) die einzelnen Weiden voneinander ab.
Tiere Vor allem die Vogelwelt wartet mit mancher Besonderheit auf. Rot- und Schwarzmilan finden sich oft an Aas ein, der Schwarzmilan auch an toten Fischen; der Wespenbussard scharrt Hummel- und Wespennester auf, um die in den Waben steckenden Larven zu verzehren. Außerdem brütet hier neben dem Weißstorch auch der selten gewordene, waldbewohnende Schwarzstorch (Bild).

Vom Boxberg, der mit 76 m höchsten Erhebung weit und breit, hat man einen herrlichen Blick über das „platte“ Land.

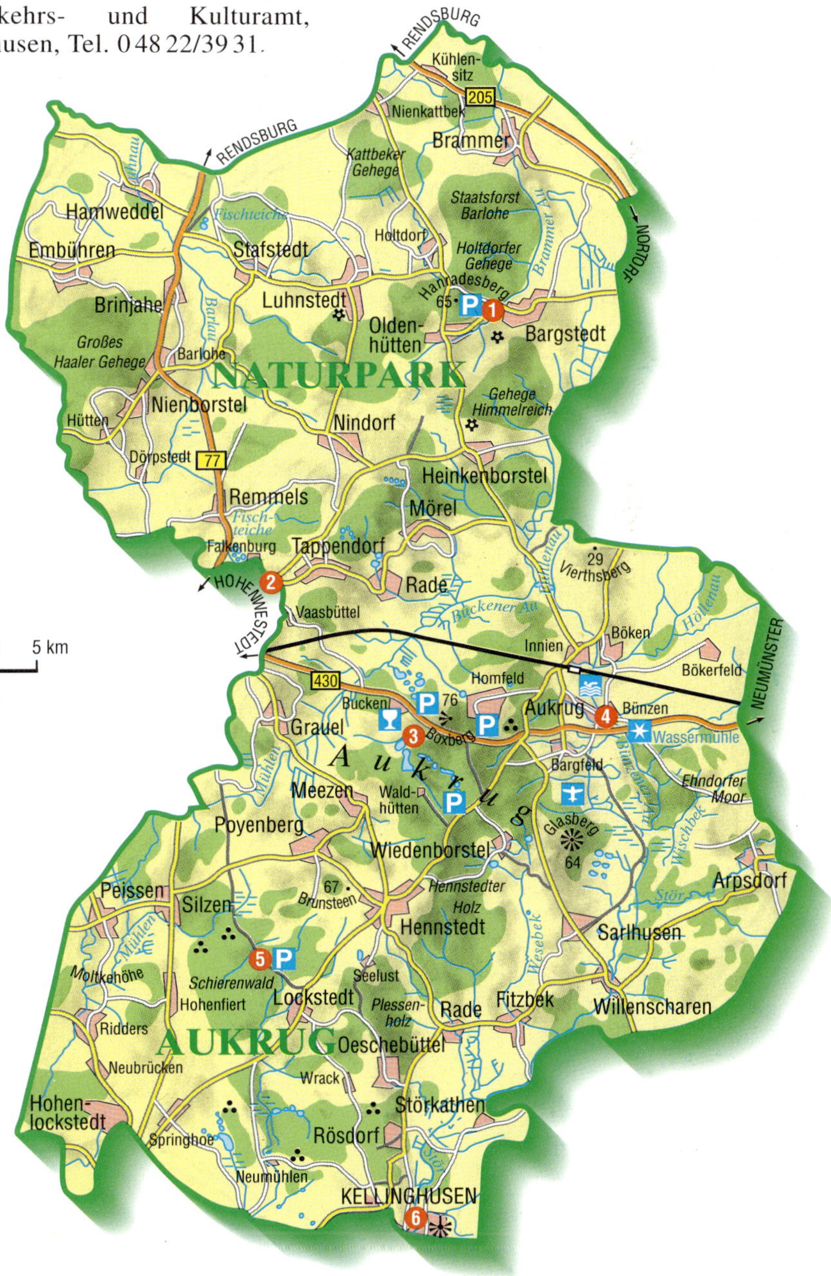

0 1 2 3 4 5 km

Naturpark Westensee

Eine wahrhaft „herrliche" Landschaft umschließt den vielarmigen See im Herzen Schleswig-Holsteins: mit stolzen alten Herrenhäusern, prächtigen Alleen, stillen Seen und Teichen, Wäldern, Feldgehölzen und kleinen Dörfern, die sich in die Wellen und Mulden des Moränenlandes schmiegen.

❶ **Bovenau** Die aus behauenen Findlingen errichtete gotische Feldsteinkirche (um 1240) mit einem hölzernen Glockenturm und barockem Kirchhofsportal ziert das knapp außerhalb des Naturparks gelegene Dorf an der Mühlenau. In eleganten klassizistischen Formen, behäbig in die Landschaft eingebettet und mit kolossalen Säulen geschmückt, präsentieren sich die Herrenhäuser der Güter Kluvensiek und Osterrade. Sie liegen an der Straße zur Fähre über den Nord-Ostsee-Kanal bei Sehestedt. Unmittelbar hinter Kluvensiek quert die Straße den Vorgänger der vielbefahrenen Wasserstraße durch Schleswig-Holstein: den Eiderkanal oder Schleswig-Holsteinischen Kanal. Der 1777–84 angelegte Wasserweg war als erster in Europa auch für kleinere seegehende Schiffe befahrbar. Bei Kluvensiek blieb eine Schleuse des alten Eiderkanals von 1849 mit zwei Gußeisenbogen zur Aufhängung einer Zugbrücke erhalten. Ein Wanderweg führt von der Schleuse am nördlichen Ufer des Kanals auf dem ehem. Treidelpfad hinüber nach Klein Königsförde. Am Ufer stehen noch einige der damals als Windabweiser gepflanzten Linden.

Von Gehölzen, Weiden und Schilf gesäumt, konnte der Westensee seinen Charakter als naturnahes Gewässer weitgehend bewahren.

ⓘ Jürgen Liebsch, Zur Allee 1, 24796 Bovenau, Tel. 0 43 34/3 96.

❷ **Methorst- und Rümlandteich** Jedes Jahr im Frühling beginnt in den Wäldern und Wiesen nordwestlich von Gut Emkendorf die traditionelle Wanderung: Hunderte von Grasfröschen, Knoblauchkröten und Teichmolchen streben unbeirrt vom Straßenverkehr den beiden Teichen zu. Sie stören sich nicht daran, daß die Teiche vor Jahrzehnten und Jahrhunderten künstlich im Jungmoränenland angelegt worden sind, ebensowenig wie die Zwergtaucher, Rohrdommeln oder Schnatterenten, die man an den malerischen Seen häufiger antreffen kann. Rohrkolben und Schilf säumen die Teiche, auf denen von Mai bis August zahlreiche Seerosen blühen. Wenn man sich ruhig verhält, kann man in den urwüchsigen Laubwäldern um das Teichgelände große Rudel von Damwild beobachten.

Methorst- und Rümlandteich sind auf der Straße von Emkendorf in Richtung Haßmoor zu erreichen. Nordwestlich der Ortschaft Dickendörn liegt links im Wald ein Wanderparkplatz mit einer Orientierungstafel zu den Rundwegen um die Teiche.

❸ **Westensee** Ein 22 km langer Wanderweg führt um den blauen See mit seinen vielen verschilften Buchten. An versteckten Plätzen stehen Angler und werfen die Köder

Aus Feldsteinen gemauert ist die ehem. Wallfahrtskirche St. Katharina in Westensee, die im 13. Jh. erbaut wurde.

vor allem nach Aalen, Barschen und Hechten aus. Um den Fischnachwuchs und die Vogelwelt zu schonen, ist Windsurfen nicht und Bootfahren nur ausnahmsweise erlaubt. Badestellen gibt es z.B. bei dem gleichnamigen Kirchdorf am Westufer des Sees oder am Ende des Bossees, der als schmale Bucht vom See abzweigt.

Auf der Landzunge am Eingang des Bossees stand im Mittelalter die Lohburg, eine von drei Burgen rund um den Westensee, deren Herren sich mit Vorliebe der Seeräuberei widmeten. Damals war der von der Eider durchflossene See noch eine wichtige Etappe auf dem alten Handelsweg zu den baltischen Ländern. Reichbeladene Schiffe aus Flandern fuhren die Eider hinauf und wurden hier nicht selten von den Westensee-Piraten gekapert.

In der ehem. Wallfahrtskirche St. Katharina im Dorf Westensee haben sich Raubritter und wahre Edelleute mit prächtigen Grabdenkmälern verewigt. Besonders sehenswert ist das Grabmal des dänischen Feldherrn Daniel von Rantzau (1569 gefallen), das von Mai bis September besichtigt werden kann. Von April bis Juni und von September bis November finden alle 3 Wochen Konzerte in der alten Kirche statt, die außerhalb der Gottesdienste geöffnet ist.

ⓘ Fremdenverkehrsverein Naturpark Westensee, Rathaus, 24589 Nortorf, Tel. 0 43 92/48 66.

❹ Eiderschweiz Gegen Ende der jüngsten Eiszeit strömten wahre Sintfluten von

Von der Klappbrücke, die einst über den alten Eiderkanal bei Kluvensiek führte, sind nur die gußeisernen Bogen erhalten.

Gletscherschmelzwasser durch das heute idyllische Tal an der Nordostecke des Westensees. Die Eider, die jetzt durch das Tal fließt, mußte sich nur noch in ein gemachtes Bett legen. Nach ihr trägt diese besonders schöne Gegend des Naturparks auch den Namen Eiderschweiz. Den besten Ausblick auf das tief eingekerbte Tal, den See mit seinen Schilfbuchten und Waldhalbinseln hat man von Hohenhude aus, von wo man auch zu Wanderungen um den See aufbrechen kann.

❺ Schleswig-Holsteinisches Freilichtmuseum Das 1958 gegründete Museumsdorf Molfsee bei Kiel entwickelt sich immer mehr zu einer kleinen Museumsstadt. Mittlerweile umfaßt das etwas außerhalb des Naturparks gelegene Freilichtmuseum gut 72 Exponate, die aus ganz Schleswig-Holstein herantransportiert und dann hier wieder aufgebaut sowie mit dem dazugehörigen Mobiliar, Arbeitsgerät und Hausrat ausgestattet worden sind. Da steht der mächtige Eiderstedter Haubarg neben der winzigen Müllerkate und dem schmucken Friesenhaus. Das ganze Dorf ist auch außerhalb der Öffnungszeiten (April–Oktober täglich außer Mo, Juli bis Mitte Septemper auch Mo, November bis März nur So) mit Leben erfüllt. Enten, Schafe, Pferde und viele andere Haustiere bevölkern das fast 60 ha große Gelände. In

Die Pflanzen der Knicks

Vor etwa 200 Jahren kamen die Bauern in der norddeutschen Geest auf die Idee, ihre Äcker und Weiden durch etwa 1 m hohe und rund 2 m breite Erdwälle voneinander abzugrenzen. Damit die Wälle als Windschutz dienen konnten, pflanzten sie abgeknickte Reiser von Bäumen und Büschen. Sie werden etwa alle zehn Jahre abgesägt; der Stumpf schlägt dann wieder buschig aus.
So haben sich im Lauf der Zeit vor allem Pflanzen durchgesetzt, die besonders gut austreiben: etwa Hasel, Hainbuche und Esche. Arten, die sich mit Stacheln und Dornen vor hungrigen Tieren schützen, haben ebenfalls gute Chancen; zu erwähnen sind Weißdorn (Bild) und Schlehe sowie verschiedene Rosen- und Brombeerarten. Es mag verwundern, wenn von unterschiedlichen Brombeerspezies die Rede ist; tatsächlich haben Spezialisten allein in Schleswig-Holstein mehrere Dutzend verschiedene Arten des Busches mit den wohlschmeckenden Früchten ausgemacht – einige von ihnen kommen weltweit nur hier vor. Ein ungewöhnlicher Reiz geht auch von den Knicks aus, die nur aus einer einzigen Strauchart bestehen, etwa den zur Blütezeit intensiv duftenden Fliederknicks.
Die Knicks beherbergen auch eine reiche Tierwelt (siehe Kasten S. 405).

Stattliche Herrenhäuser wie hier Deutsch Nienhof fügen sich mit ihren großzügigen Gärten harmonisch in die Landschaft ein.

alten Werkstätten sind Handwerker bei der Arbeit zu beobachten. Auch eine ländliche Apotheke mit Kräutergarten gibt es, und nicht weit davon reift in einer alten Meierei würziger Butterkäse.

ℹ Schleswig-Holsteinisches Freilichtmuseum, 24113 Molfsee, Tel. 0431/65555.

❻ Bokelholmer Fischteiche Ursprünglich wurde die Talaue der Mühlenau von Sumpf, Moor und Bruch eingenommen. Zu Beginn dieses Jahrhunderts legte man mehrere Fischteiche an, die heute zusammen mit dem umgebenden Landschaftsmosaik aus Mooren, Heiden und Wäldern eine ungewöhnlich artenreiche Fauna und Flora beherbergen. Wachtelkönig, Fischadler und Bekassine sind Brutvögel im Naturschutzgebiet, hier blühen noch Orchideen, Sandmohn und Sandglöckchen, Schwanenblume und Besenginster. Der feuchte, morastige Boden schreckt zweibeinige Störenfriede ab. Man bleibt besser auf den befestigten Wegen, etwa der Landstraße von Bokelholm nach Kleinvollstedt, die durch das Naturschutzgebiet verläuft, oder dem Pfad, der am südlichen Rand von Bokelholm von der Straße abzweigt und entlang der Bahnlinie an den Fischteichen vorbeiführt.

❼ Emkendorf Harmonisch fügt sich der Ende des 18. Jh. angelegte Landschaftspark in die holsteinische Moränenlandschaft ein. Zwei prachtvolle Lindenalleen führen durch den Park zum stattlichen Herrenhaus, das als Musterbeispiel klassizistischer Landgüter in Schleswig-Holstein gilt. Das privat bewohnte Herrenhaus bildet den stilvollen Rahmen für Konzerte (Besichtigung der schönsten, mit edlem Mobiliar und wertvollen Stuckarbeiten geschmückten Innenräume von Ende Juni bis Anfang September an jedem zweiten Di, Anmeldung im Herrenhaus, Tel. 04330/463.

Kunst und Kultur haben in Emkendorf eine lange Tradition. Um die Wende zum 19. Jh. war das Gut unter der Führung der kunstsinnigen Hausherrin Julia Reventlow das geistige Zentrum des Landes, „Weimar des Nordens“ oder „Holsteinisches Athen“ genannt.

Matthias Claudius (1740–1815) soll hier sein bekanntes Abendlied *Der Mond ist aufgegangen* komponiert haben. Durch den Wald, der noch immer „schwarz und schweigend“ vor dem herrschaftlichen Landsitz steht, führt vom Parkplatz bei der Försterei Hopfenkrug ein Lehrpfad.

❽ Tüteberg Von der Jugendherberge am östlichen Ortsausgang von Westensee verläuft ein befestigter Weg leicht bergan und geht nach 800 m in den Rundwanderweg zum 88 m hohen Tüteberg über. Unbestritten bietet die Moränenkuppe den besten Ausblick auf den Westensee, dessen Becken in der jüngsten Eiszeit von einer Gletscherzunge bis zu einer Tiefe von 20 m ausgeschürft wurde. Das abtransportierte Gestein liegt seither als Moränenwall südlich des Sees. Der Kieler Berg (von Westensee auf der Straße in Richtung Groß Vollstedt, 200 m hinter der Kreuzung bei Krähenberg links zu einem Wanderparkplatz am Waldrand) gehört zum selben Moränenwall, ist mit 94 m sogar noch etwas höher als der Tüteberg und erlaubt einen weiten Blick in die holsteinische Geest. Am östlichen Fuß liegt das zweite bedeutende Herrenhaus im Naturpark: Deutsch Nienhof, ein repräsentativer klassizistischer Bau (nur von außen zu besichtigen).

❾ Großer und Kleiner Schierensee Für die Erkundung der beiden romantischen Seen hinter dem Südostufer des Westensees ist der Wanderparkplatz am Restaurant-Café *Zum lustigen Bruder* der geeignete Ausgangspunkt. Ein kürzerer Rundweg führt in wenigen Minuten zur Hofanlage von Gut Schierensee (keine Besichtigung

Lange Zeit von Wallfahrern aufgesucht, ist die reizvoll gelegene gotische Kirche des ehem. Augustinerklosters Bordesholm auch heute noch einen Besuch wert.

möglich), dessen rote Mauern aus dem Grün des Landschaftsparks herausleuchten.

Ein längerer Rundweg (8 km) hat die Überreste der Hohburg zum Ziel. Die ehem. Seeräuberburg liegt auf der bewaldeten Halbinsel zwischen dem Kleinen Schierensee und dem Westensee.

⓾ **Vollstedter See** Im und rund um den reizvollen See im Vorland des mittelholsteinischen Endmoränenbogens ist noch Platz für Mensch und Natur, wenn auch an unterschiedlichen Stellen: Am nordöstlichen Ufer des weit gebuchteten Seebeckens ist eine Badestelle mit Liegewiese, Kinderspielplatz, Schutzhütte und Grillplatz ausgebaut, in den breiten Verlandungszonen am südwestlichen Ufer mit dem abgeschiedenen Sumpf- und Niedermoorgebiet bleiben Pflanzen und Tiere dagegen fast ganz unter sich. Dort kommt sogar der scheue Fischotter noch vor; Sumpf- und Wasservögel brüten in den Seggensümpfen, in den Birken- und Weidegehölzen und auf dem unsicheren Schwingrasen. Ein Storchenpaar, das seit einigen Jahren immer wieder in Groß Vollstedt brütet, holt sich seine Nahrung aus den feuchten Wiesen.

⓫ **Brahmsee** Aal, Barsch, Hecht und Zander sind die wichtigsten Fischarten in dem 2,5 km langen See, der sich im Wardersee und, durch eine schmale Landbrücke getrennt, im Pohlsee fortsetzt. Über 100 seltene und gefährdete Haustierrassen, insgesamt etwa 700 Tiere, bevölkern den Tierpark Warder am Brahmsee (in Warder den Wegweisern zum Tierpark folgen). Für Kinder gibt es in dem ganzjährig täglich geöffneten Park einen Tierstreichelhof und einen Spielplatz. Ponyreiten und Kutschfahrten werden ebenfalls angeboten.

Der Bach vom Pohlsee zum Brahmsee treibt bei Manhagen eine alte Wassermühle an. Am Ausgang des Wardersees beginnt die breite Niederung der Mühlenau mit dem Katenstedter Moor, durch das vom Parkplatz in der kleinen Siedlung Alt-Mühlendorf ein schöner Wanderweg hinüber zum Bauerndorf Bokel führt. In den moorigen Wiesen kann man gelegentlich Störche beobachten.

⓬ **Bordesholm** Der bereits außerhalb des Naturparks gelegene, weitläufige Luftkurort am Nordufer des gleichnamigen Sees verdient einen längeren Besuch, auch wenn sich der größte Kunstschatz der Gemeinde, der Bordesholmer Altar, nun schon seit Jahrhunderten in Schleswig befindet. Der mächtige Schnitzaltar aus dem 16. Jh. stand einst in der Backsteinkirche des ehem. Augustinerklosters, einer der schönsten gotischen Kirchen zwischen Nord- und Ostsee. Heute birgt das Gotteshaus (Di–So geöffnet) bemerkenswerte Grabdenkmäler und ein kostbares Chorgestühl.

An der 600 Jahre alten Linde vor dem einstigen Amtshaus südlich der Klosterkirche beginnt ein 5 km langer Wanderweg rund um den Bordesholmer See (Seebad, Möglichkeit zum Segeln und Angeln) und durch den Erholungswald Wildhof.

ℹ Gemeindeverwaltung, Marktplatz, 24582 Bordesholm, Tel. 0 43 22/50 10.

Nicht nur Ziegen gibt es im Tierpark Warder, auch andere Haustierrassen kann man hier aus nächster Nähe kennenlernen.

Naturpark Hüttener Berge

Überall in dem Land zwischen Schlei und Eider haben die Gletscher der jüngsten Eiszeit ihre Spuren hinterlassen: zahllose Seen, abwechslungsreiche Kuppen und Kämme, mächtige Findlinge und nicht zuletzt fruchtbaren Lehmboden, der seit Jahrhunderten guten Ertrag abwirft.

❶ **Güby** Das Dorf knapp außerhalb des Naturparks liegt auf geschichtsträchtigem Boden. Wer dem Rad- und Fußwanderweg vom Ortskern nach Osten durch die herrlichen Moränenbuchenwälder des Louisenlunder Forstes folgt, gelangt nach einer halben Stunde an die Schlei. Diese flußartige Förde war vor einem Jahrtausend die wichtige Wasserstraße nach Haithabu. Südlich des heutigen Schleswig gelegen, war diese Stadt zur Wikingerzeit das größte Handelszentrum Nordeuropas. Der mit weißem X auf rotem Grund markierte Europäische Fernwanderweg Nr. 6 führt weiter über Götheby und Kochendorf zur Ostseeküste bei Eckernförde, vorbei an den Resten einer alten Landwehr, mit der die Wikinger ihren Handelsplatz schützten. Unterhalb von Götheby (1,5 km) befindet sich an der Schlei eine Badestelle. Von hier blickt man auf Louisenlund, die ehem. Sommerresidenz des Landgrafen Carl von Hessen-Kassel, der von 1768 bis 1836 vom dänischen König auf Schloß Gottorf in Schleswig als Statthalter eingesetzt war.

❷ **Hüttener Berge** Ein dichtes Netz von Wanderwegen erschließt die reizvolle und zugleich interessante Endmoränenlandschaft nördlich des Bistensees. Vor allem an der Straße Ascheffel–Brekendorf reihen sich Wanderparkplätze mit Rundwegen auf. Den besten Eindruck von den Hüttener Bergen erhält man jedoch bei einer Wanderung auf dem Europäischen Fernwanderweg Nr. 6 (weißes X auf rotem Grund). Er quert das höchste deutsche „Gebirge" nördlich des Nord-Ostsee-Kanals (Scheelsberg, 106 m). Ausgangspunkt ist der Parkplatz bei Schoothorst (Zufahrt von Ascheffel auf der Straße in Richtung Brekendorf, nach etwa 1,5 km links abbiegen).

Der Weg führt wie bei einer Berg-und-Tal-Bahn auf- und abwärts, denn die Gletscher der jüngsten Eiszeit haben in dem 4 km breiten und 6 km langen Gebiet etwa 30 hintereinander gestaffelte Moränenwälle zurückgelassen. Wie eine gigantische Planierraupe schob die Gletscherstirn vor ungefähr 15 000 Jahren das lockere Moränenmaterial vor sich her und stauchte es beim Rückzug zu einem Rücken zusammen. Mitunter kam es vor, daß beim Rückzug ein Teil der Eismasse vom Gletscher abbrach und als Toteis unter Schmelzwasserablagerungen verschüttet wurde. Jahrhunderte, ja sogar Jahrtausende später taute der Eisklotz im Boden auf, und es entstand ein Einsturzkessel, der sich mit Wasser füllte. Ein solcher Toteissee ist der idyllische Rammsee inmitten der Hüttener Berge östlich von Brekendorf.

❸ **Aschberg** Der 98 m hohe, auch Trummelberg genannte Hügel ist heute nur noch locker bewaldet und läßt daher von der Aussichtsterrasse des *Aschbergrestaurants* den Blick ungehindert in alle vier Himmelsrichtungen schweifen (in Ascheffel dem Wegweiser zum Aschberg folgen). Bei guter Sicht kann man im Osten die Lan-

Einen ausgezeichneten Ruf genießt das Töpferhaus Bistensee unter Kennern feiner Küche: Auf den Tisch kommen frische Fische aus dem See vor der Haustür.

Vom Aschberg blickt seit mehr als einem halben Jahrhundert der Eiserne Kanzler Bismarck über die hügelige Moränenlandschaft der Hüttener Berge (unten).

deshauptstadt Kiel, im Nordosten Eckernförde mit der Eckernförder Bucht und im Norden die Schlei erkennen; im Süden reicht der Blick bis zu den Duvenstedter Bergen. Den herrlichen Blick „genießt“ auch die etwa 6 m hohe und 1,5 t schwere Statue des Reichskanzlers Bismarck, die seit 1930 den Gipfel ziert. Zuvor stand das 1901 von dem Bildhauer Adolf Brütt geschaffene Denkmal auf dem Knivsberg beim dänischen Apenrade (Åbenrå), und nach Norden hat der Eiserne Kanzler noch immer seine Augen gerichtet. Durch das Wäldchen am Südhang des Aschberges führt vom Wanderparkplatz bei Baumgarten an der Straße von Ascheffel nach Owschlag ein Waldlehrpfad.
ℹ Fremdenverkehrsverein, Schulberg 6, 24358 Ascheffel, Tel. 04353/997218.

❹ **Hütten** Wahrscheinlich haben Glashütten dem alten Kirchdorf im Tal der Großen Hüttener Au seinen Namen gegeben, und nach ihm sind wiederum die Moränenberge nordwestlich des Bistensees benannt. Anfang des 14. Jh., als der Ort erstmals urkundlich erwähnt wurde, war das kuppige Moränenland zwischen Wittensee und Schlei wohl noch dicht bewaldet und lieferte das Brennholz, das die Glashütten für die Schmelzöfen benötigten.

Aus dieser Zeit datieren auch die Ursprünge der kleinen Backsteinkirche, die mit ihrem hölzernen Glockenturm die breite, grüne Talniederung der Großen Hüttener Au beherrscht. Das Anfang des 16. Jh. neu errichtete Gotteshaus birgt eine sehenswerte Renaissancekanzel (um 1610) und ein Bronzetaufbecken aus demselben Jahrhundert. Der kunstvolle Schnitzaltar der Hüttener Kirche steht heute im Städtischen Museum Flensburg.
ℹ Fremdenverkehrsverein Ascheffel, s. ❸

❺ **Bistensee** Ein 8 km langer Wanderweg zieht sich von dem Erholungsort am Nordufer um den gleichnamigen See. Badestellen sind am nördlichen und westlichen Ufer des 2,5 km langen Gewässers eingerichtet; am südlichen Ufer liegt das *Töpferhaus,* ein weithin bekanntes Gasthaus, in dem frisch gefangene Aale, Karpfen und Zander als kulinarische Spezialitäten serviert werden. Von hier blickt man auf den vor mehr als 10000 Jahren von einer Glet-

Stattliche Herrenhöfe wie das Gut Louisenlund an der Schlei sind im Umkreis der Hüttener Berge keine Seltenheit; sie tragen zum Reichtum der Landschaft bei.

Hier bleiben Segler und Surfer unter sich: Auf dem Wittensee, an dessen Sandstränden auch gebadet werden darf, sind Motorboote nicht erlaubt.

scherzunge geschaffenen See, der inzwischen z. T. wieder verlandet ist. Die ausgedehnten Verlandungszonen aus Schilf, Rohrkolben, Schwertlilien, Binsen, Seggen und Weidengebüsch sind bei der Vogelwelt als Rast- und Nistplätze beliebt. Taucher, Enten und Rallen finden im Röhricht Unterschlupf.

i Verkehrsamt, Uferweg 16, 24358 Bistensee, Tel. 0 43 53/4 36.

6 Wittensee Der über 10 km² große See ist ein Dorado für Wassersportler. Kleine Sandstrände, z. B. am nördlichen Ufer an der Straße von Groß Wittensee nach Haby, laden zum Baden ein; draußen auf dem knapp 5 km langen und 2,5 km breiten See kreuzen Segler und Surfer, aber keine Motorboote. Im Winter tragen Eissegler hier gelegentlich ihre Regatten aus. Schilfbestandene Uferpartien, etwa an der Einmündung der Habyer Au, sind dagegen das Revier der Tierwelt.

Die Habyer Au fließt in einem Tal, das sich flußabwärts trompetenförmig verbreitert. Dieses sog. Trompetentälchen wurde gegen Ende der jüngsten Eiszeit beim Rückzug der Eismassen durch einen Schmelzwasserstrom geschaffen, der sich aus einem Gletscherstausee ergoß. Vom Parkplatz an der Straße Haby–Groß Wittensee führt ein Rundweg durch den Wald am nördlichen Ufer. Den besten Ausblick auf das bis zu 26 m tiefe, fischreiche Gewässer hat man von der Windmühle (1877) hoch über dem Ort Groß Wittensee.

Von den beiden Reiterhöfen im Ort wird die alte norddeutsche Kunst des Ringreitens gepflegt. Dabei kommt es darauf an, daß Reiter mit einer Art Lanze den an einer Ringkrone befestigten Ring treffen und mitnehmen. Wer zum Schluß die meisten Ringe gestoßen hat, ist König.

i Fremdenverkehrsverein am Wittensee, Dorfstr. 54, 24361 Groß Wittensee, Tel. 0 43 56/4 42 und 2 04.

7 Holtsee Das Moränenland östlich des Wittensees gehört zum Dänischen Wohld. Dieser „Dänische Wald" wurde im 14. Jh. bis auf kleine Waldinseln gerodet und vom holsteinischen Adel unter sich aufgeteilt. Wie in der Holsteinischen Schweiz bestimmen seither große Güter und Herrenhöfe das Landschaftsbild. 3 km nordöstlich von Holtsee steht eine der stattlichsten Anlagen: Gut Hohenlieth mit einem schmucken Herrenhaus, französischem Park, Backsteinspeicher und Torhaus.

Gut Altenhof an der Straße von Hohenlieth nach Eckernförde (etwas außerhalb des Naturparks) hat seine Innenausstattung aus dem 18./19. Jh. vollständig bewahrt (Besichtigung nach Voranmeldung, Tel. 0 43 51/ 4 14 28). Neben einer Porträtsammlung und dem wertvollen Mobiliar ist vor allem die Bibliothek des Cay Friedrich von Reventlow bemerkenswert. Der Diplomat ließ sich eigens zusammenklappbare Bücherregale anfertigen, in denen er Teile seiner Bibliothek auf Reisen mitnahm.

8 Sorgwohlder Binnendünen Ein böiger Westwind treibt den Sand dicht über der Bodenoberfläche vor sich her, aschgrauer Staub steigt hoch in die Luft, ein paar vermummte Gestalten müssen im Sandsturm ohnmächtig mit ansehen, wie der Flugsand die junge Saat erstickt – nein, keine Szene aus der afrikanischen Sahelzone, wo die Wüste auf dem Vormarsch ist: Solche Szenen spielten sich vor nicht allzu langer Zeit auch in Norddeutschland ab, und die Folgen waren ebenso verheerend. Die fruchtbare Ackerkrume wurde vom Wind verweht, und der Sand lagerte sich an anderen Stellen z. T. in Form von Dünen wieder ab. In den Sorgwohlder Binnendünen war der Sand bis über die Mitte des vorigen Jahr-

Freizeitspaß rund ums Pferd steht in diesem Reiterhof in Groß Wittensee auf dem Programm. Auch Anfänger können auf den zutraulichen Ponys unter Aufsicht reiten.

hunderts hinaus in Bewegung. Dann forstete man die kargen Sandböden auf, und der Spuk hatte ein Ende. Wie heute im Sahel hing die buchstäbliche „Verwüstung“ mancher Landschaften in Norddeutschland mit dem Raubbau an der Natur zusammen. Hier waren es die unkontrollierte Schafhaltung und die Zerstörung der Pflanzendecke durch die Entnahme von Grassoden, die zu der Umweltschädigung führten.

Die eindrucksvoll-bedrückenden Zeugen früher Landschaftszerstörung erreicht man über die B 77 Schleswig–Rendsburg (bei Kilometer 113,1 dem Wegweiser nach Sorgwohld folgen, auf asphaltiertem Weg 700 m bis zur Ortschaft, dort rechts halten und noch einmal 100 m bis zum Parkplatz am Rand des Naturschutzgebietes).

9 **Heidberg** Zwei Wanderparkplätze (bei Hegenholt bzw. Flachskoppel) an der B 203 Klein Wittensee–Rendsburg eignen sich als Ausgangspunkte für einen 1–2 km kurzen Abstecher zum Heidberg am Rand der Duvenstedter Berge. Die Moränenkuppe gehört zu dem Endmoränenzug, der von einer Gletscherzunge während der Weichsel-Eiszeit aufgetürmt wurde. Das Gesteinsmaterial stammt größtenteils aus dem Wittensee, einem mustergültig ausgebildeten Zungenbeckensee. Schätzungsweise 127 Mio. m^3 Gestein, ausreichend für eine Lastwagenkolonne, die fünfmal um den Erdball reicht, wurden vom Gletscher dorthin verfrachtet.

10 **Duvenstedter Moor** Westlich von Alt Duvenstedt grenzen beiderseits des Flüßchens Sorge zwei grundverschiedene Naturräume aneinander: im Norden die trockenen Sandheiden der Sorgwohlder Binnendünen, im Süden die Moorheiden, Torfstiche und Wollgrasfluren des Duvenstedter Moores – ein Grenzsaum, so recht nach dem Geschmack zahlreicher Tier- und Pflanzenarten, die eine vielgestaltige Landschaft als Lebensraum brauchen. Der Große Brachvogel und die Sumpfohreule als typische Vögel der Hochmoore kommen hier vor, aber auch der Sandlaufkäfer, die Kreuzotter und der Moorfrosch. Das Hochmoor mit seiner einzigartigen Flora und Fauna erholt sich nach dem Torfstich in der Vergangenheit nur zögernd. Ein Wanderweg führt rund um das Duvenstedter Moor: Man biegt unmittelbar hinter dem Bahnübergang am westlichen Ortsrand von Alt Duvenstedt links in den befestigten Feldweg ein und wandert dann in einer 7 km langen, dürftig markierten Schleife um das Moorgebiet. Wer den Weg verläßt, zerstört auf Schritt und Tritt einen Lebensraum, der sich gerade allmählich regeneriert.

11 **Bünsdorf** Das Dorf an der Südspitze des Wittensees besitzt eine gotische Feldsteinkirche aus der Zeit, als Slawen und Dänen nach und nach von deutschsprachigen Siedlern aus dem Land zwischen Nord- und Ostsee verdrängt wurden. Das schlichte Gotteshaus ist im Inneren mit einer Schnitzkanzel und einem bronzenen Taufbecken geschmückt. Östlich der Kirche fließt die Schirnau vorbei, die eine Verbindung zwischen Wittensee und Nord-Ostsee-Kanal herstellt. Am anderen Ufer befinden sich ein Parkplatz und eine Badestelle.

Zuerst ein erfrischendes Bad im Wittensee, danach ein stärkendes Picknick am Waldrand – an der Badestelle bei Bünsdorf gehen beide Wünsche in Erfüllung.

i Fremdenverkehrsverein am Wittensee, siehe 6.

12 **Sehestedt** Am Kilometerstein 76 mündet die vom Nord-Ostsee-Kanal zerstückelte Alte Eider in den knapp 100 km langen Seeschiffahrtsweg zwischen Nord- und Ostsee. Die nach dem Suez- und dem Panamakanal drittwichtigste künstliche Wasserstraße der Welt wird alljährlich von zigtausend Schiffen befahren – für Zuschauer Grund genug, sich einen ruhigen Platz am Kanal auszusuchen und die Schiffe aus aller Herren Länder aus nächster Nähe vorbeiziehen zu lassen. Sehestedt ist dafür der geeignete Ort. Am nördlichen Ufer des Kanals führt von hier ein 6 km langer Fuß- und Radwanderweg nach Osten durch das Kluvensieker Holz zum nächsten Wirtshaus bei Großkönigsförde.

Besonderheiten der Natur

Pflanzen Im Endmoränengebiet um die Hüttener Berge fällt vor allem die Vielgestaltigkeit der Vegetation ins Auge. Buchenwälder mit ihrem typischen Unterwuchs wechseln sich ab mit landwirtschaftlichen Flächen, die von Knicks, artenreichen Wallhecken, durchzogen werden. In den großen Mooren verdienen charakteristische Arten wie Moosbeere, Sumpfveilchen und Rosmarinheide Erwähnung. Auf Binnendünen hat sich Steppenvegetation mit Silbergras, Glattem Ferkelkraut und Kleinem Habichtskraut angesiedelt.

Tiere In den Wäldern bekommt man gelegentlich Rot- und Damwild zu sehen. An den Seen und Feuchtgebieten fühlen sich verschiedene Möwen-, Enten- und Gänsearten wohl, aber auch Graureiher und Kormoran sind dort heimisch. Eines ihrer Beutetiere ist die Kleine Maräne, eine norddeutsche Artverwandte von Blaufelchen und Renke. Hübsch anzusehen ist die Blaue Mosaikjungfer (Bild), die hier neben zahlreichen anderen Libellenarten vorkommt.

Naturpark Holsteinische Schweiz

Als „schönster Fleck auf dem Erdenkreise" ist das malerische Wald- und Seenland schon gepriesen worden. Den Namen, unter dem die holsteinische Moränenlandschaft seit mehr als einem Jahrhundert in ganz Deutschland bekannt ist, ersann freilich ein geschäftstüchtiger Hotelier.

❶ **Grebin** Hoch über dem Dorf am Südufer des Grebiner Sees steht eine mehr als 200 Jahre alte, reetgedeckte Windmühle. Das kleine Windrad auf dem Mühlenkopf dient dazu, den Kopf selbsttätig in die Windrichtung zu drehen, wohin auch immer die Flügel weisen. Überall erkennt man in der bewegten Hügel- und Knicklandschaft der Holsteinischen Schweiz die Wasserflächen kleinerer und größerer Seen. Mindestens acht große Seen und dazu noch ungezählte Teiche und Tümpel liegen im Umkreis verstreut. In der Mühle wird heute kein Korn mehr gemahlen; die Besucher folgen von der B 430 Plön–Lütjenburg dem Wegweiser zur Grebiner Mühle, um im *Mühlencafé* bei Kaffee und Kuchen den herrlichen Rundumblick auf die je nach Jahreszeit saatgrüne, rapsblütengelbe oder schneeweiße Moränenlandschaft mit ihren kleinen Dörfern und Weilern zu genießen. Statt des Mühlsteins dreht sich heute in der Mühle die Töpferscheibe, und das, was geschickte Hände auf ihr formen, wird den Besuchern zum Verkauf angeboten.

Der historische Mittelpunkt der gastfreundlichen Gemeinde, das Gut Schönweide, liegt 3 km vom Grebiner Mühlenberg entfernt im Norden hinter dem Rottensee (bereits außerhalb des Naturparks). In der Nähe des Gutshofes, noch immer einer der größten in Ostholstein mit einem stattlichen Herrenhaus hinter dem Torturm, befinden sich am Rand des Gutsparks die Reste einer alten Burg. Die mittelalterliche Festung besteht aus der eigentlichen Hauptburg, einem Hügel, der von einem tiefen Graben und einem hohen Wall mit Tor umschlossen wird, sowie mehreren kleinen Vorburgen. Nach der Überlieferung war die Burg mehrfach Schauplatz erbitterter Kämpfe zwischen den Holsten und den Slawen. Heute befindet sich in die Wälle der Burg eingebettet die Grabstätte der Familie von Hollen, die das Gut zu Beginn des 19. Jh. erworben hatte.

ℹ Fremdenverkehrsverein, Steinkamp, 24329 Grebin, Tel. 0 43 83/4 15.

❷ **Neukirchen** Die Feldsteinkirche, die dem Dorf den Namen gegeben hat, gehört zu den ältesten Gotteshäusern zwischen Kieler Förde und Lübecker Bucht. Ihr wehrhaftes Äußeres und die beherrschende Lage über dem Neukirchener See spiegeln die unruhigen Zeiten des späten 12. Jh. wider, als Ostholstein von den vordringenden Deutschen gegen den erbitterten Widerstand der Slawen erobert wurde. Die aus Granit- und Gneisblöcken erbaute Kirche mit dem für die ostholsteinischen Landkirchen der Kolonisationszeit typischen Rundturm war zugleich eine Burg. Die Wandmalereien an der Südwand sind viel jünger (Anfang 16. Jh.), ebenso die geschnitzte

Vor 10 000 Jahren hätte man vom Bungsberg aus weit und breit nur Gletscher gesehen; heute ist er die höchste Erhebung im Moränenland der Holsteinischen Schweiz.

Renaissancekanzel (1626) und die barocken Bilder an der Empore. Ein viertelstündiger Rundweg führt vom Kirchhof um den kleinen See herum. (Kirche werktags geöffnet, sonst Schlüssel im Pastorat.)

❸ **Ukleisee** Für den Philosophen Wilhelm von Humboldt war der verträumte Waldsee einfach „göttlich", und der Lübecker Dichter Emanuel Geibel widmete ihm ein Gedicht: „Ein dunkles Auge, das zur Sonne nur um die Stunde des Mittags aufblickt..." An seinem westlichen Ufer ließ der Eutiner Fürstbischof Ende des 18. Jh. ein spätbarockes Jagdschlößchen errichten. Die mit eleganten Stuckarbeiten geschmückten Räume bilden heute den stilvollen Rahmen für Konzerte und andere kulturelle Veranstaltungen. Draußen ist das Konzert verschiedener Wasservögel zu hören, die im Schilfgürtel Brut- und Rastplätze finden.

Der Wanderpfad Nr. 5 (3 km) umrundet von den Parkplätzen an der Zufahrt zum Forsthaus Wüstenfelde aus den malerischen See. Ungefähr 600 m nordöstlich vom Forsthaus liegen im hohen Buchenwald auf einer beherrschenden Kuppe am Südufer des Ukleisees die Reste einer slawischen Burg. Zwischen dem Forsthaus und dem Seeufer stand im Mittelalter eine weitere Burg. Von ihr zeugt nur noch der von einem tiefen Graben umschlossene Turmhügel.

❹ **Bungsberg** Die sanft ansteigende Moränenkuppe in der Nordostecke des Naturparks ist zwar der höchste Berg Schleswig-Holsteins, doch reichten seine bescheidenen 168 m für ein wahres Gipfelerlebnis und den erhebenden Rundumblick nicht aus. So errichtete man bereits im vorigen Jahrhundert aus Granitquadern auf dem Bungsberg den 23 m hohen Elisabethturm; heute stehen zwei Türme auf dem Gipfel. Der zweite, ein Sendeturm der Telekom, besitzt eine Aussichtsplattform (tagsüber zugänglich). Stufe für Stufe, von genauen Höhenangaben begleitet, steigt man über eine breite Wendeltreppe im Innern des Turmes zu ihr hinauf. Oben schweift der Blick bei gutem Wetter im Norden bis zur Ostsee mit den dänischen Inseln und im Süden bis zur Hansestadt Lübeck.

Allseits von Wald umgeben ist der Ukleisee bei Sielbeck. Auf einem schattigen Wanderweg läßt er sich bequem umrunden.

Angesichts des Besucherstromes zur höchsten Erhebung zwischen Nord- und Ostsee (Zufahrt von Schönwalde am Bungsberg zunächst in Richtung Norden nach Mönchneversdorf, dann links dem Wegweiser zum Parkplatz am Gipfel fol-

In bezaubernder Lage am Ufer des Großen Plöner Sees liegt das strahlendweiße Plöner Schloß, das Wahrzeichen der mit historischen Gebäuden reichgesegneten Inselstadt.

gen) mag man nicht glauben, daß der Bungsberg ein „einsamer Berg“ sein soll. Gegen Ende der letzten Eiszeit jedoch lag die Kuppe als eisfreie Insel inmitten von Gletschern in den Eismassen, und einen solchen Berg, der aus dem Inlandeis herausragt, nennen die Geologen nach einem Wort der Eskimosprache Nunatak (einsamer Berg).

Auf dem Weg zum Bungsberg lohnt sich ein Halt in dem 700 Jahre alten, bezaubernden Ort Schönwalde am Bungsberg. Besonders sehenswert ist die Feldsteinkirche aus dem 13. Jh. mit spätbarockem Holzaltar, lebensgroßem Taufengel (1759) und geschnitzter Kanzel. Das Dorfmuseum in der historischen Schule (geöffnet Mitte Mai bis September Di und Fr 16–18, Juli und August auch So 16–18 Uhr) beherbergt heimatkundliche Sammlungen.

i Verkehrs- und Verschönerungsverein, Am Lachsbach 5, 23744 Schönwalde am Bungsberg, Tel. 0 45 28/3 64.

5 Malente-Gremsmühlen Die Schwentine, die am Südhang des Bungsberges entspringt, verbindet auf ihrem vielfach gewundenen Lauf den Kellersee mit dem Dieksee. Auf der Landbrücke zwischen den beiden Seen liegt das vielbesuchte Kneippheilbad Malente-Gremsmühlen. Seit der ersten urkundlichen Erwähnung im 13. Jh. ist der Ort aus zwei Dörfern zusammengewachsen. Die alte Wassermühle, die Gremsmühlen den Namen gab, steht wenige Meter neben der Anlegestelle der Ausflugsschiffe. Hier befindet sich ein Parkplatz, von dem mehrere Wanderwege ausgehen, z. B. nach Niederkleveez oder nach Timmdorf. Zurück geht es dann jeweils mit dem Schiff. Im Wildgehege am nördlichen Ufer des Dieksees (von Ende September bis Anfang November geschlossen) tummeln sich Hirsche und Wildschweine. Zum Gehege gehört ein Arboretum mit etwa 120 verschiedenen Baumarten. Sehenswert sind auch die frühgotische Feldsteinkirche (13. Jh.) in Malente und die Alte Räucherkate, eine reetgedeckte Fachwerkkate ohne Schornstein (17. Jh.), heute ein kleines Heimatmuseum mit ländlichem Gerät (geöffnet Mai–September täglich 10–12 und 14–16 Uhr). Mehr als 300 Jahre lang wurden in dem Gebäude, das früher an der Bahnlinie nach Lütjenburg stand, Würste und Schinken geräuchert.

i Kurverwaltung, Bahnhofstr. 4 A, 23714 Malente, Tel. 0 45 23/23 56.

6 Fünf-Seen-Fahrt Seit über 100 Jahren werden Ausflugsfahrten über die fünf Seen im Herzen der Holsteinischen Schweiz durchgeführt. Von Ostern bis Ende Oktober legen die Schiffe von 9 bis 17 Uhr stündlich (in der Hauptsaison halbstündlich) vom Steg in Malente-Gremsmühlen ab. Über den Dieksee geht es auf den Langen- und den Behler See und weiter durch den Höftsee bis zur Anlegestelle Fegetasche am Edebergsee in Plön. Auf der 12 km langen

Besonderheiten der Natur

Pflanzen Rund 200 Seen und Teiche setzen im Naturpark reizvolle Akzente. Bedeutende Lebensräume bilden die Schilfgürtel in den Uferzonen der Gewässer. Artenreiche Wallhecken, die sog. Knicks, grenzen Felder, Weiden und Wiesen voneinander ab. In den Buchenwäldern, in die sich hier und da auch Kiefern mischen, fallen im Frühjahr die herrlichen Blütenteppiche des Buschwindröschens auf. An den Waldrändern leuchten dann die gelben Blüten des Gemeinen Springkrauts, doch interessanter als die Blüten sind die Früchte der auch Rührmichnichtan genannten Pflanzen: Wenn sie reifen, werden sie dick und explodieren bei sanfter Berührung; eine raffinierte Wandkonstruktion und der Zellwasserdruck ermöglichen diesen Effekt, durch den die Samen herausgeschleudert werden.

Tiere Auffälligste Vertreter der Fauna sind die Vögel. In den Wäldern kommen Eichelhäher sowie mehrere Specht- und Meisenarten vor. Auf den Seen tummeln sich Haubentaucher, Stockenten und Bläßhühner. Regungslos lauert der Graureiher am Ufer auf vorbeischwimmende Beute, die er mit dem langen Schnabel fängt. Die geselligen Lachmöwen (Bild) brüten hier in einigen Kolonien; sie sind durch ihre schwarzbraune Kappe und ihr lachendes Geschrei von anderen Möwenarten zu unterscheiden.

Romantische Anlaufstelle für Partnersuchende ist die Bräutigamseiche, deren Stamm als Postfach für Liebesbriefe dient.

Fahrt werden auch die Anlegestellen Niederkleveez und Timmdorf angelaufen.
ℹ Fünf-Seen-Fahrt, Bahnhofstr. 41, 23714 Malente, Tel. 045 23/22 01.

❼ **Bräutigamseiche** Das „romantischste Postfach der Welt" verbirgt sich in einem alten Baum. Der mächtige Baumveteran im Dodauer Forst zwischen Eutin und Plön hat ein großes Astloch, das seit 1890 als Briefkasten für Verliebte dient. Damals korrespondierte die Dodauer Försterstochter auf diese Weise mit ihrem künftigen Bräutigam – gezwungenermaßen, denn der Förster war gegen die Verbindung. 1891 heirateten die beiden unter dem Baum, der seither Bräutigamseiche heißt und gern zur Partnersuche genutzt wird. Inzwischen hat er sogar seine eigene Adresse: Bräutigamseiche, Dodauer Forst, 23701 Eutin. Briefe mit dieser Anschrift werden in der Baumöffnung hinterlegt.

Man erreicht den ungewöhnlichen Briefkasten von Eutin über die B 76 in Richtung Plön; etwa 1,5 km hinter dem Ortsausgang von Eutin-Neudorf zweigt rechts ein Fahrweg zum Wanderparkplatz beim Forsthof Dodau und der Bräutigamseiche ab.

❽ **Eutin** Die malerisch zwischen dem Großen und dem Kleinen Eutiner See gelegene Rosenstadt blickt als ehem. fürstbischöfliche Residenz und „Weimar des Nordens" auf eine glanzvolle Geschichte zurück. Diese spiegelt sich in zahlreichen bedeutenden Bauwerken wider, so der Michaeliskirche am Markt (12./13. Jh.), dem ehem. herzoglichen Witwenpalais (1786), etlichen prachtvollen Bürger- und Adelshäusern und nicht zuletzt im Schloß Eutin. Die von einem schönen Landschaftsgarten mit Lindenalleen, kleinen Wasserfällen und Tempeln umgebene Residenz am Großen Eutiner See wird heute teilweise als Museum genutzt (geöffnet täglich außer Mo). Im ehem. Marstall am Schloßplatz ist das Ostholstein-Museum mit umfangreichen Sammlungen zur Kunst- und Kulturgeschichte untergebracht (Mai–August täglich außer Mo 10–13 und 14–17 Uhr geöffnet; außerhalb der Sommersaison andere Öffnungszeiten). Das Carl-Maria-von-Weber-Museum in der Lübecker Straße widmet sich dem Leben und Werk des in Eutin geborenen Opernkomponisten.

Im Schloßpark steht die Freilichtbühne, auf der im Rahmen der Eutiner Sommerspiele (Mitte Juni–August) von Webers *Freischütz* neben anderen Opern, Operetten und Musicals aufgeführt wird.

Den historischen Kern der im 12. Jh. gegründeten Stadt lernt man bei den Altstadtführungen kennen, die von Mai bis September jeweils Di und Fr um 10.30 Uhr am Haus des Kurgasts beginnen, oder man steigt auf den Wasserturm in der Wilhelmstraße und genießt den Ausblick auf die Stadt und die Seenlandschaft der Holsteinischen Schweiz.
ℹ Kurverwaltung, Bleekergang, 23701 Eutin, Tel. 045 21/31 55.

❾ **Großer Eutiner See** Das Ausflugsschiff *Freischütz II* verkehrt von Ende April bis Ende Oktober täglich nach Fahrplan auf dem während der jüngsten Eiszeit entstandenen See – mal bei strahlendem Sonnenschein zu den beliebten Kaffeefahrten, mal bei Kerzenlicht und Mondschein zu Abendfahrten. Wer lieber auf festem Boden bleiben möchte, kann das 3 km lange Gewässer auf dem Rundweg 1 in einer knappen Stunde umwandern.

Unter den vielen Seen in der Nachbarschaft ist vor allem der 6 km östlich von Eutin an der Straße nach Kasseedorf gelegene Kolksee einen Ausflug wert. Das ovale Gewässer unterhalb der Wolfsschlucht entstand gegen Ende der jüngsten Eiszeit, als ein riesiger Eisblock im Boden taute und sich über dem einstürzenden Hohlraum ein Toteiskessel bildete.

❿ **Plön** Die Landschaft rund um den Luftkurort im Herzen der Holsteinischen Schweiz, so wie sie sich dem Betrachter vom Aussichtsturm auf dem Parnaß (von Mai bis Oktober täglich geöffnet) aus darbietet, erinnert mit ihren Seen, bewaldeten Inseln und Halbinseln weniger an die Schweiz als an Finnland. Inmitten der schimmernden Wasserflächen, auf einer Endmoräne, liegt die aus einer slawischen Wasserburg hervorgegangene Stadt, einst Residenz eines kleinen Herzogtums. Über der winkligen Altstadt mit der Johanniskirche (17. Jh.), der Nikolaikirche, dem klassizistischen Rathaus, den alten Bürgerhäusern und Adelshöfen (Pastorat, Alte Schmiede, Prinzessinnenhaus u. a.) thront als Wahrzeichen das Plöner Schloß (17. Jh., heute Internat und nicht zu besichtigen).

Bequeme Spazierwege führen durch den abwechslungsreichen, als Landschaftsgarten angelegten Park von Schloß Eutin.

Der Wasserturm (1914) in der Breitenaustraße gehört zu den architektonisch interessantesten Wassertürmen Norddeutschlands.

Zu ausgedehnten Spaziergängen durch die Inselstadt laden die Prinzeninsel mit niederdeutschem Bauernhaus, der Schloßgarten mit über 200jährigen Linden, die Ölmühlenalleen, die Fasanerie sowie die Naturlehrpfade am Großen Plöner See, auf der Prinzeninsel (mit vogelkundlichem Informationszentrum; Anfang Mai bis Ende September geöffnet) und am Höftsee ein. Eigentlich ist die Prinzeninsel gar keine Insel, sondern eine Halbinsel. Mit den „Prinzen" hat es jedoch seine Richtigkeit: Die adligen Internatsschüler aus dem Plöner Schloß wurden hier in die Geheimnisse der Landwirtschaft eingeführt. Sie lernten nach dem althergebrachten Motto „Nichts ist für den freien Menschen wichtiger als der Ackerbau."

i Kurverwaltung, Schwentinerhaus, 24306 Plön, Tel. 0 45 22/27 17 und 5 05 58.

⑪ **Großer Plöner See** Das größte Binnengewässer Schleswig-Holsteins verdankt seine Entstehung wie die meisten anderen Seen im Norddeutschen Tiefland den Gletschern der jüngsten Eiszeit. Wegen seiner beachtlichen Größe und Tiefe (bis 60 m) friert der in viele Buchten zergliederte See im Winter auch bei strengem Frost nicht vollständig zu. Wasservögel finden im offenen Wasser und in den Schilfröhrichten, die etwa ein Fünftel der 40 km langen Uferlinie säumen, immer genügend Nahrung, zumal der See durch Abwässer und eingespülte Düngemittel verhältnismäßig nährstoffreich geworden ist und die Wasserflora üppig gedeiht. Der See besitzt internationale Bedeutung als Rast- und Überwinterungsplatz. Vor allem verschiedene Entenarten, Silbermöwen, Haubentaucher und Graugänse sind in großen Kolonien auf den Inseln des Sees heimisch. Der Maräne, die in der Nacheiszeit in das damals noch kristallklare Gewässer einwanderte, behagt dagegen die Wasserverschmutzung überhaupt nicht. Die nördliche Schwester des Bodenseefelchens braucht klares, sauerstoffreiches und nährstoffarmes Wasser; durch die Nährstoffbelastung sind ihre Bestände bereits deutlich geschrumpft, zum Bedauern der Berufsfischer, Angler und Feinschmecker, die den Fisch als Delikatesse schätzen.

In den Senken der Moränenlandschaft haben sich wie hier im Heidmoor bei Glasau wertvolle Feuchtbiotope entwickelt.

Von den Umweltproblemen ist bei der Großen Plöner Seerundfahrt (täglich von April bis September) nichts zu spüren, man genießt den waldumrahmten See und hat vom Schiff aus Gelegenheit, die Wasservögel aus der Nähe zu beobachten. Wer auf eigene Faust eine Kreuzfahrt auf dem See unternehmen möchte, kann am Strandweg in Plön ein Boot mieten. Surfen ist auf den Seen im Plöner Stadtgebiet mit Ausnahme des Schöhsees, des Trammer Sees und von Teilen des Großen Plöner Sees erlaubt. Die Uferpromenade, die unterhalb des Schloßberges am Seeufer entlangführt, ist ein beliebter Spazierweg mit verschwiegenen Plätzchen.

⑫ **Ascheberg** Als Askeberghe (Eschenberg) wird der Erholungsort am Westufer des Großen Plöner Sees in einer Urkunde aus dem 12. Jh. erstmals erwähnt. Der Name bezog sich zunächst nur auf den Ritter-

Trickreiche Schwimmpflanzen

Die Seen scheinen – von den Uferbereichen abgesehen – auf den ersten Blick oft pflanzenleer. Doch dieser Eindruck täuscht. Algen, oft winzig, schweben frei im Wasser. Ebenfalls kaum zu sehen sind die Pflanzen, die im Seeboden wurzeln und unter Wasser bleiben; neben den Laichkrautarten etwa das Tausendblatt oder das Rauhe Hornblatt.

Seine auffälligen Blüten streckt der ansonsten untergetauchte Große Wasserschlauch (Bild) aus dem Wasser. Seine Blätter sind zu Fangblasen umgebildet, in denen Unterdruck herrscht. Berührt ein kleines Wassertier die Fühlhaare, springt die Kammer auf, und die Beute wird ins Innere gesogen und verdaut.

Zu den kleinsten Blütenpflanzen überhaupt gehören die teils nur 2 mm messenden Wasser- und Teichlinsenarten, die man auf der Wasseroberfläche schwimmen sieht. Bei weitem auffälliger sind die Weiße Seerose und die gelbblühende Große Mummel, die – am Boden festgewachsen – ihre großen Blätter und Blüten auf dem Wasser treiben lassen. Gleich zweierlei Blattformen hat der Gemeine Wasserhahnenfuß entwickelt: Die schwimmenden sehen wie richtige Blätter aus, die untergetauchten sind dagegen ausgefranst, so daß sie der Strömung weniger Widerstand entgegensetzen.

sitz auf einer Landspitze im See und wurde später auf den Ort übertragen. Von der Gutsanlage (jetzt Jugendhof) ist neben dem schlichten Herrenhaus und einer großen Backsteinscheune die wundervolle Lindenallee geblieben, die am Gasthaus *Schwiddeldei* (2 km südlich von Ascheberg) von der B 430 schnurgerade auf das Herrenhaus am See zuführt. Hinter dem Schlößchen liegen vier kleine Inseln im See, deren größte (Ascheberger Warder) bewaldet ist. Sie stehen als Vogelbrutgebiete unter Naturschutz. Vor allem Graugänse suchen Zuflucht auf den Eilanden, die nicht betreten werden dürfen. Für Wanderer gibt es jedoch auf dem festen Land viele lohnende Ziele, etwa die romantischen Bachschluchten südlich von Ascheberg, die Quelle im Wald Wildkoppel oder die urwüchsigen Baumbestände am Ascheberger Hof und Vogelsang.

i Fremdenverkehrsverein, Langenraderstraße, 24326 Ascheberg, Tel. 0 45 26/ 83 01.

⑬ **Radtour nach Seedorf** In dem gemütlichen Bade- und Luftkurort Dersau, am von alten Fachwerkhäusern und Linden umstandenen Dorfplatz, beginnt und endet eine Radwanderung durch den Südwesten des Naturparks (etwa 30 km). Die Route führt von Dersau zunächst über Stocksee und am gleichnamigen See (Badestelle) vorbei in Richtung Bad Segeberg bis Damsdorf, wo man in Richtung Schlamersdorf abbiegt. Ungefähr 500 m hinter Schlamersdorf (sehenswerte Kirche von 1874) zweigt links die schmale Straße nach Seedorf ab. Das ehemals befestigte, noch von Wällen und Gräben umschlossene Gut unmittelbar am Seedorfer See besitzt in dem prächtigen Torhaus (1583) am Ende der Himmelsallee einen der schönsten Renaissancebauten Norddeutschlands. Der rote Klinkerbau mit zwei Türmen beherbergt heute ein Heimatmuseum. Von Seedorf geht die Fahrt an Hornsdorf, Lappland und Grönland vorbei bis zum Rand des Nehmtener Forstes, den man kurz vor der Rückkehr nach Dersau auf dem Weg am Seeufer entlang umrundet.

Ein besonders schönes Beispiel niederländisch geprägter Renaissancebaukunst ist das Torhaus von Gut Seedorf.

Nach Bosau kommt man nicht nur zum Baden, von hier aus kann man auch mit dem Schiff die Plöner Seen erkunden.

i Fremdenverkehrsverein, Dorfstr. 67, 24326 Dersau, Tel. 0 45 26/6 80 und 6 70.

⑭ **Nehmten** Schloß Ascheberg ist weit über die Grenzen Holsteins hinaus durch Hans Graf von Rantzau bekannt geworden, weil er als erster Gutsherr nördlich der Elbe ab 1739 die Leibeigenschaft aufhob. So blieb den Bauern und Tagelöhnern das Schicksal ihrer Leidensgenossen im benachbarten Gutsbezirk Nehmten erspart, dessen Besitzer seine Untergebenen in mehr als 20jähriger Fronarbeit einen ganzen Hügel abtragen ließ, bloß weil dieser den Blick vom Herrenhaus über den See hinweg zum Plöner Schloß versperrte. Das elegante klassizistische Herrenhaus ist Zentrum eines bekannten Gestüts und vom Wanderweg von Hornsmühlen nach Godau aus zu bewundern (Besichtigung nach Vereinbarung, Tel. 0 45 26/83 23).

⑮ **Bosau** Die um die Mitte des 12. Jh. als Bischofsbasilika für Vicelin, den Missionar des Nordens, errichtete und im 13. Jh. umgebaute Vicelinkirche gilt als die älteste Feldsteinkirche Ostholsteins. Das weißgetünchte Gotteshaus in dem 3000-Seelen-Ort südlich von Plön, in dem von Mai bis September Kirchenkonzerte stattfinden, besitzt kostbares Inventar, darunter eine spätgotische Holzstatue des heiligen Vicelin, ein hölzernes Triumphkreuz (um 1470) und einen kunstvollen Schnitzaltar.

Im Ort, der auf einer Landzunge im Großen Plöner See liegt und an ihrer Südseite einen flach abfallenden Sandstrand besitzt, gibt es rund um die Dorflinde alte Bauernhöfe und -katen zu sehen.

An den Ufern des nördlich von Bosau gelegenen Bischofssees sind Seeterrassen erhalten, die den ehemals höheren Wasserständen des Sees bezeugen. Eine besonders deutlich ausgeprägte Terrasse mit dem dazugehörigen Kliff erreicht man vom Ortskern über die Plöner Straße. Etwa 400 m hinter dem Ortsausgangsschild zweigt nach links ein Wander- und Radweg ab, der zum unteren Rundweg am Fuß des Kliffs führt.

i Fremdenverkehrsamt, Bischof-Vicelin-Damm 11, 23715 Bosau, Tel. 0 45 27/4 98.

⑯ **Glasau** Der kleine Ort am Zusammenfluß von Trave und Glasau besitzt eine der ältesten Kirchen der Holsteinischen Schweiz. Sie entstand wahrscheinlich um 1170. Auf einem Hügel über dem linken Ufer der Glasau thront die Katzburg, eine slawische Fliehburg, und im Naturschutzgebiet Heidmoor, einem Waldhochmoor, das man auf Wanderwegen vom Ort in 30 Minuten erreicht, wurde eine Siedlung aus der jüngeren Steinzeit ausgegraben.

Naturpark Lauenburgische Seen

Im wald- und seenreichen alten Herzogtum Lauenburg zwischen Elbe und Ostsee begegnen sich urbane Weltoffenheit und ländliche Abgeschiedenheit, malerische Inselstädte und verträumte Waldseen, stolze Backsteinkirchen und reetgedeckte Bauernkaten, Gräber von Märtyrern und von Narren.

Zwischen Küchen- und Ratzeburger See erhebt sich der wuchtige Backsteinbau des Ratzeburger Doms, dem sich im Norden das ehem. Domkloster anschließt.

❶ **Einhaus** Das aus gotländischem Korallenkalk gemeißelte Radkreuz, das auf einer Anhöhe hoch über dem westlichen Ufer des Ratzeburger Sees steht, hat seine letzten Geheimnisse noch nicht preisgegeben. Der Name Ansveruskreuz erinnert an den Abt Ansverus vom Kloster St. Georgsberg bei Ratzeburg, der am 15. Juli 1066 im Lauenburger Land gemeinsam mit 18 anderen Mönchen gesteinigt wurde. Ob die fast 3 m hohe Kalkstele tatsächlich das Grabmal des frommen Märtyrers ist, bleibt freilich selbst unter Fachleuten umstritten. Ansverus' Leichnam wurde nach der Bluttat zunächst irgendwo im Erdboden verscharrt und Jahre später im Ratzeburger Dom beigesetzt. Unklarheit herrscht auch über das Alter und die Herkunft des Marterkreuzes. Wahrscheinlich wurde es im 14. oder 15. Jh. auf der Ostseeinsel Gotland geschaffen, auf einem Schiff der Hanse nach Deutschland gebracht und an der Alten Salzstraße über dem Ratzeburger See aufgestellt (Zufahrt über die B 207 Ratzeburg–Lübeck bis zur Abzweigung nach Einhaus, dort rechts durch die Bahnunterführung und gleich wieder links in Richtung Campingplatz bis zum Kreuz, das an einem Feldweg steht).

❷ **Ratzeburger See** An der tiefsten Stelle ist der langgestreckte, von einer schmalen Gletscherzunge ausgefurchte Rinnensee 24 m tief. Ursprünglich war das rund 16 km² große Gewässer wohl noch um einiges tiefer, doch seit dem Rückzug der Gletscher haben die einmündenden Bäche dicke Schichten von Sand und Schlamm auf seinem Grund abgelagert. Ein mehr oder weniger breiter Verlandungsstreifen mit Schilfröhricht und Erlenbruchwald zieht sich deshalb heute an den Ufern des Ratzeburger Sees entlang und bietet der Vogelwelt ideale Brut- und Rastplätze.

Bei einer Wanderung auf dem Europäischen Fernwanderweg Ostsee–Adria (weißes X auf rotem Grund) von Ratzeburg am Westufer des Sees entlang bis zur Schiffsanlegestelle bei Buchholz (etwa 4 km) kann man Enten, Taucher, Bläßhühner und den Kormoran beobachten oder den rauhen Gesang der Rohrdommel aus dem Schilfdickicht hören. Die Dampfer der Personenschiffahrt Ratzeburg befördern den Wanderer wieder zurück zur Anlegestelle Lüneburger Damm (Fahrplanauskunft Tel. 0 45 41/79 00). In der Sommersaison fahren von Ratzeburg zusätzlich Schiffe bis zum Nordende des Sees und weiter auf der Wakenitz nach Lübeck.

Ein Endmoränenwall, seit Jahrhunderten durch Dämme verknüpft, trennt im Süden den kleineren Küchensee vom Ratzeburger See ab. Während der große See das Revier der Segler und Surfer ist, finden auf dem ruhigeren Gewässer des Küchensees Ruderer und Kanuten optimale Trainings- und Wettkampfbedingungen. Nicht ohne Grund kam der legendäre „Goldachter" der 50er und 60er Jahre aus Ratzeburg.

❸ **Ratzeburg** Von der Burg, die der Inselstadt den Namen gegeben hat, wurden nur geringe Reste im Bereich der Schloßwiese am südwestlichen Seeufer ausgegraben. Eine Urkunde aus dem Jahr 1062 berichtet erstmals über die Burg des slawischen Fürsten Ratibor (Ratse). Heinrich der Löwe ließ ein Jahrhundert später die dreischiffige Basilika errichten, die bis heute das Bild des malerischen Stadtkerns beherrscht. An den einzigen in seiner ursprünglichen spätromanischen Gestalt erhaltenen deutschen Backsteindom (täglich geöffnet) drängen sich weitere sehenswerte Bauten: das ehem. Domkloster, die Bischofsherberge, die Propstei und das Steintor. Im Kern der Ende des 17. Jh. von dänischen Truppen verwüsteten Stadt gibt es rund um den Marktplatz mit dem alten Rathaus (19. Jh.) und der klassizistischen Stadtkirche eine Reihe schöner Bürgerhäuser zu se-

hen. Lohnend ist auch der Besuch der städtischen Museen: des Ernst-Barlach-Museums mit Kunstwerken aus dem Nachlaß des Bildhauers, des in einem Herrenhaus von 1764 eingerichteten Kreismuseums des Kreises Herzogtum Lauenburg und der Sammlungen des A.-Paul-Weber-Museums am Domhof.

Den schönsten Blick auf die frühere Residenz der Herzöge von Lauenburg und heutige Kreisstadt des Kreises Herzogtum Lauenburg hat man vom Turm auf der Hindenburghöhe am östlichen Seeufer aus (zugänglich Mai–September Di–So 10–17 Uhr). Der Bau ist eine originelle Konstruktion aus einem neuromanischen Wasserturm von 1903, dem in den 30er Jahren ein zweiter Turm mit Aussichtsplattform übergestülpt wurde. Am östlichen Stadtrand ragt der hölzerne Turm der Kirche von Ziethen über die Dächer der Inselstadt. Das spätgotische Gotteshaus, Ende des 16. Jh. aus Feldsteinen und Ziegeln errichtet, besitzt eine sehenswerte Innenausstattung, darunter eine Schnitzfigur des heiligen Ansverus (um 1480), dazu ein schönes Marmortaufbecken und die im Stil der Barockzeit bemalte Kanzel. Die historische Farchauer Mühle (1661), am Südende des Küchensees unmittelbar neben der Einmündung des Schaalseekanals gelegen, ist eine ehem. Papiermühle. Eine weitere Attraktion bietet das Wildgehege in Fredeburg direkt an der B 207 in Richtung Mölln, das von Wisenten und Wildschweinen bevölkert ist.

i Ratzeburg-Information und Stadtmarketing, Schloßwiese 7, 23909 Ratzeburg, Tel. 0 45 41/80 00 81.

❹ **Salem** Der Erholungsort am Salemer See besitzt eine hübsche Backsteinkapelle aus dem 19. Jh. Im Süden, an der Straße von Ratzeburg nach Seedorf, thront seit 100 Jahren bei Kogel eine Holländer-Windmühle über dem Seeufer. Nur eine Viertelstunde von der Salemer Uferpromenade mit ihren gepflegten Blumenrabatten entfernt, gibt es nördlich im Kreisforst Farchau ein Stück Wildnis: das Naturschutzgebiet Salemer Moor mit den benachbarten Seen Schwarze Kuhle, Plötscher See und Garrensee. Vom Wanderparkplatz am nördlichen Ortsrand führen Rundwege durch die noch weitgehend intakte Moor- und Seenlandschaft. Unter den Pflanzenarten des Salemer Moores, das zu den Vorposten der Waldhochmoore des östlichen Mitteleuropa gehört, fällt im Frühsommer besonders der Sumpfporst durch seine weißen Blüten auf. Unsere germanischen Vorfahren berauschten sich freilich nicht an der Farbe der Blüten, sondern brauten aus den Blättern des immergrünen Strauchs einen anregenden Trank. Schwarzbraun, so wie es der Name des kleinen Sees verspricht, ist das Wasser der Schwarzen Kuhle; im Kontrast zu den rötlichweißen Seerosenblüten auf dem Spiegel des nährstoffarmen Sees wirkt es noch dunkler.

Kristallklar ist dagegen das Wasser im Plötscher See und noch mehr im Garrensee. Hier fehlen die torfbraunen Humusstoffe, die mit dem Grundwasser vom Salemer Moor her in die Schwarze Kuhle einsickern, und man kann deshalb mehr als 7 m tief in die klaren Gewässer schauen.

❺ **Mölln** Nach der Überlieferung soll Till Eulenspiegel 1350 im Heilig-Geist-Hospital der alten Handelsstadt an der Pest gestorben sein, und bis heute ehrt man hier den berühmten niederdeutschen Schalk mit vielen Erinnerungsstätten, etwa mit dem Eulenspiegelbrunnen, mit Eulenspiegels Grab-

Einst fast ausgerottet, leben wie hier im Wildgehege in Fredeburg heute wieder etliche der stämmigen Wisente in unseren Breiten.

Dort, wo heute das Ansveruskreuz steht, soll einst Abt Ansverus mit einer Gruppe von Mönchen gesteinigt worden sein.

stein in der Kirchenmauer oder der Eulenspiegellinde, unter der der weise Narr angeblich begraben liegt. Neben ihren „närrischen" Erbstücken hat die schmucke Kleinstadt aber auch noch andere Sehenswürdigkeiten zu bieten, so z. B. die mächtige Backsteinbasilika oder das gotische Rathaus, das als das bedeutendste mittelalterliche Rathaus in Schleswig-Holstein außerhalb der Hansestadt Lübeck gilt.

Vom Aussichtsturm auf dem Klüschenberg unweit der Altstadt (Mo geschlossen, sonst Ostern–September täglich 14–17, am Wochenende auch 10–12 Uhr geöffnet) schweift der Blick über das Lauenburger Land und die backsteinrote, eng um die Kirche gruppierte und von Wasser umgebene Stadt: ein Stück Mittelalter und eines der reizvollsten Stadtbilder Norddeutschlands.

Auf der von Schmalsee, Hegesee und Schulsee umschlossenen Landzunge am östlichen Stadtrand befindet sich der Wildpark Mölln mit zahlreichen einheimischen und exotischen Tierarten vom Damhirsch bis zum Waschbären (ganzjährig zugänglich, der Haupteingang befindet sich hinter der Klinik Föhrenkamp).

i Kurverwaltung, Am Kurgarten, 23879 Mölln, Tel. 0 45 42/70 90 und 70 99.

❻ **Alte Salzstraße** Wald und Wasser sind seit alters die natürlichen Reichtümer des Herzogtums Lauenburg. Keine Gegend Schleswig-Holsteins ist dichter bewaldet als das kuppige Land zwischen der Lübecker Bucht im Norden und dem Urstromtal der Elbe im Süden; rund 40 größere, einschließlich der kleineren Gewässer sogar Hunderte von Seen haben die Gletscher des Eiszeitalters in der Jungmoränenlandschaft hinterlassen. Den eiszeitlichen Schmelzwasserrinnen folgt die *Via regia* (Königsstraße), ein mittelalterlicher Handelsweg, der den Städten zwischen Lauenburg und Lübeck einst Wohlstand bescherte. Er ist besser unter dem Namen Alte Salzstraße bekannt, denn auf dem Karrenweg wurde hauptsächlich Salz aus den Salinen von Lüneburg zu den Salzspeichern im Lübecker Hafen transportiert. Über 20 Tage brauchten die Karren von Lüneburg nach Lübeck, und alle Städte am Weg forderten von den Händlern ihren Anteil am „weißen Gold" des Mittelalters. Noch heute sind einige Abschnitte der Alten Salzstraße erhalten, beispielsweise südwestlich von Mölln. Die historische Trasse quert etwa 800 m nördlich von Hornbek die heutige Straße nach Woltersdorf (knapp außerhalb des Naturparks). Von der Kreuzung aus kann man auf der alten Trasse rund 7 km weit in der Stecknitz-Niederung am Elbe-Lübeck-Kanal entlang bis zur Eulenspiegelstadt Mölln wandern.

Während die jüngeren Hügel in der Umgebung noch weiche Formen zeigen, ist der Segrahner Berg schon deutlich vom „Zahn der Zeit" gezeichnet.

❼ **Hellbachtal** Wie die Perlen einer Kette reihen sich vom Möllner See im Nordwesten bis zum Gudower See im Südosten ein knappes Dutzend Gewässer aneinander. Sie liegen innerhalb einer Schmelzwasserrinne, in der ein reißender Gletscherbach in einem Eistunnel zahlreiche tiefe Kessel auswusch. Von dieser eisigen Vergangenheit ist heute bei einer Wanderung vom Wanderparkplatz am Südufer des Lütauer Sees auf dem mit einem weißen X auf rotem Grund markierten Weg bis zur Gudower Mühle und zurück über den Alten Frachtweg allerdings nichts mehr zu spüren. In der Talaue des Hellbaches, der die südlichen Seen entwässert, gedeiht im Gegenteil eine üppige Flora, und wer Deutschlands größten Vogel nicht stört, hat hier die seltene Gelegenheit, den silbergrauen oder bräunlichen, mit leuchtendroten Kopffedern geschmückten Kranich aus gebührender Entfernung zu bewundern.

❽ **Lehmrade** Aus der Ferne könnte man den niedrigen, baumbestandenen Wall etwa 1 km nordöstlich von Lehmrade am Weg nach Neuhorst für einen kleinen Endmoränenwall halten. Der Oldenburger Wall wurde allerdings nicht von Gletschern, sondern von Menschen künstlich aufgeschüttet. Er umschließt als Ringwall eine Fliehburg, in die sich die Einwohner des benachbarten Dorfes in Kriegszeiten zurückziehen konnten. Slawische Stämme, die im 7./8. Jh. n. Chr. in das Land zwischen Ostsee und Elbe eingewandert waren, legten solche Burgen im Lauenburger Land an. Im 9. Jh. wurden die Burgen verlassen.

Am südlichen Ortsrand von Lehmrade befindet sich ein Damwildgehege (ganzjährig täglich geöffnet).

i Kurverwaltung Mölln, siehe ❺.

❾ **Seedorf** Prachtvolle Gewölbemalereien mit biblischen Szenen schmücken die goti-

Beschaulich geht es zu in dem kleinen, etwas abgelegenen Dorf Fitzen bei Büchen. Wie im Bilderbuch stehen hier die schönen Backsteinhäuser an der kopfsteingepflasterten Lindenallee.

sche Backsteinkirche in dem kleinen Dorf am Schaalsee. Die um die Mitte des 13. Jh. entstandenen, sorgfältig restaurierten Bilder gelten als die älteste erhaltene Gewölbeausmalung in Schleswig-Holstein. Christus, Maria und die Evangelisten sind abgebildet, aber auch der Teufel. Gegenüber der Teufelsbrücke, einer Untiefe im See, liegt im Schutz einer Halbinsel eine Badestelle. Der 5,5 km lange Kanal, der im Norden hinter dem Seedorfer Werder abzweigt, verbindet den Schaalsee mit dem Ratzeburger See. Mit 72 m gehört der Schaalsee zu den tiefsten Seen Norddeutschlands, gleichzeitig hat er im Vergleich mit den Lauenburgischen Seen ein recht hohes Seespiegelniveau, er liegt z. B. über 30 m höher als der Ratzeburger See. Der Schaalseekanal wurde in den 20er Jahren angelegt, um dieses Gefälle mit seinen beachtlichen Wasserkräften zur Stromerzeugung zu nutzen. Durch den Kanal gelangte aber auch die Maräne, ein lachsartiger Fisch, vom Schaalsee in den Großen Ratzeburger See und bereichert nun als besondere Delikatesse die hiesige Küche.

i Ratzeburg-Information, siehe 3

10 **Gudow** Wälder und ein ausgedehnter Schilfgürtel umrahmen den knapp 2 km langen und bis zu 1 km breiten Gudower See. Im Schutz des Röhrichts brüten hier Taucher, Enten, Rallen und viele andere Wasservögel. Der beste Badestrand liegt am Nordufer in der Nähe des Campingplatzes. Nebenan zeigt das Herrenhaus der seit 1470 in Gudow ansässigen Familie von Bülow seine in eleganten klassizistischen Formen gestaltete Schauseite zum See. Die aus behauenen Findlingen errichtete spätromanische Dorfkirche (12. Jh.) gehört zu den ältesten Gotteshäusern im Lauenburger Land. Sie ist mit kunstvollem Inventar ausgestattet, darunter ein Schnitzaltar von 1410 und eine ausdrucksvolle Kreuzgruppe (um 1320).

i Kurverwaltung Mölln, siehe 5

11 **Segrahner Berg** Der markante Waldberg, der sich östlich von Gudow wie eine Insel aus der flachwelligen Jungmoränenlandschaft erhebt, ist unter den Moränenkuppen des Lauenburger Landes ein uralter Greis. Mindestens 140 000 Jahre hat er als Endmoräne der Saale-Eiszeit gewissermaßen auf seinem breiten, bis 72 m hohen Buckel; die Kuppen in der Nachbarschaft sind dagegen allenfalls 20 000 Jahre alt. Die Jahrtausende gingen am Segrahner Berg nicht spurlos vorüber; sein Boden ist ausgelaugt, und tiefe Kerben ziehen sich die Hänge hinab. Um ein Haar wäre er dem Kiesabbau zum Opfer gefallen. Wer sich diesen Sonderling unter den Bergen im Lauenburger Land aus nächster Nähe anschauen möchte, kann ihn von einem Wanderparkplatz an der Straße Gudow–Zarrentin aus, rechts hinter der Kiesgrubenzufahrt, in 2 Stunden umrunden.

12 **Fitzen** Schmale, von Knicks gesäumte Straßen führen zu dem abgeschiedenen Dorf zwischen den trockenen Sandheiden des Naturschutzgebietes Büchener Sander und den moorigen Auwiesen in der Stecknitzniederung. Drei bis vier Dutzend Häuser und ein Gasthof verstecken sich unter hohen Linden. Auf den Reetdächern der alten niederdeutschen Hallenhäuser brüten gelegentlich wieder Störche. Seine Nahrung holt Meister Adebar aus der Stecknitzniederung, einer eiszeitlichen Schmelzwasserrinne. In ihr wurde bereits gegen Ende des 14. Jh. die älteste künstliche Wasserstraße im nördlichen Europa angelegt, der Stecknitz-Kanal. Der Kanal ersetzte seinerzeit die Alte Salzstraße als Transportweg für das Lüneburger Salz; zu Beginn des 20. Jh. wurde an seiner Stelle der Elbe-Lübeck-Kanal dem Verkehr übergeben.

i Amt Büchen, Amtsplatz, 21514 Büchen, Tel. 0 41 55/80 09 25.

Wie in vielen der stehenden Gewässer im Naturpark ist der Uferbereich des Gudower Sees mit Schilf bewachsen, das vielen Wasservögeln Nahrung und Brutplätze bietet.

Fischreichtum in klaren Seen

Von Abwasser und Uferbebauung weitgehend verschont geblieben sind die meisten kleineren und größeren Seen des Naturparks. So hat sich dort eine artenreiche Fischfauna erhalten.

Oft übersehen werden die Kleinfische. Sie haben für den Angler keine direkte Bedeutung, doch spielen sie eine wichtige Rolle im Kreislauf der Natur: Arten wie der Dreistachelige Stichling (Bild), der Steinbeißer oder die Elritze fressen wirbellose Tiere wie Krebse und Insekten und dienen ihrerseits als Nahrung für Wasservögel und größere Fische. Der Zander etwa, ein beliebter Speisefisch, ernährt sich fast ausschließlich von Kleinfischen.

Lange Zeit für unterschiedliche Arten wurden Felchen, Renken und Maränen gehalten. Letzere sind hier beheimatet. Ihre Vorfahren blieben nach der Eiszeit in den tiefen, nährstoffarmen Seen als isolierte Bestände zurück und entwickelten sich eigenständig. Heute nimmt man an, daß Große und Kleine Maräne sowie Bodensee-Blaufelchen ein und derselben Art angehören.

Naturpark Schaalsee

Die innerdeutsche Grenze zerschnitt bis zur Wiedervereinigung den großen See und die umgebende Landschaft und verdammte die Einwohner der Dörfer und Städte am östlichen Ufer zu jahrzehntelanger Isolation. Im Niemandsland zwischen West und Ost konnte sich freilich die Natur ungestört entwickeln.

❶ **Utecht** Bei diesem freundlichen Ort am Ostufer des Ratzeburger Sees befindet sich einer der schönsten Badeplätze des Naturparks. Von dort lohnt eine Wanderung in die nordöstlich von Utecht gelegenen tiefen Kerbtäler mit urwüchsiger Vegetation. Bäche haben sie im Lauf der Jahrtausende in eiszeitliche Lehmablagerungen geschnitten.

❷ **Schlagsdorf** Die wuchtige Dorfkirche, ein zweischiffiger Backsteinbau aus der Mitte des 13. Jh., überragt mehrere reetgedeckte Gehöfte. Gotische Sterngewölbe zieren das Innere des Gotteshauses; vom alten Inventar sind ein bronzenes Taufbecken und ein Altaraufsatz, beide aus dem 17. Jh., erhalten. Am stillen Mechower See südlich von Schlagsdorf befindet sich eine große Kormorankolonie. Damit seltene, vielerorts schon ausgestorbene Arten auch in Zukunft im Naturpark Schaalsee heimisch bleiben, darf nur an den ausgewiesenen Badestellen gebadet werden.

❸ **Röggeliner See** Der kleine Röggeliner See in der Nordostecke des Naturparks ist nur wenige Meter tief. Die Buchten im Westen sind bereits weitgehend verlandet, und der Schilfgürtel schiebt sich immer weiter in das seichte Gewässer hinaus. Für die verschiedenen Rohrsängerarten sind das Röhricht und die angrenzenden Moorwiesen ein idealer Lebensraum. In den Unterwassergärten aus Wasserfeder, Wasserhahnenfuß und Hornkraut der vielen zwischen Röggelin und Dechow verstreuten Tümpel findet die seltene Rotbauchunke Unterschlupf.

Einen ausgezeichneten Überblick über die Wasservogelwelt des Röggeliner Sees und das versteckte Leben im Röhricht erhält man von einem eigens errichteten Gruppenhochstand. Er befindet sich etwa 200 m südlich der Liegewiese hinter der Badestelle in Klocksdorf.

Dechow an der Südspitze des Sees ist Ausgangspunkt für eine kurze Wanderung zu der slawischen Fliehburg, die etwa 500 m vom südöstlichen Ortsrand entfernt unter einer Wallhecke versteckt liegt.

❹ **Stintenburg** Der Kampenwerder, auf dem dieses Dörfchen liegt, ist die größte Insel im Schaalsee. Ein Damm verbindet sie mit dem Ostufer. Hier befindet sich das Informationszentrum des Naturparks, wo man alles Wissenswerte über den See und den Reichtum der Flora und Fauna, aber auch über die Gefährdung des einzigartigen Ökosystems erfährt (Mo–Fr 10–16, Sa und So 11–17 Uhr geöffnet, November–Februar Sa und So geschlossen). Als sog. Maränensee, wie der kühle, klare und nährstoffarme See nach der Maräne, einer engen Verwandten des Blaufelchens, heißt, ist er sehr anfällig für Umweltschäden. Noch kommen im

Bewaldete Hügel umgeben den tiefsten See Mecklenburgs, den durch Inselchen und Buchten gegliederten Schaalsee. In der Abgeschiedenheit und Ruhe dieser herrlichen Landschaft konnten zahlreiche seltene Tiere und Pflanzen überleben.

See, in den breiten Schilfröhrichten, den Mooren, Feuchtwiesen, Bruchwäldern, in Wallhecken und Obstgärten etliche seltene und bedrohte Pflanzen- und Tierarten vor. Bemerkenswert ist besonders die Tiefe des Sees: An der tiefsten Stelle mißt er 71,5 m.

i Nationalparkamt Mecklenburg-Vorpommern, Außendezernat Naturpark Schaalsee, Stintenburg-Insel, 19246 Lassahn, Tel. 03 88 58/2 12 15.

5 Techin Die Namen vieler Orte rund um den Schaalsee erinnern an die slawischen Stämme, die sich im frühen Mittelalter hier niederließen. Doch außer den Namen und einigen verfallenen Wehranlagen blieb aus dieser Zeit nichts erhalten. Techin, Dechow, Boissow, Dutzow und die anderen Dörfer mit den alten niederdeutschen Hallenhäusern, den Feldstein- und Backsteinkirchen bieten das aus Ostholstein vertraute Bild. Einige der schönsten lernt man auf einer Radtour (etwa 35 km) durch die Moränenlandschaft östlich des Schaalsees kennen. In Techin beginnt und endet die Tour. Bei der Fachwerkkirche von Lassahn (17. Jh.) führt ein Weg hinunter zum Seeufer, wo sich ein reizvoller Ausblick bietet.

In Groß Salitz am Ostrand des Naturparks zieht eine frühgotische Backsteinbasilika die Blicke auf sich. Auf der Rückfahrt nach Boissow lohnt in Neuenkirchen die gotische Dorfkirche einen Besuch. Vom östlichen Ortsrand von Boissow verläuft ein Naturlehrpfad am Boissower und am Neuenkirchener See entlang.

6 Zarrentin Die Kleinstadt am Südufer des Schaalsees – knapp außerhalb des Naturparks gelegen – führt in ihrem Wappen zwei silberne Fische und einen goldenen Abtsstab. Die Fische weisen auf die Maränen im See hin, der Abtsstab erinnert an die Gründung eines Zisterzienserklosters im Jahr 1246. Von den Klostergebäuden ist ein Flügel mit einem gewölbten Kreuzgang erhalten. Die um 1460 von Grund auf erneuerte Klosterkirche birgt einen barocken Altaraufsatz (1733) und die mit spätgotischen Schnitzereien verzierte Kanzel (1668), eines der schönsten Kunstwerke Mecklenburgs. Für die zahlreichen Wasservögel wurde rund um das winzige Eiland Möwenburg ein Naturschutzgebiet eingerichtet. Von den Stichstraßen, die am Zarrentiner Ufer enden, oder von Schaliß am gegenüberliegenden Ufer aus läßt sich die Vogelwelt im südlichen Zipfel des Sees gut beobachten, besonders im Frühjahr oder Herbst, wenn hier Zugvögel rasten.

i Amt Zarrentin, Thomas-Müntzer-Str. 4, 19246 Zarrentin, Tel. 03 88 51/2 45.

Mit Reet gedeckte Dächer gehören zur Hauslandschaft Mecklenburgs – wie dieses gepflegte Haus in Techin.

Natur im Schutz des Todesstreifens

So absurd es klingt: die innerdeutsche Grenze mit ihren Sperren, Minengürteln, Schußanlagen und dem unzugänglichen Hinterland bildete eine Zone, in der sich die Natur besonders gut entfalten konnte. Am Schaalsee verlief die Grenze teils am Ufer entlang, teils in der Seemitte, so daß keinerlei Nutzungsmöglichkeiten bestanden. In dieser nur dünn bevölkerten Gegend bewahrte der See eine hervorragende Wasserqualität.

In den Mooren findet man nach wie vor Schönheiten wie Sonnentau und Wollgras, in den Feuchtgebieten wachsen ungestört außergewöhnliche Orchideenarten und die seltene Blumenbinse.

Von der Abgeschiedenheit hat auch die Vogelwelt profitiert. In den Wäldern brüten Schwarzspecht und Seeadler, an den Seen Rohrdommel, Kormoran und Drosselrohrsänger. Dort rasten in den Zugzeiten Tausende verschiedener Enten wie die Reiherente (Bild). Der Kranich baut in den Mooren sein Nest, Bekassine und Kiebitz bevorzugen Feuchtwiesen. Der Sprosser, die Zwillingsart der Nachtigall, hat in dieser Region sein westlichstes Verbreitungsgebiet.

23 Ostseeküste

Sinfonie in Blau und Weiß

Die unterschiedlichsten Küstenformen finden sich an der Ostsee vereint. Langgestreckte Sandstrände mit weißen Dünenketten wechseln sich mit zerrissenen Flachwasserbuchten, den Bodden, ab. Landschaftlicher Höhepunkt indes ist die grandiose Steilküste Rügens mit ihren weißen Kreideklippen.

Ostseeküste

Selbst der vom Aussterben bedrohte Kampfläufer findet auf den Salzwiesen einzelner Inseln noch gute Brutbedingungen vor.

Nationalpark Vorpommersche Boddenlandschaft

Größe: 805 km², gegründet 1990.

Der Nationalpark umfaßt den westlichen Abschnitt der Boddenküste in Mecklenburg-Vorpommern. Den Kern des Schutzgebietes bilden die Halbinseln Darß und Zingst, die Insel Hiddensee und eine Reihe kleinerer Inseln. Ausgeklammert wurden besiedelte und landwirtschaftlich intensiv genutzte Flächen. Den größten Gebietsanteil (rund 85%) machen aber die angrenzenden Wasserflächen der Ostsee sowie die Boddengewässer aus.

Urwüchsige Wälder, Dünen, Moore und Heiden bestimmen das Bild der Landschaft im Nationalpark. Seinen Namen verdankt er den flachen Buchten mit unregelmäßigem Küstenverlauf, den Bodden. Sie entstanden nach der letzten Eiszeit, als der Wasserspiegel der Ostsee anstieg und das Meer bald die Senken der Grundmoränenlandschaft überflutete.

Durch küstenparallele Meeresströmungen wird die Küste hier ständig umgestaltet. Während an den Steilküsten die lockeren Ablagerungen einstiger Gletscher vom Meer abgetragen werden, entstehen an anderen Stellen, wo sich die Strömung abschwächt, Sandbänke und lange Nehrungen. Gelegentlich werden diese so lang, daß sie kleine Buchten von der Ostsee abschnüren, und es bilden sich Strandseen. Oft schon nahezu verlandet, stellen solche Feuchtgebiete mit ihrer reichen Pflanzen- und Tierwelt besonders schützenswerte Biotope dar. Im dichten Uferröhricht brüten Rohrsänger und Rohrweihe, während Rotschenkel, Brachvogel und Kampfläufer die beweideten Salzwiesen bevorzugen.

Ebbe und Flut wirken sich in der Ostsee kaum aus, dafür aber windbedingte Meeresspiegelschwankungen. Der flache Meeresboden, der zuweilen trockenfällt, wird Windwatt genannt. Vor der Insel Hiddensee rasten im Windwatt alljährlich im Herbst Tausende und Abertausende von Kranichen auf ihrer Reise von Skandinavien in den Süden.

Als Vogelbrutgebiete sind u. a. die Inseln Oie und Großer Kirr südlich des Zingst streng geschützt. Auf dem Großen Kirr befindet sich einer der letzten Brutplätze von Kampfläufer und Alpenstrandläufer an der deutschen Ostseeküste.

Um den Schutz der Natur mit der traditionellen Bewirtschaftung und dem Erholungsbedürfnis der Bevölkerung in Einklang zu bringen, wurde der Nationalpark in Schutzzonen unterteilt. Die Zone I bleibt als Kernzone von jeglicher Nutzung frei. Hierzu gehören der Nordwesten des Darß, der Osten des Zingst sowie das anschließende Meeresgebiet einschließlich der kleinen Inseln. Weniger streng sind die Beschränkungen in Zone II, wo naturverträgliche Bewirtschaftung erlaubt ist.

Weite Teile des Nationalparks sind für den Kfz-Verkehr gesperrt und können nur zu Fuß, mit dem Fahrrad oder dem Pferdewagen erreicht werden.

ℹ Nationalpark Vorpommersche Boddenlandschaft, Verwaltung, Im Forsthaus, 18375 Born.

Nationalpark Jasmund

Größe: 30 km², gegründet 1990.

Der kleine Nationalpark schützt einen Ausschnitt der grandiosen Küstenlandschaft im Nordosten der Insel Rügen. Wie eine Festung ragt hier die Halbinsel Jasmund in die Ostsee hinein. Ihre markanten Kreidefelsen sind inzwischen zum Wahrzeichen des Nationalparks geworden.

Den größten Teil des Schutzgebietes nimmt das Waldgebiet der Stubnitz oberhalb des Kreidekliffs mit großartigen Rotbuchenbeständen ein.

Die besondere Beschaffenheit des Untergrundes, aber auch das durch die Höhenlage abgewandelte Ostseeklima haben das Stubnitzplateau zu einem wertvollen Standort seltener Pflanzenarten gemacht. Dabei ist dieses Naturreservat vielfältiger, als man vielleicht vermuten könnte. Im Bereich von Bachtälern und feuchten Quellmulden treten Eschen und Erlen an die Stelle der Buchen, und in moorigen Quellmulden gedeiht u. a. der Riesenschachtelhalm.

Besonders wertvolle Standorte bilden die Kesselmoore, wo Rundblättriger Sonnentau, Fieberklee, Blasenbinse, Moos- und Krähenbeere wachsen. An lichten Waldhängen sind zudem etliche Orchideenarten verbreitet. Zu den besonderen Raritäten der Tierwelt gehören eiszeitliche Reliktarten wie der Nördliche Perlmuttfalter, einige Muschelkrebsarten sowie seltene Lurche wie etwa der Springfrosch.

Der Nationalpark wurde in verschiedene Schutzzonen gegliedert. Zone I umfaßt als Kernzone die großen Buchenwälder. Hier ist jede wirtschaftliche Nutzung untersagt, damit sich in diesem Bereich die ursprüngliche Waldgesellschaft wieder entfalten kann.

Teile des Waldes sind aber vom natürlichen Zustand noch so weit entfernt, daß die gewünschte Rückentwicklung

Das steile Kreidekliff der Halbinsel Jasmund ist in Deutschland einzigartig.

durch forstwirtschaftliche Maßnahmen unterstützt werden muß. Daher wurden sie als Entwicklungszone (Zone II a) eingestuft.

Als Pflegezone (Zone II b) wurden einige kleinere Bereiche außerhalb des Waldes, vor allem auch ehem. Steinbrüche, ausgewiesen. Dort sind auf Dauer besondere Pflegemaßnahmen erforderlich, um die Vielfalt der Tier- und Pflanzenwelt zu erhalten.

Zone III, die Erholungszone, umfaßt alle Flächen, die in erster Linie den Besucherverkehr auffangen sollen.

ℹ Nationalpark Jasmund, Verwaltung, Postfach 22, 18540 Saßnitz.

Naturpark Usedom

Größe: 800 km², gegründet 1990 (Planungsbeginn).

Der Naturpark in Vorpommern umfaßt den größten Teil der Insel Usedom. Dazu kommt noch der gegenüberliegende schmale Küstenstreifen auf dem Festland zwischen der Halbinsel Struck und der Peenemündung. Auch die Wasserflächen zwischen Festland und Insel sowie ufernahe Bereiche des Greifswalder Boddens und des Stettiner Haffs sind Teil des Naturparks. Im Osten reicht er bis an die polnische Grenze.

Überall ist die enge Verzahnung von Land und Meer spürbar. Während die Außenküste Usedoms einen ausgeglichenen Verlauf aufweist, wird die Südwestseite der Insel durch die Bodden des Achterwassers und des Krumminer Wieks stark gegliedert.

Die See ist aber nicht der einzige Landschaftsgestalter im Naturpark. Älter sind die Oberflächenformen, die die Gletscher der Eiszeit zurückließen: kuppige Grundmoränen, außerdem Schmelzwasserrinnen und Zungenbecken. Besonders ausgeprägt ist die Hügellandschaft mit Höhen bis zu fast 60 m im Süden Usedoms. An einigen Stellen hat die Brandung der Ostsee die Moränenhügel erreicht und ein steiles Kliff entstehen lassen.

An vielen Abschnitten wird die Küste von Dünen gesäumt – oft in mehreren Wällen hintereinander gestaffelt. An der Farbe des Sandes läßt sich das Alter der Dünen gut ablesen: Am ältesten sind die Braundünen, dann folgen die Gelbdünen und schließlich die Weißdünen, die erst in jüngster Zeit aufgeweht wurden und teilweise noch kaum bewachsen sind.

Obwohl Usedom schon seit dem 19. Jh. eine beliebte Ferieninsel ist, die Jahr für Jahr viele Gäste beherbergt, konnten die Fischerdörfer und Städtchen ihren besonderen Charme bewahren. Stiller als an der Außenseite der Insel geht es am Achterwasser zu. Hier umkränzen breite Schilfgürtel die malerischen Buchten, die zahlreichen Wat- und Wasservögeln Lebensraum bieten. Teilweise wurden die Buchten vom offenen Wasser abgeschnitten und bilden nun langsam verlandende Strandseen.

Die Seen und Moore im Innern der Insel gehen auf Ausschürfungen eiszeitlicher Gletscher zurück. Der Gothensee im Osten Usedoms wurde mit einem Teil des insgesamt 1600 ha großen Thurbruchs, einem seit Jahrhunderten als Wiese und Weide genutzten Niedermoor, unter Naturschutz gestellt. Vom Aussterben bedrohte Pflanzengemeinschaften sind hier ebenso zu finden wie Wasservögel. Der See bildet zudem das Herzstück eines großen Schutzgebietes für den Fischotter.

ℹ Naturpark Usedom, Gotenweg 1, 17419 Korswandt.

Stille Winkel wie diesen findet man an der Binnenküste Usedoms.

Nationalpark Vorpommersche Boddenlandschaft

Die amphibische Landschaft zwischen dem Fischland und der Westküste Rügens ändert durch Wind und Wellen ständig ihr Gesicht. Neues Land bildet sich hier schneller als irgendwo sonst an unseren Küsten. Zugleich ist der Bodden Deutschlands wichtigster Rastplatz für Kraniche auf ihrem Weg nach Süden.

❶ **Ostseebad Ahrenshoop** Die ehem. Künstlerkolonie auf der schmalen Landzunge zwischen Fischland und Darß gehört mit ihren rohrgedeckten Häusern zu den stimmungsvollsten Dörfern an der Ostseeküste. Bedeutendste Einzelbauten des knapp außerhalb des Nationalparks gelegenen Ortes sind das Ausstellungsgebäude Kunstkaten, die im Bauhausstil errichtete Bunte Stube und die 1951 geweihte Kirche, die wie ein kieloben liegendes Schiff anmutet.

Ein kurzer Spaziergang führt von dem Badeort an den Bodden zum Hafen des Ortsteils Althagen. 1,5 km lang ist die anschließende Wanderung auf dem Küstenpfad zur bizarren Kliffranddüne vor dem Bakelberg, dem mit 18 m höchsten Punkt auf dem Fischland. Pfahlbuhnen und Steinwälle sollen verhindern, daß der Sand weggespült und so das Fischland allmählich vom Meer abgetragen wird. Am nördlichen Ortsausgang ist das fast 55 ha große, durch Wege gut erschlossene Naturschutzgebiet Ahrenshooper Holz bemerkenswert: Bis zu 4 m hohe Stechpalmen wachsen in dem lichten Eichen-Buchen-Wald.

ℹ Kurverwaltung, Kirchnersgang 2, 18347 Ostseebad Ahrenshoop, Tel. 03 82 20/2 34.

❷ **Darßwald und Altdarßer Kliff** Am Ahrenshooper Holz (siehe ❶) befindet man sich im Südwestzipfel der Halbinsel Darß, die weitgehend von Wald bedeckt ist. Kiefern, Buchen und Erlen bestimmen das natürliche Bild der älteren Darßwälder. Erlen stehen in versumpften Senken, Buchen auf den einstigen Strandwällen. In den letzten Jahrhunderten, vor allem aber nach dem Zweiten Weltkrieg, als Reparationszahlungen in Form von Holzlieferungen erfolgten, mußten insbesondere die Buchen weitgehend schnell wachsenden Nadelholzpflanzungen weichen. Diese sollen jetzt zu Mischwäldern rückentwickelt oder als Urwälder sich selbst überlassen werden. Verschiedenen Waldformen begegnet man auf einer Wanderung vom Parkplatz Vordarß oder Drei Eichen zu den Rehbergen, einer Gruppe von Altdünen.

Wo einst der eiszeitliche Inselkern des Altdarß endete, kann man auf einer Wanderung von den Rehbergen über den Großen Stern in Richtung Prerow auf dem Mecklenburger Weg entdecken. Er verläuft in seinem mittleren Teil auf dem ehem. Meeresufer, dem mit Buchen bestandenen, etwa 8 m hohen Altdarßer Kliff.

❸ **Born** Das ehem. Seefahrerdorf am Bodden hat sich nach dem Zweiten Weltkrieg zu einem Ferienort entwickelt. Das Dorf wirkt nicht fein herausgeputzt, besitzt aber viele hübsche Häuser mit Reetdächern, hier Rohrdächer genannt. Im Forsthaus Born hat die Nationalparkverwaltung ihren Sitz. Eine kleine Ausstellung über den Nationalpark ist in der Alten Schule des Nachbarortes Wieck zu besichtigen. Vom Borner Anleger wie von anderen Boddenhäfen aus werden Rundfahrten über die Bodden angeboten. Dabei lernt man die durch eine Vielzahl kleiner Inseln und Nehrungen von der offenen See getrennten Flachgewässer am besten kennen. In ihnen leben etwa 40 Fischarten, die teils der Süß- und teils der Salzwasserfauna angehören.

ℹ Kurverwaltung, Chausseestr. 75, 18375 Born, Tel. 03 82 34/2 08.

❹ **Darßer Ort** Im äußersten Norden der Halbinsel sind die Prozesse der Neulandbildung am deutlichsten zu sehen. Sande und Feinkiese, die an der Westküste des Fischlandes, am Darßer Weststrand und anderswo weggespült wurden, bilden hier Sandbänke, Strandwälle und sog. Haken. Strandseen entstehen, denen nur durch Sturmfluten neues Wasser zugeführt wird. Auf jungen Dünen gedeiht Sandtrockenrasen, während sich auf den älteren Dünen Kiefernwald entwickelt.

Von den Stranddünen schauen die rohrgedeckten Fischerkaten bei Ahrenshoop auf die Mecklenburger Bucht hinaus.

Sandanlagerungen, Heideflächen, Strandseen und lichte Dünenkiefernwälder bilden die Nordspitze des Darß.

Um den Darßer Ort kennenzulernen, schließt man sich am besten einer Führung der Nationalparkverwaltung an. Informationen und Tips zur Halbinsel Darß erhält man auch im Natureum am 1848 erbauten Leuchtturm Darßer Ort. Dort unterhält das Meeresmuseum Stralsund eine kleine Ausstellung mit Meerwasseraquarium.

Den Darßer Ort erreicht man nur per Fahrrad oder zu Fuß. Von der Endhaltestelle der Darßbahn, einem schienenlosen Elektrozug auf Gummirädern, sind es bis zum Leuchtturm Darßer Ort etwa 2,5 km; in den Darßwald werden Kutschfahrten mit Erläuterungen und Jagdhornbegleitung veranstaltet.

5 Ostseebad Prerow Der nahezu steinlose, bis zu 80 m breite Sandstrand und die Nähe zum Darß sind die touristischen Vorzüge des vorpommerschen Familienbades. Von der erst 1993 erbauten, 390 m langen Seebrücke aus werden Ostseefahrten angeboten; vom Anleger am Prerowstrom laufen kleine Ausflugsschiffe auf den Bodstedter Bodden aus.

Das Darßmuseum in Prerow informiert auf zwei Etagen über Natur und Kultur der Region. Es zeigt auch die Entwicklung der Seeschiffahrt, die in den Dörfern des Darß im 17. Jh. ihren Anfang nahm und Mitte des 19. Jh. ihren Höhepunkt erreichte, als 106 Kapitäne mit Patent für große Fahrt in Prerow zu Hause waren.

Einige der rohrgedeckten ehem. Seemannshäuser im Ort besitzen noch kunstvoll geschnitzte und farbig bemalte Haustüren, so etwa das Gemeindeamt am Gemeindeplatz. Ein Kleinod ist die am Ortsrand nahe dem Prerowstrom gelegene Seemannskirche. Schiffsmodelle hängen dort als Votivgaben von der Decke, und viele der Grabsteine entlang der Kirchenmauer tragen Abbildungen von Schiffen.

Nicht weit von der Kirche liegen einige Dünen; die Besteigung der 13 m hohen Hügel wird mit schönem Blick zum Darßer Ort, auf den Prerowstrom und zur Halbinsel Zingst belohnt.

i Kurverwaltung, Gemeindeplatz 1, 18375 Ostseebad Prerow, Tel. 03 82 33/2 26 und 2 27.

6 Ostseebad Zingst Zingst war bis 1874 eine eigene, 20 km lange Insel, die durch den bis dahin mit der Ostsee in Verbindung

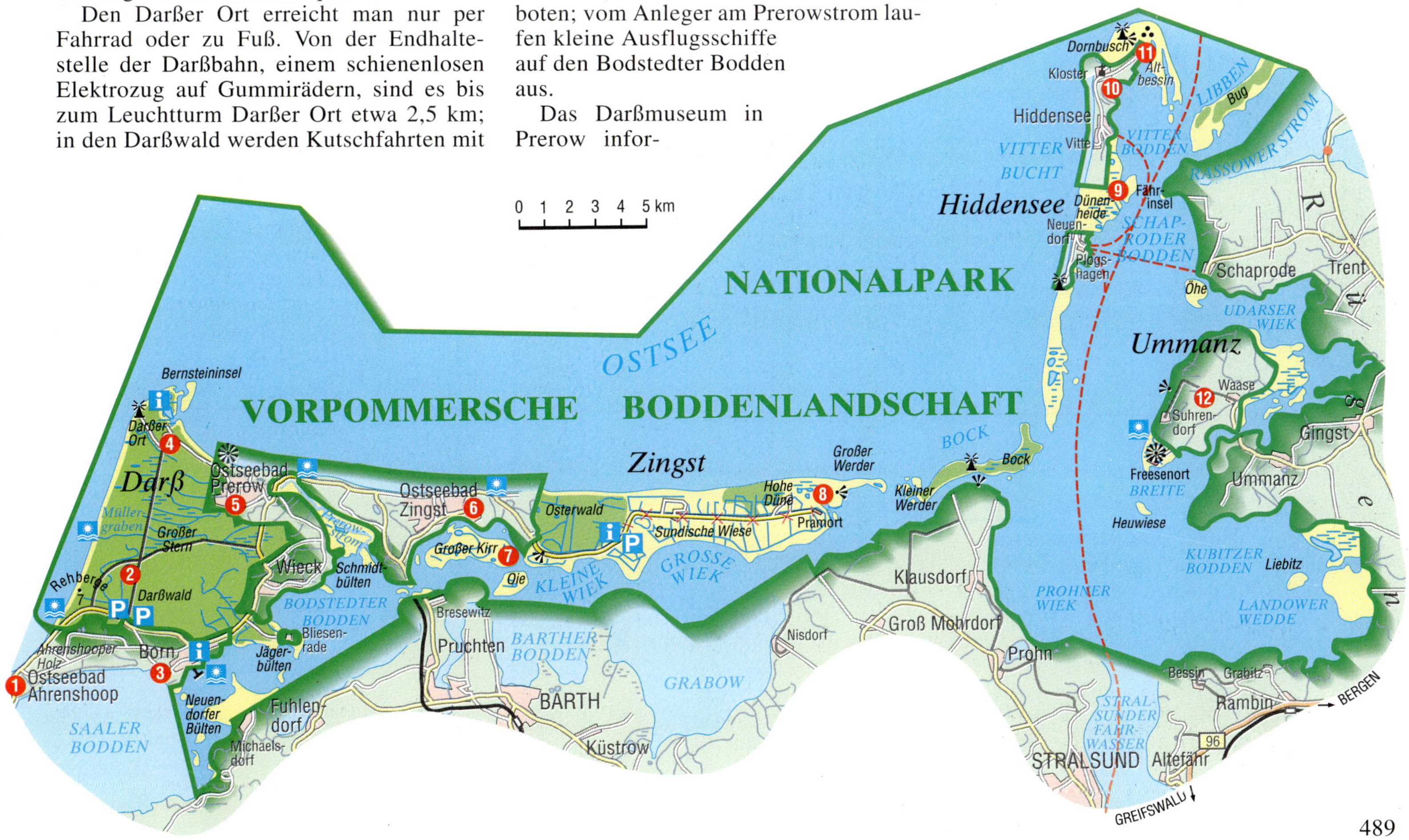

stehenden Prerowstrom vom Darß getrennt war. Der gleichnamige Hauptort Zingst hat sich zu einem lebhaften Badeort mit herrlichem Sandstrand entwickelt, der sich weitläufig zwischen Ostsee und Zingster Strom erstreckt. Boddenfahrten mit Motorseglern kann man hier unternehmen; die Deiche rund um Zingst laden zu Radtouren oder zu Fahrten im Tretmobil ein. Zu den vielen Veranstaltungen während der Saison gehören geführte Wanderungen und Tagestouren zur Insel Hiddensee. Das Heimatmuseum widmet sich vor allem dem Thema Segelschiffahrt, denn wie Prerow war auch Zingst einst ein Seefahrerdorf. Alte Seemannshäuser mit buntbemalten Türen sieht man insbesondere noch an der Lindenstraße und am Nehmzows Gang.

Im Osten des Ortes erstreckt sich nahezu über die gesamte Halbinselbreite der Osterwald mit schönen Wanderwegen. Er entstand im Mittelalter durch Entwässerung eines ehem. Küstenüberflutungsmoores. Hier sind Schwarzspecht und Hohltaube sowie an moorigen Stellen Ringelnatter und Kreuzotter zu Hause.

i Kurverwaltung, Klosterstr. 21, 18374 Ostseebad Zingst, Tel. 03 82 32/2 31.

7 **Vogelinseln Großer Kirr und Oie** Die beiden Inseln im Barther Bodden sind mit ihren Wassergräben, Tümpeln und Salzwiesen ein idealer Rast- und Brutplatz für Zehntausende von Seevögeln. So kann man hier u. a. Säbelschnäbler und Austernfischer, Uferschnepfen, Rotschenkel, Alpenstrandläufer und zahlreiche Entenarten finden. Beobachtungsmöglichkeiten bieten sich von der Boddenküste im Süden von Zingst sowie von den beiden Türmen auf den Deichen östlich und westlich von Zingst. Aus der Nähe kann man dieses Vogelparadies erleben, wenn man auf der Insel Großer Kirr Quartier bezieht. 45 Gäste können hier übernachten und an ornithologischen Führungen teilnehmen. Ansonsten dürfen die Inseln nicht betreten werden.

i Kurverwaltung Ostseebad Zingst, siehe 6

8 **Pramort und Hohe Düne** Zwischen Pramort im Osten der Halbinsel Zingst und dem Süden der Insel Hiddensee liegt ein Flachwassergebiet, das durch starken Wind häufig trockenfällt und deswegen auch als Windwatt bezeichnet wird. Dieses Gebiet mit dem Großen und dem Kleinen Werder sowie der Insel Bock ist alljährlich zwischen Ende August und Mitte November Schlafplatz für bis zu 30 000 Kraniche. Sie halten sich auf ihrem Weg von Nordeuropa nach Spanien und Marokko sowie bei ihrer Rückkehr im Frühjahr für einige Wochen hier auf, um sich auf den abgeernteten Feldern der Festlandsküste Kraftreserven für den Weiterflug anzufressen.

Sandige Klippen und ein Teppich aus Heidekraut machen den besonderen Reiz der langgestreckten Insel Hiddensee aus.

Ein guter Beobachtungspunkt für das einzigartige Naturschauspiel des morgendlichen Kranichstarts und der abendlichen Rückkehr der Vögel zum Schlafplatz ist der Unterstand bei Pramort.

Von Pramort führt ein 1,5 km langer Fußweg weiter zur Hohen Düne. Östlich schließt sich eines der schönsten Primärdünenfelder des Nationalparks an. Der Weg zur Düne darf allerdings in den Monaten März und April sowie von Anfang September bis Ende November nur zu bestimmten Tageszeiten begangen werden, um die Kraniche nicht zu stören.

Außer den Kranichen lassen sich von den beiden Beobachtungstürmen in Pramort und von der Hohen Düne aus auch zahlreiche weitere Vogelarten betrachten.

Der einzige Zugang nach Pramort führt über den Parkplatz Sundische Wiese, wo ein kleines Informationszentrum des Nationalparks mit einer Fotoausstellung und Videofilmen über die Besonderheiten dieses Gebietes aufklärt. Von hier aus gelangt man über eine 8 km lange – für Kraftfahrzeuge gesperrte – Straße nach Pramort; Fahrräder werden am Rand des Parkplatzes verliehen.

i Kurverwaltung Ostseebad Zingst, siehe 6

9 **Dünenheide** Zwischen dem schon recht lebhaften Vitte und dem noch ursprünglich gebliebenen Fischerort Neuendorf bedeckt August und Anfang September der violette Teppich des Gemeinen Heidekrauts die Dünenheide auf der Insel Hiddensee.

In kleinen Moorsenken zwischen den Dünen gedeihen zwei Arten des Sonnentaus, an einigen Stellen sind auch Glockenheide und Schmalblättriges Wollgras zu sehen. Das ganze Jahr über verleihen Birken und Wacholder der Landschaft zwischen dem Bodden und dem langen Sandstrand an der Westküste der Insel einen einzigartigen Reiz.

Sowohl das geschäftige Vitte als auch das noch ursprünglichere Neuendorf, dessen Häuser teilweise noch runenähnliche Hausmarken statt Hausnummern tragen, sind Hafenorte: Den Ausgangsort für die Fuß- oder Radwanderung bestimmt man am besten nach der vorherrschenden Windrich-

tung. Kutschfahrten zwischen beiden Orten sind ebenfalls möglich, in Vitte werden zudem Tandems und Handwagen vermietet.
ℹ Gemeinde Insel Hiddensee, Tourist-Information, 18565 Vitte, Tel. 03 83 00/3 20 und 2 45.

⑩ **Kloster** Der meistbesuchte Ort von Hiddensee verbirgt sich vor dem Ankömmling zwischen alten Bäumen und grünen Gärten am Fuß des Dornbusches. Vom 1296 gegründeten Zisterzienserkloster, das dem Dorf den Namen gab, zeugen nur noch geringe Reste. Zu den heutigen Attraktionen zählt das Heimatmuseum, das neben präparierten Vögeln und Pflanzen der Insel auch eine verkleinerte Replik des Hiddenseer Goldschatzes zeigt. Er ist 1872 bei einer schweren Sturmflut ans Hiddenseer Ufer gespült worden. Das Original des 16teiligen Wikingerschmucks ist im Kulturhistorischen Museum von Stralsund zu sehen; originalgetreue Nachbildungen werden im Heimatmuseum Kloster als Souvenirs verkauft.

Zur vielbesuchten Gedenkstätte wurde die Villa Seedorn, in der Gerhart Hauptmann von 1930 an lebte und arbeitete. Der Dichter, der 1912 den Nobelpreis für Literatur erhielt, ist auf dem Friedhof von Kloster bestattet.
ℹ Gemeinde Insel Hiddensee, siehe ⑨.

⑪ **Dornbusch** Der Dornbusch ist der nördlichste Teil der Insel Hiddensee, ein eiszeitlicher Moränenkern mit Steilküsten, Sand- und Geschiebestränden, Buchenwäldern und Hangwiesen, auf denen Schafe weiden. Vom 72 m hoch gelegenen Aussichtspunkt, dem sog. Inselblick, schaut man über den Ort Kloster hinweg auf den langgestreckten flachen Teil der Insel sowie auf den Vitter und den Schaproder Bodden. Hinter dem Weiler Grieben sind im Osten die beiden Halbinseln Alt- und Neubessin gut zu erkennen, die aus Abtragungsmaterial der Steilküsten im Westen und Norden des Dornbusches entstanden sind. Sie wachsen kontinuierlich weiter; der Neubessin ist allein seit 1960 um mehr als 500 m nach Süden vorgedrungen. Die Flachwasser- und Verlandungszonen sind Brut- und Rastgebiet für zahlreiche Vogelarten; ein Beobachtungsturm für Wanderer ist am Südende des Altbessins geplant.
ℹ Gemeinde Insel Hiddensee, siehe ⑨.

Ornithologischen Zwecken dient dieser Beobachtungsstand auf der Insel Ummanz: Das Interesse der Besucher gilt verschiedenen Wat- und Zugvögeln.

⑫ **Insel Ummanz** Obwohl landwirtschaftlich intensiv genutzt, ist die seit 1901 durch eine kurze Brücke mit Rügen verbundene Insel Ummanz ein noch wenig besuchtes Dorado für Hobby-Ornithologen. Der Blick vom Strand nahe Suhrendorf auf das Flachwassergebiet zwischen Zingst und Hiddensee ist unvergleichlich schön; am Deich nahe Freesenort bieten sich beste Möglichkeiten zur Beobachtung der Vogelwelt zwischen Ummanz und der Vogelinsel Heuwiese mit ihrer großen Seeschwalbenkolonie. Für Kunstfreunde ist die restaurierte Dorfkirche von Waase mit ihrem spätgotischen Flügelaltar einen Besuch wert. Waase selbst wirkt noch weitgehend wie ein Rügener Fischerdorf des vorigen Jahrhunderts.
ℹ Amt Gingst, Mühlenstr. 33 a, 18569 Gingst, Tel. 03 83 05/4 41.

Fortbewegung ohne Lärm und Abgase ist auf Hiddensee – hier zwischen Vitte und Kloster – noch problemlos möglich.

Zwischen Wasser und Land

Die ständig wachsenden Landzungen, Halbinseln und Inseln an der vorpommerschen Küste, die sog. Bodden, schneiden Salzwasserseen vom offenen Meer ab. Sie machen mehr als ein Drittel der Fläche des Nationalparks aus. Dank der Süßwasserzufuhr aus Flüssen und Bächen ist ihr Salzgehalt im Schnitt niedriger als derjenige der Ostsee. Die Unterschiede können jedoch gewaltig sein, so daß sich Fische hier wohl fühlen, die ganz unterschiedliche Salzkonzentrationen schätzen. Unter ihnen sucht der Zander (Bild) seine Beute.
In den Schilfgürteln rings um die Bodden sowie auf den Inselchen lebt eine vielfältige Vogelwelt. Im Röhricht brüten so seltene Arten wie der Alpenstrandläufer, der Rotschenkel und der Austernfischer. Während des Vogelzuges im Frühjahr und im Herbst bekommen die gefiederten Einwohner Besuch: Rund 15 000 Graugänse sollen es sein, die hier Station machen, dazu ungefähr 12 000 Pfeifenten und als absoluter Höhepunkt etwa 30 000 Kraniche, die sich in den Flachwasserzonen zwischen Pramort und der Insel Hiddensee niederlassen.

Nationalpark Jasmund

Der kleine Nationalpark auf Rügen hat mehr zu bieten als die berühmten Kreidefelsen: Feuersteine und Fossilien am Ostseestrand, sagenumwobene Plätze in dichten Buchenwäldern, Blumenwiesen und Orchideen am Wegesrand. Doch dieses Naturparadies ist durch den wachsenden Besucherstrom gefährdet.

❶ **Hochuferweg zum Königsstuhl** Der Kreidefelsen des Königsstuhls ist das Ziel aller Nationalparkbesucher. Vom Auffangparkplatz Hagen gibt es einen Wanderweg oder einen Buspendelverkehr dorthin. Besonders reizvoll, weil seltener begangen, ist der nördliche Abschnitt des Hochuferweges, der in der Ortsmitte von Lohme (knapp außerhalb des Nationalparks) beginnt. Die Gesamtlänge der Tour beträgt etwa 6 km (Hin- und Rückweg), wobei nur geringe Höhenunterschiede zu überwinden sind. Hinter dem letzten Haus des sehr ländlich gebliebenen Ferienortes erreicht man in östlicher Richtung am Waldrand den Nationalpark. Blickt man um sich, so erkennt man im Nordwesten noch die Leuchttürme auf Kap Arkona, Rügens nördlichstem Punkt. Dann kommt der Wanderer in den Rotbuchenwald der Stubnitz. Gelegentlich hört man das Rauschen der Brandung, erhascht jedoch nur selten einen Blick auf die See. Umgestürzte Baumstämme bleiben liegen, wie sie fielen: die Wälder sollen ganz ihrer natürlichen Entwicklung überlassen bleiben.

Nach einer knappen Stunde steht man dann auf dem 118 m hohen Königsstuhl.

❷ **Geführte Wanderung zum Königsstuhl** Die beste Möglichkeit, Einblick in die einzigartigen Besonderheiten des Nationalparks (siehe auch ❸–❽) zu gewinnen, bietet die Teilnahme an einer geführten Wanderung. Diese beginnt von April bis Oktober täglich um 11 Uhr am Parkplatz Hagen und dauert etwa 1½ Stunden. Ein Mitarbeiter der Nationalparkverwaltung führt die Wandergruppe auch in Teile der Stubbenkammer, die dem Besucher sonst verborgen bleiben. So kommt man an einem Kesselmoor vorbei, das vor etwa 10000 Jahren entstand: Ein großer Eisblock wurde am Ende der letzten Eiszeit unter Geröll begraben. Als er später langsam schmolz, brach die Geröllschicht ein. Eine Senke entstand, die sich mit Wasser füllte und später zum Moor entwickelte. Hier gedeihen u.a. Wollgras, Torfmoos und Moosbeere. Man passiert Sümpfe, aus denen Schwarzerlen auf ihren bizarren Stelzwurzeln aufragen. Besichtigt wird auch das Pfenniggrab, Überrest eines etwa 5000 Jahre alten, jungsteinzeitlichen Großsteingrabes. Der Sage nach wurde in der Grabkammer vor langer Zeit der Tempelschatz der Hertha gefunden, den die Priester der in dieser Region heimischen Göttin dort versteckt hatten.

ℹ Fremdenverkehrsamt, Hauptstr. 1, 18546 Saßnitz, Tel. 03 83 92/3 20 37.

❸ **Herthasee** Mitten im Waldgebiet der Stubnitz liegt am gut markierten, 3 km langen Wanderweg vom Parkplatz Hagen zum Königsstuhl der 11 m tiefe Herthasee. Er füllt einen Toteiskessel aus der letzten Eiszeit. Man hört das Klopfen des Spechtes, das Quaken des Spring- und vielleicht sogar des selten gewordenen Laubfrosches. Der Springfrosch kommt hier im Nationalpark nur an einzelnen Stellen vor.

An trüben Tagen wird auch eine der alten Sagen wieder lebendig, die den Namen des Sees erklären: In grauer Vorzeit soll die Göttin Hertha gern in ihm ein Bad genommen haben. Die Dienerinnen, die sie dabei umsorgten, wurden anschließend im See ertränkt; ihre Geister sollen bis zum heutigen Tag am Ufer umherirren.

❹ **Herthaburg** Der sagenumwobene Wohnsitz der Göttin ist noch heute zu sehen: eine kleine Hochfläche am Südostufer des Sees, die landseitig von hohen, künst-

Hierher zieht es jeden Rügenbesucher: auf die natürliche Aussichtsplattform des Königsstuhls. Jäh stürzen die Kreidefelsen zur Ostsee ab, die ständig an die Steilküste brandet und an den Felsen nagt.

lich aufgeschütteten Erdwällen umgeben ist und zum See hin steil abfällt. Archäologen freilich wissen, daß es sich dabei um eine vor etwa 1200 Jahren angelegte Fliehburg der damals hier ansässigen slawischen Inselbevölkerung handelt.

5 Opferstein Etwas makaber wirkt heute der schwergewichtige Findling, der etwa 70 m abseits des Wanderweges zum Königsstuhl im Wald liegt (ausgeschildert). Der Felsen wird von flachen Rinnen überzogen; eine davon endet vor einer schalenförmigen Vertiefung. Diese Rinne ist mit roter Farbe bemalt. Dadurch soll die Vorstellung bekräftigt werden, auf diesem Findling seien vor langer Zeit einmal Menschenopfer dargebracht worden.

Nur wenige Schritte davon entfernt interpretiert die Sage einen anderen Findling mit zwei Vertiefungen, die den Abdrücken von Füßen ähneln, als Schauplatz einer alten Götterprüfung. Ein Priester der Göttin Hertha hatte entdeckt,

daß ein zur Jungfräulichkeit verpflichtetes Mädchen aus ihrem Gefolge einen Ritter liebte. Alle Dienerinnen der Göttin mußten diesen Stein daraufhin betreten; die Schuldige wurde dadurch gefunden, daß sich ihr Fuß und der ihres Kindes auf dem Findling abzeichneten.

6 Königsstuhl Majestätisch ragt der 118 m hohe Kreidefelsen aus den Buchenwäldern hervor, die ihn auf dem Klippenkamm und an den etwas sanfter abfallenden benachbarten Hängen bis ans Ufer hinab einrahmen. Dort oben auf einer nur 200 m² kleinen natürlichen Plattform zu stehen und den überwältigenden Ausblick zu genießen – diesen Wunsch verspüren jährlich über 1 Mio. Besucher von nah und fern. Nur wenige von ihnen steigen auf einem beschilderten Pfad bis zum Ufer hinunter, von dem aus der Anblick noch faszinierender ist. Dort liegt auch der 59 t schwere Waschstein, ein großer Findling aus der letzten Eiszeit.

Der Wiederaufstieg zum Königsstuhl bringt heute niemandem mehr die Königswürde ein. Einer Sage zufolge war das früher einmal anders. Brauchten die Bewohner der Halbinsel Jasmund einen neuen

Einen Kessel, in dem vor Jahrtausenden ein riesiger Eisblock unter einer isolierenden Deckschicht begraben lag, füllt heute der sagenumwobene Herthasee aus.

Ein Fels im Eisstrom

Auf der Insel Rügen treten Kalksteine und Mergel aus der Kreidezeit (vor 70 Mio. Jahren) und Mergel aus dem Pleistozän (vor 1,6 Mio. bis 100 000 Jahren) zutage. Die Kreideschichten wurden wohl schon bald nach der Ablagerung durch komplizierte Vorgänge in der Erdkruste aufgewölbt. In den Eiszeiten bildeten sie eine Erhebung, die das vorrückende Inlandeis aus Skandinavien in zwei große Ströme aufspaltete. Wie eine riesige Zange umschloß das Eis den Inselkern und faltete die Kreideschichten. Heute wechselt an der Steilküste Rügens die leuchtendweiße eng gefaltete Schreibkreide (Bild) auf kleinstem Raum mit eiszeitlichen Ablagerungen ab, z. B. zwischen Saßnitz und dem Königsstuhl.

Spektakulär ist der Ausblick von der Victoriasicht. Allerdings wagen sich nur schwindelfreie Besucher auf den schmalen Steg über dem Abgrund.

König, wählten sie den, der mutig genug war, den damals ja noch völlig unwegsamen Kreidefelsen vom Ufer aus auf direktem Weg zu erklimmen. Er durfte dann auf einem Thron Platz nehmen, den ihm sein Volk oben aus Steinen errichtet hatte.

❼ **Victoriasicht** Selbst wenn man nur wenig Zeit mitbringt, sollte man sich den Gang vom Königsstuhl zur 800 m entfernten Victoriasicht auf keinen Fall entgehen lassen. Tritt man auf den schmalen, jeweils nur einem Besucher Platz bietenden, schwindelerregenden Metallsteg über dem Abgrund, wird man von der atemberaubenden Ursprünglichkeit der Landschaft geradezu überwältigt. Faszinierend sind aber auch die spitzen Grate der beiden Kreidefelsen, die sich unterhalb des Steges wie die Rückenkämme von urzeitlichen Riesenechsen blendend weiß gegen das Meer abzeichnen.

❽ **Kollicker Bach** Interessante Einblicke in die abwechslungsreiche Landschaft des Nationalparks erhält man, wenn man von der Victoriasicht 1700 m weit auf dem Hochuferweg südlich bis ins Tal des Kollicker Baches geht (Radfahren ist hier wie überall im Nationalpark abseits der gekennzeichneten Radwege verboten) und dann nördlich des Baches auf einem um 1890 gepflasterten, sehr holprigen Wanderweg zum Parkplatz Hagen zurückkehrt.

In diesem für die bewaldete Stubnitz charakteristischen feuchten Bachtal gesellen sich Eschen, Berg- und Spitzahorn zu den allgegenwärtigen Buchen. Zahlreiche geschützte Pflanzen und Tiere haben hier ihren Lebensraum.

❾ **Kieler Bach** Wer von Saßnitz aus am Strand entlang zum Königsstuhl wandert, passiert am Kieler Ufer einen kleinen Wasserfall, neben dem eine hohe, etwas Mut erfordernde Leiter auf den Hochuferweg führt. Dieser quert hier das wildromantische Tal des Kieler Baches auf einer Holzbrücke und folgt dem Bachlauf etwa 80 m weit. Vom Weg aus kann man sich an Orchideen und vielen anderen Blumen erfreuen.

An den Wissower Klinken haben trittsichere Wanderer Gelegenheit, vom Hochuferweg über eine steile Leiter ans Ostseeufer hinunterzuklettern. Nur einen schmalen Saum aus Sand und Kies hat die Ostsee zu Füßen der Kreidewände angespült.

❿ **Ernst-Moritz-Arndt-Sicht** Nach dem 1769 auf Rügen geborenen Dichter und Historiker, der sich durch seinen Kampf gegen die Leibeigenschaft und für die politische Einheit der Deutschen verdient gemacht hat, ist ein reizvoller Aussichtspunkt im südlichen Teil des Hochuferweges benannt. Von hier ist der Blick nach Süden auf die lange Kreideküste und die Wissower Klinken außerordentlich schön. Als Fotograf kommt man am besten am Vormittag, wenn die Sonne die Küste anstrahlt und die Kreidefelsen besonders hell erscheinen.

Betrachtet man sie einmal genauer, erkennt man sehr deutlich, wie dünn die Humusschicht ist, die sie bedeckt. Die Wurzeln mancher Rotbuchen liegen schon frei über dem Abgrund; es ist nur noch eine Frage der Zeit, wann sie hinunterstürzen. So ändert die Küstenlinie ständig ihr Gesicht (allein im Frühjahr 1981 brachen nahe der Arndt-Sicht etwa 150 000 m³ der weichen Schichten ab). An mehreren Stellen ist auch zu sehen, wie sich an flach abfallenden Hängen auf heruntergestürzten Sand-, Lehm- und Kiesablagerungen langsam wieder eine Pflanzendecke bildet.

⓫ **Wissower Klinken** Die beiden Wände der Wissower Klinken sind mit ihren spitzen Zacken, weißen Kegeln und dem kühn geschwungenen Grat ein imposanter Kreidesteilabbruch. Ursprünglich von skandinavischen Gletschern geformt, hat hier die Brandung ein übriges getan, um diese markanten Felsen hervorzubringen.

Einen prächtigen Anblick bieten die

Besonderheiten der Natur

Pflanzen Etwa vier Fünftel des Nationalparks sind bewaldet, wobei naturnahe Rotbuchenwälder vorherrschen. In deren Unterwuchs fallen vor allem die Zwiebelzahnwurz und der Waldmeister auf. In den feuchten Bachtälern treten zur Buche weitere Laubbäume hinzu, so etwa Bergahorn, Spitzahorn und Esche. Unter ihnen gedeiht eine artenreiche Krautflora mit Schönheiten wie Schlüsselblume, Lungenkraut und Gelbem Windröschen.
Der Nationalpark ist insgesamt für seinen Reichtum an Orchideen bekannt: Über 20 Arten der geschützten Pflanzenkleinode sind nachgewiesen, darunter das wunderschöne Stattliche Knabenkraut (Bild).
Tiere Das einheimische Jagdwild – und dazu die eingesetzten Damhirsche und Mufflons – bilden teilweise bedenklich hohe Bestände, so daß aus Waldschutzgründen eine Reduzierung erwogen wird. Eine Besonderheit der Vogelwelt ist die vielköpfige Mehlschwalbenpopulation an der Kreidesteilküste. In den Feuchttälern und Mooren fühlen sich zahlreiche Amphibien wohl: Spring-, Gras-, Moor-, Teich- und Laubfrosch, dazu die Erdkröte.

Klinken auch vom Strand aus. Dieser ist über einen Pfad zu erreichen. Das letzte Stück hinunter geht es allerdings auf einer 30 m langen, steilen Leiter, die nur schwindelfreien Wanderern zuzumuten ist.

12 Waldhalle Das täglich zwischen 11 und 18 Uhr geöffnete Gasthaus steht nur etwa 20 m vom Hochuferweg entfernt nahe den Wissower Klinken inmitten des Buchenwaldes. Gerade auch für gehbehinderte Urlauber bietet sich hier die Möglichkeit, ein anderes Stück Kreideküste als nur den Königsstuhl zu erleben. Von der Landstraße zwischen Saßnitz und Hagen aus führt nämlich eine etwa 2,5 km lange Stichstraße zu der Gaststätte. Das Sträßchen ist aber in einem so schlechten Zustand, daß alle anderen Besucher ihrem Auto und der Natur zuliebe besser in etwa 20 Minuten zu Fuß vom Parkplatz an der Wendeschleife Wedding aus hingehen – oder an einer der im Sommer durchgeführten Kutschfahrten von Saßnitz zur *Waldhalle* teilnehmen.

13 Hengst Auf dem Hengst, einem Klippenvorsprung im südlichsten Teil des Nationalparks, zeugen Erdwälle ähnlich denen der Herthaburg von einer weiteren, vor über 1200 Jahren angelegten Fliehburg slawischen Ursprungs. Keramikfunde an Herdstellen innerhalb des Burgwalls belegen eine vorslawische Besiedlung dieses Ortes.

14 Piratenschlucht Klaus Störtebeker, Deutschlands wohl berühmtester Seeräuber, soll gebürtiger Rügener gewesen sein. In der Ostsee trieben er und seine Gefährten, die sog. Vitalienbrüder, nachweislich im 14. Jh. ihr Unwesen. Es ist also durchaus möglich, daß sie gelegentlich auch in dieser kleinen Bucht am Ufer nahe Saßnitz ihr Lager aufschlugen. Wer auf dem Hochuferweg wandert, sollte hier auf jeden Fall die Gelegenheit nutzen, an den Strand hinunterzugehen. Nirgendwo sonst ist das so mühelos möglich wie in der Piratenschlucht.

15 Geologische Strandwanderung Ebenso interessant wie die Wälder der Stubnitz und die Kreidefelsen ist der Ufersaum entlang der Küste zwischen Saßnitz und Lohme. Am besten schließt man sich einer geologischen Strandwanderung an, die bei genügend Nachfrage von der Nationalparkverwaltung in Saßnitz angeboten wird (telefonische Anmeldung erforderlich). Unter sachkundiger Führung lernt man die erdgeschichtlich interessantesten Stellen kennen. Was man am Strand findet, sind zum einen die großen Geschiebe, die von eiszeitlichen Gletschern aus Skandinavien dorthin verfrachtet wurden, zum anderen sammeln sich am Ufer zahllose Feuersteine, die ursprünglich als bandförmige Einlagerungen in den Kreidefelsen saßen. Sie sind dunkelgrau bis schwarz und häufig von einer hauchdünnen weißen Rinde überzogen. Manche eignen sich unbearbeitet als Anhänger oder als Zierde für die Fensterbank daheim.

Mit Glück und Ausdauer kann man auch Fossilien entdecken. Am häufigsten sind die gelblichbraunen, an Gewehrmunition oder Pfeilspitzen erinnernden „Donnerkeile“. Sie stammen von tintenfischartigen Kopffüßern des Kreidemeeres. Darin haben außerdem verschiedene Seeigelarten gelebt, deren versteinerte Kerne sich manchmal erhalten haben, während das Kalkgehäuse selbst meist abgescheuert wurde.

i Verwaltung Nationalpark Jasmund, Postfach 22, 18540 Saßnitz, Tel. 03 83 92/ 3 50 11.

16 Kutterfahrt ab Saßnitz Von der Saßnitzer Mole aus werden im Sommerhalbjahr täglich um 10 Uhr Kutterfahrten entlang der Küste des Nationalparks angeboten. Sie dauern etwa 2 Stunden und vermitteln einen hervorragenden Gesamteindruck.

i Fremdenverkehrsamt Saßnitz, siehe 2.

Einmal aus einer anderen Perspektive lernt man die grandiose Kreideküste bei einer Kutterfahrt ab Saßnitz kennen.

Naturpark Usedom

Kilometerlanger feinster weißer Sandstrand säumt die dem Meer zugewandte Seite der östlichsten deutschen Insel. Ruhig und still ist die Binnenküste am boddenartigen Achterwasser und am Stettiner Haff. Im Inselinneren sorgen Buchen- und Kiefernwälder, sandige Seen und grüne Hügel für landschaftliche Vielfalt.

❶ **Wolgast** Die Stadt am Peenestrom, dem westlichen Mündungsarm der Oder, ist für viele Urlauber das Eingangstor zur Insel Usedom. Schönster Teil der Altstadt ist der Kirchplatz mit unterschiedlich gut erhaltenen Fachwerkbauten und der Backsteinbasilika St. Petri, deren Turm man werktags zwischen 10.30 und 11 Uhr besteigen kann. Sehenswert ist das täglich außer Mo geöffnete Kreismuseum in einem Fachwerkspeicherhaus aus dem 17. Jh. Es steht am historischen Rathausplatz. Im Museum sind auch einige Gemälde von Philipp Otto Runge ausgestellt, neben Caspar David Friedrich der bedeutendste Maler der norddeutschen Romantik.

ℹ Wolgast-Information, Langestr. 15, 17438 Wolgast, Tel. 0 38 36/60 01 18.

❷ **Historisch-Technisches Informationszentrum** Der Nordwesten Usedoms bei Peenemünde ist der Geburtsort der Raumfahrt, zugleich aber auch Symbol für deren militärischen Mißbrauch. Hier entstand unter Leitung Wernher von Brauns die nationalsozialistische Vernichtungswaffe V 2, zu deren Bau Tausende polnischer und russischer Zwangsarbeiter eingesetzt wurden. Eine Ausstellung im ehem. Schaltbunker des Kraftwerks dokumentiert die jüngere Geschichte Peenemündes. Flugzeuge und Kraftwerkstechnik sind Themen einer weiteren Ausstellung im Maschinensaal des Kraftwerks, wo auch Videos zur Weltraumfahrt gezeigt werden.

Vom Hafen Peenemünde aus werden von April bis September etwa 50minütige Bootsfahrten entlang dem gesamten Versuchsgelände angeboten.

ℹ Fremdenverkehrsamt an der Peenemündung, Strandstr. 36, 17449 Trassenheide, Tel. 03 83 71/2 09 28.

❸ **Dünen** Zwischen den beiden kleinen Seebädern Karlshagen und Trassenheide säumt ein überwiegend von Kiefernwald bestandener Dünengürtel den 50–80 m breiten Sandstrand mit mehreren FKK-Abschnitten. Hier kann man an der Färbung des Sandes die Abfolge verschieden alter Dünensysteme besonders gut erkennen: Je nach Menge des durch Regen eingewaschenen Humus unterscheidet man zwischen Weiß-, Grau-, Gelb- und Braundünen.

❹ **Zinnowitz** Seebrücken dienen nicht nur als Promenade für Kurgäste, sondern schaffen den Badeorten an der Seeseite auch Anlegemöglichkeiten für Sportboote und Ausflugsdampfer. Die neue Seebrücke von Zinnowitz ist 315 m lang und 3 m breit. So hofft man, an eine große Vergangenheit als Kurort anknüpfen zu können, von der noch immer viele klassizistische und märchenhaft verspielte Villen zeugen. Das Meerwasser-Hallenbad ist dabei besonders im Winter ein weiterer Pluspunkt.

ℹ Kurverwaltung, Makarenkostr. 1, 17454 Zinnowitz, Tel. 03 83 77/22 20.

❺ **Koserow** Auch Koserow erhielt 1993 eine neue Seebrücke mit zwei Anlegestellen für Ausflugsschiffe. Ganz in ihrer Nähe stehen schon länger die restaurierten, reetgedeckten Salzhütten aus der Zeit um 1890, in denen einst Salz für das Einpökeln von Heringen gelagert wurde. In einer von ihnen ist heute ein exzellentes Fischrestaurant untergebracht, in einer zweiten soll 1994 ein Heimatmuseum eröffnet werden. Sehenswert ist auch die Kirche im Ortszentrum, Usedoms ältester Sakralbau. Das über 700jährige Gotteshaus birgt einen kostbaren Schnitzaltar aus dem 15. Jh. (Mo–Sa 16–18 Uhr geöffnet). Am Weg nach Zinnowitz liegt nahe dem Koserower Achterwasser das ehem. Wohnhaus und Atelier des Landschaftsmalers Otto Niemeyer-Holstein (1896–1984), von seinen Verehrern auch „Picasso des Nordens" genannt (Führungen Di–Do und So 10, 11, 14 und 15 Uhr).

Auf dem 56 m hohen Streckelsberg östlich von Koserow laden eine imposante Steilküste und angepflanzte Buchenwälder zu Wanderungen ein. Bis 1818 war der Moränenhügel noch völlig unbewaldet. Während das Meer an seinen Steilabfällen immer wieder große Brocken herausbrach, blies der Wind Sand auf die Oberkante, wo sich mächtige Kliffranddünen bildeten.

Wenn der Wind stimmt, fehlt am sandigen Strand des Achterwassers nichts mehr zum Surferglück (im Hintergrund Ückeritz).

ℹ Fremdenverkehrsamt, Hauptstr. 5, 17459 Koserow, Tel. 03 83 75/2 02 31.

❻ **Loddin** Die Gemeinde mit ihren vielen reetgedeckten Häusern ist Ausgangspunkt eines Spaziergangs (etwa 2 km) um den Loddiner Höft mit seinem Steilufer. Von dort genießt man schöne Ausblicke über das Achterwasser. Zur Gemeinde gehört auch der Badeort Kölpinsee am Ostseestrand.

ℹ Kurverwaltung, Strandstr. 23, 17459 Kölpinsee, Tel. 03 83 75/2 06 12.

❼ **Ückeritz** Die Ortschaft liegt in einer leicht hügeligen, waldreichen Landschaft zwischen Ostseestrand und Achterwasser. Neben dem langen, feinsandigen Strand ist der neue Sportbootshafen am Achterwasser die besondere Attraktion. Surfbretter kann man an Haff und Küste ausleihen, Surfkurse und Wasserskirunden auf der Ostsee buchen, Ruderboote und Katamarane auf dem ruhigeren Achterwasser mieten.

ℹ Kurverwaltung, Bäderstr. 4, 17459 Ückeritz, Tel. 03 83 75/3 20.

❽ **Mümmelkensee und Wockninsee** In den Wäldern um die beiden ganz unterschiedlichen Seen mit ihren Mooren fühlt man sich fern vom Meer – und hört doch meist die Brandung deutlich rauschen. Der Wockninsee ist ein ehem. Strandsee in einer alten Sturmflutrinne, der langsam verlandet. Hier ermöglicht eine überdachte Beobachtungskanzel ornithologische Studien. Der Mümmelkensee bedeckt ein seit 12 000 Jahren nie von Menschenhand verändertes, jetzt bis zu 15 m mächtiges Hochmoor. Den Naturlehrpfad zum Wockninsee erreicht man am besten vom Campingplatz Ückeritz aus. Zum Naturlehrpfad Mümmelkensee gelangt man von Bansin über das Forsthaus Langenberg und den 54 m hohen Langen Berg, von dem aus der Blick an klaren Tagen bis nach Wollin und Rügen reicht.

Die malerischen Häuser mit ihren charakteristischen Reetdächern machen den besonderen Reiz von Loddin am Achterwasser aus.

9 **Seebad Bansin** Eben ist in diesem Ort nur der Strand. Dahinter ist das Bodenrelief stark bewegt, die ansehnlichen Villen aus dem letzten Jahrhundert stehen an steil auf- und abwärts verlaufenden Straßen. Vom Bahnhof aus führt ein mit grünem Quadrat markierter Rundwanderweg 8 km weit zum Kleinen und Großen Krebssee sowie zum Schmollensee. Am Großen Krebssee können Angelkarten für die Seen erworben sowie Tret- und Ruderboote gemietet werden.

Ein 19 km langer Rundwanderweg, mit waagrechtem grünem Strich markiert, umrundet den Gothensee, der wegen Überdüngung dringend sanierungsbedürftig ist, und berührt auch den Thurbruch, ein interessantes Niedermoor und zugleich eines der letzten Rückzugsgebiete des Fischotters.

Eigentlich viel weiter südlich vorkommende Lebewesen zeigt die Sammlung exotischer Tiere und Pflanzen im täglich geöffneten Tropenhaus in Bansin.

i Kurverwaltung, Seestr. 64, 17429 Seebad Bansin, Tel. 03 83 78/2 93 01.

10 **Seebad Heringsdorf** Einst war dieses Seebad der vornehmste aller Usedomer Badeorte. Prunkvolle klassizistische Villen säumen die Straßen des 1818 als Fischerdorf gegründeten Seebades, das noch in den 30er Jahren Weltruf genoß. Den besten Blick über den Ort hat man vom Kulmberg im Ortszentrum aus. An die vielen berühmten Besucher wie Johann Strauß und Heinrich Mann, die einst in Heringsdorf weilten, erinnert das täglich geöffnete Museum Villa Irmgard. In der Sternwarte neben dem Stadion können Besucher bei klarem Himmel täglich außer Di und Fr von 19 bis 20 Uhr das All betrachten, während das Muschelmuseum an der Strandpromenade Einblicke in die Unterwasserwelt gewährt.

i Kurverwaltung Seebad Heringsdorf, 17424 Seebad Heringsdorf, Tel. 03 83 78/ 24 51.

11 **Seebad Ahlbeck** Im Gegensatz zum mondänen Heringsdorf war Ahlbeck immer ein Familienbad des Mittelstandes. Dennoch stehen auch hier prächtige Villen. Zudem ist in Ahlbeck die einzige historische Seebrücke Mecklenburg-Vorpommerns zumindest teilweise erhalten. Historischer Bestandteil der verspielten, jetzt 280 m langen Holzkonstruktion ist der mit vier Türmchen verzierte Pavillon, der heute als Café, Restaurant und Bar dient. Über die Entwicklung Ahlbecks vom Fischerdorf zum Seebad informiert die Ahlbecker Heimatstube in einem reetgedeckten Fischerhaus. Lohnend ist auch eine 3 km lange Wanderung um den Wolgastsee durch alte Eichen- und Buchenwälder. In Korswandt werden Ruderboote vermietet.

Wer als Radler hohe Berge scheut und gerne über schattige Alleen fährt, kommt im stillen Herzen Usedoms auf seine Kosten.

Bernstein: zu kostbar zum Verbrennen

Der honiggelbe Stein wird seit mindestens 3000 Jahren gesammelt. Noch heute finden Sammler Jahr für Jahr beträchtliche Mengen Bernstein; nicht nur an den berühmten Bernsteinstränden der deutschen Ostseeküste, auch an der Nordsee kommt das fossile Harz vor. Es lohnt sich also, bei einem Strandspaziergang die Augen offenzuhalten, besonders nach Stürmen, die den Meeresgrund aufwühlen. Doch nicht jeder gelbe Stein ist ein Bernstein, viel häufiger (und schwerer) sind gelbe Feuersteine, und mancher vermeintliche Bernstein entpuppt sich bei genauer Untersuchung als Glasscherbe. Nur wenn der Stein mit angenehmem Harzgeruch und stark rußend verbrennt, ist es Bernstein (eigentlich: „Brennstein"). Zum Feuerzeug sollte man allerdings nicht gleich greifen. Der erfahrene Sammler erkennt Bernstein auch daran, daß er, auf Schafwolle gerieben und so elektrisch aufgeladen, Zeitungspapierschnitzel anzieht. Eine Lupe ist ebenfalls nützlich, denn manches Stück Bernstein enthält Einschlüsse von Pflanzen- und Tierresten. Insgesamt etwa 3000 Tierarten konnten im Bernstein bestimmt werden. Sie lebten vor 30–50 Mio. Jahren in subtropischen Urwäldern, verfingen sich im Harz von Nadelhölzern und überdauerten in ihren durchsichtigen Särgen die Jahrmillionen. Die bernsteinhaltigen Ablagerungen treten vor allem an den Küsten der östlichen Ostsee, im Samland, zutage.

i Kurverwaltung, Dünenstr. 45, 17419 Seebad Ahlbeck, Tel. 03 83 78/82 28.

12 **Lassan** In der kleinen Gemeinde am Peenestrom kann man sich im Museum in der 500 Jahre alten Wassermühle über die interessante Lokalgeschichte informieren (Di, Sa, So 10–12, Sa auch 14–16 Uhr geöffnet). In der weitgehend spätgotischen Stadtkirche St. Johannes sind die barocke

Kanzel und der ebenfalls barocke Altaraufsatz sehenswert.
ⓘ Gemeindeverwaltung, 17440 Lassan, Tel. 03 83 74/8 02 33.

⑬ **Lieper Winkel** Einer der lieblichsten und beschaulichsten Landstriche Usedoms ist der Lieper Winkel, den man von Suckow aus erreicht. An der Straße nach Rankwitz steht linker Hand eine alte Eiche auf einem vorgeschichtlichen Grabhügel wie auf einem Sockel (daher ihr Name Sockeleiche); im nächsten Dorf, Krienke, nistet ein Storchenpaar. Über eine Allee geht es weiter nach Rankwitz mit Fischräucherei und Ruderbootverleih sowie nach Liepe mit seiner eindrucksvollen Kirche aus dem 12. Jh. Bis Warthe führt die Straße; von dort kann man dem Deich am Achterwasser entlang folgen, wo viele winzige, aber auch völlig einsame Sandstrände zum Baden einladen.
ⓘ Gemeindeverwaltung Rankwitz, Peeneweg, 17406 Rankwitz, Tel. 03 83 72/7 05 25.

⑭ **Pudagla und Benz** Die beiden Gemeinden am Schmollensee liegen im Herzen der Usedomer Schweiz. Jeweils südlich der Dörfer stehen gut erhaltene Bockwindmühlen; die von Benz wurde vom Maler Otto Niemeyer-Holstein restauriert, der auf dem Friedhof von Benz begraben ist.

Im Ort selbst beeindruckt vor allem der romantische Kirchplatz, auf dem hohe Roßkastanien eine 700jährige Kirche aus Findlingssteinen umrahmen. Der 58 m hohe Kückelsberg im Südosten von Benz bietet eine prächtige Rundumsicht.

Der Kern Pudaglas ist das wie ein Gutshof wirkende, 1574 errichtete Schloß. Ein etwa 5 km langer Rundwanderweg, mit gelbem Dreieck markiert, führt von hier ans Achterwasser, wo ein mächtiger Findling, der Teufelsstein, zu sehen ist. Fünf Vertiefungen im Stein werden als Fingerabdrücke des Teufels interpretiert, der mit dem Stein ein Kloster zerstören wollte.
ⓘ Amt Am Schmollensee, Waldstr. 1, 17429 Seebad Bansin, Tel. 03 83 78/2 93 01, 2 93 02, 2 93 03.

⑮ **Usedom** Das heute außerhalb der Hauptsaison geruhsam wirkende Städtchen war im 12. Jh. Ausgangspunkt für die Christianisierung Pommerns. Von der ehem. Burg blieb nur ein Erdhügel in Hafennähe (dort Ruderbootverleih) erhalten; von der mittealterlichen Stadtbefestigung steht kaum mehr als das Anklamer Tor (15. Jh.).

Auch der Usedomer Winkel mit seinen stillen Dörfern ist eine ruhige Gegend. Ein interessantes technisches Monument sind hier die Überreste der in den letzten Tagen des Zweiten Weltkriegs gesprengten Eisenbahn-Hubbrücke von Karnin.
ⓘ Stadtinformation, Markt 7, 17406 Usedom, Tel. 03 83 72/7 08 90.

⑯ **Mellenthin** Die beiden kunstgeschichtlich bedeutendsten Bauten Usedoms stehen in Mellenthin unmittelbar nebeneinander. Der um 1340 entstandene Chor der Dorfkirche ist mit gotischen Fresken geschmückt.

Das um 1580 fertiggestellte Wasserschloß gilt als einer der bedeutendsten Profanbauten der Renaissance im norddeutschen Raum; eine Innenbesichtigung muß sich bislang auf die Eingangshalle mit schönem Kamin aus dem Jahr 1613 beschränken.
ⓘ Amt Am Schmollensee, siehe ⑭.

⑰ **Kamminke und Stettiner Haff** Völlig abseits aller Touristenströme liegt Kamminke im äußersten Südosten des Naturparks. Einfache Häuser, improvisierte Gartenzäune und unbefestigte Straßen lassen das ehem. Fischerdorf wie ein Überbleibsel aus früherer Zeit erscheinen. Eine etwa 9 km lange Rundwanderung führt von hier durch das über 60 m hohe Gebiet des Golms mit Usedoms einzigem bronzezeitlichen Ringwall und einem Mahnmal für die Opfer eines amerikanischen Luftangriffs auf Swinemünde (heute Świnoujście) im März 1945. In den Mischwäldern des Golms leben neben vielen Vogelarten auch Fledermäuse.

Geruhsam wie hier im Dorf Warthe geht es im reizvollen Lieper Winkel zu, einer sandigen Landzunge, die hinter der Nehrung in das Achterwasser hineinragt.

Vom nahen Flugplatz bei Garz werden Rundflüge über Usedom angeboten; im Hafen von Kamminke kann man zu sog. Butterfahrten übers Stettiner Haff, als Mündungsbucht der Oder auch Oderhaff genannt, nach Polen starten. Die Weite des Haffs wird aber auch schon vom Kamminker Steilufer aus deutlich.
ⓘ Kurverwaltung Seebad Ahlbeck, siehe ⑪.

Eine der wenigen Seebrücken der Ostsee ist in Ahlbeck erhalten geblieben. Zwar nicht vollständig historisch, vermittelt sie doch ein Stück Strandatmosphäre der Kaiserzeit.

Geplante Natur- und Nationalparks

Vor allem zwischen Elbe und Oder gibt es noch Landschaften, die überwiegend zu den unbekannten Kleinoden unserer Heimat zählen. Einige von ihnen sollen in naher Zukunft als Natur- oder Nationalparks gesichert werden.

Diese unwirtliche Bergbau-Folgelandschaft bei Schlabendorf soll von der Natur wieder mit Leben erfüllt werden.

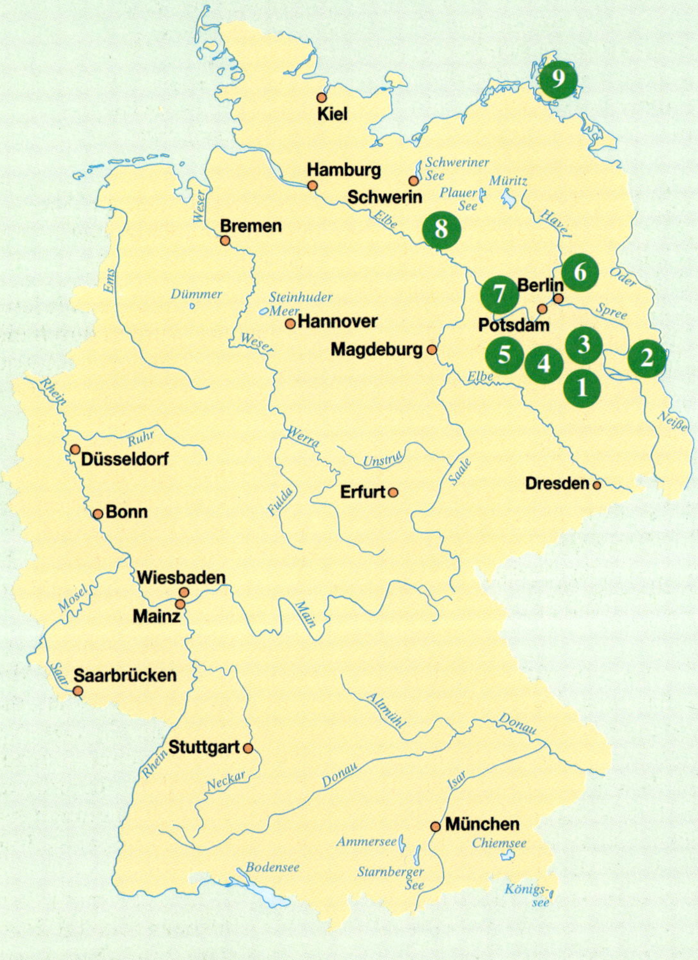

❶ Naturpark Niederlausitzer Landrücken

Der Niederlausitzer Landrücken ist ein Teil eines bewaldeten Höhenzuges, der von den Harburger Bergen bei Hamburg bis zu den Randhöhen des Neißetales östlich von Cottbus quer durch das Norddeutsche Tiefland verläuft. Er wurde von den Gletschern der Saale-Eiszeit vor etwa 150000 Jahren geformt. Der Niederlausitzer Landrücken in Südostbrandenburg erhebt sich mit Höhen um 160 m wallförmig über sein Vorland und wird deshalb auch Lausitzer Grenzwall genannt. Die von Gletschern und Schmelzwasser geschaffenen Landschaftsformen, ein doppelter Zug von Moränenhügeln, die nach Süden hin in Sanderflächen übergehen und im Norden, an der Grenze zum Baruther Urstromtal, durch einzelne, stellenweise moorige Senken gegliedert werden, sind z. T. noch unverändert erhalten.

Am stärksten ist das Landschaftsbild in den vergangenen Jahrzehnten durch den Braunkohlenbergbau verändert worden, besonders am südöstlichen Rand des geplanten Naturparks. Riesige Tagebauflächen und Bruchfelder über eingestürzten Tiefbauen, ausgedehnte Halden, Tagebauseen und Kippfelder haben hier einen eigenen Landschaftstypus hervorgebracht. Die Sanierung dieser sog. Bergbau-Folgelandschaften wird eine der Hauptaufgaben der künftigen Parkverwaltung sein. Die Tagebauseen sollen nicht nur zu Erholungsgebieten entwickelt werden, sondern auch dem Naturschutz dienen. Manche bedrohte Tierart wie die Uferschwalbe könnte in der verwüsteten Landschaft wieder heimisch werden.

Die über den Niederlausitzer Landrücken verstreuten Fischteiche eignen sich gut für die Ansiedlung bedrohter Wassertiere, z. B. von Edelkrebsen und Großmuscheln sowie seltenen Wasserpflanzen.

Der zweite Schwerpunkt der Naturschutzarbeit wird sich auf die fruchtbare Ackerlandschaft zwischen Luckau und Calau konzentrieren. Dort sollen Reservate für einige fast ausgerottete Ackerwildpflanzen geschaffen werden. Eine große Bedeutung als Rückzugsgebiete für bedrohte Tierarten wie Auerhuhn, Rauhfußkauz oder Hirschkäfer haben die naturnahen Kiefern-Eichen-Wälder auf den Hochflächen und die Bruchwälder in den Niederungen.

Kulturgüter wie Schloß und Park Sonnenwalde oder die historische Altstadt von Luckau sollen eines Tages ebenso Touristen anziehen wie das herrliche Wandergebiet der Calauer Schweiz und mancher der romantischen Seen.

❷ Naturpark Schlaubetal und Gubener Heidegebiete

Der geplante Naturpark befindet sich im Osten des Landes Brandenburg, im Heide- und Seengebiet zwischen dem Ber-

Die Feuchtwiesen im stillen Schlaubetal bergen botanische Kostbarkeiten wie das Fleischfarbene Knabenkraut.

liner Urstromtal im Norden und dem Oberspreewald im Süden. Er hat Anteil an den Landkreisen Beeskow, Eisenhüttenstadt und Guben. Rund 19 000 ha stehen in dem äußerst dünn besiedelten, dafür aber mit fast 75 % Waldanteil sehr dicht bewaldeten Gebiet bereits jetzt unter Natur- oder Landschaftsschutz; der Naturpark soll ein etwa doppelt so großes Areal umfassen. Im Norden schließt der Park das stille Waldtal des Flüßchens Schlaube ein; im Osten reicht er mit den Gubener Heidegebieten bis nah an die Oderniederung, wo im sommerwarmen, trockenen Klima des Gubener Landes jahrhundertelang Weinbau betrieben wurde. Das Landschaftsbild mit seinen Moränenhügeln und Toteisseen erinnert freilich noch an das frostige Klima der jüngsten Eiszeit, als die skandinavischen Gletscher hier ihre Moränenfracht ablagerten und gewaltige Schmelzwasserströme vor dem Eisrand ausgedehnte Sander aufschütteten. Unter dem Eis spülten die Wassermassen das Schlaubetal mit seinen zahlreichen langgestreckten Rinnenseen aus. Heute gedeihen am Grund der eiszeitlichen Schmelzwasserrinne wärmeliebende Pflanzen wie der Frauenschuh, eine von den 20 hier beheimateten Orchideenarten. Die in unseren Breiten äußerst seltene Smaragdeidechse findet am Rand der urwaldartigen Buchen- und Eichenwälder noch ein sonniges Plätzchen. An den naturnahen Bachläufen und Klarwasserseen führt der Fischotter sein verborgenes Leben; mit etwas Glück kann man hier auch den Eisvogel beobachten.

Fünf alte Wassermühlen reihen sich am Heideflüßchen Schlaube auf, drei weitere an der Oelse. Ihr Tal ist durch die riesigen Niederlausitzer Tieflandfichten bekannt, die oft einen Stammdurchmesser von 1 m und mehr aufweisen. Zwischen den Flüssen und Seen liegen auf der Lieberoser Hochfläche und im Gubener Land Dünenfelder und ausgedehnte Heideflächen, von denen Teile bis vor kurzem von der Roten Armee als Truppenübungsplätze genutzt wurden. Heidschnucken haben hier die Pflege der Heidelandschaft übernommen.

Anschauliche Informationen über die Besonderheiten des geplanten Naturparks vermittelt schon heute ein Naturlehrpfad, der rund um den Wirchensee an der oberen Schlaube führt.

❸ Naturpark Dahme–Heideseengebiet

Der Unterspreewald im Süden, als Teil eines Biosphärenreservates selbst unter Schutz gestellt, und das Berliner Urstromtal im Norden begrenzen den geplanten Naturpark vor

Unberührte Naturoasen sind die Erlenbruchwälder an den Altarmen der Dahme.

den Toren der deutschen Hauptstadt. Der Naturpark soll im Südosten Berlins innerhalb des ostbrandenburgischen Heideseengebietes zwischen dem Scharmützelsee, dem Großen Selchower See und den vom Flüßchen Dahme durchflossenen Rinnenseen eingerichtet werden. Sein vielfältiges Landschaftsbild mit weiten Niederungen und hügeligem Moränengelände, einzelnen aufgesetzten Endmoränenzügen und in die Grundmoränen eingelassenen Seen wurde hauptsächlich von den Eismassen der letzten Eiszeit, der Weichsel-Eiszeit, geformt. Die Binnendünen im Süden stammen dagegen aus der Zeit, als sich die Gletscher bereits wieder weit nach Norden zurückgezogen hatten und Stürme über den damals noch kahlen Sandflächen der Urstromtäler tobten.

Von den Kiefern- und Eichenmischwäldern, die heute das Heideseengebiet bedecken, sind noch einige ursprüngliche Bestände erhalten, vor allem im Süden des Naturparks, wo die preußischen Könige im 18. Jh. große Areale als Jagdgebiet erwarben. Sonst wechseln heute auf den trockenen Sandböden Kiefernforste mit eingestreuten Heideflächen, in den Niederungen Feuchtwiesen, Niedermoore sowie von Erlenbruchwäldern umsäumte Seen.

In weitem Abstand liegen beschauliche Dörfer und verträumte Kleinstädte über das Heideseengebiet verstreut; mit dem Auto erreicht man das für mitteleuropäische Verhältnisse nahezu menschenleere Gebiet von der Millionenstadt Berlin aus in 1/2 Stunde und kann dann am besten mit dem Fahrrad oder zu Fuß die Natur des Wald- und Seengebietes erkunden. Und dort gibt es für Naturfreunde viel Sehenswertes zu entdecken: Kraniche, Reiher und Störche in der Nähe der abgeschiedenen Gewässer, uralte, knorrige Eichen, Wanderdünen, Orchideen- und Salzwiesen, mächtige Findlinge und dazu Burgen, Kirchen und Rittergüter, alte Mühlen und schöne Badeseen wie Wolziger See oder Scharmützelsee.

Wo die schützende Vegetationsdecke zerstört wird, wie hier auf einem ehem. Truppenübungsplatz in der Jännickendorfer Heide östlich von Jüterbog, bilden sich im Niederen Fläming stellenweise eindrucksvolle Flugsandfelder.

❹ Naturpark Baruther Urstromtal/Niederer Fläming

Die Landschaften im mittleren Brandenburg wurden durch eiszeitliche Gletscher geformt. Während der Saale-Eiszeit häuften sie den Fläming als Moränenwall auf, in der jüngeren Weichsel-Eiszeit schoben sie sich dann erneut bis an den Rand des Elbtales vor und hinterließen die Endmoränen, die sich von der Stadt Brandenburg aus nach Osten ziehen.

Eingesenkt zwischen den beiden verschieden alten Moränenzügen erstreckt sich das Baruther Urstromtal. Der Naturpark, der zwischen Luckau und Luckenwalde eingerichtet werden soll, umfaßt einen typischen Ausschnitt dieser vielfältigen Landschaft.

Der Niedere Fläming, ein sanftes Altmoränenhügelland, trägt z. T. eine fruchtbare Sandlößdecke und wird daher überwiegend für den Getreideanbau genutzt.

Die zwischen den Feldern verstreuten Wacholderheiden und Magerrasen sind ein Erbe der früher im Fläming weitverbreiteten Schäferei. Auf diesen Flächen gedeihen seltene wärmeliebende Pflanzen wie Federgras und Graslilie. Die Sandtrockenrasen und Heideflächen in der Nachbarschaft bieten unzähligen Insektenarten Lebensraum und sind Brutplätze für seltene Vögel wie Wiedehopf und Ziegenmelker.

Im Baruther Urstromtal hat sich im Lauf der Jahrhunderte eine parkähnliche Kulturlandschaft entwickelt. Reste der ursprünglichen Bruch- und Auwälder wechseln mit Feuchtwiesen, Mooren und Dünenfeldern. Hier sind noch Kranich, Schreiadler und Fischotter anzutreffen. Zu den Besonderheiten dieser Landschaft zählt außerdem ein artenreiches Fledermausvorkommen.

Den seltenen Nashornkäfer kann man im Hohen Fläming bisweilen in der Nähe alter Strohhaufen entdecken.

5 Naturpark Hoher Fläming

Die Brandenburger nennen den bewaldeten Höhenzug östlich von Magdeburg „kleinstes Mittelgebirge Deutschlands" – mit 201 m Gipfelhöhe am Hagelberg nimmt er in der Tat den untersten Platz in der Rangliste deutscher Gebirge ein. Für eine Endmoräne, und das ist der Hohe Fläming, bedeutet diese Höhe freilich norddeutschen Rekord. Kein Moränenwall zwischen Ems und Oder ist höher als der Fläming, der durch den Vorstoß der nordischen Gletscher während der Saale-Eiszeit oder genauer, in der Fläming-Kaltzeit, geschaffen wurde. Und für eine in der folgenden Weichsel-Eiszeit zum größten Teil wieder abgetragene Altmoräne muten die Landschaftsformen auch erstaunlich bewegt an, vor allem rund um das Burgendreieck Rabenstein, Eisenhardt und Wiesenburg, das dem geplanten Naturpark zusammen mit den verträumten Dörfern seinen besonderen Reiz verleiht.

Während der Weichsel-Eiszeit sind über dauernd gefrorenem, wasserundurchlässigem Untergrund die Brautrummel, die Neuendorfer Rummel und die anderen abgeschiedenen Rummeln (Trockentälchen) entstanden, die heute nur ganz selten, nach starken Regenfällen, Wasser führen. Sie zerschneiden die Hochflächen des Flämings, auf denen vielerorts gewaltige Findlinge wie der Riesenstein oder der sagenumwobene Schneiderstein liegen.

Länger als die meisten Landschaften Norddeutschlands war der Fläming eine unberührte Wildnis, erst im 12. Jh. ließen sich hier flämische Siedler nieder, machten das Land urbar und gaben dem Endmoränenzug seinen Namen. Hier und da sind in der dünnbesiedelten Landschaft noch kleinere Bestände der ursprünglichen Eichen-Buchen-Wälder erhalten. Auf der Hochfläche herrschen heute Kiefernforste vor, Heiden und botanisch wertvolle Magerrasen bedecken die Hänge einiger Rummeln. Die interessantesten und zugleich ökologisch wertvollsten Pflanzengemeinschaften begleiten die wenigen ständig wasserführenden Bachläufe wie die Plane oder den Verlorenwasserbach. Moorwiesen, Hangquellmoore, Bachauen- und Erlenbruchwälder sind ein Refugium für seltene Tier- und Pflanzenarten wie die Waldschnepfe und den Neuntöter, die Bachnelkenwurz und das Breitblättrige Knabenkraut.

6 Naturpark Barnim

Der geplante Naturpark liegt vor den Toren der deutschen Hauptstadt im hügeligen Jungmoränenland des Barnims, in dem viele Berliner traditionell an den Wochenenden Erholung und Naturerlebnis suchen – und dafür ist die noch weitgehend naturnahe Landschaft mit ihren ausgedehnten Kiefern- und Buchenwäldern, Dünen und Heiden, Mooren, Seen und uralten Baumriesen bestens geeignet.

Neben seiner Bedeutung für die Erholung und den Naturschutz erfüllt der geplante, im Norden von Eberswalder Urstromtal und Havelaue begrenzte Naturpark durch den ausgleichenden Einfluß auf den Wasserhaushalt und das Klima eine wichtige Aufgabe, die auch die Millionenstadt Berlin beeinflußt.

Von den Landschaftsformen her gehört der Barnim eher zu den ruhigeren Gegenden unseres Landes. Sanft gewellte Sanderflächen, aufgelockert durch einige Moränenkuppen und Binnendünen, bestimmen sein Bild. Meist sind die Böden nährstoffarm und trocken, die Pflanzen- und Tierwelt schart sich deshalb besonders um die zahlreichen großen und kleineren Wasserläufe, Moore und Seen. Und dort gibt es manches Kleinod aus dem Reich der Flora und Fauna zu entdecken: In den natürlichen, unbegradigten und unbefestigten Fließgewässern ist noch der vom Aussterben bedrohte Deutsche Edelkrebs heimisch, die seltene Wasserspitzmaus kommt in den Bachläufen vor, und der Biber kann in Bruchwäldern an der Alten Finow, dem Langen Trödel und der Schnellen Havel ungestört seine Dämme bauen.

Fast alle Seen im Bereich des geplanten Naturparks besitzen intakte Uferzonen mit breiten Verlandungsgürteln, die vom offenen Wasser über Schilfröhricht und Schwingmoore bis zu urwüchsigen Erlenbruchwäldern reichen. Als Rarität unter den heimischen Lurchen ist an einigen Kleingewässern noch die stark gefährdete Rotbauchunke anzutreffen. An den fischreichen Seen haben See- und Fischadler ihre Jagdreviere.

Der kletterfreudige Laubfrosch ist an einigen langsam fließenden Gewässern des Barnims anzutreffen.

Viele Seen aus der jüngsten Eiszeit sind bereits verlandet und bilden jetzt Niedermoore und Moorwiesen, in denen der Wachtelkönig brütet und der Schwarzstorch zwischen Orchideen nach Nahrung sucht. Der Barnim ist aber auch eine Landschaft, die vom Menschen geprägt ist, mit herrlichen Eichen-, Linden- und Ahornalleen, märkischen Angerdörfern und idyllischen Kleinstädten wie Biesenthal am östlichen Rand des geplanten Naturparks. Der naturnahe Charakter des Barnims soll auch in Zukunft erhalten bleiben. Daher soll die Erschließung mit Straßen und Parkplätzen nicht vorangetrieben werden. Die Verantwortlichen wollen erreichen, daß die Ausflügler das Gebiet in erster Linie auf Wander- und Radwegen erkunden.

7 Naturpark Westhavelland

Als Feuchtgebiet von internationaler Bedeutung steht die weite Niederung beiderseits der unteren Havel mit ihren Wassergräben, Altarmen, moorigen Wiesen und schilfgesäumten Seen bereits seit einigen Jahren unter Naturschutz. Jetzt soll die Talaue, die alljährlich von der Havel und ihren Nebenflüssen überschwemmt wird, zum Kernstück eines Naturparks zwischen Pritzerbe und Havelberg werden.

Ein bedeutender Rast- und Überwinterungsplatz für Wasser- und Sumpfvögel in Deutschland liegt in diesem Gebiet: der Gülper See. Hier brüten noch die stark bedrohten Großen Rohrdommeln und Trauerseeschwalben. Scharen nordischer Gänse sowie Hunderte von Sing- und Zwergschwänen kann man von Januar bis März an den Ufern und im

Überschwemmungsland rund um den malerischen See beobachten. Und im Herbst sammeln sich weiter flußabwärts allabendlich die Kraniche auf den Feldern.

Die Moränenhügel am Schollener See bieten einen weiten Ausblick auf die Auenlandschaft der unteren Havel und auf den See, der im Sommer mit einem Blütenteppich von Teichrosen überzogen ist.

Insgesamt nisten in den Feuchtgebieten an der Havel über 80 Brutvogelarten, dazu kommen weitere 50 Arten als Durchzugsgäste. Der Rotmilan, das Wappentier des Landes Brandenburg, ist hier heimisch, auch Weiß- und Schwarzstorch, Rohrweihe, Biber und Fischotter kommen noch oder wieder vor, dazu seltene Fischarten wie die Zope und das Flußneunauge sowie rund 600 Schmetterlingsarten und zahllose Wasserinsekten, Krebstiere und Libellen.

Natürliche Auwiesen, die regelmäßig überschwemmt werden, säumen die untere Havel.

Das enge Nebeneinander der verschiedensten Lebensräume bringt auch eine reiche Pflanzenwelt hervor. Orchideen und fleischfressende Pflanzen gehören zu den herausragenden Vertretern unter 110 gefährdeten Pflanzenarten, die hier anzutreffen sind.

8 Nationalpark Elbtalaue

Im Unterschied zu den Talauen anderer deutscher Ströme sind weite Bereiche des mittleren Elbtales zwischen Havelberg und Lauenburg noch in einem naturnahen Zustand. Die regelmäßig überschwemmte Stromaue gehört sogar zu den artenreichsten natürlichen Lebensräumen Deutschlands. Als länderübergreifendes Großschutzgebiet soll diese einzigartige Landschaft unter besonderen Schutz gestellt werden. Als Kernstück des Schutzgebietes, das die Elbe auf etwa 150 km Länge begleiten soll, ist ein von Brandenburg und Niedersachsen geplanter Nationalpark vorgesehen.

Angelegt zum Schutz des Elbufers vor der Erosion, sollen solche Buhnenfelder im Nationalpark dem natürlichen Verfall preisgegeben werden.

Für zahlreiche gefährdete Tier- und Pflanzenarten ist die Elbtalaue zu einem der letzten Rückzugsgebiete bei uns geworden. Mehr als 1000 Blütenpflanzen kommen hier vor, rund 250 Vogelarten wurden nachgewiesen, darunter Seltenheiten wie Schwarzstorch, Kanadagans und Zwergschwan. Auch der fast ausgerottete Elbebiber ist wieder heimisch geworden, und selbst die in weiten Gebieten Mitteleuropas längst ausgestorbene Europäische Sumpfschildkröte hat sich in einigen entlegenen Tümpeln gehalten.

Das Geheimnis der außergewöhnlichen Artenvielfalt liegt in dem engen Nebeneinander trockener und feuchter Lebensräume sowie dem jahreszeitlichen Wechsel von Hoch- und Niedrigwasser. Das Strombett zwischen den Deichen wird von alten Elbarmen durchzogen, die in Weidengehölze, Röhrichtgürtel und Auwälder eingebettet sind. Dort nisten Graureiher in großen Kolonien. Hinter den Deichen liegen sog. Bracks, Tümpel, die von weißen Seerosen bedeckt sind. An ihnen brüten noch Großer Brachvogel und Uferschnepfe.

9 Naturpark Rügen

Der geplante Naturpark wird das vierte großräumige Schutzgebiet auf Deutschlands größter Insel sein. Er soll die Lücke zwischen dem Nationalpark Vorpommersche Boddenlandschaft, dem Biosphärenreservat Südostrügen und dem Nationalpark Jasmund schließen. Der geplante Naturpark hat Anteil an beinahe allen Landschaftsformen der Insel: den flachwelligen Grundmoränen im Südwesten, den höheren Endmoränen im Nordosten, den schroffen Steilküsten an den Landvorsprüngen und den schmalen Nehrungen, die die malerischen Binnenbodden abschließen. Ihre Formung erhielt die Landschaft durch eiszeitliche Gletscher, später durch die Ostsee. Ungewöhnlich vielfältig ist das Mosaik der Pflanzengemeinschaften. Kleinere Niedermoore in Moränenkesseln wechseln mit Trockengebüschen auf den Endmoränen, Salzwiesen mit Blockstränden, alte Buchenwälder mit windzerzausten Dünenkiefern, vor allem aber sind Land und Wasser eng verzahnt, und das schätzen besonders die Vögel sehr. Zehntausende Kraniche, unzählige Gänse, Enten und Schwäne sind während der Zugzeiten auf der Insel zu Gast. Den Seeadler kann man hier ebenso beobachten wie den Kormoran.

Interessant sind die Feuersteinfelder im Norden der Nehrung Schmale Heide. Sturmfluten haben dort Feuersteingeröll zu Wällen aufgeworfen.

Der Tourismus und damit auch der Autoverkehr hat in den letzten Jahren so stark zugenommen, daß die Natur stellenweise erheblich in Bedrängnis geraten ist. Die sinnvolle Steuerung dieser Entwicklung wird sicher eine der Hauptaufgaben der künftigen Naturparkverwaltung sein.

Eine der interessanten Naturattraktionen Rügens sind die Feuersteinfelder im Norden der Nehrung Schmale Heide.

Register

Fettgedruckte Seitenzahlen weisen auf Haupteinträge im Buch hin, *kursiv* gedruckte Seitenzahlen auf Abbildungen.

A

Aachquelle 27
Aalkistensee **30**
Achtermannshöhe **361**
Achterwasser 487, 496–497, *496*, 499
Adelsheim **165**
Adelsheim, Schloß 20
Adendorf **261,** *261*
Adolfsburg 205
Adorf **242–243,** 300
Aegidienberg **155**
Aggertal **279**
Aggertalhöhle 279
Aggertalsperre **279**
Agrarhistorisches Museum, Naturpark Nossentiner-Schwinzer Heide *438,* **439**
Ahlbeck **498,** *499*
Ahlhorner Fischteiche **404,** *404*
Ahlkenmoor 415
Ahornriegel 95
Ahrensee 460
Ahrenshoop **488,** *488*
Ahrquelle 132
Albaumer Klippen 296
Alfsee **311,** *311*
Allner, Schloß 281
Allstedt **376**
Alt Barenaue, Schloß 311
Alt-Beyenburg 276
Altdahn, Burgruine *108,* 116
Altdarßer Kliff **488**
Alte Burg, Ruine **196**
Alte Eider 471
Alte Salzstraße, Naturpark Lauenburgische Seen **480**
Altenbeken **309**
Altenberg **278**
Altenberg, Naturschutzgebiet 279
Altenburg **337**
Altenhellefeld **288**
Altenhof, Gut 470
Altenstädter Wald **236–237**
Altenstein, Burgruine **73–74,** *74*
Altenstein, Schloß 208
Altensteiner Höhle **207–208**
Altfriedland **392**
Altfriedländer Teichgebiet 392
Altfunnixsiel 447
Altkaster **258**
Altmühl 46, 56–63, *56, 66*
Altmühltal, Naturpark **46, 56–63**
Altnußberg, Burgruine 86
Altschloßfelsen **116,** *117*
Altwasser, Naturschutzgebiet 420
Altwied **153**
Am Schlehen, Naturschutzgebiet **288**
Amecker Becken 287
Amelungsberg **344–345**
Amelungsborn, Kloster 338
Amorbach, Abtei **170–171**
Amorsbrunn, Kapelle *170,* 171
Amrum 454–455, *455*
Amselfallbaude 249
Amselsee **249**
Ankershagen **436**
Ankum 310
Anlautertal **57**
Annaberg-Buchholz **246,** *246*
Antoniuskapelle 16
Antonsthal, Silberwäsche **245**
Apelern, Wasserburg 343
Apollmicke 285
Archenkanzel **22**
Arenfels, Schloß 152
Armesberg **234–235**
Arnsberger Wald, Naturpark **274–275, 290–293**
Arnstein, Kloster 148
Arnstein, Ruine **252**
Arzberg **231**
Asberg 137
Aschach **188–189**
Aschau 402
Aschauer Teiche **417,** 417, *417*
Aschberg **468–469,** *468*
Ascheberg **476–477**
Ascheberger Warder 477
Asenturm 232
Attahöhle **283,** *283*
Attendorn 274, **283**
Atzmannsee 105
Au 460
Auerbach in der Oberpfalz **54**
Auerbach, Schloß *168*
Auerhahnwald 297
Auersberg **244–245,** *244*
Auerstedt 379
Auetal **343**
Auf dem Acker, Nationalpark Harz *360,* **361**
Auf dem Gebrannten, Naturschutzgebiet 296
Auf der Struth, Naturschutzgebiet 297
Aufseß 50
Augsburg-Westliche Wälder, Naturpark **27, 42–43**
Augustusburg, Schloß 260, *260*
Aukrug, Naturpark **460,** *460,* **462–463**
Ausgebrannter Stein, Berg 210

B

Babke **437**
Bad Bergzabern **117,** *117*
Bad Berleburg **296–297,** *296*
Bad Berneck **231,** *231*
Bad Bibra 376
Bad Bocklet **189**
Bad Düben **385**
Bad Dürkheim 110
Bad Eilsen 342
Bad Elster **242**
Bad Ems **148,** *149*
Bad Frankenhausen **367**
Bad Grund **354,** *354*
Bad Harzburg **353**
Bad Homburg vor der Höhe **144**
Bad Hönningen **152**
Bad Iburg **314–315,** *315*
Badinghagen, Wasserschloß 283
Bad Kissingen *188,* **189**
Bad König *166,* **167–168**
Bad Königshofen 72
Bad Kösen **378–379**
Bad Laasphe **297**
Bad Liebenwerda 390, *391*
Bad Münder 325
Bad Neustadt an der Saale **188**
Bad Orb **178,** *178*
Bad Pyrmont 325
Badraer Schweiz **364–365,** *364*
Bad Sachsa **356**
Bad Schandau **250–251**
Bad Schmiedeberg **384**
Bad Schwalbach 136, **139,** *139*
Bad Sooden-Allendorf **328,** *329*
Bad Wilsnack 425
Bakelberg 488
Baltrum *440–441*
Balve **286–287**
Balver Höhle 287
Balver Wald 274
Bansin **498**
Barbarastollen, Naturpark Bayerischer Wald 87
Barbarossahöhle **366–367,** *366*
Barenberg 363
Bärenhöhle **94**
Bärenstein **246**
Bargfeld **417**
Bargstedt **462**
Barkhausen, Saurierspuren 304, **312,** *313*
Barlohe, Staatsforst 462
Bärnau **102**
Barnim, Naturpark **502**
Barskamp **420**
Baruther Urstromtal/Niederer Fläming, Naturpark **501–502**
Bastei 240, **248,** *248, 249*
Battenberg, Ruine 110
Battenberger Blitzröhren **110**
Bauersberg **186–187**
Bauland 160
Baunachsee 72
Baunsberg **337**
Baxmannbaude 345
Bayerisch Eisenstein **88**
Bayerische Rhön, Naturpark **182, 184–189**
Bayerischer Spessart, Naturpark **159, 172–175**
Bayerischer Wald, Nationalpark **78, 80–85**
Bayerischer Wald, Naturpark **78, 86–91**
Bayernturm 72
Bayerwald-Tierpark **97**
Bayreuther Haus, Freizeitgelände 233
Bebenhausen *36,* **37,** 37
Beeck **265**
Beerfelden **171,** *171*
Befreiungshalle bei Kelheim **60,** *60*
Behringersmühle **51**
Beilngries **58**
Beilstein 32
Belau **423**
Bellinger Warte 177
Benfetal 297
Benkhausen **300–301,** *301*
Bensberg **278–279**
Benz **499**
Berching **58,** *58*
Berchtesgaden 14, **19–20**
Berchtesgaden, Nationalpark **14, 16–23**
Berchtesgaden, Salzbergwerk 18, **21,** *21*
Bergfriede **426**
Bergischer Dom 278, *278*
Bergisches Land, Naturpark **274, 276–281**
Bergisches Museum für Bergbau, Handwerk und Gewerbe 278
Bergstraße-Odenwald, Naturpark **158, 166–171**
Bergwitzsee **382,** *382*
Berlebeck, Adlerwarte **308**
Bertenauer Kopf **151**
Berwartstein, Burg *106–107,* **116**
Bettbrunn, Wallfahrtskirche **63**
Bettenburg **73**
Bettendorf 149
Betzenberg **36–37**
Betzenstein **53–54**
Beuron, Kloster **40**
Bevern 339
Bevertalsperre **277–278,** *277*
Beyenburg **276**
Biberbach 42
Bibert 66
Bibertal **293,** *293*
Bibra, Naturschutzgebiet **376**
Bieber **179**
Bielefeld, Bauernhausmuseum **315**
Bielsteinkopf 354
Bigge 274, *285*
Biggesee *272–273,* 274, **284,** *284*
Billwald 446
Bilstein *326,* **327**
Bilstein, Burg **284**
Bilstein, Burgruine 329
Bilsteinbach 292
Bilsteinhöhle **292**
Bindalm **17–18**
Binghöhle **51**
Bippen **310**
Birnfeld **73**
Bischofsgrün *232*
Bischofsmais **91**
Bischofssee 477
Bismarck-Eiche, Naturpark Hessischer Spessart **179**
Bismarckturm **290**
Bistensee 460, **469–470**
Bitburg, Stausee **126**
Blankenberg **281,** *281*
Blankenheim **132,** *132*
Blankenrode, Bleikuhlen 308
Blankenrode, Stadtwüstung **309**
Blaueisgletscher **18,** *19*
Blaues Ländchen **149**
Blechschmidtenhammer 223
Bleckede **420**
Bleialf **133**
Bleilochtalsperre 201, **216–217,** *216*
Blexen 449
Blomberg *314,* **315**
Blumenberg, Steinbruch **61–62,** *62*
Blümer Berg 332
Bocksberg 354
Bodefälle 361
Bodenmais **86–87**
Bodenwerder 338, 347
Bodetal 358–359, *359,* **361**
Boek **436–437,** *437*
Bogen **90,** *90*
Bogenberg 90
Böhlgrund **68**
Böhmerwaldturm 99
Boissow 483
Boitzenburg, Klosterruine *430,* **432–433**
Bokelholmer Fischteiche **466**
Bollendorf **126**
Bollersdorfer Höhe **392–393**
Bonifatiusblick 204
Bonifatius-Brunnen 197, *197*
Bonn, Wildgehege und Haus der Natur **260**
Bonstorf **414**
Bordesholm **467,** *467*
Borg **121**
Borken, Haus Döring 266
Borkum **445,** *445*
Born **488**
Bornhof **436**
Börstel, Stift **310**
Bosau **477,** *477*
Bosener Mühle 121
Bossee 465
Bostalsee *120,* **121,** 122
Bovenau **464**
Boxberg **462,** *463*
Brachenberg 332
Brackede **420**
Brahmsee 460, **467**
Bramberg **74**
Bramburg **330**
Bramwald 324, **330**
Brand **233**
Brandenstein, Burg **176**
Bratzkopf 285
Braubach **149**
Braunfels **142**
Bräutigamseiche, Naturpark Holsteinische Schweiz **475,** *475*
Brautwagen, Naturpark Wildeshauser Geest 405
Brauweiler, Abtei **258**
Bredenbruch 279
Bredstedt 456
Breitenauer See **32**
Breitenbach 212–213
Breitenbachtalsperre 297
Breitenbruch-Neuhaus, Buchenwaldreservat **292**
Breitestein **338**
Breitsteine 208
Bremerhaven **449**
Brennhausen, Wasserschloß 72
Bretterschachten, Wintersportzentrum 87
Breuberg, Burg **166–167**
Breungeshainer Heide 196
Brocken *348–349,* 350, **362–363,** *362*
Brockum **319**
Bröltal **281**
Brotterode *208*
Bruchberg **360**
Brucher Talsperre 278
Brückenberg 205
Brudergrund, Natur- und Wildpark 169
Brüderling, Spornburg 381
Brüggefeld **341**
Brüggen **264,** *264*
Brühl **260,** *260*
Brunkelburg 370
Brunnen, Kloster **289,** *289*
Brunnenklinge *34,* **35**
Brunnenstollen, Naturpark Pfälzerwald 113
Bubenhäuser Höhe 141
Buch 59
Büchelberg 73
Buchen **164**
Büchenberg, Schaubergwerk **357**
Buchet, Wildpark **90–91**
Buchholzteich 383
Buchhorst 426
Buchschirmküppel 193
Bückeberge 342, *342*
Bückeburg **342**
Buckow *388,* **394,** 394, *394*
Buckower Seengebiet 388
Bühren 285
Bullenheimer Berg **71**
Bümmbachsmoor 415
Bungsberg 460, *472,* **473–474**
Bünsdorf **471**
Bünzen 462
Burgberg, Naturpark Homert 286
Burgberg, Naturpark Solling-Vogler **339**
Burgbernheim **64**
Burgebrach **70**
Burgk, Schloß **216**
Burgscheidungen 376
Burgsinn **172**
Burgstein 53
Burgwindheim **70**
Burlage 318
Bursfelde **330,** 331, *331*
Bürstenau, Schloß 168
Bursweiher *104*
Büsum **457**
Butjadingen **448–449**

C

Calauer Schweiz 500
Cantnitzer See 432, *433*
Cantnitzer Wacholderberg **432**, *433*
Carolafelsen 251
Carolinensiel **447**
Carwitz **432**
Castell *47*
Castell, Burg **70**
Cham **96**
Chammünster 96
Charlottenhofer Weihergebiet **100–101**, 101, *101*
Christoph-Scheiner-Aussichtsturm 43
Churpfalzpark Loifling **96–97**
Clausthal-Zellerfeld **355**
Clenzer Schweiz **423**
Colmberg, Burg **66**, *66*
Constantingrotte 51
Craheim, Schloß 73
Creußen **52**
Creuzburg **205**
Criewen *398*, **399**
Cumlosen **425**
Cuxhaven **449**

D

Dachsberg 393
Dahl 278
Dahme *501*
Dahme–Heideseengebiet, Naturpark **501**
Dahn **116**
Dahner Felsenland 108, 116
Daleiden **124–125**
Dallau **165**
Damerower See 431
Damerower Werder *431*, **439**
Damme **316**
Dammer Berge 305, **316**, *317*
Dammer Bergsee **316**
Damnatz 422–423
Dannefeld **426**, *426*
Darß 486, 488, 489, *489*
Darßer Ort **488–489**
Darßwald **488**
Dasburg **124**
Dausenau 148
Dechow 482
Deggendorf **91**
Deidesheim **111–112**
Deister **344**
Dersaburg **316**
Dersau 477
Dettenhausen **36**
Deutsch-Belgischer Naturpark 109
Deutsches Eck, Naturpark Drömling 427
Deutsch-Luxemburgischer Naturpark 109
Deutsch-Niederländischer Naturpark 256
Deutsch Nienhof, Gut 466, *466*
Dhünntal *274*
Dicke Steine, Naturdenkmal 280
Dicke Tannen, Naturschutzgebiet 357
Die Grundlose, Naturschutzgebiet 283
Dieberg 92
Diedrichsburg, Aussichtsturm 313
Dieksee 474
Diemelsee *298*, **299**, 299
Diemelsee, Naturpark **275**, **298–301**
Diemeltal *275*
Dießfurt **236**
Dietenhofen **66**
Dilsberg **162**, 171
Dinkelscherben **42–43**
Dobbertin, Kloster **438**
Doberlug-Kirchhain **390**
Döbra **225**
Döbraberg 220, **225**
Doktorsee 344
Dombühl 67
Dömitz **424**
Dömitzer Brücke 424, *424*
Donau *24–25*, 27, 38, *60*
Donauversickerung bei Immendingen **38–39**, *38*
Donnereiche, Naturpark Solling–Vogler 341
Donnershauk **210**
Donoper Teich **307**
Dörenberg 315
Dörenthe 314
Dörenther Klippen **313–314**, *313*
Dorm **368**
Dörnberg 325, **334**, *335*
Dornbusch **491**
Dornheckensee 154
Dörnschlage, Wallfahrtskapelle 285
Dornumersiel **446**
Dörsbach 148
Dorum 449
Dost, Naturschutzgebiet 102
Dötlingen **405–406**, *406*
Dr.-Konrad-Martin-Kreuz 204
Drachenfels 137, *154*, **155**
Drachenschlucht **206–207**, *207*
Drachselsried **86**
Dransfelder Basaltberge 331
Drawehn 420–423
Dreifaltigkeitsberg **38**
Dreifaltigkeitskapelle 234
Drevenack, Haus Esselt 270
Drevenacker Dünen **271**
Drewitzer See **439**
Drolshagen **285**
Drömling, Naturpark **403**, **426–427**
Drudenhöhle **309**
Drüggelter Kapelle **291**, *291*
Druidenstein, Naturpark Südeifel 126
Dübener Heide, Naturpark **374–375**, **382–385**
Duhnen *449*
Dülmen, Wildpark 267
Dülmener See 267
Dümmer (See) **316–318**, *316*, *317*, 319
Dümmer, Naturpark **304–305**, **316–319**
Dümmerlohausen **316**
Dünenkiefernwald 438
Dürrwies 91
Düsselburg 320
Dützen 313
Duvenstedter Moor **471**
Düwelsteene **266**, *266*

E

Ebbegebirge, Naturpark **274**, **282–285**, *282*
Ebbekamm **282–283**
Ebenauer Köpfe *200*, 205
Eberbach **162–163**
Eberbach, Kloster **141**, *141*
Ebermannstadt **50–51**
Ebern **75**
Ebersberger Felsenmeer **171**
Ebersburg, Ruine **192**
Ebersdorf **217**
Ebersnacken **338**
Eberstadter Tropfsteinhöhle **164**
Ebnisee **35**, *35*
Ebrach, Kloster **69–70**
Echternacherbrück **127**, *127*
Eckartsberga 379
Eckartsburg, Ruine **379**
Eckenberg 165
Eckenhagen **280**
Eckertal **362**
Eckertalsperre 362
Effelder *212*, **213**
Effeltrich **54**
Eger **230**
Eggegebirge und Südlicher Teutoburger Wald, Naturpark **304**, **306–309**
Eggermühlen **310**
Egloffstein **53**
Ehrenberg (Rhön) **192**
Ehrenbürg **53**, *53*
Ehrengrund, Hochwildschutzpark **193**
Ehrenstein **151**
Eibach, Burgruine 279, *279*
Eibenstock **244**
Eibenstock, Talsperre *240*, 244
Eichendorfer Mühle 394
Eichsfeld 202
Eichstätt **62**, 62
Eidengesäß, Wildgehege **179**
Eider 465
Eiderkanal 464, *465*
Eiderschweiz **465**
Eidersperrwerk 457
Eifel 109, 124–133
Eifgental **278**
Einhaus, Ansveruskreuz **478**, *479*
Einhornhöhle **355**
Einödriegel 78, 91
Einsiedel, Domäne **37**
Einsiedelei, Naturpark Ebbegebirge **285**
Eisbach 19
Eisenbachhain 37
Eisenberg **301**
Eisenhammer, Köhlerei 385, *385*
Eisgraben, Nationalpark Berchtesgaden 19
Eisgraben, Naturpark Bayerische Rhön **184–185**
Eiskapelle **19**
Eixendorfer Stausee **101**
Elbe 241, *249*, *424*
Elbe-Lübeck-Kanal 481
Elbetal, Naturpark **403**, **424–425**
Elbmarsch **422–423**
Elbtalaue, Nationalpark **503**, *503*
Elbufer–Drawehn, Naturpark **403**, **420–423**
Elfenstein **353**
Elisabethgroden **448**
Elisabethturm 473
Ellingen **56**
Elm–Lappwald, Naturpark **351**, **368–371**
Elmpter Schwalmbruch **264–265**, *265*
Elmstein 113
Elspe **289**
Elsper Freilichtbühne, Naturpark Homert *288*
Elsterwerda 390
Eltmann **69**
Emkendorf, Gut **466**
Emmertal 346, *347*
Emmingen, Landwirtschaftlicher Lehrpfad **39**
Endstal **21**
Engelberg 175
Engelbertstuhl 282
Ennert **154**
Entenbühl 102
Enz 126
Epprechtstein **229**
Eppstein **145**
Erbach **169**
Erbacher Kopf 141
Erbeskopf **118**
Eresburg 298
Erlbach, Markt **65–66**
Erle **267–268**
Erlenbach, Bergtierpark **168**
Erlenweiher 37
Erndtebrück **297**
Ernst-Moritz-Arndt-Sicht **494**
Ernzen **126–127**, *126*
Erpel 150
Erpeler Ley 137, **150**, *150*
Erpentrup, Waldglashütte **308–309**
Erzgebirge/Vogtland, Naturpark **240**, **242–247**
Eschauel 129
Eschbacher Klippen **143**
Escheberg, Schloß 334
Eschelkam **93**
Eselsburg, Ruine **30**
Eslarn **105**
Eslohe **289**
Eulbach, Englischer Garten **169**, *169*
Eulenberg 98
Europadenkmal **124**
Eutin **475**, *475*
Evessen **370**
Externsteine *302–303*, 304, **308**, *309*
Eyrichshof, Schloß **75**

F

Fabrikschleichach **69**
Fahnenstein 51
Fahrenberg **103–104**
Falkenburg, Ruine 367
Falkener Klippen 205
Falkenfels, Burg **89**
Falkenlust, Jagdschloß 260
Falkenstein, Burg, Naturpark Harz 359
Falkenstein, Burg, Naturpark Oberer Bayerischer Wald **97**
Falkenstein, Ruine, Naturpark Habichtswald 337, *337*
Falkenstein, Ruine, Naturpark Südeifel 125
Falzkopf 19
Farchauer Mühle 479
Farnsberg 188
Fedderwardersiel *448*, 449
Federow 435
Feengrotten **214**, *214*
Feisnecksee **434**
Feisnitzspeicher 231
Felchowsee **398–399**
Feldberg **432**
Feldberg–Lychener Seenlandschaft, Naturpark **430**, **432–433**
Feldberger Hütte, Naturschutzgebiet 432
Feldberger Seen *428–429*
Felsenkanzel 82
Felsenmeer, Naturpark Homert **286**, *286*
Felsenweiher 126, *126*
Felswandergebiet, Nationalpark Bayerischer Wald **85**, *85*
Ferschweiler Plateau **126**, 126, *127*
Fichtelberg, Naturpark Erzgebirge/Vogtland 240, *240*, **246**, 246
Fichtelberg, Naturpark Fichtelgebirge **232**
Fichtelgebirge, Naturpark **220**, **228–233**
Fichtelnaab 232
Fichtelsee 232
Fichtelseemoor 220
Filsener Lei, Aussichtspunkt 149
Finne 379
Finsterau, Freilichtmuseum **83**
Finsterauer Filz, Hochmoor 82–83
Finstertal, Schaubergwerk **210**
Fischbeker Heide **418**, *418*, 419
Fischbektal **418**
Fischland 488
Fischteiche, Müritz-Nationalpark **437**, *437*
Fischunkelalm **23**
Fitzen *480*, **481**
Flachslanden **66**
Fladungen **184**
Flaesheim **270**
Flambacher Teiche 355
Flechtdorf, Kloster **301**
Flinthörn 447
Flörsbachtal **179**
Flossenbürg *102*, **103**
Flößersteig, Nationalpark Sächsische Schweiz **251**
Fockenbachsmühle 153
Fockenbachtal **152–153**, *153*
Föhr 455–456
Forchheim **52–53**
Fossa Carolina **57**
Frankenhof, Wild- und Märchenpark 266
Frankenhöhe, Naturpark **46–47**, **64–67**
Frankenroda 205
Frankenwald, Naturpark **220**, **222–227**
Frankenwaldsee 224
Frankenwarte **224**
Fränkische Linie, Naturpark Frankenwald **226**
Fränkische Saale 189
Fränkische Schweiz–Veldensteiner Forst, Naturpark **46**, **48–55**
Fränkisches Freilandmuseum Fladungen 184
Fränkisches Wunderland, Plech **54**, *55*
Fraubillenkreuz 126
Frauenau **89**, *89*
Frauenau, Talsperre 89
Frauenberg 62
Frauenstein **247**
Frau-Holle-Teich 329
Frechen **258**
Freddeburg, Wildgehege 479, *479*
Freudenburg **121**
Freudental **31**
Freyburg **377–378**
Fridingen an der Donau **39**
Friedaquelle 204
Friedeburg, Schloß **380–381**
Friedensburg, Schloß 216
Friedrichskanal 426–427
Friedrichskoog 457
Friedrichsthal **397**, *397*
Friedrich-Wilhelm-Stollen, Naturpark Frankenwald 223
Friesau 217
Frohnauer Hammer 246
Fronau **93**
Fulda 192, 330, *332*
Fuldaschleife, Naturpark Münden **333**
Funtensee 15, **19**
Fürstenallee, Naturpark Eggegebirge und Südlicher Teutoburger Wald **308**
Fürstenberg **341**
Fürstengrab, Naturschutzpark Lüneburger Heide 411
Fürstenlager, Staatspark **168**, 171
Furth im Wald **93**, *93*

G

Gabelstein, Aussichtspunkt 149
Gailnauer Berg 67
Gaisweiher 103
Galgenberg 380
Galgenberg-Goßberg, Naturschutzgebiet 74
Gallengrotte **35**
Gangolfsberg 182, *182*, **186**, 187
Gangolfsturm 50
Gartow *422*, **423**
Gartower See 423
Gartrop, Schloß **271**, *271*
Gartz **396–397**
Gartzer Schrey, Naturschutzgebiet **396**
Gartzsee **395**
Gasmert, Naturschutzgebiet 282
Gautschgrotte **250**
Gebrannter Stein 210
Geesower Hügel **396**

Gehenhammer, Mühle **103,** *103*
Gehilfersberg **190**
Geiersnest, Staatsforst 187
Geiselstein 196
Geiselwind, Freizeit-Land **70,** *71*
Geißhöhe **174**
Geißkopf 91, *91*
Geländer, Schwarzwildgehege **59**
Gelbachtal 137, **146**
Gellmersdorfer Forst **399**
Gelnhausen **178–179,** *179*
Gelterswoog **112**
Gemünden am Main 172, **173–174**
Genkel 279
Georg-Viktor-Turm 301
Gerberstein **207**
Geroldsgrün **224**
Gersfeld (Rhön) *192,* **193**
Giech, Burg **50**
Giersfeld, Steingräberweg **310–311**
Giershagen 298
Gilberginsel 284
Giller 297
Gimmeldingen-Königsbach, Mandelallee **112**
Gimritz 381, *381*
Ginsberger Heide 297
Ginsterheiden, Naturschutzgebiet 124
Glaner Heide 406
Glasau **477**
Glashütte 438
Gleichenstein, Burg **203**
Gleißinger Fels, Naturpark Fichtelgebirge 232
Gleitsch 214
Glindetal 298
Glingebachtalsperre 289
Glöckner *206,* **207**
Glücksbrunner Höhle **207–208**
Gniester Seen **382**
Gobert **203**
Goetheweg, Nationalpark Hochharz **362,** *363*
Göhrde, Staatsforst 403, **421**
Göhrde, Waldmuseum *420*
Goldberg **438**
Goldberger See 431
Goldene Aue *351,* **364,** *364*
Goldener Hirsch, Findling **371**
Goldenstedter Moor **407**
Goldkronach **231–232**
Golm 499
Gorleben **423**
Goslar 352
Gößweinstein **51,** *51*
Götheby 468
Gothensee 487, 498
Gottvaterberg 54
Gotzenalm **23**
Gotzentalalm **23**
Grab *32,* **33**
Gräfenberg **54**
Grafendahn, Ruine 116
Gräfenhainichen **382–383**
Grafenwöhr 236
Grafschaft, Klosterruine 295
Granat, Hochwildgehege **268**
Grebin **472**
Greding **57–58**
Greetsiel **444,** *444*
Grefrath **263–264**
Greifenstein, Schloß 50
Greifswalder Bodden 487
Grenzlandturm, Naturpark Nördlicher Oberpfälzer Wald 102
Greune Stee, Borkum **445**
Grinderwald **320**
Grohnde 347
Grohnder Platanenallee **347**
Großalmerode **327–328**
Große Gans *238–239*
Große Hüttener Au 469
Großer Arber 78, **87–88**
Großer Arbersee 87, *88*
Großer Auerberg 359
Großer Beerberg 200
Großer Bruch, Nationalpark Unteres Odertal 398
Großer Dabersee *395*
Großer Eutiner See **475**
Großer Falkenstein *78,* **88**
Großer Feldberg *136,* **144**
Großer Filz, Hochmoor **83**
Großer Freeden 315
Großer Goldersbach 36
Großer Heuberg 27
Großer Inselsberg **208,** *208*
Großer Kirr 486, **490**
Großer Klobichsee 394–395
Großer Kopf **146–147,** *146*
Großer Kordigast 48
Großer Kornberg **228**
Großer Kranichsee 240
Großer Krebssee 498
Großer Langhagensee 438
Großer Mönch 53
Großer Ölberg 155
Großer Osser *96,* 97, *97*
Großer Plöner See 460, **476**
Großer Rachel 78, *78,* **80–81,** *80, 81*
Großer Riedelstein 97
Großer Schierensee **466–467**
Großer Schlagenthinsee **395**
Großer Schreckenberg 334
Großer Schweizerling 381
Großer Serrahn 431
Großer Serrahnsee 437
Großer Staufenberg 333
Großer Steinberg 324, **333**
Großer Waldstein **228–229,** *229*
Großer Weiher 102
Großer Weilberg *137*
Großer Zschand 241, **253**
Großes Stadelhorn 16
Große Steine, Naturpark Meißner–Kaufunger Wald 329
Großheubach **175**
Großostheim 166
Groß Reken **266**
Groß Salitz 483
Groß Steinum 368
Groß Wittensee 470, *470*
Grotenburg 307
Grube Anna-Elisabeth, Naturpark Neckartal–Odenwald 160
Grube Christiane, Naturpark Diemelsee **300**
Grube Gustav, Naturpark Meißner–Kaufunger Wald **329**
Grumnitz **395**
Grünburg 227
Grüner Prütz 132
Grünewalder Lauch, Naturpark Niederlausitzer Heidelandschaft **391**
Grützpott, Burgruine 399, *399*
Gscheibte Loh, Naturwaldreservat 221, *236,* **237,** 237
Gubener Land 501
Güby **468**
Guckaisee **192**
Gudow **481**
Gudower See 481, *481*
Gügel, Felsenkapelle 50
Gülper See 502–503
Gümser See 423
Gungoldinger Heide **62–63,** *63*
Gutenbachtal 126
Guttenberg, Burg 165

H

Haardt 108, 110
Haarstrang 274
Haberschlacht 26
Haberstein 232
Habichtswald, Naturpark **324–325, 334–337**
Habyer Au 470
Hachelstein 210
Hafenlohrtal *172,* **174**
Hägelesklinge **35**
Hagen am Teutoburger Wald **314**
Hagenburg **321**
Hagengebirge 15
Hagerwaldsee 35
Hahnenkamm **172**
Hahnenkammsee **59**
Hahnenklee **354,** *354*
Haidberg 228
Haidenaab 221, 236
Haithabu 468
Haldyturm 279
Hallenberg **296**
Hallgarter Zange 141
Hallig Hooge *443,* **456**
Halsalm **16**
Haltern **269**
Halterner Stausee 257, *268,* 269
Hambacher Schloß *112,* **114**
Hamburger Hallig **456**
Hamburgisches Wattenmeer, Nationalpark **442–443, 450–451**
Hameln 325, *325,* **345,** 347
Hämelschenburg **346,** *347*
Hamm, Schloß 126
Hammelburg **189**
Hammersee 445–446
Hammerstein **153**
Hammersteiner Werth 152
Handthaler Grund **69**
Hann. Münden 330, **331–332,** *332*
Hannibals Grab **411**
Hannoversche Klippen 341, *341*
Hans-Eisenmann-Haus 83, 84, *84,* **85**
Hanstein, Burg **202**
Harburger Berge, Naturpark **402, 418–419**
Hardehausen **309**
Hardehauser Felsenmeer **309**
Hardehauser Klippen **309**
Hariksee **265**
Harlesiel **447**
Harpstedt **406–407,** *407*
Hartensbergsee **407**
Harz, Nationalpark **350, 360–361**
Harz, Naturpark **350, 352–359**
Haselburg **167**
Hasenholz 392
Hasequelle **315**
Hasloch, Eisenhammer **175**
Haßberge, Naturpark **47, 72–75**
Haßberg-Märchenwald 72
Hasselbach **339,** 376
Hassenhausen 379
Hattendorf 343
Hauberge, Naturpark Rothaargebirge 297
Hauenstein 115
Hauke-Haien-Koog **456**
Hauptmannsberg 432
Haus Murach, Burgruine 100, *100*
Häuselloh, Naturschutzgebiet 228
Haussee 432
Havel 430, 502–503, *503*
Havelquellwiesen **436**
Haverbeeke 411
Heidberg **471**
Heidelberg *160,* **161**
Heidelberger Felsenmeer **161**
Heidelstein 193
Heidenmauer 111
Heideteich 384
Heidkopf 296
Heidmoor, Naturpark Holsteinische Schweiz *476,* 477
Heigenbrücken **172**
Heilbrünnl, Wallfahrtskirche 96
Heilige Hallen, Naturschutzgebiet **432**
Heiligenkirchen, Vogel- und Blumenpark **307–308**
Heiligenrode 406
Heiligenstadt **50**
Heiligenstädter Stadtwald **202–203,** *202*
Heiligkreuzkapelle, Naturpark Schwalm–Nette **265**
Heimbach **129**
Heimbacher Wald **153**
Heinlesmühle *34,* **35**
Heinrichshöhle **286**
Heinrichshütte, Naturpark Thüringer Schiefergebirge–Obere Saale **217,** *217*
Heisterbach, Kloster **154**
Heisterburg 344
Heldrastein 202, *204,* **205**
Hellbachtal 461, **480**
Hellenthal **131,** *131*
Heller Stein, Naturdenkmal 104
Helmbrechts **226–227**
Helme 364
Helmstedt **370**
Helmstedter Mulde 351
Hemeln **330**
Hengebach, Burg 129
Hengst **495**
Henneburg, Ruine *174,* 175
Hennef **281**
Hennetalsperre **288**
Heppenheim (Bergstraße) **168**
Herbstein **194–195,** *194*
Herchenhain 197
Heringhausen **299–300**
Heringsdorf **498**
Hermannsberg 69
Hermannsburg **416–417**
Hermannsdenkmal *304,* **307**
Hermannshöhle **358**
Hermannstein 209
Hermeskeil **120**
Herrenberg **36**
Hersbruck *54,* **55**
Herthaburg **492–493**
Herthasee, Nationalpark Jasmund **492,** *493*
Herthasee, Naturpark Nassau 147
Hessenpark, Freilichtmuseum **143–144**
Hessenreuth **236**
Hessenreuther und Manteler Wald, Naturpark **221, 236–237**
Hesserberg 236
Hessische Rhön, Naturpark **182–183, 190–193**
Hessischer Spessart, Naturpark **159, 176–179**
Hettingen 164
Heubachniederung **267**
Heuchelberg 26
Heuneburg 41
Heunischenburg 225
Hevearm, Naturschutzgebiet **290–291**
Hevehalbinsel 290
Hexenagger 59–60
Hexenbuche, Naturpark Hohe Mark **268**
Hexentanzplatz 358
Hexenteiche 344
Hiddensee 486, **490–491,** *490, 491*
Hielöcher, Naturschutzgebiet 328, *329*
Hilders **191**
Hilgershäuser Höhle **328**
Himmelpfort, Klosterruine **433**
Himmerich 155
Hindenburghöhe 479
Hinsbeck **263**
Hinsbecker Bruch 262, *262*
Hinterbohlen 214
Hintersee **16**
Hinterweidenthal 115
Hirschbachtal **55**
Hirschberg, Naturpark Oberpfälzer Wald **101**
Hirschbichl **17–18**
Hirschbornteiche **178**
Hirschenstein 78
Hirschhügel 224, *224*
Hirschteich 64
Hitzacker *403, 420,* **421–422**
Hochharz, Nationalpark **350–351, 362–363**
Hochkalter 18, *19*
Hochsauerland 275
Hochspessart, Walderholungspark **173**
Hochstein **249–250**
Hochtaunus, Naturpark **136, 142–145**
Hochtaunus, Vogelpark 143
Hof Möhr, Naturschutzpark Lüneburger Heide 413
Hof Tütsberg, Naturschutzpark Lüneburger Heide **413**
Hofstetten, Jura-Bauernhofmuseum **63**
Höhbeck **423,** 423
Hohburg, Ruine 467
Höheberg 202
Hohe Bracht **284–285**
Hohe Düne **490**
Hohegeiß *356,* **357**
Hohe Gieck 375
Hohelei 138
Hohe Mark, Naturpark **257, 266–271**
Hohe Möst **210**
Hohenbeilstein, Burgfalknerei **32**
Hohenberg an der Eger **230**
Hohenentringen, Schloß **37**
Hohenhaslach **31**
Hohenleipisch, ehem. Truppenübungsplatz **391**
Hohenlieth, Gut 470
Hohenloher Freilandmuseum **33–34,** *33*
Hohenstein **345,** *345*
Hohenstein, Burg **138–139**
Hohenwarte, Talsperre 201, *201,* **214**
Hohenwestedt **462**
Hoher Bogen 79, 93, 95, *95*
Hoher Fläming, Naturpark **502**
Hoher Hagen 324, **331**
Hohe Rhön 182, 186, *187,* 193
Hoher Meißner 324, *328*
Hoherodskopf 194, *196,* **197**
Hoher Stein 293
Hoher Vogelsberg, Naturpark **183, 194–197**
Hohes Gras **335,** *335*
Hohes Venn 109, *109,* 128, 131
Hohes Venn–Eifel, Deutsch-Belgischer Naturpark 109
Hohe Warte 231
Hohlenstein, Naturdenkmal **32**
Hohler Stein, Naturpark Arnsberger Wald **293**
Hohler Stein, Naturpark Haßberge 74
Hohmichele 41
Hohneklippen **363**
Hohnekopf 363
Hohnstein **249–250**
Höhr-Grenzhausen **146**
Holdergrund, Erholungsgebiet **163**
Höllbachgespreng, Naturschutzgebiet 88
Hölle, Naturschutzgebiet 97
Höllenbach 344–345
Höllenstein 46
Höllensteinsee **86**
Höllental, Naturpark Frankenwald 223–224, *223*
Höllental, Naturpark Meißner–Kaufunger Wald **329**
Hollfeld **50**
Höllgrund **163**
Holsteinische Geest 462
Holsteinische Schweiz, Naturpark **460–461, 472–477**
Holsthum **126**
Holthausen **294–295**
Holtsee **470**
Holtwicker Wacholderwald **269**
Holzappel **147**

Holzhausen an der Haide 149
Holzminden 339
Homert, Naturpark **274, 286–289**
Hönnetal **286**
Hooge, Hallig *443,* **456**
Hoppecketal **300**
Höppermühle 300
Hornberg, Burg **165**
Hörnum **454**
Hörnumer Odde, Naturschutzgebiet 454
Horrheim 26, **30–31**
Hörschbach 34
Horwagen 224
Hübichenstein 355
Hüde **318**
Hüggel **314**
Hühnerfeld, Naturschutzgebiet **333**
Hülfensberg **204,** *204*
Hullerbusch, Naturschutzgebiet 432
Hülsede, Wasserschloß *342,* 343
Hunau **294**
Hundersingen 41
Hundshaupten, Wildgehege **53**
Hüneburg 205
Hünenring 307
Hungenbach, Gut **278**
Hunsrück 108–109, 118–123
Hünstetten **138**
Hunte 402
Huntetal **405–406**
Huntlosen **404**
Hürtgenwald, Staatsforst 128
Hütten **469**
Hüttenberg 113
Hüttenbühlsee 35
Hüttener Berge, Naturpark **460, 468–471**
Huwelslay 126

I

Iberger Tropfsteinhöhle 354–355
Ibergfelsen 299
Idar-Oberstein 109
Idarkopf 118
Idstein *136,* **138**
Ilbeshausen-Hochwaldhausen 197
Ilmenau 211
Ilmtal 216
Ilmwand, Naturschutzgebiet 216
Ilse 357
Ilsefälle 357
Ilsenburg **357**
Ilsestein 357
Immelstetten *42*
Imsbach **122**
Innerstestausee 354
Inzigkofen **40–41,** *40*
Ipthausen **72**
Irndorfer Hardt, Naturschutzgebiet **40**
Irrel **127**
Irreler Wasserfälle **127,** *127*
Irsental, Erholungsgebiet 124
Iserbach 142
Issel 267, *267*
Isselquelle **267**
Ith 325, **345–346,** *346*
Itter 299
Ittertal 301

J

Jadebusen **448**
Jägerhäuschen, Naturpark Kottenforst–Ville **260–261**
Jasebeck 423
Jasmund, Nationalpark **486–487,** *486,* **492–495**
Jeetzel 422
Jenner *12–13, 14,* **22,** *22*
Johanngeorgenstadt, Schaubergwerk **245**
Johanniskreuz **113**
Jossatal **178,** *178,* 179
Juist **445–446,** *447*
Jungersdorfer Hänge 74
Jux 33
Juxkopf **33**

K

Käbelicksee 436
Kahlberg **341**
Kahlenbergsköpfe 292
Kahler Asten 275, *294,* **295–296,** 295
Kaisheim, Klosterkirche **63**
Kaitersberg **97**
Kakushöhle **131**
Kaldenkirchen 264
Kalkriese **311**
Kallenhardt **293**
Kalmit **113**
Kalte Buche 187
Kamelskopf *346*
Kämkerhorst **427**
Kammerbacher Höhle **328**
Kamminke **499**
Kamp-Bornhofen **149**
Kampen, Vogelkoje **452–453,** *453*
Kampenwerder 482
Kannenbäckerland 146
Kanstein 347
Kapellenberg 242, *243*
Kappel, Wallfahrtskirche 231
Kappelberg 71
Karlsgraben **57**
Karlshagen 496
Karlsschanze **309**
Karlstalschlucht 113
Karow 438
Karstwunder, Naturpark Fränkische Schweiz–Veldensteiner Forst 52
Käseberg 332
Kassel 336
Kästeklippe **354**
Kastell, Naturpark Elbufer–Drawehn 423
Kasterer See 258
Katemin **420–421**
Katenstedter Moor 467
Kathagenberg **340–341**
Kathrinhagen 343
Kattenbühl **332**
Kattenburg, Naturschutzgebiet 367
Katzburg 477
Katzenbachsee **29**
Katzenbuckel **163**
Katzenstein 356
Katzentrögel, Naturpark Steinwald 234
Kaufungen **326–327,** *327*
Kaufunger Wald 324, *326,* 333
Kehlsteinhaus *20,* **21**
Keitum **453**
Kelbra, Stadt 364
Kelbra, Talsperre 351, 364, *364*
Kelheim **60**
Kell am See **120**
Kellinghusen **463**
Kemberg **382**
Kemna 276
Kesselrain **193**
Kesselsiefen, Naturschutzgebiet 281
Ketteler Hof, Freizeitpark **268**
Kickelhahn 211
Kiebitzstein, Naturpark Steinwald 234
Kiekeberg, Freilichtmuseum **418–419**
Kiel, Berg 244
Kieler Bach 494
Kieler Berg 466
Kießlichbruch 217
Kietzer See 392
Kilianstollen, Naturpark Diemelsee 298
Kipfenberg 59
Kirbach **31**
Kirbachtal **31**
Kirchendemenreuth *237*
Kirnberg **37**
Kirnitzschklamm **253**
Kirnitzschtal 241, 250, **251**
Klausbachtal **16,** 17
Klausenturm 233
Klaushof, Wildpark 189
Kleine Au, Hochmoor **84**
Kleine Bastei **251–252**
Kleine Elster 388
Kleine Gans *238–239,* 248
Kleine Kanzel 85
Kleine Kösseine 233
Kleinenbremen, Besucherbergwerk, Naturpark Nördlicher Teutoburger Wald–Wiehengebirge **313**
Kleinenbremen, Besucherbergwerk, Naturpark Weserbergland/Schaumburg-Hameln 342
Kleinenknetener Steine **407**
Kleine Ohe **83–84**
Kleiner Arbersee 96, **97**
Kleiner Brocken **362**
Kleiner Inselsberg 208
Kleiner Kordigast 48
Kleiner Kranichsee 240, 245
Kleiner Krebssee 498
Kleiner Langhagensee 438
Kleiner Schierensee **466–467**
Kleiner Serrahn 431
Kleiner Steinberg 332
Kleiner Wagenberg 208
Kleine Sinn *159*
Klein Schmölen **424–425**
Kleinziegenfelder Tal **48,** *48*
Klingbach 178
Klingenberg am Main **174–175**
Klingenthal **243**
Klippeneck **38**
Klobichseen **394–395**
Klockow **435–436,** *435*
Klocksdorf 482
Kloppbruchweiher 120
Kloster **491**
Klosterfilz, Hochmoor **83**
Klüschen Hagis 203
Klüschenberg 480
Klusenstein, Burgruine 286
Kluvensiek, Gut 464
Kneifelspitze 20
Kniepenberg **421**
Kniepsand 454
Knittlingen **28**
Knopfmacherfels 40
Köckter Damm 426
Ködeltalsperre 223
Kogel 479
Kohlberg 231
Kolbinger Höhle *38,* **39–40**
Kolksee 475
Kollicker Bach **494**
Kollnburg **86**
Kölpinsee 497
Kommern, Rheinisches Freilichtmuseum **129–130,** *129*
König David, Aussichtspunkt 224
Königsberg in Bayern **74**
Königsforst **279**
Königslutter **368–369**
Königssee 14–16, 21–22, *21*
Königssee, Dorf **21–22**
Königssee, Naturpark Dübener Heide 382
Königsstuhl, Nationalpark Jasmund *492,* **493–494**
Königstein **250**
Königstein im Taunus **145**
Königstuhl, Naturpark Neckartal–Odenwald **161**
Königswinter 155
Königszinne **338**
Köppel 146
Korbach 301
Körbecke **291**
Korswandt 498
Körtlinghausen, Wasserschloß *292,* 293
Köschinger Forst 63
Koserow **496–497**
Kösseine **233,** *233*
Kottenforst–Ville, Naturpark **256, 258–261**
Kötzting **97**
Kraichgau-Märchenwald 28–29
Krakow am See 438
Krakower Obersee **438,** *439*
Kratzeburg **436**
Kratzmühle, Naherholungsgebiet **58**
Kratzmühler See 58
Kreuzberg, Naturpark Bayerische Rhön 182, *186,* **187**
Kreuzberg, Naturpark Nördlicher Oberpfälzer Wald 104
Kreuzeiche 67
Krickenbecker Seen 256, **262**
Kriemhildenstuhl 111
Krienke **437**
Krimmelburg, Ruine 370
Krippana **132**
Kripplöcher, Naturschutzgebiet **328,** *329*
Kröblitz 101
Kronach **225,** *225*
Kronberg **145**
Kronenburg **132–133**
Kronenburger See 133
Kropsburg 114
Krudenburg *270,* **271**
Krumminer Wiek 487
Kubacher Kristallhöhle **142–143,** *142*
Kuchenheim **261**
Küchensee 478
Kückelsberg 499
Kuckstein 154
Kühberg **67**
Kuhstallhöhle **252,** *253*
Kulmstein 100
Kulpenberg 351, **366,** *367*
Kulzer Moos 101
Kunrau 426
Kurfürstenstein 202
Kürnbach 26, **28–29**
Kürnburg, Ruine **93–94**
Kurort Oberwiesenthal **246**
Kurort Rathen **248**
Kurort Seiffen **247,** *247*
Kyffhausen, Reichsburg **365–366**
Kyffhäuser, Naturpark **351, 364–367**
Kyffhäuserdenkmal **365–366,** *365*
Kylltal 133

L

Laer, Schloß **288**
Lahn 136–137, *142,* 143, 146, *148*
Lahneck, Burg 148
Lahnquelle 297
Lahnstein **148**
Lahrbach *182*
Lahrer Herrlichkeit, Ferien- und Freizeitanlage **151**
Lakenteich **341**
Lam **97**
Lambach 97
Lamberg 96
Lamer Winkel 79, *97*
Lammersdorf **128**
Lampertstal **133**
Land Wursten **449**
Landau, Zoo **114–115**
Landmanns Klippe 363
Landsberg, Stadtwüstung **334**
Landwehrhagen 333
Landwüst, Vogtländisches Bauernmuseum **242,** *242*
Langenaltheim 61
Langenau, Schloß 148
Langenberg 275
Langeoog **446–447**
Langer Berg 497
Lange Rhön 186
Langer See 382
Langerwehe **128**
Langhagensee 438
Lassahn 483
Lassan **498–499**
Laubach **195**
Laubacher Wald **195**
Laucha, Glockenmuseum **376–377**
Lauchagrund **208**
Lauenau 343
Lauenburgische Seen, Naturpark **461, 478–481**
Lauenstein, Burg **222**
Laufenburg 128
Lauscha 213
Lausiger Teiche **384–385**
Lausitzer Grenzwall 500
Lautenthal **353–354,** *353*
Lehesten **217,** 217
Lehmrade **480**
Lehrberg **66–67**
Leichlingen **277**
Leinschede **288–289**
Leistenklippe 363
Leitheim 63
Leitmarer Felsen **298–299**
Lembeck, Schloß **268,** *269*
Lemberg **38**
Lembruch **318**
Lemförde **318–319**
Lengefeld 301
Lenne 284, 295
Lennep **276**
Leonrod, Burgruine 66
Lethe 404
Leuchtenberg, Burgruine **104,** *104*
Leukbach 118
Leutenberg **216**
Leuth 263
Levern **319**
Leybucht **444**
Liblarer See *256*
Liblarer Seenplatte **259**
Liboriuskapelle 127
Lichtenberg **223–224**
Lichtenburg 186
Lichteneck, Burgruine **94**
Lichtenfels 48
Lichtenhain *200,* 213
Lichtenhainer Wasserfall 251, **252**
Lichtenstein, Burgruine **74**
Lieberoser Hochfläche 501
Lieper Winkel **499,** *499*
Lilienstein 248, **250,** *250*
Limburg, Klosterruine **110–111,** *110*
Limes 136, 139, 152, 164, 167
Lindberg, Bauernhausmuseum **88**
Lindena **390**
Lindenhardt 52
Lindenhardter Forst 52
Lindenkopf 140
Lindewerra 202
Lindlar **279**
Lingesetalsperre 278
Linz am Rhein **150–151**
Lippeaue **271**
Lippeniederung *270*
Lippischer Wald *306*
Lippoldshausen **332**
Lisberg 70
List 452
Lister 283
Listerstausee 274, *274*
Listland **452**
Loben 391
Loccum, Kloster **320**
Lochmühle, Freizeitpark **144**
Loddin **497,** *497*
Lohbergen 402
Loher Teiche **417**
Lohmar **280–281**
Lohme 492
Lohr **173**

Lohrberg 155
Lönsturm **347**
Lorch, Kloster **35**
Lösershag 188
Losheim 132
Losheim, Stausee **121**
Louisenberg-Turm 463
Louisenlund, Gut 468, *469*
Lourdes-Grotte, Naturpark Hessische Rhön 191
Löwenburg 324, 335
Löwenstein 32
Lübbensteine **369–370,** *370*
Luckau 500
Ludwigsstadt 222
Ludwigstein, Burg 327
Luisenburg 220, *220,* **232–233**
Luisenhütte, Naturpark Homert 286
Luisensitz 229
Luitpoldhöhe 96
Lüneburger Heide *400–401*
Lüneburger Heide, Naturschutzpark **402, 408–413**
Lusen *76–77,* 78, **82**
Lüß 402
Lußberg **75**
Lüßberg 402, 417
Lütge Land, Freizeitpark 447
Lutherstein 385
Lutter, Wasserfall **204**
Lutterberg 332–333
Lutterspring **369**
Lützel **297**
Luzinstein, Naturpark Feldberg–Lychener Seenlandschaft 432
Lychen *432,* **433**

M

Maasdorfer Teiche **391**
Maas-Schwalm-Nette, Deutsch-Niederländischer Naturpark 256
Mädelstein 206
Madonnenländchen 163
Maienwand 202
Maikammer 113, *113*
Main 69, *170,* 173–174, *174*
Main-Donau-Kanal 46, 58–59
Mainschleife bei Urphar *159,* **175**
Malberg **152,** *153*
Malente-Gremsmühlen **474,** 474
Malerwinkel *21,* **22**
Mandelallee Gimmeldingen-Königsbach **112**
Manteler Wald 221
Mapper Schanze **141**
Marbach, Staubecken 171
Märchenbuche, Naturpark Münden 330
Mardorf **320**
Margaretenschlucht 164, *165*
Margarethenhöhe **155**
Maria Kunterweg, Wallfahrtskirche 16
Maria Limbach, Wallfahrtskirche 69
Marienberg **246**
Marienglashöhle **208–209**
Marienheide **278**
Marienkirche, Naturpark Dümmer **318**
Mariental 207
Mariental, Kloster **368,** *368*
Marienthal *267*
Märkische Schweiz, Naturpark **388–389, 392–395**
Markneukirchen **243**
Marksburg *134–135,* 149
Markt **42**
Marktheidenfeld **175**
Marktredwitz **233**
Maroldsweisach **73**
Marsberg 298
Marterlweg **104**
Martinfeld 203
Mauer **161–162**
Maulbronn, Kloster **30,** *30*
Mauthaus, Trinkwassertalsperre 223
Maxberg 61
Maxburg 112, 114
Maximiliansgrotte **54–55**
Mechower See 482
Mecklenbruch **339–340,** *339*
Mecklenburgische Seenplatte 428–439
Meerberg 137
Meerham, Vogelkoje 454
Mehlental 133
Mehlmeisel **233**
Meinerzhagen **283**
Meinhardus-Sprungschanze 283
Meißner 324, 326, **328–329**
Meißner-Germerode, Wildpark **329**
Meißner–Kaufunger Wald, Naturpark **324, 326–329**
Melibokus 168, *168*
Melkhörn, Düne 447
Mellenthin **499**
Meller Berge **312–313**
Memleben, Klosterruine **376,** *377*
Memmert, Vogelschutzinsel 446
Menden 287
Merfelder Bruch 257, *257,* **266**
Meridianstein 202
Merzig **122**
Mescherin **396**
Mespelbrunn, Schloß *156–157,* **174**
Methorstteich **464**
Metilstein 206
Metten, Abtei **91**
Mettlach **122,** *123*
Mettlachtal **66**
Metzner, Steinbruch 369
Meurasteine **213**
Michaelsberg *26,* **31**
Michelstadt *168,* **169**
Miehlen 149
Miesterhorst **426–427**
Mildenitz 438
Milseburg 183, **191**
Miltach, Schloß **97**
Miltenberg **170,** *170*
Minneburg, Ruine 164
Misselhorner Heide **417**
Mittagstein 97
Mittellandkanal 426–427
Mitterfels, Burg **89**
Mitwitz **225**
Möhneaue Völlinghausen **291–292**
Möhnetalsperre 275, **290,** *290*
Moisburger Stein **418**
Molkenhaus, Nationalpark Hochharz 362
Mollenfelde 332
Mölln *461,* **479–480**
Mommelstein **209**
Mönchsondheim 71
Monheim 61
Monheimer Alb **61**
Monrepos, Museum **153**
Monschau 109, **130–131,** *130*
Montabaur **146,** *147*
Montabaurer Höhe 137, **146**
Moorweiher 102
Mooser Teiche **197**
Mordkuhlenberg **316**
Morgenröthe-Rautenkranz **244**
Morgentor 208
Mörnsheimer Bach 61
Morretal 164
Mörschieder Burr 118
Morsumkliff *452,* **453–454**
Mosbach **165**
Möwenburg, Naturschutzgebiet 483
Mücheln, Templerkirche **381**
Mudau 163
Müden (Örtze) **414–415,** *414*
Muffert 300
Mühlbach 148
Mühlenau 466
Mühlenberg **326**
Mühlenkopf 301
Mühlensee 436
Mühlental, Erholungspark 130
Mühlhausen, Stadtwald **204–205**
Mühlhäuser Landgraben 205
Mulde 385
Muldenberg **243**
Muldenberger Stausee 243
Muldestausee **385**
Müllenbach 278
Mümling 171
Mümlingtal 158
Mümmelkensee **497**
Münchberger Hochfläche 220
Münchehagen, Dinosaurierpark **320**
Münchehofe **395**
Münchehofer Düne 395
Münchsteinach, Kloster **71**
Münden, Naturpark **324, 330–333**
Müngstener Brücke **276–277**
Müritz 430, **434–435,** *434*
Müritz-Nationalpark **430–431, 434–437**
Murrhardt 34–35
Murrhardter Felsenmeer **34**
Müsen **297**
Muxerather Höhe **125**

N

Nabburg *98,* **99–100**
Nahequelle 122
Nanstein, Ruine **112**
Nassacher Höhe 47
Nassau **148,** *148*
Nassau, Naturpark **136–137, 146–149**
Nasse Wiese, Naturpark Rothaargebirge 294
Naumburg, Naturpark Habichtswald **336–337,** *336*
Naumburg, Naturpark Saale–Unstrut–Triasland **378**
Naumburger Mulde 376
Nausdorfer Senke 425
Nebel **454**
Neckar *162*
Neckargemünd **162**
Neckargerach **164–165**
Neckarsteinach **171**
Neckartal–Odenwald, Naturpark **158, 160–165**
Nehmten, Gut **477**
Neideck, Burgruine *50,* 51
Neipperg *28*
Nenndorfer Kraterquelle **342**
Nennig **120–121**
Nescher Mühle 152
Netphen **297**
Nette 262
Nettersheim **131–132**
Neubäuer Weiher 93
Neue Hütte, Naturpark Thüringer Wald–Westliches Schiefergebirge 210
Neuenburg 378
Neuenburg, Ruine 279
Neuendorf 490
Neuenhähnen, Naturschutzgebiet 281
Neuenheerse, Stiftskirche **309**
Neuenkirchen 483
Neuenmarkt **227**
Neuer Hagen, Naturschutzgebiet **301**
Neuer Wildenstein 252
Neuerburg *124,* **125**
Neuhaus im Solling **341**
Neuhaus, Wildpark *340,* 341
Neuhausen **247**
Neuhausen ob Eck, Freilichtmuseum **39**
Neukirchen **472–473**
Neukirchen beim Heiligen Blut **94–95**
Neukirchener See 472
Neuleiningen **110**
Neumannmühle **253**
Neumünster 42
Neun Brunnen, Erholungspark *202,* 203
Neunaigen 98
Neunburg vorm Wald 100, **101**
Neunußberg, Burgruine **86**
Neuohe **416**
Neu-Rathen, Freilichtmuseum 248
Neustadt an der Waldnaab **102**
Neustadt an der Weinstraße 112
Neustrelitz **437**
Neutz **381**
Neuwerk, Insel 442, *442,* **450–451,** *450*
Neuwied, Zoo **153**
Nidda 196, 197
Niddasee **196,** *197*
Nideggen **129**
Nieblum **455**
Niederaltdorf, Tropfsteinhöhle **123**
Niederalteich, Benediktinerabtei **91**
Niederbreitbach **152–153**
Niederer Fläming *501,* 502
Niedereslohe 289
Niederhaverbeck *402,* **411,** 411
Niederlausitzer Heidelandschaft, Naturpark **388, 390–391**
Niederlausitzer Landrücken, Naturpark **500**
Niederlausitzer Randhügel 388
Nieder-Mooser Teich 197
Niederrodenbach **179**
Niedersächsisches Wattenmeer, Nationalpark **442, 444–449**
Nielönn, Naturschutzgebiet 452–453
Niendorfer Binnensee 461
Nienover **341**
Niesten, Burgruine 48
Nigehörn 442, 451
Nittenau **95**
Nonnenstromberg 155
Nord-Ostsee-Kanal 464, 471
Norddeich **444**
Norddorf **454**
Nordeck, Burgruine 227, *227*
Nordeifel, Naturpark **109, 128–133**
Norden 445
Norderney **446,** *446*
Norderoog, Hallig 456
Nordhalben **222–223**
Nordhelle 274, **282–283**
Nördlicher Drömling **426**
Nördlicher Oberpfälzer Wald, Naturpark **79, 102–105**
Nördlicher Teutoburger Wald–Wiehengebirge, Naturpark **304, 310–315**
Nördlinger Ries 60–61
Nordmannsturm 344
Normannstein, Burgruine 205
Nossentiner–Schwinzer Heide, Naturpark **431, 438–439**
Nothweiler, Eisenerzgrube **117**
Nümbrecht **280**
Nußhart **232**
Nußloch **161**
Nutscheid 279

O

Oberberg 346
Oberdollendorf **154**
Obere Donau, Naturpark **27, 38–41**
Obereichsfeld 200
Oberelsbach **186**
Oberer Bayerischer Wald, Naturpark **78–79, 92–97**
Obere Schleuse, Nationalpark Sächsische Schweiz *252,* **253**
Oberfränkisches Bauernhofmuseum 228
Obergailnauer Forst 67
Oberhagen, Naturschutzgebiet **292–293**
Oberharzer Teiche **355,** *355*
Oberhaverbeck **412**
Oberheiligenhoven, Schloß 279
Oberhof **210**
Oberhundem **296**
Oberkaufungen *327*
Oberköblitz 98
Oberkreuzberg 80
Obermarsberg **298,** *298*
Ober-Mooser Teich 197
Obernhof **148**
Obernitzer Bohlen **214,** *215,* 217
Obernkirchen **343**
Obernkirchener Sandsteinbrüche 343
Obernzenn 65
Obernzenner Freizeitsee **65**
Oberpfälzer Freilandmuseum Neusath-Perschen **99,** *99*
Oberpfälzer Handwerksmuseum *79,* **92**
Oberpfälzer Wald, Naturpark **79, 98–101**
Oberrittersgrün **245–246**
Oberschönenfeld, Kloster **43**
Oberschwappach, Schloß **68**
Obersee **23,** *23*
Oberthaler Bruch **122**
Oberursel **144–145**
Oberviechtach **100**
Oberwald 183, **196–197**
Oberweißbach **213**
Oberweser **330–331,** *330,* **347**
Oberwiesenthal **246**
Ochsenbach 31
Ochsenburg **366**
Ochsenkopf, Naturpark Dübener Heide 382
Ochsenkopf, Naturpark Fichtelgebirge **232,** *232*
Ochsenmoor **318**
Odenwald 158, 160–171
Odenwälder Freilandmuseum **163,** *163*
Oder *386–387,* 389, 396–399
Oderhaff 496, **499**
Odertal **360–361**
Oderteich **360**
Oelse 501
Oerlinghausen, Archäologisches Freilichtmuseum **306–307,** *307*
Oerlinghausen, Segelflugplatz **307**
Oestertalsperre 274
Ohrberg 347
Ohrbergpark **346**
Ohre 426–427
Oie 486, **490**
Okerstausee **352–353**
Okertal **352–353**
Olbernhau-Grünthal, Saigerhütte **246–247**
Olderdissen, Heimattierpark **315**
Olpe 274, **285**
Ölschnitzsee **222**
Opel-Zoo *144,* **145**
Opferberg 420
Opferstein, Nationalpark Jasmund **493**
Oppenwehe **319,** *319*
Oppenweher Moor **319**
Orgelpfeifen 245, *245*
Orketal 294
Örtze 402, *402,* **415**
Osenbergen 402
Osterburken 165
Osterkopf *300,* **301**
Osterode, Wildvogelstation **355**
Ostheim vor der Rhön **186**
Ostplate, Spiekeroog 447
Ostrittrum, Wildpark und Märchenwald **404**
Ostseebad Ahrenshoop **488**
Ostseebad Prerow **489**

Ostseebad Zingst **489–490**
Ottermühle 216
Ottilienberg **29**
Ottobad 234
Ottofelsen *356,* 357
Otzberg, Veste **166,** *166*
Otzenhausen, Hunnenring **120,** *121*
Our *109,* 124
Ourschleife **125**

P

Padberg **298**
Paffendorf, Schloß 258, *259*
Panoramapark Sauerland **296,** *296*
Parkstein 221, *221,* **236**
Parnaß 475
Paulinzella, Klosterruine **211**
Peenemünde 496
Pegnitz, Fluß 55
Pegnitz, Stadt **52**
Pellworm **456–457,** *457*
Pemfling 94
Penkefitzer See 423
Perl 121
Perlbach **89**
Perlbacher Mühle 130
Perlenbachtal 130
Perlsee 92
Perschen 99
Pestruper Gräberfeld **406,** *406*
Pestruper Moor **406**
Peterlesstein **227**
Petersberg, Naturpark Frankenhöhe **65**
Petersberg, Naturpark Siebengebirge **154–155**
Pfaben **235**
Pfaffschwender Kuppe 203
Pfahl, Felsgang 79, 86, 95–96
Pfalz, Wasserburg 53
Pfälzer Weltachs **113**
Pfälzerwald, Naturpark **108, 110–117**
Pfalzmuseum für Naturkunde **111**
Pfanntalskopf 210
Pfenniggrab, Nationalpark Jasmund 492
Pferdskopf **143**
Pflanzen- und Gesteinsfreigelände, Nationalpark Bayerischer Wald **85**
Pflügeberg 330
Pfreimd **99**
Pfrentschweiher **105**
Pfünz, Feuchtgebiet **62**
Pfünz, Römerkastell **62**
Phantasialand *258,* **259–260**
Piesberg **311**
Pietzmoor *412,* **413**
Piratenschlucht **495**
Piusberg **293**
Platte, Freizeitanlage **139**
Platte, Naturpark Fichtelgebirge 232
Platte, Naturpark Steinwald **234,** 235
Plattenburg **425**
Platzer Kuppe 187–188
Plau 438–439
Plauer See **438–439**
Plech, Fränkisches Wunderland **54,** *55*
Pleinfeld **56**
Plessa 390
Pleystein **104,** *105*
Plön *474,* **475–476**
Plöner Seen *458–459*
Plößberg **102**
Plothener Teiche **215,** *215*
Pobershau, Schaubergwerk **246**
Poelvennsee 262
Pöhla, Besucherbergwerk **245**
Polenztal 240, **249**
Porta Westfalica 304, *312,* **313**
Pottenstein **52**
Pouch 385
Pramort **490**
Predigtstuhl 89
Prerow **489**
Presberg 141
Presseler Teich **385**
Pretzsch **384**
Primstalsperre 120
Prinzeninsel 476
Prinzenteich 355
Prinz-Luitpold-Turm 225
Priorteich 357
Prüm 126–127, *127,* **133**
Prümerburg, Ruine 126
Prümzurlay **126**
Prunn, Schloß **59**
Pudagla **499**
Purschenstein, Schloß 247
Püttlach 51
Pyrmonter Dunsthöhle **346–347**

Q

Querfurt, Burg **376,** *376*

R

Raaber Kessel *238–239*
Rabenklippe 362
Rabenlay 137, 154
Racheldiensthütte 82
Rachelsberg 203
Rachelsee **81–82**
Rachelseekapelle *80,* 81
Radaufall **360,** *361*
Raden 344
Raesfeld, Schloß *254–255,* **267**
Rambower See 425
Ramholz **176**
Rammelsberg **352**
Rammsee 468
Ramsau bei Berchtesgaden **16,** *16*
Ramsauer Ache 16
Rankwitz 499
Rantumbecken **453**
Rappbodetalsperre **358**
Rappweiler, Wildpark **121**
Rasdorf 190
Rasti-Land **346**
Rathen **248**
Rathen, Felsenbühne **248–249**
Ratzeburg **478–479,** *478*
Ratzeburger See 461, **478**
Räuberfelsen, Naturpark Steinwald 235
Rauhbühl 86
Rauher Forst 42
Raumannshöhle **358**
Ravensbrück, Mahn- und Gedenkstätte **433**
Ravensburg **29**
Reckenhöhle 286
Regen, Fluß 96
Regen, Stadt **90**
Rehburg-Loccum **320**
Rehquelle 315
Reichenbach, Felsenmeer **168,** *169*
Reichenbach, Ruine **329**
Reichenberg, Burg *26*
Reichenstein **98–99**
Reichenstein, Gut 130
Reichhartschacht, Naturpark Oberpfälzer Wald **99**
Reichshof 280
Reiherbachtal 341
Reiherberg 432
Reinhardsachsen 163
Reinharz, Wasserschloß **383–384,** *383*
Reisachstausee 98
Reiter Alm **16,** *16,* 17, *20*
Reitlingstal **370,** *371*
Reitzengeschwenda **214–215**
Renautal 295
Rennsteiggarten **210–211,** *211*
Reschbach *82*
Reschbachklause 82
Rettenbach **97**
Reutsee 73
Rheinbach **261**
Rheinbacher Stadtwald 256
Rheingauer Alp 141
Rheingauer Gebück **141**
Rheingaugebirge 136, 141
Rheinland, Hochwildpark **130**
Rhein–Taunus, Naturpark **136, 138–141**
Rhein-Weser-Turm 296
Rhein–Westerwald, Naturpark **137, 150–153**
Rhena **301**
Rhodt unter Rietburg **114,** *114*
Rhön 180–193
Ried 97
Riedenburg **59**
Rieseberg **368,** *368*
Rieseberger Moor, Naturschutzgebiet 368
Riesenburg **51**
Riesenstein **337**
Rieslochfälle 87, *87*
Rietburg 114
Rinchnach **90**
Rinderweide, Naturwaldreservat 344
Rinsleyfelsen **296**
Rinteln *344*
Rißfälle 244
Ritterbrunnen, Naturpark Münden 330
Riverisstausee **118**
Robert-Kolb-Turm 282
Robertshall, Bergwerk **419**
Rod an der Weil 143
Rodach 224, 226
Rödersen, Burg 334
Roding *94,* **95–96**
Roetgen **128**
Röggeliner See **482**
Rohrberg, Naturschutzgebiet **174**
Römische Wasserleitung, Naturpark Kottenforst–Ville **260**
Rommersdorf, Kloster **153**
Rönkhausen, Pumpspeicherwerk **289**
Rosenberg 284
Rosenberg, Veste *225*
Rosenburg, Jagdfalkenhof **58,** *59*
Röslau **231**
Roßbach **151–152**
Roßtrappefelsen 358
Rötelseeweiher 95
Rotenhan, Burgruine 75
Roter Haubarg 457
Rotes Moor **193,** 193, *193*
Rotes Schloß, Ruine 229
Rotes Ufer, Naturpark Dübener Heide *384,* 385
Roth an der Our **126**
Rothaargebirge, Naturpark **275, 294–297**
Rothaarkamm 296
Röthbachfall 23, *23*
Rothenbachteich 197
Rothenburg 380
Rothenburg ob der Tauber **64,** *64*
Rothenburg, Ruine **365**
Rothenburger Nußgrund 380
Rothenstein **283**
Rother Kuppe *184,* 185
Rothsee 42
Rothsteiner Felsen **390–391**
Rübenkamp, Naturschutzgebiet 289
Rückersdorf 390
Rudelsburg, Ruine *372–373, 378,* 379
Rudolfstein **230–231,** *230*
Rudower See **425**
Rügen *484–485,* 486, 492, 493
Rügen, Naturpark **503**
Rühler Schweiz **338,** 338, *338*
Ruhlsdorfer Bruch **392**
Ruhr 294, *294*
Ruhrkopf 294, *294*
Ruhrquelle **294**
Rühstädt **425,** *425*
Rumbecker Berg **344**
Rümlandteich **464**
Runkel **143**
Ruppertsklamm 148
Rur 129
Rureifel 109
Rurniederung, Naturpark Schwalm–Nette **265**
Rurstausee 109, *128,* 129
Rurtal 130
Rüschendorf **316**
Rüterberg **424**
Rüthen 293
Ruwer 119

S

Saalburg, Naturpark Hochtaunus 136, **144,** *145,* 217
Saalburg, Naturpark Thüringer Schiefergebirge–Obere Saale 217
Saale 201, 214–215, 217, *222, 372–373,* 374, 376–381, *379, 380*
Saaleck, Burgruine 379
Saaleck, Schloß 189, *189*
Saaledurchbruch **380**
Saale–Unstrut–Triasland, Naturpark **374, 376–379**
Saalfeld 217
Saalhausen 296
Saarburg, Burg **118–119**
Saarburg, Stadt **118–119,** *118*
Saarschleife **121–122,** *122*
Saar–Hunsrück, Naturpark **108–109, 118–123**
Saathain **391**
Sablonetum, Limeskastell 56
Sächsische Saale 228
Sächsische Schweiz, Nationalpark **240–241, 248–253**
Sahlenburger Watt **451**
Salem **479**
Salemer Moor 461, 479
Salemer See 479
Salinen 110
Salzburg, Ruine 188
Salzforst 182, **188**
Salzgrabenhöhle 15
Sambachshof **72**
Samland 498
Sand am Main **68–69**
Sanspareil **49–50**
Saßnitz **495,** 495
Saubadfelsen, Naturpark Steinwald 235
Sauberg **196**
Sauer 126
Sauerland 272–301
Sauerland, Panoramapark **296**
Saugrund, Naturschutzgebiet 385
Schaalsee 461, *461,* 481, *482*
Schaalsee, Naturpark **461, 482–483**
Schaalseekanal 481
Schadeck, Burgruine, Naturpark Hochtaunus 143
Schadeck, Ruine, Naturpark Bergstraße–Odenwald 171
Schafstein 183, 193
Schaich **36–37,** 37
Schambachtal 60
Schankweilerklause, Wallfahrtskapelle 126
Scharfeneck, Ruine 71
Scharhörn 442, **450,** 451
Scharmützelsee 501
Schartenberg 334
Schau ins Land, Naturpark Märkische Schweiz 395
Schaumberg **123**
Schaumburg, Naturpark Nassau 148
Schaumburg, Naturpark Weserbergland/ Schaumburg–Hameln 344
Scheelsberg 468
Scheibenberg 245, *245*
Scheinfeld **71**
Schellenberg *103*
Scherenburg 174
Schermbeck *270,* **271**
Schermützelsee 388, *392,* **394**
Schiefergrube Christine, Naturpark Diemelsee 300
Schieferschaubergwerk, Naturpark Rothaargebirge 296
Schierensee, Gut 466–467
Schierenwald **463**
Schieringer Forst 420
Schillingsfürst, Schloß **67,** *67*
Schirnau 471
Schlabendorf *500*
Schlagsdorf **482**
Schlaitz 385
Schlangenbad 136, **140**
Schlaubetal und Gubener Heidegebiete, Naturpark **500–501,** *500*
Schlei 468
Schleiden 109, **131**
Schleswig-Holsteinischer Kanal 464
Schleswig-Holsteinisches Freilichtmuseum **465–466**
Schleswig-Holsteinisches Wattenmeer, Nationalpark **443, 452–457**
Schleuningsteine **194**
Schloß Burg *276,* **277**
Schloß Paffendorf **258**
Schloßberg, Naturpark Kyffhäuser 365
Schloßberg, Naturpark Nördlicher Oberpfälzer Wald 105
Schloßberg, Naturpark Rothaargebirge **294,** 297
Schlößlesberg, Burgstall 43
Schlüchtern **176**
Schlüsselfeld **70,** *70*
Schlüttsiel, Hafen 456
Schmale Heide 503
Schmaler Luzin **432**
Schmale Sinn *176*
Schmalkalden **209–210,** *210*
Schmarbecker Wacholderwald **415–416**
Schmelzteich 356
Schmessen 341
Schmidt **129**
Schmollensee 499
Schmutzlerstollen, Naturpark Fichtelgebirge 231–232
Schnackenburg **423**
Schnaittach **55**
Schnarcherklippen **363**
Schneckenstein **243–244,** *244*
Schnee-Eifel 109, 133
Schneekopf 200
Schneifel 109, 133
Schnellenberg, Burg **283–284,** *285*
Schnerzhofener Weiher 43
Schöldner Brack 425
Schöllkrippen **172**
Schönau 162
Schönberg **242**
Schönbuch, Naturpark **26, 36–37**
Schönburgwarte 228
Schöne Aussicht, Naturpark Dübener Heide 384, *385*
Schöneck 243
Schönecken **133,** *133*
Schönecker Schweiz 133
Schönenberg 28
Schöningen **371**
Schönsee **98,** *98*
Schönwalde am Bungsberg 474
Schönweide, Gut 472
Schöppenstedt **371,** *371*
Schotten **195–196,** *195*
Schrammsteine **251,** *251*
Schriesheim **160**
Schulerloch, Tropfsteinhöhle **60**
Schüssel, Naturpark Fichtelgebirge 228

Schützingen **30**
Schwabenpark Gmeinweiler **35**
Schwäbisch-Fränkischer Wald, Naturpark **26, 32–35**
Schwalenburg **300**
Schwalm *256*
Schwalmland, Natur- und Freizeitpark **264**
Schwalm–Nette, Naturpark **256, 262–265**
Schwanberg, Schloß **70–71**
Schwarzach 165
Schwarzatal **211–212,** 213
Schwarze Ahe 282
Schwarze Berge **188**
Schwarze Berge, Wildpark **419**
Schwarze Elster 388
Schwarze Kehle, Naturpark Märkische Schweiz 392
Schwarze Kuhle 479
Schwarzenberg 245
Schwarzenberg, Ruine **282**
Schwarzenberg, Schloß 71
Schwarzenburg, Ruine 92, 93
Schwarzenfeld **100**
Schwarzenfels, Burgruine **176**
Schwarzenhof **435**
Schwarzer Fluß **197**
Schwarzer Mann **133**
Schwarze Rot 35
Schwarzer Regen 86
Schwarzes Moor 182, **184,** *185,* 187
Schwarzes Wasser, Naturpark Hohe Mark **270**
Schwedenschanze, Naturpark Haßberge **73,** *73*
Schwedt **397–398**
Schweigen-Rechtenbach **117**
Schweingartensee 437
Schwentine 474
Schwimmendes Moor **448**
Schwinzer Heide 431, 438
Seebad Ahlbeck **498**
Seebad Bansin **498**
Seebad Heringsdorf **498**
Seebarn **101**
Seedorf 423
Seedorf, Gut **477,** *477*
Seedorf, Naturpark Lauenburgische Seen **480–481**
Seelohe, Naturschutzgebiet 232
Segrahner Berg *480,* **481**
Sehestedt **471**
Seiffen **247,** *247*
Seiffen, Erzgebirgisches Freilichtmuseum **247**
Seimbergwald 209
Sekretis, Naturschutzgebiet **262–263**
Selb **228,** 230
Selbach 122
Selbitz 223
Selketal **359**
Sellhorn, Forstamt **413**
Seltenbach 175, *175*
Sengenbühl **94**
Sensweiler **118**
Sequoia-Farm, Naturpark Schwalm–Nette **264**
Serrahn **437**
Sichelnstein, Burg 333
Siebengebirge, Naturpark **137, 154–155**
Siebensteinfelsen 82
Siebertal *350*
Siedlinghausen, Jagdschloß 294
Sieg *280*
Siegerland 297
Siegfrieds-Brunnen, Naturpark Bergstraße–Odenwald *158*
Siegfriedsquelle 168
Siegquelle 297
Sievershausen **340**
Sigmaringen **41,** *41*
Silberbachtal **308**
Silberberg 87
Silberborn 340
Silberhütte **102**
Silberklippe 203
Silbersee **92,** *92*
Silberstollen, Naturpark Schwäbisch-Fränkischer Wald **32**
Sinntal 179
Slevogt-Hof **115–116**
Sockeleiche, Naturpark Usedom 499
Solling 325, *325*
Solling–Vogler, Naturpark **325, 338–341**
Solnhofen 46, **61**
Sonneberg 213, *213*
Sonneborntal 296
Sonnenberger Moor **360**
Sophienberg 216
Sophienfließ 393
Sophienhöhle **52**
Sorgwohlder Binnendünen **470–471**
Sormitztal 216
Sorpetalsperre 274, **287–288,** *287*
Sosa **244**
Sosa, Talsperre 244, *244*
Sparow 439
Sparrenberg **306**
Speck **436**
Specker Seen **436**
Speele 333
Spessart 159, 172–179
Spezarder Mühle 278
Spiegelau **80**
Spiekeroog **447**
Spitter 209
Spitterfall **209,** *209*
Springe, Wildpark *344,* **345**
Spuklochkoppel, Müritz-Nationalpark 435
Sputinesburg 380
St. Andreasberg **356**
St.-Anna-Kapelle Zum Hl. Brunn *95*
St. Barbara, Erzstollen **123**
St. Barbara, Wallfahrtskirche 99
St. Bartholomä, Wallfahrtskirche *15,* 19, 21, **23**
St. Englmar **89**
St. Fabian und Sebastian, Pfarrkirche 16
St. Jobst, Kapelle 67
St. Johann und Paul, Kapelle 19
St. Martin **114**
St. Michael, Kirchenburg 186
St. Michael, Klause 288
St. Michelsberg 59
St. Oswald, Waldgeschichtliches Museum *82,* **83**
St. Peter-Ording **457**
St. Valentin, Kirchenruine 195
Stachelberg 74
Stadtprozelten *174,* **175**
Stadtsteinach **227**
Staffelberg **48**
Stahlberger Erbstollen, Naturpark Rothaargebirge 297
Stallberg 193
Stallberger Fischteiche 280–281
Stamsried 93–94
Stappenberg 316
Starkenburg, Ruine 168
Staufenberg-Sichelnstein **333**
Steckelberg, Ruine 176
Stecknitz-Kanal 481
Stecknitzniederung 481
Steigerwald, Naturpark **47, 68–71**
Steinachklamm *226,* **227**
Steinau an der Straße **176–177**
Steinbach **168**
Steinbach an der Haide **222**
Steinbachtal **245**
Steinbruchsee 94
Steinerne Heide 217
Steinerne Renne *356,* **357**
Steinerne Rinne **56**
Steinerne Rose 217
Steinernes Bilderbuch, Naturpark Saale–Unstrut–Triasland **378**
Steinernes Haus, Naturpark Bayerische Rhön 182, **185–186,** 187
Steinernes Meer 15, 19
Steinertsee, Freizeitpark **326**
Steinfeld, Kloster **131**
Steinfelsenhäng **84**
Steingrund **412,** 412
Steinhorst, Staatsforst 405
Steinhude *305, 320,* **321,** *321*
Steinhuder Meer, Naturpark **305, 320–321,** *320*
Steinkirche **355**
Steinwald, Naturpark **221, 234–235**
Steinwand, Naturdenkmal **191**
Steinwiesen **224**
Stemweder Berg *318,* **319**
Sternberg 72
Sternenfels **28,** *29*
Stettiner Haff 496, **499**
Stinksteinwand 329
Stintenburg **482–483**
Stipshausen **118,** *119*
Stirnberg 182
Stixer Wanderdüne **424**
Stobber **293–294**
Stobbers 388
Stöckerhof **155**
Stockheim **224**
Stolberg **359**
Stollberger Forst 69
Stolpe **399**
Stolzeneck, Ruine 165
Stör 463
Strahlenburg 160
Streckelsberg 496
Streitburg, Burgruine 51
Strinz-Trinitatis 138
Stritzling **91**
Stromberg 26
Stromberg–Heuchelberg, Naturpark **26, 28–31**
Strutzberg 342
Stryckal **301**
Stubbenkammer 492
Stubnitz 492, 494
Stubnitzplateau 486
Stückberg 105
Stückstein **105**
Stumpertenrod 194
Stützerbach 211
Südeifel, Naturpark **109, 124–127**
Sudermühlen **409**
Süderoog, Hallig 457
Südheide, Naturpark **402, 414–417**
Südliche Weinstraße, Wild- und Wanderpark *116,* **117**
Südstrandpolder 446
Sugenheim **71**
Suhl **212**
Süll, Naturwaldreservat *416,* 417
Sulz, Kloster 67
Sulzachtal **67**
Sulzdorf an der Lederhecke **72–73**
Sülze **417**
Sulzfeld **72**
Süntel 325, 344, 347
Süntelstein 312
Süpplingenburg *351,* **369**
Süßenloher Weiher **236**
Syke, Freilichtmuseum **407**
Sylt 452–454

T

Tann (Rhön) **190,** *190*
Tannenlohe **235**
Tännesberg **104–105**
Tanstein, Ruine 116
Tanzboden, Nationalpark Bayerischer Wald 85
Tanzwerder 330
Taubertal **64,** *64, 65*
Taufstein 183, 194, 197
Taunus 136, 138–145
Taunus-Wunderland, Freizeitpark **140,** *140*
Techin **483,** *483*
Tecklenburg *304,* **314**
Tempelberg 418
Tetzelstein **370–371**
Teufelsbad **342**
Teufelsgrube, Naturpark Kyffhäuser 367
Teufelshäusl, Aussichtsturm 64
Teufelshöhle, Naturpark Fränkische Schweiz–Veldensteiner Forst **52,** *52*
Teufelskammer 344
Teufelskanzel, Naturpark Altmühltal 46
Teufelskanzel, Naturpark Werratal-Eichsfeld **202,** *202*
Teufelskanzel, Naturpark Weserbergland/Schaumburg–Hameln 344
Teufelskeller 186
Teufelsküche 346
Teufelsmauer *358,* **359**
Teufelsschlucht **127**
Teufelsstein, Naturpark Märkische Schweiz **393**
Teufelsstein, Naturpark Usedom 499
Teufelssteine, Naturschutzgebiet 245
Teufelstal 354
Teufelstisch, Naturpark Fichtelgebirge *229*
Teufelstisch, Naturpark Pfälzerwald 108, **115,** *115*
Teutoburger Wald 302–315
Thale **358–359**
Thalhof-Park *177,* **178**
Thanstein **101**
Theklakapelle 42
Theresienthal **88**
Thiemitz, Köhlerei **224–225**
Thierlstein, Schloß **96**
Thierstein, Burgruine *228,* **229–230**
Thurbruch 487, 498
Thüringer Schiefergebirge–Obere Saale, Naturpark **201, 214–217**
Thüringer Wald–Westliches Schiefergebirge, Naturpark **200–201, 206–213**
Thüringer Warte 222
Thurnau **48–49**
Tiefer See, Naturpark Stromberg–Heuchelberg 30
Tier-Freigelände, Naturpark Bayerischer Wald **84,** *85*
Tiergarten, Naturschutzgebiet, Naturpark Feldberg–Lychener Seenlandschaft 432
Tiergarten, Naturschutzgebiet, Naturpark Märkische Schweiz **395**
Tilleda, Kaiserpfalz **366**
Tillybuche, Naturpark Weserbergland/Schaumburg–Hameln **344**
Tillylinde, Naturpark Südheide **414**
Tillyschanze 105
Tirschenreuther Waldnaab 235
Tobiashammer **209**
Tomberg 256
Tönning **457**
Topasfelsen 243–244, *244*
Topfstein 53
Tornau **385**
Torstein 208
Tote Täler, Naturschutzgebiet 374
Totengrund **412–413,** *412*
Totes Moor **320**
Tränenlay 126
Trassenheide 496
Trausnitz, Burg **98**
Treffelstein, Burgruine 92
Treffurt **205,** *205*
Trifels, Burg 108, **115,** *115*
Tripkau **424**
Trippstadt **112–113**
Trippstein 212
Tripsdrill, Erlebnispark **31,** *31*
Trischen, Insel **457**
Trubachtal **53**
Trusetaler Wasserfall **209**
Tüchersfeld *44–45,* **51**
Tüschenbroich, Schloß **265**
Tüteberg **466**
Tuttlingen **38**

U

Ückeritz *496,* **497**
Ukleisee **473,** *473*
Ulmenstein **190**
Ulrichstein **194**
Ummanz **491,** *491*
Undeloh **408–409,** *409,* 410
Unfinden **74,** *75*
Unkel **150,** *150*
Unnenberg 279
Unstrut 374, 376
Unteres Odertal, Nationalpark **389, 396–399**
Unteres Saaletal, Naturpark **374, 380–381**
Unterlüß **417**
Unterrodach **225–226**
Urdonautal **63**
Urftstausee 109
Usedom *487,* **499**
Usedom, Naturpark **487, 496–499**
Usedomer Winkel **499**
Utecht **482**
Uttewalder Grund 248

V

Vehrte, Findlinge **312**
Veitelstein 75
Veldenstein, Burg **54,** *55*
Veldensteiner Forst *53,* **54**
Velmerstot **308**
Versetalsperre **282**
Versöhnungsfelsen 233
Vessertal 200, **212–213,** *212*
Victoriasicht **494,** *494*
Viechtach **86,** 86, *86*
Vierzehnheiligen, Wallfahrtskirche **48,** *48*
Vietze 423
Villa Ludwigshöhe, Naturpark Pfälzerwald 114
Villa Stahmer, Naturpark Nördlicher Teutoburger Wald–Wiehengebirge **314**
Ville 261
Villenhofer Maar **259**
Violau **42**
Virnsberg, Deutschordensburg 66
Visbeker Braut **405**
Visbeker Bräutigam *404,* **405**
Vitico, Auwald 420
Vogelfelsen, Naturpark Steinwald 235
Vogler 325
Vohenstrauß **104**
Vöhrenberg, Weinlehrpfad **34**
Voithenberg **92**
Volkerode 203
Volkersberg **187**
Völlinghausen, Wildpark 292
Vollstedter See **467**
Vorderbohlen 214
Vorm Westernhoop **408**
Vorpommersche Boddenlandschaft, Nationalpark **486, 488–491**
Vorra **55**

W

Wabe 370
Wachenburg 160
Wachenheim, Kurpfalzpark **111,** *111*

Wacholderleithen, Naturschutzgebiet 50
Wachtendonk **262**
Wachtküppel **192–193**, *192*
Wackelstein, Naturpark Fichtelgebirge 228
Wackelstein, Naturpark Weserbergland/Schaumburg–Hameln 346
Waffenbrunn **94**
Wahrenbrück **390**
Walberla **53,** *53*
Wald, Markt **43**
Waldbreitbach **152**
Waldeck, Grafenschloß 301
Waldeck, Ruine **235**
Waldenburg *32,* **33**
Waldenburg, Ruine 284
Waldenburger Bucht, Biggesee **284**
Waldenfelswarte 231
Walderbach **95**
Waldmünchen **92**
Walkenried **357**
Walldürn **163–164,** *164*
Wallenfels **226**
Wallerwarte, Aussichtsturm 51
Walpersdorf **297**
Walpurgiskapelle 53
Wangerooge **447–448**
Warbsen 338
Warder, Tierpark 467, *467*
Wardersee 467
Waren **434,** *434*
Warmensteinach **233**
Warnker See **434–435**
Warstein 274, **292**
Wartberg **231**
Wartburg *198–199,* **206**
Warthe 499, *499*
Waschstein, Nationalpark Jasmund **493**
Wasserbaum **347,** *347*
Wasserkuppe *180–181,* 182, 190, *190,* **191–192,** 192
Waterdelle, Borkum **445**
Watzmann *12–13,* 14, **19**
Wegberg, Haus Wildenrath 265
Wehebachstausee 109, 128
Wehlen, Stadt **248**
Wehninger Werder **424**
Weichersbach *176*
Weidelsburg **336**
Weilberg 154
Weilburg, Stadt **142**
Weilburg, Wildpark **142**
Weilersbach 69
Weilrod **143**
Weinheim **160**
Weisbach 216
Weismain, Fluß 48
Weismain, Stadt **48**
Weiße Düne, Norderney **446**
Weiße Küche, Naturpark Kyffhäuser 367
Weiße Wand, Naturpark Unteres Saaletal 380
Weißenburg in Bayern **56–57**
Weißenfelser Ley 152
Weißenstadt 230
Weißenstädter See **230,** *230*
Weißenstein, Burgruine, Naturpark Bayerischer Wald **90,** *91*
Weißenstein, Naturpark Frankenwald **227**
Weißenstein, Ruine 221, **234**
Weißer Main 232
Weißer Stein, Naturpark Neckartal–Odenwald **161**
Weißer Stein, Naturpark Nordeifel **132**
Weißfichtensee **74,** *75*
Weiterswiese-Stausee 245
Wellheimer Trockental 63
Weltenburg, Kloster **60,** 60, *61*
Weltenburger Enge, Naturschutzgebiet 60
Welzheim **35**
Wemding **60–61**
Wenau, Kloster 128
Wenden **285**
Wendener Hütte **285**
Wendischer Wall, Burgruine 229
Wendland 403, 420–423
Wenigumstadt **166**
Werenwag, Schloß 40
Werleshäuser Pforte **327**
Wernberg-Köblitz **98**
Wernerwald **451**
Wernigerode **358,** *358*
Werra 200, 202, *202,* **205,** 324, 327, *332*
Werratal–Eichsfeld, Naturpark **200, 202–205**
Wertingen **42**
Weser *322–323, 324, 331, 341*
Weserbergland/Schaumburg–Hameln, Naturpark **325, 342–347**
Westensee **464–465,** *464*
Westensee, Dorf 465, *465*
Westensee, Naturpark **460, 464–467**
Westerberg 296
Westerhever *456*
Westerhever Salzwiese *456,* **457**
Westernhoop 408
Westerschütting 457
Westerspätinge, Naturschutzgebiet **457**
Westerwald 137, 146–153
Westerwald, Naturpark Werratal–Eichsfeld **203**
Westerwald, Wild- und Freizeitpark *146,* **147**
Westhavelland, Naturpark **502–503**
Westrup **319**
Westruper Heide **269–270**
Westwall 128
Wettin, Burg *374,* **381**
Wettin, Stadt **381**
Wettringen **67**
Wieck 488
Wied 137, 150, *152*
Wiehengebirge 304, 310–313, *310*
Wiehl **280**
Wiehltal-Stausee 280
Wiesau 234
Wiesauer Waldseen **234**
Wiesbüttmoor **179**
Wiesenfelden **89**
Wiesent *46,* 51
Wietzer Berg **414,** *414*
Wildenburg, Naturpark Saar–Hunsrück **118**
Wildenburg, Ruine, Naturpark Bergstraße–Odenwald **171**
Wildensee, Kohlenmeiler *174*
Wildenstein, Burg **40**
Wilde Rodach 226, *227*
Wildeshausen **406**
Wildeshauser Geest, Naturpark **402, 404–407**
Wildewiese **289**
Wilde Wiese, Naturschutzgebiet 282–283
Wildgatter, Nationalpark Berchtesgaden **17**
Wildparadies Stromberg **31,** *31*
Wildpark Josefslust *40,* **41**
Wilhelmsburg, Schloß 209, *210*
Wilhelmsfelsen 53
Wilhelmshaven **448**
Wilhelmshöhe, Bergpark 324, *324,* **335–336**
Wilhelmsstollen, Naturpark Neckartal–Odenwald 160–161
Wilhelmstein, Festung **321**
Willibaldsburg 62
Willingen **300,** *300*
Willinger Uppland 300
Wilsede 409, **410–411,** *411*
Wilseder Berg 402, **409–410,** *411*
Wilzenberg 295
Wimbach 18–19
Wimbachgrieshütte **19**
Wimbachklamm **18,** *18*
Wimbachschloß **18–19**
Wimbachtal 15
Windeck, Burgruine 281
Windecker Ländchen 281
Winterberg 296
Winterstein, Hinteres Raubschloß 253
Winzlar **320–321**
Wirchensee 501
Wirzenborn 146
Wisch 205
Wisper 136, *138,* **140–141**
Wispersee **139**
Wissower Klinken **494–495,** *494*
Wittdün **455**
Wittekindsburg 313
Wittensee **470,** *470,* 471, *471*
Wittesheim 61
Wittgensteiner Land *297*
Witzenhausen 327
Wocklum **286**
Wockninsee **497**
Wolfhagen **334,** *334*
Wolfsbachtal 357
Wolfsschlucht 393
Wolfstein 31
Wolfswarte 360
Wolgast **496**
Wolgastsee 498
Wolkenburg 137, 155
Wolziger See 501
Wooster Teerofen **438**
Woppenrieth **104**
Wormsthal, Rittergut 343
Wremen 449
Wulmsberg **419**
Wulsenberg, Naturschutzgebiet 299
Wülzburg, Festung 57, *57*
Wümme 411
Wunsiedel **232**
Wupper 276–278
Wurmberg **356,** *362*
Wursten **449**
Wurzbach 217, *217*
Würzberg **169–170**
Wurzelberg *385*
Wurzelfichte, Naturdenkmal **393,** *393*
Wussegel 422, *423*
Wüstenrot 32
Wyk auf Föhr *454,* **455–456**
Wysburg **216**

Z

Zabelstein 47, **68,** *68*
Zachenberg **90**
Zarrentin **483**
Zauberwald **16**
Zeil am Main **75**
Zeilberg 73
Zeiler Käppele, Wallfahrtskirche 75
Zell **228**
Zella, Kloster **204**
Zerf **119–120**
Zickeritzer Busch, Naturschutzgebiet 380
Ziegelberg, Schloß 122
Ziegelmühle *52*
Ziegenhagen, Erlebnispark **326,** *326*
Ziegenrück **215**
Zierenberg **334,** 334
Zierker See 437
Zimmern **165**
Zingst 486, **489–490**
Zinnowitz **496**
Zipfeltannenfelsen, Naturpark Steinwald *234,* 235
Zscheiplitz **377**
Zugmantel, Römerkastell **139**
Zumhaus **67**
Zusam 42
Züschen **337**
Zusmarshausen **42**
Zützen **399**
Zwergleinsloch 75
Zwernitz, Burg 50
Zwiesel **88–89,** *89*
Zwieselau 89
Zwingenberg **168**
Zwingenberg, Burg *158,* **163**
Zwölf Apostel, Naturpark Altmühltal 46, 61
Zwölf Apostel, Naturpark Thüringer Wald–Westliches Schiefergebirge 210
Zwölf Apostel, Naturpark Wildeshauser Geest 404
Zwölfgipfelblick 231

Bildnachweis

Umschlagvorderseite
N. Rosing/Tomus Verlag (Morgenstimmung in einem brandenburgischen Schutzgebiet)
Umschlagrückseite
o.l.: Greiner/Photo-Center; o.M.: Stefan Meyers/Silvestris; o.r.: Rainer Kiedrowski; M.l.: Zoom/Bildarchiv Huber; M.r.: Pietruska Verlagsgesellschaft mbH; u.l.: B. Radelt/Bildarchiv Huber; u.M.: Lange/NBL Boldt; u.r.: Hänel/Transdia
Abbildungen auf der Umschlagrückseite aus dem Inhalt
Innenteil
Vorsatz: Schösser/IFA-Bilderteam (Wacholderheide im Naturpark Altmühltal) · Rücksatz: Wolfgang Krammisch (Sonnenuntergang im Nationalpark Sächsische Schweiz)
1 Werner Otto · 2/3 Bildarchiv Huber (Bachtal im Naturpark Fränkische Schweiz–Veldensteiner Forst) · 5 l.: Wilkin Spitta; r.: Greiner/Photo-Center · 6 Huber Kartographie · 10 Lukas Laux/Nationalparkverwaltung Bayerischer Wald · 11 Hänel/Transdia · 12/13 R. Schmid/Bildarchiv Huber · 14 u.: E. Morell/Helga Lade; r.: Schulze/IFA-Bilderteam · 15 l.: Kronmüller/IFA-Bilderteam; u.r.: Reiter/IFA-Bilderteam · 16 B. Radelt/Bildarchiv Huber · 17 Hans-Dieter Brandl/Silvestris · 18 Bildarchiv Huber · 19 l.: Bildarchiv Huber; r.: Kurt Wagner/Nationalparkverwaltung Berchtesgaden · 20 o.: Gräfenhain/Bildarchiv Huber; u.: Gräfenhain/Bildarchiv Huber · 21 Dr. J. Nittinger/Xeniel-Dia (2) · 22 Ladislav Janicek/Bildarchiv Steffens · 23 l.: Volkmar Brockhaus/Silvestris; r.: Werner Poguntke/Xeniel-Dia · 24/25 Dr. J. Nittinger/Xeniel-Dia · 26 o.l.: Dr. J. Nittinger/Xeniel-Dia; u.l.: Ott/Helga Lade; r.: Ulrich Hägele/Naturpark Schönbuch · 27 o.l.: Thomas Pfündel ; M.r.: Naturpark Augsburg–Westliche Wälder e.V. · 28 R. Riedt · 29 l.: Walter Rohdich/Silvestris; r.: R. Riedt · 30 l.: Albrecht Brugger/Stadtarchiv Maulbronn; r.: Schrempp/Photo-Center · 31 Erlebnispark Tripsdrill (2) · 32 l.: Lecom/IFA-Bilderteam; r.: Kreisbildstelle Rems-Murr-Kreis · 33 Thomas Pfündel · 34 o.: Thomas Pfündel; u.: Foto Löbl-Schreyer · 35 l.: Meyer/Photo-Center; r.: Rodrun Knöll/Xeniel-Dia · 36 l.: Radelt/Bildarchiv Huber; r.: Loster und Weisensel · 37 Hans Reinhard/Bavaria · 38 l.: FF/Bavaria; r.: Dr. J. Nittinger/Xeniel-Dia · 39 Thielscher/Photo-Center · 40 o.l.: Thomas Pfündel; o.r.: Ingo Gerlach/Silvestris; u.: Thomas Pfündel · 41 Everts/IFA-Bilderteam · 42 Jiři Horut · 43 Layer/Photo-Center · 44/45 Bildarchiv Huber · 46 o.l.: Dr. J. Nittinger/Xeniel-Dia; M.r.: Fritz Mader; u. Wilkin Spitta · 47 Wilkin Spitta · 48 Wilkin Spitta (2) · 49 Foto Löbl-Schreyer · 50 W. Klammet-Mochel · 51 l.: Werner Otto; r.: Schösser/IFA-Bilderteam · 52 o.: Bohnacker/IFA-Bilderteam; u.: Eckhardt/IFA-Bilderteam · 53 l.: Wilkin Spitta; r.: Tschanz/IFA-Bilderteam · 54 l.: Thomas Geiger; r.: Breit/IFA-Bilderteam · 55 o.: Fränkisches Wunderland, Plech; u.: Ott/Helga Lade · 56 B. Radelt/Bildarchiv Huber · 57 Wilkin Spitta · 58 Wilkin Spitta · 59 l.: Wilkin Spitta; o.r.: Wilkin Spitta; u.r.: Naturpark Augsburg–Westliche Wälder e.V. · 60 o.: Wilkin Spitta; u.: Frank Hecker/Xeniel-Dia · 61 l.: W. Krecichwost/Helga Lade; o.r.: R. Schmid/Bildarchiv Huber; u.r.: Spaeth/Bildarchiv Huber · 62 l.: Dr. J. Nittinger/Xeniel-Dia; r.: Wilkin Spitta · 63 R. Schmid/Bildarchiv Huber · 64 Müller-Güll/Bavaria · 65 o. Wilkin Spitta; u. Kuhn/ZEFA · 66 Klammet & Aberl · 67 l.: Wilkin Spitta; r.: Spönlein/Photo-Center · 68 Wilkin Spitta · 69 Thomas Geiger · 70 l.: Otto Stadler/Silvestris; r.: Wilkin Spitta · 71 l.: Freizeit-Land Geiselwind; r.: Roger Wilmshurst/Silvestris · 72, 73, 74 Wilkin Spitta · 75 l.: Otto Stadler/Silvestris; o.r.: Wilkin Spitta; M.r.: Manfred Danegger/Silvestris · 76/77 R. Schmid/Bildarchiv Huber · 78 l.: Goedel/IFA-Bilderteam; r.: Saller/Photo-Center · 79 l.: Wilkin Spitta; r.: Kotzke/Photo-Center · 80 Goedel/IFA-Bilderteam · 81 Christoph Becker/Silvestris · 82 o.: Wilkin Spitta; u.: Jörg Wegner/Silvestris ·

83 l.: Putz/IFA-Bilderteam; r.: Wilkin Spitta · 84 l.: Wolfgang Willner/Silvestris; r.: Kratz/Photo-Center · 85 l.: Konrad Wothe/Silvestris; r.: Hutterer/IFA-Bilderteam · 86 Foto Löbl-Schreyer · 87 Wilkin Spitta · 88 l.: Dr. J. Nittinger/Xeniel-Dia; r.: Moosrainer/IFA-Bilderteam · 89 o.: Interfoto/Bavaria; u.: Wilkin Spitta · 90 l.: Wilkin Spitta; r.: Kucera/SAVE-Bild · 91 Wilkin Spitta (2) · 92 Wilkin Spitta · 93 Volker Pelka/Silvestris · 94 Goedel/IFA-Bilderteam · 95 l.: Wilkin Spitta; r.: Raimund Cramm/Silvestris · 96 o.: Karl F. Wolfstetter; u. Dr. J. Nittinger/Xeniel-Dia · 97 Wilkin Spitta · 98 l.: Wilkin Spitta; r.: Verkehrsamt Schönsee · 99, 100 Wilkin Spitta · 101 l.: Wilkin Spitta; r.: Dr. Sauer/Bavaria · 102 Wilkin Spitta · 103 o.: Günther Moser/Ferienland Oberpfälzer Wald; u.: Foto Löbl-Schreyer · 104 o.: Wilkin Spitta; u.: Günter Moser/Ferienland Oberpfälzer Wald · 105 o.: Thonig/ZEFA; u.: Geiersperger/Photo-Center · 106/107 R. Schmid/Bildarchiv Huber · 108 l.: Ludwigs/IFA-Bilderteam; r.: HB-Verlag, Hamburg · 109 l.: Wilkin Spitta; r.: John/Helga Lade · 110 Pieter Jos van Limbergen/Bildarchiv Steffens · 111 Kurpfalzpark Wachenheim · 112 l.: Rohdich/Bavaria; r.: Pieter Jos van Limbergen/Bildarchiv Steffens · 113 o.: Rainer Kiedrowski; u.: HB-Verlag, Hamburg · 114 Werner Otto · 115 l.: Foto Löbl-Schreyer; r.: Dr. J. Nittinger/Xeniel-Dia · 116 l.: Dr. J. Nittinger/Xeniel-Dia; r.: Südliche Weinstraße Zentrale für Tourismus · 117 l.: G. Popp/B. & G Bildagentur; r.: HB-Verlag, Hamburg · 118 Jochem/IFA-Bilderteam · 119 Werner Otto · 120 l.: Moosrainer/IFA-Bilderteam; r.: Rainer Kiedrowski · 121 Klaus Winkler · 122 Gundi/Helga Lade · 123 o.: Meyer/Photo-Center; u.: Werner Otto · 124 l.: Hans-Joachim Rech/Bildarchiv Steffens; r.: Barbara Gebhardt/Silvestris · 125 Geiersperger/Photo-Center · 126 N. Koshofer/Rainer Kiedrowski · 127 o.: Rainer Kiedrowski; u.l.: Rainer Kiedrowski; u.r.: Rudolf Höfels/Silvestris · 128 S. K./Helga Lade · 129 Werner Otto · 130 l.: Ludwigs/IFA-Bilderteam; r.: Pieter Jos van Limbergen/Bildarchiv Steffens · 131 l.: Frithjof Skibbe/Silvestris; r.: Rainer Kiedrowski · 132 l.: Ulrich Gohl; r.: Baud von Maydell/Silvestris · 133 Rainer Kiedrowski (2) · 134/135 Radelt/Bildarchiv Huber · 136 l.: BAV/Helga Lade; r.: Fritz Mader · 137 l.: Hans-Peter Job/Naturpark Rhein–Westerwald; r.: Dr. J. Nittinger/Xeniel-Dia · 138 Otto Stadler/Silvestris · 139 Frima/IFA-Bilderteam · 140 o.l.: Meier-Ude/Bavaria; o.r.: Walter Rohdich/Silvestris; u. Otto Stadler/Silvestris · 141 J. P. Gottschalk/Helga Lade · 142 l.: Eckhardt/IFA-Bilderteam; r. Otto Stadler/Silvestris · 143 Heinz Schrempp/Xeniel-Dia · 144 G. Krämer/Helga Lade · 145 l.: Werner Otto; r.: Silvestris · 146 l.: Rainer Kiedrowski; r.: Fremdenverkehrsverein Westerwald, Montabaur · 147 Fremdenverkehrsverein Westerwald, Montabaur · 148 l.: Ostgathe/IFA-Bilderteam; r. Siebig/IFA-Bilderteam · 149 l.: Heinz Schrempp/Xeniel-Dia; r. Fritz Mader · 150 l.: B. Radelt/Bildarchiv Huber; r.: Heiner Heine/Silvestris · 151 Helmut Partsch/Silvestris · 152 l.: Hans-Peter Job/Naturpark Rhein–Westerwald; r.: Erich Thielscher/Silvestris · 153 l.: Ulrich Gohl; r.: Richard Hasbach/Touristik-Verband Wiedtal, Waldbreitbach · 154 Ostgathe/IFA-Bilderteam · 155 K. Schwammberger/Xeniel-Dia · 156/157 Wolfgang Krammisch · 158 l.: Pieter Jos van Limbergen/Bildarchiv Steffens; r.: Kopetzky/IFA-Bilderteam · 159 o.: Eckhardt/IFA-Bilderteam; u. Wilkin Spitta · 160 Merten/Bavaria · 162 l.: Silvestris; r.: Jiři Horut · 163 Bernd Kottal/Silvestris · 164 l.: Aigner/IFA-Bilderteam; r.: Burkhard Münker/Silvestris · 165 Kopetzky/IFA-Bilderteam · 166 l.: Rauch Colordia/Silvestris; r.: Kopetzky/IFA-Bilderteam · 167 Gerhard Kalden/Helga Lade · 168 l.: Friedrich Bormann/Bavaria; r.: R. Schmid/Bildarchiv Huber · 169 l.: Heiner Heine/Silvestris; r.: Volker Rauch/IFA-Bilderteam · 170 o.: Mader/Bildarchiv Huber; u.: Kopetzky/IFA-Bilderteam · 171 o.: Pahlke/IFA-Bilderteam; u.: Ctverak/Bavaria · 172 l.: Foto Löbl-Schreyer; r.: L. Post/Helga Lade · 173 Hans Reinhard/Bavaria · 174 o.: Ostgathe/IFA-Bilderteam; u.: Jiři Horut · 175 l.: Stadt Klingenberg; r.: Danegger/ZEFA · 176 Wilkin Spitta · 177 l.: Wilkin Spitta; r.: Stadt Steinau an der Straße · 178 o.: Wilkin Spitta; u. Dieter Blase · 179 l.: Greiner/Photo-Center; r.: Dieter Blase · 180/181 Rossenbach/ZEFA · 182 l.: Dr. J. Nittinger/Xeniel-Dia; r.: Tschanz/IFA-Bilderteam · 183 Rauh/IFA-Bilderteam · 184 Wilkin Spitta · 185 Kratz/Photo-Center · 186 l.: Rainer Kiedrowski; r.: Fritz Mader · 187 l.: Wilkin Spitta; r.: Silvestris · 188 Fritz Mader · 189 l.: Rainer Kiedrowski; r.: Wilkin Spitta · 190 l.: Adam/ZEFA; r.: R. Schmid/Bildarchiv Huber · 192 l.: Aigner/IFA-Bilderteam; r.: Foto Löbl-Schreyer · 193 l.: Manfred Schmelzenbach/Silvestris; r.: Helmut Partsch/Silvestris · 194 Fritz Mader · 195 l.: Wilkin Spitta; r.: Rainer Kiedrowski · 196 l.: joke/Helga Lade; r.: Dietmar Nill/Silvestris · 197 Wilkin Spitta (2) · 198/199 Deutsche Luftbild · 200 l.: Meyer/Photo-Center; r. Schösser/IFA-Bilderteam · 201 Feldrapp/Helga Lade · 202 l.: Meyer/Photo-Center; r.: Eckhardt/NBL Boldt · 203 BAV/Helga Lade · 204 o.: Wolfgang Krammisch; u.: Meyer/Photo-Center · 205 l.: Robert Gross/Silvestris; r.: Wilkin Spitta · 206 Wilkin Spitta · 207 Knöll/Xeniel-Dia · 208 Wolfgang Krammisch · 209 l.: Otto Stadler/Silvestris; r.: Gerhard Kalden/Silvestris · 210 Karl-Heinz Bochow · 211 l.: Wilkin Spitta; r.: Norbert Pelka/Silvestris · 212 o.: Norbert Rosing/Silvestris; u.l.: Ulrich Gross/Silvestris; u.r.: Otto Stadler/Silvestris · 213 Dieter Blase · 214 Wolfgang Krammisch · 215 l.: Otto Stadtler/Silvestris; r.: Knöll/Xeniel-Dia · 216 Kneer/IFA-Bilderteam · 217 l.: Schrempp/Photo-Center; r. Wilkin Spitta · 218/219 Norbert Fischer/Helga Lade · 220 l.: Norbert Fischer/Helga Lade; r.: R. Schmid/Bildarchiv Huber · 221 l.: Werner Otto; r.: Wilkin Spitta · 222 Wilkin Spitta · 223 Thomas Geiger · 224 l.: Thomas Geiger; r.: Reinhard-Tierfoto · 225 R. Schmid/Bildarchiv Huber · 226 l.: Thomas Geiger; r.: Klaus Bogon/Silvestris · 227 l.: Thomas Geiger; r.: Tschanz/IFA-Bilderteam · 228 Werner Otto · 229 Hasenkopf/Photo Press · 230 o.: Dr. J. Nittinger/Xeniel-Dia; u.: Norbert Rosing/Silvestris · 231 l.: Hasenkopf/Photo Press; r.: Uwe Lochstampfer/Silvestris · 232 l.: R. Schmid/Bildarchiv Huber; r.: Rosing/Silvestris · 233 o.: Ulrich Kapp/Silvestris; u. Wilkin Spitta · 234 l.: Werner Otto; r.: Wilkin Spitta · 235 H. Krischel/Helga Lade · 236 Thomas Geiger · 237 l.: Schubert/SAVE-Bild; r.: Thomas Geiger · 238/239 Wolfgang Krammisch · 240 l.: Greiner/Photo-Center; r.: Mosler/Transdia · 241 Rölle/IFA-Bilderteam · 242 Wolfgang Krammisch · 243 Hänel/Transdia · 244 o.: Dieter Blase; u.: Meyer/Photo-Center · 245 l.: Hans R. Heppner/Silvestris; r.: Dieter Blase · 246 l.: R. Schmid/Bildarchiv Huber; r.: Eckhardt/NBL Boldt · 247 o.: Wolfgang Krammisch; u.: R. Schmid/Bildarchiv Huber · 248 R. Schmidt/Bildarchiv Huber · 249 Greiner/Photo-Center · 250 Birgit Koch/IFA-Bilderteam · 251 l.: Manfred Danegger/Silvestris; r.: R. Ponier/NBL Boldt · 252 l.: Ponier/NBL Boldt; r.: Göss-Holz/IFA-Bilderteam · 253 l.: Ponier/NBL Boldt; r. Hänel/Transdia · 254/255 Fritz Mader · 256 l.: Rainer Kiedrowski; r.: Paul Hahn/Verlag Das Beste GmbH · 257 Werner Otto · 258 U. Schwarz/Rainer Kiedrowski · 259 Fritz Mader · 260 Ostgathe/ IFA-Bilderteam · 261 o.: E. Morell/Helga Lade; u.: N. Koshofer/Rainer Kiedrowski · 262 Werner Otto · 263 Hans Reinhard/Bavaria · 264 l:. Rainer Kiedrowski; r.: Frank Krahmer/Silvestris · 265 Rainer Kiedrowski · 266 Wilkin Spitta · 267 Werner Otto · 268, 269 Wilkin Spitta (3) · 270 Werner Otto (2) · 271 l.: Wolfgang Buchhorn/Silvestris; r.: Werner Otto · 272/273 Gottschalk/IFA-Bilderteam · 274 l.: Paul Hahn/Verlag Das Beste GmbH; o.r.: Rossenbach/ZEFA; u.r.: P. Sander/Rainer Kiedrowski · 275 l.: HB-Verlag, Hamburg; r.: Werner Otto · 276 Comnet/IFA-Bilderteam · 277 Eich/IFA-Bilderteam · 278 l.: S. K./Helga Lade; r.: Werner Otto · 279 l.: Kronmüller/IFA-Bilderteam; r.: Werner Otto · 280 l.: Werner Otto; r.: Volkmar Brockhaus/Silvestris · 281 l.: Werner Otto; r.: Oertel/IFA-Bilderteam · 282 Holger Klaes · 283 Dr. J. Nittinger/Xeniel-Dia · 284 o.: Robert Knöll/Xeniel-Dia; u.: HB-Verlag, Hamburg · 285 Werner Otto · 286 Werner Poguntke/Xeniel-Dia · 287 Werner Otto · 288 l.: HB-Verlag, Hamburg; r.: Manfred Pforr/Silvestris · 289 Rainer Kiedrowski · 290 Lecom/IFA-Bilderteam · 291 l.: HB-Verlag, Hamburg; r.: Silvestris · 292 Werner Otto (2) · 293 o.: Jürgen Weber/Silvestris; u.: Rainer Kiedrowski · 294 l.: Werner Otto; r.: HB-Verlag, Hamburg · 295 Karl F. Wolfstetter · 296 l.: Friedrich/Photo Press; r.: Dr. J. Nittinger/Xeniel-Dia · 297 l.: Stefan Meyers/Silvestris; r.: HB-Verlag, Hamburg · 298 l.: HB-Verlag, Hamburg; r.: Greiner/Photo-Center · 299 Robert Maier/Silvestris · 300 l.: N. Koshofer/Rainer Kiedrowski; r.: HB-Verlag, Hamburg · 301 l.: Alfred Schmidt/Silvestris; r.: N. Koshofer/Rainer Kiedrowski · 302/303 Kappelmeyer/Bavaria · 304 l.: Gottschalk/IFA-Bilderteam; r.: Wilkin Spitta · 305 Fritz Mader · 306 l.: Rainer Kiedrowski; r.: Karl Heinz Jakobi/Silvestris · 307 Werner Otto · 308 l.: Werner Otto; r.: Schösser/IFA-Bilderteam · 309 Fritz Mader · 310 Dieter Blase · 311 Rainer Kiedrowski · 312 Meyer/Photo-Center · 313 l.: Dieter Blase; r.: Rainer Kiedrowski · 314 l.: Silvestris; r.: Wilkin Spitta · 315 l.: Fritz Mader; r.: Erich Thielscher/Silvestris · 316 Landkreis Vechta · 317 l.: Hermann S. Göhler/Silvestris; r.: Dr. Peter Göbel · 318 Poguntke/IFA-Bilderteam · 319 l.: Dieter Blase; r.: Uwe Walz/Silvestris · 320 l.: Damm/ZEFA; r.: Rainer Kiedrowski · 321 Meyer/Photo-Center (2) · 322/323 Greiner/Photo-Center · 324 l.: Breit/IFA-Bilderteam; o.r.: Meyer/Photo-Center; u.r.: Tschanz/IFA-Bilderteam · 325 l.: Dirk Reuter; r.: Ott/Helga Lade · 326 l.: Verkehrsamt Großalmerode; r.: Meyer/Photo-Center · 327 N. Koshofer/Rainer Kiedrowski · 328 l.: Wilkin Spitta; r.: Fischer/IFA-Bilderteam · 329 o.: Bildarchiv Huber; u.: Manfred Schmelzenbach/Silvestris · 330 Meyer/Photo-Center · 331 l.: Hans Pfletschinger/Toni Angermayer; r.: Greiner/Photo-Center · 332 Rainer Kiedrowski · 333 o.: Erich Kuch/Silvestris; u.: Greiner/Photo-Center · 334 Greiner/Photo-Center · 335 N. Koshofer/Rainer Kiedrowski (2) · 336 o.: N. Koshofer/Rainer Kiedrowski; u.: Wilkin Spitta · 337 l.: Schrempp/Photo-Center; r.: N. Koshofer/Rainer Kiedrowski · 338 Meyer/Photo-Center · 339 o.: BAV/Helga Lade; u.: Mayer/Photo-Center · 340 l.: Robert Maier/Silvestris; r.: Meyer/Photo-Center · 341 Greiner/Photo-Center · 342 l.: Rainer Kiedrowski; r.: Werner Otto · 343 Erich Thielscher, Silvestris · 344 l.: Jörg Axel Fischer; r.: Mosler/Transdia · 345 Jörg Axel Fischer · 346 Poguntke/Xeniel-Dia · 347 l.: Werner Poguntke/Xeniel-Dia; M.r.: Werner Otto; u.r.: Jörg Axel Fischer · 348/349 Wolfgang Krammisch · 350 l.: Meyer/Photo-Center; o.r.: Spönlein/Photo-Center; u.r.: Meyer/Photo-Center · 351 l.: Werner Otto; r.: Meyer/Photo-Center · 352 Bildarchiv Huber · 353 R. Schmid/Bildarchiv Huber · 354 l.: Greiner/Photo-Center; r.: Wilkin Spitta · 355 l.: Lange/NBL Boldt; r.: Hänel/Transdia · 356 o.: Wilkin Spitta; u.: Meyer/Photo-Center · 357 o.: Wilkin Spitta; u.: Karl F. Wolfstetter · 358 l.: Greiner/Photo-Center; r.: Meyer/Photo-Center · 359 o.: Speleo Projects/WINGS; u.: Becker/IFA-Bilderteam · 360 Dr. J. Nittinger/Xeniel-Dia · 361 l.: Reinhard/ZEFA; r.: Greiner/Photo-Center · 362 Meyer/Photo-Center · 363 l.: Meyer/Photo-Center; r.: Wilkin Spitta · 364 Wolfgang Krammisch · 365 Bertram Kober/Punctum · 366 l.: Hänel/Transdia; r.: Certa/Transdia · 367 l.: Erich Thielscher/Silvestris; r.: Wilkin Spitta · 368 l.: Greiner/Photo-Center; r.: Rainer Kiedrowski · 369 Dr. Peter Göbel · 370 Meyer/Photo-Center · 371 l.: Werner Otto; o.r.: Rainer Kiedrowski; u.r.: Lothar Lenz/Silvestris · 372/373 Wolfgang Krammisch · 374 Meyer/Photo-Center (2) · 375 l.: Wolfgang Krammisch; r.: Günther Wagner/Silvestris · 376 Meyer/Photo-Center · 377 Wolfgang Krammisch · 378 o.: Meyer/Photo-Center; u.: Hänel/Transdia · 379 l.: Dr. J. Nittinger/Xeniel-Dia; r.: Stefan Kuballa · 380 l.: Greiner/Photo-Center; r.: Eva Lindenburger/Silvestris 381 Wolfgang Krammisch · 382 NBL Boldt · 383 l.: Meyer/Photo-Center/Verlag Das Beste GmbH; r.: NBL Boldt · 384 l.: NBL Boldt · r.: Hans Reinhard/Bavaria · 385 NBL Boldt (2) · 386/387 Norbert Rosing/Tomus Verlag · 388 l.: Ihlow/NBL Boldt; o.r.: BAV/Helga Lade; u.r.: Haase/NBL Boldt · 389 Grimm/Nationalparkverwaltung Unteres Odertal · 390 Wolfgang Krammisch · 391 l.: Hänel/Transdia; r.: Hans Reinhard/Bavaria · 392 Hänel/Transdia · 393 l.: Haase/NBL Boldt; r.: Heiner Heine/Silvestris · 394 Hänel/Transdia · 395 l.: R. Maier/IFA-Bilderteam; r.: Hänel/Transdia · 396 Wolfgang Krammisch · 397 o.: Stefan Meyers/Silvestris; u.: H.-Chr. Schink/Punctum · 398 o.: Wolfgang Krammisch; u.: H.-Chr. Schink/Punctum · 399 l.: Uwe Walz/Silvestris; r.: Wolfgang Krammisch · 400/401 Fritz Mader · 402 o.: Lothar Reupert/Helga Lade; u.: Jörg Axel Fischer · 403 Jörg Axel Fischer · 404 Werner Poguntke/Xeniel-Dia (2) · 405 Kluwe/Photo-Center · 406 l.: Werner Poguntke/Xeniel-Dia; r.: KaKi/Helga Lade · 407 l.: Werner Poguntke/Xeniel-Dia; r.: Dr. Peter Göbel · 408 Fritz Mader · 409 E. Bergmann/Helga Lade · 410 o.: Verein Naturschutzpark Niederhaverbeck, Bispingen; u.: Jost Schilgen/Silvestris · 411 l.: Meyer/Photo-Center; r.: Jörg Axel Fischer · 412 o.: Meyer/Photo-Center; r.: Jörg Axel Fischer · 413 Fritz Mader · 414 l.: Puntschuh/Bildarchiv Huber; r.: Greiner/Photo-Center · 415 Willi Rolfes/Silvestris · 416 Verkehrsverein Unterlüß · 417 l.: Silvestris; r.: Jörg Axel Fischer · 418 Günther Helm · 419 l.: Erich Thielscher/Silvestris; r.: Günther Helm · 420 l.: Kurverwaltung Hitzacker; r.: Heiner Heine/Silvestris · 421 Spönlein/Photo-Center · 422 l.: Greiner/Photo-Center; r.: Breit/IFA-Bilderteam · 423, 424 Greiner/Photo-Center · 425 l.: Silvestris; r.: Ingrid Rangnow/Helga Lade · 426 Meyer/Photo-Center (2) · 427 Hans-Dieter Brandl/Silvestris · 428/429 Wolfgang Krammisch · 430 l.: Dr. Georg Bienik/Bildarchiv Steffens; M.r.: Walz/IFA-Bilderteam; u.r.: Hänel/Transdia · 431 Corazza/NBL Boldt · 432 Wolfgang Krammisch · 433 l.: Robert Gross/Silvestris; r.: Hänel/Transdia · 434 l.: Hänel/Transdia; r.: Heiner Heine/Silvestris · 435 Hänel/Transdia · 436 l.: Hänel/Transdia; r.: Norbert Rosing/Silvestris · 437 l.: Hänel/Transdia; r.: Wolfgang Krammisch · 438 Wolfgang Krammisch · 439 l.: Certa/Transdia; r.: Justus de Cuveland/Silvestris · 440/441 Deutsche Luftbild · 442 l.: Weber/Xeniel-Dia; r.: Fritz Mader · 443 Schmidtke/Transdia · 444 Hänel/Transdia · 445 Zoom/Bildarchiv Huber · 446 l.: Heinz Jakobi/Silvestris; r.: Dieter Blase · 447 Zoom/Bildarchiv Huber · 448 Frima/IFA-Bilderteam · 449 o.: Fritz Mader; u.: Greiner/Photo-Center · 450 l.: Günther Helm; r.: Fritz Mader · 451 Großmann/Helga Lade · 452 Gräfenhain/Bildarchiv Huber · 453 Schmidtke/Transdia · 454 l.: Fritz Mader; r.: Werner Layer/Silvestris · 455 BAV/Helga Lade · 456 o.: Klaus Wernicke/Silvestris; u.: Werner Otto · 457 l.: Schmidtke/Transdia; r.: Helmut Tschoppe/Silvestris · 458/459 Deutsche Luftbild · 460 o.: Hänel/Transdia; u.: W. Okon/Transdia · 461 l.: Hänel/Transdia; r.: Meyer/Photo-Center · 462 Certa/Transdia · 463 l.: Stefan Meyers/Silvestris; r.: Certa/Transdia · 464 Hänel/Transdia · 465 l.: Meyer/Photo-Center; r.: Hänel/Transdia · 466 l.: R. u. M. Greulich/Bavaria; r.: Werner Otto · 467 Schmidtke/Transdia (2) · 468 l.: Hänel/Transdia; r.: Certa/Transdia · 469 Fritz Mader · 470 o.: Fritz Mader; u.: Hänel/Transdia · 471 l.: R. Maier/IFA-Bilderteam; r.: Hänel/Transdia · 472, 473: Schmidtke/Transdia · 474 o.: Deutsche Luftbild; u.: Roger Wilmshurst/Silvestris · 475 Hänel/Transdia (2) · 476 l.: Frank Hecker/Silvestris; r.: Greiner/Photo-Center · 477 l.: Meyer/Photo-Center; r.: Schmidtke/Transdia · 478 Fritz Mader · 479 Hänel/Transdia (2) · 480 l.: Meyer/Photo-Center; r.: Hänel/Transdia · 481 l.: Lothar Lenz/Silvestris; r.: Hänel/Transdia · 482 Wolfgang Buchhorn/Silvestris · 483 l.: Thielscher/Bio-Info; r.: H.-Chr. Schink/Punctum · 484/485 Greiner/Photo-Center · 486 l.: Walz/IFA-Bilderteam; r. Rainer Kiedrowski · 487 Comnet/IFA-Bilderteam · 488 Greiner/Photo-Center · 489 Norbert Rosing/Silvestris · 490 Gerig/IFA-Bilderteam · 491 l.: Klaus Paysan; o.r.: Certa/Transdia; u.r.: Certa/Transdia · 492 S. K./Helga Lade · 493 l.: Hänel/Transdia; r.: Meyer/Photo-Center · 494 o.: Meyer/Photo-Center; u.: Hänel/Transdia · 495 l.: Robert Knöll/Xeniel-Dia; r.: H.-J. Boldt/Helga Lade · 496, 497 Hänel/Transdia · 498 l.: Hänel/Transdia; r.: Lederer/IFA-Bilderteam · 499 o.: Norbert Rosing/Silvestris; u.: R. Schmid/Bildarchiv Huber · 500–503 Dr. M. Freude/Landesanstalt für Großschutzgebiete, Eberswalde-Finow (8) · 503 u.r.: Certa/Transdia

Kartographie

Huber Kartographie: 6, 15, 27, 47, 79, 109, 137, 159, 183, 201, 221, 241, 257, 275, 305, 325, 351, 375, 389, 402/403, 431, 443, 461, 487, 500

Pietruska Verlagsgesellschaft mbH: 17, 29, 33, 37, 39, 43, 49, 56/57, 65, 69, 73, 81, 87, 93, 99, 103, 111, 119, 125, 129, 139, 143, 147, 151, 155, 161, 167, 173, 177, 185, 191, 195, 203, 207, 215, 223, 229, 235, 237, 242/243, 248/249, 259, 263, 267, 277, 283, 287, 291, 295, 299, 307, 310/311, 317, 321, 326, 331, 335, 339, 343, 352/353, 361, 363, 365, 369, 377, 381, 383, 391, 393, 397, 405, 409, 415, 419, 421, 425, 427, 433, 435, 439, 444/445, 451, 453, 455, 463, 465, 469, 473, 479, 483, 489, 493, 497